我国近海海洋综合调查与评价专项成果
“十二五”国家重点图书出版规划项目

中国海岛志

山东卷第一册

（山东北部沿岸）

《中国海岛志》编纂委员会

海洋出版社
2013年·北京

图书在版编目（CIP）数据

中国海岛志．山东卷．第1册，山东北部沿岸/《中国海岛志》编纂委员会编著．—北京：海洋出版社，2013.3

ISBN 978-7-5027-8355-6

Ⅰ．①中…　Ⅱ．①中…　Ⅲ．①岛-介绍-山东省　Ⅳ．①K928.44

中国版本图书馆CIP数据核字（2012）第220774号

责任编辑：赵　娟

责任印制：赵麟苏

海洋出版社　出版发行

http：//www.oceanpress.com.cn

北京市海淀区大慧寺路8号　邮编：100081

北京画中画印刷有限公司印刷

2013年3月第1版　2013年3月北京第1次印刷

开本：889mm×1194mm　1/16　印张：40.75

字数：1234千字　定价：420.00元

发行部：62132549　邮购部：68038093　总编室：62114335

《中国海岛志》

《中国海岛志》山东卷第一册

编纂委员会

主　编： 吴桑云
副主编： 丰爱平　田梓文　黄海军　王守信
编　委（按姓氏笔画）：
王文海　陈　勇　赵锦霞　刘　晓　王永吉
马德毅　纪家苏　吴　顿　赵晓龙　刘大海
丁志刁　贺　光　刘树军　潘秀莲　肖长兴

各部分撰稿人

概　述： 吴桑云
第一篇： 吴桑云　吴　頔　王文海　王永吉　李　静　高俊国　田梓文
黄海军　赵锦霞　刘大海　赵晓龙
第二篇： 吴桑云　丰爱平　吴　頔　王永吉　王文海　黄海军
第三篇： 吴桑云　吴　頔　丰爱平　王永吉　黄　沛　赵锦霞
第四篇： 吴桑云　吴　頔　康　婧　王　晶　黄海军　边洪村　任　军
第五篇： 黄海军　马立杰　刘艳霞　刘　晓　樊　辉　杜廷芹
第六篇： 黄海军　李新正　严立文　刘　晓　刘桂卫　赵凤娟
第七篇： 吴桑云　刘　晓
图件绘制： 刘如英
统　稿： 吴桑云　丰爱平　刘　晓

序

我国既是幅员辽阔的陆地大国，又是海洋大国。在我国管辖的广阔海域内，还分布着逾万个岛礁。这些大大小小、星罗棋布的岛礁，像一颗颗璀璨的明珠，镶嵌在我国主张管辖的300万平方千米蓝色大海上，成为中华民族锦绣版图上闪闪发光的瑰宝。近年来，随着我国海洋开发战略的实施，海岛作为对外开放的桥头堡、壮大海洋经济的重要基地和保障国防安全的战略前沿，在促进沿海经济社会可持续发展、维护国家权益、拓展发展空间等方面的作用日益凸现。

我国对海岛工作历来十分重视，继1988—1995年开展了第一次全国海岛资源综合调查之后，908重大专项又将海岛调查作为一项主要任务加以组织实施，并获取了大量一手资料和数据。然而客观地讲，尽管前些年开展过全国范围内的海域地名普查，大部分沿海省市形成了海岛地名录，有些省市还编纂了地方海岛志。但是，总体来说，内容不够全面。加之，近年来随着我国海洋开发强度和广度的不断加大，近岸海岛状况变化剧烈，许多数据和资料失去了时效性，已经难以全面、真实地反映我国海岛的现状。因此，组织编纂《中国海岛志》，以志书的形式为我国的全部海岛“建户立档”，是加强海岛综合管理、提高海岛管控能力的迫切需求。通过这项工作，全面利用908专项海岛调查数据，充分发掘和系统整理我国海岛的历史资料，整合沿海省、直辖市、自治区以及有关部门的海岛工作成果，将为我国海岛的科学管理提供基础保障，为海岛资源开发与环境保护提供信息平台，为维护我岛礁主权和海上安全提供有力支撑。同时，《中国海岛志》也是进行公众教育、强化全民海洋意识、增强海洋国土观念的绝佳教材，从一定意义上讲，这是一项功在当代、利在千秋的世纪工程。

在中华民族五千年的文明史上，历朝历代都十分重视史志的编纂出版，正所谓盛世治史，盛世修志。《中国海岛志》就是这样一部全面记述我国海岛自然、人文、历史、社会、经济等诸多内容的专业志书，它填补了我国志书的空白，同时也填补了我国海洋科学的空白。参与编纂《中国海岛志》的广大海洋科学工作者，抱着高度的热情和强烈的社会责任感，以求实的工作作风和严谨的科学态度，克服了种种困难，用汗水和心血，铸就了这部鸿篇巨卷。可以说，《中国海岛志》的编纂出版是时代的呼唤、发展的需要，是一项开创性、基础性、战略性的系统工程，它的推出，一定会在我国海洋事业发展史上留下浓墨重彩的一页。

国家海洋局局长：

2012 年 9 月于北京

《中国海岛志》编纂委员会成立大会会议现场

《中国海岛志》编纂工作进展报告会暨学术研讨会与会人员

《中国海岛志》总编纂组成员

《中国海岛志》验收会议现场

海上仙山——长岛（庙岛群岛北部岛群）

黄渤海分界线（南长山岛长山尾）

贝壳堤岛（飞雁滩贝壳堤）

天然奇石——虾石（砣矶岛）

天然景观——观音礁（北隍城岛大尖礁）

天然景观——望夫石（南长山岛望福礁景区）

石龟望天（南长山岛仙境源景区）

宝塔礁（犁犋把岛）

石楼（凯旋门）（大黑山岛）

仙境源景区一角（南长山岛）

月牙湾
（北长山岛）

大竹山岛

长岛博物馆（南长山岛）

国家地质公园陈列馆（南长山岛望福礁景区）

东半坡——北庄史前遗址（大黑山岛）

庙岛显应宫（全球唯一妈祖官庙）

妈祖祭奠（庙岛）

海神赐灯（庙岛）

展翅飞翔（砣矶岛）

长岛鸟展馆（南长山岛峰山）

贝壳堤保护区（无棣县）

百年灯塔（砣矶岛）

珍珠门（水道、灯塔、文化遗址）

岛上学校（长岛中学）

晒海带（大钦岛）

碱蓬芦苇群落景观（黄河入海口）

长岛林海（南长山岛）

风能开发（南长山岛）

太阳能利用（南长山岛北城村）

岛上海水淡化（砣矶岛供水中心）

岛上渔村一角（庙岛村）

岛上渔村一角（南长山岛黑石嘴村）

岛上渔村一角（南隍城岛现代化渔村）

岛上渔村一角（小钦岛花园式渔村）

岛上渔村一角（大黑山岛南庄海草房）

岛上渔村一角（桑岛老宅院）

前言

海岛系指海洋中四面环水、高潮时高于海面、自然形成的陆地区域，具有独特的地缘表征和资源特征，集多种战略要素于一身。海岛既是国家领土，又是构成海洋国土的重要基础。大量领海基点位于海岛，对维护国家主权和海洋权益来说，具有特殊意义。作为海中天然屏障，海岛在国防事业中起着哨岗和堡垒作用。在海洋开发和海洋经济建设中，海岛本体不仅是重要组成部分，而且是服务保障基地，又是向远海进军的前进支点和中继站，有着巨大的辐射和带动作用。同时，海岛也是对外开放的窗口，走向世界的“桥头堡”以及从海上通向内陆腹地的“岛桥”。显然，海岛在国家权益、国防安全、海洋资源开发和海洋经济建设等方面，均具有举足轻重的战略地位和价值。

我国是海洋大国，海域辽阔，海岛众多。在主张管辖的300多万平方千米的海域中，分布着万余个海岛，海岛陆域总面积近8万平方千米。各个海岛面积大小不一，大的数万平方千米，如台湾岛和海南岛，分别约为3.6万平方千米和3.4万平方千米；小的仅数平方米。我国海岛分布在沿海14个省（自治区、直辖市、特别行政区），49个副省级和地级市，168个县（市、区）。全国有居民海岛500余个，无居民海岛近万个。大陆沿海11个省（自治区、直辖市）的省级（含副省级）和地（市）级政府驻地岛3个，县级政府驻地岛13个，乡（镇、街道）级政府驻地岛80余个，村级岛和自然村岛400余个。我国海岛分布范围南北跨越38个纬度，东西跨越17个经度，最北端的是辽宁省锦州市的小石山礁，最南端的是海南省南沙群岛的曾母暗沙，最东端的是台湾省宜兰县的赤尾屿，最西端的是广西壮族自治区东兴市的独墩。大部分海岛分布在沿岸海域，距离大陆岸线小于10千米的海岛，占海岛总数的66%以上；距离大陆岸线大于100千米的远岸岛约占5%。从海岛分布形态来看，多呈链状或群状分布，大多数以列岛或群岛形式出现。从海岛类型来看，基岩岛为主要类型，约占全国海岛总数的93%；堆积岛次之，占4%左右，主要分布在渤海和一些大河河口；珊瑚岛数量较少，占2.5%，主要分布在台湾海峡以南海区；火山岛数量最少，主要分布在台湾岛周边，包括钓鱼岛及其附属岛屿。从各海区的海岛分布来看，东海最多，约占66%；南海次之，约占25%；黄海居第三位，渤海最少。从各省（自治区、直辖市）海岛分布来看，浙江海岛数量最多，约占全国海岛总数的

37%；其次是福建，约占21%；往下依次为广东、广西、海南、山东、辽宁、台湾、香港、河北、江苏、上海、澳门、天津。

我国的海岛不仅数量多，分布广，而且形态各异，环境优美，生态独特，资源丰富。有的是理想的旅游佳境，有的是险要的国防前哨，有的是繁忙的交通要道，有的是闻名的天然鱼仓。作为我国经济发达地区最直接的辐射带，因其得天独厚的自然和经济条件，使得海岛成为我国第二经济带的潜力也与日俱增。但是，海岛的生态环境又是十分脆弱的。大多数海岛面积小，资源种类单一，基岩裸露，土壤瘠薄，植被面积有限。岛上淡水主要来源于大气降水，约85%的年降水量流入大海，因而大多数海岛上淡水缺乏。改革开放之后，海岛越来越受到各方关注，开发活动日趋活跃。但由于早期的无序、过度开发，也带来诸多问题和后患。20世纪80年代末以来，由于炸岛和填海连岛等人为原因，导致海岛消失（注销）数量超过800个（以《全国海岛名称和代码》（HY/T119—2008）列入的海岛为基准，截至2008年年底），约占海岛总数的8%，对海岛及其周边海域生态环境造成严重影响。其中，福建消失（注销）海岛最多，达200多个；浙江和广西次之，均超过150个。同时，由于过度开发、忽略保护，也造成生境恶化、资源减少。例如，20世纪50年代海南岛天然林面积有80多万公顷，本世纪初已不足30万公顷，有些树种濒临绝迹，长臂猿、巨蜥、橙胸绿鸠等珍稀动物所剩无几。广西涠洲岛因炸礁、挖沙，天然护岸屏障遭破坏，导致海岸侵蚀；由于围海造地，南湾古火山遗迹景观遭破坏，从而降低考古、教学、观光游览等价值。这类现象，各省（自治区、直辖市）均有发生。此外，炸岛和填海连岛，也将威胁领海基点海岛的安全，不利于国家海洋权益维护。

针对海岛开发带来的问题和不良后果，国家有关部门相继出台了一系列法规，对海岛实施保护与开发管理措施。如国家海洋局、民政部和总参谋部联合下发的《无居民海岛保护与利用管理规定》，于2003年7月1日起实施。随后，各省（自治区、直辖市）和计划单列市相继制定了符合当地实际情况的管理制度。《无居民海岛保护与利用管理规定》首次明确，无居民海岛属国家所有，国家实行无居民海岛功能区划、保护与利用制度，单位和个人利用无居民海岛要履行申请审批程序。同时设置禁令，领海基点所在无居民海岛及其周围海域禁止采石、挖砂、砍伐、爆破、射击等活动；在领海基点周围1千米范围内，除有利于领海基点保护的工程外，禁止其他任何工程施工。该规定作为一项全新的制度，解决了长期以来面临的诸多问题，改变了无居民海岛无人管理的现状。

继《中华人民共和国海洋环境保护法》和《中华人民共和国海域使用管理法》之后，2010年3月1日起又正式实施了《中华人民共和国海岛保护法》（简称《海岛保护法》）。这是中国第一部全面加强海岛保护与管理，规范海岛开发利用秩序的法律，具有里程碑意义。《海岛保护法》进一步强化了对海岛的生态保护；促进了海岛自然资源的合理开发与利用;切实维护了国家海洋权益;首次确立了海岛保护的原则,即“科学规划、保护优先、合理开发、永续利用”。该法规定了五项重要的海岛保护基本制度,即海岛保护规划制度、海岛生态保护制度、无居民海岛权属及有偿使用制度、特殊用途海岛保护制度和监督检查制度,明确了海岛保护和利用活动应当符合海岛保护规划、无居民海岛属国家所有、无居民海岛利用要报省级人民政府或者国务院审批并缴纳使用金等一系列重大事项。

国家海洋局按照《海岛保护法》要求,根据海岛的区位特征、资源环境状况和承载能力,组织编制的《全国海岛保护规划》已于该法实施的当年报请国务院批准。在全面贯彻落实《全国海岛保护规划》的基础上,引导和启动了各级地方海岛保护规划的编制工作,科学定位海岛功能。通过各级海岛保护规划的实施,提高科技支撑能力,对海岛实行分类保护和管理,特别是加强对边远海岛的实际管控能力;积极调整海岛产业结构,在保护中求发展,以发展促保护;组织开展海岛整治修复工程,对以往破坏的海岛及生态环境开展抢救性修复与保护;加大宣传力度,增强全民海岛意识,在全社会形成关心海岛发展、保护海岛生态的良好氛围。至此,我国已全面步入依法护岛、依法用岛、依法管岛的轨道,进入到有序、有度、有偿的全新阶段。

科学、有效地保护、利用和管理海岛,需要全面掌握海岛的自然环境、资源和生态状况。近二十多年来,国家十分重视对海岛的调查与研究。1988—1995 年,开展了“全国海岛资源综合调查”;2004—2011 年,在开展的“我国近海海洋综合调查与评价”专项(908 专项)中,采用地面观测与测量、航空与卫星遥感等手段,对全国海岛也进行了综合调查。其间,有关省(自治区、直辖市)也对管辖海区进行过不同程度的海岛调查。这些调查为我国海岛工作提供了基础数据及资料。

鉴于海岛的特殊地位和价值,以及海岛保护、管理和海岛科普工作的需要,我们提出编纂《中国海岛志》的建议,得到国家海洋局批准和 908 专项办公室的全力支持。旨在全面利用 908 专项海岛调查资料,充分发掘和系统整理我国海岛的历史资料,整合沿海省(自治区、直辖市)以及有关部门的海岛工作成果,并辅以现场调研和补充调查,以志书的形式为我国的全部海岛“建户立档”,以满足海岛保护、利用和科学管理的迫切需求,提供基础保障和信息平台,为海洋主权维护和涉海国防安全提供有力支撑。

考虑到《中国海岛志》编纂工作任务重、涉及面广、影响大,建立了高水平的、有效的、权威的编纂机构,以保证高质量地完成志书的编纂出版工作。经国家海洋局批准,组织了由国家海洋局领导任主任和副主任,国家综合部门和国家海洋局的有关司(局)领导为委员的指导委员会,负责《中国海岛志》编纂的指导和咨询工作。组成了由国家海洋局分管领导任总编、908 专项办公室领导和院士任副总编,沿海省级海洋行政主管部门分管领导、有关专家和各卷（册）主编为委员的编纂委员会，负责《中国海岛志》编纂的组织、协调和审查等工作。《中国海岛志》编纂委员会办公室挂靠在国家海洋局908专项办公室，承担《中国海岛志》编纂委员会的日常工作。《中国海岛志》总编纂组由执行总编任组长，各卷（册）主编为成员，具体负责编纂技术事宜，包括《中国海岛志》编纂实施方案、编纂纲要和有关技术标准的设计和制定，定期举行例会，会商和统一入志内容的有关技术细节等。

《中国海岛志》定位为广义的地理志，自然科学与社会科学内容相结合，面向管理、科研、教学和科普。该志书按省级行政单元设卷。海岛数量少的省、直辖市、特别行政区合并为一卷，如河北省和天津市合为一卷，江苏省和上海市合为一卷，香港和澳门特别行政区合为一卷。海岛数量多的省级行政单元，卷内设册。共划分为11卷21册，分别为：

辽宁卷第一册（辽宁长山群岛）
辽宁卷第二册（辽宁沿岸）
河北、天津卷
山东卷第一册（山东北部沿岸）
山东卷第二册（山东东南部沿岸）
江苏、上海卷
浙江卷第一册（舟山群岛北部）
浙江卷第二册（舟山群岛南部）
浙江卷第三册（浙江北部沿岸）
浙江卷第四册（浙江中部沿岸）
浙江卷第五册（浙江南部沿岸）
福建卷第一册（福建北部沿岸）
福建卷第二册（福建中部沿岸）
福建卷第三册（福建南部沿岸）
台湾卷
广东卷第一册（广东东部沿岸）
广东卷第二册（广东西部沿岸）
香港、澳门卷
广西卷
海南卷第一册（海南岛及其沿岸）
海南卷第二册（西沙群岛、中沙群岛和南沙群岛）

《中国海岛志》编纂工作量巨大，按计划分期执行。在国家908专项支持下，完成了第一期工作，编纂出版其中的8卷（册），即辽宁卷第一册，山东卷第一册，江苏、上海卷，浙江卷第一册和第二册，福建卷第三册，广东卷第一册和广西卷，分别由相应卷（册）区域的有关单位组织编纂。其中，山东卷第一册和广西卷由国家海洋局第一海洋研究所负责，浙江卷第一册和第二册由国家海洋局第二海洋研究所负责，辽宁卷第一册，江苏、上海卷，福建卷第三册，广东卷第一册分别由国家海洋环境监测中心、国家海洋局东海分局、国家海洋局第三海洋研究所和国家海洋局南海分局组织编纂。卷（册）的负责人出任主编，所涵盖区域的908专项海岛调查负责人、省级海洋主管部门的分管领导为副主编。卷（册）编纂委员会由主要编纂人员、地方史志人员、涉岛海洋行政主管人员及有关专家组成，具体组织和分工开展现场调研、补充调查、资料收集与整编、图表编制和文本撰写。

为保证志书编纂的高质量和统一性，总编纂组首先制订了“《中国海岛志》编纂总体实施方案”、“《中国海岛志》编纂纲要”和“《中国海岛志》编纂技术要求”，作为各卷（册）编纂组补充调研与调查、资料收集与整编以及具体编纂的规范性技术文件。通过初步工作和编纂试点，又制订了反映具体技术细节的“《中国海岛志》编纂补充技术要求”。对编纂中遇到的新问题，通过10次总编纂组工作会议研讨和统一，形成会议纪要，规范执行。

《中国海岛志》各卷（册）编纂使用的资料和数据，除908专项海岛调查与第一次全国海岛和海岸带资源综合调查资料、国家有关部门和大陆沿海省（区、市）组织的海岛普查与专业调查的历史成果外，还包括各类地方志、统计年鉴、统计报表、政府工作报告和公报、专业志、公开的专著和论文等，多达千余册。特别是对资料匮乏的海岛，针对其缺失内容及程度，在编纂过程中又进行了必要的现场调访或补充调查。其中，到海洋、国土、民政、林业、环保、发改委、城建、旅游、规划、统计、文化等部门，重点了解和收集历史、文化、经济、基础设施等方面的资料，并实地补拍各类照片。对所有资料和数据，经过甄别、筛选、同化、统计和对比分析后，再开展各卷（册）编纂。志书文稿形成后，邀请二十余位专家，分别对各卷（册）入志海岛及其内容和数据，特别是敏感内容和数据，进行了两次详细审查。根据审查意见，又经过反复修改与完善。

《中国海岛志》所记述的海岛，既包括《全国海岛名称和代码》、《中国海域地名志》和《中国海域地名图集》收录的海岛，第一次全国海岛资源综合调查的海岛，以及按照国家海洋局908专项办公室颁发的《海岛界定技术规程》而界定、命名的海岛，也包括以《全国海岛名称和代码》为基准，由于自然或人为原因，于2008年年底前而实体消失、海岛属性丧失或岛体归并的海岛。重要的人工岛、远离大陆岸线或具特殊意义的礁、沙等，视情入志。各卷（册）中的特殊礁、沙、重要人工岛和消失的海岛，分别列篇记述。

对入志海岛，力求记述内容全面、详尽，图文并茂，数据准确，资料来源清晰。对某一岛群或海区的区域环境单独列篇，统一阐述其区域地质地貌、气候与气象、海洋水文、海洋化学、海洋生物与生态、海洋灾害等。对资料丰富、内容全面的单个海岛，分章依次记述：概况，包括海岛地理、政区建置及历史沿革、人口和教育、科技、卫生等公共服务；历史与文化，包括古遗址和人文遗迹、历史事件、历史人物、历史名镇和渔村、海岛风情和旅游、民俗、语言、信仰、航海等文化；基础设施，包括交通运输、港口及航运、航行安全、水利、广播、电视和通信、电网系统、市政基础设施、生态建设和环境保护等；经济基本情况，包括岛民生活与生产活动、社会经济基本情况和主要海洋产业基本情况等；地质地貌，包括岸线与潮间带、海岛地貌、岛陆地质和地质灾害等；植被与土壤，包括海岛植被和岛陆土壤；自然资源及其开发与保护，包括土地、水、矿产、旅游（景观）、港口、航道、生物、渔业等资源，珍稀和濒危物种，可再生能源及其开发与保护现状等。

各卷（册）均收录了涵盖区域的全部海岛，完整地记述了迄今为止所掌握的各个海岛的信息；历史资料与现状资料统筹使用，数据真实，既反映海岛历史背景，也体现海岛现状。所记述的内容和体例等各卷（册）保持一致，规范统一，并逐步形成了完善的海岛志编纂技术标准。这套志书，不仅反映了海岛基本特征和社会风貌等浅显内容，而且包含了自然环境与资源的科学资料和数据，并插入大量精美图片，使之图文并茂，通俗易懂，适应不同层面读者。可以说，它既是沿海各级政府领导和海洋行政管理人员的重要案头工具书，也是科技和工程设计人员的参考书，更是公众了解我国海岛、增强全民海岛意识的典籍。

《中国海岛志》体现了全体编纂人员的共同努力和集体智慧。它的编纂及付梓出版，是在国家海洋局领导的关怀及有关业务司，特别是科学技术司和海岛管理司的支持、指导下完成的。编纂过程中，得到国家发改委、财政部、科技部、外交部、民政部和总参作战部海军局等部门的支持和鼓励；沿海有关省级海洋行政主管部门和所涉区域的地方各级政府有关部门，在调研过程给以密切配合和帮助，积极提供有关数据及资料。海洋出版社非常重视这套志书的出版，提前安排优秀编辑介入编纂过程。负责和参加志书编纂的人员数百名，除国家海洋局下属单位的科技人员外，还有一些涉海高校、研究院所和海洋行政主管部门、地方志办公室等的专家和领导。这些单位和部门，在编纂人员、时间、资料、环境条件等方面，均给予保障和支持。对上述所有关心、支持、帮助《中国海岛志》编纂工作的部门和单位，及其有关领导和专家，谨此一并致谢。

《中国海岛志》编纂委员会

2012 年 6 月 8 日

编纂说明

《中国海岛志》定位为广义的地理志，既与地方志和行业志有别，也与科学专著和调查研究报告不同。它是一套自然科学与社会科学内容相结合，面向管理、科研、教学和科普的志书。

一、基本规定

1. 《中国海岛志》以历史唯物主义和辩证唯物主义为指导，以存真求实、述而不论为原则，系统地记述中国海岛自然与人文社会等方面的历史和现状。

2. 充分利用908专项海岛调查、第一次全国海岛和海岸带资源综合调查、国家有关部门和沿海省（自治区、直辖市）组织的海岛普查与专业调查资料，并引用地方志和专业志有关资料。所录用的统计数据，一般以公开的统计公报、年鉴和政府报表等为准。

3. 记事贯通古今，详今略古。上限按事物的发生和发展追溯。第一期的8卷（册）上限不限，下限一般至2008年年底，个别事物适当下延至2010年。重点记述1949年以后的史实，侧重近20多年来海岛调查资料和成果。

4. 除引文、旧志录用外，本志一律采用规范的语体文、记叙体，以第三人称书写。具体采用述、记、传、图、表、录等体裁。不用文言文、文白相夹的半文言文、方言、土语、俗语和口头语。必要使用时，括注标准用语。

5. 字体采用1986年版的《简化字总表》和国家语言文字工作委员会最新公布的简化汉字。为了体现地方特色，尊重群众的传统习惯，对个别地方也使用方言字，如潮汕方言的“蠘”、“舢”等。标点符号一律以1996年6月1日实施的国家标准《标点符号用法》（GB/T 15834—1995）为准。

6. 计量单位按国务院1984年颁布的《中华人民共和国法定计量单位》执行。历史上的计量单位仍按当时使用的计量名称。数字书写按1996年6月1日实施的国家标准《出版物上数字用法的规定》（GB/T 15835—1995）执行。

7. 公开发表或出版的参考文献按2005年10月1日实施的国家标准《文后参考文献著录规则》（GB/T 7714—2005），排列于正文之后。未公开发表或出版的参考资料和引文标注采用当页页末注。

8. 公历世纪、年代、年、月、日和时刻的表述，用阿拉伯数字书写，一律按国家标准《出版物上数字用法的规定》（GB/T 15835—1995）第五条执行。人的生卒时间以公历计，一律省略“年”、“月”、“日”字样，如“毛泽东（1893. 12. 26—1976. 9. 9）”。历史纪年采用朝代年号并括注公元纪年，如清康熙二十年（1681 年）。

9. 称谓、名称和术语。

（1）历史朝代、机构、官职、地名和人名均依当时称谓；对各个历史时期的党派、社团、机构、各类职务等均以通用的、规范的名称为准，不冠以褒贬词语；人名除引文外，直书其名，不加“同志”、“先生”、“女士”等称谓，也不加褒贬之词。

（2）机构、单位、项目名称等在同一条目中首次出现时用全称，并在括号内标注规范的简称，如“人民政府”简称“政府”，中国共产党的地方组织简称省委、地委、市委等；无规范简称的始终用全称。

（3）各种法规、文件、会议、公报名称用全称。如名称过长，可在首次出现时使用全称并括注简称，如《中华人民共和国海岛保护法》（简称《海岛保护法》）。文件只记标题，不注文号。

（4）涉及外国人名、语种、党派、社团、机构、人名、报刊、科技期刊、著作和论文名等，一律使用中文译名，首次使用时在其后括注外文原名。

（5）动物、植物、化石等名称，书写其标准中文学名，首次出现时括注其拉丁文和当地俗名。科技术语、名词及名称，凡已有中文定名的，一律采用中文名称；尚无中文名称的，采用中文临时名称，首次使用时括注外文原名。

（6）一些专用术语，如“文革”，首次出现时在当页下脚注全称。

10. 人物立传按照“生不立传”的原则处理，入志人物均是已故的并在当地历史上有较大社会影响的历史人物。对在世人物名字以事系人进行记载。

11. 本志所用来自政府有关部门的档案史料、旧志书、报刊和知情人士的口述记录等，经过综合记述，不注明出处。

12. 遇有未定论事项，则客观罗列诸家所见，在前人成果的基础上纵横兼顾。

二、卷（册）划分和章节设计

1. 卷（册）划分

《中国海岛志》卷（册）的划分遵循以下原则。

（1）按省、直辖市、自治区、特别行政区等省级行政单元设卷。海岛数量少的省、直辖市、特别行政区合并为一卷，如河北省和天津市合为一卷，江苏省和上海市合为一卷，香港和澳门特别行政区合为一卷。

（2）海岛数量多的省级行政单元，卷内设册。在不突破地级市行政单元的原则下，按地理概念的岸段、海区或群岛划分几册。

（3）金门列岛和马祖列岛等在福建卷，钓鱼列岛在台湾卷。领海基点岛和新发现的我国海域边界岛划入相应卷（册）。

按照上述原则，《中国海岛志》共划分为11卷21册，其中辽宁卷2册，河北、天津卷1册，山东卷2册，江苏、上海卷1册，浙江卷5册，福建卷3册，台湾卷1册，广东卷2册，广西卷1册，海南卷2册，香港、澳门卷1册。

2. 章节设计

（1）《中国海岛志》的每册正文分篇。根据自然地理和海洋环境特点及其海岛行政归属，以海岛相对集中的某一岛群，或者地理上多个或众多海岛分布相对独立的某一海区或某一岸段海域作为一篇。

（2）篇内分章。第一章为“区域环境概况”，阐述本岛群或海区的区域地质地理与海洋环境特征。第二章开始为单岛（指内容丰富的海岛）分述，按照《中国海岛志》编纂纲要分节记述。内容匮乏的小岛作为“其他海岛”，集中一起单独成章。

（3）本卷（册）范围内消失的海岛，单独成篇，作为倒数第二篇；重要的人工岛和特殊的礁、沙单独立篇记述，作为最后篇，重点记述其变迁情况、现状、特殊意义和特色等。

三、入志海岛界定及名称

1. 海岛界定

海岛的定义以《联合国海洋法公约》规定为准，系指海洋中四面环水、高潮时高于海面、自然形成的陆地区域。高潮时海面出露的原称为“礁”和“沙”的均认定为“岛”。具体规定如下。

（1）高潮时海面出露面积大于或等于500平方米的海岛均须记述。

（2）高潮时海面出露面积小于500平方米、远离大陆和其他海岛而孤立存在的海岛均须记述。

（3）高潮时海面出露面积小于500平方米、位于大陆岸边而距离大陆岸线和其他海岛岸线等于或超过50米的海岛均须记述。

（4）高潮时海面出露面积小于500平方米、距离主岛岸线和其他小岛岸线等于或超过50米的海岛均须记述。

（5）相互之间距离小于 50 米、高潮时海面出露面积小于 500 平方米、距离大陆岸线或其他海岛岸线等于或超过 50 米的诸个礁石或沙，界定为丛岛，作为一个海岛记述。

2. 海岛名称

（1）直接使用《全国海岛名称和代码》（HY/T 119—2008）行业标准和 2008 年以前省级或省级以上人民政府公布的海岛名称。

（2）主岛周围的无名称海岛，以“主岛名称-序号”的方式进行命名（从正北方向顺时针排序），如龟山岛-01、龟山岛-02 等；对其他的无名称海岛，按照“县级或县级以上行政区名称-序号”的方式处理，如钦州-01、钦州-02 等。

（3）尊重我国历史上形成的以及有成因和地理特点的相关海岛名称，如“礁”、“沙洲”、“沙”、“砣”、“墩”、“山”和“屿”等，不起新名。

（4）除南海诸岛外，在其他海域（区域）均不出现“暗礁”、“暗沙”之名称。

（5）海岛代码遵照《全国海岛名称和代码》（HY/T 119—2008）和《中国海岛（礁）名录》（国家海洋局，2012）执行。

（6）海岛位置一般以最高点的位置坐标为准；对于地势低平的海岛，则以中心点坐标为准，采用 CGCS 2000 国家坐标系。

四、有关编纂要求

1. 全面收集环境、资源、人文、社会和经济等方面的翔实资料。对每个海岛，依据其资料的类型和丰富程度，详尽记述。对人文社会与环境资源内容，不作文字数量比例限定，以全面反映各岛特色。

2. 按照“《中国海岛志》编纂纲要”、“《中国海岛志》编纂技术要求”、“《中国海岛志》编纂补充技术要求及范例”和总编纂组会议多次会议纪要，并参照国家海洋局 908 专项办公室发布的相关技术规程，进行编纂。

3. 入志海岛，既包括 908 专项海岛调查、第一次全国海岛资源综合调查确认的海岛和《全国海岛名称和代码》收录的海岛，也包括以《全国海岛名称和代码》为基准，由于自然或人为原因，于 2008 年年底前实体消失、海岛属性丧失或岛体归并的海岛。海南本岛、台湾本岛、香港本岛、厦门本岛等省级和副省级岛，均独立入志，但记述内容可以简化。远离大陆岸线的海岛，单独入志。重要的人工岛和具特殊意义的礁、沙等，视情入志。各卷（册）中的特殊礁、沙、重要人工岛和消失的海岛，分别列篇记述。

4. 消失海岛的名称、代码、行政隶属关系、地理位置、高程、面积和岸线长度等，均以第一次全国海岛调查数据和《全国海岛名称和代码》、《中国海域地名志》为准。

5. 海岛记述顺序，以行政辖区、行政级别、重要性和地理位置作为基本依据。同一行政区内的有居民海岛（含重要的无居民海岛）作为相邻章，高行政级别区的靠前；同行政级别之间，重要和有影响力的靠前；行政区内部，重要和有影响力的靠前。

6. 入志内容除编纂大纲规定的外，其他如“产卵场”、“上升流”、“低氧区”、“砂矿区”、“沉船”、“海缆”、“钻井平台”（含废弃平台）等以及某些海岛的特色内容，也入志。无居民海岛或小岛的记述内容酌情精简，不按大纲规定条目编纂。

7. 涉及行政隶属，按照各级人民政府勘定的海域行政区域界线进行归属。对省、自治区、直辖市之间海域行政区域界线尚未明确的海岛，在相邻两卷（册）分别入志，其内容完全一致。

8. 各卷（册）均须图文并茂，并插入简明扼要的重要数据资料表。图件主要包括分册索引图、岛群或海区分布图、大岛和主要海岛地理分布图、单岛全景遥感影像（卫星与航空）或照片等。对海岛上具重要意义或代表性的典型地貌、地物和历史、文化、基础设施等标志，均附清晰美观照片。同时，插入相关专业图件，在反映基本自然现象及规律前提下，尽量简化、清晰、明了、易懂。

9. 只对本卷（册）或某篇所记述的海岛数量进行统计。对全国海岛和各级行政区（省、市、县）的海岛总数不予统计。人工岛作为一种特殊类型，单独予以统计。

目次/Contents

第二篇　庙岛群岛中部岛群海岛

第三篇　庙岛群岛北部岛群海岛

第四篇　龙口市和莱州市海区海岛

第五篇　潍坊市和东营市海区海岛

第六篇　滨州市海区海岛

第七篇 消失或丧失海岛属性海岛

概　述

根据《中华人民共和国海岛保护法》，海岛“是指四面环海水并在高潮时高出水面的自然形成的陆地区域”。海岛系统是一个具有陆地系统和海洋系统双重特征的生态系统，也是阻挡巨浪灾害的屏障和海防安全、反击海上入侵的可靠基地，具有特殊的地位和意义。海岛的开发与保护，无论对社会发展和经济建设，还是对国家权益和国防安全，都具有重要的战略地位和价值。根据《联合国海洋法公约》规定，沿海岛屿是划分国家内水、领海、毗连区、专属经济区和大陆架的重要依据。海岛已经成为世界各国海洋开发关注的焦点。

我国对海岛调查、研究、保护和管理工作历来十分重视。1958—1960 年开展的“全国海洋综合调查”，初步了解了我国海岛周边海域的自然环境状况。1974—1976 年开展的“沿海主要岛屿调查”，初步查明了我国沿海主要海岛的基本状况。1980 年中国人民解放军海军司令部航海保证部，利用已有海岛测量和普查资料编辑了《中国海洋岛屿简况》①，分上、下两册出版，主要供驻沿海部队军以上指挥机关和有关单位研究海洋岛屿一般情况时参考，其中上册以图为主，兼有文字说明；下册以表格形式列出全国 6536 个海岛的名称、位置、高度、面积以及人口、码头等内容，顺序编排了海岛“全国统一编号”。此 6536 个海岛的数据，与 1975 年国务院、中央军委“关于我国大陆海岸线长度和海洋岛屿数量及其岸线长度新数据的通知”规定的内部使用数据的海洋岛屿数量相一致。1983—1986 年国家组织开展了全国海域地名普查工作，共计普查海域地名 19 700 多条，基本摸清了海域地理实体的地名底数，1989 年编纂出版了《中国海域地名志》②，并与之配套出版了《中国海域地名图集》③ 和《中国海域地名录》，沿海部分省市也出版了相应的海域地名志。1988—1995 年国家海洋局组织开展了“全国海岛资源综合调查”（以下简称“第一次全国海岛调查”），调查工作以沿海省（直辖市、自治区）为行政单元，涉及自然环境、自然资源、社会经济和开发利用等各方面内容，编制出版了各自的海岛资源综合调查研究专业报告、综合报告和系列成果图件，部分省份编制出版了“海岛志”和海岛图集；国家海洋局组织国内专家编制出版了《全国海岛资源综合调查报告》和《全国海岛名录》、《全国海岛资源综合开发试验报告》（全国海岛资源综合开发试验报告编写组，1996）、《中国海岛》（杨文鹤，2000）专著等。2008 年国家以行业标准发布了《全国海岛名称与代码》（国家海洋局，2008），规定了全国 6972 个海岛的名称与代码。在全国海岛综合调查的基础上，国家先后开展了三批海岛开发、保护和管理试点。

近十几年来，由于海岸带地区开发强度不断加大，近岸海岛状况变化很大，许多数据和资料失去了时效性，难以全面、真实地反映我国海岛的现状，不能满足实际管理的需求。因此，充分发掘和系统整理我国海岛的历史资料和数据，全面利用“我国近海海洋综合调查与评价专项”（简称 908 专项）海岛调查数据和资料，结合沿海省（直辖市、自治区）以及有关部门的海岛工作成果，通过处理、分析和系统整理，以“志书”的形式为我国全部海岛“建户立档”，将对今后我国海岛的科学管理提供基础保障，为海岛资源开发与环境保护提供信息平台，为海洋主权维护和涉海国防安全提供有力支撑。同时，也为公众了解国家海岛事务、增强全民海岛意识提供信息服务。为此，国家海洋局决定于 2008 年启动了《中国海岛志》编纂工作，并由国家海洋局 908 专项办公室召集有关专家，编制了“《中国

---

① 中国人民解放军海军司令部航海保证部：中国海洋岛屿简况（上、下册），1980 年。

② 中国地名委员会：中国海域地名志，1989 年。

③ 中国地名委员会，国家测绘局：中国海域地名图集，1991 年。

海岛志》编纂纲要”（以下简称“编纂纲要”）和“《中国海岛志》编纂总体实施方案”（以下简称“总体实施方案”），对《中国海岛志》编纂工作遵循的编纂原则、执行的具体技术标准、体例与内容、组织实施、管理与进度安排等，进行统一的要求和部署。

根据“编纂纲要”和“总体实施方案”，《中国海岛志》第一期启动8册（卷），即辽宁卷第一册（辽宁长山群岛），山东卷第一册（山东北部沿岸），江苏、上海卷（江苏、上海沿岸），浙江卷第一册（舟山群岛北部），浙江卷第二册（舟山群岛南部），福建卷第三册（福建南部沿岸），广东卷第一册（广东东部沿岸）和广西卷（广西沿岸）。

20世纪80—90年代全国海岛资源综合调查开展之前，国家海洋局为此次开展的全国海岛综合调查摸索经验，特选定了山东省的南长山岛和北长山岛作为调查试点，于1986年下达任务，由国家海洋局第一海洋研究所承担。1986年11月至1987年8月，国家海洋局第一海洋研究所完成了试点海岛陆域地质、地貌、土壤、植被、气候、航空遥感、海域底质、海域浅地层结构、海洋水文、海水化学、海洋生物的调查，在进行了大量的实验分析工作的基础上，编制了成果报告和图件，并于1989年5月通过了国家海洋局组织的评审验收。1989年年底，出版了《长山岛自然环境与资源》（赵奎寰，1989）。

全国海岛资源综合调查正式启动后，山东省的海岛调查工作从1990年开始，至1993年结束。该次调查后确认山东省共有面积500平方米以上的海岛326个，海岛陆地面积累计为136.19平方千米，海岛岸线长度累计为737千米。山东海岛分布介于北纬117°51′40″~122°42′18″N、东经34°59′05″~38°23′24″E之间的渤海和黄海海区，其中渤海海区有海岛93个、渤海海峡海域有海岛32个、黄海区有海岛201个。按海岛物质组成分类，有基岩岛235个、泥沙岛91个，泥沙岛主要分布于黄河口片区（共89个海岛）；按社会属性分类，全省有居民海岛共计35个，无居民海岛共计291个。以此次调查为依据，编纂出版了《山东海岛研究》（山东省科学技术委员会，1995）、《山东省海岛志》（山东省科学技术委员会，1995）、《青岛海岛研究》（青岛市科学技术委员会，1996）和《青岛海岛志》等重要成果。其中，《山东省海岛志》和《青岛海岛志》对山东全省和青岛市每个海岛的基本情况分别进行了记述。

由于自然环境条件的变化和海岛开发及海岛退耕还林政策的实施，海岛自然资源环境条件和利用状况发生了很大变化。因此，在国家海洋局的统一部署下，山东省908专项办公室组织开展了山东海岛（礁）调查工作，相关调查成果已被2010年出版的《山东海情》（侯英民，2010）引用。

根据山东省908专项成果资料编辑出版的《山东海情》，给出的山东沿岸和近海海岛共计456个（含行政隶属关系尚未明确的鲁苏交界海域的“前三岛”岛群，下同），海岛面积总和约111.22平方千米，海岛岸线累计长度约561.44千米。其中海岛面积在500平方米以上（含）的海岛320个。这些海岛分布的南北纵跨360千米、东西横跨420千米。

根据908专项山东省海岛调查成果资料，20世纪90年代初全国海岛资源综合调查山东确认的326个海岛中，有57个海岛已经消失了；另新增海岛187个（面积500平方米以上海岛56个、面积500平方米以下海岛136个），海岛总数净增了130个。沿海各地级市的海岛数量变化情况见表0-1。

根据《中国海岛志》卷册划分方案，山东卷分为2册。第一册为西起鲁冀交界处、东至渤海海峡的山东北部海域的海岛；第二册为庙岛群岛向东，绕成山头向南，至鲁苏交界海域的海岛。其中，第一册具体收录的包括滨州市、东营市、潍坊市和烟台市的莱州市、龙口市及长岛县海域的海岛，共计154个（现存海岛112个、消失或失去海岛属性的海岛43个），具体见表0-2。

现有112个海岛中，绝大多数海岛的陆地面积大于500平方米（96个）。收录的这些海岛中，位于滨州市海域的有47个海岛、东营市海域有海岛4个、潍坊市海域有海岛10个、莱州市海域有海岛1个、龙口市海域有海岛2个、长岛县海域有海岛48个。

滨州市现有的47个海岛均位于0米等深线以浅潮间带，均属砂质海岛类型。据20世纪90年代初海岛调查资料，该市海域共有面积500平方米以上砂质岛89个（岛陆面积33.79平方千米，海岛岸线长度为 219.45 千米)，目前其海岛数量已经减少了 42 个。海岛数量减少的原因主要是受岛屿类型、环境要素及人为因素的共同影响。该市海岛类型均为砂质海岛，易受风暴潮、潮流等海洋动力因素的侵蚀而变迁，从而导致海岛分解、合并、消失和新生。近十多年来变化较剧烈，主要是人类开发利用，建造盐田、养殖池，改变了河道、潮水路径，使得一些陆连岛面积不断缩小；同时，围海工程也夷平了一些海岛，使部分海岛完全丧失了海岛的属性特征。

表 0-1　山东岛陆面积在 500 平方米以上（含）海岛数量变化　　单位：个

地市名称	20 世纪 80—90 年代海岛调查成果		908 专项海岛调查成果		
	海岛	现存海岛	减少海岛数	新增加海岛	海岛总数
滨州市	89	47	42		47
东营市			0		4
潍坊市			0		10
烟台市	74	72	2	5	77
威海市	86	78	8	20	98
青岛市	68	63	5	10	73
日照市	9	9	0	2	11
合计	326	269	57	37	320

东营市 20 世纪 90 年代初海岛调查时没有海岛，现有的 4 个海岛均为黄河泥沙冲积形成的泥沙岛、贝壳砂岛，分布在新、老黄河入海口，海岛面积总和约 9.07 平方千米，海岛岸线累计长度约 24.37 千米。

潍坊市 20 世纪 90 年代初海岛调查时没有海岛，现有海岛 10 个，均为河流入海冲积形成砂质海岛，分布在小清河、潍河等的入海口，海岛面积总和约 0.50 平方千米，海岛岸线累计长度约 6.58 千米。

现有 112 个海岛，按社会属性，分为有居民海岛和无居民海岛，其中以无居民海岛为主。有居民海岛主要分布在长岛县，该县是山东省唯一的海岛县，有居民海岛包括南长山岛、北长山岛、庙岛、大黑山岛、小黑山岛、砣矶岛、大钦岛、小钦岛、南隍城岛和北隍城岛。除此之外，还有龙口市的桑岛和滨州市无棣县的大口河岛、棘家堡子岛（6）、南长滩岛、岔尖堡岛等。这些有居民岛中，南长山岛为县级政府驻地海岛，北长山岛、大黑山岛、砣矶岛、大钦岛、小钦岛、南隍城岛和北隍城岛为乡镇级政府驻地海岛，小黑山岛和桑岛为行政村村民委员会驻地海岛，其他海岛则为自然村。

山东省北部沿岸和近海岛屿，按其物质组成主要分为泥沙岛和基岩岛两大类型，缺少珊瑚岛类型。其中，滨州市、东营市和潍坊市的所有海岛均为泥沙岛，莱州市、龙口市和长岛县的所有海岛均为基岩岛。

泥沙岛的组成物质以贝壳砂、黏土质粉砂和粉砂质黏土为主，一般分布在平均高潮线与特大高潮线之间的潮滩地带，根据成因又可进一步分为贝壳堤岛和残留冲积岛。贝壳堤岛为堆积型海岛，主要系受海浪和潮汐等动力作用（特别是风暴潮的影响），将潮间带贝壳及其碎屑向高潮线附近堆积，与泥沙共同形成以贝壳堤为主要形态的岛屿，如大口河岛、棘家堡子岛群和赵沙子岛群、岔尖堡岛、脊岭子岛、大堡岛等。残留冲积岛系黄河三角洲体残块，分布在特大高潮线附近略高于潮上带滩面，形状不规则，周围被潮沟切割，如红土洼子岛等。基岩岛多为构造运动而形成，多数呈岛群分布，基岩裸露，四周岸壁较陡，海蚀地貌发育。周围海滩宽度较小，海底沉积物厚度不大，基岩埋藏深度小。

长岛县海岛，即庙岛群岛，分布在胶东半岛和辽东半岛之间的黄渤海交汇处，海岛周围海域辽阔，水流畅通，水环境质量好，营养盐含量丰富，水质肥沃，饵料丰富，海水理化因子比较稳定，适宜鱼、虾、贝、藻类和底栖生物的繁衍，海上生物资源丰富，具备发展海洋捕捞和海水养殖业得天独厚的优越条件。岛屿沿岸多为岩礁和砾石，周围无大的污染源，个别海岛污染主要是渔业公司冷藏厂向海域排放的加工废水，海上的污染源主要是作业船只和船厂以及停泊船只的含油废水，岛上的土壤质量一般较好，地表水也无污染，但是，有些海岛沿岸地下水受海水浸染，水质较差。该区海岛多数岛上土层较薄，面积较大的海岛土层较厚，主要是棕壤和褐土，多数岛上植被覆盖率较高，主要是黑松、刺槐等木本植物，以及茅草、蒿子、碱蓬等草本植物。

滨州、东营和潍坊3个市海岛均为粉砂淤泥质海岸的潮间带岛，海岛周围泥质潮滩广泛发育。沿岸水浅、滩宽、地势平坦，水质肥沃，适合多种贝类生长栖息，是理想的海洋农牧化基地。气候多为暖温带东亚季风大陆性半湿润气候或暖温带季风型海洋性过渡气候，具有春季多风、干燥，夏热多雨，冬寒季长，四季分明的特点。光照充足，光能资源丰富，这种气候使海水含盐量较高。地下卤水资源十分丰富，埋藏较浅，易于开采，给发展晒盐业带来了极大的便利。除部分海岛有生活污水外，无工业或其他污染来源，土壤没有污染，海域水质、生物环境良好，未受到污染危害。水质的污染物主要是海上作业生产船只含油废水，这也是造成海岛附近部分滩涂和浅海油类污染的主要来源，底质中污染物含量较水质污染物含量多。海岛上植被稀疏，有些海岛没有植被生长，海岛植被主要是一些盐生植物为主的草本植物，比如翅碱蓬群丛、蒿类群丛、芦苇群丛等。

根据“编纂纲要”和“编纂技术要求”规定：“以海岛相对集中的某一岛群，或者地理上多个或众多海岛分布的相对独立的某一海区或某一岸段海域，作为一篇”，结合山东省北部海岛地理分布、海洋环境特点和资料丰富等实际情况，将山东卷第一册海岛划分为6个片区（详见岛群分布索引图），单独成篇编纂。即：滨州市海岛（原黄河口片海岛）性质相似、分布较集中，单独设立一篇；东营市和潍坊市在20世纪90年代全国海岛资源综合调查结果没有海岛，908专项海岛调查后在河口地区新增了14个海岛（东营4个、潍坊10个），均为泥沙岛和贝壳岛，海岛规模不大，性质相似，将其合设为一篇；莱州市和龙口市的海岛分布跨越了较大海区，但海岛数量少（现存海岛共计3个），合并为一篇；庙岛群岛以长山水道（南砣矶水道）、北砣矶水道分为南部岛群、中部岛群和北部岛群，并独立成篇（共设3篇）。滨州市和烟台莱州市海域减少的43个海岛，按“编纂纲要”和“编纂技术要求”规定单独作为一篇，即入本卷册海岛共分为7篇记述，顺序按自东向西沿大陆海岸线和离海岸由近而远的原则；减少海岛按规定放在最后一篇。

表 0-2 《中国海岛志》山东卷第一册海岛对照

海岛名称		《全国海岛名称与代码》HY/T 119—2008			1995 年《山东省海岛志》		《中国海洋岛屿简况》		海域地名普查成果		《山东海情》	隶属	备注
汉语	汉语拼音	序号	海岛名称	代码	序号	海岛名称	全国编号	海岛名称	地名志	地名图集			
大口河岛	Dàkǒuhé Dǎo	0373	大口河岛	100000000112	001	大口河岛	0600	大口河	大口河岛	大口河岛	大口河岛	无棣县	有居民岛
无名岛 CN 1		0375	无名岛 CN 1	100000000321	002	02						无棣县	被盐田覆盖
无名岛 CN 2		0376	无名岛 CN 2	100000000421	003	03						无棣县	被盐田覆盖
无名岛 CN 3		0377	无名岛 CN 3	100000000521	004	04						无棣县	被盐田覆盖
无名岛 CN 4		0378	无名岛 CN 4	100000000621	005	05						无棣县	被盐田覆盖
无名岛 CN 5		0379	无名岛 CN 5	100000000721	006	06					6	无棣县	
高坨子岛	Gāotuózi Dǎo	0374	高坨子	100000000221	007	高坨子岛					高坨子岛	无棣县	
棘家堡子岛(1)	Jíjiāpùzi Dǎo(1)	0380	棘家堡子岛(1)	100000000821	008	棘家堡子岛(1)		棘家堡			棘家堡子岛(1)	无棣县	
棘家堡子岛(2)	Jíjiāpùzi Dǎo(2)	0381	棘家堡子岛(2)	100000001021	009	棘家堡子岛(2)					棘家堡子岛(2)	无棣县	
棘家堡子岛(3)	Jíjiāpùzi Dǎo(3)	0382	棘家堡子岛(3)	100000000921	010	棘家堡子岛(3)			棘家堡子岛	棘家堡子岛	棘家堡子岛(3)	无棣县	
棘家堡子岛(4)	Jíjiāpùzi Dǎo(4)	0383	棘家堡子岛(4)	100000001121	011	棘家堡子岛(4)					棘家堡子岛(4)	无棣县	
棘家堡子岛(5)	Jíjiāpùzi Dǎo(5)	0384	棘家堡子岛(5)	100000001221	012	棘家堡子岛(5)					棘家堡子岛(5)	无棣县	
棘家堡子岛(6)	Jíjiāpùzi Dǎo(6)	0385	棘家堡子岛(6)	100000001312	013	棘家堡子岛(6)					棘家堡子岛(6)	无棣县	有居民岛
无名岛 CN 6		0386	无名岛 CN 6	100000001421	014	14					14	无棣县	
无名岛 CN 7		0387	无名岛 CN 7	100000001521	015	15					15	无棣县	
无名岛 CN 8		0388	无名岛 CN 8	100000001621	016	16					16	无棣县	
无名岛 WDI 1		0390	无名岛 WDI 1	371623000221	017	17					17	无棣县	
北沙子岛(1)	Běishāzi Dǎo(1)	0391	北沙子岛(1)	371623000321	018	北沙子岛(1)						无棣县	丧失海岛属性
北沙子岛	Běishāzi Dǎo	0392	北沙子岛(2)	371623000421	019	北沙子岛(2)			北沙子岛	北沙子岛	北沙子岛(2)	无棣县	
北沙子岛(3)	Běishāzi Dǎo(3)	0393	北沙子岛(3)	371623000521	020	北沙子岛(3)						无棣县	丧失海岛属性
老沙头堡岛	Lǎoshātóupù Dǎo	0389	老沙头堡岛	371623000121	021	老沙头堡岛			老沙头岛	老沙头堡岛	老沙头堡岛	无棣县	
三里台岛	Sānlǐtái Dǎo	0398	三里台岛	371623001021	022	三里台岛			三里台岛	三里台岛	三里台岛	无棣县	
五里台岛	Wǔlǐtái Dǎo	0403	五里台岛	371623001521	023	五里台岛			五里台岛	五里台岛		无棣县	被盐田覆盖

续表

海岛名称		《全国海岛名称与代码》HY/T 119—2008			1995 年《山东省海岛志》		《中国海洋岛屿简况》		海域地名普查成果		《山东海情》	隶属	备注
汉语	汉语拼音	序号	海岛名称	代码	序号	海岛名称	全国编号	海岛名称	地名志	地名图集			
大汪岛(1)	Dàwāng Dǎo(1)	0396	大汪岛(1)	371623000821	024	大汪岛(1)			大汪岛	大汪岛	大汪岛(1)	无棣县	
大汪岛(2)	Dàwāng Dǎo(2)	0401	大汪岛(2)	371623001321	025	大汪岛(2)						无棣县	被盐田覆盖
无名岛 WDI 2		0406	无名岛 WDI 2	371623001821	026	26						无棣县	丧失海岛属性
赵沙子岛(1)	Zhàoshāzi Dǎo(1)	0394	赵沙子岛(1)	371623000621	027	赵沙子岛(1)			赵沙子岛	赵沙子岛	赵沙子岛(1)	无棣县	
赵沙子岛(2)	Zhàoshāzi Dǎo(2)	0395	赵沙子岛(2)	371623000721	028	赵沙子岛(2)					赵沙子岛(2)	无棣县	
赵沙子岛(3)	Zhàoshāzi Dǎo(3)	0397	赵沙子岛(3)	371623000921	029	赵沙子岛(3)						无棣县	被盐田虾池覆盖
赵沙子岛(4)	Zhàoshāzi Dǎo(4)	0399	赵沙子岛(4)	371623001121	030	赵沙子岛(4)						无棣县	被盐田虾池覆盖
赵沙子岛(5)	Zhàoshāzi Dǎo(5)	0400	赵沙子岛(5)	371623001221	031	赵沙子岛(5)						无棣县	被盐田虾池覆盖
赵沙子岛(6)	Zhàoshāzi Dǎo(6)	0402	赵沙子岛(6)	371623001421	032	赵沙子岛(6)						无棣县	被盐田虾池覆盖
赵沙子岛(7)	Zhàoshāzi Dǎo(7)	0404	赵沙子岛(7)	371623001621	033	赵沙子岛(7)					赵沙子岛(7)	无棣县	
赵沙子岛(8)	Zhàoshāzi Dǎo(8)	0405	赵沙子岛(8)	371623001721	034	赵沙子岛(8)						无棣县	被盐田虾池覆盖
赵沙子岛(9)	Zhàoshāzi Dǎo(9)	0408	赵沙子岛(9)	371623002021	035	赵沙子岛(9)						无棣县	被盐田虾池覆盖
赵沙子岛(10)	Zhàoshāzi Dǎo(10)	0409	赵沙子岛(10)	371623002121	036	赵沙子岛(10)						无棣县	被盐田虾池覆盖
赵沙子岛(11)	Zhàoshāzi Dǎo(11)	0411	赵沙子岛(11)	371623002321	037	赵沙子岛(11)						无棣县	被盐田虾池覆盖
赵沙子岛(12)	Zhàoshāzi Dǎo(12)	0412	赵沙子岛(12)	371623002421	038	赵沙子岛(12)						无棣县	被盐田虾池覆盖
赵沙子岛(13)	Zhàoshāzi Dǎo(13)	0413	赵沙子岛(13)	371623002521	039	赵沙子岛(13)						无棣县	被盐田虾池覆盖
赵沙子岛(14)	Zhàoshāzi Dǎo(14)	0415	赵沙子岛(14)	371623002721	040	赵沙子岛(14)						无棣县	被盐田虾池覆盖
南长滩岛	Nánchángtān Dǎo	0407	南长滩岛	371623001911	041	南长滩岛			南长滩岛	南长滩岛	南长滩岛	无棣县	
无名岛 WDI 3		0417	无名岛 WDI 3	371623002921	042	42						无棣县	被盐田虾池覆盖
无名岛 WDI 4		0419	无名岛 WDI 4	371623003121	043	43						无棣县	被盐田虾池覆盖
小堡岛(1)	Xiǎopù Dǎo(1)	0410	小堡岛(1)	371623002221	044	小堡岛(1)			小堡岛	小堡岛		无棣县	被盐田虾池覆盖
小堡岛(2)	Xiǎopù Dǎo(2)	0416	小堡岛(2)	371623002821	047	小堡岛(2)						无棣县	被盐田虾池覆盖
东台子岛(1)	Dōngtáizi Dǎo(1)	0414	东台子岛(1)	371623002621	045	东台子岛(1)			东台子岛	东台子岛	东台子岛(1)	无棣县	

续表

海岛名称		《全国海岛名称与代码》HY/T 119—2008			1995 年《山东省海岛志》		《中国海洋岛屿简况》		海域地名普查成果		《山东海情》	隶属	备注
汉语	汉语拼音	序号	海岛名称	代码	序号	海岛名称	全国编号	海岛名称	地名志	地名图集			
东台子岛(2)	Dōngtáizi Dǎo(2)	0418	东台子岛(2)	371623003021	046	东台子岛(2)					东台子岛(2)	无棣县	
北坨子岛	Běituózi Dǎo	0420	北坨子	371623003221	048	北坨子岛			北坨子岛	北坨子岛	北坨子岛	无棣县	被盐田虾池覆盖
老堡岛	Lǎopù Dǎo	0421	老堡岛	371623003322	049	老堡岛			老堡岛	老堡岛	老堡岛	无棣县	
岔尖堡岛	Chàjiānpù Dǎo	0422	岔尖堡岛	371623003412	050	岔尖堡岛	0624	岔尖	岔尖堡岛	岔尖堡岛	岔尖堡岛	无棣县	
脊岭子岛	Jǐlǐngzi Dǎo	0423	脊岭子岛	371623003521	051	脊岭子岛	0625	脊岭子	脊岭子岛	脊岭子岛	脊岭子岛	无棣县	
无名岛 WDI 6		0425	无名岛 WDI 6	371623003721	052	52						无棣县	被盐田虾池覆盖
无名岛 WDI 5		0424	无名岛 WDI 5	371623003621	053	53						无棣县	被盐田虾池覆盖
无名岛 WDI 7		0426	无名岛 WDI 7	371623003821	054	54						无棣县	被盐田虾池覆盖
无名岛 WDI 8		0427	无名岛 WDI 8	371623003921	055	55						无棣县	被盐田虾池覆盖
套儿河东沙子岛(1)	Tào'érhé Dōngshāzi Dǎo(1)	0430	套儿河东沙子岛(1)	371624000121	056	套儿河东沙子岛(1)					套儿河东沙子岛(1)	沾化县	
套儿河东沙子岛(2)	Tào'érhé Dōngshāzi Dǎo(2)	0431	套儿河东沙子岛(2)	371624000221	057	套儿河东沙子岛(2)			套儿河东沙子岛	套儿河东沙子岛		沾化县	丧失海岛属性
套儿河东沙子岛(3)	Tào'érhé Dōngshāzi Dǎo(3)	0432	套儿河东沙子岛(3)	371624000321	058	套儿河东沙子岛(3)						沾化县	丧失海岛属性
套儿河东沙子岛(4)	Tào'érhé Dōngshāzi Dǎo(4)	0433	套儿河东沙子岛(4)	371624000421	059	套儿河东沙子岛(4)					套儿河东沙子岛(4)	沾化县	
无名岛 ZHU 3		0438	无名岛 ZHU 3	371624000921	060	60					60	沾化县	
无名岛 ZHU 1		0436	无名岛 ZHU 1	371624000721	061	61					61	沾化县	
无名岛 ZHU 2		0437	无名岛 ZHU 2	371624000821	062	62					62	沾化县	
无名岛 ZHU 4		0439	无名岛 ZHU 4	371624001021	063	63					63	沾化县	被盐田虾池覆盖
无名岛 ZHU 5		0440	无名岛 ZHU 5	371624001121	064	64					64	沾化县	
无名岛 ZHU 6		0441	无名岛 ZHU 6	371624001221	065	65					65	沾化县	被盐田虾池覆盖
无名岛 ZHU 7		0442	无名岛 ZHU 7	371624001321	066	66					66	沾化县	
新立堡岛	Xīnlìpù Dǎo	0444	新立堡岛	371624001521	067	新立堡岛			新立堡岛	新立堡岛	新立堡岛	沾化县	
无名岛 ZHU 8		0443	无名岛 ZHU 8	371624001421	068	68					68	沾化县	

续表

海岛名称		《全国海岛名称与代码》HY/T 119—2008			1995 年《山东省海岛志》		《中国海洋岛屿简况》		海域地名普查成果		《山东海情》	隶属	备注
汉语	汉语拼音	序号	海岛名称	代码	序号	海岛名称	全国编号	海岛名称	地名志	地名图集			
无名岛 ZHU 9		0445	无名岛 ZHU 9	371624001621	069	69					69	沾化县	
大堡岛	Dàpù Dǎo	0446	大堡岛	371624001722	070	大堡岛	0629	大堡	大堡岛	大堡岛	大堡岛	沾化县	
黑坨子岛	Hēituózi Dǎo	0448	黑坨子	371624001921	071	黑坨子岛	0635	黑坨子	黑坨子岛	黑坨子岛		沾化县	丧失海岛属性
无名岛 ZHU 15		0459	无名岛 ZHU 15	371624003021	072	72						沾化县	丧失海岛属性
小坨子岛(1)	Xiǎotuózi Dǎo(1)	0452	小坨子(1)	371624002321	073	小坨子岛(1)			小坨岛	小坨子岛	小坨子岛(1)	沾化县	
小坨子岛(2)	Xiǎotuózi Dǎo(2)	0453	小坨子(2)	371624002421	074	小坨子岛(2)						沾化县	丧失海岛属性
红土洼子岛(1)	Hóngtǔwāzi Dǎo(1)	0447	红土洼子岛(1)	371624001821	075	红土洼子岛(1)			红土洼子岛	红土洼子岛	红土洼子岛(1)	沾化县	
红土洼子岛(2)	Hóngtǔwāzi Dǎo(2)	0451	红土洼子岛(2)	371624002221	076	红土洼子岛(2)						沾化县	丧失海岛属性
无名岛 ZHU 16		0460	无名岛 ZHU 16	371624003121	077	77					77	沾化县	
无名岛 WDI 9		0428	无名岛 WDI 9	371623004021	078	78						沾化县	被盐田虾池覆盖
无名岛 WDI 10		0429	无名岛 WDI 10	371623004121	079	79						沾化县	被盐田虾池覆盖
大黑坨子岛	Dàhēituózi Dǎo	0456	大黑坨子	371624002721	080	大黑坨子岛			大黑坨岛	大黑坨子岛	大黑坨子岛	沾化县	
无名岛 ZHU 17		0461	无名岛 ZHU 17	371624003221	081	81					81	沾化县	
江八腰子岛	Jiāngbāyāozi Dǎo	0450	江八腰子岛	371624002121	082	江八腰子岛	0644	江八腰子	江八腰子岛	江八腰子岛	江八腰子岛	沾化县	
洼拉沟堡岛(1)	Wālāgōupù Dǎo(1)	0434	洼拉沟堡岛(1)	371624000521	083	洼拉沟堡岛(1)			洼拉沟堡岛	洼拉沟堡岛		沾化县	被盐田虾池覆盖
洼拉沟堡岛(2)	Wālāgōupù Dǎo(2)	0435	洼拉沟堡岛(2)	371624000621	084	洼拉沟堡岛(2)						沾化县	丧失海岛属性
无名岛 ZHU 10		0449	无名岛 ZHU 10	371624002021	085	85					85	沾化县	
无名岛 ZHU 13		0457	无名岛 ZHU 13	371624002821	086	86					86	沾化县	
无名岛 ZHU 11		0454	无名岛 ZHU 11	371624002521	087	87					87	沾化县	
无名岛 ZHU 14		0458	无名岛 ZHU 14	371624002921	088	88					88	沾化县	
无名岛 ZHU 12		0455	无名岛 ZHU 12	371624002621	089	89					89	沾化县	丧失海岛属性
贝壳岛(1)	Bèiqiào Dǎo(1)										贝壳岛(1)	河口区	908 调查新增

续表

海岛名称		《全国海岛名称与代码》HY/T 119—2008			1995 年《山东省海岛志》		《中国海洋岛屿简况》		海域地名普查成果		《山东海情》	隶属	备注
汉语	汉语拼音	序号	海岛名称	代码	序号	海岛名称	全国编号	海岛名称	地名志	地名图集			
贝壳岛(2)	Bèiqiào Dǎo(2)										贝壳岛(2)	河口区	908 调查新增
黄河口大岛	Huánghékǒu Dàdǎo										大岛	垦利县	908 调查新增
黄河口小岛	Huánghékǒu Xiǎodǎo										小岛	垦利县	908 调查新增
小清河口沙岛(1)	Xiǎoqīnghékǒushā Dǎo(1)										小清河口沙岛(1)	寿光市	908 调查新增
小清河口沙岛(2)	Xiǎoqīnghékǒushā Dǎo(2)										小清河口沙岛(2)	寿光市	908 调查新增
小清河口沙岛(3)	Xiǎoqīnghékǒushā Dǎo(3)										小清河口沙岛(3)	寿光市	908 调查新增
小清河口沙岛(4)	Xiǎoqīnghékǒushā Dǎo(4)										小清河口沙岛(4)	寿光市	908 调查新增
小清河口沙岛(5)	Xiǎoqīnghékǒushā Dǎo(5)	—			—		—				小清河口沙岛(5)	寿光市	908 调查新增
潍河西沙子岛(1)	Wéihé Xīshāzi Dǎo(1)										潍河西沙子岛(1)	昌邑市	908 调查新增
潍河西沙子岛(2)	Wéihé Xīshāzi Dǎo(2)										潍河西沙子岛(2)	昌邑市	908 调查新增
潍河西沙子岛(3)	Wéihé Xīshāzi Dǎo(3)										潍河西沙子岛(3)	昌邑市	908 调查新增
潍河东沙子岛(1)	Wéihé Dōngshāzi Dǎo(1)										潍河东沙子岛(1)	昌邑市	908 调查新增
潍河东沙子岛(2)	Wéihé Dōngshāzi Dǎo(2)										潍河东沙子岛(2)	昌邑市	908 调查新增
芙蓉岛	Fúróng Dǎo	0463	芙蓉岛	370683000221	090	芙蓉岛	0655	芙蓉岛	芙蓉岛	芙蓉岛	芙蓉岛	莱州市	908 调查新增
白沙岭岛	Báishālǐng Dǎo	0462	白沙岭	370683000121	091	白沙岭岛	—					莱州市	丧失海岛属性
依岛	Yī Dǎo	0464	依岛	370681000121	092	依岛	0656	依岛	—	—	依岛	龙口市	
桑岛	Sāng Dǎo	0465	桑岛	370681000211	093	桑岛	0657	桑岛	桑岛	桑岛	桑岛	龙口市	
北隍城岛	Běihuángchéng Dǎo	0466	北隍城岛	370634000111	094	北隍城岛	0658	北隍城岛	北隍城岛	北隍城岛	北隍城岛	长岛县	
将军石	Jiāngjūnshí	—			—		—	将军石	—	将军石		长岛县	水长石
老母猪礁	Lǎomǔzhū Jiāo	—			—		—	老母猪礁	—	老母猪礁		长岛县	新增海岛
老凹礁	Lǎo'āo Jiāo	—			—		—	老鸪礁	—	老凹礁		长岛县	新增海岛
南隍城岛	Nánhuángchéng Dǎo	0468	南隍城岛	370634000311	095	南隍城岛	0659	南隍城岛	南隍城岛	南隍城岛	南隍城岛	长岛县	

续表

海岛名称		《全国海岛名称与代码》HY/T 119—2008			1995 年《山东省海岛志》		《中国海洋岛屿简况》		海域地名普查成果		《山东海情》	隶属	备注
汉语	汉语拼音	序号	海岛名称	代码	序号	海岛名称	全国编号	海岛名称	地名志	地名图集			
香炉礁	Xiānglú Jiāo	—			—		—	香炉礁	—	香炉礁	香炉礁	长岛县	908 调查新增
小香炉礁	Xiǎoxiānglú Jiāo	—			—		—	小香炉礁	—	小香炉礁	二香炉礁岛	长岛县	908 调查新增
坡礁岛	Pōjiāo Dǎo	0467	坡礁	370634000221	096	坡礁岛	0660	波礁	坡礁岛	坡礁岛	坡礁岛	长岛县	908 调查新增
佛爷礁	Fóye Jiāo	—			—		—			佛爷礁	佛爷礁岛	长岛县	908 调查新增
大占波礁	Dàzhànbō Jiāo	—			—		—	坡礓			大占波礁	长岛县	908 调查新增
南隍城岛西礁	Nánhuángchéngdǎo Xījiāo	—			—		—	礓石			南隍城岛西侧礁石	长岛县	908 调查新增
小钦岛	Xiǎoqīn Dǎo	0470	小钦岛	370634000511	098	小钦岛	0662	小钦岛	小钦岛	小钦岛	小钦岛	长岛县	
鳖盖山岛	Biēgàishān Dǎo	0469	鳖盖山	370634000421	097	鳖盖山岛	0660	鳖盖山	鳖盖山岛	鳖盖山岛	鳖盖山岛	长岛县	
老爷礁	Lǎoye Jiāo	—			—		—	老爷礁		老爷礁	老爷礁	长岛县	908 调查新增
大石篷	Dàshípéng	—			—		—	无名		大石篷		长岛县	新增
大钦岛	Dàqīn Dǎo	0471	大钦岛	370634000611	099	大钦岛	0663	大钦岛	大钦岛	大钦岛	大钦岛	长岛县	
老鸹礁	lǎoguā Jiāo	—			—		—	乱石头		老鸹礁	老鸹礁	长岛县	新增
躺龙礁	Tǎnglóng Jiāo									躺龙礁		长岛县	新增
五块石	Wǔkuàishí									五块石		长岛县	新增
砣矶岛	Tuójī Dǎo	0473	砣矶岛	370634000811	101	砣矶岛	0665	砣矶岛	砣矶岛	砣矶岛	砣矶岛	长岛县	
山嘴石岛	Shānzuǐshí Dǎo	0472	山嘴石	370634000721	100	山嘴石岛	0664	山嘴石	山嘴石岛	山嘴石岛	山嘴石岛	长岛县	
东嘴石岛	Dōngzuǐshí Dǎo	0474	东嘴石	370634000921	102	东嘴石岛	0666	东嘴礁	东嘴石岛	东嘴石岛	东嘴石岛	长岛县	
砣子岛	Tuózi Dǎo	0475	砣子岛	370634001021	103	砣子岛	0667	砣子	砣子岛	砣子岛	砣子岛	长岛县	
高山岛	Gāoshān Dǎo	0476	高山岛	370634001121	104	高山岛	0668	高山岛	高山岛	高山岛	高山岛	长岛县	
小高山岛	Xiǎogāoshān Dǎo	0477	小高山岛	370634001221	105	小高山岛		无名	小高山岛	小高山岛	小高山岛	长岛县	
猴矶岛	Hóujī Dǎo	0479	猴矶岛	370634001421	107	猴矶岛	0670	猴矶岛	猴矶岛	猴矶岛	猴矶岛	长岛县	
小猴矶岛	Xiǎohóujī Dǎo	0478	小猴矶岛	370634001321	106	小猴矶岛	0569	小猴矶岛	小猴矶岛	小猴矶岛	小猴矶岛	长岛县	
车由岛	Chēyóu Dǎo	0480	车由岛	370634001521	108	车由岛	0671	车由岛	车由岛	车由岛	车由岛	长岛县	

续表

海岛名称		《全国海岛名称与代码》HY/T 119—2008			1995 年《山东省海岛志》		《中国海洋岛屿简况》		海域地名普查成果		《山东海情》	隶属	备注
汉语	汉语拼音	序号	海岛名称	代码	序号	海岛名称	全国编号	海岛名称	地名志	地名图集			
大竹山岛	Dàzhúshān Dǎo	0481	大竹山	370634001621	109	大竹山岛	0672	大竹山岛	大竹山岛	大竹山岛	大竹山岛	长岛县	
小竹山岛	Xiǎozhúshān Dǎo	0482	小竹山	370634001721	110	小竹山岛	0673	小竹山岛	小竹山岛	小竹山岛	小竹山岛	长岛县	
大黑山岛	Dàhēishān Dǎo	0490	大黑山岛	370634002511	111	大黑山岛	0674	大黑山岛	大黑山岛	大黑山岛	大黑山岛	长岛县	
大门礁	Dàmén Jiāo	—			—		—	大母猪礁		大门礁	大母猪礁	长岛县	曾名大母猪礁
南砣子岛	Nántuózi Dǎo	0493	南砣子	370634002821	112	南砣子岛	0675	大砣子	南砣子岛	南砣子岛	南砣子岛	长岛县	
鱼鳞岛	Yúlín Dǎo	0495	鱼鳞岛	370634003021	113	鱼鳞岛	0676	鱼鳞岛	鱼鳞岛	鱼鳞岛	鱼鳞岛	长岛县	
小黑山岛	Xiǎohēishān Dǎo	0489	小黑山岛	370634002411	114	小黑山岛	0677	小黑山岛	小黑山岛	小黑山岛	小黑山岛	长岛县	
犁犋把岛	Líjùbǎ Dǎo	0486	犁犋把岛	370634002121	115	犁犋把岛	0678	来家坝子	犁犋把岛	犁犋把岛	犁犋把岛	长岛县	
马枪石岛	Mǎqiāngshí Dǎo	0483	马枪石	370634001821	116	马枪石岛	0679	大马长石	马枪石岛	马枪石岛	马枪石岛	长岛县	
挡浪岛	Dǎnglàng Dǎo	0484	挡浪岛	370634001921	117	挡浪岛	0680	打连岛	挡浪岛	挡浪岛	挡浪岛	长岛县	打连岛
蝎屌岛	Xiēdū Dǎo	0485	蝎际岛	370634002021	118	蝎屌岛	0681	蝎屌岛	蝎屌岛	—	蝎岛	长岛县	又名蝎子肚
螳螂岛	Tángláng Dǎo	0487	螳螂岛	370634002221	119	螳螂岛	0682	螳螂岛	螳螂岛	螳螂岛	螳螂岛	长岛县	棠栾岛
烧饼岛	Shāobing Dǎo	0491	烧饼岛	370634002621	120	烧饼岛	0683	烧饼岛	烧饼岛	烧饼岛	烧饼岛	长岛县	小平岛
庙岛	Miào Dǎo	0494	庙岛	370634002911	122	庙岛	0685	庙岛	庙岛	庙岛	庙岛	长岛县	
羊砣子岛	Yángtuózi Dǎo	0492	羊砣子	370634002721	121	羊砣子岛	0684	羊砣子岛	羊砣子岛	羊砣子岛	羊砣子岛	长岛县	
牛砣子岛	Niútuózi Dǎo	0496	牛砣子	370634003121	123	牛砣子岛	0686	牛砣子岛	牛砣子岛	牛砣子岛	牛砣子岛	长岛县	
大礁	Dà Jiāo	—			—		—	无名		大礁	大礁	长岛县	908 调查新增
北长山岛	Běichángshān Dǎo	0488	北长山岛	370634002311	124	北长山岛	0687	北长山岛	北长山岛	北长山岛	北长山岛	长岛县	
南长山岛	Nánchángshān Dǎo	0497	南长山岛	370634003211	125	南长山岛	0688	南长山岛	南长山岛	南长山岛	南长山岛	长岛县	

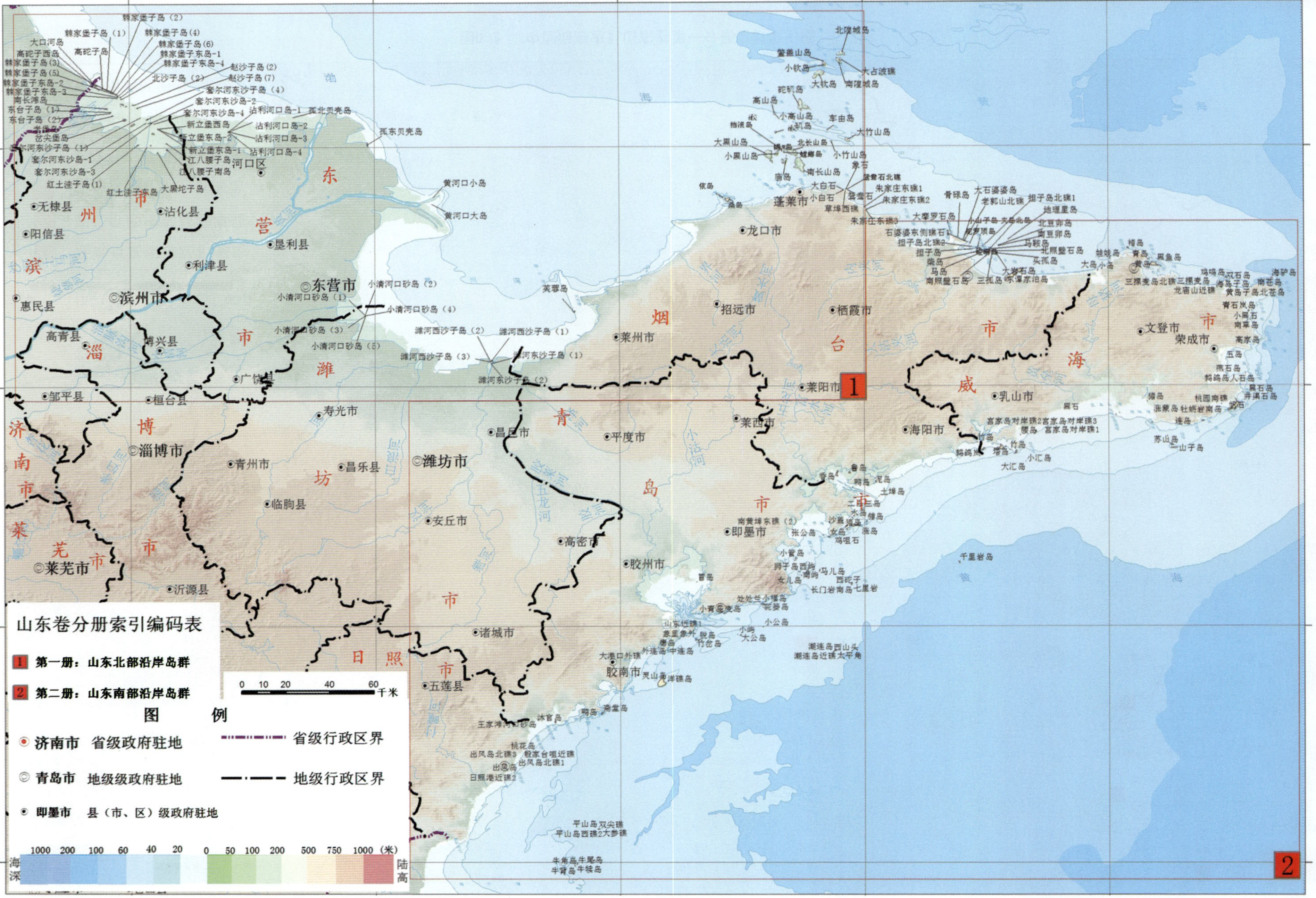

图0–1 《中国海岛志》山东卷分册索引图

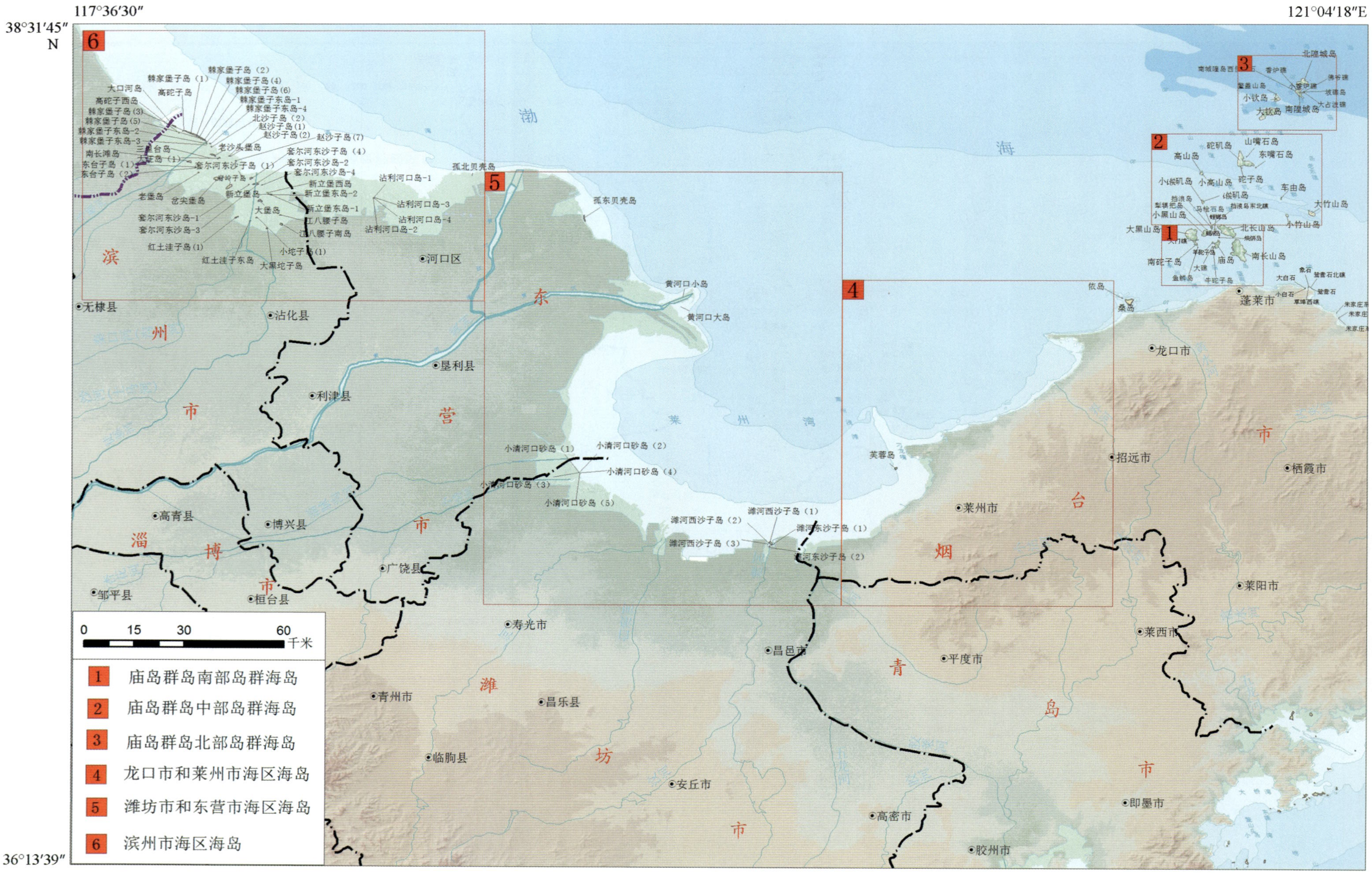

图0-2 《中国海岛志》山东卷第一分册岛群索引图

第一篇
庙岛群岛南部岛群海岛

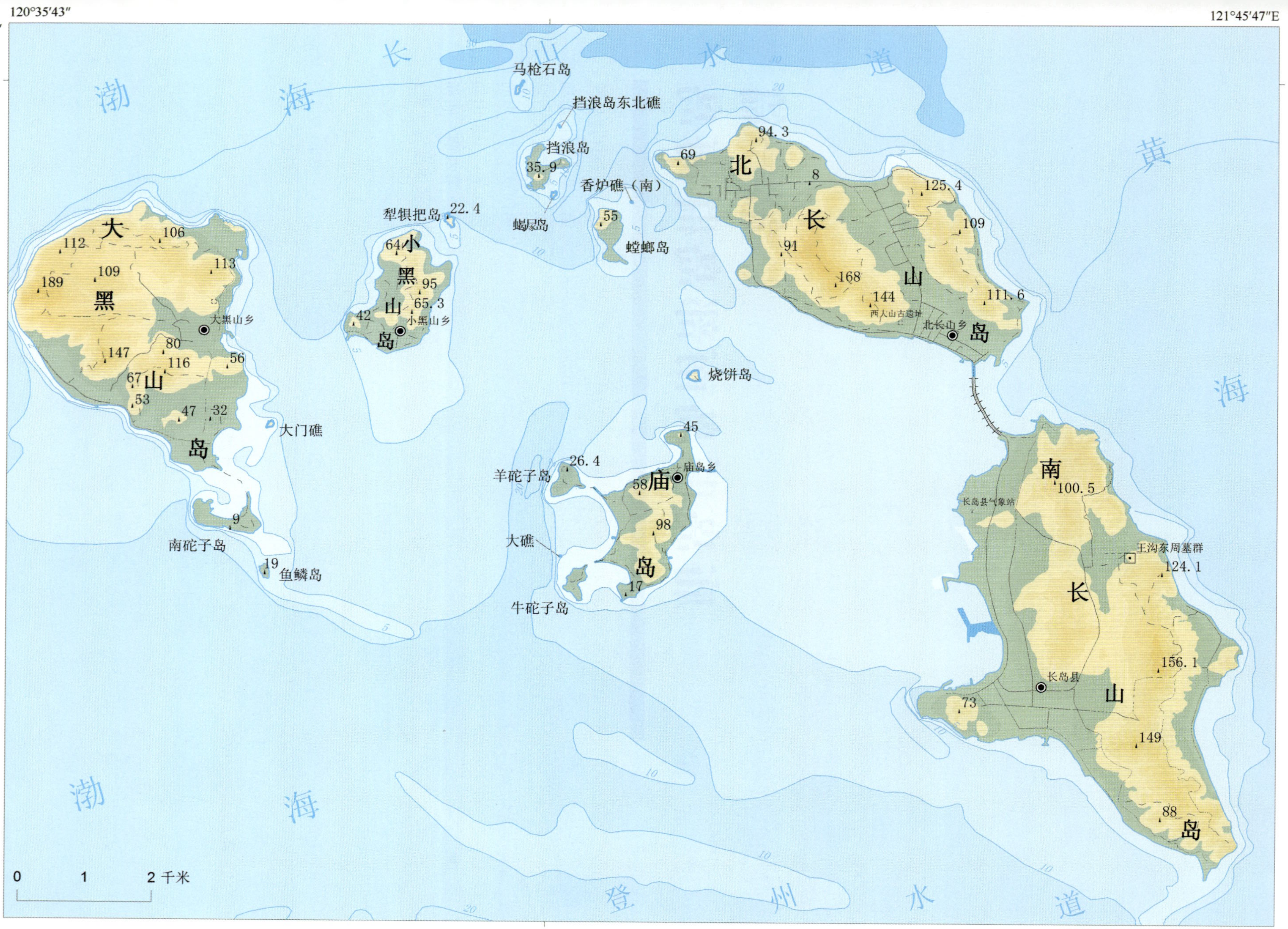

庙岛群岛南部岛群海岛分布

第一章　区域环境概况

第一节　概　况

庙岛群岛南部岛群位于登州水道和长山水道之间，地理位置为北纬37°53.5′~38°00.0′、东经120°35.2′~120°45.6′。本篇记述海岛（礁）共17个，其中，有居民海岛5个，无居民海岛（礁）12个。面积大于500平方米的海岛（礁）15个。有居民海岛分别为南长山岛、北长山岛、大黑山岛、小黑山岛和庙岛，习称“南五岛”；无居民海岛分别为南砣子岛、鱼鳞岛、大门礁、牛砣子岛、大礁、羊砣子岛、烧饼岛、犁犋把岛、螳螂岛、蝎豚岛、挡浪岛和马枪石岛等。海岛总面积32.07平方千米，海岛岸线总长度82.86千米，以南长山岛的面积最大（也是山东省最大的海岛），是长岛县人民政府、南长山镇政府的所在地，为长岛县的政治、文化、经济中心。

庙岛群岛又名长山列岛，曾名长山八岛，另有别名眉山列岛等①。以群岛中的庙岛得名。清光绪年间，称整个群岛为庙群岛，后改称庙岛群岛。

庙岛群岛呈北北东向纵列于胶东半岛与辽东半岛之间的渤海海峡海域，海岛散布在南北长约56千米、东西宽约31千米的海域中，成为衔接胶辽两个半岛的天然“路桥”通道，是黄海和渤海的天然分界线，其东侧为黄海、西侧为渤海。庙岛群岛是津京门户，战略地位非常重要，自古以来就是兵家必争之地，具有“海防要塞”的战略地位。同时，在我国航海史上具有海上要冲的特殊历史地位，当前渤海海峡已成为全球最繁忙的“黄金水道”之一，其海上“交通安全要冲”战略价值凸显。

渤海海峡宽约105.3千米（据2010年7月第4版渤海海峡1∶150 000海图量测），其内庙岛群岛的海岛在平面上有成群分布的特点，并可分为南、中、北三个岛群（图1-1-1）。其中，南部和北部岛群的海岛分布集中，中部岛群的海岛分布较零散。各海岛将渤海海峡分为若干部分，即形成若干水道。其中，群岛与大陆之间、岛群与岛群之间为东西走向的主水道，海岛与海岛之间为次级水道或更小规模的水道。主要水道从北向南为老铁山水道（旅顺老铁山—庙岛群岛）、北砣矶水道（北部岛群—中部岛群）、长山水道（中部岛群—南部岛群）和登州水道（南长山岛与蓬莱）。

三个岛群海岛具有相似的自然地理条件，大致相同的地质地貌基础和特征，但也存在着差异。在大地构造位置上，庙岛群岛地处位于欧亚板块东亚大陆构造域华北狼林地块胶辽隆起之中（何起祥等，2006），又属于新华夏系第二隆起褶带（李四光，《中国地质学》扩编委员会，1999）。自元古代以来，庙岛群岛与山东半岛和辽东半岛的地质情况颇相近似。吕梁运动之后，一直处于相对上升区，长期遭受剥蚀，缺少了古生代地层，仅出露前寒武纪古老变质岩系，岩性主要为石英岩、千枚岩及千枚状片岩和板岩等，但岛群间也有差别。南部岛群以石英岩为主，间或厚层石英岩与泥质片岩成厚薄相间之互层，地层走向近南北向，黑山岛有更新世黑色玄武岩；北部岛群以石英岩与片岩互层为主，地层产状大体一致，倾向东南，倾角50°~60°。中部岛群的砣矶岛，主要由厚层千枚岩和板岩构成，并含石英岩夹层。

庙岛群岛海域基础生产力较高，是渤海渔业生物的重要繁殖场所。据烟台市渔业资源调查和海岸

① 中国地名委员会：中国海域地名志，1989年，第68页。

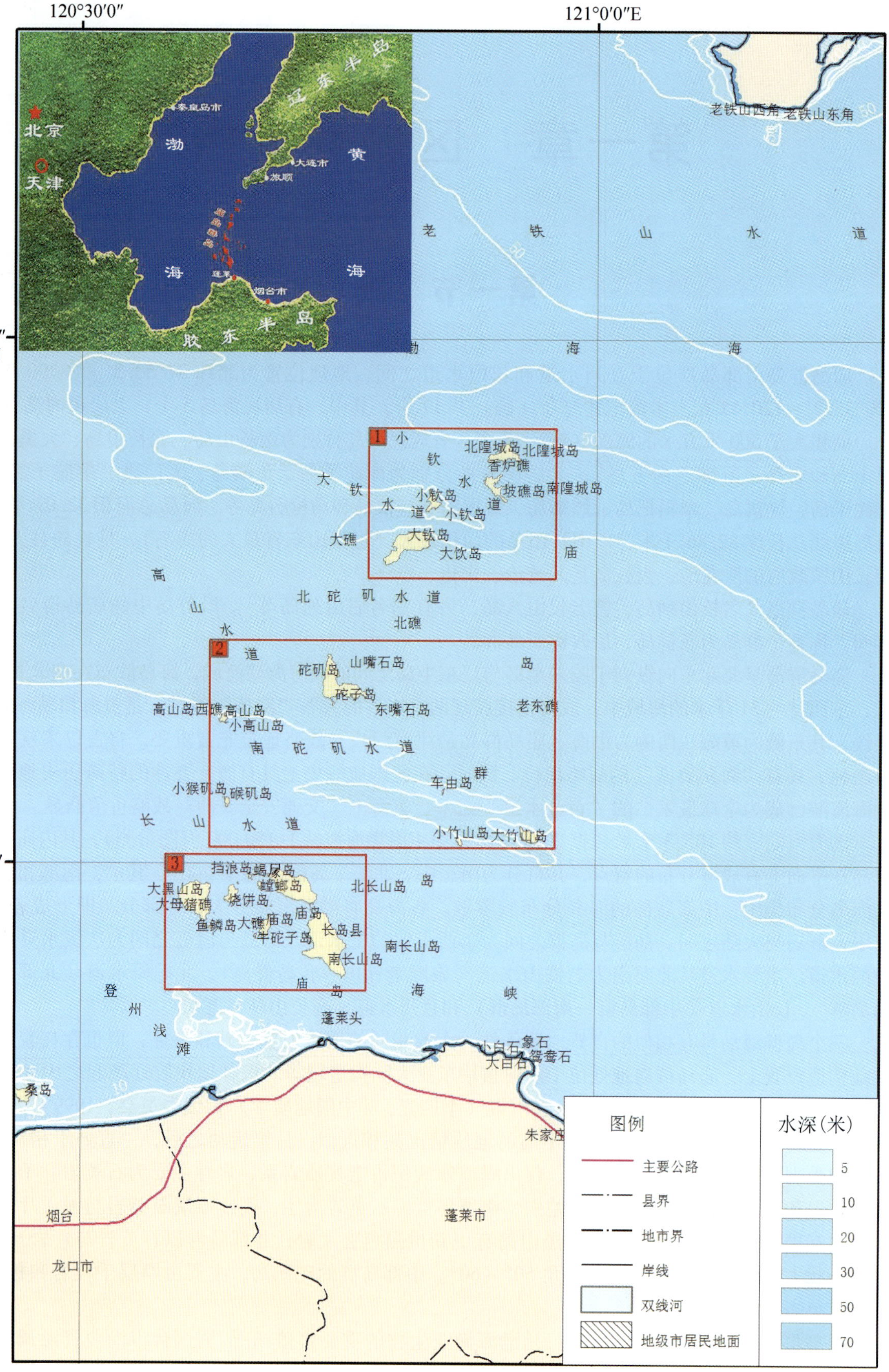

图 1-1-1　庙岛群岛各岛群划分

带调查资料，庙岛群岛海域共有浮游植物147种（包括变种和变形）、浮游动物47种、底栖生物260种、潮间带生物121种。浮游植物中，硅藻门50属127种，甲藻门5属19种，金藻门1属1种，硅藻占明显优势。浮游动物中，水螅水母类14种，管水母类1种，枝角类3种，桡足类18种，磷虾类1种，糠虾类5种，端足类1种，毛虾类1种，毛颚类1种，被囊1种，夜光虫1种，在个体数量中，以桡足类最高，浮游幼虫最低。底栖生物中，无脊椎动物213种，脊椎动物14种，植物33种，它们分别属于13个门，以环节动物门的种类最多（为73种，占28.1%），其次是软体动物（为66种，占25.4%），甲壳类为47种（占18.1%），棘皮动物21种（占8.1%）；从区域分布上，南部岛群海区种类最多（为132种），北部岛群海区次之（为111种），中部岛群海区最少（为78种）。潮间带生物中，无脊椎动物92种，脊椎动物7种，藻类22种，其中软体动物种数最多（为41种，占33.9%），甲壳动物次之（为29种，占24%），环节动物18种（占15.7%），其生态类型以温带性、暖温带性种类为主。

第二节　地质地貌

一、地形地貌

（一）海岛地形地貌基本特征

1. 岛陆地形地貌

庙岛群岛各海岛的在地理条件和地质构造上相似，具有相似的地貌特征，只是规模大小的不同。现将庙岛群岛中几个重要海岛的面积、高程和相对比降（高程的平方除以海岛面积）列于表1-1-1。

表1-1-1　庙岛群岛中主要海岛的基本特征

海岛名称	海岛面积（千米^2）	海岛高程（米）	海岛相对比降（‰）
北隍城岛	2.671 8	159.8	9.55
南隍城岛	1.844 2	100.9	5.52
小钦岛	1.140 5	148.9	19.44
大钦岛	6.447 5	202.4	6.35
砣矶岛	7.079 6	198.9	5.59
高山岛	0.442 4	202.8	92.97
大竹山岛	1.511 4	194.5	25.03
庙岛	1.425 4	98.3	6.78
小黑山岛	1.260 3	95.1	7.16
大黑山岛	7.474 5	189.0	4.78
北长山岛	7.977 8	195.7	4.80
南长山岛	13.212 8	156.1	1.84

由表1-1-1可知，庙岛群岛最高点高程大于100米的海岛共计10个，以高山岛最高（202.8米）。最高点高程低于100米的海岛有20多个，仅庙岛和小黑山岛的面积较大。海岛的相对比降为1.84‰~92.97‰。显而易见，面积小的高岛比较陡峻，如高山岛，面积为0.442 4平方千米，最高峰高程为202.8米，相对比降达92.97‰，为诸岛中最陡峻的海岛；而南长山岛面积为13.212 8平方千米，最高峰高程为156.1米，相对比降仅有1.84‰，是诸岛中最平缓的海岛，至于每个岛的地形情况将在各岛的有关章节中介绍。

从地貌角度讲，庙岛群岛多数海岛高程多在200米以下，超过200米高的海岛仅有2座。因此，从大地貌分类来说庙岛群岛属于低丘陵类型，如南部岛群南长山岛的峰山、北长山岛的大王山和羊鼻山、庙岛的玉皇顶、大黑山岛的大黑山和烽台山、西大山等。

岛屿上的山体都是断块构造活动之产物，多表现为单斜断块山。沿断裂掀斜翘起，如砣矶岛西海岸的一系列山地、大钦岛唐王山以及南长山岛等均属此类。由于地质历史时期的长期抬升剥蚀作用，发育有古夷平面，表现为表面微微起伏的台状地形、垄岗等。目前残存夷平面大概有两级，上面一级高程大约150米，向下延伸至120米左右。这级夷平面在北隍城岛、南长山岛和砣矶岛东山均可见到。

夷平面之下，所有沟谷和低平部分几乎均被黄土状堆积物覆盖或填充，形成特有的海岛与海岸带黄土地貌景观。主要包括黄土台、黄土坡、黄土沟和陡崖等，其中尤以黄土沟最为发育，分布也最为普遍，各岛比比皆是。

黄土的沟谷类型以冲沟最为典型，它继承着古老沟谷发育而成，两壁陡立，沟底深切在黄土层中，甚至切入基岩，沟头呈尖状或圆状。以大黑山岛的黑石沟规模最大，它发源于该岛西侧的老黑山（火山锥），向东横穿全岛至北庄村入海。著名的北庄村新石器遗址就保存在该冲沟下游的黄土层中。

黄土陡崖在各岛屿上随处可见，尤以马兰黄土集中的地段最为陡峻，陡崖沿黄土的垂直节理崩塌而成，陡崖高达12～15米。

在黄土分布集中的地方，常形成黄土台地。根据发育特点，黄土台地可分为两类：一类规模较小，也可分为两种，其一为顺海岸延伸，如南长山岛东岸王家至孙家的黄土台地，顺岸延伸达两千米；另一种主要分布在海湾顶部，如小钦岛西口的黄土台地。

另一类是较大类型黄土沟间比较平缓的黄土台地，上抵丘陵山麓，下达海滨。如大黑山岛黑石沟西侧黄土沟间的黄土平台。

2. 海岸地貌

由于庙岛群岛处于海峡地区，流大浪急，海洋的侵蚀作用明显，许多海岛的岸壁形成陡峭的海崖，在岸线的曲折凹入处也形成了优良的海湾。因此，庙岛群岛的海蚀和海积地貌发育，海岸地貌类型齐全，形态各异，并有独特的黄土海岸地貌。主要的海蚀地貌形态包括：基岩性的海蚀崖、黄土性的海蚀崖、海蚀洞、海蚀穴、海蚀拱桥、海蚀栈桥、海蚀柱、海蚀槽痕和海蚀平台等。在海湾顶部有狭窄的砾石滩、大型的砾石堤、潟湖和小型海积平原等，在大小岛屿之间连岛沙坝常见，岬角处发育砾石嘴等，由此组成了庙岛群岛具有特征性的海岸堆积地貌。

南部岛群的众多海蚀和海积地貌形态独特，不仅是具有极高观赏价值的自然景观，而且具有重要的科学研究价值，构成了长岛国家地质公园的主体，是不可多得的重要旅游资源。

（二）海底地形地貌

1. 水深地形特点

庙岛群岛海域总体水深特点为南浅北深，由于岛屿间有大大小小十多条水道分布，致使水深地形复杂化。一般而言，南部岛群海域水深小于20米，岛屿间海底地势相对较平坦；北部岛群海域水深较大，岛屿间水深变化大，海底地势起伏较大。

南部海域，海底地形总趋势向东北倾斜，岛群东部水深大于15米，西部水深小于10米，中部的庙岛湾内水深小于5米，南部为登州水道，北部为长山水道。

登州水道又名庙岛海峡水道，介于南长山岛与蓬莱之间，以庙岛而名。水深深槽呈东西走向，西浅东深。20米等深线的深槽长36.25千米，宽多在3.0～4.5千米，最大水深40.0米，位于登州水道东槽（以长山尾和蓬莱头连线为界），西槽最大水深37.0米。东槽长21.0千米，宽都在4.0千米左右；西槽长15.0千米左右，最宽处3.0千米，到了西段新井洲北侧宽仅0.5～0.7千米。

北部的长山水道为国内商船通航水道，是南来船只进入渤海达京津、龙口等地的主要水道。呈东西走向，长17千米，宽7.5千米，主航道宽5千米，水深19～30米，西浅东深，软泥底，西段南侧有马枪石岛及众多礁石，中段近北长山岛处有30米以上的深水区。

在北长山岛与挡浪岛、螳螂岛之间为珍珠门水道，是船只往来于群岛各岛间的主要水道。因水道穿过珍珠门得名。呈北北西走向，长2千米，平均宽0.75千米，最窄处为南香炉礁与北长山岛间仅0.3千米，主航道宽0.2千米，水深在6～14米，南浅北深，泥沙底质，两侧多礁石。

2. 海底地貌类型与分布

庙岛群岛海域海底地貌可分为水下海蚀平台、水下堆积斜坡、水下浅滩、水下堆积平原、水下侵蚀洼地、水下侵蚀深槽、水下砾石嘴和沙嘴。

水下海蚀平台为海蚀平台向海的延伸，水深可达10米左右，宽度20～110米，环各岛均有分布。最宽的在砣矶岛西海岸，宽约250米。海蚀平台上时有水下礁石耸立，为航行带来隐患。

水下堆积斜坡沿海蚀平台外缘分布，是平台与水下浅滩（或堆积平原）的过渡地带。堆积物较粗，以各粒级的砂为主，并有大量贝壳堆积，宽度一般大于100米，最宽的如小钦岛可达500米。水下堆积坡一般坡度为2%～3%。

水下浅滩是略高于周围水域的平坦地形，涨潮时不见。除大、小黑山岛，北隍城岛外，其他各岛均有分布。浅滩周围常有岛屿、礁石为屏障，形成略为封闭的地貌类型。物质以沙和泥的混合物为主，向陆一侧略粗于向海一侧。最大的水下浅滩位于南长山岛与庙岛之间，是良好的锚地及扇贝养殖场。

水下堆积平原。各岛周围海域均有分布，水深范围为10～30米。北隍城岛东部及北部海域，水域开阔，又邻渤海海峡通道，水深较大，为30～60米，平原地形平坦。物质组成以泥为主，个别地区为细砂、粉砂。

水下侵蚀洼地。分布不普遍，仅在南长山岛信号山以西，北长山岛与螳螂岛之间及庙岛附近有分布，规模不大，水深比周围平原低2米左右。

水下侵蚀深槽。除大、小黑山岛外，其他各岛邻近海域均有分布。水深为10～24米，是比周围低约5米的槽形侵蚀地貌单元，多属海流通道，如南长岛东南的深槽，是登州水道的一部分。

水下砾石嘴和沙嘴。是局部分布规模较小的堆积地貌。前者分布在南长山岛南部，是陆上砾石嘴水下延伸部分，退潮时仍不出露，但出现条带状破碎浪。沙嘴分布在小黑山岛村南侧砾石堤外，物质组成以粗砂为主。

登州水道地貌上的最大特点是西槽及其周边发育了不对称的涨潮流三角洲体系。该三角洲的两侧边缘坝极不对称，南边缘坝10.0米等深线以浅宽度为1～3千米，长近12.0千米，水深最浅处仅1.3米；而北边缘坝长4.5千米，最宽处仅有0.75千米左右，水深最浅处8.9米；终端坝宽约6.0千米（15.0米等深线之间），坝顶最浅为13.4千米，鞍部水深14.7米。该涨潮流三角洲由中细砂组成。

二、地质

（一）构造、地层和岩性

1. 地质构造

庙岛群岛与蓬莱地区的区域构造一致，可分为早期东西向构造和晚期北东向、北北东向构造。从现有掌握的资料看，对本区影响最大的是北东向、北北东向断裂构造。其中，发育在本构造区西部的郯城－庐江断裂带最为重要，其次是玲珑断裂和紫现头－解宋营断裂。

郯城－庐江断裂带　其总体走向北北东向，一般认为该断裂南起湖北广济，经庐江、郯城，进入渤海，穿过渤海后进入俄罗斯远东地区，长达3600余千米；宽度10～80千米。由多条平移断层组成，最大左行平移距离达0.7千米。万天丰认为该断裂带自25 000万年前至73万年以来经过了多次活动。对中国东部地质活动产生了明显作用（张训华　等，2008）。

玲珑断裂　走向28°，倾角70°，该断裂切割了玲珑超单元，为黄县断陷盆地东界，该段称为北林院断裂，断裂内发育有碎裂岩、碎粉岩、断层泥。断层长21千米、宽0.2千米，在蓬莱北沟，栾家口入海，在海内尚未追踪。

紫现头－解家营断裂　断裂经栖霞向北经寨里、蓬莱崮寺店、解宋营入海。该断裂南段称寨里－杨础断裂，北段称紫现头－解宋营断裂。紫现头－解宋营断裂是一组独立断裂，自紫现头向北经崮寺店，解宋营入海，走向10°～15°，倾向100°～105°，倾角60°，断裂长50千米，宽度500～200米，断裂陆上切割郭家岭岩体及粉子山群，为臧家庄盆地西界，断裂内碎裂岩、碎粒岩、构造透镜体发育，海内未进行追踪（山东省第四地质矿产勘查院，2003）。

在近东西向和北东向、北北东向断裂为主的构造断块内，次级北西向构造也较发育。各岛具体轮廓主要受制于这几组断裂。其中，北部岛群岛屿的轮廓主要受北东向和北北东向构造控制，发育着许多次级北东向小断裂；南部岛群岛屿的轮廓受北西向和北北东向断裂控制，内部断裂不甚发育。中部岛群的砣矶岛，则为其间的过渡。

庙岛群岛属于胶辽古陆的一部分，由于长期处于构造抬升状态，使之成为矗立于渤海海峡之上的分隔渤、黄海盆地的古老陆地。到了新生代，喜马拉雅山运动使本区附近产生了大的断裂和褶皱，胶辽古隆的“切割”，使胶东半岛和辽东半岛分离中断，在渤海盆地东缘形成了北东向排列的庙岛群岛的低山丘陵。第四纪期间，由于海面升降变化，庙岛群岛曾多次成为沟通胶辽大陆的“岛桥”，海岛上有各时期松散沉积物堆积，记录了当时的沉积环境和晚近时期地质发展史。

2. 地层与岩性

庙岛群岛缺少古生代地层，仅出露前寒武纪古老变质岩系，与临区蓬莱沿岸的蓬莱群相当。根据各岛及其附近海域的钻孔资料来看，该海域的地层和岩性与各岛一致，仅分布有上元古代蓬莱群地层，其岩性主要为石英岩、千枚岩及千枚状片岩和板岩等，可分为豹山口组和辅子夼组。

豹山口组　主要分布在中部岛群及其周边海域，即主要分布在大竹山、小竹山、车由、砣子、高山、矶和砣矶等诸岛及周边海域。其岩性下部绢云千枚岩为主，夹含砾石英岩、磁铁长石石英岩和长石石英岩。上部主要为紫色、青灰色板岩夹长石石英岩和石英岩。

辅子夼组　分布在南、北岛群及其周边海域，即主要北隍城、南隍城、小钦、大钦、小黑山、大黑山、北长山、南长山等诸岛，其岩性下部主要为青灰色、紫色板岩和石英岩互层；上部为石英岩和板岩互层，厚度较大。也即南部岛群海岛上出露的基岩，属于上元古界蓬莱群辅子夼组①，主要岩石类型为石英岩、千枚岩和板岩等。

在岛群西部的大黑山岛及附近海域和蓬莱沿岸分布有火成岩，主要是新生代新第三纪至第四纪史家沟组的玄武岩，为基性—超基性喷溢相玻基辉橄岩、橄榄霞石岩、橄榄玄武岩。根据玄武岩底部黄土层热释岩年龄为距今84万～103万年、火山岩K-Ar同位素年龄为距今73万年，火山活动为第四纪更新世。

（二）第四纪地质

1. 沉积物类型

南部岛群主要由坚硬的震旦纪石英岩构成，由于长期处于构造抬升阶段，一直处于侵蚀剥蚀作用过程中，较高部位多见基岩裸露，岛坡一般有厚度不大的松散沉积物，在丘麓和沟谷低地有较厚的松散沉积物覆盖；沿海湾岸段多有砂砾石、砾石堆积分布。上述松散沉积物的主要成因类型有残积、残坡积、黄土状堆积、海积与潟湖沉积等。

（1）残积物

广泛分布于各海岛的丘陵山坡或侵蚀剥蚀台地上，沉积层较薄，厚度一般小于0.5米。主要岩性为黄褐色松散亚砂土，分选较差，含有较多的碎石、岩屑，下部与风化壳过渡。

（2）残坡积物

主要分布于丘陵缓坡地段，厚度一般由高处向低处变厚，从20～50厘米到1～2米。岩性主要为

① 地质矿产部第三海洋地质调查大队海岛组：北黄海岛屿地质调查报告（分岛报告）[R]，1978年。

褐灰色黏土质粉砂、细砂质粉砂，含有许多岩屑、碎石，特别是底部常呈层状分布，并与下伏基岩风化破碎带过渡；地表多土壤化，土与碎石混杂。

在各海岛沟谷中沉积物的底部常有老残坡积物分布，岩性为棕红色黏土碎石层，碎石含量达80%左右。黏土颜色由下向上变深，干后十分坚硬。黏土中的碎石以石英岩为主，局部成层，风化后无光泽。黏土裂纹中有黑色铁锰膜，黏土中普遍含少量铁锰结核。

(3) 黄土状堆积物

泛指较纯黄土及其受流水、坡积作用改造而堆积的沉积物，主要分布于各海岛丘陵山麓和丘间谷地内，呈充填于古老冲沟或覆盖在坡地上。主要岩性为棕黄色、灰黄色、浅黄色粉砂、细砂质粉砂、黏土质粉砂，质地均匀，无层理，疏松多孔，垂直节理发育。

(4) 海积和潟湖沉积

海积物主要分布于各海岛的海湾顶沿海地带和岸线凹入段，主要为砂砾石沉积，以砾石堤、现代砾石滩和砾石嘴等形式出现，砾石多为石英岩，磨圆较好。

潟湖沉积分布于各海湾顶部的砾石堤内的滨海低地，岩性为富含有机质的灰黑、黑色粉砂质黏土、黏土质粉砂为主，含贝壳层，顶部有薄层粉细砂层（黄土状沉积物）覆盖，地貌上表现为海湾小平原。南长山岛的县城附近、北长山岛月牙湾以南、大黑山岛的土岛村和船旺、大濠—西濠等地。

另外，在大黑山岛的老黑山火山岩分布，岩性主要为橄榄玄武岩、玄武质角砾熔岩夹数层红色风化壳，由若干韵律层组成，局部有烘烤现象。

根据南长山岛、小竹山岛、高山岛等的陆岛交通码头工程钻孔资料，南部岛群海区的第四纪沉积物主要有：残积物、坡积物、黄土状堆积物和海积物等类型。

2. 第四纪地层

庙岛群岛上晚新生代地层极为发育，时代较为完整，以新、老黄土和红土风化壳最具特征，吸引了众多科学家前来调查研究。从20世纪60年代中期，金翔龙和郑开云（1964）曾对庙岛群岛的黄土进行了初步调查，提出了“海成黄土”说（金翔龙 等，1964）。赵奎寰（1983）认为该处黄土主要是坡积-洪积及局部残积成因的，黄土中发现的有孔虫化石可能来源于渤海沿岸古沙丘。李培英（1984）认为：冰期时的山东半岛和渤海部分海区，除接受大量从西北地区通过大气系统以尘暴形式搬运来的粉尘外，还接受了来自其东部海滩吹向陆地的粉尘，其中包括含有孔虫的混杂物质。曹家欣等（1987）和李培英（1987）认为，庙岛群岛晚更新世黄土的来源既有西北气流自亚洲内陆搬运来的物质，也有地方风系吹扬出露的海底沉积物就地降落的细粒沉积物。李培英等（2008）将本区的中更新世黄土和晚更新世新黄土分别命名为“蓬莱黄土”和“大连黄土”，即把庙岛群岛的晚新生代堆积与华北山间盆地相对比，将其划分为上新统风化壳红土、下更新统红土角砾层、中更新统蓬莱黄土、晚更新统大连黄土和全新统等（图1-1-2）。

(1) 下更新统

下更新统分布局限，仅个别地点保存了含角砾的坡积砂质红土，如北长山岛北城海滨。这套堆积物上与棕黄色黄土（蓬莱黄土），下与红色风化黏土均呈不整合接触关系，岩性为黏土质粉砂，干后致密坚硬，无节理，质地比较均一。

在大黑山岛分布有大面积下更新世的黑色玄武岩。黑石沟的玄武岩被中更新世棕黄色黄土覆盖。由玄武岩与上下地层接触关系和与临区蓬莱玄武岩的对比，可以断定本区玄武岩形成于早更新世晚期至中更新世初期。

(2) 中更新统

主要为棕黄色黏土质粉砂，各主要海岛均有分布。沉积物较致密，质地均一，具垂直节理，含钙质结核。其顶部常有灰黄色新黄土覆盖，底部常以角砾层与下伏岩层接触，顶部有一层棕红色古土壤层，个别剖面的中部还夹有一层古土壤层，顶部古土壤层随古地形而起伏变化，为新老黄土的明显分界线。从性状上看，酷似我国西北地区离石黄土所具有的特征。另据古地磁测定，属于布容正向极性

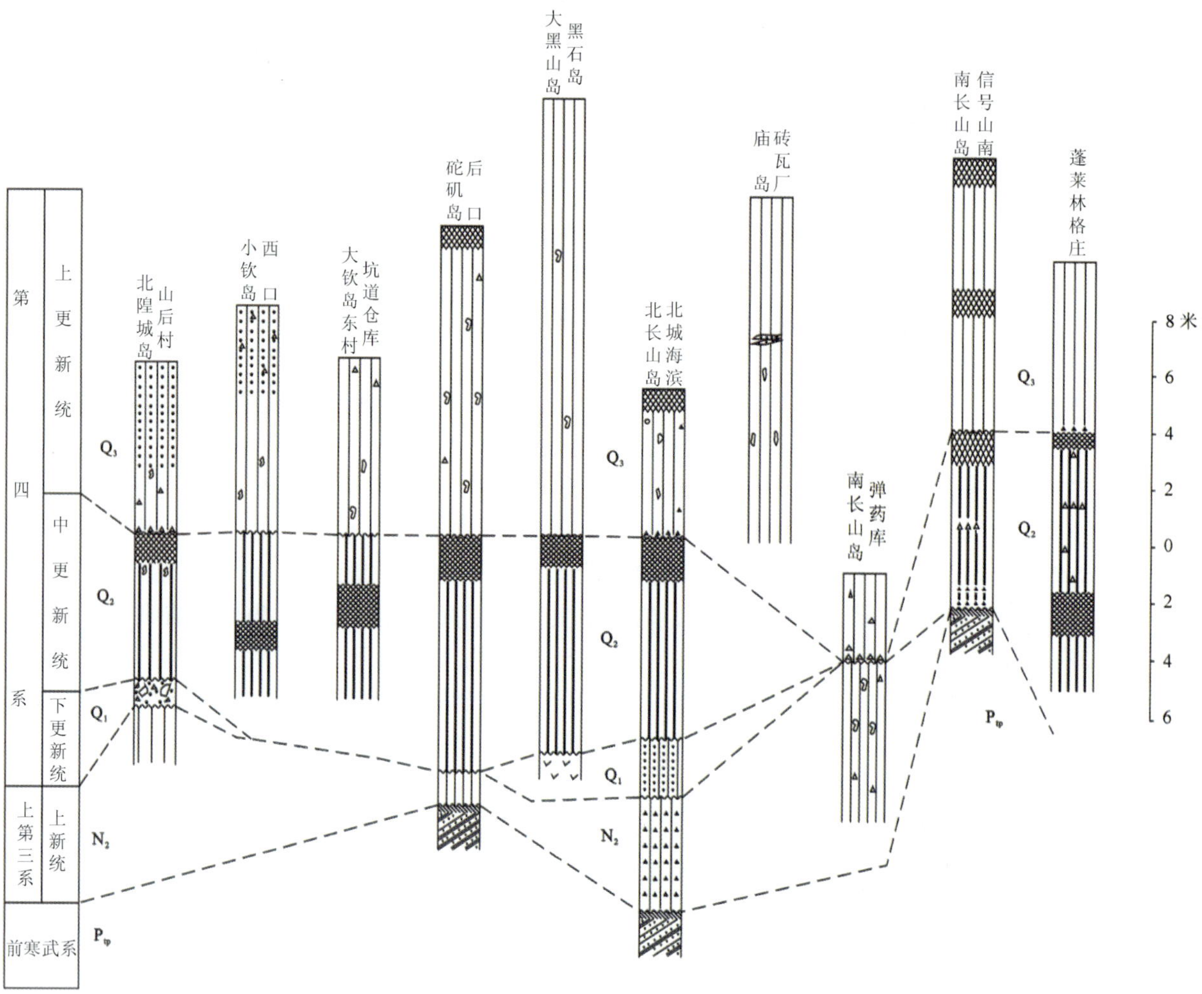

图 1-1-2　庙岛群岛晚新生代地层柱状对比图（据李培英　等，2008）

时。基于上述事实，推断本区棕黄色黄土形成于中更新世末期，李培英等（2008）将其命名为“蓬莱黄土”。

（3）上更新统

主要为灰黄色、浅黄色砂质粉砂，在各主要海岛上均广泛分布，呈超覆老黄土之上或披盖于基岩之上。沉积物质地均匀，无层理，疏松多孔，垂直节理发育，易发生崩塌，形成悬崖峭壁。顶部普遍发育一层灰黑色古土壤，其产状随地形而变；中部常夹有砂砾石或碎石，有的剖面成层分布。从性状上看，酷似我国西北地区马兰黄土所具有的特征，李培英等（2008）将其命名为“大连黄土”。

在新黄土中，自剖面下部至上部均含海相有孔虫化石，壳体很小，绝大多数完好，仅极个别壳体上出现磨损的小洞。这些有孔虫化石，说明新黄土的物源与海相沉积物关系密切。

另外，当地群众在几个岛屿的新黄土中，曾发现过生活于干旱草原环境的脊椎动物化石，现收藏在长岛县博物馆内，经鉴定有：安氏鸵鸟蛋（*Struthiolithus andorsson*）、赤鹿角（*Cervus elaphus*）、梅花鹿角（*Cervus Nippon*）等；海底还发现了猛犸象（*Mammuthus primigenius*）的腿骨、皮毛犀（*Coelodonta antiquitatis*）的肱骨等。

根据新黄土中钙质和石英砂测年资料（表 1-1-2），以及所含的动物化石看来，庙岛群岛上的新黄土（马兰黄土或大连黄土）主要形成于晚更新世晚期。

表 1-1-2 庙岛群岛黄土测年一览

<table>
<tr><th colspan="6">碳14年龄</th><th colspan="4">黄土中石英砂的热释光年龄</th></tr>
<tr><th>地点</th><th>层位</th><th colspan="2">材料</th><th>年龄</th><th>测试单位</th><th>地点</th><th>深度</th><th>年龄</th><th>测试单位</th></tr>
<tr><td rowspan="4">大黑山岛</td><td rowspan="4">下部</td><td colspan="2">钙质结核单核全样</td><td>10.6±0.1</td><td rowspan="4">国家海洋局第一海洋研究所</td><td rowspan="3">大黑山岛</td><td>4.6</td><td>34.3±2.3</td><td rowspan="3">中科院西安黄土国家重点实验室</td></tr>
<tr><td rowspan="3">钙质结核单核</td><td>核心</td><td>23.6±0.55</td><td>10.7</td><td>75.8±7.5</td></tr>
<tr><td>中层</td><td>18.5±0.26</td><td>13.5</td><td>149.6±10.6</td></tr>
<tr><td>外层</td><td>6.21±0.26</td><td rowspan="3">庙岛</td><td>5.0</td><td>29.0±5.0</td><td rowspan="3">英国剑桥大学</td></tr>
<tr><td rowspan="2">大钦岛</td><td>中部</td><td colspan="2" rowspan="2">钙质结核全样</td><td>17.83±0.24</td><td rowspan="6">北京大学</td><td>6.1</td><td>34.0±3.0</td></tr>
<tr><td>低部</td><td>23.1±0.40</td><td>10.4</td><td>56.0±5.0</td></tr>
<tr><td rowspan="2">北长山岛</td><td>上部</td><td colspan="2" rowspan="2">钙质结核全样</td><td>12.07±0.13</td><td></td><td></td><td></td><td></td></tr>
<tr><td>中部</td><td>19.38±0.32</td><td></td><td></td><td></td><td></td></tr>
<tr><td rowspan="2">南长山岛</td><td>上部</td><td colspan="2" rowspan="2">古土壤（黑垆土）</td><td>2.62±0.105</td><td></td><td></td><td></td><td></td></tr>
<tr><td>下部</td><td>6.79±0.20</td><td></td><td></td><td></td><td></td></tr>
</table>

资料来源：李培英，等：海岸带黄土与古冰川遗迹，北京：海洋出版社，2008 年，第 107 页。

（4）全新统

庙岛群岛上的全新统地层主要为陆相的冲洪积、坡洪积物和海相的海滩、海湾与潟湖沉积物。其中，冲洪积、坡洪积物包括现代地表所有的坡积物、土壤和新黄土顶部含角砾、砾石、贝壳和古人类遗迹的黄土状沉积，与下覆新黄土呈过渡或不整合接触关系；山间谷地的现代冲洪积物，岩性一般为粉砂质黏土堆积。

海滩、海湾与潟湖相沉积指沿岸由砾石堆积组成的砾石滩、砾石堤坝、粉砂淤泥质海滩和海湾的黑色淤泥沉积。在庙岛群岛，各岛居民和村落均坐落在这些海滩和海湾沉积层之上，如王沟村、南城、北城、小黑山村等。

（三）工程地质与水文地质

1. 工程地质

庙岛群岛无大型断裂构造发育，所有海岛均属于基岩岛，所以海岛工程地质较为稳定，属于抗风化能力较强的岛屿，工程地质分区属鲁东丘陵工程地质区。

按岩土体的成因类型、结构、物理力学性质，将长岛海岛岩土体划分为岩体工程地质单元和土体工程地质单元两个岩性综合体。

岩体工程地质特征　主要为坚硬的变质岩类。除大黑山岛局部地段发育碱性橄榄玄武岩、粗面玄武岩、火山角砾集块岩外，全部为一套中厚厚层状石英岩，硅质板岩、泥质板岩等，岩石坚硬，力学性质较高，为良好建筑地基基础。但由于岩石裂隙发育，在破碎带及强风化带，有产生崩塌或滑坡等工程地质问题存在可能。

土体工程地质特征　庙岛群岛上的土体按其成因类型，主要为残积土、坡积土以及滨海的海积土。

分布在丘陵山坡及坡麓地带的残坡积、坡洪积等松散沉积分布区，沉积物成层分布，岩性变化较大，垂向上呈渐变，土的状态为软塑—硬塑—坚硬半坚硬。含水量及密实度对土体强度有较大影响。本岩组一般都可做小型建筑基础持力层；残积层下部至基岩强风化过渡带强度较高。

在丘陵山麓平缓坡地及谷地内，有较厚黄土状堆积的分布区。由于黄土厚度较大，结构疏松，吸水性强，透水性好，吸水后自重下沉的特征（湿陷性）；由于黄土垂直节理发育，土体塌方和滑动是常见的工程地质现象。

在滨海的海积层分布区，岩性由淤泥、淤泥质粉砂、砂砾石组成，不同部位岩性差异较大。海湾潟湖沉积的淤泥、淤泥质粉砂含水性强，易压缩，振动或加压易产生液化和流动，在地基处理时，对于埋深浅、厚度薄的应予以清除，埋深较深、厚度较大者应采取地基处理措施。另外，海积层地下水埋深较浅，水质咸，应予以考虑地下水对建筑地基的腐蚀性。

2. 水文地质

长岛地下水资源不丰富，是缺水地区。地下水可分为松散沉积物孔隙潜水和基岩裂隙潜水二类。从化学成分上，有淡水（主要饮用水源）、半咸水（滨海低洼地区）、咸水。由于是基岩海岛，今后主要开发目标应是增大基岩裂隙水的寻找和利用工作。

南部岛群海岛上的工程地质条件良好。但岛上裂隙发育，有的地区岩石破碎；黄土地层垂直节理发育，会出现塌方和滑坡等常见的地质灾害现象。

（四）海底沉积物

1. 区域海底沉积物分布基本特征

（1）表层沉积物类型与分布

庙岛群岛海域沉积物类型主要有砂砾、细砂、砂、粉砂质砂、砂质粉砂、黏土质粉砂等类型。其基本特征及分布如图 1-1-3。

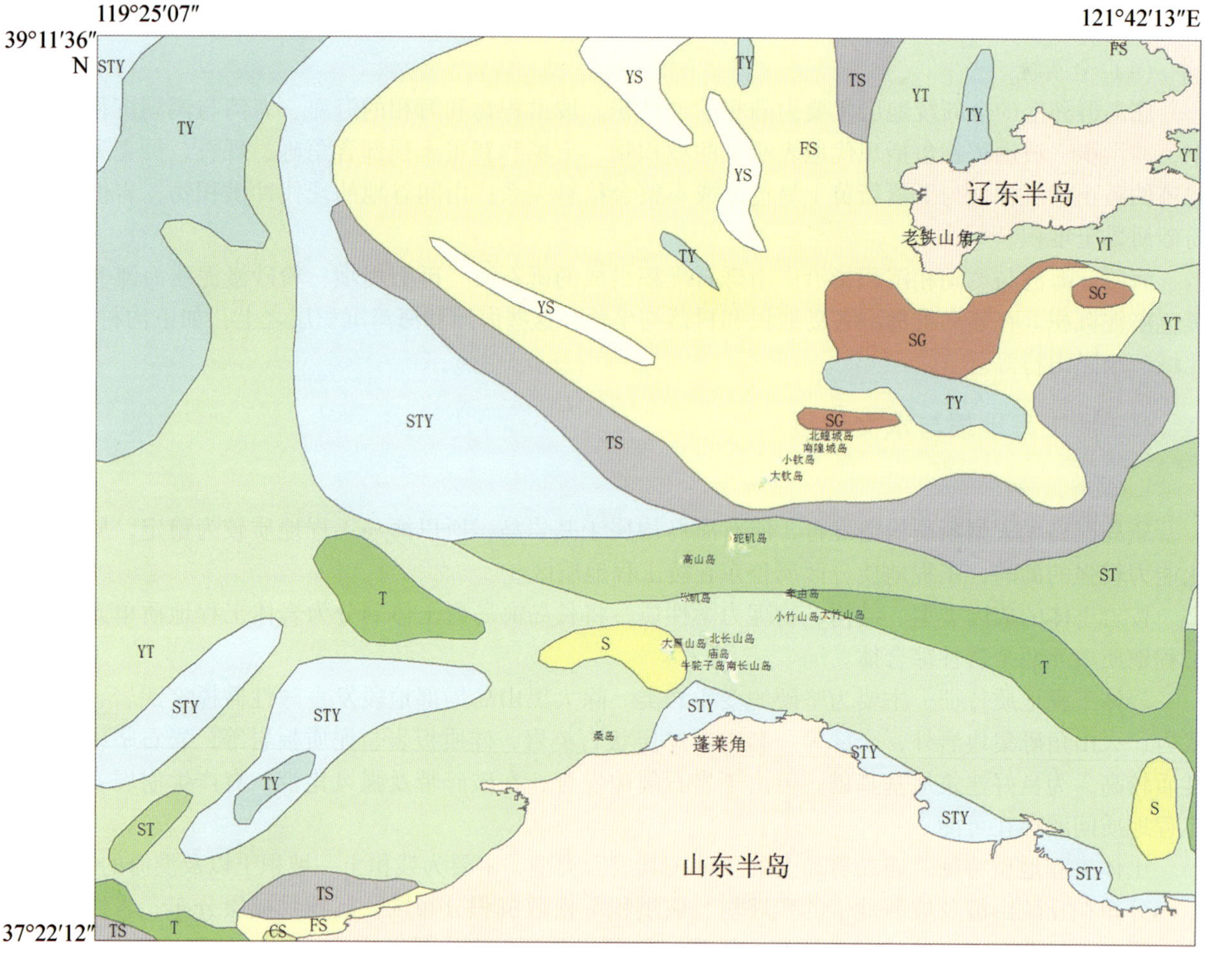

图 1-1-3　沉积物类型分布

砂砾　主要分布在老铁山水道，登州水道的长山尾附近海域，砾石成分与周边围岩一致，即以蓬莱群辅子夼组变质岩为主，且石英岩数量较多，同时局部有玄武岩等砾石，磨圆好到一般，分选较差。

砂　主要分布在登州浅滩上，特别是二日洲，潮待洲和新井洲上。组成物质以石英质中、细砂为主，含有部分粗砂，在蓬莱港西侧浅滩上还含有较多的碎石和砾石，多数沉积物分选较好。

细砂　分布在老铁山水道南侧砂砾分布区的南侧，沉积物中细砂含量为 50% ~70%，中值粒径为

2.5～3.0φ，四分位标准离差多在0.6以下，即分选好到极好。多呈正态分布。

粉砂质砂、砂质粉砂　主要分布在砣矶岛南北水道上，北水道以粉砂质砂为主，南水道以砂质粉砂为主，灰至灰褐色、含少量贝壳石碎片，中值粒径为3.5～4.5φ；四分位标准离差为0.6～2.2，即分选好至中常、偏态系数在1.0左右，即正偏。

黏土质粉砂　主要分布在北长山水道。一般呈灰色，灰绿色，半流动状态。中值粒径为6.0～7.0φ；四分位标准离差为1.4～2.2，即分选中常到差；偏态系数在0.5左右。正态概率曲线一般由二段组成，一般以悬移质物质为主。

（2）粒度参数

中值粒径　从沉积物中值粒径等值线图（图1-1-4）可以看出，庙岛群岛海域表层沉积物较粗，故中值粒径φ值偏小。绝大部分区域海底表层沉积物的中值粒径小于4.0φ，且大部分海域小于3.0φ。中值粒径小于4.0φ的分布面积占全区的2/3以上，分布在北部海域。中值粒径大于4.0φ的沉积物主要分布砣矶岛以南海域。

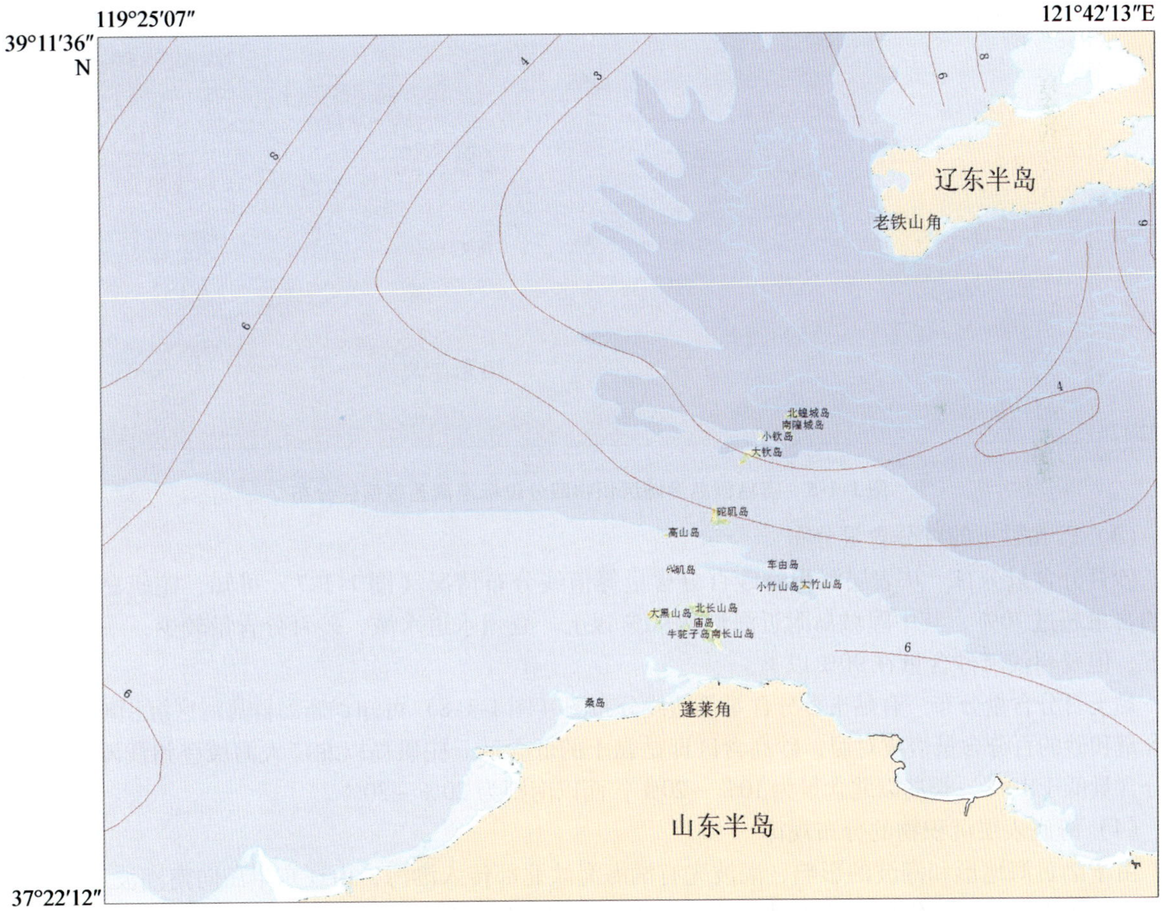

图1-1-4　庙岛群岛海域沉积物中值粒径等值线分布

四分位标准离差（分选系数）　由四分位标准离差等值线分布图（图1-1-5）可以看出，庙岛群岛海域海底表层沉积物总体分选在好和比较好的范围内，北长山岛以北海域基本都在0.6以下，仅长岛以南在0.6以上。

四分位偏态　从四分位偏态系数等值线分布情况（图1-1-6）可见，砣矶岛以北海域以正态分布为主，其南则为正偏分布区。

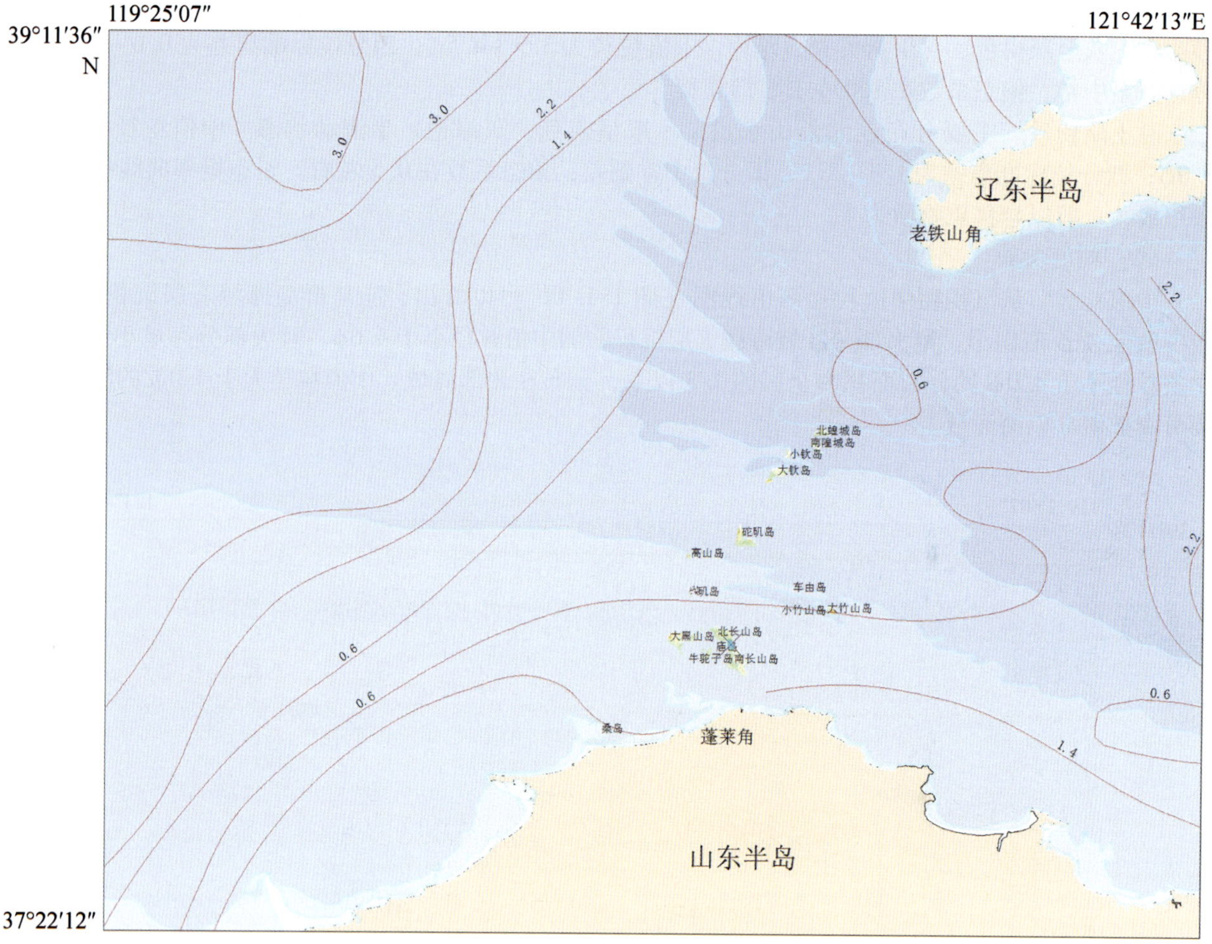

图 1-1-5　庙岛群岛海域沉积物四分位标准离差等值线分布

（3）砂和黏土的百分含量分布

砂百分含量分布　从表层沉积物砂百分含量等值线分布情况（图 1-1-7）可知，砣矶岛以北海域砂的含量超过 70%，其中隍城岛附近海域达 90% 以上。登州水道水域，砂百分含量较少，一般在 10% 以下，但登州浅滩砂含量在 90% 以上。

黏土百分含量分布　有黏土百分含量等值线分布图（图 1-1-8）可知，庙岛群岛海区沉积物中黏土百分含量和砂的百分含量恰成对照，砂高含区即是黏土的低含区。砣矶岛以北广大海域登州浅滩海域黏土百分含量低于 10%，长岛以北含量为 10% ~20%，而以南则为 20% ~30%。

（4）海底表层沉积物的分布规律

由于渤黄海地形和潮波的影响，潮波先有渤海海峡北部传入渤海，由辽东半岛向南潮波逐渐传入，且由于辽东半岛的挑流作用，使入渤海潮流向西南方向前进，过了辽东半岛后流向逐渐向北转，并在老铁山水道的西南方形成强流区，同样在长山与蓬莱头之间因二者束狭作用，也在登州水道形成强流区，因此，在这两个水道及其两端形成了粗粒沉积区，加之，涨潮流速大于落潮流速，强潮流形成的堆积体都位于水道的渤海一侧。其他水道仅在个别区域，如岛岬或海峡间因流速大形成局部粗颗粒沉积，其他海域因流速不大，形成较细粒沉积。

通过上述表明，本区沉积物类型和粒度的分布与本海区的动力条件是非常一致的。

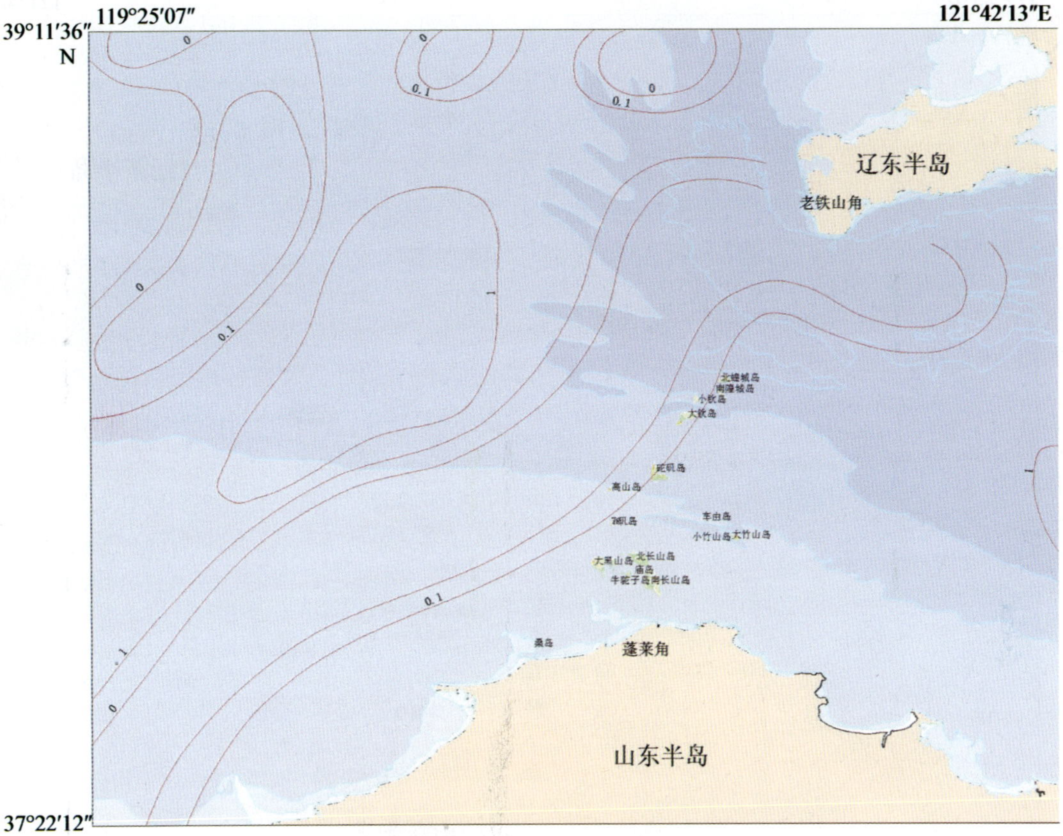

图 1-1-6 庙岛群岛海域沉积物四分位偏态系数等值线分布

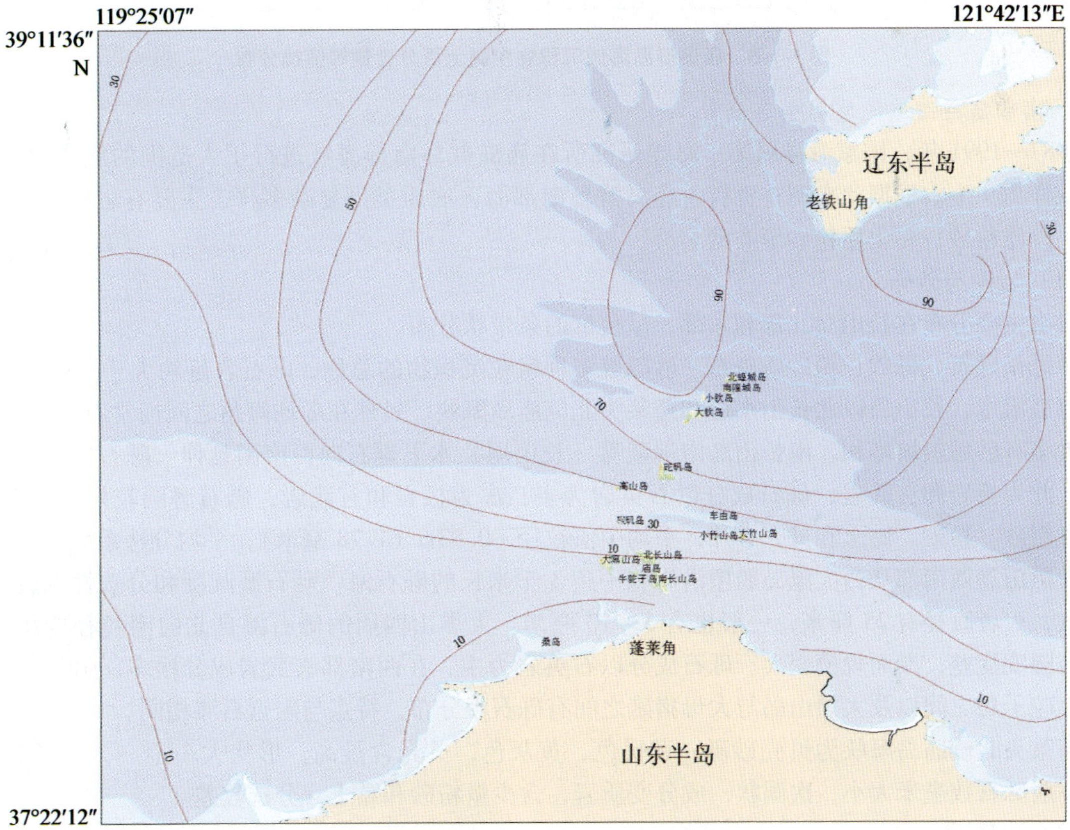

图 1-1-7 庙岛群岛海域沉积物中砂百分含量等值线分布

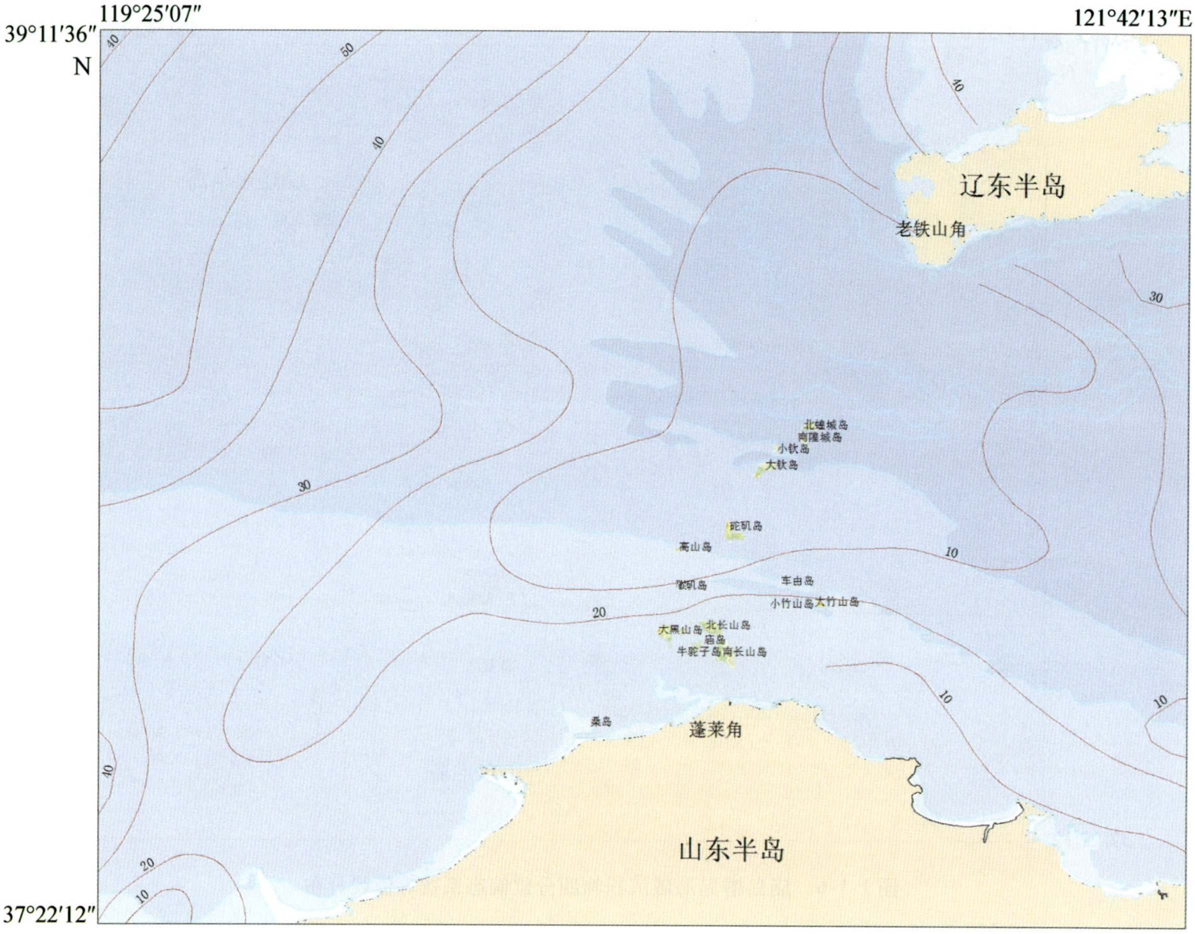

图 1-1-8　庙岛群岛海域沉积物中黏土百分含量等值线分布

2. 南部岛群海域底质类型与分布

1987—1991 年，国家海洋局第一海洋研究所在庙岛群岛南部海域进行了大范围的底质取样调查，总计取样 269 个。根据此次调查资料，庙岛群岛南部海区底质类型复杂多样，主要有岩礁、砂砾、中粗砂、砂质粉砂、黏土质粉砂等类型。

（1）岩礁与砂砾

岩礁主要分布在长山岛北部和东部，呈狭窄的条带状分布。

砂砾是砾石、砾砂、粉砂质砾石、砂砾等多种粗粒沉积物的总称，砾石含量均大于 20%。主要分布在海岛沿岸，长山岛以北长山水道和蓬莱头北侧庙岛海峡。另外在岛屿岬角之间通常有砾石滩分布，水下大多有砂砾斜坡堆积。南长山岛南端礓嘴（长山尾）水下砾石向西南南延伸。砾石成分以石英岩为主，此为板岩和玄武岩，砾石成分以石英岩为主，次为板岩和玄武岩，砾石磨圆较好，分选较差，大多含粗砂、粉砂、黏土和贝壳碎片，平均中值粒径 -0.83ϕ（1.78 毫米），平均分选系数 2.23。

大黑山岛西南部从西大濠岛船望沿岸有一条 3 千米长的砾石滩，砾石磨圆度和分选性都较差，粒径较大，大者直径有 25 厘米，一般也有 5 ~ 10 厘米。大黑山四周的砾石滩自北向南粒径变粗，分选性、磨圆度变差，滩面规模变大。砾石成分以石英岩为主，在西南部玄武岩成分增多。另外在大黑山岛与大砣子岛之间以及大黑山岛与大母猪礁之间有砾石坝分布，特点与附近石滩相同。

蓬莱头北侧庙岛海峡为贝壳砂砾，黄褐色、黄灰色，贝壳含量高，形状大小不一，大者 2 ~ 3 厘米；一般砾石数毫米大小，次圆状，成分变质岩，含少量粉砂和黏土，分选较差。

（2）中粗砂

中粗砂为粗砂、中粗砂、粗中砂、细中砂等砂级沉积物的总称。主要分布在大黑山岛和庙岛之南部海域及登州浅滩等地，共采集5个样品。黄褐色，松散，个别样品含有螺、蛤等贝壳，粒度成分以砂为主，占73.1%～97.5%，平均砂级含量为87.5%，另含平均3.3%的砾石，6.3%的粉砂，个别样品含少量黏土。中值粒径范围0.49～2.01ϕ，平均1.11ϕ（0.46毫米），分选很好，平均分选系数0.49。

（3）砂质粉砂

砂质粉砂为砂质粉砂、粉砂质砂，黏土－砂质粉砂和黏土－粉砂质砂的总称。分布在南部海域中粗砂带的外围，以及南长山岛东侧和庙岛东侧砂砾带的外侧，沿岸呈窄条带状。此外在长山水道西端也有分布。

灰褐色、褐灰色粉砂质砂或砂质粉砂的粒度成分，有的以粉砂为主，有的以砂为主。根据22个样品统计，粉砂含量为23.1%～58%，平均39.7%。此外含平均15.3%的黏土，在南部海域大片的砂质粉砂中，黏土含量大多略超过20%，实际定名为黏土—砂质粉砂。有些样品含有少量砾石，中值粒径范围0.53～5.30ϕ，平均3.59ϕ（0.083毫米），分选从好至差都有，一般中等，平均分选系数为2.17。

（4）粉砂

粉砂主要分布在长山岛东侧和大黑山岛西侧海域，中部环小黑山岛海域也有分布。灰褐色或褐灰色，松散、质纯、均匀，稍黏滑，粒组成分中砂占绝对优势。根据74个样品统计，粉砂含量范围为64.9%～90.1%，平均含量为80%；砂组平均含量5%，黏土平均含量15%，个别样品含少量砾石，平均中值粒径粒径5.1ϕ（0.029毫米），分选较好，平均分选系数0.81。

（5）黏土质粉砂

黏土质粉砂是本区分布最广的底质类型，分布在东部、北部海域以及大黑山岛周围和岛间。褐灰色、灰色或青灰色黏土质粉砂，滑腻可塑，有黏性。表层大多有落层黄褐色浮泥，含水较多，可流动。粒度成分以粉砂为主，且以粗砂为主，据155个样品统计，粉砂含量为49.8%～78.4%，平均含量69.3%。其中，粗粉砂大多超过50%，黏土含量居次，为20.0%～50.3%，平均含量为27.6%，另含少量的砂。中值粒径范围为4.97～8.10ϕ，平均5.72ϕ（0.019毫米），黏土质粉砂分选系数为0.87～3.19，大多分选中等，分选系数平均为1.68。个别样品黏土含量略多于粉砂，定名粉砂质黏土。因性质类似，范围很小，不单独划类。

3. 南部岛群海底沉积物粒度参数特征

（1）中值粒径

本区底质中值粒径范围为－3.85～8.10ϕ。长山水道和庙岛海峡南部、南长山岛南端水下砾石嘴以及岸边水下砾石滩是本区最粗底质分布区，中值粒径小于0ϕ，最粗为－3.85ϕ（14.4毫米）。长山水道北侧、大黑山岛南北两侧的局部海域，底质细腻，最细中径值为8.01ϕ（0.004毫米）。大部分海域表层沉积物的中值粒径在5ϕ左右。

（2）四分位离差等值线图

本海域表层沉积物的分选系数为0.28～5.70，大部分海域为0.6～2.2。一般具有岛周、砂砾区的分选性差；粉砂和中粗砂分选很好至好；黏土质粉砂和砂质粉砂的分选中等。

4. 黏土含量分布

黏土是沉积物中粒径小于0.004毫米（>8ϕ）的部分，其含量多少对环境的沉积特征及增养殖业均有影响。本区底质中的黏土含量最小者为0，个别出现在砂砾区和中粗砂区；黏土含量最大值为50.3%，见于长山水道北侧。大部分海区表层沉积物的黏土含量在20%左右，一般为北部多于南部、东部多于西部，岛间海域黏土含量在20%上下变动。

5. 沉积物分布规律

南部岛群海域海底表层沉积物分布规律明显。海岛沿岸海底基本为砂砾分布，有砾石滩、砾石坝、水下砾石嘴和水下砾石斜坡堆积，在北长山岛北侧和蓬莱头北侧也有较大范围砂砾分布区。砂砾外围通常有中细砂和砂质粉砂过渡带分布。大部分海域以粉砂和黏土质粉砂底质为主。

本区沉积物均为陆源，沿岛屿岸边分布的砾石，主要为海岛基岩风化物和重力堆积物受海浪长期冲击、磨蚀、搬运堆积而成。南部庙岛海峡内潮流较强、登州浅滩实为潮流三角洲，底质以砂砾和中粗砂堆积为主。

6. 浅地层基本特征

1987 年和 1991 年，国家海洋局第一海洋研究所在庙岛群岛南部海域开展了浅地层剖面探测调查。根据获取的浅地层剖面探测资料解译结果，基岩埋深由岛岸向海逐渐加深，一般距海岸 500 ~ 1000 米基岩标高一般在 -20 米以下；挡浪岛西北侧离岸 750 米左右，基岩标高可达 -50 米左右。一般地，标高在 -30 米以浅埋深基岩面坡度陡，标高 -30 米以深的埋深基岩面相对较平缓。

南部岛群海区近岸局部基岩裸露海底，绝大部分海底被松散沉积物覆盖，沉积层厚度较小，一般厚度小于 20 米，大部分由 2 个海相层和 1 个陆相层组成，个别地段存在第二陆相层；2 个海相层内，可进一步划分为 5 小层。即：本区海底浅地层一般划分为 6 层，个别地段分为 7 层。海底浅地层的物质组成，在垂向变化不太悬殊，沉积物普遍较细；横向上，具有近岸物质较粗，水道、水动力较强地段海底的地层薄、层次少和物质较粗等特点。

第三节　气候与气象

一、气候基本特征

岛群区属亚洲东部季风区，具有大陆性和海洋性气候特点，大陆度为 53.2%。因受冷暖空气交替的影响和海水的调温作用，四季特点是：春季风大回暖晚，夏季雨多气候凉，秋季干燥降温慢，冬季风濒寒潮多。

二、气象

1. 气温

庙岛群岛的气温具有由南向北递减趋势。

南部岛群的年平均气温为 12.1℃，最高年为 13.2℃（1994 年），最低年为 10.7℃（1969 年）。极端最高气温为 36.5℃（1959 年 7 月 30—31 日），极端最低气温为 -13.3℃（1970 年 1 月 4 日）。1 月平均气温最低，为 -1.6℃；8 月平均气温最高，为 24.5℃，年较差为 26.1℃。

2. 降水

年平均降水量为 537.1 毫米。降水主要集中在夏季，约占年降水量的 59%；秋季次之，占年降水量的 22%；春季占年降水量的 14%，冬季降水很少，仅占年降水量的 5%。最大年降水量为 881.4 毫米（1973 年），最小年降水量为 204.7 毫米（1986 年）。群岛内的降水由南向北呈递减趋势，年度相差在 100 毫米以上。

3. 湿度

年平均相对湿度为 67%。其中，7—8 月最大，为 85%；12 月最小，为 60%；相对湿度大于 80% 的日数平均为 67.9 天。年平均绝对湿度为 11.6 毫巴。其中，8 月最高，为 25.6 毫巴；1 月最低，为 3.4 毫巴。

4. 日照

全年日照总时数历年平均为 2612 小时，年日照率为 59.6%。一年中，5 月日照时数最多，为 269.7 小时；12 月日照时数最少，为 151.1 小时。

5. 风况

岛群海区季风显著，夏半年多偏南风，冬半年多偏北风。常风向 NNE 向，强风向为 NNE 向、NW 向。风力冬季最大，夏季最小，最大风速为 40 米/秒（1985 年）。风力 8 级以上的大风日数，年均 66.6 天；大风日数以冬季最多，夏季最少，各月的大风天数见表 1-1-3。

表 1-1-3 长山岛累年各月大风（≥8 级）日数 单位：天

月份	1	2	3	4	5	6	7	8	9	10	11	12	全年
平均大风日数	5.9	4.5	4.7	5.6	5.1	3.1	1.8	1.8	2.6	5.2	7.4	7.0	54.7
最多大风日数	13	8	12	13	12	10	6	8	7	10	14	16	88
最少大风日数	3	1	1	1	1	0	0	0	0	2	3	2	30

6. 雾况

水平能见度小于 1 千米雾日数年平均为 20.1 天，最多为 30 天，最少 5 天。一年中，4—7 月雾日较多，月平均 4.4 天；9 月至翌年 1 月雾日最少。

7. 霜期冰期

历年年平均霜日为 121 天。平均初霜日为 11 月 28 日（最早 10 月 31 日，出现在 1972 年）。终霜日为 3 月 29 日（最晚 4 月 16 日，出现在 1979 年）。初霜、终霜间日数，最多为 153 天（出现在 1972—1973 年）；最少为 97 天（出现在 1994—1995 年）。全年无霜期平均为 244 天。

历年年平均结冰日数为 125.4 天，平均始于 11 月 21 日（最早为 11 月 5 日，出现在 1977 年），终于 3 月 25 日（最晚 4 月 13 日，出现在 1987 年）。初冰、终冰间日数，最多为 147 天（出现在 1979—1980 年），最少为 90 天（出现在 1988—1989 年）。

三、极端天气事件

影响该区海岛的主要灾害性天气有寒潮、热带气旋、大风和干旱等。

第四节 海洋水文

一、海水温度

庙岛群岛海域水温具有明显的季节性特征和区域性差异。冬季表层海水温度为 3.3℃ ~5.8℃，呈由北向南递减趋势；春季表层海水温度为 5℃ ~10.5℃，分布形势大致为南高北低；夏季表层海水温度为 19.9℃ ~27.5℃，分布特征仍为南高北低；秋季表层海水温度为 12.6℃ ~14.8℃，总体分布趋势为东部高西部低。

南部岛群海域的表层水温为 3.6℃ ~7.2℃，年平均值为 13.2℃。其中，春季表层水温平均值为 9.6℃，夏季的表层水温平均值为 25.0℃，秋季的表层水温平均值为 14.2℃，冬季的表层水温平均值为 4.1℃。各季表、底层水温变幅较小，平均最大温度变幅为 1.5℃（夏季）。

二、海水盐度

南部岛群海域的表层盐度为 29.82 ~31.20，年平均值为 30.55。其中，春季的表层盐度平均值为 30.69，夏季的表层盐度平均值为 29.94，秋季的表层盐度平均值为 30.72，冬季的表层盐度平均值为 30.83。

三、透明度

南部岛群海区海水的透明度一般为1.7～3.0米，较北部岛群海区为小。

在季节变化上，一般夏季透明度较大，冬季透明度较小，主要原因是海水强烈混合所致。

四、潮汐

庙岛群岛海域潮汐均属正半日潮类型。在一个太阴日中有两次高潮和两次低潮，两相邻的潮差大约相等，而且两相邻的高潮和低潮的时间间隔在12小时25分左右，无论是高潮还是低潮，日不等现象均不明显。平均涨潮历时为5小时51分至6小时33分，平均落潮历时为6小时21分至6小时33分。平均潮差为1.0～1.2米，具有自北向南递减的趋势。

根据《长山岛自然环境与资源》(赵奎寰，1989）资料，南长山岛的平均海面为150厘米（据1个月观测统计得到)。平均海面在一年中的变化规律是中间高两头低，5—10月平均海面均大于年平均海面，1—4月和11—12月的平均海面均小于年平均海面，平均海面的最高值出现在8月，最低值在1月，其值分别为171厘米和119厘米，年变化幅度为52厘米，平均海面这种夏季高、冬季低的变化规律主要受太阳赤纬和气候因子的影响。

南长山岛的平均潮差为102厘米，最大潮差为138厘米。平均潮差在全年中相当稳定，最高值出现在10月，为115厘米；最低值出现在5月，为107厘米；年变化幅度只有8厘米。最大潮差在一年中波动较大，而且规律并不明显，最高值为8月，其值为184厘米，年变化幅度为44厘米。总的趋势是平均潮差和最大潮差的最大值出现在夏、秋季，最小值出现在春季。

南长山岛的平均高潮间隙为10小时4分，平均低潮间隙为3时53分。蓬莱平均高潮间隙为10小时10分。由此说明，南长山岛发生高潮的时间较蓬莱提前6分。

五、海流

庙岛群岛海区的海流以潮流为主，余流量值不大，最大值不超过0.3米/秒。海流主要是受黄海、渤海的交换海流影响，在渤海海峡地势影响下，大致形成了东西方向的往复流，岛屿间的水道为海水进出渤海的主要通道。其中，砣矶岛以北水道是北黄海海水西进渤海的主要通道，长山水道、登州水道等是渤海沿岸海水东进北黄海的主要通道；余流方向北部海区以西向为主、南部海区以东向为主，其流速具有北部海区大、南部海区小、表层大于底层的分布特点。

南部岛群海区的潮流类型复杂，正规半日潮流、不正规半日潮流和不正规全日潮流皆有，但主要是不正规的半日潮流。

潮流运动形式　主要水道内为往复流，海湾内多为旋转流。庙岛湾里的流速较弱，岛屿外侧的流速较大，在岬角、水道外形成强流区。表层流速大于底层。

六、波浪

庙岛群岛海区由于波浪受地形和风的影响，波向、波高和周期均有明显季节变化和区域差异。冬季盛行东北风，波浪以北向和西北向为主，大浪出现较多；夏季盛行偏南风，波浪以东南向和西北向占优势。

南部岛群海区全年以风浪为主，涌浪出现较少，风浪向与风向基本一致。根据屺坶岛海洋站多年统计结果表明，全年风浪出现频率占89%左右，涌浪占11%左右。

全年1/10大浪波高的平均值为0.7米，平均周期平均值为3秒左右。全年虽然有3米以上大浪出现的可能性，但是几率不算太高，波高（$H_{1/10}$）3米以上的出现率不超过4%，而且主要集中于偏北向。

寒潮、台风是该区产生大浪的主要天气系统，这两种天气过程产生大浪的极值都为偏北向。就波浪本身而言，寒潮天气过程产生的大浪尺度远比台风过程产生的大浪尺度大。

第五节 海洋化学

一、海水化学

根据国家海洋局第一海洋研究所2007年9月和11月在岛群海域进行的20个站位（图1-1-9）的海洋水质调查资料①，各测站海水样品的化学需氧量、溶解氧、无机氮、活性磷酸盐、重金属、砷、汞、石油类、pH值、盐度等分析结果（表1-1-4至表1-1-7）。

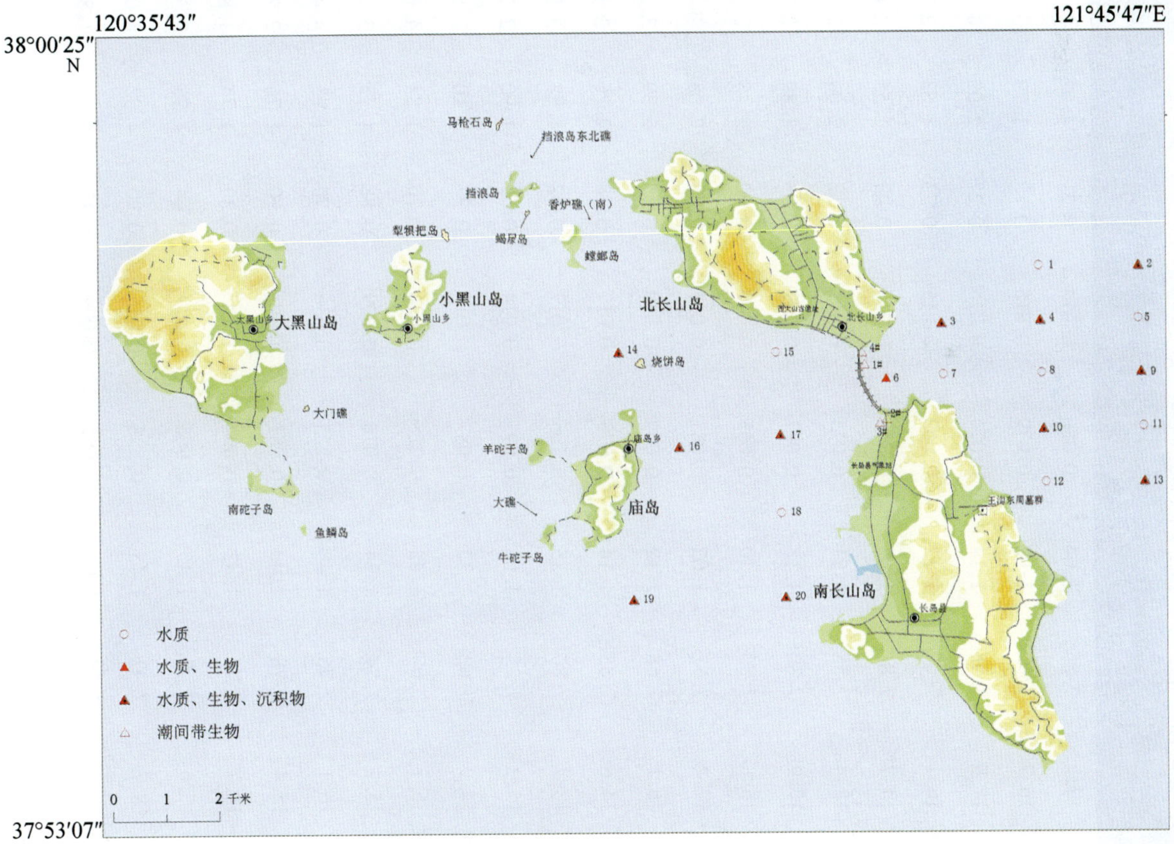

图1-1-9 海洋环境调查取样站位

① 国家海洋局第一海洋研究所：山东长岛县南北长山大桥工程海域使用论证报告（报批稿），2009年，第35~45页。

表 1-1-4　2007 年 9 月水质调查结果（表层）

站位	盐度	pH 值	悬浮物（毫克/升）	溶解氧（毫克/升）	化学需氧量（毫克/升）	无机氮（毫克/升）	磷酸盐（毫克/升）	铬（微克/升）	铜（微克/升）	锌（微克/升）	砷（微克/升）	镉（微克/升）	汞	铅（微克/升）	石油类（毫克/升）
1	30.42	8.14	17.2	7.85	1.04	0.086	0.014	0.31	4.02	8.03	1.59	0.71	—	0.41	0.034
2	30.71	8.14	16.7	7.92	1.02	0.079	0.015	0.85	1.79	3.45	1.15	0.21	—	0.96	0.026
3	30.68	8.13	17.9	7.68	1.14	0.074	0.015	0.27	2.00	6.02	1.35	0.61	—	2.86	0.024
4	30.82	8.14	16.1	7.67	1.12	0.062	0.015	0.73	1.63	2.73	1.25	0.21	—	1.12	0.024
5	30.75	8.14	14.7	7.81	1.02	0.076	0.018	0.49	1.55	2.69	1.33	0.21	—	0.93	0.028
6	30.60	8.12	18.4	7.58	1.21	0.073	0.011	0.12	2.00	2.35	1.34	0.42	—	1.06	0.030
7	30.12	8.12	17.9	7.80	1.18	0.077	0.009	0.83	1.89	2.78	1.23	0.72	—	0.36	0.027
8	30.42	8.13	16.8	7.80	1.10	0.065	0.009	0.90	1.43	2.10	1.45	0.12	—	1.03	0.030
9	30.35	8.14	17.2	7.82	1.02	0.087	0.013	0.53	2.08	3.4	1.39	0.69	—	0.54	0.036
10	30.32	8.12	16.1	7.68	1.12	0.069	0.019	0.65	2.39	3.23	1.27	0.17	—	0.61	0.032
11	30.82	8.14	14.6	7.85	1.14	0.079	0.017	0.78	2.76	2.14	1.26	0.03	—	1.08	0.030
12	30.90	8.12	18.7	7.80	1.15	0.105	0.017	0.52	1.78	3.92	1.43	0.12	—	0.56	0.028
13	30.62	8.14	15.2	7.75	1.03	0.093	0.014	0.59	1.90	2.75	1.41	0.23	—	0.92	0.027
14	30.72	8.12	14.7	7.62	1.32	0.087	0.013	0.73	2.10	2.86	1.41	0.44	—	1.02	0.040
15	30.35	8.12	15.1	7.68	1.42	0.228	0.034	0.70	1.84	4.68	1.63	0.77	—	0.79	0.027
16	30.50	8.12	15.2	7.74	1.34	0.078	0.009	0.88	1.75	3.21	1.44	0.21	—	0.83	0.026
17	30.50	8.12	16.1	7.76	1.40	0.225	0.036	0.70	1.93	4.47	1.47	0.28	—	1.08	0.046
18	30.42	8.12	15.4	7.78	1.40	0.081	0.01	0.90	1.76	2.23	1.39	0.28	—	1.07	0.045
19	30.50	8.12	16.7	7.76	1.42	0.094	0.01	0.89	1.74	1.80	1.28	0.29	—	1.06	0.042
20	30.62	8.12	17.6	7.75	1.45	0.066	0.009	0.44	1.55	2.53	1.21	0.10	—	1.08	0.044
最大值	30.90	8.14	18.7	7.92	1.45	0.228	0.036	0.90	4.02	8.03	1.63	0.77	—	2.86	0.046
最小值	30.12	8.12	14.6	7.58	1.02	0.062	0.009	0.12	1.43	1.80	1.15	0.03	—	0.36	0.024

表 1-1-5　2007 年 9 月水质调查结果（底层）

站位	盐度	pH 值	悬浮物（毫克/升）	溶解氧（毫克/升）	化学需氧量（毫克/升）	无机氮（毫克/升）	磷酸盐（毫克/升）	铬（微克/升）	铜（微克/升）	锌（微克/升）	砷（微克/升）	镉（微克/升）	汞	铅（微克/升）	石油类（毫克/升）
1	30.45	8.14	16.8	7.76	0.98	0.081	0.013	0.30	4.00	7.45	1.48	0.70	—	0.40	0.029
2	30.62	8.14	16.4	7.84	0.96	0.071	0.014	0.83	1.72	3.38	1.12	0.21	—	0.95	0.021
3	30.67	8.13	17.6	7.52	1.10	0.070	0.014	0.27	2.02	5.82	1.40	0.58	—	2.72	0.019
4	30.84	8.14	15.4	7.52	1.10	0.056	0.015	0.72	1.58	2.72	1.26	0.20	—	1.12	0.019
5	30.72	8.14	14.2	7.74	1.00	0.073	0.016	0.50	1.55	2.70	1.30	0.20	—	0.90	0.024
6	—	—	—	—	—	—	—	—	—	—	—	—	—	—	—
7	30.14	8.12	17.2	7.75	1.10	0.069	0.009	0.80	1.82	2.75	1.20	0.70	—	0.35	0.022
8	30.46	8.13	15.9	7.85	1.10	0.063	0.008	0.88	1.40	2.08	1.42	0.13	—	1.02	0.025
9	30.42	8.14	17.1	7.79	0.97	0.081	0.012	0.50	2.04	3.33	1.32	0.59	—	0.52	0.031
10	30.42	8.13	15.2	7.82	1.10	0.067	0.018	0.65	2.40	3.22	1.24	0.15	—	0.62	0.027
11	30.81	8.14	14.3	7.80	1.10	0.074	0.017	0.75	2.77	2.12	1.24	0.08	—	1.05	0.025
12	30.89	8.12	17.5	7.77	1.12	0.101	0.017	0.50	1.77	3.94	1.45	0.15	—	0.55	0.023
13	30.05	8.14	15.0	7.72	0.98	0.090	0.013	0.55	1.88	2.70	1.40	0.25	—	0.90	0.022
14	—	—	—	—	—	—	—	—	—	—	—	—	—	—	—
15	—	—	—	—	—	—	—	—	—	—	—	—	—	—	—
16	—	—	—	—	—	—	—	—	—	—	—	—	—	—	—
17	—	—	—	—	—	—	—	—	—	—	—	—	—	—	—
18	—	—	—	—	—	—	—	—	—	—	—	—	—	—	—
19	30.52	8.12	15.7	7.78	1.40	0.088	0.010	0.88	1.75	1.78	1.26	0.30	—	1.04	0.037
20	—	—	—	—	—	—	—	—	—	—	—	—	—	—	—
最大值	30.89	8.14	17.6	7.85	1.40	0.101	0.018	0.88	4.00	7.45	1.48	0.70	—	2.72	0.037
最小值	30.05	8.12	14.2	7.52	0.96	0.056	0.008	0.27	1.40	1.78	1.12	0.08	—	0.35	0.019

表 1-1-6　2007 年 11 月水质调查结果（表层）

站位	盐度	pH 值	悬浮物（毫克/升）	溶解氧（毫克/升）	化学需氧量（毫克/升）	无机氮（毫克/升）	磷酸盐（毫克/升）	铬（微克/升）	铜（微克/升）	锌（微克/升）	砷（微克/升）	镉（微克/升）	汞	铅（微克/升）	石油类（毫克/升）
1	30.52	8.1	19.75	7.85	1.21	0.099	0.015	0.52	1.73	5.00	1.30	0.26	—	1.00	0.031
2	30.64	8.1	17.36	7.92	1.32	0.092	0.015	0.55	1.88	3.93	1.39	0.19	—	1.11	0.031
3	30.72	8.1	19.27	7.88	1.32	0.097	0.015	0.50	1.86	2.75	1.27	0.25	—	1.03	0.044
4	31.00	8.1	18.70	7.81	1.28	0.095	0.015	0.51	1.75	2.33	1.28	0.15	—	0.73	0.020
5	31.05	8.1	17.30	7.74	1.35	0.094	0.016	0.54	1.87	2.51	1.04	0.49	—	1.11	0.039
6	30.70	8.1	19.30	7.81	1.30	0.090	0.015	0.38	1.63	2.64	1.23	0.15	—	1.13	0.039
7	30.82	8.1	18.70	7.85	1.32	0.089	0.015	0.47	2.01	3.31	1.38	0.58	—	1.02	0.034
8	30.92	8.1	18.10	7.86	1.30	0.085	0.015	0.61	1.53	2.42	1.11	0.40	—	1.1.0	0.037
9	31.08	8.1	17.30	7.82	1.28	0.084	0.014	0.67	1.94	3.46	1.17	0.17	—	0.96	0.028
10	31.01	8.1	16.70	7.67	1.28	0.084	0.014	0.37	1.76	3.21	1.24	0.44	—	1.05	0.037
11	31.10	8.2	16.70	7.81	1.27	0.082	0.015	0.50	1.76	3.26	1.10	0.58	—	1.04	0.022
12	31.08	8.1	18.20	7.72	1.28	0.086	0.015	0.52	1.79	2.66	1.24	0.04	—	1.10	0.041
13	31.05	8.1	17.40	7.81	1.40	0.100	0.017	0.62	3.67	1.75	1.35	0.64	—	1.14	0.034
14	30.82	8.1	17.40	7.82	1.38	0.103	0.017	0.35	1.56	2.26	1.34	0.16	—	1.07	0.025
15	30.85	8.1	17.80	7.69	1.36	0.108	0.015	0.29	1.67	2.23	1.28	0.33	—	1.06	0.043
16	30.85	8.1	17.60	7.82	1.38	0.106	0.017	0.39	1.59	2.13	1.26	0.54	—	1.12	0.031
17	30.88	8.1	18.40	7.85	1.34	0.107	0.018	0.40	2.08	3.46	1.15	0.36	—	1.04	0.031
18	30.82	8.1	18.10	7.88	1.38	0.108	0.017	0.17	1.74	1.95	1.01	0.40	—	1.01	0.030
19	30.92	8.1	18.40	7.92	1.35	0.109	0.018	0.34	1.79	1.83	1.20	0.53	—	1.10	0.038
20	30.78	8.1	18.00	7.85	1.36	0.113	0.018	0.24	1.52	1.60	1.34	0.40	—	1.15	0.031
最大值	31.10	8.2	19.75	7.92	1.40	0.113	0.018	0.67	3.67	5.00	1.39	0.64	—	1.15	0.044
最小值	30.52	8.1	16.70	7.67	1.21	0.082	0.014	0.17	1.52	1.60	1.01	0.04	—	0.73	0.020

表 1-1-7　2007 年 11 月水质调查结果（底层）

站位	盐度	pH 值	悬浮物（毫克/升）	溶解氧（毫克/升）	化学需氧量（毫克/升）	无机氮（毫克/升）	磷酸盐（毫克/升）	铬（微克/升）	铜（微克/升）	锌（微克/升）	砷（微克/升）	镉（微克/升）	汞	铅（微克/升）	石油类（毫克/升）
1	30.5	8.14	18.71	7.67	1.14	0.097	0.014	0.50	1.70	5.01	1.32	0.25	—	0.95	0.026
2	30.65	8.13	17.21	7.85	1.30	0.09	0.014	0.52	1.84	3.85	1.42	0.20	—	1.10	0.026
3	30.7	8.13	18.76	7.69	1.30	0.099	0.014	0.48	1.80	2.70	1.26	0.24	—	1.00	0.039
4	31.05	8.13	18.00	7.77	1.26	0.096	0.016	0.50	1.72	2.30	1.25	0.15	—	0.70	0.015
5	31.02	8.14	17.00	7.72	1.30	0.09	0.015	0.52	1.80	2.48	1.02	0.45	—	1.10	0.044
6	—	—	—	—	—	—	—	—	—	—	—	—	—	—	—
7	30.85	8.14	18.00	7.75	1.21	0.086	0.014	0.43	2.00	3.33	1.28	0.55	—	1.00	0.029
8	30.9	8.14	18.20	7.8	1.32	0.088	0.014	0.60	1.50	2.40	1.08	0.38	—	1.08	0.034
9	31.07	8.14	16.80	7.81	1.20	0.084	0.013	0.65	1.89	3.59	1.14	0.15	—	0.92	0.023
10	31.02	8.14	16.00	7.65	1.25	0.086	0.014	0.35	1.72	3.20	1.22	0.42	—	1.03	0.032
11	31.09	8.14	16.00	7.77	1.26	0.080	0.014	0.48	0.74	3.25	1.08	0.56	—	1.02	0.017
12	31.05	8.13	18.00	7.81	1.25	0.085	0.014	0.50	1.77	2.64	1.2	0.08	—	1.08	0.036
13	31.02	8.14	17.00	7.76	1.38	0.094	0.016	0.60	3.57	1.68	1.32	0.62	—	1.10	0.029
14	—	—	—	—	—	—	—	—	—	—	—	—	—	—	—
15	—	—	—	—	—	—	—	—	—	—	—	—	—	—	—
16	—	—	—	—	—	—	—	—	—	—	—	—	—	—	—
17	—	—	—	—	—	—	—	—	—	—	—	—	—	—	—
18	—	—	—	—	—	—	—	—	—	—	—	—	—	—	—
19	30.90	8.14	18.10	7.78	1.30	0.108	0.018	0.32	1.75	1.8	1.21	0.52	—	1.06	0.033
20	—	—	—	—	—	—	—	—	—	—	—	—	—	—	—
最大值	31.09	8.14	18.76	7.85	1.38	0.108	0.018	0.65	3.57	5.01	1.42	0.62	—	1.10	0.044
最小值	30.50	8.13	16.00	7.65	1.14	0.080	0.013	0.32	0.74	1.68	1.02	0.08	—	0.70	0.015

（一）溶解氧

春季，庙岛群岛海区海水平均水温 8.4℃，氧平均含量为 10.11 毫克/升。高值区位于北部的几个岛屿周围海域，为 10～11 毫克/升；低值区位于南部的几个岛屿，为 9.0～9.4 毫克/升。自北向南随水温增加呈递减分布，表明温度是主要因素。各岛海域氧饱和度分布趋势与氧含量相反。垂直分布除大小竹山岛表层氧含量及饱和度小于底层外，其他岛屿表、底层氧含量差值小于 0.06 毫克/升，表明垂直分布均匀。夏季平均水温 23.15℃，氧平均含量为 7.33 毫克/升，比春季降低。北部四岛受黄海冷水团影响，水温低，氧含量最高（7.93 毫克/升）。各岛自北向南氧含量随温度增加而递减。岛群氧饱和度平均值为 101.8%。各岛域氧饱和度分布趋势与氧含量相同，自北向南递减。

秋季，群岛海区海水平均水温 14.1℃，氧平均含量为 8.43 毫克/升，比夏季高。氧含量呈南高北低分布。氧饱和度为 92.9%～104%。底层水温略高于表层，但差值小，表明垂直混合均匀。

冬季，群岛海区海水平均水温 4.84℃，氧平均含量为 10.48 毫克/升。各岛氧含量呈南高北低分布，由于受黄海暖流影响，北部岛屿水温高，氧含量最低（9.88 毫克/升）；南部各岛水温较低，氧含量最高（11.60 毫克/升）。氧饱和度平均值为 101.1%，各岛域氧饱和度也呈南高北低分布。垂直分布由于混合强烈，氧含量分布均匀。

（二）pH 值

夏季，群岛海区 pH 值平均为 8.14，变化范围是 8.02～8.26，且自北向南随温度增加而递减，与溶解氧变化趋势一致。表、底层 pH 值分布均匀。

秋季，群岛海区 pH 值低于夏季，而且各岛垂直分布均匀。

冬季，受黄海暖流影响，群岛海区 pH 值低（为 8.16），且表层与底层几乎相同。

（三）磷酸盐

春季，群岛海区磷酸盐的平均含量为 11.46 微克/升，也呈北高南低分布趋势。但空间分布不均匀，这与其地理位置有关。

夏季，磷酸盐平均含量为 4.96 微克/升，比春季低，空间分布不均匀，自北向南呈递减趋势，与盐度变化规律基本一致。垂直变化上表层含量（3.72 微克/升）小于底层（6.50 微克/升）。

秋季，磷酸盐类含量平均值为 15.80 微克/升，比夏季增加约 2.2 倍，由北向南递减趋势。垂直分布为底层大于表层。

冬季，磷酸盐的平均含量为 18.27 微克/升，可能是黄海暖流造成磷酸盐偏低。

（四）无机氮

无机氮是海水中硝酸氮（NO_3-N）、亚硝酸氮（NO_2-N）及氨氮（NH_4-N）之和，含量均以 N 计。

春季，群岛海区氨氮平均含量为 14.00 微克/升，分布趋势与硝酸氮一致。亚硝酸氮含量范围为 0.56～1.12 微克/升。

冬季，群岛海区硝酸氮平均含量为 13.44 微克/升，自北向南各岛随盐度降低而递减。

夏季，群岛海区硝酸氮平均含量为 4.06 微克/升，略低于春季，分布规律和春季基本一致。而氨氮，岛群海区平均含量为 18.06 微克/升，比春季高。而亚硝酸氮含量比春季下降，秋季硝酸氮平均含量为 51.10 微克/升，为夏季 12 倍左右；垂直分布为表层大于底层。而岛群海区氨氮平均含量为 44.24 微克/升，远高于夏季；垂直分布上为表层大于底层。岛群海区亚硝酸氮平均值为 13.02 微克/升。

冬季，硝酸氮的平均值变化幅度小，为73.08～97.02 微克/升。氨氮则小于 14 微克/升，且由北向南递减。

（五）硅酸盐（SiO_3-Si）

春季，岛群海区硅酸盐的含量平均值为34.83微克/升，比近岸岛屿少，也是自北向南随盐度降低而呈递减趋势。夏季平均含量为161.77微克/升，比春季增加3.6倍。秋季岛群海区硅酸盐平均含量为121.05微克/升。

冬季岛群海区硅酸盐平均值为70.49微克/升，比秋季降低。空间上，夏、秋、冬季的变化趋势相同。

二、沉积物化学

根据国家海洋局第一海洋研究所2007年9月在长岛附近海域11个站位沉积物化学调查资料，各站位的有机碳、硫化物、汞、铜、铅、锌、镉、铬、砷、石油类等11项分析结果见表1-1-8。

表1-1-8 调查海区沉积物分析统计结果

站号	粒径（毫米）	铬（$\times10^{-6}$）	铜（$\times10^{-6}$）	锌（$\times10^{-6}$）	砷（$\times10^{-6}$）	镉（$\times10^{-6}$）	汞（$\times10^{-6}$）	铅（$\times10^{-6}$）	有机碳（$\times10^{-2}$）	石油类（$\times10^{-6}$）	硫化物（$\times10^{-6}$）
2	0.006 2	22.8	15.5	60.9	3.76	0.086	0.058	16.6	0.048	17.2	42
3	0.005 6	20.6	14.2	50.3	4.05	0.075	0.043	14	0.52	18.2	75
4	0.005 3	22.6	15.1	55.9	3.85	0.081	0.039	14.7	0.5	19	38
9	0.088 5	17.4	13.8	47.2	2.38	0.093	0.054	11	0.39	18.2	41
10	0.006 2	15.5	40.8	36.6	3.04	0.047	0.089	9.3	0.42	17.5	52
13	0.007 9	16.4	11.5	44.5	3.99	0.08	0.071	11.4	0.39	17.4	57
14	0.004 9	24.8	19	64.1	5.72	0.099	0.031	18.4	0.42	17.2	43
16	0.005 2	23.5	15.6	57	4.87	0.076	0.065	17	0.39	17.5	40
17	0.005 3	19.3	17.9	57.4	1.88	0.119	0.144	19.4	0.46	18.1	38
19	0.006 1	19.1	10.9	46.1	3.05	0.06	0.035	13.1	0.42	18	45
20	0.021 3	21.9	13.7	52.4	3.95	0.078	0.048	15.4	0.4	19.5	37
最大值	0.088 5	24.8	40.8	64.1	5.72	0.119	0.144	19.4	0.52	19.5	75
最小值	0.004 9	15.5	10.9	36.6	1.88	0.047	0.031	9.3	0.048	17.2	37

第六节 海洋生物与生态

一、海洋生物基本特征

根据国家海洋局第一海洋研究2007年3月在南部岛群附近海域12个站位调查资料。

（一）叶绿素

该海区叶绿素a含量比较低，平均为0.55微克/升，变化范围为0.30~0.73微克/升。其中11号站最低，10号站最高。整个调查区除了11号站（0.30微克/升）、3号站（0.43微克/升）和4号站（0.45微克/升）3个站位低于0.5微克/升外，其他站位都在0.50微克/升以上。平面分布上，庙岛湾北部较低，南部较高。北部（1~4号站）平均含量为0.45微克/升，范围为0.43~0.56微克/升；中部（9~12号站）平均含量为0.57微克/升，波动范围较大，为0.30~7.31微克/升；南部（17~20号站）平均含量为0.60微克/升，范围为0.53~0.68微克/升。

（二）浮游生物

1. 浮游植物群落结构及生态类群

调查共采到浮游植物 76 种（含变种和变型），其中硅藻门（Bacillariophyta）33 属 68 种，甲藻门（Pyrriophyta）4 属 8 种，种类组成比例见图1-1-10。

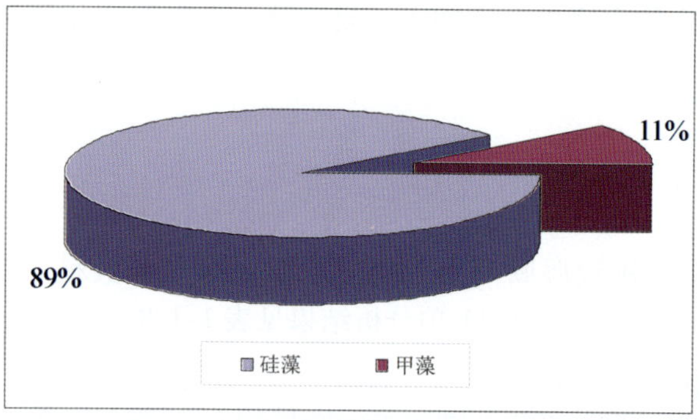

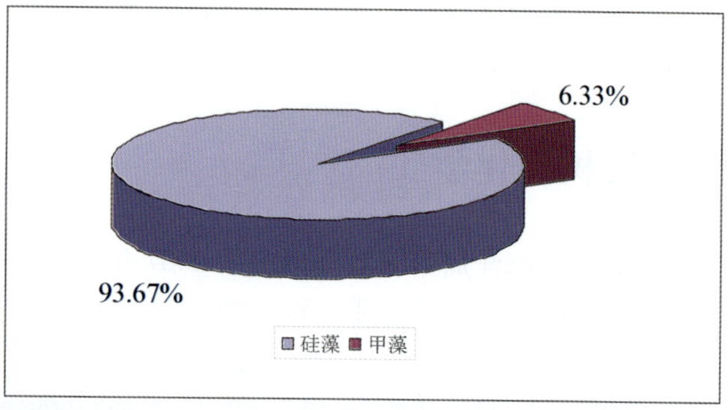

图 1-1-10　藻类组成分布

左图：硅藻、甲藻种类组成比例；右图：硅藻、甲藻和金藻细胞数量组成比例

在浮游植物种类组成中，以硅藻为主，占浮游植物总种类数的 89%，其细胞数量占总细胞数量的 93.67%；甲藻次之，占总种数的 11%，细胞数量占总细胞数量的 6.33%。硅藻门中，圆筛藻属种类最多，共有 15 种；其次为角毛藻属，共有 11 种。

浮游植物种类组成中以沿岸广布种和暖温带种为主体。多数浮游植物可以适应海水温度的幅度较大，其生态特点显示出此温带海域的特征，与调查区历史调查结果基本一致。

2. 优势种及分布

调查海域该月浮游植物优势种依次是沿岸常见种和广温广布种，圆筛藻属细胞数量占绝对优势，月平均量值为 93.37 万个/米^3，占该月浮游植物细胞总量的 57.64%，其中星脐圆筛藻、辐射圆筛藻、有棘圆筛藻和虹彩圆筛藻不仅出现频率高达 100%，而且数量较大。它们和其他圆筛藻成为本月第一优势。还有近岸广布种尖刺伪菱形藻、偏暖水种拟弯角毛藻、近岸底栖广布种具槽帕拉藻等也是本月调查海域的主要种类。

（三）底栖生物

1. 种类组成

11 个底栖生物取样站位，共获得底栖生物 24 种。其中多毛类出现的种类数最多，为 12 种，占底栖生物种类组成的 50%。甲壳动物出现 6 种，占底栖生物种类组成的 25%。软体动物出现 5 种，占底栖生物种类组成的 20.8%。棘皮动物 1 种，占底栖生物种类组成的 4.2%。

多毛优势种类为异足索沙蚕（*Lumbriners heteropoda*）、梳鳃虫（*Terbellides stroemii*）、不倒翁虫（*Sterrnaspis sculata*）等，软体动物为明细白樱蛤（*Macoma praetexta*），甲壳动物为短角双眼钩虾（*Ampelisca brevicornis*）等。

2. 生物量平面分布

各调查站位的底栖生物总生物量不高，总生物量变化范围为 1.0 ~ 13.3 克/米^2，平均为 4.4 克/米^2。生物量以 2 号站最高，19 号最低。生物量组成以多毛类占绝对优势，多毛类的生物量为 0 ~ 10.1 克/米^2，平均为 2.8 克/米^2。2 号站比较高，为 10.1 克/米^2；3 号站没有多毛类出现。其次是软体动物，其生物量变化范围为 0 ~ 1.7 克/米^2，其中 13 号、14 号、17 号、19 号站没有软体动物出现，平均为 0.8 克/米^2。甲壳动物的生物量变化范围为 0 ~ 2.1 克/米^2，其中 4 号、13 号、17 号、19 号站没有采到甲壳动物，甲壳动物平均生物量为 0.7 克/米^2。棘皮动物只有 10 号、16 号站采到，其他站均没有采到棘皮动物，棘皮动物平均生物量为 0.1 克/米^2。调查海区底栖生物的生物量平面分布见图 1-1-11。

3. 生物密度的平面分布

调查区底栖生物栖息密度为 40 ~ 233 个/米^2，平均为 129 个/米^2。其中，多毛类栖息密度最高，栖息密度变化范围为 0 ~ 210 个/米^2，平均为 73.6 个/米^2；以 14 号站最高，为 210 个/米^2，而 3 号站没有采到多毛类。软体动物栖息密度为 0 ~ 70 个/米^2，平均为 24.5 个/米^2，以 9 号、10 号站的数量最高，13 号、14 号、17 号、19 号站没有出现，软体动物占个体总数的 18.9%。甲壳动物栖息密度为 0 ~ 110 个/米^2，以 2 号站最高，为 110 个/米^2；4 号、13 号、17 号、19 号站没有出现，甲壳动物个体占总数的 22.4%。棘皮动物栖息密度为 0 ~ 10 个/米^2，平均为 1.8 个/米^2，占个体总数的 1.4%。只有 10 号、16 号站采到了棘皮动物，其他站位棘皮动物没有出现（表 1-1-9）。

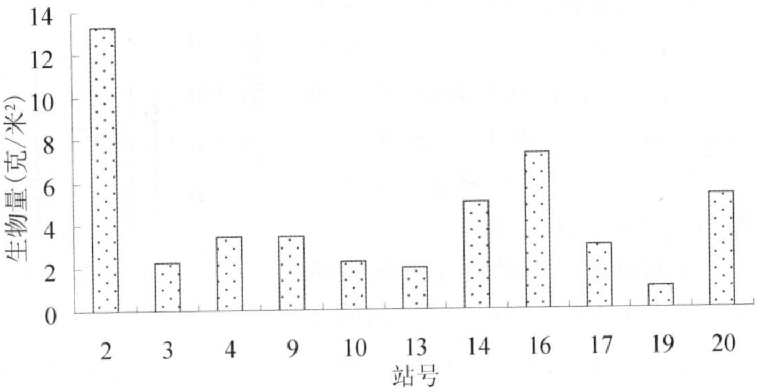

图 1-1-11 底栖生物的生物量平面分布

表 1-1-9 调查海区底栖生物的生物密度

站号	总生物密度（个/米^2）	多毛类		软体动物		甲壳动物		棘皮动物	
		栖息密度（个/米^2）	占个体总数的百分比（%）	栖息密度 个/米^2	占个体总数的百分比（%）	栖息密度 个/米^2	占个体总数的百分比（%）	栖息密度 个/米^2	占个体总数的百分比（%）
2	190.0	30.0	15.8	50.0	26.3	110.0	57.9		
3	80.0			10.0	12.5	70.0	87.5		
4	60.0	40.0	66.7	20.0	33.3				
9	120.0	30.0	25.0	70.0	58.3	20.0	16.7		
10	120.0	20.0	16.7	70.0	58.3	20.0	16.7	10.0	8.3
13	50.0	50.0	100.0						
14	230.0	210.0	91.3			20.0	8.7		
16	210.0	90.0	42.9	40.0	19.0	70.0	33.3	10.0	4.8
17	140.0	140.0	100.0						
19	40.0	40.0	100.0						
20	180.0	160.0	88.9	10.0	5.6	10.0	5.6		
平均	129.0	73.6	57.0	24.5	18.9	29.0	22.4	1.8	1.4

（四）浮游动物

根据 2007 年 9 月调查的样品分析，该海区浮游动物的生物量平面分布特征如下。

1. 浮游动物的生物量（湿重）平面分布

12 个调查站位的平均生物量为 63.4 毫克/米^3，变化范围为 23.3 ~ 105.0 毫克/米^3（图 1-1-12），其中以 17 号站最高，6 号站最低。生物量的平

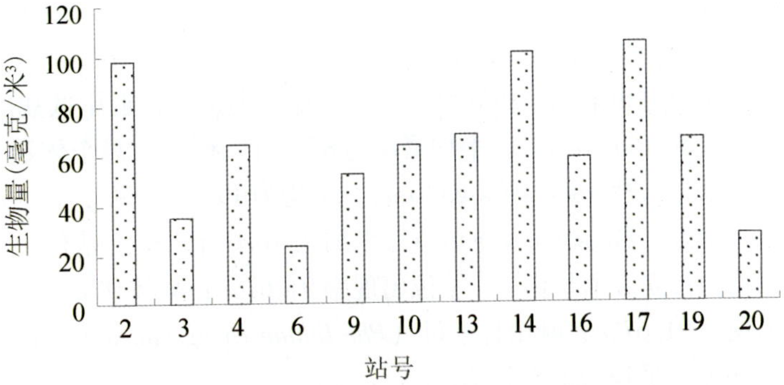

图 1-1-12 调查海区各站浮游动物生物量（湿重）统计

面分布，南北长山岛东侧（2～13号站）生物量较低，平均为57.6毫克/米^3，变化范围为23.3～97.7毫克/米^3；西侧（14～20号站）生物量较高，平均为71.5毫克/米^3，变化范围为27.5～105.0毫克/米^3。

2. 浮游动物个体数量（生物密度）的平面分布

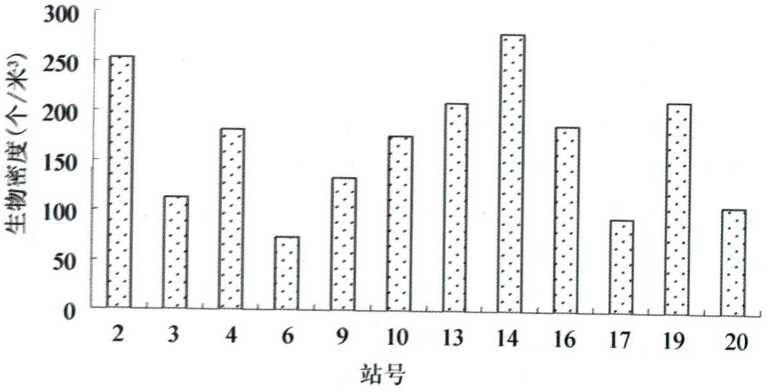

图1-1-13　调查海区各站浮游动物生物密度统计

被调查区浮游动物个体数量密度（表1-1-10），全区平均为168.8个/米^3，变化范围为73.3～280.0个/米^3，其中14号站密度最高，6号站最低。个体数量的密度分布不均匀，南、北长山岛东侧平均为163.3个/米^3，变化范围为73.3～254.1个/米^3；西侧平均为176.5个/米^3，变化范围为95.0～280.0个/米^3（图1-1-13）。

表1-1-10　浮游动物生物量（湿重）统计

站号	生物量(毫克/米^3)	个体数量(个/米^3)
2	97.7	254
3	34.5	113
4	64.1	182
6	23.3	73
9	52.3	134
10	63.5	176
13	67.7	210
14	101	280
16	58.3	187
17	105	95
19	65.8	213
20	27.5	108
平均	63.4	169

3. 优势种的平面分布

调查分析显示，岛群海区浮游动物种类组成以近岸低盐广温种为主，在密度上占首位的优势是强壮箭虫（*Sagitta crassa*），平均密度为87.7个/米^3，占总个体数量的52%，站位出现率100%；其次是球形侧腕水母（*Pleurobrachia globosa*），平均为19.2个/米^3，占总个体数量的11.4%，站位出现率100%；小拟哲水蚤（*Paracalanus parvus*）平均为10.6个/米^3，站位出现率100%；中华哲水蚤（*Cananus sinicus*）平均为每立方米8.0个，站位出现率91.67%；异体住囊虫（*Oikopleura dioica*）平均为3.7个/米^3，站位出现率91.67%；嵊山杯水母（*Phialidium chengshanense*）平均为1.9个/米^3、锡兰和平水母（*Eirene ceylonensis*）平均为1.8个/米^3。

二、海洋生态系统

庙岛群岛具有典型的海岛生态系统，地处我国东部候鸟南北迁徙的通道上，鸟类资源极为丰富，是长岛国家级自然保护区的重要组成部分，其中多个海岛生态系统被划定为重点保护区。

海岛周围海域良好的生态环境和丰富的海洋生物资源，吸引斑海豹前来觅食、栖息，成为在我国海洋繁殖的鳍脚类动物太平洋斑海豹的重要分布区，在2001年山东省政府批准建立了庙岛群岛斑海豹自然保护区，明确划定螳螂岛、犁犋把岛、挡浪岛、马枪石等海岛周围海域为保护区的核心区，岛群北部海域则处于实验区内（图1-1-14）。

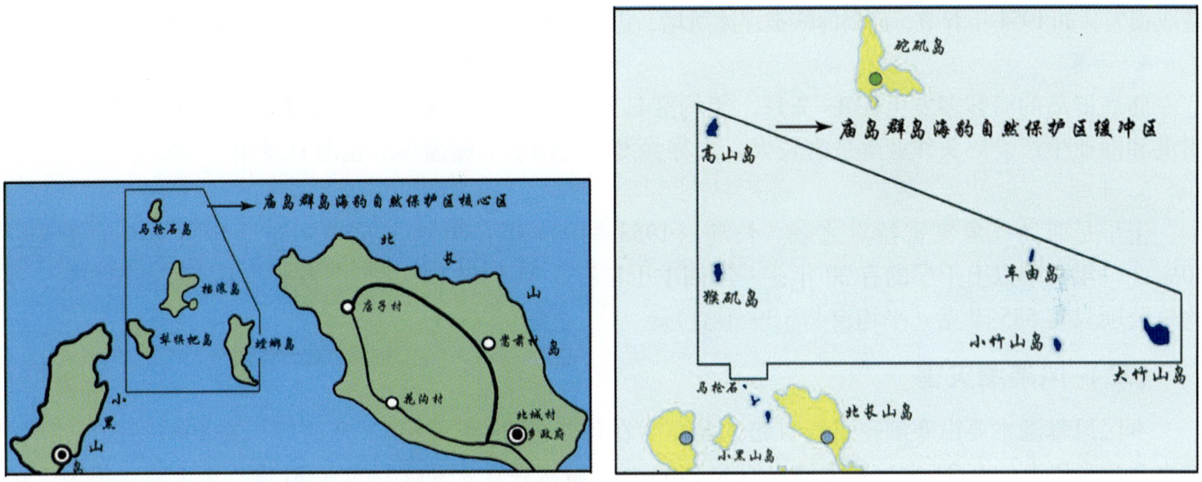

图1-1-14 庙岛群岛海豹自然保护区分布示意图

左图：保护区核心区；右图：保护区缓冲区①

第七节 海洋灾害

一、海洋环境灾害

（一）主要气象灾害

庙岛群岛主要灾害性气象有大风、热带气旋、寒潮、海雾、干旱等。

1. 大风

大风是庙岛群岛海域主要的灾害性天气，其特点是发生日数多，强度强，危害大。本区一年四季常见的一种灾害性天气，年均大风日数为59.0～110.6天，特别是冬季活动频繁。大风引起的灾害，历史上曾多次造成惨重损失和人员伤亡。如：1911年3月21日的大风，小黑山岛等翻沉大船16艘，220余名渔民罹难；1990年5月3日，曾出现8～9级东南大风，伴随着大浪，造成直接经济损失6000多万元。据1950—1985年资料统计，本区产生灾害的大风有20余次。

据对烟台北部海域1990—1999年海事资料及1999—2005年客货滚装船6起海难事故原因分析，除船舶本身的船龄、通航环境和人为因素外，大风天气是主要的外在因素。分析发现，大风影响次数为最多（占62%），是造成重大海难事故的主要气象要素，渤海海峡客滚船海难事故几乎都与大风有关（于善娟等）。本海区每日最大风力在6级以上的概率约30%，极大风力在7级以上的概率接近40%，最大风力在7级以 上及极大风力在9级以上的概率接近10%；长岛年平均大风日数为116天，

① 资料来源：http：//www. cdseal. net/zi4/hexinqu. htm。

所以极易发生海难事故。

2. 热带气旋

热带气旋分为热带低压（风力小于8级）、热带风暴（风力8~9级）、强热带风暴（风力10~11级）、台风（≥12级），主要出现在夏季和初秋。据1959—1988年资料统计，渤海海峡共发生24次热带气旋，其中小于8级的16次，大于8级的8次。

3. 寒潮

寒潮波及范围广，冬半年强冷空气活动，伴有大风有时还产生冰冻。山东半岛每有寒潮来临，长岛也是寒潮影响范围，产生冰冻，影响航行。1964年3—4月，三次寒潮大风影响长岛各岛，长岛站测得9~11级北北东向风持续40小时。这次寒潮大风，长岛县37名渔民罹难。寒潮低温造成的冰灾也会给长岛造成损失，如1954年春节，庙岛海峡被浮冰所堵，进出岛船只受阻。

4. 海雾

庙岛群岛的海雾多发生在4—7月，年均雾日数在17.4~47.1天。海雾主要对海上运输、船舶进出港和渔业生产、码头作业等危害较大，大雾弥漫造成的船只碰撞事故也时有发生。

5. 干旱

干旱是海岛气象灾害特点之一。长岛（1953—1983年）旱年占60%；正常年占20%；涝年占20%。一年两季以上干旱的有20年；一年四季干旱有3年。1982年旱情严重，全县540公顷小麦，平均每公顷只有585千克（平均亩①产39千克）。

（二）风暴潮灾害

本区风暴潮主要由寒潮冷空气引起，多发生在每年的2—4月和11月前后。在1961—1970年中，增水0.8米以上的有31次。最大增水值为1.63米，减水在0.8米以上的有50次，最大减水值为1.63米。各岛增减水极值都出现在10月，而发生次数最多的是1月。

（三）海浪灾害

庙岛群岛海域地处渤海海峡地区，经常遭受寒潮大浪和台风浪的影响，全年各区都有3米以上大浪出现的可能性，而且主要集中于偏北向。在大风过程中狂风引起大浪，致使船只被打碎或倾覆、海水养殖设施被破坏等灾害事件历史上曾多次发生。1999—2005年渤海海峡仅客货滚装船（简称客滚船）海难事故就达6起（表1-1-11），累计遇险1667人，其中1352人获救，315人死亡失踪，沉船4艘，直接经济损失数亿元（黄少军　等，2006）。

表1-1-11　1999—2005年渤海海峡客货滚装船海难事故统计

遇难船只	海难发生日期	遇难时刻		死亡失踪人数（人）	获救人数（人）
		开始	沉船时刻		
“盛鲁”号	1999-10-17	06：30	10：30	2	160
“大舜”号	1999-11-24	14：00	23：45	282	22
“通惠”号	2001-10-28	06：00	22：00	27	5
“辽旅渡7”号	2003-02-22	14：40	17：30	4	81
“辽海”号	2004-11-16	01：40	—	0	340
“宝华”号	2005-05-02	03：23	—	0	745

统计表明遇大风浪时，由于驾驶人员操纵不当，或船舶本身存在缺陷，导致船舱进水、倾覆或沉船事故占27%；对大风浪估计不足，走锚造成主机失控而搁浅或搁浅后船体破损导致沉船事故的占18%；未使用安全航速发生碰撞事故的占14%；在进出港口或锚地避风时，因大风走锚误入养殖区的

① 亩为非法定计算单位。1亩≈666.7平方米，15亩=1公顷。

占 36%。

渤海海峡海域的偏北大风浪多数与冷锋活动有关。如 2005 年 12 月 4—5 日，受冷锋天气系统的大风影响，多艘船舶在该海域遇险。1999 年 11—12 月，因寒潮大风的影响，导致“大舜”号轮的沉没。

二、海底地质灾害

庙岛群岛海域地质灾害不多，主要有地震、活动底床和软弱地层等。

本海区具有发生 5.0 级以上中强地震的构造背景，但 5.0 级以上地震不多，与山东省东部沿海相比，本区地震灾害不太严重。根据《中国地震动参数区划图》，庙岛群岛地震基本烈度为 7 度，设计基本地震动峰加速度值为 0.5g。历史上本区较为严重的一次地震为在大黑山岛西北部海域发生的 7.4 级地震，地震时间为 1969 年 7 月 18 日下午 1 时。地震发生时，地面、门窗作响，持续数十秒钟，距震中较近的大黑山岛受灾，部分房屋受损，人员伤亡不大；玉石街水泥路出现长 250 米，宽 6 厘米的裂缝。

1548 年 9 月 13 日，蓬莱发生 6.0 级地震，影响本区各岛。

灾害地质是指能引起地质灾害的地质体与地质现象。

南部岛群南侧的登州水道西口发育有潮流三角洲，含边缘坝、终端坝及其之间的深槽等潮成地质体。20 世纪 80 年代中期，由于开采登州浅滩砂源，降低浅滩高度，引起了蓬莱西庄一带海岸强烈侵蚀。

另外，各岛的海湾中普遍分布有厚层的淤泥或淤泥质粉土，属软地层。

三、海洋生态灾害

（一）赤潮

庙岛群岛南部海区有一定数量的赤潮生物，具产生赤潮条件。庙岛群岛海域已经发现赤潮生物 36 种，最主要是夜光虫、中肋骨条藻，尖刺菱形藻等，尤以夜光虫发生赤潮频率最高。1991 年在庙岛群岛海域做过发光虫个体数量调查，各代表月的结果：2 月为 623 个/米^3；5 月为19 696个/米^3；8 月为 6183 个/米^3；11 月为 691 个/米^3。

根据 1997 年《中国海洋灾害公报》（国家海洋局，1997）资料显示，1997 年 4 月 13 日，在蓬莱港东北方向与长岛之间的水域内发现赤潮，面积较大的有两条，长约 11.1 千米，宽约 20 米，平行于海岸，呈橘红色；此外，另有 7 条带状赤潮分布在周围，有的已延伸到长岛的部分海湾内；有些侵入到部分养殖区内。4 月 14 日，赤潮现象已明显减少，逐渐消散，只在北纬 37°51′、东经120°47′附近海域发现 3 条长约 3.7 千米、宽为 10 米左右的赤潮，呈淡黄色。

（二）病原生物灾害与外来入侵生物灾害

南长山岛是山东省乃至我国北方地区最早发生的松材线虫病疫点。松材线虫病是松树的毁灭性病害，其病原是松材线虫（*Bursaphetenchus xytophitus*），传播媒介主要是松墨天牛（*Monochamus atternattus*）。

1990 年 9 月，在南长山岛信号山黑松林内发现 40 余棵死树，死亡症状异常。经中国林科院专家鉴定，为松材线虫病所致。这是庙岛群岛首次发现松材线虫病（鞠洪绶，1992；贾长祥　等，1996），共发现濒死、病死疫株 83 株，疫区面积约 4 公顷。在林科院松材线虫课题组的协作指导下，于 1991 年将疫区及周围约 4 公顷黑松全部伐除，密封在军事坑道熏蒸；对方圆 500 米内的松林，于 6—9 月进行立体式喷洒农药，经过 2 年防治，1993 年检查时未再发现松材线虫病。

1995 年 9 月中旬，在南长山岛再又发现黑松死亡现象。经调查共发现死树 466 株，通过取样镜检发现 60% 的标本带有松材线虫（贾长祥　等，1996）。全县 10 个乡镇中有 3 个乡镇发生，分布范围涉及32个林班，占全县松林面积的12.7%（国家林业局，1996）。至1999年，南长山岛松材线虫病松林面积约400公顷（鞠洪绶，1992）。

据调查分析，长岛县再次发生松材线虫病，一是病害再度传入；二是原有的病象未彻底根除。

四、溢油灾害

2006—2008年3年间，山东省长岛县海域接连发生了4起溢油污染事件，致使当地群众损失惨重。具体如下。

2006年3月，长岛海域发生重大海上溢油事件，油污染范围大体在长岛以西，长岛与龙口、蓬莱之间，南北约200千米、东西约50千米的海域内，污染状况呈南重北轻、西重东轻。该次溢油事件经济损失19 500万元。2006年2月21日，首先在大黑山岛、南长山岛和北长山岛海域发现成块的黑色油污，分布在海岛周围海域。2月25日，山东省海洋与渔业厅接到报告后，立即启动了山东省海洋石油勘探开发溢油事故应急预案。

2007年山东长岛海域发生了2起重大海上溢油事件。2月28日，长岛海域发生油污染事件。2007年5月11日长岛海域又发生了溢油污染事件，污染面积约200平方千米；5月19日油污区面积继续扩大。

2008年9月，砣矶岛周围海域发现大面积油污染。油污主要呈黑色机油黏稠状，伴有大小不规则的固体黑色颗粒。据海上搜救中心通报，油指纹鉴定结果为重质燃料油，与沉船“金华夏158”轮存油样品的油指纹特征一致。

第二章　南长山岛

第一节　概　况

一、海岛地理

南长山岛（Nánchángshān Dǎo）代码为370634203211。

南长山岛位于庙岛群岛的最南部，长7.35千米，宽3.85千米。海岛面积13.2128平方千米，海岛岸线长25.45千米。最高点位于海岛中部偏东的黄山，高程为156.1米，地理坐标为北纬37°55.0′、东经120°44.5′（图1-2-1和图1-2-2）。南隔登州水道与蓬莱角相望，距大陆最近距离为6.7千米；北

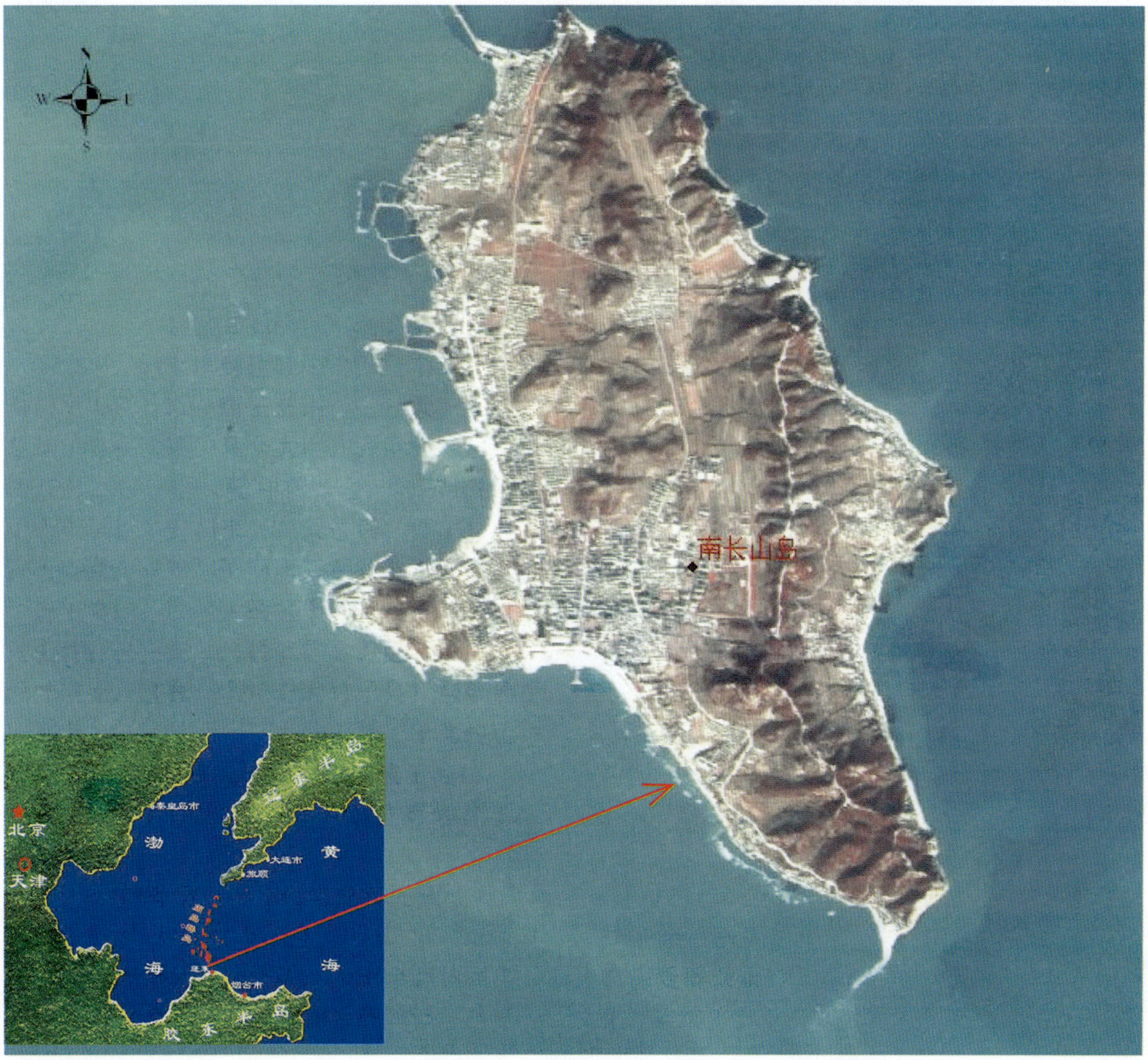

图1-2-1　南长山岛遥感影像

以玉石街大坝与北长山岛相连；西侧为庙岛塘，东侧为黄海。南长山岛既是庙岛群岛最大的海岛，也是山东省第一大海岛。行政上隶属于山东省烟台市长岛县南长山镇，为山东省长岛县人民政府和南长山镇人民政府所在地，是长岛县的政治、经济、文化中心，由县城市辖区和南长山镇政府辖区组成。

图 1-2-2　南长山岛地理分布

《中国古今地名大辞典》中长山岛条说："唐代在岛上设大谢戍，称大谢岛，后因远看南、北长山岛连成一体，犹如长长的山脉，故称岛为长山岛，清代始分称南、北长山岛。"（中国古今地名大辞典编纂委员会，2005）《新唐书·地理志》（欧阳修，1991）引贾耽《从边州入四夷》一文"登州东北行，过大谢岛"，大谢岛即南长山岛。唐贞观二十年（646 年）为伐东夷，在此设大谢镇屯戍部队，至永徽元年（650 年）废。宋朝乐史的《太平寰宇记·登州蓬莱县》也有记"大谢戍在县北海中三十里，周廻有二十步，亦唐太宗征高丽时，与乌湖戍同时置"（乐史，2007）。可见，长山岛自古以来就是海上交通要塞。

因岛形南北扁长，故名长岛。在历史上，南长山岛与北长山岛合并称为长山岛。清末始有南长山岛、北长山岛之分。在《山东省海岛志》的海岛名录一览表中，省序号为“125”、地市序号为“烟台 36”；在《中国海洋岛屿简况》① 中，全国统一编号为“0688”、省编号为“0095”。

南长山岛沿岸海域有较多的小型海岛（礁）分布。其中，东部自北而南为：北头礁、外二道礁、沙船碇（干出礁）、大石根、北石礁、四黑石礁、高山走石、长石尾（干出礁）、马石礁（干出礁）、石板礁、双石礁；西部自北而南为：北龙须（干出礁）、南龙须、坑石板（干出礁）、莲花池、猪嘴石、老头礁。

图 1-2-3　远眺南长山岛形势

（拍摄于 2009 年 9 月 26 日）

二、政区建置及历史沿革

唐朝神龙三年（707 年）蓬莱建县，南长山岛及庙岛群岛所属海岛均隶属蓬莱县。唐贞观二十年（646 年）设大谢戍，至唐唐永徽元年（650 年）废（《太平寰字记》，408 页）。宋时，属蓬莱县沙门寨地；元、明，属蓬莱县沙门岛社。清道光年间，庙岛群岛设立了 13 社，南长山岛上设有寺后、鹊嘴、南城、王沟 4 社。其中，寺后社辖寺后村、刘家村、后沟村、山前村和山西坡村 5 村；鹊嘴社辖鹊嘴村、孙家村、范家村、赵家村和王家村；南城社辖南城村和荻沟村 2 村；王沟社辖王沟村、黑石嘴村和呼夼村 3 村（山东省长岛县志编纂委员会，1990）。

1928 年 7 月，奉系东北海军成立长山八岛民政局，南长山岛属其管辖，岛上设有西山、东山、南城、连城 4 社。其中，西山社辖寺后村、鹊嘴村、刘家村、后沟村和山前村；东山社辖孙家村、赵家村、王家村和范家村；南城社辖南城村和荻沟村；连城社辖连城村、黑石嘴村和王沟村。1934 年年底将社改为乡。

1945 年，长山岛军政办事处将庙岛群岛区划为庙岛、砣矶和隍城 3 个区，南长山岛属于庙岛区。同年 11 月，长山岛特区政府区划调整为 4 个区，即将南长山岛、北长山岛从庙岛区划出，建立玉石区。1946 年，北长山岛划归庙岛区。

1947 年，国民党军队占领长岛，10 月国民党成立长山列岛区署（隶属蓬莱县），庙岛群岛区划为长岛乡、连岛乡、蓬岛乡、庙岛乡、砣岛乡和钦岛乡，南长山岛属其中的长岛乡。1948 年 3 月，长山八岛设治局将庙岛群岛区划为 7 个乡和 1 个独立保，南长山岛设有 2 个乡，即中正乡和中山乡。

1949 年 8 月，恢复长岛特区政府（隶属胶东行政区北海专区），庙岛群岛区划为 6 个乡，南长山岛属其中的玉石乡。1956 年 5 月 25 日，撤销长山岛特区，成立长岛县（隶属莱阳专区），南长山岛仍属其中的玉石乡。1958 年 11 月，长岛县与蓬莱县、黄县合并为蓬莱县，南长山岛属于长岛人民公社玉石大队。1962 年 4 月，长岛人民公社改建为长岛区公所，南长山岛建立南长山公社。1963 年 6 月恢复长岛县。

1982 年 1 月 1 日，南长山公社改建为长岛镇。1984 年 3 月 19 日，长岛镇更名为南长山镇，下设

① 中国人民解放军海军司令部航海保证部：中国海洋岛屿简况，1980 年。

乐园、南城、王沟、鹊嘴、荻沟、山前、后沟、黑石嘴、连城、孙家、赵王 11 个行政村。2000 年 12 月，长岛县行政区划调整[①]，撤销南长山镇，以原南长山镇的行政区域设立南长山区公所。2003 年 2 月 20 日，撤销区公所改设为乡、镇，南长山区公所恢复为南长山镇至今。

三、人口

历史上南长山岛的人口变化较大，据《长岛县志》记载，在明洪武二十七年（1394 年），因日本人经常骚扰海岛，岛民奉旨外迁而空岛。明万历二十一年（1593 年），调集中营军 400 名官兵屯种南长山岛和北长山岛，后留岛入民籍。清朝初期，岛民奉旨外迁再次空岛。清康熙二十六年（1687 年），官方出台政策鼓励外迁的岛民回岛开垦土地，岛上人口遂大量增加，至清光绪八年（1882 年），南长山岛和北长山岛共有居民 3000 余户。清末民初，随着渔业生产的发展，人口增长迅速，1930 年南长山岛有人口 10 800 人。1931 年"九一八"事变后，前往东北各地岛民陆续返回岛内，人口增多。1939 年，日伪军占领庙岛群岛后，许多岛民弃家迁往东北谋生，玉石区 1850 户居民中有 900 户迁出；到 1946 年，南长山岛的人口数仅为 3547 人。之后，部分岛民迁回岛内，岛上人口开始增加（表 1-2-1），至 1985 年南长山岛人口数为 12 576 人。2000 年以后，南长山岛上人口有减少趋势（表 1-2-2）。

表 1-2-1　南长山岛人口数量变化情况　　单位：人

年份	1930	1946	1950	1965	1984	1985	2000	2005	2006	2010
人口	10 800	3547	3723	7311	11 205	12 576	22 367	21 692	21 497	24 414

表 1-2-2　南长山镇人口及渔农村劳动力情况　　单位：人

年份	总户数（户）	人口					渔农村劳动力数	从事渔业劳动人数		
		总数	男性	女性	农业	非农业		总数	捕捞	养殖
2000	8088	22 367	11 008	11 359	7270	15 097	3141	978	115	863
2001	8081	22 447	10 997	11 450	7366	15 081	3102	802	120	682
2002	8089	22 354	10 963	11 391	7332	15 022	3150	745	103	642
2003	8132	22 117	10 832	11 285	7324	14 793	3125	848	128	720
2004	8129	21 965	10 786	11 179	7305	14 660	3185	953	156	797
2005	8093	21 692	10 689	11 003	5767	15 925	2949	826	142	684
2006	8098	21 497	10 616	10 881	5711	15 786			94	610
2008					5939		4024			

据长岛县 2000—2005 年国民经济统计资料[②]，2000 年年底，南长山岛有居民 8088 户、人口总数为 22 367 人，其中男性 11 008 人、女性 11 359 人，农业人口 7270 人、非农业人口 15 097 人；有渔农村劳动力数 3141 人，其中渔业劳动力 978 人（捕捞 115 人、养殖 863 人）。2005 年年底，南长山岛有居民 8093 户、人口总数为 21 692 人，其中男性 10 689 人、女性 11 003 人，农业人口 5767 人、非农业人口 15 925 人；有渔农村劳动力数 2949 人，其中渔业劳动力 826 人（捕捞 142 人、养殖 684 人）。

据长岛县 2006 年统计年鉴资料[③]，2006 年南长山镇共有居民 8098 户，总人口数为 21 497 人，其中男性 10 616 人、女性 10 881 人，农村人口 5711 人、城镇人口 15 786 人；乡村从业人员数 3150 人，其中男性 1684 人、女性 1466 人，第一产业从业人员 817 人（渔业 94 人、养殖业 610 人）、第二产业从业人员 341 人、第三产业从业人员 1992 人。

① 鲁政函民字〔2000〕86 号。
② 长岛县发展改革和统计局：长岛县国民经济统计资料（2000—2005 年），第 73 ~ 78 页。
③ 长岛县发展改革和统计局：长岛县统计年鉴（2006 年），第 24 ~ 26 页。

据长岛县统计局提供的资料，2008 年年底，南长山岛上有乡村居民 2243 户，乡村人口总数 5939 人，乡村劳动力资源数 4024 人，乡村从业人员总数 3714 人。

根据《长岛县 2010 年第六次全国人口普查主要数据公报》，2010 年 11 月 1 日零时南长山岛有常住人口 24 414 人。

近些年来，每年来岛务工的外来人员为 1200 人左右，占到全镇劳动力总数的 1/3。

四、公共服务

（一）教育

南长山岛长期为庙岛群岛的政治、文化中心，教育机构和设施相对完备。2010 年，南长山岛上共有普通高中 1 所（长岛中学）、职业学校 1 所（长岛县高级职业学校）、九年一贯制学校 2 所（第一实验学校和第二实验学校）。

1. 基本情况

（1）普通教育

明末清初，南长山岛上开始有私塾教育。1928 年奉系海军（国民党东北海军）进驻长岛后，提倡公民道德教育，废私塾办新学，海军司令沈鸿烈于 1928 年创办了“南城小学”，1931 年 10 月在寺后村创办了“成章小学”。

1949 年 2 月，东莱群岛设治局在中正乡（今南长山岛的南城村）中心国民学校内设初中班 1 个，为庙岛群岛内第一个初中。1956 年，山东省教育厅投资创办省立长岛中学。1959 年，南长山岛建成了完全中学，庙岛群岛开始有了高中。

（2）专业教育

1934 年春，在南长山岛南城村三官庙内开办“渔村师范学校”，招收 10 名高小毕业生，后因办学经费问题，当年夏季停办（山东省长岛县志编纂委员会，1990）。

1946 年 8 月，在南长山岛寺后村开办了“速成师范学校”，从高小在校和毕业生中，招收学生 20 余名，1947 年 1 月停办（山东省长岛县志编纂委员会，1990）。

1958 年 9 月，在南长山岛寺后村东建立水产学校，时称“水产大学”，学制 3 年，招收 22 周岁以下高小毕业生或具有同等学力的社会青年 127 人，分养殖、渔捞、轮机 3 个专业班（山东省长岛县水产志编纂组，1990）。同年 11 月，原蓬莱水产专科学校并入该校，更名为蓬莱县水产大学。1959 年 5 月，更名为水产学校。1961 年 3 月，因经济困难学校停办①。

1983 年，再次创办水产学校，学制 2 年，开设捕捞班 1 个；1984 年增设会统班和养殖班。1985 年，经山东省教育厅批准，水产学校改为水产职业中等专业学校，学制 3 年，增设机电班和加工班（山东省长岛县水产志编纂组，1990）。

此外，1931 年春，在南长山岛寺后村原女子学堂建“女子蚕丝学堂”，招收南长山岛、北长山岛小学毕业女生 25 人，因经费问题于 1934 年春停办。1958 年 11 月，在南长山岛政府机关后院建立县办林果学校，学制 2 年，当年招生 50 人，设 2 个班；因师资和经费问题，1959 年 6 月停办。1965 年，在南长山岛建成了农业中学，学制 3 年，后并入中心小学。

进入 21 世纪后，长岛县针对全县出生率大幅度下降、高中段师资短缺、高职招生困难、小学段分散办学师资浪费等现实，开始实施了中小学布局调整②。2000 年，开始对南长山岛县城区原长岛中学、实验中学、第一小学、第二小学进行整合：至 2006 年 9 月底，长岛中学高中部和高职合并，在原长岛中学东

---

① 长岛县水产局水产志编纂组：长岛县水产志，1986 年 12 月。

② 资料来源：http：//www. changdao. gov. cn/cn/content/xxgk/index_ show. jsp? sid = 0104-03-2007-100209&dept_ code = JYWHTYJ&columncode = JYWHTYJXXGKMLZXGH。

校的东侧，新建了一所高级中学（长岛中学），其规模为在校生1500人左右；将第一小学迁至原长岛中学东校，为一所九年一贯制并有住校生的学校（长岛县第一实验学校），其规模为在校生2000人左右；在原第二小学的校址，扩建办成为九年一贯制并有住校生的长岛县第二实验学校，规模为在校生1700人左右。并于2005年9月前，已将大黑山小学、小钦小学和南隍小学等学校的三年级以上学段学生撤并到第二实验小学。

（3）幼儿教育

1956年，南长山岛始有幼儿园，时有县直机关幼儿园1所（入园幼儿17人）、民办幼儿园2所（入园幼儿33人）。

2. 典型学校简介

（1）长岛中学

长岛中学于1956年建校，属市级电教示范学校。1995年经验收成为省级规范化学校，其教学设施完善，教学仪器标准齐全，配备有多媒体电子教室，有各类实验室12个，语音室、图书室、阅览室一应俱全，且均达国家一类标准，是烟台市"电教室示范学校"、"教育装备先进单位"。

2005年，长岛县委、县政府利用商业化、社会化运作方式筹集资金，对城区学校布局进行了调整。其中，长岛中学高中部和长岛高级职业学校合并，成立长岛县高级学校，并在原长岛中学东校东侧新建校园。2006年10月，新校建成，建筑面积达2.5万平方米。现有66个教学班，其中高中16个班，初中50个班，在校学生3300人，教职工291人，离退休40人，在校教职工251人，其中教师211人，高中教师56人，初中教师155人，其他40人。高级职称18人，中级职称72人，大本学历94人，大专学历121人。

图1-2-4　南长山岛上长岛中学现状

左图：学校正门；右图：校园一角（拍摄于2009年10月3日）

长岛中学自建校以来，教育教学水平不断提高，为海岛经济建设和经济发展输送了大批人才，同时也涌现出了大批的优秀教育工作者。据不完全统计，自1995年以来，获国家、省、市级党政机关及相关部门授予的各种奖励共计115人次，平均每年获市级以上各种奖励20人次。其中，获国家相关部门授奖12人次，省级相关部门奖20人次，市级部门奖83人次；学生参与各项比赛中，仅近3年来就获得了国家部门奖励8人次，省级部门奖励31人次，市级部门奖励2人次；学校也受到上级党委政府业务行政部门的表彰，仅1995年以来，获国家相应部门奖2次、省相应部门奖17次、市相应部门奖8次。

学校教师获国家级荣誉称号的有3名，获省、市、县级荣誉称号的人数分别为8名、36名、80名。学校获省"绿色学校"、"卫生工作先进单位"、"教育工会先进集体"、"三防教育先进集体"。获烟台市"文明单位"、"教书育人先进集体"、"艺术教育示范学校"、"烟台市业余体育训练工作先进单位"、高中教学"先进教研组"、"市花园式学校"称号。学校连续七年获县"双文明建设先进单位”、连续八年获“先进基层组织”、获县“绿化先进单位”、“安全文明单位”。“教书育人先进集体”、“双拥模范单位”、“二五”普法综合治理先进集体、“集体记功一次”、“集体记三等功”等荣誉称号。

（2）长岛县第一实验学校

长岛县第一实验学校属市级重点学校。其前身为成章小学，创建于抗日战争时期，曾先后几移其址。

该学校初建于1931年10月，由当时驻岛东北海军司令沈鸿烈（字成章）倡导、资助在寺后村南兴建，取名成章小学。当时校舍为四合院式，有正房14间、厢房14间、操场占地4亩。南长山岛南部的寺后村、后沟村、刘家村、鹊嘴村、山前村和山东各村的高年级学生到此就读。起初男女分校，1933年男女合校。

1937年冬因日本帝国主义发动侵华战争，国民党军队撤离长山列岛，成章小学遂停办，由私塾学馆取代。

1939年1月复校，更名为西山乡中心小学校。1946年1月改名为寺后小学。1947年土改复查运动开始，寺后小学解散，由教师带领赴各村参加土改。1948年春，复校，更名为东莱群岛（国民党军队第二次占岛时将长山群岛称为东莱群岛）中山中心小学校，同称成章小学。1949年10月后，又改名为寺后小学。

图1-2-5 长岛县第一实验学校现状

左图：学校正门；右图：校内教学楼运动场所（拍摄于2009年10月3日）

1964年南长山岛驻军子弟小学与寺后小学合并，驻军投资在寺后村西南现址兴建新校舍（计24间教室，办公室、宿舍10间），同年8月部分学生搬入新校舍；之后，又由地方筹资续建。到1967年8月，新建教室20个，共计60间全部落成，学生全部搬入新校舍。

1966年秋，“文化大革命”开始后，学校更名为工农兵小学，由六年制改为五年制，并附设初中班。

1969年，工农兵小学下放到各大队去办，分成乐园大队学校、后沟大队学校、鹊嘴大队学校、山前大队学校。1972年各学校重新合并。1978年工农兵小学定为县属重点小学。1982年被烟台地区定为重点小学。

1985年在现址后排拆除部分教室，兴建新教学办公楼一幢（建筑面积1040平方米）及北楼操场（占地6.5亩），1985年9月工农兵小学改名为长岛县实验小学。1987年拆除原有部分教室，兴建了一座新教学办公楼。

1994年9月改名为长岛县第一实验学校。1998年3月拆除剩余平房及教师宿舍建起了第三座综合楼（建筑面积1600平方米），内设微机室、语音室、教师音像室等现代化教学设施和乒乓球室、舞蹈室、音乐室、少先队活动室等多个活动场所。

目前，长岛县第一实验学校有教学楼三幢，教学班21个，学生千余人，教职工58人。学校先后被授予“山东省教书育人先进单位”。“山东省九五科研规划英语重点课题优秀实验学校”、“省级巾帼文明示范岗”，“烟台市文明单位”、“市级规范化学校”、“烟台市级少抚队素质教育示范单位”、“市级体育传统项目学校”等荣誉称号。

（3）长岛县第二实验学校①

长岛县第二实验学校是长岛县直属、烟台市规范化学校，国家教育部、科技部“九五”、“十五”科技规划重点实验课题实验学校。2002年5月，被评为山东省名校。

图1-2-6 南长山岛上长岛县第二实验学校现状

（拍摄于2009年9月，拍摄点地理坐标为37°56.34′N、120°43.84′E）

长岛县第二实验学校前身为南城小学，由奉系海军司令沈鸿烈（字成章）于1928年创办。1994年4月16日，经长岛县委、县政府、县人大决定：撤并扩建南长山镇中心小学成立长岛县第二实验学校，学校占地18 000多平方米，有教学楼一幢（2237.4平方米）、综合办公楼一幢（1900平方米）、教室20个、300米环形运动场1个、标准篮球场和排球场各1个，另设有实验室、仪器室、语音室、微机室、综合活动室、舞蹈室、阶梯教室（320座）、乒乓球室、卫生室、德育（荣誉）室、社会实践室、画室、科技展室、综合活动室、队室等。教学仪器达部颁一类标准，体育器材齐全，“四机一幕”进课堂，建有远程教育网，部分学科实行远程教学。此外，学校还建有劳动试验田、植物饲养养殖角及果园、船厂、军营、海养、小气象站社会实践基地和科普活动基础11处。

2002年，有教师44人，其中中级职称20人，初级职称24人，大专以上学历30人，中师学历14人，学科带头人10名，承担县以上教科研项目6个。9月下旬举行“长岛县第二实验小学首届科技节”，同年，被评为长岛县科技工作先进单位。

（二）科学技术

1. 科研机构与试验基地

南长山岛上的科技机构与试验基地主要有：长岛县水产研究所、长岛县水产养殖研究所、长岛县气象站、地震台、中国水产科学研究院长岛增殖站等。

（1）长岛县水产研究所

长岛县水产研究所的前身为长山岛特区渔业技术推广站，创建于1954年3月。1956年更名为长岛渔业技术推广站；1977年变更为长岛县水产研究所。

目前，长岛县水产研究所和水产养殖研究所，均位于南长山岛滨海路36号，长岛县海洋与渔业局大楼内（图1-2-7）。

（2）长岛县气象台

1959年10月，南长山岛上建成了蓬莱县长岛海洋水文气象站。1963年11月，改称山东省长岛县海洋水文气象服务站；1966年1月改称山东省长岛县气象服务站；1980年7月，改称长岛县气象站。目前，长岛气象站建成了自动气象站数据应用平台，实现了自动观测业务（图1-2-8），气象资料及信息运用宽带网传输，连接政府公文网传输文件和发布决策天气预报。

① 资料来源：http：//xxd.conking.com.cn/sd/ytcdedu/cd2syxx/xxgk.htm。

图 1-2-7　长岛县海洋与渔业局大楼外景（县水产研究所在此办公）
（拍摄于 2009 年 9 月 25 日）

图 1-2-8　南长山岛上长岛县气象站自动观测场现状
（拍摄于 2009 年 9 月 26 日，拍摄点地理坐标为 37°56.34′N、120°43.51′E）

2009 年 3 月，南长山岛上建成了梯度风测风塔，并投入使用①。测量要素包括气温、气压、湿度、能见度、降水量和 10 米、30 米、50 米、70 米层的风向与风速七个要素，数据传输采用 2.5 代的无线通信技术进行自动实时上传。该测风塔的建成弥补了该区长期没有探空和高层风和能见度资料的不足，同时对于建设风力发电等项目将提供宝贵的可靠数据。

（3）地震台

1970 年 11 月建立长岛县地震测报站。1985 年 5 月更名为长岛地震台。

现长岛县地震台（图 1-2-9）位于乐园大街 114 号，负责对地震信息进行监测、处理、传递和存储，并将灾情、震情信息及时上报县政府和有关管理部门，长岛县政府依据有关规定和要求，建立有较完善的“地震应急预案”②。

（4）中国水产科学研究院长岛增殖站

中国水产科学研究院长岛增殖站（图 1-2-10）坐落于南长山岛连城村北，成立于 1980 年 5 月，前身为由国家水产总局和山东省水产局投资（62 万元）建立的长岛海珍品增殖站，主要工作任务是增殖渤海水产资源，进行海珍品苗种培育、海区增养殖方面的科研工作，并解决在工厂化育苗和海上养殖生产中的关键技术问题，促进渤海渔业经济的发展。

（5）长岛县科学技术协会

1964 年，长岛县成立了科学技术协会，吸收有技术专长的人员参加科技活动，群众科技队伍开始形成。20 世纪 70 年代中期，渔农村以生产大队或生产队为单位成立科技队或科技小组。1983 年以后，开始出现个体专业技术人员和科技示范户（山东省长岛县志编纂委员会，1990）。

此外，1958 年 8 月 5 日，成立长岛海水养殖试验场③。

1956 年，创建长岛农业技术推广站，时有科技人员 3 人，1963 年增至 6 人，1970 年有科技人员 8 名。1978 年并入农业科学研究所，1979 年恢复农业技术推广站。

1976 年，在南长山岛的南城村建立了长岛县农业科学研究所（1979 年撤销），吸收了部分农民技术人员参加科研活动。

---

① 资料来源：http：//www. gongkong. com/Common/Details. aspx？ c =3&m =20&Type = mkNews&Id =2009040211214700002& CompanyID = 8-B9F2-1F2B4D8D438E：长岛测风塔已投入使用。

② 资料来源：http：//www. changdao. gov. cn/cn/content/gov/index_ show. jsp？ id =1413：长岛县人民政府关于印发《长岛县地震应急预案》的通知，2007-11-29。

③ 长岛县水产局水产志编纂组：长岛县水产志，1986 年 12 月。

图 1-2-9 长岛县地震台现状

（拍摄于 2010 年 6 月 4 日）

图 1-2-10 中国水产科学研究院长岛海珍品增殖站现状

（拍摄于 2009 年 9 月 26 日，拍摄点地理坐标为 37°57.06′N、120°43.72′E）

2. 重要科研活动

（1）刺参人工孵化育苗和人工增殖试验

1972 年，长岛县海珍品试验场开始进行刺参人工孵化育苗试验。当年在大缸中育出稚参 68 头，并在池内养到二龄。此后，繁殖数量逐年增加，向海内投放受精卵、耳状幼体和稚参，累计达数百亿个（山东省长岛县志编纂委员会，1990）。

在人工养殖中，做了不同饵料试验，结果采用海区礁石上的浮泥和浒苔作饵料较好，每只海参平均日增重可达 0.16 克以上。同时，掌握了刺参的繁殖、生长的一般规律。刺参在长岛海区每年 6 月下旬为生殖期，利用室内升温诱导等方法，可获大量成熟的精、卵，室内孵化受精率达 95% 以上。1980 年后，海珍品增殖站和县海珍品试验场均致力于刺参人工增殖资源工作。

（2）栉孔扇贝人工育苗和自然海区半人工菜苗试验及其技术推广

1974 年，长岛县海珍品试验场进行栉孔扇贝人工育苗试验，获扇贝苗 2200 个。1975 年，进行自然海区栉孔扇贝半人工采苗试验，获得少量扇贝苗。翌年，扩大实验面积，获苗 270 万个。1979 年，长岛县水产研究所和县海珍品试验场，在砣矶岛、钦岛和隍城岛的 7 个海区，进行大面积自然海区栉孔扇贝半人工采苗试验；同时，进行了用幼贝养殖笼外套窗纱进行采苗的试验。通过实验，得到最佳采苗的水层是水下 5 ~ 6 米，采苗数量多，质量好，无杂贝。1984 年，该技术推广到全县，解决了当时栉孔扇贝养殖的苗种问题。该项目成果于 1984 年 5 月获烟台地区科研成果推广三等奖。

（3）栉孔扇贝人工养殖及技术推广

1976 年，开始全人工筏式养殖扇贝试验，长岛县海珍品试验场自采扇贝幼苗 60 万个，在砣矶岛后口湾内放养 0.34 公顷，经过 2 年的养成期，亩产 2500 千克。1982 年，长岛县水产研究所和水产养殖公司的科技人员，指导砣矶岛井口大队养殖队利用缩短栉孔扇贝人工养殖周期的科研成果试养扇贝，成功后迅速推广到全县。该项目成果于 1985 年获烟台市三等奖。

（4）刺参、扇贝、海带混合立体养殖试验

1983 年，长岛县水产研究所与科委合作，在北长山公社北城海区进行刺参、扇贝和海带的混合立体养殖试验（在同一水域内，上层为筏式养殖海带，中间植绳养殖扇贝，海底投石养殖刺参），做到 2 年 4 收：海带收 2 茬，刺参、扇贝各收 1 茬。获得成功和取得良好效益。该项目成果于 1983 年获烟台市科技进步三等奖。

（5）鲍鱼自然海区越冬人工养成试验

1984 年 12 月 9 日，长岛县水产研究所把当年育出的幼鲍 9350 个，分别在砣矶岛和南隍城岛海区进行越冬养殖试验，1985 年 4 月检验结果获得成功。

（6）贻贝接珍珠试验

1984 年 8 月，长岛县水产研究所在大钦岛东村养殖场（地点在南长山南城西部海域）进行贻贝接珍珠试验。即用 5 ~6 厘米的贻贝为母贝，采用外套膜小片无核接种法促其育珠。接种 10 天后检验，母贝生长良好，经过 19 个月的养殖，怀珠率达 20%。

（7）全国海岛资源综合调查试点

中国海岛资源综合调查与开发试验是国家海洋局、国家科委、国家计委、农牧渔业部等五部委局和沿海省、市、自治区统一组织和协调的国家重点项目（1988 年 1 月开始，1995 年 12 月结束）。在项目正式实施之前，国家海洋局特选定了南长山岛和北长山岛作为全国海岛资源综合调查的试点，并于 1986 年向国家海洋局第一海洋研究所下达了此项调查任务。1986 年 11 月至 1987 年 8 月，国家海洋局第一海洋研究所组织有关科研人员完成了陆域地质、地貌、土壤、植被、气候、航空遥感、海域底质、海域浅地层结构、海洋水文、海水化学、海洋生物的调查，并进行了大量的实验分析工作，编制了有关调查研究报告和图件。1989 年出版了《长山岛自然环境与资源》专著。1993 年，全国海岛调查领导小组确定设立了山东长岛、辽宁长海、浙江六横岛、福建海坛岛、广东南澳岛、广西涠洲岛 6 个海岛资源综合开发试验区。

（8）海湾扇贝工厂化升温育苗生产

20 世纪 90 年代初，长岛海区人工养殖栉孔扇贝出现了大面积死亡现象，扇贝养殖业受到重创。中国水产科学研究院长岛增殖站，从黄海水产研究所引进海湾扇贝，在长岛首先实现海湾扇贝工厂化升温育苗生产，成功育出大批海湾扇贝商品苗，并在长岛地区得以推广养殖，迅速掀起了第二轮养殖热潮。之后在渤海湾得以推广，形成相当的产业规模。

（9）虾夷扇贝底播增殖技术推广

2000 年，中国水产科学研究院长岛增殖站与长岛县科委、水产研究所合作，进行虾夷扇贝底播增殖技术（全国农牧渔业丰收计划项目）向 4 个乡镇推广。

（10）扇贝苗种改良与杂交试验

2001 年，中国水产科学研究院长岛增殖站，从俄罗斯海参崴引进了俄罗斯栉孔扇贝种贝，并进行了育苗试验；2005 年，申请农业科技成果转化资金项目——栉孔扇贝与虾夷扇贝杂交育种规模化生产，通过试验发现杂交扇贝苗抗病力较强，在长岛海区试养殖后成活率较高。

（11）日产千吨反渗透海水淡化系统及工程技术开发

2000 年 10 月，南长山岛上建设日产 1000 吨反渗透海水淡化工程。该海水淡化站址位于烈士陵园旁，工程属国家重点科技攻关项目“日产千吨反渗透海水淡化系统及工程技术开发”（96-A13-01-07）的示范工程之一，由国家海洋局杭州水处理技术开发中心、山东省长岛县农水局组织实施，为我国第一个自行设计、建造的日产千吨级反渗透海水淡化装置及工程技术软件①。

图 1-2-11　长岛县海水淡化工程

① 资料来源：http：//emuch. net/journal/article. php？ id = CJFDTotal-SCLJ200306013。

（三）医疗卫生

清末，长岛有2家私人诊所。1928年后私人诊所始有发展。

南长山岛上最早的医院为西医宋延勤于1925年在南长山岛后沟村开办的“仁寿医院”（1945年停办）。之后，南长山岛上开办有4处私人医院。其中，1936年在南城村开办笑和医院（1937年停办）、1937年在南城村开办和亭医院（1946年加入长山岛特区公立医院）、1944年在后沟村开办广爱医院（1947年停办）。

1946年10月1日，在南长山岛寺后村建立了长山岛特区公立医院，有简易病床10张，诊治一般常见病、多发病。1947年9月，该医院随工委战略转移出岛。

1949年之后，长山岛特区政府设立卫生所，主要负责机关干部医疗工作。1950年12月，该卫生所改建成为特区卫生院，设门诊、化验室、药房、会计室，有简易手术床和一般医疗器械，能做一般的小手术。1956年7月，该卫生院改建成为长岛县人民医院，设内科、外科、妇产科、中医室、化验室、治疗室、药房、病房、会计室。1957年，增设手术室，共有病床4张。1964年，增设挂号室。1966年，增设牙科。1973年，分设内科病房、外科病房。1976年，增设心电图室、五官科。1979年，增设住院处。1984年，增设胃镜室、B超室。

目前，南长山岛上的医疗卫生较完善，设有长岛县人民医院、中医院、卫生防疫站、妇幼保健站，以及救助直升机场等，2009年建立了远程医疗服务系统。

长岛县人民医院（图1-2-12）位于南长山岛乐园大街18号，为二级甲等医院，有床位120张，职工130名，其中高级专业技术人员16名，中级专业技术人员45名。该医院占地面积18 000平方米，设有内科、外科、妇科、儿科等18个临床科室，放射、化验、心电等12个医技科室和6个职能科室及120急救中心。2008年，由山东省立医院投资30多万元建成了长岛县远程医疗会诊中心（2008年12月投入试运行），2009年11月长岛县医院正式开通了远程医疗服务系统①，危重病患者及时得到山东省立医院专家的指导、治疗，患者在取得相同治疗疗效的基础上，县内治疗与出岛求医相比，费用减少30%以上。

长岛县中医院位于南长山岛滨海路127号，为中西医结合的公立医院。

长岛县卫生防疫站位于南长山岛县府路15号，负责开展疫病预防控制、计划免疫、卫生监督等工作。该防疫站创建于1956年，内设食品卫生监督科、计划免疫科、流行病科等9个科室，有工作人员24名，其中高级专业技术人员5名，中级专业技术人员8名。

长岛县妇幼保健站（图1-2-13）位于南长山岛县府街13号，负责开展妇女、儿童预防保健和计划生育技术指导等工作。该妇幼保健站创建于1956年，现内设妇保科、儿保科、检验科、B超室、手术室等科室，有工作人员15名。

图1-2-12　长岛县人民医院现状

图1-2-13　长岛县妇幼保健站现状

① 资料来源：http：//news. xinhuanet. com/politics/2009-11/15/content_ 12461879. htm。

2006年11月，利用长岛港港内的10 000平方米停车场建立了救助直升飞机停机坪，并正式启用，结束了岛上军民在大风天不能通船、突发重病不能及时就医的历史。

第二节　海岛历史与文化

一、海岛历史

（一）人类起源与古遗址

南长山岛人类活动历史悠久，历史年代可追溯遥远的三四万年前。考古工作者已在岛上发现了较多的古文化遗址，主要有：王沟城子遗址、后沟遗址、南河遗址和王沟古墓群、西山口故，西山口古墓群、东山古墓群，以及烽山烽火台、饽饽山烽火台等。众多的遗址和出土文物，反映了不同历史时期的面貌，对研究山东、辽东和朝鲜半岛的古文化，以及研究沿海与中原文化的关系有着重要的意义。

1. 长岛智人

1985年春，长岛县在王沟村南修建水库，涉及王沟古墓群需要部分清理，山东省考古所、烟台市文管会、长岛县博物馆等有关人员组建考古工作队，进行抢救性发掘墓葬。4月26日上午，第一发掘区（今仙境源景区）的工作即将结束时，推土机在黄土断崖底部推出了一具人类头盖骨和破碎的肢骨，有关人员经现场勘查认为该头盖骨钙化程度高，年代应该较古墓要久远①。

1985年6月，长岛博物馆专业人员对该头盖骨进行了专门研究，初步认定其年代为距今18 000年。同年8月，贾兰坡在长岛对该头盖骨化石进行鉴定，认为其年代为距今35 000年；1988年，贾兰坡在长岛再次鉴定确认为距今35 000年。

1989年，古人类学家吴汝康到长岛看了该头盖骨化石，认同贾兰坡先生鉴定的年代。1993年6月，考古学家吕遵锷先生到长岛博物馆鉴定化石、石器，对该头盖骨化石取样进行实验室技术鉴定，确定其年代为距今35 000年左右②。此为庙岛群岛最早的智人。

2. 王沟城子遗址

王沟城子遗址位于南长山岛的王沟村东南部（地理坐标为北纬37°56.1′、东经120°44.5′），东西长120米、南北宽102米。

1982年冬，文物普查时，烟台市、长岛县考古工作者对该遗址进行了调查，确定系岳石文化至商代遗址。该遗址表土层厚度约40厘米，文化层厚度约2.2米，土色浅黄，内含贝壳。东部和西部各有一灰坑，内有鱼骨、鸟骨、兽骨、炭灰和陶片。在遗址采集到的陶器有鬲、罐形器、簋足、碗足等（山东省长岛县志编纂委员会，1990）。

图1-2-14　王沟城子遗址位置现状

（拍摄于2009年9月25日，拍摄点地理坐标为37°56.13′N、120°44.66′E）

①② 资料来源：http://www.shm.com.cn/ytrb/2005-05/27/content_789012.htm，“长岛人”头骨发现之旅。

3. 王沟古墓群

王沟古墓群位于南长山岛王沟村的西南部，东西长 700 米、南北宽 172 米，为烟台市重点文物保护。1972 年，由当地群众发现。1973 年和 1974 年，烟台文管会和长岛县博物馆考古工作者进行了 2 次挖掘。1985 年，因修筑水库需要清除部分古墓，山东省博物馆考古队、烟台市文管会和长岛县博物馆考古工作者，进行了抢救挖掘，认定该古墓群为西周中期至东汉墓群（山东省长岛县志编纂委员会，1990）。

三次较大规模的挖掘（王沟墓群的发掘文物资料，现存烟台市博物馆、长岛县博物馆），共清理古墓 30 余座，多为土坑竖穴。大者长 5 米、宽 4 米、深 5 米，有棺有椁，其中一座以石为椁，在长岛属首次发现；小者一般长 2.5 米、宽 0.8 米，有的有棺，有的以海草代棺。出土了大量的随葬品，包括青铜器、陶器和玉类器等。其中，青铜器中包括日用盛器、兵器、车马器等，主要的日用盛器有鼎、豆、壶、舟、敦、盘、匜；兵器有剑、戈、矛、镞等；车马器有辖、马衔等。陶器分实用器和仿铜礼器两大类，后一类只在大墓中才有。玉器有壁、玦、环、琮、璜等；陶器有鬲、罐、豆、簋等。

图 1-2-15　王沟古墓挖掘现场及出土的文物（青铜器）

左图：古墓挖掘现场照片；右图：出土的青铜器（拍自长岛县博物馆）

4. 其他遗址与古墓群

后沟遗址　位于南长山岛后沟村的东部，面积 80 000 平方米，属龙山文化（山东省长岛县志编纂委员会，1990）。

南河遗址　位于南长山岛乐园村东部，面积不详，属新石器时期（山东省长岛县志编纂委员会，1990）。

西山口古墓群　位于南长山岛王沟村西北部。因公路从中穿过，在公路两旁断崖上发现 5 座古墓，墓为土坑竖穴，内填牡蛎壳。殉葬品有陶罐、陶簋等，县博物馆考古工作者认定为汉代墓葬（山东省长岛县志编纂委员会，1990）。

东山古墓群　位于南长山岛烽山西侧，出土的文物有陶鬲、陶豆、陶簋、陶罐等。长岛县博物馆考古工作者认定该古墓群属西周墓群（山东省长岛县志编纂委员会，1990）。

（二）人文遗迹和历史文物

南长山岛是长岛县经济、政治、文化中心，岛上有很多县级文化设施，如历史博物馆、鸟类展览馆、地质博物馆、烈士陵园等。

1. 长岛县历史博物馆

1972 年，长岛县文化馆设立文物组，负责文物考察、收购和管理工作。1981 年，成立长岛县博物馆。1984 年 8 月 28 日，全国政协副主席陆定一视察长岛时题词“办好长岛博物馆”。1985 年 5 月开始兴建长岛历史博物馆新馆；1987 年 1 月新馆落成并对外正式开放；1988 年 6 月，全国政协副主席钱伟长视察长岛，为长岛博物馆题词“华夏文化源远流长”。

长岛县历史博物馆（新馆）落址在南长山岛的黄山脚下、位于县城县府街东首的黄山路 1 号（地理坐标为北纬 37°55′、东经 120°45.7′），是一座古朴典雅的仿古园林建筑（图 1-2-16），占地面积 5000 余平方米，其中陈列室 1700 平方米、库房 200 余平方米。目前，主要分幕厅和两个展区，概括地介绍了长岛的历史和地质沿革，展示了长岛古人类旧石器时期、新石器时期以及从先秦一直到清末的史实。

长岛博物馆内收藏有长岛各历史时期的文物标本及古器书画，共计 1.1 万余件，有三级以上文物 180 余件。其中，包括旧石器时代晚期智人头盖骨化石、新石器时代母系氏族聚落房屋复原模型、龙山文化时期的黑陶精品——陶罍、西周乘车、西汉鸮罇等重器。部分管藏曾代表中华灿烂文化，随省、国家组团到国外巡回展出。

图 1-2-16　长岛县博物馆正门现状
（拍摄于 2009 年 10 月 4 日，拍摄点地理坐标为 37°55.09′N、120°45.03′E）

目前，展出的动物化石有：乳齿象臼齿（庙岛出土）、原始牛角（南长山岛西山出土）、剑齿象牙（大黑山岛北庄出土）、安氏鸵鸟蛋（南长山岛赵王村出土）、猛犸象肱骨（大钦岛海底打捞）、斑鹿鹿角（庙岛海底打捞）、赤鹿鹿角（砣矶岛后口出土）、披毛犀头骨（北隍城海底打捞）等；文物有旧石器时期的打制石器，新石器时期的彩陶，商周青铜器，汉代的漆器、唐代三彩，宋代瓷器以及明清文物……其中，陶器中的鸟形杯、母系氏族社会的寅无流陶规，西周时代的青铜鼎、双耳方腹，战国时期的青铜豆以及铜鉴等，都是不可多得的珍品。

图 1-2-17　南长山岛上候鸟展览馆
（拍摄于 2008 年 10 月，拍摄点地理坐标为 37°54.57′N、120°44.95′E）

2. 候鸟展览馆

1985 年，在烽山上建成候鸟展览馆。该馆为一座仿清代北方园林式建筑（图 1-2-17），建筑面积 230 平方米，下基座悬空挑出，气势雄伟，古朴典雅，有“鸟阁凌空”之称。馆内有各种鸟类标本 200 多种，其中属国家重点保护的鸟类标本有白鹳、黄嘴白鹭、中华秋沙鸭、大天鹅、鹗、游隼、蜂鹰、苍鹰、鸢、红隼、燕隼、长耳号鸟和短耳号鸟等。展区分为猛禽类、攀禽类、鸣禽类、涉禽和游禽类五大部分，每个标本设有标牌。该馆集宣传、科教、观赏于一体，2001 年被命名为“省、市科普教育基地”、2010 年 2 月被列为全国科普教育基地，成为长岛对外进行鸟类保护宣教的重要窗口。

3. 地质博物馆

2008 年 5 月 2 日，长岛地质博物馆正式向游人开放。该馆坐落于望福礁景区内（图 1-2-18），馆内通过感应图书、影像、多媒体影像演示、电子沙盘、立体模型、展示标本、图片和大量实物等，展示了长岛九丈崖月牙湾等的地质演变历程，直观、生动地展示黄渤海交汇处周边的地质地貌和历史变迁，为开展地质科普游、海洋文化旅游创造有利条件。

4. 烈士陵园

1949 年 8 月，庙岛群岛的长岛战役中，有 34 名牺牲的烈士，安葬于南长山岛寺后村南。1956 年 3

图 1-2-18　南长山岛国家地质博物馆

左图：长岛地质博物馆正门；右图：馆内展品一角（拍摄于 2008 年 10 月 1 日）

图 1-2-19　长岛县烈士陵园内烈士纪念碑

月 28 日，在原址修建烈士陵园，陵区南北长 102.4 米，东西宽 65 米，面积 6656 平方米，中部立纪念碑，正面铭刻“烈士英名千古”，背面铭刻碑文。1949 年以后，又有 52 名烈士安葬于陵园。

1984 年 4 月，长岛县党代会决定将烈士陵园迁址英山，并举行奠基仪式。1985 年 8 月 12 日（长岛解放 36 周年），正式动工兴建英山烈士陵园。陵园内立有纪念碑正面镌刻“革命烈士纪念碑”（图 1-2-19）、长岛烈士纪念馆和长山岛战役纪念馆（图 1-2-20）。

在长岛县革命烈士陵园内，还专门立有纪念碑的铭文碑。

长岛县政府于 1982 年 2 月批准“长岛县革命烈士陵园”为县重点文物保护单位，2000 年定为“青少年教育基地”。被长岛县国防教育委员会定为“国防教育基地”。

2009 年，为纪念长岛解放 60 周年，长岛投资 20 万元对烈士陵园长岛烈士纪念馆、长山岛战役纪念馆进行了改造和室内布展工作，对烈士陵园环境进行绿化美化，清明节前栽种蜀桧、塔松等各种树木 100 余株。

图 1-2-20　烈士陵园内长岛烈士纪念馆和战役纪念馆

左图：长岛烈士纪念馆；右图：长岛战役纪念馆

5. 烽火台

南长山岛上有2个烽火台，即烽山烽火台和饽饽山烽火台。

烽山烽火台：位于南长山岛的烽山顶，据《长岛县志》记载，该烽火台始建于宋代，明朝修建。

饽饽山烽火台：位于南长山岛饽饽山顶，据《长岛县志》记载，该烽火台于明朝修建。

（三）历史事件

唐贞观二十年（646年）设大谢戍，至唐永徽元年（650年）废。

宋建隆三年（962年）七月，朝廷规定，凡是驻内地和边外的军队中犯法者，一律发配到沙门岛。

宋乾德元年（963年）八月，朝廷下令，免除沙门岛民间税收，只担负造船运马任务。

宋咸平元年（998年）十二月，朝廷下令，对判处死刑而免杀的杂犯，不再发配沙门岛。

宋庆历二年（1042年），登州郡刀鱼巡检的水兵300人驻守沙门岛，以防契丹进犯，仲夏驻砣矶岛，秋冬时节回南岸。

宋熙宁六年（1073年），朝廷下令，将沙门岛砦监禁的犯人由原定额200人增为300人。尔后，沙门岛砦主李庆将超额的犯人抛到海里，2年之内杀害700余人。

明洪武二十七年（1394年），日本人经常侵扰海岛，朝廷下令将岛上居民全部迁移到蓬莱北沟西部一带；沙门岛巡检司迁移到蓬莱芦洋寨的朱高山。

明永乐元年（1403年），总兵官陈瑄运粮去北京和辽宁，返回途中在沙门岛一带战败日本人。

明永乐六年（1408年），日本人侵袭沙门岛。

明正德十年（1515年），日本人焚烧沙门岛、砣矶岛和大竹山岛。

明万历二十一年（1593年），中营军400余名官兵屯种长山岛，后皆入当地民籍。

明万历二十二年（1594年），日本人再次焚烧沙门岛。

清顺治末年，岛民奉旨外迁而空岛。

清康熙二十二年（1683年），朝廷下令沿海迁民归复田里。

康熙二十六年（1687年），官府鼓励外迁的岛民回岛开垦土地，并发“执票”，确保通行。同时，推行“招民劝耕”和“盛世滋生，永不加赋”的政策，岛上人口遂大量增加。

清道光二十一年（1841年），登州水师营中军守备驻长山岛。

清道光年间，为开垦海岛，庙岛群岛设立13社。其中，南长山岛共有4社，即：寺后社（下辖寺后村、刘家村、后沟村、山前村、山西坡村）、鹊嘴社（辖鹊嘴村、孙家村、范家村、赵家村、王家村）、南城社（辖南城村、荻沟村）和王沟社（辖王沟村、黑石嘴村、呼夼村）。

清咸丰二年（1852年），朝廷禁止渔民到朝鲜附近海域捕鱼。

清光绪元年（1875年），为防外寇入侵，在南长山岛信号山构筑沙土曲折炮台1座，与郡城（今登州）相犄角。

清光绪五年（1879年）八月，蓬莱知县江瑞采赴长岛视察，发现岛中柴草奇缺，遂发布《谕各岛并三乡栽松树以资樵薪告示》。同时制定了保护中外船只航行章程，设立永绥局分界管理海域，其中：南长山岛的寺后社、鹊嘴社在朝海寺设立永绥局，东南至江头，东北至肖家台子，西南至黄石礁，西北至红泥沟南为界，距城40里；南城社在本社三元宫设立永绥局，东至东山，西至海边，南至红泥沟，北至降龙礁为界；王家沟社在本社三教堂设立永绥局，南至清令河大沟，北至老牛筋，西至香炉礁，东至赶牛道为界（山东省长岛县志编纂委员会，1990）。

1913年，长山岛地方成立自治会，南长山岛连城村宋延毅任会长。

1916年秋，“玉石街”被大浪冲断。

1927年，奉系海军将长山岛开辟为其第二舰队基地。

1928年6月，奉系海军司令沈鸿烈，派海军陆战队2个连分驻南长山岛的今连城村和鹊嘴村。是年7月，奉系海军成立长山八岛民政局（局址设在今连城村，林绍任局长），并对区划进行了调整，但仍划为13社。其中，南长山岛仍设4社，即西山社（辖寺后村、鹊嘴村、刘家村、后沟村、山前村）、东山社（辖孙家村、赵家村、王家村、范家村）、南城社（辖南城村、荻沟村）和连城社（辖连城村、黑石嘴村、王沟村）。

1929年冬，国民党山东省政府决定，将长山八岛自蓬莱县划出，建立长山岛行政区，直属山东省。

1930年，东北海军第二舰队在鹊嘴海湾修建水上飞机场，有飞机2架。

1931年2月3日，山东省政府训令，禁止妇女缠足，长山八岛行政区开始督办。

1933年10月26日，长岛行政区改建长山八岛特区，直属山东省。

1935年3月4日，根据山东省政府第385次政务会议决定，撤销长山八岛特区，划归蓬莱县，设长山八岛公安局。是年6月，因长山八岛地方情形特殊，经山东省政务会议决定，恢复长山八岛特区，直属山东省。

1937年1月19日，经山东省第557次政务会议议决，长山八岛特区隶属第七行政督察区。

1938年，日本飞机侵袭长山八岛，并在南长山岛寺后村西部平塘处投下2枚炸弹。

1942年12月，侵占威海的日本海军派日伪军40余人侵占南长山岛，名为“长山岛派遣队”。

1945年8月下旬，胶东军区长山岛军政办事处在蓬莱成立。9月4日，长山岛大队20余人进岛。9月8日，长山岛军政办事处全体人员由蓬莱进岛，办公地址设在南长山岛寺后小学。9月19日，长山岛军政办事处迁至砣矶岛东山村。10月25日，建立长山岛特区政府，隶属胶东行政区北海专区。

1945年9月下旬，长山岛军政办事处区划为3个区，即为庙岛区、砣矶区、钦岛区，南长山岛隶属其中的庙岛区。11月，区划调整为4个区玉石区、庙岛区、砣矶区和钦岛区，南长山岛隶属玉石区。

1946年3月，区划调整为6个区，即玉石区、庙岛区、黑山区、砣矶区、钦岛区和隍城区，其中玉石区辖南长山岛各村。

1947年9月6日，北海地委决定长山岛的党、政、军机关进行战略转移；9月28日，留守的侦察连撤离长山岛。10月1日，国民党整编第八师一部占领南长山岛，成立长山列岛区（隶属蓬莱县），庙岛群岛区划为6个乡：长岛乡、连岛乡、蓬岛乡、庙岛乡、砣岛乡和钦岛乡，南长山岛隶属长岛乡。10月19日国民党部队占领全区。

1948年3月，长岛列岛区改建为长岛八岛设治局，将区划调整为7个乡和1个独立保，即中山乡、中正乡、率真乡、黑山乡、砣矶乡、钦岛乡、隍城乡和庙岛独立保，下设37个保，南长山岛隶属其中的中山乡和中正乡。

1949年8月，11日18时中国人民解放军华东野战军二十四军第七十二师、特种榴炮团、胶东警备四旅和五旅之一部向长山岛发起攻击，翌日23时解放了南长山岛、北长山岛、大黑山岛、小黑山岛、庙岛、大竹山岛、小竹山岛和车由岛。因受大风阻碍，进攻暂停。12日，恢复长岛特区（仍隶属胶东行政区北海专区），区划为6个乡、38个行政村，长岛特区工委书记郭玉华和区长刘建国带领机关干部30多人到达南长山岛，晚上党政军民在寺后学校集会，庆祝长山岛解放。19日，驻守砣矶岛、大钦岛、小钦岛、南隍城岛和北隍城岛的国民党军队弃逃（山东省长岛县志编纂委员会，1990）。

1950年3月12日，特区政府召开首届各界人民代表会议。5月20日，特区政府给全区的烈、军属发放证书；是日，特区政府改为长山岛办事处。是年10月，结束土地改革运动，确定地权、船权，颁发土地证。是年11月22日，长山岛办事处改建为长山岛特区（县级）人民政府，隶属莱阳专署。

1952年，南长山岛上建立人民医院。

1955年7月1日，长岛邮政局用B1型15W手摇电报机与岛外联系，始有电报业务。

1955年12月至1956年2月，以行政村或几个行政村联合建成生产合作社。

1956年5月25日，国务院全体会议第29次会议决定，撤销长山岛特区，成立长岛县，隶属莱阳专区。

1956 年，建立长岛中学，1959 年开始设高中班；是年，新华书店山东分店在长岛建立支店。

1957 年，县渔业指挥船始用手摇发报机传递渔情和指挥生产，渔船上用铁壳收音机收听。

1957 年 9 月，岛上邮电局始有 TF-1 型单路载波机，通过军用海底电缆与大陆进行联络。

1957 年 10 月 25 日，青岛海运局长岛客运站建成，正式开通蓬莱与长岛的 9 个有居民海岛的客运线。

1958 年 8 月 5 日，成立长岛县海水养殖试验场，开始全人工筏式养殖海带。是年 9 月 1 日，在南长山岛寺后村东建立水产大学（后改称为水产学校），学制 3 年。是年 11 月 1 日，长岛县和蓬莱县、黄县合并，称蓬莱县。原长岛县、乡，改建为人民公社、大队。

1960 年 10 月，南长山岛和北长山岛之间的水泥公路（连接工程）建成。是年，水产学校教师于永平，进行室内人工孵化海参幼体试验获得成功。

1964 年 5 月 1 日，长岛始有第一辆客车，南北长山岛通客运。

1965 年 10 月 1 日，长岛县广播站建成并开播。

1969 年 7 月 18 日，13 时 24 分 40 秒在渤海发生 7.4 级地震，长岛烈度为 6 度；17 时和 21 时又发生 4.5 级余震。

1969 年 12 月，县邮电局通过军用海底电缆在全县开通农话业务。

1970 年，国家在长岛设立地震观测流动台。

1971 年，长岛县建海带育苗场，当年育苗 1 亿株。

1973 年，部分大型渔船安装测向仪。

1974 年，县海珍品试验场人工培育栉孔扇贝苗试验成功。

1975 年，县海珍品试验场在自然海区采集扇贝苗试验获得成功。

1976 年，南长山岛建成第一个黑白电视差转台。

1977 年，4 月 1 日县交通港开始客运业；9 月县渔港投产。是年，长岛县建发电厂，在南长山岛范围内供电。是年 12 月，开始敷设蓬莱至南长山岛—砣矶岛的海底通信电缆。

1978 年，县邮电局与烟台地区邮电局开通电传电报。是年，县海珍品试验场人工孵化海参幼苗的科研成果，获全国科学大会奖。敷设南长山岛至蓬莱间的海底电缆，始由烟台电网供电。县海岸带办公室，对海岸带资源进行全面调查。

1983 年 6 月，建立中国水产科学研究院渤海水产增殖科学试验基地长岛增殖试验站。

1984 年 3 月 15 日，党政军民 2000 多人，在王沟大队举行王沟蓄水工程动员誓师大会。

1984 年 9 月 1 日，建立山东省长岛候鸟保护环志站；10 月，林业部全国鸟类环志办公室在长岛召开全国鸟类环志研究会，并进行候鸟放飞试验。

1984 年 11 月 30 日，首次全省海岛工作座谈会在长岛召开，通过了 15 条开发建设海岛的措施和优惠政策。

1985 年 5 月，兴建长岛历史博物馆新馆。

1985 年 7 月 11 日，中国水产科学研究院黄海水产研究所鉴定：长岛的“巨藻”移植增殖试验获得成功，为我国藻类养殖增加了 1 个新品种。

1985 年 10 月 6 日，在南长山岛北山建成 300 瓦彩色电视差转台 1 座。

1985 年，烽山公园建成，园内鸟展馆为全国最早的鸟类标本展馆。

1988 年 6 月 17 日，长岛县出现历史罕见的强烈海滋景观。

1988 年，长岛被国务院批准为国家级自然保护区、国家级风景名胜区。

1992 年 9 月 6 日，“长岛首届扇贝节”在明珠海水浴场隆重开幕。

1992 年，长岛被国家林业部批准为国家森林公园。

1992 年，长岛县被山东省委、省政府命名为“小康县”。

1995 年，林海公园建成。

1996 年，长岛港千吨级泊位扩建工程竣工。

1997 年 4 月 28 日，望夫礁公园正式营业。

2000 年 10 月 15 日，投资 1200 万元南长山岛日产千吨海水淡化站竣工。

2005 年 9 月 7—12 日，“全国海岛联席会议暨首届海岛发展论坛”在长岛举行，全国 16 个海岛县参加了会议。会议期间签署了《中国海岛县（市、区）区域旅游合作宣言》。期间，长岛旅游局创刊《中国海岛旅游》。

2005 年 10 月 30 日，文物鉴定专家史树青对长岛旅游文化“四创意”——渔家乐图卷、长岛海石画、仿古风帆船、玉福印进行了鉴定评价。

2008 年初，经国务院和中央军委的批准，南长山岛、北长山岛、庙岛和小黑山岛正式对外开放。

2009 年 2 月 21 日上午，来自美国、挪威、荷兰和瑞典 4 个国家的 9 名游客踏上南长山岛，1949 年以来首批踏上长岛县的外国游客，标志着长岛正式开始对外开放。

2010 年 2 月，长岛国家自然保护区列入第 3 批全国科普教育基地，也是烟台市林业系统继昆嵛山之后的第二个全国科普教育基地。

2010 年 11 月，建立了长山尾海洋地质遗迹省级海洋特别保护区。

（四）历史人物

南长山岛较有影响的历史人物有孙容明、叶永凯、袁可昌、徐礼绪、沈鸿烈、张福林、谢淑惠、刘庆礼等。

1. 孙容明

孙容明（1883—1937），南长山岛黑石嘴村人，字朗轩。10 岁在本村读私塾。1921 年任恒盛泰代理店副经理。1924 年，任安东总商会常务理事，后任副会长、会长。先后担任过奉天省委员，热河省财政厅顾问、东三省商会副会长。孙容明热心济贫扶危，当安东遭受水灾时，他解囊捐款，并成立赈灾组织。回岛探视时，雇船从东北买回粮食，周济百姓。他还为贫苦百姓无偿治病。抗日战争时，他支援抗日救国，成立抗日救国分会，并秘密汇款给北平的东北民众抗日救国会。1936 年，被日本宪兵逮捕，押往奉天（沈阳）宪兵队。为了保护被捕的 20 多名工商界爱国人士，他主动承担责任。曾在宪兵队里自杀未遂。1937 年被宪兵队杀害（山东省长岛县志编纂委员会，1990）。

2. 叶永凯

叶永凯（1924—1947），南长山岛山前村人，中共党员。1947 年任玉石区乡长。同年 9 月，长岛工委战略转移时，他奉命留岛坚持地下工作。不久被敌人逮捕押往蓬莱。任凭敌人酷刑拷打，始终未暴露党的机密。是年 10 月，他被押回山前村，在海边被敌人杀害（山东省长岛县志编纂委员会，1990）。

3. 袁可昌

袁可昌（1906—1968），南长山岛连城村人，字景文。1924 年在烟台学医，1928 年回岛行医，并办义昌诊所。1950 年任长岛特区工商联主任。袁可昌勤奋好学，医术求精，热心服务于贫民。1954 年《大众日报》曾报道了他的个人先进事迹。“文化大革命”在极左路线迫害下，1968 年含冤离世。1979 年县政府为其举行了追悼会。

4. 徐礼绪

徐礼绪（1923—1990），南长山岛后沟村人。18 岁去日本经商。中日邦交正常化后，他多次回岛捐款捐物（达 500 余万元），并在南长山岛成立了南园海珍开发有限公司，建造了长岛宾馆。1990 年去世，县政府为其修建了徐氏陵园，举行了隆重的骨灰安葬仪式，立“爱国爱乡万世流芳”之碑。

5. 沈鸿烈

沈鸿烈（1882—1969），湖北天门人，字成章。曾在长岛驻军五年（1928—1933 年），并对海岛发展做了许多有益的工作。

沈鸿烈自幼勤奋好学，1900 年府考中秀才，遂执教于府学。1904 年，入武备学堂，后参加湖北新军。1905 年春，公费赴日本海军学校留学，同年加入中国同盟会。1911 年夏毕业回国，加入国民政府海军，10 月参加辛亥革命，曾任国民政府参谋部海军局科员、海军统领、宣慰使、中华民国南京临时政府海军部军机处参谋、北京参谋本部海军局上校科长。1916 年 3 月，派任赴欧洲观战团海军武官，随英国舰队参加对德作战，后出访美国。1918 年 10 月回国，兼任陆军大学海军教官。1920 年 10 月，调任吉黑江防舰队参谋、参谋长。1922 年 8 月，调任张作霖公署航警处长。1923 年 7 月，任江防舰队中将司令。1925 年，出任东北联合航务局董事长。1926 年 11 月，率江防舰队抵青岛，与渤海舰队合编为东北渤海舰队，被任命为舰队副司令。1927 年 7 月，任海军第一舰队司令，11 月升任海军副总司令、代总司令。1930 年 9 月，中华民国海军第三舰队司令。

1928 年，沈鸿烈率舰队驻岛后，首先废除私塾旧教，开创了学校教育的先河，他认为开发岛民智力，唯以教育为先导，并在寺后村出资兴建了长岛第一所国民小学，即成章小学（后改为寺后小学）。后又兴建了南城小学、店子小学。至 1930 年，在 8 个有居民岛先后创办了小学 24 所，学生达 2200 人。他还不惜高薪从蓬莱、烟台、高密、黄县等招聘人才，进岛从教；筹资从小学毕业生中选拔人才，送到青岛念中学。

为绿化海岛，1929 年沈鸿烈拨专款从青岛购进树苗 180 万棵，分送长岛各岛栽植。在他的指挥下，驻岛海军还协助岛民在各岛修筑沙石路 30 千米以上，建造石质、木质码头各一座，水上飞机场一座。1931 年军地集资修缮庙岛显应宫，为马祖庙改建山门。

此外，沈鸿烈积极执行禁止妇女缠足的命令，派人赴庙岛群岛各岛定期检查。

6. 张福林

张福林（1888. 1—1956），南长山岛获沟村人。1946 年，组织 3 户贫农、1 户地主，成立特区第一个互助组，并任组长。1969 年，全组获得粮食丰产，被山东省人民政府授予“农业模范”称号。1956 年，任获沟村初级农业生产合作社副社长。1956 年病故。

7. 谢淑慧

谢淑慧（1938. 6—1966），女，南长山岛山前村人。1953 年，任山前村果林队队长。1965 年，任乐园农业生产合作社果林队长。在农业合作化运动中，克己奉公，认真学习技术，创果品高产。1957 年，被山东省人民政府授予“社会主义农业建设积极分子”称号。1966 年病故。

8. 曲英奎

曲英奎（1891—1982），南长山镇鹊嘴村人。在农业互助合作中，带头组织互助组，积极参加爱国丰产竞赛运动，他领导的互助组小麦亩产 266 千克（比一般亩产高 1 倍）。1962 年，被山东省人民政府授予“农业模范”称号。后任鹊嘴村初级农业生产合作社副社长、社长。1962 年病故。

9. 刘庆礼

刘庆礼（1920—1984），原籍福山县人，1949 年迁入南长山岛连城村。1951 年，任连城村互助组组长，带领群众走共同富裕的道路。1956—1964 年，任连城大队党支部书记兼大队长。1966 年，任连城树初级农业生产合作社社长。1956 年，被山东省人民政府授予“社会主义农业建设积极分子”称号。1984 年病故。

10. 革命烈士

南长山岛内还有长岛县革命烈士 10 名：胡心田、谢修田、袁式会、张存欣、王儒忠、刁同志、王文绪、赵起运、宋承运、姜传厚。

胡心田（1923—1947. 11），男，南长山岛王沟村人，中共党员。1945 年参加革命，1947 年 10 月在南长山岛王沟村北被敌人杀害，时为中共长山岛特区砣矶区委副书记。

谢修田（1928—1947. 11），男，南长山岛山前村人。1946 年参加革命，1947 年 11 月在辽宁省鸡冠山牺牲，时为第四野战军直属队战士。

袁式会（1928. 6—1947. 5），男，南长山岛获沟村人。1945 年 10 月参加革命，1947 年 5 月在孤子山牺牲，时为第四野战军119师356团3营战士。

张存欣（1927—1945.10），男，南长山岛王沟村人。1945年10月参加革命，1947年10月在黄县大扇宋家牺牲，时为胶东军区北海一团一营三连战士。

王儒忠（1929—1945.10），男，南长山岛王沟村人。1945年10月参加革命，1945年10月在辽宁锦州市的大凌河牺牲，时为锦州市警卫连战士。

刁同志（？—1945.1），男，南长山岛鹊嘴村人。1945年1月在双山牺牲，胶东军区独立团战士。

王文绪（1927—1949.9），男，南长山岛鹊嘴村人。1949年参加革命，1949年9月在浙江省失踪，时为华东野战军2纵4师12团1营战士。

赵起运（1930—?），男，南长山岛乐园人。1947年6月参加革命，参军后失踪，时为胶东军区北海一团战士。

宋承运（1917—1945.10），男，南长山岛连城村人。1945年10月参加革命，辽宁锦县大凌河牺牲，时为锦州市警卫连战士。

姜传厚（？—1940），男，南长山岛连城人。1940年在莱州连夼牺牲。

（五）渔村介绍

1. 乐园村[①]

乐园村位于南长山岛的中部，乐园大街中段，为长岛县政府驻地。该村东倚峰山，西邻鹊嘴，北靠北山，南与明珠海水浴场相连。村庄地处平坦地段，呈方块状聚落。原名寺后，因地处“朝海寺”后而得名（山东省长岛县志编纂委员会，1990）。1958年人民公社化时，与刘家村合并，因“幸福乐园”而更名为乐园。

清光绪年间，相继有陈姓从福山官家庄、袁姓由蓬莱、范姓由黄县迁入居住。村西北原有刘家村，1955年并入寺后。清道光年间属寺后社，1928年属西山社，为社驻地。1934年属西山乡，为乡驻地。1945年属玉石区，为长山岛特区政府驻地。1948年属中山乡，为乡驻地。1949年属玉石乡。1955年与鹊嘴、后沟、山前联合成立玉石乡乐园社。1956年为长岛县政府驻地。1958年称玉石大队乐园生产队，为长岛公社驻地。1962年原乐园生产队撤销，成立南长山公社乐园大队。1984年撤销大队建立村民委员会。

图1-2-21　南长山岛南长山镇乐园村村委会

2007年年底，该村有居民380户，总人口950人；有耕地6公顷、果园1.8公顷、蔬菜1.67公顷、林地7.4公顷，海区面积22.53公顷，船只41艘。渔民收入主要来源为海珍品增养殖、保育苗及“渔家乐”旅游。

20世纪90年代末，长岛县开始开发“渔家乐”特色旅游项目。该村专门成立了“渔家乐”旅游服务中心，负责全村“渔家乐”旅游的宣传、接待服务工作，并组织“渔家乐”业户开展技能、职业

① 资料来源：http：//ncsz.changdao.yantai.gov.cn/index_ show.jsp？id＝1289。

道德、文明服务等培训，并与大型旅行社合作经营。2007年，乐园村被“长岛县评为‘渔家乐’旅游示范村”（乐园村、黑石嘴村和连城村）。2008年12月，乐园村被山东省旅游局正式命名为山东省旅游特色村①。

2007年，该村经济总收入1.22亿元，人均纯收入5800元，人均居住面积35平方米。

该村连续多年被评为县级文明创建先进单位，村党支部也连续多年被长岛县委、县政府授予“‘五个好’渔村党支部”等荣誉称号。

2. 南城村

南城村位于南长山岛的中部，地处长岛县行政中心区。

唐代在村南修土城1座，相对北城，故名。明天启年间，石姓从蓬莱迁入；清同治年间，李姓从栖霞北城迁入。

2007年年底，有居民380户，劳动力509人，外出务工人员20人；有耕地面积10公顷，果园面积22公顷，山岚面积51.8公顷，水面养殖面积85.67公顷。集体收入主要来源为海珍品育（保）苗业，渔民收入主要来源为海珍品增养殖及“渔家乐”旅游。2007年集体资产净值630万元，集体可支配财力15万元，集体年收入82万元，村民人均纯收入4804元。

3. 王沟村

王沟村位于南长山岛的东北部。相传唐王征东时曾驻扎此地，因去竹山游玩，被风浪阻隔不能回归，留在驻地的文武大臣每日到海边观望，因而得名望驾沟，后演变为王沟。清顺治年间，许姓从蓬莱小炉许家迁入，张姓则从南长山岛的南城迁来。

2007年年底，该村有居民263户，劳动力435人，外出务工人员10人；有耕地面积40公顷，粮田面积33.33公顷，果园面积9.67公顷，山岚面积79.2公顷，水面养殖面积3公顷。集体收入主要来源为租赁收入，渔民收入主要来源为海珍品增养殖、育苗收入及渔业旅游。

该村是长岛县率先组织实施“渔家乐”旅游的村庄。1999年春，长岛县旅游局始创“渔家乐”旅游项目时，王沟村8户渔民率先在家庭旅馆的基础上，提出了以“吃在渔家，住在渔家，乐在渔家”的渔家乐活动，选择了一批住宿条件比较好的渔户，尝试推向市场，对外宣传促销，接待旅游团体。村级负责具体招徕、接送，渔户提供吃、住场所，经营业户严格按“渔家乐”项目的总体要求，提供吃、住、行、游、购、娱一条龙服务。一经推出即激活了长岛旅游市场，带来了良好的经济效益、社会效益和生态效益，成为山东省旅游的知名品牌。

1998年，王沟村开发建设了仙境源区（投资约500万元）。该景点距长岛县城约10千米，占地200公顷，水域面积5万平方米，建筑面积4000平方米，绿地面积22万平方米。此地历代有“仙境”之称，所以起名“仙境源”。2007年，该村集体资产净值260万元，集体可支配财力10万元，集体年收入96万元，村民人均纯收入4807元。

4. 鹊嘴村

鹊嘴村位于南长山岛的中部，地处长岛县政府的中心地带。清顺治年间，秦姓从蓬莱栾家口迁入、杨姓从蓬莱呈家口迁入。村西原有3条沙岗，西边的沙岗长，中间短，形似喜鹊嘴，故名（山东省长岛县志编纂委员会，1990）。

2007年年底，有居民169户，劳动力259人，外出务工人员18人；有山岚面积18.33公顷，水面养殖面积0.47公顷。集体收入主要来源是房地产开发、海珍品增养殖、海区租赁，渔民收入主要来源有渔家乐、海珍品育苗、贝类养殖、加工业。2007年，该村集体资产净值380万元，集体可支配财力53万元，集体年收入296万元，村民人均纯收入5644元。

5. 获沟村②

获沟村位于南长山岛中部，系长岛商港、渔港所在地，东靠东山，西靠渔商两港，南邻鹊嘴，北

---

① 鲁旅发〔2008〕57号。

② 资料来源：http://ncsz.changdao.yantai.gov.cn/index_show.jsp?id=1295。

邻南城。村庄地处较为平坦地段，呈长方形聚落。村处于山沟旁，山沟中长有大量荻子草，故名荻子沟，后简称荻沟。

清顺治年间，秦姓从蓬莱辂驾夼迁来建村，梁姓由蓬莱城南诸谷城北街迁入居住。按地势分为上疃、下疃、小北疃和南疃。荻沟自然村于1945年冬成立，隶属于玉石区村公所；1946年春荻沟党支部建立，隶属玉石公区委；1949年8月荻沟村公所重新成立，隶属于玉石乡区公所；1952年夏荻沟党支部重新成立，隶属玉石乡委；1956年2月与南城村合并先锋社，荻沟村公所撤销；1961年荻沟与南城分离，成立荻沟生产队，隶属玉石大队；1962年6月荻沟大队隶属于南长山乡委；1970年1月荻沟生产大队党支部恢复。

2007年年底，该村有居民275户，总人口664人。经济结构以工业为主，渔业旅游业为辅。

20世纪80年代中期以来，该村大力发展群众性海上养殖生产，逐步形成以栉孔扇贝养殖为主导的产业格局。1996年以后，扇贝养殖连续受灾，之后调整渔业产业结构，海参增养殖业发展迅速。同时，努力打造“民俗旅游文化村”品牌，至2007年年底有“渔家乐”旅游业户30多户，年可接待游客2万多人次。

2007年，全村经济总收入3500万元，村级公司收入1500万元，其中第一产业收入205万元，第二产业收入1800万元，第三产业1495万元，人均收入5600元。

该村连续多年被长岛县委、县政府授予“‘五个好’渔村党支部”、“模范村委会”、“渔家乐规范管理先进单位”、“海参增养殖先进单位”等荣誉称号。

6. 山前村①

山前村位于南长山岛的南部（峰山公园西南侧）。清康熙年间，谢姓从蓬莱刘家旺迁来建村，梁姓由蓬莱城南诸谷城北街迁入建村。以位于峰山之南而取名山前村。

2006年年底，该村有居民121户，劳动力241人，外出务工人员45人；有山岚地62.33公顷、果园6.27公顷，水域面积23.13公顷。村集体收入主要来源为育（保）苗业及发包收入，渔民收入主要来源为海珍品增养殖及育苗收入。2006年，村集体资产净值1200万元，集体可支配财力27万元，集体年收入47万元，村民人均纯收入4666元。

图1-2-22　南长山岛山前村现状

（拍摄于2009年10月4日）

7. 后沟村②

后沟村位于南长山岛的中南部、长山路与县府街交汇处，地处长岛县城中心位置，长岛县中学、妇幼保健站、博物馆等均分布在辖区内。明天启年间，陈姓从福山迁入居住建村。清康熙年间，徐姓从蓬莱城西南街迁入；清顺治年间，宋姓从蓬莱宋家泊迁入（山东省长岛县志编纂委员会，1990）。

---

① 资料来源：http://www.ytcqgj.com.cn/Article/ShowArticle.asp?ArticleID=5350。

② 资料来源：http://www1.china-yantai.net/13/07/cdxhgc/index.htm。

2006年年底，全村有居民145户，总人口450人，有耕地面积8.93公顷，粮田7.6公顷，果园4.33公顷，山岚31.53公顷，水面养殖5.47公顷。集体收入主要来源为育（保）苗业、建筑业，村民收入主要来源为“渔家乐”、育（保）苗业，个体私营经济、商品零售业、交通运输业比较发达。2007年，全村经济总收入4200万元，人均收入6809元。

2004年8月，建立了长岛县第一批现代远程教育接收站点。

8. 黑石嘴村①

黑石嘴位于南长山岛西北部，东倚饽饽山，西临庙岛塘，北邻连城村。村庄地处平坦地段，呈扇形聚落。村西北临海处，有一片伸入海中的黑石岩石，形如鸟嘴，故名。

据考证，明天启年间，武姓从蓬莱泊子沟迁入居住建村。清道光年间，王姓从小云南迁入、赵姓由北长山岛北城迁入。清道光年间属王沟社，1928年属连城社。1934年属连城乡。1946年属玉石区。1949年属玉石乡。1958年称玉石大队黑石嘴生产队。1962年原黑石嘴生产队撤销，成立南长山公社黑石嘴大队。1984年撤销大队建立村民委员会。

2007年年底，有居民176户，总人口475人。经济结构以海水增养殖业为主，渔业旅游为辅。海水养殖曾以筏式养殖栉孔扇贝为主导，1996年以后建造圈养池发展海参增养殖业，使渔业产业结构得到调整与优化；同时努力打造“民俗旅游文化村”品牌。至2007年年底，全村“渔家乐”经营业户30多户，3A级示范户2个，共有床位600多张，年接待游客1万多人次。2007年，被长岛县评选为首批“渔家乐示范村”。

2007年，全村经济总收入3600万元，净收入308万元，人均纯收入6000元。结合“花园式渔村”建设，2007年投资600多万元进行旧村改建，村内道路全部硬化，村容村貌进一步改善。

该村曾连续多年被县委、县政府授予“‘五个好’渔村党支部”、“模范村委会”、“海参增养殖先进单位”等荣誉称号。

图1-2-23　南长山岛黑石嘴村现状

（拍摄于2009年10月）

9. 连城村②

连城村位于南长山岛的北端，东临黄海，西临庙岛塘，北接北长山岛，南邻黑石嘴村。村庄地处平坦地段，呈方块状聚落。因地处南城村和北城村之间，有连接二城之意。

据考证，清顺治年间，宋姓从蓬莱泊子沟迁入居住。清道光年间属王沟社，1928年属连城社。1934年属连城乡。1945年属玉石区。1949年属玉石乡。1958年称玉石大队连城生产队。1962年原连城生产队撤销成立南长山公社连城大队。1984年撤销大队建立村民委员会。

---

① 参考资料：http：//ncsz. changdao. yantai. gov. cn/index_ show. jsp？ id＝1292。

② 参考资料：http：//ncsz. changdao. yantai. gov. cn/index_ show. jsp？ id＝1299。

2007年年底，有居民88户，总人口235人。经济结构以海水养殖业、近海捕捞业为主。20世纪80年代中期以后，该村以“耕海牧渔”、捕养兼作，至90年代初逐步形成以栉孔扇贝养殖和近海捕捞生产相结合的渔村经济结构，渔业产量连续多年突破1000吨。1996年以后，发展以海珍品增养殖和滨海旅游为主导产业，组织村民自筹资金组成股份制公司；同时，发展海珍品育保苗、近海捕捞和多品种养殖。另外，该村建起了“望福礁景区”，“渔家乐”旅游业户20多户。2007年，全村经济总收入3500万元，人均纯收入6120元。

图1-2-24　南长山岛连城村现状

（拍摄于2009年10月3日）

该村全体村民享受每人每年1000多元补贴（水、电、液化气、闭路电视等方面），60岁以上老人及子女上学等全部享受额外补助。连续多年被山东省、烟台市、长岛县授予“先进基层党组织”、“五好支部”、“民主法治示范村”等称号。

2003年被列为长岛县首批“小康示范村”。2006年，中共烟台市委、市政府授予“全市小康建设示范村”。

10. 孙家村①

孙家村位于南长山岛东部，东临黄海，南邻赵王，西靠黄山。明天启年间孙姓由招远北庄马家、清顺治年间肖姓由蓬莱城东、清道光年间范姓由黄县迁入居住。清道光年间属鹊嘴社，1928年属东山社，1934年属东山乡，1945年属玉石区，1948年属中山乡，1949年属玉石乡，1956年与赵王联合成立玉石乡建国社，1957年并入乐园社，1958年称玉石大队乐园生产队，1962年乐园生产队撤销，与赵王合并成立南长山公社建国社，1964年建国大队撤销成立孙家大队，1984年撤销大队建立村民委员会。

2007年年底，有居民147户，总人口442人；有耕地2.33公顷，果园1.67公顷，林地52.2公顷，海区面积147.4公顷，船只55艘。经济结构以海珍品育（保）苗、海区底播、海参圈养等渔业生产为主导产业。2007年，全村经济总收入4000万元，人均纯收入6383元，人均居住面积40平方米。

该村成立有看门望锁队、卫生清扫队、山林看护队、外雇工协会等，村内安装有监控设施。曾被烟台市委、市政府授予“文明单位”，长岛县委、县政府授予“模范村民委员会”、“育（保）苗先进单位”、“双拥共建先进单位”、“‘五个好’渔村党支部”等荣誉称号。

11. 赵王村

赵王村位于南长山岛的东南部沿岸（峰山公园东侧）。清顺治年间，赵姓由蓬莱抹直口迁来建赵家。清康熙三年（1664年），王姓从蓬莱抹直口迁来建王家。1949年后合为赵王村。

2006年年底，该村有居民83户，劳动力135人，外出务工人员3人；有山岚面积33.8公顷，水面养殖面积18.73公顷。集体收入主要来源为滩涂底播增养殖、筏式养殖，村民收入主要来源为海珍

① 参考资料：http：//ncsz. changdao. yantai. gov. cn/index_ show. jsp？ id =1294。

品育（保）苗。2006 年，集体可支配财力 16 万元，集体年收入 39 万元，村民人均纯收入 4888 元[①]。

图 1-2-25　赵王村标志与渔村现状

（拍摄于 2009 年 10 月 3 日，拍摄点地理坐标为 37°54.53′N、120°44.78′E）

该村南部有 1 棵苍劲的古树，当地人叫饽饽豆树（学名小叶朴），树高约 16 米，基部胸径 1.37 米，树冠盖如伞，树龄约 500 年，被山东省列入主要古树名木名录。据《长岛渔家》记述，村里王姓称该树为"祖宗树"（刘文权，2005）。

二、海岛文化

（一）海岛风情与旅游文化

1. 海岛风景与特色旅游文化

长岛素有"海上仙山"和"天然氧吧"之称，海岸多姿多彩，海岛生物资源丰富，加之悠久的历史文化和神秘、美丽的传说，以及神奇的天景天象和淳朴的渔家生活等，是国家级重点风景名胜区、国家级自然保护区、国家森林公园和国家地质公园，发展海岛和海洋生态旅游为特色。主要景区包括：望福礁、仙境源、长岛县地质博物馆、长岛县历史博物馆、峰山及鸟展馆、林海及黄渤海分界线、群雕广场与长廊、明珠广场等。

（1）望福礁

望福礁又称"妈祖望福礁"，位于南长山岛北部东岸，1996 年建成望福礁公园。其中，望夫礁为该公园的重要标志物。该公园以"福"文化为主线，景区内山坡上的"福"字高 21.9 米、宽 16.3 米，是海岛人心中吉祥与美好的象征，被称为中华福文化的源头。

（2）仙境源

仙境源位于王沟村东侧，于 1998 年建成，是一处集人文景观、自然景观于一体，历史古迹、神话传说于一身的旅游观光区。

（3）长岛历史博物馆

长岛历史博物馆坐落于南长山岛的黄山南麓，是一座古朴典雅的仿古园林建筑。馆内展示了长岛古人类旧石器、新石器时期以及从先秦一直到清末的史实。长岛历史博物馆的部分馆藏，曾随省、国家组团到国外巡回展出，受到国内外专家学者的普遍赞誉。

（4）长岛地质博物馆

长岛地质博物馆坐落于望福礁景区内，以图片、文字和实物的形式，展示长岛的地质奇观，印证地质变迁史，引领人们走进地质世界。

---

① 资料来源：http：//www.ytcqgj.com.cn/Article/ShowArticle.asp？ArticleID＝5333。

（5）烽山与鸟展馆

烽山与鸟展馆坐落在长岛县城东侧，明抗倭名将戚继光坐镇登州时，曾在主峰设立烽火台（烽山由此而得名）。山顶矗立的雕塑“鹰”，为“岛”字的象形字，是长岛的图腾。在烽山第二高峰上，2001 年就被列为省、市级科普教育基地。现展出长岛内各种迁徙候鸟标本 200 余件。

（6）林海公园

林海公园位于鸟展馆以南，是 1992 年林业部批准的长岛国家森林公园主体部分，山峦起伏绵延，千亩松涛林海，浪绿波翠，为海岛军民长期坚持植树造林绿化美化的结果，被誉为“天然氧吧”。该景区集山、林、海、滩、礁、崖、洞于一身。

（7）长山尾

长山尾为天然形成的砾石嘴，位于南长山岛的林海景区南端，主要由石英岩卵石构成，根部位于南长山岛东南端的礓头，向南由阔变尖呈“S”形伸入庙岛海峡内。在长山尾两侧，因潮汐作用和地形的影响形成了隆起的“水流”，由于地处黄渤海分界处，人们称其为黄渤海交汇线。平时这种交汇多呈现为一段波浪痕迹，每当遇到大潮、伴有偏南风，两海交汇就会激烈起来，浪借风势、潮借涌力，在海面上形成了一段长长的“S”形蜿蜒的“白浪花”带，景象蔚为壮观、奇特。该自然景观是长岛国家地质公园的典型代表之一。2010 年 11 月，建立了“长山尾海洋地质遗迹”省级海洋特别保护区。

（8）群雕广场与长廊

雕塑广场位于滨海路南段，以大型不锈钢海鸥雕塑为主景，以人造礁石、喷泉叠水、景观廊架为辅景。大型群雕由 32 只展翅腾飞、搏击海天的海鸥组成，代表长岛县 32 个岛屿，也展现长岛人民开拓进取、勇于拼搏的精神和活力。中段景观为长廊区，长廊敞向大海，以 260 米景观长廊为主景，设置双层观海阁，采用江南园林风格。靠近码头部位以绿化为主，形成紧邻港口的生态绿地。

（9）明珠广场

明珠广场为岛上人休闲乘凉、娱乐、健身的场所。该广场 2004 年投资（1800 万元）兴建，面积为 5 万平方米，共分四大区域。中心地带是动感喷泉娱乐区，其西侧是观海健身区，西边比较宽阔的场地是大型表演区和渔家乐活动区。

2. 大型海洋文化和海岛文化活动

近年来，长岛县通过举办“中国・长岛中华妈祖文化节”、“中华妈祖文化交流年会”等一系列国内外文化交流活动，加深了世界华人的情感联系，与湄州、台湾、澳门等海内外 30 多家妈祖庙或妈祖文化组织建立了互动交流关系，被国台办确定为北方对台文化交流基地。

（1）妈祖文化节

历史上，庙岛的妈祖庙曾是我国北方沿海地区的妈祖信仰与妈祖文化的传播中心，其影响不仅遍布黄渤海沿岸的海口与内河，而且远播于朝鲜和日本。每年妈祖诞辰日、羽化升天日及传统节日，显应宫都有盛大的祭祀活动。拜谒海神妈祖，祈佑平安祥和。

2002 年，在原航海博物馆的基础上，成立了庙岛显应宫（天后宫）文物管理委员会和“妈祖文化研究会”。2002 年 5 月 5 日，举办了妈祖诞辰 1042 周年暨庙岛显应宫香缘 880 年庆典。

2007 年 9 月 19—20 日，在长岛举办了首届“中国・长岛中华妈祖文化节”。此次活动由国务院台湾事务办公室、中华全国归国华侨联合会、国家宗教事务局指导，中华妈祖文化交流协会、烟台市人民政府、山东省人民政府台湾事务办公室、山东省归国华侨联合会、山东省文化厅、山东省宗教事务局、山东省旅游局主办，长岛县人民政府、烟台市人民政府台湾事务办公室、烟台市人民政府侨务办公室、烟台市归国华侨联合会、烟台市文化局、烟台市民族宗教事务局、烟台市旅游局承办。节日期间，进行了千人表演的妈祖巡游民俗文化踩街、大型船队的祭海、参拜显应宫和祭祀妈祖等文化仪式，以及长岛投资项目洽谈会和旅游推介会、妈祖书画摄影奇石展览、“四海心・妈祖情”大型文艺晚会等活动。

2008 年 10 月，在长岛举行了“2008 中国长岛中华妈祖文化节暨戊子年公祭妈祖大典”系列活动，海内外1000多名妈祖信徒汇聚山东长岛，与当地2万多民众一同祭祀妈祖。在妈祖文化节现场，首先进行了台湾北港朝天宫神轿及仪仗入宫、“三朝祭典”、迎请“三身妈祖”起驾和信众参拜妈祖等系列活动。

2009年10月，在长岛举行了“2009中国·长岛中华妈祖文化节暨己丑年公祭妈祖大典”和“2009中国·长岛中华妈祖文化论坛”。

（2）渔家乐民俗文化节

长岛“渔家乐”始创于1999年，“吃住在渔家，畅游在海上，览胜于景区，娱乐在渔家”是其一大特色。2004年，长岛因“渔家乐”同时旅游项目而成为全国首批农业旅游示范点。2005年，长岛“渔家乐”通过全国首批农业旅游示范点验收①，成为国内知名品牌。

2001年7月，南长山镇举办了首届长岛（南长山镇）“渔家乐民俗文化节”，活动内容主要有：渔家民俗文艺演出、体验渔家民俗风情。

2002年5月和2004年4月先后举办了两届山东长岛“渔家乐”民俗文化旅游节。其中，2002年5月2—7日，在南长山岛明珠浴场和庙岛举办了第一届“山东·长岛‘渔家乐’民俗文化旅游节”，节日期间，大型民俗活动表演活动有：渔家号子、渔家大秧歌、舞龙、舞狮表演、海上参与休闲渔业和“渔家乐”等。

2005年4月，再次举办了渔家乐民俗文化旅游节。

（3）扇贝节

1992年9月6日，在南长山岛的明珠浴场举行了扇贝节，854位中外来宾应邀参加，新华社、人民日报、中央人民广播电台等22家新闻单位进行了报道。扇贝节以海为题，增强了经济来往，扩大了知名度。扇贝节期间，签订外资合同7个、意向书10个，意向引进资金额3302万美元。

2005年5月18日，长岛旅游局和文化局举办了世界博物馆日暨智人化石发现20周年纪念活动，宣传了渤海地区发现最早的现代人类化石。

（二）民俗文化

1. 食宿习俗

1949年以前，岛上粮食主要来源于辽宁省，俗称“吃关东粮”，以玉米为主，其次是高粱、麦子和豆类等，每年春季鲜鱼上市，群众都要“腥腥锅”，除熬鱼吃外，多喜欢吃鱼饺子、鱼包子、鱼丸子和鲜鱼面。20世纪50年代，南部岛群食粮以玉米、地瓜为主，中部和北部岛群以玉米为主。如今，岛上群众多吃馒头、花卷、饺子、包子、馄饨、面条和米饭等，仍然愿在饺子、包子、面条和其他菜肴中放海产品。岛内群众习惯晒干鱼、鱼米，腌咸鱼、鱼（牙片鱼）酱、鱼肠（鲐鱼肠）酱、鱼子酱和蟹子酱等，以备佐餐。

居民住地多选择在背风向阳、靠近海湾的地方，并有院落。邻里的屋脊，前不得高于后，东不得高于西。街门多向南偏东，内或外大都建有照壁，忌讳正冲屋子的中轴线，有的也开东门，但最忌开西门。院内厕所忌建东侧，一般多建在院子的西南角。

2. 婚丧喜庆习俗

（1）婚事

旧时，婚事均由父母做主，媒妁从中撮合。订亲时，男方要送聘礼。婚日选定后，男方在头天上午派人将女方嫁妆抬回，称“抬妆”。

娶亲的方式各岛不一。南长山岛、北长山岛习称“将”媳妇（其余各岛习称“送闺女”），男方在婚日头天傍晚，用花轿、官轿各1乘去女家接新娘。新郎到后，女家宴请新郎和“将”家客。婚日黎明，由女家请人抱上花轿，新郎乘官轿，然后一路上敲“五棒锣”到男家。

---

① 资料来源：http：//www. ce. cn/travel/lyxw/lyxw/200501/09/t20050109_ 2796301. shtml：国家旅游局公布首批全国工农业旅游示范点名单。

新娘到男家，红巾遮面，怀抱宝瓶，由“将”家客和送家客左右搀扶，踩着红席、红毡入东屋，到了时辰，由送家客搀扶，跨过驴鞍，随新郎缓缓步入洞房，新娘、新郎要喝“合欢酒”，新娘踩着糕上炕、“坐床”。看热闹的要“摸床”，摸被角下的枣、栗子、花生等。中午男家宴请宾客。晚饭后闹洞房。

结婚的第六天或第九天的上午，女家来人接新郎、新娘回家省亲，称“搬九”。“搬九”后，女家的亲戚可宴请新郎、新娘，称“跟九”。

旧时寡妇改嫁，须等到亡夫烧“百日”或周年以后。先由媒人说合，征得公婆同意，并要娶亲的男方付足钱，方允许改嫁。出嫁多在傍晚进行，由“将”家客到女方婆家领亲，行至半路，在僻静之处更衣，衣服不可艳丽。寡妇到男家时，男方家的牌位须用红纸罩盖，以防“丧气”冲“神”。男方家只宴请主要亲属，宴后，婚礼即结束。

（2）丧葬

旧时丧葬礼仪繁杂。老人临咽气前先“压口”（红线拴红布放口内）。咽气后，抬到明间地，称“停床”，烧“倒头包袱”，晚辈穿孝服，到土地庙报庙。入殓时间为当天下午或翌日上午，亲朋要来吊唁。穷人家多“排三”（人死后三天）出殡，可不请客。一般人家多在“成佛”之日（人死后四天）出殡。有钱人家多“排七”（人死后第七天）出殡，有的还要避丧，或四十九天，或一百天出殡，以显示其孝心和富贵。富家多讲究重殓厚葬，出殡时要请和尚、道士念经，为死者超度魂灵，打灵幡，抬着扎制的开路神、台阁、金山、银山、聚宝盆等陪葬品，路上放爆竹、摆“路祭”、撒纸钱。穷家则俭殓薄葬（薄棺或草席）。殡葬前请阴阳先生选好坟址，提前开圹。出殡的杠夫均为义杠。葬后，要圆坟，每7天1祭，连祭7次，称为“烧七”，死后百天要“烧百日”，满年要“烧周年”（连烧3个周年）。

渔村老人死后，亲属均喝辞灵汤，以表示对死者魂灵的辞别。出嫁的闺女要“哭道”（从婆家到娘家的往返路上都要哭）。当天午夜送“盘缠”，并焚烧扎制的马、牛、轿、聚宝盆等。出殡时，打灵幡、放爆竹，闺女哭到坟地后即返回，不得参与埋葬，儿媳妇要从坟上抓3把土兜回来，放在米柜里，以求生活富裕。烧百日、烧周年时，闺女要扎制金山、银山、摇钱树和钱柜等到坟地焚烧。

渔民海上丧生，没有找到尸体，家中要为其出“假殡”，须过一段时间，由亲属出殡时带葬。出“假殡”时，在砖头上刻死者姓名，包上死者生前穿过的衣服，装在小棺材里埋葬，此称“假坟”。

未婚青年死后，入殓装木匣子，不能用棺材，匣子底留有7个窟窿。葬时不得埋入祖坟地，富者多葬于自家地头，贫者多葬于山坡。

儿童死后，多用谷秸草卷起，埋入乱葬岗，埋葬方位，按农历月份定为：正、五、九，西北牵；二、六、十，上西南；三、七、十一，东南巽；四、八、十二，东北安。

20世纪50年代初，提倡丧葬从简，各村拆除土地庙。1968年后，在整地改土中，迁移了耕地中的坟墓。1974年年底，当地政府对殡葬改革提出具体要求：① 要以村为单位，选一至两个山坡做坟场，不准到处乱葬；② 不得留大坟头；③ 要做到“五不准”，即：不准用木板，不准占用耕地，不准披麻戴孝，不准烧香烧纸，不准借丧事请客送礼。群众用花圈代替灵幡，用戴黑纱代替披麻戴孝。

20世纪80年代，旧的丧葬习俗复苏。为此，县政府于1983年10月17日印发了《关于殡葬改革的暂行规定》；1984年，县委又发出了《共产党员要带头实行殡葬改革的通知》，要求把殡葬改革作为精神文明的大事来抓，并将其作为评选“文明村（单位）”、“五好家庭”的条件之一。

（3）生育

旧时，生小孩后，先派一男童背2只大公鸡到其姥家“达喜”。生男孩时，街门上挂“弓箭”（3支箭，1张弓）和红布，红布下面缀有2串铜钱，红布上写“连中三元”或“五子登科”。生女孩时，只在街门上挂红布，布下缀有2枚铜钱，并插有桃枝。农村有些人家为使小孩平安，要让接生婆把刚出生的小孩抱到街上“撞姓”，在街上碰到的第一个人要认作干亲，并请其为孩子起乳名。渔村男孩乳名多为海、洋、船、舵、桅、篷、柱、发、财、福、禄、寿、喜；女孩多为鱼、红、莲、花、教、叶。

婴儿出生3天后，其姥家选双数吉日送煮米。小孩出生12天“出行”（抱于街上），此日宴请宾客，亲朋均来祝贺，有的还要送各种玩具、金银首饰和衣帽等。婴儿出生满月时过满月，亲朋来吃面，其姥家来人接小孩，小孩怀揣“锔锔”（用白面蒸做的长形面食），意为“锔住”，避其夭折。婴儿出生百天也要庆贺，俗称“跑百岁”。此日，宴请宾客，亲朋携带礼品前来祝贺。过周岁时，给婴儿摆设各种物件，让其任意拿取，以卜测未来的职业，如拿算盘就认为小孩长大有文化、能经商。50年代后，此习已经简化，只在过十二日或过满月、过百岁、过周岁时宴请宾客，举行喜庆活动。

（4）庆寿

老人从“花甲年”开始庆寿。旧时，男的庆寿较为隆重，讲究“逢五排十”即从60岁始，每5年、10年均举行较大的庆寿活动，此习俗在渔民中较为兴盛。

每逢庆寿，老人着新衣，晚辈前来叩拜，亲朋携带寿桃、寿酒和糕点等前来庆寿。进入80年代，老人庆寿，亲朋多送寿糕、寿酒、罐头和其他高级营养品。寿日中午皆宴请宾客。

3. 渔业风俗

（1）上网风俗

清明前后，渔民出海捕黄花鱼（俗称打风网），出海的日期由老大（船长）择定，定后，渔民要提前上网。上网时，船桅和后梢挂上大吊子，拉尖旗，敲锣放鞭炮，1人擎着谷草火把，围着风网跑，1人边追边拿瓢里的荞麦面往火把和网上撒，还有1人在后面边追边放鞭炮。他们在风网周围转1圈后，擎火把者和撒荞麦面者跑到船上，围着船舱继续转圈追赶。待到火把燃尽，后者疾速追上，把剩下的荞麦面扣在擎火把者的头上。接着岸上一声号令，十几个渔民各扛一部分网，排成长队，喊着号子缓缓登船，将网传入舱里。整个海湾彩旗猎猎，渔号鼎沸，鞭炮阵阵，气氛热烈。渔业机械化后，上网的仪式简化。

（2）出海风俗

旧时，初次上船出海的青少年，都要腰系红腰褡布，挂香荷包，以示平安吉祥。渔船春季初次出海，船桅上挂大吊子，船老大到船头焚香烧纸，祈求海神保佑，伙计敲锣鸣鞭炮，在张篷号子声中同家人道别。到渔场之前，都要买1口猪，宰杀后，除猪后脖留有一撮毛外，其余猪毛全部褪净，并用猪血染红猪头，渔民称此猪为“神猪”。收拾好的猪要抬到船头供奉起来，其时伙计们敲锣鸣鞭炮，磕头祈祷。祭祀后，大师傅（炊事员）把猪剖膛，中午熬一锅猪肉，让渔民饱餐一顿，并按船员数额，将猪心分成若干块做菜分食，谓之“团结一心”。1949年以后，渔船初次出海，仍然敲锣鸣鞭炮，其他习俗逐渐消失。

（3）祭海神

旧时，渔民每年首次捕鱼，在起网时，只要见到鱼，无论多少，船老大即吩咐伙计从网中捞一些，放在开水锅里焯一下，盛入钵子，准备祭海龙王。这时，船上挂大桅旗、小桅旗和后舵旗，备好鞭炮、香纸和酒，伙计们拿着捞兜分立于左右船舷。当鱼钵子端到船头时，立即焚香烧纸，敲锣鸣鞭炮庆贺，左右船舷的伙计用捞兜从水里捞一下向舱里倒一下，并齐唱渔歌：“顿顿浆，装大舱，装舱起哟，嘿哟吼”。此时，船老大在船头跪拜，并把酒分洒在船头的“虎头”等处，祈求海龙王保佑“打一网装两船”，最后把钵子里的鱼倒入海里。1949年以后，此俗渐无。

（4）庆丰收风俗

旧时，春季打风网，如获丰收，称发财了。船临近家乡时，大桅顶上要挂起大吊子，如获特大丰收，则大、小桅顶都挂大吊子，称挂双吊子。渔民一边摇橹，一边高唱渔号，其家人皆到海边迎接。船主家要举行庆贺活动，找人抬着1头猪（多则4头），到娘娘庙或龙王庙宰杀，名为“发财猪”。此时，船主要到庙上用纸沾上猪血焚烧，意为敬给海神1头猪，祈求海神保佑以后能获更大丰收。然后将猪抬回，船主把猪头分给船老大，猪蹄分给二把头，猪尾巴带臀尖分给大师傅，猪下货留算账时做菜用，剩下的猪肉熬大莱，煎做米饭，叫船上所有人员及其家属都到家吃饭。同时，船主还叫伙计到街上请客，来客多预兆生产大丰收，若来的少，船主竟为之不快。饭后，孩子们也跑去凑热闹，吃饭菜。有的船主还把饭菜分送给邻居。

（5）排船（造船）风俗

旧时，渔船多由各岛大木匠（亦称海木匠）建造。造船中，船主要举行3次庆祝活动：一是“铺志”，即安船底；二是“比量口”，即船体建造到平口处时，要用红布包上太平钱，放入船的底盘中间；最后是“上绵梁”，即安装大绵梁，此时船体基本建造成功。安装大绵梁时，其下的堵头上挖一小洞，内放太平钱，上盖红布，再用大绵梁压住。堵头上贴对联，竖幅：“一网两船，满载而归”，横幅：“上梁大吉”。船头、后梢和带梢梁子也贴对联。这些庆祝活动都是为了祈求吉祥、平安。每次庆祝，都要选择良辰吉日，在船头设祭桌、摆供品、燃烛、焚香烧纸、敲锣鸣鞭炮，船主朝着船头三拜九叩，中午宴请宾客。渔船排成后，大木匠要根据船只的形状或船主本人的特点以及群众对船的评价，给新船起绰号。1949 年以后，新船下坞时多敲锣打鼓鸣鞭炮，其他习俗已革除。

（6）遇风

旧时，渔民捕鱼用的是帆船，抗风能力差，又无天气预报，生命无保障。因此，渔民把生存的希望寄托于海神娘娘保佑，并把她奉为救世主。渔民在海里遇上大风，为祈求平安，船老大跪拜磕头，向海神娘娘许愿求救。风后侥幸生存者，即到娘娘庙还愿。有的请戏班唱戏，有的送灯和船模等。

（7）抢险、救助

在长期艰苦而又充满风险的渔业生产中，渔民们普遍形成了一种抢险救助的习惯。在海上，一旦发现遇难船只，即使素不相识，也会毫不犹豫地拼死救助；在海里发现罹难者的尸体，不论其是否完整，他们都能中止生产，将尸体送上岸，并做好善后处理。此风沿袭至今。

4. 禁忌

（1）语言禁忌

渔民在生产和生活中都愿说彩头话，忌讳不吉利的话。如忌讳说“翻”和“扣”字，意怕船在海里翻扣过来。要表达“翻”和“扣”的意思，则用“划”字，如“划过来”、“划身”。渔船上的“帆”叫做“篷”。

渔船卸完货，不能说“卸完了”、“没有了”，而要说“满了”。

捕鱼时，渔网下完后，不能说“网下完了”，而要喊“丈杆子（风网网头上的木叉子）朝前喽”，或说“满喽，这网满喽”。

煮饺子时，饺子煮破了，不能说“破了”，而要说“挣了”。

器具打碎了，不能说“碎”，而要说“笑了”。

渔民在海上看见大鲸鱼，不能指手画脚，直呼其名，而要尊称为“老兆”、“老人家”或“财神爷爷”。有的渔民还要祷告，敲锣放鞭炮，往海里撒米面，祈求其保佑丰收。

（2）行为禁忌

行船，渔民禁止吹口哨，不准将手背在身后，因为这些行动是心不在焉、思想松弛的表现，背手还有“打背网”之意。在船上走动脚步要轻，忌讳跑跳。

吃饭时，不准将筷子放在碗上，放在碗上，则意为船要搁浅或风灾危桅。饭勺子和碗不能扣放，意为船翻之兆。

人不准坐在大主上（船体上竖立的木桩）或船头上，不准在船头上大小便，这些行为都意为是不祥之兆。

忌讳老婆（妇女）跨船头、跨网具和跨钓具，因老婆的“婆”字同“破”字谐音。

（三）语言文化

南长山岛上语言与蓬莱方言一致，属于汉语北方方言东莱方言片，具有胶东方言的一般特点，并代表了庙岛群岛的方言系。其主要特点为：声母分类较细，韵母比较简单，声母分尖音和团音，没有卷舌音；儿化词丰富，单音节词儿化不是在原有韵母发音部位上直接儿化，而是作为轻声音节出现。

声调方面，中古的绝大多数清声母入声字归上声，次浊入声字归上声或去声。

方言语法与普通话语法大同小异，但也有一些特点，如动词儿化等。

南长山岛（庙岛群岛南部岛群）在方言语音与中部岛群（砣矶岛）、北部岛群（北四岛）之间存在着较明显的差异。南部岛群（南五岛）l 声母拼 i 韵的音节，中部和北部岛群读为 ei 韵母；南部岛群上“矮”跟“野”不同音，中部和北部岛群上则“矮”、“野”同音；南部和中部岛群上，ye、yo 两个韵母，在北部岛群上均合为一韵。

中部岛群上（砣矶岛）方言有独自的特点，从 li 读 lei 和没有 ie 韵母的情况看，它属于北部岛群方言区；从 ye、yo 分韵来看，它又属于南部岛群方言区；有些音类的发音和个别字的读法看，也比较特殊。如：阴平和去声的发音，开头比其他岛要高一些，前面下降的部分显得特别的陡。

词汇方面，海上作业词汇比较丰富，有的还有严格的系统。如捕捞生产中的网具名称：按捕鱼种类可分为花鱼网、虾网、青鱼网、针良网、鲳鱼网、鲈鱼网、鲨鱼流网、鲅鱼流网、鲐鱼流网、海参网、蟹子网、干贝网等；按作业形式可分为拖网、围网、张网、连网、插网、锚网、拎网；按网的样式可分为裤裆网、袖子网、迷魂阵网等。

（四）海防文化

庙岛群岛地理位置特殊，历来为兵家重视之地。唐朝，在岛上设大谢戍，后置为重镇。唐朝平壤道行军大总管张亮率兵 4 万，战船 500 艘，途经砣矶岛东征高丽。宋朝，设沙门岛砦。元朝，设沙门巡检司。明、清两代，岛上均有驻军。

历史上，日本人经常侵袭庙岛群岛，尤以明朝最多。在永乐元年（1403 年），总兵官陈瑄率领官兵曾战败倭寇（运粮去北京和辽宁，返回途中在沙门岛一带）。为防外寇入侵，清道光二十一年（1841 年），登州水师营中军守备驻长山岛。清光绪元年（1875 年），在南长山岛信号山构筑沙土曲折炮台 1 座，与郡城（今登州）相犄角。

清咸丰八年（1858 年）至咸丰十年（1860 年），英、法联军先后 3 次路经渤海海峡，侵占京、津。清光绪二十四年（1898 年），沙皇俄国派军舰“第米特里・顿斯基”号侵占长岛。《中俄旅大租地条约》及其续约签订后，沙皇俄国还企图强迫清政府把长岛划入旅大租界范围，未果。清光绪二十六年（1900 年），八国联军侵入渤海海峡，攻占京、津。在清光绪三十年（1904 年）的日俄战争和 1914 年的日德战争中，日本军队均利用长岛作为中继站，攻陷旅顺口和青岛。

1912 年，北洋军阀军舰经常停泊于长岛海域。1917 年，北洋军阀计划开辟长岛为军港，并拟在各岛修筑炮台，后因战乱未能实现。

1928 年，奉系海军来岛开辟军港，派海防第二舰队进驻长岛。1939 年，日伪军侵占长岛。1945 年 9 月，长岛由八路军驻守，并成为向东北运送部队的海上要道。1947 年 10 月，国民党军队占领长岛。1949 年 8 月 12 日，中国人民解放军渡海作战，解放并进驻长岛。

1949 年后，长岛成为要塞区。驻军与地方加强军政、军民团结，开展军民联防训练，做到平时同守共建，战时同守共防。

帮助地方精神文明建设：20 世纪 50 年代初，岛上驻军协助地方办夜校。20 世纪 60 年代起，资助建校舍，并派出优秀战士担任学校校外政治辅导员或兼职教师。驻军经常派出医务人员深入渔农村为群众防病治病，并协助政府教育群众移风易俗、讲究卫生，深入开展爱国卫生运动。

支援地方经济建设：20 世纪 50 年代，驻军发电厂建成，即向驻地机关和企事业供应生产和生活用电；驻军在各岛修筑国防公路超过 70 千米；20 世纪 80 年代以来，驻军抽出人力、车辆参加修筑县、乡镇公路，与地方联合成立电缆敷设技术指导小组，具体指导蓬莱至长岛等海底输电电缆的敷设，并派水线维修连和船运大队协助施工。20 世纪 50 年代以来，岛上驻军积极参加绿化海岛，经常派出人员帮助维修农机具，参加地方生产活动、农田水利建设和地方抢险救灾等。

（五）航海文化

参见庙岛相关部分。

（六）信仰文化

1. 道教

宋朝，岛上开始有道教传播。元朝海运兴，道教开始兴盛。明、清时期，村村建有道家宫观。在渔业生产中，渔民向“海神娘娘”祈祷许愿，并到庙中还愿。第一次解放期间，在“土地革命”和“复查”运动中，宫观多被破坏；在“文化大革命”破“四旧”中，宫观荡然无存，但仍有信仰活动。

1982 年春，逐步开始修复文化古迹。

2. 佛教

唐朝，佛教开始在岛上传播，岛上始有佛教寺庙。元朝海运兴，岛上道教开始兴盛，并形成佛教、道教混杂布局。平日群众常到庙上烧香拜佛，每年农历四月二十八日，到寺庙赶庙会。民国初年，佛教渐趋衰落。第一次解放期间，在“土地革命”和“复查”运动中，僧侣多被遣走，庙属土地和船只分给群众，寺庙多被破坏，佛教活动随之消失。

图 1-2-26　南长山岛城北社区基督教活动场所

3. 基督教

民国初年，基督教从烟台和蓬莱传入长岛，传教士曾在南长山岛寺后村建立传教点。其日常事务主要由华人神职人员负责，每逢星期四，教徒都聚集到传教点做礼拜。传教士多是英国人或美国人，其中还有修女。传教时，还向群众发放宗教画册、图片和其他读物。岛上基督教徒与天主教徒经常发生械斗。

1921 年，岛上基督教活动开始衰落，至 1928 年，寺后村传教点为群岛内唯一的传教点，时有教徒 40 余人。1931 年，该传教点自行解散。

1947 年，国民党部队占岛后，又在寺后村设传教点，有教徒 20 余人。1949 年长岛第二次解放时，自行终止活动。

2010 年 8 月现场调研时，在南长山镇城北社区居委会东侧设有活动场所（图 1-2-26）。

基督教曾在南长山岛的寺后村兴办了“新民学校”，在砣矶岛的井口村、大口村、吕山口村和大钦岛南村等亦曾办有学校。这些学校的教师主要由华人神职人员担任，除讲授国语和算术外，还讲授福音书，有的还开设英语课。

（七）文学艺术

1. 传说与故事

（1）望夫礁

在南长山岛北端的“望福礁”景区内，有一象形石礁，人称“望夫礁”（图 1-2-27），远远望去，似一渔妇怀抱婴儿，期盼着亲人归来。巧合的是此礁石位置与庙岛显应宫几乎同一纬度，岛上人们认为是海神娘娘庇护海上行船，巡游至此，期盼福运，后来望夫礁又称为“妈祖望福礁”。

据《长岛县志》记载：相传在很久以前，岛上有户渔家，长年为渔霸打鱼维持生活。腊月的一天，渔霸带着家丁硬逼这个渔民马上出海，为他捕活鱼鲜虾办酒宴，并威逼说：“若不出海，就别在我船上干活，以前欠的债也要一笔还清！”可怜的渔民被逼无奈，只得告别妻子和孩子，铺风盖浪，驾船而去。

丈夫走后，妻子一直抱着孩子站在海边盼着丈夫归来。可是望穿双眼，终不见丈夫的身影。这样，日复一日，年复一年，这位渔民妻子变成了一尊石人，后人称其为“望夫礁”。

（2）鲫鱼献玺

传说，唐朝贞观年间，唐太宗率领大军乘船渡海东征高丽。一天，楼船路经长岛时，太宗被面前这如诗如画的海岛风光陶醉了，一不小心，竟把玉玺掉进海里。太宗急令水手下海打捞，因水深流急，一直没有打捞上来。太宗心急如焚，仰天长叹道：“难道叫朕半路收兵不成？谁若能捞上来，官升三级。”话音刚落，忽见海里冒出气泡，泛起水花，大家正迷惑不解，转眼间一条大鱼浮出水面，头顶着玉玺向太宗游来。太宗急忙取下一看，果真是刚才掉下的玉玺。他捧着玉玺只顾高兴，忘了封赏。而鲫鱼头部顶玉玺之处，却永远留下了玉玺之印迹。

图 1-2-27　南长山岛望福礁景区内的“望夫礁”（左）和“鲫鱼献玺”（右）

（拍摄于 2009 年 10 月 2 日）

（3）望驾沟

南长山岛的叫王沟村，曾叫望驾沟。

相传在唐朝的时候，唐太宗曾经在此村居住过。一日，唐太宗在王沟村的东海边（现仙境源景区的黄渤阁）向东眺望，忽见海上有三座小岛（即大竹山岛、小竹山岛、车由岛），以为就是传说中的海上三神山，于是就带了两个随从动身前往探个究竟。

不曾想，唐王刚到达其中的一个小岛，海上就刮起了大风，以致唐王被困岛上三天三夜。这可急坏了等在这边的几个大臣，大臣们唯恐唐王龙体有恙，于是整天跪拜在海边，向东方祈拜，盼望唐王早日平安回来。三天过后，唐王平安归来，大臣喜出望外，忙问唐王在岛上用何食物充饥？唐王笑曰：朕前去的这个岛上，竟然长有翠绿的山竹；这三天来，朕就是靠着吃鲜嫩的竹笋才没被饿死，这真是个神奇的竹子岛！当年唐王去的那个岛，就是现在的大竹山岛。王沟村也由此得名望驾沟，后来被村民简化叫成王沟村。

图 1-2-28　仙境源景区内“海上三神山”的石碑

现在仙境源景区的黄渤阁旁，立有刻着“海上三神山”的石碑（图 1-2-28）。

2. 戏剧

1951 年，南长山岛的狄沟村首先成立业余吕剧队，演出传统吕剧《王小赶腿》、《拾玉镯》和《井台会》等，很受群众欢迎。王沟村、黑石嘴村也组织业余吕剧队。

1955 年，获沟村吕剧队改为业余吕剧团售票演出，深受群众欢迎，遂产生“东郭先生”、“小姑贤”、“自带小凳五分钱”等歌谣。1955—1957 年，文化馆连续 3 年组织以吕剧为主的文艺汇演，演出的节目，多为传统剧目。1958 年秋，以南长山岛获沟村的业余吕剧团为基础，组建长岛县专业吕剧团。当年11月，并入蓬莱县吕剧团（山东省长岛县志编纂委员会，1990）。

1964年12月16日，原烟台市吕剧团调进长岛，改称长岛县吕剧团。演出剧目是古装戏和现代戏兼顾。1966年8月28日，1336件古戏装和道具全被“红卫兵”烧毁。此后，只演现代戏，以宣传阶级斗争为主要内容。1978年，一些优秀传统戏和现代戏相继上演。1994年，现代吕剧《桃花汛》，在参加山东省第二届戏剧月活动演出中，获优秀伴奏奖、优秀作曲奖、导演奖和演员奖。此剧被山东省电视台录制成电视片（山东省长岛县志编纂委员会，1990）。

另外，在第一次解放期间，公安警卫队曾组织业余“长山岛剧团”，演出话剧《雾》、《气壮山河》、《张得宝归队》，歌剧《白毛女》、《血泪仇》等。1951年，南长山岛的寺后村成立业余话剧队，演出话剧《雪恨》、《懒汉回头》、《一百分》等。1953年至1957年，南长山乡等演出话剧《警钟》、《农奴戟》等。1980年5月，长岛县文化馆组织演出话剧《救救她》；1983年5月，组织演出话剧《哥仨和媳妇们》。

3. 民间舞蹈

长岛的民间舞蹈活动，始于20年代初，由东北地区传入，南长山岛黑石嘴村率先组织了同乐会。春节期间的文化活动，主要是耍龙、跑旱船和踩高跷等。演出时间，一般从正月十五演到正月十八。除在本村演出外，还到各村串演。

1949年以后，新增的形式有扭秧歌、腰鼓舞、狮子舞、扇贝舞、大头娃舞等。“文化大革命”开始后，一切传统文艺活动被禁止，只准唱“语录歌”、“样板戏”，跳“忠字舞”，至1978年停止。之后，始有秧歌演出，内容多为歌颂工农兵、反修防修、抓阶级斗争等。1981年，开始恢复传统节目演出。

三、海岛土特产品

南长山岛的特色海产主要是各种海产品和海珍品，以盛产海参、鲍鱼、扇贝、江珧贝、海胆等海珍品为著称，以海产品原料加工而成的鲅鱼饺子、鲅鱼包子和鱼面等，远近闻名，也是岛上“渔家乐”招牌食谱。

第三节　海岛基础设施

南长山岛为长岛县的政治、经济、文化中心，基础设施日臻完善，近些年来城乡建设步伐不断加快，2006年新建、扩建城市道路面积0.4万平方米，公交营运车辆达到8标台，垃圾无害化处理能力80吨/日，城市园林绿地234.93公顷，城市建成区绿化覆盖率达到54%。完成建筑业总产值7526万元，增长103%；实现利税1238万元。城市污水集中处理率达到20%。城市空气质量良好率达到100%，水环境功能区达标率为100%。

一、交通运输

（一）公路建设

1929年驻南长山岛东北海军助以兵工和资金，修通了乐园村—鹊嘴村—连城村、乐园村—后沟村—黑石嘴村2条公路。同年，民政局组织民工修通连接南、北长山岛的玉石街。

1950—1957年，驻岛人民解放军在南长山岛修筑公路16.4千米。1963年3月，驻军南长山岛与北长山岛之间的玉石街（大坝长1050米，基宽45米，顶宽10米）；1964年，在东侧建起了挡浪墙。

根据规划，南长山岛和北长山岛之间将建连岛大桥，该大桥南起南长山岛北端连城村望夫礁公园西侧，向北跨越海域，北止于北长山岛南端，连接省道263线，全长1480米（其中大桥长1240米），采用二级公路标准建设，设计时速60千米，总投资1.54亿元，建设期限为32个月。该连岛大桥工程的可行性研究报告和招投标方案已于2009年10月获山东省发改委批复①，连岛大桥的建设不仅有利于改善岛上交通状况，还可以打通海水交换通道，利于整治和恢复海洋生态环境。

1949—1977年，乐园村、鹊嘴村、后沟村、狄沟村、南城村之间的主要道路均为砂石路。此间由地方和驻军对路面进行了整平与拓宽。1978年开始，先后在城区主要街道敷设沥青路。1985年开始，对主要街道进行拓宽，大部分铺设混凝土路面。

（二）跨海大桥

1. 南长山岛—北长山岛跨海大桥

根据规划，长岛南北长山联岛大桥南起长岛县南长山岛北端连城村望夫礁公园西侧，向北跨越海域，止于北长山岛南端。线路全长1480米，其中大桥长1240米，设计时速60千米/小时，总投资1.54亿元，建设期限为32个月。

2. 蓬莱—长岛跨海大桥

1993年，烟台市政府办公室牵头成立了“渤海海峡跨海通道研究”课题组，对渤海海峡跨海通道进行了研究，研究成果被邹家华副总理批转国家计委、铁道部和山东省政府进一步研究。为此国务院成立了“渤海海峡跨海通道研究”课题组，由八个部门对该项目进行了详细论证。两个课题组均对蓬长跨海大桥进行了重点论述，都将蓬长大桥列为渤海海峡跨海通道的重要组成部分和先期开工建设的重点工程。

（三）岛陆运输

1928年，东北海军运进小型汽车2辆，供军政官员乘坐，为长岛有汽车之开始。同年公安局有自行车3辆，为长岛有自行车之始。20世纪50年代，始有运输汽车。1951年，南长山岛始有胶轮手推车3辆。1958年，县邮电局购置地排车1辆，开长岛地排车先河。1970年10月，岛上开始有拖拉机。1982年，县委和县政府等机关开始购置轻骑摩托车；1984年，私人开始购置轻骑摩托车。

1964年5月1日，烟台地区运输公司调1辆客车进岛，经营南、北长山岛的客运业务，每日往返3次，在南长山岛的连城村、黑石嘴村、南城村、王沟村、乐园村、鹊嘴村等设有停车点。1980年，客运业务由县交通局经营。1985年，县供电公司、拆船厂、水产公司开始自行购置客车，接送上下班职工和入园幼儿；旅游公司购置中型客车一辆专供旅游之用。

历史上南长山岛陆地货运全靠人力。人民解放军驻岛后开始有了汽车运输。20世纪70年代，机械运输发展加快，至1985年基本实现运输机械化。1971年年底，成立装卸搬运队。1978年5月，南长山公社成立拖拉机站，承揽南、北长山岛货运业务。1981年，成立长岛汽车运输公司。1984年开始有个体运输户。

二、港口与航运

（一）港口

1929年之前，长岛无码头，船只装卸直接靠岸或用舢板驳运。1929年东北海军在鹊嘴村西口和寺后村（现乐园村）前口各建木质码头一座，可靠小汽艇。1948年东莱群岛设治局在鹊嘴村西北建一石

① 资料来源：http://yantai.sdnews.com.cn/2009/11/26/840867.html。

质码头，长 80 米，顶宽 10.7 米，高潮时水深 3 米。1949 年以后，在长岛港湾内分别建立了商港和渔港。

长岛港区位于南长山岛西岸鹊嘴湾内，西临庙岛，南隔庙岛海峡与蓬莱相望，是长岛县唯一进出岛通道，地理坐标为北纬 37°55′20″、东经 120°43′30″。港区陆域范围北起渔港码头，南至港口南边界，东以滨海路为界，规划陆域总面积为 0.22 平方千米。根据《烟台港总体规划》长岛港区以陆岛交通运输和旅游为主，并承担岛屿居民所需生活物资运输。

南长山岛的商港，即长岛港，1973 年 6 月长岛县建港委员会开始筹建，1974 年 4 月 1 日正式施工，1976 年建成 150 米码头岸线，1977 年 4 月正式挂牌营业，是客运、货运合一的综合性港口。码头总长 165 米，设计吃水 4 米。1988 年建造 500 吨级高低泊位 2 个，1989 年投入使用，设计水深 4 米。1990 年改造登陆点 1 个，设计水深 -2 米。1993 年建造 1000 吨级升降泊位 1 个，1994 年投入使用，设计水深 5 米。同年建造 50 米客运小码头一处，设计吃水 2 米。2004 年 3 月 10 日长岛港正式接收长岛渔港（租用 50 年），作为货运码头。2005 年长岛港陆岛交通码头工程建设，在原登陆点码头基础上，新建 1 个 100 米长的滚装码头、2 个 300 吨级客运码头。码头年吞吐能力 5 万吨。2007 年进出长岛港交通运输船舶 2.4 万艘次，人员 183.7 万人次，车辆 17.5 万台次，货物 2.6 万吨（图 1-2-29 和表 1-2-3）。

图 1-2-29　南长山岛长岛港

（拍摄于 2009 年 9 月 25 日，拍摄点地理坐标为 37°55.33′N、120°43.31′E）

长岛渔港坐落于南长山岛狄沟村西侧海边，1974 年动工，1978 年竣工（投资 396 万元）。码头为方块重力式结构，总长 613 米。其中，主体码头长 428 米，宽 30 米，水深 4.5 米；副码头长 185 米，水深 1.7 米；引堤长 170 米，宽 10 米；港池面积 71 440 平方米，可停靠 1000 吨级以下船只。港内铺设有水、油管道，架设有冰桥等。

表 1-2-3　南长山岛长岛港区码头泊位

泊位名称	结构型式	建成时间	主要用途	前沿水深（米）	码头高程（米）	码头长度（米）	靠泊能力（吨）
长岛港 2 号	砌石突堤	1973 年 12 月	客、客滚	-4	3.5	30	1000
长岛港 3 号	顺岸浆砌块石	1973 年 12 月	客、客滚	-5	3.5	80	1000
长岛港货运码头	顺岸浆砌块石	1974	散货	-6	4.1	304	2000
长岛港 1 号	桥墩式栈桥	1995 年 10 月	客、客滚	-5	3.5	110	1000
乐通码头 1	重力式空心混凝土方块	2005 年 10 月	危险品	-5.5	3.5	120	2000
乐通码头 2	重力式空心混凝土方块	2005 年 10 月	散货	-5	3.5	142	2000
长岛港 4 号	顺岸浆砌块石	2006	客、客滚	-4	3.5	50	1000
长岛港 5 号	顺岸浆砌块石	2006	客、客滚	-4	3.5	50	500
长岛港 6 号	砌石突堤	2006	客	-3	3.5	30	300
长岛港 7 号	砌石突堤	2006	客	-3	3.5	30	300
长岛港 8 号	砌石突堤	2006	客	-3	3.5	30	300
长岛港 9 号	砌石突堤	2006	客	-3	3.5	30	300

（二）航运

南长山岛是长岛县的交通枢纽，货运历史悠久。清康熙年间南长山岛连城村协和商号有五只木帆货船，最大的载重300吨，最小的载重100吨，通航于上海、天津、丹东等港口。至清末，5艘木帆船均已损坏。民国时期，全县有木帆货船50余艘，每艘载重5～10吨。至20世纪70年代中期，木帆船全部被淘汰。

1932年南长山岛寺后村王桂山购客船一艘（功率25千瓦，载重量约10吨），开办“长运船行”，开始经营南长山岛至蓬莱和龙口间的不定航次的客运业务（1939年，因日军侵岛而停业）。1936年，有了第一艘机动货船。

1950年，长山岛特区人民政府始置交通船（载重1.75吨），主要为政府机关服务，并捎运旅客。1957年10月25日，成立山东省交通厅青岛海运局蓬莱港驻长岛船运组，青岛海运局派“鲁航145”号（统舱，定员200人）进岛营运，开辟了蓬莱—南长山岛—北长山岛—砣矶岛—大钦岛—北隍城岛客运航线；1958年4月增派“鲁民6”号（60客位）进岛，开辟了南长山岛—庙岛—小黑山岛—大黑山岛航线。1966年由“红旗4”号（130客位）、“鲁民8”号（统舱，定员380人）更换原客船。

1976年，成立了山东省交通厅青岛海运局长岛港。1978年青岛海运局更换为“鲁民3”号（310客位）、“鲁民9”号（200客位）。1984年12月，青岛海运局长岛港改为山东省交通厅长岛港办事处。1985年增加了“鲁拖4”号客船（统舱，定员130人）。

1979年10月，县政府购置机动交通船“长政交1”号（功率147千瓦，80客位），主要用于接送县内开会人员和上级进岛人员；1982年12月，交通部拨给县政府1艘交通艇，命名为“长政交2”号（功率662千瓦，50客位）。1978年1月，山东省公安厅拨款县公安局购置公安艇1艘（220千瓦）。1982年，县邮电局购置海底电缆维修船1艘。1985年，旅游公司购置小型旅游船1艘。1985年政府交通船与旅游公司船，一起开辟了南长山岛—庙岛—宝塔礁—大黑山岛—车由岛的旅游航线。

改革开放以来，客货运输发展很快，岛与陆地之间，岛与岛之间都有大量船只来往，国家也投入了较多资金发展岛和交通运输。目前，南长山岛至蓬莱，至庙岛、大黑山岛、小黑山岛、砣矶岛、大钦岛、南隍城岛、北隍城岛等有居民海岛，都有定期客运船或客货两用船（滚装船），有长通旅运、泰龙运输和祥坤旅运三家公司经营的15艘船舶滚动发船，其中，长通3、长通5、映华7、祥龙、兴龙为可载汽车的滚装船。其中，长岛至蓬莱每半小时蓬莱、长岛对发一班船，每天往返30多个航班。乘船进出海岛单程时间在半小时左右。旅游旺季，长岛和蓬莱每天首班船为早上6：00，末班船为18：30。

三、航道锚地及导航助航设施

（一）航道与锚地

鹊嘴尖转向点以北至西防护堤中间部分为进出长岛港航道，长约300米，底宽约150米，水深为6米，航道左侧边缘有一浅点，进出船舶需注意沿航道中线附近行驶。

长岛港无对外公告的锚地，遇有大风天气，小型船舶习惯到历史形成的庙岛锚地和长山锚地锚泊避风。庙岛锚地位于南长山岛荻沟、鹊嘴村西侧、塘里湾东南，锚地面积为2.2平方千米，可供中小船舶锚泊避风。

（二）导航助航设施

南长山岛长岛港的助航设施包括灯塔（灯桩）和灯浮标。其中，鹊嘴灯塔位于鹊嘴尖，地理坐标为北纬37°54′48.8″、东经120°42′59.9″，系1927年东北海军所建。1951年长岛驻军又进行了改建，现属于烟台航标区。该灯塔高 7.5 米，为白色圆形石砌结构，灯高 21.5 米，射程 6 海里。

图 1-2-30　南长山岛信号山灯塔

（拍摄于 2010 年 6 月，拍摄点地理坐标为 37°54′48″N、120°43′22″E）

2010 年 1 月 21 日，长岛县第一坐标志性建筑——长岛信号山灯塔正式投入使用。

信号山灯塔位于南长山岛西南部，信号山的南部，总投资 100 万元，作为长岛的标志性建筑进行设计、建造。灯塔总高 19.3 米，最大直径 4.5 米，在塔身的 13.8 米处建有环形观光平台（图 1-2-30），平台之上是 4 米多高的信号发射灯以及一部雷达应答器。将为进出长岛港、庙岛塘以及蓬莱和长岛之间登州水道的海上船舶指引导航，为途经蓬长水域的海上船舶安全航行、航向指引提供可靠的保障。

南长山岛长岛港航道上的灯浮标名称、位置、形状特征等见表 1-2-4。

表 1-2-4　南长山岛长岛港灯浮标

序号	灯浮标名称	位置	形状特征	构造
1	长岛 1 号灯浮标	37°55′21.72″N、120°43′01.02″E	黄黑色柱形，两黑色锥形顶标，锥顶均向下	钢制浮标
2	长岛 2 号灯浮标	37°55′33.18″N、120°42′56.76″E	绿色，柱形，锥形顶标	钢制浮标
3	长岛 3 号灯浮标	37°55′43.62″N、120°42′55.20″E	红色，柱形，罐形顶标	钢制浮标
4	长岛 4 号灯浮标	37°57′04.44″N、120°42′17.70″E	红色，柱形，罐形顶标	钢制浮标
5	长岛 5 号灯浮标	37°57′45.30″N、120°41′55.74″E	红色，柱形，罐形顶标	钢制浮标
6	长岛 6 号灯浮标	37°58′21.06″N、120°41′17.8″2E	绿色，柱形，锥形顶标	钢制浮标
7	庙岛 1 号浮标	37°56′25.98″N、120°42′01.08″E	红色，柱形，罐形顶标	钢制浮标
8	庙岛 2 号浮标	37°56′43.80″N、120°41′25.26″E	红色，柱形，罐形顶标	钢制浮标
9	庙岛 3 号浮标	37°57′09.36″N、120°41′15.96″E	红色，柱形，罐形顶标	钢制浮标
10	庙岛 4 号浮标	37°57′14.16″N、120°40′40.44″E	绿色，柱形，锥形顶标	钢制浮标
11	庙岛 5 号浮标	37°57′19.98″N、120°39′43.80″E	红色，柱形，罐形顶标	钢制浮标

三、水利设施

1950 年，开始兴修水利建设（主要是打机井和挖方塘）。1965 年，县直机关干部与南长山岛乐园大队社员合挖 1 座容水万方的方塘，并修建了扬水站和渠道。至 1970 年，南长山岛上岛有机井 40 余眼、蓄水池 18 座，总库容 9.2 万立方米，有效库容 6.5 万立方米。1985 年春，在王沟村东南修建水库一座，系地下平塘改建而成，蓄水量 400 立方米。岛上居民和机关饮用井水。1971 年，县政府、商业局、发电厂、水产局等单位始建自来水供水源地。

1981—1985 年，先后在乐园大街、解放路、北山新村、长园路、王沟、县府街、长山路建设 7 条供水主管道、2 条支管道，主管道直径 150 毫米、全长 12.9 千米，支管道直径 100 毫米、长 3.3 千米，并安装配套机泵 8 套。1984 年 9 月成立了自来水公司，1985 年，自来水公司设技术组、供水组和维修安装组等机构，共有蓄水池 4 个，日产水量 300 立方米。其中，位于乐园大街与长山路交叉点东侧的 1 号井，建于 1981 年，井深 27.4 米，日出水量 60～80 立方米；位于县府街与长山路交叉点东侧的 2 号井，建于 1981 年，井深 34.2 米，日出水量 40～60 立方米；位于长园路中段东侧的 3 号井，建于 1984 年，井深 120 米，日出水量80～100 立方米；位于北山东侧的 4 号井，建于 1984 年，井深 120 米，日出水量100~120立方米。鉴于岛上水资源缺乏，供需矛盾突出，1984年县政府制定了《长岛县城镇水资源管理、开发、利用实施办法》，实行收取水资源开发费和超计划用水加价费的管理方式。

1979年3月，军民共同修筑了海滨路护滩壁。后经改扩建和整修绿化，环境不断优化，现已成为岛上游览和休闲的重要景观（图1-2-31）。

图1-2-31 南长山岛滨海路护岸堤坝现状

（拍摄于2010年6月8日，拍摄点地理坐标为37°55′27″N、120°43′39″E）

2000年10月，南长山岛建成了日产1000吨淡化水的海水淡化供水系统。该海水淡化工程是我国第一个自行设计、建造的日产千吨级反渗透海水淡化装置及工程技术软件（樊雄等，2003），系国家重点科技攻关项目——日产千吨反渗透海水淡化系统及工程技术开发（96-A13-01-07）的示范工程之一，旨在建立单机日产千吨级规模反渗透海水淡化示范工程，开发并形成千吨级反渗透海水淡化应用工程技术和产业化能力，缩短与西方发达国家在反渗透海水淡化工程技术和产业中的差距，推动我国海水淡化及其相关产业的发展。该工程于2001年投产运行，同年完成了县城区部分自来水管网改造工程。

四、广播、电视和通信

（一）广播

据《长岛县志》载，岛上1965年10月建立了长岛县广播站，时有TY型500瓦扩音机、601型录音机和普通收音机各2台，广播线路双线30千米，安装喇叭2000个，喇叭入户率为33%。1970年增置GY2×275型广播机2台。同时，南长山公社建立了广播管理站，1976年改建放大站，1977年8月配置GY2×275型广播机、601型录音机、820型收转机和DF-3型发电机组各1台。

1951年8月，文教科始有收音机1台，由1名收音员专司收听、记录新闻，为党政部门提供信息，并开始每天收录天气预报，发至各岛为渔业生产服务。

1963年11月，县委宣传部利用1台25瓦扩音机，通过高音喇叭在县城播放新闻节目。1965年长岛县广播站建立后，在南、北长岛范围内每天早、中、晚3次播音5个半小时，2次播送天气预报，并创办了“海岛生活”节目；公社站转播节目与县站相同、自办节目由县站统一发放录音磁带播放。1978年7月，县广播站开始租用邮电局海底电缆向各公社直播自办节目。1975年5月，开始增播渔情。1982年，开播“信息与服务”节目。1983年，开辟了“长岛新闻”和“青少年园地”节目。

（二）电视

据《长岛县志》载，1976年岛上建简易差转台转播电视信号，始可观看电视节目。长岛县广播局于1976年10月购置1台DCF-50型黑白电视差转机，用收二发五频道转播大泽山转播台的电视信号，供县城和近郊收看。1980年4月，在北长山岛嵩山建成电视差转台，采用GCH-50型彩色电视差转机，用九频道转播大泽山转播台的电视节目，覆盖半径16千米。1981年10月，将嵩山差转台迁至南长山岛的北山。1985年，改建成300瓦彩色电视差转台（图1-2-32），覆盖半径58千米。

目前，南长山岛上有电视发射台，建立了地面卫星接收站。

图 1-2-32 南长山岛上电视差转台与微波通信站
（拍摄于 2009 年 10 月 4 日）

（三）通信

岛上的邮电事业始于 1928 年，当时在南长山岛寺后村设三等邮政局（隶属于山东省邮政管理局），只办邮政业务，投递南、北长山岛邮件。

1945 年 10 月，岛上设立了军邮局，除投递南北长山岛邮件外，并派专人不定期去黑山岛、砣矶岛、大钦岛、小钦岛、南隍城岛、北隍城岛收寄、投递邮件。

1955 年 7 月 1 日，邮电局首次使用 B1-1 型 15 瓦手摇收发机，沟通与莱阳中心邮局的无线联络，首办电报业务。

1957 年 1 月，长岛县邮电局开通南长山岛与北长山岛、大黑山岛、砣矶岛、大钦岛、北隍城岛的无线联络，开办电报业务。是年 9 月，经驻军海底电缆开通一条长岛至莱阳幻线人工有线报路。

1963 年 12 月，借用驻军海底电缆开通了长岛与蓬莱、长岛与烟台的有线电报联络。1978 年 12 月，开通长岛与烟台的电传电报。

1957 年 9 月，县邮电局设 TFC-1 型单路载波电话终端，经驻军海底电缆首次开通长岛至莱阳长途电话；置 50 门磁石式交换机 1 台，架设 8 条用户线路，接入电话机 17 部，南长山岛始有市话。1958 年 8 月，开始有农话。1963 年 12 月，借用驻军电缆开通长岛经蓬莱至烟台的长途电话。

1977 年 9 月，山东省邮电局投资敷设蓬莱经南长山岛至砣矶岛海底通信电缆。其中，南长山岛至砣矶岛段电缆长度为 34.5 千米，采用埋设方式铺设，南长山岛上的登陆点位于海岛北端；蓬莱至南长山岛段电缆长度为 11.5 千米，规格类型为 HH-1-2，南长山岛上的登陆点位于乐园村南海滩（前口湾顶）。1978 年 4 月正式开通使用，南长山岛与砣矶岛之间有了直线电话。

1980 年 11 月 18 日，南长山岛和北长山岛全部使用自动拨号电话。1985 年岛上实现了村村通电话。

1980 年，由驻军帮助敷设南长山岛至大黑山岛的海底通信电缆。该海底电缆长度 11.57 千米，南长山岛上登陆点位于狄沟村西。1981 年 3 月正式开通使用，至此南长山岛与大黑山岛之间有了直线长途电话。

1982 年 9 月，山东省邮电局投资敷设南长山岛至庙岛海底通信电缆。该海底电缆长度为 6.7 千米，南长山岛上登陆点位于南城村西，1983 年 12 月 30 日正式开通使用，从此南长山岛与庙岛之间有了直线电话。

1998 年 3 月，山东省邮电管理局投资敷设了蓬莱至南长山岛的海底通信光缆。该电缆长度为 10.3 千米，规格型号为 8 芯光纤，采用埋设方式铺设，南长山岛的登陆点位于乐园村南海滩（前口湾顶）。

目前，南长山岛上设有长岛县邮电局，建成了数字通信网络、微波塔，具备了国际、国内快速优质的通信性能。

五、电力电网

民国初期东北海军驻岛期间，开始有小型汽油机发电，供军队及家属使用。1959—1972 年，岛上政府机关、企事业单位由驻军发电厂供电。岛上最早的民用发电设施，是建于 1971 年的海带育苗厂的发电车间（厂址在南长山公社南城大队的西南部）。1973 年 10 月，在海带育苗厂发电车间的基础上，建成长岛县发电厂，供电范围为南长山岛（山东省长岛县志编纂委员会，1990），岛上机关、企事业单位及居民用电由该发电厂供应。

1980 年春，开始筹建敷设蓬莱至南长岛的 3.5 千瓦海底输电电缆，1982 年 10 月 31 日，烟台电网正式向南长山岛输电。该输电电缆全长 18.8 千米，海底部分长度 10.5 千米，大陆登陆点位于蓬莱阁东侧，南长山岛登陆点位于赵王村海滩。1984 年 7 月，供电范围扩大到北长山岛。

1987 年 7 月，敷设了南长山岛经庙岛、小黑山岛至大黑山岛的海底输电电缆。其中，南长山岛至庙岛段长 4.6 千米，岛上登陆点位于南城村西。

2001 年投资 1481 万元，完成了 35 千瓦蓬长输电工程（复线）和 35 千瓦长砣输电工程；投资 150 万元，完成了城区 10 千瓦部分线路和 0.4 千瓦低压线路的改造。

通过海底电缆与山东电网相连，全县 8 处乡镇目前全部用上网电（山东电网）。110 千瓦长山输变电工程于 2003 年竣工，长岛县电力保障能力得到大幅提高。

近些年来，长岛县先后与鲁能、华能、荷兰西门子等合作，总装机容量 10 万千瓦的各个风电项目已陆续开工建设。2005 年，全县风电总装机容量达到 4.9 万千瓦，风电产业产值 1820 万元，增长 49.5%。

六、市政设施

1963 年，以南长山岛的寺后村（现乐园村）为中心划定县城辖区，当时仅有民国初期东北海军所建的 2 座日式楼房。1965 年，乐园大街（县医院至鹊嘴路段）安装 6 盏普通路灯；1973 年，增设 3 盏汞路灯。1972 年，开始建楼房。至 1982 年，城区有道路、街巷共计 53 条，全长 11.02 千米，主路面宽 4 ~ 8 米。是年，城区建设开始总体规划，对城区环境保护、环境卫生、环境绿化实施综合治理与管理。1983 年 7 月，乐园大街、滨海路改装一板两带式高压钠灯 32 盏。1984 年 10 月至 1985 年 7 月，鹊嘴路安装了两板三带式火玉兰花灯 14 盏。1984 年，由明线送电改为暗线送电。1985 年开始，对城区主要街道拓宽、敷设混凝土路面，1985 年城区筑成标准街道 10.13 千米，在主要大街上建有供水管道和排污管道、安装了两板三带式高压钠灯（图 1-2-33），建成供水主管线 12.9 千米。

图 1-2-33 南长山岛滨海路现状

（拍摄于 2010 年 6 月 8 日，拍摄点地理坐标为 37°55′29″N、120°43′40″E）

20 世纪 80 年之前，南长山岛上的排污方式均是通过水沟自流入海，城区主要街道的管理及生活垃圾的处理，由雇工和临街机关企事业单位负责。1979 年，卫生局成立环卫队，开始负责垃圾清运，清运工具为人力平板车；1980 年，划归基建局管理，清运工具更换为汽车。1981 年，岛上开始综合治理，雨水、污水分道排放，污水经过沉淀池净化后入海；1984 年，建委成立了环卫管理站。至 1985 年，先后铺设了乐园大街、解放路、县府街、长山路、海滨路等排污管道（长度 1800 米），挖雨水沟 1400 米，建污水净化池 1 个；环卫管理站配备解放牌自卸车 1 辆、机动叉车 1 辆、拖拉机 2 台、生活垃圾箱 21 个，主要街道、路口设有果品箱，垃圾定时清运。

进入 21 世纪以来，岛上政府大力实施旧城改造和市政设施建设。2001 年完成旧城改造拆迁面积 2600 平方米，新开发商品楼面积 2 万平方米；投资 60 万元，增设各类彩灯 70 多盏，提高了解放路美化、亮化档次；投资 103 万元，完成了县城区部分自来水管网改造工程；投资 30 万元，在农贸市场新建一处鱼市，解决了原鱼市脏乱差问题。投资 450 万元的海水浴场旅游码头工程于 2001 年完工。

七、生态建设和环境保护

南长山岛上全岛自然生长的树木很少，水土流失遍布，对海岛居民的生存、生产以及海岛的生态环境造成了极大的影响，严重制约了海岛经济、社会的发展。因此，岛上长期开展人工植树造林和水土流失治理工作。

据《长岛县志》记载，清光绪五年（1879 年）八月，蓬莱知县江瑞采到岛上视察，发现岛内柴草奇缺，于是发出告示，劝导岛民植树造林。1929 年，驻岛奉系东北海军拨专款从青岛购进树苗，司令沈鸿烈命令士兵种树，民政局局长林绍愈督促群众在村旁、路旁划段植树。1930 年，南城村杨姓地主从大连引进 100 余株小国光苹果树苗。

1946 年长岛特区工委发起每人载 1 棵树运动，1949 年又 2 次发动群众种树。1954 年，特区政府从青岛购进黑松树苗，发给群众载到地旁、宅边，开始封山造林。1955 年，开展大规模的治山整地、黑松植苗和“四旁”（宅旁、村旁、路旁、水旁）植树活动，并开始进行育苗试验。1956 年，国营长岛苗圃场建立，育有核桃、板栗、桑树、泡桐等；1962 年，育苗地交给乐园大队。

1958 年，人民公社化和大炼钢铁运动中，岛上林木被砍伐，林木数量急剧减少。

1964 年，岛上林木确权发证，各大队成立了林业专业队，将荒山划片进行有计划造林，并自育自用树苗，主要繁殖泡桐、刺槐、白榆、苦楝、杂交杨、棉槐、黑松等苗。1978 年起，先后在烽山、黄山、北山、信号山和英山等环城山坡 70 米等高线以下地段种植果树和风景树等。

1982 年，长岛县政府规定：满 11 岁的公民都要承担义务植树任务，每年 9 月 15 日至 10 月 15 日为“爱鸟月”。1984 年，岛上成立了园林所，按规划植树造林，在主要街道两侧种植冬青、国槐、法桐、侧柏等，并开始在主要街道建花坛、草坪。1985 年，岛上实施退耕还林政策，每年 3—4 月都组织大规模植树活动。1986 年，当地政府推行了渔村屋檐接水工程。

进入 21 世纪，岛上政府大力实施提高城乡绿化美化水平。2001 年新建草坪 4400 平方米，栽种各类花卉 5.4 万株，植树 3 万棵，退耕还林（9.33 公顷），提高了城乡绿化美化水平。在当前建设社会主义新渔村中，当地政府将优化生态环境、搞好水土保持作为建设社会主义新渔村的重要环节，把水土保持工作纳入党政议事日程，成立了专门领导小组，制定优惠的投资政策和不断完善工作机制，实行领导分工包山头、包村，形成网络，一级一级抓落实。各村结合本村的实际，加强专业队伍建设，具体负责村庄水土保持、绿化美化、卫生清扫以及公共基础设施的维护保养。

目前，岛上程通过在植树造林，重点部位修造防护墙，分区域建设蓄水平塘，硬化道路，在渔村推行屋檐接水等，建成完善的水土保持工程防护体系。2008 年年底，岛上南长山镇林地面积为 0.51 公顷，森林覆盖率由 20 世纪 50 年代初的不到 1% 提高到 56%，植被覆盖率由 20 世纪 50 年代初的 20% 提高到 95%，初步实现了海岛四季常绿，三季有花；全镇已建成山体防护墙 3500 平方米，蓄水平塘 9 处，硬化道路 43 250 平方米；全镇共有 600 多户居民在庭院内自挖水窖，蓄积雨水，有效降低了对地下水的开采。水土流失综合治理率达到 95%，地表水拦蓄率在 60%，小雨被涵养，大雨不下山，暴雨难成灾，大大改善了海岛的水资源状况。

第四节　经济基本情况

一、海岛居民生产活动

南长山岛是长岛县政府、城关镇政府所在地，是全县的政治、经济和文化中心，商业、交通运输、旅游业等较发达，以海珍品增养殖、水产品精加工、旅游等为主导产业。特色产业为旅游业和海珍品养殖业。

自20世纪80年代中期以来，南长山镇依靠科技创新，经济发展已经完成了“以粮为纲”向“海上发展”的重大转移，在渔业产业结构调整上，加快由传统的猎捕型向集约精养型转变。通过大力实施“耕海牧渔”战略，淘汰污染重、用水量大的高耗能产业，大力培植节能型、科技含量高的新兴产业，逐步形成了以海珍品增养殖业为主导，旅游开发、水产品精深加工齐发展的海洋产业格局。

二、社会经济基本情况

2006年长山镇经济总收入5.26亿元，第一、二、三产业比为19∶49∶32。农业总产值10 062万元，其中：渔业总产值9772万元（捕捞235万元、养殖业9537万元），种植业总产值246万元。人均纯收入4804元，人均居住面积30平方米。

表1-2-5 南长山镇农村经济收益情况①

年份	总收入（万元）	捕捞业总收入（万元）	养殖业总收入（万元）	纯收入（万元）	农民人均所得（元）	年末固定资产原值（万元）
2000	20 500	511	1426	2798	1706	8357
2001	22 808	534	1586	2688	1942	15 761
2002	26 388	209	4060	2595	2317	17 387
2003	31 899	220	4780	3177	3048	20 491
2004	38 880	203	7771	3293	3401	7553
2005	45 800	318	8399	3922	3803	6872
2006	52 600	235	9537	4072	4804	

三、主要海洋产业基本情况

（一）海洋渔业和水产养殖业

海洋渔业和水产养殖业是南长山岛的传统产业和支柱产业。主要为海参增养殖、海上筏式养殖业和水产品精深加工。

栉孔扇贝是南长山岛海水养殖的支柱产业，1989年扇贝养殖面积为213.3公顷，占全县总面积的35.2%。海参分布面积134.2公顷，分布密度为1.3个/米^2，储量是1654吨。南长山岛海参资源量不如北部岛屿。南长山岛商品率约50%，刺参个体平均鲜重在100克左右，而小黑山岛商品率为100%，个体平均鲜重在160克左右。

近些年来，长山镇针对海参育保苗市场日趋饱和的形势，充分挖掘育苗潜能，尝试杂交栉孔贝、海胆等多品种育苗，加快育苗产业由单一的海参育苗向多品种育苗转变，优化品种结构，并积极推进群众性海上养殖生产，通过宣传引导和示范带动等形式，进一步提高群众自我投入、自我发展的积极性，积极推进各种群众性养殖生产。

全镇以群众自我投资、个体或联合经营为主的海参育（保）苗场发展到356处，5.6万立方米，保成商品苗4亿头，底播大规格海参苗1400万头；海上筏式养殖以杂交栉孔扇贝、栉孔贝、赤贝、海胆养殖为主，养殖规模为266.67公顷；以贝类加工为主水产精深加工，已初步形成干、鲜、汁多品种

① 资料来源：长岛县发展改革和统计局：2000—2005年长岛县国民经济统计资料第117页，2006年长岛县统计年鉴第40～41页。

系列化生产，产品远销国外市场，实现出口创汇1500万美元。

（二）海洋电力业

南长山山岛尚未见波浪能、潮汐能、海流能、盐差能和热能等海洋能源的利用情况。岛上及周围海域风力资源丰富，风功率密等级为3级。1998年3月，鲁能集团与长岛供电公司合作成立长岛风电公司，合资在南长山岛的东王山—黄山共建设了总装机容量13 050千瓦的风电场（共21台风力发电机组），年发电量约2300万度（1999年10月并网发电），成为山东第一个大型商业化风力发电示范项目。

2004年，华能新能源产业控股有限公司与中电投资有限公司共同投资，在南长山岛北部和北长山岛建设风电场，安装了32台风电机组（南长山岛北部安装风机11台），总装机容量为2.72兆瓦（2005年开工，2006年1月并网发电），在南长山岛上建有集控中心、110千伏升压站和输出的海底110千伏电缆。

（三）海岛旅游业

南长山岛地理区位优势明显，自然环境条件优越，历史文化悠久，海岛旅游资源丰富，各种基础设施较完善，很多县级文化设施均在南长山岛，如历史博物馆、鸟类展览馆、地质博物馆、烈士陵园、县图书馆，等等。

长岛县的“渔家乐”特色旅游业首先在南长山岛创办。经过多年发展，以“吃住在渔家，游乐在海上”为特色的基础条件和经营模式日臻完善，品牌优势发展良好，2006年年底，全镇397户“渔家乐”业户年实现直接收入达到1200多万元。

第五节　地质地貌

一、岛陆地质

（一）构造、地层与岩性

1. 地质构造

南长山岛和北长山岛为一向斜构造（核部在北长山岛峰台山的北部），向斜轴近南北向，略呈弧形，弧向东凸出，向斜轴往南北倾没。南长山岛为长山岛向斜的东翼，岩层产状为45°～90°，倾角为20°～30°。

岛上断裂构造比较发育，主要方向为北东向、北东东向、南北及北西向，它们控制了海岛的形态及岸线的发育。

北东东向断裂　主要分布在王沟—荻沟以北地区，以王沟断层、北龙须断层规模较大。其中，王沟断层通过的地区在地形上为山丘的鞍部或沟谷延伸方向，断层附近岩层产状变化大：北侧产状为倾向280°、倾角34°，南侧产状为倾向70°、倾角25°。

在北龙须（长岛县气象站）的北部石英岩中，在60°～70°方向分布有石英岩破碎带，断层角砾岩突出地表，宽为40～50米，两侧节理及次级小断层发育，还见有小型褶皱。

北西向断裂　南长山岛信号山东部断层沿两种岩性界线呈一弧形分布，走向近330°，断层面向西南倾斜，倾角40°左右，岩层错动显著，断层性质为正断层。

另外，在南长山岛的南部66.6米高地至叶家有一走向310°断层，断层分布基本与岸线平行，断层面向西南倾斜，为一逆断层。

南北向断裂 见于南长山岛的北部、大台子村至赵家村，断层规模较大，断层北部有构造角砾岩分布，断层延伸方向基本上为两种岩性的界线，地形变化明显，西高东低，西为岭，东为坡，断层线附近岩石比两侧岩石破碎。

另外，在峰山顶附近西部有一近南北向的小断裂破碎带，破碎带由石英角砾岩构成。

北东向断裂 在王沟北部沿岸出现一系列以北东向为主的小断裂，多以石英角砾岩带产出，陡崖之下倒石堆发育。

除上述断裂之外，南长山岛节理十分发育，主要节理有三组，北部为60°~70°、30°和0°（南北向）；南部多为345°、76°、293°节理，前者多为剪切节理，切割76°节理，而293°节理形成最晚。

2. 地层与岩性

南长山岛上基岩均由新元古代蓬莱群辅子夼组变质岩系组成，岩性主要为石英岩、板岩，地层出露较全。

下部为薄层石英岩与大套板岩互层的地层，分布在南长山岛东部地区，以半劈山周围地区露头较好，底部为厚度不大的灰色、紫灰色、黄褐色薄层石英岩；向上为紫红色、灰紫色、青灰色的板岩，局部夹有黄褐色薄层石英岩、青灰色千枚状板岩，岩层中引力褶皱发育，风化破碎严重。

上部岩性较复杂，厚层－巨厚石英岩、中厚层石英岩、板岩、石英岩与板岩互层等多种岩性组合出现。其中，厚层－巨厚层状白色石英岩，主要分布在东部的东王山、峰山、黄山等，岩性新鲜面为白色、灰白色，风化面黄白色，质地很纯，致密坚硬，局部见有白色粉粒状结晶，块状构造，偶尔有浅紫红色石英岩出现，局部夹有少量薄层灰紫色，黄褐色板岩，岩层中节理发育，岩石多被切割成碎块。

中厚层状石英岩主要分布在北山、大王山、脖山及100.9米高地。岩石颜色为灰白色、浅黄褐色，少量紫红色石英岩，以灰白色中厚层石英岩为主，质地较纯，层面常有波痕及龟裂纹构造。石英岩中普遍夹有少量薄层灰色、黄褐色、暗紫色板岩，板岩夹层厚度多小于1米。从上往下板岩夹层有增加趋势。

板岩呈一条带状分布在营房西51.7米高地周围及信号山东部，面积不大，岩性为青灰色、黄褐色及暗紫红色板岩，夹有少量薄层状黄褐色、灰色石英岩，局部板岩具千枚状。

石英岩与板岩主要分布在41.9米高地公路西部沿岸及信号山低丘周围，岩层产状为倾向290°~330°、倾角15°~20°。石英岩颜色为灰白色、黄褐色，局部夹有紫红色石英岩，岩石中普遍含有铁质。板岩为青灰色、黄绿色、灰紫红色，具弱绢丝光泽，板岩夹层厚度大，厚者可达6~7米。在厚的板岩层中夹有石英岩薄层和透镜体。

（二）工程地质与水文地质

1. 工程地质

南长山岛工程地质分区属鲁东丘陵工程地质区，主要出露3个工程地质岩组。

（1）坚硬半坚硬层状变质岩工程地质岩组

南长山岛基岩以石英岩为主，其次为板岩。石英岩属坚硬岩石，抗风化能力强，新鲜岩石抗压强度较高，可达4000千帕，强风化带则降至500千帕。板岩类易风化，新鲜岩石抗压强度在1500~2000千帕，强风化带降至200~500千帕。这两种岩石分布区均为良好建筑地基基础，但由于岩石裂隙发育，在破碎带及强风化带，有产生崩塌或滑坡等工程地质问题存在可能。

（2）松散残坡积、坡洪积黏土、粉质黏土、粉土、砂土工程地质岩组

分布在丘陵山坡及坡麓地带的残坡积、坡洪积等分布区，松散沉积物成层分布，岩性变化较大，垂向上呈渐变，土的状态又软塑—硬塑—坚硬半坚硬。含水量及密实度对土体强度有较大影响。本岩组一般都可做小型建筑基础持力层，一般地基容许承载力为100~350千帕；残积层下部至基岩强风化过渡带强度较高，一般地基容许承载力大于392千帕。

南长山岛上丘陵山麓及丘间谷地内有较厚的黄土状堆积。该处黄土厚度较大，结构疏松，吸水性强，透水性好，吸水后具有自重下沉的特征（湿陷性）；由于黄土垂直节理发育，土体塌方和滑动是常见的工程地质现象。

（3）松软（散）海积粉砂、淤泥、卵砾石工程地质岩组

南长山岛西部滨海和连城村与王沟滨海等海积层分布区，岩性由淤泥、淤泥质粉砂、砂砾石组成，不同部位岩性差异较大。淤泥、淤泥质粉砂含水性强，易压缩，振动或加压易产生液化和流动，在地基处理时，对于埋深浅、厚度薄的应予以清除，埋深较深、厚度较大者应采取地基处理措施。另外，海积层地下水埋深较浅，水质咸，应予以考虑地下水对建筑地基的腐蚀性。

2. 水文地质

（1）地下水类型与分布

南长山岛的含水层包括第四纪松散岩类孔隙水和基岩裂隙水两种类型。

南长山岛为庙岛群岛第一大海岛，松散沉积物比较发育，分布面积广、厚度较大，松散岩类孔隙水相对较丰富。含水层主要有残积物含水层、坡洪积物含水层和洪积海积物含水层。其中，残积物含水层主要分布在丘陵山坡下部和丘麓地带，出水量小；坡洪积物含水层主要分布于西部及王沟等丘麓和丘间谷地内，其中北山南侧、王沟等丘间谷地汇水面积较大，水量相对较丰富。

南长山岛西部滨海和连城村等海积层分布区，虽水量较大，但水质皆较差。

南长山岛的基岩裂隙水主要表现为风化裂隙水。该岛的基岩主要是石英岩和板岩，其中板岩类属层状裂隙水含水层，但板岩类裂隙容易被充填；石英岩类裂隙较为发育，富水性比板岩类略强，在石英岩和板岩互层的情况下，以石英岩裂隙出水为主。

（2）地下水补给、径流及排泄条件

大气降水量是南长山岛地下水的唯一补给源，出露地表的岩层直接接受降水补给，埋藏的岩层则接受上部或高处岩层的间接补给。南长山岛面积相对较大，地形起伏多变，丘陵间有宽缓沟谷，如北山与黄山之间、王沟附近，是岛上的主要汇水地。其他丘陵临岸地区，地势较陡多就地排泄进入海中。

地下水位、地下水流向与地形密切相关，基本以分水岭为界，沿岩层的裂隙、孔隙，从高处流向低凹处，从陆地流向海洋。基岩裂隙水的主要排泄方式是向松散岩类中排泄，由裂隙水变成了孔隙水；也有以基岩裂隙为通道，裂隙水直接向海中排泄。松散岩类孔隙水的排泄：上覆松散岩类孔隙水渗入基岩，孔隙水变成裂隙水，同样也有的直接向海中排泄。

当地下水补给区与排泄区无明显界线时，如在地势较陡的沿岸区等，一部分淡水资源就地排泄，一部分在低洼地带的地下水成径流排入海中。

南长山岛地下水化学类型为重碳酸盐水及重碳酸盐—氯化物型，丘陵基岩裂隙水的水质较好，滨海平原区地下水普遍受海水侵染，水化学类型为氯化物型水。

（三）第四纪地质

1. 沉积物类型及特征

南长山岛第四沉积物较发育，保存状况好，成因类型多样，主要有残积、残坡积、黄土状堆积、海积和潟湖沉积、古文化层堆积和重力堆积等类型。

（1）残积物

南长山岛上残积物分布广泛，主要分布在丘陵山坡或侵蚀剥蚀台地上，沉积层较薄，厚度一般小于0.5米。主要岩性为黄褐色松散亚砂土，分选较差，含有较多的碎石、岩屑，下部与风化壳过渡，上部常被黄土状堆积物覆盖或土壤化。

（2）残坡积物

在南长山岛侵蚀剥蚀丘陵的山坡上，多有薄层残坡积物分布。岩性为褐灰色黏土质粉砂、细砂质粉砂，含许多岩屑、碎石，尤其是底部常富集成层，并与下伏基岩风化破碎带过渡。地表则多土壤化，

即发育棕壤土类，为草木生长提供物质基础。

另外，在地形低平部位和平缓的基岩山坡处则有老残坡积物残存于基岩上，如王沟、后沟等。其岩性以棕红色、褐红色粉砂质黏土为主，夹大量岩屑、角砾，空隙少，致密坚硬，节理发育，沿干裂纹和节理面常被黑色铁锰质侵染，含绿豆大小的黑色铁锰核、钙质结核。

（3）黄土状堆积物

南长山岛上的黄土状堆积物是以风积为主，并有较明显的坡积、洪积作用参与。因此沉积物中含有较多的岩屑，常夹有角砾层或透镜体，亦有新老黄土之分。

图 1-2-34　残坡积物沉积剖面

（拍摄于 2008 年 9 月 30 日，拍摄点地理坐标为 37°56. 89′N、120°44. 36′E）

老黄土　要见于信号山南海滨、峰山西北麓、连城村东等冲沟内，岩性为棕红色黏土质粉砂，结构疏松，见有孔隙，干后硬化较强。与其他岛屿同期黄土相比，本岛老黄土各出露剖面有个共同特点，即含岩屑较多，夹有角砾层或透镜体，底部有角砾层与红土风化壳或基岩呈不整合接触。

图 1-2-35　赵家新黄土中的安氏鸵鸟蛋化石

（拍摄于长岛博物馆）

新黄土　主要分布于丘麓和丘间谷地内，构成平缓的黄土坡、黄土台地，主要岩性为浅黄、灰黄色粉砂、细砂质粉砂，含岩屑和角砾及钙质结核，结构疏松多孔，垂直节理发育。出露厚度可达 10 米以上，但一般仅为数米，顶部和中上部分别含有古土壤层，但层位不稳定。顶部古土壤层厚度不定，一般为 0. 5 ~2. 0 米，岩性为灰黑色黏土质粉砂，向下过渡为不太发育的钙积层，钙质结核呈分散状垂直排列，略粗成层分布。中上部古土壤层距地表 2. 5 米左右，颜色较顶部古土壤层浅，厚度小，其下无钙积层存在，向上向下均过渡为黄土母层。

在南长山岛东部的赵家老虎洞的新黄土中曾发现过安氏鸵鸟蛋化石，时代为距今 3. 5 万 ~4 万年，现保存于长岛县博物馆中。

（4）海积和潟湖沉积

海积物主要分布于本岛西部海滨及东海岸之岸线凹入处，岩性主要为大小不一的石英岩砾石与砂砾，堆积高程一般在 5 米以下，构成了不同规模的海积平原或阶地、砾石堤（嘴）、砾石滩或砂砾滩。由于动力条件等差异，海岛东部沿岸砾石个体大，砾径可达 10 ~15 厘米；堆积较狭窄，坡陡，滩坡多大于 15°；砾石主要来源是基岩陡坡或悬崖之重力堆积物，故砾石多次棱角状。海岛西部沿岸砾石较小，尤其是县城之南的湾岸，物质较细，主要为砂砾。

寺后之低平原即为海湾潟湖沉积物充填而成，至今长岛中学附近仍有积水洼地残存。沉积物岩性为灰黑色粉砂质黏土与砂砾贝壳层组成，上部富有机质和植物根茎，地表多土壤化，即发育潮土类。由于地下水位高，经常处于水分过饱和的湿润环境，常发生沼泽化或盐渍化。

（5）古文化堆积层

南长山岛上有较多的古文化层堆积，主要分布在新黄土上部或顶部，包括古遗迹、古墓葬、贝塚等存在，如王沟村东南岳石文化至商代的古遗址，其文化层厚约 2. 2 米，土色浅黄，含有贝壳，内有鱼骨、鸟骨、兽骨、炭灰和陶片。王沟村西南部西周中期至东汉古墓群，已清理出古墓 30 余座，多为土坑竖穴，出土大量包括青铜器、玉器和陶器的殉葬品。王沟村西北部有西山口古墓群、烽山西侧有东山古墓群，时代分别为汉代和西周等。

此外，在海岛丘陵基岩陡坡下和岛东北、东南部悬崖海岸，分布有重力堆积物，主要由大小不一、棱角明显的碎石、岩块组成，形成了不同规模的倒石堆，是海洋砂砾沉积的重要物源。

2. 第四纪地层

（1）下更新统

图 1-2-36 仙境源景区内黄土剖面
（拍摄于 2008 年 10 月 1 日，拍摄点地理坐标为 37°57.11′N、120°44.08′E）

主要分布于王沟至后沟谷地的底部，在冲沟底部有出露，岩性为棕红色粉砂质黏土碎石层，颜色由下往上逐渐变深，质地黏重，干后致密坚硬，黏土中普遍含有石英岩角砾，局部富集成层。干裂纹中有黑色铁、锰膜黏附。下部有时隐约可见原岩结构。曾在水产招待所附近取样进行古地磁年龄测量（早于 243 万年），属上新世—早更新世残积—风化壳。

（2）中更新统

主要为丘陵山麓或丘间谷地黄土状堆积剖面底的老黄土，岩性主要为棕红色、褐黄色黏土质粉砂，较致密。底部常含岩屑、角砾层，局部成层；顶部发育有棕红色古土壤层，并随古地形起伏变化，其上常被灰黄色黄土状堆积物覆盖。

（3）上更新统

南长山岛上的上更新世地层主要为新黄土（马兰黄土）及所夹古土壤层，广发分布于丘陵山麓和丘间谷地内，典型剖面最大可见厚度 10 米左右。岩性多为浅黄色或灰黄色黏土质粉砂，质地较均匀，疏松多孔，垂直节理发育。沉积层中普遍含有碎石岩屑，常构成碎石薄层和透镜体，个别剖面顶部分布 1 ~ 2 层不稳定的古土壤层，土层中有零星的钙质结核分布。

在南长山岛东海岸厚度可达 2 米，岩性为灰黑色黏质粉砂。在南长山岛信号山南侧，黑垆土向下过渡过为不太发育的钙积层（图 1-2-37）。钙结核略成层分布，分散状，垂直排列（李培英　等，2008）。这层黑垆土有的属于晚更新世晚期形成的，有的是在全新世时期形成的，其下发育钙积层。黄土中上部的黑垆土，颜色比顶部黑垆土浅，仅几十厘米厚，下面无钙积层，向下向上均过渡为黄土母质。这层黑垆土发育较差，分布局限，只代表了大连黄土后期堆积过程中的一次温暖阶段。

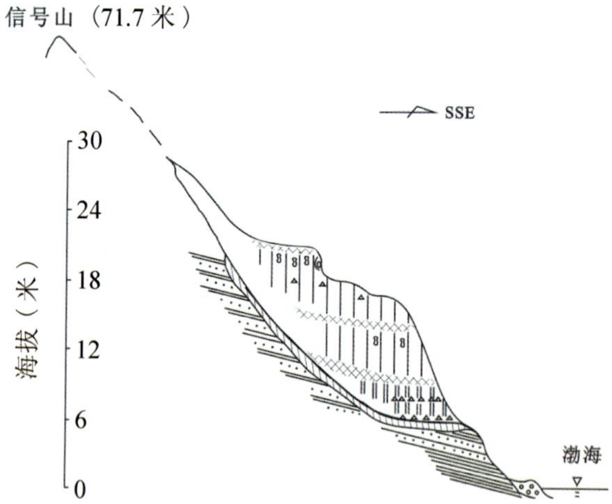

图 1-2-37 南长山岛信号山黄土地层剖面
（引自李培英等，2008）

（4）全新统

南长山岛全新世地层主要为沿岸的海相砂砾与砾石、潟湖沉积物和陆上现代地表所有残坡积物、土壤、新黄土顶部的古人化层于黄土状沉积，以及丘间谷地冲沟内的现代冲洪积、坡洪积物，均为全新世的产物。

二、海岛地貌

（一）岛陆地貌

南长山岛的地貌类型主要有侵蚀剥蚀低丘陵、黄土坡和黄土台地、海积平原等类型。

（1）侵蚀剥蚀低丘陵

南长山岛地势为东高西低，西部和中部地形较为平坦，主要地貌类型为侵蚀剥蚀低丘陵，高程大于100米主要山丘有：饽饽山（100.5米）、高山（124.1米）、北山（114.3米）、黄山（156.1米）、烽山（148.8米）、叶台山（130米）。主要分布在海岛的东部和中部，低丘陵走向近南北，并直逼海岸分布。丘顶多较圆浑，视野开阔，是电讯及兴建旅游楼台的好场所。

（2）黄土台地

南长山岛的黄土台地主要分布在中部和西部沿海及丘间谷地，物质组成以黄土状堆积为主，地面坡度小于17°，黄土层厚一般1~4米，最厚可达10米。因后期流水作用，发育有黄土冲沟。

岛上黄土台地是人类活动的主要场所，多数曾被开垦为耕地，部分居民驻地位于黄土台地上，岛上的古文化遗址也分布在黄土台地上。

（3）黄土坡

黄土坡广泛分布于低丘陵的外缘、黄土台地的上缘，为黄土状堆积物披盖于丘陵山麓或丘坡而成，地面坡度一般在15°~20°，冲沟发育，植被茂盛。

岛上黄土坡多曾开垦为梯田或果园，自20世纪80年中期开始退耕返林。

（4）黄土沟

黄土沟主要发育在海岛中部和东部的黄土台地及黄土坡上，大多数黄土沟坡常发生滑坡、塌方等现象，处在不稳定状态。如王家村、赵家村一带，黄土沟沟壁陡直，沟底开阔，很多黄土沟口直逼海岸，成为近海物质来源的输送“通道”。

（5）洪积海积平原

南长山岛上无大河和典型冲积物，岛上平原为洪积海积作用形成，上限在等高线5米附近，主要分布在乐园、连城、南城、北城村等。

此外，在南长山岛的陡崖下，发育有倒石堆，最高可达十余米。南长山岛地形较陡的东部海岸最多，多以倒石堆裙出现。

（二）岛岸地貌

南长山岛的海岸地貌类型主要有海蚀崖、海蚀洞穴、海蚀平台、砂砾滩和砾石嘴等。

（1）海蚀崖

南长山岛北部、东部和西南部的丘陵山体直临海边，多处形成了高耸陡直的海蚀崖。崖高达30~70米，崖壁上常有海蚀洞穴叠加发育。

在东王山和信号山向海的一侧等，分布有古海蚀崖。

（2）海蚀洞（穴）

在南长山岛南端的江嘴西北部海岸发育系列海蚀洞（水晶洞），洞门毗连，洞内阴暗穹顶，浪拍发出闷雷响声，为南长山岛海岸典型的海蚀

图1-2-38　南长山岛东北岸海蚀崖

洞之一，也是长岛地质公园的景点之一。

图 1-2-39　南长山岛南岸海蚀洞（水晶洞）

（3）海蚀平台

南长山岛沿岸海蚀平台较发育，宽度一般在20～40米，其上普遍有巨砾、礁石或残留岩体等分布。

（4）砾石嘴

以海岛南端江嘴的长山尾砾石嘴规模较大。该砾石嘴长约 300 米，呈北东—西南走向，根部宽约 70 米，砾石直径一般在 10 厘米左右，向砾石嘴尖部粒径变小。由于砾石嘴的阻拦，西北部海域较为平静，为扇贝等养殖的良好天然场所。

图 1-2-40　南长山岛南端长山尾砾石嘴（黄海、渤海分界线）
（拍摄于 2008 年 9 月 30 日，拍摄点地理坐标为 37°53.77′N、120°445.40′E）

（5）砾石滩与砾石堤

南长山岛砾石滩分布普遍，除礁石区外，环岛周围均有分布。海岛东岸砾石滩较窄水深，滩面砾石个体大，砾石主要来源是基岩斜坡或倒石堆；岛西部海岸砾石滩较宽，但砾石个体较小。

南长山岛上仅局部存在砂砾滩，主要分布在县城之南、连城以南，规模较小。

在连城北部侧连结北长山岛的砾石堤，历史上又叫玉石街，其长度为 400 米，宽为 40 米，上面已修公路，该堤形成过程是从北向南延伸，最后与南长山岛相连。据了解该砾石堤在筑路以前，涨潮时海水尚可东西流淌。

南长山岛周海底地形总趋势向东北倾斜，岛屿东部水深大于 15 米，西部水深小于 10 米。近岸底质较粗，水深大于 10 米的堆积平原区，主要物质由黏土质粉砂等细粒物质组成。

三、海岸线与潮间带

（一）海岸线基本特征

南长山岛岸线类型主要有基岩岸线、砂砾质岸线和人工岸线。其中，人工岸线分布最为广泛，主要为码头、人工养殖场、环岛道路及旅游设施等，在海岛西南部海岸几乎都为人工岸线，海岛东北部部分岸段亦有人工岸线。

基岩岸线主要分布在海岛东南部、东北部岬角。其中，东北岬角岸段悬崖陡立，无法行人；东南岬角基岩岸段下部有岩礁，低潮时人员可步行通过。砂质岸线主要分布在海岛东南部、东部的部分岸段，在西北岸段也有少量分布，组成物质多为粗砂。

南长山岛岸线多处于相对稳定状态，特别是海岛西南半岛、东北部及东部的部分岸段岸线稳定。在海岛的东南岬角及西北部分岸段海岸遭受侵蚀作用，但都为基岩，岸线相对稳定。

（二）潮间带基本特征

南长山岛潮间带面积 1.059 平方千米，地貌类型和底质类型多样，以岩滩、砾石滩为主，海蚀平台、海蚀崖、海蚀洞及海蚀穴等海蚀地貌发育，砾石滩、砾石嘴等堆积地貌分布普遍；底质类型以基岩、砾石为主。

砾石滩总面积约 0.187 平方千米，高潮滩多以砾石滩脊形式出现，以卵石为主，分选性好，粒径稍大，为 0.5 ~ 3 厘米；中潮滩粒径稍小，为 0.3 ~ 2 厘米，磨圆度较好；高、中潮滩界线明显。南长山岛南端有沙嘴发育，组成物质为砂砾和粗砂。

岩礁滩是藤壶、牡蛎、贻贝、螺类和许多藻类等固着和附着生物的栖息场所，其数量丰富，生物量和栖息密度较高。生物量组成以牡蛎、贻贝等双壳类为主；单壳类以短滨螺为主。栖息密度以小藤壶为主的甲壳动物占首位。很少出现多毛类。

砂砾质潮间带的生物既有底表固着和附着生物，又有底埋的生物栖息，种类较多，但生物量和生物密度比岩礁滩低。生物量组成以双壳类为主；密度组成中，以小藤壶为主的甲壳动物占首位。单壳类以短滨螺占绝对优势。

908 专项海岛调查，在该岛采到大型底栖生物有 33 种（其中多毛类 7 种，软体动物 15 种，甲壳动物 6 种，藻类 5 种），没有采集到棘皮动物和其他类群的生物，是庙岛群岛 5 个调查海岛中生物种类最多的。优势种为多毛类的独齿围沙蚕（*Perinereis cultrifera*）、千岛模裂虫（*Typosyllis adamantens*）；甲壳动物中华近方蟹（*Hemigrapsus sinensis*）、东方小藤壶（*Chthamalus challengeri*）；软体动物短滨螺、贻贝、牡蛎（*Crassostrea* sp.）、笠贝（*Acmaea* sp.）；藻类的小石花菜（*Gelidium divaricatum*）、海萝（*Gloiopeltis* sp.）。

大型底栖生物栖息密度为 3828 个/米^2（其中多毛类 100 个/米^2，软体动物 1962.67 个/米^2，甲壳动物 1765.33 个/米^2），是 5 个调查海岛中平均密度最高；生物量为 901.99 克/米^2（其中多毛类 0.87 克/米^2，软体动物 760.53 克/米^2，甲壳动物 118.24 克/米^2，藻类 22.33 克/米^2），在 5 个调查海岛中位居第二。

大型底栖生物的密度主要是由软体动物和甲壳动物组成，生物量主要由软体动物的短滨螺构成。在高潮带、中潮带、低潮带都采到了大量软体动物短滨螺（*Littorina brevicula*），其密度分别达到 3488 个/米^2、1244 个/米^2、226 个/米^2；在中、低潮带均采到了大量甲壳动物的东方小藤壶（*Chthamalus challengeri*），其密度也分别达到了 5004 个/米^2 和 254 个/米^2。

潮间带沉积物取样分析结果，石油类、有机质、硫化物均符合海洋沉积物质量一类标准，氧化还原电位未检出，总磷含量范围为 0.014% ~ 0.019%，总氮含量范围为 0.017% ~ 0.029%；重金属中 Cu、Pb、Cd、As、Zn、Hg、Cr 元素含量均符合海洋沉积物质量一类标准。

四、地质灾害

（一）岛陆地质灾害

南长山岛上主要的地质灾害是悬崖和陡坡的岩石坠落和山体滑坡、黄土崩塌（滑塌）等。如仙境源内小型山体滑坡和海水淡化站西侧为黄土崩塌（图 1-2-41），以及烈士陵园南侧为悬崖峭壁和陡坡区的岩石坠落等（图 1-2-42）。

图 1-2-41　南长山岛陆地地质灾害

左图：仙境源景区内小型山体滑坡；右图：海水淡化站南侧黄土滑坡

图 1-2-42　烈士陵园南侧为悬崖岩体崩塌

（拍摄于 2010 年 6 月 4 日，拍摄点地理坐标为 37°54′37″N、120°43′30″E）

根据《长岛县 2008 年地质灾害防治方案》①，将南长山岛海水淡化站西侧和烈士陵园南侧列为地质灾害防治区。其中，海水淡化站西侧为黄土崩塌、滑坡易发防治区，针对区内无居民居住、有行人和车辆过往，防治的主要措施包括：① 建立群防网络定期巡查，雨季加大巡查力度，发现险情迅速上报；② 采取有效措施加固险段；③ 在路口处设立警示标志，提示过往车辆、行人快速通过。

烈士陵园南侧为悬崖峭壁和陡坡区，易造成岩石坠落、滑坡，区内有大量简易平房供外来临时工居住，并有部分生产用房，存在安全生产隐患。防治的措施包括：① 建立群防网络定期巡查，旅游旺季加大巡查力度，发现险情迅速上报；② 定期对易落岩石进行排险、清理；③ 在危险路段设置警示标志等。

（二）岛岸地质灾害

南长山岛海岸主要的地质灾害是岩石坠落、岩体崩塌，主要分布于东岸陡峭的海蚀崖岸段，在人员活动频繁的旅游景区构成了明显的安全隐患，长岛县制订了防治方案。如：望福礁景区南部、仙境源景区通海路段、林海景区内“三六九”台阶两侧等悬崖峭壁海岸，均存在滑坡和岩石坠落现象。在人员活动频繁的几个旅游景区，均明显存在着安全隐患，2008 年长岛县制定了灾害地质防治方案，景区内设置有安全警示标志（图 1-2-43）。

林海景区内“三六九”台阶两侧悬崖峭壁区，坠落岩石不仅为在沿岸砾石滩（堤）发育提供了物质来源，而且在砾石滩（堤）后缘发育形成了倒石堆裙（图 1-2-44）。

① 资料来源：http：//www. changdao. gov. cn/cn/content/xxgk/index_ show. jsp？ sid = 0101- 02- 2008- 100756&dept_ code = XFB& columncode = XFBXXGKMLQTWJ。

图 1-2-43　望福礁景区和仙境源景区内海岸崩塌

上图：望福礁景区南部海岸崩塌及安全警示标志；下图：仙境源景区内海岸倒石堆及安全警示标志

图 1-2-44　林海景区“三六九”台阶两侧海岸倒石堆裙

第六节 植被与土壤

一、海岛植被

南长山岛的植被主要是暖温带一些种属，植被类型主要有常绿针叶林、落叶阔叶林、灌丛、草丛、滨海盐生植被、滨海沙生植被、沼生水生植被和人工栽培的草本植被、农作物及木本的果树（图 1-2-45）。林木覆盖率为 44.8%，主要分布于海岛东部丘陵区，其中丘陵顶部为茂密松林，下部是松树（黑赤松）和以松、槐为主的针阔叶混交林。

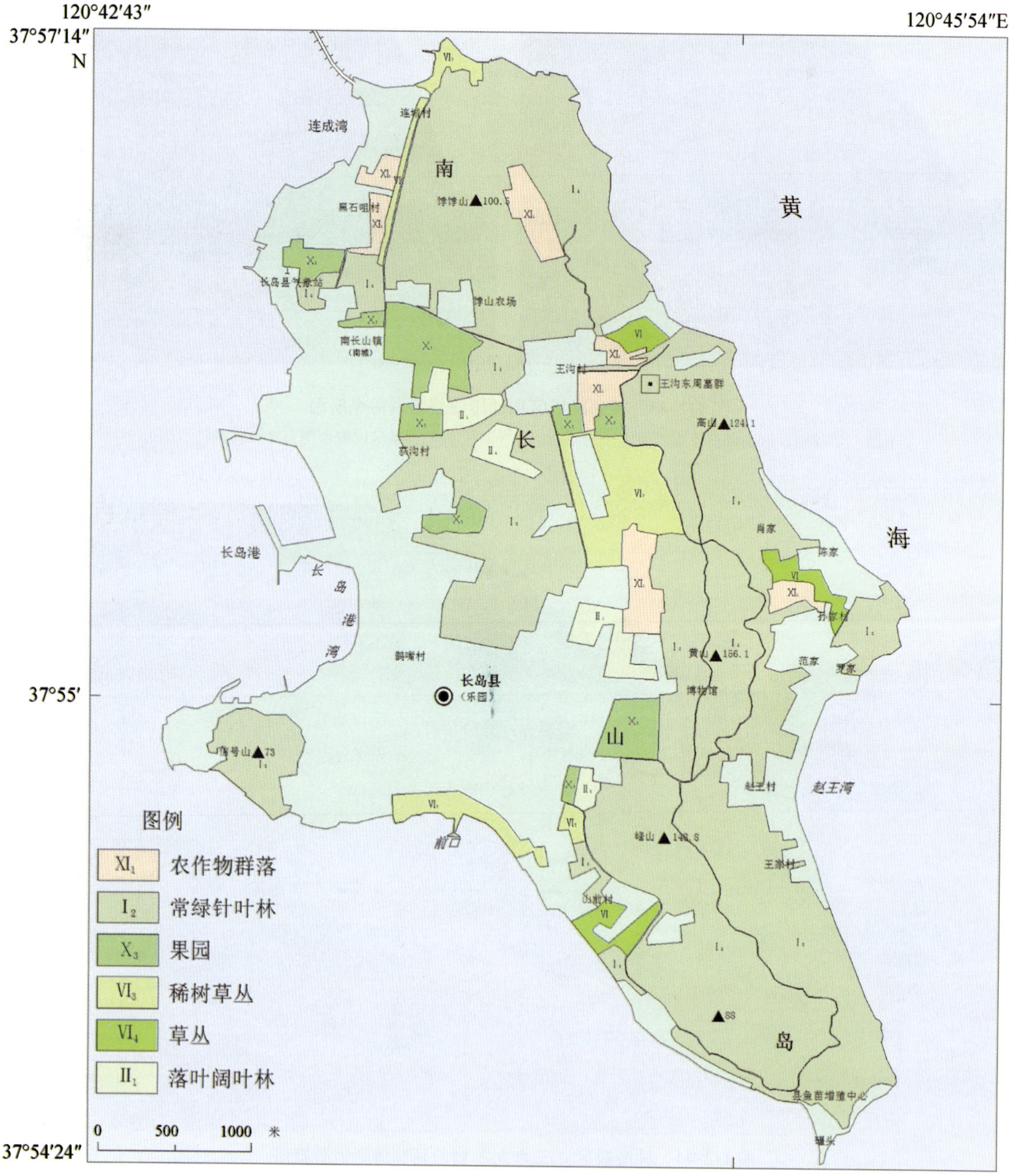

图 1-2-45 南长山岛植被类型分布

在黄土坡及沟谷内系以槐树为主的阔叶、针叶混交林，林下分布有各种灌木。黄土台地及黄土坡是各种草木繁盛地带，还有少量果林及农作物，蔬菜及四旁树种则分布在洪海积平原区，主要在村落附近。

在海岛中部的丘陵山顶见少量稀疏草丛。在海岛的西部大部和东部的生活区及砂质海岸区，植被覆盖较少，多为小型蒿草。

图 1-2-46　南长山岛森林植被与风景林

二、海岛土壤

土壤主要有棕壤、褐土两大类。棕壤主要分布在低丘陵和基岩斜坡上，土层厚度一般为 0.3 米左右，质地粗，多砂砾，蓄水能力差，养分含量少。分布约占全岛面积的 2/5。褐土主要分布在黄土台地及黄土坡，约占全岛面积的 3/5，成土母质为黄土状堆积物，为主要耕种地。

第七节　海岛资源开发与保护

一、土地资源

据 908 专项山东省海岛调查资料①，南长山岛的土地总面积为 1321.26 公顷，土地类型包括旱地、果园、有林地、其他林地、其他草地、工业用地、商务金融用地、住宿餐饮用地、公共设施用地、公园与绿地、科教用地、风景名胜设施用地、城镇住宅用地、农村宅基地、公路用地、农村道路用地、

① 中国科学院海洋研究所：山东省海岛（礁）综合调查，2010 年。

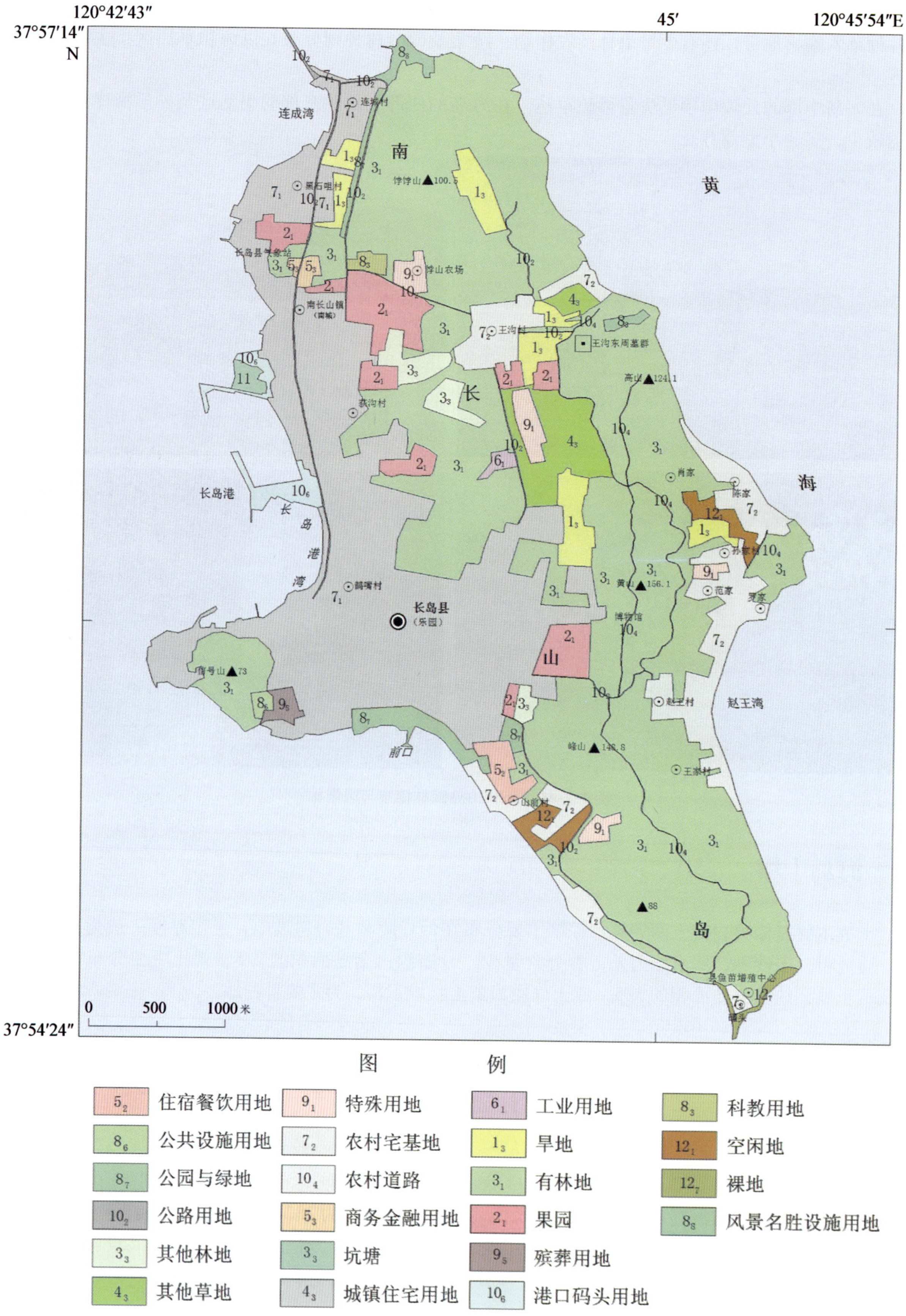

图 1-2-47　南长山岛土地利用现状

港口码头用地、坑塘水面、特殊用地、殡葬用地、空闲地和裸地等（图 1-2-47）。其中：旱地 40.38 公顷、果园 48.43 公顷、有林地 651.05 公顷、其他林地 15.35 公顷、其他草地 32.69 公顷、工业用地 2.61 公顷、商务金融用地 3.58 公顷、住宿餐饮用地 7.47 公顷、公共设施用地 2.43 公顷、公园与绿地 17.37 公顷、科教用地 2.86 公顷、风景名胜设施用地 6.10 公顷、城镇住宅用地 335.20 公顷、农村宅基地 95.17 公顷、公路用地 7.50 公顷、农村道路用地 2.57 公顷、港口码头用地 11.87 公顷、坑塘水面 3.32 公顷、特殊用地 14.71 公顷、殡葬用地 3.86 公顷、空闲地 13.05 公顷、裸地 3.69 公顷。

据《山东省长岛县土地资源调查报告》资料①，截止到 1986 年 10 月，南长山岛土地总面积为 1275.40 公顷，其中有耕地 205.87 公顷（其中旱地约 191.58 公顷、菜地约 14.29 公顷）、园地 83.66 公顷、林地 502.25 公顷（其中有林地约 341.48 公顷、灌木林约 1.77 公顷、疏林地约 45.25 公顷、未成林造林地约 101.31 公顷、苗圃约 12.44 公顷）、城镇 188.08 公顷、农村居民点 63.39 公顷、独立工矿用地 15.22 公顷、特殊用地 16.55 公顷、公路用地 10.37 公顷、农村道路用地 9.78 公顷、港口码头用地 3.88 公顷、水库用地面积 7.58 公顷、坑塘水面 3.48 公顷、沟渠 0.18 公顷、未利用土地 165.08 公顷（其中荒草地约 57.70 公顷、裸土地约 3.13 公顷、裸岩石砾约 70.74 公顷、田坎约 33.51 公顷）。

两次调查海岛的土地总面积差异较大，908 专项山东省海岛调查资料的土地总面积有所增大，可能与港口、城镇建设等围填海活动有关。另外，前后两次调查资料比较分别表明，南长山岛的城镇用地大幅度增加；旱地面积大幅度减少，除用于城镇和住宅建设以外，主要是原来的坡岭地或坡麓梯田大部分已退耕还林；岛上未利用土地大幅度减少，而林地面积有较大幅度增加，海岛整体绿化水平提高，海岛生态环境趋好。

二、水资源

南长山岛是庙岛群各海岛中水资源相对最好的海岛（其次是北长山岛），大气降水是该岛地下水唯一来源，它们在松散地层和风化裂隙中，径流从高处流向低处，所以在较平缓松散沉积厚的地带有一定的淡水资源可打井汲水。

据《长岛县水资源调查评价与水利区划报告》资料②，南长山岛观测站 1960—1984 年实测资料统计结果，多年平均降雨量为 559.7 毫米，最大年降雨量为 881.4 毫米，最小年降水雨为 282.3 毫米；计算平均年降水量为 720.43 万立方米、平均年径流深度为 100 毫米、平均河川年径流量 127.51 万立方米，多年平均地表水资源量为 64.71 万立方米、地下水资源 50.24 万立方米，浅层地下水的计算多年平均储存量为 12.351 万立方米。

三、矿产资源

南长山岛出露地层属新元古代蓬莱群辅子夼组，为一套浅变质岩系，岩性组成为石英岩、板岩，地层含矿性差，未发现有金属矿产资源，岛上的主要矿产资源为石英岩砾石，即球矶石或球石，主要分布连城湾、赵家—王家沿岸、礓头等岸段，资源储量约 16 万立方米（海平面以上）。

南长山岛的球石成分为石英岩，以乳白色为主，也有紫红色等其他杂色。多为椭圆形、球形，磨圆度好，砾径一般在 1～5 厘米，大者10～15厘米。

图 1-2-48　连城球石堆场

（拍摄于 2009 年 9 月 26 日，拍摄点地理坐标为 37°57.02′N、120°43.73′E）

① 长岛县土地资源调查办公室：山东省长岛县土地资源调查报告［R］，1988 年，第 42～55 页。
② 长岛县水利局：长岛县水资源调查评价与水利区划报告［R］，1986 年，第 10～24 页。

四、旅游资源

南长山岛是长岛县经济、政治、文化中心，很多县级文化设施均在南长山岛，如历史博物馆、鸟类展览馆、地质博物馆、烈士陵园、县图书馆，等等。由于南长山岛属基岩岛，因而自然景观十分突出，特别是海岸，奇礁异石比比皆是。此外还有一些古文化遗址和古墓群。

礓头—林海公园—烽山是综合自然景观之一。位于南长山岛东南端，三面环海，丘叠山连，环境清雅恬静、浓荫蔽日、清凉宜人、空气中负氧离子含量高，被誉为天然“氧吧”区。

烽山景区位于长岛县城东南，是长岛国家级自然保护区和国家森林公园的重要组成部分，始建于1984年，是集山、林、鸟于一园和登高、观景、赏鸟、科教于一体的制高点旅游区，为长岛县最早的两个景区之一，有“北有半月湾，南有烽山”之说，先后接待过数十位党和国家领导人。主要景点有：鸟阁、鹿苑、蛇园、活鸟馆、美石展。主要景观包括：鸟阁凌空、长风万里、“烽山飞瀑”、“鹰击长空”、“雄狮探海”等。

林海景区位于长岛城区最南端，为候鸟栖息之地，是1992年林业部批准的长岛国家森林公园主体部分，1996年建成后对外开放。林海公园占地90公顷，山峦起伏，千亩松涛林海，沿岸涵洞幽深，卵石晶莹，海水清澈，集山、林、海、滩、礁、崖、洞于一身。

林海烽山国家森林公园，2003年被省旅游局评为AAA级旅游景区。2007年10月，山东省A级旅游景区复核。

林海公园最南端的长山尾为黄海、渤海交汇处，人们习惯称其为黄海、渤海的分界线。在同一地点，同时看到渤海、黄海潮起潮落。二海海潮从海角两边涌来，在此形成一条交汇线。在其后的山坡上，1997年建有黄海、渤海交汇界碑一座。

在南长山岛的解放路南端海滨，是人们游泳、清暑纳凉、疗养、观景散步的好去处，建成了明珠浴场和广场，岸边建有宾馆、商场、邮电、金融等配套设施。

五、港口、航道资源

南长山岛沿岸有5个主要海湾，其避风条件好，水深较大，为港口设施的修建和避风提供了良好的天然条件。在北龙须附近岸边基岩面上覆松散沉积物易开挖，基底标高－9～－7米，均可建千吨级以上码头泊位。过去曾论证计划建5000吨级码头一座。由于岸线曲线，岬湾交错，南长山还有其他许多海湾。有的已建有码头，成为长岛县重要商、渔港口，如长岛湾的长岛港，位于获沟西侧，主体码头长428米、宽30米，水深4.5米，港池面积71 440平方米，为商、渔两用港。其他海湾还有前口湾、赵王湾、五沟湾、连城湾、孙家口湾等。

前口湾（原名寺后湾）位于南长山岛乐园村南，湾口为西南向。滩长2200米，水深为2～5米，泥沙底质。可避偏北诸风。

赵王湾位于南长山岛赵王村东，湾口向东。滩长2200米，距岸200处水深6.4米，砂石底质，湾口南北两端有礁石数处，可避偏西诸风。

五沟湾位于南长山岛五沟村东，湾口向东。滩长420米，泥沙底质，距岸200米处水深3.6米，湾北有北石礁群，湾南有四黑石礁群。可避偏西诸风。

连城湾位于连城村西，北起玉石街南端，南道黑石嘴村北。滩长1020米，湾口向西，距岸60米处水深为3～4米，软泥底质，可避偏东诸风。

孙家口湾位于孙家村东北，滩长810米，距岸50米处水深为4～5米。石底，可避偏西诸风。

上述这些海湾，如有需要，均可修筑防浪设施，建设小码头，停泊百吨级的船舶。

南长山与蓬莱角之间的登州水道，东西走向，长31.5千米，宽6千米，航道水深为12～37米，砂砾底质。该航道是山东北部和河北南部沿海地区的航运要道。目前在南龙须礁建有灯标一座。

六、可再生能源

南长山岛上的可再生能源主要为太阳能和风能。其中，太阳能的主要利用方式为太阳能热水，在连城村可见到屋顶成片安装的太阳能热水器，更多的是居民房顶单个太阳能热水器（图 1-2-49）。

图 1-2-49　南长山岛上太阳能热水器

左图：连城太阳能热水器屋顶；右图：黑石嘴村居民房顶太阳能热水器

南长山岛有着丰富的风能资源。根据测风塔 2003 年 8 月至 2004 年 7 月实测资料统计①，长岛风电场风速冬季大、夏季小，年平均风速为 7.0 米/秒，最大平均风速为 19.8 米/秒，年有效风速小时数（3～25 米/秒）为 8065 小时，平均风功率密度为 350 瓦/米^2，风功率密等级为 3 级，是风能资源丰富地区之一。

1998 年 3 月，鲁能集团与长岛供电公司合作成立长岛风电公司（鲁能发展集团控股 60%，长岛县电业公司参股 40%），合资建设山东长岛风力发电场（1998 年 8 月开工），在南长山岛的东王山—黄山共安装 21 台风力发电机组，1999 年 10 月并网发电，成为山东第一个大型商业化风力发电示范项目。各风电机组沿海岛丘陵的山脊线建设（图 1-2-50），总装机容量 13 050 千瓦，年发电量约 2300 万度。

鲁能长岛风电厂是我国首批利用德国政府贷款建设的风力发电工程，也是山东省第一个风力发电公司。

2004 年，华能新能源产业控股有限公司与中电投资有限公司共同投资 4 亿多元，在南长山岛北部和北长山岛建设风电场，安装了 32 台风电机组（南长山岛北部安装风机 11 台），单机容量为 850 千瓦，总装机容量为 2.72 兆瓦（2005 年开工，2006 年 1 月并网发电），在南长山岛上建有运行控制中心大楼（图 1-2-51）和 110 千伏变电站，并通过海底 110 千伏电缆并入山东电网。

图 1-2-50　南长山岛鲁能长岛风电场一角

（拍摄于 2009 年 10 月 3 日）

图 1-2-51　华能中电长岛风电场运行控制中心

（拍摄于 2009 年 9 月 26 日，拍摄点地理坐标为 37°56.89′N、120°43.97′E）

---

① 长岛风电场运行特点及分析，http://www.diangu.com.cn/info/detail/9-1775.html。

七、生物资源

（一）岛陆生物资源

1. 植物资源

南长山岛所占庙岛群岛的陆生植物属暖温带落叶阔叶林区域，区内陆地植物有139科591种。植物种类以菊科、豆科、百合科、蔷薇科、禾本科、十字花科、葫芦科、茄科、藜科、蓼科、唇形科、旋花科、大戟科植物居多，占种数的47%。主要树种有黑松、赤松、刺槐、合欢、臭椿、栎类、山榆等，灌木为紫穗槐、白檀、胡枝子等，草本植物有野古草、蒿草、狼尾草、羊胡子草等。植物的果实、种子给迁徙的候鸟提供了良好的栖息隐蔽和取食场所。

2. 动物资源

在动物分布上，属古北界华北区黄淮亚区，由于地处黄海与渤海交汇处，是亚洲东部候鸟迁徙的重要路线，有“候鸟旅站”之称。野生动物资源极为丰富，有国家级保护动物49种，一级有白鹳、黑鹳、中华秋沙鸭、金雕、白肩雕、丹顶鹤等9种，二级有大天鹅、小天鹅、鸳鸯以及鹰科和隼科的所有猛禽，共计44种。

（二）潮间带及附近海域生物资源

据908专项山东省海岛调查资料，南长山岛潮间带大型底栖生物种类是此次在庙岛群岛调查的5个海岛中最多的，共有33种：多毛类7种、软体动物15种、甲壳动物6种、藻类5种，没有采到棘皮动物和其他类群的生物。优势种为多毛类独齿围沙蚕（*Perinereis cultrifera*）、干岛模裂虫（*Typosyllis adamantens*）；甲壳动物有中华近方蟹（*Hemigrapsus sinensis*）、东方小藤壶（*Chthamalus challengeri*）等；软体动物有短滨螺（*Littorina brevicula*）、贻贝（*Mytilus edulis Linnaens*）、牡蛎（*Crassostrea* sp.）、笠贝（*Acmaea* sp.）等；藻类有小石花菜（*Gelidium divaricatum*）、海萝（*Gloiopeltis* sp.）等。

南长山岛潮间带大型底栖生物的平均密度为3828个/米^2（5个调查海岛中是最高的），其中：多毛类为100个/米^2、软体动物为1962.67个/米^2、甲壳动物为1765.33个/米^2，可见生物密度主要是由软体动物和甲壳动物组成，因在该岛的高、中、低潮带均采到了大量软体动物的短滨螺，其密度分别达到3488个/米^2、1244个/米^{2}和226个/米^2，以及在中、低潮带都采到了大量甲壳动物的东方小藤壶，其密度分别为5004个/米^{2}和254个/米^2。

南长山岛潮间带大型底栖生物的平均生物量为901.985克/米^2（此次5个调查海岛中位居第二），其中：多毛类为0.874克/米^2、软体动物为76.538克/米^2、甲壳动物为118.242克/米^2、藻类为22.331克/米^2。生物量主要由软体动物的短滨螺构成。

南长山岛南部为登州水道，又扼守渤海海峡，是鱼虾繁殖洄游必经之路。主要品种有对虾、鲅鱼、牙鲆、黄姑、鲳鱼及其他小杂鱼。

八、海岛生态保护

清光绪五年（1879年），蓬莱知县发告示劝导岛民植树造林。1929年，奉系东北海军司令沈鸿烈命令士兵种树，民政局局长林绍愈督促群众在村旁、路旁植树。1946年春，长岛特区工委发起每人种1棵树的运动。1949年，长岛特区工委两次发动群众植树。1954年，特区政府发动群众开始封山造林。1955年，开展大规模的治山整地、黑松植苗和“四旁”植树活动。

1973年3月，为加强珍贵水产品的保护繁殖，县政府制定有关规定并发布告，明确滩涂、海域属国家所有，由公社、生产大队按行政区划划分管理使用近海、滩涂资源，对海参、鲍鱼、扇贝、贻贝等水产品的禁捕期、轮捕和采捕规格等提出了明确要求，同时不准个人和集体搬取海里的石头。

1982 年 4 月，山东省将长岛划为鸟类自然保护区，庙岛群岛各海岛均划为鸟类自然保护区，䃥矶岛、高山岛、车由岛、大竹山岛、小竹山岛、宝塔礁、鱼鳞岛为重点保护区。同年 9 月 4 日，长岛县政府规定：每年 9 月 15 日至 10 月 15 日为“爱鸟月”，县、乡、村分别制定了护林爱鸟法规和乡规民约。1984 年 8 月 1 日，长岛县政府制定了《关于鸟类资源保护管理的规定》。1988 年 5 月，庙岛群岛被划为国家级鸟类自然保护区。

1982 年 3 月，长岛县政府规定：凡年满 11 岁的公民，除老弱病残者外，都要承担义务植树任务，每人每年植树 3 ~ 5 棵，保栽保活。

1983 年 9 月，长岛县政府印发了《关于加强对我县奇礁异石保护的通知》，明确所有岛屿上的奇礁异石均属国家所有，任何单位和个人一律不准擅自开采和使用，列出了县重点保护的湾、山、礁、石的名录（南长山岛的礓头、美人礁列入其中），要求各社镇及有关单位根据本地实际，划定管理保护范围，制定出具体的保护措施，并责成公安、边防派出所、社镇队治保委员、护滩员监督实施。

1985 年，岛上实施退耕还林，每年 3—4 月都组织大规模植树活动，以退耕还林、坡地补林、排渣地育林和公路沿线栽林为重点。

1986 年，当地政府在推行了渔村屋檐接水工程。

岛上风电场工程建设中，实行了水土保持“三同时”制度，运用水土保持先进技术，将风电工程产生的全部水土流失区进行了综合治理，生态效益、社会效益、经济效益均十分显著。2000 年，被国家水利部授予“全国生产建设项目水土保持示范工程”称号（图 1-2-52），这是山东省首个获得该称号的风力发电工程①。

岛上通过植树造林，硬化道路分区域建设蓄水平塘，在渔村推行屋檐接水等，建成了较为完善的水土保持工程防护体系。水土流失综合治理率达到 95%，地表水拦蓄率在 60%，小雨被涵养，大雨不下山，暴雨难成灾，大大改善了海岛的水资源状况。

图 1-2-52　鲁能长岛风电场建设水土保持示范工程碑石

（拍摄于 2009 年 10 月 4 日；拍摄点地理坐标为 37°54.53′N、120°45.19′E）

① 长岛风电场跻身全国水土保持示范工程：http：//www.huaxiawind.com.cn/detail.asp？infoId =7008。

第三章　北长山岛

第一节　概　况

一、海岛地理

北长山岛（Běichángshān Dǎo）代码为370634002311。

北长山岛位于南长山岛北侧，岛略呈长形，长轴北西向延展，长约5.1千米，东西最宽处约2.5千米。海岛面积为7.9778平方千米，海岛岸线长度为15.40千米。最高点为位于中部的嵩山，高程为195.7米，地理坐标为北纬37°58.5′、东经120°42.5′（图1-3-1、图1-3-2和图1-3-3）。南部以玉石街大坝与南长山岛相连，为庙岛群岛第二大岛。行政上隶属于山东省烟台市长岛县北长山乡，为北长山乡政府所在地。

图1-3-1　北长山岛遥感影像

在历史上，南长山岛与北长山岛合并称为长山岛，清末始有南长山岛和北长山岛之分。相对于南长山岛而得名。在《山东省海岛志》的海岛名录一览表中，省序号为“124”、地市序号为“烟台

35”；在《中国海洋岛屿简况》① 中，全国统一编号为“0687”、省编号为“0094”。

北长山岛上有 3 条山脉分布在东部、中部和西部，山间为平地。海岛北侧为长山水道，沿岸有较多的小型海岛（礁），自西向东为：大红礁（暗礁）、大横礁（干出礁）、爬狗礁、挂网礁（干出礁）、双石礁、三道礁。另外，岛西侧有南香炉礁、双礁（干出礁）、星石礁（北长山岛与烧饼岛之间）。

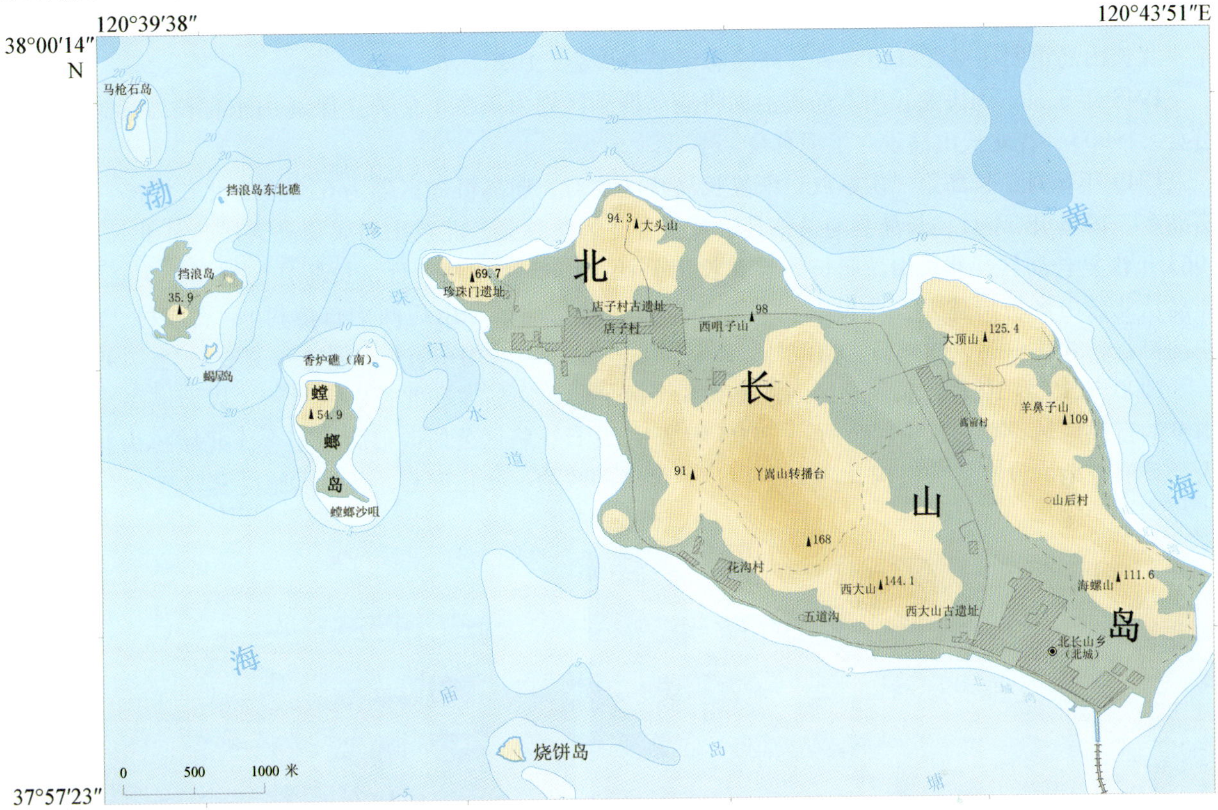

图 1-3-2 北长山岛地理分布

图 1-3-3 北长山岛远眺全景

（拍摄于 2008 年 10 月 1 日，拍摄点地理坐标为 37°57′06″N、120°43′57″E）

二、政区建置及历史沿革

唐神龙三年（707 年）蓬莱建县，庙岛群岛所属海岛隶属蓬莱县。宋时，北长山岛属蓬莱县沙门寨地；元、明属蓬莱县沙门岛社。清道光年间，为开垦海岛，庙岛群岛设立了 13 社，北长山岛上设有北城社和店子社。其中，北城社辖北城村、山后村和黄巷村（嵩前村），店子社辖东村、西村和花沟村（山东省长岛县志编纂委员会，1990 年）。

① 中国人民解放军海军司令部航海保证部：中国海洋岛屿简况，1980 年。

1928年7月，成立长山八岛民政局（隶属奉系东北海军），北长山岛属其所辖，岛上设有北城社和北店社。其中，北城社辖北城村、山后村、嵩前村；北店社辖东村、西村、永安村（花沟村）。1934年年底，长山八岛特区行政专员公署将社改为乡（山东省长岛县志编纂委员会，1990年）。

1945年，庙岛群岛第一次解放，长山岛军政办事处将庙岛群岛区划为庙岛、砣矶和隍城3个区，北长山岛属于其中的庙岛区。同年11月，调整为4个区，北长山岛和南长山岛同属于玉石区。1946年，北长山岛重归庙岛区（山东省长岛县志编纂委员会，1990）。

1948年3月，国民党长山八岛设治局将庙岛群岛区划为7乡1个独立保（山东省长岛县志编纂委员会，1990），在北长山岛设立了率真乡。

1949年8月，长岛第二次解放，恢复长岛特区政府，庙岛群岛区划为6个乡，北长山岛属其中的庙岛乡。1958年11月，长岛县与蓬莱县、黄县合并为蓬莱县，北长山岛属长岛人民公社北长山大队。1963年恢复长岛县，北长山岛属长岛县北长山公社。1985年3月1日，长岛县区划调整为2镇8乡，庙岛从北长山乡析出建乡，北长山乡下设北城村（包括北城和山后两个自然村）、嵩前村、店子村、花沟村，辖北长山岛、螳螂岛、挡浪岛、蝎子岛、马枪石岛（山东省长岛县志编纂委员会，1990）。

2000年12月19日，长岛县区划调整为8个区公所，庙岛乡和北长山乡撤销，以原庙岛乡和北长山乡的行政区域设立北长山区公所①；2003年2月20日，将区公所改建为乡至今。北城村为北长山乡人民政府驻地，设有各种机构（图1-3-4），是全岛的政治、文化中心，各类设施配套较齐全。

图1-3-4　北长山乡政府（左图）与边防派出所（右图）现状

（拍摄于2009年9月26日）

三、人口

在历史上北长山岛的人口变化很大，据《长岛县志》记载，在明洪武二十七年（1394年），因日本人经常骚扰海岛，岛民奉旨外迁而空岛。明万历二十一年（1593年），调集中营军400名官兵屯种南长山岛和北长山岛，后留岛入民籍。清朝初期，岛民奉旨外迁再次空岛。清康熙二十六年（1687年），官方出台政策鼓励外迁的岛民回岛开垦土地，岛上人口遂大量增加，至清光绪八年（1882年），南长山岛和北长山岛共有居民3000余户。清末民初，随着渔业生产的发展，人口增长迅速，1930年年底，北长山岛有人口6120人。1931年“九一八”事变后，前往东北各地岛民陆续返回岛内，人口增多。1939年，日伪军占领庙岛群岛后，许多岛民弃家迁往东北谋生，庙岛区（辖北长山岛和庙岛）1705户居民中有690户迁出；到1946年年底，北长山岛和庙岛的人口数为2620人。之后，部分岛民迁回岛内，岛上人口开始增加（表1-3-1），至1985年北长山岛人口数增至3116人。

① 鲁政函民字〔2000〕86号。

表 1-3-1 北长山岛人口数量变化情况 单位：人

年份	1930	1946	1950	1965	1984	1985	2000	2005	2008	2010
人口	6120	2620 *	2618 *	3593 *	3509 *	3116	3333 *	3187 *	2671	3336

注：带“＊”人口数含庙岛人口。

据长岛县2000—2005年国民经济统计资料①，2000年年底，北长山乡共有居民1268户、人口总数为3333人，其中男性1664人、女性1669人，农业人口3056人、非农业人口277人；有渔农村劳动力数907人，其中渔业劳动力423人（捕捞157人、养殖266人）。

据长岛县2006年统计年鉴资料②，2006年北长山乡共有居民1251户，总人口数为3171人，其中男性1597人、女性1574人，全部为农村人口；乡村从业人员数1372人，其中男性748人、女性624人，第一产业从业人员630人（渔业74人、养殖业61人）、第二产业从业人员58人、第三产业从业人员684人。

据长岛县统计局提供的资料，2008年年底北长山岛上有居民1028户，人口总数2671人，乡村劳动力资源数1546人，乡村从业人员总数1458人。

根据《长岛县2010年第六次全国人口普查主要数据公报》，2010年11月1日零时北长山岛有常住人口3336人。

表 1-3-2 北长山乡人口及渔农村劳动力情况

年份	总户数（户）	人口（人）					渔农村劳动力数（人）	从事渔业劳动人数（人）		
		总数	男性	女性	农业	非农业		总数	捕捞	养殖
2000	828	3333	1664	1669	3056	277	907	423	157	266
2001	829	3329	1656	1673	3033	296	948	402	160	242
2002	829	3290	1636	1654	3001	289	1372	562	202	360
2003	833	3263	1626	1637	3169	294	1487	618	218	400
2004	831	3202	1596	1606	1919	283	1635	720	310	410
2005	824	3187	1594	1593	3187	—	1636	715	301	414
2006	1251	3171	1597	1574	3171	—	—	—	74	61
2008	1028	2671	—	—	—	—	1546	—	—	—

四、公共服务

北长山岛上建有学校、幼儿园、敬老院等，卫生所、银行、邮电、商场等公共服务体系健全。

（一）教育

北长山岛曾有中学1所、小学4所。现北长山岛仅有小学1所（北长山中心小学）。

1. 普通中学

北长山岛上原有一所中学，创建于1965年，由当时的生产大队联办，名为“北长山农业中学”，学制3年，招收高小毕业生，办学经费由联办的大队集资和学校勤工俭学收入解决。后改建为北长山公社联中。1985年8月，学校有初一和初二年级各2个班、初三年级1个班，在校初中学生总数158人，有教师15名（山东省长岛县志编纂委员会，1990）。2005年，长岛县对学校布局进行调整后，北

① 长岛县发展改革和统计局：山东省长岛县国民经济统计资料（2000—2005），第71～80页。

② 长岛县发展改革和统计局：长岛县统计年鉴（2006年），第24～26页。

长山联中停办，初中以上学生全部集中到南长山岛的县城上学。

2. 小学

北长山岛上原有 4 所小学，分别为：北城小学、店子小学、蒿前小学和花沟小学。其中，北城小学创办于 1919 年 3 月，至 1985 年 8 月，招收小学 1～5 年级学生，共有 5 个班、学生总数为 141 人，有教师 9 名；店子小学创办于 1920 年 3 月，至 1985 年 8 月招收小学 1～5 年级学生，共有 4 个班、学生总数为 88 人，有教师 5 名；蒿前小学创办于 1925 年 2 月，至 1985 年 8 月，招收小学 2、4 年级学生，仅有 1 个班、学生总数为 18 人，有教师 1 名；花沟小学创建于 1963 年 8 月，至 1985 年 8 月，招收小学 1、2 年级学生，仅有 1 个班、学生总数为 8 人，有教师 1 名。

针对近年渔村学校规模过小，全面开课困难，教学质量不高的现实，长岛县政府自 2005 年开始实施全县学校布局调整，北长山岛上各小学归并成立北长山中心小学。该学校已成为长岛县五星级学校，是烟台市规范化学校、小学实施素质教育明星学校、少先队素质教育示范单位、电化教育示范学校、市级绿色学校、科普教育示范学校等。

1995 年，该学校与驻岛某海防团炮营共建创办了北长山少年军校。该少年军校始创的中心目的是与共建单位联手加强和改进小学生的德育教育工作，拓展学校德育工作新思路，使学生从思想上、日常行为规范上和吃苦耐劳的精神上提高警惕并得到锻炼。2005 年，该少年军校被长岛县国防教育委员会正式命名为“长岛县国防教育基地”，2007 年国家双拥办、省军区及省市县各级领导考察该“军校”时给予了高度评价和赞扬。至 2009 年已举办培训班 14 期，培养合格“少年兵”近 1300 名。

另外，北长山岛上现有幼儿园 3 所。其中，北城幼儿园配套设施完善，户内外大型游乐玩具齐全（图 1-3-6）。

图 1-3-5　北长山中心小学现状

（摄于 2009 年 10 月 3 日，拍摄点地理坐标为 37°58. 31′N、120°43. 29′E）

图 1-3-6 北长山岛北城幼儿园现状

（拍摄于 2009 年 9 月 26 日，拍摄点地理坐标为 37°58.02′N、120°43.22′E）

（二）科技技术

1983 年，长岛县水产研究所与科委合作，在北长山公社北城海区进行刺参、扇贝和海带的混合立体养殖试验（在同一水域内，上层为筏式养殖海带，中间植绳养殖扇贝，海底投石养殖刺参）成功，做到 2 年 4 收：海带收 2 茬，刺参、扇贝各收 1 茬，取得良好效益，项目成果获 1983 年烟台市科技进步三等奖。

目前，北长山岛上建有县、乡、村科技服务网络。

（三）医疗卫生

1933 年，北长山岛店子村设立冷化民诊所（私人西医诊所），1943 年停办；1936 年，在北长山岛嵩前村设立了 1 所私人中医诊所（林惠宗诊所），1947 年停办。

1956 年 8 月，北长山岛建立了北长山卫生所，当时有医务人员 2 人。1973 年，改为北长山卫生院，有医务人员 6 人。1975 年设病床 2 张。1985 年，有职工 7 人，其中医务人员 6 人，有病床 3 张，设有门诊、妇幼保健科、防疫科、牙科和药剂科（山东省长岛县志编纂委员会，1990）。

1969 年，北长山岛嵩前大队创办了合作医疗室；到 1971 年，各生产大队均建立了合作医疗室（医务人员称为“赤脚医生”）。1980 年，合作医疗室改称为村卫生室（山东省长岛县志编纂委员会，1990）。

北长山岛上现设有卫生院一所，即长岛北长山卫生院（图 1-3-7）。各村有医疗网点（卫生室）。

图 1-3-7 北长山卫生院（左图）与卫生所（右图）现状

（拍摄于 2010 年 6 月 4 日）

另外，利用九丈崖景区8000平方米停车场设立了救助直升飞机停机坪，并于2006年11月正式启用，结束了岛上军民在大风天不能通船、突发重病不能及时就医的历史。

第二节　海岛历史与文化

一、海岛历史

（一）人类起源与古遗址

北长山岛历史悠久，考古工作者已在岛上发现了较多的古文化遗址，主要有：珍珠门遗址、店子村遗址、店子古窑址、店子汉墓群、花沟遗址、北城遗址、西大山遗址、北城古城址、北城古墓群等。其中以珍珠门遗址最为重要。

1. 珍珠门遗址

珍珠门遗址位于北长山岛大西山西侧，地处北高南低的平缓地带（当地人称谓“平滩”），地理坐标北纬37°59.4′、东经120°41.2′。遗址南北长150米，东西宽80米，因地近珍珠门水道而得名。2006年经山东省人民政府公布为省级文物保护单位。

1978年，中国科学院考古研究所苏秉琦教授对该遗址进行了考察。1982年和1983年，北京大学和长岛县博物馆的考古工作者对该遗址进行2次发掘，发现有窖坑、灰坑。灰坑为直筒形平底，直径2米左右，内含红烧土块、炭灰和烧过的兽骨、鸟骨、贝壳等。

经三次发掘，出土了大量青铜器、石器、陶器及众多动物骨骼化石。出土的陶器有瓤、鬲、簋、碗、罐等，其颜色有红色、褐色、灰色，多系手制，以素面为主。采集到的动物骨骼有卜骨、骨凿、骨锥等。还发掘出了祭祀太阳的祭祀坑、墓葬及半地下式的房屋等。

北京大学和中国社会科学院的考古工作者认定，该遗址属商代至西周中期文化遗址，为商周时期典型的祭祀遗址之一，其文化内涵不同于中原地区的商周文化，是胶东地区具有代表性的地方历史文化遗存，被称为“珍珠门文化”（年代为距今2800～3300年，相当于商代晚期至西周晚期），其素面红陶大鬲是珍珠门文化的典型器物。这支文化主要分布于胶东沿海岛屿或胶东腹地几个地点，呈星点状分布，属东夷文化的一个发展阶段，最后融入商周文化成为中华民族文化的一部分。

1982年珍珠门遗址发掘出土的素面陶鬲，通高30厘米，口径31厘米。陶土夹粗砂，褐色、灰黑色杂驳。手制，形制不规整。大敞口，浑圆腹，下部为3个羊乳状袋足，足尖实而稍高。时代为商代晚期或西周早期，是具有显著的山东东部地方特色的代表性器物。现藏长岛县博物馆。

图1-3-8　珍珠门遗址祭祀坑及遗址保护标识

（拍摄于2009年10月2日）

图 1-3-9　珍珠门遗址考古发掘与墓葬出土状况

（2009 年 10 月 3 日拍自长岛县博物馆）

2. 店子村遗址

店子村遗址位于北长山岛店子村西北部，东西长约 300 米，南北宽约 200 米。出土的文物有盆形鼎、侈口罐、瘦腹罐、敞口碗、单把杯等。

图 1-3-10　珍珠门遗址出土的陶器

（2009 年 10 月 3 日拍摄于长岛县博物馆）

1979 年由当地群众发现。1980 年，烟台文管会、长岛县博物馆和北京大学考古工作者进行考察，认定该遗址为龙山文化遗址（山东省长岛县志编纂委员会，1990）。该遗址表土厚约 20 厘米；第二层为灰褐土，厚约 80 厘米，含有砾石、贝壳和陶片；最下层发现 4 座窑和 8 个灰坑。窑间距 4 ~ 6 米，灰坑保存较好，口径 1.5 米，深 0.5 米。坑壁及底部均铺一层料姜石。

图 1-3-11　北长山岛九丈崖公园内珍珠门遗址复原旌表

左图：鸟盉复原；右图：商周一家人雕塑（拍摄于 2009 年 10 月 2 日）

3. 北城遗址

北城遗址位于北长山岛北城村北部，东西长 400 米，南北宽 110 米。出土的文物有石斧、石矛、石磨棒，陶器等。

1972 年由当地群众发现。1980 年，烟台文管会、长岛县博物馆和北京大学考古工作者联合进行考察，认定该遗址延续了 3900 余年的历史，包含有 4 个时期的文化遗物：一期与北庄遗址的一、二期类型相同；二期为龙山文化；三期为岳石文化；最晚的一期为西周文化遗址（山东省长岛县志编纂委员会，1990）。

4. 西大山遗址

西大山遗址位于北长山岛北城村的西部，东西长 150 米，南北宽 50 米。出土的文物有骨耜、石

图 1-3-12　西大山遗址出土的青铜器
（2010 年 6 月 8 日拍摄于长岛县博物馆）

刀、石镰、石网坠、陶鬲，陶豆、陶罐等。

1972—1985 年，北京大学和长岛县博物馆考古工作者先后对该遗址进行 4 次试掘。该遗址文化层厚度 0.8 ~ 3 米，保存有自新石器时期起，经西周、东周至东汉的遗迹和遗物。

5. 花沟遗址

花沟遗址位于北长山岛花沟村北侧，面积 7500 平方米，属岳石文化（山东省长岛县志编纂委员会，1990）。

6. 北城古墓群

北城古墓群位于北长山岛北城村西部，东西长 110 米，南北宽 80 米。

1974 年当地群众整地时发现。墓葬多为小墓，土坑竖穴。出土文物有青铜鼎 2 件、陶鼎 1 件、陶簋 4 件、陶罐 7 件、陶豆 1 件。长岛县博物馆考古工作者认定，该古墓群属西周中晚期至春秋早期墓葬（山东省长岛县志编纂委员会，1990）。

7. 店子汉墓群

店子汉墓群位于北长山岛店子村东南部，南北长约 170 米，东西宽约 145 米。

1975 年，烟台博物馆考古人员对部分古墓进行发掘，认定为单纯的汉墓群。墓葬均为土坑竖穴，基底及四壁用牡蛎壳填充。墓分大、中、小三型。大墓一般长 5 米，宽 4 米，有壁龛，殉葬品一般置于壁龛中；中型墓一般长 3 米，宽 2 米，有随葬品；小型墓长 2 米，宽 1 米左右。

该墓群出土的文物有陶罐和陶壶。陶罐为夹砂灰陶，轮制、侈口、短颈、鼓肩、鼓腰、平底，口径 18.5 厘米；陶壶为夹砂灰陶，轮制、折沿、尖唇、盘口、高颈溜肩、鼓腹、小平底，口径 16.5 厘米。

（二）人文遗迹和历史文物

1. 北城古城址

北城古城址位于北长山岛北城村北部，长宽各 160 米。20 世纪 40 年代末至 50 年代初，四面城墙残迹多处可见，城门在东侧，门外是一缓坡，北侧有水井。20 世纪 60 年代，遗址遭到严重破坏。现仅存南、北城墙残部，北城墙长 94 米，宽 2 ~ 5 米，高 2.6 ~ 6 米；南城墙长 35 米，宽度 0.7 ~ 2.8 米，高 0.6 ~ 2.6 米。城墙由夯土和碎石层相叠而成，很坚固。在墙内采集到的文物有陶砖、陶瓦、陶器碎片和一件铁制夯头。长岛县博物馆考古工作者认定该遗址为唐代城址。

2. 店子古窑址

店子古窑址位于北长山岛店子村西，面积 1500 平方米，时代不详。

（三）历史事件

明万历二十一年（1593 年），中营军官兵屯种北长山岛，后留岛入民籍。

清道光年间，为开垦海岛，北长山岛上设立了北城社和店子社。

清光绪五年（1879 年）八月，蓬莱知县江瑞采赴长岛视察后发布《谕各岛并三乡栽松树以资樵薪告示》。同时制定了保护中外船只航行章程，在北长山岛店子社的三元宫、北城社的真武庙分别设立了“永绥局”。

1919 年，岛上流行霍乱。

1945 年 10 月 17 日，逃往塘沽的张立业等部 17 000 余人进犯长岛，在北长山岛捕去军政办事处主任王永利。当夜，军政办事处和长山大队撤至蓬莱，20 日返回长岛。

1949 年 8 月 12 日，北长山岛第二次解放。

1958年，北城村购进长岛县第一台农用柴油机，其型号为1140型，功率8.8千瓦。

1960年10月，北长山岛与南长山岛之间的连接工程（水泥路）建成，全长1050米。

1965年，北长山岛建立农业中学1所。

1970年夏，北长山岛店子大队购进长岛县第一台农用拖拉机，即14.7千瓦的“东方红”拖拉机。

1981年，月牙湾作为风景区被收入“中国名胜词典”。1984年，月牙湾公园建成。2005年，长山列岛国家地质公园，月牙湾公园为长岛国家地质公园主景区之一。

1990年7月7日，北长山岛上空出现海市奇观。

1991年，九丈崖公园建成。1998年，九丈崖公园被列为胶东海滨“国家级风景名胜区”。2005年，建成长山列岛国家地质公园，九丈崖公园为长岛国家地质公园主景区之一，以海蚀地貌奇观、古文化遗址为特色。

（四）历史人物

傅瑞言（1918—1947.10），女，北长山乡北城村人，中共党员（1945年加入）。1946年，任庙岛区干事、妇救会长。1947年9月，任中共庙岛分区委员会副书记。长岛工委进行战略转移时，她奉命留在岛内坚持地下斗争，不久被敌人逮捕。曾被释放，后又被捕。为了保守党的机密，她用玻璃片割破自己的喉咙，于1947年10月底在北长山岛牺牲。

郑玉金（1927—1947.12），男，北长山岛嵩前村人，中共党员。1946年7月参加革命，1947年12月在龙口市七甲村牺牲，时为胶东军区北海一团一营班长。

傅仁昌（1918—1948.2），男，北长山岛北城村人。1947年参加革命，1948年2月在福山牺牲，时为胶东军区北海一团一营战士。

林广家（1927.1—1946.8），男，北长山岛北城村人。1945年8月参加革命，1946年8月在砣矶岛牺牲，时为长山大队班长。

傅杰昌（1928—1949），男，北长山岛北城村人。1947年8月参加革命，1949在北长山岛嵩前村牺牲，时为长山岛特区庙岛区工作人员。

吴成利（1925.4—1948.2），男，北长山岛店子村人。1947年参加革命，1948年2月在烟台牺牲，时为胶东军区北海一团一营战士。

张金柱（1956.5—1979.3），男，北长山岛北城村人，中共党员。1975年1月参加革命，1979年3月6日在中越边境牺牲，时为昆明军区步兵91团7连战士。

梁永来（1902—1951.3），男，北长山岛店子村人，1951年3月在北长山乡牺牲，时为民工。

（五）渔村介绍

北长山岛上有北城村、嵩前村、花沟村、北店子村等行政村。

1. 北城村

北城村位于北长山岛南部的东端，为北长山乡政府驻地。东面靠山，南临北城湾，北面隔一片开阔地段与嵩前村为邻。据该村标志碑石背后铭文载：汉朝在村北修夯土城，经唐代整修，与南长山岛的土城相对峙，得名北城，村以城名。明末清初，孔姓、傅姓、王姓相继由蓬莱迁来居住。

1952年北城村曾组建业余吕剧队，1955—1957年，北城业余吕剧队参加长岛县文艺汇演。

据北长山乡政府网站[①]公布的数据，截至2009年年底，北城村共有452户，1060人；有林地153.33公顷、海区256公顷，船只202艘；实现渔村经济总收入14 480万元，集体经济总收入1860万元，渔民人均纯收入11 557元。

2010年6月调研时，在村中心地带有一处文化健身广场，村主要街道两侧均进行了绿化美化。该

---

① 北长山乡人民政府，北城村，http//bcx. changdao. yatai. gov. cn/index_ show. jsp? id =2370。

图 1-3-13　北长山岛北城村

左图：村庄标志碑石；右图：村庄主街道现状（拍摄于 2009 年 9 月 26 日）

村借助东部北城湾得天独厚的海域资源优势，开发赶海和海上垂钓旅游项目，发展海上休闲旅游业，已筹建了 4 艘海上休闲渔船，并建成了旅游码头和“赶海园”，力求打造长岛海上休闲游品牌。

2. 嵩前村

嵩前村位于北长山岛北部的中段，羊鼻子山西麓，南距乡政府驻地 0.9 千米。东、西两面靠山，北临月牙湾，南隔一片开阔地面与北城村为邻。村庄顺山沿路呈条状聚落。嵩前村原名黄山巷，因顺山势建房，正房向西南，外人进村多转向，称“谎向”，后演绎成黄山巷。1928 年因村西有嵩山而更今名。

图 1-3-14　北长山岛嵩前村一角

（拍摄于 2009 年 10 月 3 日，拍摄点地理坐标为 37°59.04′N、120°42.99′E）

图 1-3-15　北长山岛花沟村村委会现状

（拍摄于 2010 年 6 月 4 日，拍摄点地理坐标为 37°58′14″N、120°41′54″E）

2007 年年底，嵩前村有居民 190 户，总人口 513 人；有林地 689.9 公顷、海区面积 28.8 公顷；主要经济为海水养殖和旅游业。近些年来，实施渔业结构调整，建设一处海参育保苗场。2006 年投资 200 万元建造 1 艘海上观光游艇，开辟海上观光旅游项目，当年收入 70 多万元。同时，依托月亮湾景点大力发展以旅游为主的第三产业，目前有渔家乐业户 30 多户和旅游购物中心。2007 年经济总收入 1750 万元，集体收入 20 万元，人均纯收入 6806 元。

3. 花沟村

花沟村位于北长山岛中部的南段，东距北长山乡政府驻地 1.5 千米，西邻店子村 1 千米，三面环山，南面临海，263 省道沿海边东西穿过村庄。清康熙五十二年（1713 年），赵姓从蓬莱北沟迁来建村，后梁姓从南长山岛迁入，因位于多树花的山坳中而得名。20 世纪 30 年代曾称为永安村。历史上曾辖属于店子村，1984 年 4 月与店子村分开，单独设立花沟村村民委员会，隶属北长山乡人民政府。

20 世纪 30 年代，花沟村人梁坤生曾在烟台市组织“坤生画社”，1956 年绘制的邯郸市烈士陵园画展，受到周恩来总理的赞赏。

据北长山乡政府网站①公布的数据，至2009年年底，有居民28户，总人口74人，有林地37.6公顷、海区面积41.13公顷；经济总收入1150万元，集体收入55万元，人均纯收入8378元。共有11户群众在围建9个海参圈养池（共计4万余平方米），探索发展海参底播增殖；通过招商引资，开发近海滩涂资源和海上游乐项目；渔家乐3户。

4. 北店子村

北店子村位于北长山岛北部的西段，东南距乡政府驻地2.5千米。南、北依山，东、西临海。村庄呈长条形聚落。早年有应、丛二姓居住。明末清初，相继有刁姓自招远、冷姓由平度东乡冷哥庄、隋姓从蓬莱磕头崖、陈姓自福山官家庄迁入。村址北处原是一片大草甸子，因位于长山岛北端而名北甸子，后演绎成北店子，简称店子。历史上曾辖店子、花沟2个自然村，1984年4月与花沟分开，单独设立店子村村民委员会，隶属北长山乡人民政府。

据北长山乡政府网站②公布的数据，截至2009年年底，有居民363户，总人口920人；有林地160.67公顷、海区面积409.93公顷，船只51艘，村办企业2家；经济总收入11 020万元，集体收入145万元，人均纯收入10 630元。

在稳步发展第一产业的同时，依托九丈崖主要旅游景区，发展以旅游业为龙头的第三产业。同时，注重引导群众纵深发展“渔家乐”，向品牌化、特色化、规模化发展。2007年，实现旅游收入160万元。

图1-3-16 北长山岛北店子村

左图：村庄标志碑石；右图：村委会办公楼（拍摄于2009年10月2日）

二、海岛文化

北长山岛与南长山岛相距较近，并有“玉石街”连岛砾石坝或人工堤坝相连接，岛上风情、民俗、语言、信仰等与南长山岛相同，详见南长山岛相关部分。文学艺术方面则有其独特之处。

1. 传说与故事

（1）玉石街的传说

有一年，唐太宗渡海东征高丽路过长岛。唐太宗驻南长山岛南城，大将尉迟敬德驻北长山北城。当时两岛之间无路可通，来往全靠乘船。

一天，唐天宗得到禀报，说尉迟敬德身染重病，卧床不起。太宗急欲探望，怎奈海上狂风怒吼，浊浪排空，渡船难开。太宗只得望洋兴叹，自语道：“要是两岛之间有条路就好了。”此言被天上的值日神顺风耳听到，马上禀报玉皇大帝，玉皇大帝即令东海龙王为之填海筑路。

当天夜里，黑云翻滚，风雨骤起，白浪击空。太宗忧虑入寐，梦见一条白龙吐须长啸，腾出水面，

① 北长山乡人民政府，花沟村，http//bcx. changdao. yatai. gov. cn/index_ show. jsp? id = 2375。

② 北长山乡人民政府，店子村，http//bcx. changdao. yatai. gov. cn/index_ show. jsp? id = 2371。

旋即化成一条晶莹洁白的长街卧伏于两岛之间。第二天早晨，太宗到滩头一看，果然如梦中景象，一条玉带似的长街铺展在海面上，将两岛连接起来。

只因这条路是由五彩斑斓的珠矶石堆砌而成，因而人们称之为“玉石街”。又因为它是在“一夜而就”，故又称之“一宿街”。

玉石街原是天然连岛坝，它由砾石堆积而成，是典型的海积地貌。清末民初，北长山岛和南长山岛居民的来往必须要靠船渡过。1957—1960 年当地军民利用 3 年时间建成长 1500 米的拦海大坝，至今仍是北长山岛和南长山岛之间唯一的交通道路。

（2）鲍鱼不过珍珠门的传说

北长山岛的西北端和挡浪岛遥相对峙，人们称此处为“珍珠门”。

相传很早以前，鲍鱼在大海中是可以自由生活的。后来，北海龙王为了把海珍之冠的鲍鱼攫为己有，便令蟹兵虾将把鲍鱼全部赶到珍珠门以北，并封大虾为珍珠门的镇守将军，不准鲍鱼过珍珠门南一步。被加封的大虾受宠若惊，弓着个腰，日夜在门前巡逻。这下可苦了鲍鱼，每当想起往日的自由生活，就十分痛恨北海龙王，幻想有朝一日可以信游。一天，海龙王在龙宫设宴，大虾也应邀前往。在酒席宴上大虾得意忘形，喝得酩酊大醉。鲍鱼便趁机顺流偷偷游往珍珠门南。

大虾醒酒之后，不见鲍鱼的踪影，万分恐慌，忙去追赶，很快就追上鲍鱼，并严令其即刻返回。鲍鱼哪里肯听，一个个都紧紧地贴在礁石上。大虾无奈，只好返回龙宫，亲告北海龙王。龙王闻之大怒，为杀一儆百，在珍珠门南掀起狂风巨浪，蔚蓝透明的海水被搅成泥黄色，没过几天，逃出的鲍鱼就被泥沙呛死了。从此以后，鲍鱼再也不敢到珍珠门南了。因此，长岛历有“鲍鱼不过珍珠门”之说。

（3）花沟村传说

传说古时该村有户人家，母子相依为命，然而母亲常年生病，儿子想尽办法总不见好。后来听说山上有朵花能治母亲的病，可长在悬崖峭壁上，无法采摘，无奈为了得到那朵花他天天练箭，3 年后终于射下那朵花。此后母亲病好了。后来家中慢慢地富裕了，子孙繁衍，这个村子就叫谢花沟，后来更名为花沟，花沟村也因此而得名。

2. 戏剧

20 世纪 50 年代初，北长山岛的店子村，曾组建业余京戏班子排演过京剧《桑园会》、《卖马》、《失汉城》、《打渔杀家》、《空城计》、《女起解》、《搜孤救孤》等。1955 年后，随着吕剧的兴盛，京剧活动逐渐停止。

1952 年，北长山岛北城村组建业余吕剧队；之后，店子村也组建业余吕剧队。演出的吕剧多为传统剧目（山东省长岛县志编纂委员会，1990）。1965—1967 年，吕剧演出剧目多系根据政治形势需要自编。1978 年，恢复演出传统剧目。1985 年，随着音乐舞蹈的兴起，群众很少演出吕剧。

3. 民间舞蹈

北长山岛的民间舞蹈活动始于 20 年代初，由东北地区传入，岛上的北城村率先组织了同乐会（山东省长岛县志编纂委员会，1990）。春节期间的文化活动，主要是耍龙、跑旱船和踩高跷等。演出时间，一般从正月十五演到正月十八。除在本村演出外，还到各村串演。

1949 年以后，新增的形式有扭秧歌、腰鼓舞、狮子舞、扇贝舞、大头娃舞等。“文化大革命”开始后，一切传统文艺活动被禁止，只准唱“语录歌”、“样板戏”，跳“忠字舞”，至 1978 年停止。之后，始有秧歌演出，内容多为歌颂工农兵、反修防修、抓阶级斗争等。1981 年，开始恢复传统节目演出（山东省长岛县志编纂委员会，1990）。

另外，20 世纪 30 年代，北长山岛花沟村的梁坤生曾在烟台市组织“坤生画社”，1956 年，绘制邯郸市烈士陵园画展，受到周恩来总理的赞赏（山东省长岛县志编纂委员会，1990）。

三、海岛土特产品

北长山岛的特色海产主要是各种海产品和海珍品，以盛产海参、鲍鱼、扇贝、江珧贝、海胆等海珍品为著称，以海产品原料加工而成的鲅鱼饺子、鲅鱼包子和鱼面等，远近闻名，也是岛上“渔家乐”招牌食谱。

第三节　海岛基础设施

一、交通运输

清光绪五年（1879 年），蓬莱县在北长山岛上的店子社和北城社分布设立 1 处永绥局，负责管理海域和保护船只。

1929 年驻岛东北海军助以兵工和资金，修通了北长山岛北城村—嵩前村—店子村、店子村—花沟村—北城村 2 条公路。同年，民政局组织民工修通连接南、北长山岛的玉石街。

1950—1957 年，驻岛人民解放军在北长山岛修筑公路 12.3 千米。1960 年 3 月，驻军修筑南长山岛与北长山岛之间的玉石街（大坝长 1050 米，基宽 45 米，顶宽 10 米）；1964 年，在东侧建起了挡浪墙。

1980 年，店子村建小桥 1 座，桥长 10.5 米，负荷 13 吨。1983 年，铺设北城村至半月湾水泥路面 3.9 千米。

1964 年 5 月 1 日，烟台地区运输公司调 1 辆客车进岛，经营南、北长山岛的客运业务，每日往返 3 次，在北长山岛的花沟村和北城村设有停车点。1980 年，客运业务由县交通局经营，在北长山岛的嵩前村、店子村增设了停车点。1985 年，北长山岛出现使用机动三轮车的个体客运户。

二、港口、航运与助航导航设施

在北长山岛的西北嘴和月牙湾的东侧各设有灯塔。其中，西北嘴灯塔的地理坐标为北纬 37°59′21.5″、东经 120°40′50.2″，灯塔高 5 米，为白色圆柱形混凝土结构（图 1-3-17），灯高 26.7 米，射程 7 海里。月牙湾东侧的北长山岛灯塔地理坐标为北纬 37°59′11.4″、东经 120°42′49.4″，灯塔高 12.4 米，为白色圆柱形砖砌、瓷砖贴面结构（图 1-3-17），灯高 101.7 米，射程 22 海里。

三、水利设施

1977 年前，北长山岛上居民生活食用水靠人力从水井中汲取。1978 年以后开始建设自来水供水系统。1982 年，北长山岛的北城大队率先将自来水管道铺设到户。

2007 年 7 月，北长山岛上海水淡化站建成并正式启用供水。该海水淡化站由长岛县和

图 1-3-17　北长山岛灯塔

左图：西北嘴灯塔；右图：北长山灯塔（拍摄于 2009 年 10 月）

南京慧城机械制造有限公司合作投资建设，总投资639万元，日产淡化水300吨，时为长岛县海水淡化供水规模第二大淡化站①。

图1-3-18　北长山岛海水淡化站淡化装置②

四、广播、电视和通信

（一）广播

1965年10月，北长山岛始建公社广播管理站1处，通过高音喇叭在岛上播放新闻节目，每天早、中、晚3次共播音5个半小时。其中，转播中央人民广播电台、山东人民广播电台节目5个小时，自办节目半小时（1975年，自办节目每天增至1小时）。1976年，广播站改建放大站（山东省长岛县志编纂委员会，1990）。

（二）电视

1980年4月，北长山岛的嵩山上建成电视差转台1座。采用GCH-50型彩色电视差转机，用九频道转播大泽山转播台的电视节目。发射天线程式为四层十字形，高20米，覆盖面半径16千米（山东省长岛县志编纂委员会，1990）。岛内始可收看彩色电视节目。

1981年10月，嵩山电视差转台迁至南长山岛的北山。1985年，改建成300瓦彩色电视差转台。发射天线程式为四层十字形，高38米，覆盖面半径58千米。

目前，岛内居民均为闭路电视。

图1-3-19　长岛县邮电局北长山支局现状
（拍摄于2009年9月26日，拍摄点地理坐标为37°57.88′N、120°43.06′E）

（三）通信

1928年，北长山岛开始有邮件投递，当时在南长山岛寺后村设三等邮政局（隶属于山东省邮政管理局）。

1954年4月，北长山岛始设立邮电支局，当时装有30门磁石式交换机，北长山岛开始有农话。

1957年1月，长岛县邮电局开通了与北长山岛等的无线联络，北长山岛始有电报业务。1980年11月18日，北长山岛全部使用自动拨号电话，并纳入市话网。

目前，北长山岛上设有长岛县邮电局北长山邮政支局，建成了数字通信网络，具备了国际、国内快速优质的通信性能。

① 长岛又一处海水淡化站投入使用：http：//www.jiaodong.net/news/system/2007/07/03/010045775.shtml。
② 资料来源：http：//www.jiaodong.net/news/system/2007/07/03/010045775.shtml。

五、电力电网

1984 年之前，北长山岛上供电采用柴油发电机定时供电。1982 年，蓬莱至南长岛的 3.5 千瓦海底输电电缆竣工并向南长山岛输电后，1984 年 7 月，其供电范围扩大到北长山岛，至此北长山岛由烟台电网供电。

2008 年，长岛至砣矶单根三芯 35 千伏海底电缆敷设完成。该海底电缆的北长山岛的登陆点在月牙湾东部，并设有警示标志（图 1-3-20）。

图 1-3-20　月牙湾东部长砣电力电缆登陆点（警示牌）
（拍摄于 2009 年 10 月 3 日，拍摄点地理坐标为 37°59.24′N、120°43.02′E）

六、市政基础设施

北长山岛的市政基础设施较完善，交通便利，各渔村间均有柏油公路相通，与南长山岛间早在 1964 年建成大坝相连，并与县城开始有了公共交通，现各渔村均有公交通达。公路和主要街道均实施了绿化、亮化和美化工程，环境整洁、优美。

另外，北长山岛上建有文化馆、文化宣传站、图书馆、广播电台乡镇放大站、文化大院及相关健身娱乐设施等。

图 1-3-21　北长山乡文化大院广场及健身设施
（拍摄于 2009 年 9 月 26 日，拍摄点地理坐标为 37°58.03′N、120°43.20′E）

七、生态建设和环境保护

北长山岛上自然生长的树木很少，大部分由人工种植。清光绪五年（1879 年）八月，蓬莱知县江瑞采视察长岛后，发出告示劝导岛民植树造林。1929 年，驻岛东北海军拨专款从青岛购进树苗，司令沈鸿烈命令士兵种树，民政局局长林绍愈督促群众在村旁、路旁划段植树。1946 年春，特区工委发起每人栽 1 棵树运动，1949 年有 2 次发动群众种树；1954 年，特区政府从青岛购进黑松树苗，发给群众载到地旁、宅边，开始封山造林。1955 年，开展大规模的治山整地、黑松植苗和“四旁”（宅旁、村旁、路旁、水旁）植树活动。1958 年，因在人民公社化和大炼钢铁运动中砍伐林木，使岛上林木减少。1964 年，林木确权发证，岛上成立了林业专业队，将荒山划片进行有计划造林。1982 年 2 月，第二次林木确权发证，长岛县人民政府作出“凡年满 11 周岁以上的公民，除老、弱、病、残外，每年每人植树 3 ~ 5 棵，保栽保活”的规定。1985 年，实行退耕还林。

进入 21 世纪，岛上政府大力实施提高城乡绿化美化水平，按照“绿化、美化、亮化、净化”的要

图 1-3-22　北长山乡敬老院
（拍摄于 2009 年 9 月 26 日，拍摄点地理坐标为 37°57.99′N、120°43.18′E）

求，积极开展旅游沿线环境综合整治，2009 年先后种植观赏树木 6000 余棵，增加绿地 1.4 万平方米；投资 70 多万元，对北城湾海滩进行改造，恢复球石海滩约 2 万平方米。

近些年来，大力推广生态养殖模式，2009 年投资 200 多万元建设贝鱼类良种繁育中心，成功培育黑裙鱼 300 万尾，放流黑裙鱼苗 100 万尾，为恢复近海鱼类资源作出积极贡献；投资 800 万元建设海参良种繁育中心，推动全乡海参育保苗业走科技化发展之路。

第四节　经济基本情况

一、海岛居民生产活动

北长山岛居民生产活动，以海珍品增养殖、水产品精加工、旅游等为主导产业的主要经济活动。特色产业为旅游业和海珍品养殖业。

自 20 世纪 80 年代中期以来，岛上居民依靠科技创新，经济发展已经完成了“以粮为纲”向“海上发展”的重大转移，在渔业产业结构调整上，加快由传统的猎捕型向集约精养转变。通过大力实施“耕海牧渔”战略，淘汰污染重、用水量大的高耗能产业，大力培植节能型、科技含量高的新兴产业，逐步形成了以海珍品增养殖业为主导，旅游开发、水产品精深加工的海洋产业。

二、社会经济基本情况

2005 年渔村经济总收入 1.52 亿元，地方财政收入 150 万元。全乡生产总值 4000 万元，第一、二、三产业比为 76：12：12。粮食平均亩产 280 千克，总产 1800 吨。农业总产值 1.18 亿元，其中种植业总产值 60 万元，林果业总产值 75 万元，畜牧业总产值 21 万元，渔业总产值 1.16 亿元。人均纯收入 4200 元，人均居住面积 26 平方米①。

据北长山乡政府网站②公布的数据，2009 年乡村经济总收入 3.6 亿元，地方财政收入 423 万元。全乡国内生产总值 13 600 万元，一、二、三产业比为 76.5:8.8:14.7。农业总产值 2.82 亿元，其中种植业总产值 141 万元，林果业总产值 78 万元，畜牧业总产值 15 万元，渔业总产值 2.8 亿元。人均纯收入10 660元，人均居住面积 36.3 平方米，与 2007 年相比均有较大提高。

① 资料来源：http：//www.yantai.gov.cn/cn/content/about_ yt/ytnj/index_ ytnjshow.jsp？id＝457784；烟台年鉴。
② 北长山乡人民政府，北长山简介，http//bcx.changdao.yatai.gov.cn/index_ show.jsp？id＝2369。

表 1-3-3 北长山乡农村经济收益情况①

年份	总收入（万元）	捕捞业总收入（万元）	养殖业总收入（万元）	纯收入（万元）	农民人均所得（元）	年末固定资产原值（万元）
2000	8583	915	3018	1626	2121	2253
2001	8820	909	1803	1586	2565	10 577
2002	9450	749	2306	1298	2698	10 182
2003	11 500	759	6788	1473	3008	11 657
2004	13 921	920	10 166	1685	3804	1836
2005	15 200	632	10 973	2279	4201	1520
2006	20 008	1000	15 426	2722	5599	—
2009	36 000	—	—	—	—	—

三、主要海洋产业基本情况

北长山岛有九丈崖、半月湾、钓鱼岛、北方妈祖庙等名胜风景区相绕，为长岛著名旅游区域。海岛周围海域，水质肥沃，滩涂广阔，适宜于海参及多种贝、藻养殖，全乡拥有可开发养殖海区面积 7 万公顷，乡政府按照结构优化、品种优良、生态环保、效益增长的原则稳步发展生态渔业，积极探索贝类养殖，实现精养高效的新路子，把压缩规模、提高效益作为全乡扇贝养殖发展的主攻方向。2009 年，全乡海参育保苗业实现收入14 400万元，同比增长 13.4%；海参增养殖新改造海区 180 公顷，海参增养殖实现收入 4500 万元。

2009 年，全乡贝类养殖规模压缩 1/5，效益再攀新高，实现收入 9100 万元，同比增长 13.4%②。按照建设生态养殖业“两个百万”工程要求，大力推广生态养殖模式，投资 200 多万元，建设 1 处 3000 立方米水体的贝鱼类良种繁育中心，被确立为中国水产科学研究院长岛增殖站鱼类繁育实验场，成功培育黑鲪鱼 300 万尾；该实验场被省渔业厅确定为山东省渔业资源修复行动烟台黑鲪鱼放流基地，完成黑鲪鱼苗 100 万尾放流计划，为恢复近海鱼类资源做出积极贡献；投资 800 万元，建设 1 处 3500 平方米的海参良种繁育中心，推动全乡海参育保苗业走科技化发展之路。

第五节 地质地貌

一、岛陆地质

（一）构造、地层和岩性

1. 地质构造

（1）褶皱构造

北长山岛和南长山岛为一向斜构造，向斜的核部出露在北长山岛峰台山北部，向斜轴近南北向，略呈弧形，弧向东凸出，向斜轴往南北倾没。北长山岛为该向斜的西翼，岩层产状为 45°～90°，倾角为 20°～30°。核部地层为蓬莱群辅子夼组上部，地层时代最新，向两翼渐次变老。

---

① 长岛县发展改革和统计局：2000—2005 年长岛县国民经济统计资料第 118 页、2006 年长岛县统计年鉴第 40～41 页。

② 资料来源：http://www.yantai.gov.cn/cn/content/about_yt/ytnj/index_ytnjshow.jsp?id=457784；烟台年鉴。

（2）断裂构造

北长山岛断裂构造主要为北东东向和北西向。

北东东向断裂　在北长山岛53.4高地东南沿岸，有一方向75°的破碎带，由3条小断层组成（方向分别为70°、75°、81°），破碎带宽度约20米，具有紫红色断层泥，断层附近岩层产状紊乱。

北西向断裂　在北长山岛大顶山西北沿岸陡崖处，断层走向315°，倾向北东，岩层明显被断层错开，断距约2米，为上盘上升的逆断层。

除上述断裂外，岛上节理十分发育，主要有三组：50°～70°、90°和0°左右，以50°～70°组最发育。

2. 地层和岩性

北长山岛出露的基岩主要为石英岩、长石石英岩和板岩，属新元古代蓬莱群辅子夼组上部地层。厚层-巨厚石英岩、中厚层石英岩、石英岩与板岩互层等多种岩性组合出现，在地貌上反映极为明显，形成波浪状的起伏地形。

厚层-巨厚层状石英岩主要分布在该岛西部低丘地区，岩性新鲜面为白色、灰白色，风化面黄白色，质地很纯，致密坚硬，局部见有白色粉粒状结晶，块状构造，偶尔有浅紫红色石英岩出现，局部夹有少量薄层灰紫色、黄褐色板岩，岩层中节理发育，岩石多被切割成碎块。

中厚层状石英岩主要分布在大头山、蒿山、马头山、90.0米高地。岩石颜色为灰白色、浅黄褐色，少量紫红色石英岩，以灰白色中厚层石英岩为主，质地较纯，层面常有波痕及龟裂纹构造。石英岩中普遍夹有少量薄层灰色、黄褐色、暗紫色板岩，板岩夹层厚度多小于1米。从上往下板岩夹层呈增加趋势。

石英岩与板岩主要分布在大顶山、羊鼻山及峰台山等，石英岩颜色为灰白色、黄褐色，局部夹有紫红色石英岩，岩石中普遍含有铁质。板岩为青灰色、黄绿色、灰紫红色，具弱绢丝光泽，板岩夹层厚度大，厚者可达6～7米。在厚的板岩层中夹有石英岩薄层和透镜体。

（二）工程地质与水文地质

1. 工程地质

北长山岛工程地质分区属鲁东丘陵工程地质区，主要出露3个工程地质岩组。

（1）坚硬半坚硬层状变质岩工程地质岩组

北长山岛基岩以石英岩为主，其次为板岩。石英岩属坚硬岩石，抗风化能力强，新鲜岩石抗压强度较高，可达4000千帕，强风化带则降至500千帕。板岩类易风化，新鲜岩石抗压强度为1500～2000千帕，强风化带降至200～500千帕。这两种岩石分布区均为良好建筑地基基础，但由于岩石裂隙发育，在破碎带及强风化带陡崖部位，有产生崩塌或滑坡等工程地质问题的可能。

（2）松散残坡积、坡洪积黏土、粉质黏土、粉土、砂土工程地质岩组

分布在丘陵山坡及坡麓地带的残坡积、坡洪积等分布区，松散沉积物成层分布，岩性变化较大，垂向上呈渐变，土的状态由软塑—硬塑—坚硬半坚硬。含水量及密实度对土体强度有较大影响。本岩组一般都可做小型建筑基础持力层，一般地基容许承载力为100～350千帕；残积层下部至基岩强风化过渡带强度较高，一般地基容许承载力大于400千帕。

北长山岛上丘陵山麓及丘间谷地内有较厚的黄土状堆积，原因是黄土厚度较大，结构疏松，吸水性强，透水性好，吸水后自重下沉（湿陷性）；由于黄土垂直节理发育，土体塌方和滑动是常见的工程地质现象。

（3）松软（散）海积粉砂、淤泥、卵砾石工程地质岩组

北城、月牙湾、北店子等滨海的海积层分布区，岩性由淤泥、淤泥质粉砂、砂砾石组成，不同部位岩性差异较大。淤泥、淤泥质粉砂含水性强，易压缩，振动或加压易产生液化和流动，在地基处理时，对于埋深浅、厚度薄的应予以清除，埋深较深、厚度较大者应采取地基处理措施。另外，海积层

地下水埋深较浅，水质咸，应予以考虑地下水对建筑地基的腐蚀性。

2. 水文地质

(1) 地下水类型及分布

北长山岛的含水层包括松散岩类孔隙水和基岩裂隙水两种类型。

北长山岛为庙岛群岛第二大海岛，第四纪松散沉积物比较发育，分布面积广，沉积物厚度较大，松散岩类孔隙水相对较丰富。含水层主要有残积物含水层、坡洪积物含水层和洪积海积物含水层。其中，残积物含水层主要分布在丘陵山坡下部和丘麓地带，出水量小；坡洪积物含水层主要分布于嵩山村至北城大沟的丘间谷地内，汇水面积较大，水量相对较丰富，嵩前村西部低洼地带水量较大。

洪积海积物海水层主要分布于北城、半月湾、店子村等湾顶洪积海积、潟湖平原区，虽水量较大，但水质皆较差。

北长山岛基岩主要是石英岩和板岩。其中，板岩类属层状裂隙水含水层，但板岩类裂隙容易被充填；石英岩类裂隙较为发育，富水性比板岩类略强，在石英岩和板岩互层的情况下，以石英岩裂隙出水为主。

(2) 地下水补给、径流及排泄条件

大气降水是北长山岛地下水的唯一补给来源，出露地表的岩层直接接受降水补给，埋藏的岩层则接受上部或高处岩层的间接补给。北长山岛面积相对较大，地形起伏多变，丘陵间有宽缓沟谷和海湾海积平原，如嵩山村至北城谷地和北城、半月湾、店子村海积平原，这些谷地和平原是岛上的主要汇水地。其他丘陵临岸地区，地势较陡的沿岸区等，一部分淡水资源就地排泄，一部分在低洼地带的地下水成径流排入海中。

地下水位、地下水流向与地形密切相关，基本以分水岭为界，沿岩层的裂隙、孔隙，从高处流向低凹处，从陆地流向海洋。基岩裂隙水的主要排泄方式是向松散岩类中排泄，由裂隙水变成了孔隙水；也有以基岩裂隙为通道，裂隙水直接向海中排泄。松散岩类孔隙水的排泄：上覆松散岩类孔隙水渗入基岩，孔隙水变成裂隙水，同样也有的直接向海中排泄。

当地下水补给区与排泄区无明显界线时，如在地势较陡的沿岸区等，一部分淡水资源就地排泄，一部分在低洼地带的地下水成径流排入海中。

北长山岛地下水化学类型为重碳酸盐水以及重碳酸盐—氯化物型，丘陵基岩裂隙水的水质较好，滨海平原区地下水普遍受海水侵染，水化学类型为氯化物水。

(三) 第四纪地质

1. 第四纪沉积物类型及特征

北长山岛上第四纪沉积物成因类型多样，主要有残积、残坡积、黄土状堆积、潟湖沉积和海积等类型。

(1) 残积物

北长山岛上残积物广泛分布于丘陵山坡或侵蚀剥蚀台地上，沉积层较薄，厚度一般小于 0.5 米。主要岩性为黄褐色松散亚砂土，分选较差，含有较多的碎石、岩屑，下部与风化壳过渡。

北长山岛北城村东的上新统红色风化黏土与古冰川活动形成的角砾相互交替，下与石英岩呈过渡关系，上被下更新统坡积物或者中更新统黄土所覆盖（图 1-3-23）。

(2) 残坡积物

主要分布于丘陵缓坡地段，厚度一般由高处向低处变厚，从 20 ~ 50 厘米到 1 ~ 2 米。岩性主要为褐灰色黏土质粉砂、细砂质粉砂，含有许多岩屑、碎石，特别是底部常呈层状分布，并与下伏基岩风化破碎带过渡；地表多土壤化，土与碎石混杂。

(3) 黄土状堆积物

北长山岛上黄土状堆积物分布广泛，在丘陵山麓缓坡处和丘间谷地内厚度较大，多呈充填于古老

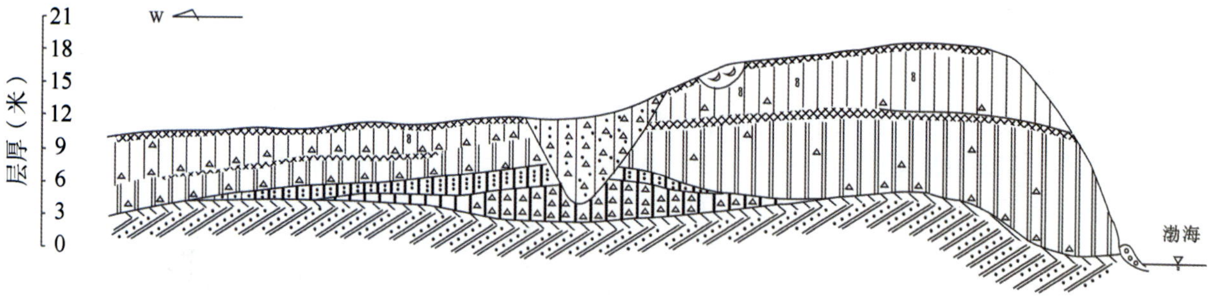

图 1-3-23　北长山岛北城黄土地层剖面（引自李培英　等，2008）

冲沟或覆盖在坡地上。主要岩性为灰黄色、浅黄色粉砂、细砂质粉砂，质地均匀，无层理，疏松多孔，垂直节理发育。

（4）海积和潟湖沉积

主要分布于北城、月牙湾、北店子等滨海地带及潮间带地区，以北城和月牙湾面积较大，分布高程在 5 米以内。沉积物岩性为黑色淤泥及砂砾贝壳层。在潮间带地区较普遍地分布着砾石滩、砾石堤、砾石嘴地质体，其物质成分皆由大小不一的砾石组成，其成分主要为石英岩。月牙湾和店子村北部砾石滩规模较大。

此外，在北长山岛上及沿岸陡崖或悬崖峭壁下，常有重力堆积物分布，规模一般不大，多由碎石、岩块等组成。在珍珠门、店子村、花沟村、西大山、北城村等黄土状堆积物内，均发现有古文化堆积层。

2. 第四纪地层

（1）下更新统

见于北长山岛北城东海滨剖面的底部，出露厚度 2 米左右。岩性为棕红色粉砂质黏土，含石英角砾，分选较差，干后坚硬。曾经古地磁测量，属松山期，为早更新世的堆积，岩相特征为坡洪积物。

图 1-3-24　鸥翅湾东岸第四纪沉积地层剖面

（拍摄于 2009 年 9 月 25 日，拍摄点地理坐标为 37°59.41′N、120°41.38′E）

（2）中更新统

见于北城海滨、店子村北海滨等剖面，岩性主要为棕红色、褐黄色黏土质粉砂，较致密。底部常含岩屑、角砾层，局部成层；顶部发育有棕红色古土壤层，其产状随古地形而变，酷似陆地上离石黄土特征。

（3）上更新统

北长山岛上的上更新世地层以马兰黄土为主，广泛分布于丘陵山麓和丘间谷地内，典型剖面最大可见厚度 10 米左右。岩性多为浅黄或灰黄色黏土质粉砂，质地较均匀，疏松多孔，垂直节理发育。沉积层中普遍含有碎石岩屑，常构成碎石薄层和透镜体，个别剖面顶部分布 1～2 层不稳定的古土壤层，土层中有零星的钙质结核分布。

在店子村马兰黄土底部（地表下3～4米）的钙质结核碳测年为距今（12 070 ± 130）年、珍珠门灯塔南侧黄土的钙质结核碳测年为距今（19 380 ± 320）年（曹家欣 等，1986；曹家欣 等，1987）。

在马兰黄土中曾发现很多脊椎动物化石，其中在北城村西黄土的中下部发现有梅花鹿角（*Cervus Nippon*）化石（李培英 等，2008），该化石现保存在长岛博物馆中。

图1-3-25 北长山岛北店子村西黄土沉积剖面

（拍摄于2008年9月30日，拍摄点地理坐标为37°59. 15′N、120°41. 17′E）

（4）全新统

北长山岛全新世地层主要为海相砾石滩沉积、潟湖沉积，以及陡崖或悬崖峭壁下重力堆积物、黄土中的古文化堆积层等。

二、海岛地貌

（一）岛陆地貌

北长山岛的地貌类型主要有侵蚀剥蚀低丘陵、黄土坡和黄土台地、潟湖平原和海积平原等类型。

（1）侵蚀剥蚀低丘陵

侵蚀剥蚀丘陵为北长山岛陆最主要的地貌类型之一，主要丘陵山头有：大西山（69. 7米）、大头山（94. 3米）、西嘴子山（98米）、大顶山（125. 4米）、羊鼻子山（109米）、嵩山（195. 7米）、北山（118米）、西大山（144. 1米）、海螺山（111. 6米）等，均属于低丘陵。主要分布在海岛的北部、东部、西部，各自相对孤立，呈近南北展布，并直逼海岸分布。丘顶多较圆浑，常基岩裸露。

（2）黄土台地

主要分布在该岛的中部和北部，为黄土状堆积物构成的平缓坡地，地面坡度小于17°，黄土层一般厚为1～4米，最厚可达10米。因后期流水作用，发育有黄土冲沟。

岛上黄土台地是人类活动的主要场所，多数曾被开垦为耕地，部分居民驻地位于黄土台地上，岛上的古文化遗址也分布在黄土台地上。

（3）黄土坡

广泛分布于低丘陵的外缘、黄土台地的上缘，为黄土状堆积物披盖于丘陵山麓或丘坡而成，地面坡度一般在15°～20°，冲沟发育，植被茂盛。

岛上黄土坡多曾开垦为梯田或果园，自20世纪80年中期开始退耕还林。

（4）黄土沟

主要发育在海岛东部的黄土台地及黄土坡中，大多数黄土沟坡常发生滑坡、塌方等现象，处于不稳定状态。

（5）洪积海积平原和潟湖平原

洪积海积平原主要分布在北城、嵩前村、店子村等，地势低洼，地下水灌溉方便，是菜地及村镇分布的主要场所。

潟湖平原主要分布在半月湾南、北城东南，地表高程一般低于 3 米，地表呈盐渍化。其上生长有碱蓬、盐蒿、芦苇等盐生、湿生植被，还有柽柳等灌木丛，其物质以淤泥和砂砾石含量最多。

此外，在北长山岛上有较多的倒石堆，最高可达十余米。

（二）岛岸地貌

北长山岛的海岸地貌类型主要有海蚀崖、海蚀洞穴、海蚀平台、砂砾滩等。

（1）海蚀崖

北长山岛北部、东部和西部的丘陵区，丘陵山体直临海边，多处形成了高耸陡直的海蚀崖。其中，在大西山附近海岸，崖高 35 米。

（2）海蚀洞（穴）

北长山岛海岸上海蚀洞穴不太发育，主要在大头山、大西山附近等岸段，海蚀崖上发育有规模不大的海蚀穴。

（3）海蚀平台

北长山岛沿岸海蚀平台较发育，但宽度普遍不大，仅海岛西北端“九丈崖”下海蚀平台较发育，宽度 40 ~ 50 米，海蚀平台上面有巨砾岩体、礁石或海蚀柱等分布。

（4）砾石滩

砾石滩分布普遍，除礁石区外，环岛周围均有分布。砂砾滩仅局部存在。北长山岛砾石滩发育程度及特征基本相同，岛的东部砾石个体大，滩窄水深，砾石主要来源是基岩斜坡或倒石堆。岛西部海岸砾石滩较宽，但砾石较小，砾石滩总面积要小于岛的东部。

北长山岛的半月湾砾石滩，退潮可宽达 40 米，坡度 10°左右，这里的砾石被称为球石，大小不一，色彩艳丽。有的浑圆如球，有的扁圆如饼，有的椭圆如卵，十分可爱，是吸引游人的珠光宝物。在店子村北部海湾，也有球石海滩，对此资源应加以保护。

在北长山岛和南长山岛之间，原为水下沙坝式砾石堤，历史上又叫玉石街，其长度约 400 米，宽约 40 米。据了解，该砾石堤在筑路以前，涨潮时海水尚可东西流淌。

三、海岸线与潮间带

（一）海岸线基本特征

北长山岛的岸线类型主要有基岩岸线、砾石岸线和人工岸线。其中，人工岸线分布最为广泛，从岛的东南一直延伸到西北侧，主要为码头、人工养殖场、环岛道路及旅游设施等。基岩岸线主要分布在岛西北岬角及北侧部分岸段，多陡崖峭壁，西北岬角无法行人；北侧基岩岸段下部有岩礁，低潮时人员可步行通过。砾石岸线主要分布在岛北部的半月湾内，多为彩石。

该岛岸线动态变化类型主要有侵蚀、稳定和淤积三种，各变化类型对应不同的岸线类型，侵蚀主要发生在基岩岸段，主要为岛的西北岬角及东北部分岸段；稳定主要发生在人工岸段，广泛分布于岛东南、南、西南及西北侧；淤积主要发生在砾石岸段，主要分布在岛北侧岸段半月湾内。

（二）潮间带基本特征

北长山岛潮间带面积 0.733 平方千米，地貌类型和底质类型丰富，岬角处多发育岩滩，地貌类型包括海蚀崖、海蚀平台等；在岬间海湾或凹岸处则发育砂砾滩和沙滩。其中，岩滩分布广泛，除月牙湾、店子北湾和北城附近岸段外，岸外普遍发育有岩滩，宽度20 ~ 40 米，在西山北端九丈崖岸外较宽，可达 40 ~ 50 米。岩滩上分布有高低不同参差不齐的礁石，有的高出海面十余米甚至形成小型海蚀柱。

岩礁滩是藤壶、牡蛎、贻贝、螺类和许多藻类等固着和附着生物的栖息场所，其数量丰富，生物量和栖息密度较高。生物量组成以牡蛎、贻贝等双壳类为主；单壳类以短滨螺为主。栖息密度以小藤壶为主的甲壳动物占首位。很少出现多毛类。

砂砾滩面积0.337平方千米，主要分布在北城岩、月牙湾、店子北湾、鸥翅湾等湾内。物质组成差异较大，有的砾石滩砾石棱角分明，磨圆度差，粒径为3~8厘米，有的砾石滩磨圆度较好，为卵石，直径为0.5~2厘米。其中，尤以半月湾花斑彩石资源丰富，已开发成著名的旅游区。

砂砾质潮间带的生物既有底表固着和附着生物，又有底埋的生物栖息，种类较多，但生物量和生物密度比岩礁滩低。生物量组成仍以双壳类为主；密度组成中，仍以小藤壶为主的甲壳动物占首位。单壳类仍以短滨螺占绝对优势。

四、地质灾害

（一）岛陆地质灾害

北长山岛陆主要的地质灾害是悬崖和陡坡的岩石坠落和滑坡、黄土崩塌（滑塌）等（图1-3-26）。另外，采石场因爆破、掏空等人为活动，极易造成山体滑坡、岩石坠落等险情。

北长山岛上具有较大灾害隐患的采石场有：北城采石场、嵩前采石场。这两处采石场由于过度采挖，加之华能风电施工爆破等原因，两处采石场的山体均已出现断裂。其中，北城采石场已出现小面积滑坡，在华能风电场18号和19号风机之间出现了自上而下的通贯裂缝；嵩前采石场距采石场办公地点以东50米左右处的山体也出现了自上而下的裂缝，有可能发生大面积的崩塌和滑坡，并对山顶几处风机的正常运行构成威胁。

（二）岛岸地质灾害

北长山岛海岸地质灾害主要是悬崖峭壁海蚀崖岸段的岩石坠落、岩体崩塌，由

图1-3-26 北长山岛上黄土滑塌

（拍摄于2009年9月25日）

图1-3-27 北长山岛大顶山东北海岸滑塌灾害地质体

（拍摄于2009年10月3日，拍摄点地理坐标为37°59.28′N、120°43.13′E）

于崖壁陡峭，长期的风化和侵蚀作用，部分岩石松散（图 1-3-27），常年都有岩石坠落、山体滑塌现象。

在北长山岛北部的九丈崖景区内，海岸绝大多数（80%左右）为悬崖峭壁（图 1-3-28），由于长年海蚀、风化作用，每年都有岩石坠落的险情，2008 年长岛县人民政府已将其列为地质灾害防范重点区①，具体的防治措施包括：① 建立群防网络定期巡查，旅游旺季加大巡查力度，发现险情迅速上报；② 定期对易落岩石进行排险、清理；③ 在危险路段设置警示标志，提示游人快速通过等。

图 1-3-28　北长山岛九丈崖公园悬崖海岸及坠落岩块

（拍摄于 2008 年 9 月 30 日，拍摄点地理坐标为 37°59.42′N、120°41.41′E）

第六节　植被与土壤

一、海岛植被

（一）植被组成

北长山岛的植被主要有针叶林、阔叶林、灌丛、草丛、滨海盐生植被、滨海沙生植被、沼生植被和人工栽培的草本植被、农作物及木本的果树。

岛上植物主要是暖温带的一些种属。908 专项山东省海岛调查采集到的植物样本涉及 22 科的 27 个种。乔木主要是松树、槐树和少量的金合欢、梧桐、侧柏、杨树等；灌木主要是酸枣、荆条、棉槐等；草本有禾本科、豆科、菊科、十字花科。栽培果树主要是苹果、梨、桃、无花果等。

① 长岛县 2008 年地质灾害防治方案：http：//www. changdao. gov. cn/cn/content/xxgk/index_ show. jsp? sid = 0101- 02- 2008 00756&dept_ code = XFB&columncode = XFBXXGKMLQTWJ。

（二）植被分布

北长山岛的植被覆盖较好，岛上林木覆盖率为42%，以常绿针叶林为主（图1-3-29）。在海岛西南部低山丘陵的中、下部是松树和以松、槐为主的落叶阔叶、针叶混交林（图1-3-30）；山顶分布稀疏松树林。在海岛东北部的黄土坡及沟谷内，有以槐树为主的落叶阔叶针叶混交林，林下分布有各种灌木。海岛西北部的黄土台地及黄土坡是各种草木繁盛地带。在海岛中部的山前平原有少量果林和农作物分布，蔬菜则分布于洪海积平原区。在沿海低平潟湖区，生长有一些耐碱植物，如柽柳、碱蓬等。

此外，道路旁、庭院内栽培有樱花、梧桐、侧柏、杨树、银杏、冬青、柳等。

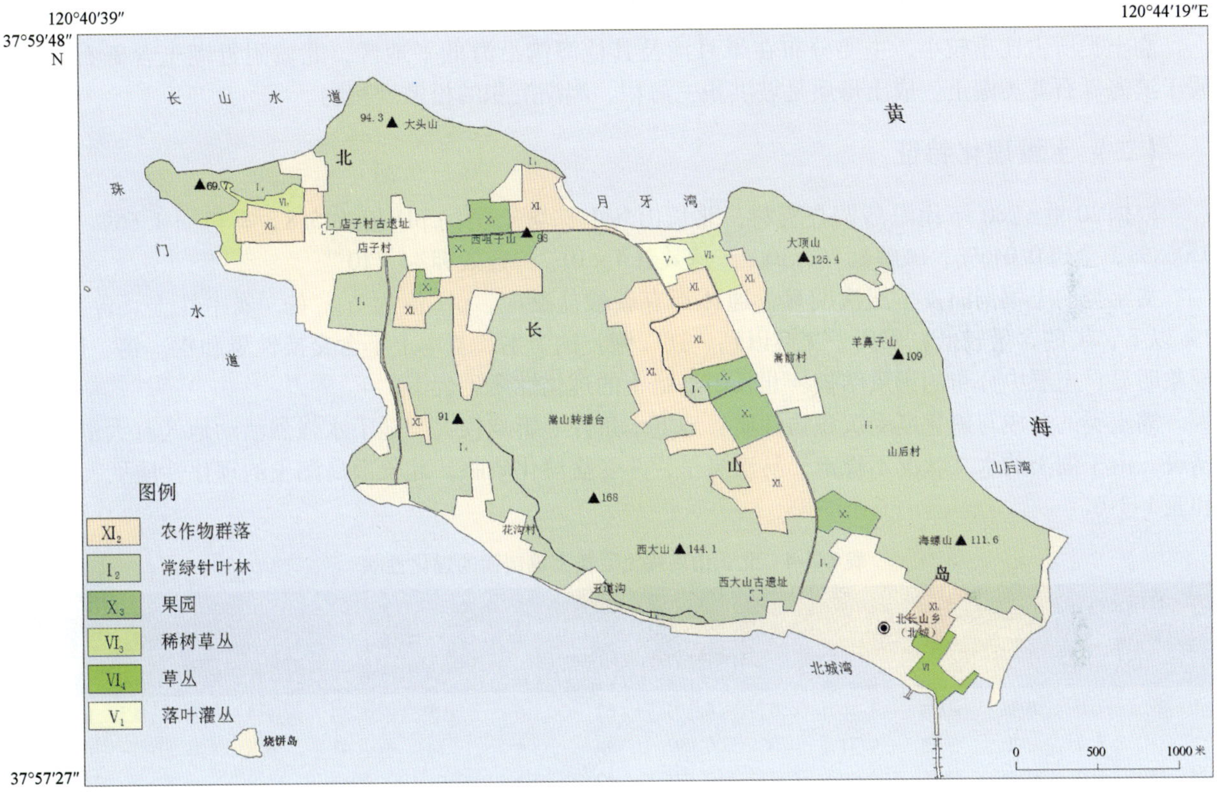

图 1-3-29 北长山岛植被类型分布

图 1-3-30 北长山岛植被

左图：植被覆盖状况及松树林；右图：松、槐混交林（拍摄于2009年10月3日）

二、海岛土壤

（一）土壤类型与分布

北长山岛的土壤包括棕壤土、褐土、潮土 3 大类。

棕壤是北长山岛主要土类，分布面积最大，约占全岛的 50%，主要分布在低丘陵和基岩斜坡上，成土母质主要为石英岩及少量板岩风化壳。

褐土类主要分布在北长山岛的黄土坡及黄土台地上，约占全岛总面积的 40%，是庙岛岛群中褐土分布较多的海岛之一。其成土母质为黄土状堆积物。

潮土类所占比重较小，主要分布在半月湾及其他海湾沿海低平地区，北城附近潮土含砾石较多，属于滨海砾石亚类潮土。成土母质是坡洪积—海积、潟湖沉积的松散堆积物。

（二）土壤理化特征

根据 20 世纪 80 年代海岛调查资料，北长山岛上棕壤土类的 pH 值为 5.8，有机质 1.66%，全氮 0.068%，全磷 0.046%，碱解氮 76×10^{-6}，速效磷 4×10^{-6}，速效钾 44×10^{-6}。

褐土类的土壤剖面发生层次明显，通体都有碳酸盐反应，pH 值为 7 左右，属中性土。含氮量在 2% 以下，磷的含量较低；阳离子交换以钙、镁、钾、钠为主，基本上不含交换性氢和铝。钙、镁淋滤现象明显，土层中分布的钙质结核。北长山岛褐土的理化性质见表 1-3-4。

潮土类的形成与熟化度受沉积物性质、地下水条件等影响较大，地下水强烈活动地区有大量锈纹、锈斑。由于潮土的水文状况不稳定，易涝易旱，并受盐渍化威胁。北长山岛潮土的理化性质见表 1-3-5 和表 1-3-6。

表 1-3-4　北长山岛褐土亚类土壤剖面的理化性状

采样深度（厘米）	pH 值	质地	石灰反应	有机质（%）	全氮（%）	全磷（%）	碱解氮（$\times10^{-6}$）	速效磷（$\times10^{-6}$）	速效钾（$\times10^{-6}$）	容重 克/厘米^3	总孔隙度（%）	通气孔隙度（%）	代换量（毫克当量/100 克）
0 ~ 27	7.0	中壤	强烈	1.16	0.079	0.101	62	6	103	1.34	49.4	7.35	12.4
27 ~ 34	7.0	中壤	强烈	0.71	0.051	0.091	46	4	84	1.41	46.8	6.9	12.1
34 ~ 150	7.0	中壤	强烈	0.49	0.037	0.075	27	4	76	1.42	46.4	10.6	10.27

采样地点：嵩山 N90°E、西嘴山 N60°W

表 1-3-5　北长山岛北城村滨海卵石土壤剖面的理化性状

采样深度（厘米）	pH 值	质地	石灰反应	土壤容重（克/厘米^3）	总孔隙度（%）	通气孔隙度（%）	有机质（%）	全氮（%）	全磷（%）	碱解氮（$\times10^{-6}$）	速效磷（$\times10^{-6}$）	速效钾（$\times10^{-6}$）	地下水质（克/升）	地下水位（米）
0 ~ 20	7.2	中壤	强烈	1.38	48	4.43	1.26	0.077	0.073	56	8	110	2.89	3
20 ~ 37	7.0	中壤		1.47	44.4	8.4								

采样地点：峰台山 S34°W、西大山 N62°E

表 1-3-6　北长山岛嵩前村滨海盐化潮土土壤剖面的理化性状

采样深度（厘米）	pH 值	质地	石灰反应	土壤容重（克/厘米^3）	总孔隙度（%）	通气孔隙度（%）	有机质（%）	全氮（%）	全磷（%）	碱解氮（%）	速效磷（%）	速效钾（%）	地下水质（克/升）	地下水位（米）
0 ~ 23	7.2	中壤	强烈	1.47	44.7	3.9	0.92	0.064	0.097	49	4	82	5.37	1.5
23 ~ 90	7.2	中壤	强烈	1.49	43.6	3.3	0.39	0.03	0.066	20	3	78		
90 ~ 100		卵石层												
100 ~ 150	7.4	中壤	强烈											

采样地点：嵩山 N40°E、大顶山 N81°W

（三）生产性能

棕壤类　土质厚度较薄，一般30厘米左右，质地粗，多砂砾，灰化特征明显，蓄水能力低，养分含量少，有机质含量小于5%，这类土壤主要用于植林，是本岛人工植林的主要场所，特别是耐贫瘠、耐干旱的先锋树种松树类的栽培。

褐土类　土体深厚，土壤剖面发生层次明显，氮、磷的含量较低，土壤质地较重，钙、镁淋滤现象明显，土层保肥性好，是北长山岛主要耕种地，但因有机质含量不高，氮、磷供应也不足，加上季节性的干湿变化，故需增施有机肥料，坡度较陡的地方，还需采取水土保持措施。

潮土类　表土经常是疏松多孔，高程3米以下的潮土经常发生沼泽化和盐渍化。由于经常处于水分饱和过度湿润环境，结构性差。含钾较丰富，含磷较低，由于潮土灌溉方便，排水条件好，可用作耕地。

第七节　海岛资源开发与保护

一、土地资源

据908专项山东省海岛调查资料①，北长山岛的土地总面积为797.81公顷，以林地为主（图1-3-31），占土地总面积的61.86%。岛上土地各利用类型为：旱地97.94公顷、果园29.37公顷、林地493.54公顷、灌木林地3.89公顷、采矿用地（采石场）2.64公顷、住宿餐饮用地1.99公顷、科教用地0.89公顷、风景名胜设施用地8.86公顷、农村宅基地114.77公顷、坑塘水面0.79公顷、公路用地5.73公顷、农村道路用地0.84公顷、港口码头用地4.03公顷、特殊用地0.68公顷、设施农用地16.88公顷、空闲地9.08公顷、裸地5.89公顷。

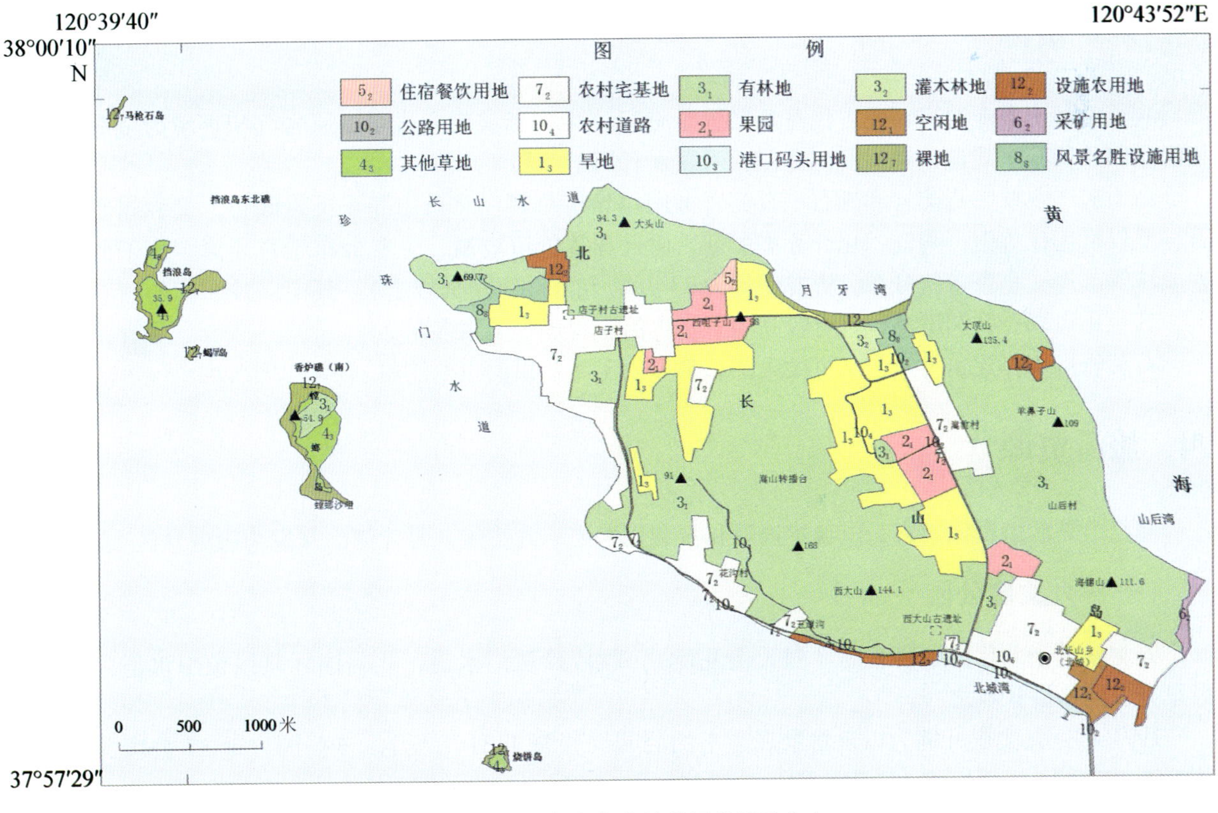

图1-3-31　北长山岛土地利用类型及分布

① 中国科学院海洋研究所：山东省海岛（礁）综合调查报告［R］，2010年。

据《山东省长岛县土地资源调查报告》资料①，截至1986年10月，北长山岛土地总面积②为815.07公顷，其中耕地91.98公顷（其中旱地约84.45公顷、菜地约7.53公顷）、园地20.36公顷、林地440.89公顷（其中有林地约252.03公顷、灌木林约1.90公顷、疏林地约14.97公顷、未成林造林地约166.42公顷、苗圃约5.58公顷）、农村居民点71.05公顷、独立工矿用地6.65公顷、特殊用地10.31公顷、公路用地8.84公顷、农村道路用地4.99公顷、港口码头用地0.10公顷、坑塘水面3.36公顷、沟渠0.16公顷、未利用土地156.38公顷（其中荒草地约89.21公顷、裸岩石砾约52.19公顷、田坎约14.97公顷）。

两次调查资料相比，农村宅基地用地面积明显增加，未利用土地面积大幅度减少，而林地面积则有较大幅度增长，岛上生态环境趋好。

二、水资源

北长山岛是庙岛群各海岛中水资源较好的海岛（仅次于南长山岛），大气降水是该岛地下水唯一来源，它们在松散地层和风化裂隙中，径流从高处流向低处，所以在较平缓松散沉积厚的地带有一定的淡水资源可打井汲水。

据《长岛县水资源调查评价与水利区划报告》资料，北长山岛观测站1960—1984年实测资料统计结果，多年平均降雨量为537.2毫米，最大年降雨量为844毫米，最小年降雨量为282.6毫米；计算平均年降水量为423.14万立方米，平均年径流深度为85毫米，平均河川年径流量66.61万立方米，多年平均地表水资源量为41.40万立方米、地下水资源20.17万立方米，计算地下水储存量为46.69万立方米。

北长山岛上建有塘坝6座，原开挖有许多水井，自20世纪80年代逐步发生咸化。

三、矿产资源

北长山岛出露地层属新元古代蓬莱群辅子夼组，为一套浅变质岩系，原岩沉积环境为滨海—浅海相泥质和砂质碎屑建造，地层赋矿性差，未发现有用矿产和矿点。

岛上矿产主要为石英岩和砾石。石英岩可用作建筑材料。北长山岛石英岩砾石，又称球矶石或球石，不仅可用作炼钢、陶瓷、化纤等添加剂，而且观赏价值较高，主要分布于月牙湾、店子北湾、北连城湾等滨海，呈条带状分布，资源储量为23万立方米（海平面以上）。其中以月牙湾的球石最为有名，其色彩斑斓、磨圆度高，具有较高的观赏价值，曾出现了很多精品。

石英岩可用作建筑材料，又可做人工鱼礁和人工海参田的投石用料。

四、旅游资源

北长山岛旅游资源丰富，以自然景观和古文化为主，九丈崖、月牙湾已开发为旅游景区。

（一）九丈崖公园

九丈崖位于北长山岛西北部（西大山北侧），西依珍珠门水道，北临国际航线长山水道，是长岛最早开发的旅游景点之一。

1991年，九丈崖开辟为以自然景观为主的公园（投资1131万元）。该公园占地37公顷，水域面积1万平方米，绿地面积3.1万平方米，建筑面积1550平方米。1994年建造起来的海底世界，门前竖

---

① 长岛县土地资源调查办公室：山东省长岛县土地资源调查报告［R］，1988年，第42～44页。

② 土地总面积不包含其中的滩涂面积48.65公顷，但包含了螳螂岛、蝎冢岛和挡浪岛的土地面积（合计约38.5公顷）。

立着一尊12米高的滴水观音塑像，出口处为二龙戏珠雕像，内有娘娘寺、龙王殿、聚仙阁、精灵窟、珍珠祠、圣水龙潭六大景点。

1998年，九丈崖公园被国务院列为胶东海滨“国家级风景名胜区”。2005年，获批长山列岛国家地质公园，九丈崖公园为长岛国家地质公园主景区之一，以海蚀地貌奇观、古文化遗址为特色。

九丈崖公园的主要景观有：一道、二湾、三崖、四台、五洞、六礁、七石、八大景、七十二小景。其中，“一道”为珍珠隧道；“二湾”为鸥翅湾、珍珠湾；“三崖”为宝塔崖、九丈崖、龙蟠崖；“四台”为观景台、垂钓台、梳妆台、点将台；“五洞”为三元洞、钟离洞、仙姑洞、老龙洞、八仙洞；“六礁”为军舰礁、海狗礁、蝎子礁、珍珠礁、香炉礁、门坎礁；“七石”为九叠石、水晶石、长寿石、随想石、鬼斧石、三跳石、棋盘石。“八大景”为珍珠隧道、平滩夕照、八仙石洞、龙舌垂钓、倒垂珍珠、西山远眺、峭壁燕梭、卧狮长啸。

1. 珍珠隧道

人们都说“通过珍珠隧道，就可以进入水底”。我们走入了珍珠隧道，发现果真如此，墙壁上画着一些鱼和海草，有虾兵蟹将的铜像立在那里，有种阴森的感觉。墙壁上接二连三地出现了许多看不懂的图画，大概隐藏着许多传说。

2. 鸥翅湾

东枕金蟾岭，西抵石塔崖，南依双乳峰，北抱一湾碧水。湾的中部有一长长的礁石探入海中（图1-3-32），远远望去，似一只展翅欲飞的海鸥，鸥翅展腾，因此而得名。

图1-3-32 北长山岛鸥翅湾全貌

（拍摄于2008年9月30日）

3. 九丈崖

九丈崖为海蚀崖绝壁（图1-3-33），绵延400多米，崖壁垂直的岩壁为底凹上凸，陡崖最高为69.7米。这里即使是烈日当空，也总有一片片阴影，且颇具些森森的寒气，大有“阴阳割昏晓”的意境。崖壁上犬牙交错的岩层，横文竖理的结构，不仅留有地质构造运动的痕迹，也留下了众多的石窟、石洞、石缝，并成了众多海燕水鸟栖息繁殖的乐园，每当群燕起飞觅食或掠崖穿行时，如风驰电掣，呼啸盈耳，其声其形似万箭鸣镝、千梭走空，故曰“峭壁燕梭”。

图1-3-33 北长山岛九丈崖

（拍摄于2008年9月30日）

九丈崖岩壁上，有一下宽上尖、直刺青天，形似宝剑的岩块，曰：“剑吼西风”。传说是唐朝东征时，大将军尉迟敬德与唐王李世民联手降伏一条恶龙而留在这里的痕迹。

图 1-3-34　北长山岛九丈崖景区的九叠石、鬼斧石和仙姑洞

（拍摄于 2009 年 10 月 2 日）

4. 九叠石塔

位于九丈崖下海边处，为一海蚀柱，高 9 米，直径 1.1 米，由多层节理明显的石英岩堆成，如人工摆积木一样，一层层叠起来，因其形状似塔，且层数又多，故被称为“九叠石塔”。九叠石塔的右部有 3 个海蚀洞，洞壁岩石由褐红色与灰白色组成，被海浪冲刷磨砺得光滑明亮、色彩斑斓，人称“三元彩洞”。

（二）月牙湾

月牙湾位于北长山岛的最北端，东、西两山环抱，北部面海，弧形千米长滩依山而伸，抱水而卧（图 1-3-35）。滩上色彩斑斓的圆形或椭圆形砾石，形成了一道球矶彩石带，有“球石世界”之称。湾内水质纯净，海水湛蓝，是一处不可多得的天然海水浴场和游览胜地。1981 年，月牙湾作为风景区被收入《中国名胜词典》。1984 年 12 月，月牙湾公园落成，成为长岛县首个旅游景点，也标志着长岛对外旅游工作的正式启动。

2005 年，获批长山列岛国家地质公园，月牙湾公园为其主景区之一，以海积地貌为特色（色彩斑斓砾石滩）。

图 1-3-35　北长山岛月牙湾全貌

（拍摄于 2009 年 10 月 3 日）

月牙湾又称月亮湾，古称北口。20 世纪 50 年岛上驻军在此建靶场，1955 年原国防部长彭德怀同志视察长岛时，据海湾形状命名月亮湾。1979 年叶剑英副主席来长岛时曾赋有“内长山岛月牙湾，勤事渔农并石田，昂价球石生异彩，妇孺岂惜指头艰”的诗，从而更名为月牙湾至今。

月牙湾的神奇之处在于滩上与水中的缤纷景色。沿岸一湾圆润晶亮的卵石，风起风落，浪来浪去，漱得一片刷刷声。沿水边走，水底卵石五光十色，动荡摇晃，有千百种变幻的色彩，有的黄如蜜橘，有的洁白似玉，有的红若玛瑙，有的绿像翡翠。宋代诗人苏东坡曾作《北海十二石记》赞美长岛球石：“……又多美石，五彩斑斓或作金色。熙宁己酉岁，李天章师中为登守，吴子野往从之游。时解贰卿致政退居于登，使人入诸岛取石，得十二株，皆秀色粲然。”后又写了“我携此石归，袖中藏东海”的诗句。

月牙湾公园占地面积2.5平方千米，公园入口处原是一处盐碱涝洼地。1985年大搞农田建设时，沿海滩筑起弧形千米防浪大堤，并于堤两头建亭、长廊等，并逐步建成公园。公园以月亮神传说为主题，以后羿射日、除七害、挖月湖、嫦娥奔月、仙女沐浴等传说为内涵，并设有观月亭、拜月台、听月滩、邀月毯、叙月廊、舞月坛、闹月林、追月桥、钓月湖和品月厅10处以月亮为体裁的建筑与小品，使公园更具文化内涵。现公园共命名有8大景、36小景，其中8大景为：半月晴雪、步踏明珠、月景玉盘、观澜听涛、海市仙山、蟾鹅涅槃架、南人石坟、二郎担山。

图1-3-36 月牙湾公园内雕塑
（拍摄于2009年10月3日）

五、港口、航道资源

（一）港湾资源

北长山岛沿岸可避风的海湾有3个，分别为山后湾、北城湾和店子西口。山后湾，位于北长山岛海螺山东北，湾口向东，滩长1130米，距岸150米，水深为3～5米，其外为20米等深线，底质为泥沙、贝壳，可避偏西风。北城湾，位于北城村南至花沟村海岸，湾口向南，滩长3163米，砾石滩岸，水深3～4米，泥沙底质，可避偏北偏东诸风。店子西口，位于店子村西，湾口向西南，滩岸中部有一突出岬角，将该湾分成南、北两湾。南湾滩长908米，泥沙、砾石岸滩，水深2～4米；北湾滩长525米，砾滩避岸，可避北风和偏东诸风。

（二）航道资源

渤海海峡有14条大水道，北长山岛附近有两条：长山水道和珍珠门水道。其中，长山水道位于北长山岛与磙矶岛之间（地理坐标为北纬38°01′、东经120°40′），呈东西走向，全长43千米，水道东西出入口宽度10千米左右，最窄处在磙矶岛南端，宽约7.5千米，主航道水深20～30米，软泥底质，可通行3万吨以下船只。长山水道为船舶进出渤海海峡的第二条交通要道，万吨级商船进出天津、秦皇岛、黄骅、潍坊、东营、龙口、莱州、蓬莱等各港口时，航经长山水道要比经老铁山水道航程近37～55千米。原来航经长山水道的船舶按照狭水道中“靠右行驶”的原则（1998年开始试运行的《长山水道船舶交通管理规定》）。随着环渤海经济圈飞速发展，该水道交通流量迅速增长，商船流量从1998年的6000余艘次激增至2007年的36 000余艘次，船舶航行交会频繁，碰撞事故易发。为此，于2009年1月1日开始实施了《长山水道船舶定线制》和《长山水道船舶报告制》，规定所有经长山水道进入渤海的船舶必须单向行驶，未经许可严禁穿越水道中间的分隔带，否则将受到海事部门的严厉处罚。

珍珠门水道位于挡浪岛与北长山岛之间，地理坐标为北纬37°59′、东经120°40′，南北走向，长0.75千米，宽1千米，水道北深南浅。主航道水深6～14米，该水道是南北诸岛往来的主要通道，门外流急浪大，门内山环水静。

六、可再生能源

北长山岛上的再生能源主要是风能和太阳能。

据测风塔2003年8月至2004年7月实测资料统计①，长岛风电场风速冬季大、夏季小，年平均风速为7.0米/秒，最大平均风速为19.8米/秒，年有效风速小时数（3～25米/秒）为8065小时，平均风功率密度为350瓦/米^2，风功率密度等级为3级，风能资源丰富。

2004年，华能新能源产业控股有限公司与中电投资有限公司共同投资4亿多元，在北长山岛和南长山岛北部建设风电场，安装32台风电机组（北长山岛共有21台）。该风电厂装机容量为2.72万千瓦，于2005年开工建设，2006年1月并网发电。风电机组沿海岛的山脊线上分布，风电场内建有一座110千伏变电站和一座35千伏开闭所，风电机一箱变组合方式采用单元接线方式，通过35千伏箱变直接将电压升高到35千伏。其中，北长山岛21座风电机组（1号～21号），分成4组进入北长山开闭所，每组5～6台；开闭所引出一回35千伏电缆线路，至110千伏南长山变电站。南长山岛北部11座风电机组（22号～32号），分成两组进入变电站，每组5～6台。

北长山岛上的太阳能利用主要方式为太阳能热水器。

七、生物资源

（一）岛陆生物资源

1. 植物资源

北长山岛所占庙岛群岛的陆生植物属暖温带落叶阔叶林区域，区内陆地植物有139科591种。植物种类以菊科、豆科、百合科、蔷薇科、禾本科、十字花科、葫芦科、茄科、藜科、蓼科、唇形科、旋花科、大戟科植物居多，占种数的47%。主要树种有黑松、赤松、刺槐、合欢、臭椿、栎类、山榆等，灌木为紫穗槐、白檀、胡枝子等，草本植物有野古草、蒿草、狼尾草、羊胡子草等。植物的果实、种子为迁徙的候鸟提供了良好的栖息隐蔽和取食场所。

图1-3-37　北长山岛店子村古银杏树
（拍摄于2010年6月4日，拍摄点地理坐标为37°59′10″N、120°41′38″E）

在店子村东北公路交叉路口北侧，存活有1棵古银杏树，主干虽已经劈断，枝叶仍然茂盛（图1-3-37）。

2. 动物资源

在动物分布上，北长山岛属古北界华北区黄淮亚区，岛上林丰叶茂，又地处亚洲东部候鸟迁徙通道上，鸟类资源丰富。据初步调查，鸟类有224种，分属18目46科。留鸟16种，主要是喜鹊、红隼、麻鸟、岩鸽等；候鸟208种，主要有家燕、黑尾鸥、银鸥、兰矶鹩、大杜鹃、虎纹伯劳、金翅、鹰、鹛、大天鹅、丹顶鹤等。庙岛群岛共有国家级保护动物49种，一级有白鹳、黑鹳、中华秋沙鸭、金雕、白肩雕、丹顶鹤等9种，二级有大天鹅、小天鹅、鸳鸯以及鹰科和隼科的所有猛禽，共计44种。

（二）潮间带及附近海域生物资源

北长山岛的北部靠近长山水道，是黄渤海鱼虾繁殖洄游必经之地，浮游生物繁多，渔业资源较为丰富，主要有对虾、鲅鱼、梭鱼、牙鲆等，开展近海渔业捕捞条件优越。

潮间带生物种类繁多。经济生物种类比例偏大，有刺参、牡蛎、扇贝、贻贝，还有海带、裙带菜、紫菜、石花菜、黑藻菜等藻类。

① 长岛风电场运行特点及分析，http：//www.diangu.com.cn/info/detail/9-1775.html。

1990年养殖扇贝面积90公顷，占全县总面积的15%，海带23.3公顷。刺参分布面积28.3公顷，密度为21.1个/米^2，现存量约32吨。牡蛎分布面积1.1公顷，密度为295个/米^2，平均个体重21克，现存量22吨。

八、海岛生态保护

北长山岛是长岛国家级自然保护区的重要组成部分，该保护区属野生动物自然保护区类型，1982年经山东省人民政府批准建立，1988年晋升为国家级，主要保护对象为鹰、隼等猛禽及候鸟栖息地。岛上乡、村均分别制定有护林爱鸟乡规民约，每年9—10月开展“爱鸟月”活动，护林爱鸟成为行为的准则、文明的标志。

北长山岛附近海域有奇礁异洞和众多的干出礁，丰富的海洋生物资源和优越的地理环境，使其成为斑海豹的集中分布区，每年11月到翌年6月都会有大量的斑海豹出现在长岛海域觅食、栖息。2001年6月经山东省人民政府批准，建立庙岛群岛斑海豹自然保护区，在北长山西北端设立有保护区标志（图1-3-38）。

图1-3-38 北长山岛上斑海豹保护区标志
（拍摄于2009年10月2日，拍摄点地理坐标为37°59.43′N、120°41.18′E）

另外，对九丈崖海蚀地貌和月牙湾海积地貌等地质地貌景观，以及珍珠门古遗址等，实施了保护，设立保护标志（图1-3-39），明确保护对象、保护范围和保护措施等。如月牙湾地质地貌景观保护区，禁止在保护区内采石挖沙，保护区面积720公顷；景区内设置了“严禁捡石球”的警示标志和“保护自然，从你我做起，请勿捡石球”的宣示栏。

图1-3-39 岛上地质地貌景观保护标志
左图：九丈崖地质地貌景观保护区；右图：月牙湾地质地貌景观保护区（拍摄于2009年10月2日）

第四章　大黑山岛

第一节　概　况

一、海岛地理

大黑山岛（Dàhēishān Dǎo）代码为370634002511。

大黑山岛位于庙岛群岛南部岛群西部海域，岛体南北长4.22千米，东西宽2.7千米，海岛面积为7.4745平方千米，岸线长约13.60千米，最高点为西部的老黑山，高程为189.0米，地理坐标为北纬37°58.0′、东经120°36.5′（图1-4-1）。南距大陆的蓬莱角约16.5千米，东距小黑山最近约1.3千米，东南距庙岛最近点约4.3千米、距离长岛港约8.9千米。大黑山岛为南部群岛最西端海岛，行政上隶属山东省烟台市长岛县黑山乡，岛上共有6个行政村，即北庄村（乡政府驻地）、土岛村、南庄村、小濠村、大濠村和西大濠村。

图1-4-1　大黑山岛遥感影像

因海岛西部的老黑山有玄武岩覆盖，呈黑褐色，故称黑山岛。明代，大黑山岛与小黑山岛统称黑山岛，清代始称今名。相对于小黑山而称大黑山岛。在《山东省海岛志》的海岛名录一览表中，省序号为“111”、地市序号为“烟台22”；在《中国海洋岛屿简况》[①] 中，全国统一编号为“0674”、省编号为“0081”。

图 1-4-2　大黑山岛地理分布

① 中国人民解放军海军司令部航海保证部：中国海洋岛屿简况，1980 年。

二、政区建置及历史沿革

自唐代开始，大黑山岛为流放重刑犯的目的地，史料上称作沙门岛［另一说，沙门岛即今庙岛（安为乐　等，2005）］，很多罪犯，包括一些犯罪的官员被流放到岛上。明中叶，大黑山岛曾经一度被日本人占据，后被明军收回。一些海盗的后裔也定居在岛上。

唐神龙三年（707 年）蓬莱建县，庙岛群岛所属海岛隶属蓬莱县。五代置沙门寨（中国历史大辞典编纂委员会，2000）。宋时，大黑山岛属蓬莱县沙门寨地；元、明属蓬莱县沙门岛社。清道光年间，为开垦海岛，庙岛群岛设立了 13 社，大黑山岛上设有北庄社和南庄社。其中，北庄社辖北庄村和土岛村，南庄社辖南庄村、船旺村、骆家村、陶家村、大濠村、小濠村。

1928 年 7 月，奉系东北海军成立长山八岛民政局，大黑山岛属其所辖，岛上仍设北庄社和南庄社。其中，北庄社辖北庄村和善人庄村（土岛村），南庄社辖南庄村、船旺村、骆家村、陶家村、大濠村、小濠村。1934 年年底，长山八岛特区行政专员公署将社改为乡。

1945 年，长山岛军政办事处将庙岛群岛区划为庙岛、砣矶和隍城 3 个区，大黑山岛于其中的庙岛区。1946 年 3 月，区划调整为 6 个区，大黑山岛和小黑山岛同属于其中的黑岛区。

1948 年 3 月，国民党长山八岛设治局将庙岛群岛区划为 7 乡 1 个独立保，大黑山岛属黑山乡。

1949 年 8 月，庙岛群岛第二次解放，恢复长岛特区政府，庙岛群岛区划为 6 个乡，大黑山岛属其中的黑山乡。1958 年 11 月，长岛县与蓬莱县、黄县合并为蓬莱县，大黑山岛属长岛人民公社黑山大队。1963 年恢复长岛县，大黑山岛属长岛县黑山公社；1984 年 3 月 19 日，更名为黑山乡。

1985 年 3 月 1 日，长岛县区划调整为 2 镇 8 乡，大黑山岛和小黑山岛分别设乡。大黑山乡下设北庄村、土岛村、南庄村、小濠村、大濠村、西大濠村等，辖大黑山岛、南砣子岛和鱼鳞岛（山东省长岛县志编纂委员会，1990）。2000 年 12 月 19 日，撤销大黑山乡和小黑山乡，以原大黑山乡和小黑山乡的行政区域设立黑山区公所①。2003 年 2 月 20 日，撤销黑山区公所，改建为黑山乡，乡人民政府驻地在大黑山岛的北庄。

三、人口

在历史上大黑山岛的人口变化很大，据《长岛县志》记载，大黑山岛曾在明洪武二十七年（1394 年）和清顺治末年，因倭寇经常骚扰海岛，岛民奉旨外迁而空岛。到了清康熙二年（1663 年），因岛内土地无人耕种，督抚两院决定豁免岛内地丁，清康熙二十六年（1687 年）官府鼓励外迁的岛民回岛开垦土地，岛上人口遂大量增加。至清光绪八年（1882 年），大黑山岛上有居民 400 余户；清末民初，随着渔业生产的发展，人口增长迅速。至 1930 年，大黑山岛上人口达到了 4480 人。1939 年，日伪军占领庙岛群岛后，部分岛民弃家迁往东北谋生（黑山区 936 户中，迁出 471 户），岛上人口迅速减少，到 1946 年大黑山岛和小黑山岛的人口总数仅为 1351 人。之后，部分岛民迁回岛内，岛上人口开始增加（表 1-4-1），至 1985 年大黑山岛上人口数为 1899 人。

表 1-4-1　大黑山岛人口变化情况

单位：人

年份	1930	1946	1950	1965	1984	1985	2000	2005	2009	2010
人口	4480	1351 *	1514 *	2072 *	2178 *	1899	1824	1778 *	1488	1421

注：带“ * ”人口数包含小黑山岛村人口。

据长岛县 2000—2005 年国民经济统计资料②，2000 年年底，大黑山岛共有居民 675 户，人口总数

① 鲁政函民字〔2000〕86 号。

② 长岛县发展改革和统计局：山东省长岛县国民经济统计资料（2000—2005 年），第 71 ~ 80 页。

1824 人，其中男性 897 人、女性 927 人，农业人口 1674 人，非农业人口 150 人；至 2005 年，共有居民 641 户，人口总数 1714 人，其中男性 858 人、女性 856 人，全部为农业人口。

据长岛县 2006 年统计年鉴资料①，2006 年年底黑山乡全乡 7 个行政村共有居民 662 户，总人口数为 1717 人，其中男性 865 人、女性 852 人，全部为农村人口；乡村从业人员数 962 人，其中男性 513 人、女性 449 人，第一产业从业人员 573 人（渔业 198 人、养殖业 343 人），第二产业从业人员 11 人，第三产业从业人员 378 人。

表 1-4-2 黑山乡人口及渔农村劳动力情况②

单位：人

年份	总户数	人口					渔农村劳动力数	从事渔业劳动人数		
		总数	男性	女性	农业	非农业		总数	捕捞	养殖
2000	675	1824	897	927	1674	150	984	544	148	396
2001	649	1810	886	924	1653	157	953	546	145	401
2002	657	1799	885	914	1640	159	962	558	151	407
2003	658	1788	879	909	1631	157	956	620	182	438
2004	657	1742	861	881	1583	159	926	589	168	421
2005	641	1714	858	856	1714	—	952	616	195	421
2006	662	1717	865	852	1717	—	962	573	198	343
2008	662	1747	—	—	1563	—	—	—	—	—

据长岛县统计局资料，2008 年年底大黑山岛上有居民 552 户，人口总数 1380 人，乡村劳动力资源数 846 人，乡村从业人员总数 770 人。

根据《长岛县 2010 年第六次全国人口普查主要数据公报》，2010 年 11 月 1 日零时大黑山岛有常住人口 1421 人。

四、公共服务

（一）教育

大黑山岛上原有中学 1 所、小学 1 所，现有小学教学点 1 处。

1. 普通中学

1965 年，大黑山岛上始创中学，由当时的生产大队联办，名为“黑山农业中学”，学制 3 年，招收高小毕业生，办学经费由联办的大队集资和学校勤工俭学收入解决。

1965—1967 年，中学停止招生。1969 年，长岛实行每个公社办中学，大黑山岛上建立了黑山联中，并设有高中班。1978 年，长岛县对中学布局进行调整，黑山联中的高中班撤销。1985 年 8 月，黑山联中有初一、初二和初三年级各 1 个班，在校初中学生总数 110 人，有教师 11 名。

2005 年，长岛县实施中小学校布局调整，岛上中学停办，学生并入南长山岛的县城学校寄宿上学。

2. 小学

大黑山岛上现有小学 1 所，即大黑山中心小学（图 1-4-3），位于海岛东部大黑山乡政府大院南侧。该小学的前身为北庄小学，创立于 1923 年 3 月。1985 年 8 月，招收小学 1 ~ 5 年级学生，共有 5 个班、学生总数 145 人，有教师 8 名（山东省长岛县志编纂委员会，1990）。

2005 年，长岛县实施中小学校布局调整。当年 9 月，大黑山上小学三年级以上学段的学生撤并到

① 长岛县发展改革和统计局：长岛县统计年鉴（2006 年），第 24 ~ 26 页。

② 长岛县发展改革和统计局：长岛县国民经济统计资料（2000—2005 年）、长岛县统计年鉴（2006 年）。

图 1-4-3　长岛县大黑山中心小学现状

（拍摄于 2010 年 6 月 9 日，拍摄点地理坐标为 37°57′56.75″N、120°37′18.29″E）

南长山岛的县第二实验小学，岛上小学成为教学点①。即自 2005 年 9 月起，大黑山岛上小学三年级以上学生，需出岛寄宿上学。

在大黑山小学内设有幼儿园。

（二）科学技术

1975 年，在黑山联中创办了业余地震测报组，至 1983 年仍予以保留。

1985 年 3 月至 1987 年 4 月，国家海洋局第一海洋研究所和长岛县科委组织实施了“大黑山岛开发可行性调查研究”课题，在大黑山岛及其附近水域（北纬 37°55′40″～37°58′40″、东经 120°35′20″～120°38′40″）开展了以海水增养殖为主要目的环境生态综合调查，内容包括海洋生物、海水化学、地质地貌、水文气象等，取得了大量样品和数据，编制了《黑山岛开发可行性调查研究综合报告》② 和有关专题报告。

1984 年，长岛鸟类环志站建立，每年都在大黑山岛开展为期 2 个月的鸟类环志工作，猎场设在老黑山和安桥山。

长岛鸟类环志站是林业部、山东省林业厅在长岛保护区设立的候鸟保护环志中心站，为我国 64 个鸟类环志站中的重点核心站，负责为我国研究猛禽迁徙规律提供基础数据支持。据统计数据③，2009 年长岛县共环志放飞鸟类 18 081 只，其中放飞大型猛禽 2486 只，连续 25 年保持放飞猛禽数量全国第一。长岛候鸟环志站成立 25 年，累计环志放飞各类候鸟 15 目 31 科 124 种，26 万余只，其中环志各类大型猛禽 2 目 3 科 19 种，占我国猛禽环志总量的 80% 以上④。同时，环志站回收国内环志鸟 200 多只，回收国外环志鸟 10 余只，候鸟环志总量和回收环志鸟数量均居全国 64 个候鸟环志站（点）首位，为我国研究鸟类迁徙规律提供了 200 多万个基础数据。

2008 年 10 月，长岛鸟类环志站与国家鸟类环志中心合作，开展了利用卫星追踪装置研究大型猛禽迁徙规律，在大黑山岛放飞数只安装了卫星追踪器的大型猛禽苍鹰。各项反馈数据表明，携带卫星追踪装置的苍鹰正常迁徙，为我国深入开展猛禽迁徙规律的研究提供了科学依据。

（三）医疗卫生

大黑山岛上设有乡卫生院和村级卫生室，卫生院设有门诊、妇幼保健科、防疫科、药剂科。共有专职医务人员 6 名，乡村医生 6 名。

---

① 资料来源：http：//www. changdao. gov. cn/cn/content/xxgk/index_ show. jsp? sid = 0104-03-2007-100209&dept_ code = JYWHTYJ&columncode = JYWHTYJXXGKMLZXGH。

② 国家海洋局第一海洋研究所：黑山岛开发可行性调查研究综合报告，1988 年 3 月。

③ 长岛成为鸟类环志驿站：http：//www. greentimes. com/green/news/dzbh/bhdt/content/2009-12/01/content_ 70995. htm。

④ 资料来源：http：//yantai. dzwww. com/xinwen/ytxw/ytsh/200909/t20090907_ 5059675. htm。

1955 年，大黑山岛建立了黑山卫生所，当时有医务人员 1 人。1972 年，改建为黑山卫生院，有医务人员 5 人。1973 年，设病床 2 张。1985 年，有医务人员 6 人，病床 4 张，设门诊、妇幼保健科、防疫科和药剂科（山东省长岛县志编纂委员会，1990）。

岛上的村卫生室，前身为生产大队建立的合作医疗室，合作医疗医务人员称为“赤脚医生”，备有常用药品。1980 年，合作医疗室改称为村卫生室（山东省长岛县志编纂委员会，1990）。

2006 年 11 月，在南庄村委南开阔地设立了救助直升飞机停机坪并启用，岛上军民在大风天不能通船，遇有突发重病等突发事件可出岛及时处置。

图 1-4-4　大黑山岛上卫生院

（拍摄于 2010 年 6 月 8 日，拍摄点地理坐标为 37°58′06. 83″N、120°37′22. 47″E）

第二节　海岛历史与文化

一、海岛历史

（一）人类起源与古遗址

1. 北庄遗址

北庄遗址位于大黑山岛北庄村东北，地理坐标为北纬 37°58. 1′、东经 120°37. 6′。遗址南北长为 160 米，东西宽为 140 米，总面积约 22 400 平方米，为一处原始社会村落遗址，是我国东部沿海地区保存最完整的史前村落遗址，其规模之大、保存之完整、遗存之丰富，在我国实属罕见，是继西安半坡、临潼姜寨之后的又一个重大发现，对研究中国胶东、辽南以及其他相邻地区的原始社会历史有着重要的意义。北庄遗址的发现和发掘，曾引起学术界的高度重视，被誉为“东方历史奇观”、“东方的半坡”。1996 年经国务院批准，公布为全国重点文物保护单位（第四批），在遗址旁设立有标志（图 1-4-5）。

图 1-4-5　大黑山岛北庄遗址

（拍摄于 2009 年 10 月 3 日，拍摄点地理坐标为 37°58. 05′N、120°37. 64′E）

该遗址发现于 1978 年春。1980 年秋，北京大学历史系考古专业实习队、社科院考古研究所、烟台文物管理委员会和长岛县博物馆联合对遗址进行了考古调查。1981—1988 年间先后进行了 5 次大规模的考古发掘，共开探方、探沟 105 个，清理出土房屋基址 96 座，墓葬 60 余座，各种灰坑、窖穴 200 余座。遗物非常丰富，出土器物 3000 余件（多为陶器，部分为石器），各种动、植物遗骸 2000 余件。

北庄遗址文化内涵极为丰富，延伸时间较长，大致可分为早、中、晚三个时期，其早期属于新石器时代，以北庄文化为代表，中期以龙山文化、岳石文化为代表，晚期主要为战国时期。其中，新石器时代的北庄文化是构成遗址的主体，它自成序列。根据中国社会科学院考古研究所实验室对部分文物进行碳14测定、北京大学考古工作者对测定数据和出土文物进行综合分析，文化层自下而上分为下层、一期、二期3个阶段：北庄下层，距今6000～7000年；北庄一期，距今5100～6000年；北庄二期，距今4500～4600年（山东省长岛县志编纂委员会，1990）。

北庄史前村落是半地穴式房屋，承重结构与维护结构相分离，房内有30～40厘米宽的土台子，可放置器物；房屋中心有支柱，屋内有箕形灶膛和加工粮食的地方；门口有坡式或台阶通道（图1-4-6）。

图1-4-6　大黑山岛北庄古村落遗址

上图：古村落遗址出土现场；下图：北庄遗址古村落复原模型（左：地基；右：全貌，拍摄于2009年10月3日）

图1-4-7　大黑山岛北庄遗址合葬墓

左图：合葬墓清理现场；右图：合葬墓模型（2009年10月4日拍摄于长岛县博物馆）

北庄遗址出土的文物多保存于长岛县博物馆内。陶器有：鸟形鬶、深腹盆形升、蘑菇状把手小口罐、折腹盆、筒形罐等；出土的石器和骨器，多为生产工具，主要有石斧、石磨盘、石蘑棒、石刀、骨鱼钩、骨鱼叉等。

鸟形鬶（图 1-4-8），1983 年发掘出土，为炊煮器，属胶东原始文化北庄一期。泥质灰褐陶，手制塑形。长 24.4 厘米，高 19.1 厘米。通体仿鸟形。腹部宽肥扁圆，底平，设三矮足，前二后一。鸟首昂起，尖喙，尖圆耳。鸟背两侧各设一錾，作翅形。尾竖起，呈上粗下细的喇叭形，为此器注水之流口。该器出土于房址内，为实用器，同时又极富艺术性，显示出原始先民的艺术创造力。

图 1-4-8　大黑山岛上北庄遗址出土的陶器

左上图：觚形杯；右上图：鸟形鬶；左下图：陶鬶；右下图：陶鼎（2009 年 10 月 4 日拍摄于长岛县博物馆）

2. 北庄古墓群

北庄古墓群位于北庄村西，面积不详。该古墓群的墓型多为土坑竖穴，内填牡蛎壳。出土的文物有青铜舟、青铜剑和陶鬲、陶豆等。长岛县博物馆考古工作者认定为东周至汉代墓群（山东省长岛县志编纂委员会，1990）。

3. 大濠古墓

大濠古墓位于大黑山岛大濠村东的山坡上，南面距海约 100 米。因取土暴露出 3 座古墓。墓室深 3～5米，宽 2.5 米，长度不详。墓内填大量砾石。长岛县博物馆考古工作认定，确认该古墓群为唐代墓葬（山东省长岛县志编纂委员会，1990）。

另外，在西濠村北的安桥山脚下，也有几处半地穴式的古墓，当地人叫“墓（牟、模）子坟”。村民整地时挖出，至 20 世纪 70 年代初，先后挖掘出古墓 20 余座。墓为圆形、拱顶，深度、直径均为 3 米，用砖或石砌成。南侧有门，墓室低于墓门，墓门高 2 米、宽 1.8 米，进门向右拐进入墓内。墓门的青砖长 30 厘米、宽 17.3 厘米、厚 4.8 厘米（山东省长岛县志编纂委员会，1990）。

（二）人文遗迹和历史文物

1. 古庙群

大黑山岛上曾有较多的庙宇，如三官庙、药王庙、关帝庙、释迦牟尼庙、娘娘庙、龙王庙、土地庙等。其中，最大的庙宇为三官庙，与药王庙、关帝庙、释迦牟尼庙、娘娘庙等组成岛上古庙群。

三官庙位于北庄村东侧、北庄古遗址南侧，依山傍海临河。古庙群占地 0.7 公顷，由西向东依次排列：三官庙、药王庙（内塑十大名医）、关帝庙、释迦牟尼庙、娘娘庙，墙外还有龙王庙和土地庙。

图 1-4-9 大黑山岛古庙群遗留下来的古树
（拍摄于 2010 年 6 月 9 日，拍摄点地理坐标为 37°57′56.48″N、120°37′19.49″E）

图 1-4-10 大黑山岛北庄史前遗址博物馆
（拍摄于 2009 年 10 月 3 日，拍摄点地理坐标为 37°58.05′N、120°37.63′E）

古庙宇的规模及影响力仅次于庙岛，庙内诸神为彩色泥塑，每当节庆，焚纸、放鞭炮者众多，虔诚的拜俗和渔家的诚心同时敬给诸神。

在经历了“土地革命”和“复查”运动，以及“文化大革命”破“四旧”，大黑山岛上上古庙宇的宫观荡然无存，仅在现大黑山中心小学院内有古树遗存（图 1-4-9）。

2. 北庄史前遗址博物馆

1996 年，国家文物局批准了由山东省文保中心主持设计的《保护方案》。1998 年 5 月，保护工程开工建设北庄史前遗址博物馆，2000 年 7 月竣工后正式对外开放。北庄史前遗址博物馆是北庄遗址的中心区，占地 8580 平方米，馆舍建筑为一厅、两室、两廊，总建筑面积 300 平方米。

（三）历史事件

清光绪五年（1879 年）八月，蓬莱知县江瑞采赴长岛视察后发布《谕各岛并三乡栽松树以资樵薪告示》。同时制定了保护中外船只航行章程，在大黑山岛关帝庙和三元宫分别设立永绥局，分界管理海域。

1914 年 8 月，日德战争爆发，日本陆军在其第二舰队的掩护下，占领大黑山岛，并以该岛作为海上补给基地，而后在龙口登陆，攻陷青岛。

1946 年，岛上流行麻疹、“流脑”。

1949 年 8 月 12 日凌晨，中国人民解放军登陆，占领大黑山岛。

1951 年春，大黑山岛上发现麻疹、天花等传染病。

1952 年，黑山岛北庄葛培坤互助组购买第一部步犁。

1958 年 10 月，开通南长山岛—庙岛—小黑山岛—大黑山岛客运航线。

1959 年，岛上流行麻疹。

1965 年，大黑山岛上创建中学 1 所，即黑山农业中学。

1967 年，大黑山岛小濠生产队试种大白菜获得成功。

1968 年 11 月，大黑山岛建立“五七干校”，长岛县 80 名干部到此劳动。1970 年，“五七干校”解散。

1969 年 12 月，县邮电局通过驻军海底电缆开通农村电话。

1976 年 2 月 25 日至 3 月 17 日，在大黑山岛附近海域先后发生地震 243 次，其中最大震级为 3.6 级。

1980 年，由驻军帮助敷设南长山岛经大黑山岛至小黑山岛的海底通信电缆，1981 年 3 月开通使用。

1984 年 9 月 1 日，建立山东省长岛候鸟保护环志中心站。是年 10 月，林业部全国鸟类环志办公室在长岛召开全国鸟类环志研究会，并进行放飞试验。

（四）历史人物

葛长柞（1917—1947.12），大黑山岛北庄村人，中共党员。1945 年 5 月参加工作，同年加入中国共产党。1947 年 5 月，任中共黑山分区委员会副书记。9 月，长岛工委进行战略转移时，他奉命留岛坚持地下工作，组织向岛外转运公粮、转移干部，并冲破敌人的严密封锁，渡海去北长山岛营救被捕同志。11 月，在大黑山岛受叛徒诱骗而被捕。1947 年 12 月，在蓬莱县英勇就义。

另外，大黑山岛上有长岛县革命烈士 11 名：邹立田、葛提然、黄金明、葛子宽、罗相久、邹明增、张家勤、王德基、陈久润、陶乃昌、诸良。

邹立田（1927—1950. 4），男，大黑山岛北庄村人。1950 年 2 月参加工作，同年 4 月在蓬莱水域牺牲，时为长山岛特区工委交通员。

葛提然（1921—1948. 4），男，大黑山岛北庄村人。1948 年 4 月参加革命，同年 4 月在庙岛妈祖庙牺牲，时为第四野战军战士。

黄金明（1927—?），男，大黑山岛北庄村人。1947 年 4 月参加革命，参军后失踪。

葛子宽（1921—1951. 2），男，大黑山岛北庄村人。1948 年 11 月参加革命，1951 年 2 月在朝鲜汉江牺牲，时为中国人民解放军朝鲜志愿军战士。

罗相久（1925—1947. 12），男，大黑山岛北庄村人。1945 年参加革命，1947 年 12 月在莱阳牺牲，时为胶东军区北海黄部营战士。

邹明增（1927—1951），男，大黑山岛北庄村人。1949 年 1 月参加革命，1951 年在朝鲜牺牲，时为中国人民解放军朝鲜志愿军战士。

张家勤（1928. 2—?），男，大黑山岛南庄村人。1947 年参加革命，后失踪，时为辽东军区七师 20 团 9 连战士。

陈久润（1929—1951），男，大黑山岛西大濠村人，中共党员。1946 年 1 月参加革命，1951 年在朝鲜牺牲，时为中国人民解放军朝鲜志愿军 42 军 126 师 378 团副指导员。

陶乃昌（1923—?），男，大黑山岛西大濠村人。1946 年参加革命，解放上海后失踪，时为华东野战军 9 纵教导团战士。

诸良（? —1944. 7），男，大黑山岛大濠村人。1944 年 7 月在三丁家牺牲，时为蓬莱独立营战士。

（五）渔村介绍

1. 北庄村

北庄村位于大黑山岛的东中部，北临土岛村，西靠老黑山，东望小黑山，为黑山乡政府驻地。

明天启年间，葛姓从蓬莱摸直口、张姓从蓬莱小门家、侯姓从栖霞、李姓从荣成迁入。清道光年间，庙岛群岛设 13 社，其中北庄社辖北庄村、土岛村，隶属蓬莱县。1928 年，北庄社隶属长山八岛民政局；1934 年，改社为乡，隶属长山八岛特区；1945 年，北庄村隶属庙岛区；1946 年，北庄村隶属黑山区；1949 年，北庄村隶属黑山乡；1958 年，北庄生产队隶属黑山大队；1962 年，北庄生产大队隶属黑山公社；1985 年，北庄村隶属大黑山乡；2001 年，隶属大黑山乡；2003 年，隶属黑山乡。

图 1-4-11 大黑山岛北庄村委会现状

（拍摄于 2010 年 6 月 8 日，拍摄点地理坐标为 37°57′53. 45″N、120°37′07. 21″E）

2007 年年底居民有 238 户，总人口 561 人，耕地 25. 33 公顷，其中果园面积 3. 33 公顷。

村级经济结构以海水养殖、捕捞为主。其中海水养殖又以海带、扇贝养殖和近海底播增殖为主。

2. 西濠村

西濠村位于黑山乡大黑山岛西南部，东临大濠村，南望蓬莱。

图 1-4-12　大黑山岛西濠村村委会现状

（拍摄于 2010 年 6 月 8 日，拍摄点地理坐标为 37°57′36. 92″N、120°37′58. 45″E）

图 1-4-13　大黑山岛大濠村村委会现状

（拍摄于 2010 年 6 月 8 日，拍摄点地理坐标为 37°57′24. 94″N、120°37′28. 37″E）

图 1-4-14　大黑山岛小濠村村主街

（拍摄于 2010 年 6 月 8 日，拍摄点地理坐标为 37°57′09. 98″N、120°37′47. 56″E）

元代，西濠村隶属沙门社，时名陶家村。清道光年间，庙岛群岛设 13 社，西濠村归其中的南庄社管辖，隶属蓬莱县。明天启年间，陶、刘、陈姓居民由小云南迁来。1928 年，西濠村（陶家村）所在南庄社隶属长山八岛民政局；1934 年，隶属长山八岛特区；1945 年，三濠合一，统称大濠村，隶属庙岛区；1946 年，隶属黑山区；1949 年，隶属黑山乡；1958 年，隶属黑山大队；1962 年，隶属黑山公社；1985 年，三濠分离，成立西濠村，隶属大黑山乡；2001 年，隶属大黑山乡；2003 年，隶属黑山乡。

2007 年年底西濠村有人口 102 人，总户数 36 户，有耕地 4. 67 公顷。村级经济结构以海水养殖、捕捞、育保苗为主。其中，海水养殖以扇贝为主；海参保苗兴起于 2001 年，至 2007 年全村共发展海参保苗大棚 23 个。

3. 大濠村

大濠村位于黑山乡大黑山岛南部，为一行政村。东邻小濠村，西临西濠村，南望蓬莱。

清康熙二十六年（1687 年），骆姓村民由蓬莱南旺迁入。清道光年间，庙岛群岛设 13 社，大濠村归其中的南庄社管辖，隶属蓬莱县。1928 年，大濠村所在南庄社隶属长山八岛民政局；1934 年，隶属长山八岛特区；1945 年，三濠合一，统称大濠村，隶属庙岛区；1946 年，隶属黑山区；1949 年，隶属黑山乡；1958 年，隶属黑山大队；1962 年，隶属黑山公社；1985 年，三濠分离，大濠村隶属大黑山乡；2001 年，隶属大黑山乡；2003 年，隶属黑山乡。

2007 年年底大濠村人口 116 人，总户数 34 户，有耕地 4 公顷。村级经济结构以海水养殖、捕捞、海参育保苗为主。其中，海水养殖以扇贝为主；海参保苗兴起于 2002 年。

4. 小濠村

小濠村位于黑山乡大黑山岛南部，为一行政村。东邻南庄村，西临大濠村，南与蓬莱相望。

清顺治年间，有刘姓从蓬莱小门家迁入。清道光年间，庙岛群岛设 13 社，小濠村归其中的南庄社管辖，隶属蓬莱县。1928 年，小濠村所在南庄社隶属长山八岛民政局；1934 年，隶属长山八岛特区；1945 年，三濠合一，隶属庙岛区；1946 年，隶属黑山区；1949 年，隶属黑山乡；1958 年，隶属黑山大队；1962 年，隶属黑山公社；1985 年，三濠分离，小濠村隶属大黑山乡；2001 年，隶属大黑山乡；2003 年，隶属黑山乡。

2007 年年底小濠村有人口 90 人，总户数 32 户；有耕地 4. 67 公顷。村级经济结构以海水养殖为主。

其中，海水养殖以海带、扇贝为主。海参保苗兴起于2001年，至2007年全村共有海参保苗大棚20个。

5. 南庄村

南庄村位于大黑山岛的东南部，由南庄和船旺2个自然村组成，北临北庄村，西临小濠村，东与庙岛相望。

从明天启年间开始至20世纪50年代，先后有张、李、王、范、吴、滕、孙等姓从蓬莱、荣成、砣矶岛等地迁入。

清道光年间，庙岛群岛共设13社，大黑山岛上有北庄社和南庄社，其中南庄社辖南庄村、船旺村、大濠村、小濠村、骆家村、陶家村（山东省长岛县志编纂委员会，1990），隶属蓬莱县。1928年，南庄社隶属长山八岛民政局；1934年，改社为乡，隶属长山八岛特区；1945年，南庄村隶属庙岛区；1946年，南庄村隶属黑山区；1949年，南庄村隶属黑山乡；1958年，南庄生产队隶属黑山大队；1962年，南庄生产大队隶属黑山公社；1985年，南庄村隶属大黑山乡；2001年，隶属大黑山乡；2003年，隶属黑山乡至今。

2007年年底，南庄村有居民153户，总人口411人，拥有耕地9.33公顷。村级经济结构以海水养殖、捕捞、海参育保苗为主。其中海水养殖又以海带、扇贝养殖和近海底播增殖为主。该村多年被中共烟台市委、市政府授予“文明村”、“卫生村”称号。

图1-4-15 大黑山岛南庄村村委会现状

（拍摄于2010年6月8日，拍摄点地理坐标为37°57′27.49″N、120°37′14.56″E）

图1-4-16 大黑山岛土岛村村委会现状

（拍摄于2010年6月8日，拍摄点地理坐标为37°58′42.31″N、120°37′28.52″E）

6. 土岛村

土岛村位于黑山乡大黑山岛北部龙爪山南麓，为一行政村。南临北庄村，东与小黑山村相望，北与磢矶岛相望。

据传清初有辽宁百姓因反清失败避居于此，在烽台山竖大纛①旗继续反清，遭清政府镇压，后人称此地为纛岛。因纛与土近音，后演变为土岛村。

清康熙年间，乔、肖二姓从蓬莱城、栾家口迁入。从明天启年间开始至20世纪50年代，先后有肖、葛等姓从蓬莱迁入。1928年，土岛村（时名骆善人村）所在北庄社隶属长山八岛民政局；1934年，隶属长山八岛特区；1945年，土岛村隶属庙岛区；1946年，土岛村隶属黑山区；1949年，土岛村隶属黑山乡；1958年，土岛生产队隶属黑山大队；1962年，土岛生产大队隶属黑山公社；1985年，土岛村隶属大黑山乡；2001年，隶属大黑山乡；2003年，隶属黑山乡。

2007年年底有居民67户，总人口186人，拥有耕地4.67公顷。村级经济结构主要以近海捕捞、海参育保苗为主，2007年全村捕捞船只32艘，顺流网2000吊。

---

① 音dào，意为“军中或仪仗队的大旗”。

二、海岛文化

（一）海岛风情与旅游文化

大黑山岛是长岛国家地质公园的主体部分，其中龙爪山的石英岩海蚀地貌（“海蚀栈道”和“海蚀洞”）和重力堆积遗迹、老黑山玄武岩、庙山“九门洞”（海蚀洞）等自然景观特点鲜明。

大黑山岛上层挖掘多处古墓葬和遗址。其中，著名的北庄母系氏族社会村落遗址（详见“海岛历史”部分），在考古史上与闻名中外的西安半坡文化遗址齐名，出土了大量文物，可以按历史序列将其排列起来，成为中外罕见的“海上博物馆”，也是大黑山岛上的又一绝景。

岛上山石嶙峋，草木丰茂，海岛生物资源丰富，素有“第二蛇岛”、“候鸟旅站”之称；海岸多姿多彩，加之悠久的历史文化和神秘、美丽的传说，以及纯朴的渔家生活等特色，深受游客青睐。

（二）民俗文化

大黑山岛上的“海草屋”已有四五百年历史。大约自明代开始，人们迁入岛内定居后，由于建房屋材料缺少，先民把海带草（眼子菜科，大叶藻属呈条带状，似韭菜叶，长 1 米左右）铺絮到房顶，盖苫房子，冬暖夏凉。海带草曾为长岛流传着“长山岛有三宝，马莲（一种草类）、火石（石英岩）、海带草”。目前，岛上各村均有海带草房遗存。这些“文物”建筑风格，不但是岛上群众住房发展的“档案”，也是游人参观的实物。

图 1-4-17　大黑山岛南庄村留存海草屋
（拍摄于 2010 年 6 月 8 日，拍摄点地理坐标为 37°57′25. 88″N、120°37′14. 74″E）

（三）语言文化

大黑山岛语言文化与群岛南部诸岛相同，详见南长山岛相关部分。

（四）信仰文化

1. 道教

宋朝，大黑山岛上开始有道教传播。元朝海运兴起，道教开始兴盛。明、清时期，村村建有道家宫观，岛上曾形成了古庙群（三元宫、关帝庙）。在渔业生产中，渔民向“海神娘娘”祈祷许愿，并到庙中还愿。在“土地革命”和“复查”运动中，宫观多被破坏；在“文化大革命”破“四旧”中，宫观荡然无存，但仍有信仰活动。

2. 佛教

唐朝，佛教开始在岛上传播，岛上始有佛教寺庙。元朝海运兴起，岛上道教开始兴盛，并形成佛教、道教混杂布局。平日群众常到庙上烧香拜佛，每年农历四月二十八日到寺庙赶庙会。20 世纪初叶，佛教渐趋衰落。在“土地革命”和“复查”运动中，僧侣多被遣走，庙属土地和船只分给群众，寺庙多被破坏，佛教活动随之消失。

（五）文学艺术

1. 传说与故事

大黑山岛上有很多传说，其中有些是据实物而流传下来的，如墓（牟）子坟、神碓臼和龙爪山等。

（1）墓（牟）子坟的传说

西濠村北安桥山脚下的“墓子坟”，据当地人传说：古时人到60岁就被送进墓中，家中人按时送饭，死后封上墓门（山东省长岛县志编纂委员会，1990）。

另据刘文权的《长岛渔家》和《人间海市——长岛》，大黑山岛墓（牟）子坟传说：从前，有个不孝的赃官，贪图享乐，娶妾三四个，嫌家中老母年老无用，得人伺候，便以“花甲废人”上奏朝廷。昏庸的皇帝，受理此奏本后降旨：“凡过花甲者，一律活埋。”（刘文权，2005；1997）

另据报道①，20世纪70年代起，烟台博物馆考古学者相继在烟台市牟平区北头、开发区岗嵛、蓬莱市南吴家等地，发掘出一批被当地人称作“模子坟”的元明时代墓葬群，对“模子坟”的来历民间也有传说：称一些不孝儿等到老人活到六十岁时，便把其送入已修好的坟墓中，只送一百天的饭菜，老人们终究难逃饿死的命运。对于胶东地区独有的“模子坟”，考古工作发现，这些墓葬没有棺椁，许多墓室中有2~3根头骨，集中堆放的肢骨中，尸骨多有缺失，认为“模子坟”是一种迁葬墓，当夫妻双方或家族之人都已去世，后人便修建这种矮小的坟将他们合葬。另一种考证是：外地人在迁徙时，将祖先尸骨一同迁葬。

（2）神碓臼的传说

大黑山五顶山东北角的崖下石板上有一石窝，直径45厘米，深度30多厘米，圆滑光洁，当地称之为神碓臼。传说大黑山古时是一只虎，被龙抓伤，为了治病，曾在此制药。当时有杵有臼，后杵被神医借走（山东省长岛县志编纂委员会，1990）。

（3）龙爪山传奇

传说很久以前，一头蝮蛇修炼成精，经常出山作恶，肆虐生灵，海岛居民苦为其害，遂向海里龙王求助。龙王在农历二月初二这一天现神通腾空出海，直奔蛇精洞府，一声怒吼，抓起蛇精向北飞去。由于用力过猛，带走了半座山峰，剩下的半劈山留下了龙王深深的爪痕。形成了如今我们眼前这种四沟五壁的形状。后来渔家人出海打渔时，发现在东北方向辽宁旅顺口的小平岛有被龙王抓走的另一半山，形状与眼前半壁极为吻合。

2. 戏剧

20世纪初期，每年夏、冬两季，岛上常请外地戏班进岛演出京戏，群众称为“唱大戏”。1930年，大黑山岛的小濠村开始成立业余京戏班子，一般正月初开演、正月十五结束，所演剧目，均为岛上在东北经商的京戏爱好者传入。1950—1955年，曾排演过京戏《桑园会》、《卖马》、《失汉城》、《打渔杀家》、《空城计》、《女起解》、《搜狐救狐》等。1955年后，随着吕剧的兴盛，京剧活动逐渐停止。

图1-4-18 大黑山岛南庄俱乐部现状

（拍摄于2010年6月8日，拍摄点地理坐标为37°58′26.06″N、120°37′15.61″E）

另外，20世纪50年代初，黑山乡等演出歌剧《白毛女》、《三世仇》等。1953—1957年，黑山公社等演出话剧《警钟》、《农奴戟》等。20世纪60年代初，黑山公社等演出歌剧《红珊瑚》、《血海深仇》、《三月三》等。20世纪70年代，大黑山岛上建有渔村俱乐部，目前南村内的俱乐部保留了原有建筑风貌（图1-4-18），为大屋架，坡屋顶，砖石结构。

3. 民间舞蹈

大黑山岛上的民间舞蹈活动，始于20世纪的20年代初，由东北地区传入，小濠村的文艺爱好者

① 胶东考古揭开三大谜底：http：//edu. beelink. com. cn/20041015/1700200. shtml。

率先成立了同乐会。春节期间的文化活动，主要是耍龙、跑旱船和踩高跷等。演出时间，一般从正月十五演到正月十八。除在本村演出外，还到各村串演。

1949 年以后，新增的形式有扭秧歌、腰鼓舞、狮子舞、扇贝舞、大头娃舞等。“文化大革命”期间，一切传统文艺活动被禁止，只准唱“语录歌”、“样板戏”，跳“忠字舞”。1978 年之后秧歌开始复演。1981 年开始恢复传统节目演出。

三、海岛土特产品

大黑山岛的特色海产主要是各种海产品和海珍品，尤以牡蛎最有名。以其为原料加工而成的海蛎子包子、鲅鱼饺子、鲅鱼包子和鱼面等远近闻名，也是岛上“渔家乐”招牌食谱。

大黑山岛上蝮蛇资源可观，素有“中国第二蛇岛”之称。

岛上盛产土鳖，其分布面积约占整个岛陆面积的 80%。

另外，大黑山岛上的燧石也曾十分有名，产出的燧石仅次螳螂岛。

四、其他

2009 年 5 月下旬，电视连续剧《换位游戏》的剧组制片人、美工等到大黑山岛北庄村、南庄村和土岛村等进行取景，2009 年 6 月 13 日，该剧组进驻大黑山岛正式拍摄，至 6 月 29 日下午在大黑山岛完成了所有剧情的拍摄。《换位游戏》由宁夏广播电视总台投资拍摄，共 30 集。全剧讲述了一对双胞胎兄弟（辛遥和辛远），哥哥在股市做庄家，弟弟在海岛一所小学当副校长。他们都讨厌自己的生活，商议换位。哥哥到海岛当小学老师，弟弟去城里炒股，哥哥遥控指挥。换位引起了种种错乱，也使双胞胎兄弟的思想产生重大震荡。哥哥在海岛小学得到了渴望已久的安宁，也陷入爱情、工作的重重矛盾；弟弟实现了走出海岛干大事业的梦想，却被纸醉金迷所迷惑。换位也使两兄弟的人生发生了改变。

《换位游戏》是继《大校的女儿》、《激情燃烧的岁月Ⅱ》、《爸爸的海》等影视剧在长岛拍摄之后的又一部大型影视剧作。

第三节　海岛基础设施

一、交通运输

清光绪五年（1879 年），蓬莱县在大黑山岛的北庄社和南庄社，分别设立永绥局 1 处，负责管理海域和保护船只。

1929 年，响应长山八岛民政局号召，岛上群众开始修筑道路。

1950—1957 年，驻岛人民解放军在大黑山岛修筑公路 6.6 千米。

1985 年，岛上建成长度 4 千米的水泥公路，路宽 6 米（山东省长岛县志编纂委员会，1990）。

2006 年，长岛县先后投资 200 多万元，修建了通往龙爪山、老黑山、南砣子等景区的公路。

2009 年，投资 160 万元改扩建北庄至土岛的 1.5 千米高标准水泥公路（土北线）。土北路是大黑山岛北庄村至土岛村的一条乡村公路，始建于 20 世纪 80 年代初期，因年久失修，坑洼不平，且路面狭窄，双向会车困难，多急弯，存在道路运输安全隐患。该段公路为山东长岛交通局乡村公路建设重点工程之一，2009 年 5 月 22 日正式开工建设，2009 年 11 月底竣工[①]；路面宽 7 米[②]，采用混凝土结构

① 资料来源：http：//www. jiaodong. net/news/system/2009/12/16/010705600. shtml。

② 资料来源：http：//www. sd. xinhuanet. com/wq/2009-05/26/content_ 16637489. htm。

建设（图 1-4-18）。

2010 年 4 月底，建成北庄至老黑山的水泥公路（图 1-4-19），全长 2.5 千米。

目前，大黑山岛上有码头多处，岛上各村庄之间均有道路相通，均已全部硬化。

图 1-4-19　北庄—土岛村间水泥路

左侧：北庄遗址博物馆；右侧：边防派出所

（拍摄于 2009 年 10 月 3 日）

图 1-4-20　大黑山岛北庄至老黑山公路

（拍摄于 2010 年 6 月 8 日，拍摄点地理坐标为 37°58′14.57″N、120°35′52.71″E）

二、港口、航运与助航设施

1957 年 10 月，成立山东省交通厅青岛海运局蓬莱港驻长岛航运组，派船进岛营运，于 1958 年 10 月，南长山岛—庙岛—小黑山岛—大黑山岛客运航线开通（山东省长岛县志编纂委员会，1990），大黑山岛始有客运航班（隔日班船）。

1998 年 10 月，在大黑山岛北庄东侧建成客货码头，即大黑山港。该码头主要用途为客运、客滚货运，采用突堤式重力方块结构，码头长 50 米，顶面高程 3.0 米，前沿水深 4.5 米，靠泊能力为 500 吨级。

图 1-4-21　黑山岛陆岛交通码头现状及客运班船

（拍摄于 2010 年 6 月 9 日，拍摄点地理坐标为 37°57′54.24″N、120°37′25.22″E）

目前，每天有一客运班船（长山号：图 1-4-21）往返于大黑山岛、小黑山岛、庙岛、南长山岛与蓬莱之间（每天下午 2 点从蓬莱开船、第二天上午 6 点从大黑山岛返回）。另外，每隔一天有滚装船。

在进出港航道两侧设有 4 个钢制浮灯标，各浮灯标的位置及形态特征见表 1-4-3。

表 1-4-3　大黑山岛客货码头进出港航道灯标一览表

名称	北纬	东经	形状特征	用途
1 号灯浮标	37°57′21.00″	120°38′47.10″	绿色，柱形，锥形顶标	右侧标
2 号灯浮标	37°57′42.86″	120°38′08.42″	红色，柱形，罐形顶标	左侧标
3 号灯浮标	37°57′50.64″	120°37′49.38″	红色，柱形，罐形顶标	左侧标
4 号灯浮标	37°57′47.40″	120°37′31.50″	红色，柱形，罐形顶标	左侧标

另外，土岛村东海湾也建有交通码头（图 1-4-22），在旅游季节，有流水发往长岛渔港码头—土岛村码头的摩托艇或游船。

图 1-4-22　黑山岛土岛村东码头现状
（拍摄于 2009 年 10 月 3 日）

三、水利设施

岛上的水利设施主要为塘坝和水井，目前主要有 5 处：土岛村西北侧耕地中、北庄村西南部、船旺村西北侧耕地中、大濠村北侧、西濠村东南耕地中。1980 年，南庄大队进行了半固定式喷灌实验，水浇 10 公顷地获得成功。1981 年，长岛县全县进行了推广。

在土岛村西北蓄水塘（呈圆形）旁，建有淡化站（图 1-4-23），向村民供水。

北庄村西南部塘坝呈长方形，西塘坝已多次垮塌（图 1-4-24），蓄水功能大打折扣。

2008 年，政府投资对各渔村自来水管网进行了改造，保证渔村群众和来岛游客饮水安全①。

图 1-4-23　大黑山岛土岛村西北蓄水塘及淡化站
（拍摄于 2010 年 6 月 8 日，拍摄点地理坐标为 37°58′43.51″N、120°37′19.27″E）

图 1-4-24　大黑山北庄村西南部蓄水塘现状
（拍摄于 2010 年 6 月 9 日，拍摄点地理坐标为 37°57′53.26″N、120°37′10.94″E）

四、广播、电视和通信

（一）广播

20 世纪 60 年代中后期，大黑山岛建立了公社广播放大站（配备有美多牌 300 瓦扩音机 1 台、普通收音机 1 台、195 型柴油发电机 1 台），通过高音喇叭在岛上播放新闻节目。每天早、中、晚 3 次共播音 5 个半小时。其中，转播中央人民广播电台和山东人民广播电台节目 5 个小时，自办节目半小时。自办节目，由长岛县广播站统一发放录音磁带播放。1975 年，自办节目每天增至 1 小时。

1978 年 7 月，长岛县广播站开始租用邮电局海底电缆，向岛上直播自办节目。

（二）电视

1980 年 4 月，北长山岛嵩山建成电视差转台（覆盖半径 16 千米）后，大黑山岛上始可收看彩色电视节目。

目前，岛内居民均为闭路电视，闭路电视入户率达 100%。

① 资料来源：http://www.jiaodong.net/ytzfw/system/2009/02/25/010465970.shtml。

（三）通信

图 1-4-25　大黑山岛上邮电支局现状
（拍摄于 2010 年 6 月 8 日，拍摄点地理坐标为 37°57′54.51″N、120°37′20.58″E）

1945 年 10 月，长岛设立军邮局后，派专人不定期到大黑山岛等收寄、投递邮件，岛上始有邮政业务。1950 年，始有投递员直投到户。

1953 年 9 月，岛上始设邮电局（黑山邮电支局），办理邮政业务。1958 年 10 月，南长山岛—庙岛—小黑山岛—大黑山岛客运航线开通（山东省长岛县志编纂委员会，1990），通过客船开辟了南长山岛至大黑山岛的海上邮路。

1969 年，经驻军海底电缆，开通了南长山岛至大黑山岛的电话线路 1 条，大黑山岛始有农话业务。

1980 年，敷设南长山岛至大黑山岛的海底通信电缆。该海底电缆长度 11.57 千米，规格型号为 HH-1-2，大黑山岛上登陆点位于南庄村东砾石滩，1981 年 3 月正式开通使用，至此大黑山岛与大陆之间有了直线长途电话。1985 年，黑山邮电支局装有 50 门磁石式交换机。

目前，岛上有现代化的通信机构（图 1-4-25），建有微波通信、移动通信基站等，开通了程控电话、小灵通和互联网等业务，国内外电话可直拨，邮电通信快捷，居民程控电话入户率达 100%，实现了海陆移动通信。

五、电力电网

图 1-4-26　大黑山岛北庄村街道现状一角
（拍摄于 2010 年 6 月 9 日，拍摄点地理坐标为 37°57′53.58″N、120°37′09.04″E）

大黑山岛电力较充足，通过海底电缆并入烟台电网，把山东电网的电力输送到该岛，人民生活用电基本满足。

1969 年，驻军铺设了南长山岛至大黑山岛的海底电缆。

1984 年，10 千伏黑山海底电缆投入运营，岛上用上网供电。该海底电缆采用单电源、单主变供电方式，承担着大黑山、小黑山、庙岛等的供电任务，设计使用寿命 20 年。

2008 年，长岛县供电公司投资 300 余万元，于 9 月 5 日开工建设了长岛县 35 千伏小黑山输变电工程①。该工程借用 35 千伏小黑山风力发电场长鲁输电线路，在小黑山新建一座 35 千伏变电站及配套工程，并于 2008 年年底前竣工投运，大黑山岛实现了双电源供电。

六、市政设施与生态建设

沼气试点工作已取得成功，通过培养示范户，2009 年在全乡逐步推广普及以沼气为主的绿色能源②。岛上公共环境卫生，实行各渔村管理责任制，责任区划分明确，实行了垃圾定点定期集中清理，各村主要街道环境整洁优美（图 1-4-26）。

---

① 资料来源：http：//www.yantai3.com 2008-09-10 10：02：36 jiaodong：长岛县 35 千伏小黑山变电工程正式开工建设。
② 资料来源：http：//www.jiaodong.net/ytzfw/system/2009/02/25/010465970.shtml。

第四节　经济基本情况

一、海岛居民生产活动

大黑山岛具有得天独厚的海陆资源。岛上有为被考古学家称为“东半坡”的北庄遗址和龙爪山地质公园，其周围还有宝塔礁、聚仙洞两处景点，形成具有海岛特色的地质景观，2005 年成为国家级地质公园标志性景区之一。

老黑山国有林场建有候鸟迁徙环志站 1 座，每年过往候鸟达 200 多种，数 10 万只之多，是候鸟八大迁徙路线之一。这里繁衍生息有众多的蝮蛇，成为全县独一无二的特色珍稀资源，素称“中国第二蛇岛”。这里海域辽阔，水产资源丰富，盛产几十种经济鱼类、几百种藻类，特别是海参、扇贝等海珍品因其品质优良而享誉海内外。

渔业生产是大黑山岛国民经济重要组成部分，捕捞和养殖是主要经济活动。特色产业为旅游业和海珍品养殖业。

二、社会经济基本情况

2005 年农村经济总收入 1.163 亿元，地方财政收入 136 万元。全乡生产总值 0.63 亿元，第一、二、三产业比为 70∶17∶13。农业总产值 9325 万元，其中捕捞业总产值 1145 万元，养殖业总产值 8035 万元，畜牧业总产值 31 万元，种植业总产值 114 万元。合同利用外资 1000 万美元，实际利用外资 350 万美元。人均纯收入 5388 元，人均居住面积 28 平方米①。

2006 年黑山乡经济总收入 1.38 亿元，其中渔业捕捞收入 1243 万元，多品种养殖收入 9882 万元，工副业收入 2700 万元，地方财政收入 260 万元。第一、二、三产业比为 70∶17∶13。人均居住面积 35 平方米。

表 1-4-4　黑山乡农村经济收益情况②

年份	总收入（万元）	捕捞业总收入（万元）	养殖业总收入（万元）	纯收入（万元）	农民人均所得（元）	年末固定资产原值（万元）
2000	2264	666	650	601	1210	1157
2001	2330	756	601	628	1645	3048
2002	3136	661	1532	713	2278	2896
2003	5180	675	3383	1286	3680	3057
2004	10 047	724	7471	1543	4673	750
2005	11 630	1145	8035	1253	5388	750
2006	13 800	1243	9882	1275	5882	

① 资料来源：http://www.yantai.gov.cn/cn/content/about_yt/ytnj/index_ytnjshow.jsp?id=457784；烟台年鉴。
② 长岛县发展改革和统计局：2000—2005 年长岛县国民经济统计资料第 119 页、2006 年长岛县统计年鉴第 40~41 页。

三、主要海洋产业基本情况

(一)海洋渔业和水产养殖业

黑山岛海域辽阔,海洋资源丰富,盛产几十种经济鱼类,几百种藻类和贝类,特别是海参、鲍鱼、扇贝等海珍品因其品质优良、资源丰富而享誉海内外。

2006年,全乡海参增养殖海域面积533.33公顷,产量60多吨,总产值700多万元;海珍品筏式养殖海区133多公顷,可开发利用海区2000多公顷,具有很大的发展潜力。全乡建有海参育保苗大棚210多个,育保苗水体达4.8万立方米,年育保海参幼苗5亿多头,成为黑山乡支柱产业。

据黑山乡政府提供的资料,2009年年底:黑山乡共有海参育保苗企业212户,育保苗水体达4.5万立方米,2009年实现经济收入1.33亿元;杂交栉孔扇贝养殖40户,养殖面积33.33公顷,2009年实现经济收入477万元;顺流网生产专业户32户,共有流网1800多吊,2009年捕捞产量4540吨,实现经济收入1523万元。

(二)海洋电力业

大黑山岛尚未见波浪能、潮汐能、海流能、盐差能和热能等海洋能源的利用情况。岛上及周围海域风力资源丰富,但该岛为候鸟迁徙的重要通道、国家级鸟类保护区,岛上不宜发展风电场,但根据《山东长岛海上风力发电场发展规划》,拟在大黑山周围海域开发建设百万千瓦级风力发电场。

(三)海岛旅游业

黑山岛风光秀丽,景色迷人,旅游资源非常丰富,有中国"大陆屿"发育最典型的石英岩群——龙爪山、中国最大海蚀洞——聚仙洞、风光优美的宝塔礁、被誉为"东半坡"的北庄遗址等景区景观。由于蕴藏着特殊的地质地貌,2005年被评为国家级地质公园,加之良好的自然生态系统,给整个黑山增添了许多神秘色彩。这里气候温和,空气清新,是候鸟迁徙的必经之地,每年过往候鸟达200多种,数十万只之多。岛上蝮蛇众多,素有"中国第二蛇岛"之称。

2006年,县乡先后投资200多万元,修建了通往龙爪山、老黑山、南砣子等景区的公路,随着交通、食宿、绿化美化等硬件设施的不断完善,黑山旅游的接待能力进一步增强,来岛观光的游客逐年增多。

第五节 地质地貌

一、陆地地质

(一)构造、地层与岩性

1. 地质构造

(1)褶皱构造

大黑山岛为一受断裂构造影响比较复杂的向斜构造。该向斜轴向北北西,贯穿全岛。向斜构造核部出露的岩层为本岛上部的石英岩,两翼岩层主要为中部的石英岩夹板岩,两翼岩层基本对称。向斜的西南翼占地面积较大,岩层产状为倾向50°~100°,倾角为12°~32°(一般倾角12°~20°);东北翼面积较小,岩层产状为倾向270°~340°,倾向7°~45°(一般多在10°~20°)。在向斜的两翼,由于小的断层活动,造成一些地区岩层产状异常。在柔性岩层中由于水平挤压产生一些小的褶皱。

(2)断裂构造

大黑山岛断裂构造比较发育，大的断裂有4条，方向北东向和北东东向(各2条)；岸小断层较发育，以走向北东及东北东为主，断层规模均小，较大的断裂有下列几条。

庙山东南岸有一高角度断层，断层走向70°的，断面近90°，在地貌上的表现为一凹入地形，断层线两侧岩层不连续，北侧为中厚层石英岩夹紫红色板岩，而南侧只有石英岩分布，断裂带内有断层角砾岩分布，岩性为石英岩角砾，断层面因受热液影响，被烘烤成红色。

五头山西沟，断层走向35°，断距10米左右，地貌上表现为较大的沟谷。

马嘴西99.3米高地西部沿岸，有一近直立的断层破碎带，破碎带走向50°，宽5~7米，破碎带岩性为紫红色断层泥和石英角砾岩。

老黑山西南沟为一断层，断层走向70°，断层面向南倾斜，属于逆断层。

船望17.0米高地南部，有一条走向北西，断层面向北东倾斜的正断层，倾角70°左右，断距不大，有断层泥分布。

此外，本岛岩石节理较发育，主要有北东和北东东向两组。

上述断层、节理，对海岛海岸走向、海湾及海蚀洞的形成有明显控制作用。

2. 地层与岩性

大黑山岛上出露的基岩地层包括新元古代蓬莱群辅子夼组变质岩和新生界火山岩。大黑山岛上辅子夼组变质岩地层出露齐全。

(1)下部地层

由青灰色、黄绿色、紫红色板岩组成。

青灰色板岩　为本岛最底部的岩层，只分布在西大濠村西北35.5米高地及峰台山东部沿岸，厚度约为10米，岩层倾向40°、倾角35°。岩石表面有弱绢丝光泽，并具滑腻感，层面上有波痕和泥裂现象，风化面为浅灰色。岩石较致密，坚硬，风化破碎不严重。

黄绿色板岩　风化面为黄褐色、黄绿色及黄褐色薄层相间，劈理发育，具弱绢丝光泽，手捻有滑腻感，往上部颜色以浅黄褐色为主。

紫红色及紫灰色板岩　风化面多为黄褐色，劈理发育，石英质成分增加，并含有较多的铁质，常夹有薄层石英岩。紫红色板岩较坚硬，厚度为20米左右，与下伏岩层呈整合接触。

(2)上部地层

为中厚层石英岩夹黄绿色板岩及紫红色板岩。

中厚层石英岩夹黄绿色板岩　石英岩新鲜面灰白色，风化面黄褐色，含有少量铁质；板岩中夹有杂质较多的薄层石英岩。由于板岩易风化，均呈凹入地形，而石英岩异常突出，构成陡崖。

中厚层石英岩夹紫红色板岩　石英岩中含有铁质成分较多，板岩中夹有薄层黄褐色石英岩。这套岩性中的石英岩常见有发育的波痕。

(3)第三系火山岩

本岛玄武岩仅在大黑山及160.2米低丘裸露。玄武岩的分布有两个区，大黑山区玄武岩岩流首先向东南流，而后转向东。另一区在大黑山东北部，先往东，后转向东南方向，最后，两股岩流在北庄村西附近会合，岩流流向明显受原地形控制。

大黑山岛上玄武岩的底部直接与石英岩相接触，由于岩浆的加热和气液作用，使原灰白色石英岩被烘烤成红色。此外，熔岩中还有石英岩捕虏体和石英岩角砾，在石英岩中还可见到顺层理侵入的玄武岩薄层。

在160.2米熔岩台地露头剖面最佳，其底部为紫红色熔渣状玄武岩与浅灰色橄榄玄武岩互层。熔渣状玄武岩由火山砾和凝灰质堆积而成，厚者为3.5米，薄层仅几十厘米，层位不稳定，有的呈透镜体状。浅灰色橄榄玄武岩，基岩由显微晶质和玻璃质组成，岩石中发育着有流动构造和气孔构造。

浅灰色玄武岩之上为黑色块状橄榄玄武岩，新鲜面灰黑色，风化面灰绿色，岩石中磁铁矿等铁矿物含量较多,岩石致密,气孔大量减少。

该岩层厚度较大,球状风化发育尤其是大黑山顶部。

(二)工程地质与水文地质

1. 工程地质

大黑山岛工程地质分区属鲁东丘陵工程地质区,主要出露4个工程地质岩组。

(1)坚硬半坚硬层状变质岩工程地质岩组

大黑山岛变质岩以石英岩为主,其次为板岩。石英岩属坚硬岩石,抗风化能力强,新鲜岩石抗压强度较高,可达4000千帕,强风化带则降至500千帕。板岩类易风化,新鲜岩石抗压强度在1500~2000千帕,强风化带降至200~500千帕。这两种岩石分布区均为良好建筑地基基础,但由于岩石裂隙发育,在破碎带及强风化带,有产生崩塌或滑坡等工程地质问题的可能。

(2)半坚硬喷出玄武岩工程地质岩组

大黑山岛北部的玄武岩主要为熔渣状玄武岩与橄榄玄武岩互层。橄榄玄武岩新鲜岩石结构致密,力学指标较高。熔渣状玄武岩气孔构造发育,结构疏松,强风化者强度较低,工程地质条件较差。

(3)松散残坡积、坡洪积黏土、粉质黏土、粉土、砂土工程地质岩组

分布在丘陵山坡及坡麓地带的残坡积、坡洪积等分布区,松散沉积物成层分布,岩性变化较大,垂向上呈渐变,土的状态自表向下为软塑—硬塑—坚硬半坚硬。含水量及密实度对土体强度有较大影响。本岩组一般都可做小型建筑基础持力层,一般地基容许承载力为100~350千帕;残积层下部至基岩强风化过渡带强度较高,一般地基容许承载力大于400千帕。

大黑山岛丘麓平缓坡地及谷地内,有较厚的黄土状堆积分布。该岛黄土厚度较大,结构疏松,吸水性强,透水性好,吸水后自重下沉(湿陷性);由于黄土垂直节理发育,土体塌方和滑动是常见的工程地质现象。

(4)松软(散)海积粉砂、淤泥、卵砾石工程地质岩组

在土岛、船望、大濠至西大濠之间等滨海的海积层分布区,岩性由淤泥、淤泥质粉砂、砂砾石组成,不同部位岩性差异较大。淤泥、淤泥质粉砂含水性强,易压缩,振动或加压易产生液化和流动,在地基处理时,对于埋深浅、厚度薄的应予以清除,埋深较深、厚度较大者应采取地基处理措施。另外,海积层地下水埋深较浅,水质咸,应予以考虑地下水对建筑地基的腐蚀性。

2. 水文地质

大黑山岛面积较大,岛陆大部分面积被第四纪残坡积物及黄土堆积物所覆盖,水文地质条件相对较好。

大黑山岛总体地势为三面较高、开口朝东的簸箕形,有6条较大的沟谷向北庄汇集,汇水面积约2.9平方千米。同时,此汇水洼地处于大黑山岛向斜的核部,被松散沉积层覆盖的破碎石英岩是富水岩层,而核部底部柔性板岩夹层为良好的隔水层。因此,该向斜构造为本岛最佳贮水构造,低洼处地下水资源丰富。

据1988年海岛调查资料,北庄南部往下挖掘4~8米可见地下水,水层厚度4米左右。北庄村西附近70米深井,水量旺盛,旱涝季节水位变化不大,水质亦佳,为岛上供水主要源地。

岛上其他地区水文地质条件都远不及北庄。其中,南庄和小濠村水文地质条件基本类同,松散层厚度不大,汇水面积小,水质未受海水侵蚀,水质一般,小濠村水量较南庄充足,而南庄旱季吃水困难。船望、大濠、西大濠、土岛等村,所处位置海拔低,松散沉积物内有海相沉积,其水质普遍不佳,尤其是每逢旱季,会出现海水倒灌现象,水质恶化。

大气降水是岛上地下水补给的唯一来源,出露地表的岩层直接接受降水补给,埋藏的岩层则接受上部或高处岩层的间接补给。北庄区域汇水面积大、地下水径流途径长,地下水资源相对丰富,为该岛供水主要源地。

（三）第四纪地质

1. 沉积物类型及其特征

大黑山岛第四纪松散沉积物分布广泛，成因类型多样，主要有残坡积、黄土状堆积、海积和潟湖沉积、重力堆积、古文化堆积等类型。

（1）残坡积物

大黑山岛各丘陵丘顶及丘坡均有残坡积物分布，且表多已土壤化，故岛上草木茂盛。但丘顶及较陡丘坡处，残坡积物的厚度多在0.3米以下，丘坡的平缓处及丘间鞍部等之残坡积厚度则较大，一般为0.5~2.0米或更厚些。岩性为黄褐色黏土质粉夹岩屑或角砾及其薄层、透镜体；底部多为碎石层与下伏基岩风化壳过渡，顶部多土壤化（棕壤），富有机质，土质疏松肥沃。本岛残坡积物一般向高处、陡方变薄，向低缓处趋厚，并有较明显的流水作用遗迹，且常被黄土取代。丘麓平缓坡的许多残坡积物剖面中，可见底部碎石层之上有古土壤残存，岩性为褐红色黏土质粉砂，含较多的岩屑、小角砾，厚度为0.3~0.5米，随地形起伏，延续性差，其底无钙积层存在。

（2）黄土状堆积物

指以风积为主的黄土，并有坡积、洪积作用的坡积—洪积—风积混合成因的土类堆积，按我国的黄土概念，多属黄土状沉积物，广泛分布于高程50~60米以下丘麓平缓坡地及谷地内，其覆盖面积约占岛陆面积的近半，并有新、老黄土之分。

老黄土　分布在岛上沟谷和低凹部的底部，分布一般不超过30米等高线。因多被新黄土覆盖，地表很少出露，但在北庄黑石沟、南庄村南、船望村西等的黄土剖面上则有广泛出露。出露的最大厚度为5~6米，岩性为棕黄色、棕红色黏土质粉砂，质地均一，是庙岛群岛同期黄土最纯者；其内少空隙，干后硬化较强；垂直节理发育，无层理，有根孔和干裂网纹，局部见有黄白色钙质网纹或团块，几乎不含钙质结核；常夹薄层砂砾或砂砾透镜体，砾石多棱角、次菱角状，大小不一，大者砾径可达20~25厘米，岩性为当地基岩成分。

老黄土的顶部常有古土壤层，其随地形起伏，但分布不连续，常被砂砾石层取代。

新黄土　分布于丘麓及丘间谷地内，其中以北庄—黑石沟附近的谷地内分布面积最大，沟谷两侧黄土地较厚，出露最大厚度可达20米以上。岩性为棕黄色、土黄色粉砂、细砂质粉砂，质地均一，为群岛内同期黄土较纯者；结构疏松多孔，无层理，垂直节理发育，易崩塌，形成了许多10米以上高度的悬崖峭壁，地层中常含有岩屑、小角砾或其透镜体。在地层的顶部也发育有古土壤层，岩性为棕褐色黏土质粉砂，厚度为0.5~1.0米。

（3）海积

大黑山岛的平缓海岸、湾（凹）岸段均有海积物分布，多以不同规模的砂砾堤、滩等地貌形式出现。其中，船望、土岛、小濠、西大濠—大濠间等均有古砾石堤（坝）存在，多呈垄岗状围封昔时岬间海湾，其内侧为低平的潟湖平原，外侧则过渡为现代砾石滩。老砾石堤堆积高度一般为5~6米，最高可达7~8米；堤顶亦较宽，最宽者可达200米；砾石成分以石英岩为主，黑色玄武岩次之，偶见板岩砾石；砾石磨圆较好，多次圆状，几乎不存在具有棱角状砾石，且砾石多风化污染，地表普遍有薄层黄土状物质覆盖，并有耐碱植物生长，西大濠至大濠岸段还有稀疏乔木生长。

（4）潟湖沉积

主要分布于土岛、船望、大濠至西大濠之间等古砾石堤的内侧，地势低洼，地表较老砾石堤顶低1~2米，局部仍积水为湿地。表层物质为棕褐色黏土质粉砂，含少量岩屑和砾石，富有机质和植物根茎或碎屑，且地表多已土壤化；向下过渡为海湾潟湖相的青灰色淤泥，其内普遍含有海相生物贝壳及碎片和海成砾石，大濠村附近淤泥中还曾发现过船板等物。靠近砾石堤侧常与砂砾石层犬牙交错。潟湖淤泥层厚度为2~5米，其下为（陆相）杂色粉砂质黏土和黏土质粉砂混合物，含岩屑角砾，岩性黏重，当地俗称“黄糕泥”。

（5）重力堆积

在大黑山岛西部个别区段、高崖子山西海岸、庙山东海岸、五龙山（龙爪山）东北岸等分布有重力堆积物，为悬崖峭壁岩体滑塌、坠落堆积而成。

(6)古文化堆积

大黑山岛有较丰富的古文化层堆积，主要分布黄土状堆积物的顶部。其中，以北庄古人类村落(北庄遗址)最为著名，文化内涵极为丰富，自身延伸时间较长，详细情况见历史与文化相关部分。

大濠村东山坡有唐代古墓葬，在船旺村西部马兰黄土中，发现有大量的具塚和动物骨骼化石。

2. 第四纪地层

大黑山岛第四纪沉积物广泛发育，地层层序基本上连续。

(1)下更新统

主要为本岛北部的玄武岩，玄武岩直接覆盖在石英岩上，多见石英岩被烘烤现象。而黑石沟等地玄武岩又被棕黄色的黄土状堆积物所覆盖(图1-4-27)。根据岩性特征、上下层位的接触关系，其与邻区蓬莱沿岸栾家口、红石山玄武岩相似，根据红石山玄武岩热发光年龄为距今(92±1.29)万年和(11.48±1.84)万年(丁梦麟 等，1984)，确定大黑山玄武岩应形成于早更新世至中更新世早期。

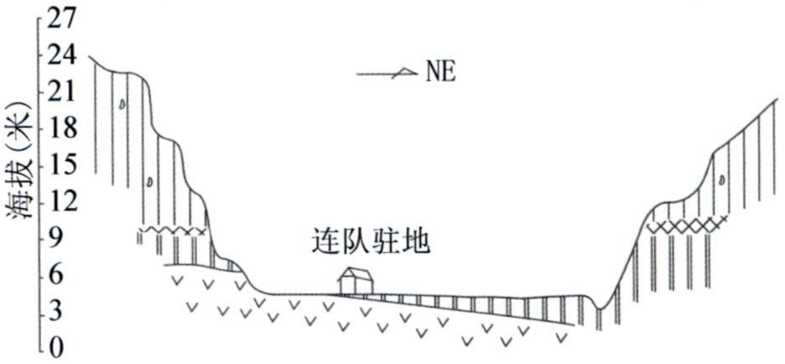

图1-4-27 大黑山岛黑石沟黄土地层剖面(引自李培英，2008)

(2)中更新统

分布零星，厚度较薄，以北庄黑石沟出露面积稍大，南庄村南，船望村西部也有小范围分布。

主要为棕红色、棕褐色粉砂质黏土(离石黄土)，胶结较坚实，有少量孔隙，普遍含有石英岩角砾小薄层及透镜体。出露最大厚度为5.5米，覆盖于石英岩或玄武岩之上。

(3)上更新统

大黑山岛这一时代的地层主要是超覆于离石黄土或披盖于基岩之上的黄土状堆积物(马兰黄土)，分布广泛，最大厚度可达18～20米，以灰黄色、浅黄色砂质粉砂为主，成分比较均匀，多无层理，疏松多孔，垂直节理发育，普遍含有钙质结核，常见有角砾岩屑薄层及透镜体。在北庄黄土层内曾发现了猛犸象象牙化石，现保存于长岛县博物馆内(图1-4-28)。

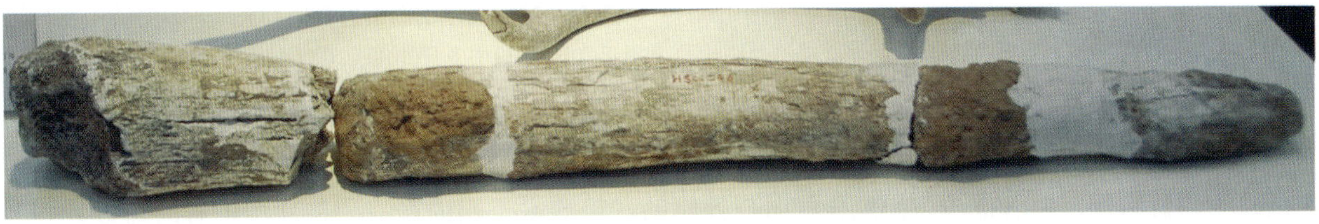

图1-4-28 大黑山岛北庄出土猛犸象象牙化石

(2009年10月4日拍摄于长岛县博物馆)

(4)全新统

大黑山岛全新世地层主要为海相和潟湖沉积、现代砂砾石滩沉积，以及陆相的坡积次生黄土和古文化遗迹的沉积层。

二、海岛地貌

(一)岛陆地貌

大黑山岛的地势西高东低、北高南低，岛陆地貌类型丰富，主要有：侵蚀剥蚀低丘陵、构造谷地、玄武岩台地、黄土台地与堆积坡、黄土冲沟、潟湖平原、倒石堆等类型。

(1)侵蚀剥蚀低丘陵

低丘陵是大黑山岛陆地最主要的地貌类型,共有大小丘陵丘头18座,主要分布在海岛的中部和北部,南部低丘相对北部高。丘顶高程超过100米山头有6座:老黑山(188米)、安桥山(148米)、西大山(114米)、翻鞍山(110米)、峰台山(108米)、麻山(102米)。

由于长期遭受侵蚀剥蚀作用,大黑山岛低丘陵山体多呈浑圆状,下部丘坡有大量的残坡积物。各低丘有明显的单面山特征,向谷面缓而长,沉积物厚度大,植被茂密;背谷面地势陡峻,基岩常裸露,重力堆积发育。

(2)构造谷地(向斜谷)

北庄以西的大谷为一向斜谷。大黑山向斜构造的轴向为西北—东南向,向斜轴在地形上表现为谷地的负地形。

(3)熔岩台地

分布在老黑山附近,为玄武岩熔岩锥在向谷内倾斜,坡度和缓的熔岩堆积体。

(4) 黄土台地

该岛的黄土台地主要分布在向斜谷内，南庄、船望、大濠和土岛附近，高度为4～110米，整个大台地由若干个小台地组成。台地平坦略倾斜，每一小台地与下一台地以陡坎相连，物质组成主要为黄土状物质。黄土的成因一般认为是风和水流共同作用而成的，厚度为1～35米。新黄土呈浅黄色，粒度成分以粉砂为主，分选很好，并且含有较多的钙质结核，黄土台地是该岛的主要种植区。

图1-4-29　大黑山岛熔岩台地

(拍摄于2010年10月8日,拍摄点地理坐标为37°58′14.66″N、120°35′52.77″E)

(5) 黄土冲沟

大黑山的黄土冲沟非常发育，深度一般为5～15米，由于垂直节理发育，崖壁陡立崩塌现象多见。在黄土冲沟可以看到，在表层以下3米处，有一层含有砾石的黄土，砾石磨圆、分选较差，成层状向低处倾斜，是流水作用的产物。在冲沟中有时可以发现较老的黄土—中更新世黄土埋藏于新黄土之下，它为棕红色，粒度成分以粉砂为主，略有黏性，很少含有钙质结核。

(6) 潟湖平原

在土岛村、船望、大濠可以看到小面积的平原，其外缘与海接壤为一高大砾石堤，砾石堤比潟湖平原高出约2米。据调访，这些平原下面有海相的砾石、黑泥、贝壳及贝壳碎片，据其沉积特征和地势情况来看，这些地方为潟湖环境，后来由于物质的沉积充填，形成了今天的潟湖平原。

(7) 重力地貌

本岛重力地貌的主要形式为倒石堆，多发育在岩石易风化破碎且坡度较陡的地区。如大黑山附近发育了大量的倒石堆，其上无草木生长，石块色泽新鲜，倒石堆仍在发育之中。

大黑山沿岸悬崖峭壁下发育大量的倒石堆，是沿岸砾石滩和砾石堤的主要物质来源。

图 1-4-30 大黑山岛西濠—大濠潟湖平原现状
（拍摄于 2010 年 6 月 8 日，拍摄点地理坐标为 37°57′37.22″N、120°35′59.4″E）

图 1-4-31 大黑山岛龙爪山海岸倒石堆
（拍摄于 2009 年 10 月 3 日，拍摄点地理坐标为 37°58.83′N、120°37.76′E）

（二）海岸地貌

1. 海蚀地貌

大黑山岛的海蚀地貌，以西面和北面最为发育，其海蚀地形有海蚀崖、海蚀柱、海蚀洞和海蚀平台。

（1）海蚀崖

大黑山岛岸海蚀崖广泛发育，龙爪山、大黑山和庙山附近等均很典型，尤以龙爪山的海蚀崖最为壮观（图 1-4-32）。海蚀崖高度为 10～20 米不等，崖面新鲜，沿两组节理（走向为 50°和 345°）发育，使其易于受侵蚀后退。在海蚀崖面上，由于各崖层的变化，较硬的石英岩向外凸出，较软的板岩则凹入。

另外，大黑山岛海岸上还分布有古海蚀崖，如庙山东侧古海蚀崖，崖面风化，底部有堆积物并有植物生长。

图 1-4-32 大黑山岛龙爪山海蚀崖
（拍摄于 2009 年 10 月 3 日，拍摄点地理坐标为 37°58.74′N、120°38.49′E）

（2）海蚀洞

大黑山的海蚀洞特别发育，以龙爪山“聚仙洞”和庙山“九门洞”最为闻名。其中，龙爪山的“聚仙洞”是目前世界上发现的最长的石英岩海蚀洞，为长岛国家地质公园重要组成部分，并已开辟为旅游点。该海蚀洞沿 45°的节理发育而成，洞深 80 余米，北侧还有许多小的沿 345°节理发育的海蚀洞与之相连。

图 1-4-33　大黑山岛龙爪山公园海蚀洞（聚仙洞）

图 1-4-34　大黑山岛庙山东岸海蚀洞（九门洞）

图 1-4-35　大黑山岛龙爪山海蚀柱

（拍摄于 2009 年 10 月 3 日，拍摄点地理坐标为 37°58.90′N、120°37.57′E）

“九门洞”位于北庄与南庄之间的“庙山”东坡临海的悬崖下，由 9 个海蚀洞组成，洞门一字排开，错落有致，高低不一（图 1-4-34）。它们是波浪沿节理 45°～50°和 340°侵蚀而成的，洞高十余米，洞洞相连，洞中有洞。现在该洞群已在高潮线上，洞中已无现代海水作用的迹象。

（3）海蚀柱

黑山岛的海蚀柱也很发育。龙爪山下有还在受海水侵蚀的海蚀柱，该海蚀柱高约 15 米，柱上板岩夹层侵蚀后退，形成海蚀穴，上面还有蜂窝状的海蚀痕迹。

古海蚀柱在南砣子南面可以看到，现在海水作用不到了，柱体风化较严重，无植被生长。另一典型的古海蚀柱在大黑山脚下，它可能形成在全新世高海面时期，坐落位置高出现代海面 10 余米，其上有植被生长。

（4）海蚀平台

大黑山岛的东岸、北岸、西岸等均有海蚀平台，其宽度不一。其中，东部庙山东侧的海蚀平台最宽，可达 50 米；大黑山岛西岸和北岸的海蚀平台较窄。在海蚀平台上分布若干礁石和岩体，在动力较弱的东岸海蚀平台后部常覆有砂砾石等（图 1-4-36）。

2. 海积地貌

大黑山岛现代海岸堆积地貌主要发育在北部、东部和南部，包括砾石滩、砾石堤和砾石嘴等。

（1）砾石滩

大黑山岛的砾石滩分布很广，主要发育在北部的岬角之前及东部、南部区域。北部各砾石滩的物质主要来源于本区域岬角侵蚀，由于动力作用较强，砾石的磨圆、分选都比较好，但其规模一般不大，砾石滩坡度 15°～20°，其物质成分以石英岩为主，有少量的玄武岩和板岩。

东部的砾石滩物质来源有二，一是沿岸流搬运而来的北部侵蚀物质，二是来自当地，物质仍以石英为主，磨圆、分选较北部差。南部从西大濠到船望有一条 3000 米长的砾石滩，该砾石滩是在一条老的砾石堤基础上发育而来的，滩面宽度为 5～15米，坡度 10°～25°，上部是形成潟湖的老砾石堤，这个砾石滩的砾石磨圆、分选都比较差，粒径较大，大者直径可达 25 厘米，一般为 10 厘米×10 厘米×5 厘米，玄武岩砾石含量增加，还有一定量的贝壳及其碎片，该砾石滩是在波浪和波浪流作用下形成的。物质来源有二，一是来自本岛与之毗邻岸段；二是来自砾石滩后缘的坡麓，使原来的角砾石圆化，特别是较大砾石，这是该砾石滩形成的主要物质来源。

总之，大黑山岛的砾石堤由北到南，粒径变粗，分选、磨圆变差，玄武岩砾石含量增加，滩之规模变大，说明物质主要从北向南运动。

（2）砾石堤

低潮时可露出的砾石堤有两条，一条是大母猪礁—船望，另一条是船望—南砣子，这两条砾石堤的成因各不相同，前者的砾石主要来自附近，波浪作用较明显；而后者的砾石则来源于沿岸流的搬运。船望到南砣子的砾石堤规模也比较大，该砾石堤的物质成分与附近的砾石滩相似，堤长为700米，宽度为7～15米，高为2～4米，呈弯月状连接船望和南砣子，从纵向上两头高、中间低，在中间两侧各有一个小的冲越扇，横断面，北部西陡东缓，越往南横断面越对称，这条砾石堤是船望两侧的沿岸流汇合后沉积而成的。

（3）砾石嘴

大砣子东南角有一砾石嘴，该嘴的砾石主要来自大砣子的东侧和南侧，砾石以石英岩为主，还有来自黑山岛的玄武岩砾石，砾石分选、磨圆都不好，粒径平均有8厘米，该砾石嘴也是两股沿岸流共同沉积而成。

图1-4-36 大黑山岛东岸海蚀平台及砂砾石堆积
（拍摄于2010年6月8日，拍摄点地理坐标为37°58′06.91″N、120°37′23.10″E）

图1-4-37 大黑山岛大濠村南侧砾石滩
（拍摄于2010年6月8日，拍摄点地理坐标为37°57′18.14″N、120°36′27.89″E）

（三）岛周海底地貌

大黑山岛周海底，地貌类型较单调。水下海蚀平台在海蚀平台外缘，水深小于10米，地形平缓，主要分布在岛北部。水下堆积斜坡，为水下堆积平原与堆积斜坡过渡地带，最宽处在岛西南部，约1千米宽。在水下斜坡以外就是宽而平的水下堆积平原。

1. 侵蚀地貌

（1）水下侵蚀平台

大黑山岛的水下侵蚀平台，发育在侵蚀作用比较强的侵蚀岸段，东西、西面和北面都有发育。平台宽度为25～100米，其上有许多礁体、岩块，台面略向海倾斜，这些平台是海岸后退后，又经波浪作用而成的。

（2）侵蚀槽

大黑山岛的海底侵蚀槽主要发育在本岛的东北角和西北角水域。水深比两侧深1米左右，形状北宽南窄，并逐渐消失，组成物质以粉砂为主，还含有少量的淤泥，分选中等，它是由涨落潮流在该区流速局部加大冲刷而成的，两沟的走向均为南北向。

2. 堆积地貌

（1）水下岸坡

水下岸坡的范围是从低潮线算起，到波浪有效作用于海底的下限地带，本区北侧和西侧，由于波浪作用较强，水深10米以浅即为水下岸坡，宽度为50～200米，坡度最缓为1/40；东面和南面波浪作用不强，水深8米以浅即为水下岸坡，最大坡度为1/50，粒度成分以粉砂为主，西面和北面含有一定量的粗粒物质；另外，东面、南面的水下岸坡有水下沙堤发育。

（2）水下平原

在水下岸坡以外的海域，受波浪作用甚微，其地形平坦，微微向四周倾斜组成物质稳定，以粉砂和黏土质粉砂为主。

（3）水下沙堤和浅滩

大黑山岛的水下沙坝有两条：一条在峰台顶以东200米的海域，一条在小濠村南边300米，组成物质以粉砂为主，向陆陡，向海缓。峰台顶东边水下沙堤长约600米、宽约80米，平行于海岸分布，顶部水深5.6米，它是自北而南的沿岸作用形成；小濠村南面水下沙堤长约700米，宽约100米，大致与岸线平行，顶部水深7米，是波浪破碎后堆积而成的。

另外，在船望东侧有一水下沙嘴，该沙嘴是自北而南的沉积物流沉积而成的。组成以粉砂为主，现正在发展之中。

在船望东边沙嘴外侧，有一水下浅滩，浅滩最浅处水深只有0.6米，组成物质为粉砂，它的成因类型与上述沙嘴相似。另外在南砣子和鱼鳞岛之间有一砾石滩，滩面组成为砾石，偶有岩体，它的物质来源是南砣子和附近岩体的侵蚀。

总之，水下地貌中北部以冲刷侵蚀地貌为主，南部则以堆积地貌为主。

三、海岸线与潮间带

（一）海岸线基本特征

大黑山岛岸线类型主要有基岩岸线、砂砾质岸线和人工岸线。其中，基岩岸线分布最为广泛，主要分布在岛的西北及东北部岸段，多陡崖峭壁，下部有岩礁，低潮时人员可步行通过。砂砾质岸线主要分布在岛西南及南部部分岸段，以及其他几个小海湾内，物质多为粗砂。人工岸线主要分布在岛西南、东南及中东侧，主要为码头等。

该岛岸线动态变化类型主要有侵蚀、稳定和淤积三种类型。其中，侵蚀岸线主要分布海岛的西北、东北部的基岩侵蚀岸段；稳定岸线主要为岛西南、东南、中东部的人工岸段；淤积主要发生在砂质岸段，主要分布在岛西南及南部部分岸段及其他几个小海湾内。

（二）潮间带基本特征

大黑山岛潮间带以岩礁滩和砂砾滩为基本特征。海岛北部发育海蚀崖与海蚀平台，潮间带多岩礁出露；海岛西岸海蚀崖陡峭，潮间带岩滩狭窄。在海岛的南部和东南部海岸，砂砾滩广泛发育，在大黑山岛与南砣子岛之间有砂砾质连岛坝分布。

岩礁滩是藤壶、牡蛎、贻贝、螺类和许多藻类等固着和附着生物的栖息场所，其数量丰富，生物量和栖息密度较高。生物量组成以牡蛎、贻贝等双壳类为主；单壳类以短滨螺为主。栖息密度以小藤壶为主的甲壳动物占首位。很少出现多毛类。

砂砾质潮间带的生物既有底表固着和附着生物，又有底埋的生物栖息，种类较多，但生物量和生物密度比岩礁滩低。生物量组成仍以双壳类为主；密度组成中，仍以小藤壶为主的甲壳动物占首位。单壳类仍以短滨螺占绝对优势。

四、地质灾害

（一）岛陆地质灾害

大黑山岛陆主要的地质灾害类型是岩石坠落、岩体崩塌等，主要分布于陡坡处、悬崖处等，常在崖下形成倒石堆（图1-4-38）。

图 1-4-38 大黑山岛陆地质灾害现象

左图：船旺—大濠崩塌堆积；右图：北庄村西黄土滑塌（拍摄于 2010 年 6 月 8 日）

另外，在北庄西部黄土状堆积发育、且厚度较大，多处民房和道路位于在垂直黄土崖下，汛期容易发生黄土崩塌、滑坡等地质险情。

（二）岛岸地质灾害

大黑山岛周海蚀崖广泛分布，崖壁陡峭，加之岩石较破碎，因此沿岸的岩体崩塌、岩块坠落现象较为常见。其中，海岛北部的龙爪山海岸，多为悬崖峭壁，海岸长年海蚀及风化作用，易发生岩石坠落、岩体崩塌，崖下多崩塌堆积的巨型岩块（图 1-4-39），不仅是典型的崩塌地质灾害遗迹，同时也现代崩塌地质灾害易发区。2008 年，长岛县制定的灾害地质防治方案中，将龙爪山游客通道段列为隐患防治区①。

另外，北庄村东南部海岸被侵蚀约 30 米，原北庄码头已被冲毁报废。

图 1-4-39 大黑山岛海岸地质灾害

左图：龙爪山海岸崩塌；右图：北庄码头侵蚀破坏状况（拍摄于 2010 年 6 月 9 日）

第六节 植被与土壤

一、海岛植被

大黑山岛植被覆盖好（图 1-4-40），植被类型主要有：常绿针叶林、落叶阔叶林、针阔叶混交林、

① 长岛县 2008 年地质灾害防治方案，http://www.changdao.gov.cn/cn/content/xxgk/index_show.jsp? sid = 0101-02-2008-100756&dept_code = XFB&columncode = XFBXXGKMLQTWJ。

灌丛、草丛和人工栽培的草本植被、农作物及木本的果树，有少量的滨海盐生植被、沙生植被（图 1-4-41），植被覆盖率高达 80%，林木覆盖率为 43.7%。

图 1-4-40　大黑山岛上植被覆盖状况
（拍摄于 2009 年 10 月 3 日，拍摄点地理坐标为 37°58.83′N、120°37.64′E）

植被群落与南长山岛相似，主要是黑松和刺槐，还有少量泡桐、榆、臭椿、秋桃等，这些木本组成的针叶林、落叶阔叶林混交林，分布在该岛西部、南部山坡和丘陵山地的大部分区域。在沟谷内和较缓坡地有阔叶林；灌木有紫穗槐、荆条、酸枣、黄叶榴等，分布在树林的下面或林边。草本以禾本科、菊科、豆科、车前科和蔷薇科为主，分布在林木及灌丛下。在沿海低平地带有耐盐的碱蓬、藜、猪毛菜等。

人工栽培的苹果、梨、桃、杏等果树集中分布于居民区；人工种植的小麦、玉米、地瓜等农作物主要分布在山前台地或有褐土分布的耕种地。

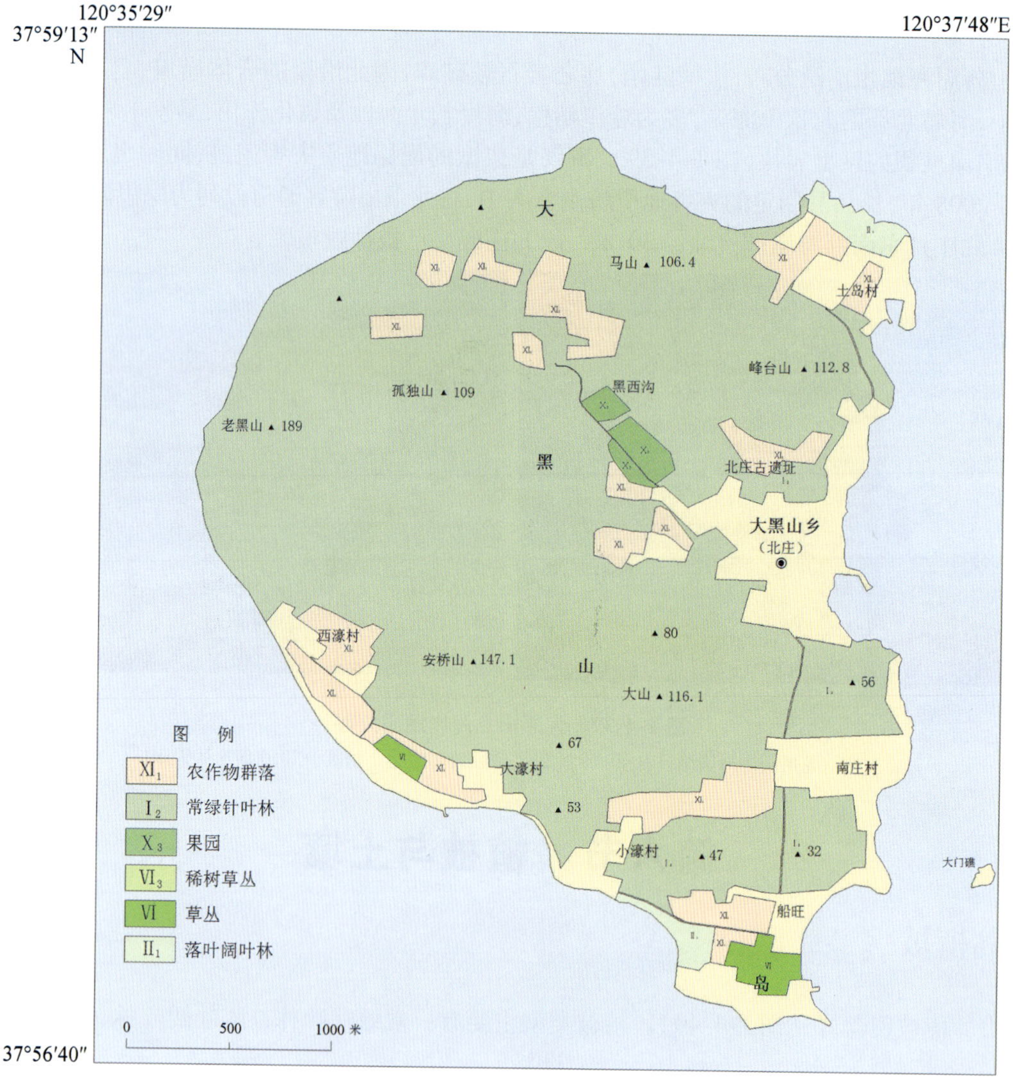

图 1-4-41　大黑山岛植被类型及分布

图 1-4-42 大黑山岛龙爪山上黑松林和刺槐林

左图：黑松林；右图：刺槐林（拍摄于 2009 年 10 月 3 日）

二、海岛土壤

大黑山岛土壤主要是棕壤类和褐土类。

棕壤主要分布在岛北部低丘的中上部，其成土母质为酸性岩类，土体下部即为风化石。土壤质地粗，含砾石，肥力低，土质较差，呈微酸性，保水能力低，大都用于林业。

褐土主要分布在南部的船望、小濠村、南庄、北庄等地，为岛上主要的耕作所在地。褐土成土母质为黄土和黄土状堆积，土体厚，质地适中，肥性好，生产性能好；pH 值一般为 7.0，属中性，土壤肥力高，但氮、磷养分缺乏，需要补充。

第七节 海岛资源开发与保护

一、土地资源

据 908 专项山东省海岛调查资料①，大黑山岛的土地总面积 747.44 公顷，主要类型包括旱地、果园、林地、其他草地、农村宅基地、公路用地、农村道路用地、港口码头用地、特殊用地、坑塘水面、设施农用地、空闲地、裸地（图 1-4-43）。其中：旱地 66.36 公顷、果园 6.42 公顷、林地 560.70 公顷、其他草地 1.53 公顷、农村宅基地 86.10 公顷、公路用地 1.40 公顷、农村道路用地 0.71 公顷、港口码头用地 0.41 公顷、特殊用地 1.93 公顷、坑塘水面 3.72 公顷、设施农用地 6.92 公顷、空闲地 7.16 公顷、裸地 4.08 公顷。

据《山东省长岛县土地资源调查报告》资料②，截至 1986 年 10 月，大黑山岛的土地总面积为 763.59 公顷，其中有耕地 137.74 公顷（其中旱地约 136.18 公顷、菜地约 1.55 公顷）、园地 33.68 公顷、林地 294.69 公顷（其中有林地约 180.24 公顷、灌木林约 5.43 公顷、疏林地约 49.96 公顷、未成林造林地约 56.83 公顷、苗圃约 2.23 公顷）、农村居民点 47.00 公顷、独立工矿用地 0.23 公顷、特殊用地 8.11 公顷、公路用地 2.45 公顷、农村道路用地 8.72 公顷、港口码头用地 0.41 公顷、坑塘水面 1.55 公顷、未利用土地 229.00 公顷（其中荒草地约 150.05 公顷、裸土地约 1.34 公顷、裸岩石砾约 62.30 公顷、田坎 15.30 公顷）。

---

① 中国科学院海洋研究所：山东省海岛（礁）综合调查报告［R］，2010 年。

② 长岛县土地资源调查办公室：山东省长岛县土地资源调查报告［R］，1988 年，第 42～55 页。

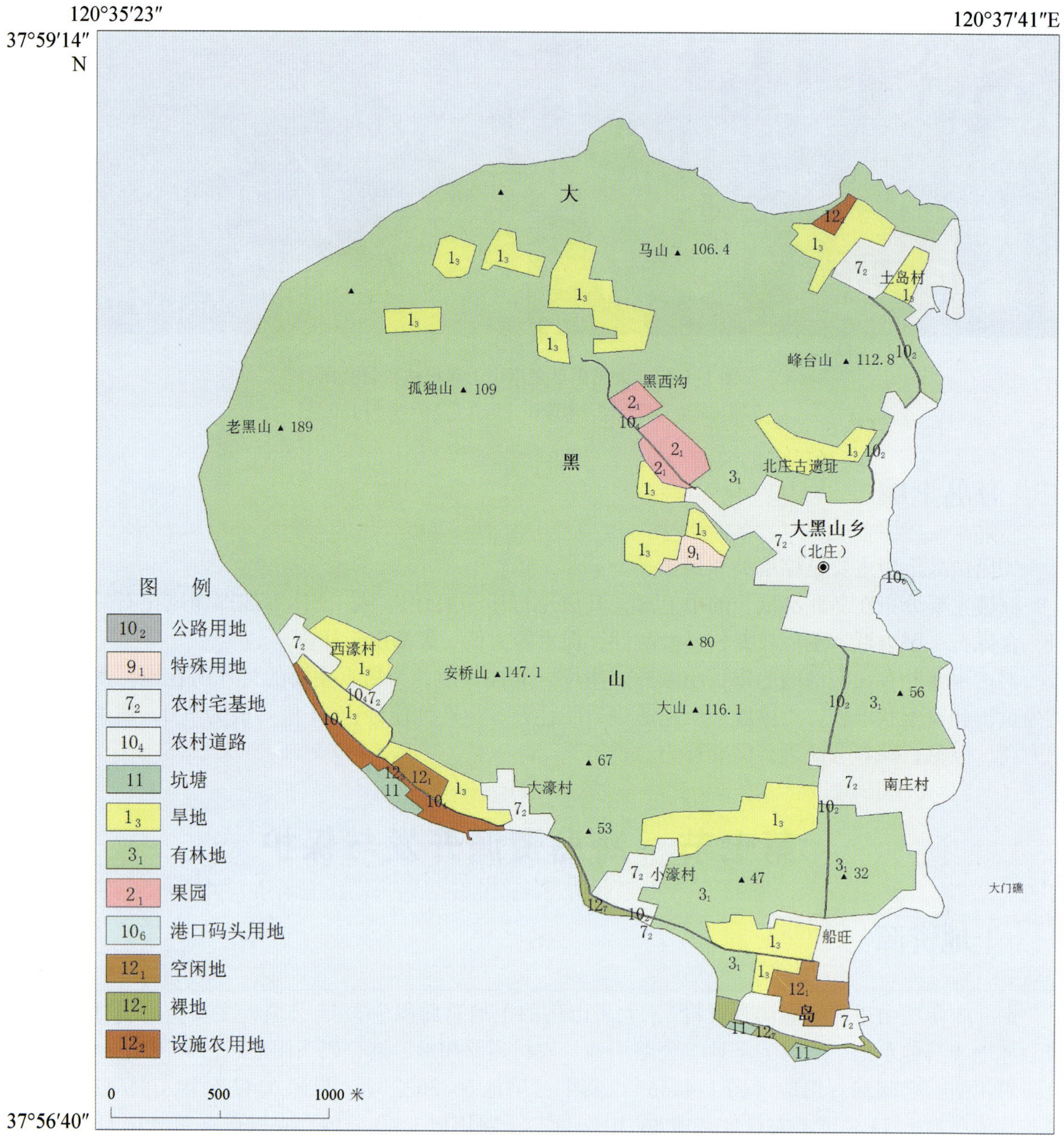

图 1-4-43 大黑山岛土地利用类型及分布

二、水资源

大气降水是大黑山岛地下水唯一来源，它们在松散地层和风化裂隙中，径流从高处流向低处，所以在较平缓松散沉积厚的地带有一定的淡水资源可打井汲水。

大黑山是庙岛群各海岛中降雨量相对稍好的海岛。据《长岛县水资源调查评价与水利区划报告》资料①，多年平均降雨量为 535 毫米，计算平均年降水量为 397.51 万立方米、平均年径流深度为 80 毫米、平均河川年径流量 59.44 万立方米，多年平均地表水资源量为 36.97 万立方米、地下水资源 17.98 万立方米，浅层地下水多年平均的计算储存量为 48.00 万立方米。

① 长岛县水利局：长岛县水资源调查评价与水利区划报告［R］，1986 年，第 10～24 页。

三、矿产资源

大黑山岛出露地层主要为新元古代蓬莱群辅子夼组变质岩系、新生界喷出岩，岩性组成为石英岩、板岩、玄武岩，地层含矿性差，岛上未发现有金属矿产资源。岛上的矿产资源主要为石英岩砾石，分布在大濠沿岸，土岛村北湾、船旺村南至大砣子砾石堤，资源储量约 55 万立方米，居长岛县各海岛之首。

大黑山岛上的燧石也曾十分有名。在庙岛群岛之中，以螳螂岛产出的燧石为最佳，其次就是大黑山岛上产出的燧石了。石工们将燧石采出后，将其加工成方块形状，可成为工业磨光机上磨光的填料；把它加工成磨石圆状，可做大型名贵建筑之中的装饰物。

四、旅游资源

大黑山岛旅游资源丰富、特点鲜明，以自然景观为主，如龙爪山的石英岩海蚀地貌（“海蚀栈道”和“海蚀洞”）和重力堆积遗迹、老黑山玄武岩、庙山“九门洞”（海蚀洞）等；也有人文景观，如北庄史前古文化遗址、庙宇等，是长岛国家地质公园的主体部分。

龙爪山　位于大黑山岛的北端，也有称为破半山、半壁山、五头山。该处海岸发育典型的石英岩海蚀崖地貌，由六座高峻险峭的海蚀崖绝壁、五条沟壑纵横的崖谷组成。其悬壁断崖群、怪石峥嵘，延绵一千余米，远看十分雄伟。海蚀崖岩壁上发育了很多海蚀洞，礁洞幽幻，景观奇异，具极高的观赏价值。

1997 年，开始进行旅游开发，建成龙爪山公园，也是长山岛国家地质公园的主体组成。主要地质景观有海蚀栈桥、聚仙洞、石楼等。

图 1-4-44　大黑山岛龙爪山海蚀崖绝壁（左图）与海蚀栈桥（右图）

（拍摄于 2009 年 10 月 3 日）

海蚀栈道　位于龙爪山海蚀陡崖的腰部，长 1.5 千米，宽 1 米，高 3 米左右，是一处以石趣海胜为主的自然景观。系由崖壁岩石差异侵蚀，在崖壁上形成一条凹型糟带，人们利用这条凹型糟带，稍加修整就形成了人们所见的绝壁栈道。如今人们已用块石顺栈道外沿砌成一蜿蜒的墙体护岸，游人行走在栈道上，既可领略大自然鬼斧神工之绝妙，又可感受清幽静僻之惬意。

聚仙洞　也称生命源洞，位于龙爪山公园内西北角的摘星崖下，为长岛八大名洞之一。该洞系海浪沿石英岩裂隙掏蚀及岩石自身垮塌而成，纵深 83 米、宽 4.4 米，洞顶高出海面 20 米，可划船入洞至 40 米，洞内激浪拍岸，洞中套洞，洞洞相连，穿廊迂回，洞洞深幽，无洞不奇，石台、石屋、石床、石凳如厅似堂，宛若天宫地府。进入洞中，幽暗清冷，暗涌作响，冥冥中有些阴森、神秘，在特定的时间里，有一缕阳光射进，疑似神灯瞬息明灭。洞外有何仙姑舂米的石臼、张果老喂驴的石槽、汉钟离的棋子石，传说八仙在此聚会议事。此洞不仅有众多神话传说，也是目前世界上发现的最长的石英岩海蚀洞。

图 1-4-45　大黑山岛龙爪山“石楼”
（拍摄于 2009 年 10 月 3 日）

石楼　也称假楼，位于龙爪山公园内西北角的摘星崖下聚仙洞的西侧，为一楼式巨礁，实为一海蚀柱，由近水平厚层石英岩夹板岩构成，因差异侵蚀作业，在其腰部形成了一环状平台，中部有一似窗门的透孔洞（图 1-4-45）。据传此地乃八仙聚会议事、观赏海景和娱乐消遣之地。现在石楼与海蚀栈桥之间架设有天桥，游人可方便登台面。

在“石楼”的西南，有一面北的娇净银滩，滩白石圆，水碧如镜，一侧由山岩遮挡，显得极清幽静僻。传说这里是何仙姑沐浴的莲花池，滩前有一石礁，是仙姑搁放衣裙的地方，尤其是岸边那一块块雪洁的巨石，如凳、如桌、如椅、如床……好似专供浴者坐卧伏仰而设。在此不仅可以小憩，而且可以饱览龙爪山的美丽景色。

大黑山岛北庄原始社会村落遗址，其规模之大，保存完整，遗存丰富，真实地记录了远古时代人类社会中的社会关系、社会组织结构及社会生活。考古学家苏秉琦先生称为“东方的半坡”、贾兰坡教授和夏鼎教授称为“东方的奇观”。是国务院公布的国家级文物保护单位，建有“北庄史前遗址博物馆”，可作为登岛游客参观的景点之一。

另外，大黑山岛上的海草屋已有四五百年历史，目前还有残存，也是游人参观的实物。

五、港口、航道资源

大黑山岛的北庄港，在岛群仅次于南长山港，为第二个有潜力海港。北庄附近海湾，基岩面上松散沉积物易于开挖，可开挖到水深 7 ~ 9 米，建设千吨级泊位的码头。

海岛沿岸海湾有北庄湾、船旺湾、大濠口湾。北庄湾在北庄村东，湾口朝东。滩长 500 米，水深为 2 ~ 7 米，泥底（近岸为砂砾底质），可避西向诸风。船旺湾，位于大黑船旺村东，湾口向东。滩长 600 米，湾北侧有一连礁沙体，南侧有一连岛沙脊，距岸 100 米处，水深 2 米，软泥与贝壳底质，可避东、西、南、北诸风。大濠口湾，位于该岛大濠村南，湾口向东南，东起小濠西南嘴，西至大濠村西岭，滩长 650 米，距岸 140 米处水深 5 米，石底。距岸 250 米处水深 10 米，泥沙底质，可避北、东北风。

六、可再生资源

大黑山岛的可再生资源主要为风能和太阳能。

大黑山岛及其附近风力资源丰富，风力发电有效风速（3 ~ 25 米/秒）时间长，且无破坏性风速。但岛上候鸟迁徙的重要通道（迁徙鸟类数量约占长岛县诸岛的 1/3），被国务院划为鸟类自然保护区。为保护鸟类及其生态环境，岛上不宜开辟风电场。

据 2008 年 3 月通过评估的《山东长岛海上风力发电场发展规划》①，大黑山岛附近海域具备开发百万千瓦级风力发电场的条件，其一期为风电场示范工程项目由山东三融集团天融新能源有限公司投资开发建设，总装机 24 台，装机容量 4.8 万千瓦，于 2008 年 6 月开始进行海洋地质钻探②。

① 长岛海上风电场规划已通过评估，http：//www. sd. xinhuanet. com/wq/2008-04/03/content_ 12870502. htm。
② 山东长岛海上风电场海洋地质钻探开钻，http：//www. huaxiawind. com. cn/detail. asp？ infoId =7127。

七、生物资源

（一）岛陆生物资源

大黑山岛上的植物资源以药用植物为显著特点，大黑山岛与大钦岛、大竹山岛等均被长岛县列为重点药材保护区，岛上灵芝、黄岑、麻黄、沙参、委陵菜、知母、地丁、枣仁等药用植物资源较丰富。

大黑山岛上的动物资源以蝮蛇最为有名，蝮蛇资源可观，素有“中国第二蛇岛”之称，仅次于辽宁旅顺的蛇岛（小龙山岛）。大黑山蛇类品种有蝮蛇、白条锦蛇、虎斑游蛇等，高峰年产量达万条，其中70%是蝮蛇中的黑眉蝮蛇，它们主要分布在老黑山一带。这里悬崖临海，山险沟深，加之黑褐色玄武岩与蝮蛇天然保护色相同，可使蝮蛇遇敌时有效隐蔽，山上岩石风化裂隙多，灌木丛生，植被覆盖率高，生态较好。此外这里有昆虫280余种和240种鸟类，形成完整的生物链。蛇毒液价值每毫克上百美元，贵重超过黄金。野生的、饲养的蛇每年都取毒汁4~5次，每次毒汁60~120毫克。目前已划定了毒蛇保护管理区，严禁随意捕捉，依靠科技，加强保护。目前还在南砣子岛进行人工蝮蛇养殖。

大黑山岛上动物资源中，鸟类仅次于蛇类。每年9—10月间，来自西伯利亚和我国东北、内蒙古草原一带的候鸟，在途经辽东半岛过海南迁时，大都飞经庙岛群岛。由于大黑山岛自然条件、生态环境良好，大量候鸟经过该岛短暂停留后，大黑山迁徙鸟类数量很大，约占长岛县诸岛的1/3，有“候鸟旅站”之称。如1976年10月2日从大西山项定点观测（东南风3~4级）结果，一小时内有1100多只猛禽分批盘旋而过。而夜间栖息的鸟类如猫头鹰，1棵茂密的青松树上，有时多达上百只，一旦惊飞，群起四散，遮天蔽日。一些体型小的鸟类也常是盘踞在树上的蝮蛇的猎获对象。

20世纪80年代前，岛上曾以捕鸟为副业，最多时秋季有2万多只鸟被捕杀。70年代末，岛上还有鸟类罐头厂，甚至供外贸出口。

1988年长岛县被国务院划为鸟类自然保护区，保护鸟类及其生态环境，岛上人人皆知，并为此做了很多工作。山东候鸟保护环志中心，主要在此捕获候鸟安放环志。

此外，大黑山岛上土鳖资源丰富，其分布面积占整个岛陆面积的80%。捕获土鳖曾是岛民家庭副业和学生勤工俭学的一项收入。1984年长岛县药材公司收购干土鳖2000千克，相当一部分来自大黑山岛。

（二）潮间带和近海海洋生物资源

海珍品皱纹盘鲍在大黑山海域的商品率最高，为91.7%，其中70%以上的个体壳高度都大于10厘米，最大个体高为11.5厘米，体重达220克。刺参资源量不如北四岛，但商品率和可捕量则高于北四岛。

大黑山岛海域也是裙带菜、大叶藻、海蒿子、石花菜等藻类的主要产地。

牡蛎、贻贝等大黑山海域也有分布，但无论是密度还是壳体重量都有减少趋势。

另外，还有海蛸、海燕、海龙等药用海洋生物分布。

八、海岛生态保护

大黑山岛上自然生长的树木甚少，大部分由人工种植。清光绪五年（1879年），官府发告示，劝导岛民植树造林。1929年，驻岛东北海军拨款从青岛购进树苗分送各岛，海军司令沈鸿烈命令士兵种树，民政局局长林绍愈督促群众在村旁、路旁植树。

1946年春，长岛特区工委发起了每人种1棵树的运动。1949年，长岛特区工委两次发动群众植树。1954年，特区政府从青岛购进黑松树苗发给群众，栽到地旁、宅边，开始封山造林。1955年，开展大规模的治山整地、黑松植苗和“四旁”植树活动。

1982 年 3 月，长岛县政府规定：凡年满 11 岁的公民，都要承担义务植树任务，每人每年植树3～5 棵。并于同年 9 月 4 日规定，每年 9 月 15 日至 10 月 15 日为“爱鸟月”。1985 年，实施退耕还林，每年 3—4 月都组织大规模植树活动，以退耕还林、坡地补林、排渣地育林和公路沿线栽林为重点。

1982 年 4 月，长岛被山东省划为鸟类自然保护区，1988 年 5 月被国家划为鸟类自然保护区。保护鸟类及其生态环境，岛上人人皆知，并为此做了很多工作。大黑山岛自然条件、生态环境良好，大量候鸟经过该岛短暂停留，迁徙鸟类数量约占长岛县诸岛的 1/3。山东候鸟保护环志中心，主要在此捕获候鸟安放环志。

近些年，参照有关生态旅游建设模式，因岛制宜地进行新的绿化规划，改善原有林种结构，海岛居民地和旅游干道逐步由绿化向美化、园林化过渡，海岛的生态环境不断改善。

第五章　小黑山岛

第一节　概　况

一、海岛地理

小黑山岛（Xiǎohēishān Dǎo）代码为370634002411。

小黑山岛位于庙岛群岛西南部海域，介于大黑山岛与北长山岛之间，岛形呈近长方形，北东向展布，岛体长1.9千米，宽0.85千米，海岛面积1.2603平方千米，海岛岸线长5.79千米。最高点位于东部中段的大山城，主峰高程为95.1米，地理坐标为北纬37°58.2′、东经120°38.8′（图1-5-1至图1-5-3）。南距大陆最近点蓬莱角约16.6千米，西距大黑山岛1.3千米、东隔螳螂距北长山岛约3千米、北距磙矶岛8.3千米。行政上隶属于山东省烟台市长岛县黑山乡。

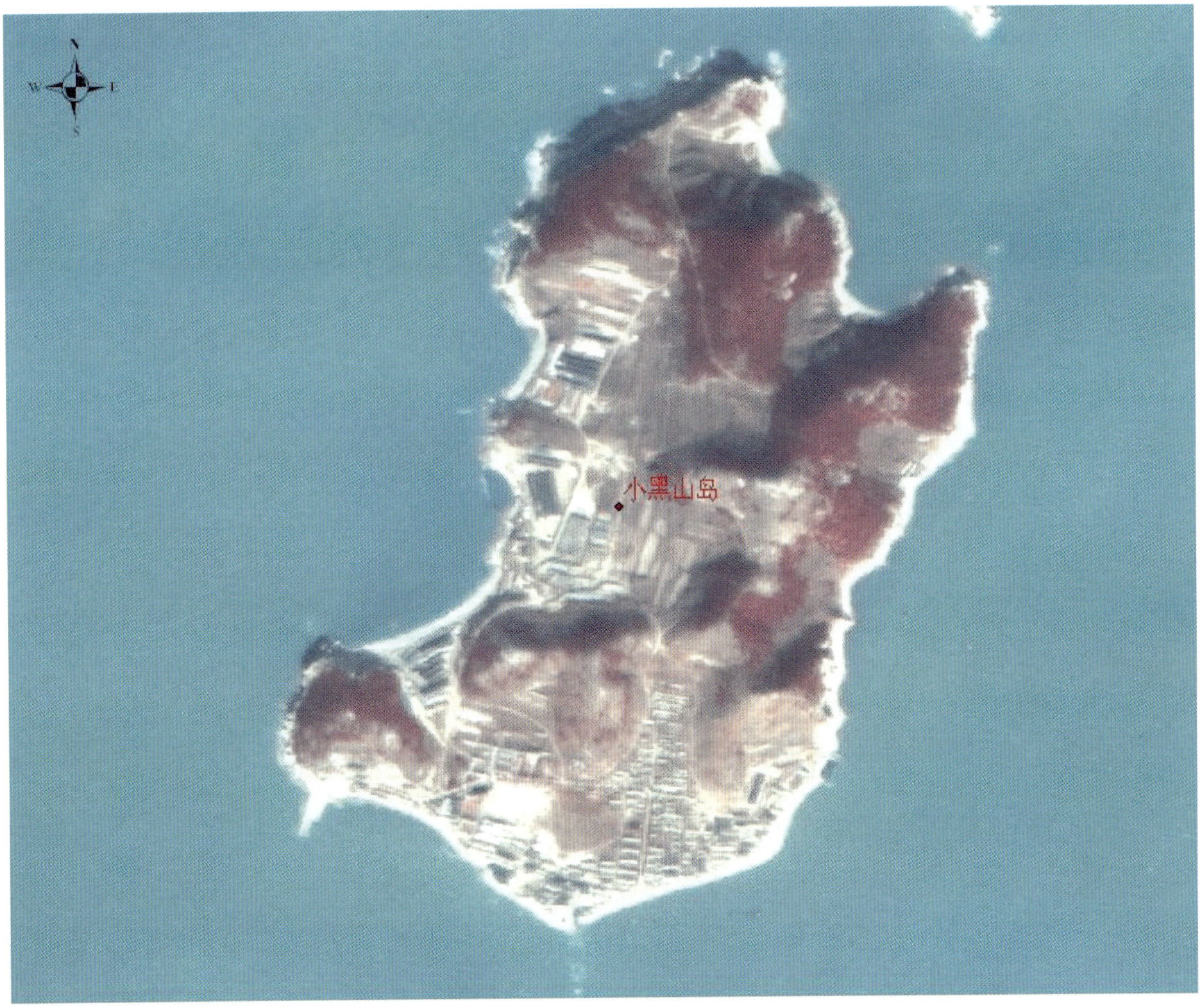

图1-5-1　小黑山岛遥感影像

图 1-5-2　远眺小黑山岛

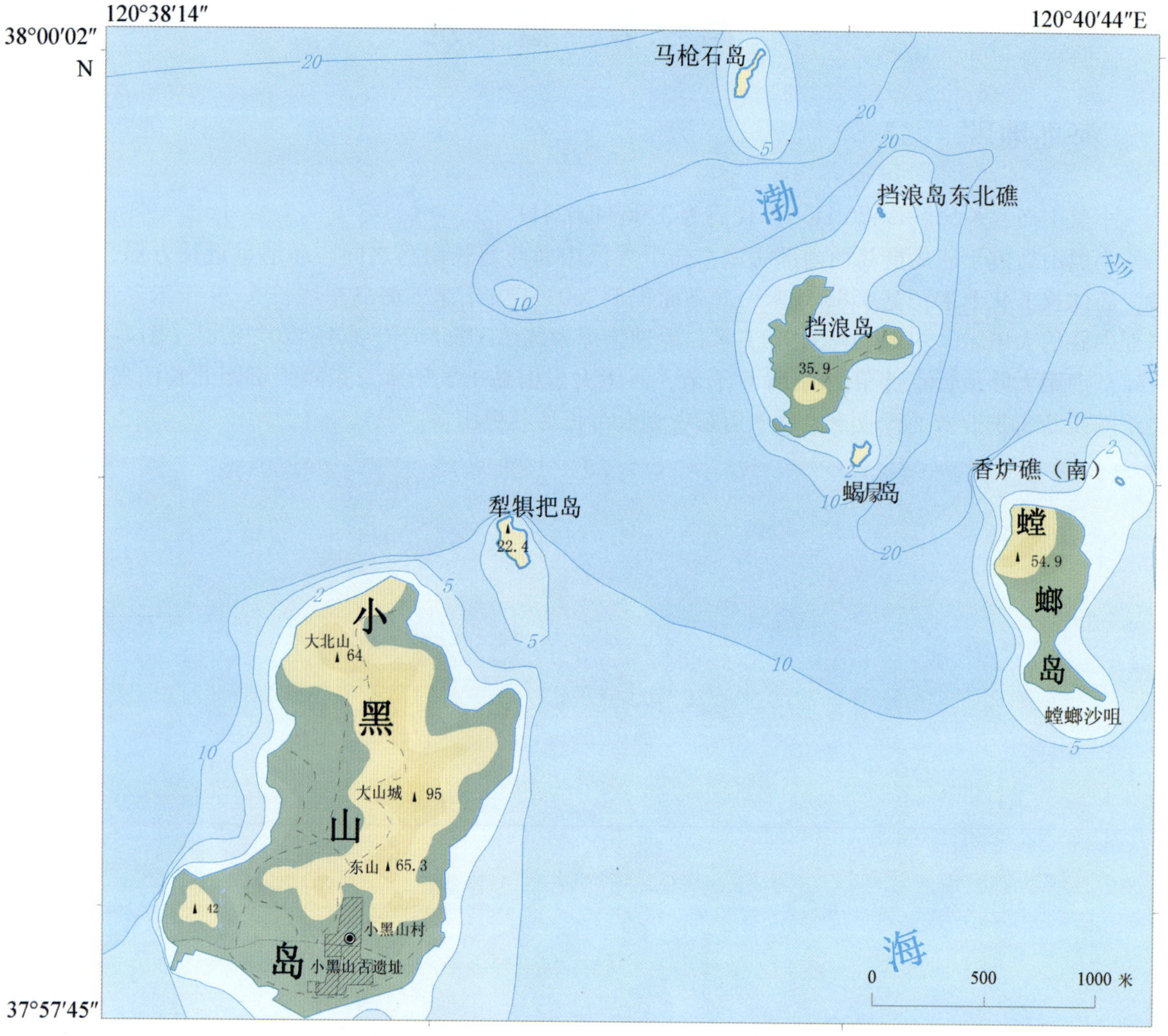

图 1-5-3　小黑山岛地理分布

历史上，小黑山岛与大黑山岛统称黑岛，清代始称今名。相对大黑山岛而得名。为长岛县首批对外开放的 4 个海岛之一。在《山东省海岛志》的海岛名录一览表中，省序号为“114”、地市序号为烟台“烟台 25”；在《中国海洋岛屿简况》① 中，全国统一编号为“0677”、省编号为“0084”。

二、政区建置及历史沿革

唐神龙三年（707 年）蓬莱建县，小黑山岛隶属蓬莱县。宋时，小黑山岛属蓬莱县沙门寨地；元、

① 中国人民解放军海军司令部航海保证部，中国海洋岛屿简况，1980 年。

明属蓬莱县沙门岛社。清道光年间，为开垦海岛，庙岛群岛设立了13个社，小黑山岛上设有小黑山岛社，辖小黑山村（山东省长岛县志编纂委员会，1990）。

1928年7月，奉系东北海军成立长山八岛民政局，小黑山岛属其所辖，岛上仍设小黑山岛社。1934年年底，长山八岛特区行政专员公署将社改为乡（山东省长岛县志编纂委员会，1990）。

1945年，庙岛群岛第一次解放，长山岛军政办事处将庙岛群岛区划为庙岛、砣矶和隍城3个区，小黑山岛于其中的庙岛区。1946年3月，区划调整为6个区，小黑山岛和大黑山岛同属于其中的黑岛区（山东省长岛县志编纂委员会，1990）。

1948年3月，国民党长山八岛设治局将庙岛群岛区划为7乡1个独立保，小黑山岛属黑山乡。

图1-5-4　小黑山村委会办公楼现状

（拍摄于2010年6月8日，拍摄点地理坐标为37°57′55.40″N、120°38′39.42″E）

1949年8月，庙岛群岛第二次解放，恢复长岛特区政府，庙岛群岛区划为6个乡，小黑山岛属其中的黑山乡。1958年11月，长岛县与蓬莱县、黄县合并为蓬莱县，小黑山岛属长岛人民公社黑山大队。1963年恢复长岛县，小黑山岛属长岛县黑山公社；1984年3月19日，更名为黑山乡。1985年3月1日，长岛县区划调整为2镇8乡，小黑山岛和大黑山岛分别设乡，大黑山乡下设小黑山村，辖小黑山岛、犁犋把岛（山东省长岛县志编纂委员会，1990）。

2000年12月19日，小黑山乡和大黑山乡合并，设立黑山区公所（鲁政函民字〔2000〕86号），政府驻地在大黑山岛北庄。2003年2月20日，改建为黑山乡（乡人民政府驻地在大黑山岛），小黑山岛隶属黑山乡，村委会办公地（图1-5-4）位于渔村西侧。

2008年年底，经国务院和中央军委批准，小黑山岛为长岛县首批实行对外开放的4个海岛之一（另外3个为南长山岛、北长山岛、庙岛）。

三、人口

历史上，小黑山岛的人口变化很大，据《长岛县志》记载，在明洪武二十七年（1394年）和清朝初期，因外寇经常骚扰海岛，岛民奉旨外迁而空岛。清康熙二十六年（1687年），官方出台政策鼓励外迁的岛民回岛开垦土地，岛上人口遂大量增加，至清光绪八年（1882年），小黑山岛上有居民数十户；清末民初，随着渔业生产的发展，人口增长迅速，1930年小黑山岛上人口数为1100人，达到历史最高。1939年，日伪军占领庙岛群岛后，部分岛民弃家迁往东北谋生（黑山区936户中，迁出471户），岛上人口迅速减少，到1946年小黑山岛和大黑山岛的人口总数仅为1351人。之后，部分岛民迁回岛内，岛上人口开始增加（表1-5-1），1985年小黑山岛上人口数为294人。随后岛上人口呈递减趋势，2000年第五次人口普查结果为1904人（2000年11月1日）。据长岛县2006年统计年鉴资料①，2006年岛上有人口239人，总户数93户。

表1-5-1　小黑山岛人口变化情况

单位：人

年份	1930	1946	1950	1965	1984	1985	2000	2006	2008	2010
人口	1100	1351*	1514*	2072*	2178*	294	285	239	238	247

注：带“*”人口数包含大黑山岛人口。

① 长岛县发展改革和统计局：长岛县统计年鉴，2006年，第24~26页。

据长岛县统计局资料，2008 年年底小黑山岛上有居民 94 户，人口总数为 238 人，均为农村人口；乡村劳动力资源总数为 144 人，乡村从业人员总数为 140 人。

根据《长岛县 2010 年第六次全国人口普查主要数据公报》，2010 年 11 月 1 日零时小黑山岛常住人口为 247 人。

四、公共服务

（一）教育

小黑山岛上原有小学 1 所，即小黑山小学，位于村西侧，由古庙改造而成。1985 年 8 月，小黑山岛上学校招收小学 1～5 年级学生，共有 3 个班、学生总数 27 人，有教师 4 名。

岛上学校始建于 1923 年 3 月。1947 年，国民党“中业”舰在小黑山岛海域搁浅期间，留守于小黑山岛的官兵，曾为岛上学校作了有益工作：聘请岛外教师教学，也有官兵亲自授课。

图 1-5-5　原小黑山小学现状

（拍摄于 2010 年 6 月 8 日，拍摄点地理坐标为 37°57′54. 80″N、120°38′40. 37″E）

2005 年，长岛县政府针对近年渔村学校规模过小，全面开课困难，教学质量不高的现实，开始实施全县学校布局调整，小黑山小学被撤销，岛上学生（小学一年级以上）全部需要出岛上学，即中小学的学生集中到南长山岛的县城区寄宿上学，至此小学校园处于荒废状态（图 1-5-5）。

（二）科学技术

2010 年 7 月，在国家海洋局支助下，中国海洋大学在小黑山岛开展了潮间带海藻场修复实验：通过人工增殖鼠尾藻的方法，构建以鼠尾藻为优势种群的海藻场。

实验区位于小黑山岛东岸的海蚀平台中后部，为一平板礁，面积约 100 平方米，每日干露时间约 18 小时，基本无大型海藻生长；采用岩礁筑槽法营造鼠尾藻人工生境；以浙江温州市洞头县的养殖鼠尾藻群体，在实验室培育幼植体（苗种），进行撒播（密度为 1. 5 万株/米^2），促使幼植体附着岩礁上生长，经过 3 个月藻场修复工作，形成了以鼠尾藻为优势种群的潮间带海藻场（图 1-5-6）。该实验获得成功，为潮间带海藻场修复或构建提供了示范。

（三）医疗卫生

1971 年，岛上建立了合作医疗室，合作医疗医务人员称之为“赤脚医生”，备有常用药品。1980 年，合作医疗室改称为村卫生室。现岛上卫生室设在渔村中部主街道西口处（图 1-5-7）。

图 1-5-6　小黑山岛潮间带鼠尾藻修复状况（中国海洋大学唐学玺提供）

左上图：修复前岩滩状况；右上图：筑槽法营造的人工生境；下图：修复 3 个月后的潮间带海藻场状况

图 1-5-7　小黑山村卫生室现状

（拍摄于 2010 年 6 月 8 日，拍摄点地理坐标为 37°57′53. 99″N、120°38′46. 48″E）

2006年11月，利用海岛西南端现有陆岛交通码头设立的救助直升飞机停机坪正式启用，结束了岛上军民在大风天不能通船、突发重病不能及时就医的历史。

第二节　海岛历史与文化

一、海岛历史

（一）人类起源与古遗址

小黑山岛的人类活动历史悠久，岛上发现有一处古文化遗址。该遗址位于海岛中部西侧的黄土台地上，面积不详，现为耕地（图1-5-8）。

据《长岛县志》记载，小黑山遗址为新石器时期的村落遗址，与大黑山岛的北庄遗址可以对比。但是相当于北庄遗址的哪一层？有待进一步研究。有人认为相当于北庄下层，也有人认为相当于北庄遗址一期（距今5100～5500年）或二期（距今4500～5100年）。

（二）人文遗迹和历史文物

在小黑山岛上曾有一座古庙，位于渔村西侧，曾被改造为学校。学校停办后，已无专人管理，空荡的院内遗留有古树和房屋建筑残余（图1-5-9）。庭院门口外两侧，残存有庙前旗幡基座。

图1-5-8　小黑山岛遗址现状

（拍摄于2010年6月8日，拍摄点地理坐标为37°58′11.05″N、120°38′48.41″E）

图1-5-9　小黑山岛古庙群现状

（拍摄于2010年6月8日，拍摄点地理坐标为37°57′55.70″N、120°38′40.48″E）

图1-5-10　小黑山岛渔村一角

（拍摄于2010年6月8日，拍摄点地理坐标为37°57′58.99″N、120°38′48.13″E）

（三）历史事件

清光绪五年（1879年）八月，蓬莱知县江瑞采赴长岛视察后，遂发布《谕各岛并三乡栽松树以资樵薪告示》。同时制定了保护中外船只航行章程，在小黑山岛三官庙设立永绥局，分界管理海域（山东省长岛县志编纂委员会，1990）。

清宣统三年（1911年）三月二日，飓风成灾，小黑山岛翻沉渔船2艘，20余名渔民罹难。

1919年农历一月至七月，庙岛群岛流行霍乱，小黑山岛死亡34例。

1946年，岛上流行麻疹、“流脑”。

1951年春，岛上发现麻疹、天花等传染病。

1959 年，岛上流行麻疹。

1983 年，社、镇诸岛间海底电信电缆敷设完毕，小黑山岛与长岛县各队实现了通电话。

1985 年 3 月 1 日，长岛县行政区划调整，小黑山岛从大黑山岛析出建立乡政府。是年，小黑山岛接通有线广播，岛上居民可收听县办广播节目。

1990 年 7 月 7 日，小黑山岛、犁犋把岛、螳螂岛和北长山岛上空出现海市奇观。

2000 年 12 月，小黑山乡撤销，并入大黑山乡。

2002 年 3 月，在小黑山岛建成客货码头。该码头位于海岛西南岬角处，为突堤式重力方块，码头长 50 米，靠泊能力为 500 吨级。

2008 年初，经国务院和中央军委批准，小黑山岛正式对外开放。

（四）渔村介绍[①]

小黑山村是小黑山岛上唯一的村庄，它位于海岛的南部，西望大黑山岛，东南与庙岛、南长山岛相望，东北与北长山岛相望。

明天启年间，史姓等从小云南[②]迁入定居，清顺治年间又有胡姓等从小云南[③]迁入。

清道光年间，庙岛群岛设 13 个社，小黑山岛上设有小黑山岛社，辖小黑山村。1945 年，小黑山村隶属庙岛区。1946 年，设黑山区，小黑山村隶属黑山区。1985 年，原黑山乡划分为大黑山乡和小黑山乡，小黑山村隶属小黑山乡。2001 年 3 月小黑山乡撤乡，小黑山村划归大黑山乡管辖；2003 年，隶属黑山乡。

二、海岛文化

（一）海岛风情与旅游文化

1981 年 7 月 14 日在庙岛南侧海面上隐隐出现了两个小岛，岛上道路蜿蜒，峰峦雄奇，楼阁栉比。人在楼阁中穿行，车在道路上奔驰，水在山间流泻，花在草丛中开放，历历在目，清晰可见，宛如一幅神韵天成的泼墨画，凌空高悬，极为壮观，持续时间达 40 分钟。

1990 年 7 月 7 日，小黑山岛、犁犋把岛、螳螂岛和北长山岛上空出现海市奇观。

（二）民俗、语言和信仰文化

小黑山岛上居民的民俗、语言和信仰等，与南部岛群各岛相似，详见南长山岛有关内容。

三、海岛土特产品

岛上无特别的土特产品，主要海产有海参、栉孔扇贝等海珍品。

第三节　海岛基础设施

一、交通运输

清光绪五年（1879 年），蓬莱县在小黑山岛上设立永绥局 1 处，负责管理海域和保护船只。

---

①③ 资料来源：http：//hsx. changdao. yantai. gov. cn/index_ show. jsp？ id＝1198。

② “小云南”，当地老人传说系指安徽省凤阳县，实为明之乌撤卫，即今云南省镇雄、威宁二县境（《长岛县志》：第 442 页）。

1929 年，响应长山八岛民政局号召，岛上群众开始修路。

1950—1957 年间，驻岛部队在岛上修公路。

1985 年，岛上建成长度为 0.5 千米的水泥公路（路宽 5 米）。

2006 年岛上风电场建设时，在各丘陵上和丘间岗岭均修筑了水泥道路。由此与原有的道路形成了岛上交通网络，但岛上尚无公共交通。

二、港口、航运及助航设施

1957 年 10 月，成立山东省交通厅青岛海运局蓬莱港驻长岛航运组，派船进岛营运，于 1958 年 10 月，南长山岛—庙岛—小黑山岛—大黑山岛客运航线开通，小黑山岛始有客运航班（隔日班船）。

图 1-5-11　小黑山岛陆岛交通码头现状

（拍摄于 2010 年 6 月 9 日，拍摄点地理坐标为 37°57′50.51″N、120°38′22.45″E）

2002 年 3 月，在小黑山岛西南岬角处建成陆岛交通码头（图 1-5-11）。该码头主要用途为客运、客滚货运，采用突堤式重力方块结构，码头长 50 米，高程 3.3 米，前沿水深 4.5 米，可靠泊 500 吨级船只。

目前，在正常天气条件下，每天有班船（现为“长山”号）停靠，往返大黑山岛、庙岛、南长山岛和蓬莱（每天下午 2 点从蓬莱开船，第二天上午 6 点从大黑山岛始发）。

小黑山岛客货码头前端设有灯桩，采用太阳能电池供电。另外，岛西南部的鹦鹉山上设有一座灯塔，地理坐标为北纬 37°57′58.5″、东经 120°38′23.4″，灯塔高 5 米，为白色圆柱形石塔，灯高 47.9 米，射程 6 海里。

三、水利设施

20 世纪 70—80 年代，小黑山岛上曾大兴水利建设（主要是打机井和挖方塘），现岛上留有平塘 1 处和众多机井。

在海岛西南部原部队营房的北侧，建有苦咸水淡化实验站（图 1-5-12）进行苦咸水淡化供水。2010 年 6 月现场调研时，该淡化站因设备故障，已长时间停止运行。

鉴于小黑山岛淡水资源缺乏，供需矛盾突出，在风电场建设过程中，修建了道路集水设施（图 1-5-12）。

图 1-5-12　小黑山岛水利设施现状

左图：苦咸水淡化实验站现状；右图：道路集水池（拍摄于 2010 年 6 月 8 日）

四、广播、电视和通信

（一）广播

1985年，小黑山岛建乡后，在岛上建立了乡广播放大站，配置了100瓦扩音机1台、电唱机1台、CF-3型发电机组1台（山东省长岛县志编纂委员会，1990），主要转播中央人民广播电台和山东人民广播电台节目、直播长岛县广播站节目以及岛上自办节目。

（二）电视

1980年4月，北长山岛嵩山建成电视差转台（覆盖半径16千米）后，小黑山岛上始可收看彩色电视节目。电视事业的发展参看南长山岛有关内容。

目前，岛内居民均为闭路电视，闭路电视入户率达100%。

（三）通信

1945年10月，长岛设立军邮局后，派专人不定期到小黑山岛等收寄、投递邮件，岛上始有邮政业务（参见大黑山岛相关部分）。

20年代中后期（1966—1968年），岛上始设邮电代办所，由当地专人负责办理信件、包裹、汇兑的邮寄和投递业务。

1982年，敷设了大黑山岛至小黑山岛的海底通信电缆，并于南长山岛至大黑山岛海底通信电缆连接。该海底电缆长度2.92千米，型号类型为HH-1-2，采用埋设方式铺设，小黑山岛上登陆点位于小黑山村东南侧海滩，于1982年12月开通使用，正式开通了小黑山岛与大陆之间的直线长途电话。

现小黑山岛上建有微波通信、移动通信基站等，开通了程控电话、小灵通和互联网等业务，国内外电话可直拨，邮电通信快捷，居民程控电话入户率达100%，实现了海陆移动通信。至2008年实现了光纤电缆入村。

五、电力电网

1987年，南长山岛经庙岛、小黑山岛至大黑山岛10千伏海底输电电缆敷设，庙岛开始使用烟台电网供电。该海底输电电缆规格型号为ZQ41G-10/3，采用单电源、单主变供电方式，设计使用寿命20年。其中，庙岛至小黑山岛段长度为3.9千米，小黑山岛上的登陆点位于小黑山村东北侧砾石滩；小黑山岛至大黑山岛段海底电缆长2.2千米，小黑山岛上登陆点位于海岛西南端。

2008年9月，长岛县供电公司投资300余万元开工建设了长岛县35千伏小黑山输变电工程[①]。该工程借用35千伏小黑山风力发电场长鲁输电线路，在小黑山新建一座35千伏变电站及配套工程，并于2008年年底前竣工投运，小黑山岛实现了双电源供电，提高供电可靠性。

六、市政基础设施与生态建设

小黑山岛上渔村规模较小，尚无大型市政基础设施。渔村公共环境卫生实行了管理责任制，生活垃圾定点、定期集中清理，渔村主要街道环境整洁。

---

① 资料来源：http：//www.yantai3.com 2008-09-10 10：02：36 jiaodong：长岛县35千伏小黑山变电工程正式开工建设。

第四节　经济基本情况

该岛的主要经济结构为近海渔业，海参育苗为全村养殖的支柱产业。全村适宜海珍品养殖水域面积有1333多公顷，栉孔扇贝养殖1.33公顷，海参苗养殖（总养殖水体23 000多立方米）为全村养殖的支柱产业。2006年，全村总收入3500多万元，村集体年经营性收入40万元（主要来自海参底播增养殖）。

岛上原有耕地约26.67公顷，多数都已退耕还林，2006年有粮田约6.67公顷，主要经济作物是小麦、玉米等。

该岛风光秀丽，景色宜人，历史文化悠久，旅游和水产品资源丰富。随着小黑山岛实行对外开放，当地政府拟将小黑山岛开发建设成独具特色的旅游休闲度假区，并于2009年7月发布了“长岛县小黑山岛综合开发项目”的招商引资通告。

第五节　地质地貌

一、岛陆地质

（一）构造、地层和岩性

1. 地质构造

小黑山岛为断裂构造形成的基岩岛，岛上地质构造较复杂，全岛为轴向近南北向的向斜构造。该向斜倾角比较平缓，其西翼产状为倾向135°～160°、倾角8°～10°，东翼产状为倾向250°～275°、倾角5°～15°。岛上断裂构造比较发育，主要有北东向、北西西向和近南北向三组断层。发育的北西西向断裂，使向斜东翼南部构造复杂化，向斜轴部向南、北两端仰起。

北东向断层　为该岛的主断层，在鹦鹉山北部破碎带宽度为30～40米，此破碎带向东北方向延伸，海边陡崖为断层崖，岩层强烈褶皱破碎，产状紊乱，角砾岩及碎裂岩发育；断层中段被第四系所覆盖；断层北段延伸方向恰好是地形变坡转折处，再往北通过两丘鞍部，北端进入较大的海湾。

北西西向断层　此组断层为破碎挤压带，多处有石英角砾岩出现。大山城高地以南有3条较大的且互相单行的断层，主要以坚硬的角砾岩带产出。其中，大南城高地挤压带宽度20米；通板桥断裂和东山南部断裂，角砾岩带宽度10米左右，走向110°～120°，倾向190°～200°，倾角50°～60°。

近南北向断层　北大山西北部沿岸有走向18°断层通过，岩层产状多变，板岩被错开。在海狗礁岸边陡崖自然剖面中有3条小断层分布，断层性质均为正断层。

鹦鹉山及东山南部丘脊有小型南北向断层分布，以石英角砾岩为其特征。

岛上节理发育，受断裂构造控制，经五个节理点统计，最发育节理为40°～50°、110°～120°，除此，0°、70°和160°节理也有分布。

2. 地层与岩性

小黑山岛上出露的基岩为新元古代蓬莱群辅子夼组地层，地层岩性比较简单，主要是厚层—中厚层石英岩，夹有少量中薄层石英岩和紫红色、青灰色板岩。

厚层状石英岩　为小黑山岛上主要的岩石类型，分布全岛。岩石呈鸭蛋青色，风化灰白色，表面粉粒状。岩石质纯、致密、性脆，块状构造，层理清晰。

中厚层石英岩　呈浅黄白色，风化面黄褐色，石英岩纯度降低，含有少量长石、云母等杂质，常与纯石英岩成互层出现，抗风化程度低于纯石英岩。

中薄层石英岩　主要出露于北大山西岸、通板桥等部分地区，岩石呈紫红色，含有少量长石及铁质矿物，致密坚硬，性脆，铁矿物易为磁铁矿。

板岩　仅分布在北大山西岸通板桥海滨和20.93米高地东北岬角及46.7米高地西岸地区，岩石呈紫红色、青灰色，易风化碎屑，板理构造发育，部分岩石有弱绢丝光泽。

（二）工程地质与水文地质

1. 工程地质

小黑山岛工程地质分区属鲁东丘陵工程地质区，主要出露3个工程地质岩组。

（1）坚硬半坚硬层状变质岩工程地质岩组

小黑山岛基岩以石英岩为主，其次为板岩。与大黑山岛同（详见大黑山岛相关部分）。

（2）松散残坡积、坡洪积黏土、粉质黏土、粉土、砂土工程地质岩组

分布在丘陵山坡及坡麓地带的残坡积、坡洪积等分布区，松散沉积物成层分布，岩性变化较大，垂向上呈渐变，土的状态自表向下为软塑—硬塑—坚硬半坚硬（参见大黑山岛相关部分）。

小黑山岛西部黄土台地上，有较厚的黄土状堆积。黄土厚度较大，结构疏松，吸水性强，透水性好，吸水后自重下沉（湿陷性）；由于黄土垂直节理发育，土体塌方和滑动是常见的工程地质现象。

（3）松软（散）海积粉砂、淤泥、卵砾石工程地质岩组

在渔村南部滨海的海积层分布区，岩性由淤泥、淤泥质粉砂、砂砾石组成，不同部位岩性差异较大（参见大黑山岛相关部分）。

2. 水文地质

（1）地下水类型及分布

小黑山岛含水层包括松散岩类孔隙水和基岩裂隙水两种类型。

松散岩类孔隙水　主要分布于丘陵山麓、山前低凹地带及沿岸小平原，按成因可分为残坡积孔隙含水层和海相孔隙含水层。其中，残坡积孔隙含水层主要分布于丘陵山麓及山前低洼地带的残坡积、坡洪积分布区和黄土分布区。由于这些沉积层厚度较小，地下水埋深浅（一般小于10米），水量较少，单井涌水量一般每天小于10吨。海积孔隙含水层主要分布于小黑山岛南部沿岸地区，主要为由砾石、砂砾（含贝壳或碎片）构成的小平原、砾石堤（坝）和现代海滩上，沉积层孔隙大，一般与海水相通，受海水影响较大，水质咸。

基岩裂隙水　为本岛主要含水层，属层状岩类裂隙含水层。其中，板岩类属层状裂隙水含水层，但板岩类裂隙容易被充填；石英岩类裂隙较为发育，富水性比板岩类略强，在石英岩和板岩互层的情况下，以石英岩裂隙出水为主。

（2）地下水补给、径流及排泄条件

小黑山岛无河流，大气降水量是地下水的唯一补给来源，出露地表的岩层直接接受降水补给，埋藏的岩层则接受上部或高处岩层的间接补给。由于小黑山岛的面积小，地形起伏多变且较陡，径流途径短，渗入地下的水量很少，大气降水绝大部分排入海中，属就地补给就地排泄，补给、径流、排泄区无明显界线。

地下水位、地下水流向与地形密切相关，基本以分水岭为界，沿岩层的裂隙、孔隙，从高处流向低凹处，从陆地流向海洋。基岩裂隙水的主要排泄方式是向松散岩类中排泄，由裂隙水变成了孔隙水；也有以基岩裂隙为通道，裂隙水直接向海中排泄。松散岩类孔隙水的排泄：上覆松散岩类孔隙水渗入基岩，孔隙水变成裂隙水，同样也有的直接向海中排泄。

人工开采和水分蒸发也是不可忽视的地下水排泄方式。

在海岛边缘是地下水与海水相互作用地带，深水的排泄和海水的顶托入侵，在天然条件下达成一种相对平衡状态，在开采条件下，在地下水位低于海面或抽水降落漏斗涉及海水影响范围时，淡水水

头小于海水水位侧压水头，海水则向陆地推进直至达到新的平衡，于是海水入侵就发生了，致使水质变差。

（三）第四纪地质

1. 沉积物类型及特征

庙岛上除丘陵顶部和岛周海岸基岩出露外，地表多有松散沉积物覆盖，主要成因类型有残坡积、坡洪积、黄土堆积和海积等。

（1）残积物

广泛分布于岛上丘陵山坡和丘顶，沉积层较薄，厚度一般小于0.5米，仅丘陵缓坡处和丘间鞍部等的厚度可超过50厘米。岩性主要为褐灰色、黄灰色砂质粉砂夹岩屑、角砾；底部多为碎石层，并与基岩风化破碎带过渡；顶部则已土壤化，即发育棕壤土类，生长着以松（黑赤松）、槐（刺槐、紫穗槐）为主的针阔叶混交林。

（2）坡洪积物

本岛面积小，无河流和较大冲沟存在或薄层伏存于黄土等沉积物中。岩性主要为大小不一的砂砾、角砾与黏土质粉砂的混杂物，砾石岩性多为石英岩。

（3）黄土

分布于高程40～50米以下丘麓的平缓坡、谷地内，与南部岛群其他海岛一样，也有新老黄土之分。

老黄土仅见于大北山南、东麓海滨的冲沟剖面底部，岩性为棕红色、棕黄色细砂质粉砂夹零星角砾，垂直节理发育，无层理，有根孔，最大厚度为5～6米，底部常有碎石、角砾与下伏石英岩风化破碎带过渡；顶部发育有埋藏古土壤，岩性为棕褐色黏土质粉砂，块状节理发育，层位不稳定，局部被砂砾层取代。

新黄土主要分布于大山城西麓和大山城北、大北山东等沟谷内，堆积高程一般在40～50米以下，岩性为灰黄色、浅黄色，疏松多孔，垂直节理发育。多数剖面的新黄土中含有岩屑和小角砾，局部还发现了许多零星分布的海成砾石；在野外剖面新黄土中到处可见零散的钙质结核分布，其成形良好，有球形、棒状、花生状等，个体多不大。新黄土出露最大厚度可达6米以上，顶部普遍发育有30～50厘米厚度的埋藏古土壤，岩性为灰褐色黏土质粉砂，局部夹有角砾；颜色自上而下变浅，土壤剖面较明显。

（4）海积物

主要分布于岛周平缓海岸、湾（凹）岸，其中以小黑山乡附近的面积较大。岩性主要为各种大小和形状的砾石，仅小黑山乡村南海滩为砂砾；构成不同规模的砾石堤、滩。一般的，较老的砾石比现代海滩之砾石有较好的磨圆度，堆积高度亦大，其顶常有黄土状物质覆盖或充填，堤后常有潟湖或沼泽沉积，在剖面上则表现为超覆于砾石层之上，如海鸭子礁东海海岸剖面所见。

该海岸砾石滩，滩肩发育，砾石为石英岩；大小不一，粒径为0.5～20厘米；以次圆—次棱角状为主，但向两翼渐变为以次棱角、棱角状为主，粒径亦变大，显示了物质自湾口向湾顶运移趋势。砾石滩后缘超覆于老砾石堤之上。老砾石堤之砾石为石英岩，多浑圆、次圆状，砾径为0.5～15厘米，具粗细相间成层之沉积特征，不整合与石英岩之上。其顶部高程为6～7米，并见有黑灰色土质粉砂充填于砾间空隙。黑灰色黏土质粉砂层厚0.5～1.0米，颜色自上而下变深，过渡为有机质泥炭。泥炭之上覆有厚度0.5米左右的黄土状况积物，即砂质粉砂夹砾石，砾石以1～2厘米大小的角砾（岩屑）为主，混有个别浑圆状海相石英岩砾石。

（5）潟湖沉积物

主要分布于小黑山村南老砾石堤后侧，从开挖的人工剖面观察，潟湖相沉积超覆于砾石层之上。即砾石层上为灰绿色粉砂质黏土，有锈黄色斑块，致密，干后坚硬。其底部粉砂质黏土充填于砾间空隙中，顶部过渡为浅灰色细砂质粉砂，富贝壳，砂多为贝壳碎片，质地疏松，极轻易破碎，贝壳种属单一，壳体很小，壳径小于0.5厘米。贝壳砂之上覆有棕褐色黏土质粉砂，含少许小角砾、岩屑，顶部发育潮土类土壤，可种植小麦、玉米等农作物。

2. 第四纪地层

根据小黑山岛出露剖面所见沉积物的岩性特征、颜色、标志层、接触关系等，与附近各岛及蓬莱地区进行对比，本岛第四系可划分为中更新统、上更新统和全新统，缺失了早更新世的沉积。

(1) 中更新统

本岛大北山的南麓和东麓冲沟剖面底部的老黄土，与南部岛群其他岛屿的老黄土有着类同的沉积、结构、构造特征和接触关系，它们应是同时期和相似沉积环境的产物。因此，将本岛老黄土及其顶部埋藏的古土壤定为中更新统。

(2) 上更新统

小黑山岛的上更新统主要为新黄土及所夹古土壤层。根据其他各岛类同的新黄土中所含动物化石、古地磁测定和测年资料分析，本岛新黄土形成于晚更新世晚期。

(3) 全新统

包括现代地表所有土壤层、黄土状沉积物和沿岸的海相砂砾、砾石与潟湖、沼泽相灰绿色、浅灰色黏土质粉砂，贝壳砂及黑灰色黏土质粉砂、泥炭层等。

二、海岛地貌

（一）岛陆地貌

小黑山岛地势东高西低，最高点高程为95.1米，岛陆的地貌以低丘陵为主，低洼地带和丘间谷地有黄土状堆积充填，形成黄土台地、黄土坡，并发育黄土沟等。

(1) 侵蚀剥蚀低丘陵

岛上有4个丘陵山头，主要分布于海岛东部，分别为大山城（95.1米）、东山（65.3米）、大北山（62米）、鹦鹉山（56米）均属低丘陵。各低丘的东坡陡于西坡，沿丘顶线坡度较缓，除丘顶有基岩出露外，均有薄层的残破积覆盖，植被以刺槐、松树为主。

(2) 基岩坡

据小黑山岛的具体情况，把高程在50米以下稍缓处称基岩坡，表面多有基岩裸露，在斜坡和缓处发育了薄层土壤。基岩坡坡降小于低丘，一般为20°～25°，低丘以东的基岩坡稍陡。小黑山岛基岩有的直抵海滨，形成陡峭的海蚀崖，有的过渡为黄土坡。基岩坡上的植被以刺槐、松树为主。在鹦鹉山北侧的基岩坡上的植被以刺槐、松树为主。在鹦鹉山北侧的基岩坡上发育冲沟，是波浪沿节理侵入而形成的，沟壁陡如刀削，最高达10米，沟底为砾石覆盖，该沟当前仍有冲塌现象，处于不稳定状态。

(3) 黄土台地

黄土台地主要分布在小黑山岛西部，它由若干阶地状地形组成，上限大致在25米等高线附近，下限以陡坎与砾石滩相接。黄土台地的组成物质主要为新黄土，剖面下部偶见有老黄土，黄土厚度为2～4米，最厚可达10米，主要物质为粉砂和黏土质粉砂，土层中含有岩屑。黄土台地地表多经人工改造，为该岛主要耕作区（图1-5-13）。

图1-5-13 小黑山岛中部西侧黄土台地

（拍摄时间2010年6月8日，拍摄点地理坐标为37°58′09.53″N、120°38′47.32″E）

（4）黄土坡

主要分布在基岩坡与黄土台地之间及东海的凹入地段，由黄土组成而有一定倾斜的地貌体，坡度比基岩坡小，一般为10°～15°；黄土层厚度1～3米，在下缘有的可达5米，黄土的特性与黄土台地基本相同。

（5）黄土冲沟

海岛东部黄土坡上冲沟发育，每一片黄土坡均有冲沟发育。海岛西部仅在黄土台地的北侧有黄土沟发育，可贯穿黄土坡和黄土台地。黄土冲沟深3～5米，宽度2～10米。东部冲沟沟底有时基岩出露，冲沟侧蚀形成较大的宽深比，西部由于黄土厚度较大，冲沟的深度远大于东部。北大山西南有一冲沟最为典型，沟深8～15米，宽度3～5米，在沟壁下部出露老黄土。

岛上黄土冲沟多数不稳定，崩塌、滑坡时常发生。

（6）洪积—海积平原

分布于小黑山村附近，地表高程一般在5米以下。在小黑山村中央的山口附近，地面高程最大，并呈扇形向外侧斜，粗略显示出洪积地形的特征。据调访，地表下1～2米为黑色淤泥，含有许多贝壳碎片。可见此平原的基础是海相沉积。

在小黑山岛上，还有基岩坡、黄土冲沟、黄土坡、潟湖平原等地貌类型，规模都不大。

（二）海岸地貌

小黑山岛的海岸地貌类型主要有海蚀崖、海蚀洞穴、海蚀平台、砂砾滩和潟湖平原等。

（1）海蚀崖

小黑山岛海岸上的海蚀崖有基岩海蚀崖和黄土海蚀崖两种。基岩海蚀崖高5～10米，北大山的北岸高达50米。黄土海蚀崖主要分布在西海岸，崖高2～5米，崖面平整。

另外，局部有古海蚀崖分布，崖面上杂草丛生。

（2）侵蚀平台

主要分布在海岛的北岸及东、西两岸的岬角附近，宽度20～30米，海岛北部最宽可达50米。在平台上有参差不齐的残礁石、巨砾等，有的岩礁高出平台4～5米，形似海蚀柱。

（3）海蚀洞

该岛海岸上海蚀洞极为发育，遍布于东岸、西岸及北岸。西岸以海蚀龛为主，是岩层中板岩侵蚀后退而形成的。北岸海蚀洞、海蚀龛都有发育，海蚀洞主要沿东北向和西北向两组节理发育而成。东岸海蚀洞最发育，通板石为一海蚀桥，桥洞高7米，跨度2米，是沿北东向节理发育而成。在海蚀桥附近达发育了数处海蚀洞，一般高5～7米，宽1～2米，深1～3米。在东岸北端沿东北和东南向两组节理发育了5个相互连接的海蚀洞。

（4）砂砾石滩

主要分布在海岛西岸、南岸及东岸的岬间凹岸，以小黑山村南的砾石滩规模最大。该处砾石滩长约700米，宽度10～50米，坡度为10°～20°，粒径2～3厘米，在高潮线以上有直径4～5厘米的砾石。海岛西海岸的砾石滩，砾石磨圆、分选较差，并含有一定粗砂，粗砂含量有北而南逐渐增多。海岛东部的砂砾滩规模较小，宽度为10～15米，砾石磨圆、分选一般。

（5）潟湖平原

仅分布在海岛西南部，位于洪积、海积平原的西侧，高程小于3米，外缘有一砾石堤略高于潟湖平原，表面为人工改造的土壤，之下为黑色淤泥和海相砾石。其剖面可分为土壤层、含沙角砾层、黑色淤泥层、砂砾层。

（三）近岸海底地貌

小黑山岛近岸海底地貌主要是水下海蚀平台（常年位于水下）、水下堆积斜坡等。

水下海蚀平台环岛分布，宽度为20～80米，海岛西北角宽度最大达100米，平台外缘水深5～7

米。平台上常有岩体、礁石分布，如鹦鹉山北有一岩体高达 13 米，形似海蚀柱。

水下堆积斜坡分布于水下海蚀平台的外侧，也呈环岛分布，其外缘水深北岸、西岸 10 米，南岸东岸的则较为平缓。北岸、西岸水下岸坡的组成物质以砂为主，含有砾石；东岸、南岸水下岸坡以砂泥为主，含贝壳和贝壳碎片物质相对较细。

在小黑山村南侧砾石堤外发育有水下沙嘴，前端最大水深 2 米左右，近岸与砂砾滩衔接。该堆积体是潮流搬运东、西两岸物质，在堆积过程中形成的三角状沙嘴。

在水下堆积坡之外为水下堆积平原，地势平坦微向北东方向倾斜，组成物质以粉砂质泥和泥质粉砂为主，个别地方有细砂分布。

三、海岸线与潮间带

（一）海岸线基本特征

小黑山岛的岸线类型主要有基岩岸线、砂砾质岸线和人工岸线。其中，以基岩岸线为主，主要分布在海岛西北部、西南部及东北部岸段，岸线以上多陡崖峭壁，岸线有岩礁，低潮时人员可步行通过。砂砾质岸线主要分布在海岛的东南部、南部及西部小海湾内，物质多为粗砂及中砂。人工岸线主要分布海岛南北两端，主要为码头、人工养殖场等。

小黑山岛海岸普遍处于侵蚀作用过程中。但由于多为基岩海岸，侵蚀十分缓慢，海岛岸线相对稳定。海岛东南及其小海湾内的砂砾岸段，虽接受两侧海岸物质有淤积作用，但由于物源较少，堆积并不明显，海岛岸线变化很小。

（二）潮间带基本特征

该岛潮间带范围较窄，西南岸、东岸和北岸以侵蚀地貌为主，包括侵蚀平台、海蚀崖和海蚀洞等类型；西岸和南岸以堆积地形为主，如砂砾滩等。砂砾滩粗细物质混杂，分选性较差。

四、地质灾害

小黑山岛上的地质灾害因素较少，主要是岩石坠落、岩体崩塌等，多分布于陡坡和悬崖等地，特别是北部海岸悬崖处，沿岸常见坠落的巨型岩块或小型倒石堆（图 1-5-14）。

图 1-5-14　小黑山岛北端海岸崩塌岩块与倒石堆
（拍摄时间 2009 年 10 月 3 日，拍摄点地理坐标为 37°58. 91′N、120°39. 19′E）

第六节　植被与土壤

一、海岛植被

小黑山岛无天然植被群落存在，人工改良作用使植被演替为次生林及灌草丛群落，目前在海岛的西部和南部基岩裸露区及沿岸砂砾滩区植被覆盖少外，岛上植被覆盖良好，主要植被类型有：针叶林、落叶阔叶林、灌丛、草丛、人工栽培的草本农作物和木本果树，另有少量的滨海盐生、沙生植被（图 1-5-15）。

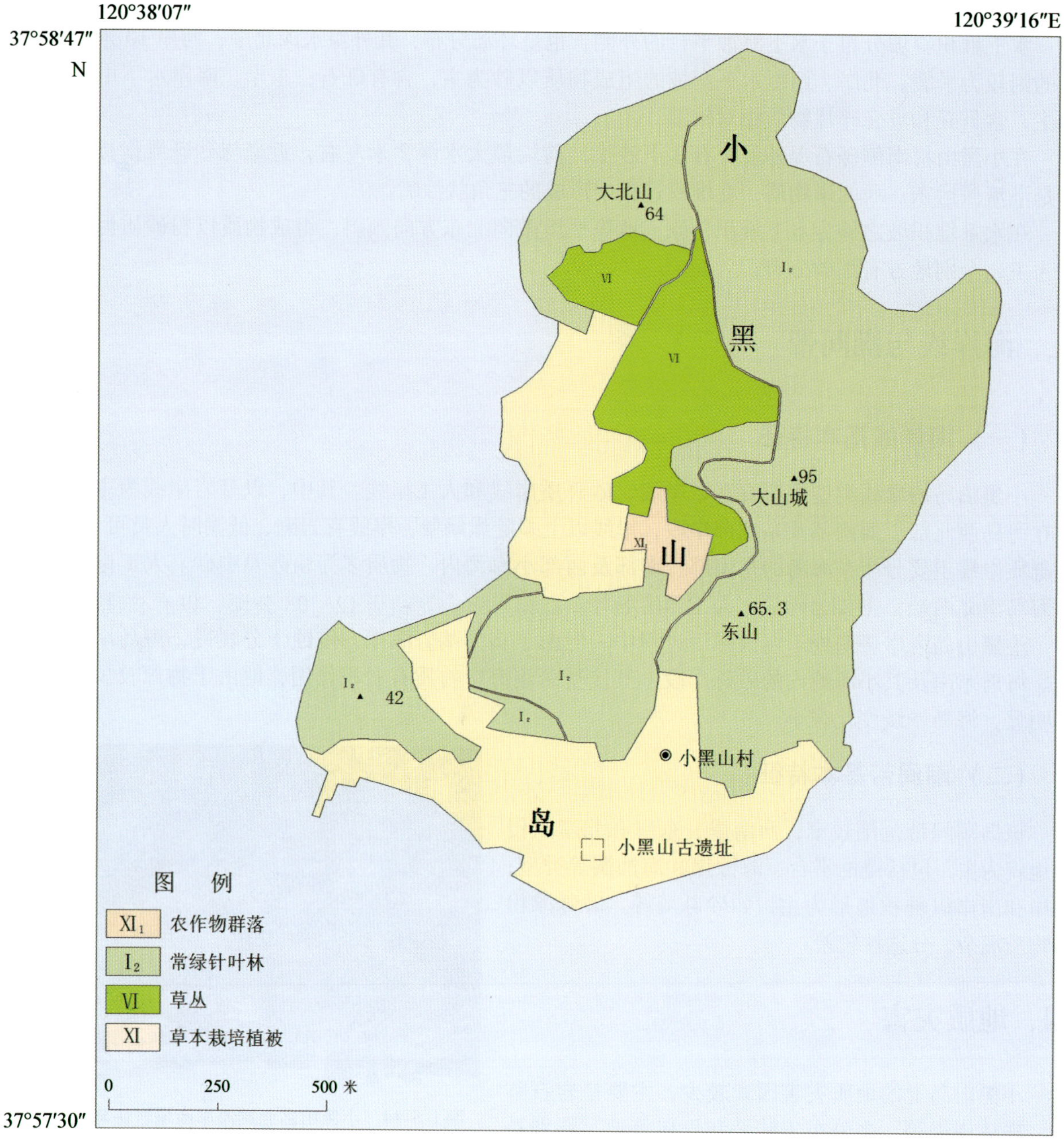

图 1-5-15　小黑山岛植被类型及分布

林木群落主要是黑松和刺槐，还有少量泡桐、榆、臭椿、秋桃等，这些树木组成了岛上的针叶、落叶阔叶的混交林，主要分布在海岛的东北及东部山坡和丘陵山地区域；在海岛西部部分沟谷和缓坡区有阔叶林分布。

灌木有紫穗槐、荆条、酸枣和黄叶榴等，分布在树林下面或林边。

草本以禾本科中的温带及暖温带种属为主，另有菊科、豆科和蔷薇科等，在林木和灌木区均有分布。

人工栽种的农作物主要有小麦、玉米、地瓜和豆类，集中分布在海岛中部和南部的褐土分布区耕种地区域。另外，在宅院内多种植蔬菜自用。

二、海岛土壤

小黑山岛的土壤主要是棕壤土类和褐土土类。棕壤土主要分布在岛的东半部大山城和东山一带，约占该岛总面积的1/5，目前主要是林区。褐土土类主要分布在岛的南端和岛的西半部，土层较厚，肥性较好，是小黑山岛耕种区，面积约占全岛面积的1/5。

小黑山岛土壤肥力状况较好，据第一次海岛调查资料，其表层土壤的有机质1.406%（全岛群平均1.347%）、全氮0.0733%（岛群平均值0.0724%）、碱解氮55.50×10^{-6}（岛群平均值57.18×10^{-6}）、速效磷8.910×10^{-6}（岛群平均值9.52×10^{-6}）、速效钾118.90×10^{-6}（岛群平均值107.35×10^{-6}）。

第七节 海岛资源开发与保护

一、土地资源

据908专项山东省海岛调查资料①，小黑山岛的土地总面积为126.03公顷，以有林地为主（图1-5-16），占全岛土地面积的62.06%。岛上土地各利用类型为：旱地3.51公顷、林地78.21公顷、其他草地11.04公顷、农村宅基地21.30公顷、坑塘水面0.09公顷、农村道路用地0.88公顷、港口码头用地0.58公顷、设施农用地9.76公顷、裸地0.66公顷。

据《山东省长岛县土地资源调查报告》资料②，截至1986年10月，小黑山岛土地总面积为130.52公顷③，其中有耕地25.41公顷（其中旱地约25.11公顷、菜地约0.31公顷）、园地1.29公顷、林地66.20公顷（其中有林地约52.38公顷、灌木林约0.09公顷、疏林地约2.18公顷、未成林造林地约11.33公顷、苗圃约0.21公顷）、农村居民点6.19公顷、特殊用地1.31公顷、公路用地1.58公顷、农村道路用地0.20公顷、坑塘水面0.20公顷、未利用土地28.17公顷（其中荒草地约10.68公顷、裸岩石砾约8.66公顷、田坎约2.82公顷）。

两次调查资料相比较可见，小黑山岛实施退耕还林后，耕地面积大幅度减少，林地面积增加明显。应该指出，2006年在小黑山岛上建设风电场及其配套设施，对岛上林木造成了较大的破坏。

二、水资源

小黑山岛面积较小，大气降水是地下水唯一来源。据《长岛县水资源调查评价与水利区划报告》资料④，小黑山岛的多年平均降雨量为535毫米，计算平均年降水量为65.43万立方米，平均年径流深度为80毫米，平均河川年径流量9.78万立方米，多年平均地表水资源量为8.03万立方米、地下水资源1.40万立方米，浅层地下水多年平均的计算储存量为4.92万立方米。

三、矿产资源

小黑山岛出露地层主要为新元古代蓬莱群辅子夼组，为一套浅变质岩系岩，岩性组成为石英岩、

---

① 中国科学院海洋研究所：山东省海岛（礁）综合调查报告［R］，2010年。

② 长岛县土地资源调查办公室：山东省长岛县土地资源调查报告［R］，1988年，第42~44页。

③ 土地总面积不含其中的填涂7.2公顷，包含犁犋把岛的土地面积（岛陆面积约1.7公顷）。

④ 长岛县水利局：长岛县水资源调查评价与水利区划报告［R］，1986年，第10~24页。

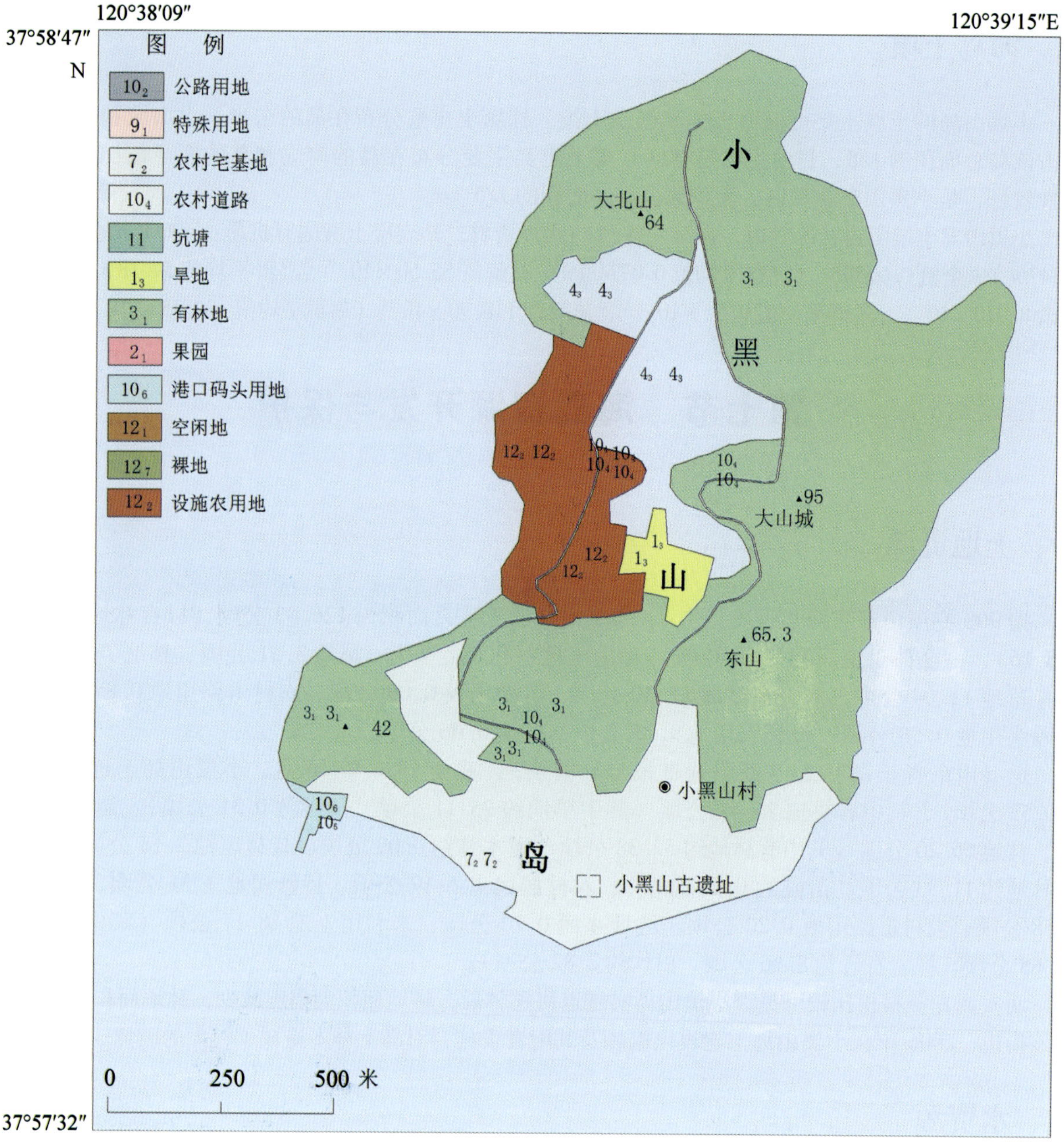

图 1-5-16　小黑山岛土地利用类型及分布

板岩，地层含矿性差，岛上未发现有金属矿产资源。

小黑山岛的主要矿产资源为石英岩砾石，主要分布在球石滩和海鸭湾，资源储量约 15 万立方米。

四、旅游资源

小黑山岛的旅游资源包括自然旅游资源和人文旅游资源，以自然旅游资源为主。

（一）自然旅游资源

自然旅游资源中，主要为海岸上的海蚀地貌景观。在小黑山岛北岸“狮子石”海蚀柱高 11 米，犹如一头雄狮卧伏于礁石上。狮子石东北侧海域耸立着宝塔礁，雄狮像日夜守护宝塔的卫士。每当海风袭来，惊涛派浪伴着轰鸣，似乎狮子狂吼，堪称一绝。

在小黑山岛东部海岸通板桥处，有一海蚀拱桥地貌景观。在北岸，沿东北和东南向二组节理发育了5个海蚀洞，且洞与洞相连。

以上3处海蚀地貌景观，为不可多得的旅游资源，稍加装饰就可作为景点，供登岛游客参观。

（二）人文旅游资源

小黑山岛的人类活动历史悠久，岛上分布有古村落遗址（小黑山遗址）和古庙宇等。其中，小黑山岛西部的古文化遗址为新石器时期的村落遗址；岛上古庙宇曾被改造为小学，小学停办后荒废，但仍保留部分房间建筑等。

岛上风电场“风车”高高耸立在丘陵顶部或沿山脊分布，成为一道亮丽的风景。

五、港口、航道资源

庙岛与小黑山之间海域为庙岛锚地（庙岛以东与南长山岛之间海域称庙岛塘）。

小黑山岛附近的航道主要有2个：西大门水道和宝塔门水道。其中。西大门水道位于大黑山岛与小黑山岛之间（地理坐标为北纬37°57′、东经120°39′），呈南北走向，长3千米，宽1.5千米，主航道水深7～11米，泥沙底质。宝塔门水道位于小黑山岛东侧，犁犋把岛与挡浪岛之间（地理坐标为北纬37°59′、东经120°39′），西北东南走向，长2.5千米，宽1千米，主航道水深10～15米，泥沙底质。

六、可再生资源

小黑山岛的可再生资源主要为风能和太阳能。

小黑山岛上风力资源丰富，风力发电有效风速（3～25米/秒）时间长，无破坏性风速，具有良好的风力发展前景。2006年鲁能投资在小黑山岛上建设了13座风电机组（鲁能小黑山岛二期技改项目）以及35千伏的长鲁输电线路。

小黑山岛上的太阳能利用，目前主要用于家庭太阳能热水器。

七、生物资源

（一）陆生生物资源

小黑山岛上药用植物主要为草麻黄，药用动物为东方钳蝎（为蝎子中的一种）。

岛上生长有较多的蝎子，特别是清明、谷雨季节，在石堆及岩石裂隙中，常可发现大小不等的蝎子几十只甚至上百只抱成团，滚成蛋，形成蝎子球，球中的蝎子最大可达6厘米。20世纪80年代，长岛药材公司曾每年收购干全蝎320千克，大多来自大黑山岛、小黑山岛和大钦岛。

图1-5-17 小黑山岛上风电机组及移动通信基站

（拍摄时间2009年10月3日，拍摄点地理坐标为37°57.54′N、120°38.90′E）

（二）潮间带和近岸海洋生物资源

小黑山岛水域面积666.7公顷，水深在1.5米以内，可养殖水面积约240公顷，南部200公顷，北部40公顷，良好的水质状况，为发展养殖业提供了基础。某些海珍品也开始养殖，如刺参、皱纹盘鲍等，但资源量不如其他岛。主要捕捞水产资源还有对虾、牙鲆、鲅鱼、黄鱼、鲐鱼和其他杂鱼。

八、海岛生态保护

岛上虽未见有珍稀、濒危生物物种的报道，但岛上民众一直注重生态保护工作，特别是海岛绿化，人工种植树木历史悠久。

清光绪五年（1879 年），响应官府号召开始植树造林。1929 年，驻岛东北海军司令沈鸿烈和民政局命令和督促驻岛军民植树。1946 年春，长岛特区工委发起每人种 1 棵树的运动。1949 年，长岛特区工委两次发动群众植树。1954 年，特区政府购黑松树苗发给群众，栽种到地旁、宅边，开始封山造林。1955 年，开展大规模的治山整地、黑松植苗和“四旁”植树活动。1982 年 3 月，长岛县政府规定凡年满 11 岁的公民，都要承担义务植树任务，每人每年植树 3 ~ 5 棵。1985 年实施了退耕还林。

2006 年，岛上风电场工程建设中，运用水土保持先进技术，将风电工程产生的全部水土流失区进行了综合治理，生态效益、社会效益明显。

2010 年 7 月，国家海洋局资助在小黑山岛东岸开展了潮间带海藻场修复实验，在基本无海藻生长的海蚀平台中后部，采用筑槽法营造人工生境，撒播鼠尾藻幼植体，成功构建了以鼠尾藻为优势种群的海藻场。

第六章　庙　岛

第一节　概　况

一、海岛地理

庙岛（Miào Dǎo）代码为370634002911。

庙岛位于庙岛群岛南部岛群的中央地带，长2.6千米，宽1.1千米，海岛面积1.4254平方千米，海岛岸线长8.37千米。最高峰位于中部的凤凰山（又名玉皇顶），高程为98.3米，地理坐标为北纬37°56.3′、东经120°40.8′（图1-6-1、图1-6-2和图1-6-3）。东距南长山岛约3.1千米，北距北长山岛约2.3千米，西北距大黑山岛约4.3千米。行政上隶属于山东省烟台市长岛县北长山乡。

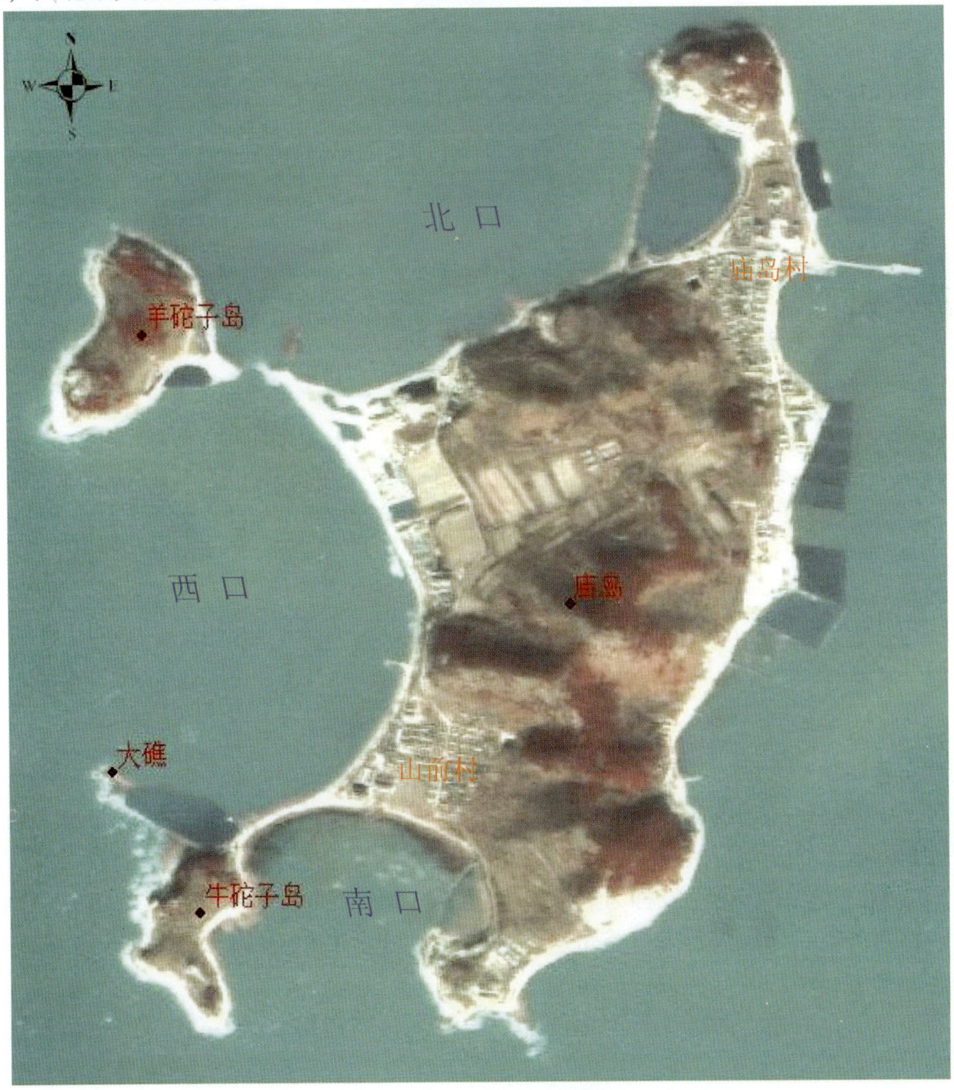

图1-6-1　庙岛遥感影像

古称沙门岛（安为乐　等，2006）。五代置沙门寨于岛上（中国历史地名大辞典编纂委员会，2000）。宋《太平寰宇记》（乐史，2007）有“沙门岛在县北五十里海中”的记载。宋宣和四年（1122年）福建船民在岛上建“显应宫”，即北方妈祖庙。清朝，以庙命名海岛，始称庙岛。

在《山东省海岛志》的海岛名录一览表中，省序号为“112”、地市序号为“烟台 33”；在《中国海洋岛屿简况》① 中，全国统一编号为“0685”、省编号为“0092”。

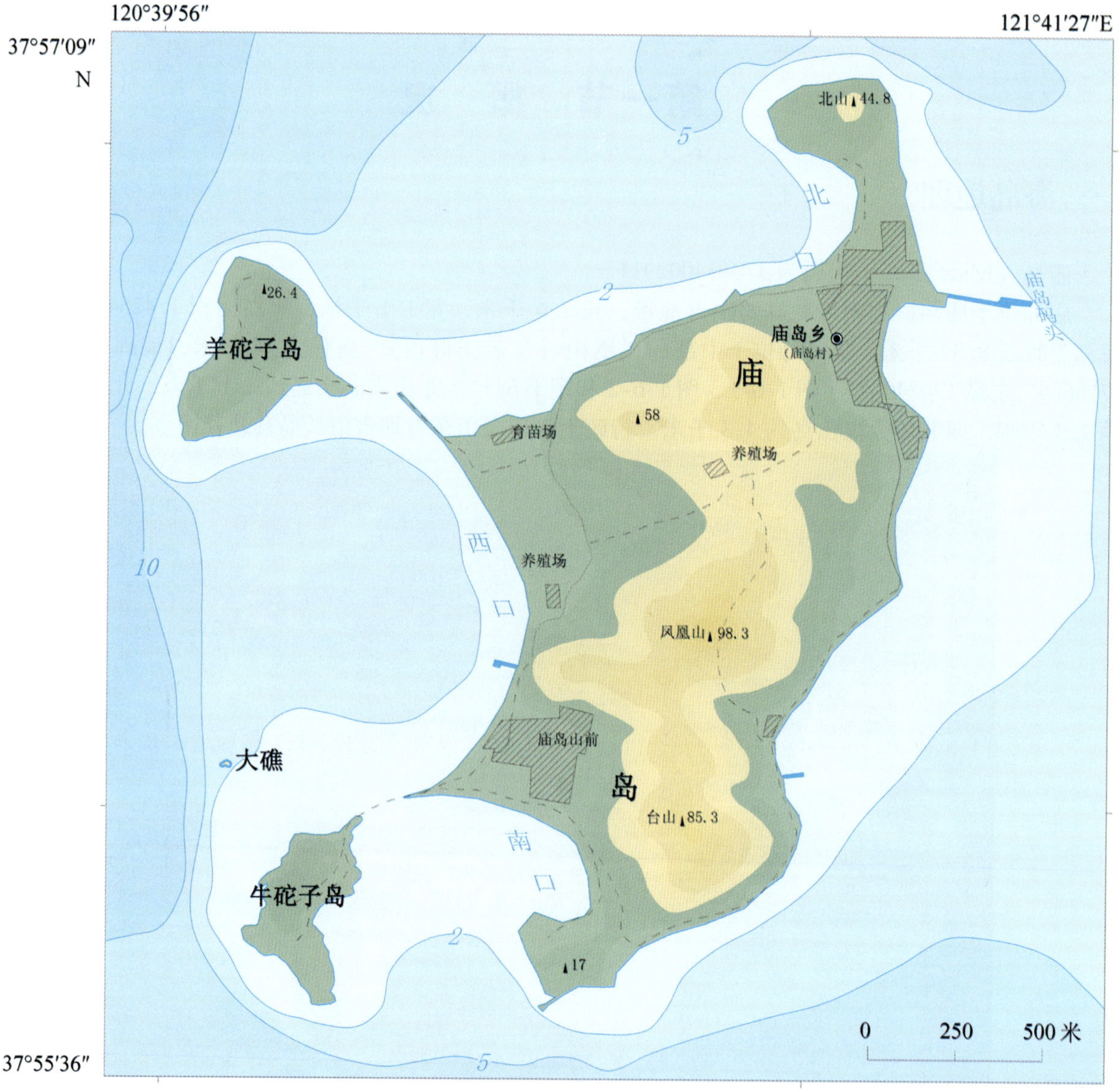

图 1-6-2　庙岛地理分布

庙岛呈近南北向展布，两端突出成岬角，中部近长方形，南部东部多山，西部为狭长平坦地带；北部四周平坦，中间有一孤立山丘。东、西海岸多为卵石和砾石滩，南北两端有部分岸礁；西部和西南部伸出两尖角并有水下沙坝分别与羊砣子岛、牛砣子岛连接，中间形成月牙形的西口湾。

习惯上把庙岛周边较平静的海域称为庙岛湾，又称塘里；而把庙岛东侧海域又称庙岛塘。庙岛塘东侧依长岛港，西侧临庙岛码头，南连登州水道，北连长山水道和宝塔门水道，进出四通八达，可避东、西、南、北诸方向风。

目前，庙岛塘已是养殖、海运、停泊多功能的海域。每当捕捞旺季，鲁、辽、冀、津、苏渔船云

① 中国人民解放军海军司令部航海保证部：中国海洋岛屿简况，1980 年。

图 1-6-3 远眺庙岛全貌（拍摄于 2009 年 10 月）

集，多达千只。遇台风季节，烟威蓬一带的军船，也泊集于此。

二、政区建置及历史沿革

唐神龙三年（707 年）蓬莱建县，庙岛群岛所属海岛隶属蓬莱县。五代时，置沙门寨于岛上。清道光年间，为开垦海岛，庙岛群岛划为 13 个社，岛上设庙岛社，社内辖庙岛村和山前村。

1928 年 7 月，成立长山八岛民政局（隶属奉系东北海军），庙岛属其所辖，岛上仍设庙岛社。1934 年年底，长山八岛特区行政专员公署将社改为乡（山东省长岛县志编纂委员会，1990）。

1945 年，长山军政办事处区划为 3 区，庙岛隶属其中的庙岛区（辖庙岛、大黑山岛、小黑山岛、南长山岛和北长山岛等诸岛）。同年 11 月，长山岛特区政府区划调整为 4 个区，庙岛仍隶属庙岛区（辖庙岛、大黑山岛和小黑山岛等）。1946 年，区划调整为 6 个区，庙岛和北长山岛仍属庙岛区（山东省长岛县志编纂委员会，1990）。

1947 年 10 月，国民党长山列岛区署区划为 6 个乡，庙岛隶属庙岛乡（辖庙岛和北长山岛）。1948 年 3 月 31 日，国民党长山八岛设治局区划调整为 7 乡 1 个独立保，庙岛上改设为独立保。

1949 年 8 月，恢复长山岛特区，庙岛隶属于庙岛乡（辖庙岛和北长山岛）。1958 年 11 月，长岛县与蓬莱县、黄县合并称为蓬莱县，庙岛隶属长岛人民公社北长山大队。1963 年，恢复长岛县，庙岛隶属北长山公社；1984 年 3 月 19 日，北长山公社更名为北长山乡。

1985 年 3 月 1 日，长岛县区划调整为 2 镇 8 乡，庙岛上设庙岛乡（辖庙岛、羊砣子岛和牛砣子岛），下辖庙岛村和山前村（山东省长岛县志编纂委员会，1990）。乡政府设在庙岛村海滨。

2000 年 12 月 19 日，庙岛乡和北长山乡合并，设立北长山区公所①（鲁政函民字〔2000〕86 号），庙岛隶属北长山区公所。2003 年 2 月 20 日，改设为北长山乡，庙岛隶属北长山乡。2010 年 6 月，庙岛设办事处。

三、人口

在历史上庙岛的人口变化很大，据《长岛县志》记载，在明洪武二十七年（1394 年）和清朝初期，因日本人经常骚扰海岛，岛民奉旨外迁而空岛。清康熙二十六年（1687 年），官方出台政策鼓励外迁的岛民回岛开垦土地，岛上人口遂大量增加，至清光绪八年（1882 年），庙岛上有居民 200 余户；清末民初，随着渔业生产的发展，人口增长迅速，1930 年庙岛上人口数为 672 人。1939 年，日伪军占领庙岛群岛后，部分岛民弃家迁往东北谋生（庙岛区 1705 户中，迁出 690 户），岛上人口迅速减少。1946 年后，部分岛民迁回岛内，岛上人口开始增加，至 1985 年，庙岛上人口数为 481 人。

2007 年年底，庙岛上有居民 145 户，人口 379 人。其中，庙岛村 97 户、249 人，山前村 48 户、130 人。

---

① 鲁政函民字〔2000〕86 号。

据长岛县统计局提供的资料，2008年年底庙岛上乡村有居民153户，乡村人口总数409人，乡村劳动力资源数300人，乡村从业人员总数282人。其中，庙岛村有居民102户，乡村人口总数274人，乡村劳动力资源数203人，乡村从业人员总数195人；庙岛山前村有居民51户，乡村人口总数135人，乡村劳动力资源数97人，乡村从业人员总数87人。

根据《长岛县2010年第六次全国人口普查主要数据公报》，2010年11月1日零时庙岛上常住人口438人。

四、公共服务

（一）教育

庙岛上曾有小学一所（庙岛小学），该学校创办于1925年。1985年8月，时办招收1～5年级学生，共有3个班、学生总数30人，有教师4名（山东省长岛县志编纂委员会，1990）。

长岛县政府针对近年渔村学校规模过小，全面开课困难，教学质量不高的现实，自2005年开始实施全县学校布局调整，庙岛小学被撤销，岛上学生（小学一年级以上）全部需要出岛上学：中小学集中到南长山岛的县城区寄宿上学。

（二）医疗卫生

20世纪70年代初，岛上生产大队建立了合作医疗室，合作医疗医务人员称为“赤脚医生”，备有常用药品。1980年，合作医疗室改称为村卫生室。

庙岛上设卫生所1处，专职医生1人。

2006年11月，利用陆岛交通码头设立的救助直升飞机停机坪正式启用，一改岛上军民在大风天不能通船，突发重病不能及时就医的历史。

第二节　海岛历史与文化

一、海岛历史

（一）人类起源及古遗址

不详。

（二）人文遗迹和历史文物

庙岛上的人文遗迹较多，主要有显应宫、古庙址和古城址（沙门寨）等，岛上还设有航海博物馆。

1. 显应宫

庙岛上的“显应宫”，是我国北方建造最早、规模最大，也是唯一由官方建造的妈祖庙。该庙始建于北宋宣和四年（1122年），初为沙门岛（庙岛古称）佛院，仅茅屋3间①。至元十六年（1279年）前后，由闽浙船民出资在原地增修屋宇殿堂，改佛院为专门奉祀海神妈祖的道场，世称海神娘娘庙。

明崇祯元年下诏立官庙，山东左都督杨国栋奉旨对妈祖庙进行了大规模的扩建，崇祯皇帝御赐匾

① 长岛庙岛妈祖文化公园简介，http：//www.51766.com/channel/intro/cdxyg。

额“显应宫”。至此，庙岛的妈祖庙的声名与规模达到了鼎盛。

清代历经康熙、乾隆、道光的数次增修扩建，显应宫的范围日趋庞大，形成了以显应宫主体建筑为中心，以三元宫、关帝庙、龙王庙、玉皇庙等八大庙宇为辅翼的一组古庙群。

1973 年 9 月，根据长岛县革委会决定，显应宫等被拆除。1981 年 9 月 17 日，长岛县人民政府决定在庙岛复建显应宫，并辟设航海博物馆。1985 年仿原貌重建的显应宫落成，为一组高台式建筑（图 1-6-4）。

经 3 次大规模的扩建改造，显应宫基本恢复了的历史原貌：分三进院落，以山门、配殿、前轩、大殿、后宫（寝殿）为中轴，左右对称；前院有钟楼和鼓楼分置左右，中院配以东西廊房，后院辅以左右陪厢。1992 年，扩建了关帝庙和三官庙。

2002 年，台湾国民党名誉主席连战为显应宫题词“德被海疆”；2004 年，台湾亲民党主席宋楚瑜为显应宫题词“敬事四海，福佑万民”。

2. 庙岛古城址

沙门寨古城址位于庙岛北部，南北长 200 米，东西宽 90 米。北城墙保存较好，长 90 米，宽 7 米，残墙高 1 ~2. 1 米。西城墙建在海滩上与山地交界处，残墙长 63 米，最宽处 6 米，高 0. 5 ~2 米。东墙残长 100 米，宽 7 米，高 0. 5 ~2. 5 米；南墙现已全部破坏。城墙由夯土层和碎石层相叠面成，建筑年代不详。

3. 庙岛古庙址

古庙址位于庙岛北部，面积 8300 平方米，古庙为宋代所建（山东省长岛县志编纂委员会，1990），目前已残缺不全。

图 1-6-4 显应宫正门现状

（拍摄于 2009 年 10 月 3 日，拍摄点地理坐标为 37°56. 85′N、120°41. 43′E）

图 1-6-5 庙岛上沙门寨古城墙遗址现状

（拍摄于 2010 年 6 月 9 日，拍摄点地理坐标为 37°56′53. 17″N、120°41′07. 95″E）

（三）历史事件

宋建隆三年（962 年）七月，朝廷规定，凡是驻内地和边外的军队中的犯法者，一律发配到沙门岛（今南部岛群）。

宋乾德元年（963 年）八月，朝廷下令，免除沙门岛民间税收，只担负造船运马的任务。

宋咸平元年（998 年）十二月，朝廷下令，对判处死刑而免杀的杂犯，不再发配沙门岛。

宋庆历二年（1042 年），登州郡刀鱼巡检的水兵 300 人驻守沙门岛，以防契丹进犯，仲夏驻砣矶岛，秋冬时节回南岸。

宋熙宁六年（1073 年），朝廷下令，将沙门岛砦监禁的犯人由原定额 200 人增为 300 人。尔后，沙门岛砦主李庆将超额的犯人抛到海里，2 年之内杀害 700 余人。

宋宣和四年（1122 年），福建渔民在沙门岛上建成“天后宫”庙。

元朝初期，海运业兴盛，沙门岛上成为海上枢纽。在沙门岛设立沙门岛巡检司。庙岛群岛分区，划分为沙门岛社（今南部海岛）和牵牛岛社（今中、北部海岛）。

明洪武二十七年（1394 年），海疆有战事，朝廷下令将海岛军民迁移到蓬莱北沟西部一带，并成立沙门岛社。同时，沙门岛巡检司迁移到蓬莱芦洋寨的朱高山。

明永乐元年（1403 年），总兵官陈瑄运粮去北京和辽宁，返回途中在沙门岛一带击败倭寇。

明永乐六年（1408 年），日本人侵袭沙门岛。

明正德十年（1515 年）倭寇火烧沙门、大竹山、砣矶等岛。

明万历四十六年（1618 年），山东派船运粮去东北，各府船只先到庙岛塘集会（合），然后出发北行。

明崇祯元年（1628 年），左都督杨国栋奉旨扩建沙门岛“天后宫”庙。

清咸丰十年（1861 年）十二月上旬，英国军舰 10 余艘，侵泊庙岛海域。

清光绪五年（1879 年）八月，蓬莱知县江瑞采赴长岛视察后，遂发布《谕各岛并三乡栽松树以资樵薪告示》。同时制定了保护中外船只航行章程，在庙岛天后宫设立有“永绥局”，分界管理海域（山东省长岛县志编纂委员会，1990）。

清光绪二十五年（1899 年）五月二日，德国军舰侵入庙岛海域，并派员登陆。

1934 年，烟台东海关龙口分关在庙岛设立庙岛管理分卡。

1946 年，岛上流行麻疹、“流脑”。

1951 年春，庙岛发现麻疹、天花等传染病。

1958 年 4 月 23 日，青岛海运局蓬莱港驻长岛客运组，开辟了长岛县第二条航线，即南长山岛—庙岛—小黑山岛—大黑山岛航线，至此庙岛开始有了客运班船。

1959 年，岛上流行麻疹。

1961 年 8 月 10 日，庙岛的金德温摆渡船小榷子由南长山岛载客 9 人回庙岛，半路突遇 8 级风暴，船被刮翻，有 6 人罹难。

1969 年 12 月，县邮电局通过军用海底电缆，开通岛上农村电话。

1973 年 9 月，根据长岛县革委会决定，拆除庙岛“显应宫”。

1980 年 1 月 10 日，长岛县政府对计划生育作出规定。

1981 年 9 月 17 日，长岛县政府决定在庙岛复建“显应宫”，并辟设航海博物馆。

1983 年，社、镇诸岛间海底电信电缆敷设完毕，全县队队通电话。

1985 年 3 月 1 日，庙岛设立乡政府（2000 年 12 月撤销）。3 月 7 日（农历正月十六日），长岛县政协等 8 个单位在庙岛举办首次新春灯会。

是年，庙岛接通有线广播，岛上居民可收听县办广播节目。

2002 年，台湾国民党名誉主席连战为显应宫题词“德被海疆”。

2004 年，台湾亲民党主席宋楚瑜为显应宫题词“敬事四海，福佑万民”。

2008 年初，经国务院和中央军委的批准，庙岛正式对外开放。2009 年 2 月，首批外国游客踏上海岛。

（四）人物介绍

在长岛县革命烈士名录中，岛上有两名，即吴长远和金华，均为庙岛村人。其中，吴长远出生于 1928 年，1948 年参加革命，当年 1 月在黄县龙口牺牲，时为胶东军区北海一团一营战士；金华，中共党员，1938 年参加革命，1942 年牺牲于栖霞大杨家，时为胶东抗日军政大学教导员。

（五）渔村介绍

1. 庙岛村

庙岛村位于庙岛北部，南靠山，北为一狭长岬角，东、西临海。村庄沿海岸呈南北向条状聚落。

以庙岛而名。

清道光年间，王姓和金姓先后从青州府迁来建村。清末民初属庙岛社，1934 年属庙岛乡，1945 年属庙岛区，1948 年属庙岛独立保，1949 年属庙岛乡。1956 年成立庙岛乡庙岛社，1958 年与山前村联合成立庙岛大队庙山生产队，1962 年与山前村分队成立北长山公社庙岛大队。1984 年取消大队建立村民委员会，属北长山乡。1985 年 4 月隶属庙岛乡。2001 年 3 月属北长山乡。2010 年 6 月属庙岛办事处。

据北长山乡政府网站①公布的数据，至 2009 年年底，庙岛村有居民 102 户，246 人，有耕地 43.3 公顷、海水养殖 70 公顷。渔村以海珍品增养殖、近海捕捞、海参育苗保苗和旅游为主要产业，全村有海参底播增养殖区 6 处、育苗保苗场 5 处（总水体 3500 立方米）、大小海参圈养池 9 个（面积约 6.67 公顷）。同时，充分依托妈祖资源优势，大力发展旅游服务业，餐饮、旅游纪念品经营等发展良好，使以旅游业为主的第三产业成为壮大集体经济。2009 年，全村经济总收入 3050 万元，人均纯收入10 488 元。

图 1-6-6　庙岛村一角（拍摄于 2010 年 6 月）

2. 山前村

山前村位于庙岛南部，北与庙岛村相连，三面临海。因位于庙岛主峰凤凰山的南面而名山前。1980 年地名普查中因重名而更今名。1984 年以前，隶属于北长山公社；1984 年至 1985 年 3 月 1 日，隶属于北长山乡；1985 年 3 月 1 日，隶属于庙岛乡；2001 年隶属于北长山乡。2010 年 6 月，庙岛设立办事处，山前村属之。

据北长山乡政府网站②公布的数据，至 2009 年年底，山前村有居民 48 户，总人口 122 人；林地 46.7 公顷、海区面积 126.2 公顷，村民以海水养殖为主要产业。传统海上养殖为筏式栉孔扇贝养殖，目前主要为杂交扇贝养殖，并已成为长岛县最大的杂交扇贝养殖基地，养殖规模大于 133 公顷。2009 年，全村经济总收入 2800 万元，人均纯收入 10 492 元。

图 1-6-7　庙岛山前村村委会现状
（拍摄于 2010 年 6 月 9 日，拍摄点地理坐标为 37°56′04.97″N、120°40′38.47″E）

① 资料来源：北长山乡人民政府，庙岛村．http//bcx.changdao.yatai.gov.cn/index_show.jsp?id=2373。
② 资料来源：北长山乡人民政府，山前村．http//bcx.changdao.yatai.gov.cn/index_show.jsp?id=2374。

二、海岛文化

庙岛上的海岛文化仍以妈祖文化为主线，庙岛可以说是北方的“湄州岛”、北方妈祖文化中心。

（一）海岛风情与旅游文化

庙岛显应宫是我国北方建造最早、规模最大的妈祖庙。“显应宫”是明朝宗祯皇帝御赐的庙额，清朝咸丰皇帝御赐匾额“神功济运”。历史上，每年妈祖诞辰日、羽化升天日及传统节日，显应宫都有盛大的祭祀活动，拜谒海神妈祖，祈佑平安祥和。同时还请来戏班子作坊献艺。

为弘扬妈祖文化，挖掘传统民俗，促进旅游发展。自2002年以来，每年庙岛都举办各种祭祀庆典。

（二）民俗文化

庙岛显应宫每年举办的各种祭祀庆典，是最具北方妈祖文化特色的民间民俗活动。自北宋以来，庙岛群岛的民俗活动主要有：元宵灯会、春祠、盂兰盆会、秋尝、出海、祭海神、庆丰收、排船（造船）、祈风、渔灯等。

（1）元宵灯会

农历正月十五，俗称过“十五”，远近各岛的人们都要到显应宫拜庙送灯，人们敲锣打鼓，燃香烧纸，磕头礼拜，祈求妈祖保佑。有的人为了还愿，就请来戏班唱戏给妈祖听，最多时，戏棚达四五十座之多。舞龙、舞狮、秧歌表演等更是不胜枚举。晚上，再到庙里去观灯，祈望妈祖用灯引导自己的家人或船只走向平安。1992年，长岛县相继恢复了元宵灯会等一些传统活动。

（2）春祠

农历三月廿三为妈祖诞辰日，岛上显应宫每年都会举办大型官祭、民祭及道教法会，以纪念妈祖诞辰，祈求庇佑。

2002年5月5日（农历三月二十三日），官祭民祭共同进行，举办了扎彩会、灯街、焰火、娱神戏等传统项目。官祭是根据《仪礼》、《通典》中有关山岳海神的仪式编排，整个仪式包括：六部、五礼、三献、三告、三裸等。此次庆典，来自全国各地妈祖信众和港、澳、台等地的妈祖进香团及当地群众，一万多人参加。自从这次官祭民祭共同进行后，每年的三月廿三，外地来岛的群众逐年增多。

北长山岛上有3条山脉分布在东部、中部和西部，山间为平地。海岛北侧为长山水道，沿岸有较多的小型海岛（礁），自西向东为：大红礁（暗礁）、大横礁（干出礁）、爬狗礁、挂网礁（干出礁）、双石礁、三道礁。另外，岛西侧有南香炉礁、双礁（干出礁）、星石礁（北长山岛与烧饼岛之间）。

（3）盂兰盆会

盂兰盆会开始于元代。农历七月，粤、闽、江、淮一带的南船帮和天津、营口、安东及登、莱、胶、海等地的北船帮途经庙岛，在庙岛塘停船修整、增粮上水、报关上税，同时参加显应宫举办的盂兰盆会，祭拜妈祖，求赐佑平安。会期从农历七月初七至八月初八，各船帮为显示实力，都自愿出资，尽请南、北腔名班，在庙岛搭台唱戏。还纷纷杀猪供奉、燃放鞭炮，以示敬神。看戏的人，一半在船上，一半在岸上，这种水上庙会，堪称我国北方庙会之奇葩。各船帮中流传着一句俗话：“天津海口有一座好庙岛，宝刹多间，娘娘最灵，七月初七有戏听。”清末，烟台丹桂戏园（现为胜利剧场）的花红果班和黄县福到班（大庄头），专门为显应宫盂兰盆会唱戏。

1985年，显应宫维修工作结束后，显应宫管理部门于“重阳节”恢复了已中断35年的庙会活动。2004年又恢复了“盂兰盆会”。

（4）秋尝

农历九月初九，长岛群众自发组织民间秋尝祀神仪式，长岛显应宫也举办妈祖祈福法会，长岛数万群众参加活动。

（5）出海

旧时，初次上船出海的青少年，都要腰系褡布，挂香荷包，以示平安吉祥。春季渔船初次出海，都要买一头猪、宰杀后，除猪后脖留有一撮毛外，其余猪毛全部褪净，并用猪血染红猪头、渔民称此猪为“神猪”，并抬到船头供奉起来。其时伙计们敲锣鸣鞭炮。挂大吊子，船老大到船头焚香烧纸，磕头祈祷。祭祀后，大师傅（炊事员）把猪剖膛，中午熬一锅猪肉，让渔民饱餐一顿，并按船员数额，将猪心分成若干块做菜分食，谓之“团结一心”。

（6）祭海神

旧时，每年渔民首次捕鱼，在起网时只要见到鱼，船老大即吩咐伙计捞一些，放在开水锅里焯一下，盛入钵内，准备祭妈祖。这时，船上挂大桅旗、小桅旗和后舵旗，备好鞭炮、香纸和酒，伙计们拿着捞兜分立于左右船舷。当鱼钵子端到船头时，立即焚香烧纸，敲锣鸣炮庆贺。左右船舷的伙计用捞兜从水里捞一下，向舱里倒一下，船老大则在船头跪拜，把酒分洒在船头“虎头”等处，祈求妈祖保佑获得大丰收。

（7）庆丰收

旧时，春季打风网，如获丰收，称发财了，船临近家乡时，大桅顶上要挂起大吊子；若得大丰收，则大、小桅顶都挂大吊子，称挂双吊子。渔民一边摇橹，一边高唱渔号，其家人皆到海边迎接。渔主家要举行庆贺活动，众人抬一头猪（多则 4 头）到显应宫宰杀，名为“发财猪”。船主要用纸沾上猪血焚烧，意为敬给妈祖一头猪，祈求妈祖保佑以后能获得更大的丰收。

（8）排船（造船）

旧时，渔船多由各岛大木匠（亦称海木匠）建造。新船下水，都要选择良辰吉日，在船头设祭桌、摆供品，燃烛、焚香烧纸、敲锣鸣鞭炮，船主朝着船头三拜九叩。讲究的船家还要根据新船再造一只船模，送到显应宫，希望得到妈祖的庇佑。

（9）祈风

旧时，捕鱼用的帆船抗风能力差，又无天气预报，生命无保障。因此，渔民把生存的希望寄托于妈祖保佑。渔民在海上遇到大风，船老大跪拜磕头，向妈祖许愿求救。风后侥幸生存者，即到显应宫还愿，有的请戏班唱戏，有的送灯和船模等。

（10）渔灯

旧时，每年正月十三，长岛各妈祖庙、环渤海地区显应宫分灵的妈祖庙以及渔民、商人前往显应宫，向妈祖献渔灯，以祈求来年渔业丰收，百姓平安。这一民俗仅限于黄、渤海地区，是早期的妈祖节。

（三）语言文化

庙岛上的语言文化与南长山岛及北长山岛等相同，具体见南长山岛相关部分内容。

（四）信仰文化

庙岛上信仰妈祖，其文化历史悠久、底蕴深厚。岛上显应宫的建立是妈祖文化北传的重要标志，在世界妈祖文化中占有极其重要的地位。

据考证，庙岛上的妈祖祭祀活动始于北宋。元代，海运日渐繁荣，京都的贡物大多由南方沿海漕运至北京。当时的沙门岛是海上漕运的必经之地，往来漕船需在此泊舟候风。因漕夫多为福建人且笃信妈祖，就在岛上立妈祖祠以事供养，后来就成为风俗，但当时还仅限于民间。

明崇祯元年（1628 年），庙岛妈祖庙被诏封为官庙后，活动进一步制度化、规范化。随着香火与声名的日益隆盛，庙岛妈祖庙成为当时我国北方沿海地区的妈祖信仰与妈祖文化的传播中心，其影响不仅遍布黄渤海沿岸，而且远播于朝鲜和日本。

清康熙年间，由于庙岛群岛是来往航船的必经之地，又是当时的登州外港，清政府就在庙岛设立了海关，以管理渔商事务。据庙史资料记载：最晚到道光年间，以显应宫为中心的庙岛群岛地区，已成为当时黄、渤海地区的第一大锚泊港口。“南涯北邦”的官、商、渔、漕等各种来往船只，均以此为海上贸易中继和货物集散地。一时“商贾云集、阜物如山”，盛况空前。妈祖与妈祖信仰是航海业发展的产物，是世代闯海人的精神寄托，在以海为生的海岛人眼里，妈祖是他们心中至高无上的神祇。性格憨直、心地善良的渔民，对于妈祖的赐福与救助，总是按着时节，选择场合，采取多种形式表达他们对妈祖由衷的敬奉。每当新船下水，渔船下坞，特别是出海远航，渔家人都要向妈祖祈拜。

近些年，长岛县深入挖掘北方妈祖文化历史，整理绘制了妈祖由福建船民海运传至长岛、妈祖文化在长岛形成过程、长岛妈祖传播北方沿海地区和俄罗斯、朝鲜、日本等国家的演示图，研究和展示了“八佾舞”等系列传统官祭妈祖大型仪式，加强与台湾等30多家妈祖庙或妈祖文化组织的常年互动交流，这一系列活动引起国台办和国家宗教局的关注和重视，从而将长岛确定为“北方对台文化交流基地”和“中国北方妈祖文化中心”。

目前，已与湄州妈祖庙、天津天后宫、青岛天后宫、汕尾凤山妈祖庙、台湾北港朝天宫、澎湖天后宫、新加坡符式社、韩国木浦大学、澳门天后宫、南非妈祖庙多家妈祖文化组织进行了交流。

2002年，成立了庙岛显应宫（天后宫）文物管理委员会和“妈祖文化研究会”。5月5日，长岛举办了妈祖诞辰1042周年暨庙岛显应宫香缘880年庆典。

2002年、2004年台湾国民党名誉主席连战、亲民党主席宋楚瑜分别为显应宫题词“德被海疆”和“敬事四海，福佑万民”。

2007年9月19日至20日，长岛举办了首届“中国·长岛中华妈祖文化节”。节日期间，进行了千人表演的妈祖巡游踩街、大型船队的祭海、参拜显应宫和祭祀妈祖等仪式，以及妈祖书画摄影奇石展览、“四海心·妈祖情”大型文艺晚会等活动。

2008年，在庙岛码头建立了大型露天妈祖塑像，于2月28日举行了“长岛显应宫春祀暨妈祖塑像奠基典礼”（经国家宗教部门正式批准）。同年10月，长岛举行了“2008中国长岛中华妈祖文化节暨戊子年公祭妈祖大典”系列活动，1000多名海内外妈祖信徒与当地2万多民众一同祭祀妈祖。进行了台湾北港朝天宫神轿及仪仗入宫、“三朝祭典”、迎请“三身妈祖”起驾和信众参拜妈祖等系列活动。

2009年10月，长岛举行了“2009中国·长岛中华妈祖文化节暨己丑年公祭妈祖大典”和“2009中国·长岛中华妈祖文化论坛”。

庙岛显应宫的妈祖祭典，已被列入山东省级非物质文化遗产名录。

（五）航海文化

庙岛群岛地理环境独特，自古至今作为中国北方航海中心与著名古航道，在烟台开埠之前，庙岛在南北航运沟通和妈祖文化北传过程中发挥了重要作用。清同治三年（1864年）第二次鸦片战争之后，烟台开埠，北方的航海中心东驻芝罘，庙岛逐渐失去了港市的繁荣。

庙岛群岛南部岛群的庙岛塘，古称登州外港。从西汉开始，这里已发展成为了我国北方地区的航海中心。自唐代，这里便是海上漕运的重要转运地，大诗人杜甫写道：“云帆转辽海，粳稻来东吴”，形象地说明庙岛在南北海运的重要地位。元代定都北京，粮食赋税多经海上运来，海船由南方沿海经庙岛群岛进天津，再经北运河转运到北京。据《登州府志》记载：元朝每半月就有大批船队从成山头驶入庙岛塘。“……有淮船、有辽船、有闽船、有塘头船、有太仓船、有瓜州船。船无定数，以粮为数，大者载粮千余石，次七八百石，又次四五百石……”，“凡南北来往朝鲜、日本、直沽的船只，均泊于此，上水增薪多达数百只”。《续登州府志》记载：“元人通海运，于沙门岛设监置戍。”此时，沙门岛（庙岛）已成为海运屯占之地，日趋繁荣。那时这里帆樯林立、商贾云集，时有天津的改翘、江苏的沙船、宁波的乌船以及辽船、浙船、闽船、广船和淮船过往。

到了明、清，庙岛仍然是海上航运的中枢。据《长岛县志》记载：明万历四十六年（1618 年）山东派船运粮去东北，各府船只先到庙岛塘集会，然后出发北行。《中国历史图集》清朝页标注，清代“显应宫”知名度很高，故统称长岛诸岛为庙列岛。英国人金约翰所编《海道图说》中对庙岛进行了详细描述。道光三十一年修庙碑文记载：“凡北地所出之异材、沙松、人参、獐、麝、犀角、象牙、豹之皮以供郡国之用者，皆由此来。东南诸省水陆之产锦绣绮罗竹箫、金锡丹砂之属，以贡应帝乡云者，皆由此往，舳舻相接，前后不绝。”

庙岛作为古代航运中转站，同时也是古代的修造船基地，岛上仅修造船工人和搬运民工就有 5000 多人，这在当时是非常罕见的。古代有一种航海习俗：在新船下水出航时，会同时制作一只模型供奉在妈祖庙内，以期妈祖时刻关心此船的安全，故许多妈祖庙内便留下了大量的古代船模。显应宫珍藏了古船模 360 多只，成为我国著名的古代船模博物馆，其中包括福船、沙船、广船、郑和宝船以及民族英雄邓世昌指挥的“致远”号军舰模型。此外，还有鲸舟形陶器、岳石文化时期的陶甗、汉代陶船、隋代双体船等珍贵古船舶文物。这些船模成为研究我国古代造船历史的重要资料。

1985 年，在天后宫内修建长岛航海博物馆，并于 1987 年建成和对外开放。该博物馆是中国最早建成的以收藏、研究、展示中国航海活动与发展历史为主要内容的专业性县级博物馆，收藏有关航海方面的文物典籍、图片、模型等 1500 余件，有珍品 100 余件，开设了中国航海史、中国航海技术史、航海起源、郑和航海史、船模集萃、天妃史迹等专题陈列室和 1 个预展厅。其中，中国航海史、中国航海技术史是航海博物馆的主体陈列。1994 年增设了长岛县科技成果展览。1996 年增设了长岛民俗展览。

显应宫内还珍藏北洋水师致远舰所留的双齿铁锚。该锚高 2.6 米、宽 1.81 米，重约 1 吨，系甲午海战之前，“致远”号舰管带邓世昌率舰巡访庙岛群岛海域时，专程到显应宫进香。临返航时，因铁锚卡在石礓里无法打起，最后只能砍断锚链。1977 年该锚被打捞出水。

（六）文学艺术

宋宣和四年（1122 年），庙岛建戏楼，为古时节日戏剧演出场所。每年农历七月十五日，广东、潮州、福州和宁波等地的商船多载南货聚集于庙岛办盂兰会，请戏班唱戏。

1920 年庙岛村和黑山岛小濠村的文艺爱好者率先成立了同乐会，为杜绝吸食鸦片、赌博等恶习而倡导的文化活动，如要龙舞、跑旱船、踩高跷等，很多演出形式是从东北传入。后来北长山岛北城村、砣矶岛大口村、南长山岛黑石嘴村也先后组织了同乐会。1949 年以后，又新增加了扭秧歌、腰鼓舞、扇贝舞、大头娃娃舞等活动形式。

三、海岛土特产品

除各种海产品和海珍品外，庙岛无特殊的土特产品。

第三节 海岛基础设施

一、交通运输

清光绪五年（1879 年），蓬莱县在庙岛上设立永绥局 1 处，负责管理海域和保护船只。

1929 年，响应长山八岛民政局号召，岛上群众开始修筑道路。

1950—1957 年，驻岛人民解放军在大黑山岛修筑公路 6.6 千米。

1985 年，岛上建成长度 1.5 千米的水泥公路，路宽 5 米。

目前，庙岛上村庄之间和村内主要街道均为水泥硬化路面，但岛上尚无公共交通。

二、港口、航运与助航设施

唐宋以来，庙岛已成为我国向东方传播文明的重要“丝绸之路”，是我国四大港口经过的要道之一。到了元代，漕运滞塞，海运复兴，庙岛塘成为南粮北运的枢纽。清道光三十年（1850 年）庙上碑文有载：“凡北地所出异材、沙松、人参、獐、麝、犀角、象牙、豹皮以供军国之用者，皆由此来。东南诸省水陆之所产锦绣、绮罗、竹箫、金锡、丹砂之属，以汞映帝乡云者，皆由此往，舢舻相接，前后不绝。”可以看出，庙岛塘当时帆樯林立，商贾云集，交通繁忙的景象。据考证，徐福东去日本，唐代高僧鉴真东渡，为了导航安全，去时都是靠着岛屿，沿着海岸，经庙岛塘去老铁山，经鸭绿江口到朝鲜半岛，又经对马海峡达日本北九州沿岸，最后到达濑户内海。

1957 年 10 月，成立山东省交通厅青岛海运局蓬莱港驻长岛航运组，派船进岛营运，于 1958 年 10 月，南长山岛—庙岛—小黑山岛—大黑山岛客运航线开通，庙岛始有客运航班（隔日班船）。

1985 年，政府交通船与旅游公司船一起开辟了南长山岛—庙岛—宝塔礁—大黑山岛—车由岛的旅游航线，庙岛始有不定期旅游班船。

2003 年 5 月，在庙岛村东侧建成客货码头。该码头主要用途为客运、客滚货运，采用突堤式重力方块结构，码头长 50 米，码头面高程 3.3 米，前沿水深 4 米，靠泊能力为 500 吨级。

在进出港航道两侧设有 5 个钢制浮灯标，各浮灯标的位置及形态特征见表 1-6-1。

表 1-6-1　庙岛客货码头进出港航道灯标

名称	北纬	东经	形状特征	用途
1 号灯浮标	37°56′25.98″	120°42′01.08″	红色，柱形，罐形顶标	左侧标
2 号灯浮标	37°56′43.80″	120°41′25.26″	红色，柱形，罐形顶标	左侧标
3 号灯浮标	37°57′09.36″	120°41′15.96″	红色，柱形，罐形顶标	左侧标
4 号灯浮标	37°57′14.16″	120°40′40.44″	绿色，柱形，锥形顶标	右侧标
5 号灯浮标	37°57′19.98″	120°39′43.80″	红色，柱形，罐形顶标	左侧标

三、水利设施

岛上无大型水利设施，主要为民井和机井及供水管网。

另外，在庙岛村村东海岸建有护岸工程。

四、广播、电视和通信

（一）广播

1985 年，庙岛建乡后，在岛上建立了乡广播放大站，配置了 100 瓦扩音机 1 台、电唱机 1 台、CF-3 型发电机组 1 台，转播中央人民广播电台和山东人民广播电台节目、直播长岛县广播站节目，以及岛上自办节目。

（二）电视

1980 年 4 月，北长山岛蒿山建成电视差转台，其覆盖半径 16 千米，庙岛上始可收看彩色电视节目。

目前，岛内居民均为闭路电视，闭路电视入户率达100%。

（三）通信

1945年10月，长岛设立军邮局后，派专人不定期到庙岛等收寄、投递邮件，岛上始有邮政业务。1950年，始有投递员直投到户。20世纪中期（1966—1968年），岛上成立了邮电代办所，由当地专人负责办理信件、包裹、汇兑的邮寄和投递业务。

1958年4月，南长山岛—庙岛—小黑山岛—大黑山岛客运航线开通后，通过客船开辟了蓬莱至庙岛的海上邮路。

20世纪60年代中后期（1966—1968年），岛上始设邮电代办所，由当地专人负责办理信件、包裹、汇兑的邮寄和投递业务。

1982年9月，山东省邮电管理局投资敷设了南长山岛至庙岛的海底通信电缆。该电缆长度为6.7千米，规格类型为HH-0-8，采用埋设方式铺设，庙岛上的登陆点位于庙岛村东侧海滩，于1983年12月30日开通使用。庙岛与大陆之间开始有了直线长途电话。

现庙岛上建有微波通信、移动通信基站等，开通了程控电话、小灵通和互联网等业务，国内外电话可直拨，邮电通信快捷，居民程控电话入户率达100%，实现了海陆移动通信。

五、电力电网

1987年，南长山岛经庙岛、小黑山岛至大黑山岛10千伏海底输电电缆并投入运营，庙岛开始使用烟台电网供电。该海底输电电缆规格型号为ZQ41G-10/3，采用单电源、单主变供电方式，设计使用寿命20年。其中，南长山岛至庙岛段长度4.6千米，庙岛上的登陆点位于东岸中南部；庙岛至小黑山岛段长度为3.9千米，庙岛上的登陆点位于海岛北部北口湾顶海滩。

2008年9月，长岛县供电公司投资300余万元开工建设了长岛县35千伏小黑山输变电工程①。该工程借用35千伏小黑山风力发电场长鲁输电线路，在小黑山新建一座35千伏变电站及配套工程，并于2008年年底前竣工投运，庙岛实现了双电源供电，提高供电可靠性。

六、市政基础设施和生态建设

庙岛渔村之间有水泥道路路相通，但尚无公共交通。主要街道均实施了绿化、亮化和美化工程，环境整洁（图1-6-8）。渔村公关环境卫生实行了管理责任制，生活垃圾定点、定期集中清理。

图1-6-8 庙岛村南滨海路现状

（拍摄于2010年6月8日，拍摄点地理坐标为37°56′47.06″N、120°07′47.78″E）

第四节 经济基本情况

1990年工农业总产值为706万元，其中工业143万元，渔农业563万元，渔农业中渔业占548万元。

---

① 资料来源：http://www.yantai3.com 2008-09-10 10:02:36 jiaodong：长岛县35千伏小黑山变电工程正式开工建设。

第五节　地质地貌

一、岛陆地质

（一）构造、地层和岩性

1. 地质构造

庙岛为断裂构造形成的基岩岛，整体为一单斜构造，岩层向北东向—北北东向倾斜，倾角15°～40°。岛上的断裂构造主要有两组，即北东东向（60°～65°）和北西向（310°～330°）。其中，北东东向断层共有3条，规模均不大，以破碎挤压带为其重要特征，破碎带宽度2～12米；北西向断层的规模及发育程度均不及北东东向，其以红棕色断层泥、石英角砾岩带产出为特征。

另外，受断裂影响岛上岩石节理比较发育，主要为50°～60°、南北向和北西西向（340°）三个节理。其中，50°～60°节理组，节理密集，延续较长而平直，具有剪切节理特征。具有剪切节理特征。

2. 地层与岩性

庙岛出露的基岩地层属于新元古代蓬莱群辅子夼组上部，岩性以厚层—中厚层石英岩为主，夹紫红色和青灰色板岩。其中，地层底部为白色石英岩与黄褐色、青灰色板岩；上部为紫红色、灰白色石英岩夹少量紫红色、青灰色板岩。

灰白色石英岩多为中厚层状，局部且有薄层状，粒状变晶结构，多为块状构造。紫红色、浅紫红色石英岩，多为厚层和中厚层状，质纯，性脆，十分致密。

板岩颜色多样，有紫红色、黄绿色、青灰色等；岩层厚薄不一，薄者0.2～0.5米，厚者7～8米未见底，板岩劈理发育，常见有皱纹构造现象，沉积规律清晰。

岛上无大的岩体侵入，脉岩亦不发育，仅在南口东部侵蚀陡崖处，见有一宽度50米的石英脉岩，呈北东方向延伸，质纯洁白。

（二）工程地质与水文地质

1. 工程地质

庙岛工程地质分区属鲁东丘陵工程地质区，主要出露3个工程地质岩组。

（1）坚硬半坚硬层状变质岩工程地质岩组

庙岛基岩以石英岩为主，其次为板岩。石英岩属坚硬岩石，抗风化能力强，新鲜岩石抗压强度较高，可达4000千帕，强风化带则降至500千帕。板岩类易风化，新鲜岩石抗压强度在1500～2000千帕，强风化带降至200～500千帕。这两种岩石分布区均为良好建筑地基基础，但由于岩石裂隙发育，在破碎带及强风化带的陡崖部位等，有产生崩塌或滑坡等工程地质问题的可能。

（2）松散残坡积、坡洪积黏土、粉质黏土、粉土、砂土工程地质岩组

分布在丘陵山坡及坡麓地带的残坡积、坡洪积等分布区，松散沉积物成层分布，岩性变化较大，垂向上呈渐变，由表向下为软塑—硬塑—坚硬半坚硬。含水量及密实度对土体强度有较大影响。本岩组一般都可做小型建筑基础持力层，一般地基容许承载力为100～350千帕；残积层下部至基岩强风化过渡带强度较高，一般地基容许承载力大于400千帕。

山前村北及附近的丘麓平缓坡地及谷地内，有较厚的黄土状堆积。因黄土厚度较大，结构疏松，吸水性强，透水性好，吸水后自重下沉（湿陷性）；由于黄土垂直节理发育，土体塌方和滑动是常见的工程地质现象。

(3) 松软（散）海积粉砂、淤泥、卵砾石工程地质岩组

山前村、山后村滨海的海积层分布区，岩性由淤泥、淤泥质粉砂、砂砾石组成，不同部位岩性差异较大。淤泥、淤泥质粉砂含水性强，易压缩，振动或加压易产生液化和流动，在地基处理时，对于埋深浅、厚度薄的应予以清除，埋深较深、厚度较大者应采取地基处理措施。另外，海积层地下水埋深较浅，水质咸，应予以考虑地下水对建筑地基的腐蚀性。

2. 水文地质

庙岛为基岩岛，岛上山丘起伏、沟谷纵横，地下水缺乏，属严重缺水地区。

1）地下水类型及分布

根据岛上含水层岩性及水理性质，含水层包括松散岩类孔隙水和基岩裂隙水两种类型。

（1）松散岩类孔隙水

松散岩类主要分布于山坡及山前低凹地带，按成因可分为残坡积孔隙含水层和海相孔隙含水层。

残坡积孔隙含水层　由于残坡积层厚度很小，地下水埋深浅，一般小于10米，水量较少，单井涌水量一般每天小于10吨，水质一般较差。黄土层为贫水层。

海积孔隙含水层　分布于沿岸地区，主要为由砾石、砂砾（含贝壳或碎片）构成的小平原、砾石堤（坝）和现代海滩上，沉积层孔隙大，一般与海水相通，水质咸。

（2）基岩裂隙水

为本岛主要含水层，属层状岩类裂隙含水层。石英岩裂隙较为发育，板岩裂隙易被充填，因此石英岩富水性比板岩略强，在互层情况下以石英出水为主。由于庙岛面积较小，地下水量并不丰富。岛上山前村北有一机井，揭穿岩性月石英岩及千枚状板岩，1989年调查时，该机井地下水位埋深12米，单井涌水量为10~20吨/天，水质好，氯离子含量在80毫克/升左右。

2）地下水补给、径流及排泄条件

岛上无河流分布，大气降水是庙岛地下水的唯一补给来源，出露地表的岩层直接接受降水补给，埋藏的岩层则接受上部或高处岩层的间接补给。由于庙岛的面积小，地形起伏多变且较陡，径流途径短，渗入地下的水量很少，大气降水绝大部分排入海中，属就地补给就地排泄，补给、径流、排泄区无明显界线。

地下水位、地下水流向与地形密切相关，基本以分水岭为界，沿岩层的裂隙、孔隙，从高处流向低凹处，从陆地流向海洋。基岩裂隙水的主要排泄方式是向松散岩类中排泄，由裂隙水变成了孔隙水；也有以基岩裂隙为通道，裂隙水直接向海中排泄。松散岩类孔隙水的排泄：上覆松散岩类孔隙水渗入基岩，孔隙水变成裂隙水，同样也有的直接向海中排浅。

在海岛边缘是地下水与海水相互作用地带，深水的排泄和海水的顶托入侵，在天然条件下达成一种相对平衡状态，在开采条件下，当地下水位低于海面或抽水降落漏斗涉及海水影响范围时，淡水水头小于海水水位侧压水头，海水则向陆地推进直至达到新的平衡，于是，发生海水入侵，致使水质变差。

（三）第四纪地质

1. 第四纪沉积物类型及特征

庙岛上除局部基岩出露外，均有第四纪松散沉积物覆盖，成因类型有残坡积、坡洪积、黄土状堆积和海积等。

（1）残坡积物

广泛分布于本岛丘陵边坡和丘顶，但厚度多不大，一般为0.1~0.3米，仅平缓丘坡可在0.5米以上。岩性主要为灰褐色砂质粉砂夹岩屑、角砾，地表已土壤化，即发育棕壤土；底部碎带过渡。其地表则多已土壤化，即发育棕壤土类；中部有时还夹有埋芷古土壤，如凤凰山西南麓公路边人工剖面，自上而下为：

0～0.5 米，表土，呈黄褐色，以砂质粉砂为主，夹零星岩屑；

0.5～2.0 米，黄褐色残坡积物，岩性为黏土质粉砂夹岩屑、角砾，顶部发育有埋芷古土壤，颜色自上向下变浅，无钙积层存在；

2. 0～3.5 米，碎石夹黄褐色砂质粉砂，向下与石英岩风化破碎带过渡。

（2）坡洪积物

庙岛的面积较小，无河流和大冲沟，流水作用不甚明显，在沉积物中仅有小规模的暂时性流水的坡洪积物以薄层或透镜体赋存于黄土或黄土状沉积内。在野外观察中，仅北山西南麓相对发育，岩性为角砾与棕红色黏土质粉砂的混杂物，分选极差，具斜层理；砾石大小混杂，大者可达 30 厘米以上，一般为 10～15 厘米，多棱角状，成分为石英岩。最大出露厚度 4 米左右，其上覆有老黄土。

（3）黄土堆积物

本岛黄土堆积是以风积作用为主，并有坡积、洪积作用参与的混合成因之土类堆积物。广泛分布于庙岛东西两麓平缓处。据岩性特征和接触关系可分为老黄土和新黄土。

老黄土　地表未出露，仅见于谷地冲沟剖面的下部。岩性主要为棕黄色、棕红色黏土质粉砂，结构疏松，干后硬化较强，无层理，具垂直节理，含白色钙质团块和网纹。北山西南麓等剖面则见夹较多的岩屑、角砾和少量钙质结核。结核大小 4～6 厘米，多呈姜状；砾径为 1～5 厘米，成分均为石英岩。

在老黄土顶部普通发育有埋藏古土壤，其土壤剖面发育较完全。黏化层厚度 0.5 米左右，岩性为棕褐色粉砂质黏土，块状节理发育。因遭受侵蚀，其分布不连续，顶部均有新黄土覆盖。老黄土的底部常以角砾层与下伏地层不整合接触。

新黄土　广泛分布于丘麓缓坡、谷地内，分布高度一般小于 40～50 米。岩性主要为棕黄色、浅黄色粉砂或细砂质粉砂，质地均匀，无层理，疏松多孔，垂直节理发育，常沿节理裂开、崩塌形成笔直崖壁。多数剖面的新黄土中含有岩屑、角砾和零星的钙质结核。

庙岛上黄土最大厚度可达 15 米以上（岛中部东麓），底部多以角砾层与老黄土、基岩等不整合接触；顶部则普通有古土壤存在，厚度 0.5～1.0 米，岩性为灰黑色黏土质粉砂，土壤剖面剖面较明显，钙质结核多分散状垂直排列，粗略成层分布，形态多姜状，大小一般为4～6 厘米。在台山南麓等新黄土顶部古土壤层中，含有零星海相砾石，多呈浑园状，成分为石英岩，粒径 5 厘米左右。

（4）海积物

庙岛沿岸普遍有海积物发育，岩性主要为各种大小和形状的砾石、砂砾，含海相贝壳或碎片，构成沿岸海积小平原、砾石堤（坝）和现代海滩等。一般的，较老的海相砾石具有较好的分选和磨圆度（浑圆、次圆状为主），堆积高度亦较大，一般为 5～6 米，构成滨海小平原或阶地的主体，亦是岛民居住的重要产所。其地表普遍覆有薄层黄土状沉积，有的已土壤化或遭受人类强烈改造；其底部则超覆于基岩之上或与黄土不整合接触。

现代海滩、连岛坝之砂砾分选和磨圆均不甚好，常大小混杂，多次圆—次棱角状，甚至至棱角状。

（5）重力堆积

在台山东南侧、羊砣子连岛坝根部东侧等基岩陡崖下，均有重力堆积物分布，规模不大。岩性为石英岩碎石，棱角明显，表面新鲜；直径以 10～20 厘米者居多，一般具上小下大之分布规律；堆积坡面坡度与自然休止角相当，一般为 30°～40°，地表无植物生长。其中，台山东南麓的重力堆积物直抵海滩后缘，直接为海岸沉积提供物源。

另外，北口南岸公路南侧陡崖下凹地内，局部有较老的重力堆积物残存于石英岩之上，岩性为碎石夹棕褐色砂质粉砂。碎石直径 1～30 厘米，以 5～10 厘米者居多，厚度为 2～3 米。

2. 第四纪地层

根据庙岛出露剖面所见沉积物的岩性特征、颜色、标志层、接触关系等，与附近各岛及蓬莱地区进行对比，本岛第四系可划分为中更新统、上更新统和全新统，缺失了早更新世的沉积。

（1）中更新统

主要为谷地冲沟剖面下部的棕黄色、棕红色黏土质粉砂（老黄土），其与庙岛群岛其他岛屿及蓬莱地区的老黄土有着相似的沉积、结构、构造特征和接触关系，属同期和相似沉积环境的产物。

当地群众曾在小红沟发现老黄土中乳齿象臼齿化石（图1-6-9），时代为距今350万~400万年。该化石收藏于长岛县博物馆内。

图1-6-9 庙岛出土的乳齿象臼齿化石

（2009年10月拍摄于长岛县博物馆）

（2）上更新统

主要为新黄土及所夹的古土壤层。从庙岛群岛其他各岛与本岛相似的新黄中所含动物化石、古地磁测定结果和碳14测年资料分析，确定庙岛的新黄土形成于晚更新世，为晚更新世晚期干旱草原环境下的产物。渔民曾在庙岛附近海底打捞出斑鹿鹿角化石（图1-6-10），时代为距今3.5万~4万年。该化石现保存长岛县博物馆中。

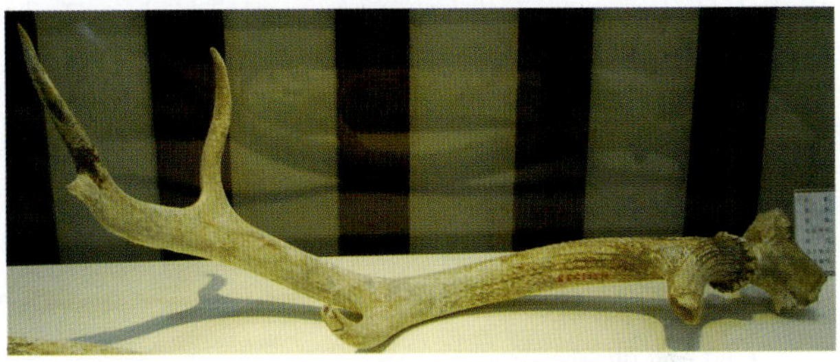

图1-6-10 庙岛附近海底打捞出斑鹿鹿角化石

（2009年10月拍摄于长岛县博物馆）

（3）全新统

包括现代地表所有的土壤层、黄土状况沉积物和沿岸的海积砂砾、砾石等。台山东南麓和羊砣子连岛坝根部东侧的重力堆积物，现在仍在发育过程中，亦属全新统。

二、海岛地貌

庙岛同南部岛群其他海岛一样，风化的石英岩构成了岛上丘陵的格架，丘坡覆盖薄层残坡积物，植被尚好，多为耐贫瘠耐干旱的松树类。丘麓平缓坡、谷地内则有中、晚更新世黄土充填，发育黄土台地、黄土沟等。沿岸滨海地带常有不同规模海相砂砾堆积体镶嵌，局部有砾石堤—潟湖发育形成小型滨海平原。

（一）岛陆地貌

庙岛陆地主要有侵蚀剥蚀低丘陵、黄土坡和黄土台地、海积平原等类型。

（1）侵蚀剥蚀低丘陵

庙岛上的侵蚀剥蚀低丘陵主要分布的中部，如玉皇顶（96.5米）、庙岛山（85.1米）等。这些丘陵的山体多呈浑圆状，除个别地点基岩外露外，地表多有薄层残积物或残坡积物覆盖，植被覆盖好，主要为人工栽种的黑松、刺槐等。

（2）基岩斜坡

指低丘陵地形转折处以下的有薄层土壤覆盖或基岩裸露地区，“坡”也是低丘陵的组成部分，之所以单独分出来，是因为这部分坡度较小且多有薄层土壤覆盖，是本岛松、槐林的主要生长地，也是人工栽培树木的主要场所。基岩缓坡主要分布在玉皇顶，庙岛的东部及72.6米高程点周围。

基岩缓坡上经常发育冲沟，本岛最大的基岩冲沟就发育在北部的基岩缓坡上。

（3）黄土台地与黄土坡

庙岛上的黄土台地分布在西北部，面积不大，主要由黄土状堆积物构成，台地面较为平坦，黄土厚度一般为2~4米（最薄0.5米）。黄土台地多开垦为耕地，主要农作物是小麦和玉米。

黄土坡广泛低丘陵山麓上或基岩坡的周围（面积约占全岛的1/3），地面坡度一般小于17°，其上黄土沟多发育。黄土坡主要为垦植场所，特别适于松、槐及果林的栽培。

（4）冲沟

包括发育在低丘陵及基岩坡上的冲沟和黄土台地及黄土坡上的黄土冲沟。前者主要分布在海岛的北部，已处于稳定状态，如72.6米高地西侧的冲沟，其规模较大，沟宽而浅，沟底宽阔，并有较厚的松散堆积物，其上生长有松、槐等林木。

黄土冲沟主要分布在岛的中部，主要有3条，规模均不大，沟壁陡直，沟底较平坦开阔，常见沟壁塌落下的土块。其中，玉皇顶东北部的黄土沟，最深可达十余米，沟壁均由黄土状堆积物所构成，冲沟仍在发育过程。

（5）倒石堆

主要分布在庙岛山的东南及59.7米高地的南部。后者位于黄土坡上，倒石堆主要由黄土下伏的基岩碎石所组成，倒石堆坡度较缓，规模较小，活动的可能性不大。

庙岛山东南倒石堆位于基岩陡坡上，有时相连成为倒石堆裙，这些倒石堆目前仍在活动，暴雨或地壳活动都会引起大规模的滑动。

（二）岛岸地貌

庙岛海岸地貌类型较多，主要包括海蚀崖、海蚀平台、砾石滩和连岛坝等。

（1）海蚀崖

现代和古代海蚀崖均存在，现代海蚀崖主要分布在庙岛山东南侧及北山周围。其中，庙岛山东南侧海蚀崖较高（30米左右），海蚀崖与倒石堆经常相间出现。其他岸段的海蚀崖高度较低（10米左右）。

古海蚀崖主要分布在72.6米高地以北，崖高约15米，崖方有宽广的海蚀平台。目前海蚀崖已不受现代海洋作用。

（2）海蚀平台

主要发育在72.6米高地北侧和羊坨子岛南部，平台宽度约30米。受岩石产状影响，海蚀平台不十分平坦。

（3）砂砾石滩

庙岛东、西两岸均分布有砂砾石滩，以砾石滩为主，仅庙岛村东有砂砾石滩存在。与其他海岛相比较，庙岛的砂砾石滩坡度较缓，砾径也较小，一般为5厘米×3厘米×2厘米，砾石磨圆度也较好，多为次圆状。

同时，海岛东、西岸砂砾石滩也有所差异，西岸砾石滩的砾石个体要大于岛东岸，磨圆度不如东岸好；东岸砾石滩个别地段含有少量泥质。

（4）连岛坝

连岛坝是本岛海岸地貌特点之一，也是庙岛群岛中连岛坝最发育的岛屿。

岛上共有4条连岛坝，将庙岛与北山、马头嘴、羊砣子岛、牛砣子岛相连。其中，连接北山与马头嘴的连岛坝以古砾石堤为基础，堤宽4米左右，高度较大，其上有黄土状堆积物覆盖。

连接羊砣子岛、牛砣子岛的连岛坝由砾石构成，高度较低，涨潮时则被淹没，退潮时露出，可步行通过。在砾石堤坝主干上又分出次一级小的砾石堤。

图1-6-11　庙岛西部的水下连岛坝

上图：庙岛—羊砣子岛连岛坝；下图：庙岛—牛砣子岛连岛坝（拍摄于2010年6月9日）

三、海岸线与潮间带

（一）海岸线基本特征

庙岛的岸线类型有基岩岸线、人工岸线和砂砾质岸线。其中，基岩岸线分布在岛北部岬角、东南部及西南部岸段，海岸线以上多为基岩缓坡，岸线以下发育有岩礁滩，低潮时可通行人。人工岸线主要分布在海岛的东侧部、南部及西部的部分岸段，约占全岛岸线长度的一半，主要为码头、养殖场和道路。砂砾质岸线主要分布在岛西北岬角处、东南部海湾及西部岬角处，物质多为粗砂砾石。

庙岛的岸线动态变化包括侵蚀、稳定和淤积等类型。其中，侵蚀岸段主要分布在岛西北、东南部分岸段，多为基岩海岸，岸线相对稳定。稳定岸段主要分布在岛东侧及西南侧；淤积岸段主要分布在岛西侧岬角及几个海湾当中。

（二）潮间带基本特征

庙岛的东岸和西海岸潮间带多为卵石和砾石滩，南北两端有部分岩礁滩。其中在72.6米高地北侧和羊砣子南部岩滩发育。在庙岛西南部与羊砣子岛、牛砣子岛之间均发育有砂砾石连岛坝。

岩礁滩是藤壶、牡蛎、贻贝、螺类和许多藻类等固着和附着生物的栖息场所，其数量丰富，生物量和栖息密度较高。生物量组成以牡蛎、贻贝等双壳类为主；单壳类以短滨螺为主。栖息密度以小藤壶为主的甲壳动物占首位。很少出现多毛类。

砂砾质潮间带的生物既有底表固着和附着生物，又有底埋的生物栖息，种类较多，但生物量和生物密度比岩礁滩低。生物量组成仍以双壳类为主；密度组成中，仍以小藤壶为主的甲壳动物占首位。单壳类仍以短滨螺占绝对优势。

四、地质灾害

庙岛上的地质灾害因素较少，主要为岛上陡崖区的岩体滑塌、岩块坠落和黄土沟壁的黄土崩塌等。如山前村北公路西侧悬崖岩体滑塌、岩块坠落现象（图1-6-12），对过往行人和车辆造成安全隐患；在庙岛村西采石场陡崖处有岩体滑塌现象存在。

图1-6-12 山前村北山体滑塌

（拍摄于2010年6月9日，拍摄点地理坐标为37°56′13.92″N、120°40′34.90″E）

第六节 植被与土壤

一、海岛植被

岛上无天然植被群落，现有植被都为人工改良作用演替的次生林及灌草丛群落。

据908专项山东省海岛调查资料①，目前，该岛有松林60多公顷，人造幼林14.1公顷，林木覆盖

① 中国科学院海洋研究所：山东省海岛（礁）综合调查报告［R］，2010年。

率为53%。林木群落主要分布于海岛的中部区域（图1-6-13）；低丘陵、基岩坡和沟谷内是常绿针叶林区，黄土坡是成片松林。

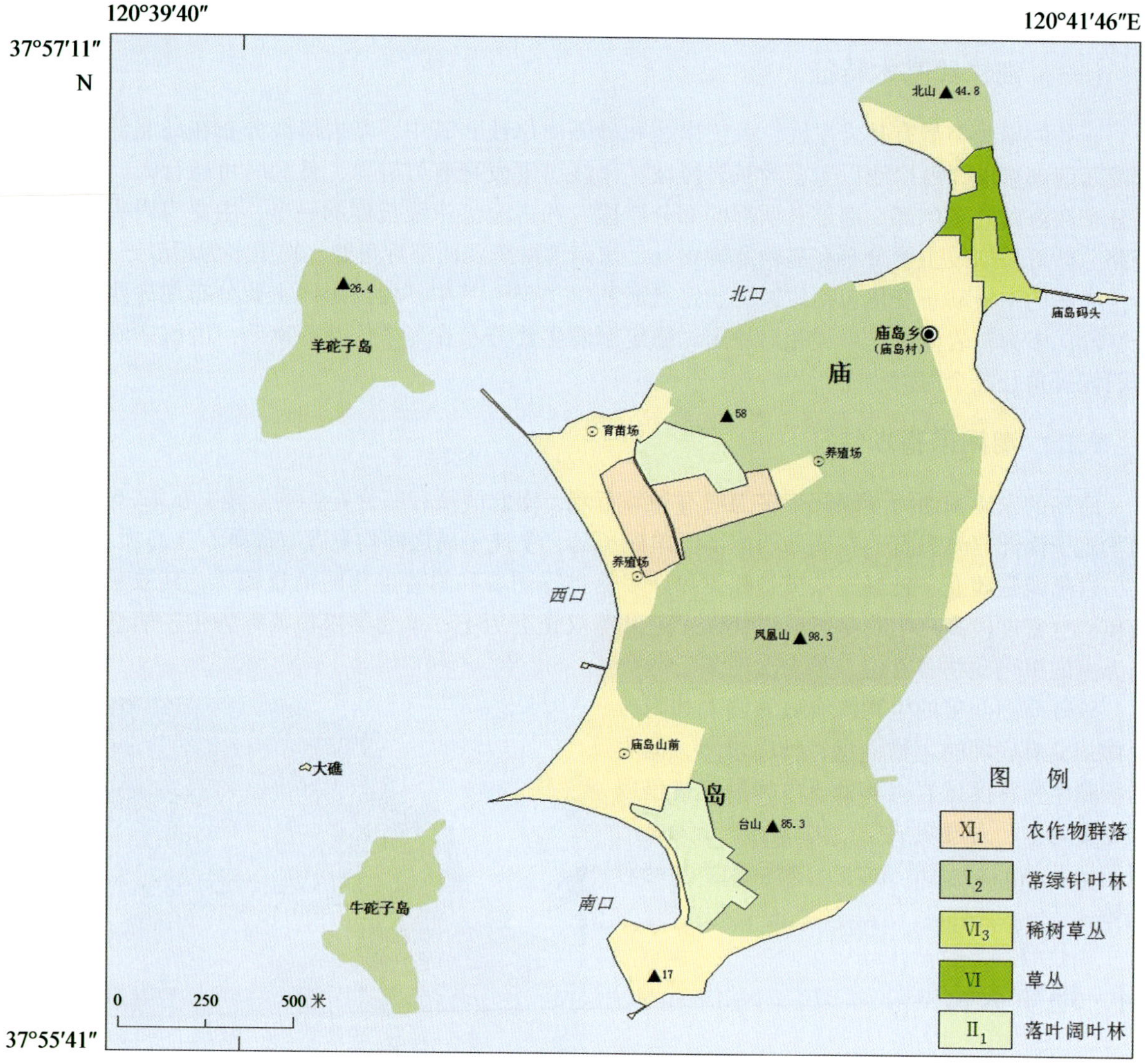

图1-6-13　庙岛植被类型与分布

从植被组成来看，与南长山岛和北长山岛等均无大的差别。林木群落主要为黑松和刺槐，有少量泡桐、榆、臭椿、秋桃等。灌木有紫穗槐、荆条、酸枣、黄叶榴等。草本主要是禾本科、菊科、豆科、鸢尾科、车前科、蔷薇科中的一些温带、暖温带种属。在海岛北部的天后宫院内及附近少数居民家中，栽有无花果树、龙柏、冬青等。农作物主要是小麦、玉米、地瓜、豆类和蔬菜等。

从植物分布上，低丘陵及基岩坡上（有薄层土壤）及沟谷内主要是松、槐林，均为人工栽培，松林为主，槐树林次之，后者主要分在北山、牛坨子、羊坨子等地。沟谷内也以刺槐为主。黄土坡上多为成片的松林地，有少部分农田。

二、海岛土壤

庙岛的土壤主要是棕壤系列中的棕壤类和褐土类。

棕壤类分布在玉皇顶、庙岛山等低丘陵及其基岩坡山，土层较薄，特别是在基岩坡上，一般只有30厘米左右。成土母质为基岩风化壳。薄层土壤之下，经常是风化的碎石，质地粗、多砂砾，蓄水能力低，养分含量少。这类土壤分布区主要用于植林。

褐土类主要分布在黄土坡和黄土台地上，约占土壤总面积的2/3，是本岛的主要土类。成土母质的黄土状堆积物，土层深厚。土壤层次明显，土壤显中性，氮、磷含量较低，阳离子交换以钙、镁、钾、钠为主，土壤质地较重，但不过黏。钙、镁淋洗现象明显，土壤层之下的母质中多富含钙结核。此类土壤肥性好，是庙岛的主要耕种地，特别是蔬菜的种植。由于其分布地势低而平缓，也是居民主要住地。

第七节 海岛资源开发与保护

一、土地资源

据908专项山东省海岛调查资料①，庙岛土地总面积为142.55公顷，主要类型包括旱地、林地、其他草地、农村宅基地、风景名胜设施用地、农村道路用地、港口码头用地、设施农用地、空闲地、裸地（图1-6-14）。其中：旱地7.27公顷、林地93.92公顷、其他草地0.63公顷、农村宅基地15.24公顷、风景名胜设施用地2.02公顷、农村道路用地0.59公顷、港口码头用地0.26公顷、设施农用地18.29公顷、空闲地2.23公顷、裸地1.10公顷。

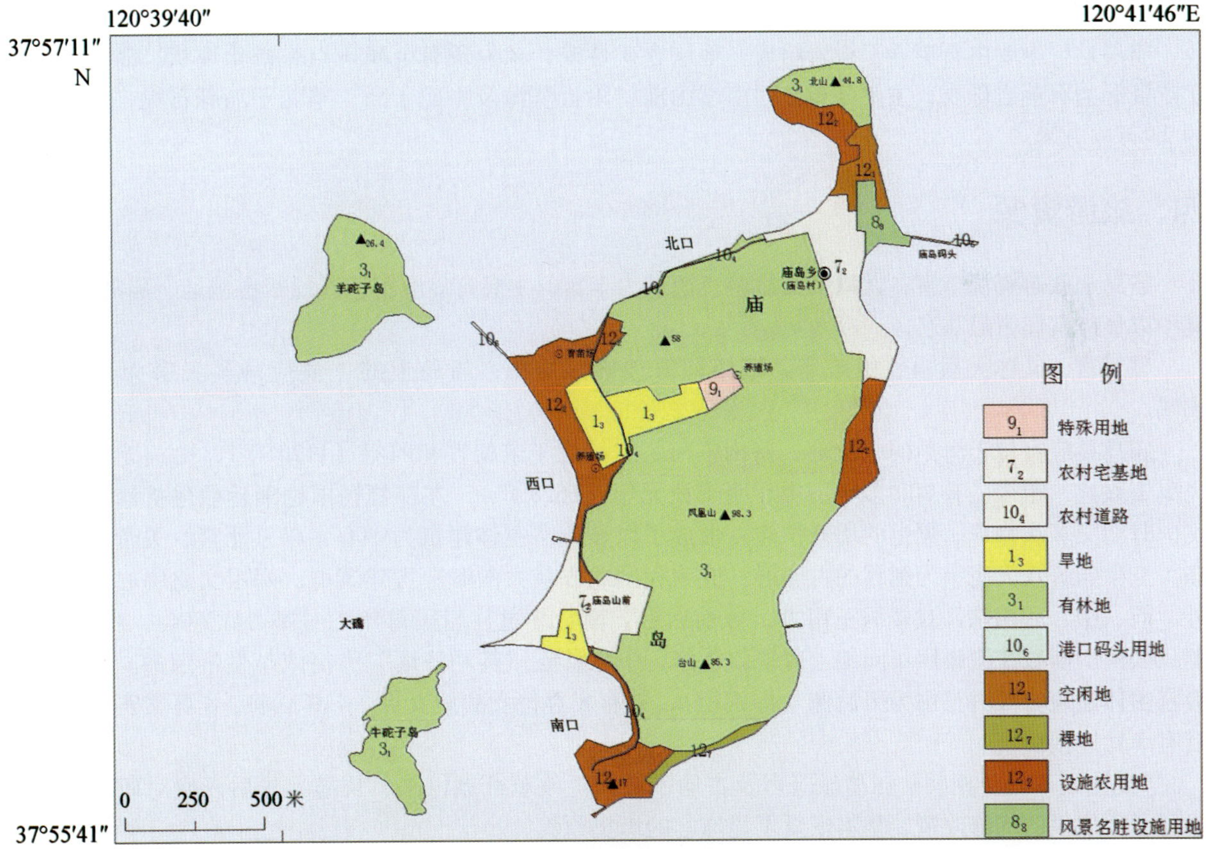

图1-6-14 庙岛土地利用类型及分布

据《山东省长岛县土地资源调查报告》资料②，截至1986年10月，庙岛乡的土地总面积为160.65公顷③，其中有耕地9.77公顷（其中旱地约9.55公顷、菜地约0.21公顷）、园地1.33公顷、

① 中国科学院海洋研究所：山东省海岛（礁）综合调查报告［R］，2010年。

② 长岛县土地资源调查办公室：山东省长岛县土地资源调查报告［R］，1988年，第42~44页。

③ 土地总面积不含其中的滩涂面积33.3公顷，含羊砣子岛、牛砣子岛的土地面积（2个海岛的陆地面积合计约35公顷）。

林地 89.94 公顷（其中有林地约 55.95 公顷、疏林地约 5.58 公顷、未成林造林地约 28.41 公顷）、农村居民点 12.13 公顷、工矿用地 0.47 公顷、特殊用地 1.87 公顷、农村道路用地 1.36 公顷、港口码头用地 0.47 公顷、坑塘水面 0.28 公顷、未利用土地 43.04 公顷（其中荒草地约 22.84 公顷、裸岩石砾约 18.64 公顷、田坎约 1.59 公顷）。

对比两次调查资料可见，实施退耕还林后，岛上耕地面积减少，林地面积相应增加。

二、水资源

大气降水是庙岛地下水唯一来源，它们在松散地层和风化裂隙中，径流从高处流向低处，所以在较平缓松散沉积厚的地带有一定的淡水资源可打井汲水。

据《长岛县水资源调查评价与水利区划报告》资料①，庙岛的多年平均降雨量为 550 毫米，计算平均年降水量为 82.83 万立方米、平均年径流深度为 92 毫米、平均河川年径流量为 1.79 万立方米，多年平均地表水资源量为 11.61 万立方米、地下水资源 1.356 万立方米，浅层地下水多年平均的计算储存量为 6.10 万立方米。

由于海水入侵，部分水井水质咸化。岛上建有平塘 1 座，蓄水 1 万立方米。

三、矿产资源

庙岛地层主要由石英岩、板岩组成，地层含矿性差，未发现有金属矿点或矿化现状。岛上的主要矿产资源为石英岩砾石，主要分布在西南端山前村附近滨海及牛砣子岛、羊砣子岛砾石堤，资源储量约 23 万立方米。

四、旅游资源

庙岛上旅游资源丰富，尤以人文旅游资源最为丰富，主要有显应宫、沙门寨古城址、庙岛古庙址，其中以显应宫庙宇最著名。

显应宫，又称天后宫、娘娘庙，娘娘即海神娘娘妈祖，庙岛上的“显应宫”三字为崇祯皇帝御赐。

庙岛显应宫位于海岛的东北部，傍山临海，它始建于宋朝宣和四年（1122 年），由福建商贾及船民集资兴建，距今已有 800 多年历史。明崇祯元年（1628 年），左都督杨国栋奉旨鼎建扩修。清朝和民国时期又多次修葺。累世的增修扩建，形成了以显应宫主体建筑为中心，以三元宫、关帝庙、龙王庙、玉皇庙等八大庙宇为辅翼的古庙群，成为我国北方最大的海上古建筑群、妈祖文化中心。建筑分外、前、中、后四院，戏楼居正南方，分前后台，南、北过往船民每年七月举办盂兰会，戏班唱戏，船只云集。前殿在清康熙年间绅士曾捐款重修，中堂悬匾“神功济运”为清咸丰皇帝亲书。大殿为显应宫主体建筑，殿内正中为天后像（即妈祖），并有 8 尊侍女和妃女像、4 尊武将、8 尊文官。大殿之后有串廊连接后宫。

“文化大革命”期间，庙岛显应宫及古庙宇被毁。改革开放以来，长岛县先后三次对庙岛显应宫进行了大规模的维修改造，基本恢复了显应宫的历史原貌。

近年，随着我国经济文化交流日益增多，庙岛显应宫作为北方妈祖文化的代表，在南北方及世界文化特别是与韩国、日本的交流中居重要地位。

1985 年庙岛建成了我国第一个县级航海综合博物馆，馆内开设了中国造船史、海运史、航海技术史、海上兵事史和郑和纪念馆、妈祖史迹馆等专题展室，总面积为 500 平方米。收藏展出的文物、典籍、航模、图片千余件。船模馆是航海博物馆主体部分，馆内有历代各地的船模，工艺精细，造型逼

① 长岛县水利局：长岛县水资源调查评价与水利区划报告［R］，1986 年，第 10～24 页。

真，代表了我国篷帆时代特点，凝聚了木帆船造船业的精华。该博物馆制作的仿古帆船，在 2009 年 “首届中国北方旅游产品大赛” 获金奖。

五、港口、航道资源

除前述的庙岛塘外，该岛还有几个海湾，都可作为锚地。北口湾，位于庙岛西北部与羊砣子岛之间。湾口向西北，砂砾滩岸，滩长 1300 米，水深 4 米左右，软泥底质，可避东、南风。西口湾，位于庙岛西侧，羊砣子岛与牛砣子岛之间。湾口向西，距岸 100 米，水深 3 米左右，砂砾岸滩；滩长 1550 米，湾口中南部有岩礁，可避偏东诸风。南口湾，位于庙岛山前村南。该口由庙岛南端岬角与牛砣子岛连成凹形湾，口向朝南，东西长 500 米，砂砾滩岸。退潮干出 100 米，2 米等深线距岸 200 米，口外水深 3～5 米。泥沙底质，可避偏北诸风。庙岛锚地，位于庙岛与小黑山岛之间，长宽各 1100 米，水深 5～10 米，周围分别有北长山岛、螳螂岛、小黑山岛、庙岛环围，可避偏东风，泥沙底质。

六、可再生能源

庙岛的可再生资源主要为风能和太阳能。目前岛上的太阳能利用，主要方式为太阳能热水器。

七、生物资源

（一）陆生生物资源

庙岛未发现特殊的陆生生物资源，动植物资源基本状况与周围各岛相似，可参见南长山岛等相关部分。

（二）潮间带及近岸海域海洋生物资源

据 908 专项山东省海岛调查资料，庙岛潮间带大型底栖生物种类共有 27 种：多毛类 5 种、软体动物 11 种、甲壳动物 6 种、其他类群 3 种、藻类 2 种。优势种为多毛类的红角沙蚕（*Ceratonereis erythraeensis*）、须鳃虫（*Cirriformia tentaculata*）、多齿围沙蚕（*Perinereis nuntia*）；甲壳动物的绒螯近方蟹（*Hemigrapsus penicllatus*）；软体动物的古氏滩栖螺（*Batillaria cumingi*）、异白樱蛤（*Macoma incongura*）、秀丽织纹螺、菲律宾蛤仔等。生物栖息密度为每平方米 702.67 个，其中多毛类 426 个/米^2、软体动物为 105.33 个/米^2、甲壳动物为 166.67 个/米^2、其他类群为 4.67 个/米^2，可见以多毛类为主，主要是该岛的高、中、低潮带都采到了大量的红角沙蚕所致，该种在中、低潮带的密度分别达到 446 个/米^2、264 个/米^2。

庙岛潮间带大型底栖生物的生物量为 1189.67 克/米^2，其中，多毛类为 11.90 克/米^2、软体动物为 154.10 克/米^2、甲壳动物为 8.85 克/米^2、其他类群为 4.49 克/米^2、藻类为 1010.33 克/米^2，可见生物量主要由藻类组成。

八、海岛生态保护

岛上虽未见有珍稀、濒危生物物种的报道，但岛上民众一直注重生态保护工作，特别是海岛绿化、护林爱鸟，人工种植树木历史悠久。清光绪五年（1879 年），响应官府号召开始植树造林。经过长期的植树造林和实施退耕还林，海岛林木茂盛，生态环境良好。

同时，庙岛是长岛国家级自然保护区的重要组成部分，该保护区属野生动物自然保护区类型，1982 年经山东省人民政府批准建立，1988 年晋升为国家级，主要保护对象为鹰、隼等猛禽及候鸟栖息地。岛上乡村制定有护林爱鸟乡规民约，每年 9—10 月开展“爱鸟月”活动，护林爱鸟成为行为的准则、文明的标志。

第七章　其他海岛(礁)

第一节　大黑山岛周围海岛

大黑山岛近岸海域海岛主要有南砣子岛、鱼鳞岛、大门顶（大母猪礁）、双棒石等。

一、南砣子岛

（一）概况

南砣子岛（Nántuózi Dǎo）代码为370634002821。

南砣子岛位于庙岛群岛西南部，大黑山岛的东南侧海域。呈长条形，北西西—南东东向展布，两端宽大，中部狭窄。岛体长约860米，最宽处约400米，海岛面积为0.1854平方千米，海岛岸线长约3.20千米，最高点高程为15.1米，地理坐标为北纬37°56.3′、东经120°37.4′。北距大黑山岛最近点约550米，东距庙岛最近点约4千米，南距大陆的蓬莱角15.4千米。行政上属山东省烟台市长岛县黑山乡，岛上无常住居民。

南砣子岛属基岩海岛。在《山东省海岛志》的海岛名录一览表中，省序号为“112”、地市序号为“烟台23”；在《中国海洋岛屿简况》① 中，全国统一编号为“0675”、省编号为“0082”。东部发育有2条弧形水下沙坝，分别与大黑山岛、鱼鳞岛相连。

图1-7-1　南砣子岛遥感影像

（二）自然环境条件

南砣子岛体地势平缓，两端略高，岛上出露地层仍为辅子夼组，岩石类型为石英岩，岩层向东倾斜。该岛南北两侧海岸多为砂砾，东西两端多为礁，北侧东端向北伸出一尖角，尖角下有砂砾浅滩延伸并连接大黑山岛，西南端亦有砂砾浅滩向南延伸并连接大黑山岛，西南端亦有砂砾浅滩向南延伸连接鱼鳞岛，低潮时通过砾石坝与其相连，这种特殊的地理形势，在庙岛群岛中不多见。这些水下沙坝在一定程度上阻挡了大风浪，使得海岛周边海域更适宜船只抛锚停泊。

南砣子岛上的土壤属褐土类型，厚度一般为0.5～1.0米。植被覆盖率为60%，植被有木本和草本，木本植物有成年黑松40～50棵，幼松几百棵，均为人工栽种。岛上无地下淡水资源。

① 中国人民解放军海军司令部航海保证部：中国海洋岛屿简况，1980年。

图 1-7-2 远眺南砣子岛全貌

(三) 海岛资源开发与保护

南砣子岛陆域狭小，资源匮乏，自然生长树木很少，经长期的人工种植，岛上植被覆盖较好，岛体、岛岸和岛周海域，基本保持原生态状态。

因该岛与大黑山岛毗连，为了增加海岛蝮蛇资源，20 世纪 90 年代曾设想在南砣子岛进行蝮蛇养殖，即以大黑山岛为采蛇基地、南砣子岛为养蛇场，并在岛上建造了简易蓄水池，雨天存自然雨水，供蛇类饮用。

现岛周海域多为增养殖区，北岸海湾内建有海珍品养殖池塘，岛上建有养殖厂房。

二、鱼鳞岛

(一) 概况

鱼鳞岛（Yúlín Dǎo）代码为 370634003021。

鱼鳞岛位于庙岛群岛西南部、南砣子岛的东南侧海域。岛呈卵形，北北西—南南东向展布，长约 170 米，最宽处约 100 米，海岛面积为 0.0147 平方千米，海岛岸线长为 0.55 千米。最高点位于中部，高程为 19.5 米，地理坐标为北纬 37°55.9′、东经 120°37.7′（图 1-7-3）。南距大陆的蓬莱角约 14.8 千米，北距南砣子岛约 500 米，东距庙岛最近点约 3.9 千米。行政上隶属于山东省烟台市长岛县黑山乡，岛上无常住居民。

图 1-7-3 鱼鳞岛遥感影像

海岛因潮间带多为石英岩卵石滩，在阳光下似鱼鳞闪闪发光而得名。在《山东省海岛志》的海岛名录一览表中，省序号为“113”、地市序号为“烟台 24”；在《中国海洋岛屿简况》[①] 中，全国统一编号为“0676”、省编号为“0083”。

(二) 自然环境条件

鱼鳞岛属基岩岛，地势中部略高，北部低平。西侧海岸多为岩礁，东侧为砂砾，南北两端分别有

① 中国人民解放军海军司令部航海保证部：中国海洋岛屿简况，1980 年。

图 1-7-4　远眺鱼鳞岛

砾石浅滩延伸，向北连接南砣子岛。岛上地层为上元古界蓬莱群铺子夼组，岩石类型为石英岩。岛上土壤为褐土，植被覆盖率为 40%，为草本植物。岛上无地下淡水资源。

在鱼鳞岛东南 100 米处，有一个浅滩，俗称玉南江长滩，长 1.8 千米，宽约 0.5 千米，砂砾质底质。该浅滩有与其他海域不同的生态环境。

（三）海岛资源开发与保护

长岛县为开发风能资源，发展风力发电业，县政府制定了中长期风力发电发展规划，在鱼鳞岛上建造有 1 座测风塔。并规划在附近海域建设“百万千瓦海上风电场”，2008 年 3 月，长岛海上风电发展规划通过了专家评估。长岛县先后与山东三融、大唐、华能、华电国际等签订 120 万千瓦海上风电开发协议，4.8 万千瓦海上风电一期示范项目由山东三融公司投资。2008 年 6 月，开始在该海上风电场示范项目进行海洋地质钻探工作。

三、大门礁

大门礁（Dàmén Jiāo）代码为 370634004021。

大门礁位于大黑山岛船旺村东侧海域，海岛面积为 0.0061 平方千米，海岛岸线长为 0.34 千米。最高点高程为 1.6 米，地理坐标为北纬 37°57.1′、东经 120°37.8′。距大黑山岛最近约 300 米，西南侧有一水下沙坝与大黑山岛相连。在行政上隶属于山东省烟台市长岛县黑山乡。

大门礁原名大母猪礁。相对于小门礁而得名。在《全国海岛名称与代码》、《山东省海岛志》、《中国海洋岛屿简况》① 和《中国海域地名志》② 等均未收录该岛，但在《中国海域地名图集》和有关海图、地形图上均有标识，在《长岛县志》中作为明礁列表记录。

该岛属岩礁上的残丘，由元古界蓬莱群辅子夼组石英岩构成。岛上无土壤，无植被，无地下水资源。岛周多为岩礁，海域海水水质良好，浮游生物种类繁多，适合于刺参、盘鲍等生长，现多为增养殖区。

第二节　庙岛周边海岛

庙岛岛近岸海域海岛主要有羊砣子岛、牛砣子岛和大礁等。

一、羊砣子岛

（一）概况

羊砣子岛（Yángtuózi Dǎo）代码为 370634002721。

① 中国人民解放军海军司令部航海保证部：中国海洋岛屿简况，1980 年。
② 中国地名委员会：中国海域地名志，1989 年。

羊砣子岛位于庙岛西南侧海域，岛呈近长方形，南北走向，长550米，最宽处350米。海岛面积为0.1042平方千米，海岛岸线长约1.51千米。最高点高程为26.4米，地理坐标为北纬37°56.7′、东经120°40.1′（图1-7-5和图1-7-6）。南距大陆的蓬莱角约13.9千米，北距挡浪岛最近点约3.2千米，东距庙岛最近点约230米，西距大黑山岛最近点约3.94千米。行政上隶属于山东省烟台市长岛县北长山乡（庙岛村），岛上无常住居民。

海图上名羊砣子，名称来历不详。在《山东省海岛志》的海岛名录一览表中，省序号为“121”、地市序号为“烟台32”；在《中国海洋岛屿简况》① 中，其全国统一编号为“0684”、省编号为“0091”。

图1-7-5 羊砣子岛遥感影像

图1-7-6 羊砣子岛全貌

（拍摄于2009年10月3日，拍摄点地理坐标为37°57.33′N、120°40.31′E）

羊砣子岛东部中段有一突出尖角砂砾石堆积体，尖角下有砂砾质浅滩（水下沙坝）向东延伸与庙岛相连，低潮时可行走上岛。

（二）自然环境条件

羊砣子岛为基岩海岛，属剥蚀侵蚀岛丘，地势北高南低，岛周多基岩裸露，出露基岩为上元古界蓬莱群铺子夼组地层，主要岩性为石英岩。岛上有少量土壤，植被覆盖率为50%。无地下淡水资源。

海岛的南、北部海岸多为海蚀崖、岩礁，东西两侧为砾石滩。羊砣子岛与庙岛、牛砣子岛组成了西口湾，羊砣子与庙岛北部北山环绕形成了北口湾。西口湾的湾口向西，湾内海底为砂砾石；北口湾的湾口朝向西北，湾内海底为砾石砂。2个海湾的水深均较浅。

（三）海岛资源开发与保护

羊砣子岛陆域面积狭小，自然生长树木很少，经长期的人工种植，岛上植被覆盖较好。2010年6月现场调研，岛体、岛岸和岛周海域，基本保持原生态状态。

羊砣子岛近岸海域，有刺参和牡蛎等海珍品生长。现多为增养殖区。在海岛西岸中部海湾内，建有海珍品养殖池塘，近岸建有养殖厂房。

① 中国人民解放军海军司令部航海保证部：中国海洋岛屿简况，1980年。

图 1-7-7　牛砣子岛遥感影像

二、牛砣子岛

（一）概况

牛砣子岛（Niútuózi Dǎo）代码为370634003121。

牛砣子岛位于庙岛群岛南部、庙岛南端西侧海域，岛呈近似弧形，南北走向，南部狭窄，北部较宽。岛体长约 500 米，最宽处约 200 米。海岛面积为 0.0665 平方千米，海岛岸线长约 1.50 千米，最高点位于中部偏西，高程为 26.4 米，地理坐标为北纬 37°55.8′、东经 120°40.2′（图 1-7-7）。南距大陆最近点蓬莱角约 12.4 千米，北距羊砣子岛最近点约 1.1 千米，东距庙岛最近点约 200 米。行政上隶属于山东省烟台市长岛县北长山乡（庙岛村），岛上无常住居民。

图 1-7-8　牛砣子岛全貌

（拍摄于 2010 年 6 月 9 日，拍摄点地理坐标为 37°56′01.81″N、120°40′25.36″E）

该岛在《山东省海岛志》的海岛名录一览表中，省序号为“123”、地市序号为“烟台 34”；在《中国海洋岛屿简况》[①] 中，全国统一编号为“0686”、省编号为“0093”。

牛砣子岛与庙岛之间有一水下沙坝连接，低潮时该连岛沙坝出露与庙岛相连。在中部偏西低丘陵山顶上有灯塔一座。该灯塔为圆形白色石塔，地理坐标为北纬 37°55′52.2″、东经 120°40′00.0″。灯塔建造于 1957 年，灯塔高 5 米，灯高 32.4 米，射程 6 海里。有人定期维护。

（二）自然环境条件

牛砣子岛地势北高南低，出露的基岩为上元古界蓬莱群铺子夼组地层，岩性以石英岩为主。岛上土壤面积小，且土壤层较薄，土壤为褐土类。植被覆盖率为 55%，无地下水资源。

牛砣子岛四周海岸，特别是北部和南部海岸均为岩礁，东部有砂砾浅滩。该砂砾浅滩东北向延伸连接庙岛因而形成一个小的海湾，在湾东侧马头嘴有一小的码头。在岛北侧海域有一海岛，名大礁，退潮时与牛砣子岛相连。

（三）海岛资源开发与保护

牛砣子岛陆域面积狭小，自然生长树木很少，经长期的人工种植，岛上植被覆盖较好。2010 年 6 月现场调研，岛体、岛岸和岛周海域，基本保持原生态状态。

牛砣子岛近岸海域，有刺参和牡蛎等海珍品生长，现多为增养殖区。在海岛北部与大礁之间建有海珍品养殖池塘，岛上建有养殖厂房。

① 中国人民解放军海军司令部航海保证部：中国海洋岛屿简况，1980 年。

三、大礁

（一）概况

大礁（Dà Jiāo）代码为370634004131。

大礁位于庙岛西南、牛砣子岛北侧海域，海岛面积为0.0003平方千米，海岛岸线长约0.07千米。最高点高程为1.9米，地理坐标为北纬37°56.1′、东经120°40.1′。南隔牛砣子岛距大陆蓬莱头约13.2千米，与牛砣子岛相距约260米，东距庙岛470米。行政上隶属于山东省烟台市长岛县北长山乡，岛上无常住居民。

该岛属岩礁上的残丘，在《全国海岛名称与代码》、《山东省海岛志》、《中国海洋岛屿简况》① 和《中国海域地名志》② 等均未收录该岛，但在《中国海域地名图集》③ 和有关海图、地形图上均有标识，在《长岛县志》中作为明礁列表记录。

大礁向东南突出一个岬角，由沙、砾石组成的浅滩，与牛砣子岛相连，砾石滩上现已人工修建了育苗池，低潮时沿养殖池堤坝可徒步登岛。

图1-7-9 大礁基本状况

左上图：大礁岛遥感影像；右上图：远眺大礁全貌；左下图：大礁周边海蚀平台；右下图：大礁顶部养殖看护房

① 中国人民解放军海军司令部航海保证部：中国海洋岛屿简况，1980年。

② 中国地名委员会：中国海域地名志，1989年。

③ 中国地名委员会、国家测绘局：中国海域地名图集，1991年。

（二）自然环境条件

大礁属基岩岛，整个岛礁高出海面部分均由大块岩石组成，地层属上元古界蓬莱群辅子夼组，组成物质为石英岩，无土壤，无植被。顶部岩石柱状节理比较发育，周围岩礁呈单斜构造，岩层倾向北西，东南侧的岩滩平坦广阔，高潮时被海水淹没。环岛礁周围的近岸海底沉积物主要由砂砾组成，再向外侧过渡为黏土质粉砂。

（三）海岛资源开发与保护

大礁面积狭小，基岩裸露，岛上无土壤、无植被、无地下淡水资源。

岛周海域海水水质、底质状况良好，浮游生物种类繁多，适合于刺参、盘鲍等生长，现多为增养殖区。

大礁与牛砣子岛之间建有海珍品养殖池塘。在大礁的顶部已修建有一个简易房屋，用于看管周围养殖和育苗池。

第三节　犁犋把岛

一、概况

图 1-7-10　犁犋把岛遥感影像

犁犋把岛（Líjùbǎ Dǎo）代码为370634002121。

犁犋把岛位于小黑山岛的东北侧海域，岛似长方形，北宽南窄，西北—东南走向，岛体长190米，最宽处约80米。海岛面积为0.0150平方千米，海岛岸线长约0.58千米，最高点位于中部，高程为22.4米，地理坐标为北纬37°58.8′、东经120°39.2′（图1-7-10）。南距大陆的蓬莱角约18.2千米，东距螳螂岛最近点约1.7千米，西距大黑山岛最近点约400米。在行政上隶属于山东省烟台市长岛县黑山乡（小黑山村）。

因远看海岛像一牲口拉犁耕地，故名。海图上也标注为“吕家坝子”。在《中国海洋岛屿简况》[1]中名为“来家坝子”。在《山东省海岛志》的海岛名录一览表中，省序号为“115”、地市序号为“烟台26”；在《中国海洋岛屿简况》中，全国统一编号为“0678”、省编号为“0085”。

在犁犋把岛上设有灯塔，地理坐标为北纬37°58′50.6″、东经120°39′00.8″。该灯塔为白色圆柱形石塔，始建于1957年，1976年改建，现塔高5米，灯高25.6米，射程6海里。

二、自然环境条件

犁犋把岛系由石英岩构成的基岩海岛，地势北高南低，多基岩裸露。出露的基岩地层主要为新元

① 中国人民解放军海军司令部航海保证部：中国海洋岛屿简况，1980年。

古代辅子夼组，以石英岩为主，夹少量紫红色板岩，岩层向南倾斜，倾角小于10°。海岛的西南部坡地上有薄层土壤，生长着草本植被，植被覆盖率为35%，无树木生长。岛上无地下淡水资源。

图 1-7-11 远眺犁犋把岛现状

（拍摄于2009年10月3日，拍摄点地理坐标为37°58.93′N、120°39.30′E）

该岛四周海岸多为海蚀崖，受岩层倾向控制和海洋动力条件差异影响，海岛西南岸海蚀崖较和缓（部分为岩石陡坡）；东北海岸海蚀崖都为悬崖，崖下崩塌堆积常见，在灯塔附近发育有倒石堆（图1-7-12）。

犁犋把岛周海蚀平台发育不典型，岛周海域多岩礁，在北端近岸分布海蚀柱。该海蚀柱，高21米，直径约5米，形似宝塔（图1-7-13），因而得名宝塔礁，为极有观赏价值的自然景观。

图 1-7-12 犁犋把岛东北岸海蚀悬崖及崖下倒石堆

（拍摄于2010年6月9日，拍摄点地理坐标为37°58′52.64″N，120°39′16.91″E）

三、海岛资源开发与保护

犁犋把岛主要的资源为自然景观资源，其他资源岛上匮乏，2009年10月现场调查时，其岛体、岛岸和岛周海域，基本保持原生态状态。

海岛北端的“宝塔礁”海蚀柱，其状巍然，有“突兀压四海之气迫，峥嵘如鬼工之神韵”，为极具观赏价值的自然景观，早已成为长岛的著名景观之一。《登州府志（增修）》记载：“……岛外一石，突兀波中，酷肖浮屠，为舟行出入门户，名宝塔门”(山东省长岛县志编纂委员会，1990)。宝塔礁是大自然的神来之笔，不仅是长岛海上奇景之一，而且还是宝塔门航道的天然航标。尤其在风帆时代，它是船只进出庙岛塘的导航标志，是长岛人心中神圣的宝物。如今，它是长岛海上奇礁异石的代表，多次作为“旅游使者”被搬上荧屏、印上画册，吸引了四方游人来此游览。1985年，长岛首次开辟的海上旅游航线，宝塔礁为重要的一站。2005年，长山列岛国家地质公园获批后，宝塔礁为该国家地质公园主要景点一。

图 1-7-13 犁犋把岛北端“宝塔礁”海蚀柱

（拍摄于2009年10月3日，拍摄点地理坐标为37°58.89′N、120°39.44′E）

宝塔礁由石英岩、页岩和千枚岩交互叠压而成，层次分明，纹理清晰，自上而下一条条横绕的纹路将塔分成几十层，裂隙竖垂的岩线，又将每一层次都割裂成数段，仿佛这塔并不是严密的整体，而是一个由大小不等、形状不同的石块堆砌而成的松散的建筑。

亲临宝塔礁，可以领略水光塔影的妙景，观日出、日落则更为壮观。

清晨，置身于庙岛塘外，看着一轮红日跳出海面，好似贴着塔身冉冉升起。特别是当灿烂的朝阳跃上塔尖的时候，整个宝塔笼罩在一片红光之中，仿佛披上了偌大的一块红绸，这就是常为人们所称道的“浮屠映辉”。

傍晚，来到庙岛塘内，看那落日由浮云托捧着徐徐落下，特别是当火红的落日恰置塔顶，宝塔礁立时被红辉笼罩，亲临者会看到浮屠映辉、宝塔顶珠的壮美景观。当落日恰置塔身缺口处时，仿佛是一棵赤珠嵌进塔身，红珠烧红了塔身，霞霓辉映着碧海，这就是长岛十景之一的“宝塔含珠”景观。

第四节　烧饼岛

一、概况

烧饼岛（Shāobing Dǎo）代码为370634002621。

图 1-7-14　烧饼岛遥感影像

烧饼岛位于庙岛群岛南部的庙岛塘内，岛形近似于圆形，长约140米，宽约130米。海岛面积为0.0175平方千米，海岛岸线长0.56千米。最高点位于中部，高程为19.6米，地理坐标为北纬37°57.5′、东经120°41.1′（图1-7-14）。南隔庙岛距大陆的蓬莱角约14.9千米、距庙岛最近点约750米，东北距北长山岛约1.5千米，西距小黑山岛最近点约3.2千米、大黑山岛最近点约5.2千米。行政上隶属于山东省烟台市长岛县北长山乡（庙岛村），岛上无常住居民。

因岛形看像烧饼（图1-7-15），故叫烧饼岛；又因岛小、地势平坦，故又叫小平岛。在《山东省海岛志》的海岛名录一览表中，省序号为“120”、地市序号为“烟台31”；在《中国海洋岛屿简况》[①] 中，全国统一编号为“0683”、省编号为“0090”。

图 1-7-15　远眺烧饼岛全貌

（拍摄于2009年10月3日，拍摄点地理坐标为37°56.89′N、120°42.57′E）

二、自然环境条件

烧饼岛上出露的地层为辅子夼组，主要由石英岩组成。岛体为一低矮山丘，中间高，四周低。周围海岸多为海蚀崖，西北角有岩礁带向北延伸，东南角有沙嘴向南延伸，沙嘴是强浪向产物。岛上有少量土壤。植被覆盖率为40%，以草本为主，岛顶有芙蓉树生长，无地下淡水资源。

① 中国人民解放军海军司令部航海保证部：中国海洋岛屿简况，1980年。

三、海岛资源开发与保护

据《山东省长岛县土地资源调查报告》资料①，1986 年 10 月时烧饼岛的总土地面积②为 1.63 公顷，均为未利用土地，其中荒草地面积 0.99 公顷、裸岩石砾 0.64 公顷。

第五节 螳螂岛

一、概况

螳螂岛（Tánglánɡ Dǎo）代码为 370634002221。

螳螂岛位于庙岛北侧海域，南北长 970 米，东西最宽处 250 米。海岛面积为 0.1653 平方千米，海岛岸线长约 2.31 千米。最高点位于海岛北部，高程为 54.7 米，地理坐标为北纬 37°58.7′、东经 120°40.5′（图 1-7-16）。南隔庙岛距大陆的蓬莱角约 16.9 千米，东距北长山岛最近点约 860 米，西距小黑山岛最近点约 1.8 千米，西北距挡浪岛最近点约 700 米。行政上隶属于山东省烟台市长岛县北长山乡，岛上无常住居民。

图 1-7-16 螳螂岛遥感影像

① 长岛县土地资源调查办公室：山东省长岛县土地资源调查报告［R］，1988 年，第 50～51 页。

② 土地总面积不包含其中的滩涂 15 亩。

因岛呈长条状，俯视似螳螂（图 1-7-17），因而得名。在《山东省海岛志》的海岛名录一览表中，省序号为“119”、地市序号为“烟台 30”；在《中国海洋岛屿简况》[①] 中，全国统一编号为“0682”、省编号为“0089”。

图 1-7-17　远眺螳螂岛全貌

（拍摄于 2009 年 10 月 3 日，拍摄点地理坐标为 37°59.30′N、120°41.35′E）

螳螂岛上人类活动历史悠久，在海岛南部有一古遗址，即螳螂岛遗址。该遗址面积 1000 平方米，属新石器时期和汉朝时期的古文化遗址。

二、自然环境条件

螳螂岛的地势是北高南低，在地貌上属侵蚀剥蚀的残丘（岛丘），在海岛南部有少许平地，在岛的东北部发育有倒石堆。岛上出露的基岩为辅子夼组地层，主要岩性为厚层状石英岩。

岛上土壤层主要分布在海岛的南部，土壤类型为褐土。岛上植被覆盖率为 40%，有人工栽培少量黑松。

岛上有少量地下水资源，短期饮水问题可解决。

海岛北部海岸多砾石滩，西北角有岩礁带与南香炉礁连接。南部海岸多砂砾，并有一砾石嘴向东南延伸。海岸线类型主要为基岩岸线和砂质岸线，基岩岸线主要分布在西侧、西南侧及东北侧，长度占整个岸线长度的 2/3；砂质岸线主要分布在岛东南岸段的海湾中，主要为粗砂和贝壳组成。

螳螂岛北部与挡浪岛之间为螳螂水道，是庙岛岛群众多水道之一。该水道东北—西南走向，长 1 千米，宽 0.75 千米。主航道水深 20～28 米，泥沙底质。

三、海岛资源开发与保护

据 908 专项山东省海岛调查资料，螳螂岛土地总面积为 16.53 公顷，其中有林地 4.49 公顷、其他草地面积 5.30 公顷、裸地 6.74 公顷。

在海岛南部砾石嘴的根部有房屋一间，可供渔民季节性临时居住。

① 中国人民解放军海军司令部航海保证部：中国海洋岛屿简况，1980 年。

螳螂岛的厚层石英岩，质纯，质地硬而脆，碰撞冒火，耐蚀耐磨，所以又称燧石。其颜色多乳白、米黄、玫瑰等色。燧石加工，可做磨光机的衬里，也宜做建筑材料，曾销往日本、新加坡等国。

螳螂岛附近海域有奇礁异洞和众多的干出礁，鱼类、贝类、甲壳类资源丰富。同时，该岛地处庙岛群岛省级海豹自然保护区①的核心区中南部，是国家二级保护动物太平洋斑海豹主要的越冬繁殖，经常见到斑海豹在该岛及附近海岛上栖息。该自然保护区的具体情况，参见马枪石岛的相关部分。

根据长岛县规划，将对螳螂岛实施整体开发建设，拟投资 3.6 亿元将螳螂岛建设为国际会议旅游度假中心。该项目由长岛长琳投资开发有限公司开发建设，分别建设生态景观、娱乐景观、产权式酒店、度假和海港功能核心区域五个部分，并运用海水淡化、风能、太阳能、水源热泵等一系列高新技术。项目总用地面积 175 857 平方米，总建筑面积 49 800 平方米，平均层数 2 ~ 3 层，产权式酒店面积 48 000 平方米，公共建筑 1800 平方米②。

第六节　蝎㞘岛

一、概况

蝎㞘岛（Xiēdū Dǎo）代码为 370634002021。

蝎㞘岛位于北长山岛北部的西侧海域，挡浪岛与螳螂岛之间。岛平面呈近半圆形，南北走向，长约 100 米，最宽处约 45 米。海岛面积为 0.0042 平方千米，海岛岸线长 0.30 千米。最高点位于中部偏东，高程为 9.8 米，地理坐标为北纬 37°59.1′、东经 120°40.0′（图 1-7-18 和图 1-7-19）。南距大陆的蓬莱角约 18.1 千米，东距北长山岛最近点约 1.3 千米，东南距挡浪岛 0.5 千米，北距挡浪岛 70 米。行政上隶属于山东省烟台市长岛县北长山乡，岛上无常住居民。

图 1-7-18　蝎㞘岛遥感影像

① 中国人民解放军海军司令部航海保证部：中国海洋岛屿简况，1980 年。

② 北长山乡人民政府，螳螂岛国际会议旅游度假中心项目简介，http//bcx. changdao. yatai. gov. cn/index_ show. jsp? id =2365。

因海岛平面上犹如蝎子尾部翘起的毒刺，因而得名。又名蝎子肚。在《山东省海岛志》的海岛名录一览表中，省序号为“118”、地市序号为“烟台 29”；在《中国海洋岛屿简况》[①] 中，全国统一编号为“0681”、省编号为“0088”。在《全国海岛名称与代码》中为“蝎际岛”，但在《长岛县志》、《山东省海岛志》、《中国海域地名志》[②] 等均为“蝎冢岛”。

图 1-7-19 远眺蝎冢岛全貌

（拍摄于 2009 年 10 月 3 日，拍摄点地理坐标为 37°58. 97′N、120°40. 19′E）

二、自然环境条件

蝎冢岛的地势东高西低，岛上出露的基岩为新元古代辅子夼组地层，由厚层纯质石英岩组成，岩层向西北倾斜，倾角 10°。无地下淡水资源。

该岛海岸东侧平直，中段为海蚀崖。西侧呈弧形。

海岛北段发育有卵石滩、坝，低潮时该岛与挡浪岛之间的砾石坝露出，可行走。海岛南段多岩礁。

岛周海域多礁石，东部在珍珠门水道边上有一礁石——南香炉礁，低潮时干出，礁石上修建有灯桩。

三、海岛资源开发与保护

该岛面积狭小，岛上多基岩裸露，植被稀疏，无淡水，自然资源匮乏。2009 年 10 月，现场调研结果，其岛体及周边海域保持原生态状态。

该岛地处庙岛群岛省级海豹自然保护区的核心区中南部，是国家二级保护动物太平洋斑海豹主要的越冬繁殖，经常见到斑海豹在该岛及附近海岛上栖息。该自然保护区的具体情况，参见马枪石岛的相关部分。

第七节　挡浪岛

一、概况

挡浪岛（Dǎnglàng Dǎo）代码为 370634001921。

挡浪岛位于庙岛群岛南部偏北、北长山岛西侧海域，岛呈不规则蟹钳形，南北长 0. 5 千米，东西宽 0. 4 千米。海岛面积为 0. 1323 平方千米，海岛岸线长约 2. 72 千米。最高点位于南部，高程为 35. 9 米，地理坐标为北纬 37°59. 2′、东经 120°39. 9′（图 1-7-20）。南距大陆的蓬莱角约 18. 3 千米，东距北

① 中国人民解放军海军司令部航海保证部：中国海洋岛屿简况，1980 年。

② 中国地名委员会：中国海域地名志，1989 年。

图 1-7-20 挡浪岛遥感影像

长山岛最近点约 1.1 千米，西南距小黑山岛最近点约 1.5 千米。行政上隶属于山东省烟台市长岛县北长山乡，岛上无常住居民。

因位于珍珠门水道和宝塔门水道之间，能阻挡北来的大浪而得名。有标注为“打连岛”，《中国海洋岛屿简况》[1]也标名为“打连岛”。在《山东省海岛志》的海岛名录一览表中，省序号为“117”、地市序号为“烟台 28”；在《中国海洋岛屿简况》[2]中，全国统一编号为“0681”、省编号为“0087”。

在挡浪岛的西南部有一遗址，即挡浪岛遗址。该遗址面积为 130 平方米，为商朝至汉朝时期的古文化遗址（山东省长岛县志编纂委员会，1990），说明很早以前挡浪岛上就曾有人类活动。

另外，在挡浪岛的东端有灯桩一座。

图 1-7-21 远眺挡浪岛全貌

（拍摄于 2009 年 10 月 3 日，拍摄点地理坐标为 37°59. 30′N、120°41. 34′E）

二、自然环境条件

挡浪岛的南、北、东三端为三座低矮山丘，山丘间有少许平地。岛上出露基岩为新元古代蓬莱群辅子夼组地层，岩性为石英岩夹少量紫红色板岩组成，岩层向西北倾斜，倾角 10°。

土壤为褐土，杂草丛生，植被覆盖率为 40%。无地下淡水资源。

岛周海岸多为砾石滩，滩外多礁，南端有一砂砾浅滩向东南延伸连接蝎孱岛，北端有一向东北方向延伸的砾石滩。该砾石滩是以岩礁为基础发育形成，长约 400 米、宽约 70 米，高潮淹没、低潮干出，具有沙坝性质。

①② 中国人民解放军海军司令部航海保证部：中国海洋岛屿简况，1980 年。

三、海岛资源开发与保护

挡浪岛在观望自然景观上，地理位置优越，它北眺北长山水道、高山岛、砣矶岛，东靠珍珠门水道和九丈崖、月牙湾风景区，西临宝塔礁、九爪山风景区。

同时，由于海岸蜿蜒多曲，水下岩礁密布，洞穴纵横，海藻繁生，其生态环境和天然资源状况较好，刺参、牡蛎、黄鱼、黑鲪等资源丰富。1984 年 9 月，曾在马枪石和挡浪岛之间海域投放人工鱼礁，是海参、鲍鱼、海螺、螃蟹及各种鱼虾理想的栖息场所，钓鱼赶海的理想场所，同时也是游泳、野营、野炊、摄影绘画、探险猎奇的好地方。1999 年，开始进行旅游开发，并称挡浪岛为“钓鱼岛”，其主要景点景观有：鱼尾涌浪、海豹戏水、石舰远航、碧海仙鹤、雄狮宝座、玉洞白练、神龟探海、滩头狩猎等。

挡浪岛地处庙岛群岛省级海豹自然保护区的核心区中部，是国家二级保护动物太平洋斑海豹主要的越冬繁殖，经常见到海豹在挡浪岛及其附近的马枪石岛、犁犋把岛等海岛上栖息。该自然保护区的具体情况，参见马枪石岛的相关部分。

第八节　马枪石岛

一、概况

马枪石岛（Mǎqiāngshí Dǎo）代码为 370634001821。

马枪石岛位于庙岛群岛南部偏北、北长山岛西北侧海域。岛呈长条形，南北走向，岛体长约 100 米，宽约 16 米。海岛面积为 0.0071 平方千米，海岛岸线长 0.52 千米。最高点位于中部，高程为 8.9 米，地理坐标为北纬 37°59.9′、东经 120°39.7′（图 1-7-22 和图 1-7-23）。该岛南距大陆的蓬莱角约 19.8 千米、距挡浪岛最近点约 900 米，东南距北长山岛最近点约 1.9 千米，北距䃎矶岛最近点约 6.3 千米，西南距大黑山岛最近点约 3.9 千米，为南部岛群最北部的海岛。行政上隶属于山东省烟台市长岛县北长山乡。

该岛古称马掌石，传说因古代有装马掌的船在此触礁而得名，后演变成马枪石，在《中国海洋岛屿简况》① 和海图上又标注为大马长石。也因为岛形从远处看似老式马枪而得名。在《山东省海岛志》的海岛名录一览表中，省序号为“116”、地市序号为“烟台 27”；在《中国海洋岛屿简况》②中，全国统一编号为“0679”、省编号为“0086”。

二、自然环境条件

马枪石岛的地势是中间高、两头低，岛体由石英岩组成。无土壤。周围海域有刺参、黄鱼、黑裙等海产品资源。

马枪石岛周围海域浮游生物丰富，据 20 世纪 80 年代末调查结果，浮游植物春季为 352 万个/米^3，夏季为 940 万个/米^3，秋季为 2591 万个/米^3，冬季为 8555 万个/米^3；浮游动物春季为 13 万个/米^3，夏季为 217 万个/米^3，秋季为 79 万个/米^3，冬季为 5 万个/米^3。

①② 中国人民解放军海军司令部航海保证部：中国海洋岛屿简况，1980 年。

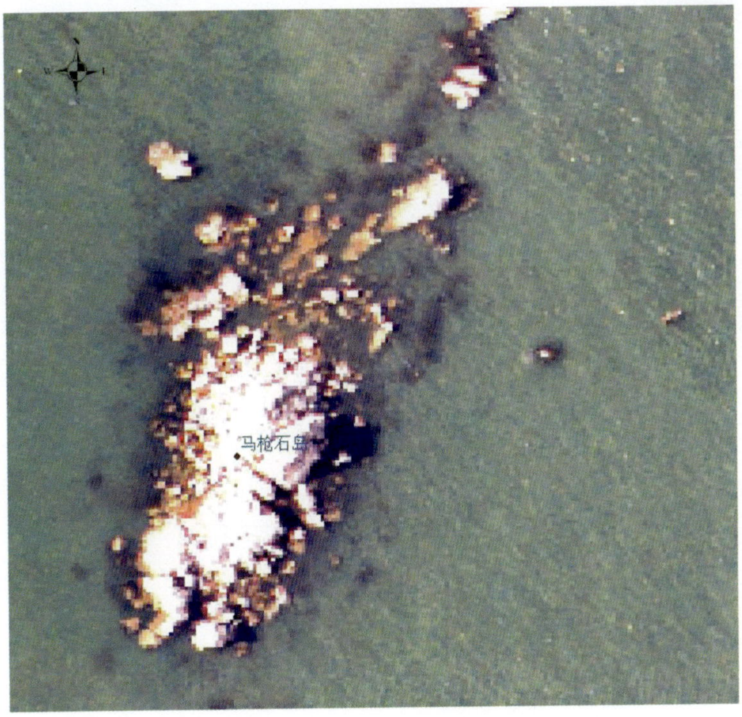

图 1-7-22　马枪石岛遥感影像

三、海岛资源开发与保护

1984 年 9 月，在马枪石至珍珠门水道海域开始投放人工鱼礁，共计 282 座，鱼礁区长 400 米、宽 100 米。

马枪石岛附近海域有奇礁异洞和众多的干出礁，鱼类、贝类、甲壳类资源丰富。丰富的海洋生物资源和优越的地理环境，使得该海区成为斑海豹的集中分布区，每年 11 月到翌年 6 月都会有大量的斑海豹出现在长岛海域觅食、栖息。

斑海豹主要分布于太平洋，在我国仅见于渤海湾，是唯一在我国繁殖的海洋鳍脚类动物，属国家二级保护动物。为保护海洋珍稀物种，维护海洋生态平衡，促进生态良性循环，2001 年 4 月长岛县开始编制“庙岛群岛省级海豹自然保护区可行性研究报告”，运用生态学的普遍原理，结合庙岛群岛的地貌特点，充分考虑海豹的分布情况和繁殖、生长规律，有利于保护和开展科研，不影响当地生产等因素，将珍珠门、挡浪岛、马枪石、犁犋把岛、宝塔礁、香炉礁等岛礁及周围海域选划为保护区核心区；在其外围高山岛、�砚岛、车由岛、大竹山岛、小竹山岛及周围海域，选划出为缓冲区；将庙岛群岛其他海域选划为实验区。

图 1-7-23　远眺马枪石岛全貌

（拍摄于 2009 年 10 月 3 日，拍摄点地理坐标为 37°59. 39′N、120°41. 31′E）

2001 年 6 月 12 日，山东省人民政府正式批准长岛县建立“庙岛群岛省级海豹自然保护区”。该自然保护区总面积 1731 平方千米，包括了整个庙岛群岛及所属海域，其中核心区总面积 6. 4 平方千米，占保护区总面积的 0. 37%；缓冲区面积 266. 5 平方千米，占保护区面积的 15. 4%；实验区面积 1458. 1 平方千米，占保护区总面积的 84. 23%。具体范围见图 1-1-14。

长岛县专门成立了“海豹自然保护区管理处”，保护区管理处与长岛县环境保护局合署办公，并于 2001 年 9 月 6 日正式挂牌。2002 年 3 月 5 日，首次海豹保护工作会议召开，要求全县各乡镇都要配备一名海豹管护员，负责做好所辖海域的管护工作；3 月底，全面建立了县、乡、村三级海豹管护网络。

2002 年 3 月 10 日，由长岛县环保局、交通局、旅游局、公安局、工商局、海洋渔业局 6 部门联合向全县发布通告，规定在每年 2 月 1 日至 6 月 30 日的海豹重点管护期内，任何单位和个人不得进入核心区海域，依法规范了海岛群众在海上生产作业的秩序和各类船只的航行活动范围。

第二篇
庙岛群岛中部岛群海岛

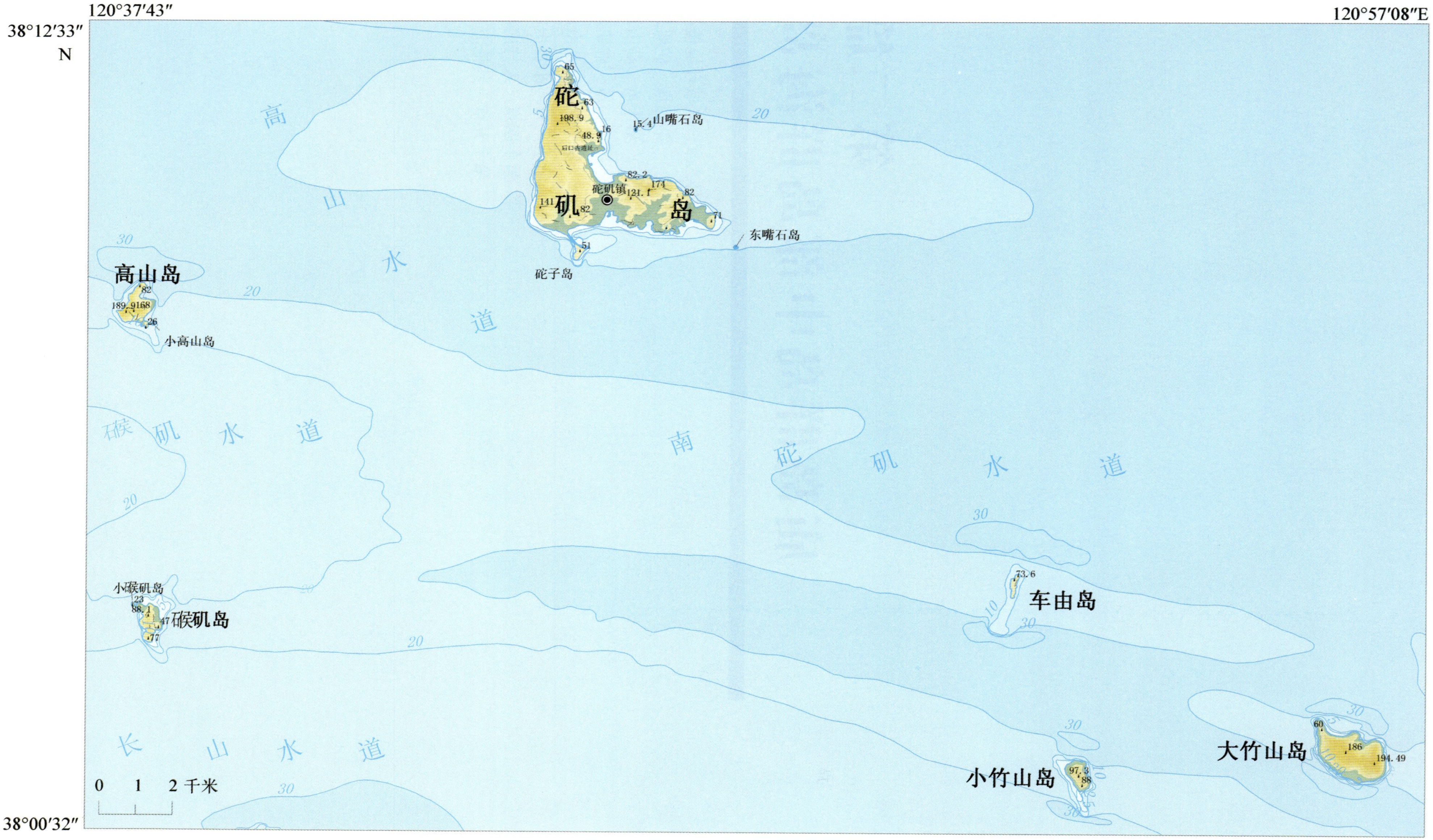

庙岛群岛中部岛群海岛分布

第八章　区域环境概况

第一节　概　况

庙岛群岛中部岛群位于庙岛群岛中部海域，介于北砣矶水道与长山水道之间，地理坐标为北纬38°01.2′~38°12.0′、东经120°38.3′~120°56.7′。本篇记述海岛（礁）共11个，其中有居民海岛1个，无居民海岛（礁）10个。面积大于500平方米海岛（礁）11个。有居民海岛为砣矶岛，无居民海岛分别为砣子岛、山嘴石岛、东嘴石岛、高山岛、小高山岛、礳矶岛、小礳矶岛、车由岛、小竹山岛和大竹山岛。海岛总面积为9.74平方千米，海岛岸线总长度为40.43千米。

本岛群内以砣矶岛的面积最大，为7.0796平方千米；小礳矶岛的面积最小，为0.0023平方千米。最高海岛为高山岛，最高峰高程为202.8米；最低海岛为东嘴石岛，最高峰高程为7.2米。各海岛均为基岩海岛，具有相似的地质地貌基础和特征。

本岛群的海岛数量不多，但却分布在东西长约27.5千米、南北宽约20千米的海面上，为庙岛群岛中主要海岛分布最为零散的区域。主要海岛周围海域较为开阔，具有很强的水交换能力，水质良好。

由于该岛群地处庙岛群岛的中部，其气象气候、海洋水文、地质地貌等自然环境条件显示为南、北岛群的过渡性特征（详见第一篇第一章相关部分）。同时，特殊的地理条件不仅使本岛群的东、西部无居民海岛成为候鸟迁徙的“驿站”，更是驻鸟的天堂，因此车由岛、高山岛等被誉为“鸟岛”。砣矶岛地处庙岛群岛、渤海海峡的中心部位，不仅是南、北岛群交通的中转站，还是彩石的世界，岛上彩石图纹多变，色彩绚丽，产出的砣矶盆景和“金星雪浪石”砚更使游人爱不释手。岛上人文历史有其独特性，如：砣矶岛的方言独特；民宅屋脊中部镶有小镜（俗称照妖镜）用做避邪；历史上，天主教和佛教在砣矶岛上最为盛行。

第二节　地质地貌

一、地形地貌

（一）海岛地形地貌基本特征

庙岛群岛各海岛在地理条件和地质构造上区别不大，具有相似的地貌特征，只是规模大小的不同。庙岛群岛总体的地形地貌特征参见南部岛群的有关内容。

从地貌角度讲，中部岛群海岛主要属低丘陵类型，陆地以侵蚀剥蚀低丘陵和海岸侵蚀地貌为主要特征，特别是面积较小的海岛。本岛群中的高山岛为庙岛群岛第一高岛（高程202.8米），其相对比降也是最大的（92.97‰）。主要海岛的基本特征见表2-8-1。

表 2-8-1　庙岛群岛中部岛群主要海岛的基本特征

海岛名称	海岛面积（千米^2）	海岛高程（米）	海岛相对比降（‰）
砣矶岛	7.0796	198.9	5.59
高山岛	0.4424	202.8	92.97
大竹山岛	1.5114	194.5	25.03

岛屿上的山体都是断块构造活动之产物，多表现为单斜断块山。沿断裂掀斜翘起，如砣矶岛西海岸的一系列丘陵山地。由于地质历史时期的长期抬升剥蚀作用，发育有古夷平面，表现为表面起伏的台状地形、垄岗等，以砣矶岛最为典型。

岛上丘麓或丘间低洼地，常有黄土台地或堆积坡地分布，特别是砣矶岛上黄土台地较为发育，其地形相对平缓，是岛上人类活动的主要场所，多被开垦为耕地，有多处古文化遗址分布于黄土台地上。黄土台地物质组成以晚更新世黄土状堆积为主，主要由粉砂或黏土质粉砂组成。黄土台地经后期流水侵蚀切割和人类改造，原有的地形地貌变化很大，多数是陡坎相连的阶梯状台地或支离破碎的地形。

本岛群海岛散布于渤海海峡中部，海岛之间多相距较远，海域开阔，流急浪大，海洋的侵蚀作用明显，许多海岛的岸壁形成陡峭的海崖。因此，中部岛群岛各海岛的海岸以侵蚀地貌为主，海蚀崖广泛分布，崖壁多陡峭。在较宽阔的丘间谷地或低洼地的滨海地带、海湾顶部或海岸线凹入岸段，常分布有狭窄的砾石滩、大型的砾石堤、潟湖和小型海积平原等。其中，潟湖平原和小型海积平原主要分布在砣矶岛。

（二）海底地形地貌

1. 水深地形特点

庙岛群岛海域总体水深特点为南浅北深，岛屿间有水道分布，致使水深地形复杂化。中部岛群海域一般水深大于 20 米，主要海岛间距离较远，海区的地形地貌总体比较简单，岛间也有水道与深槽，但均较宽缓。海区内主要水道包括：长山水道、猴矶水道、高山水道、南砣矶水道和北砣矶水道。

硃矶岛南侧的长山水道呈东西走向，长 17 千米，宽 7.5 千米，主航道宽 5 千米，水深 19 ~ 30 米，西浅东深，涨潮流向西北，落潮流向东偏南，终年有流向东偏南的海流。为国内商船通航水道，是南来船只进入渤海达京津、龙口等地的主要水道。

硃矶岛与高山岛之间为猴矶水道，呈东西走向，东接南砣矶水道，长 6.35 千米，宽 7.5 千米，主航道宽 5 千米，水深 19 ~ 24 米，两侧水略深，南侧硃矶岛附近多暗礁，泥沙质底，涨潮流向西北，落潮流向东南，终年有流向东偏南的海流。水道禁止商船通航。

高山岛与砣矶岛之间为高山水道，呈西北—东南走向，长 4.5 千米，宽 8.5 千米，主航道宽 5 千米，水深 20 ~ 25 米，水道东侧南深北浅（水深 17 ~ 40 米）、西侧南浅北深（水深 17 ~ 30 米），底质为软泥，涨潮流向东南，落潮流向西北。水道禁止商船通航。

砣矶岛与车由岛之间为南砣矶水道，呈东西走向，西接猴矶水道，南临长山水道。水道长 15 千米，宽 7 千米，主航道宽 5 千米，水深 19 ~ 25 米。水道北侧东浅西深（水深 20 ~ 50 米），东部有老东礁和小东礁；南侧较平缓（水深 17 ~ 20 米），仅东端达 45 米，底质为泥沙。涨潮流向西北，落潮流向东南，终年有东南流向的海流。水道北侧东部和西部分别建有老东礁灯桩和砣子灯桩。水道禁止商船通航。

砣矶岛北侧与大钦岛之间为北砣矶水道，呈东西走向，长 11.5 千米，宽 10 千米，主航道宽 5 千米，水深 30 ~ 50 米，中部深、两端浅。中段南侧有一暗礁，名北礁（礁上建有灯桩）。泥沙、砾石质底。涨潮流向东南，落潮流向西北。水道禁止商船通航。

2. 海底地貌类型与分布

中部岛群海域海底地貌可分为水下海蚀平台、水下堆积斜坡、水下堆积平原、水下侵蚀深槽等。

水下海蚀平台为海蚀平台向海的延伸，水深可达10米，宽20～110米，环各岛均有分布。最宽的是在砣矶岛西海岸，约250米。海蚀平台上有时水下礁石耸立，为航行带来隐患。

水下堆积斜坡沿海蚀平台外缘分布，是平台与水下浅滩（或堆积平原）的过渡地带。堆积物较粗，以砂为主，并有大量贝壳，宽度一般大于100米，坡度为2%～3%。

水下堆积平原在各岛周围海域均有分布，水深范围为20～30米，地形平坦，物质组成以泥为主，个别地区为细砂、粉砂。

水下侵蚀深槽多分布在水道内，如北砣矶水道的南侧深槽、南砣矶水道的北侧深槽及砣矶岛与大砣子之间的水下深槽。北砣矶水道南侧深槽最大水深为57米，外缘水深为35米，长15千米，宽3千米。南砣矶水道北侧深槽最大水深为55米，外缘水深为25米，长8千米，宽2千米。砣矶岛与大砣子之间的冲刷深槽，最大水深为28.5米，外缘水深为20米，长约3500米，宽250米，系强劲的潮流冲刷而成。水下深槽组成物质以泥沙为主，局部含有砾石，有的甚至基岩出露。

二、地质

（一）构造、地层和岩性

1. 地质构造

庙岛群岛中部海岛位于胶辽隆起的中部，又属于新华夏系第二隆起带，西邻渤海坳陷。海岛除基底长期隆起外，主要受北东向、北北东向和北西向的区域断裂构造控制，各岛为断陷构造形成的基岩岛，岛上的构造线方向与区域构造一致。详见庙岛群岛南部岛群有关内容。

庙岛群岛为大型复式背斜构造，由于断裂构造发育，使复式背斜南、北两翼构造复杂化。中部岛群海岛位于该复式背斜构造的核心部，各岛岩石地层较南北两侧海岛有明显差异，由于其时代久远，变质程度较高。

本岛群断裂构造较发育，多数断裂以构造角砾岩为主要证据。本区断裂构造主要发生在中生代以后，有的断裂有持续活动的特点。断裂性质比较复杂，正断层、逆断层和平移断层等均有出现，多处可见层间滑移断裂，总体上以高角度张性断裂为主，规模大者往往以破碎带出现。断裂构造控制了岛陆地貌、海岸线轮廓和海岛展布方向。

2. 地层与岩性

庙岛群岛缺少古生代地层，仅出露前寒武纪古老变质岩系，岩性主要为石英岩、千枚岩及千枚状片岩和板岩等，可分为豹山口组和辅子夼组。

本岛群海岛出露的地层比较简单，属新元古代蓬莱群豹山口组，主要岩石类型为石英岩、板岩、千枚状板岩，以单一的岩石类型、夹层及互层产生。原岩为石英砂岩及黏土岩，为陆源滨海—浅海相沉积，类复理石泥沙建造。岩石均经轻微变质作用，为低绿片岩相，地层中可见到一系列变余原生结构和构造，如石英岩中波痕、粒级层、斜层理，板岩中泥裂（龟裂）、微层劈理和板理构造等。板岩中发现有微古植物化石，以峰巢巴甫林藻（*Bavlinella faveolata*）为代表。该种藻具有洲际地层对比意义，地质年代为6亿～7亿年。

下部岩石为灰白色、浅紫红色，厚层—中厚层石英岩、含砾石英岩，砾石成分为单吉白的石英脉岩，砾石排列具有方向性。局部石英岩中夹有绢云母石英岩、绢云母石英片岩，均为中薄层状产出。在大竹山岛、小竹山岛、车由岛等岩层中，偶尔有长英质脉体贯入，有轻微混合岩化现象。

上部岩石以青灰色、黄绿色、紫红色等杂色板岩、千枚状板岩、粉砂质板岩为主，夹有石英岩、长石石英岩及含铁石英岩。板岩中含有峰巢巴甫林藻（*Bavlinella faveolata*）、粗面球形藻（*Trachysphaeridium*）、膜片藻（*Paleamorpha*）、短棒形藻（*Baculimorphabrevis*）等微古植物化石组合，原岩以泥质沉积为主。杂色板岩、千枚状板岩中劈理、滑劈理、皱纹构造发育。

（二）第四纪地质

由于长期处于构造抬升阶段，本区海岛一直处于侵蚀剥蚀状态，各海岛较高部位多基岩裸露，丘陵缓坡处一般有厚度不大的残积、残坡积物分布；丘麓和丘间谷地（低地），普遍有黄土状堆积物覆盖。沿岛岸海湾段，普遍发育有砂砾、砾石堆积形成的砂砾石滩、砾石堤，以及堤内侧的潟湖沉积。

1. 沉积物成因类型及其特征

本岛群海岛第四纪沉积物的成因类型主要包括：残积、残坡积、黄土状堆积、潟湖沉积和海积以及零星的重力堆积、古文化堆积等。

（1）残积

主要分布于低丘陵山坡和侵蚀—剥蚀台地，岩性为褐灰色黏土质粉砂夹大量角砾和岩屑，一般厚度小于0.5米。分布区多已人工造林。

（2）残坡积

分布于海岛丘陵缓坡地带，以砣矶岛最为发育。主要岩性为褐灰色黏土质粉砂、细砂质粉砂，含许多岩屑、碎石，特别是底部常成层分布，并与下伏基岩风化破碎带过渡。地表则多土壤化，与碎石混杂。残坡积层在各岛、各处的厚度不一，一般由高处向低处逐渐变厚，从0.2米到1~2米，与其他类型沉积物接触关系比较复杂，常无明显界线可寻。

（3）黄土状堆积

主要分布于海岛丘陵间谷地（古沟谷）和丘陵山麓，以砣矶岛最为发育，堆积厚度最大。主要岩性以土黄色、灰黄色粉砂为主，局部有砂砾夹层，垂直节理发育，可见钙质结核。

（4）海积

分布在海岛各海湾沿岸滨海地带，主要沉积物为砾石、中粗砂等，近海为淤泥质黏土。

2. 第四纪地层

本岛群的晚新生代地层较发育，以新、老黄土和红土风化壳最具特征，与南部和北部岛群海岛基本一致，根据剖面岩性特征、标志层、生物化石、层位间接触关系和年代测定资料等，可将中部岛群第四纪地层划分为下更新统、中更新统、上更新统和全新统等，并可与南部和中部岛群、蓬莱沿海地区等进行对比。详见南部岛群有关内容。

（1）下更新统

仅在砣矶岛局部的黄土状堆积剖面底部有出露，主要为褐红色粉砂质黏土角砾层，干后致密坚硬，与下伏风化壳、上覆棕红色黄土状堆积物均呈不整合接触。

（2）中更新统

主要分布在砣矶岛的丘间谷地内，多位于黄土状堆积剖面的底部，主要为老黄土或黄土状堆积，岩性为棕黄色黏土质粉砂，质地均匀，较致密，无层理，垂直节理发育，含钙质结核。其底部常以角砾层与下伏岩层接触，顶部和中部发育有棕红色古土壤，其产状随古地形而变。

（3）上更新统

庙岛群岛中部属这一时代的地层主要是以灰黄、浅黄色砂质粉砂为主，超覆于离石黄土或披盖于基岩之上的黄土状堆积物（马兰黄土），各主要海岛均有分布，地层厚度可达10米以上。一般的，剖面下部较上部粗，颜色较暗（深），中部在不同层位夹有砂砾石或碎石，有的剖面成层分布。

在砣矶岛后口村北黄土沟中，曾发现梅花鹿角（*Cervus Nippon*）化石等。

（4）全新统

本岛群海岛全新世地层主要为潟湖相沉积、海相砾石滩（堤）沉积，以及陡崖或悬崖峭壁下重力堆积物、黄土中的古文化堆积层等。

（三）工程地质与水文地质

1. 工程地质

本岛群无大型断裂构造发育，所有海岛均属于基岩岛，基岩岩性以石英岩为主，板岩多以夹层出现。石英岩属坚硬岩石，抗风化能力强，新鲜岩石抗压强度较高，力学性质较高，为良好建筑地基基础，但由于适应岩裂隙发育，板岩易风化，在岩石破碎带及强风化带，有产生崩塌或滑坡等工程地质问题的可能。

在海岛丘陵山坡及坡麓地带的残坡积、坡洪积等分布区，松散沉积物岩性变化较大，土的状态为软塑—硬塑—坚硬半坚硬。含水量及密实度对土体强度有较大影响。本岩组一般都可做小型建筑基础持力层；残积层下部至基岩强风化过渡带强度较高。

在丘麓平缓坡地及谷地内，黄土状堆积发育。由于黄土厚度较大，结构疏松，吸水性强，透水性好，吸水后自重下沉（湿陷性），黄土垂直节理发育，因此土体塌方和滑动是常见的工程地质现象。

在各岛海湾及沿海低洼地带的海积层分布区，岩性由卵砾石或淤泥、淤泥质粉砂组成，有时呈埋藏或出露的砂砾石堤形式分布，不同部位岩性差异较大。淤泥、淤泥质粉砂含水性强，易压缩，振动或加压易产生液化和流动，在地基处理时，对于埋深浅、厚度薄的应予以清除，埋深较深、厚度较大者应采取地基处理措施。另外，海积层地下水埋深较浅，水质咸，应予以考虑地下水对建筑地基的腐蚀性。

2. 水文地质

本岛群海岛上含水层可分为松散岩类孔隙水和基岩裂隙水。

松散岩类孔隙水多分布于砣矶岛的丘陵山麓及山前低洼地带，主要为残坡积、坡洪积分布区和黄土分布区。由于残坡积、坡洪积层厚度较小，一般为0.5～2米，含水层水量很小，干季基本无水；黄土状堆积物厚度较大，但为极弱富水性含水层。各岛海湾或岸线凹入的沿海低洼地带，发育有小型海积平原、砂砾堤，分布有零星海积孔隙含水层，但海积层孔隙大多与海相通，水质极差，不能利用。

基岩裂隙水为岛上主要开发利用的含水层。其中，板岩类属层状裂隙水含水层，但板岩类裂隙容易被充填；石英岩类裂隙较为发育，富水性比板岩类略强，在石英岩和板岩互层的情况下，以石英岩裂隙出水为主。

（四）海底沉积物分布特征

1. 表层沉积物质类型与分布

根据1990年国家海洋局第一海洋研究所在庙岛群岛中部海域海底质调查资料，采集获得58个表层沉积物样品分析结果，沉积物类型包括：砂砾、粗细砂、砂质粉砂、粉砂和黏土质粉砂五类。

（1）砂砾

分布在砣矶岛以北和西南的近岛海域，范围很小。砂砾或砾砂，北部砾石大者为5厘米×6厘米×10厘米，磨圆差，成分石英岩；小者0.5厘米×1厘米×0.5厘米。磨圆好，成分变质岩。另外还夹有中粗砂和贝壳，大小混杂，分选差。西南部海域砾大小一般为3厘米×4厘米×0.5厘米至3厘米×2厘米×1厘米，磨圆好，成分为石英岩和变质岩，也夹有中粗砂及贝壳碎片，物质大小混杂，分选差。

（2）粗细砂

分布在砣矶岛西南海域，砂砾分布区以北，范围很小，仅采集到一个样品。灰色，粒度成分以砂为主，其中粗砂占20.7%，细砂占52.6%，还含有13.2%的粉砂。质地松散，中值粒径0.184毫米（2.44ϕ），分选好，四分位离差为0.84，微负偏态。

（3）砂质粉砂

砂质粉砂包括砂质粉砂、粉砂质砂和黏土－砂质粉砂。分布在砣矶岛东西两侧，大致呈东西方向延伸，是本海域主要底质类型之一。浅灰色、黄灰色和灰色，个别富含有机质者为深灰色。质地松散，不可塑，粒度成分较为均一，砂平均含量为38.9%，粉砂平均含量为48.8%，黏土平均含量12.3%。平均中值粒径0.051毫米（4.29ϕ），分选好，四分位离差为0.98，个别样品偶见砾石。

表2-8-2　砣矶岛周围海域底质粒度特征

类型	各粒组百分含量(%)				中值粒径(ϕ)	四分位离差	样品数
	砾石	砂	粉砂	黏土			
砂砾	39.2	27.2	24.3	9.3	0.26	8.82	1
粗细砂	0	84.3	13.2	1.1	2.44	0.74	1
砂质粉砂－粉砂质砂	0	20.7～69.4	24.7～63.0	5.0～20.6	2.64～5.14	0.53～1.43	16
		38.9	48.8	12.3	4.29	0.98	
粉砂	0	5.0～27.9	61.4～75.9	10.7～19.4	4.51～4.95	0.79～1.23	13
		12.3	71.0	16.7	4.8	1.00	
黏土质粉砂	0	4.8～18.0	57.7～71.3	20.0～42.0	4.82～6.90	1.36～3.05	17
		10.7	63.9	25.3	5.38	1.83	

（4）粉砂

分布在砣矶岛西北和西南海域，砂质粉砂带的南北两侧，是本海域主要底质类型之一。浅灰色至灰色，质软，略可塑。粒度成分粉砂占绝对优势，平均含量为71%；砂和黏土的平均含量分别为12.3%和16.7%。粒径均匀，平均中值粒径为0.036毫米（4.8ϕ），分选好，四分位离差为1.0。

（5）黏土质粉砂

分布在砣矶岛的北部和东南至南部海域，也是主要底质类型之一。灰色，质软，稍黏，可塑，富含有机质。粒度成分以粉砂为主，平均含量为63.9%，其次为黏土，平均含量为25.3%，另含平均10.7%的细砂，个别样品含有小砾石。平均中值粒径0.024毫米（5.38ϕ），分选中等，四分位离差为1.83。

2. 表层沉积物粒度参数分布特征

（1）中值粒径等值线图

本区中值粒径范围为0.26ϕ～6.90ϕ（0.84～0.084毫米），1ϕ和2ϕ等值线分布在砾石区，呈封闭状，其外有3ϕ和4ϕ等值线围绕，北部呈封闭状，西南部向西开口。由于区内以砂质粉砂和粉砂底质为主，大部分底质中径为4ϕ～5ϕ，故5ϕ等值线稀疏分布，面积较大，北部基本为黏土质粉砂底质，5ϕ等值线大致呈东西向展布；在南部呈封闭状分布，圈内为大于5ϕ的黏土质粉砂底质。砣矶岛以北海域中径最细（6.9ϕ），故有6ϕ线封闭状分布。本区底质中径多大于4ϕ，反映以细粒沉积为主，这不同于北四岛海域以粗粒沉积（中径大小4ϕ）为主的分布特点。

（2）四分位离差等值线图

四分位离差是反映底质粗细离散程度的指标。根据四分位离差值0.6、1.4、2.2和3.0，将底质分选程度分成很好、好、中等、差和很差五个等级。

本区四分位离差值范围为0.53～8.82，分选最好者出现在砣矶岛西侧近岛海域，0.6线呈南北走向封闭状分布。大部分海域分选好，四分位离差值为0.6～1.4。1.4等值线在砣矶岛北侧呈东西走向分布；此等值线以北分选中等至差，四分位离差大于1.4，底质主要是黏土质粉砂。另外，在砣矶岛东、南、西侧也有1.4线呈封闭状分布，线内四分位离差值高于1.4。2.2线出现在砣矶岛北部和西南部海域，呈封闭状分布，分选差，其内部还有小范围的3.0线封闭状分布，反映分选很差，底质主要是砂砾和黏土质粉砂。

总的来看，本区大部分底质分选好，其次是分选中等，分选差者较少，分选很好和很差都属局部范围。

3. 黏土含量分布

黏土是沉积物中粒径小于0.004毫米（>8ϕ）的部分，其含量多少对环境的沉积特征及增养殖业均有影响。

本海域黏土含量为1.1%~42%。在砂砾和粗细砂底质区，黏土含量均低于10%，10%等值线在砣矶岛北部和西南部海域砂砾区呈封闭状分布。20%等值线在砣矶岛北、东和南部海域蜿蜒曲折分布，开口向西，表明较大面积海域底质的黏土含量低于20%，底质主要为砂质粉砂和粉砂。30%等值线分布在砣矶岛北部黏土质粉砂区，呈封闭状，其内还有局部圈闭状的40%等值线分布。黏土含量大于30%的海域面积很小，大部分黏土质粉砂的黏土含量为20%~30%。

4. 底质分布规律

庙岛群岛中部海区海岛呈散点状分布，海域开阔，海底地形相对平缓，表层沉积物总体上以粉砂为主，受大致东西方向潮流的影响，沉积物类型呈东西条带状分布。在砣矶岛的东西两侧以砂质粉砂为主，其南部海域以粉砂和黏土质粉砂为主，北部海域以黏土质粉砂为主。全海域基本以细粒底质为主，且中间粗，南北细，这与北四岛底质以粗粒沉积为主形成鲜明对比。砣矶岛海域粗粒沉积仅在北部和西南部近岛海域局部分布，对整个底质分布格局无大的影响。

本海域底质的粒度成分均以粉砂为主，粉砂粒级的含量在粉砂、砂质粉砂和黏土质粉砂底质类型中分别占70%、48.8%和63.5%。

本海区海岛相距较近，岛间的深槽水道内水流湍急，冲刷作用较强，底质以砾石、砾砂贝壳和细砂等粗碎屑沉积为主。

第三节 气候与气象

一、气候基本特征

庙岛群岛中部岛群位于东亚暖温带季风气候区，具有季风气候特点。同时由于它位于渤海海峡，大气受海水的调节作用较显著，使中部岛群海区海洋性气候特征较大陆性气候特征明显。其主要气候特征如下。

气温日较差小　本区累年年平均气温日较差为5.7℃，累年各月平均日较差最小为4.6℃（1月），最大为8.4℃（5月），是庙岛群岛日较差较小的海区之一。年均日较差长岛小0.3℃，比蓬莱小2.8℃，较烟台小1.1℃。

气温年较差小　本海区气温年较差为25.3℃，比长岛小0.8℃，比蓬莱小1.6℃，比烟台小1.3℃。

最热月和最冷月　最热月为8月，夏季具有海洋性气候特征；而最冷月为1月，所以冬季大陆性气候特征明显。

可见本海区属于海洋性过渡气候，夏半年倾向于海洋性，冬半年倾向于大陆性。

二、主要气象要素特征

根据砣矶岛的吕山口东端半壁山顶气象站（北纬38°10′、东经120°47′），1962—1980年的观测资料进行统计分析。

（一）气温

1. 平均气温

平均气温的年变化：8月最高，为23.5℃；1月最低，为1.8℃。平均最高、最低气温的年变化与平均气温的年变化曲线近似。

平均气温的季节变化：春季（3—5 月）平均气温为 8.6℃，夏季（5—8 月）平均气温为 21.5℃；秋季（9—11 月）平均气温为 14.7℃，冬季（12 月至翌年 2 月）平均气温为 -0.6℃。秋温比春温高 6.1℃，这是由于受海洋影响春温回升晚、秋温降温慢的缘故。

2. 极端最高（低）气温

累年极端最高气温为 34.5℃（1979 年 7 月 29 日），极端最低气温为 -14.0℃（1970 年 1 月 4 日）。日最高气温高于 30.0℃的日数，年均为 3.3 天，年最多为 9 天（1967 年），年最少 0 天（1964 年、1970 年）。日最低气温低于 0.0℃的日数，年均为 86.2 天，年最多为 98 天（1968—1970 年冬季），年最少为 71 天（1964—1965 年冬季）；日最低气温低于 -10.0℃的日数，年均为 3.2 天，年最多为 11 天（1976—1977 冬季）。

（二）降水

本海区年均降水量为 552.0 毫米，是山东省近海降水最少的海区，比长岛少 25.8 毫米，比蓬莱少 102.5 毫米，比烟台少 135.0 毫米。一年中，7 月最高，月均降水量为 153.1 毫米。8 月次之，7 月、8 月的降水量合计占全年降水量的 51.4%；1 月、2 月降水量最少，合计降水量仅占全年降水量的 3.1%。

一年四季中，春季降水量为 84.2 毫米，夏季降水量为 340.4 毫米，秋季降水量为 98.1 毫米，冬季降水量为 29.0 毫米。可见，夏季降水量最多，占年降水量的 61.7%；冬季降水量最少，占年降水量的 5.3%；秋季降水略多于春季。

降水量的年际变化差异较大，年最大降水量为 821.2 毫米（1964 年），是年均降水量的 1.5 倍；年最小降水量为 231.7 毫米（1965 年），仅为年均降水量的 42%，丰水年与枯水年降水量之差为 589.5 毫米，超过年均降水量。

日降水量高于 0.1 毫米的降水日，年均为 76.4 天，年最多为 101 天（1964 年），年最少为 55 天（1965 年）；日降水量高于 10.0 毫米的日数，年均为 15.8 天，年最多为 25 天（1976 年），年最少为 7 天（1965 年）；日降水量高于 25.0 毫米的日数，年均为 5.4 天，年最多为 12 天（1964 年），年最少为 2 天（1965 年和 1980 年）；日降水量高于 50.0 毫米的日数，年均为 1.5 天，年最多为 4 天（1963 年和 1966 年）；日降水量高于 100.0 毫米的日数，年均为 0.2 天，年最多为 1 天；日降水量高于 150.0 毫米的日数，年均为 0.1 天，年最多 1 天（1963 年、1977 年）。

（三）风

全年风向频率以西向风最多，其频率为 17%；其次是北西西向风，其频率为 16%；再次是西北风，其频率为 15%。其他方向的风，频率为4% ~10%。

年平均风速为 6.6 米/秒。其中，11 月至翌年 4 月风速较大，月平均风速为 7.0 ~ 7.7 米/秒，1 月平均风速最大，为 7.7 米/秒；5—10 月平均风速为 5.1 ~ 6.7 米/秒，8 月风速最小，为 5.1 米/秒。

本海区累年最大风速为 40 米/秒（1964 年 4 月 5—6 日），各月最大风速值都较大：11 月至翌年 5 月的最大风速为 34 ~ 40 米/秒，即 12 级以上；6—10 月也有 9 ~ 10 级。强风的风向为北北东向、北东向，其次是东南向和北西西向（最大风速为 34 米/秒）。

风力大于等于 8 级（瞬时风速大于等于 17.2 米/秒）的大风日数，年平均为 110.6 天，年最多为 197 天（1962 年），年最少为 66 天（1977 年）。11 月至翌年 5 月大风日数较多，均在 10 天以上；7—8 月大风日数较少，为 3.4 ~ 5.0 天。

（四）相对湿度

累年月平均相对湿度为 62% ~89%。其中，7 月、8 月的相对湿度均大于 80%，10 月至翌年 5 月的平均相对湿度小于70%，累年最小相对湿度为0。

（五）雾

本区年累年平均雾日（水平能见距离低于1千米）为46.9天，年最多为63天（1970年），年最少为21天（1965年）。以4—8月雾日较多，其中7月最多，月平均雾日为13.7天，最多达20天（1974年7月）；9月至翌年1月雾日较少，月均雾日不到1天。

第四节 海洋水文

一、海水温度

庙岛群岛中部海域水较深，水域开阔，水温分布的总的特点为：水平分布规律明显，垂向分布差异较大，夏季普遍出现跃层现象；年最低水温及年最高水温均偏高，年变幅较大。

（一）平面分布

冬季（2月） 庙岛群岛中部海域，表层水温多高于5℃，分布均匀；因垂向混合剧烈，底层海水温度与表层基本相同，在5℃左右，分布均匀。

春季（5月） 庙岛群岛中部海域表层水温多高于6.5℃，砣矶岛北侧有一小范围的高温区，中心高于7.0℃；砣矶岛以南有从长山岛向北伸展的暖水舌，处于该暖水舌前的南砣矶水道其等温线呈东西走向。底层水温分布趋势与表层相似，砣矶岛北侧的高温区已不存在，水温分布的总趋势为北低南高。

夏季（8月） 中部海岛海区表层水温为“C”形暖水区，暖温中心位于砣矶岛北侧，最高温度为26.2℃，大竹山岛周围高于24℃；底层水温分布呈自西南向东北逐渐降低趋势。

秋季（11月） 中部海岛海区的表层水温一般高于14.0℃，但砣矶岛附近较低，最低位13.4℃；底层水温分布趋势与表层相似。

（二）垂直分布

冬季（2月） 上层水温高于下层水温，但由于海水垂向混合剧烈，上、下层海水温度差异不大，表、底层水温差在0.5℃左右。比较而言，南部温差大于北部。

春季（5月） 上层水温高于下层水温，垂向分布较为均匀，表、底层水温差在1.0℃以内，未形成温跃层。

夏季（8月） 上层海水增温幅度明显大于下层，除砣矶岛周围小范围外，均出现温度跃层（临界值为0.2℃/米）。砣矶岛的东南侧及西北侧为两个跃层强度高值区，最大强度均在0.6℃/米以上；东南侧小范围高值区以东，跃层强度较小，在0.4℃/米以下。跃层上界深度在5米左右。跃层厚度为5~15米，北部较大，均在10米以上。

秋季（11月） 海水温度从上到下相继降低，上、下层海水温差减小，上层水温低于下层水温，表、底层海水温差在0.3℃左右，分布基本均匀，跃层消失。

（三）水温的年变化

庙岛群岛中部海域，水温的季节变化明显。入春以后，太阳辐射增强，风向转南，气温升高且高于水温，海水获得净热量，从上层至下层增温；至夏季，海洋获得热量最多，表层海水温8月升至全年最高值，底层水温变化位相滞后（于9月达到年最高值）。入秋以后，太阳辐射减弱，风向转北，气温开始降低，且低于水温，海洋失热增多，水温从上层至下层相继降低。冬季，太阳辐射最弱，海洋失去热量最多，且又因垂直混合剧烈，表底层水温均降至年最低值（水越深，最低值出现的时间越晚）。

中部岛群海域表层水温年变幅为18.8℃~21.4℃。北部大于南部，在砣矶岛北侧有一高值区，其中心的值大于21.0℃，西南部外缘低于19.0℃。底层年变幅为12.22~16.76℃，普遍小于表层，其分布是南部大于北部，西南部高值区大于15.0℃，北部边缘小于13.0℃。

二、海水盐度

（一）平面分布

冬季（2月） 表层盐度为31.14~31.92，北部高南部低。西北部高值区水平梯度较大，其外缘高于31.8；中部分布均匀；西南部低于31.2。底层盐度为31.20~31.92，分布趋势类同表层，北部外缘高于31.8，中部和南部分布较为均匀，高于31.8，为长岛海域的高盐度区。

春季（5月） 表层盐度为31.14~31.92，北部高南部低。西北部高值区水平梯度较大，其外缘高于31.8；中部分布均匀；西南部低于31.2。底层盐度为31.20~31.92，分布趋势类同表层，北部外缘高于31.8，中部和南部分布较为均匀。

夏季（8月） 表层盐度为29.12~30.31，东北隅为该季大钦岛南侧低盐区的一部分，等值线密集外缘低于29.2；西南部低于30.0；中部的砣矶岛周围域高于30.0，分布均匀。底层盐度为30.21~30.95，分布趋势与表层相似，东北偶低盐区外缘低于30.4；北部西侧较高，在30.8以上；中部向南逐渐降低，西南偶低于30.6。

秋季（11月） 表层盐度为31.07~31.17，水平差仅0.10，中部略高，分布较为均匀。底层盐度为31.06~31.19，分布同于表层，中部略高，分布亦很均匀。

（二）垂直分布

冬季（2月） 由于海水垂向混合剧烈，盐度垂直分布较为均匀，表、底层盐度差在0.05左右。

春季（5月） 表层海水盐度略低于底层，表、底层盐度差值在0.05左右，垂直分布基本均匀一致。

夏季（8月） 上层海水盐度低于下层，海域北部出现盐跃层（临界值为0.1），跃层的最大强度为0.17，跃层上界深度及厚度均为5米左右。其他海域垂向盐差虽大于冬季和春季，但未能形成跃变层。

秋季（11月） 垂向盐度分布基本均匀，北部的盐跃层亦消失。

（三）盐度的年变化

该区盐度具有明显的年变化。秋至春初，降水少于蒸发，来自渤海的黄河冲淡水的影响减少，黄海高盐水西侵，盐度增高，除北部小范围的表、底层盐度年最高值出现在5月。春末至下季，降水大于蒸发，来自渤海的黄河冲淡水的影响波及该海域，盐度降低，表、底层盐度均于8月出现年最低值。

表层年变幅为1.05~2.74，北部大于南部和中部，北部外缘大于2.5，中部和南部小于1.5，底层年变幅为0.46~1.68，小于表层，分布趋势与表层类似，东北外缘偶大于1.5，东部偶小于0.5。

三、潮汐

本海区验潮资料较少，1954年在砣矶岛曾进行为期一年的潮位观测，现以砣矶岛潮位资料分析该海区潮汐概况。

（一）潮汐性质

庙岛群岛中部海域的潮汐，受北黄海半日潮波系统所控制，在渤海海峡南部有一日分潮（k1）无潮点，使本海域的半日潮性质更为显著。根据以往的分析结果得知：本海域的潮汐为中国沿海最典型的正规半日潮类型。另据砣矶岛一年潮位观测资料的调和分析和潮汐类型判别数计算结果（0.07）可知，该区潮汐属正规半日潮性质。

在一太阴日中有 2 次高潮和 2 次低潮，而且 2 次高（低）潮的潮高大约相等，时间间隔约为 12 小时 25 分。说明该海区的日不等现象很不明显。

（二）潮汐特征值

根据砣矶岛 1954 年的潮位资料统计结果（表 2-8-3）：最高潮位为 215 厘米，最低潮位 -66 厘米，潮高的波动幅度为 281 厘米，平均海面为 88 厘米，平均潮差为 118 厘米，最大潮差为 196 厘米，平均涨潮历时 6 小时 5 分，平均落潮历时为 6 小时 21 分，涨潮历时略短于落潮历时。

表 2-8-3　砣矶岛 1954 年潮汐特征值

项目	最高高潮位（厘米）	最低低潮位（厘米）	平均高潮（厘米）	平均低潮（厘米）	平均海面（厘米）	最大潮差（厘米）	平均潮差（厘米）	涨潮历时	落潮历时
数值	215	-66	148	30	88	196	118	6 时 5 分	6 时 21 分

注：潮高记录零点在基本水准点下 284 厘米，基本水准点在大口村石码头小庙石下。

（三）平均海面

从砣矶岛 1954 年平均海面计算结果（表 2-8-4）可以看出：月平均海面的变化趋势为冬季低，夏季高，最高的平均海面出现在 8 月，为 113 厘米，最低出现在 12 月，为 63 厘米，月平均海面的年变化幅度为 50 厘米，月平均海面的距平值自 12 月至翌年 5 月均为负值，其他月为正值。最大距平值为 ±25 厘米，分别发生在 8 月和 12 月，最小距平值为 1 厘米，发生在 11 月，其次是 -2 厘米，发生在 5 月，也就是说，11 月和 5 月的平均海面与年平均海面最接近。

表 2-8-4　砣矶岛 1954 年逐月平均海面及距平值　　单位：厘米

月份	1	2	3	4	5	6	7	8	9	10	11	12	全年
平均海面	74	66	64	78	86	107	111	113	100	99	89	63	88
距平值	-14	-22	-24	-10	-2	-19	23	25	12	11	1	-25	

（四）潮差

根据砣矶岛 1954 年的资料统计，逐月进行平均潮差和最大潮差计算结果（表 2-8-5）表明：平均潮差和最大潮差的变化基本一致，最大值均发生在 9 月，分别为 124 厘米和 196 厘米；最小值均发生在冬季（1 月和 2 月），其值分别为 113 厘米和 150 厘米。最大潮差的变化幅度较大，为 46 厘米；平均潮差比较稳定，年变化幅度为 11 厘米。

表 2-8-5　砣矶岛 1954 年逐月平均潮差及最大潮差　　单位：厘米

月份	1	2	3	4	5	6	7	8	9	10	11	12	全年
最大潮差	152	162	173	166	163	152	155	164	196	172	160	150	196
平均潮差	113	118	118	120	120	116	118	122	124	119	117	115	118

四、海流

砣矶岛海域为不正规半日潮流区，潮流运动形式以往复流为主，但在部分海区的潮流呈现旋转流运动形式，除个别表、底层潮流逆时针旋转方向外，其余各站层潮流的旋转方向皆为顺时针方向。

该海域潮流场主流方向明显受地形及其各水道的影响。砣矶岛东侧和南侧表层潮流主流向基本为东北—西南向，岛西南侧主流方向近似为东—西向，岛北侧的主流向则大致为东南—西北向；底层主流方向稍有变化，主要为东—西向。

涨、落潮流主流方向随深度变化较小，一般站流速随深度增加皆明显减少。

砣矶岛近海余流分布不均匀，规律性较差。岛南、北水道中余流流速较大（最大值为 36 厘米/秒）。余流的季节变化较复杂，既有冬季潮流速明显大于夏季流速，也有夏季余流大于冬季余流。余流流速随深度的变化比较明显，冬、夏季余流都是随深度减小，尤其是近底层减小更为显著。

五、波浪

本海区海浪观测资料不多。1970—1971 年曾在砣矶岛海域进行 2 个短期观测（大口湾和后口湾），获得 1 年实测波浪资料。

（一）波浪型态

1. 年及各月波型

庙岛群岛中部海区，全年以风浪稍占优势，涌浪略弱些。全年风浪出现频率两站均大于 51%，而涌浪为 48% 和 49%。

大口湾各月风浪出现频率范围为 48.2% ~57.6%，除 6 月和 9 月出现频率低于 50% 外，其余各月均超过 50%。最大风浪频率出现于 3 月，值达 57.6%；涌浪出现次数较多月份为 6 月、9 月和 12 月，其频率均大于 50%。

后口湾风浪出现频率范围为 47.4% ~56.7%，4 月风浪出现次数最多，频率为 56.7%，8 月最少，频率为 47.4%，5—8 月涌浪较多，频率均大于 50%。

2. 各向年、季波浪型态

大口湾全年各向中风浪频率较大者为北向和西向，其值为 11.2%，各向风浪频率变化范围为 1.2% ~11.2%；涌频率的变化范围为 0.1% ~25.4%，多集中于偏南向上，尤以南向、南南西向和西南向为多，3 个方向频率合计为 53.6%。

后口湾全年风浪、涌浪均多集中于偏北向，以北向、北北东向和北东向的频率较大，3 个方向的风浪频率合计为 38.2%、涌浪频率合计为 68%。此外，南南西向和西南向风浪频率也较高，分别为 10.1% 和 8.7%。

3. 各季波浪型态特点

春季，大口湾风浪出现频率范围为 1.4% ~13.6%，以西向、北西西向和南南东向较多，频率分别为 13.6%、11.7% 和 11.1%，其余各向波浪出现次数较少。涌浪多集中在南向、南南西向和西南向上，3 个方向频率合计为 60.1%。

后口湾风浪出现频率范围为 0.5% ~18.5%，以南南西向频率最多，为 18.5%；涌浪频率范围为 0.8% ~25.5%，出现较多的为北向、北北东向和北东向，其中北北东向频率为 25.5%。

夏季，大口湾风浪出现频率范围为 0.5% ~20.7%，最多为东南向，为 20.7%；最少为南南西向和北东东向，为 0.5%。涌浪出现频率范围为 0.3% ~28.8%，以南向和西南向较多，分别为 28.8% 和 23.9%。

后口湾风浪出现频率范围为1.1%～12.8%，以北北东向最多，为12.8%；其次是北东向，为9.8%；最少为南西西向，为1.1%。涌浪出现频率范围为0.3%～25.0%，最多为北东向，为25.0%；东南向和北北西向出现频率最少。

秋季，大口湾风浪出现频率范围为1.1%～13.7%，以北向最多，为13.7%；东向和南东东向最少，仅为1.1%。涌浪出现频率范围为1.7%～33.8%，西南向出现最多，为33.8%。

后口湾秋季的风浪出现频率范围为0.8%～15.9%，以北向和北北东向最多，为15.9%；最少为北西西向，仅为0.8%。涌浪出现频率范围为1.9%～36.8%，以北向最多，为36.8%；其次为北北东向，为24.2%。可见秋季风浪和涌浪均多偏北向（北向、北北东向）。

冬季，大口湾风浪出现频率范围为1.4%～12.8%，以北向、西向、西北向较多，尤以西向最多，为12.8%；东向最少，为1.4%。涌浪出现频率范围为0.3%～21.9%，以西南向为最多，为21.9%。

后口湾风浪出现频率范围为0.6%～24.5%，以北向和北北东向较多，尤以北向最大，为24.5%；北东东向最少，为0.6%。涌浪出现频率范围为0.3%～35.4%，以北向最多，为35.4%；南南东向最少，仅为0.3%。

（二）波向

1. 各向波浪出现频率

大口湾全年各向波浪出现频率范围为1.1%～21.9%，常浪向和次常浪向分别为西南向和南向，分别为21.9%和12.7%。后口湾各向波浪出现频率范围为0.3%～26.2%，常浪向和次常浪向为北向和北北东向，分别为26.2%和24.2%。

2. 各季各向波浪出现频率

春季，大口湾波浪出现频率范围为1.2%～19.0%，常浪为南南西向和西南向，为19.0%；次常浪向为南向，为13.9%。

后口湾波浪出现频率范围为0.2%～26.2%，常浪向和次常浪向分别为北北东向和北向，分别为26.2%和21.0%；西向和北西西向波浪最少，为0.2%。

夏季，大口湾波浪出现频率范围为0.8%～27.2%，80%以上的波浪出现于偏南向，常浪和次常浪向分别为南向和西南向，分别为27.2%和22.4%；北北东向波浪最少，仅为0.8%。

后口湾波浪出现频率范围为0.3%～23.5%，常浪向为北东向，为23.5%；次常浪向为北北东向和东北东向，为18.3%。波浪出现次数最少的方向为西、北西西和西北向，为0.3%。

秋季，大口湾波浪出现频率范围为0.5%～30.4%，常浪向和次常浪向为西南向和南南西向，分别为30.4%和11.0%；北东东向波浪最少，为0.5%。

后口湾的波浪出现频率范围为0.2%～33.6%，常浪向和次常浪向为北向和北北东向，分别为33.6%和22.3%；北西西向波浪很少，为0.2%。

冬季，大口湾波浪出现频率范围为1.0%～15.4%，常浪向和次常浪向为西南向和西向，分别为15.4%和13.2%；东向波浪最少，为1.0%。

后口湾冬季波浪出现频率范围为0.3%～39.0%，常浪和次常浪向为北向和北北东向，分别为39.0%和30.4%；南向和南西西向波浪较少，仅为0.3%。

（三）波高

1. 各向波高、波级特征

大口湾多向平均波高为0.3～0.7米，以南东东向和南西西向较大。最大波高为0.8～2.4米，强浪向为南南西向，波高为2.4米；次强浪向为东南向，波高2.1米。一年中，波高小于0.5米的波浪为常见波浪。

后口湾平均波高范围为0.1～0.9米，以北向和北北东向的平均波高值较大。强浪和次强浪向为北北东向和北向，分别为4.7米和4.4米。全年各向波高小于0.5米的波浪为常见波。

2. 各月波高分布

大口湾各月平均波高为0.2~0.5米，全年平均波高值为0.4米。8月平均波高最小，为0.2米；10月、11月、12月和1月平均波高值较大，为0.5米。最大波高出现于11月，为2.4米。

后口湾各月平均波高为0.3~1.1米，年平均波高为0.6米。1月平均波高最大，为1.1米。最大波高出现在1月，为4.7米。

3. 各向平均波高、最大波高的季节特性

春季，大口湾各向平均波高范围为0.2~0.8米，以东北向最大，为0.8米。强波向为南南西向，波高为1.8米；次强浪向为西南向和南向，波高为1.1米。

后口湾各向平均波高范围为0.1~0.7米，以北北东向较大，平均波高为0.7米。强波浪向为北北东向，最大波高为3.8米；次强浪向为北向，最大波高为2.0米。

夏季，大口湾平均波高为0.1~0.7米，以南西西向较大，平均波高为0.6米；北向和西北向波浪较小，平均波高为0.1米。强浪向为东南向，最大波高为2.1米；次强浪向为南南西向和南西西向，最大波高为1.3米。

后口湾各向平均波高为0.1~0.6米，以东向较大，平均波高为0.6米。强浪向为北东东向，最大波高为2.3米；次强浪向为东向，最大波高为2.2米。

秋季，大口湾各向平均波高为0.2~0.6米，以西向和南西西向较大，平均波高为0.6米；南向和北北东向较小，平均波高为0.2米。强浪向为南南西向，最大波高为2.4米；次强浪向为东南向，最大波高为2.0米。

后口湾平均波高为0.1~1.1米，以北北东向和北北西向较大，平均波高为1.1米和0.7米。强浪向和次强浪向分别为北向和北北东向，最大波高分别为4.1米和3.3米。

冬季，大口湾平均波高为0.3~0.6米，以南南东向较大，平均波高为0.6米。强浪向为南南东向，最大波高1.7米；次强浪向为东南向，最大波高为1.4米。

后口湾平均波高为0.2~1.2米，以北向、北北东向和东北向较大些。强浪向为北北东向，最大波高为4.7米；次强浪向为北向，最大波高为4.4米。

由上述可知，大口湾全年各月平均波高略小于后口湾各月平均波高值；大口湾强浪和次强浪向为偏南向，而后口湾为偏北向。

波高小于0.5米的波浪为本海区全年常见波浪。

平均波高较北部海区小，比南部海区大，砣矶岛、高山岛月平均波高最大值为1.1米，出现在12月和翌年1月。最小值为0.3~0.2米，出现在4—5月和7月。车由岛、大竹山岛和小竹山岛月平均波高均小于0.5米。

（四）周期

1. 各向波浪周期

大口湾全年各向波浪平均周期为3.2~4.8秒，以南西西向最大，为4.8秒。北东东向最小；最大周期出现在东向，为7.3秒。

后口湾全年各向波浪平均周期为3.4~4.8秒，以北北东向最大，为4.8秒；南向最小，为3.4秒。最大周期出现在北北东向，为9.0秒。

2. 各月平均周期和最大周期

大口湾各月波浪平均周期为2.8~4.5秒，除11月、12月、1月和2月外，其余各月平均周期均小于4.0秒；平均周期最大值出现于2月，为4.5秒。最大周期为7.3秒，出现于4月。

后口湾各月平均周期值为3.7~5.0秒，全年除4月外，其余各月平均周期均大于4.8秒；以1月平均周期最大，为5.0秒。最大周期出现于10月，为9.0秒。

第五节 海洋化学

908 专项山东省海岛调查在砣矶岛设置一个断面，分别在高、中、低潮滩取沉积物表层样，3 个样品按照中华人民共和国国家标准《海洋监测规范》（GB 17378.5—1998）和《海洋监测规范》（GB 17378.5—2007）进行分析测试。

（1）石油类：3 个样品均检出，含量范围为 1.76×10^{-6} ~ 1.96×10^{-6}（平均值为 1.89×10^{-6}），均未超过沉积物评价标准一类标准（500×10^{-6}），与 20 世纪 90 年代海岛调查的石油含量（9.0×10^{-6} ~ 1240×10^{-6}）相比有所降低。

（2）有机质：含量范围为 0.14% ~0.18%，平均值为 0.16%，均符合海洋沉积物质量评价标准一类标准（2.0%），无超标站位。与 20 世纪 90 年代海岛调查的有机质含量（0.31% ~1.75%）相比，平均值（0.76%）略低。

（3）营养元素：总氮含量范围为 0.011% ~0.019%，平均值为 0.014%。总磷含量范围为 0.046% ~0.051%，平均值为 0.049%。

（4）氧化还原电位：范围为 50 ~120 毫伏，平均值为 73.3 毫伏。

（5）硫化物：3 个样品均检出，含量范围为 12.74×10^{-6} ~ 17.26×10^{-6}，平均值为 14.9×10^{-6}，符合评价标准一类标准（300×10^{-6}）。与 20 世纪 90 年代海岛调查的硫化物含量（0.07×10^{-6} ~ 368×10^{-6}，平均值为 133.8×10^{-6}）相比，硫化物污染未加重。

（6）铜：3 个样品均检出，含量范围为 0.147×10^{-6} ~ 0.682×10^{-6}（平均值为 0.439×10^{-6}），均符合海洋沉积物质量一类标准（35×10^{-6}）。

（7）铅：3 个样品均检出，含量范围为 0.008×10^{-6} ~ 2.826×10^{-6}（平均值为 1.587×10^{-6}），均符合海洋沉积物质量一类标准（60×10^{-6}）。

（8）镉：3 个样品均检出，含量范围为 0.016×10^{-6} ~ 0.021×10^{-6}（平均值为 0.018×10^{-6}），均符合海洋沉积物质量一类标准（0.5×10^{-6}）。

（9）锌：3 个样品均检出，含量范围为 0.983×10^{-6} ~ 2.883×10^{-6}（平均值为 1.994×10^{-6}），均符合海洋沉积物质量一类标准（150×10^{-6}）。

（10）铬：3 个样品均检出，含量范围为 0.113×10^{-6} ~ 0.664×10^{-6}（平均值为 0.318×10^{-6}），均符合海洋沉积物质量一类标准（80×10^{-6}）。

（11）汞：3 个样品均检出，含量范围为 0.00023×10^{-6} ~ 0.00083×10^{-6}（平均值为 0.00045×10^{-6}），均符合沉积物质量一类标准（0.2×10^{-6}）。

（12）砷：3 个样品均检出，含量范围为 0.107×10^{-6} ~ 0.185×10^{-6}（平均值为 0.139×10^{-6}），均符合沉积物质量一类标准（20×10^{-6}）。

第六节 海洋生物与生态

一、海洋生物基本特征

本岛群海域基础生产力较高，是渤海渔业生物的重要繁殖场所。据烟台市渔业资源调查和第一次海岛调查资料，群岛周围海域获得浮游植物 147 种（包括变种和变形）、浮游动物 57 种、鱼卵仔幼鱼 14 种、底栖生物 260 种、潮间带生物 121 种。

浮游植物中，硅藻门 50 属 127 种，甲藻门 5 属 19 种，金藻门 1 属 1 种，硅藻占明显优势。全年浮游植物量为10万~1000万个/米^3，数量高而且稳定，为上一级营养层提供了丰富的食物。

浮游动物中，水螅水母类14种，管水母类1种，枝角类3种，桡足类18种，磷虾类1种，糖虾类5种，端足类1种，毛虾类1种，毛颚类1种，被囊1种，夜光虫1种，在个体数量中，以桡足类最高，浮游幼虫最低。

底栖生物中，无脊椎动物213种，脊椎动物14种，植物33种，它们分别属于13个门，以环节动物门的种类最多（为73种，占28.1%），其次是软体动物（为66种，占25.4%），甲壳类为47种（占18.1%），棘皮动物21种（占8.1%）；从区域分布上，南部岛群海区种类最多（为132种），北部岛群海区次之（为111种），中部岛群海区最少（为78种）。以经济动物为优势种群，如海参、皱纹盘包、栉孔扇贝、虾夷扇贝、光棘球海胆等。

潮间带生物121种生物中，无脊椎动物92种，脊椎动物7种，藻类22种，其中软体动物种数最多（为41种，占33.9%），甲壳动物次之（为29种，占24%），环节动物18种（占15.7%），其生态类型以温带性、暖温带性种类为主。

二、海洋生态系统

中部岛群海岛具有典型的海岛生态系统，又处我国东部候鸟南北迁徙的通道上，鸟类资源极为丰富，是长岛国家级自然保护区的重要组成部分，多个海岛生态系统被划定为重点保护区。

海岛周围海域良好的生态环境和丰富的海洋生物资源，吸引斑海豹前来觅食、栖息，成为我国海洋繁殖的鳍脚类动物太平洋斑海豹的重要分布区。2001年山东省政府批准建立了庙岛群岛斑海豹自然保护区，明确划定高山岛、磲矶岛、车由岛、小竹山岛、大竹山岛及其周围海域为保护区的缓冲区，岛群北部海域则处于实验区内。

第七节　海洋灾害

一、海洋环境灾害

（一）主要气象灾害

大风是本海区常见的主要气象灾害。冬半年寒潮和强冷空气频频侵袭，多偏北大风；夏半年常受热带气旋和强对流天气影响，常带来大风；春季和秋季南北大风交替出现，天气多变。

春季、夏季常受海雾袭扰。另外，干旱也是本区的灾害之一，有连季旱、连年旱的特点。

1. 寒潮

寒潮是冬半年影响本区的主要灾害性天气，寒潮造成的低温严寒和霜冻，对农作物有较大影响；伴随寒潮的大风，直接危害海上安全生产等。

寒潮是冬半年（10月至翌年4月）发生的主要灾害性天气，寒潮经过地带，气温骤降，并伴有偏北大风。根据寒潮年鉴（1951—1975年），以影响渤海作为影响本海区的寒潮共计81次，平均每年3.2次，主要发生在10月至翌年4月。

寒潮大风强度大，风力一般为6~7级，海上可达8~10级，如1966年2月10日受寒潮影响，本海区曾出现34米/秒的北北东向大风。

寒潮降温时间常比大风影响时间要长些，一般为3~4天，长者为4~5天。

寒潮经过地区常常给渔业、水产养殖、盐业、海上运输业造成严重损失。若在大风汛期，加上寒潮引起的向岸大风，有时会发生风暴潮（海水倒灌），淹没村庄和土地，损失较为严重。如1964年3

月20日至4月7日，本海区连续三次寒潮大风（4月5—6日测得北东向和北北东向最大风速为40米/秒），造成37名渔民死亡、大量船网工具损失。

2. 热带气旋

作为主要灾害性天气之一的台风等热带气旋，对本区的影响主要是大风和强降水。根据台风年鉴，1959—1985年的27年中，以造成本海区6级以上大风，或降水量大于等于10毫米为指标，共21个，平均每年0.8个。主要发生在7—9月，最早开始于6月中旬（1970年），最晚结束于9月底（1969年、1971年、1983年）。

本海区受热带气旋影响出现大风有16次。其中，风力在12级以上（含）有3次，占18.7%；风力为10~11级有1次，占6.3%；风力为8~9级有6次，风力为6~7级有6次，各占37.5%。受6005号台风影响，1960年7月28日砣矶岛出现最大风速大于40米/秒，风向北东；同年8月4日，受“6007”号台风影响，砣矶岛最大风速为34米/秒、阵风风速为40米/秒，风向东。

本海区受热带气旋影响出现降水的几率较少，21次影响过程中仅有7次出现降水，降水量为20~68毫米，4次降水量大于60毫米。

（二）海浪灾害

主要为寒潮大浪和台风浪的影响。在寒潮和台风过程中狂风引起大浪，造成海岸侵蚀、船只被打碎和倾覆、海水养殖场被破坏。

1964年3月下旬至4月上旬，3次寒潮大风影响长岛，长岛站测得9~11级北北东向风持续超过40小时，砣矶岛最大风速达到40米/秒（东北向，北北东向），全县有37名渔民罹难。

根据1990年《中国海洋灾害公报》资料，1990年4月30日夜间因受入海气旋的影响，长岛县等沿海遇罕见的暴风浪袭击，5月1日凌晨风力逐渐加大，中午前后达到11级左右。渤海中部波高4~5米，狂风巨浪使长岛县600多公顷养殖区遭到破坏，占养殖面积的45%，其中166公顷海带、100公顷扇贝绝产，还有200公顷养殖区的物资全部被毁，沉损渔船70多艘（其中8艘被风浪冲上岸边，全部报废）。港口码头3处被毁，60多米防波堤被冲塌。直接经济损失约6000万元（国家海洋局，1990）。

根据1994年《中国海洋灾害公报》资料，1994年8月16日至17日，受第15号台风影响，台风浪致长岛县鲍鱼养殖损失3500万元；扇贝养殖损失200公顷；虾夷扇贝损失66公顷；损坏小型渔船200多艘；损坏港口码头11处（国家海洋局，1994）。直接经济损失1.3亿元。

1999—2005年渤海海峡发生的6起滚装客船海难事故，均与冷空气活动密切相关，滚装客船遇险后遇到最大风力7级、极大风力大于等于9级时海上救援很困难；10月至翌年5月为在渤海海峡约三分之一的时间内有可能发生海难事故，10—11月为海难多发期。

二、海底地质灾害

中部岛群海域海底地形地貌相对简单，海底地质灾害较少，除有地震影响、水道内侵蚀深槽之外，未见海底滑坡、高压浅层气等灾害的报道。

三、海洋生态灾害

中部岛群海域，未见有发生大面积赤潮、病原体生物和外来入侵生物等海洋生态灾害的报道。

另外，本海区油污染现象时有发生。如2008年9月，在䃁矶岛周围发现大面积油污染，油污主要呈黑色机油黏稠状，伴有大小不规则的固体黑色颗粒。据海上搜救中心通报，油指纹鉴定结果为重质燃料油，与沉船“金华夏158”号轮存油样品的油指纹特征一致。

第九章　砣矶岛

第一节　概　况

一、海岛地理

砣矶岛（Tuójī Dǎo）代码为370634000811。

砣矶岛位于渤海海峡中部海域，庙岛群岛中部岛群的北部，海岛的平面形态似“L”形，南北长约4.75千米，东西宽约3.9千米。海岛面积为7.0796平方千米，海岛岸线长约20.94千米。最高点位于北部的双顶山，主峰高程为198.9米，地理位置为北纬38°10.0′、东经120°45.0′（图2-9-1和图2-9-2）。西南距北长山岛约18.6千米，西距高山岛约9.0千米，东北距大钦岛约10.6千米。行政上隶属于山东省烟台市长岛县砣矶镇。

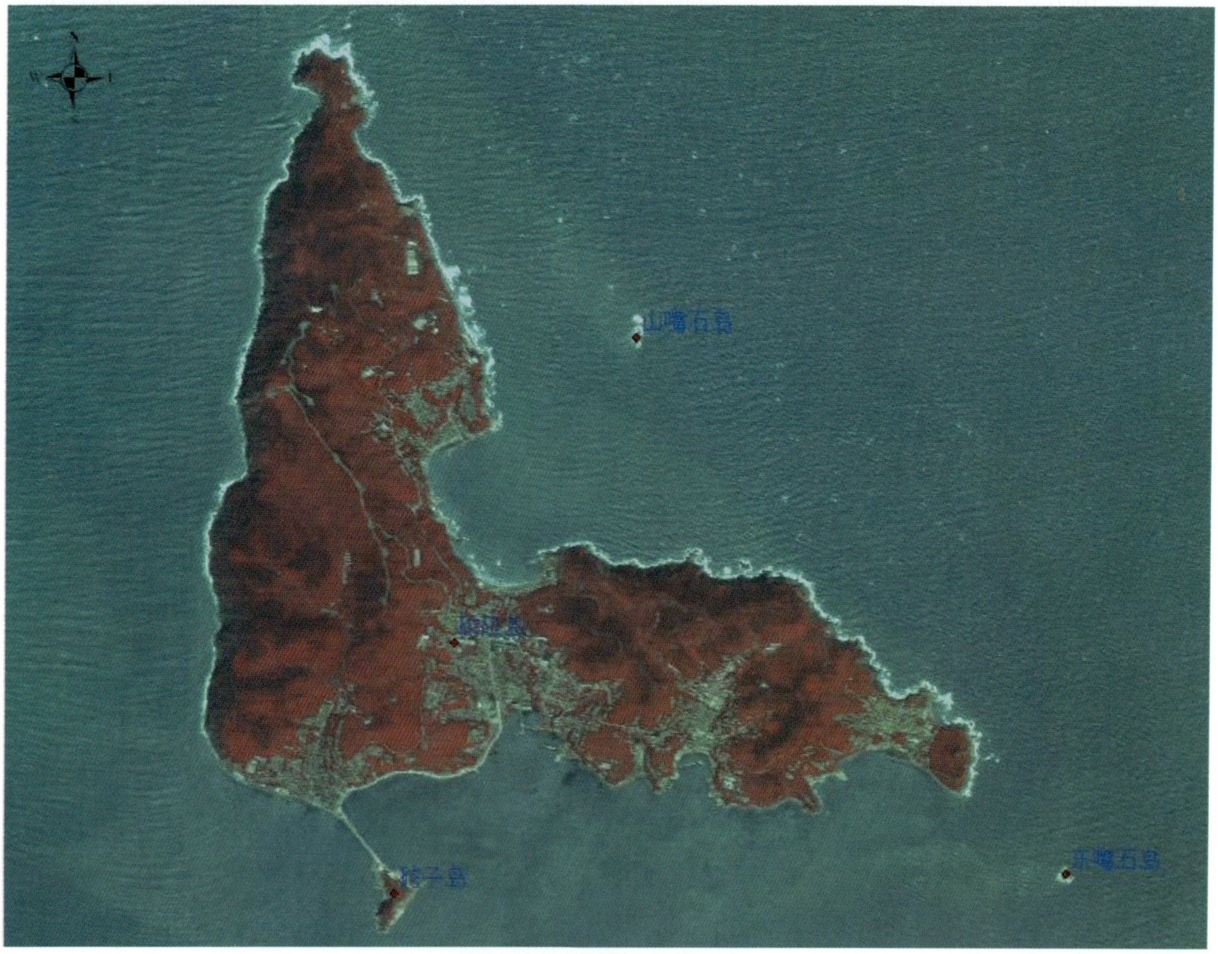

图2-9-1　砣矶岛遥感影像

古代文献写作鼍矶岛，《新唐书·地理志》引贾耽《从边州入四夷》书云：“登州东海海行，过大谢岛、龟岛、歆岛、末岛、乌湖岛三百里”，其中“龟岛”即“鼍岛”之误。清顾祖禹在《谈史方兴纪要》中说：“沙门岛相连属者有鼍矶岛、牵牛、大竹、小竹四岛”。至清《乾隆内府兴图》便作砣矶岛，故《中国历史地名大辞典》说：“砣矶岛即鼍矶岛。”

在《山东省海岛志》的海岛名录一览表中，省序号为“101”、地市序号为“烟台 12”；在《中国海洋岛屿简况》① 中，全国统一编号为“0665”、省编号为“0072”。

砣矶岛地势西高东低，沿岸主要的自然海湾有后口湾、吕山口湾、井口湾、大口塘及砣子湾等，各湾内均建有小型渔业码头。海岛周近岸海域分布有砣子岛、山嘴石岛、东嘴石岛等小型海岛及老风礁、石塘礁、老东礁等礁石。砣矶岛与砣子岛之间有堤坝相连（1978 年建成）。该大坝东侧建有渔港，岛南部中段建有交通码头，有定期客轮通往南长山岛及蓬莱。

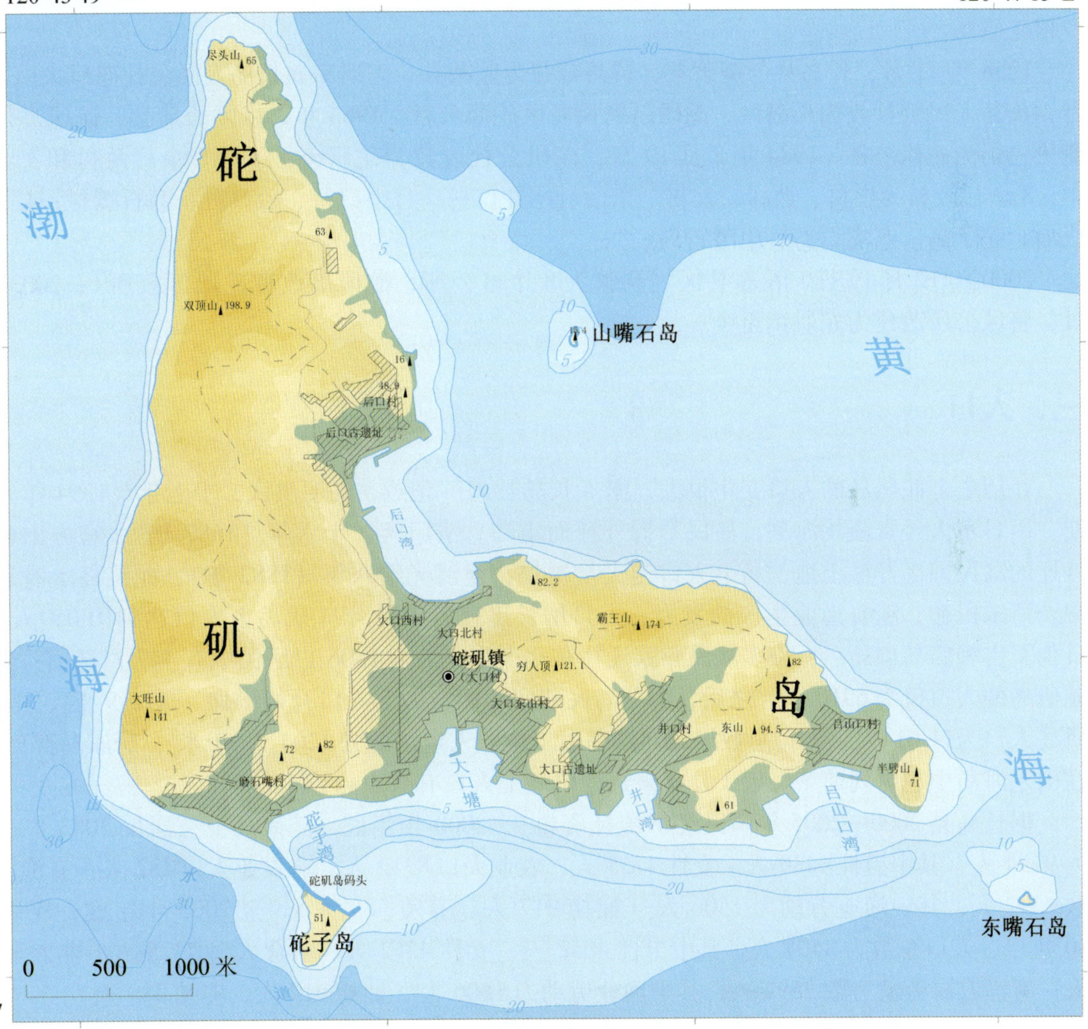

图 2-9-2 砣矶岛地理分布

二、政区建置及历史沿革

在宋代，砣矶岛属蓬莱沙门寨地；元、明属蓬莱县牵牛社。至清道光年间，为开垦海岛，庙岛群

---

① 中国人民解放军海军司令部航海保证部：中国海洋岛屿简况，1980 年。

岛划为13个社，其中钦矶社辖砣矶岛，社内有吕山口村、井口村、大口村、后口村和磨石嘴村（山东省长岛县志编纂委员会，1990）。

1928年7月，奉系海军设立长岛八岛民政局，对区划进行了调整，但仍划13个社，砣矶岛属砣矶社，辖砣矶岛上各村（山东省长岛县志编纂委员会，1990）。1934年，长山八岛特区行政专员公署改社为乡，砣矶岛隶属砣矶乡。

1945年，长山军政办事处曾先后区划为3个区、4个区和6个区，砣矶岛均属于其中的砣矶区（山东省长岛县志编纂委员会，1990）。

1947年10月，国民党长山列岛区署区划为6个乡，在砣矶岛设立砣矶乡。1948年3月，国民党长山八岛设治局调整区划为7个乡1个独立保，砣矶乡仍辖砣矶岛（山东省长岛县志编纂委员会，1990）。

1949年8月，恢复长山岛特区（隶属胶东行政区北海专区），庙岛群岛区划为6个乡，其中砣矶乡辖砣矶岛。

1958年11月，长岛县与蓬莱县、黄县合并为蓬莱县，砣矶岛属长岛人民公社砣矶大队。1962年4月，长岛人民公社改为长岛区，砣矶岛属长岛区砣矶公社。1963年，恢复长岛县，砣矶岛的行政区无变更，仍为砣矶公社。1984年3月19日，砣矶公社改建为砣矶镇，下辖8个行政村和4个海岛。其中，8个行政村为中村、西村、北村、东山村、井口村、吕山口村、后口村、磨石嘴村；4个海岛为砣矶岛、砣子岛、东嘴石岛、山嘴石岛。

2000年12月19日，长岛县区划调整为8个区公所，砣矶岛改称砣矶区公所①；2003年2月20日，将区公所改建为砣矶镇至今。

三、人口

在历史上砣矶岛的人口变化很大，据《长岛县志》记载，在明洪武二十七年（1394年）和清朝初期，因日本人经常骚扰海岛，岛民奉旨外迁而空岛。清康熙二十六年（1687年），官方出台政策鼓励外迁的岛民回岛开垦土地，岛上人口遂大量增加，至清光绪八年（1882年），砣矶岛上有居民500余户。清末民初，随着渔业生产的发展，人口增长迅速，1930年砣矶岛上人口达到10 050人。1939年，日伪军占领庙岛群岛后，许多岛民弃家迁往东北谋生，岛上1806户居民中有447户迁出；到1946年，砣矶岛的人口仅为6910人。之后，部分岛民迁回岛内，岛上人口开始增加（表2-9-1），至1985年砣矶岛人口为11 014人，人口总数居庙岛群岛第二位，人口密度为1204人/千米^2，居庙岛群岛各岛之首，在山东海岛中也名列前茅。近十几年来，砣矶岛上人口有减少趋势。

据长岛县2000—2005年国民经济统计资料②，2000年年底，砣矶岛上有居民3083户、人口总数为9194人，其中男性4439人、女性4755人，农业人口8712人、非农业人口482人；有渔农村劳动力数3592人，其中渔业劳动力1306人（捕捞917人、养殖389人）。至2005年年底，砣矶岛有居民3038户、人口总数为8404人，其中男性4052人、女性4352人，农业人口7325人、非农业人口1079人；有渔农村劳动力数3592人，其中渔业劳动力1306人（捕捞917人、养殖389人）。

表2-9-1　砣矶岛历年人口数量

单位：人

年份	1930	1946	1950	1965	1984	1985	1990	2000	2005	2009	2010
人口	10 050	6910	7259	9541	11 005	11 014	11 030	9194	8404	8050	6758

① 鲁政函民字〔2000〕86号。

② 长岛县发展改革和统计局：长岛县国民经济统计资料（2000—2005年），第73~78页。

表 2-9-2 砣矶镇人口及渔农村劳动力情况

年份	总户数（户）	人口(人)					渔农村劳动力数（人）	从事渔业劳动人数(人)		
		总数	男性	女性	农业	非农业		总数	捕捞	养殖
2000	3083	9194	4439	4755	8712	482	3592	1306	917	389
2001	3064	9062	4386	4676	8576	486	3013	1274	880	394
2002	3071	8827	4254	4573	8366	461	3994	1287	889	398
2003	3265	8688	4190	4498	8215	473	3438	1383	901	482
2004	3043	8495	4109	4386	8038	457	3286	1366	921	445
2005	3038	8404	4052	4352	7325	1079	3269	1326	932	394
2006	2998	8265	4037	4228	7230	1035	—	1176	847	329
2008	2890	7743	—	—	—	—	4174	—	—	—

据长岛县 2006 年统计年鉴资料①，2006 年砣矶岛共有居民 2998 户，总人口数为 8265 人，其中男性 4037 人、女性 4228 人，农村人口 7230、城镇人口 1035；乡村从业人员数 3994 人，其中男性 2707 人、女性 1287 人，第一产业从业人员 1302 人（渔业 847 人、养殖业 329 人）、第二产业从业人员 198 人、第三产业从业人员 2494 人。

据长岛县统计局提供的资料，2008 年年底砣矶岛上有乡村居民 2890 户，乡村人口总数 7743 人，乡村劳动力资源数 4174 人，乡村从业人员总数 3486 人。

据砣矶镇政府提供的资料，2009 年年底全镇人口总数为 8050 人。

根据《长岛县 2010 年第六次全国人口普查主要数据公报》，2010 年 11 月 1 日零时砣矶岛上常住人口 6758 人。

四、公共服务

（一）教育

砣矶岛上原有普通中学 1 所、小学 4 所，即：砣矶中学、大口小学、井口联合小学、后口小学、磨石嘴小学，各村也曾都办有幼儿园。

2010 年 6 月现场调研时，砣矶岛上仅有 1 所学校，即长岛县砣矶学校（图 2-9-3）。该学校包括学前教育（幼儿园）、小学教育、初级中学教育，全镇集中在此上学。长岛县砣矶学校现有在校学生 380 人、幼儿 60 人、教师 47 人，教师以县城的支教老师为主，小学的支教年限一般为 1 年、中学的支教年限一般为 2 年。幼儿园分育红大班、中班和小班。

岛上集中办学后，各村原有的小学、幼儿园均已停办，场地改为他用。如：后口小学校园除用于生产活动外，现教学楼内设有“后口村残疾人康复服务站”，在教学楼前供奉有“海神娘娘”。

图 2-9-3 长岛县砣矶学校现状
（拍摄于 2010 年 6 月 7 日，拍摄点地理坐标为 38°10′01.24″N、120°45′02.85″E）

① 长岛县发展改革和统计局：长岛县统计年鉴（2006 年），第 24～26 页。

图 2-9-4 砣矶岛上原后口小学现状
上图：后口小学；下图：东口幼儿园（拍摄于 2010 年 6 月 7 日）

1. 普通中学

砣矶中学始建于 1964 年，是 1 所由 8 个村联办的中学，几经易名和改建。1964 年建校之初，学校曾名为“砣矶渔林中学”，1965 年 9 月开始招收第一个初中班 51 人，校址在原公社文化站附近。砣矶渔林中学的创建结束了砣矶岛无中学的历史。1966 年，学校迁址到原西村大庙附近。1969 年 3 月，学校体制改革，学生回各村上初中。1969 年 8 月，在砣矶渔林中学的原校址建立了“砣矶高中”，结束了砣矶岛无高中的历史。

1974 年，该学校搬至北村。1978 年，长岛县对中学布局进行调整。1979 年，砣矶岛 5 处联中合并于砣矶高中，学校更名为“长岛县砣矶中学”。1980 年，学校的高中部停止招生。1981 年 8 月，学校再次更名为“长岛县砣矶镇联办中学”。1985 年 8 月，该校初一至初三各年级均有 4 个班（合计 12 个班），学生总数为 512 人，共有教师 42 名。1993 年 10 月，学校改名为“长岛县砣矶镇初级中学”。

2002 年，该校在校学生 729 人（14 个教学班），教职工 52 人；拥有教学楼 1 座、教师宿舍 8 间、平房 23 间、篮球场地 4 块、200 米的环形操场 1 个；有理化实验室 2 个，语音室、微机室、阅览室、图书室、仪器室、校史展室、教师间像备课中心、多媒体教室各 1 个，学校藏书 20 000 余册。

2. 小学

井口联合小学，创办于 1927 年，1985 年 8 月招收小学 1 ~ 5 年级学生，共 5 个班、学生总人数 161 人，有教师 9 名。大口小学，1985 年 8 月招收小学 1 ~ 5 年级学生，共 11 个班、学生总人数 413 人，有教师 21 名。后口小学，创办于 1926 年，1985 年 8 月招收小学 1 ~ 3 年级学生，共 3 个班、学生总人数 64 人，有教师 5 名。磨石嘴小学，1985 年 8 月招收小学 1 ~ 3 年级学生，共 3 个班、学生总人数 77 人，有教师 5 名。

2005 年，长岛县实施全县学校布局调整后，砣矶岛上共有小学 3 所，即砣矶镇中心小学、砣矶镇井口小学、砣矶镇后口小学。

3. 学前教育

现岛上有幼儿园 1 所，即砣矶镇中心幼儿园，接收各村儿童。该幼儿园位于砣矶镇学校初中部教学楼的一楼，2010 年 6 月现场调研时，共有儿童 60 多名，分为大、中、小 3 个班。各种配套设施和玩具齐备。

图 2-9-5 长岛县砣矶学校教学楼现状
左图：初中部教学楼；右图：小学教学楼（拍摄于 2010 年 6 月 7 日）

2007 年，砣矶岛镇政府筹资 50 万元，完成了砣矶学校教学楼粉刷，教学楼门窗、教师宿舍维修，校园路面、球场硬化，学校浴池建设，部分教学设施购置，以及幼儿大型玩具、配套玩具安装等工作。

图 2-9-6 砣矶镇中心幼儿园现状

左图：幼儿园教室；右图：户外活动场所（拍摄于 2010 年 6 月 7 日）

（二）科学技术

1954 年 1 月 3 日，特区工委在砣矶岛举办渔业互助合作训练班①。1956 年，砣矶岛创建了渔业技术推广站，1957 年并入长岛县渔业技术推广站。

1957 年，砣矶岛渔民刘政臣的封扎网法技术全县推广。1964 年，长岛县水产局到砣矶岛推广锚网（锚流网）技术（山东省长岛县志编纂委员会，1990）。1966 年秋，长岛县渔业技术推广站在砣矶岛的磨石嘴大队举办小机帆船拖网剪裁、网具配备技术培训班。1967 年，在砣矶岛举办大机帆船对虾拖网培训班，传授拖网剪裁、封扎和浮力配备技术（山东省长岛县志编纂委员会，1990）。

1972 年春，砣矶岛后口大队在烟台水产研究所和县水产局共同扶持下，成立了由 7 人组成的海珍品科学试验小组。1974 年，后口大队海珍品科学实验小组与县水科所和烟台水产研究所的科技人员共同研究刺身孵化育苗，并将幼参向自然海区投放进行增殖试验，获得成功。1976 年，该试验小组命名为"长岛县水产科学研究所"（县、社、大队联办体制）。1978 年春，更名为"长岛县海珍品试验场"，为县属集体单位。1982 年，改为长岛县海珍品增值站下属的试验场，主要从事刺参、扇贝和鲍鱼等海珍品的人工育苗试验。

1974 年，长岛县海珍品试验场进行栉孔扇贝人工育苗试验，获扇贝苗 2200 个。1975 年，在砣矶岛后口湾和隍城岛湾，进行半人工扇贝采苗试验获得成功；翌年，扩大自然海区半人工采苗试验面积，获苗 270 万个，项目成果获 1978 年全国科学大会奖。1979 年，长岛县海珍品试验场和水产研究所在砣矶岛、钦岛和隍城岛的 7 个海区进行大面积推广，项目成果于 1982 年获烟台地区科研成果二等奖。1984 年，栉孔扇贝自然海区采苗技术推广到全长岛县，解决了当时人工养殖扇贝的苗种问题，项目成果于 1984 年 5 月获得烟台市科技成果推广三等奖。

1976 年，开始全人工筏式养殖扇贝试验，长岛县海珍品试验场自采扇贝幼苗 60 万个，在砣矶岛后口湾内放养 5 亩，经过 2 年的养成期，亩产 2500 千克。1982 年，长岛县水产研究所和水产养殖公司的科技人员，指导砣矶岛井口大队养殖队利用缩短栉孔扇贝人工养殖周期的科研成果试养扇贝，成功后迅速推广到全县。项目成果于 1985 年获烟台市三等奖。

1984 年 12 月，长岛县水产研究所在砣矶岛和南隍城岛海区，进行鲍鱼幼苗越冬养殖试验（把当年育出的鲍鱼幼苗 1355 个，投放试验海区），1985 年 4 月检验获得成功：1 厘米以上的成活率为

① 长岛县水产局水产志编纂组：长岛县水产志，1986 年 12 月，第 5 页。

92.3%，1厘米以下的成活率为64.8%。

1985年，烟台市水产局拨专款在砣矶岛进行紫海胆育苗试验：5月上旬，在后口湾采集6.5～7.5厘米的紫海胆，7—9月先后对265个紫海胆进行人工刺激，获精、卵1200万粒，由于饵料跟不上，未育出幼海胆（山东省长岛县志编纂委员会，1990）。

2007年，投资4万多元购进深水抗压浮漂500多个，在东礁海区开展虾夷扇贝潜筏养殖试验，探索解决虾夷扇贝无足丝、不附着、深水大流海区养殖难等问题。该项目被烟台市科技局正式立项，虾夷扇贝的串耳吊养与串耳底播试验在各海区进行了试验，并向山东省海洋与渔业厅及科技厅上报了10万亩虾夷扇贝养殖基地建设项目。

砣矶岛上政府已经建立了镇村二级科普网络，成立有“砣矶镇虾夷扇贝养殖协会”，创办了《砣矶镇养殖生产信息简报》，并经常组织各类技术培训。仅2007年，组织各类渔养技术座谈会、培训班6个，培训人员800多人次。

1970—1971年，国家海洋局第一海洋研究所曾在砣矶岛的大口湾和后口湾设有2个短期波浪观测站，获得1年实测波浪资料。其中，大口湾波浪观测站位于北纬38°09′35″、东经120°45′22″，观测浮标在测点220°的方位上，南侧水域开阔，北侧受砣矶岛掩护的影响；后口湾波浪观测站位于北纬38°10′18″、东经120°45′18″，观测浮标在测点350°的方位上，除北—东向外，其余各向均受砣矶岛掩护的影响。

1990—1991年，国家海洋局第一海洋研究所对砣矶岛及其周边海域进行了综合性调查。

20世纪60年代开始，在砣矶岛东端半壁山顶设有气象站进行气象观测。

2007年3月，在砣矶岛建成了国家级自动气象站，并正式投入使用，至此长岛县国家级气象站共有3处（另外两个为北隍城岛、大竹山岛）①，自动观测的气象要素7个。

（三）医疗卫生

1942年，在砣矶岛西村设立了“延超医院”（私立医院），1943年停办。1943年，西村设立了“葛天佑、刘之万”诊所（私人西医诊所），1944年停办。1955年，大口村设立了1所私人中医诊所（曲江河诊所），1959年停办，参加砣矶卫生所工作。

1951年春，在砣矶岛建立砣矶卫生所，当时有医务人员1人，1956年增至4人。1965年，设综合门诊、中医室、妇产科、化验室、手术室、药房和会计室。1970年增设放射科。1972年，改为砣矶卫生院，有职工25人（其中医务人员21人）、病床20张。1975年，改为长岛人民医院砣矶分院。1979年增设供应室。1980年增设牙科、挂号室、防疫科。1985年，设有内科、外科、五官科、中医科、妇产科、药剂科、检验科、放射科和总务科，有职工48人（其中医务人员41人）、病床41张（山东省长岛县志编纂委员会，1990）。

现长岛县医院在砣矶设立有分院，即砣矶岛中心卫生院，设床位40个，有医护人员46人，具备基本的检查诊断条件，2009年开通了远程诊断系统。

20世纪70年代初，岛上各生产大队均建立了合作医疗室（医务人员称为“赤脚医生”），备有常用药品。1980年，合作医疗室改称为村卫生室（山东省长岛县志编纂委员会，1990）。现全岛有村级卫生室8个，卫生人员21人。

全面落实新型农村合作医疗制度，建立了全镇参合体制。2007年镇财政出资6万多元，为参合群众每人补贴10元；2007年全镇参合群众门诊、住院报销700多人次，报销15万元。

另外，砣矶岛上居民逐步建立健全农村社会养老保险，全面保障村级补贴，全镇群众参保面逐年扩大。积极推进低保提标扩面和大病灾困难群众救济工作，新增低保户30户，镇财政年投入最低保障资金近3万元。2007年争取上级专项救济款18.8万元，救济大病灾困难户120多户。岛上政府还先后

① http://www.shm.com.cn/newscenter/2007-03/24/content_2094708.htm：砣矶岛气象站投入使用，长岛县国家级气象站增至3处。

制定了《砣矶镇大环境卫生整治活动实施方案》、《全镇爱国卫生工作要点》和《砣矶镇大环境卫生整治实施细则》，建立了镇、村（单位）、村民小组（职工）三级环卫管理机构，对村庄结合部、交叉地、待建地等卫生死角的整治。

图 2-9-7 砣矶岛中心卫生院现状

左图：卫生院门口；右图：远程诊断室（拍摄于 2010 年 6 月 7 日）

第二节 海岛历史与文化

一、海岛历史

（一）人类起源及古遗址

砣矶岛与整个庙岛群岛一样，有着灿烂的古代文化，人类活动历史悠久，留下的文物丰富。主要有后口遗址、井口遗址、砣矶岛古墓群等。

1. 后口遗址

后口遗址位于砣矶岛后口村东部的东山上，南北长约 50 米，东西宽约 35 米。1980 年考古工作者进行了联合考察，认定为岳石文化遗址。遗址北部残留一段土壁，并有两个灰坑。在北边灰坑和南边的地层中采集到石铲、石凿、石刀、石剪头、骨锥、陶器等。陶器多为灰色，其次为黑色、红褐色，大部分为轮制，也有泥条盘筑的，纹饰简单，有弦纹、划纹和附加堆纹数种，还有少量的朱绘。

图 2-9-8 后口遗址出土的陶器

左图：陶豆；右图：陶杯（拍摄于长岛县博物馆）

2. 井口遗址

井口遗址位于砣矶岛井口村西，面积 300 平方米左右，属龙山文化（山东省长岛县志编纂委员会，1990）。

3. 砣矶岛古墓群

砣矶岛古墓群位于砣矶岛大口东山村东北部（面积不详），是龙山时代长岛的典型遗迹。1982 年，中国社会科学院考古工作者进行了挖掘，确认为龙山文化时期的墓群。发掘墓葬 22 座，其中 5 座有殉葬品，并发现 9 个兽坑，每坑有 1 头猪或 1 只狗。出土的文物有陶碗、陶豆、陶盘、陶盆、蛋壳陶杯等（山东省长岛县志编纂委员会，1990）。

1982 年大口遗址墓葬发掘出土的乳丁纹陶罍，为龙山文化盛器。泥质磨光黑陶，薄胎。通高 12. 1

厘米，口径8.1厘米，最大腹径14.5厘米。直口，短颈，有肩，扁圆腹，小平底。盖为覆盘形，顶置半环形纽。肩部设三对小鼻。器腹、器盖遍饰乳丁。现藏长岛县博物馆。

（二）人文遗迹和历史文物

1. 唐砣矶石刻

原石刻是在砣矶岛的井口村西石壁上，20世纪60—70年代，因开山取石被毁。

清光绪十七年（1891年），增修登州府志对石刻进行记载：石刻在蓬莱北海中砣矶岛上，凡八行，行八行，而大半漫（泐），今二十八字存。据唐书，贞观十八年以张亮为平壤道行军大总管，自东莱海征高丽云云，则此刻第一行（泐）字宜是“大唐贞观十”五字矣，其下列衔宜即亮之官阶、勋爵与其属僚也。末有敬海龙王神并夫人字，盖因航海致祷之事耳。祀神而及妃凤之所在，由来也久矣（山东省长岛县志编纂委员会，1990）。

2. 金砣矶石刻

原石刻在砣矶岛的井口村西石壁上。20世纪60—70年代，因开山取石被毁。

清光绪十七年（1891年），增修登州府志，对石刻记载如下：

大金皇统六年保证张牙局子□□因勾石女□会九月二日□卅□□谨记。

右正书方寸五分许，凡五行，行六字，共三十字。不知其何所而曰保证，曰勾室女，曰谨记。疑当日有采宫女之旨，宫役所在搜访，故书年月以谨记之，知其非凡常差役矣。亦可以备一时之掌故（山东省长岛县志编纂委员会，1990）。

3. 后口村支前锦旗

1950年，庙岛群岛有86艘大帆船、760多名渔民南下支援解放舟山群岛。7月，二十五军赠给砣矶岛后口村锦旗1面，题书“支前模范村”。

（三）历史事件

唐贞观十九年（645年），平壤道行军大总管张亮带兵自东莱（今莱州）渡海东征，五月间路径砣矶岛，在岛上刻石留念（山东省长岛县志编纂委员会，1990）。

宋庆历二年（1042年），登州郡刀鱼巡检的水兵300人驻守沙门岛，以防契丹进犯，仲夏驻砣矶岛，秋冬时节回南岸（山东省长岛县志编纂委员会，1990）。

宋元祐八年（1093年），苏东坡写《北海十二石记》，赞誉沙门、砣矶、牵牛、大竹、小竹五岛精致秀丽，卵石五彩斑斓。

明正德十年（1515年），日本人火烧沙门、大竹山、砣矶等岛。

清道光二十年（1840年）六月，外国军舰30余只，侵泊砣矶岛，沿海戒严。

清光绪五年（1879年）八月，蓬莱知县江瑞采赴长岛视察，发现岛中柴草奇缺，遂发布《谕各岛并三乡栽松树以资樵薪告示》。同时，制定了保护中外船只航行章程，在砣矶岛大口村的关帝庙设立永绥局，分界管理海域，高山岛归砣矶岛永绥局经管。

清宣统三年（1911年）三月二日，飓风成灾，砣矶岛翻沉渔船14艘，200余名渔民罹难①。

清末，砣矶岛有载重三万至五万斤的木帆船（俗称大风船）达三百艘②。

1929年4月，山东军阀张宗昌被刘珍年战败后，率残部3000余人，于4月26日晚从龙口逃到砣矶岛。28日凌晨，张宗昌带领副官和卫兵等10余人，乘渔船逃往大连。5月1日下午，其军长黄凤歧与其余人员被东北海军第二舰队俘虏。7月，黄凤歧在南长山岛山前村北枪毙。

1940年2月21日晚，砣矶岛后口村渔民王延实等150余人化妆到井口村，打开船主“德昌顺”号粮仓，拉走大批粮食。

---

①② 长岛县水产局水产志编纂组：长岛县水产志，1986年12月，第1页。

1942年春，王永利遵照中共北海地委的指示到砣矶岛后口村，以教学为掩护，开展地下工作。

1942年5月，时任中共掖县党委书记的张德昌受海西地委之命到砣矶岛磨石嘴村，以修理钟表为掩护，秘密建立渔工组织，发展共产党员。8月，长岛第一个中共党支部在砣矶岛磨石嘴村建立。

1943年春，砣矶岛渔民开展向船主高乐民“借粮”斗争。4月，中共党组织在砣矶岛组织渔民组建了海上游击队——渔民大队（大队长为砣矶本地人吴道金，张德昌任大队指导员）。10月25日，张德昌和吴道金率领渔民大队，在砣矶岛南部海域袭击日军运输船“关东五”号。

是年12月31日凌晨，北海军分区直属中队37人，在队长李少甫带领，从蓬莱县山后初家乘船进岛，中午在大竹山隐蔽，翌日3时在砣矶岛吕山口村登陆，当即兵分两路向大口村进发，拔除东山村伪军据点。

1944年6月，砣矶岛40余人青壮年自愿去西海区参军。1945年，砣矶岛有39名青年渔民，自愿参加西海独立营。

1945年9月19日，胶东军区长山岛军政办事处由南长山岛迁到砣矶岛东山村。是月中旬，砣矶岛、大钦岛、小钦岛、南隍城岛和北隍城岛出动帆船百余艘，运送进军东北三省的八路军。

1946年3月，砣矶区和钦岛区的渔民，开展向船主“大合帐”运动（山东省长岛县志编纂委员会，1990）。同年，岛上流行麻疹、“流脑”。

1947年9月6日，北海地委决定长山岛的党、政、军机关进行战略转移；9月9日，砣矶区第一批转移人员分乘11艘帆船离岛，行至北隍城岛北部海域被敌舰拦截，人员全部被押解到北隍城岛，有9艘船被敌人放火烧毁。9月28日，留守的侦察连撤离长山岛。10月1日，国民党整编第八师一部占领南长山岛，10月19日占领全区。

1948年8月上旬，砣矶岛发生疫情，有61名儿童死亡（山东省长岛县志编纂委员会，1990）。

1949年8月19日，驻守砣矶岛国民党军队弃逃（山东省长岛县志编纂委员会，1990）。

1949年12月24日，砣矶岛动员27艘帆船、260余名渔民，组织山东北海海上支前大队，由大队政委王亲寿和大队长吴远进带领，支援解放舟山群岛（山东省长岛县志编纂委员会，1990）。

1950年3月2日，开展参军（海军）活动，砣矶、钦岛和隍城3乡共有200名青年报名参军。同年10月，结束土地改革运动，确定地权、船权，颁发土地证。

1952年，砣矶岛建立8处渔业生产合作社。

1954年，渔船始配发收音机，收听天气预报。

1955年春，砣矶岛上流行麻疹，发病124人，死亡9人。

1955年冬，砣矶岛中村和井口村各以1艘大帆船进行装机改造（44千瓦）试验，获得成功，称为“长渔7”号和“长渔8”号，为庙岛群岛群众渔业第一对大机帆船。

1956年，砣矶岛的钢铁村和井口村的渔业生产合作社在烟台船厂新造木质尖头瓜蒌型机帆船2艘，安装上海产60马力柴油机。钢铁社的船名为“长渔3”号、井口社的船名为“长渔4”号①。

1957年1月，砣矶岛上邮电支局始用B1型15瓦手摇发报机，与县局电报联络。是年春天，砣矶岛中村刘政臣的轻拖网封网法（俗称“八大炸”）在全省推广。

1957年10月25日，青岛航运局长岛客运站成立，正式开通蓬莱与长岛县9个有居民岛的客运线，砣矶岛自此有客运班船。

1958年5月6日，砣矶岛钢铁社：中发顺机帆船，在利津渔场作业网产黄花鱼6万千克。同年，后口村王华参加山东省劳动模范会议，中共山东省委书记舒同为其题词。

1964年，砣矶岛创建中学1所（砣矶渔林中学）。是年，砣矶岛磨石嘴大队从大连庄河县引进锚网技术，当年投入使用获得丰产。

1964年8月17日，砣矶岛大口西村发现副霍乱患者。县政府和驻军成立军民联合防疫指挥部，山

① 长岛县水产局水产志编纂组：长岛县水产志，1986年12月，第7页。

东省和烟台地区防疫部门抽调业务人员 29 名，组成医疗抢救队进岛，9 月 8 日疫情解除。

1965 年 9 月，砣矶岛后口大队“长渔 17”号机帆船安装 15 瓦发报机一台，此为长岛县第一个群众性渔业船舶电台①。

1968 年，砣矶岛磨石嘴大队投资 1.5 万元建成长岛县第一个渔村俱乐部，建造面积 630 平方米，为大屋架，坡屋顶，砖石结构。

1969 年，县邮电局通过军用海底电缆，开通砣矶岛农村电话（全县开通）。

1970 年，砣矶岛始用聚乙烯线织围网，并开创了大机帆船利用围网“春打青鱼、夏打鲐鱼、秋打鲅鱼”的捕捞作业方式。

1970 年，砣矶岛磨石嘴南端至砣子之间开始实施填海筑坝工程（宽 384 米，最深处水深 21 米，流速 0.7 米/秒），奋战 8 年完成堵挡连接任务（山东省长岛县志编纂委员会，1990）。

1971 年 3 月下旬，砣矶岛井口大队“长渔 7”号船员在海上冒着 11 级大风抢救了辽宁省 16 名渔民，山东省革委会和山东省军区给予记集体一等功。

1972 年，渔船上开始安装探鱼器和对讲机。

1973 年，“渔政 1”号、砣矶岛磨石嘴大队“长渔 45”号和北隍城岛山前村“长渔 94”号各安装一部“测向仪”（山东省长岛县志编纂委员会，1990）。是年 12 月 17 日，烟台地委、军分区给砣矶岛后口大队“长渔 59”号船民兵班记集体二等功，表彰他们在渤海湾作业中缴获 80 米敌潜艇高频电缆和部分仪器（山东省长岛县志编纂委员会，1990）。

1974 年 8 月 29 日，16 号台风过境，夜，砣矶岛井口大队“长渔 7”号从磨石嘴西海口向大口塘转港时，在砣子触礁被风浪砸碎，5 名船员全部遇难。

是年 11 月 24 日，砣矶岛吕山口大队“长渔 51”号水泥船，由蓬莱装砖瓦 1.3 万块运回砣矶岛，并私自捎客 15 人，船行到砣矶岛东嘴石至半壁山之间距岸 200 米处，仍全速航行。遇浪船体发生倾斜，船长错误指挥大副操舵，造成翻船，致 9 人死亡、1 人受伤。船长被追究刑事责任（开除党籍并判处有期徒刑 2 年）。

是年，砣矶岛磨石嘴大队支部书记范国江，被选为第四届全国人民代表大会代表。

1976 年 10 月 9 日，砣矶岛井口大队“长渔 3070”号渔船有渤海西部返回砣矶岛避风，途中被浪打翻，9 人全部遇难。

1977 年，开始敷设蓬莱经南长山岛至砣矶岛的海底通信电缆。

是年 5 月，砣矶岛和大钦岛之间的北礁灯桩建设开始动工，于 1978 年 10 月建成并正式投入使用。是我国北方海域暗礁上建起的第一座渔用灯塔。

1977 年，砣矶岛后口大队试验用旧棕丝与撕裂纤维混纺苗绳养殖海带获得成功，每亩可降低费用 66%②。

1978 年，范国江被选为第五届全国人民代表大会代表。

1980 年 9 月，由砣矶岛经北隍城岛至大连老铁山的海底通信电缆敷设竣工。

1981 年，砣矶岛工艺美术厂制作的石盆景始销日本、美国。

1984 年 5 月 1 日，砣矶岛井口村“鲁长渔 3007”号船在 67 区北部被日本船撞沉，船上 8 人乘舢板得救③。

1984 年 6 月 3 日，海运公司“长运 5”号（水泥壳）在砣矶岛大塘口停泊避风，在 7 ~ 8 级大风浪冲击下，船体大面积开裂，主机和电器设备受损严重，经济损失 9 万元。

1985 年 8 月 19 日，海运公司“长运 3”号船（水泥壳）在砣矶岛大塘口外停泊避风，被渔船撞破，有沉没危险，经请示海运公司同意，抢滩报废，人员无伤亡，但造成经济损失 19 万元。

2003 年 2 月 22 日，“辽旅渡 7”号滚装客船从辽宁旅顺驶往山东龙口，在途径砣矶岛西北约 10 海

① 长岛县水产局水产志编纂组：长岛县水产志，1986 年 12 月，第 7 页。

②③ 长岛县水产局水产志编纂组：1986 年 12 月，长岛县水产志，第 26 页。

里处，滚装客船失去动力（14：35 左右），风浪致使舱内多部汽车滑向左侧，船体向左侧倾斜陷入险境。长岛县有关部门接到“辽旅渡 7”号的求救信号，立即向附近岛屿发出抢救遇险船只的命令。砣矶岛镇为此成立了海难救助指挥部，派出“鲁长渔 3045”号和“鲁长渔 3046”号等 6 艘渔船出海营救，与驻岛部队共同冒险抢救了“辽旅渡 7”号 77 位旅客的生命。以“砣矶岛人民英雄救助群体”为题，东方时空作过专门报道，曾入围 2003 年中央电视台“感动中国”十大事件。

（四）历史人物

1. 王茂生

王茂生（1930—1976. 11），砣矶镇西村人，中共党员。1942 年跟随母亲逃荒去东北。1949 年，参加中国人民解放军，在渡江战役、解放上海战役和朝鲜战争中，先后 6 次立功，多次受奖。1976 年 11 月 22 日晨，他带领江苏宿迁城镇 120 名民兵进行手榴弹实弹投掷，由于其中 1 名民兵引弹失慎，将手榴弹甩在后侧的掩体内，当时掩体内有 56 枚手榴弹，周围有 6 名同志的生命受到威胁。在这千钧一发之际，他大喊一声：“快隐蔽”，并一手将靠近他的预备投弹手猛力推倒，另一手抓起冒烟的手榴弹向掩体外扔去。手榴弹刚出手就在空中爆炸，周围同志得救，他却因头部和胸部多处受重伤，经抢救无效，于当天牺牲。

为表彰他的事迹，中共宿迁县委、县革命委员会向全县人民发出向王茂生同志学习的号召，南京军区追认王茂生为革命烈士，并追记一等功。

2. 范先通

范先通（1907—1951. 7），砣矶镇磨石嘴村人，1943 年加入中国共产党，8 月任磨石嘴党支部书记（长岛第一个党支部）。1947 年 9 月，随长岛工委转移出岛。1949 年 4 月，兼任磨石嘴渔民抗日救国会会长。1949 年夏，磨石嘴村党支部重新成立，再任书记，他在动员渔民支援解放舟山群岛和青年参军工作中，做了大量工作。1951 年 7 月病故。

3. 吴本桥

吴本桥（1893—1961），砣矶镇西村人，著名的木帆船建造大木匠。他 18 岁从师学艺，21 岁造船，具自行设计建造载重量 50 吨左右的木帆船，并以下料精准、修造速度快而闻名。20 世纪 40 年代初，他患病后将造船技术传授给其弟吴本道。1951 年病故，一生共建造大木帆船 10 余艘。

4. 刘吉庆

刘吉庆（1906. 1—1972），砣矶镇后口村人，1950 年任船长，在互助合作中，带头参加互助合作组织，在生产中，带头改革捕捞生产工具，连年创高产。1952 年，被山东省人民政府授予“渔业模范”称号。1956 年被山东省人民政府授予“社会主义渔业建设积极分子”称号。1965—1966 年，任后口大队副大队长。1972 年病故。

5. 梁守明

梁守明（1914. 5—1975），砣矶镇中村人，中共党员。1955 年，任中村村长；1955 年，任钢铁社（大口 4 个村组成）党支部书记兼社主任。在农业合作化运动中，他带头参加劳动，模范执行党的路线，方针和政策，全社捕捞产量连年名列全县前茅。1967 年，被山东省人民政府授予“社会主义农业建设积极分子”称号。1964 年在“四清”运动中被解职。1971 年，经党员和群众推荐，再任中村大队党支部书记。1976 年病故。

6. 吴本道

吴本道（1904—1985），砣矶镇西村人，著名的建造木帆船大木匠。他 17 岁随兄吴本桥造船，兄患病后开始领班修船，1945 年开始领班造船，具自行设计建造载重量为 50 吨左右的大木帆船。20 世纪 50 年代初，他建造的船只模型曾到北京展览。他造船巧用板材、节省材料，船体结构合理，载重量大，航速快。1985 年病故，一生共造大木帆船 10 余艘、机帆船 6 艘，修船 100 余艘，并多次出岛造船。

另外，砣矶岛上有长岛县革命烈士20名。

（五）渔村介绍①

砣矶岛上共有8个行政村：大口中村、大口西村、大口北村、东山村、井口村、吕山口村、后口村、磨石嘴村，各渔村的基本情况介绍如下。

1. 大口中村

大口中村位于砣矶岛中南部，大口中心地段，为镇政府驻地。村庄地处山坡高低不平地段，呈上下不规则形状聚落，东倚东山村，西邻西村，北靠北村，南望长山岛，面朝大口塘。

清顺治年间，刘姓自蓬莱刘家旺迁来居住，吴姓、高姓相继迁入。因村南湾名大口，故称大口中村。20世纪40年代，以位于大口中部建中村。在村西南通港路旁立有该村标志（图2-9-9）。

图2-9-9 砣矶岛大口中村

左图：大口中村标志碑石；右图：村民委员会现状（拍摄于2010年6月7日）

1956年大口中村、大口东山村、大口西村、大口北村合并成大口钢铁生产大队。1962年撤销大口钢铁生产大队，成立中村渔业大队，隶属砣矶镇人民公社。1963年成立中村生产大队，1984年撤销大队，建立中村村民委员会，隶属砣矶镇人民政府，以原大口钢铁生产大队部四合院为村委会办公地。

2007年年底，全村共有居民283户，总人口757人，有耕地3.27公顷、林地21.33公顷。经济结构以虾夷扇贝、海带养殖为主，海洋捕捞和育保苗业为辅。虾夷扇贝养殖是中村的主导产业，放养量逐年加大。至2007年年底，村级虾夷扇贝总养殖规模80行，年实现销售收入100万元；虾夷扇贝个体养殖业户10户，放养规模300行，年实现销售收入200万元。

另外，全村有海珍品底播海区39.07公顷、海珍品育保苗场4处、远洋捕捞钢质渔轮1对、近海小马力渔船14艘。

2. 大口西村

大口西村位于砣矶岛中西部，大口中心地段，为砣矶岛镇政府驻地。村庄地处大口湾西段，南北两沟夹一山，南称大围沟，北名高家沟，中间一山为梁山，是南北长方形聚落。村落东邻大口中村，西邻磨石嘴村，北邻大口北村。

清光绪年间，刘姓由蓬莱刘家沟迁入居住，吴姓、高姓相继迁入。因村南湾口而名大口。20世纪40年代以位于大口西部建西村。1956年大口西村、大口东山村、大口中村、大口北村合并成立大口钢铁生产大队。1962年撤销大口钢铁生产大队，成立西村渔业大队，1963年成立西村生产大队，隶属砣矶公社。1984年撤销生产大队建立村民委员会。

2007年年底，全村有居民328户，总人口769人；有耕地4.8公顷、林地30公顷。经济以养殖虾夷扇贝、海带养殖为主导产业，海洋捕捞和育保苗业为辅。2007年年底，全村海珍品底播海区面积30.53公顷、筏式养殖面积14.4公顷，海珍品育苗厂6处，远洋捕捞钢壳渔船1对，近海小马力渔船

① 参考资料：http：//tjz. changdao. yantai. gov. cn/index_ show. jsp？ id＝1566。

图 2-9-10　砣矶岛大口西村一角及渔村标志

（拍摄于 2010 年 6 月 7 日；拍摄点地理坐标为 38°09′50. 05″N、120°45′53. 33″E）

8 艘。村办养殖场和个体养殖业户成贝总数为 12 000 多笼，在虾夷扇贝海区养殖海带 3. 33 公顷。全村经济总收入 1600 万元，人均收入 4500 元。其中，养殖业收入 730 万元，占 45%，捕捞收入 270 万元，占 16%，工业等其他收入 600 万元，占 37%。

另外，近些年来在发展渔业的同时，充分利用海岛优美的自然风光和独具特色的民俗风情，积极打造海岛“渔家乐”旅游品牌，已发展“渔家乐”经营业户 10 家。2007 年共接待进岛游客 1000 多人次，旅游直接收入 10 多万元。

该村曾被长岛县县委、县政府授予“平安村居”称号、被山东省司法厅、民政厅授予“全省民主法治示范村”荣誉称号。

3. 大口北村

大口北村位于砣矶镇中北部，东距镇政府驻地 0. 2 千米，村庄地处山坡高低不平地段，呈半湾状聚落；村东、西依山，南临中村。

清顺治年间，刘姓自蓬莱刘家旺迁来居住。因村北有一大口湾，故而命名为大口北村。村北海滩为细沙滩涂，是天然的海水浴场，故称后海沿。1956 年由大口北村、大口中村、大口西村、大口东山村合并成立大口钢铁生产大队。1962 年撤销大口钢铁生产大队，成立大口北村渔业大队，隶属砣矶镇公社。1963 年成立大口大口北村生产大队。1984 年撤销大口大队，建立北村村民委员会，隶属砣矶镇人民政府。

图 2-9-11　大口北村现状一角（拍摄于 2010 年 6 月 7 日）

左图：村口标语；右图：健身活动设施（拍摄点地理坐标为 38°10′00. 30″N、120°45′12. 54″E）

2007 年年底，全村共有居民 232 户，总人口 657 人；有林地 39 公顷、海域面积 56 公顷；村集体收入 200 万元。

近年来，大口北村积极进行渔业产业结构调整，稳定发展扇贝养殖、捕捞业等传统产业，大力发展虾夷扇贝支柱产业。2007 年，投资 100 多万元新上虾夷扇贝养殖架子 100 行，保稚苗 3000 万粒，预留优质苗种 300 万粒，村办养殖厂和个体养殖成贝总数已经达 1 万多笼，收入 100 余万元。

在加快养殖发展的同时，依托砣矶岛优美的自然风光，深厚的民俗风情，积极开发原生态旅游业，引导 10 多家渔民转产转业，兴办“渔家乐”，提供“游乐在海上，食宿在渔家”的海岛特色旅游服务。

4. 东山村

东山村位于砣矶岛中东部，村庄散列分布在东山西麓，呈不规则条状。东与井口村相邻，西北靠北村。

图 2-9-12　砣矶岛东山村一角

（拍摄于 2010 年 6 月 7 日，拍摄点地理坐标为 38°09′53.47″N、120°45′20.51″E）

清顺治年间，刘姓自蓬莱刘家旺迁来居住，吴姓、高姓相继迁入。1945 年在大口东部山坡上建村，以东部倚山且位于大口东部而名东山村。1956 年由大口东山村、中村、北村、西村合并成立大口钢铁生产大队。1962 年撤销钢铁生产大队，成立东山村渔业大队，隶属砣矶公社。1963 年成立东山村生产大队。1984 年撤销大队，建立东山村村民委员会，隶属砣矶镇。

2007 年年底，全村共有居民 241 户，人口 653 人；耕地 2.54 公顷，林地 32.84 公顷。

全村经济以养殖虾夷扇贝为主、海洋捕捞和育保苗业为辅。2007 年，先后投入 100 万元新上养殖架子 200 行（总规模达到 500 行）进行虾夷扇贝养殖，养殖业户为 25 户，年销售收入 600 多万元；全村集体与群众共发展深水网箱 10 个，养殖黄黑鱼 30 万尾，年实现销售收入 300 万元；全村共有海参育保苗场 8 个（水体 4000 多立方米），年产值 500 多万元，是集体与群众经济发展的主要增收渠道；近海捕捞，共有 12 马力以上船只 12 艘，采取一船多具，放流、垂钓、拖网及定置网等多种作业形式，年产值 100 多万元。

5. 井口村

井口村位于砣矶东部，西北距镇政府驻地 1000 米，村庄三面环山，一面临海，其东邻吕山口村，西邻大口东山村，北靠霸王山，南临井口湾，村落在山坳间呈方块形展布。

清顺治年间，朱姓和梁姓分别从蓬莱朱家庄、磕头桥迁来建村。因村庄聚落似井状而得名。1984 年建立村民委员会，隶属砣矶镇。

2007 年年底，全村有居民 351 户，人口 1060 人，林地 57.93 公顷，海区面积 66.66 公顷；拥有船只 40 艘，村企业 6 家，人均居住面积 35 平方米。

图 2-9-13　井口村村委会和安全港码头

（拍摄于 2010 年 6 月 7 日，拍摄点地理坐标为 38°09′41.51″N、120°45′52.12″E）

全村经济以养殖为主，海洋捕捞和育保苗业为辅。2007 年全村有筏养虾夷扇贝 30 公顷、养殖海带 16 公顷；有育保苗户 20 户（6000 多立方米水体）和“长岛县银杏海珍品有限公司”（2002 年成立）、“桦冠海珍品有限公司”、“东山艺海海珍品有限公司”、“獐子岛集团公司长岛分公司”等企业，2007 年年底，共有船只 40 艘，产值 1500 万元；村企业 6 家，产值 410 万元，合同利用外资 800 万元，实际利用外资 300 万元。

近些年来，积极开发原生态旅游业，依托“千年古银杏树”、“海会寺古庙”遗址和天然景观“虾石”等旅游资源，大力发展以原生态休闲度假旅游为主要内容的第三产业。香港摄影报社在井口村设立了摄影基地和接待处，2007 年 9 月 21 日至 23 日，在砣矶举行中国摄影艺术家联谊会、香港摄影报社（山东站）年会暨山东省砣矶岛接待处挂牌仪式。

至 2007 年，该村连续 9 年被烟台市委、市政府评为“文明村”，被省妇联授予“幸福进家活动先进村居”。

6. 吕山口村

吕山口村位于砣矶岛的最东部，村庄近三角形分布，西北距镇政府驻地 2.1 千米，西靠东山、东倚半劈山，东南、北临海。

清顺治年间，于姓从文登大水泊迁来建村。清康熙年间，王姓从砣矶岛后口村迁入。村庄南、北临湾，因海湾呈三角形，似喇叭口状，湾顶略带圆弧，东侧顺弧线平直延伸，两侧中段为凹形，呈吕常形，故村庄以此而得名。1984 年撤销生产大队，建立吕山口村民委员会，隶属砣矶镇。

图 2-9-14　吕山口村标志及村庄现状

（拍摄于 2010 年 6 月 7 日，拍摄点地理坐标为 38°09′38.44″N、120°46′19.37″E）

2007 年年底，全村有居民 320 户，总人口 811 人，全村人均居住面积 50 平方米。2009 年年底，全村有居民 230 户，总人口 700 多人，近年来人口下降趋势明显。

近海渔业是该村的支柱产业。2007 年全村有大马力渔船 2 对（年产值 300 多万元），有顺流网、锚流网、垂钓船只 80 多艘；建有冷藏厂、船厂各 1 处；有 1000 立方米的海珍品育保苗厂一处（年产值 300 多万元）；海珍品海区 133 多公顷，年产值 200 余万元。

海水养殖以虾夷扇贝、海带、栉孔扇贝、网箱养鱼多品种养殖为主，虾夷扇贝养殖规模达到 3 万笼，海带养殖面积 2.67 公顷，养鱼网箱 40 个，年产值 600 余万元。

2009 年全村经济总收入 2000 多万元。

7. 后口村

后口村位于砣矶岛北部，东望吕山和井口村，西邻磨石嘴村，南靠北村，村庄呈半湾状聚落。

清顺治年间，王姓由黄县诸由观西台村迁来建村；清光绪年间，郑姓南隍城岛迁入（山东省长岛县志编纂委员会，1990）。村庄因东临后口湾而得名后口村。1983 年 7 月，成立后口村村民委员会，隶属砣矶镇。

图 2-9-15　砣矶岛后口村标志及村庄与渔码头布局

（拍摄于 2010 年 6 月 7 日，拍摄点地理坐标为 38°10′29. 15″N、120°44′25. 66″E）

2007 年年底，全村有居民 464 户，总人口 1121 人；有林地 129. 8 公顷，海区面积 334. 2 公顷；人均居住面积 30 平方米。

养殖业是后口村的主导产业。主要养殖品种是虾夷扇贝、栉孔扇贝、杂交栉孔扇贝养殖。2003 年 5 月，后口村与大连獐子岛渔业集团股份有限公司签订 30 年海珍品区域合作项目，目前全村共有男女劳动力 80 多人在獐子岛从事养殖护海等工作。全村现有育保苗场 6 处（5500 立方米水体），所育的海参苗种，全部销售给獐子岛长岛分公司；鲍鱼苗种则运到福建进行越冬保苗，次年 5 月再运回北方销售。小马力渔船和渔养兼作协调发展。2007 年年底，共有船只 34 艘，产值 150 万元；村办企业 1 家，合同利用外资 180 万元，实际利用外资 180 万元。

8. 磨石嘴村

磨石嘴村位于砣矶镇西南端，东北距镇政府驻地约 1000 米。该村三面环山，南面临海。村落顺山坳、沿海岸线呈“T”字形展布。

清康熙年间，范姓从栖霞迁来建村；道光年间，孙姓由蓬莱湾子口迁入。磨石嘴村因盛产磨刀石而得名。1956 年成立砣矶镇磨石嘴公社，1958 年改为砣矶大队磨石嘴生产队，1962 年改为砣矶公社磨石嘴大队；1984 年撤销大队，建立磨石嘴村民委员会，隶属砣矶镇人民政府。

图 2-9-16　砣矶岛上磨石嘴村标志与民房

（拍摄于 2010 年 6 月 7 日，拍摄点地理坐标为 38°09′38. 30″N、120°44′47. 12″E）

2007 年年底，磨石嘴村有居民 635 户，总人口 1740 人，有林地 53. 33 公顷，海区面积 66. 67 公顷，人均居住面积 20 平方米。2006 年，全村经济总收入 1504 万元，其中：捕捞收入 604 万元，占 40. 1%；海水养殖收入 94 万元，占 6. 3%；工副业收入 746 万元，占 49. 6%。

磨石嘴村的经济结构为渔、工结合型。渔业是该村的支柱产业，经过多年结构调整，全村逐步培育起了集捕捞、养殖、加工、育苗等行业为一体的渔村经济新体制。2007 年年底，磨石嘴村有船只 50 艘（其中 100 马力以上的船 20 艘），产值 2100 万元；村办企业 2 家（船厂和冷藏厂），产值 800 万元；

进出口总值300万元；合同利用外资360万元，实际利用外资150万元。

磨石嘴村曾以砚石、盆景石、磨刀石等名扬中外，“金星雪浪”砣矶砚，油润细腻，质坚如石，研不起沫，涩不带笔，是著名的鲁砚之一。

2007年，磨石嘴村依托高山岛优美的自然风光、雪浪金星砚石林、鬼斧神工的天然海石画和砣矶岛渔家浓厚的民俗风情，引进烟台客商来岛注册成立了“砣矶岛原生态旅游度假村有限公司”，与村里的“渔家乐”业户联营开发旅游消费市场。

二、海岛文化

砣矶岛民俗风情独特，海岛文化底蕴丰厚，有很多对海岛社会、经济发展有影响的历史事件以及美好的传说。

（一）木帆船制造

砣矶岛木帆船制造已有350年历史。在清末民初，最大的帆船可载重20吨，因似瓜蒌，习称“大瓜蒌”，曾是风帆时代中国海上的一支劲旅，当时大瓜蒌船曾远到朝鲜打青鱼，时有民谣“迎春开花，打柞来家”（即回来时从朝鲜捎一船柞木）；1946年春季渔汛，长岛“大瓜篓”曾经创下一网捞上八船“金”的奇迹。1950年，为支援舟山群岛解放，曾有23艘大瓜蒌用火车送去支援前线。

到20世纪60年代，可造出运载量50吨的大风船。随着机帆船的兴起，“大瓜篓”渐渐消失，至70年代长岛木帆船锐减到不足10艘。1983年，在建港中服役的绰号为“大崴子”是长岛最后的一艘“大瓜篓”。

这种瓜蒌船主要产自砣矶岛，该岛也培养了一批造大瓜蒌的工匠（在后口村、北村、西村等都有这样的工匠）。1985年，长岛县航海博物馆开始启动制作“大瓜篓”船模（图2-9-17），该模型长1.6米。

图2-9-17 庙岛航海博物馆内仿古帆船模型（大瓜篓）

2003年，在当地政府旅游部门组织下，砣矶渔轮厂以“大瓜篓”为原型、重新设计建造了仿古帆船——“渔家乐1”号。2004年，第二艘“大瓜篓”（“渔家乐9”号）建造完成。

“渔家乐1”号为机帆两用旅游风帆船，融合了风帆文化和渔家文化，堪称我国北方海上游第一帆，与舟山的“绿眉毛”成为我国沿海仿古风帆“姊妹”。

2009年9月，“大瓜篓”木帆船制作技艺，被山东省列入了第二批省级非物质文化遗产名录（鲁政字〔2009〕232号①），其序号为256、编号为Ⅷ-29（传统技艺类）。

（二）民俗文化

1. 渔家号子

砣矶岛渔号是风帆时代海洋文化苑中的一朵奇葩，也是砣矶岛渔民长期从事海上劳动创造的歌。渔民在上网、捞鱼、摇橹、掌篷、拔网、起锚、竖桅等时脱口而出的渔号，是渔民的歌、大海浪谱上最强的音，她粗犷、浑厚、优美、和谐，乡土气息浓郁，不仅具有组织生产、协调动作的功能，且有

① 山东省人民政府“关于公布第二批省级非物质文化遗产名录和第一批省级非物质文化遗产扩展项目名录的通知”。

鼓舞劳动的情绪、调节精神的作用。号子有说有唱，有领有和，有长有短，大致可分为平稳舒畅、低慢缓和、高亢急促三种："发财号"、"廷巴号"、"捞鱼号"，轻慢悠扬，柔中有刚；"摇橹号"急促，"拔网号"、"起锚号"、"竖桅号"、"掌篷号"节奏铿锵有力，曲调苍劲浑厚；渔船满载而归的"大吊子"（长幅红布），号子平稳、轻松、和缓。

1987 年，砣矶岛渔家号子被烟台电视台拍摄成专题片《长岛渔号》搬上屏幕、舞台，是生活与艺术的结合。

2008 年 6 月 7 日，"长岛渔号"被国务院批准文化部确定的第二批国家级非物质文化遗产名录①：传统音乐类中的"海洋号子"，编号为 596 Ⅱ -97。

2. 风俗习惯

岛上粮食原来主要来源于辽宁省，俗称"吃关东粮"，以玉米为主。每年春节鲜鱼上市，群众都要"腥腥锅"，除熬鱼吃外，多喜欢吃鱼饺子、鱼包子、鱼丸子和鲜鱼面。随着经济的发展、科技的进步和群众生活水平的提高，细粮比例不断增加、海产品多以鲜品为主，并有海珍品。

居民住地多选择背风向阳、靠近海湾的地方，多有院落。邻居的屋脊，前不得高于后，东不得高于西。临街大门多向南偏东，内或外大都建有照壁，忌讳正冲屋子的中轴线，有的也开东门，但最忌开西门。院内厕所忌建东侧，一般多建在院子的西南角。渔村青年结婚，大多要盖一套新房。

旧时，庙岛群岛娶亲的方式各岛不一。南、北长山岛习称"将"媳妇，其他各岛习称"送闺女"。砣矶岛婚俗独特，在婚日的前一天，女家备 1 头驴，驴鞍两侧各贴大红喜字；傍晚，着新衣的新娘，盖着头布骑驴，与送家客一同到男家。婚日的第二天上午，娘家来人接新郎、新娘回家省亲，俗称"搬九"（其他各岛多在结婚的第六天或第九天"搬九"）。"搬九"后，女家的亲戚可宴请新郎、新娘，称"跟九"。寡妇改嫁，须等亡夫烧"百日"或周年以后，多在傍晚出嫁，行至半路僻静处更衣，衣服不可艳丽；到男家时，男方家的牌位须用红纸罩盖，以防"丧气"冲"神"；男方家只宴请主要亲戚。

（三）语言文化

庙岛群岛各岛语言具有胶东方言的一般特点，居民岛上的语音系统基本一致，内部的南北差异较明显。砣矶岛地处群岛中部，连接南北岛群，方言有其独自特点，既有属于南部方言区，又有北部方言区的特点；有些音类和个别字的读法则比较特殊。

图 2-9-18　后口小学院内供奉有妈祖雕塑

（四）信仰文化

1. 道教

宋朝，岛上开始有道教传播。元朝海运兴，道教开始兴盛。随着海岛渔业的发展，人们为了得到海神的保佑和恩赐而信仰道教。明、清时期，岛上村村建有道家宫观，供奉妈祖，渔民向"海神娘娘"祈祷许愿，并到庙中还愿。在"土地革命"和"复查"运动中，宫观多被破坏；在"文化大革命"破"四旧"中，宫观荡然无存，但民间仍有信仰活动。

2010 年 6 月现场调研时，在原后口小学院内的教学楼前，临时供奉有"海神娘娘"雕像（图 2-9-18）。该雕像为纯白色大理石像，最终将安放在后村东侧黄土台地高岸边，现已完成其水泥基座浇筑。

① 资料来源：http：//news. sohu. com/20091207/n268740917. shtml。

2. 佛教

唐朝时期，佛教开始在岛上传播，岛上始有佛教寺庙。元朝海运兴，岛上道教开始兴盛，有的在佛教寺庙旁修建了道教宫观，形成了佛教、道教混杂布局，群众既信仰道教又信仰佛教。岛上居民盛行平日常到庙上烧香拜佛，每年四月二十八，到寺庙赶庙会。庙岛群岛中以砣矶岛和钦岛最为盛行，在井口村南修建有海会寺，其规模宏大。

图 2-9-19　砣矶岛井口村海会寺遗址（遗留墙基及银杏树）

（拍摄于 2010 年 6 月 7 日，拍摄点地理坐标为 38°09′40.70″N、120°45′48.76″E）

民国初年，岛上佛教渐趋衰落。在“土地革命”和“复查”运动中，僧侣多被遣走，寺庙所属土地和船只分给群众，寺庙多被破坏，佛教活动随之消失。

目前，在井口村公路南侧仍有寺庙墙基、砖石和部分庙堂建筑及古树（银杏树）遗存（图 2-9-19）。并被长岛县类为文物保护，县文物局设立了保护标志。

3. 天主教

民国初年，天主教从蓬莱传入庙岛群岛，传教活动主要在砣矶岛和钦岛，砣矶岛上的磨石嘴村设有传教点，有天主教徒 40 余人，由华人传教士主持日常教务活动，传教时间多为春季。1921 年，天主教停止活动。

4. 基督教

民国初年，基督教从烟台和蓬莱传入庙岛群岛，砣矶岛传教活动较盛，在磨石嘴村、后口村建立有传教点，有教徒近百人（山东省长岛县志编纂委员会，1990）。其日常事务主要由华人神职人员负责，每逢星期四，教徒都聚集到传教点做礼拜。在渔闲季节，外国传教士会进岛布道，传教士多是英国人或美国人，其中还有修女。传教时，还向群众发放宗教画册、图片和其他读物。岛上基督教徒与天主教经常发生械斗。1921 年，岛上基督教活动开始衰落，至 1928 年已停止活动。

基督教曾在井口村办有“培英学校”、大口村办有“实授学校”，在吕山口村和大钦岛的南村、南长山岛的寺后村等也曾办有学校（山东省长岛县志编纂委员会，1990）。这些学校的教师主要由华人神职人员担任，除讲授国语和算术外，还讲授福音书，有的还开设英语课。

（五）文学艺术

1. 传说与故事

（1）“虾石”传说

在砣矶岛吕山口东端海岸，有一座礁石造型十分像无头虾，即自然奇景“虾石”（图 2-9-20），这里还有一个传说。

据说以前生活在渤海里的对虾，因有虾王把守渤海海峡要道，不得游出外海。其中，雄虾王镇守珍珠门海域，雌虾王镇守砣矶岛海域。每年春、秋两季，对虾都要向虾王朝拜。岛上渔民也十分敬重虾王，逢年过节都要供奉祈祷。因此，岛上渔民出海捕虾，每次都是满载而归。后来，南方渔民来此捕虾，却总是空手而回，他们不解其谜。一天，南方渔民发现，砣矶岛

图 2-9-20　砣矶岛天然“虾石”奇景

（拍摄于 2010 年 6 月 7 日，拍摄点地理坐标为 38°10′00.41″N、120°46′25.72″E）

吕山口东端的峭壁下金光万道，仿佛是只大金虾在那里闪闪发光。他们驾船驶近一看，竟是一块大虾模样的礁石，并猜测这一定是虾王的化身，于是便把“虾头”凿下，运到南方。从此以后，两个虾王各居一方，每年秋天虾群都要游出渤海。长此以往，就形成了渤海对虾春北秋南的洄游规律。

（2）古沉船

在砣矶岛大口塘内，距岸约500米处有艘古代沉船，冬季大潮低潮时能微露水面。据说，船上装有竹排等，船体没有钉锔，而是用榫相连。

2. 戏剧

民国初期，每年夏、冬两季，岛上常请外地戏班进岛演出京戏，群众称为“唱大戏”。1930年，砣矶岛大口村开始成立业余京戏班子，一般正月初开演、正月十五结束，所演剧目均由岛上在东北经商的京戏爱好者传入。1950—1955年，曾排演过京戏《桑园会》、《卖马》、《失汉城》、《打渔杀家》、《空城计》、《女起解》、《搜狐救狐》等。1955年后，随着吕剧的兴盛，京剧活动逐渐停止。

20世纪50年代中后期，北隍城岛山前村组建业余吕剧队，演出的吕剧节目多为传统剧目。1965—1967年，吕剧演出剧目多系根据政治形势需要自编。1978年，恢复演出传统剧目。1985年，随着音乐舞蹈的兴起，吕剧逐渐淡出人们的视野。

另外，砣矶区西村曾演出话剧《赵保元抓壮丁》、《诉不尽的苦》（自编）。20世纪50年代初，砣矶乡等演出歌剧《白毛女》、《三世仇》等。20世纪60年代初，砣矶等公社演出歌剧《红珊瑚》、《血海深仇》、《三月三》等。

1968年，砣矶岛磨石嘴大队建立了俱乐部，供电影、戏剧演出和会议之用。

3. 民间舞蹈

砣矶岛的民间舞蹈活动始于20年代初，系由东北地区传入，大口村率先组织了同乐会。春节期间的文化活动，主要是耍龙、跑旱船和踩高跷等。演出时间，一般从正月十五演到正月十八。除在本村演出外，还到各村串演。

1949年以后，新增的形式有扭秧歌、腰鼓舞、狮子舞、扇贝舞、大头娃舞等。“文化大革命”期间，一切传统文艺活动被禁止，只准唱“语录歌”、“样板戏”，跳“忠字舞”。1978年，秧歌开始复演。1981年，开始恢复传统节目演出。

三、海岛土特产品

（一）砣矶砚和盆景石

砣矶岛曾以磨石嘴村的砚石、盆景石、磨刀石等名扬中外。其中，砣矶砚又称金星雪浪砚，是著名鲁砚之一，具有很高的观赏和收藏价值。

砣矶石制砚起始于北宋熙宁年间，盛于明代、清代。雍正年间，砣矶砚已成为地方官吏敬献的贡品，现存于北京故宫博物院的砣矶砚为进献乾隆皇帝的贡品，该砚为长方形，石色青间碧，受墨处宽平，墨池深广，中刻一蟠，边刻四螭，砚底刻有乾隆手书的赞誉七言绝句：“驼基石刻五螭蟠，受墨何须夸马肝，设以诗中例小品，谓同岛瘦与郊寒”，褒扬了砣矶砚可与端砚相媲美。在历史记载资料中，文人墨客对砣矶砚多留下美好的赞誉：清代名士董奇庐评赏砣矶砚为“砣矶石似歙而益墨殊胜，有枯润二种，得之润水中者尤佳，石家藏此砚而宝之”；史书《唐录》称砣矶砚为“色青黑，罗纹金星，甚发墨……”；《西清墨谱》誉砣矶砚“砚虽新制而质理锋颖，佳处不减龙尾，可备砚林别品”。

1984年，全国书法家协会主席舒同初试砣矶砚后称其为“金星闪烁雪浪翻，为文泼墨赛马肝”。2009年首届中国北方旅游产品设计大赛上，金星血浪砚获金奖。

砣矶砚石产于砣矶岛磨石嘴村西北部悬崖下的山泉水眼处，主要成分有绢云母、绿泥石和少量石英、白钛矿等。摩氏硬度为3～4级，雕刻成砚后，色泽如漆，金星闪烁，雪浪翻腾，且研不起沫，油润而不吃墨。由于砣矶岛砚石料产自断崖险处，且石料资源有限，曾一度停止开采。改革开放后，建立了工艺美术厂，砣矶砚应运而生，且有少量出口。2007 年该镇出台了加强全镇矿产资源保护通知，规定任何单位和个人不得擅自开采。

砣矶盆景石是砣矶岛海边天然的风化浪蚀石。用此石制成的盆景，称砣矶石盆景，其自然造型优美奇特，具有瘦、皱、透、漏的特点。好的石料千奇百怪，玲珑剔透，本身就是精美的艺术品。如取材得当，布局巧妙，稍加雕琢，并布以花草、亭塔，变成绝妙盆景。砣矶镇工艺美术厂制作的山水盆景，远销日本、美国。

（二）砣矶石廊

在砣矶岛西部海岸把险、幽、艳、美、奇集于一身，别具一格的海蚀地貌使海岸既有峭壁陡直的雄姿，又有穴孔幽洞的神奇，石壁上色彩绚丽、图案万千，形成了天然的艺术回廊，令人叹为观止。

图 2-9-21 砣矶岛天然景观——“彩石画廊”

（拍摄于 2010 年 6 月 7 日，拍摄点地理坐标为 38°10′29.94″N、120°44′11.60″E）

（三）特色海产品

砣矶岛的特色海产主要有：海参、扇贝、鲍鱼、海胆、对虾、鲅鱼、鱼类和海带、裙带等。

第三节 海岛基础设施

砣矶岛的海陆交通便利，电力供应充足，通信网络先进。砣矶镇先后制定了长远规划和每年发展目标，以财政增长、渔民增收为目的，近年来强力推进风电、交通运输等领域招商引资项目，促进海岛和谐社会主义新渔村建设。

一、交通运输

1929 年，长山八岛民政局通令各岛群众修路。

1950—1957 年，驻岛人民解放军在砣矶岛上修路 11 千米（山东省长岛县志编纂委员会，1990）。

1973 年 3 月开始，砣矶公社从岛上 8 个生产大队抽调 270 余名社员组成建港队，开始在砣矶岛磨石嘴村南与砣子岛之间填海筑坝（投资 140 万元，共搬运土石方约 46 万立方米）。1978 年 9 月，基本建成砣矶岛大坝。该大坝长 400 米，坝基宽 74 米，顶宽 11 米（山东省长岛县志编纂委员会，1990），水泥路面，通行汽车。

2009 年，投资 120 万元进行岛上乡村公路建设，改扩建了砣矶镇吕井线 2 千米（4 月开工），并于 7 月底完工①。

① 资料来源：http：//www.jiaodong.net/news/system/2009/12/16/010705600.shtml。

二、港口、航运与助航设施

民国初期，砣矶岛井口村和吕山口村的渔民，在各自村前海湾投石构筑简易码头（挡浪墙），供本村小帆船避风浪（山东省长岛县志编纂委员会，1990）。

1948 年，东莱群岛设治局在砣矶岛大口塘东侧建一石质码头，岛上始有码头。该码头长 90 米，顶宽 6.8 米，因码头附近居民多为姜姓。故称“姜家码头”，此码头于 20 世纪 50 年代初废弃（山东省长岛县志编纂委员会，1990）。

1957 年 11 月 25 日，山东省交通厅成立了青岛海运局蓬莱港驻长岛航运组，开辟了蓬莱—南长山岛—北长山岛—砣矶岛—大钦岛—北隍城岛—南隍城岛的客运航线（山东省长岛县志编纂委员会，1990），砣矶岛始有客运班船（隔日）。

1973 年 3 月开始，砣矶公社从岛上 8 个生产大队抽调 270 余名社员组成建港队，开始在砣矶岛磨石嘴村南与砣子岛之间填海筑坝，共搬运土石方约 46 万立方米，投资 140 万元，于 1978 年 9 月基本建成砣矶岛大坝（山东省长岛县志编纂委员会，1990）。该大坝长 400 米，顶宽 11 米（基宽 74 米），东侧建有渔港码头。

1989 年 8 月，在砣子岛东岸建成了砣矶岛陆岛交通码头（砣矶港）。该码头主要用途为客运、客滚货运，采用顺岸重力方块结构，码头长码头长 60 米，码头高程 3.0 米，前沿水深 4.5 米，靠泊能力为 1000 吨级，回船区域（港池）约 150 米 × 130 米。进出港航道位于北纬 38°10.61′、东经 120°47.71′与北纬 38°02.25′、东经 120°44.82′之间，航道底宽 60 米，两侧设有钢制浮灯标，各浮灯标的位置及形态特征见表 2-9-3。

表 2-9-3　砣矶岛陆岛交通码头进出港航道灯标

名称	北纬	东经	形状特征	用途
1 号灯浮标	38°08′52.44″	120°45′04.98″	绿色，柱形，锥形顶标	右侧标
2 号灯浮标	38°08′58.32″	120°45′59.34″	绿色，柱形，锥形顶标	右侧标
3 号灯浮标	38°09′16.50″	120°44′58.92″	绿色，柱形，锥形顶标	右侧标
4 号灯浮标	38°08′56.88″	120°46′07.92″	绿色，柱形，锥形顶标	右侧标
5 号灯浮标	38°09′12.96″	120°46′43.14″	绿色，柱形，锥形顶标	右侧标
6 号灯浮标	38°09′42.78″	120°47′10.50″	绿色，柱形，锥形顶标	右侧标
7 号灯浮标	38°10′38.10″	120°47′46.32″	绿色，柱形，锥形顶标	右侧标
8 号灯浮标	38°10′37.02″	120°47′48.18″	绿色，柱形，锥形顶标	右侧标

在砣子岛上设有灯塔，陆岛交通码头港区防波堤前端设有灯桩（图 2-9-23），在砣矶岛北侧海域的北礁（暗礁）设有灯塔。其中，砣子灯塔位于砣子岛顶部，地理坐标为北纬 38°09′05.6″、东经 120°44′43.8″，砖石白圆塔结构，建成于 1975 年；北礁灯塔是我国北方海域在暗礁上建成的第一座灯塔，1977 年由长岛县水产局船舶管理站和砣矶公社建港指挥部承建，地理坐标为北纬 38°13′04″、东经 120°45′00″，圆形钢筋水泥质结构，塔桩高 14.7 米，灯高 7 米。

图 2-9-22　砣矶岛港现状

（拍摄于 2010 年 6 月 7 日，拍摄点地理坐标为 38°09′15.62″N、120°44′48.04″E）

2009 年 7 月 10 日，开通了蓬莱港至砣矶岛的旅游航线，也结束了蓬莱和砣矶之间没有直接航线的历史。该航线由砣矶岛原生态度假村有限公司、长岛祥坤运输有限公司和蓬莱港务公司合作运营，为砣矶岛首条海上旅游航线，“祥坤 5”

号游船每天 14：30 由蓬莱港发船，第二天 10：30 乘原船返回。

另外，岛上各渔村建有安全港或生产作业码头。

图 2-9-23　砣矶岛港防波堤前端灯桩

（拍摄于 2010 年 6 月 7 日，拍摄点地理坐标为 38°09′12. 83″N、120°44′57. 15″E）

三、水利设施

1954 年，在砣矶岛的平窑挖塘坝 1 处，1955 年建成。

2005 年，在砣矶岛北村西北近岸建有日产 200 吨淡水的海水淡化站（图 2-9-24）。该淡化站采用反渗透海水淡化系统，生产的淡水实行全镇连片供水：海水淡化站供水中心通过地下主管网（分东线、西线、北线）输送到各村的蓄水池；再通过支线管网送水入村和居民接线入户。

图 2-9-24　砣矶岛供水中心（北村海水淡化站）

左图：淡化站现状（拍摄于 2010 年 6 月 7）；右图：海水淡化系统

砣矶岛淡化水连片供水的主管网线路总长 9465 米，支线管网线路总长 48 000 米。其中，东线经镇政府、卫生院、东山村、井口村、吕山口村，主管路长 3005 米，东线的支管路长 19 000 米；西线经北村、中村、西村、磨石嘴村，主管路长 2390 米，西线的支管路长 18 000 米；北线向后口村供水，主管路长 2510 米、支管路长 11 000 米。连片供水管网和蓄水池分布见图 2-9-25。

2007 年，在完成井口村、北村管网改造的基础上，投资 160 多万元完成了中村、磨石嘴村、西村和吕山口村 4 个村的改造任务；总投资 130 多万元的淡化水连片供应工程顺利启动，已完成村镇供水管网对接，2008 年上半年实现全镇淡化水连片供应。

目前砣矶岛淡化水连片供水方式为每月分 3 次供水，每次供水 500 立方米，每月供水 1500 立方

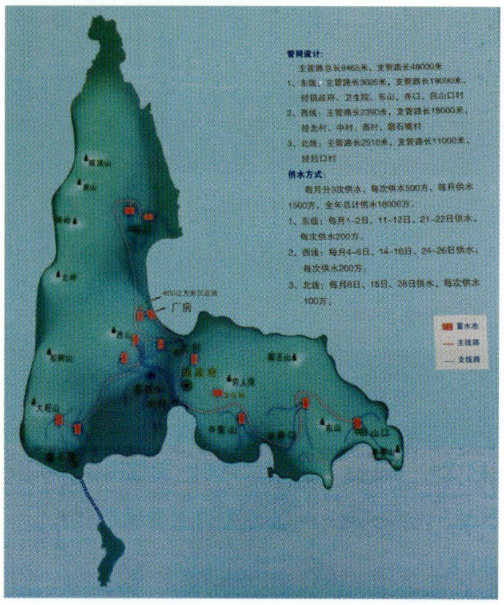

图 2-9-25　砣矶岛淡化水连片供水管网分布
（拍摄于 2010 年 6 月 7 日，拍自砣矶镇供水中心）

米，全年总计供水 18 000 立方米。其中，东线为每月 1—2 日、11—12 日、21—22 日供水，每次供水 200 立方米；西线为每月 4—6 日、14—16 日、24—26 日供水，每次供水 200 立方米；北线为每月 8 日、18 日、28 日供水，每次供水 100 立方米。

砣矶岛海水淡化工程的用电价格执行山东省物价局和山东电力集团公司批准（鲁价格发〔2001〕133 号）优惠电价：每千瓦·时 0.35 元①。供水中心的出厂淡化水水价为每立方米 10 元，各村视具体情况可对居民予以补贴。

四、广播、电视和通信

（一）广播

20 世纪 60 年代中、后期，砣矶岛上建立了砣矶公社广播放大站（配置有美多牌 300 瓦扩音机 1 台、普通收音机 1 台、195 型柴油发电机 1 台），通过高音喇叭在岛上播放新闻节目。每天早、中、晚 3 次共播音 5 个半小时。其中，转播中央人民广播电台和山东人民广播电台节目 5 个小时，自办节目半小时（山东省长岛县志编纂委员会，1990）。自办节目由长岛县广播站统一发放录音磁带播放。1975 年，自办节目每天增至 1 小时。

1978 年 7 月，长岛县广播站开始租用邮电局海底电缆，向岛上直播自办节目。

（二）电视

1980 年 12 月 1 日，大钦岛电视差转台建成投入使用后（覆盖半径 16 千米），砣矶岛上始可以收看彩色电视节目。

目前，岛内居民均为闭路电视，入户率达 100%。

（三）通信

1945 年 10 月，长岛设立军邮局后，派专人不定期到砣矶岛等收寄、投递邮件。

1957 年 1 月，长岛邮电局开通与砣矶岛等岛的无线联络，开办电报业务。

1971 年，经驻军海底电缆开通县邮电局与砣矶岛支局 3 条农话电路，其中 2 条是经砣矶岛、大钦岛至北隍城岛。

1977 年 9 月，山东省邮电管理局投资敷设蓬莱经南长山岛至砣矶岛海底通信电缆。其中，南长山岛至砣矶岛段长度 34.50 千米，采用埋设方式铺设，砣矶岛的登陆点位于后口湾南部海滩。该海底电缆隶属于长岛县邮电局，于 1978 年 4 月开通使用。

1979 年 10 月，山东省邮电局投资敷设砣矶岛经大钦岛、小钦岛、北隍城岛至南隍城岛的海底通信电缆。其中，砣矶岛至大钦岛段长度 20.03 千米，砣矶岛的登陆点位于后口湾南部海滩。该海底电缆于 1980 年 6 月开通使用。

1980 年 9 月，邮电部投资敷设砣矶岛经北隍城岛至老铁山的海底通信电缆。其中，砣矶岛至北隍城岛段长度 38 千米，砣矶岛上的登陆点位于后口湾南部海滩。该海底电缆隶属于辽宁省长途电信传输局，于 1980 年 11 月开通 24 路长途载波电话，从此该岛与辽东半岛之间有了直线长途电话。

1982 年 12 月，砣矶岛至北隍城岛海底通信电缆铺设完成。该海底电缆长度 38.4 千米，采用埋设

① 资料来源：http：//www.34law.com/lawfg/law/1797/3388/law_ 254338464638.shtml。

方式铺设，砣矶岛上登陆点位于后口湾南部海滩。

1984 年 5 月，山东省邮电局投资敷设蓬莱（抹直口）至砣矶岛的海底通信电缆，长度 45.13 千米，采用埋设方式铺设，砣矶岛上登陆点位于后口湾南部海滩。该海底电缆于 1984 年 9 月开通，从此砣矶岛与胶东半岛之间有了直线长途电话。

（四）电力电网

1998 年，利用国家农网改造资金建设北长山岛至砣矶岛海底输电电缆工程，1999 年 7 月海底电缆敷设完成，并与烟台电网连接，岛内始用山东电网供电。

2008 年，北长山岛至砣矶岛单根三芯 35 千伏海底输电电缆敷设完成。2009 年 9 月，长岛至砣矶岛 35 千伏备用海底供电电缆工程竣工并投入使用，海岛实现了双回路供电①。

2006 年开始施工建设联凯风电项目（16 台风发电机组，总投资 1 亿元），2007 年 2 月竣工顺利并网发电（并入山东电网）。

（五）市政设施与生态建设

2007 年投资 160 多万元，全面开工了镇 2000 米道路建设，交通条件进一步改善。投资 100 多万元，进行各村“文明一条街”创建街道硬化、绿化、美化等工作，镇容村貌焕然一新。投资 20 多万元，建成 4000 平方米休闲健身广场一处，安装健身器材和装饰庭院灯等，为群众休闲健身创造了条件。

砣矶岛上自然生长的树木很少，大部分由人工种植。据《长岛县志》载，清光绪五年（1879 年）八月，岛民应知县江瑞采劝导开始植树。1958 年，在人民公社化和大炼钢铁运动中，因砍伐致使林木减少。1964 年，林木确权发证，各大队成立了林业专业队，将荒山划片进行有计划造林，磨石嘴村林业队的女青年为绿化荒山，提出了“荒山不绿化，坚决不出嫁”的口号，共造林 56.67 公顷，成活率达 95% 以上。1985 年实行退耕还林。

2007 年砣矶岛政府投资 20 多万元，栽植各类观赏类花草树木 1.1 万株。投资 6 万多元，新建 3000 平方米苗圃地一处，引进栽种黄金槐、百日红、樱花、香花槐、蝴蝶槐、紫玉兰等优质苗种 1500 多株。

砣矶岛镇制定下发了《砣矶镇大环境卫生整治活动实施方案》、《全镇爱国卫生工作要点》和《砣矶镇大环境卫生整治实施细则》，建立了镇、村（单位）、村民小组（职工）三级环卫管理机构，对村庄结合部、交叉地、待建地等卫生死角进行整治，岛上村村垃圾集中存放，定期清运。

另外，岛上建立了集治保、巡逻、调解、普法、帮教“五位于一体”的综合治理防控体系。至 2007 年，岛上拥有监控系统 6 套、监控探头 25 个。建立了矛盾纠纷排查调处机制，按照“属地管理”、“分级负责、归口管理”和“谁主管、谁负责”的原则，实行了“一把手”负责制。同时，强化“安全第一，预防为主”意识，对临水作业穿戴救生衣、超抗风等级严禁出海及安全用电等进行重点管理，防范重特大安全生产事故发生。

第四节 经济基本情况

砣矶镇海域辽阔，海洋资源丰富，其中鲍鱼、海参、海胆、虾夷扇贝、虾夷海胆等海珍品享誉海内外。全镇大力实施以虾夷扇贝为主导的养殖结构调整，积极推进以修造船、风力发电为骨干的第二

① 资料来源：http：//news.shm.com.cn/2009-09/08/content_ 2646143.htm；长岛：砣矶至大钦有了备用海底供电电缆。

产业，快速突破以渔家乐为主的旅游业，产业结构日趋合理。全镇有大马力渔船 12 对，小马力渔船 220 条，捕捞产量 12 278 吨。拥有水产品加工、人造革、修造船等企业 20 多处，投资 1 亿元的风力发电项目正在加紧建设中。砣矶岛风景独特，有奇石异洞等风景名胜，是长岛著名的旅游避暑胜地。

一、海岛居民生产活动

渔业生产是砣矶岛国民经济重要组成部分，捕捞和养殖是主要经济活动。近年来，以经济结构调整为主线，加快实施渔业富民、工业强镇和旅游兴岛的战略，推进现代化新渔村建设。

2006 年引进了象拔蚌（原产于美国西部沿海）底播增养项目。2007 年重点开发了高山岛、东礁、山西等海区虾夷扇贝筏式养殖，推行贝藻兼养；加快实施渔家乐旅游，开发了高山岛探险游、石林画廊游等项目。

二、社会经济基本情况

2005 年渔村经济总收入 3.42 亿元，其中海水养殖收入 7081 万元，捕捞收入 6529 万元，工副业总产值 2.05 亿元，地方财政收入 220 万元。全镇生产总值 1.8 亿元，第一、二、三产业比为 40∶20∶40。出口总值 450 万美元，合同利用外资 610 万美元，实际利用外资 200 万美元。人均纯收入 4380 元，人均居住面积 30 平方米①。

2006 年，全镇实现经济总收入 4.1257 亿元，其中渔业总收入 16 288 万元（养殖业总收入 8734 万元，捕捞业总收入 7554 万元）。2000—2006 年，砣矶镇农村经济收益情况见表 2-9-4。

表 2-9-4　砣矶镇农村经济收益情况②

年份	总收入（万元）	捕捞业总收入（万元）	养殖业总收入（万元）	年均纯收入（万元）	农民年人均所得（元）	年末固定资产原值（万元）
2000	18 968	7920	3591	4192	2848	7310
2001	19 615	6484	2684	4042	2920	14 719
2002	21 159	5181	4121	3962	3171	14 620
2003	24 408	5475	5615	4244	3630	13 526
2004	28 080	6499	6102	3278	3797	9028
2005	34 199	6529	7081	4052	4380	8305
2006	41 257	7554	8734	5207	4808	—

除渔业生产外，砣矶工业发展迅速，拥有水产品加工、人造革厂、渔轮厂等工业企业。

2006 年，砣矶岛镇实现工农业总产值 10 768 万元，其中工业产值 4614 万元。

2007 年，砣矶岛镇实现生产总值 2.1 亿元，村镇两级实现经济总收入 5.1 亿元，全镇社会固定资产投资 4600 万元。

2008 年，砣矶岛镇实现生产总值 2.26 亿元，村镇两级实现经济总收入 6.12 亿元，全社会固定资产投资 5500 万元。

据砣矶镇政府提供的资料，2009 年砣矶岛渔村经济总收入 7.1 亿元，其中渔业经济收入 2.26 亿元（其中：海珍品收入 3100 万元、虾夷扇贝养殖收入 4100 万元、捕捞收入 8015 万元），地方财政收入

① 烟台年鉴，长岛县：http://www.yantai.gov.cn/cn/content/about_yt/ytnj/index_ytnjshow.jsp?id=457784。

② 长岛县发展改革和统计局：2000—2005 年长岛县国民经济统计资料第 120 页、2006 年长岛县统计年鉴，第 40～41 页。

171 万元，全镇生产总值 2.73 亿元，第一、二、三产业比为 38∶20∶42。进出口总值 260 万美元（均为出口）。全社会固定资产投资 7681 万元，年人均纯收入 8610 元，人均居住面积 40 平方米。

三、主要海洋产业基本情况①

（一）海洋渔业和水产养殖业

砣矶岛附近海域辽阔，水质肥沃，无污染，盛产对虾、鲅鱼、带鱼、黄花鱼等几十种经济鱼类；自然生长的贝类、藻类 160 多种。

近年来，砣矶镇政府大力实施“耕海牧渔”战略，已形成“渔业远、近、外，养殖立体化，育苗多品种，工业高效能和第三产业齐发展”的新格局，海洋捕捞区域已由渤海、黄海、东海、南海扩展到西非和南太平洋等国际渔场；海水养殖向深水大流发展，增养殖品种已由海带、扇贝、裙带菜等，发展到鲍鱼、海参、海胆、栉孔贝、虾夷扇贝等多品种增养殖。

发展以虾夷扇贝养殖为核心的现代渔业。2007 年确定为虾夷扇贝发展年，针对以往养殖筏架密度过大、水中浮游生物减少、虾夷扇贝减产的实际情况，通过计划指导、政策拉动、资金扶持等措施，全面推行贝藻兼养，提高单位海区综合产出效益。2007 年共投入资金 1200 万元，新增虾夷扇贝养殖筏架 1500 行，购进幼贝 8.5 亿粒，分苗 1.25 亿个，实现年销售收入 4500 万元，比 2006 年翻了一番②。据砣矶岛镇政府提供的资料，2009 年全镇虾夷扇贝养殖物质和苗种投入 2000 多万元，购进虾夷扇贝幼苗 7 亿个，2010 年全镇可销售虾夷扇贝 41 万笼，预计可实现销售收入 5000 多万元。

坚持多品种养殖多元化发展。2007 年，底播海参大苗 550 万个，底播鲍鱼 384 万个，新增海胆养殖 120 万个，实现海珍品收入 2120 万元；养殖海带 26.67 公顷，实现产值 422 万元。据砣矶岛镇政府提供的资料，2009 年全镇底播海参 300 多万头，收获海参 132 吨，实现收入 2300 万元；全镇底播鲍鱼 250 万个，收获鲍鱼 18 吨，实现收入 500 万元；全镇养殖海带 60 多公顷，产量 1500 吨，实现销售收入 400 万元；栉孔扇贝实现新突破，全镇年销售栉孔扇贝 2068 吨，实现收入 450 多万元。

2007 年全镇拥有大马力渔船 10 对，各类放流船只及坛子网作业和垂钓作业船只 300 多艘，大马力船作业产值和垂钓作业产值均比往年有所增长。据 2006 年长岛县统计年鉴资料，2006 年砣矶镇捕捞生产总产值 6250 万元（2005 年为 6242 万元），其中大机 4062 万元、小机 2188 万元；累计产量为 13 600 吨（2005 年为 13 460 吨），其中大机 10 880 吨、小机 2720 吨。

长岛长盛水产养殖有限公司养殖的虾夷扇贝获得农业部无公害产品认证，鲍鱼、虾夷扇贝、江珧贝、黑裙鱼、黄鱼获得省无公害农产品产地认证。

（二）海洋电力业

长岛风电开发有限公司与香港威尔信能源公司合资成立的长岛联凯风电发展有限公司，在砣矶岛开发建设联凯风电项目，总投资 1 亿元，总装机容量 1.2 万千瓦的风力发电项目（16 台风电机组），于 2006 年开工建设，2007 年 2 月顺利并网发电。该风电场日发电量 1.8 万千瓦·时，全年发电量可达 2500 万千瓦·时。

2010 年 6 月现场调研了解到，砣矶岛风电二期工程正在积极推进。风电二期拟投资 1.6 亿元，新增装机容量 1.87 万千瓦·时。

---

① 资料来源：http://tjz.changdao.yantai.gov.cn/index_show.jsp?id=1567。

② 资料来源：http://www.changdao.gov.cn/cn/content/xxgk/index_show.jsp?sid=0204-05-2008-102813&dept_code=TJZ&columncode=TJZXXGKMLNJ。

图 2-9-26　砣矶岛风电场一期发电机组
（拍摄于 2010 年 6 月 7 日，拍摄点地理坐标为 38°11′06.81″N、120°44′29.69″E）

（三）海洋运输业与修造船

2007 年，砣矶岛镇与长岛县委、政法委共同引进总投资 2000 多万元的烟台市海上最大载重吨位油轮——“龙兴 9”（3000 吨油轮）落户砣矶，注册成立了长岛龙兴海运有限公司，主要从事沿海成品油运输工作。

长岛县渔轮厂位于砣矶岛井口村西侧，创建于 1981 年 7 月 1 日，现设有山东省长岛船业研究所。该厂是中国渔船渔机协会会员单位，以修船为主，可制造 300 马力以下钢质船及木质船，现有坞道三处，能维修千吨位以下各类船舶。该厂并注册成立了“长岛船业研究所”从事船业研究。研制生产的 819 型 220～257 千瓦钢质海洋渔船（船长 34 米，总排水量 220 吨）1994 年通过专家鉴定，其稳定性满足 1 类航区，航速拖力达到国内同类船型先进水平，并荣获国家专利。长岛县渔轮厂是山东省系统级先进企业、烟台市先进企业、明星企业（1990 年）、省级重合同守信用企业及银行一级信用企业。

据砣矶镇政府提供的资料，该渔轮厂 2009 年修造船 300 余艘，产值 220 万元。目前具有 5000 吨级修造船能力，具有良好的修造船基础设施。为促进该公司修造船业的升级，拟改制招商建设 2 万吨级深海船坞，目前正积极推进过程中。

（四）海岛旅游业

近些年来，砣矶岛镇政府充分发挥砣矶岛处于长岛县南、北岛群交通枢纽位置和原生态旅游资源丰富等优势，以“渔家、土炕、家常菜，高山、石林、赏生态”的特色，大力发展“渔家乐”原生态休闲旅游，挖掘包装了高山岛探险游、砣矶岛民俗游、风电场观光游、垂钓休闲游和石林画廊游等特色配套项目。镇政府成立了“渔家乐”旅游发展领导小组和工作班子，规范“渔家乐”行业管理，引进外资成立了砣矶岛原生态旅游度假村有限公司，与当地“渔家乐”业户联营开发以休闲度假和会务活动为主要内容的旅游消费市场。香港摄影报社进岛设立了接待处和摄影美术创作基地，并于 2007 年 9 月下旬举行了中国摄影艺术家联谊会、香港摄影报社（山东站）年会暨山东省砣矶岛接待处挂牌仪式，组织各地近百名摄影艺术家开展了“游金色砣矶、登秀美高山”艺术采风活动。

图 2-9-27　砣矶岛长岛县渔轮厂现状
（拍摄于 2010 年 6 月 7 日，拍摄点地理坐标为 38°09′42.85″N、120°45′37.78″E）

2009 年，砣矶岛共接待进岛游客 5000 多人次。

第五节 地质地貌

一、岛陆地质

（一）构造、地层和岩性

1. 地质构造

砣矶岛地处庙岛群岛大型复式背斜构造的核部，地质构造比较复杂，主要由平缓的向斜、背斜构造和南北向、北西向及东西向断裂构成，岛形、岸线轮廓严格受构造控制。

（1）褶皱构造

砣矶岛主要为千枚状板岩，属于弱岩层，韧性好，受力易形成褶皱。从该岛西部陡崖海岸上可观测到一系列褶皱。其中，双顶山至磨石嘴村的长3000米剖面，岩层中出现了2个背斜和2个向斜，2个背斜分布在松树山和大顶山，轴向近东西向，岩层产状较平缓，两翼岩层倾角小于20°；2个背斜之间为向斜构造。

另一向斜位于后口湾至平窑圈（磨石嘴沟头），为不对称向斜，轴向近东西向，核部断裂构造发育。

（2）断裂构造

断裂构造以南北向和北西向为主，规模较小的断层为近东西向和北东向，这些断裂构造严格受构造控制岛形、岸线轮廓。

南北向断裂　主要有西海岸大断裂、大口塘－后口湾断裂和吕山口湾断裂。

砣矶岛西海岸受南北向断裂控制，海岸笔直陡峭，大部分陡崖为断层崖，陡崖上多见引力褶皱和次级小断裂，大王山陡崖处残留有断层面。根据一些小断裂面观测，西海岸断裂向西倾斜，为正断层。

大口塘－后口湾断裂两侧岩层产状明显变化，在大口塘东侧基岩露头清楚地表现为近南北向延伸的破碎挤压带，断裂通过处地势相对低洼和形成海湾。

北西向断裂　主要有后口湾断裂和吕山口－半劈山断裂。

后口湾断裂为一破碎带，沿沟谷、海湾等负地形延伸，走向320°，东南端是岛上唯一的侵入小岩体分布区。断层面向东北倾斜，倾角60°～70°，破碎带宽度为30～40米，在后口湾东南岬角露头较好。

吕山口－半劈山断裂走向320°，在东南端半劈山露头清楚，断层面向西南倾斜，倾角80°，断层西北部沿岛岸陡崖通过，陡崖岩层褶皱发育，产状紊乱，岩层破碎。断层性质为左旋平移。

2. 地层与岩性

构成砣矶岛的基岩主要为新元古代蓬莱群豹山口组上部地层，岩石类型以青灰色、黄绿色、紫红色等杂色板岩、千枚状板岩、粉砂质板岩为主，夹石英岩、长石石英岩及含铁石英岩。另外，在霸王山和穷人顶之间有一中生代岩浆岩侵入体。

板岩和千枚状板岩主要分布于坡麓、沟谷区，分布面积较大，约占全岛面积的四分之三。板岩有多种颜色，以青灰色为主，还有黄褐色、紫红色、黄绿色等，受成分及沉积环境影响，板岩的板理构造发育程度不同，发育者呈现千枚状。板岩中含巴甫林藻（*Bavlinela*）、粗面球形藻（*Bbculimor phabrevis*）。

青灰色千枚状板岩中，普遍发育有条带状构造，条带呈白色，由石英细粒组成，条带宽窄不一，一般宽度为1～2毫米，最宽可达2厘米，条带与板理方向多呈锐角斜交。岩石新鲜者生脆，风化后呈黄褐色，条带抗风化能力较强，多呈凸出状。无条带的青灰色千枚状板岩，质地较纯的粉砂质，为磨刀石的最佳材料。

在霸王山和穷人顶之间的沟谷区，分布有一岩浆侵入体，呈舌状岩珠产出，出露面积为400米×150米，时代为中生代燕山早期。砣矶岛的侵入岩为长岛岛群唯一的侵入岩体，岩性为绢云母—白云母化石英闪长斑岩，新鲜面呈灰白色，风化面为浅黄褐色，疏松多孔。主要矿物成分有斜长石、绢云母、白云母、石英等，副矿物有金红石、磁铁矿等。

（二）工程地质与水文地质

1. 工程地质

砣矶岛属于鲁东丘陵工程地质区，出露基岩主要为石英岩、板岩及千枚状板岩。其中，石英岩属坚硬岩石，抗风化能力强；板岩类属半坚硬岩石，易风化，新鲜岩石抗压强度为1500~2000千帕，强风化带降至200~500千帕。这两种岩石分布区均为良好建筑地基基础，但由于岩石裂隙发育，修建水库、塘坝时应考虑渗漏问题；在破碎带及强风化带，有产生崩塌或滑坡等工程地质问题的可能。

在丘陵山坡及坡麓地带，残坡积、坡洪积等分布区，松散沉积物成层分布，岩性变化较大，垂向上呈渐变，土的状态为软塑—硬塑—坚硬半坚硬，残积层下部至基岩强风化过渡带强度较高，一般地基容许承载力大于400千帕。

砣矶岛有较多的黄土状堆积发育，在丘麓平缓坡地及谷地内，黄土厚度较大。黄土结构疏松，吸水性强，透水性好，吸水后自重下沉（湿陷性）；由于黄土垂直节理发育，土体塌方和滑动是常见的工程地质现象。

2. 水文地质

砣矶岛上丘陵起伏，沟谷纵横，岛上地下水相对丰富，并有较长的开采史。根据岛上含水层岩性特征及水理性质可将含水层分为松散岩类孔隙水和基岩裂隙水。

松散岩类孔隙水多分布于丘陵山麓及山前低洼地带，主要为残坡积、坡洪积分布区和黄土分布区。由于残坡积、坡洪积层厚度较小，一般为0.5~2米，含水层水量很小，干季基本无水；黄土状堆积物厚度较大，但为极弱富水性含水层。吕山口、井口、北村、磨石嘴、大口等平缓海岸或海湾沿岸，发育有小型海积砂砾堤、滩，零星分布有海积孔隙含水层，但海积层孔隙大多与海相通，水质极差，不能有效利用。

基岩裂隙水为岛上主要开发利用的含水层。其中，板岩类属层状裂隙水含水层，但板岩类裂隙容易被充填；石英岩类裂隙较为发育，富水性比板岩类略强，在石英岩和板岩互层的情况下，以石英岩裂隙出水为主。部位较低时，埋深5~10米；部位较高时，埋深可达30~40米，单井涌水量一般较小，大口村及井口村东北水量相对丰富。

根据1992年国家海洋局第一海洋研究所在岛上的水质调查结果，砣矶岛的基岩裂隙水多属于低矿化度重碳酸型水，水质在庙岛群岛各岛中属于中等，沿海地区普遍遭受海水侵染，水质变咸。

（三）第四纪地质

1. 第四纪沉积物类型

第四纪沉积类型有残积、残坡积、重力堆积、坡洪积、黄土状堆积、海积，其中黄土堆积是庙岛群岛中发育的海岛之一。

残积、残坡积物主要分布在丘陵山坡地带，主要岩性为褐灰色黏土质粉砂夹大量角砾和岩屑，厚度一般为0.5~2米。

坡洪积物主要分布在丘陵山麓地带，常被黄土状堆积物覆盖。如在后口村东、双顶山东麓海滨、磨石嘴冲沟等地，在黄土之下普遍有坡洪积物分布，岩性以棕红色、褐红色砂质黏土和黏土质粉砂为主，含大量角砾、粗砂。

砣矶岛上的黄土主要分布在大口村、后口村一带，以晚更新世的马兰黄土最典型，厚度最大可达

20米，无层理，垂直节理发育，可见钙质结核，局部有砂砾夹层，如后口小学东侧剖面（图2-9-28）。

在黄土地层中曾发现了一些化石，如鸵鸟蛋、赤鹿、猛犸象、披毛犀、原始牛、剑齿象牙齿等。

据研究，本区黄土与内陆黄土堆积不同的是，黄土堆积中发现了个体极小的海洋生物化石，如有孔虫壳体等，说明它们有一部分来自于海底，冰期海面下降，沧海桑田，海底出露，海底细粒物质连同有孔虫被风吹扬到岛上。

在黄土堆积分布之处，是主要耕地所在或阔叶树分布。

图2-9-28 砣矶岛后口小学东侧黄土剖面

（拍摄于2010年6月7日，拍摄点地理坐标为38°10′44.81″N、120°44′45.49″E）

海底沉积物类型分为砾、粗细砂、砂质粉砂、粉砂和黏土质粉砂五类。砂砾分布范围小，主要分布在岛北部和西南近海海域；粗细砂分布在岛的西南海域，范围也很小；砂质粉砂分布在岛的东西两侧，是该海域主要底质类型。黏土质粉砂分布在岛北部和东南至南部海域，也是该海域主要底质类型之一，但分布面积仍小于砂质粉砂。

2. 第四纪地层

在砣矶岛后口村，风化壳残积的红黏土厚0.5米，向下与石英岩过渡接触，向上与棕黄色黄土呈不整合接触（图2-9-29）。此处红土中的高岭石含量高达48.05%，说明风化彻底。

在砣矶岛后口村北黄土沟中，曾发现梅花鹿角（*Cervus Nippon*）化石等。

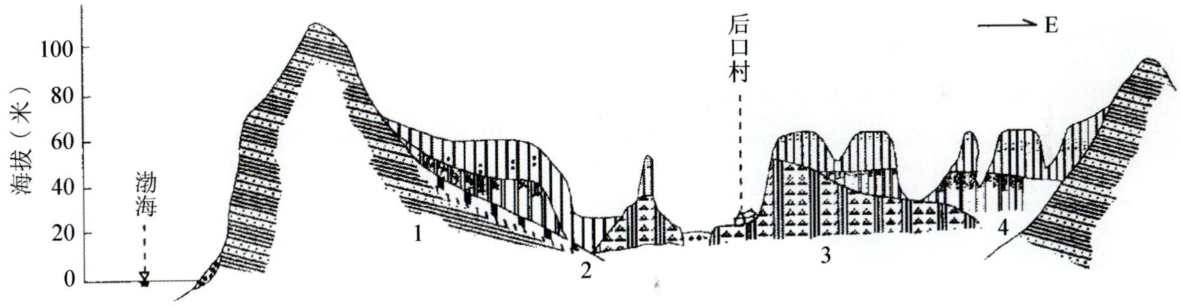

图2-9-29 砣矶岛后口村黄土地层剖面（引自曹家欣，1987）

1—基岩；2—红土风化壳；3—红土角砾层；4—Q_2黄土；5—Q_3黄土

二、海岛地貌

（一）岛陆地貌

砣矶岛呈“L”形展布，西部为一系列南北走向的低丘陵，经一黄土台地与东部低丘陵相连接。地貌类型主要有侵蚀剥蚀低丘陵、黄土坡和黄土台地、海积平原等类型。

1. 侵蚀剥蚀低丘陵

砣矶岛陆地貌以侵蚀剥蚀低丘陵为主，岛上主要的丘陵山头有：海岛西部的尽头山（66.2米）、双顶山（198.8米）、松树山（156.4米）、大王山（140.8米）、西山（119.6米）、看船山（95.4米）和东部的霸王山（174.2米）、穷人顶（121.6米）、东山（94.8米）及半劈山（70.6米）等，均属低丘陵。这些低丘陵占据了岛的大部分面积，绝大多数低丘丘顶浑圆，坡度平缓。尤其西部低丘沿丘脊线坡度非常平缓，丘顶之间地势较平坦，有的曾被垦为耕地。

大多数低丘在50～100米等高线的坡度较陡，一般达20°～25°，而在更陡的丘坡上有倒石堆发育。

砣矶岛低丘植被覆盖较好，最为常见的是松树和刺槐。

2. 黄土台地

砣矶岛黄土台地比较发育，分布范围较广，黄土一般厚度为2～5米，后口最厚达15米，出露了全部黄土层序。黄土台地主要集中于以下四处，井口沟谷附近黄土台地，台地主要发育在一条宽敞的谷地里，由黄土状堆积物构成，厚度为1～3米；磨石嘴北侧冲沟，该黄土台地是覆盖原冲沟而形成的，分布上呈窄而长的特点，台地宽度从沟谷上游向下变窄，上游黄土厚度为3～5米，下游为2～3米。后口至大口沿低丘分布大片黄土，其中黄土台地约占3/4，其上界在50米等高线附近，台地上冲沟较发育，后口台地由许多以陡坎相连的小台地组成，为砣矶岛范围最大的黄土台地。在后口村以北有许多零星的黄土台地。砣矶岛黄土台地大多已被垦为耕地或人工树林种植区。

3. 堆积坡

把地表有较厚堆积物覆盖、坡度和缓的斜坡划为堆积坡。主要分布在双顶山以北，厚度为0.5～10米，多由板岩风化后的残坡积组成，物质较细，表层大都经人为改造成为耕地或果林，其上冲沟不发育。这种仅发育在低丘顶部的堆积坡在长山列岛尚不多见。

除上述地貌单元外，砣矶岛上还有倒石堆、基岩坡、冲沟、堆积坡、黄土坡、黄土冲沟等。

（二）海岸地貌

砣矶岛海岸地貌类型主要有海蚀崖、海蚀平台、海蚀洞穴、砾石滩等，与其他海岛大同小异。

1. 海蚀崖

图2-9-30　砣矶岛西部断层海岸

（拍摄于2010年6月7日，拍摄点地理坐标为38°10′16.18″N、120°44′04.51″E）

砣矶岛沿岸除几处岸线凹入段因砂砾堆积砂砾滩外，绝大部分海岸海蚀崖岸，崖面高度相差悬殊，一般为5～30米，海岛西部的断层海岸（图2-9-30）和坝王山北岸均发育了高达80～100米的海蚀崖，由于高差大、岩石破碎，崖下有倒石堆形成。

由于砣矶岛海蚀崖多由两种硬度差异较大的岩石（板岩和石英岩）组成，且岩石倾角较小，所以在海蚀崖下部极易形成海蚀穴，尤其是西岸和东岸。海蚀穴一般高1～2米、深0.5～1.0米，成龛状分布于崖面上。

在大口村南、北岸尚有黄土构成的海蚀崖分布，崖高2～4米。

在井口湾、大口湾等海湾的湾顶有古海蚀崖分布，崖高一般为2～5米，最高可达10米，崖面常有植被生长。

2. 海蚀平台

砣矶岛四周普遍有海蚀平台发育，一般宽度为40～60米，尽山头外和吕山口东北岸最宽达100米，东岸海蚀平台普遍宽于西岸、北岸宽于南岸。由于板岩易于侵蚀，所以砣矶岛海蚀平台上礁石、岩体较少，仅在后口附近有几处海蚀柱形成，最大海蚀柱高13.3米。

3. 砾石滩

砣矶岛无大规模砾石滩，多分布在海岸岬角间的凹入处，宽度为15～20米。砾石岩性的石英岩和板岩，磨圆、分选较差，在滩的后部常有大砾石分布。北岸砾石滩粒径大、滩面窄，南部粒径小、滩面宽，砾石的磨圆、分选也强于北岸。

大口村北侧的后口湾顶发育有长约150米的砂砾滩，滩宽为15～20米，滩面坡度为8°～10°。西部滩面物质以砾石为主，并有少量粗砂，向东逐渐过渡为以砂为主，滩面宽度也随之增加。

三、海岸线与潮间带

（一）海岸线基本特征

砣矶岛的海岸线类型主要有基岩岸线、砂砾质岸线和人工岸线等。其中，以基岩海岸线为主，广泛分布于海岛东西两岸以及北部岬角岸段，长度约占全岛海岸线的2/3。

砂砾质岸线主要分布于后口湾顶岸段，以北村北侧较为典型，主要由含砾石粗砂及细砂组成。人工岸线主要分布于海岛的南部、后口湾的北部，主要为码头、滨海道路护岸等。

图 2-9-31 磨石嘴村东滨海道路护岸

（拍摄于2010年6月7日，拍摄点地理坐标为38°09′27.94″N、120°44′30.57″E）

砣矶岛海岸以侵蚀作用为主，但多数为基岩海岸，侵蚀速度缓慢，海岸线相对稳定；磨石嘴村东等局部滨海道路护岸，因遭受侵蚀发生垮塌现象（图2-9-31）。岛上湾内岸段，虽然接受两侧物质发育堆积地貌，但由于物源不丰，堆积作用尚不明显。

（二）潮间带基本特征

砣矶岛潮间带以岩滩为主，有小范围的砂砾滩分布。根据908专项山东省海岛调查结果，砣矶岛潮间带岩滩面积约0.919平方千米、砾石滩面积0.103平方千米。

岩礁滩是藤壶、牡蛎、贻贝、螺类和许多藻类等固着和附着生物的栖息场所，其数量丰富，生物量和栖息密度较高。生物量组成以牡蛎、贻贝等双壳类为主；单壳类以短滨螺为主。栖息密度以小藤壶为主的甲壳动物占首位。很少出现多毛类。

砣矶岛的砂砾质滩组成物质混杂，分选性差，生物较为丰富，既有底表固着和附着生物，又有底埋的生物栖息，种类较多，但生物量和生物密度比岩礁滩低。生物量组成仍以双壳类为主；密度组成中，仍以小藤壶为主的甲壳动物占首位。

四、地质灾害

（一）岛陆地质灾害

砣矶岛陆上的灾害地质现象主要是黄土崩塌或滑坡，主要存在于黄土状堆积发育且厚度较大的后口村。该村范围内有多处民房坐落在黄土崖下，汛期容易发生黄土崩塌、滑坡等地质险情。

图 2-9-32 砣矶岛后口村黄土崩塌灾害

（拍摄于2010年6月7日，拍摄点地理坐标为38°10′42.75″N、120°45′05.04″E）

长岛县有关主管部门根据危害程度，对易发区制定了防治措施，具体措施为：①密切关注天气预报、降水情况和地质灾害气象等级预报，加强监测预报预警；②建立群防网络定期巡查，雨季加大巡查力度，发现险情迅速上报；③汛期前疏通流域内排水渠道，对个别险段采取有效措施进行加固；④对在明显裂痕黄土崖下居住的村民应劝其搬离；⑤要加强对群众的安全教育，提高群众的安全防范意识；⑥在险情处设立警示标志。

（二）岛岸地质灾害

砣矶岛周海蚀崖广泛分布，崖壁陡峭，且岩石较破碎，沿岸的岩体崩塌、岩块坠落现象常见。另外，砣矶岛滨海地带存在海水入侵灾害，岛上水井普遍遭受海水侵染，水质咸化。

第六节　植被与土壤

一、海岛植被

砣矶岛上植被类型多样，主要有：针叶林、落叶阔叶林、针阔混交林、灌丛、草丛、滨海盐生植被、滨海沙生植被、人工栽培的草本农作物和木本的果树（图 2-9-33），林木覆盖率为 49.6%，主要是针叶林。

据 908 专项山东省海岛调查资料①，岛上采集到的植物样本涉及 20 科的 31 个种。针叶林以黑松为主，还有少量赤松。阔叶树主要是刺槐，下部平地及村旁路边有刺槐、梧桐、杨树和少量法桐。灌木有酸枣、荆条、棉槐等。杂草有茅草、芦苇、艾蒿、野生黄花菜等，几乎覆盖除宅基地以外的全部区域。在海湾沿岸低平地带生长盐生植被。

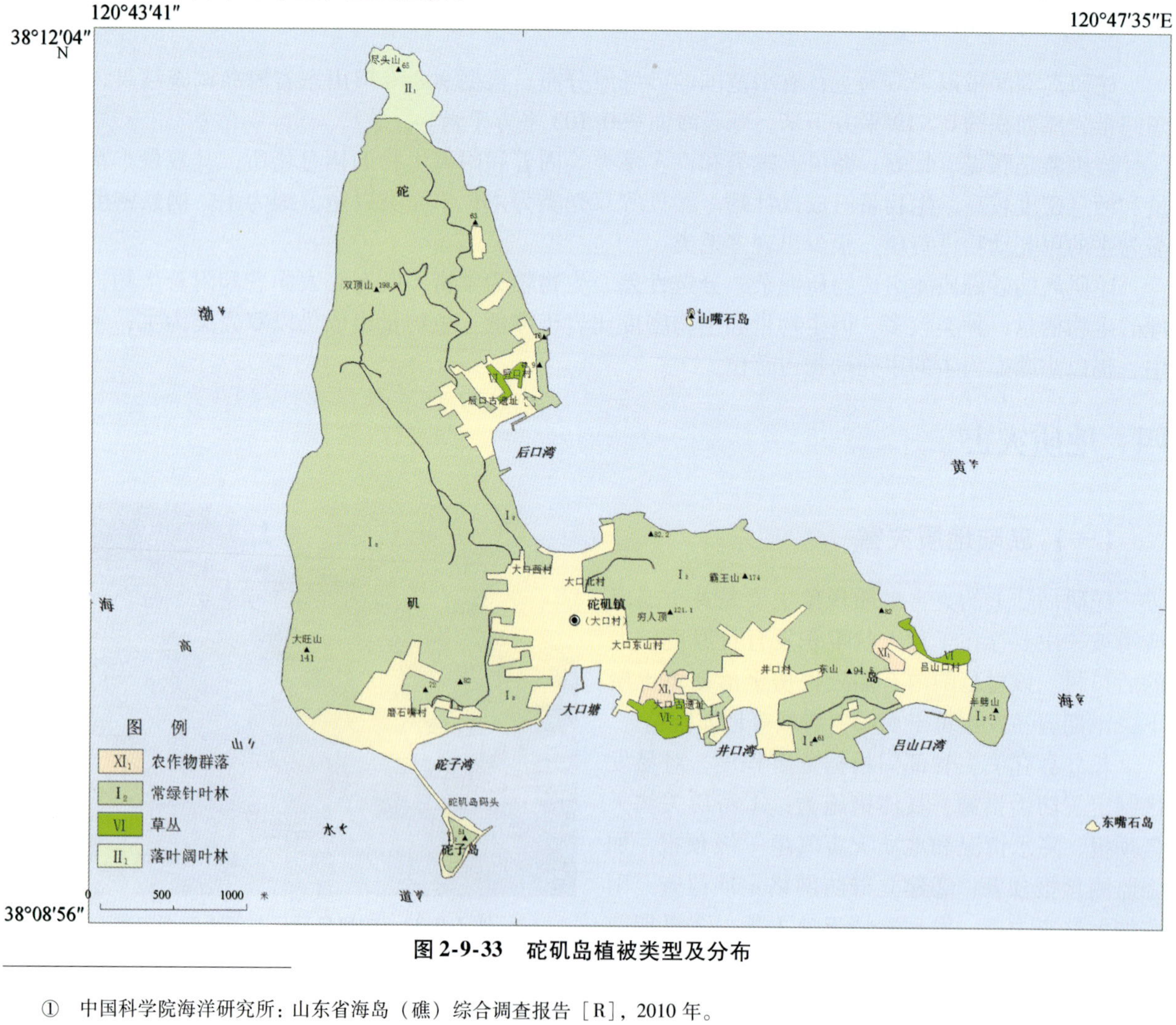

图 2-9-33　砣矶岛植被类型及分布

① 中国科学院海洋研究所：山东省海岛（礁）综合调查报告［R］，2010 年。

二、海岛土壤

砣矶岛上土壤主要类型是棕壤和褐土。棕壤总面积4.07平方千米，占全岛面积的2/3，其可利用面积3.84平方千米，主要分布在丘陵山坡上部，土层一般较薄，土体厚为0.3米。成土母质为风化壳，质地粗，多砂砾、保肥和蓄水能力低。褐土有2.52平方千米，占岛总面积的1/3，可利用面积1平方千米，褐土主要以黄土和黄土状堆积（非典型黄土）为母质，分布在丘陵中、下部和山麓地带，其土体较好，保肥和蓄水能力较强，是全岛耕地主要场所。

第七节 海岛资源开发与保护

一、土地资源

据908专项山东省海岛调查资料②，砣矶岛土地总面积707.98公顷，多为有林地（图2-9-34），占土地总面积的75.59%。岛上各土地利用类型为：旱地8.06公顷、有林地535.13公顷、其他草地7.18公顷、工业用地2.03公顷、农村宅基地136.18公顷、公路用地3.41公顷、农村道路用地2.73公顷、港口码头用地1.27公顷、特殊用地6.58公顷、设施农用地3.62公顷、空闲地1.79公顷。

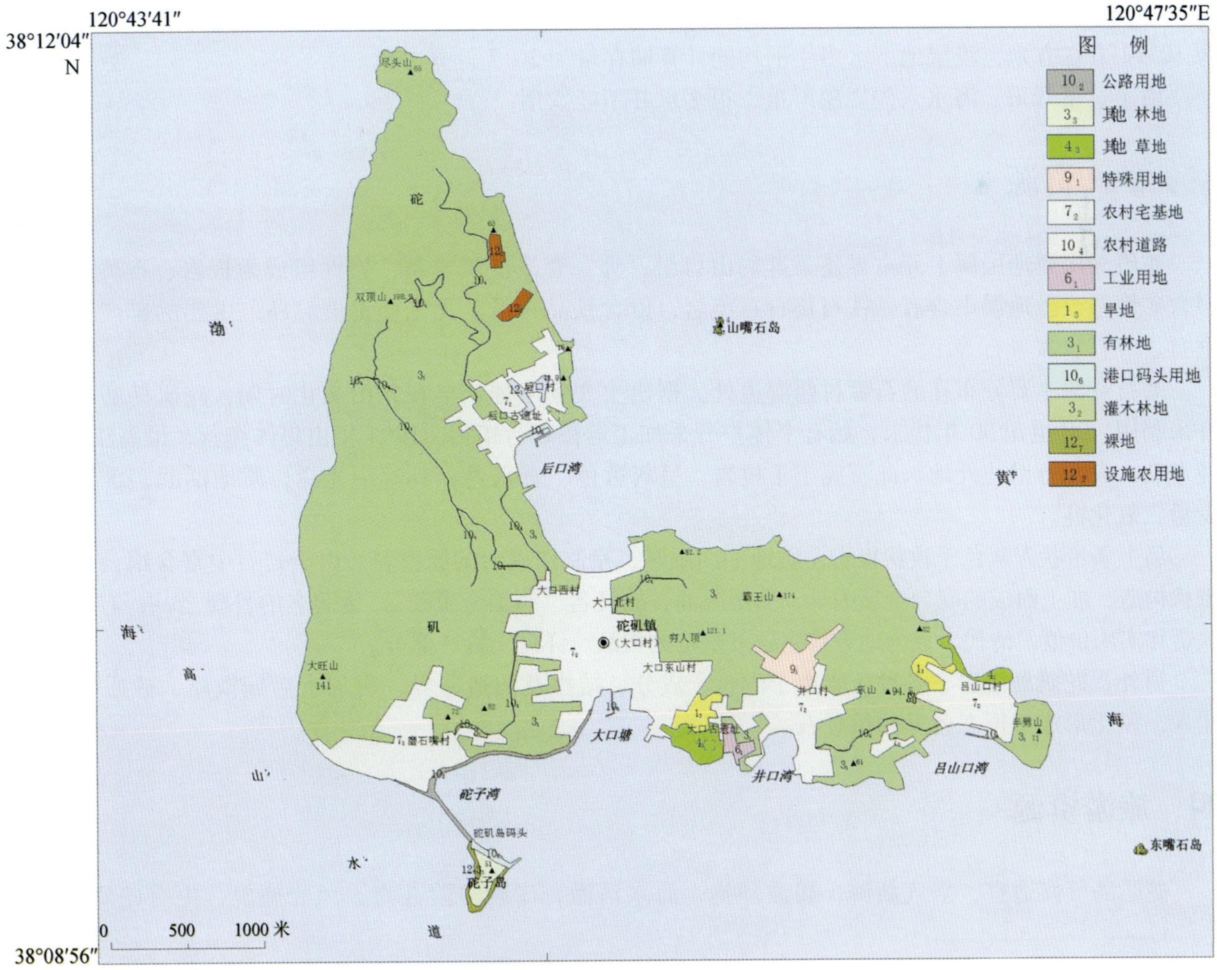

图2-9-34 砣矶岛土地利用类型及分布

另据《山东省长岛县土地资源调查报告》资料①，1986年10月时，砣矶岛的土地总面积为710.58公顷②，其中有耕地48.21公顷（其中旱地约44.76公顷、菜地约3.45公顷）、林地336.74公顷（其中有林地约216.96公顷、疏林地约32.94公顷、未成林造林地约83.42公顷、苗圃约3.41公顷）、城镇43.41公顷、农村居民点66.20公顷、工矿用地6.43公顷、交通用地7.20公顷（其中公路约2.35公顷、农村道路约3.18公顷、港口码头约1.67公顷）、坑塘面积0.41公顷、未利用土地181.21公顷（其中荒草地约91.97公顷、裸地约3.66公顷、裸岩石砾约77.66公顷、田坎约7.92公顷）。

两次调查资料对比分析表明，农村宅基地用地面积增加明显，由于实施退耕还林和荒山绿化，岛上耕地减少、林地面积增加显著。

同时，由于砣矶岛上海岛风电场建设，使得该岛的农村道路用地增加，另外风电场及其配套设施建设对该岛的林地资源也造成一定影响。

二、淡水资源

大气降水是砣矶岛地下水唯一来源，它们在松散地层和风化裂隙中，径流从高处流向低处，所以在较平缓松散沉积厚的地带有一定的淡水资源可打井汲水。

砣矶岛是庙岛群各海岛中降雨量较小的岛屿。据《长岛县水资源调查评价与水利区划报告》资料③，砣矶岛观测站1965—1984年实测资料统计结果，多年平均降雨量为502.3毫米，最大年降雨量为751.9毫米，最小年降水雨为231.7毫米；计算平均年降水量为345.05万立方米、平均年径流深度为65毫米、平均河川年径流量44.85万立方米，多年平均地表水资源量为32.2万立方米、地下水资源10.12万立方米，浅层地下水多年平均的计算储存量为20.7万立方米。

由于过量开采，海水入侵现象严重，很多水井不能饮用。

三、矿产资源

砣矶岛出露地层属上元古界蓬莱群豹山口组，为一套浅变质岩系，岩性组成为板岩、石英岩，地层含矿性差，虽地层中含有磁铁石长石石英岩，但含铁品味低，无工业价值。岛上主要的矿产资源为磨石、砚石、盆景石等。

磨石资源主要分布在磨石嘴村西海边处。据出土文物考证，早在龙山文化时期，砣矶岛磨石即被开采利用。20世纪50年代末，始有个体户开采加工运往烟台销售。1964年由集体经营，最高年产100吨左右，大部分销往外地。此石属于千枚岩，呈灰黄色、青灰色，具丝绢光泽，质地油润，含云母和少量二氧化硅。

岛上条带状青灰色千枚状板岩，质地油润细腻，是制作砚台的原材料。由于岩石中富含绢云母和条带状构造，加工而成的砚台金星闪烁、雪浪腾涌，故又名“雪浪金星砚”，为著名的鲁砚之一，有较高的欣赏和实用价值。清代，成为地方官吏敬献皇帝的贡品。详见土特产部分。

另外，砣矶岛沿岸，各种板岩由于颜色、成分、结构及构造差异，再加上后期铁质、矽质细脉等注入，风化形成了形态各异的风景石。

四、旅游资源

砣矶岛气候适宜，空气新鲜，碧波环抱，海水清澈，岸礁争险斗奇，风光旖旎，更有砣矶石林、

① 长岛县土地资源调查办公室：山东省长岛县土地资源调查报告，1988年12月，第42~55页。

② 土地总面积不含其中的滩涂面积25.56公顷，砣矶岛上有长岛县国营林场砣矶林片，其土地面积15.71公顷，均为有林地。

③ 长岛县水利局：长岛县水资源调查评价与水利区划报告，1986年，第10~24页。

北部山海林公园、砣矶巨人石、高山岛奇洞异石等风景名胜，还时常出现“海市蜃楼”，使砣矶岛成为不可多得的旅游避暑胜地。

砣矶岛上天然的旅游资源主要集中在海岸一带，较有名的是砣矶石浪。它们是砣矶岛北部和西部岩岸的海蚀景观，分布在平均潮位附近，外形似石台。由于岸礁岩性为绢云母千枚岩，颜色有赤、黑、白、蓝、黄、紫等，而且有大小不同的纹饰，像海浪一样，故名砣矶石浪。在附近的海蚀崖上，由于潮噬浪磨，石壁勾勒出多姿多彩的图案，有的如彩云追月，有的若树木年轮，像一个海蚀壁画廊，也有的地方有海蚀穴洞，十分神奇。游人到此观赏，恍如置身于海洋艺术回廊之中。

在砣矶岛吕山口东端的峭壁下，有一大虾模样的礁石，十分像无头虾的造型。

此外，砣矶岛海岸还有姐妹峰、一线天、神仙洞、宝塔峰。

砣矶渔轮厂以“大瓜篓”为原型，重新设计建造的仿古帆船，于2004年3月20日在砣矶岛渔轮厂下坞。该仿古风帆船（“渔家乐1”号）为机帆两用旅游风帆船，大小两杆蓬桅，帆船长21.8米，宽4.8米，主桅12.8米，功率77千瓦，载重30吨，可载客40人。该大帆船将把风帆文化、渔家文化展示给游人，堪称目前我国北方海上游第一帆，与舟山的“绿眉毛”成为我国南北沿海上的仿古风帆“亲姊妹”。

砣矶岛上的人文旅游资源主要有：后口遗址、砣矶古墓群、唐砣矶石刻、金砣矶石刻等（详细情况将在海岛文化中叙述）。这些名胜古迹，为旅游增添了文化内涵，提高了档次。

2009年7月10日，砣矶岛首条海上旅游航线正式开通。该航线共投入资金2000万元，由砣矶岛原生态度假村有限公司、长岛祥坤运输有限公司和蓬莱港务公司合作运营，“祥坤5”号游船每天14：30由蓬莱港发船，第二天10：30返回，途经庙岛、龙爪山、高山岛至砣矶岛。该游船核定载客99人，船上配备了广播、电视等设施，且有专职解说员。

五、港口、航道资源

（一）港湾资源

砣矶岛沿岸海湾较多，主要有：大口湾、后口湾、砣子湾、井口湾、吕口湾等，以大口湾（大口塘）和后口湾最大。大口湾位于砣矶岛大口村南，湾向内陆凹入，湾口向南，沿岸发育有沙滩，滩长800米，低潮可干出200米，高潮水深为1～2米，距岸500米处水深3～5米，软沙泥底质。可避东向、西向、北向诸方向风浪。

后口湾位于后口村与霸王山之间，口向东北。沿岸滩长800米，水深8～10米，泥沙底质，可避偏西偏南诸向风浪。

砣子湾位于砣子岛东北、砣矶岛磨石嘴东南，湾口向东南，沿岸滩长2000米，水深一般为4～12米，最深可达21米，泥沙底质，可避偏西、偏北诸方向风浪。

井口湾位于井口村南，湾口向南，沿岸滩长250米，泥沙底质，低潮时可干出40米，距岸100～200米处，水深5～7米，可避偏东偏北诸方向风浪。

图2-9-35 砣矶岛后口湾和砣子湾现状

上图：后口湾；下图：砣子湾（拍摄于2010年6月7日）

吕山口湾，位于吕山口村南，湾口向南，滩长422米，泥沙底质，距岸50米处水深7米左右，可避偏北诸方向风浪。

在岛东南井口湾东侧湾口处有可停1000吨以下水泥码头一处，在磨石嘴村村南与砣矶岛大坝东侧有一小型码头。

（二）航道资源

砣矶岛附近海域航道资源丰富，主要水道有：北砣矶水道、南砣矶水道、高山水道等。其中，北砣矶水道位于砣矶岛北侧、砣矶岛与大钦岛之间，地理坐标为北纬38°14′、东经120°47′，东西走向，长11.5千米，宽10千米，主航道水深为31～50米，航道中部有一些暗礁群（北礁），泥沙、砾石底质，3万吨以下船只可通行。

南砣矶水道位于砣矶岛与车由岛之间，地理坐标为北纬38°06′、东经120°48′，东西走向，西接猴矶水道，南邻长山水道，主航道水深为19～25米，泥沙底质。

高山水道位于砣矶岛西南侧、高山岛与砣矶岛之间，地理坐标为北纬38°08′、东经120°41′，西北—东南走向，长4.5千米，宽10千米，主航道水深为20～25米，软泥底质。

六、可再生资源

砣矶岛太阳能和风能等可再生资源丰富。

长岛是我国三大风场之一，风力资源丰厚，风力发电有效风速（3～25米/秒）时间长，无破坏性风速，具有良好的风力发展前景。在鲁能投资（1999—2003年）南长山岛安装30台风电机组、华能新能源产业控股有限公司与中电投资有限公司共同投资（2004年）在北长山岛和南长山岛北部安装32台风电机组之后，2006年长岛风电开发有限公司与香港威尔信能源公司合资成立的长岛联凯风电发展有限公司，投资1亿元发展风电产业的生态工业，在砣矶岛开发建设总装机容量1.2万千瓦的风力发电项目，安装的16台风机组于2007年2月实现发电且顺利并网。

2007年，砣矶岛上风电厂网发电量为1300多万千瓦·时。2008年，网上发电量1982万千瓦·时。该公司准备建设1.8万千瓦风力发电二期工程，预计总投资1.65亿元人民币。

砣矶岛上的太阳能资源在全省海岛中居第三位。日照时数最多月份（5月）285.2小时；最少月份（12月）为153.7小时；全年日照时数为2674.4小时。其太阳能最大月份（5月）为659.5兆焦/米^2；最小月份（12月）为207.2兆焦/米^2；全年太阳总辐射为5283.8兆焦/米^2。

七、生物资源

（一）陆生生物资源

砣矶岛上的陆生物资源除林木外，药材资源较丰富，种类多，数量丰富，主要有灵芝、元胡、黄芩。动物药材有土元、蝎子等。

值得一提的是，砣矶岛上有2棵银杏树（图2-9-36），位于井口村南，距海岸百余米。其中北面的银杏树高7米、主干直径1.1米；南面的银杏树高10米、主干直径1米。两树中间为海会寺（20世纪60年代拆除），据传其树龄有千年，树根长到海里，现仍根深叶茂，但很少结果（山东省长岛县志编纂委员会，1990）。

砣矶岛的村民已把这两棵老银杏供为祖树、神树，凡有凶祸之事都前来烧香求神树保佑。

（二）潮间带和近海海洋生物资源

据908专项山东省海岛调查资料，砣矶岛潮间带采到大型底栖生物13种：多毛类1种、软体动物

图 2-9-36 砣矶岛井口村 2 棵古银杏树

（拍摄于 2010 年 6 月 7 日）

2 种、甲壳动物 5 种、棘皮动物 5 种，优势种为多毛类的多齿沙蚕（*Nereis multignatha*）、甲壳动物的绿钩虾（*Hyala* sp.）、软体动物的贻贝（*Mytilus edulis Linnaeus*）、藻类的囊藻（*Colpomenia* sp.）。生物栖息密度为 1514 个/米^2，其中多毛类为 56.67 个/米^2，软体动物为 2 个/米^2，甲壳动物为 1456 个/米^2。生物量为 11.04 克/米^2，其中多毛类为 0.02 克/米^2，软体动物为 0.66 克/米^2，甲壳动物为 0.05 克/米^2，藻类为 5.86 克/米^2。

砣矶岛潮间带大型底栖生物的密度以甲壳动物占绝对优势，高达 96%；在低潮带采集到了大量的玻璃钩虾科（*Hyalidac*）的一种绿钩虾，其密度高达 3526 个/米^2；在高、中潮带采到了较多的企氏圆柱水虱（*Excirolana chiltonii*）和哈氏浪漂水虱（*Cirolana harforde japonica*）。生物量除软体动物所占比例很少外，其他生物的生物量比例相对比较均匀。

砣矶岛周围海域，海洋生物资源丰富，主要经济种有盘鲍、扇贝、海胆、刺参、海带、裙带菜、羊栖菜等，其中皱纹盘鲍一般分布在水流畅通、藻类丛生的岩礁底质区。该岛地处黄渤海交汇处，是鱼虾繁殖洄游之地，主要经济种有：对虾、樱虾、鲅鱼、鲈子鱼、魟、鳐、黄姑、尾鱼、梭鱼等。

砣矶岛和大钦岛、小钦岛海域是庙岛群岛海区天然的栉孔扇贝主要产地，其中砣矶岛自然采苗面积为 1.1 平方千米。1991 年，砣矶镇自然采苗量为 20 亿～30 亿个，年收入 2000 万元左右。

2006 年，砣矶岛开始野生放养海参。

在砣矶岛大口中村、北村等沿海还分布有菲律宾蛤仔。

另外，据第一次海岛调查资料，在砣矶岛潮间带发现有异白樱蛤，其最高生物量的测站可达 620 克/米^2，而这种蛤在其他岛是分布在浅海海域中，数量很少。

八、海岛生态保护

砣矶岛上自然生长树木甚少，大部分由人工种植。清光绪五年（1879 年），蓬莱知县江瑞采赴长岛视察，发现岛中柴草奇缺，遂发告示，劝导岛民植树造林。1929 年，驻岛东北海军拨款从青岛购进树苗分送各岛，海军司令沈鸿烈命令士兵种树，民政局局长林绍愈督促群众在村旁、路旁植树。

1946 年春，长岛特区工委发起每人种 1 棵树的运动。1949 年，长岛特区工委两次发动群众植树。1954 年，特区政府从青岛购进黑松树苗发给群众，栽到地旁、宅边，开始封山造林。1955 年，开展大规模的治山整地、黑松植苗和“四旁”（宅旁、村旁、路旁、水旁）植树活动。

1982 年 3 月，长岛县政府规定：凡年满 11 岁的公民，除老弱病残者外，都要承担义务植树任务，每人每年植树 3 ~ 5 棵，保栽保活。并于同年 9 月 4 日规定，每年 9 月 15 日至 10 月 15 日为“爱鸟月”。

1982 年 4 月，庙岛群岛被山东省划为鸟类自然保护区；1988 年 5 月晋升为国家级鸟类自然保护区，砣矶岛被划定为重点保护区。

1985 年，实施退耕还林，每年三四月都组织大规模植树活动，以退耕还林、坡地补林、排渣地育林和公路沿线栽林为重点。近些年，参照有关生态旅游建设模式，因岛制宜地进行新的绿化规划，改善原有林种结构，海岛逐步由绿化向美化、园林过渡，海岛的生态环境不断改善。

1958 年 3 月，中央水产会议确定了“以养殖为主，积极提高捕捞生产”的方针，长岛确定“以海水养殖为主，积极提高捕捞，发展多种养殖事业”的方针，8 月 5 日成立了海水养殖试验场，是年发布了《水产资源繁殖保护政策的施行办法》。1982 年，长岛县将“以捕捞为主、捕养并举”调整为“以养为主、养捕结合”，推行“一养二捕三加工”。

为保护刺参资源，1954 年 4 月 13 日，长山岛特区政府规定海参产卵繁殖期内，严禁采捕，砣矶岛的禁捕期为 5 月 10 日至 6 月 30 日。1964 年，规定各岛禁捕期统一为 5 月 25 日至 7 月 15 日。1973 年，实行分岛间年轮捕制。

第十章　高山岛

第一节　概　况

高山岛(Gāoshān Dǎo)代码为370634001121。

高山岛位于庙岛群岛的中部、砣矶岛南侧海域，岛形为不规则长方形，长约1.3千米，宽约0.32千米。海岛面积为0.4424平方千米，海岛岸线长约4.19千米。最高点位于西南部，高程为202.8米，地理坐标为北纬38°08.2′、东经120°38.3′（图2-10-1）。南距䃰矶岛约7.7千米、距北长山岛约16.0千米、距大陆最近点蓬莱头约34.5千米，东北距砣矶岛约8.5千米。为庙岛群岛第一高海岛，也是山东省第二高海岛（仅次于灵山岛）。行政上隶属于山东省烟台市长岛县。

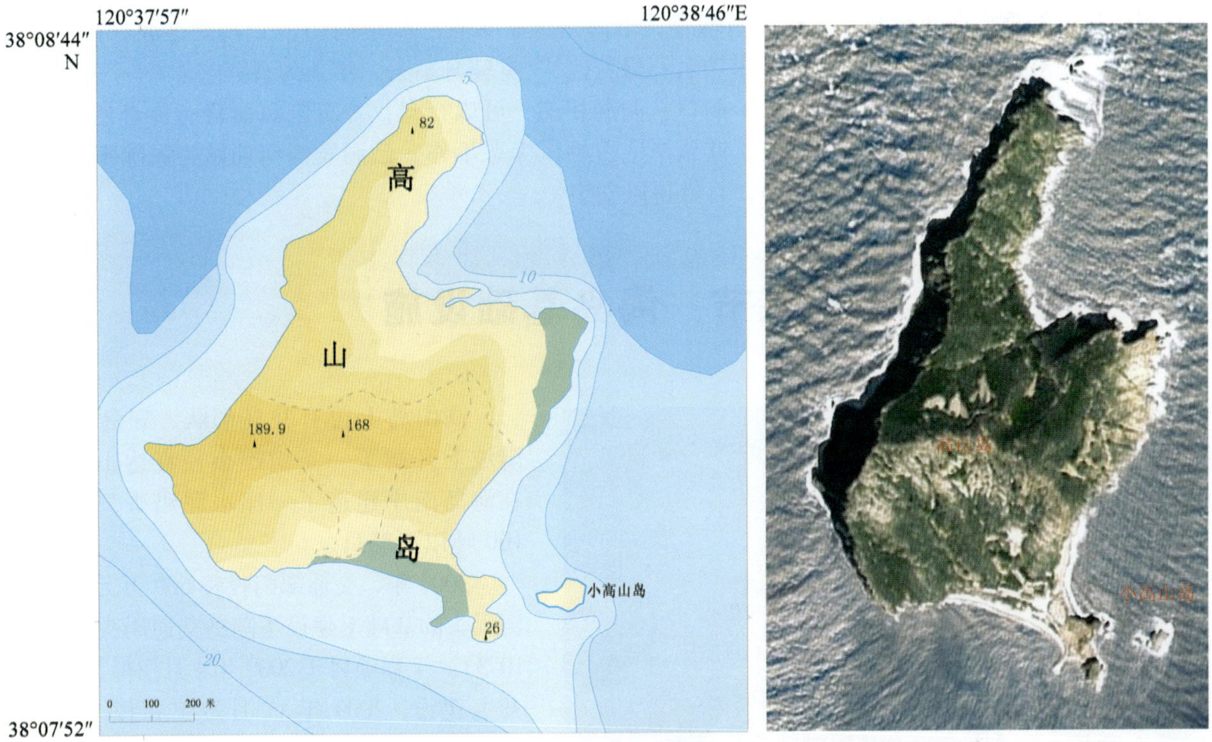

图2-10-1　高山岛地理分布和遥感影像

左图：地理分布；右图：遥感影像

因岛体陡峭挺拔，高度为庙岛群岛之冠，故名高山岛。在《山东省海岛志》海岛名录一览表中，省序号为“104”、地市序号为“烟台15”；在《中国海洋岛屿简况》① 中，全国统一编号为“0668”、省编号为“0075”。岛周有小高山岛、龙门礁、姊妹峰等小型海岛分布。

在宋代，高山岛属蓬莱沙门寨地；元、明属蓬莱县牵牛社。清光绪年间，庙岛群岛设永绥局分段

① 中国人民解放军海军司令部航海保证部：中国海洋岛屿简况，1980年。

图 2-10-2　远眺高山岛全貌

管理地段，高山岛属设在砣矶岛大口村关帝庙的永绥局管理。

1985 年，长岛县行政区划调整时，未对高山岛、小高山岛、砣矶岛、小砣矶岛、车由岛、小竹山岛、大竹山岛进行区划（山东省长岛县志编纂委员会，1990），高山岛为长岛县直属海岛。

1986—1987 年，国家海洋局第一海洋研究所受山东省计划委员会国土规划处的委托，对高山岛及其周围海域的自然环境和资源状况进行了综合调查。调查内容包括：气候、海洋水文、地质、地貌、土壤、植被、海水化学和生物等。其中，昼夜连续海流观测 3 个站、水质和生物取样观测站 4 个、海底底质取样 35 个站。现场调查、样品分析、数据计算、资料整理和综合分析研究的基础上，编制了调查研究报告和有关图件①。

第二节　历史与文化

高山岛东北侧姊妹峰，远远望去，酷似两张升起的风帆，乘风欲去，因之名石帆礁。传说，有闽人巨富俩兄弟，分乘高舻艨舸，满载江南瑰宝，沿海路进京买官。船至高山，二人见这般壮丽景色，顿时心动，相对曰“世上有佳境如此，求功名利禄若何?”竟驻舟不去，年久为石。

高山岛的西南角的锁龙洞，共有 4 个洞口，洞洞相连，可以行舟，并有幽深而富有传奇色彩。相传八仙过海时，一恶龙在海上兴风作浪，欺压岸上百姓，无恶不作，吕洞宾与何仙姑为民除害，将恶龙锁在锁龙洞内。从此，海上恢复平静，百姓得以安宁。

第三节　海岛基础设施

图 2-10-3　高山岛陆岛交通码头

高山岛上曾有驻岛部队，守岛官兵在陡坡上开凿了一条蜿蜒小径直达山顶。另在海岛南岸建造了一座水泥码头，可停靠 100 吨以下船只。

2009 年，交通部门投资 600 万元在原水泥码头的基础上建设了陆岛交通码头（图 2-10-3）。工程项目于 2009 年 4 月招标，5 月底开工建设，2009 年 11 月竣工并投入使用。码头长 16 米，宽 14 米，为直立式突堤，护岸为斜坡式，长 30 米②，可停靠 300 吨级船舶，设计年吞吐能力 3 万吨、客运量 1.6 万人次。

① 国家海洋局第一海洋研究所：高山岛开发可行性调查研究报告［R］，1990 年。

② 资料来源：http：//www. jiaodong. net/news/system/2009/11/16/010681944. shtml。

第四节 地质地貌

一、岛陆地质

（一）地质构造、地层与岩性

1. 地质构造

高山岛面积小，地质构造简单，基本是往东倾向偏北的单斜构造，地层倾向70°～80°，倾角20°～25°，未见小褶皱。

岛北部沿着岩层75°方向，发育了长而深的沟谷，植被茂盛，并有许多细的石英岩脉，推测为一断层，断层两侧岩层产状略有变化。在107米高地南侧，有走向12°、倾角67°的小断层（正断层），断层面光滑。

岛上岩石节理较发育，主要有10°～30°、50°、150°～165°三组，以10°～30°节理最为发育，其次为50°的节理，这两组节理与区域构造线方向一致，对该岛的形成和岛屿的轮廓起着十分重要的作用。

2. 地层与岩性

高山岛出露的基岩属新元古代蓬莱群豹山口组地层，主要岩石类型为灰白色的石英岩及紫红色长石石英岩。

灰白色的石英岩质纯致密，风化面呈黄褐色，呈中厚层状及薄层状。其中，薄层状的石英岩易风化破碎。

紫红色长石石英岩为中厚层状，致密，有较多的磁铁矿。铁质及长石含量少者，呈现肉红色。

上述两种岩石由下向上多次交替出现，呈互层状，向上岩层有变厚起势，层面上常见有波痕分布。

（二）工程地质与水文地质

1. 工程地质

高山岛在工程地质分区上属于鲁东丘陵工程地质区，出露基岩主要为石英岩及长石石英岩，属坚硬岩石，抗风化能力较强，新鲜岩石抗压强度较高，可达4000千帕，为良好建筑地基基础。但由于岩石裂隙发育，在破碎带及强风化带，受地震及人类挖掘等因素影响，容易产生崩塌或滑坡等工程地质问题。

2. 水文地质

高山岛上岩石坚硬致密，渗水性和导水性差，岛上又无储水、富水构造，基岩裂隙水缺少。岛周围为悬崖峭壁，岛上多基岩裸露，第四纪松散堆积物不发育，没有汇水洼地，岛上松散沉积物中的孔隙水匮乏。

大气降水是高山岛唯一的淡水来源，由于岛陆面积狭小，地形较陡，岛周围为悬崖峭壁，地表水径流极短，基本上是就地排泄流入海中。

基于上述水文地质条件，高山岛上淡水资源缺乏，原在海岛南部岸边的砾石堤上有一口水井，但水质较差，不能饮用。

（三）第四纪地质

高山岛面积小，地形陡峭，岛上第四纪松散沉积物不发育，主要成因类型为残坡积物、重力堆积物、海积物等。

高山岛上残积物主要分布于中部的167.5米高地附近，残积层很薄，厚度为10～20厘米。主要岩

图 2-10-4　高山岛悬崖海岸及重力堆积物

性为黄褐色松散亚砂土，分选较差，含有较多的碎石、岩屑，下部与风化壳过渡。

重力堆积物主要分布在海岛东北部的冲沟内，在岛周悬崖海岸下也常见有重力堆积物。主要为悬崖或陡坡风化岩石滑塌、坠落堆积而成，常形成倒石堆。

海积物主要分布于海岛南部，呈条带状充填于海岛岬间凹岸内的砂砾石层。砾石成分为灰白色石英岩，最大直径为 15 厘米，多为次棱角状、次圆状。海积砾石层可分为现代和古代两种类型。其中，古砾石层的顶部已填充了砂土；现代砾石层主要构成现代砾石滩，接受现代海洋动力作用。上述残积物、重力堆积物和海相新老砾石层等均为全新世产物。

二、海岛地貌

（一）岛陆地貌

高山岛为一断块基岩岛，地势呈西部高东部低，陆地地貌类型简单，全岛整体上为一侵蚀剥蚀低丘陵，包含有侵蚀剥蚀面、基岩坡、冲沟、倒石堆、陡坎等地貌单元。

（1）侵蚀剥蚀面

仅分布海岛的顶部（高程 130 米以上较平坦部分），呈东西走向，长 300 米，最宽处为 200 米。侵蚀剥蚀面上发育有 10 ~ 20 厘米厚的残积层。虽有薄层土壤，因山高风大，无木本植物生长，仅有稀疏的草本植物。

（2）基岩坡

基岩坡是全岛主要地貌单元，约占全岛面积的 80%。由于构造影响，基岩坡由西向东倾斜（西部海岸高 202.8 米，东部海岸高 25 米左右），约有一半面积基岩裸露。在海岛北部有薄层土壤，植被覆盖程度好于南半部。

（3）冲沟

高山岛上的冲沟规模相对较大，沟口指向东部和南部海岸。岛上冲沟是在基岩原始凹地上发育的，因而所有冲沟均宽而浅。冲沟内植被较基岩坡繁茂，说明冲沟整体上处于稳定状态。但在沟壁上经常发育有倒石堆，说明冲沟局部地段处于不稳定状态。

图 2-10-5　高山岛东北部倒石堆

（4）倒石堆

倒石堆多分布在东北部冲沟两侧陡崖下（图 2-10-5），个别分布在基岩坡上。最长为 100 米，中间宽 50 米，由于冲沟两侧碎石风化物质仍在补给，所以冲沟内的倒石堆很不稳定，大的暴雨会引起流动。在东北部冲沟内，还发育了一种复合式倒石堆，即由人类挖山取石或开山洞，在老的倒石堆上又有新的小的倒石堆叠加其上，两者岩石新旧差别很大，易于区别。

（5）陡坎

高山岛上的陡坎均为基岩天然陡坎，以海岛最高峰东南侧陡坎最多，陡坎高 20 米左右，走向无规律性，长者延续 200 ~ 300 米，有的只有几十米。陡坎的形成主要因岩性软硬不同引起的差异风化所致。

（二）海岸地貌

环岛多为悬崖峭壁，仅东南部有一小湾，因此该岛海岸以海蚀地貌为主，海积地貌为辅。主要地貌单元有：海蚀崖、海蚀洞穴、海蚀平台、海蚀柱、海积阶地和砾石滩等。

（1）海蚀崖

除南部有砾石滩外，环岛都为海蚀崖，特别是西岸呈“半壁山”形。西岸的海蚀崖高度一般为 80 ~ 180 米，多为悬崖绝壁，十分险峻，最高处位于海岛西端。岛北岸和西岸海蚀崖一般高度为 20 ~ 25 米，局部有古海蚀崖分布。

图 2-10-6　高山岛海蚀崖及海蚀洞拱桥

（2）海蚀洞穴

高山岛上海蚀洞穴发育，主要分布在突出的岬角两侧。西岸的海蚀洞穴位于陡峭的海蚀崖，无法进行现场调查。该岛南端的海蚀洞高约 3 米、宽 2 米、深 3 米；南侧砾石滩附近的海蚀穴，沿海面成排分布，一般高为 2 米、宽为 2 米、深度 0.5 米左右，形状不规则。

（3）海蚀平台

高山岛海岸上，局部有海蚀平台分布，主要在北部古海蚀崖前方，平台长约 30 米，宽约 20 米。在海蚀平台上零星分布有砾石，砾石个体为 30 厘米 ×20 厘米 ×20 厘米，次圆状。

（4）海蚀柱

岛岸上海蚀柱较发育，以东北侧的海蚀柱最为壮观和驰名。该处两个海蚀柱突兀于海蚀平台之上，一高一低并排（高者 39 米、低者 30 米），远望酷似两张升起的风帆，因之名曰“石帆礁”，也称“姊妹峰”，当地渔民叫她“两棵桅”，下部因海蚀而镂空（图 2-10-7）。

另外，在海岛南端 32.1 米高程点附近也有两个海蚀柱，呈较规则的圆柱形，高程分别为 24 米和 10.8 米。

（5）海积阶地和砾石滩

仅在岛南部局部分布，砾石滩长约 300 米，宽约 50 米，滩面较陡，坡度约 20°，砾石个体一般为 20 厘米 ×20 厘米 ×10 厘米，白色或浅红色石英岩。海积阶地高出海面 4 ~ 5 米，阶地最宽 75 米，原驻岛部队的营房建在阶地上。该阶地的基座为基岩，上面覆盖了 1.5 米厚的砂砾石层，有薄层土壤发育，为典型基座阶地（侵蚀堆积阶地）。阶地上有一口水井，井水补给来源是阶地后方沟谷的天然降水。

图 2-10-7　高山岛姊妹峰海蚀柱

（三）岛周海底地貌

高山岛远离大陆、地处渤海海峡内，岛周海底坡陡水深，海底地貌类型单调，主要地貌单元

图 2-10-8　高山岛南岸码头西侧砾石滩

有水下浅滩、水下平原、水下洼地等，各地貌单元的分区均以东西走向为特点，顺应了渤海海峡通道水体流动的方向。

水下浅滩　环岛分布，呈东西走向，延续很远，与车由岛水下浅滩相接。水下浅滩水深为16～18米，比周围水下平原高2～4米。组成物质较粗，以黏土质粉砂为主，部分含有砾石。

水下堆积平原　为高山岛周主要的海底地貌类型，分南、北两部分。北部平原位于水下洼地南部，也呈东西向延伸，水深为19～30米，最深处在西部，物质组成以粉砂质泥为主，个别地点含贝壳碎片。南部的水下平原分布水深为20～24米。物质组成与北部平原相同。

水下洼地　分布于高山岛的北侧，整个洼地呈椭圆形，长轴方向也为东西向，水深为30～34.5米，比周围的水下平原低4米左右，物质组成较细，以粉砂质黏土为主。

三、海岸线与潮间带

（一）海岸线基本特征

高山岛海岸线类型主要有基岩岸线、砾石质岸线和人工岸线。其中，基岩岸线占绝大多数，且多悬崖峭壁，无法行人；砾岸线仅分布海岛南部小海湾内；人工岸线为岛上的码头，分布在海岛的南部。

高山岛海岸多处于现代海蚀作用过程中，但均为基岩海岸，岸线后退十分缓慢。南部小海湾内接受两侧海岸物质堆积，但数量很少。因此，高山岛的海岸线处于相对稳定状态。

（二）潮间带基本特征

岩礁滩是藤壶、牡蛎、贻贝、螺类和许多藻类等固着和附着生物的栖息场所，其数量丰富，生物量和栖息密度较高。生物量组成以牡蛎、贻贝等双壳类为主；单壳类以短滨螺为主。栖息密度以小藤壶为主的甲壳动物占首位。很少出现多毛类。

图 2-10-9　高山岛码头东侧海岸岩体滑塌

砂砾质潮间带的生物既有底表固着和附着生物，又有底埋的生物栖息，种类较多，但生物量和生物密度比岩礁滩低。生物量组成仍以双壳类为主；密度组成中，仍以小藤壶为主的甲壳动物占首位。单壳类仍以短滨螺占绝对优势。

四、地质灾害

高山岛地势陡峻，岛周海岸多为悬崖峭壁，常见的灾害地质现象为岛陆和沿岸陡坡、悬崖岩体滑塌、岩块坠落等。

第五节 植被与土壤

一、海岛植被

除南部的砾石滩没有植被外，其余都有植被覆盖，但植被类型较少（图 2-10-10），主要有灌丛、草丛和少量的滨海盐生、沙生植被，以草丛为主，灌木丛为辅，局部有乔木生长。

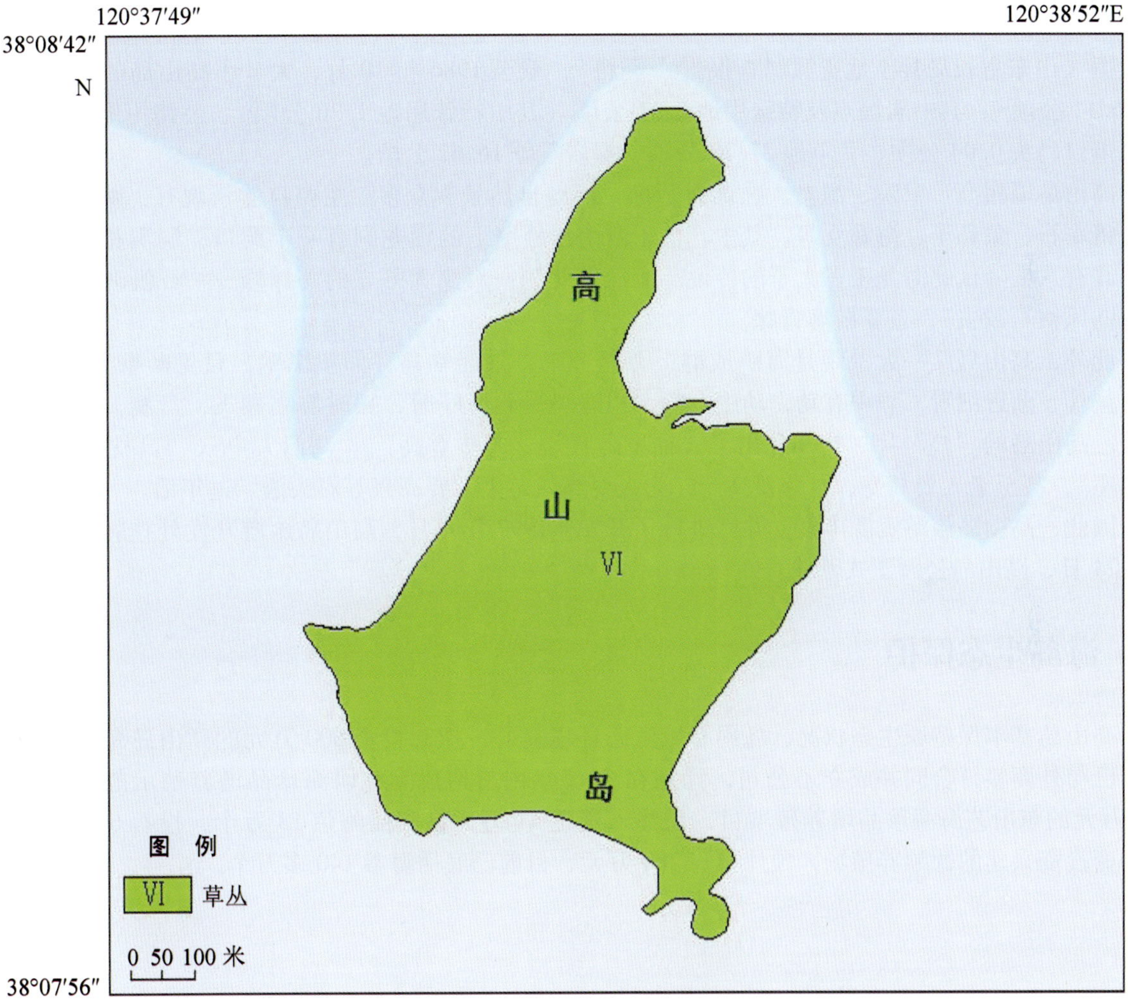

图 2-10-10 高山岛植被类型及分布

草丛主要分布于岛的北半部和南北部的沟谷内，主要植物种类为禾本科、菊科、莎草科、豆科中的一些暖温带种属以及铁线蕨。

灌丛分布在岛北半部，以荆条、胡枝子、紫穗槐为主。乔木主要是刺槐，在 123 米高程东南有成片刺槐林分布，其他处未见有乔木分布。

据 908 专项山东省海岛调查资料，本岛的植被覆盖率为 60%。

二、海岛土壤

高山岛上土壤主要分布在北部及南部的一级阶地上。海岛北部土壤层厚为 30 厘米，分布区约占全岛面积1/4，全部为自然土壤，成土母质为基岩风化壳，质地粗，多砂砾，越向下碎石越多，属山地棕壤粗骨土。在海岛南部一级阶地上的土层较厚，一般为0.5米，上部为轻壤土，质地均匀，底部仍有碎石，成土母质为坡洪积物，物质主要来自后面的基岩坡。该处土壤碎石少，蓄水保肥性稍好，部分地点驻岛部队曾种过蔬菜，这类土可称为堆垫粗骨土。

第六节　海岛资源开发与保护

一、海岛资源开发与保护

据《山东省长岛县土地资源调查报告》资料①，截至1986年10月，大、小高山岛的土地总面积为46.11公顷②，其中居民点及特殊用地1.31公顷（其中特殊用地1.30公顷）、公路用地0.36公顷、码头港口码头0.04公顷、荒草地27.78公顷、裸岩石砾16.62公顷。

高山岛以崖高、壁险、洞奥、礁奇而著称，环岛自然景观众多，主要自然景观有：姊妹峰、锁龙洞、将军石、象鼻子、海螺女等。其中，位于西南角悬壁下的锁龙洞有4个洞口，洞洞相连，可以行舟，并有八仙降伏北海龙王三太子的传说。海岛东北侧一对高大并立的姊妹峰——石帆礁（酷似两张升起的风帆石欲去），备受游客青睐。

此外，高山岛又一大景观是海鸥成群，万鸟齐鸣，乘船临岛，仰望岸壁，只见断壁上鸥影绰约，鸣声盈耳，渐近细看，静中有动，动中有静，当海鸥受到惊吓时，顿时群鸥翻飞，盘旋，其景象甚是壮观。高山岛的“高”字，也演化出了“福星高照”、“步步登高”、“高门大户”、“高枕无忧”、“高朋满座”，甚至老人要高寿，打鱼要高产，为人要高尚，生活要高兴等彩头语、过年话。

因此，高山岛旅游资源丰富，并已进行了开发。1997年4月，高山岛旅游开发处挂牌成立。同年6月24日，高山岛公园正式营业。

二、海岛生态保护

高山岛基本保持原生态状况，岛周海域生态环境良好，拟总投资600万元的高山岛海珍品基地建设，已与外商签订合同并成立了公司，计划在3～5年内打造成为砣矶海珍品增养殖示范基地；投资100万元的东山艺海海珍品增养殖项目，已注入资金41万元，底播鲍鱼13万个，投石6000立方米；由外商投资兴建的德顺养殖场，预计投资280万元，目前已底播海参140多万个。

---

① 长岛县土地资源调查办公室：山东省长岛县土地资源调查报告［R］，1988年12月，第50～51页。

② 土地总面积不包含其中滩涂23.63亩，但包含小高山岛的土地面积（岛陆面积约0.12公顷）。

第十一章　猴矶岛

第一节　概　况

猴矶岛（Hóujī Dǎo）代码为370634001421。

猴矶岛位于庙岛群的中西部、长山水道的北侧，北临砣矶水道。岛形似提琴，长约1.1千米，宽约0.26千米。海岛面积为0.3148平方千米，海岛岸线长约3.27千米。最高点位于中部，高程为92.9米，地理坐标为北纬38°03.5′、东经120°38.5′（图2-11-1）。南距大陆最近点蓬莱角约26.1千米、北长山岛约7.9千米，西南距大黑山岛约8.2千米，北距高山岛约7.7千米，东北距砣矶岛约13.6千米，东距车由岛约18.6千米。

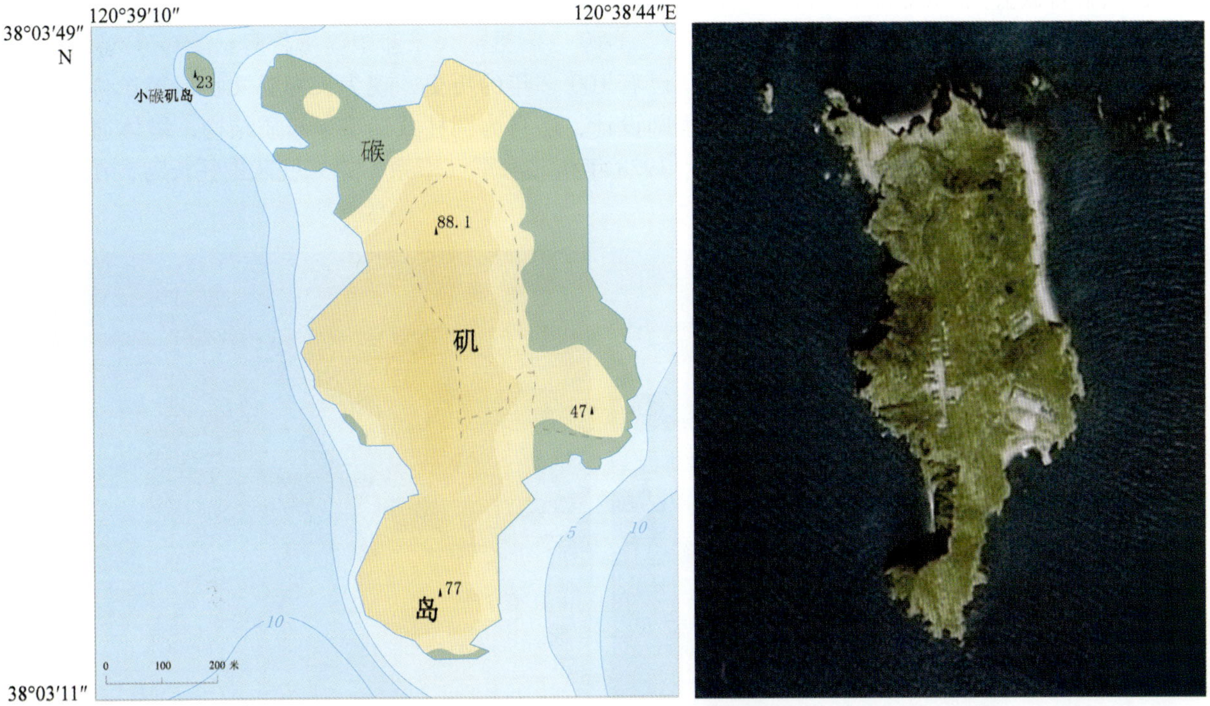

图2-11-1　猴矶岛地理分布和遥感影像

左图：地理分布；右图：遥感影像

清代称侯鸡岛，民国初期演变为猴矶岛。因远望岛形如一俯卧的石猴，故名猴矶岛。由于岛上灯塔一百余年来给过往的千舟百舸导航，也指引夜迁的鸟类南北飞翔，故人们称猴矶岛为航标岛。在《山东省海岛志》海岛名录一览表中，省序号为“107”、地市序号为“烟台18”；在《中国海洋岛屿简况》① 中，全国统一编号为“0670”、省编号为“0077”。

岛周边皆为悬崖峭壁，地形十分险峻。岛周海域有小猴矶岛、大东礁、海狗礁等。

① 中国人民解放军海军司令部航海保证部：中国海洋岛屿简况，1980年。

图 2-11-2　远眺磙矶岛

1985 年，长岛县行政区划调整时，未对高山岛、小高山岛、磙矶岛、小磙矶岛、车由岛、小竹山岛、大竹山岛进行区划（山东省长岛县志编纂委员会，1990）。

岛上曾有部队驻守，1982 年，部队缩编后撤离该岛，航标兵部队集体军转工，有的就地转为灯塔工。如今岛上除灯塔看守人及其家属外，无常住居民。

1986—1987 年，国家海洋局第一海洋研究所受山东省计划委员会国土规划处委托，对磙矶岛及其周围海域的自然环境和资源状况进行了综合调查。调查范围为北纬 38°02′37″ ~ 38°04′22″、东经 120°37′30″ ~ 120°39′30″，调查内容包括：气候、海洋水文、地质、地貌、土壤、植被、海水化学和生物等。其中，昼夜连续海流观测 3 个站、水质和生物取样观测站 4 个、海底底质取样 33 个站。在现场调查、样品分析、数据计算、资料整理和综合分析研究的基础上，编制了调查研究报告和有关图件①。

第二节　历史文化

磙矶岛上灯塔为庙岛群岛上最早的灯塔，已有 100 多年的历史，现为长海县文物保护单位。该灯塔始建于清光绪八年（1882 年），由英国工程师设计，塔身为圆柱式造型，石质结构，塔体通身漆黑（图 2-11-3），在灯塔西北侧架设有 2 门雾炮。1928 年东北海军（奉系）第二舰队进驻长岛，在岛上安装了雾笛（图 2-11-3）。

图 2-11-3　磙矶岛上雾笛与灯塔

左图：雾笛；右图：灯塔

在灯塔附近，还有两排用条石砌筑的平房（图 2-11-4）：一排并列于灯塔的西侧，另一排在灯塔南侧山坡上，均为欧式建筑风格，与灯塔同龄，系灯塔的配套设施。其中，灯塔西侧的那排平房，至今仍是灯塔工作人员生活和工作的地方；南侧的房屋却被荒废了。

据说灯塔南侧荒废的房屋，当年曾是一间小舞厅。当时清政府没人懂得灯塔的维修和管理，灯塔为英国人管理。建塔时，设计人员特为英籍管理人员配备了一些健身和娱乐设施。

① 国家海洋局第一海洋研究所：磙矶岛开发可行性调查研究报告［R］，1999 年。

图 2-11-4 遗存建筑物

据说这座灯塔建成之后的第 7 年，即 1889 年，岛上英籍灯塔管理员身染重病，危在旦夕，情急之下，另一英籍副管理员率两位华籍职员，驾舢板冒死送主管去陆地就医，风大浪高，舢板掀翻在海里，4 人无一生还。此案发生后，英国有关管理部门发布紧急命令，严禁服务中国灯塔之管理员，轻率驾船冒险营救遇难船只和生命，明确指出救护之举虽属人道主义，然灯塔工唯一职守是专司灯务，保障航行。但若有人游到岸边，灯塔工们也会竭力相救。

据载，1910 年 10 月，海上突起大风，船只纷纷遇险，岛上曾收容了 120 多个漂流到岛边的渔人，灯塔工们倾囊而出，拿出所有食物，没让一人饿死在岛上。

第三节 海岛基础设施

岛上驻军建有一条简易公路。岛东部中段修建有一座水泥码头，可停靠 100 吨以下船只。后又建陆岛交通码头（图 2-11-5）。

图 2-11-5 碳矶岛陆岛交通码头

岛上建有灯塔等导航助航设施。该灯塔位于海岛中部顶峰，地理坐标为北纬 38°03.5′、东经 120°38.4′，塔高 14 米，灯高 104 米，射程 15 海里，主要为航行于长山水道和碳矶岛水道的船舶提供助航服务，隶属于天津海事局烟台航标处管理。

岛上灯塔始建于清光绪八年（1882 年），由烟台东海关建造，为庙岛群岛海域最早的灯塔。同年，在灯塔的西北侧架设 2 门雾炮，报警声可传到 40 千米之外。1928 年，东北海军（奉系）第二舰队进驻长岛，海军司令沈鸿烈在碳矶岛上安装了雾笛。

1944 年 11 月，因战争灯塔的灯笼被炸毁。1953 年重新修建；1974 年灯塔大修。现灯塔上配备有雷达应答器，并实施电子远程遥测和操控管理。

岛上没有淡水，灯塔工人曾用水泥砌了几个收集雨水的蓄水池，以备平常食用。在交班的时候，如果碰上恶劣天气，食物无法运送过来，他们就有断炊的危险。所以，灯塔工们开辟了小菜园。

第四节　地质地貌

一、海岛地质

（一）地质构造、地层与岩性

1. 地质构造

该岛总体上为单斜构造，地层倾向325°～330°，倾角5°～7°。岛上断裂较发育，部分地区产状有变化。岛上较为明显的断层有3条。

其一是位于46.7米高地西侧，南端起始于码头，断层走向为南北向，破碎带宽为10米，断层擦痕、角砾岩沟谷地形等都可见，破碎带近直立，在北端东侧有一系列走向70°高角度小正断层分布。该南北向断层为左行压扭性断层。

其二是在西海口和金沙滩之间，沿30°方向发育，为正断层，断层面向东南倾斜，有角砾岩、断层泥分布，红紫色断层泥尤其发育。在低潮线附近沿断层泥薄弱地带形成海蚀洞。

其三是在77.0米与81.1米高地之间，沿沟谷300°走向发育着一个断层。

除上述小断层及破碎带外，该岛节理也较发育，主要是50°～60°和320°～330°两组。

2. 地层与岩性

该岛出露的基岩属地层为新元古代蓬莱群豹山口组，岩石类型为一大套石英岩，未见其他岩性。该石英岩按颜色可分为三套：灰白色石英岩，风化面为黄褐色，中厚层状，主要分布在码头附近，产状为倾向330°、倾角7°；浅肉红色石英岩，分布面积广、中厚层状，局部为巨厚层状，产状为倾向0°、倾角5°；紫红色石英岩，有时夹肉红色石英岩，中厚层状，多为粒状结构，岩石中含铁质，层面上有雨痕分布现象。

（二）工程地质与水文地质

1. 工程地质

该岛在工程地质分区上属于鲁东丘陵工程地质区，出露基岩主要为石英岩及长石石英岩，属坚硬岩石，抗风化能力较强，新鲜岩石抗压强度较高，可达4000千帕/米^2，为良好建筑地基基础。但由于岩石裂隙发育，在破碎带及强风化带，受地震及人类挖掘等因素影响，容易产生崩塌或滑坡等工程地质问题。

2. 水文地质

该岛面积狭小，岛上岩石坚硬致密，渗水性和导水性差，岛上又无储水、富水构造，基岩裂隙水缺少。岛周围为悬崖峭壁，岛上多基岩裸露，第四纪松散堆积物不发育，没有汇水洼地，岛上松散沉积物中的孔隙水匮乏。

大气降水是砣矶岛唯一的淡水来源，由于岛陆地形陡峭，岛周围为悬崖峭壁，地表水径流极短，基本上是就地排泄流入海中。

基于上述水文地质条件，砣矶岛上淡水资源缺乏。

（三）第四纪地质

该岛面积小，地形陡峭，岛上第四纪松散沉积物不发育，主要成因类型为残积物、残坡积物、重力堆积物、海积物等。

在海岛的岛顶部有两块残积物分布，面积较小，呈南北向长条形分布，厚度较薄，一般为30～50

厘米，岩性皆为黄褐色松散亚砂土，分选较差，含有较多的石英岩小角砾，土质贫瘠。

该岛东北部分布有一条状残坡积物，岩性为黑棕色亚砂土，砂以粉砂为主。含有少量石英小碎石，杂草丛生。有机质含量较高，约占10%～16%；土层较厚者可达50～60厘米，中间常夹有小碎石层。从岩性结构及岩性特征看是残坡积混合类型，以残积作用为主。

重力堆积物主要分布岛周悬崖海岸下，为悬崖或陡坡风化岩石滑塌、坠落堆积而成，常形成倒石堆。

海积物主要分布于海岛南部东西两岸，呈条带状充填于小海湾湾顶或岬间凹岸内，主要为砾石、卵石组成的砾石滩，砾石成分为灰白色石英岩，最大直径为15厘米，多为次圆状、次棱角状。

上述残积物、重力堆积物和海相新老砾石层等均为全新世产物。

二、海岛地貌

（一）岛陆地貌

该岛陆地地貌简单，整个海岛为一个低丘陵，主要地貌单元为基岩坡，在其上又发育了很多小的地貌形态，如侵蚀剥蚀面、冲沟、倒石堆、陡坎等。

（1）侵蚀剥蚀面

侵蚀剥蚀面分布于岛顶部80米等高线以上，呈南北分布，为一近似较平坦地形，长约450米，最宽约100米，上部有薄层残积物，厚度为10～30厘米。

（2）基岩坡

基岩坡是该岛最主要的地貌单元，环低丘陵分布，约占全岛面积的4/5，东部坡缓、西坡较陡，绝大多数基岩裸露。在坡和缓处发育了薄层土壤，厚度为5～40厘米，其上植被发育。基岩坡东部坡缓。

（3）冲沟

冲沟主要发育在东部及西北部，为基岩冲沟，沟形宽浅，在沟底有少量坡积碎石，沟内植被较茂盛，是灌木集中分布的地段。冲沟沟头均圆浑，为稳定型冲沟。

（4）陡坎与倒石堆

岛上陡坎均为人工陡坎，为沿山体开挖筑路形成，总长度为600米，陡坎高一般为1～2米。

倒石堆主要发育在岛的西侧和南侧，沿较陡的山坡分布，长为30～40米，中部宽约10米，坡度均大于45°，其前方直逼海岸，为海岸供应了大量碎石。因此，倒石堆前方海岸有时发育砾石滩，其砾石岩性与山体基岩一致。

（二）海岸地貌

该岛的海岸地貌是以海蚀地貌类型为主，海积地貌为辅。主要地貌单元有：海蚀崖、海蚀洞穴、海蚀柱、砾石滩等。

（1）海蚀崖

除个别地段外，该岛周围均为海蚀崖，最高为55米（位于87.7米高程点正西）。总体具有西岸海蚀崖高于东岸之势，西岸崖高30米左右，东岸则为15～20米。故整个海岛似乎向东倾斜。

在鸭子湾西侧分布有古海蚀崖，其前方是较宽广的砾石滩，砾石滩向海倾斜度较大。滩后部

图2-11-6 鸭子湾砾石滩、海蚀崖与海蚀洞穴

砾石已经遭受不到现代海洋影响，砾石缝间砂土上已长满了草本植被。

（2）海蚀洞穴

在鸭子湾南岸和西海口北岸等发育有较大规模的海蚀洞。鸭子湾南侧岸海蚀洞高 6 ~ 9 米，宽为 1.5 ~ 2 米，深约 10 米，由岩石裂缝被海浪侵蚀扩大所形成，东西两侧海蚀洞贯通，西海蚀洞小船可驶入洞内，洞壁陡直而光滑，岩石裂缝有淡水滴出。

在海蚀崖壁上普遍发育大小不一海蚀穴，常数个排列在一起。该岛最北端的海蚀穴规模较大，其高约 2 米，宽约 2.5 米，深约 1 米。

图 2-11-7　砣矶岛南部海岸海蚀地貌（海蚀崖、海蚀洞、海蚀柱）

图 2-11-8　鸭子湾砾石滩

（3）砾石滩

在金沙滩、西海口、鸭子湾、东海口等均有砾石滩分布。砾石滩物质主要来自滩后的基岩坡。砾石滩均较窄，坡度较陡，退潮时一般为 20 ~ 30 米，组成的砾石以巨砾为主，一般为 30 厘米 ×20 厘米 ×15 厘米。金沙滩砾石较小，一般为 10 厘米 ×7 厘米 ×5 厘米。

（三）岛周海底地貌

该岛离陆较远，岛周海底坡陡水深，地貌类型单调，主要地貌单元有：水下浅滩、水下平原和水下洼地等。

（1）水下浅滩

环岛周围分布，水深为 15 ~ 20 米（比水下平原高出 5 米左右），整个浅滩高度自西北向东南逐渐减低，延续较远，向东南与小竹山水下浅滩相接。底质以泥质粉砂或粉砂质泥为主，个别站位点含小砾石和粗砂。

（2）水下平原

分布于海岛南北两侧，北部的水下平原向西一直延伸，并且平原缓缓略向西倾，底质以粉砂质黏土和黏土质粉砂为主。南部的水下平原水深 20 ~ 26.5 米，底质较细，以黏土为主。

（3）水下洼地

位于砣矶岛北侧水下平原以北，水深为 22 ~ 26.5 米，比周围水下平原低 1 ~ 5 米。底质以粉砂质黏土为主，少数含有贝壳碎片。

三、海岸线与潮间带

（一）海岸线基本特征

䃀矶岛海岸线类型主要有基岩岸线、砾质岸线和人工岸线。其中，以基岩岸线为主，且多悬崖峭壁；砾石岸线分布在东岸的金沙滩和西海口、鸭子湾的湾顶；人工岸线为岛上的码头，分布在海岛的南部。

䃀矶岛海岸多处于海蚀作用过程中，但基岩海岸后退十分缓慢。西海口、鸭子湾等岸线凹入段内接受两侧海岸物质堆积，但数量很少。因此，䃀矶岛海岸线总体处于相对稳定状态。

（二）潮间带基本特征

䃀矶岛潮间带狭窄，多为海蚀悬崖直下海底，无滩地发育。北部海岸潮间带岩礁滩相对较发育，并有藤壶、牡蛎、贻贝、螺类和藻类等固着和附着生物栖息，其数量丰富，生物量和栖息密度较高。生物量组成以牡蛎、贻贝等双壳类为主；单壳类以短滨螺为主。栖息密度以小藤壶为主的甲壳动物占首位。很少出现多毛类。

东部的金滩、北部的西口和西南部的鸭子湾顶的砂砾质潮间带，既有底表固着和附着生物，又有底埋的生物栖息，但因海域水动力条件较强，生物种不多，生物量和生物密度也较低。

四、地质灾害

䃀矶岛地势陡峻，沿岸多为悬崖峭壁，在岛陆和沿岸陡坡、悬崖处，常见岩体滑塌、岩块坠落等地质灾害现象，在陡坡、悬崖下发育倒石堆等重力堆积体（图 2-11-9）。

图 2-11-9　䃀矶岛东北部沿岸岩体崩塌堆积（倒石堆）

第五节　植被与土壤

一、植被

岛上植被以草本植物为主，主要是禾本科、菊科、豆科、蔷薇科等。木本植物主要为黑松和刺槐，有少量人工栽培的松林。在灯塔、雾笛附近，曾栽种过泡桐、榆树等植物，但因山高风大，大多已死亡。灌木主要有紫穗槐、荆条、酸枣等。

在海岛的西部和北部以草丛为主，东北部有少量落叶阔叶林分布；少量黑松组成的针叶林主要分布在中部偏北，林下有草丛分布。在海岛的四周有裸露的基岩，尤其在北部有较多的砾石滩，因此在这些地带很少有植被分布，只在岩缝间有少量草本植物分布。

据908专项山东省海岛调查资料，磢矶岛的植被覆盖率为60%。

二、土壤

岛上土壤层较薄，一般厚度为0.2~0.3米，只有在沟谷地区和丘陵顶部平坦地区土层稍厚，为0.3~0.5米。除丘陵顶部灯塔附近有极少量耕作土外，其他均为自然土壤，属棕壤土类。成土母质为风化壳，质地粗、多砂砾，为棕壤类中的粗骨土，保肥和蓄水能力低。

第六节　海岛资源开发与保护

岛上土壤层较薄，但植被覆盖率较高。据908专项山东省海岛调查成果资料，磢矶岛土地总面积为31.48公顷，其中其他林地5.88公顷、其他草地19.36公顷、设施农用地1.1公顷、裸地5.14公顷。

另据《山东省长岛县土地资源调查报告》资料①，截止到1986年10月，磢矶岛的土地总面积②为28.18公顷，其中有林地0.9公顷、居民点及特殊用地1.24公顷（其中居民点约0.01公顷、特殊用地约1.23公顷）、农村道路用地0.38公顷、码头港口码头0.12公顷、坑塘水面0.07公顷、荒草地18.55公顷、裸岩石砾6.91公顷。

两次调查资料比较分析表明，由于实施绿化工程，岛上林地面积增加明显。主要是20世纪90年代初以来，每年的植树活动中，均有组织乘船渡海对磢矶岛进行绿化。

磢矶岛周围海域饵料生物丰富，初级生产力较高。据国家海洋局第一海洋研究所1986—1987年在本岛周围海区的调查资料③，四个季度月浮游植物的平均细胞数为98.35万个/$米^3$，11月可达241.56万个/$米^3$。其中的优势种类硅藻特别是圆筛藻，是良好的饵料，为滤食性的贝类提供了充足的食物。浮游动物平均生物量为50.2毫克/$米^3$，栖息密度为160个/$米^2$。初级生产力也较高。这些都说明该岛海域是一个各种生物资源比较丰富的海域。有利于发展海珍品增养殖业，但因海域开阔、水深较大，海域浪大流急，对海珍品幼体的附着和栖居极为不利，也会对回捕造成一定困难。

① 长岛县土地资源调查办公室：山东省长岛县土地资源调查报告 [R]，1988年，第50~51页。
② 土地总面积不含其中的滩涂42.75亩，但包含小磢矶岛的土地面积（岛陆面积约0.08公顷）。
③ 国家海洋局第一海洋研究所：磢矶岛开发可行性调查报告 [R]，1988年。

第十二章　车由岛

第一节　概　况

车由岛（Chēyóu Dǎo）代码为370634001521。

车由岛位于庙岛群岛中部的东端海域，呈长条形，南北走向，长约640米，宽约100米。海岛面积为0.0537平方千米，海岛岸线长约1.51千米。最高点位于海岛北部，高程为73.5米，地理坐标为北纬38°04.2′、东经120°51.2′（图2-12-1）。南距大陆的蓬莱角约28.1千米、距小竹山岛约4.75千

图2-12-1　车由岛地理分布

米，东距大竹山岛约7.4千米，西北距砣矶岛约11.5千米。行政上隶属于山东省烟台市长岛县（1985年，长岛县行政区划调整时，未对高山岛、小高山岛、䃎矶岛、小䃎矶岛、车由岛、小竹山岛、大竹山岛进行区划，车由岛为县直属海岛）。

从不同角度来看，该岛或似纱帽、或似水牛、或似车轴，故元代称牵牛岛。顾祖禹在《读史方舆纪要》（顾祖禹，2008）中说："志云沙门岛相连属者有鼍矶、牵牛、大竹、小竹四岛"，其中牵牛岛即此岛。清代称其为纱帽岛，亦称纱帽岛、沙磨岛；民国初始称车由岛。因岛上集聚着众多海鸥等，被称为"万鸟岛"，也有干脆直呼之"海鸥岛"。在《山东省海岛志》海岛名录一览表中，省序号为"108"、地市序号为"烟台19"；在《中国海洋岛屿简况》① 中，全国统一编号为"0671"、省编号为"0078"。

第二节 海岛文化与历史

车由岛小巧玲珑，远看极像一枚精雕细琢的金印玉玺，古称"皇帝宝"。另有传说，有一天，"八仙过海"中八仙里的铁拐李、吕洞宾等乘车外游，忽遇暴雨，车子被陷。众神仙眼见大水包围，便施仙法，腾云驾雾返回蓬莱，将车子弃在水中，后来在海上形成了一座岛屿。

第三节 基础设施

车由岛岸边有水泥码头一座，可供100吨以下船只停靠。岛上无大路，在中部有一岩洞，有可通至山腰地带的石级小路，外有栏杆围挡，极为险峻，人称"通天路"。

1985年，长岛县政府的公务船与旅游公司的船只一起开辟了南长山岛—庙岛—宝塔礁—大黑山岛—车由岛的旅游航线，岛上始有不定期旅游班船。

第四节 地质地貌

一、海岛地质

（一）构造、地层与岩性

1. 地质构造

车由岛整体为一略向北倾斜的单斜岩层，地层倾向330°～340°，倾角8°～12°。

该岛南部45米高地和28米高地之间有一走向30°、倾向东南、倾角55°的正断层，断层面上有擦痕。岛上岩石节理发育，主要走向20°～30°，为剪切节理，节理密集，它控制了岛岸及岛形。次级节理为张节理，走向330°，被前组节理切割。

车由岛上无地下淡水资源和矿产资源。在部队挖掘的坑道内，由裂隙渗透了大量雨水，水质经处理后可以饮用。

2. 地层与岩性

车由岛上出露的基岩属于新元古代蓬莱群豹山口组地层，岩性自上而下可分三层。

① 中国人民解放军海军司令部航海保证部：中国海洋岛屿简况，1980年。

① 灰色、青灰色石英岩，多为厚层—巨厚层状，单层厚度1～3米，致密块状，坚硬性脆、质纯、成套出现，产状335°，倾角15°。这部分岩性是该岛岩石主要类型。② 灰色、灰白色含砾石英岩，厚层块状，致密坚硬。砾石成分为石英，其中许多砾石来自白色石英岩脉，砾石磨圆度较好，为次圆至次棱角状，分选一般。个别层为含砾绢云母石英岩，如岛顶部，砾石粒径一般小于5厘米。③ 青灰色绢云母石英岩夹绢云母石英片岩。绢云母石英岩为中厚层状，单层厚度0.2～0.4米。在此岩层中夹有绢云母石英片岩，局部有千枚状构造。

（二）工程地质与水文地质

1. 工程地质

车由岛在工程地质分区上属于鲁东丘陵工程地质区，出露基岩主要为石英岩及长石石英岩，属坚硬岩石，抗风化能力较强，新鲜岩石抗压强度较高，每平方米可达4000千帕，为良好建筑地基基础。但由于岩石裂隙发育，在破碎带及强风化带，受地震及人类挖掘等因素影响，容易产生崩塌或滑坡等工程地质问题。

2. 水文地质

车由岛面积狭小，地形陡、坡度大，岛周围为悬崖峭壁，岛上基岩裸露，岩石坚硬致密，渗水性和导水性差，岛上又无储水、富水的地质构造，基岩裂隙水缺少。

大气降水是车由岛唯一的淡水来源，但岛上第四纪松散堆积物不发育，厚度较薄，分布面积小，难以构成汇水洼地，地表水径流基本是就地排泄，流入海中。

从上述水文地质条件来看，车由岛淡水资源十分匮乏。

（三）第四纪地质

车由岛上第四纪沉积物不甚发育，地层简单。在海岛顶部分布有两块长条形的黄土状堆积物，其面积很小，沉积物呈浅黄褐色，以粉砂粒级为主，含云母较多，结构松散，有钙质白斑及网纹，含少量钙质结核，垂直节理不发育。黄土状堆积物厚者为1.5米，底部为绢云母石英岩碎块。

车由岛顶部的黄土堆积类似庙岛群岛其他海岛的某些黄土状堆积物，但其厚度大于附近的高山岛、磙矶岛、小竹山岛等岛屿。根据岩性特征对比，车由岛上的黄土状堆积属晚更新世的产物。

二、海岛地貌

（一）陆地地貌

车由岛上地貌简单，整个海岛为一个低丘陵，主要地貌单元为基岩坡，在其上又发育了很多小的地貌形态，如侵蚀剥蚀面、冲沟、倒石堆、陡坎等。

（1）侵蚀剥蚀面

车由岛的地势北部略高，南部略低，海岛的顶部（高程50米以上）发育有侵蚀剥蚀面（小面积）：一呈南北走向的近似平坦面，长约350米，最宽处为50米。其上有残积物发育，厚度一般为0.2～0.4米。但在剥蚀面的北部，有厚约1.5米的第四纪黄土状堆积物分布。

（2）基岩坡

基岩坡是车由岛上最主要的地貌单元，约占全岛面积的五分之四，多为基岩裸露，部分缓坡上发育有薄层土壤，基岩坡上侵蚀作用所形成的沟槽普遍发育。总的来看，本岛基岩坡较附近几个小岛要和缓。

（3）倒石堆和陡坎

车由岛上还分布有倒石堆、陡坎地貌。其中，倒石堆主要分布在海岛西部，规模多不大，顶点分布在50米等高线上，整体坡度不大，活动性不强，有的其上长有植被。陡坎主要分布在海岛的东侧和南侧，有的从岸边一直延续到山顶，均为人工修路开挖所致，沿山坡呈“之”字形，高度1～5米。

（二）海岸地貌

车由岛海岸以海蚀地貌为主，主要地貌单元有：海蚀崖、海蚀平台、海蚀穴、海蚀柱和砾石滩等。

（1）海蚀崖

海蚀崖以现代海蚀崖为主，局部有古海蚀崖分布。现代海蚀崖分布于岛北部海岸，崖高2～5米；古海蚀崖主要分布在岛东南侧，崖高5米左右，崖壁上岩石风化破碎严重，在底部发现有次圆状的海滩砾石，砾石大小为20厘米×15厘米×10厘米，其上有的长满了苔藓。

（2）海蚀平台

平台主要分布在海岛的南端，宽度为10～20米。在海蚀平台上零星散布有巨砾，一般大小为30厘米×20厘米×20厘米。砾石均来自后缘基岩坡上（两者岩性一致），磨圆较好，为次圆状。

（3）海蚀穴

车由岛海岸上无海蚀洞发育，仅有海蚀穴。海蚀穴也有现代和古代之分。现代海蚀穴分布在海岛的西岸，规模不大，一般高为1米、宽约1.2米、深为0.5米。古海蚀穴局部分布在海岛的东岸，规模大小与现代海蚀穴相近，洞穴因风化作用内壁光滑，长满了苔藓类植物。

（4）海蚀柱

车由岛的东、西两侧均有海蚀柱分布，高程分别为13.9米和19米，后者较为典型。

（5）砾石滩

车由岛唯一的海积地貌为砾石滩，分布在海岛的南岸和东岸。其中，南岸的砾石滩规模稍大，但仅15米左右，由30厘米×20厘米×20厘米的巨砾组成，砾石岩性为青灰色石英，砾石间有少量粗砂。

（三）岛周海底地貌

车由岛周围海底主要地貌类型有：水下侵蚀平台、水下浅滩、水下洼地等。

水下侵蚀平台环岛周围分布，水深小于5米，宽度为50～200米，南北两端较宽。基岩裸露海底，其上常有砾石散布。

水下浅滩是车由岛周围主要的海底地貌类型，浅滩近东西向分布，向西与高山岛水下浅滩相接。水下浅滩区水深为12～19米，比水下洼地高出10～20米，底质以粉砂为主。

水下洼地分布于海岛南北侧海域，水深为28～44.5米，呈椭圆形，近东西走向，与渤海海峡通道水体流动方向一致。水下洼地内，底质以粉砂质黏土为主，个别地点有小砾石和贝壳碎片。

第五节　植被与土壤

一、植被

车由岛上的植被主要为草本植物，乔木仅在侵蚀剥蚀面北部有分布，多为松树和刺槐，因山高空旷，风速大，长势不好。灌木主要分布在较低的山坡上，主要是紫穗槐、荆条等。草本主要是禾本科、菊科、百合科、豆科等一些温带、暖温带种属。

二、土壤

车由岛上土层覆盖程度不好，有4.14公顷基岩裸露，无任何土壤。土层较厚的分布区是在侵蚀剥蚀面上，厚度为0.2～0.3米，总面积不超过1000平方米。在黄土状堆积物顶部，土壤层稍厚，为0.5米。

侵蚀剥蚀面上的土壤层，属于山地粗骨棕壤亚类，成土母质为基岩风化岩，质地粗，通气性好，保肥蓄水能力很低，不经改良则难以利用。

第六节 海岛资源开发与保护

据《山东省长岛县土地资源调查报告》资料①，截至1986年10月，车由岛的土地总面积为5.15公顷②，其中特殊用地0.32公顷、农村道路用地0.10公顷、码头港口码头0.04公顷、荒草地0.55公顷、裸岩石砾4.14公顷。

车由岛的降雨量在庙岛群各海岛中属偏少的海岛。据《长岛县水资源调查评价与水利区划报告》资料，车由岛多年平均降雨量为525毫米，计算平均年降水量为2.31万立方米、平均年径流深度为78毫米。

车由岛沿岸，崖壁陡峭经过风化和海蚀，崖壁坑坑洼洼，大小不等的石窟、石穴鳞次栉比，栖息着数以万计的各种鸟类（主要是海鸥、海鸭子、海猫等），是多种鸟类繁殖、孵化、发育的基地，为国家级鸟类自然保护区的重点保护区。当地政府一直非常重视对岛上鸟类的保护，如1984年"鲁长渔3049"号和"鲁长渔3050"号对船在车由岛停泊时，发生船员攀登峭壁拾海鸥蛋事件，长岛县政府对此违犯鸟类保护规定的行为，于1984年10月26日予以通报。

为了更好地保护车由岛特殊的生态结构和环境特征，长岛县人民政府于1998年10月成立了车由岛生态保护中心（归长岛县环境保护局管辖）③。该保护中心成立以来，在车由岛修建了舾装码头，配置了摩托艇、摄像机、望远镜等管护设备，常年派专人沿岛巡逻，防止不法之徒偷猎幼鸟，偷拾鸟蛋。并在岛上设多处投食点、饮水槽，保证各种鸟类的生活需要，繁衍生息的鸟类数量逐年增加。

车由岛周围海域开阔，水交换和混合充分，温度和盐度分布均匀且较稳定，水质良好，全年保持一类水质标准，水中营养盐含量较高，宜于多种海洋生物的生长和繁殖，其饵料生物丰富，初级生产力较高。据国家海洋局第一海洋研究所1986—1987年在本岛周围海区的调查资料④，4个季度月浮游植物的平均细胞数为85.45万个/米^3，优势种类硅藻特别是圆筛藻和具槽直链藻比较丰富，为滤食性的贝类提供了充足的食物；底栖生物种类较少、生物量较低，但平均栖息密度较高（385个/米^2），种类组成主要是生长速度快、生命周期短的小个体生物，它们是鱼、虾类的优良饵料；同时，岛周围6米左右水深以浅，底质主要由基岩、岩块和砾石组成，适合于海参、鲍鱼、海胆、扇贝等海珍品生长；其他海区海底物质以粉砂、黏土质粉砂、砂质粉砂为主，适合海洋筏式养殖。因此，车由岛周围海域，经济生物资源丰富，又是经济鱼虾的越冬和索饵洄游、发展增养殖的良好场所，是长岛重要的海珍品增养殖基地，也是国家二级保护动物斑海豹经常出没的海域。2001年6月，山东省批复的"庙岛群岛省级海豹自然保护区"，将车由岛附近海域划定为缓冲区。该自然保护区的具体情况，参见螳螂岛相关部分。

---

① 长岛县土地资源调查办公室：山东省长岛县土地资源调查报告［R］，1988年，第50～51页。

② 土地总面积不包含其中的滩涂27.06亩。

③ 长岛县环保局车由岛生态保护中心，http：//www.cdseal.net/zi2/cheyoudao.htm。

④ 国家海洋局第一海洋研究所：车由岛开发可行性调查报告［R］，1988年。

第十三章　小竹山岛

第一节　概　况

小竹山岛（Xiǎozhúshān Dǎo）代码为370634001721。

清末顾祖禹在《谈史兴地纪要》中对其有新记述。

小竹山岛位于庙岛群岛中部的偏东、大竹山岛的西侧海域，岛形近似长方形，南北走向，长约800米，宽约400米。海岛面积为0.2735平方千米，海岛岸线长约2.34千米。最高点位于海岛中部，高程为97.3米，地理坐标为北纬38°01.3′、东经120°52.2′。西南距大陆蓬莱角约23.4千米，西距大长山岛最近点约13.4千米，东距大竹山岛最近点约5千米。行政上隶属于山东省烟台市长岛县。

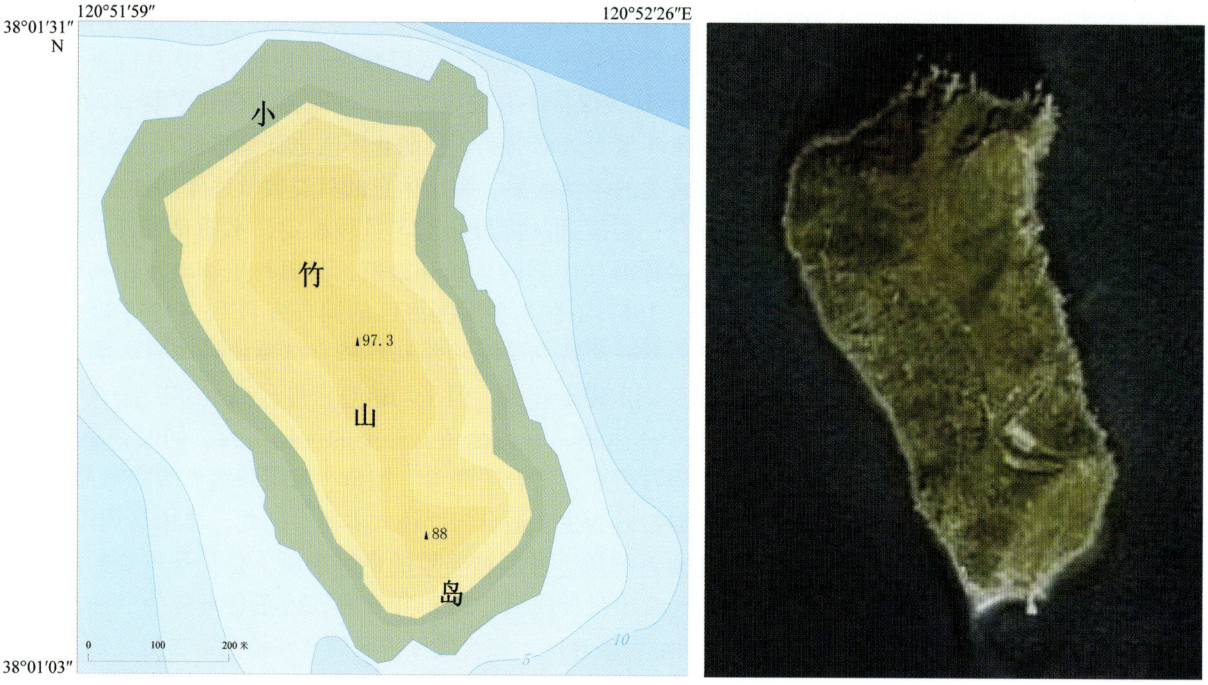

图2-13-1　小竹山岛地理分布及遥感影像

左图：地理分布；右图：遥感影像

海岛相对大竹山岛而名。在《山东省海岛志》海岛名录一览表中，省序号为“110”、地市序号为“烟台21”；在《中国海洋岛屿简况》① 中，全国统一编号为“0673”、省编号为“0080”。

1985年，长岛县行政区划调整时，未对高山岛、小高山岛、碳矶岛、小碳矶岛、车由岛、小竹山岛、大竹山岛进行区划（山东省长岛县志编纂委员会，1990），小竹山岛为县直属海岛。

① 中国人民解放军海军司令部航海保证部：中国海洋岛屿简况，1980年。

图 2-13-2 小竹山岛全貌

第二节 海岛文化与历史

2009 年 5 月长岛县一位渔民，在小竹山岛西部海域拖网作业时，打捞上两具四爪铁锚：一具长 2.95 米，爪长 0.9 米；另一具长 1.95，爪长 0.6 米。经鉴定，该两具铁锚均为明代铁锚，现存放于登州古船博物馆内①，为研究古代铁锚的发展提供了重要的实物资料。

第三节 基础设施

小竹山岛上曾有过驻军，有简易公路一条，南岸修有水泥码头一座。

2009 年，投资 600 万元建设小竹山岛陆岛交通码头。该码头规模为 300 吨级，设计年吞吐能力 3.12 万吨、客运量 1.8 万人次。该工程项目于 2009 年 4 月招标，5 月底开工建设，2009 年 11 月竣工并投入使用②。

该码头为直立突堤式结构，宽 10 米，长 25 米，顶高程 3.5 米；护岸为斜坡式，长 17 米，顶高程 3.7 米；登陆点宽 7 米，前沿顶高程 1.5 米，登陆点前沿至后方顶高程 3.5 米，斜坡比为 1∶8，斜坡长 16 米。

小竹山有灯塔一座，地理坐标为北纬 38°01′16.3″、东经 120°52′0.3″，始建于 1951 年，1974 年改建。现灯塔高 10 米，为白色圆形柱石灯塔，灯高 103.7 米，射程 18 海里。

近岸海域布设有航标灯。有海底电缆通信设备。

---

① 资料来源：http：//yantai. sdnews. com. cn/2009/6/5/775354. html。

② 资料来源：http：//www. jiaodong. net/news/system/2009/11/16/010681944. shtml。

第四节 地质地貌

一、岛陆地质

（一）构造、地层与岩性

1. 地质构造

小竹山岛整体上为一单斜构造，岩层倾向70°~97°、倾角12°~40°。岛上小断裂构造较发育，主要的小断裂如下。

（1）在89.5米高地南南西陡崖有一走向30°、倾向120°、倾角70°断层，断层线附近发育有断层泥，两侧岩层产状紊乱，岩石破碎，底部有倒石堆堆积，为正断层。

（2）在71.6米高地面部分路东侧有一正断层。该断层走向110°、倾向20°、倾角45°。

（3）在（2）断层北部，沿公路可见明显的断层证据，发育有石英岩角砾和断层泥，破碎带沿340°~350°方向分布，宽度10米左右，断层性质是压扭逆断层。

（4）在88.5米高地北部，有一条与山脊线平行的走向340°~350°断层，断层北半部为陡崖，断层面向西倾斜，一直往岸延伸。

（5）在89.5米高地西北部有一条走向50°~60°层破碎带，倾向320°~340°，宽20米左右，发育有石英角砾岩，岩层产状紊乱。

2. 地层与岩性

小竹山岛出露的基岩岩性比较简单，主要岩石类型为含砾石英岩、含绢云母石英岩夹绢云母石英片岩，属新元古代蓬莱群豹山口组地层。

（1）含砾石英岩

岩石呈浅青灰色，局部地区为紫红色，厚层状—巨厚层状，岩层倾向70°、倾角20°左右。主要矿物成分为石英（含量达到80%以上），含有少量的长石及云母。砾石含量分布不均匀，含量较高的层，砾石含量为10%，个体直径一般为4~7厘米，砾石成分基本上为石英岩，砾石多为次棱角状、半浑圆状，局部地区岩石层面有波痕分布。在岩层中还可见到顺层侵入的石英脉和透镜体，略有混合岩化现象。

（2）含绢云母石英岩夹绢云母石英片岩

含绢云母石英岩的新鲜面为浅灰色，风化面黄褐色，具褐色锈斑，为含铁矿物的风化产物，岩石为中厚层状，致密坚硬，石英含量80%以上，绢云母5%左右，还有少量长石、金属矿物等。沿层面绢云母含量增加，有的为绢云母石英岩。沿层面有顺层石英脉分布（脉宽者10厘米），石英脉呈肠状和串球状分布。

在石英岩中夹有中薄层状绢云母石英片岩，岩石片理构造发育，易风化破碎。

（二）工程地质与水文地质

1. 工程地质

小竹山岛在工程地质分区上属于鲁东丘陵工程地质区，出露基岩主要为石英岩及长石石英岩，属坚硬岩石，抗风化能力较强，新鲜岩石抗压强度较高，可达4000千帕，为良好建筑地基基础。但由于岩石裂隙发育，在破碎带及强风化带，受地震及人类挖掘等因素影响，容易产生崩塌或滑坡等工程地质问题。

2. 水文地质

小竹山岛地形陡、坡度大，岛周围为悬崖峭壁，岛上基岩裸露，岩石坚硬致密，渗水性和导水性差，岛上又无储水、富水的地质构造，基岩裂隙水缺少。

大气降水是小竹山岛唯一的淡水来源，但岛上第四纪松散堆积物不发育，厚度较薄，分布面积小，难以构成汇水洼地，地表水径流基本是就地排泄，流入海中。

从上述水文地质条件来看，小竹山岛淡水资源十分匮乏。

（三）第四纪地质

小竹山岛上除基岩地层外，在岛的北部有一块扇形残积物分布，其面积不大，主要岩性为黑棕色亚砂土，含有较多的黏土成分、绢云母小片等，底部角砾岩屑成分增多。土质肥沃，树木杂草生长茂盛，土层厚为 1 ~ 3 米。

在岛的南端分布有海积物，全部由大小不一的砾石组成，主要成分为石英岩，大者直径可达 20 ~ 30 厘米，一般为 10 厘米左右，多为半浑圆状。

二、海岛地貌

（一）陆地地貌

小竹山岛陆地地貌简单，主要地貌类型为低丘陵，在其上又发育了很多小的地貌形态，如基岩坡、倒石堆、陡崖等。

（1）侵蚀剥蚀低山丘陵

小竹山岛上低山丘陵面积约占全岛的 1/2，走向近南北，与大竹山岛不同，它的顶部没有一个较平坦的夷平面。

（2）基岩坡

分布在小竹山岛上低丘陵的周围，常延续到海边，大多数基岩坡植被覆盖不好，基岩多裸露，低洼处分布有风化碎石，特别是岛的北部和东部的基岩坡。

（3）倒石堆

小竹山岛上的倒石堆主要分布在海岛的东部，长度为 30 ~ 40 米，顶点高程为 70 ~ 80 米，坡度较陡，极不稳定，目前仍在活动。本岛上有一种复合式倒石堆，即因人为开挖山洞，在沟谷内的老倒石堆顶部叠置堆积了人工开采出的碎石。

（4）陡崖

小竹山岛上的陡崖有天然和人工两种。其中，天然陡崖分布在岛的东部及北部，陡崖高约 20 米；人工陡崖主要因修路而形成，主要分布于海岛的中部，崖高为 5 ~ 10 米。这两种陡崖目前都较为稳定。

（二）海岸地貌

小竹山岛的海岸以海蚀地貌为主，堆积地貌为辅，主要地貌单元有：海蚀崖、海蚀洞穴、海蚀柱和砾石滩等。

（1）海蚀崖

小竹山岛北半部海岸都为海蚀崖岸，海蚀崖高为 20 ~ 40 米，崖壁上常有海蚀穴分布。由于岩性或构造所致，海岸线曲折不平直。

在该岛的东部和西部有古海蚀崖分布，崖高为 5 ~ 20 米，崖壁上发育有古海蚀穴。古海蚀崖的前方多为基岩坡，其上有时可见有薄层砾石堆积，砾石为石英岩，次圆状。

（2）海蚀洞穴

在小竹山岛南端和北端发育有大型海蚀洞。其中，南端的海蚀洞靠近登陆点，主要是沿裂隙发育而成，规模较大，洞高约 8 米，宽约 5 米，深度大于 10 米，小渔船可进入；北端海蚀洞已穿透岩石。

海蚀穴都分布于海蚀崖壁上，规模不大，大小不一。估计最小为高 0.3 米，宽 0.4 米左右；最大高可达 0.8 米，宽 1 米左右，深度不详。

在小竹山岛东部古海蚀崖上分布有古海蚀穴，数量不多，一般高 0.5 米，宽 0.6 米，最大深度 0.3 米，分布高度距地面 0.5 米左右。

（3）海蚀柱

在小竹山岛最北端，分布有高为 23 米的海蚀柱。该海蚀柱由石英岩组成，退潮时与小竹山岛相连。

（4）砾石滩与砂砾石嘴

砾石滩为小竹山岛海岸主要堆积地貌类型，岛周围均分布有砾石滩，宽为 5 ~ 20 米，坡度大于 25°，砾石均为巨砾，大小一般为 30 厘米 ×20 厘米 ×20 厘米，主要为石英岩，次圆状。岛北部砾石滩较宽，一般为 20 米，砾石滩上常有礁石。

在小竹山岛最南端发育有砂砾石嘴，其长约 130 米，基部宽约 75 米，主要物质组成是砾石，含少量砂，砾石大小一般为 15 厘米 ×10 厘米 ×7 厘米。

（三）岛周海底地貌

小竹山岛周围海底主要地貌有：水下砾石滩、水下堆积坡、水下堆积平原、水下砂砾石嘴等。

小竹山岛水下砾石滩东部较窄为 60 米，西部较宽为 150 米，基岩侵蚀平台，组成物质主要是砾石。

在水下砾石滩的外缘为水下堆积坡，主要分布在岛东侧，宽度为 40 米左右，坡度为 15° ~ 25°。岛西部海底地形平缓，不存在堆积坡，堆积物组成以砾石为主。

水下堆积平原主要分布在该岛的东、西侧，为一个较为平坦的海岛堆积地形，水深大于 10 米。其中，东部水下堆积平原水深为 10 ~ 15 米，物质组成为细粒的粉砂质淤泥质粉砂；西部平原直接与较宽的水下砾石滩相接，水深为 5 ~ 16 米，物质组成除仍以细粒物质为主外，还有部分较粗的物质成分，如小砾石、粗砂、贝壳碎片等。

小竹山岛南侧的水下砂砾石嘴为砂砾石嘴的水下延伸，如以 4 米等深线为界，长为 500 米，从 10 米等深线仍可看出砂砾石嘴的形态。

三、海岸线与潮间带

（一）海岸线基本特征

小竹山岛海岸线类型有基岩岸线、砾质岸线和人工岸线。其中，基岩岸线占绝大多数；砾岸线仅分布海岛南部岸线凹入段；人工岸线为岛上的小型码头，分布在海岛的南部。

从海岸过程角度分析，小竹山岛海岸多处于海蚀作用过程中，但均为基岩海岸，岸线后退十分缓慢。南部小海湾内接受两侧海岸物质堆积，但数量很少。因此，小竹山岛的海岸线处于相对稳定状态。

（二）潮间带基本特征

小竹山岛沿岸多有狭窄的岩礁滩分布，这些岩滩是藤壶、牡蛎、贻贝、螺类和许多藻类等固着和附着生物的栖息场所。生物量组成以牡蛎、贻贝等双壳类为主；单壳类以短滨螺为主。栖息密度以小藤壶为主的甲壳动物占首位。很少出现多毛类。

南部砾质潮间带，既有底表固着和附着生物，又有底埋的生物栖息，但因海域水动力条件较强，生物种不多，生物量和生物密度也较低。

四、地质灾害

小竹山岛地质灾害现象不多，但因地势陡峻，在岛陆和沿岸陡坡、悬崖处，常见岩体滑塌、岩块坠落等地质灾害现象，在陡坡、悬崖下发育倒石堆等重力堆积体（图2-13-3），为海岸沉积提供了物质来源。

图2-13-3 小竹山岛南部岩体滑塌

第五节 植被与土壤

一、植被

小竹山岛植被覆盖率较低，构成林木的主要树种以刺槐和黑松为主，多是稀疏生长，而且多在海岛的西半部，只有在沟谷内林木较集中，除松、槐外，还有榆树、杨树、臭椿、栎等。灌木则主要是紫穗槐、荆条、酸枣、胡枝子等。草本主要有禾本科、菊科、豆科等所构成的群落。

二、土壤

小竹山岛上土壤覆盖面积及厚度均较小，主要分布在岛西半部及沟浴内，土壤类型只有棕壤土类，土壤分布面积约占总面积的1/4，一般厚度小于0.5米。成土母质为基岩风化壳，质地粗，多砂砾，蓄水能力低，有机质含量少。由于地势陡峭，岩石裸露程度高，冲刷强烈，水土流失严重。

第六节　海岛资源开发与保护

据《山东省长岛县土地资源调查报告》资料①，截止到1986年10月，小竹山岛的土地总面积为24.39公顷②，其中有林地5.38公顷（其中有林地约0.42公顷、灌木林约4.96公顷）、特殊用地0.96公顷、公路用地0.45公顷、农村道路用地0.12公顷、码头港口码头0.04公顷、荒草地13.78公顷、裸岩石砾3.66公顷。由于实施海岛绿化工程，岛上林地面积有所增加。

20世纪60年代，守岛驻军家属曾在岛上饲养家兔，并出栏野化大量繁殖，岛上最多时有200多只，曾被称为兔岛。如今岛上仍可见有野兔。

小竹山岛的降雨量在庙岛群各海岛中居中等水平。据《长岛县水资源调查评价与水利区划报告》资料③，小竹山岛多年平均降雨量为540毫米，计算平均年降水量为13.28万立方米、平均年径流深度为85毫米。

小竹山岛周边海岸海蚀洞穴、海蚀柱等自然景观很多，都可作为旅游景点进行开发。

小竹山岛周围海域开阔，水交换和混合充分，温度和盐度分布均匀且较稳定，水质良好，全年保持一类水质标准，水中营养盐含量较高，宜多种海洋生物的生长和繁殖，其饵料生物丰富，初级生产力较高。据国家海洋局第一海洋研究所1986—1987年在本岛周围海区的调查资料④，浮游植物的平均细胞数为69.2万个/米^3，优势种类硅藻较丰富，为滤食性的贝类提供了充足的食物；浮游动物年均总生物量为54毫克/米^2；岛周近岸海域底质主要由基岩、岩块和砂砾组成，适合于海参、鲍鱼、海胆、扇贝、羊栖菜等生长；其他海区海底物质以粉砂、黏土质粉砂、砂质粉砂为主，适合海洋筏式养殖。因此，小竹山岛周围海域，是发展海参、海胆、鲍鱼等海珍品的增殖及扇贝、海带、石花菜、江篱等贝藻养殖的良好场所，已是长岛重要的海珍品增养殖基地，也是国家二级保护动物斑海豹经常出没的海域。2001年6月，山东省批复的“庙岛群岛省级海豹自然保护区”，将小竹山岛附近海域划定为缓冲区。该自然保护区的具体情况，参见螳螂岛相关部分。

① 长岛县土地资源调查办公室：山东省长岛县土地资源调查报告［R］，1988年12月，第50~51页。

② 土地总面积不包含其中的滩涂0.49公顷。

③ 长岛县水利局：长岛县水资源调查评价与水利区划报告［R］，1986年，第10~24页。

④ 国家海洋局第一海洋研究所：大竹山岛和小竹山岛开发可行性调查研究报告［R］，1988年。

第十四章 大竹山岛

第一节 概 况

大竹山岛（Dàzhúshān Dǎo）代码为370634001621。

大竹山岛位于庙岛中部的东端海域，岛形似火腿，呈西北—东南走向，长约2.1千米，最宽1.2千米。海岛面积为1.5114平方千米，海岛岸线长约6.21千米。最高点位于海岛东部，高程为194.5米，地理坐标为北纬38°01.6′、东经120°56.1′（图2-14-1）。南距大陆最近的蓬莱角约27千米，西距小竹山岛约5千米，西北距砣矶岛约18.5千米。既是长岛县面积最大的无居民海岛，也是庙岛群岛中最东边的海岛。行政上隶属于山东省烟台市长岛县（1985年，长岛县行政区划调整时，未对高山岛、小高山岛、砣矶岛、小砣矶岛、车由岛、小竹山岛、大竹山岛进行区划，大竹山岛为县直属海岛）（山东省长岛县志编纂委员会，1990）。

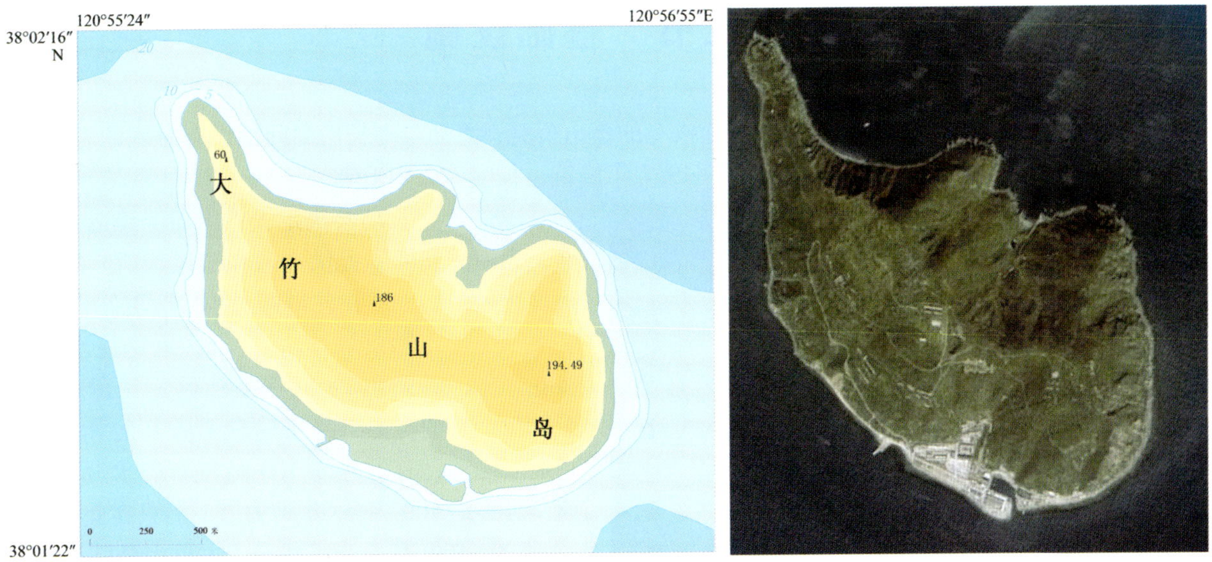

图2-14-1 大竹山岛地理分布与遥感影像

左图：地理分布；右图：遥感影像

图2-14-2 大竹山岛全貌

元代名大竹岛，清光绪年间修的《蓬莱县志》记载，大竹山上产竹（山东省长岛县志编纂委员会，1990）。民国初期始称大竹山岛。另说，因岛上空曾出现竹林海市而得名。在《山东省海岛志》海岛名录一览表中，省序号为“109”、地市序号为“烟台 20”；在《中国海洋岛屿简况》[①] 中，全国统一编号为“0672”、省编号为“0079”。

岛上驻军曾于 1964 年创办了子弟学校，名为竹山小学，采用隔年招生办学，直属县教育局管理。1985 年 8 月，该学校在校有小学一年级、二年级、四年级和五年级学生，分为 3 个班、学生总数 31 人，有教师 2 名（山东省长岛县志编纂委员会，1990）。

第二节　历史与文化

1937 年夏，日军在大竹山岛东侧海域烧毁我渔船 18 艘[②]。

1956 年发现大竹山战国墓（吴忠波，2006）。

天下口　大竹山岛东南侧近岸，原有一洼地，俗称“天下口”。传说唐王征东时在此停过船，20 世纪 50 年代，尚能停泊小型渔船。后来被填成为陆地（山东省长岛县志编纂委员会，1990）。

龙墩　大竹山岛南侧有块大石，长约 1.5 米，宽约 1 米，高约 2 米，传说唐王曾在上面坐过，人们称之为“龙墩”。

第三节　基础设施

大竹山岛上建有陆岛交通码头、有可通汽车的盘山公路，海岛与南长山岛间铺设有海底动力电缆。其中，盘山公路为驻岛人民解放军于 1950—1957 年修筑，长度为 2.2 千米。

图 2-14-3　大竹山岛安全港现状

1987 年，长岛县决定大竹山岛上建造一安全港，为渔民和部队提供交通和避风场所。岛上部队官兵积极出工，在建港的过程中，驻军派船 28 航次，运送车辆机械 50 多台部，运送淡水 3000 多立方米，并腾出 28 间房屋让民工住宿。经过军民两个月的努力，终于建成了岛上太平港，为军地双栖港，有可停靠 100 吨左右的水泥码头 3 座，可容纳 100 多条 20 马力以上船只在此避风。

2002 年 9 月，开工建设了大竹山岛陆岛交通码头[③]。该码头工程由省筑港总公司第二工程公司承建，设计为 500 吨级客、货码头各 1 个，设计年通过能力为货运量 4 万吨，客运量为 3.2 万人次。该工程的建设对促进海岛经济和国防建设的发展，改善陆岛交通条件，提高驻岛军民生活、生产质量，具有十分重要的作用。

2003 年之前，岛内用柴油发电机发供电，每天只能进行 2 ~ 3 小时的电力供应。为彻底解决大竹山岛的用电问题，山东省计委和省电力集团公司将大竹山工程列入全省二期农网改造计划，2002 年敷

① 中国人民解放军海军司令部航海保证部：中国海洋岛屿简况，1980 年。

② 长岛县水产局水产志编纂组：长岛县水产志［R］，1986 年，第 2 页。

③ 资料来源：http：//www. jiaodong. net/news/system/2002/09/19/000528630. shtml：长岛县大竹山岛陆岛交通码头开工建设。

设一条从长山至大竹山岛10千伏海底电缆。该海底电缆全长20千米，被称为“全国电力拥军第一缆”①。该海底电缆工程总投资856万元，2002年12月31日竣工，2003年1月1日开始向岛上送电。

另外，在大竹山岛东南部设有灯塔一座。该灯塔1980年建造，地理坐标为北纬38°01′28.3″、东经120°56′29.7″，高12米，为黑白横带圆柱形石塔，灯高204.6米，射程15海里。是从东方接近和识别长山水道的重要目标。

2007年，长岛气象局在大竹山岛建成了7要素自动气象站②。该气象站属国家级自动气象站，是中国气象局“环渤海监测一期工程”项目的组成部分。

图2-14-4 大竹山岛陆岛交通码头

第四节 地质地貌

一、岛陆地质

（一）构造、地层与岩性

（1）地质构造

该岛与邻近的小竹山岛的地质情况相似，区域地质构造同是位于胶辽隆起上，本岛构造为单斜构造，岩层倾向240°~290°，倾角10°~20°。

（2）地层与岩性

出露的基岩也是新元古代蓬莱群豹山口组地层。岩性比较简单，主要为含砾石英岩、绢云母石英岩和绢云母石英片岩。

（二）工程地质与水文地质

1. 工程地质

大竹山岛在工程地质分区上属于鲁东丘陵工程地质区，出露基岩主要为石英岩及长石石英岩，属坚硬岩石，抗风化能力较强，新鲜岩石抗压强度较高，可达400吨/米^2，为良好建筑地基基础。但由于岩石裂隙发育，在破碎带及强风化带，受地震及人类挖掘等因素影响，容易产生崩塌或滑坡等工程地质问题。

2. 水文地质

大竹山岛面积狭小，地形陡、坡度大，岛周围为悬崖峭壁，岛上基岩裸露，岩石坚硬致密，渗水性和导水性差，岛上又无储水、富水的地质构造，基岩裂隙水缺少。

大气降水是大竹山岛唯一的淡水来源，但地表水径流极短，基本是就地排泄，流入海中。

大竹山岛上第四纪松散堆积物不发育，厚度较薄，多为20~30厘米，虽有较厚地层，但由于其面积较小，难以构成汇水洼地。在大竹山岛南部的海积平原区，松散沉积物相对较厚，存在有孔隙水，

① 资料来源：http://www.yantai.gov.cn/cn/content/about_yt/ytnj/index_ytnjshow.jsp?id=28431。

② 资料来源：http://www.sdqx.gov.cn/sdqx_brown.asp?id=3084&types=%C6%F8%CF%F3%D2%AA%CE%C5&sdqx=1。

并有六口井。其中一口井深约70米，水量一般，水质微咸。

从上述水文地质条件来看，大竹山岛淡水资源十分匮乏。

（三）第四纪地质

与小竹岛不同的是在大竹山岛上有黄土堆积分布，其沉积特征与庙岛群岛其他海岛上的晚更新世黄土基本一致。

二、海岛地貌

（一）陆地地貌

大竹山岛总体上为岛丘地貌类型，主要包括低山丘陵、基岩坡、倒石堆、陡崖、冲沟、黄土台地等地貌形态。

（1）侵蚀剥蚀低山丘陵

大竹山岛上主要丘陵高地有194.5米高地、188.5米高地、172.5米高地、168.5米高地、174.1米高地等，均属于低丘陵，基本呈北东—南西西走向，丘陵顶部较为平坦、高程相当，具夷平面性质。

（2）基岩坡

分布在高程50米以下稍缓的丘陵坡麓，有沟谷发育其上。其中海岛西部基岩坡较宽，东部较窄，除南部基岩坡较裸露、风化碎石较多外，其他处的基岩坡大多数杂草丛生，并生长有林木，基岩风化面发育较为稳定。

（3）倒石堆

主要分布在海岛的东侧，顶点分布高度可超过高程100米处，是以重力作用为主要形式的堆积体。倒石堆坡度较陡，稳定性差，潜在危害较大，地震和暴雨都可引起倒石堆大规模地移动。目前，虽已沿公路边修筑了挡墙，但仍可见滚石越过，停留在公路上，说明倒石堆仍在活动。

（4）陡崖

大竹山岛的陡崖均为人工修路造成。该岛地势陡峻，公路呈“之”字形盘山而上。因此在山坡一侧均开挖形成了人工陡崖，陡崖最高达30米，一般10米左右，在岛上分布普遍。

（5）冲沟

大竹山岛上冲沟不甚发育，只分布在岛东北部，冲沟两侧均有植被生长，只在沟底发现有少量碎石，冲沟坡度大于45°，虽然较陡，但均较稳定。

（6）黄土台地

只分布在大竹山岛北部186.6米高地以北。此黄土台地面积不大，但在周围诸岛中不多见，黄土台地堆积物厚度约3.5米。物质组成以粉砂为主，质较纯，含少量石英砾石和钙质结核，结核个体较小，约3厘米，零散分布，为残积、坡积作用形成。

（二）海岸地貌

大竹山岛主要的海岸地貌可分为海蚀崖、海蚀平台、砾石滩等类型。

（1）海蚀崖

大竹山岛海蚀崖分布比较普遍，特别是北部。海蚀崖高为30～70米，海蚀崖表面因岩性坚硬程度不同而参差不平，较平直光滑的海蚀崖不多见。在海蚀崖上发育有大小不一海蚀洞穴。

另外，在大竹山岛最北部的尖角处分布有古海蚀崖，崖高为5～10米，海蚀崖距海岸线约30米，坡角处有砂砾石和黏土组成的堆积斜坡，其上长满了植被。堆积斜坡前方即为礁石，该礁石是幼年期的侵蚀平台，正处于侵蚀夷平过程中。

（2）海蚀平台

大竹山岛陆地和海岸地势陡峻，水下地形也基本如此，因此海蚀平台不发育，只在大竹山岛最北部局部分布，宽度不大（小于20米），平台表面近似平坦。

（3）砾石滩

砾石滩为大竹山岛海岸主要堆积地貌类型，主要分布在海岛南部沿岸和北部岸线凹入的湾顶，滩窄水深，砾石个体大，常呈超覆堆积镶嵌于海蚀平台后部（图2-14-5）。

图2-14-5 大竹山岛西北部湾顶砾石滩

（三）岛周海底地貌

大竹山岛周边海底地貌类型有水下砾石滩、水下海蚀平台、水下堆积坡等。其中：

水下砾石滩是陆上砾石滩向海延伸的部分，主要分布在岛北部沿岸，宽度为50～150米，坡度8°～14°，前口湾以下砾石滩较宽，可达150米。组成物质主要是个体较大的砾石，前口湾砾石较小，一般为15厘米×10厘米×10厘米。

水下堆积坡位于水下砾石滩的外侧，分布在水深5～10米的范围，宽度为10～50米，坡度为7°～30°，主要由砾石堆积而成。

水下堆积平原分布于水下堆积坡的外侧，是大竹山岛海域的主要海底地貌类型，水深变化较大，与岛的走向一致。岛西北部和东南水深较浅，为13～19米；岛东北部和西南部水深较大，为19～38米。物质组成以粉砂质泥和泥质粉砂为主，但局部仍然有变化，岛西南部有一个小片贝壳砂分布区。

三、海岸线与潮间带

（一）海岸线基本特征

大竹山岛海岸线类型有基岩岸线、砾质岸线和人工岸线。其中，基岩岸线占绝对多数；砾岸线仅分布海岛南部；人工岸线分布在海岛的南部，为岛上的安全港及陆岛交通码头。

从海岸过程角度分析，大竹山岛海岸多处于海蚀作用过程中，但均为基岩海岸，岸线后退十分缓慢。南部岸段接受两侧海岸物质堆积，但数量很少。因此，大竹山岛的海岸线处于相对稳定状态。

（二）潮间带基本特征

大竹山岛沿岸多有狭窄的岩礁滩分布，这些岩滩是藤壶、牡蛎、贻贝、螺类和许多藻类等固着和附着生物的栖息场所。生物量组成以牡蛎、贻贝等双壳类为主；单壳类以短滨螺为主。栖息密度以小藤壶为主的甲壳动物占首位。很少出现多毛类。

大竹山岛上砾质潮间带，既有底表固着和附着生物，又有底埋的生物栖息。但由于砾石滩多潮间带的上部干露时间长，生物种不多，生物量和生物密度也较低。

图2-14-6 大竹山岛沿岸岩体滑塌

四、地质灾害

大竹山岛地质灾害现象不多，主要为岛陆和沿岸陡坡、悬崖处的岩体滑塌、岩块坠落等地质灾害现象，在陡坡、悬崖下发育倒石堆等重力堆积体（图 2-14-6），为海岸沉积提供了物质来源。

第五节　植被与土壤

一、植被

大竹山岛上植被较好，林木繁茂，杂草丛生，植被类型有：针叶林、落叶阔叶林、灌丛、草丛、滨海沙生植被、人工栽培的草本农作物和木本果树等。从植被组成看，构成本岛林木群落主要以槐、松树为主，纯林以人工刺槐林为最多。杂木林则主要是杨树、柳榆、泡桐、苦楝、臭椿、楸树、榆、栎等。灌木则有荆条、酸枣、紫穗槐、棉槐、黄叶榴、皂角树、樱桃，等等。由于部队长期居住，在营房周围栽种了大量的四旁树木，主要有桃、无花果、桑、李泡桐、葡萄、核桃、枣、樱桃等。草本主要是禾木科、菊科、百合科、豆科、马鞭草科等所组成群落，农作物主要是小面积的蔬菜。

从植物的分布上来看，丘陵顶部虽地势较平坦、土层厚，但因风大，几乎无林木生长，主要为灌木丛和杂草。在丘陵北坡，除沟谷外，林木只见稀疏的松树，在沟谷内侧生长以槐树等阔叶林为主组成杂木林；岛南坡植被较茂盛，普遍生长有稀疏林木，某些地段有成片的以槐、松为主要成分的针阔叶混交林，无林木的地段，草本十分旺盛；海岛的东南部，即部队营房所在宽谷内，是全岛植被最繁茂的地区，主要是“四旁”树种，也是唯一的蔬菜种植区。

二、土壤

大竹山岛绝大多数地表都有薄层土壤覆盖，特别是林木覆盖面积较大。林下土壤都有较完整的土壤剖面发生层次。主要土壤类型为棕壤土类和褐土土类。

棕壤土类是本岛的主要土类，约占全岛土壤面积的 90% 以上，主要分布在低丘陵及岩石坡上，以丘顶和沟谷地区土壤层最厚，可达 0. 5 米，其他地区为0. 2 ~ 0. 4米。成土母质为基岩风化壳，质地粗，多砂砾，灰化特征不明显，蓄水能力低，养分含量少。

褐土类分布在岛北部低丘顶上，面积极小，土体较厚，土壤质地较重，土壤剖面发生层次明显，成土母质为黄土状堆积物，钙、镁淋洗现象明显。这类土保肥性好，是本岛有发展潜力的土类。

第六节　海岛资源开发与保护

一、土地资源

据 908 专项山东省海岛调查资料，大竹山岛的土地总面积为 151. 13 公顷，其中有：有林地 69. 91 公顷、灌木林 73. 12 公顷、公路用地 0. 76 公顷、港口码头用地 0. 18 公顷、特殊用地 3. 71 公顷、设施农用地 2. 21 公顷、裸地 1. 24 公顷。

另据《山东省长岛县土地资源调查报告》资料①，截止到 1986 年 10 月，大竹山的土地总面积为 148.59 公顷②，其中耕地 0.55 公顷（其中旱地约 0.14 公顷、菜地约 0.41 公顷）、林地 29.73 公顷（其中有林地约 7.82 公顷、灌木林约 21.16 公顷、疏林地约 0.75 公顷）、农村居民点 0.17 公顷、特殊用地 8.20 公顷、交通用地 2.17 公顷（其中公路约 1.67 公顷、农村道路约 0.41 公顷、港口码头约 0.08 公顷）、坑塘面积 0.15 公顷、荒草地 97.42 公顷、裸岩石砾 10.11 公顷。

两次调查资料相比较，大竹山岛上未利用土地大面积减少、有林地面积明显增加，主要是实施海岛绿化工程。

20 世纪 80 年代以前，该岛曾驻有数量较多的部队，驻军不但保卫了海疆，也为开发大竹山岛做了贡献。岛上有一块足球场大小的平地，是守岛战士开山凿石，削高填洼营造出来的，还把一些多余土堆积成一块块平整的菜地。这里有营房、篮球场、训练场和菜篮子。

二、水资源

大竹山岛的降雨量在庙岛群各海岛中居中等。据《长岛县水资源调查评价与水利区划报告》资料③，大竹山岛多年平均降雨量为 540 毫米，计算平均年降水量为 78.95 万立方米，平均年径流深度为 88 毫米。

三、矿产资源

大竹山岛曾产松石，又称松花石。该石质地坚硬、细腻，呈灰色，可进行石雕。明朝闫士选“松石记”称大竹山松花石：“此石温润而栗，文理森如，根枝盘节，千条万缕，如老人仓颜鹤发，蹲居不前状。”

四、生物资源及珍稀、濒危物种

大竹山岛上的植物资源以药用植物为显著特点，大竹山岛与大黑山岛、大钦岛等均被长岛县列为重点药材保护区，岛上灵芝、黄岑、麻黄、沙参、委陵菜、知母、地丁、枣仁等药用植物资源较丰富。另外，还有海蛸、海燕、海龙等药用海洋生物分布。

大竹山岛周围海域开阔，水交换和混合充分，温度和盐度分布均匀且较稳定，水质良好，全年保持一类水质标准，水中营养盐含量较高，适宜多种海洋生物的生长和繁殖，其饵料生物丰富，初级生产力较高。据国家海洋局第一海洋研究所 1986—1987 年在本岛周围海区的调查资料④，其叶绿素 a 水柱平均含量 1.12 毫克/米^3，平均初级生产力为每天 388 毫克/米^2，浮游植物细胞量为 69.2 万个/米^3，浮游动物年均总生物量为 54 毫克/米^2；底栖生物平均总生物量为 10.4 克/米^2，多毛类动物占绝对优势（占 51%），甲壳类动物次之（占 21.2%），软体动物居第三位（占 13.5%），棘皮动物生物量最低（占 9.6%）；底栖生物的平均总栖息密度为 334 个/米^2，以个体较小的多毛类动物为主（68.6%），甲壳类群动物次之，棘皮动物的栖息密度居第三位，软体动物的栖息密度最低；底栖动物种类组成的特点是：大部分动物个体较小，数量多，生长速度快，生命周期短，不少种类是底栖生济鱼虾类的天然饵料。因此，大竹山一带海域为传统上的大竹山渔场，鲅鱼、鲐鱼、鲆鲽鱼等资源丰富。鲐鱼自立夏前 10 天左右开始，至夏至前后结束，旺汛为立夏后 3 ~4 天到小满后 5 ~6 天。鲅鱼是立夏前后开始，

---

① 长岛县土地资源调查办公室：山东省长岛县土地资源调查报告［R］，1988 年，第 50 ~51 页。

② 土地总面积不包含其中的滩涂面积 7.73 公顷。

③ 长岛县水利局：长岛县水资源调查评价与水利区划报告［R］，1986 年，第 10 ~24 页。

④ 国家海洋局第一海洋研究所：大竹山岛和小竹山岛岛开发可行性调查研究报告［R］，1988 年。

至芒种前 3 ~ 4 天结束，旺汛为小满前 1 ~ 2 天到芒种前 5 ~ 6 天。鲆鲽鱼自春分开始，到夏至前后结束，汛期为清明到小满。

岛周近岸海域底质主要由基岩、岩块和砂砾组成，适合于海参、鲍鱼、海胆、扇贝、羊栖菜等生长；其他海区海底物质以粉砂、黏土质粉砂、砂质粉砂为主，适合海洋筏式养殖。因此，大竹山岛周围海域，是发展海参、海胆、鲍鱼等海珍品的增殖及扇贝、海带、石花菜、江篱等贝藻养殖的良好场所，已是长岛重要的海珍品增养殖基地之一，也是国家二级保护动物斑海豹经常出没的海域。

五、海岛生态保护

大竹山岛上自然生长的树木甚少，大部分由人工种植，植树造林历史悠久。

1982 年 4 月，庙岛群岛被山东省划为鸟类自然保护区；1988 年 5 月晋升为国家级鸟类自然保护区，大竹山岛被划定为重点保护区。2001 年 6 月，山东省批复的“庙岛群岛省级海豹自然保护区”，将大竹山岛附近海域划定为缓冲区。

第十五章　其他海岛

第一节　砣矶岛周边海岛

一、山嘴石岛

（一）概况

山嘴石岛（Shānzuǐshí Dǎo）代码为370634000721。

山嘴石岛位于庙岛群岛中部、砣矶岛北部东侧海域，岛体呈长方形，南北走向，长约70米，最宽为30米。海岛面积为0.0029平方千米，海岛岸线长为0.27千米。最高点高程为16.7米，地理坐标为北纬38°11.0′、东经120°45.6′（图2-15-1）。西距砣矶岛约700米，南距大陆蓬莱角约37千米。行政上隶属于山东省烟台市长岛县砣矶镇。

图2-15-1　山嘴石岛现状

（拍摄于2010年6月7日，拍摄点地理坐标为38°10′58.42″N、120°45′26.29″E）

因海岛位于砣矶岛后口湾两侧山嘴之间而得名。在海图上，常标注为山嘴石。在《山东省海岛志》海岛名录一览表中，省序号为“100”、地市序号为“烟台11”；在《中国海洋岛屿简况》[①] 中，全国统一编号为“0664”、省编号为“0071”。

在宋代，山嘴石岛属蓬莱沙门寨地；元、明属蓬莱县牵牛社。清光绪年间，庙岛群岛设永绥局分段管理地段，山嘴石岛属设在砣矶岛大口村关帝庙的永绥局管理。1985年，长岛县行政区划调整，山嘴石岛隶属砣矶镇至今。

2010年6月现场调研时，山嘴石岛上无任何基础设施。

① 中国人民解放军海军司令部航海保证部：中国海洋岛屿简况，1980年。

（二）自然环境条件

岛体由石英岩构成，时代与砣矶岛相同。

岛上无土壤，周边海域有少量海珍品资源。

（三）海岛资源开发与保护

山嘴石岛体狭小低矮，岛上无土壤、无植被、无地下淡水资源，岛上开发利用价值很低，2010 年 6 月现场调研时，其岛体、岛岸等保持原生态状态。周围海域主要用于海珍品底播养殖和筏式养殖生产。

二、砣子岛

（一）概况

砣子岛（Tuózi Dǎo）代码为 370634001021。

砣子岛位于庙岛群岛中部、砣矶岛西南部的南侧海域，岛呈三角形（顶角向东，底边北北西向展布），南北长约 420 米，东西最宽处 200 米。海岛面积为 0.0573 平方千米，海岛岸线长为 1.27 千米。最高点位于西南部，高程为 60.3 米，地理坐标为北纬 38°09.2′、东经 120°44.8′（图 2-15-2）。北距砣矶岛西南端 300 多米，南距大陆蓬莱角约 36.2 千米，西距高山岛约 9.2 千米，东距东嘴石岛约 3.2 千米。行政上隶属于山东省烟台市长岛县砣矶镇。

图 2-15-2　砣子岛全貌

（拍摄于 2010 年 6 月 7 日，拍摄点地理坐标为 38°09′227.68″N、120°44′30.74″E）

因该岛与砣矶岛距离很近，形若母子而得名。海图名为砣子。在《山东省海岛志》海岛名录一览表中，省序号为“103”、地市序号为“烟台 14”；在《中国海洋岛屿简况》[①] 中，全国统一编号为“0667”、省编号为“0074”。

在宋代，砣子岛属蓬莱沙门寨地；元、明属蓬莱县牵牛社。清光绪年间，庙岛群岛设永绥局分段管理地段，砣子岛属设在砣矶岛大口村关帝庙的永绥局管理。

目前岛上有较多的基础设施。海岛的西北端与砣矶岛之间有堤坝连接，驱车可相互往来。在海岛东北部海岸为砣矶港陆岛交通码头的所在地，来往砣矶岛的交通船只均在此泊靠。

砣子岛与砣矶岛之间的堤坝全长 400 米，基宽 74 米，顶宽 11 米，于 1973 年 3 月开工建设，1978

① 中国人民解放军海军司令部航海保证部：中国海洋岛屿简况，1980 年。

年9月基本建成。大坝可避北向、西向、西南向、东北向诸风，建有渔港。

在砣子岛的中部设有灯塔、北部建有油库。砣子岛上灯塔建成于1975年10月19日，塔高8米，为白色圆柱形石塔，灯高67.8米，射程6海里。另外，在岛上港口港防波堤的前端建有灯桩一座。

图2-15-3 砣子岛上基础设施状况

（拍摄于2010年6月7日，拍摄点地理坐标为38°09′12.83″N、120°44′57.15″E）

（二）自然环境条件

砣子岛整体属侵蚀剥蚀低丘陵。岛上地势南高北低，北部有少许平地。出露的基岩属于新元古代蓬莱群豹山口组下部地层，主要岩石类型为中厚层状—厚层状石英岩，呈浅灰白色、乳白色，质纯致密，局部含有绢云母，少数层位含有小砾石，砾石成分为石英脉岩，砾径一般为1厘米左右，大者可达3厘米，呈浑圆状或半浑圆状。

砣子岛上第四纪松散沉积物不发育，主要为薄层残积物，厚度一般为0.2～04米，主要岩性为褐灰色黏土质粉砂夹大量角砾和岩屑。地表已土壤化，土壤类型为褐土。

岛上无地下淡水资源。植被覆盖率为70%，除杂草外，在灯塔北侧人工栽培了几十棵黑松。

岛周海岸多为海蚀悬崖岸，崖下常见有悬崖岩体崩塌或岩块坠落的重力堆积分布。东部海岸已建设了砣矶港，主要为码头岸线。岛周海蚀平台不发育，潮间带狭窄，近岸海底多岩礁，附近海域盛产鲅鱼、对虾、刺参、盘鲍等。

（三）海岛资源开发与保护

砣子岛上的开发强度较大，主要为北侧的连岛坝和东部的砣矶港及其配套设施，除此之外，岛体、岛岸及其近岸海域基本保持原生态状态。

三、东嘴石岛

（一）概况

东嘴石岛（Dōngzuǐshí Dǎo）代码为370634000921。

位于庙岛群岛的中部、砣矶岛东南侧海域，平面近似长方形，南北长约50米，东西宽约40米。海岛面积为0.0032平方千米，海岛岸线长为0.23千米。最高点位于中部，高程为7.2米，地理坐标为北纬38°09.2′、东经120°47.1′（图2-15-4）。北距砣矶岛约650米，南距大陆蓬莱角约36.5千米，西距砣子岛约3.2千米。行政上隶属于山东省烟台市长岛县砣矶镇。

海图名为东嘴石，名称来历不详。在《山东省海岛志》海岛名录一览表中，省序号为“102”、地市序号为“烟台13”；在《中国海洋岛屿简况》① 中，全国统一编号为“0666”、省编号为“0073”。

图 2-15-4　远眺东嘴石岛

（拍摄于2010年6月7日，拍摄点地理坐标为38°09′26.59″N、120°46′47.02″E）

在宋代，东嘴石岛属蓬莱沙门寨地；元、明属蓬莱县牵牛社。清光绪年间，庙岛群岛设永绥局分段管理地段，东嘴石岛属设在砣矶岛大口村关帝庙的永绥局管理。1985年，长岛县行政区划调整，东嘴石岛隶属砣矶镇至今。

2010年6月现场调研时，东嘴石岛上无任何基础设施。

（二）自然环境条件

岛体由石英岩构成，地层时代同砣矶岛。

东嘴石岛面积狭小，基岩裸露，且岩石坚硬致密，渗水性和导水性差，岛上无地下淡水资源、无土壤、无植被。

（三）海岛资源开发与保护

东嘴石岛上无土壤、无植被、无地下淡水资源，且岛体狭小低矮，岛上开发利用价值很低，2010年6月现场调研时，其岛体、岛岸等保持原生态状态。周围海域主要用于海珍品底播养殖、垂钓等生产活动。

第二节　高山岛和䃁矶岛周边海岛

高山岛沿岸海域分布有小高山岛、姊妹礁和老头礁等。

䃁矶岛沿岸海域分布有小䃁矶岛、东大礁和海狗礁等。

一、小高山岛

（一）概况

小高山岛（Xiǎogāoshān Dǎo）代码为370634001221。

小高山岛位于庙岛群岛中部偏西、高山岛东南侧海域，长约35米，宽约25米。海岛面积为0.0042平方千米，海岛岸线长为0.27千米。最高点高程为12.6米，地理坐标为北纬38°08.0′、东经120°38.5′。南距大陆蓬莱角约34.5千米，西距高山岛约120米。行政上隶属于山东省烟台市长岛县。

海岛相对高山岛而名。在《山东省海岛志》海岛名录一览表中，省序号为“105”、地市序号为“烟台16”。

（二）自然环境条件

小高山岛系断裂分离的基岩岛，岛体由石英岩构成，地势西高东低，岛上无土壤。岛西侧5米处

① 中国人民解放军海军司令部航海保证部：中国海洋岛屿简况，1980年。

有一明礁，周围海域产海参、鲍鱼等海珍品。

该岛海域各自然要素同高山岛。

（三）海岛资源开发与保护

岛体狭小低矮，岛上无土壤、无植被、无地下淡水资源，开发利用价值很低。2010 年 6 月现场调研时，其岛体、岛岸等保持原生态状态。周围海域主要用于海珍品底播养殖等生产活动。

二、小硃矶岛

（一）概况

小硃矶岛（Xiǎohóujī Dǎo）代码为 370634001321。

小硃矶岛位于庙岛中部偏西、硃矶岛东侧海域，岛呈近似长方体柱状，南北长约 40 米。海岛面积为 0.0023 平方千米，海岛岸线长 0.19 千米。最高点高程为 23.3 米，地理坐标为北纬 38°03.8′、东经 120°38.4′（图 2-15-5）。东南距硃矶岛约 120 米，南距大陆蓬莱角约 27.2 千米。行政上隶属于山东省烟台市长岛县。

相对于硃矶岛而得名。在《山东省海岛志》海岛名录一览表中，省序号为“106”、地市序号为“烟台 17”；在《中国海洋岛屿简况》[①] 中，全国统一编号为“0669”、省编号为“0076”。

1985 年，长岛县行政区划调整时，未对高山岛、小高山岛、硃矶岛、小硃矶岛、车由岛、小竹山岛、大竹山岛进行区划（山东省长岛县志编纂委员会，1990），小硃矶岛上述各岛均为长岛县直属管理的海岛。

2010 年 6 月现场调研时，岛上无任何基础设施。

图 2-15-5 远眺小硃矶岛

（拍摄于 2010 年 6 月 9 日，拍摄点地理坐标为 38°03′19.99″N、120°38′225.97″E）

（二）自然环境条件

岛体由石英岩组成，无土壤。周围海域有少量天然刺参、盘鲍、藻类等资源。

该岛海域各自然要素同硃矶岛。

（三）海岛资源开发与保护

岛上无土壤、无植被、无地下淡水资源，且岛体狭小低矮，开发利用价值很低。2010 年 6 月现场调研时，其岛体、岛岸等保持原生态状态。周围海域主要用于海珍品底播养殖等生产活动。

---

① 中国人民解放军海军司令部航海保证部：中国海洋岛屿简况，1980 年。

第三篇
庙岛群岛北部岛群海岛

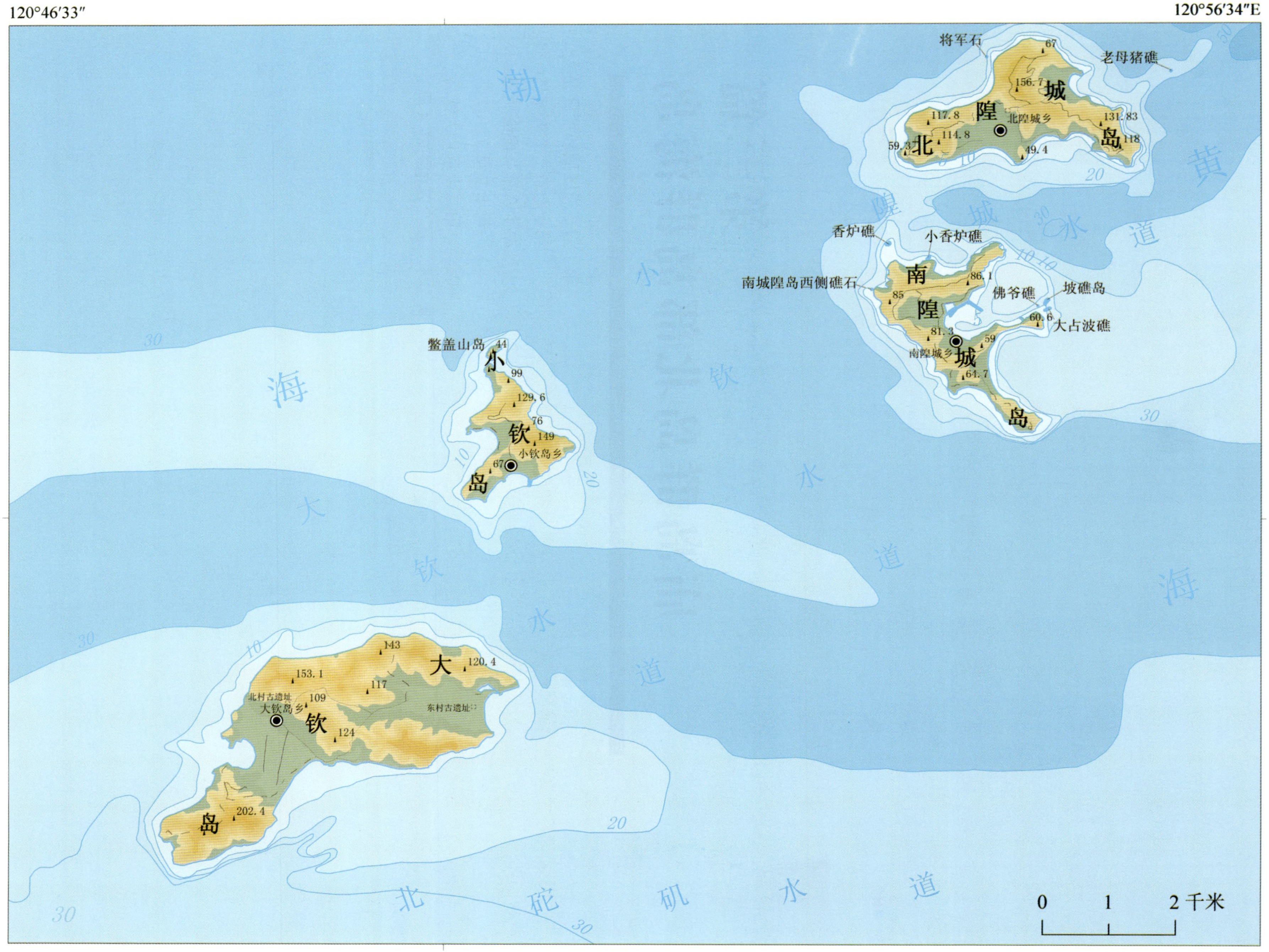

庙岛群岛北部岛群海岛分布

第十六章　区域环境概况

庙岛群岛北部岛群位于北砣矶水道和老铁山水道之间海域，地理位置为北纬38°17.1′~38°24.0′、东经120°50.0′~120°55.9′。本篇记述海岛（礁）共19个，其中有居民海岛4个，无居民海岛（礁）15个。面积大于500平方米海岛9个。有居民海岛分别为北隍城岛、南隍城岛、小钦岛和大钦岛，无居民海岛（礁）分别为将军石、老母猪礁、老凹礁、坡礁岛、香炉礁、小香炉礁、佛爷礁、大占波礁岛、南隍城岛西礁、鳖盖山岛、大石篷、老爷礁、老鸹礁、躺龙礁、五块石等。海岛总面积12.13平方千米，海岛岸线总长度约47.2千米，以大钦岛的面积最大。

另外，列表记述了大钦岛周边的玉礁、歪脖礁、大木礁、东南礁、东海红礁、红石子、西海红、大红礁、瞪眼石、堆石、北老头礁、驴尾巴共12个近岸海岛。

第一节　概　况

庙岛群岛北部海岛系指分布于老铁山水道和北砣矶水道之间的海岛，包括北隍城岛、南隍城岛、小钦岛、大钦岛、坡礁岛、鳖盖山岛和将军石、老母猪礁、老凹礁、香炉礁、小香炉礁、佛爷礁、大占波礁、南隍城岛西礁、大石篷、老爷礁、老鸹礁、躺龙礁、五块石、玉礁、歪脖礁、大木礁、东南礁、东海红礁、红石子、西海红、大红礁、瞪眼石、堆石、北老头礁、驴尾巴、大顶等。此外，还分布有：饽饽礁（又名试金石）、星石礁、孤礁等干出礁，以及西南礁、东南礓、西南顶、野碌礁、乌碌礁、磁罗礓、大暗礁等主要暗礁。其中，北隍城岛、南隍城岛、小钦岛和大钦岛等为有居民海岛，且均为乡政府驻地海岛，其他为无居民海岛。

庙岛群岛北部岛群，早在《新唐书》（欧阳修，1991）中就有记载。《新唐书·地理志》引贾耽《从边州入四夷》一文说："登州东北行，过大谢岛、龟、歆岛、末岛、乌湖岛三百里。北渡乌湖海至马石山东之都里镇。"文中的"歆岛"即今之"钦岛"，"乌湖岛"即"隍城岛"，"乌湖海"即"老铁山水道"。

本岛群内，以大钦岛的面积最大（面积为6.4475平方千米），北隍城岛次之（面积为2.6718平方千米）；老鸹礁的面积最小，仅约12平方米。最高海岛为大钦岛，最高峰高程为202.4米，仅次于高山岛，为庙岛群岛第二高峰；最低海岛为老凹礁，最高峰高程约2.5米。各海岛均为基岩海岛，具有相似的地质地貌基础和特征。

本岛群的海岛分布相对集中，总体上呈北东—南西方向排列。主要海岛之间均有水道相隔。其中，北隍城岛与南隍城岛之间为隍城水道；南隍城岛与小钦岛之间为小钦水道；小钦岛与大钦岛之间为大钦水道。

本岛群地处庙岛群岛北部，远离大陆，使其气象气候、海洋水文、地质地貌等自然环境条件存在一定差异性。气候特点更具海洋性，海域开阔、水深大，浪大流急，水质良好。同时，岛上人文历史存在有独特性，如：岛上的方言与中部、南部岛群存在一定的差异性。

第二节　地质地貌

一、地形地貌

（一）海岛地形地貌基本特征

庙岛群岛各海岛在地理条件和地质构造上相似，具有相似的地貌特征，只是规模大小不同而已。庙岛群岛总体的地形地貌特征见南部岛群的有关内容。

从地貌角度讲，北部岛群各海岛均属低丘陵类型，陆地以侵蚀剥蚀低丘陵和侵蚀海岸地貌为主要特征，特别是面积较小的海岛。主要海岛的丘陵山峰高程多在百米以上，如北隍城岛的北山顶（159.9米）、峰台山（124.0米）、南帮大山顶（131.8米）、北大旺（117.7米）、西山（114.7米），南隍城岛的大顶山（100.9米）、二顶子（85.8米），小钦岛的大顶山（149.5米）、西北顶（105.8米），大钦岛的大顶山（166米）、钦北山（151.7米）、西山（116.2米）、大南山（202.4米）、唐王顶（196.4米）等。其中，大钦岛的南山主峰为本区海岛的最高峰，除此之外，均属低丘陵类型。丘陵和山脉多与地层走向一致，石英岩抗风化能力强，构成了山脊，板岩风化为谷地。

各岛屿上的丘陵山体都是断块构造活动之产物，多表现为单斜断块山。沿断裂掀斜翘起，如大钦岛唐王山。由于地质历史时期的长期抬升剥蚀作用，发育有古夷平面，表现为表面微微起伏的台状地形、垄岗等。

庙岛群岛北部海岛丘陵山坡普遍较陡（表3-16-1），丘陵山体直抵海岸，多悬崖峭壁。丘陵山坡上部常地形陡峻，地表松散且沉积层较薄，局部发育有小型倒石堆。由于低丘陵顶部视野开阔，其上常修建有导航助航、通信、测绘、气象观测等设施，有的修建了亭台楼阁、救助直升机停机坪等。

表3-16-1　庙岛群岛北部主要海岛的基本特征

海岛名称	海岛面积（千米^2）	最高点高程（米）	海岛相对比降（‰）
北隍城岛	2.6718	159.9	9.55
南隍城岛	1.8442	100.9	5.52
小钦岛	1.1405	148.9	19.44
大钦岛	6.4475	202.4	6.35

在丘陵丘麓或丘间低洼地，常分布有黄土台地或堆积坡地。黄土台地地形相对平缓，总体坡度小于17°，以大钦岛上分布面积最大。黄土台地是岛上人类活动的主要场所，绝大多数黄土台地曾被开垦为耕地，很多古文化遗址及部分居民点分布于黄土台地上。黄土台地物质组成以晚更新世黄土状堆积为主，主要由粉砂或黏土质粉砂组成。黄土台地经后期流水侵蚀切割和人类改造，原有的地形地貌变化很大，多数是陡坎相连的阶梯状台地或支离破碎地形。

在黄土台地后缘和稍陡的丘陵山麓，黄土状堆积物呈披盖式覆盖在基岩山坡上，形成堆积坡或所谓的黄土坡。除小钦岛和无居民小岛上未发育堆积坡外，其他各岛均有分布，其物质组成与黄土台地相同，厚度一般大于0.5米。

在较宽阔的丘间谷地（或低洼地）的滨海地带和海湾湾顶，常分布有小规模的洪积—海积平原、潟湖平原等，局部滨海低地发育有小型冲海积平原。洪积—海积平原仅见于大钦岛，地形平坦，高程在5米以下，地下沉积物含有许多贝壳碎屑，主体堆积为海相沉积物。此类平原是菜地及村镇分布的主要场所。

由于北部岛群远离大陆，海域开阔，浪大流急，海洋的侵蚀作用明显，许多海岛的岸壁形成陡峭的海崖，在岸线的曲折凹入处也形成了小型海湾。因此，北部岛群岛各海岛的海岸以侵蚀地貌为主，海蚀崖广泛分布，崖壁多陡峭，海蚀崖基部常有崩落岩块散布。在海湾顶部有狭窄的砾石滩、大型的砾石堤、潟湖和小型海积平原等。其中，潟湖平原主要分布于大钦岛和北隍城岛，高程一般为3米左右，向海侧为砾石堤，地势高出潟湖地表。潟湖平原面积均较小，地表盐渍化，生长有碱蓬、盐蒿、柽柳等耐盐植物。

（二）海底地形地貌

北部岛群周边水域海底地形比较复杂，其北有老铁山水道南槽，呈长轴为东西向的椭圆形，水深在50米以上，最大水深在80米以上。50米等深线槽，南北宽约6千米，东西长约38千米。岛群南侧为北砣矶水道，水深一般为30~50米，最大水深位于大钦岛东南侧，为57米。

岛群内的岛与岛之间也均有水道与深槽。例如：北隍城岛与南隍城岛之间为隍城水道；南隍城岛与小钦岛之间为小钦水道；小钦岛与大钦岛之间为大钦水道。虽其规模不一，但水深都在30米以上，在地貌上均属侵蚀深槽。

二、地质

（一）构造、地层和岩性

1. 地质构造

庙岛群岛北部海岛位于胶辽隆起的中部，又属于新华夏系第二隆起带，西邻渤海坳陷。海岛除基底长期隆起外，主要受北东向、北北东向和北西向的区域断裂构造控制，岛上的构造线方向与区域构造一致。详见庙岛群岛南部岛群有关内容。

庙岛群岛为一大型复式背斜构造，由于断裂构造发育，使复背斜南、北两翼构造复杂化。北部岛群海岛位于该复式背斜的北翼，各海岛主要为单斜构造，而南隍城岛是由次一级的轴部向近东西向两个背斜和一个向斜组成。

本岛群断裂构造较发育，断裂构造方向为北东向、北北东向和南北向为主，北西向和北东东向断裂次之，多数断裂以构造角砾岩为主要证据。这些断裂主要发生在中生代以后，有的断裂有持续活动的特点。断裂性质比较复杂，正断层、逆断层和平移断层等均有出现，多处可见层间滑移断裂，总体上以高角度张性断裂为主，规模大者往往以破碎带出现。断裂构造控制了岛陆地貌、海岸线轮廓和海岛展布方向。

2. 地层与岩性

庙岛群岛缺少古生代地层，仅出露前寒武纪古老变质岩系，与临区蓬莱沿岸的蓬莱群相当，岩性主要为石英岩、千枚岩及千枚状片岩和板岩等，可分为豹山口组和辅子夼组。

北部岛群海岛上出露的基岩地层岩性比较简单，属新元古代蓬莱群辅子夼组上部地层。岩石类型主要为石英岩、石英岩夹板岩，石英岩与板岩互层多种岩性组合出现。北隍城岛和南隍城岛地层岩性以石英岩夹板岩为主，部分地区出现石英岩与板岩互层，板岩夹薄层石英岩地层。大钦岛和小钦岛的地层岩性以大套石英岩和板岩互层为特征，植被疏密严格受岩性控制。

在大钦岛和南隍城岛的巨厚—中厚层纯石英岩中，分布着密集的尚未封闭的圆圈构造，一般直径为2~3厘米。

由于岩性差异，石英岩抗风化能力强的多构成各岛低丘陵格架，抗风化较弱的板岩多成为谷地，往往又被黄土状堆积物覆盖。

第四纪地层主要为黄土状堆积，详见第四纪地质部分。

（二）第四纪地质

本区由于长期处于构造抬升态势，海岛一直处于侵蚀剥蚀状态，各海岛较高部位多基岩裸露，丘陵缓坡处一般有厚度不大的残积、残坡积物分布；丘麓和丘间谷地（低地）普遍有黄土状堆积物覆盖。沿岛岸海湾段普遍发育有砂砾、砾石堆积形成的砂砾石滩、砾石堤，以及堤内侧的潟湖沉积。

1. 第四纪沉积物成因类型及特征

北部海岛第四纪沉积物的成因类型主要包括：残积、残坡积、黄土状堆积、海积，以及零星的重力堆积、古文化堆积等。

（1）残积物

主要分布于低丘陵山坡和侵蚀—剥蚀台地上，主要岩性为褐灰色黏土质粉砂夹大量角砾和岩屑，一般厚度小于0.5米。分布区多已人工造林，特别是在石英岩与板岩互层的沟谷地带，人工栽种的松树已成林。

此外，在大钦岛局部有古残积层（红土风化壳）发育。该古残积层发育在基岩剥蚀面上，岩性为暗红色黏土，质地黏重，干后致密坚硬。古残积层下部与基岩破碎带逐渐过渡，上部多被后期的黄土状沉积物覆盖。

（2）残坡积物

广泛分布于各海岛丘陵缓坡地带，主要岩性为褐灰色黏土质粉砂、细砂质粉砂，含许多岩屑、碎石，特别是底部常成层分布，并与下伏基岩风化破碎带过渡。地表则多土壤化，土与碎石混杂。残坡积层在各岛、各处的厚度不一，一般由高处向低处逐渐变厚，从0.2米到1～2米，与其他类型沉积物接触关系比较复杂，常无明显界线可寻。

（3）黄土状堆积

庙岛群岛北部主要海岛上均有黄土状堆积物发育，主要分布于丘间谷地（古沟谷）和丘陵山麓，以古沟谷中堆积厚度最大。主要岩性以土黄色、灰黄色粉砂为主，局部有砂砾夹层，垂直节理发育，可见钙质结核。

（4）潟湖沉积和海积

庙岛群岛北部潟湖相沉积星点状分布，仅见于北隍城岛山前村、大钦岛东村和南村的湾顶海滨低地，沉积物以富含有机质的灰黑色、黑色粉砂质黏土、黏土质粉砂为主，含贝壳层。近砾石堤侧常与砂砾石层犬牙交错。潟湖沉积物的下部多与砂砾层逐渐过渡，而顶部多土壤化或部分被洪坡积物覆盖，地表盐渍化。

2. 第四纪地层

北部岛群的晚新生代地层发育，以新、老黄土和红土风化壳最具特征，与中部和南部岛群海岛基本一致，根据剖面岩性特征、标志层、生物化石、层位间接触关系和年代测定资料等，可将北部岛群第四纪地层划分为下更新统、中更新统、上更新统和全新统等，并可与中部和南部岛群、蓬莱沿海地区等进行对比。详见南部岛群有关内容。

（1）下更新统

仅在大钦岛和北隍城岛局部的黄土状堆积剖面底部有出露，主要为褐红色粉砂质黏土角砾层，干后致密坚硬，与下伏风化壳、上覆棕红色黄土状堆积物均呈不整合接触。

（2）中更新统

仅在大钦岛东村、西口海岸和北隍城岛山后村海边等剖面底部有出露，分布部位较低，多位于古沟谷底部，岩性为棕黄色黏土质粉砂，质地均匀，较致密，无层理，垂直节理发育，含钙质结核，酷似离石黄土所具有的特征。其底部常以角砾层与下伏岩层接触，顶部和中部发育有棕红色古土壤，其产状随古地形而变。

（3）上更新统

庙岛群岛北部属这一时代的地层主要是以灰黄色、浅黄色砂质粉砂为主，超覆于离石黄土或披盖于基岩之上的黄土状堆积物（马兰黄土），各主要海岛均有分布，地层厚度可达10米以上。一般的，剖面下部较上部粗，颜色较暗（深），中部在不同层位夹有砂砾石或碎石，有的剖面成层分布。

根据大钦岛南村和东村黄土状堆积中的钙质结核碳14年龄测定结果，为距今（23 100±400）年和（17 830±130）年，属晚更新世晚期。

（4）全新统

庙岛群岛北部海岛全新世地层主要为潟湖相沉积、海相砾石滩（堤）沉积，以及陡崖或悬崖峭壁下重力堆积物、黄土中的古文化堆积层等。

（三）工程地质与水文地质

1. 工程地质

北部岛群无大型断裂构造发育，所有海岛均为基岩岛，基岩岩性以石英岩为主，板岩多以夹层出现。石英岩属坚硬岩石，抗风化能力强，新鲜岩石抗压强度较高，为良好建筑地基基础，但由于岩石裂隙发育，在破碎带及强风化带，有产生崩塌或滑坡等工程地质问题的可能。

在海岛丘陵山坡及坡麓地带的残坡积、坡洪积等分布区，松散沉积物成层分布，岩性变化较大，土的状态为软塑—硬塑—坚硬半坚硬。含水量及密实度对土体强度有较大影响。本岩组一般都可做小型建筑基础持力层；残积层下部至基岩强风化过渡带强度较高。

在丘麓平缓坡地及谷地内，黄土状堆积发育。其厚度较大，结构疏松，吸水性强，透水性好，吸水后有自重下沉（湿陷性），黄土垂直节理发育，因此土体塌方和滑动是常见的工程地质现象。

在各岛海湾及沿海低洼地带的海积层分布区，岩性由卵砾石或淤泥、淤泥质粉砂组成，有时呈埋藏或出露的砂砾石堤形式分布，不同部位岩性差异较大。淤泥、淤泥质粉砂含水性强，易压缩，振动或加压易产生液化和流动，在地基处理时，对于埋深浅、厚度薄的应予以清除，埋深较深、厚度较大者应进行地基处理。另外，海积层地下水埋深较浅，水质咸，应予以考虑地下水对建筑地基的腐蚀性。

2. 水文地质

根据北部海岛上含水层岩性特征及水理性质可将含水层分为松散岩类孔隙水和基岩裂隙水。

松散岩类孔隙水主要分布于丘陵山麓及山前低洼地带，主要为残坡积、坡洪积分布区和黄土分布区。由于残坡积、坡洪积层厚度较小，一般为0.5～2米，含水层水量很小，干季基本无水；黄土状堆积物厚度较大，但为极弱富水性含水层。各岛海湾沿海低洼地带，发育有小型海积平原、砂砾堤，分布有零星海积孔隙含水层，但海积层孔隙大多与海相通，水质极差不能利用。

基岩裂隙水为岛上主要开发利用的含水层。其中，板岩类属层状裂隙水含水层，但板岩类裂隙容易被充填；石英岩类裂隙较为发育，富水性比板岩类略强，在石英岩和板岩互层的情况下，以石英岩裂隙出水为主。

（四）海底沉积物分布特征

1. 表层沉积物类型与分布

庙岛群岛北部海区海底表层沉积物类型多样，沉积物从粗到细均有分布，主要有砂砾、细砂、砂质粉砂和黏土质粉砂等类型。

（1）砂砾

呈条带状沿岛岸分布，包含砾石、砂砾、粉砂质砾石等以砾石为主的粗粒沉积物，常含有贝壳，局部为贝壳砾砂。该沉积物分选差，常含砂和粉砂，甚至含有黏土。砾石形状各异，大小不一，砾径一般数毫米，大者数厘米。砾石磨圆度中等至次圆状，少数为次棱角状。砾石物质成分与海岛基岩一致，以石英岩为主，其次为板岩。

（2）细砂

在北部海岛的东西两侧海域大面积分布。沉积物呈灰褐色至黄褐色，松散，质纯，均匀，分选很好，含少量贝壳、黏土和粉砂。

（3）砂质粉砂

主要分布在大钦岛南侧海域，呈东西向延伸，范围自东向西减少。沉积物呈灰色至灰褐色，岩性较杂，包含了黏土－砂质粉砂、粉砂质砂、黏土－粉砂质砂和砂质粉砂等，以粉砂和砂两粒组为主要成分，含少量黏土。分选中等至差。

（4）黏土质粉砂

主要分布在大钦岛与砣矶岛之间海域。沉积物呈灰色至褐色，质软，滑腻，可塑，富含黏土、有机质。粉砂含量大多为60%～70%，黏土含量为20%～30%，含少量砂，分选中等。

2. 表层沉积物粒度参数分布特征

根据1990年国家海洋局第一海洋研究所沉积物取样分析结果（表3-16-2），庙岛群岛北部海区表层沉积物的中值粒径为－0.06～6.50ϕ，在北隍城岛、南隍城岛和大钦岛周围有0ϕ和2ϕ等值线绕岛分布，岛间海域大部分表层沉积物中值粒径在3ϕ波动。海区南部底质较细，沉积物中值粒径主要为4～5ϕ；海区西南部最细。

表3-16-2 庙岛群岛北部海区表层沉积物粒度特征

沉积物类型		各粒组百分含量（%）				粒度参数		样品数（个）
		砾石	砂	粉砂	黏土	中值粒径（ϕ）	四分位离差	
砾		92	8	0	0	－3.14	1.34	1
砂－砾砂	范围	1.5～39.0	60.9～66.9	0～15.7	0～16.0	－0.06～－3.30	1.09～1.31	2
	平均值	20	63.9	7.9	8	1.62	1.2	
细砂	范围	0～4.6	64.0～98.0	2.0～19.7	0～17.0	2.4～3.54	0.2～2.17	32
	平均值	0.2	84.6	9.2	6.0	2.98	0.53	
砂质粉砂（含黏土－砂质黏土、黏土－粉砂质砂、砂－黏土质粉砂）	范围	0～11.6	21.8～52.5	30.5～50.6	16.1～32.5	3.78～5.82	1.22～2.57	10
	平均值	1.2	37.2	38.6	23.1	4.63	1.90	
黏土质粉砂		0	13.6	51.5	34.9	6.50	2.90	1

庙岛群岛北部海区表层沉积物的四分位离差（即分选系数），为0.2～2.9。海底表层沉积物的分选程度与底质的粗细关系密切，海区内细砂、中砂的分选最好，岛岸附近砂砾区和最细底质分布区，沉积物分选差或极差；海岛分布区东西两侧海域沉积物分选好。

3. 表层沉积物黏土含量分布

庙岛群岛北部海区海底表层沉积物的黏土含量较低，大部分海区表层底质的黏土含量为0～10%，仅在东北角和西南角有含量20%的等值线分布。在细砂和砂砾分布区，几乎不含黏土成分。

4. 底质分布规律

海底底质分布格局与物质来源、地形地貌和水动力条件关系密切，影响本区底质分布的水动力因素主要为波浪和潮流。波浪主要作用于海岛近岸浅水区，而本区波浪以风浪为主，强浪向为偏北向，因此北隍城岛、大钦岛等北侧有砂砾分布。

本海区海岛相距较近，岛间的深槽水道内水流湍急，冲刷作用较强，底质以砾石、砾砂贝壳和细砂等粗碎屑沉积为主。

本海区底质属现代沉积，沉积物均为陆源，沿岛岸分布的砾石，其岩性与岛屿基岩一致，系海岛基岩风化物和重力堆积物，在海浪长期作用下，经磨蚀、搬运堆积而成。

（五）浅地层结构特征

1991年5月，国家海洋局第一海洋研究所在庙岛群岛北部海区开展了浅地层剖面探测工作，根据获取的浅地层剖面探测资料解译结果，基岩埋深由岛岸向海逐渐加大，在距离岛岸100～200米，基岩埋深标高下降20米左右，基岩面坡度较大；向外逐渐基岩埋深加大，可达－60米以上，基岩面较平缓，坡度为1.5‰～2.0‰，标高－60米以深的基岩面起伏变化很小。

本海区近岸海底局部基岩裸露海底，绝大部分海底被松散沉积物覆盖，沉积层厚度较小，一般厚度小于20米，包含一个海相层和一个陆相层，根据声学地层结构特征一般可划分3～4层，厚度为10～15米。大钦岛以南海域沉积层较厚，为25～30米，地层层次较多，可达6～7层。

第三节 气候与气象

一、气候基本特征

庙岛群岛北部海岛位于中纬度东亚暖温带季风气候区，季风气候特点明显。夏半年主要受来自大洋的偏南季风影响，海洋的调节作用显著，空气湿润，雨水较丰富，少酷暑，气候倾向于海洋性；冬半年主要受来自西伯利亚的干冷季风控制，海洋的影响相对较小，气候干燥，风多、少雨，但少严寒，气候倾向于大陆性。

庙岛群岛北部海岛由于远离大陆，大气受海水的调节作用比南部海岛显著，各气象要素的年较差、日较差和大陆度皆小于南部海岛。寒潮影响时，北部海岛首先受到影响，由寒潮造成的最低气温也是最低，由北向南渐高。降水日数较南部海岛少（由北向南渐少），连续无降水日数较南部海岛多（由北向南渐多）。

二、主要气象要素特征

根据北隍城岛海洋站1970—1990年气象观测统计资料进行统计分析。

（一）气压

年平均气压为1016百帕，冬季受蒙古高压控制，气压较高，1月达到最高值，月平均值为1026.5百帕；夏季受大陆热低压影响，气压较低，7月达到最低，月平均值为1003.7百帕。其年变化曲线呈“V”字形。

（二）气温

北隍城站的年平均气温11.5℃，1月平均气温最低，月平均气温为－1.4℃；8月最高，月平均气温为23.9℃。气温较差25.3℃，年均日较差5.7℃。春季平均气温9.1℃，秋季平均气温15.1℃。年平均最高气温为14.7℃，年平均最低气温为9.0℃，极端最高气温35.3℃（出现在1972年6月10日），极端最低气温－15.1℃（出现在1986年1月5日）。

平均初霜日为12月28日，最早初霜日为11月26日，最晚初霜日为2月8日；平均终霜日为3月10日，最早终霜日为1月3日，最晚终霜日4月6日。年平均无霜期为284.8天，最长无霜期为363天，最短无霜期为249天。

（三）降水

北部海岛降水量比南部海岛和大陆（蓬莱）少，北隍城站年平均降水量为529.5毫。降水量分布极不均匀，年降水量多集中在6—9月，尤以7月和8月最多，分别为137.2毫米和111.6毫米；2月降水量最少，仅为6.5毫米。

年降水日数（日降水量大于等于0.1毫米）70.5天；日降水量大于等于10毫米的降水日，年均出现日数为14.9天；日降水量大于等于25毫米的降水日，年均出现日数为5.4天；降水量大于等于50毫米的暴雨及其以上降水日，年均出现日数为1.4天。

日降水量大于等于0.1毫米的最长连续降水日数为7天（1988年7月4—10日），降水量为28.0毫米；日降水量小于0.1毫米的最长连续无降水日数为59天（1976年2月23日至4月21日）。年均降雪日数24.1天。

（四）风

1. 风向

全年盛行北向风，年频率为16%。受环流形势的影响，风向的季节变化明显，春、夏季多偏南风，秋、冬季多偏北风。

11月至翌年2月，受蒙古冷高压控制，北向风最多，出现频率为22%～27%，其次是北西北向，频率为15%～19%。3月最多风向仍为北向风，频率17%；但由于蒙古冷高压减弱西撤，南南西向风开始增多，出现频率为13%。4—5月，随着热低压的逐步建立，最多风向转为南南西向，出现频率18%～19%，次多风向为西南，频率为12%～13%。6—7月，副高压西伸北跳，受其影响，本区最多风向为南南西向和南南东向，出现频率为12%～19%。8月开始，北风向开始增多，9—10月冷空气开始活跃，北向风的频率达到最多，为18%～20%。

2. 风速

定时2分钟的年平均风速为5.5米/秒，在庙岛群岛中最小。风速的年变化明显，1月风速最大，月平均风速为7.1米/秒；7月风速最小，月平均风速为3.7米/秒。

历年平均风速的最大值为5.8米/秒（1987年），最小值为4.5米/秒（1984年），极端最大风速为31.8米/秒（1990年2月23日），风向北。

3. 大风天日数

阵风风速大于等于8级的大风日数，年平均为59天，最多年份为97天（1972年），最少年份为32天（1975年）。各月平均大风日数以12月和1月最多，分别为8.4天和8.1天；最少为7月和8月，大风日数分别为1.2天和1.6天。大风日数的年变化曲线呈“V”字形。

（五）相对湿度和雾

1. 相对湿度

年平均相对湿度为68%，各月平均相对湿度为58%～87%。一年中，7月和8月因雨水多，气温高，湿度较大，相对湿度分别为87%和84%；12月和1月降水少，气温低，湿度也低，相对湿度分别为58%和59%。

2. 海雾

本区的海雾以平流雾为主，伴有辐射雾和锋面雾。年平均雾日为27.6天，最多年份可达59天（1990年），最少年份仅有9天（1975年）。一年四季均有海雾出现，春、夏两季盛行，秋、冬季节出现较少。

雾的日变化突出，雾生成和持续都在夜间和早晨，绝大多数于上午9时前后消散，一般情况下可持续1～4小时。

第四节　海洋水文

一、海水温度

受区域环境条件差异影响，庙岛群岛海域水温分布复杂，变化各异。

（一）平面分布

冬季（2 月）　庙岛群岛北部海域，表层水温多高于5℃，分布均匀；因垂向混合剧烈，底层海水温度与表层基本相同，在5℃左右，分布均匀。

春季（5 月）　庙岛群岛北部海域，似有来自东北方向的冷水舌，表层水温在6℃以下，底层水温在5℃以下。

夏季（8 月）　北部海岛海区，表层水温为长岛海域的低温区，低温区中心部位在小钦岛北侧，最低温度为19.9℃；南隍城岛东侧海域，表层水温低于23.0℃。底层海水温度为11.0℃～18.0℃，东北边缘水平梯度较大，等温线密集。

秋季（11 月）　北部海岛海区，表层水温高于14.0℃，分布趋势为东部高于西部；底层水温为12.7℃～14.9℃，分布趋势与表层相似。

（二）垂直分布

冬季（2 月）　上层水温低于下层水温，由于海水垂向混合剧烈，上、下层海水温度差异不大，表、底层水温差为0.5℃左右。

春季（5 月）　上层水温高于下层水温，表、底层水温差为0.5℃～1.0℃，未形成温跃层。

夏季（8 月）　上层海水增温幅度明显大于下层，大部分区域出现温跃层，南隍城岛附近跃层强度较大，最大值为0.68℃；大钦岛周围海域未出现温跃层。

秋季（11 月）　海水温度从上到下相继降低，上、下层海水温差减小，上层水温低于下层水温，表、底层海水温差为0.5℃左右，温跃层消失。

（三）水温的年变化

庙岛群岛北部海域，水温的季节变化明显。入春以后，太阳辐射增强，气温回升，海水获得净热量，从上层至下层增温；至夏季，海洋获得净热量最多，表层海水温度升至全年最高值，越往下层最高值出现越晚。入秋后，太阳辐射减弱，气温开始降低，且低于水温，海洋失热增多，水温逐渐降低，至3 月初水温降至全年最低值（因北部海区水深较大，表、底层水温全年最低值出现时间较晚）。

二、海水盐度

（一）平面分布

冬季（2 月）　庙岛群岛北部海域，表层盐度高于31.8，为长岛海域的高盐度区。

春季（5 月）　庙岛群岛北部海域，表层盐度高于31.4，分布均匀，仍为长岛海域的高盐度区。大部分海域底层盐度均匀分布，盐度值为31.4～31.5；大钦岛至砣矶岛西侧海域底层盐度较高，盐度值高于31.8，为长岛海域的高值区。

夏季（8 月）　北隍城岛、南隍城岛附近海域，表层盐度高于30.8，分布均匀；大钦岛南侧海域为一低盐区，水平梯度较大，等盐度线密集，低盐区中心盐度低于29.2。北隍城岛、南隍城岛以东海域为底层高盐度高区，盐度高于31.0；大钦岛、小钦岛周围海域，似有由北向南伸展的低盐水舌，舌内盐度低于30.4。

秋季（11月） 北部海岛大部分海域，表层盐度低于31.1，分布均匀；底层盐度高于31.0，分布相当均匀，且高于南部海岛海区。

（二）垂直分布

冬季（2月） 由于海水垂向混合剧烈，盐度垂直分布较为均匀，表、底层盐度差为0.02左右。

春季（5月） 上层海水盐度略低于下层，表、底层盐度差值为0.02左右。

夏季（8月） 上层海水盐度明显低于下层，垂直梯度较大，在大钦岛南侧形成盐度跃层（临界值为每米0.1），最大跃层强度为每米0.17，跃层上界深度和厚度均为5米左右。

秋季（11月） 夏季出现的盐度跃层消失。

（三）盐度的年变化

庙岛群岛北部海域盐度具有明显的季节变化。春末至夏季降水多，蒸发少，为降盐期，表层盐度为年最低值，出现时间为8月；底层盐度年最低值一般出现在8月，大钦岛、小钦岛附近海域出现较晚，为11月。秋季以后，蒸发大于降水，且黄海高盐水西侵，盐度增高，大钦岛、小钦岛附近海域，表、底层盐度最高值出现在2月，其他海域盐度最高值出现在5月。

大钦岛南侧海域，表层盐度年变幅最大值为2.74左右；南隍城岛、北隍城岛周围海域，表层盐度的年变幅小于0.5。

三、水色、透明度

水色和透明度具有基本一致的分布和变化规律。庙岛群岛北部海域，距离大陆海岸相对较远，水深较大，海水中悬浮泥沙含量少，其水色较高，透明度也较大。

庙岛群岛北部海区水色变化于5~9号。其中，冬季（2月）变化于5~7号；春季（5月）变化于6~7号；夏季变化于5~8号；秋季变化于5~9号。

庙岛群岛北部海区透明度变化于1.0~11.0米，以春季和夏季较大、冬季较小。其中，冬季（2月）变化于1.0~2.5米；春季（5月）变化于3.0~6.0米；夏季变化于3.0~11.0米；秋季变化于1.5~3.0米。

四、潮汐

根据北隍城岛的潮汐类型判别数为0.21，庙岛群岛北部海域潮汐类型属于正规半日潮，每天都发生两次高潮和两次低潮，两次高潮或低潮的高度相差不大，日不等现象不显著。

根据北隍城岛一个月的实测潮位资料，与大连长期验潮站的同步观测资料进行相关分析，求得平均水位、高低潮位的逐月变化（表3-16-3）。

从表中可以看出，平均海面最高值出现在8月，最低值出现在12月，年变幅为41厘米，在庙岛群岛中为最小值；平均高潮位和平均低潮位的逐月变化趋势与平均海面基本一致，最高值同样出现在8月，最低值出现在1月，年变幅分别为22厘米和33厘米，均为庙岛群岛中的最小值。

平均潮差为1.30米，最大潮差为2.73米，较中部和南部海区大。平均潮差的逐月变化不大，一年中有两峰值和两谷值，峰值出现在3月和9月，谷值出现在6月和12月。

平均高潮间隙为10小时24分，平均低潮间隙为6小时21分。

表 3-16-3　北隍城岛平均海面和平均高潮位、低潮位、平均潮差逐月变化　　单位：厘米

月份	1	2	3	4	5	6	7	8	9	10	11	12	年变幅
平均海面	-17	-16	-12	-3	5	11	18	19	15	2	-4	-22	41
平均高潮位	54	55	59	64	67	71	74	76	72	67	61	56	22
平均低潮位	-80	-80	-75	-66	-61	-54	-49	-47	-54	-61	-70	-77	33

注：高低潮位均以多年平均海面起算。

五、海流

北部海区潮流性质属于不正规半日潮流。受地形的影响，浅海分潮流影响较明显。

北部海域潮流中 M_2分潮流起着主导作用，M_2分潮流椭圆长轴的分布较规则，椭圆长轴方向多与岸线平行，或与水道走向一致。

海区潮流运动形式以往复流占优势（个别水层以旋转流为主），潮流流速的基本分布趋势为表层流速大于底层流速，涨潮流流速大于落潮流流速。各站表、底层涨潮流流速变化于 33 ~ 79 厘米/秒，落潮流流速变化于 23 ~ 77 厘米/秒。

各站表、底层余流流速分别变化于 11 ~ 31 厘米/秒和 10 ~ 36 厘米/秒。

六、波浪

根据北隍城岛海洋站 1960—1990 年的波浪观测资料，北部海区全年波型以风浪为主，涌浪次之，频率分别为 69% 和 31% 。

常浪向为北向，出现频率为 20% ；次常浪向为北北西向，出现频率为 12% 。强浪向为北向，最大波高为 13. 9 米；次强浪向为北向向，最大波高为 11. 5 米。

波向的季节性变化不太明显，强浪向一年四季都是北向—北东向。春季，常浪向为北向，出现频率为 16% ；强浪向为北向，最大波高为 13. 9 米。夏季，常浪向为东向，出现频率为 11% ；强浪向为北北东向，最大波高为 7. 6 米。秋季，常浪向为北向，出现频率为 25% ；强浪向为北向，最大波高为 10. 2 米。冬季，常浪向为北向，出现频率为 30% ；强浪向为北向，最大波高为 10. 7 米。

累年各向平均波高值变化于 0. 5 ~ 1. 9 米，最大值出现于北北东向。累年各向最大波高极值变化于 2. 5 ~ 13. 9 米，最大值出现于北向。无论是平均波高还是最大波高极值，均为长岛海区最大，即庙岛群岛北部的海浪明显大于南部。

多年平均波高为 1. 0 米。累年各月波高平均值和最大波高极值，均是 10 月至翌年 3 月较大，4—9 月较小。累年各月平均波高为 0. 4 ~ 1. 5 米，最大值出现在 1 月；累年各月最大波高极值为 5. 7 ~ 13. 9 米，最大值出现在 3 月。

北部海域多年波浪平均周期为 3. 6 秒，最大周期为 13. 7 秒。累年各月平均周期变化于 2. 4 ~ 4. 8 秒，秋末至春初期间较大，夏季较小。

累年各月最大周期变化于 8. 0 ~ 13. 7 秒，各月均为长岛海区最大；最大周期的季节变化特征与平均周期相似，也是秋末至春初期间较大，夏季较小。

累年各向波浪平均周期，以西北北向—东北东向较大，平均周期为 4. 4 ~ 5. 2 秒，北北东向最大；南南东向—西南西向较小，平均周期介于3. 1 ~ 3. 6秒，南南西向最小。

第五节　海洋化学

根据1990—1991年在本海区设大面站进行季度月（2月、5月、8月、11月）的取样调查结果（表3-16-4）进行分析。

表3-16-4　庙岛群岛北部海域海水化学

项目	变化范围	季度月平均值				年均值
		2月	5月	8月	11月	
溶解氧（毫克/升）	7.54～11.08	9.88	10.41	7.93	8.36	9.15
溶解氧饱和度（%）	86.5～118	95.8	102	105	99.0	100
pH值	8.08～8.28	8.16	8.21	8.15	8.17	8.17
活性磷酸盐（微克/升）	1.24～28.83	17.05	13.64	7.13	17.36	13.95
总无机氮（微克/升）	2.52～203.84	106.26	50.40	29.26	116.9	75.74

（一）溶解氧

庙岛群岛北部海域溶解氧含量年变化范围为7.54～11.08毫克/升，年平均值为9.15毫克/升。溶解氧饱和度年变化范围为86.5%～118%，年平均值为100%。

（二）pH值

pH值年变化范围为8.08～8.28，年平均值为8.17。

（三）活性磷酸盐

活性磷酸盐含量年变化范围为1.24～28.83微克/升，年平均值为13.95微克/升。

（四）总无机氮

总无机氮含量年变化范围为2.52～203.84微克/升，年平均值为75.74微克/升。其中，硝酸盐年平均含量为44.10微克/升，占58.3%；亚硝酸盐含量为1.82微克/升，占2.4%；氨盐含量为29.68微克/升，占39.3%。

该海域各种化学要素均处于正常含量水平。各种理化因子季节变化明显，平面分布变化较大，垂直分布较均匀。营养盐含量丰富，理化环境条件优越，适宜各种海洋生物的生长与繁殖，特别适合海带、裙带菜等大型藻类和扇贝、刺参、盘鲍等海珍品的养殖。

第六节　海洋生物与生态

一、海洋生物基本特征

该岛海域的叶绿素a与初级生产力的平均值分别为0.50毫克/米^{3}和每天241.38毫克/米^3，属偏低生产力海区，其季节变化以春季最高，分别为0.88毫克/米^{3}和每天497.14毫克/米^3，冬季和秋季较低。垂直分布以5米层和10米层较高。

该区共采得浮游植物约110种，硅藻种类最多。细胞数量平均为228.27万个/米^3，季节变化与初级生产力相符，最高峰出现在春季，为493.82万个/米^3，低谷期在秋季（59.77万个/米^3）。

本区采得浮游动物30多种，优势种为乌喙尖头蚤、强壮箭虫和中华哲水蚤。生物量和个体密度均值分别为56.52毫克/米^{3}和154.6个/米^3，前者的高峰期在秋季，而后者在夏季，分别为72.09毫克/米^{3}和390.54个/米^3，低谷期均在冬季。

本次调查共鉴定出底栖生物111种，多毛类的种类最多，其次为软体动物。本海域底栖生物的生物量较高，为31.77克/米^3，秋季高于春季，心形海胆在生物量中起主要作用。栖息密度平均为67个/米^3，秋季低于春季。

二、海洋生态系统

庙岛群岛北部岛群具有典型的海岛生态系统，已建立长岛鸟类国家级自然保护区，北部岛群是该保护区的重要组成部分。

第七节 海洋灾害

一、海洋环境灾害

（一）主要气象灾害

大风是本海区常见的主要气象灾害。冬半年寒潮和强冷空气频频侵袭，多偏北大风；夏半年常受热带气旋和强对流天气影响，常带来大风；春季和秋季南北大风交替出现，天气多变。

春季、夏季常受海雾袭扰。另外，干旱也是本区的灾害之一，有连季旱、连年旱的特点。

1. 寒潮

寒潮是冬半年影响本区的主要灾害性天气，寒潮造成的低温严寒和霜冻，对农作物有较大影响；伴随寒潮的大风，直接危害海上安全生产等。

寒潮是冬半年（10月至翌年4月）发生的主要灾害性天气，寒潮经过地带气温骤降，并伴有偏北大风。根据寒潮年鉴（1951—1975年），以影响渤海作为影响本海区的寒潮，共计81次，平均每年3.2次，主要发生在10月至翌年4月。

寒潮大风强度大，风力一般为6~7级，海上可达8~10级，如1966年2月10日受寒潮影响，本海区曾出现34米/秒的北北东向大风。

寒潮降温时间常比大风影响时间要长些，一般为3~4天，长者4~5天。

寒潮经过地区常常给渔业、水产养殖、盐业、海上运输业造成严重损失。若在大风汛期，加上寒潮引起的向岸大风，有时会发生海水倒灌，淹没村庄和土地，致使损失较为严重。

2. 热带气旋

作为主要灾害性天气之一的台风等热带气旋，对本区的影响主要是大风和强降水。根据台风年鉴，1959—1985年的27年中，以造成本海区6级以上大风，或降水量大于等于10毫米为指标，共21个，平均每年0.8个。主要发生在7—9月，最早开始于6月中旬（1970年），最晚结束于9月底（1969年、1971年、1983年）。

本海区受热带气旋影响出现大风有16次。其中，风力大于等于12级有3次，占18.7%；风力为10~11级1次，占6.3%；风力为8~9级6次、6~7级6次，各占37.5%。

本海区受热带气旋影响出现降水的几率较低，21次影响过程中仅有7次，过程降水量为20~68毫米，有4次降水量大于60毫米。

（二）海浪灾害

主要为寒潮大浪和台风浪的影响。在寒潮和台风过程中狂风引起大浪，造成海岸侵蚀、船只被打碎和倾覆、海水养殖场被破坏。

二、海底地质灾害

庙岛群岛北部海域，海底地质灾害较少，除有地震影响、潮成地质体之外，未见海底滑坡、高压浅层气等灾害的报道。

本区的潮成地质体，主要是指在老铁山水道及其周边的潮成沙脊、沙席及水道内的侵蚀槽。

另外，在北部海区存在人为灾害地质因素，主要为老铁山水道北的 4 处炸弹沉埋区，老铁山水道上有沉船区 9 处，其他障碍区多处。

三、海洋生态灾害

（一）赤潮灾害

北部岛群海域有一定数量的赤潮生物，具备产生赤潮条件，春季是海域赤潮发生的危险季节。海域的赤潮生物种类及季节变化情况，参见南部岛群有关内容。

根据 1995 年《中国海洋灾害公报》资料，1995 年 8 月 28 日下午 3 时，北隍城乡近海发现赤潮，离岸约 50 米，面积大约 200 平方米，赤潮的主要生物种为夜光虫。

根据 1999 年《中国海洋灾害公报》资料，1999 年 7 月 17 日，北隍城岛附近海域发生 680 平方千米的赤潮，海水呈橘红色。赤潮生物为夜光藻。

根据 2006 年《山东省海洋环境质量公报》资料①，2006 年 9 月 14—19 日，南隍城岛附近海域发生赤潮，赤潮生物为塔玛亚历山大藻，最大密度为 2.334 亿个/升，赤潮面积 2.37 平方千米。赤潮区内网箱养鱼损失惨重，死亡率接近 100%，皱纹盘鲍死亡率约 50%，扇贝损失较轻。塔玛亚历山大藻是典型的有毒赤潮生物，能产生麻痹性贝毒（PSP）。

（二）病原生物灾害与外来入侵生物灾害

未收集到关于病原生物灾害方面的资料。

北部岛群海岛有较多的外来生物，但尚未见到外来生物入侵灾害的报道。

① 资料来源：http：//www.hssd.gov.cn/article/news/20077/news_ 16124.asp。

第十七章 北隍城岛

第一节 概 况

一、海岛地理

北隍城岛（Běihuángchéng Dǎo）代码为370634000111。历史上曾叫黄城岛。

北隍城岛位于庙岛群岛的最北端，处于老铁山水道与隍城水道之间海域。岛形似等腰三角形（顶角向北），长约2.8千米，宽约1.9千米。海岛面积2.6718平方千米，岛岸线长约9.94千米。最高点位于中北部的北山，高程为159.9米，地理坐标为北纬38°23.4′、东经120°54.6′（图3-17-1和图3-17-2）。北隔老铁山水道与辽宁旅顺的老铁山相望，相距约40千米；南距南隍城岛1.2千米、蓬莱约60千米。该岛既是庙岛群岛最北海岛，也是山东省沿海纬度最高的海岛。行政上隶属于山东省烟台市长岛县北隍城乡，为北隍城乡政府所在地。

历史上北隍城岛与南隍城岛合并称谓。《新唐书·地理志》："自登州东北行，过大谢岛、龟、歆岛、末岛、淤岛，而后至乌湖岛三百里，北渡乌湖海至马石山东之都里镇。"（欧阳修，1991）清顾祖禹在《谈史方兴纪要》中说："府东北二百五十里海中，与大谢岛俱为泛东海之要路。"（顾祖禹，

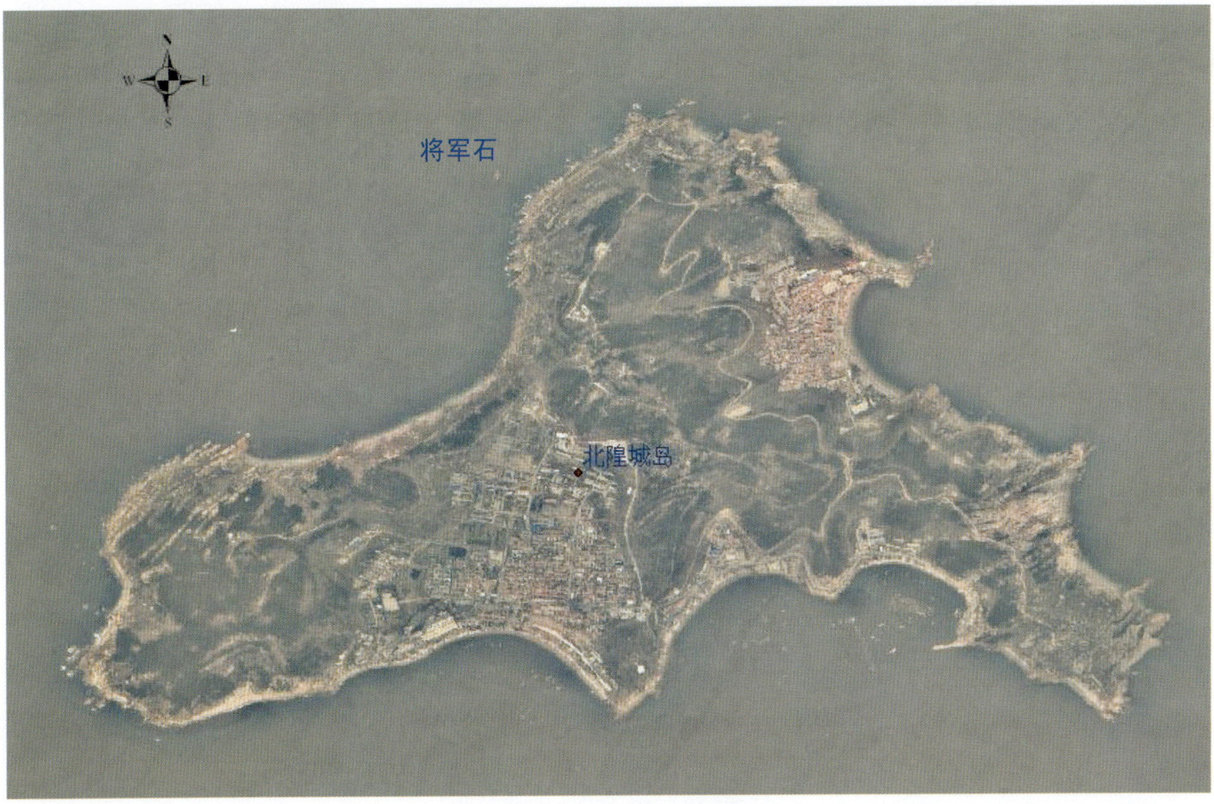

图3-17-1 北隍城岛遥感影像

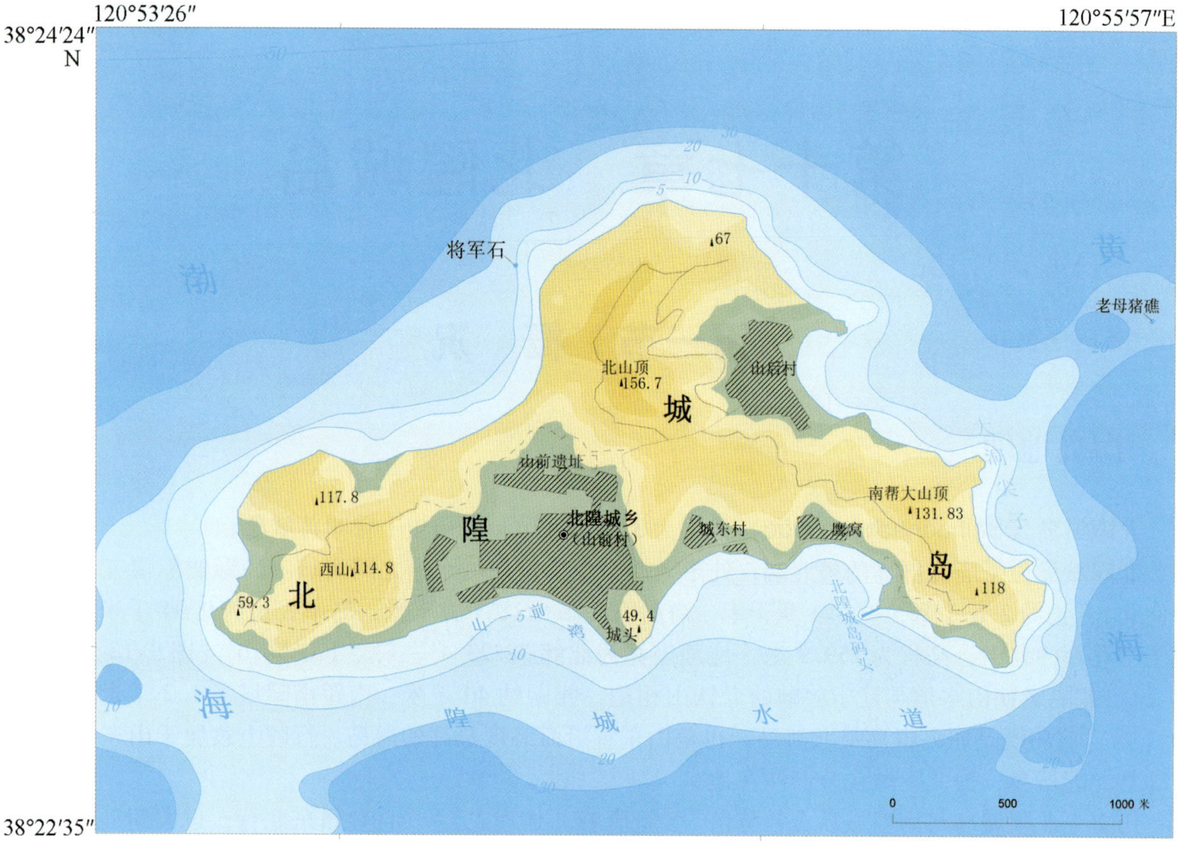

图 3-17-2　北隍城岛地理分布

2008）唐贞观二十年（另一说贞观十八年）征高丽置乌湖镇，亦曰乌胡戍。《中国历史地名大辞典》黄城岛条说："即今山东长岛县北隍城岛。"（史为乐　等，2005）《谈史方兴纪要》卷 36 蓬莱卷沙门岛条：黄城岛，《志云》云："杜鼍矶岛东北。"元时，亦称乌湖戍。明代，称为隍城岛，隍城的名称，源于唐王城文化遗址。清朝始有南隍、北隍城岛之分称。因地理位置，相对南隍城岛而称北隍城岛。《乾隆一统志》记载："南隍城岛在蓬莱县北四百余里，又北九十里有北隍城岛。"

在《山东省海岛志》的海岛名录一览表中，省序号为"094"、地市序号为"烟台 05"；在《中国海洋岛屿简况》① 中，全国统一编号为"0658"、省内编号为"0065"。

北隍城岛岸曲折，有较大海湾 4 处。岛周海域分布有：将军石、老母猪礁、大红石礁、东南礓、老凹礁等小型海岛，以及数个无名岛礁，其中大红石礁、东南礓和数个无名岛礁等距岸较近。

二、政区建置及历史沿革

据《中国历史地图集》唐代页标注：乌湖岛即为今隍城岛。《乾隆一统志》记载："南隍城岛在蓬莱县北四百余里，又北九十里有北隍城岛。"

唐太宗东征高丽时，于贞观二十年（646 年，另一说贞观十八年）官兵在北隍城岛上修夯土城一座，名皇城②，设乌胡戍，属蓬莱县沙门寨地。宋代，称为乌呼岛。元时，海岛称乌湖戍，属蓬莱牵牛社。明代，北隍城岛与南隍城岛合称为隍城岛。隍城的名称，源于唐王城文化遗址。历史上的唐王城，坐落在今北隍岛山前村东南城头山。

清道光年间，庙岛群岛设有 13 个社，北隍城岛属其中的南北隍城岛社。1928 年 7 月，驻岛的奉系

① 中国人民解放军海军司令部航海保证部：中国海洋岛屿简况，1980 年。

② 中国地名委员会：中国海域地名志，1989 年，第 126 ~ 127 页。

海军在庙岛群岛设长山八岛民政局，下设13个社，北隍城岛属其中的隍城社。1934年年底，改社为乡，北隍城岛属隍城乡（山东省长岛县志编纂委员会，1990）。

1945年9月，庙岛群岛第一次解放，长山岛军政办事处区划为3个区，北隍城岛隶属其中的钦岛区（辖北隍城岛、南隍城岛、小钦岛和大钦岛等）。1946年3月，区划调整为6个区，北隍城岛和南隍城岛同属于其中的隍城区。

1947年10月，国民党长山列岛区署区划为6个乡，北隍城岛隶属于钦岛乡。1948年3月，国民党长山八岛设治局调整区划为7个乡1个独立保，北隍城岛隶属隍城乡。

1949年8月，庙岛群岛第二次解放，恢复长山岛特区，并区划为6个乡，北隍城岛隶属于隍城乡。1958年11月，长岛县与蓬莱县、黄县合并为蓬莱县，北隍城岛属长山公社隍城大队。1962年，长岛人民公社改为长岛区，北隍城岛隶属于隍城公社。1984年，撤公社建乡。

1985年3月1日，长岛县区划调整为2镇8乡，北隍城岛和南隍城岛分别建乡，北隍城岛设北隍城乡。

2000年12月19日，长岛县区划调整，撤销乡镇建立区公所，北隍城岛属北隍城区公所①。2003年2月20日，撤区公所改设为镇乡（长岛县设2个镇6个乡），北隍城岛属北隍城乡至今。全乡辖3个自然村，设2个村民委员会，乡政府（图3-17-3）驻北隍城岛山前村北部。

图3-17-3 北隍城乡政府大门
（拍摄于2010年6月5日，拍摄点地理坐标为38°23′22.05″N、120°54′37.34″E）

三、人口

历史上，北隍城岛的人口变化较大。据《长岛县志》记载，在明洪武二十七年（1394年）和清朝初期，因倭寇经常骚扰海岛，岛民奉旨外迁而空岛。清康熙二十六年（1687年），官方出台政策鼓励外迁的岛民回岛开垦土地，岛上人口遂大量增加，至清光绪八年（1882年），北隍城岛上有居民100余户；清末民初，随着渔业生产的发展，人口增长迅速，北隍城岛和南隍城岛的人口总数为2008人。1939年，日伪军占领庙岛群岛后，部分岛民弃家迁往东北谋生（隍城区385户中，迁出61户），岛上人口减少，到1946年北隍城岛和南隍城岛的人口总数仅为1656人。之后，部分岛民迁回岛内，岛上人口开始增加，至1985年北隍城岛上居民2882人。近十几年来，北隍城岛上的人口数量又有减少趋势（表3-17-1）。

根据长岛县2000—2005年国民经济统计资料②，2000年年底，北隍城岛有居民828户、人口总数为2461人，其中，男性1226人、女性1235人，农业人口2353人、非农业人口108人，有渔业劳动力420人（捕捞292人、养殖128人）；至2005年年底，北隍城岛有居民824户、人口总数为2370人，其中男性1173人、女性1197人，全部为农业人口。

表3-17-1 北隍城岛人口变化一览 单位：人

年份	1930	1946	1950	1965	1984	1985	2000	2005	2008	2010
人口	2008*	1656*	1673*	2963*	3552*	2882	2461	2370	2130	1878

注：带“*”人口数含南隍城岛的人口，资料来源于《长岛县志》，第27页。

① 鲁政函民字〔2000〕86号。
② 长岛县发展改革和统计局：山东省长岛县国民经济统计资料（2000～2005），第71～80页。

表 3-17-2 北隍城乡人口及渔农村劳动力情况

年份	总户数（户）	人口（人）					渔农村劳动力数（人）	第一产业从业人员（人）		
		总数	男性	女性	农村	城镇		总数	捕捞	养殖
2000	828	2461	1226	1235	2353	108	673	420	292	128
2001	829	2460	1217	1243	2342	118	709	438	301	137
2002	829	2455	1212	1243	2342	113	1173	446	318	128
2003	833	2440	1201	1239	2323	117	685	462	329	133
2004	831	2416	1197	1219	2298	118	1162	408	301	107
2005	824	2370	1173	1197	2370	0	1067	590	348	242
2006	826	2343	1165	1178	2343	0	1 173	446	130	66
2008	824	2130								

资料来源：长岛县国民经济统计资料（2000—2005）、长岛县统计年鉴（2006）。

根据长岛县2006年统计年鉴资料①，2006年北隍城岛共有居民826户，总人口数为2343人，其中男性1165人、女性1178人，全部为农村人口；乡村从业人员数1173人，其中男性628人、女性545人，第一产业从业人员446人（渔业130人、养殖业66人）、第二产业从业人员64人、第三产业从业人员643人。

据长岛县统计局提供的资料，2008年年底北隍城岛上有居民824户，人口总数2130人，乡村劳动力资源数1396人，乡村从业人员总数1235人。

根据《长岛县2010年第六次全国人口普查主要数据公报》，2010年11月1日零时北隍城岛有常住人口1878人。

四、公共服务

（一）教育

北隍城岛上曾有中学1所、小学2所，2010年现场调研时有小学1所、小学教学点1处。

1. 普通中学

北隍城岛上的中学始建于1965年，由当时的生产大队联办，名为“隍城渔林中学”，学制3年，招收高小毕业生，办学经费由联办的大队集资和学校勤工俭学收入解决。1966—1967年，学校停止招生。1970年，在山前村建立隍城联合中学。1985年8月，该中学在校初中共5个班：初一和初二年级各2个班、初三年级1个班，在校学生总数175人，有教师15名。2005年，因长岛县实施教育布局调整，北隍城岛的中学撤销，初中以上学生全部集中到南长山岛的县城寄宿上学。

图 3-17-4 现隍城中学大门
（拍摄于2010年6月5日，拍摄点地理坐标为38°23′10.66″N、120°54′17.80″E）

2. 小学

北隍城岛的山前村小学，创办于1928年4

① 长岛县发展改革和统计局：长岛县统计年鉴（2006年），第24~26页。

月；1985 年 8 月，招收小学 1～5 年级学生，共有 5 个班、学生总数 172 人，有教师 9 名。山后村小学，创办于 1927 年 2 月；1985 年 8 月，招收小学 1～5 年级学生，共有 2 个班、学生总数 50 人，有教师 3 人。2005 年，长岛县实施全县学校布局调整后，北隍城岛的后村小学三年级以上学段学生撤并到前村小学，并在前村小学的基础上成立了北隍城乡中心小学。

图 3-17-5　北隍城乡中心小学
（拍摄于 2010 年 6 月 5 日，拍摄点地理坐标为 38°23′10.46″N、120°54′16.49″E）

（二）科学技术

1958 年秋，北隍城岛上推广南长山岛王沟村田世武革新的坛子网技术。1959 年 2 月 11 日，在隍城大队召开了海带养殖“转盘夹苗器”现场推广会①。1964 年，长岛县水产局到隍城岛推广锚网（锚流网）技术。

1964 年春，在烟台水产实验所的帮助指导下，北隍城岛山前大队将 2 艘木帆船大榷子改装 2110 型 20 马力柴油机的机帆船②。

图 3-17-6　北隍城岛海洋站气象观测现状
（拍摄于 2010 年 6 月 5 日，拍摄点地理坐标为 38°23′45.60″N、120°55′07.63″E）

国家海洋局在北隍城岛观山所设有海洋观测站（图 3-17-6）。该海洋站位于北隍城岛后山村东北岬角处，观测项目包括气象和海洋水文，气象观测全要素，海洋水文观测波浪、水温、盐度等要素，隶属烟台中心站管理。其中，气象观测场位地理坐标为北纬 38°24′、东经 120°55′，观测始于 1965 年，按《地面气象观测规范》规定观测方法进行观测，1980 年前 1 天进行 3 次观测（08 时、14 时、20 时）定时观测，1980 年改为 1 天 4 次（02 时、08 时、14 时、20 时）；1965 年至 1980 年 5 月，测风采用维尔达测风板，1980 年 6 月后采用 EL 电接风速风向观测仪。

2006 年 5 月 18 日北隍城海洋站新办公楼落成并乔迁，观测站的工作环境和条件得到很大改善。

图 3-17-7　长岛县气象局北隍城岛上测风塔与自动气象站
左图：测风塔；右图：长岛县气象局北隍城自动气象站
（拍摄于 2010 年 6 月 6 日）

2007 年，长岛气象局在北隍城岛建成了自动气象站③（图 3-17-7）。该气象站位于峰山东南侧，地理坐标为北纬 38°23′28.07″、东经 120°54′46.97″，属为国家级自动气象站，是中国气象局“环渤海监测一期工程”项目的组成部分，观测要素 7 个。

2009 年 3 月，北隍城岛上建成了梯度风测风塔（北纬 38°23′27.14″、东经 120°54′47.50″），并投入使用。观测要素包括气温、气压、湿度、能见度、降水量、风向和风速（10 米层和 30 米层）7 个要

①② 长岛县水产局水产志编纂组：长岛县水产志，1986 年，第 11 页。
③ 资料来源：http：//www.sdqx.gov.cn/sdqx_brown.asp？id＝3084&types＝%C6%F8%CF%F3%D2%AA%CE%C5&sdqx＝1。

图 3-17-8　城头山上昆虫雷达观测站

（拍摄于 2010 年 6 月 5 日，拍摄点地理坐标为 38°23′04.10″N、120°54′42.16″E）

图 3-17-9　北隍城卫生院

（拍摄于 2010 年 6 月 5 日，拍摄点地理坐标为 38°23′10.13″N、120°54′38.05″E）

图 3-17-10　北隍城岛唐王山顶上救助直升飞机停机坪

（拍摄于 2010 年 6 月 5 日，拍摄点地理坐标为 38°23′03.76″N、120°54′42.27″E）

素，数据传输采用 2.5 代的无线通信技术进行自动实时上传①。该测风塔的建成填补了该区长期没有探空和高层风和能见度资料的不足。

2002 年，中国农业科学院在北隍城岛的城头山开始建设昆虫雷达观测站（图 3-17-8），地理坐标为北纬 38°23′3.62″、东经 120°54′42.55″。自 2003 年开始，每年 5—10 月开展观测活动。

（三）医疗卫生

北隍城岛上设有乡卫生院和村级卫生室，医护人员 9 名，村卫生室 2 处，乡村医生 5 人。北隍城乡卫生院始建于 1954 年，当时有医务人员 1 人。1968 年增设中医科和妇产科。1973 年有病床 2 张。1985 年，有医务人员 8 人，病床 6 张，设门诊、妇幼保健科、防疫科和药剂科。

2009 年，地方政府投资 30 万元，对北隍城乡卫生院和村级卫生室实施了改造工程②，改善了海岛的医疗和卫生环境，乡卫生院已具备基本的检查诊断条件。现有病床 3 张。

北隍城岛上设有村卫生室，其前身为生产大队建立的合作医疗室，合作医疗医务人员称为“赤脚医生”，备有常用药品。1980 年，合作医疗室改称为村卫生室。

另外，2006 年 11 月交通部北海救捞局在城头山顶修成了救助直升飞机停机坪（图 3-17-10），并投入使用。该救助停机坪的投入使用，确保了岛上军民在大风天不能通船、突发重病等可及时得到救助和医治。如：2007 年 10 月 19 日，北隍城岛一渔民从事海上作业时胳膊被绞断，请求派直升机前去救助，交通部北海第一救助飞行队蓬莱值班室于上午 10 点 20 分接到求助电话，飞行队立即启动紧急救助程序，派出的直升机于 11 点 29 分到达北隍城停机坪，将受伤渔民接送到等候在蓬莱机场的 120 急救车，及时得到救治。

2009 年 10 月，海军首艘万吨级海上医院船“和平方舟”号抵达北隍城岛为军民免费义诊③，医疗专家和医护人员在当地卫生院设立了内科、

① 资料来源：http：//www. gongkong. com/Common/Details. aspx？ c = 3&m = 20&Type = mkNews&Id = 20090402112147000028&CompanyID = 8-B9F2-1F2B4D8D438E：长岛测风塔已投入使用。

② 资料来源：http：//www. changdao. gov. cn/cn/content/xxgk/index _ show. jsp？ sid = 0208-03-2008-102918&dept _ code = BHCX&columncode = BHCXXXGKMLZXGH。

③ 资料来源：http：//yantai. dzwww. com/xinwen/ytxw/ytsz/szphoto/200910/t20091028_ 5126392. htm。

外科、妇科、眼科、皮肤科等专家门诊，为驻岛官兵和当地群众免费查体300多人次，并为当地驻军赠送了价值近万元的药品。在健康查体中，北隍城乡山前村的一名渔家妇女被确诊为肠梗阻，急需手术治疗，因当天天气原因，长岛北五岛不通航，“和平方舟”号接纳了这名妇女随船诊治，并送往青岛进行手术，由于手术及时，挽救了渔妇的生命。

第二节　海岛历史与文化

一、海岛历史

（一）人类起源与古遗址

北隍城岛很早就留下了早期人类生活的印迹，主要遗址为山前村遗址。

山前村遗址位于北隍城岛山前村的北侧，遗址大部分在民房下面，但未遭破坏，其南北长284米、东西宽202米。1982年11月，北京大学和长岛县博物馆考古工作者对遗址进行了考察挖掘。

该遗址的古文化层厚度为2.4～2.8米，文化类型可分3个时期。第一层为龙山文化，出土文物有鼎足、盆、盘、壶、豆、罍等，多为磨光黑陶，次为灰褐陶，还有少量蛋壳陶；第二层与大黑山岛的北庄二期相当，出土文物有罐形鼎、石网坠等；第三层相当于北庄一期和紫荆山下层文化，出土文物有陶鬶、壶、小口罐等。

另外，1989年3月，北隍城岛的山后村渔民在海岛西北海域下网作业时，从水深60余米处的海底捞获一块硕大的猛犸象头骨化石（重30千克）。该化石对研究渤海的古环境变迁和古气候变化具有重要意义，保存在长岛县博物馆中。

（二）人文遗迹和历史文物

北隍城岛上的人文遗迹主要为古城址。

北隍城岛上的古城址位于山前村东南的城头山上。该古城址北部宽11米、南部宽72米，南北长126米。东、南、西三面临悬崖，北面有城门。现仅存城基的残迹，能辩认出的夯土层有14层，由红土和灰杂色土交替铺压，中间多砾石。长岛县博物馆考古工作者认为是唐代屯兵之地。

（三）历史事件

唐贞观二十二年（648年），莱州刺史李道裕运军械粮草储存于乌胡岛（今北隍城岛），以备唐军东征。同年，驻守乌胡岛将领古神感，率兵渡海出击高丽。

元朝初期，海运业兴盛，沙门岛成为海上枢纽。岛区分划为沙门岛社（今南五岛）和牵牛岛社（今北五岛），北隍城岛属牵牛岛社。

明万历四十六年（1618年），山东派船运粮去东北，各府船只到庙岛塘集会，然后出发经北隍城岛北行。

明崇祯四年（1631年），登州游击孔有德发动兵变。翌年正月初三攻陷登州。九月，明军围困登州，高起潜及辽东总兵黄龙派兵驻守隍城岛，以防孔有德从海上北逃。孔有德派兵袭击隍城岛，歼灭守岛明军。

清光绪五年（1879年）八月，蓬莱知县江瑞采赴长岛视察，发现岛中柴草奇缺，遂发告示（《谕各岛并三乡栽松树以资樵薪告示》），劝导岛民植树造林。同时制定了保护船只航行章程，并在北隍城岛设立“永绥局”，分界管理海域。

清光绪六年（1880年），北隍城岛东北海面90千米以南区域，划归登州水师营管辖。

清光绪三十年（1904 年），日俄战争爆发，日本军舰 50 余艘侵占南隍城岛、北隍城岛，将其作为战略物资补给站和基地，从侧翼攻击旅顺口。

1928 年 4 月，隍城岛始建小学，时称隍城山前小学堂。

1929 年冬，国民党山东省政府决定，将北隍城岛、南长山岛等长山八岛自蓬莱县划出，建立长山岛行政区，隶属省政府和东北海军管辖。

1930 年，北隍城岛山后村渔民邹明魁，从东北学来小裤裆网的构造与操作，开始在小榷子上使用，而后逐渐扩展到大榷子使用，1958 年推广到大船使用①。

1931 年，山前村渔民浦云忠仿照东岛（今辽宁省长海县）渔船在两舷外侧用木板挡物防流失及人员活动保安全简易“波”的启示，试验在自己的大榷子上进行设计改进安装“波”获得成功，并很快在全县得到应用。

是年，北隍城岛山前村流行霍乱病，有患者 30 余人，死亡 20 余例。

1937 年夏季，日军在北隍城岛东南的大竹山岛东海域烧毁长岛渔船 18 艘。

1942 年，北隍城岛又流行霍乱病，山后村 80 多户人家，60 余户有患者，死亡众多，有的绝户。

1942 年，日伪军一个班驻南隍城岛，自带发电机，昼夜发电，窃取本岛及周边的地理和军事情报。

1944 年 9 月，日本海军近百人侵占北隍城岛。

1945 年 8 月 16 日，占据北隍城岛的日军逃往大连。

是年 9 月 6 日，长岛大队在北隍城岛歼灭流窜伪军 1 个排，俘获敌人 30 人，枪支 30 余支。

是年 9 月中旬，北隍城岛、南隍城岛、小钦岛、大钦岛和砣矶岛的岛民出动帆船百余艘，运送进军东北三省的八路军。

1946 年 3 月，长山岛特区调整区划，北隍城岛、南隍城岛划为隍城区，成立中国共产党隍城分区委员会。分区委驻北隍城岛山前村。1947 年辖山前、山后、南隍城 3 个村党支部。

1947 年 9 月 6 日，北海地委决定长山岛的党、政、军机关进行战略转移；9 月 9 日，砣矶区第一批转移人员分乘 11 艘帆船离开砣矶岛，行至北隍城岛北部海域被敌舰拦截，人员全部被押解到北隍城岛，有 9 艘船被敌人放火烧毁。

1947 年 10 月，国民党军队占岛，中共隍城分区委撤销。10 月 6 日，长山岛特区工委书记兼区长郭玉华等工委干部离开北隍城岛去大连市，至此转移工作结束。10 月 19 日国民党整编第八师一部占领庙岛群岛。

1948 年 11 月，国民党东莱群岛设治局多次召开乡、保长会议，布置捕杀中共党员、干部及其家属，同时布置抓丁 300 人。北隍城岛被抓丁 30 余人，一次抓捕关押革命积极分子 48 人。月末，全境封锁，逐岛抓丁。

1949 年 1 月，中国共产党隍城乡总支部委员会和隍城乡公所在蓬莱县李家疃成立。

1949 年 8 月 12 日，长山列岛南部诸岛解放。因受大风阻碍，解放军进攻暂停。19 日，南隍城岛残敌乘船逃走，岛上有老幼 22 人随之去台湾。8 月 20 日，全岛第二次解放。

1950 年 3 月 2 日，开展参军（海军）活动，砣矶、钦岛和隍城 3 乡共有 200 名青年报名参军。同年 10 月，结束土地改革运动，确定地权、船权，颁发土地证。

1954 年春，隍城乡发动妇女参加近海捕捞生产，8 名妇女 1 个月捕鱼 3500 千克。同年，渔船始配发收音机，收听天气预报。

1957 年 1 月，隍城乡邮电支局始用 B1 型 15 瓦手摇发报机，与县局电报联络。

是年 10 月 25 日，青岛航运局长岛客运站成立，正式开通蓬莱与长岛县 9 个有居民岛的客运线，北隍城岛自此有客运班船。

---

① 长岛县水产局水产志编纂组：长岛县水产志，1986 年，第 1 页。

1964 年 3 月 26 日，隍城公社山前大队“108”号木帆船由烟台返回途中，因船体破旧，载重过多，船漏水沉没，8 名船员罹难，经济损失 1.8 万余元。

是年 5 月 17 日，隍城公社山前大队“隍大 3 号”机帆船在莱州湾放流作业，因捕鱼过多，船超重遇风翻船，8 名渔民落水，6 人罹难。

1965 年，隍城公社建立渔林中学 1 所。

1966 年，长岛县委员会成立“文化大革命”领导小组，北隍城岛上“文化大革命”开始，红卫兵破“四旧”，学校停课，批斗走资派。

1972 年，在石岛黄海造船厂营造一对 135 马力的“鲁长渔 1013”号和“鲁长渔 1014”号木壳机轮。

1979 年 11 月，隍城公社粮食管理所所长郭兰田获“全国劳动模范”称号。

1980 年 9 月，由砣矶岛经北隍城岛至大连老铁山的海底通信电缆敷设竣工。

1980 年，村里严格强调，移风易俗，严禁在办喜事时赠钱送礼。此举得到村民响应，并一直延续至今。

1982 年 5 月 19 日，隍城公社山前大队“鲁长渔 1007”号、“鲁长渔 1008”号对船在黄海南部捕获 1 条长 3.24 米、重达 240 千克的雌性中华鲟鱼（标本藏于县博物馆）。

1983 年，长岛县政府授予隍城公社李爱凤“拥军模范”称号。

1985 年 3 月 1 日，南隍城岛和北隍城岛分别建立乡政府。

1989 年 3 月，北隍城岛的山后村渔民在海岛西北海域（北纬 38°47′、东经 120°47′）下网作业时，捞获一猛犸象头骨化石。该化石现保存在长岛县博物馆中。

2001 年 10 月 12 日，投资 130 万元的北隍城至南隍城海底光缆工程竣工，该海底光缆总长度为 3.4 千米，为山东省首条自行敷设的海底光缆①。

2004 年，北隍城乡乡长冷彩凌被评为全国“人民满意的公务员”之一，也是烟台市首位获此殊荣的国家公务员②。

2004 年，北隍城乡山前村党支部副书记李来英荣获山东省“十佳兵妈妈”称号③。另外，她还曾先后被评为全国计生先进个人（1986 年）、山东省“三八红旗手”（1989 年）、“山东红嫂”（1992 年）、烟台市“劳动模范和计生先进工作者”（1996 年）、山东省“优秀共产党员”（1997 年）等④。

（四）历史人物

1. 郭兰田

郭兰田（1916.10—1981.4.26），莱芜市常庄乡张家台村人，中共党员。1938 年，参加革命工作。1939 年，参加八路军，7 月加入中国共产党。他参加过莱芜战役、淮海战役、渡江战役和朝鲜战争，8 次负伤、11 次立功。1956 年 6 月，转业到长岛粮食系统工作。1963 年，任隍城粮食管理所所长。为了储好粮，他带领职工对隍城岛地下粮库进行维修改造，并解决了地下储成品粮的防潮、防湿、防变质的技术问题，连续 16 年被评为“四无”（无霉、无鼠、无虫、无事故）单位。1975 年，被评为省粮食系统储粮先进工作者，出席了中国人民解放军总后勤部和国家商业部联合召开的海岛战备粮库储粮工作经验交流会；1978 年，获省、地、县财贸战线先进标兵；1979 年 12 月，被国务院授予“全国劳动模范”称号；1980 年被国家粮食部授予“全国粮食系统劳动模范”称号。1981 年 4 月病逝。

2. 宋延富

宋延富（1906—1985），北隍城岛山前村人，著名的建造木帆船木匠，共建造船 10 余艘，曾自行

---

① 资料来源：http：//www.sdcnc.cn/sdtx/711.shtml。

② 资料来源：http：//a.jiaodong.net/yantai/yantai_ text.asp？ no =46196。

③ 资料来源：http：//news.sina.com.cn/c/2004-07-27/09533208787s.shtml。

④ 资料来源：http：//blog.sina.com.cn/s/blog_ 616fc29e0100fyhn.html。

设计建造15吨左右的木帆船。1994年，他率先在隍城岛进行小型木帆船装机改造工作，先后改装帆船20余艘。1985年病故。

另外，北隍城岛上有长岛革命烈士2位：

邹清君（1926—1947.11），男，北隍城岛后村人，1946年2月参加革命，1947年在蓬莱抹直口牺牲，时为胶东军区北海一团一营二连战士。

肖作义（1928.11—1972.1），男，北隍城岛后村人，1946年11月参加革命，1972年1月在405医院病故，时为9506部队政治处秘书。

（五）渔村介绍

1. 山前村

山前村位于北隍城岛西南部，以位于北山顶南侧而得名。民国时，曾称前村。1981年9月，地名普查中因重名而更为今名，现为北隍城乡政府所在地。

图3-17-11　俯瞰北隍城岛山前村

（拍摄于2010年6月6日，拍摄点地理坐标为38°23′40.31″N、120°54′35.18″E）

20世纪80年代初，长岛县地名办公室对渔村由来进行了考证：明天启年间，宋姓由蓬莱马格庄迁来北隍城山前建村。清康熙年间，葛姓从大黑山岛北庄迁入。在村口标志碑背面予以铭记（图3-17-12）。

图3-17-12　山前村口渔村标志碑记

北隍城岛山前村的传统产业是以海洋捕捞为主、养殖为辅。近些年来，进行渔业经济结构调整，逐步形成了以海珍品养殖、育保苗、底播增殖、捕捞及海产品精深加工的多元化生产格局。2007年，全村筏养虾夷扇贝总量18万笼，收益2000万元；全村底播鲍鱼100万粒，底播海参200万头；海水综合育苗共育出鲍鱼2000万个、海参1000万头、虾夷扇贝2亿粒；海带养殖以改善海域环境、实行贝藻兼养为原则，全村放养海带11.33公顷，收入200多万元；新上深水养鱼网箱10个，养鱼60万尾。

2007年全村经济总收入1.1亿元，完成税收83万元。渔业总收入3650万元，其中养殖业总收入2100万元，产量15 000吨；捕捞业总收入750万元，产量2400吨；网箱养鱼收入480万元，产量160吨；海珍品收入320万元。2007年全村人均纯收入7510元，人均居住面积45平方米①。

2008年年底，全村共有居民554户，人口总数1419人，乡村劳动力资源数为886人，乡村从业人数806人，其中男性666人、女性140人。

2007年度，山前村被长岛县委、县政府授予“中国·长岛中华妈祖文化节活动先进单位”；山前村妇女葛会珠被山东省“五好文明家庭”；创建活动协调小组授予“山东省五好文明家庭标兵”、被市妇联授予“烟台市十佳好母亲”光荣称号；山前村妇女朱丛娟被市妇联授予“烟台市十佳好妻子”光荣称号。

① 资料来源：http：//baike.soso.com/v4860844.htm。

2. 山后村

山后村位于北隍城岛的东部。明天启年间，邹姓从蓬莱辂家夼迁来建村；清顺治年间，肖姓从大钦岛东村迁入，以位于北山顶东北而得名。

2008年年底，全村共有居民270户，人口总数711人，乡村劳动力资源数为510人，乡村从业人数429人，其中男性262人、女性167人。

图3-17-13 远眺北隍城岛山后村

（拍摄于2010年6月5日，拍摄点地理坐标为38°23′45.38″N、120°54′05.75″E）

山后村传统产业是以海洋捕捞为主、养殖为辅。近些年来，进行渔业经济结构调整，全力发展海带、虾夷扇贝等品种养殖，积极探索发展鲍鱼、海参保育苗、底播、鲍鱼南北方循环养殖及海珍品立体化养殖，已初步形成了贝、藻、珍齐发展、共促进的格局。全村海面养殖面积33.33公顷，虾夷扇贝苗种、成贝存养量达到2000万个，预计销售收入500万元。海参、鲍鱼等海珍品年销售收入150万元。集体可支配财力达到100万元。

2006年，全村完成经济总收入6000万元，人均纯收入5100元，集体可支配财力达到100万元。该村连续多年被山东省委、省人民政府授予“先进基层党组织”，被烟台市委、市人民政府授予“文明村”，被长岛县委、县政府授予“先进党支部”。

二、海岛文化

（一）民俗文化

1. 渔绣

北隍城岛的手工渔绣在民间流传已有百年历史，是长岛县“渔绣”民俗文化的发祥地。每逢端午、重阳、春节等重要节日，渔民家家都悬挂此物，图案以桃形、鱼形为主，以示辟邪、保佑平安之意。早期的“渔绣”俗称“桃符”，以桃形图案为主，大小仅如手掌心，只作图形不绣图案，系挂在腰上，式样类似古代的香包。“桃符”内放朱和黑豆，下面悬挂蒜（云消雾散）和核桃（逃过去了），出海捕捞作业人员腰上都系挂“桃符”，以示渔家妇女期盼亲人在遇到“水怪”和恶劣的天气，能逢凶化吉、平安归来。

现在的“渔绣”可以理解为渔家绣制，具有鲜明的渔家特色，图案不再局限于桃形、鱼形上，已发展到桃叶、心形、生肖、鸳鸯、卡通造型等20多种，形状有圆、方、三角、对称等各种样式。“渔绣”制作有6~7道工序，绣制人需具一定的美术功底，每件“渔绣”都需要自主设计图案。图案设计好后，再根据图案剪裁出合适的布匹，经过布面打浆、风干、压平、烘烤等一系列工序，最后才进行绣制、缝合和装饰。色彩纷呈的渔绣挂件充分展现了海岛深厚的历史文化底蕴和浓郁的传统民俗风情，“渔绣”已经作为长岛县的旅游纪念品得到各地游客的青睐。

2009年在庆祖国60华诞来临之际，北隍城岛6名渔家妇女创作完成了“和谐中国”的巨幅渔绣（图3-17-14）①。该渔绣长、宽均为98厘米，渔绣和绣缀等总高度可以达到2.58米，为我国目前最大

① 资料来源：http：//www.yantai3.com 2009-09-26 21：33：41 烟台百姓网。

的一幅渔绣。该渔绣分为正反两面，渔绣正面绣有“福字、国庆60年、荷花”等图案，整体形状形似一个“中”字，寓意为和谐中国；四个大寿桃代表四海同心；由60个小寿桃组成的六串绣缀，代表建国60年；渔绣的反面绣有一幅“中国地图”、“中华人民共和国万岁”、“和谐中国福，国庆六十年”、“长岛百年渔绣敬献祖国华诞”等字样分布于渔绣之上。在渔绣的四个角上还分别绣有“山东”、“烟台”、“长岛”和“北隍城岛”的地图图案。

图3-17-14　北隍城岛“和谐中国”渔绣（引自胶东在线）

2. 海岛端午节

蓬莱、长岛等地曾广泛流行在端午节张贴剪纸的习俗，现在蓬莱端午贴剪纸的风俗已经消失，但在庙岛群岛北部海岛上还保留着这一古老的风俗。

岛上居民以农历五月初一为“小端午”[①]，清晨，人们先在大门的门槛上贴一对牛形剪纸（力大无穷的黄牛可以把门避灾）。五月初五，贴剪纸的重点地方在大门，但又不限于大门，凡是住房有孔通外面的地方都要贴，并且在日出之前节日剪纸张贴完毕。大门上所贴的一对黄牛，有的还要在牛身上书写文字：“我是天上老黄牛，专到人间吃忧愁”；黄牛之外，再贴桃、虎、狮、葫芦，房门上贴葫芦、宝剑，窗上贴虎、猫。

端午节这天，天还不亮，主妇们便早早起来升火开灶煮鸡蛋。煮熟了，趁热抓出一个，跑进里间屋，掀开正在熟睡的小孩的被窝，将热鸡蛋放在熟睡小孩的肚皮上滚来滚去，据说这样滚过之后，小孩一年之内再也不会肚子疼。

晨光熹微，村里的年轻人纷纷走出家门，但是按习俗大家互相不打招呼，不言不语，不回顾，径直向山冈走去。到山野草木茂盛处，人们用手抚摸草木尖梢，用手掌上沾得的晨露抹洗眉眼，说是这样做了，终年不患眼疾，又能百事如意。这一项活动俗称“拉露水”。

“拉露水”过后，再采上五种树枝，名为“五样草”，采上许多野艾。“五样草”与部分艾草，阴干备药用。野艾更遍插窗上、门上，插艾要在日出之前完成。插艾时，还要系缀面塑虎头或绸布制的仙桃、蒜头。

节日的早餐有粽子、红皮鸡蛋、糕点，还有刚下树的红杏。早饭后，青年又结队到海边礁石间去采鲍鱼，这东西平日总藏在深水中，唯端午前后跑近海岸，人们站在礁石上，伸手向下，像立在屋顶，探向屋檐一样，很容易就可以摸到硕大的鲍鱼，此举名为“摸房檐”。

3. 挂红

庙岛群岛北部海岛渔家有一种挂红的习俗。即：在门窗上一年四季都挂着边长0.3米左右方形红布（图3-17-15），据说能保佑出海的人平安返航。小布方大多于端午这天更换，有的还要再剪一些桃形的、长条的红布挂在临街窗上。

---

① 资料来源：http：//wenhua. eco. gov. cn/3/15/1/2009/0526/34985_ 2. html。

在风帆时代，当渔船满载而归时，船上也会挂大吊子（巨幅长条红布），告丰收慰亲人。岸边的男女老少看到久别渔船上的大吊子，喜悦欢呼。平时盖房上梁、生儿育女、男婚女嫁、造船下海、节庆假日等，也都要挂上红布。

当今挂红又有了新内容。如每逢国庆和春节，绝大多数渔家住户升起了国旗，红的颜色鼓舞人们迎接美好的未来，去创造、去奋斗。

图 3-17-15 庙岛群岛北部岛群居民宅院“挂红”习俗

（拍摄于 2010 年 6 月 5 日，拍摄点地理坐标为 38°23′10.73″N、120°54′27.59″E）

4. 镇口子

庙岛群岛北部海岛居民流行一种“镇口子”的习俗。“口子”即港口，镇口子就是把太平和安全留在港内，把风险锁在港外。岛上居民不定期的举行镇口子仪式，已成渔家习俗。仪式举行时，大小船只云集港池内，升起了红旗，系上红布条，贴上大福字，在锣鼓中开始，并宰杀大公鸡，齐放鞭炮，为建港修港自愿捐款。渔家们相信，经过“镇口子”洗礼，一定是太平安全，金银满船。

5. 渔村规矩

岛上居民世代以渔为业，海上生活险恶，渔民在生产生活中说话和行为多愿带彩头，而忌讳不吉利的话语与行为。他们忌讳说“翻”、“扣”，而改说“划”、“划身”、“划过来”。船帆不称“帆”，称“篷”，升帆俗称“撑篷”。渔船卸载完毕，不说“完了”、“没了”，说“满了。”海上撒网完毕，不说“网下完了”，而喊“丈杆子朝前喽，一网两船（鱼）喽！”或喊“满喽，这网满喽！”在海上遇见鲸鱼，不能直呼其名，不能用手指，要尊称为“老兆”、“老人家”或“财神爷爷”。行船时，忌吹口哨，忌跑跳，忌将手背在身后，因背手预兆“打背网”，歉收。吃饭后，忌讳将筷子横搁在碗上，因其形状像船只搁浅。吃饭时勺子不能扣在盆里，用过的碗不能扣过来放。在船上，坐“大主”（木桩），忌坐船头，尤其忌在船头大小便。

海上行船讲礼让，大船让小船，顺风船让逆风船，同为逆风船，橹前船让橹后船。晚上行船抛锚都要亮灯。渔船下网，后下网的让先下网的，停泊的船让作业的船。

岛上的人过渡或远行，可以搭乘顺路的渔船、运输船，乘船不付钱还可以吃船上的饭，俗谓之“搭便船”。旧时，渔船不准妇女搭乘，此俗今已有所改变。

6. 海岛葬俗

北隍城岛仍实行土葬习俗。

渔船出海作业，不幸有人去世，返航时船上必升起“大吊”（特制的布旗）；靠岸，尸体离船后，船员在船上放鞭炮，敲锣打鼓，宰杀一只公鸡，将鸡血滴洒在船面上，谓之“净船”。

海上遇难找不到尸体，若死者已婚，由其妻儿用木板钉一口小棺材，棺内放一块砖头，砖上刻死者名字，再放死者用过的衣服鞋袜帽子等物，盖棺出殡，仪式从简，名为“出假殡”、“埋假坟”。若死者未婚，则待其父母去世时，制小棺、刻砖，随父母出殡，埋假坟，则名为“带葬假坟”。海上罹难，尸体未还者，埋假坟之前，还要先到海边“招魂”。

农历七月十五日，俗称“鬼节”，午后海上遇难者的家属到坟地致祭。晚上用木条或高粱秸扎为船形，俗名“水灯”，携至海边，点燃其中灯盏，呼死难亲人姓名，请“上灯船”，俗名“放水灯”。

（二）信仰文化

北隍城岛上居民主要从事渔业，在生产活动中信仰“海神娘娘”，明、清时期，北隍城岛上建有天后宫，渔民到庙中向“海神娘娘”祈祷许愿、还愿。在“土地革命”和“复查”运动中以及“文化大革命”破“四旧”中，宫观荡然无存，但仍有信仰活动。近年，在山后村东北侧、山前村东南侧（城头山南侧）均重新修建了“天后宫”（图3-17-16），供奉的“海神娘娘”塑像，曾多次参加庙岛显应宫妈祖文化节活动。

图3-17-16　北隍城岛天后宫

左图：山后村天后宫；右图：山前村天后宫（拍摄于2010年6月5日）

（三）文学艺术

20世纪20年代末，每年夏、冬两季，岛上常请外地戏班进岛演出京戏，群众称为“唱大戏”。1930年，北隍城岛山前村开始成立业余京戏班子，一般正月初开演、正月十五结束，所演剧目，均为岛上在东北经商的京戏爱好者传入。1950—1955年，曾排演过京戏《桑园会》、《卖马》、《失汉城》、《打渔杀家》、《空城计》、《女起解》、《搜狐救狐》等。1955年后，随着吕剧的兴盛，京剧活动逐渐停止。

20世纪50年代中后期，北隍城岛山前村组建业余吕剧队，演出的吕剧节目多为传统剧目。1965—1967年，吕剧演出剧目多系根据政治形势需要自编。1978年，恢复演出传统剧目。1985年，随着音乐舞蹈的兴起，吕剧逐渐淡出人们的视野。

1949年以后，新增的形式有扭秧歌、腰鼓舞、狮子舞、扇贝舞、大头娃舞等。“文化大革命”开始后，一切传统文艺活动被禁止，只准唱“语录歌”、“样板戏”，跳“忠字舞”，至1978年停止。之后，始有秧歌演出，内容多为歌颂工农兵、反修防修、抓阶级斗争等。1981年，开始恢复传统节目演出。

之后成立了渔户剧团，请来了烟台市的舞蹈老师为村里的文化演出编排舞蹈，排演文艺节目，培训文艺骨干，开展扭秧歌群众性文化活动。

三、海岛土特产品

北隍城岛特色产品主要为海产品，尤其是海参、鲍鱼、虾夷扇贝、海带、海胆、虾和鲅鱼、鲐鱼、鲳鱼、黑鱼等鱼类。

第三节　海岛基础设施

北隍城乡基础设施建设完备，供电通过海底电缆与山东电网实现了联网。开通了程控电话和微波通讯，国内外电话可直拨；安装了闭路电视，建成了多功能文化活动中心及体育健身场所。岛上建有500吨级的客货滚装码头，正常天气条件下，每天有客货轮船往返南隍城、小钦岛、大钦岛、砣矶岛、南长山岛等。

一、交通运输

清光绪五年（1879 年），蓬莱县在北隍城岛上设立永绥局 1 处，负责管理海域和保护船只。

1929 年，长山八岛民政局通令各岛群众修路。

1950—1957 年，驻岛人民解放军在北隍城岛上修路 11.2 千米。

1985 年，岛上建成了长度 3.8 千米的水泥公路（路宽 5 米）。

2009 年，对山前村的海滨路、山后村坑道至村口的道路进行维修改造和路面硬化建设。目前，岛上已经实现了村村通公路（图 3-17-17），但岛上尚无公共交通。

在北隍城岛上的城头山建有救助直升飞机停机坪（图 3-17-18），并于 2006 年 11 月投入使用。

图 3-17-17 北隍城岛山前村—山后村公路
（拍摄于 2010 年 6 月 6 日，拍摄点地理坐标为 38°23′22.76″N、120°54′42.13″E）

图 3-17-18 北隍城岛城头山救助直升飞机停机坪
（拍摄于 2010 年 6 月 5 日，拍摄点地理坐标为 38°23′03.76″N、120°54′42.27″E）

二、港口、航运与助航设施

1957 年 11 月 25 日，山东省交通厅成立了青岛海运局蓬莱港驻长岛航运组，开辟了蓬莱—南长山岛—北长山岛—砣矶岛—大钦岛—北隍城岛客运航线，北隍城岛开始有客运班船（时为隔日航班）。

1998 年 10 月，在北隍城岛东南部的鹰窝口东端建成陆岛交通码头（北隍城港），地理坐标为北纬 38°22.10′、东经 120°55.28′。该码头主要用途为客运、客滚货运，采用顺岸重力方块结构（图 3-17-19），码头长 60 米，高程 3.5 米，前沿水深 4.5 米，靠泊能力为 500 吨级，回船区域（港池）约 120 米×80 米。正常天气条件下，每天有班船往返各岛和蓬莱。

进出港航道长约 200 米，底宽 60 米，入口位于北纬 38°22.77′、东经 120°55.28′。在航道两侧设有 1 个钢制浮灯标，其中，左侧标为 1 号浮灯标，位于北纬 38°22′42.66″、东经 120°55′09.30″，红色、柱形、罐形顶标；右侧标为 2 号浮灯标，位于北纬 38°22′48.66″、东经 120°55′12.60″，绿色、柱形、锥形顶标。

在北隍城岛陆岛交通码头防波堤前端，建有灯桩一座（图 3-17-20）。该灯桩采用太阳能供电为船只进出北隍城岛的重要导航助航标志。

在北隍城岛的北山顶部设有一座灯塔，地理坐标为北纬 38°23′39.8″、东经 120°54′33.2″，隶

图 3-17-19 北隍城岛陆岛交通码头及客货滚装船
（拍摄于 2010 年 6 月 6 日，拍摄点地理坐标为 38°23′06.77″N、120°55′16.02″E）

属烟台航标处管辖。该灯塔始建于1956年，1974年改建，为白色圆柱形石塔（图3-17-21），塔高10米，灯高171米，射程25海里，与旅顺老铁山灯塔遥相辉映，为船只进出老铁山水道重要的导航助航标志。在北隍城灯塔旁建有AIS基站（船舶自动识别系统）及其配套工程。

图3-17-20　北隍城岛陆岛交通码头灯桩
（拍摄于2010年6月6日，拍摄点地理坐标为38°23′06.58″N、120°55′15.96″E）

图3-17-21　北隍城岛北山顶灯塔
（拍摄于2010年6月6日，拍摄点地理坐标为38°23′41.32″N、120°54′35.74″E）

三、水利设施

岛上无大型水利设施，主要为居民供水、取水设施。

1977年前，北隍城岛上居民生活食用水靠人力从水井中汲取。1978年北隍城岛山后大队在长岛县率先建立了自来水供水系统：水源地以机械钻井，由泵送至高位蓄水池，供水管道铺设到街头巷尾，定时、定量供水（每日供水1～2次，每人每日定量10～15升）。

图3-17-22　北隍城岛山前村海水淡化站
（拍摄于2010年6月6日，拍摄点地理坐标为38°23′21.43″N、120°54′40.84″E）

2002年，北隍城岛上的山后村建成日产75吨的海水淡化站，敷设管道入户。

2009年，北隍城岛山前村建成了海水淡化站（图3-17-22）。淡化站厂址位于北隍城乡政府东北侧山坡上，地理坐标为北纬38°23′21.92″、东经120°54′41.59″，生产的淡化水通过地下管道入户。

目前，北隍城岛上居民生活用水基本有保障，多数住户建有屋檐雨水接蓄工程设施。

岛上海水淡化用电，执行山东省电力集团公司给予的优惠电价政策，即每千瓦时0.35元①。

四、广播、电视和通信

（一）广播

20世纪60年代中后期，北隍城岛建立隍城公社广播放大站（配有美多牌300瓦扩音机1台、

---

① 山东省物价局、山东电力集团公司：关于给予长岛县海水淡化用电优惠电价政策的批复（鲁价格发〔2001〕133号），http://www.34law.com/lawfg/law/1797/3388/law_254338464638.shtml。

普通收音机 1 台、195 型柴油发电机 1 台)，通过高音喇叭在岛上播放新闻节目。每天早、中、晚 3 次共播音 5 个半小时。其中，转播中央人民广播电台和山东人民广播电台节目 5 小时，自办节目半小时。自办节目由长岛县广播站统一发放录音磁带播放。1975 年，自办节目每天增至 1 小时。

1978 年 7 月，长岛县广播站开始租用邮电局海底电缆，向公社广播站直播自办节目。

（二）电视

1980 年 1 月 1 日，建成北隍城岛电视差转台，采用 DCH-10 彩色电视差转机，用五发八频道转播。因与辽宁大连市新建的彩色电视台近频，1981 年 12 月换机，改为 12 个频道转播，覆盖半径 5 千米。该电视差转台建成后，北隍城岛上可以收看彩色电视节目。

2001 年，投资 200 万元的南隍城岛至北隍城岛海底光缆工程年竣工（2002 年政府工作报告)。

目前，北隍城岛上居民主要收看乡接收卫星信号的闭路电视节目，其入户率达到 100%。

（三）通信

1945 年 10 月，长岛设立军邮局后，派专人不定期到南隍城岛等收寄、投递邮件。1950 年，始有专门投递员，始有邮政直投到户。

1957 年 1 月，北隍城岛上始设邮电局，即北隍城邮电支局，同时开通了长岛邮电局与北隍城岛的无线联络，开办办理邮政、电报业务。

1957 年 10 月，蓬莱—南长山岛—北长山岛—砣矶岛—大钦岛—北隍城岛客运航线开通后，通过客船开辟了蓬莱至北隍城岛的海上邮路。

1971 年，经驻军海底电缆开通了岛上农话电路（连通长岛—砣矶岛—大钦岛—北隍城岛)。

1979 年，山东省邮电管理局投资敷设砣矶岛经大钦岛、小钦岛、北隍城岛至南隍城岛的农话海底电缆。其中，北隍城岛至南隍城岛段长度为 3.814 千米，小钦岛至北隍城岛段长度 9.61 千米，北隍城岛上的登陆点位于山前湾东部海滩。该电缆隶属于长岛县邮电局，1980 年 6 月开通使用，沟通了与山东半岛的直线长途电话。

图 3-17-23 北隍城岛上邮政支局

（拍摄于 2010 年 6 月 5 日，拍摄点地理坐标为 38°23′09.88″N、120°54′40.26″E)

1980 年 9 月，邮电部投资敷设了砣矶岛经北隍城岛至旅顺老铁山（张家套）的海底通信电缆。其中，张家套至北隍城段长度 52.4 千米，北隍城—砣矶段长度 38.0 千米。该海底电缆隶属于辽宁省长途电信传输局，北隍城岛上的登陆点位于山前村北侧海岸砾石滩。1980 年 11 月，开通了 24 路长途载波电话。至此，海岛沟通了与辽东半岛的直线长途电话。

1982 年 10 月敷设了北隍城岛—小钦岛海底通信电缆。该电缆隶属于长岛县邮电局，长度约 9.7 千米，北隍城岛上的登陆点位于山前湾顶部海滩。

2001 年，投资 200 万元的北隍城岛至南隍城岛海底光缆工程敷设完成并投入使用。

现北隍城岛上建有微波通信、移动通信基站等，开通了程控电话、小灵通和互联网等业务，国内外电话可直拨，邮电通信快捷，居民程控电话入户率达 100%，实现了海陆移动通信。并以村为单位，将固定电话、小灵通、手机组成“渔家网”，实行优惠通信。

五、电网系统

1999 年 6 月之前，北隍城岛上用电主要靠小柴油机组发电，供电可靠性差。

1998 年，利用国家农网改造资金，投资 2900 多万元，建设南长山岛到北隍城岛（包括南隍城岛、小钦岛、大钦岛）的海底电力电缆（电缆总长 83 千米），1999 年 7 月海底电缆敷设完成，并与烟台电网连接，北隍城岛开始用山东电网供电，实现海岛用电与大陆同价。

六、市政基础设施

北隍城乡政府聘请专业人员对全岛的发展建设进行了总体规划。在此基础上，2007 年在基础设施比较完备的山前村前进街和山后村恒源街，重新安装了路灯，沿街设立了阅报栏、政务公开栏、宣传栏等①；2008 年，投入 100 多万元开发建设了海滨路，铺设了彩砖、兴建了广场，使以往脏乱差的海边小路达到了“更新、更美、更亮”的文明示范街标准；建成了唐王城渔民休闲公园（图 3-17-24）。

2009 年 6 月，北隍城岛上建有北隍城乡综合文化站、山前村和山后村的渔村书屋、信息资源共享工程服务点与文化大院等②。其中，北隍城乡综合文化站建筑总面积 400 平方米，设有多功能厅、书刊阅览室、培训教室和信息共享室等，配备有舞台音响、灯光、多种演出服装和道具、图书、光盘、电视机、电脑、背投、DVD 机以及二胡、电子琴、笛子、大鼓、小鼓等乐器③，海岛的乡村公共文化服务体系日趋完善。大大丰富了海岛的文化生活，利用“三八”、“五一”、“七一”、“十一”、老人节、元旦、春节等节假日，开展军民联欢、妇女健身操、焰火晚会、篮球比赛等文体活动，还依托文明一条街开展党中央精神、法律法规、生活常识、渔养科技、文明风尚宣传，在宣传栏中公开了“十星级文明户”评选结果。

图 3-17-24　北隍城岛唐王城休闲公园

（拍摄于 2010 年 6 月 5 日，拍摄点地理坐标为 38°23′09.63″N、120°54′42.78″E）

七、生态建设和环境保护

目前，北隍城城岛上渔村以文明街的建设标准和管理机制推广到整个渔村的环境改造、卫生整治、文化品牌打造等工作，每一条街路均配备有专门的保洁人员，每天定时定点进行垃圾的清理。

北隍城岛上生态建设和环境保护始于清朝。清光绪五年（1879 年），岛民响应蓬莱知县号召开始在岛上植树造林；1929 年，驻岛部队开始参与岛上植树；1982 年 3 月，长岛县政府规定了岛上公民每年的义务植树任务；1985 年，岛上实施了退耕还林。通过长期的大规模植树活动以及实施退耕还林、坡地补林和公路沿线栽林等，海岛的生态环境不断改善，岛上绿化向美化、森林向园林过渡。

1984 年，林业部、山东省林业厅在长岛保护区设立了候鸟保护环志中心站后，每年春秋季节，均会组织人员在北隍城岛实施鸟类环志工作。

① 资料来源：http：//www. jiaodong. net/ytzfw/system/2009/01/09/010434383. shtml。

② 资料来源：http：//yantai. dzwww. com/ytwh/whxw/200906/t20090611_ 4773643. htm。

③ 资料来源：http：//www. changdao. gov. cn/cn/content/xxgk/index _ show. jsp？ sid = 0208- 03- 2008- 102914&dept _ code = BHCX&columnc ode = BHCXXXGKMLZXGH。

2009 年，北隍城乡确立 8 万亩生态养殖基地建设目标①，全乡已发展虾夷扇贝养殖 433.33 公顷、海带养殖 26.67 公顷。

第四节　经济基本情况

一、海岛居民生产活动

北隍城岛上居民主要的生产活动为海洋渔业生产，传统产业以海洋捕捞为主。近些年，经产业结构的不断调整，逐步形成了海珍品养殖、育保苗、底播增殖、捕捞及海产品精深加工的多元化生产格局。

二、社会经济基本情况

2005 年，全乡渔村经济总收入 1.46 亿元，其中渔业总收入 7150 万元（养殖业总收入 5450 万元，捕捞业总收入 1700 万元），实际利用外资 780 多万美元②。2000—2006 年，北隍城乡农村经济收益情况见表 3-17-3。

2007 年，北隍城全乡在产业结构调整中投入资金达 4500 万元，完成乡村两级经济总收入 1.98 亿元，地方财政收入 138.2 万元；渔业实现收入 1 亿元，实现工业产值 3000 万元，商业服务业收入 5700 万元。第一、二、三产业比为 50∶20∶30。人均纯收入 7513 元，人均居住面积 45 平方米。

表 3-17-3　北隍城乡农村经济收益情况③

年份	总收入（万元）	捕捞业总收入（万元）	养殖业总收入（万元）	纯收入（万元）	农民人均所得（元）	年末固定资产原值（万元）
2000	8600	2190	2375	1897	4120	1898
2001	8800	2310	2060	1798	3665	4169
2002	9000	1893	2557	1924	3800	4450
2003	11 000	1950	3150	2192	3974	5285
2004	12 600	1700	3900	2212	4385	2400
2005	14 600	1700	5450	2330	5142	2807
2006	17 100	1900	6700	3016	6802	

三、主要海洋产业基本情况

北隍城乡海洋产业主要包括：捕捞业、育苗业、养殖业、水产品加工业。

① 资料来源：http://www.jiaodong.net/yantai/system/2009/12/08/010699483.shtml。

② 资料来源：http://www.yantai.gov.cn/cn/content/about_yt/ytnj/index_ytnjshow.jsp?id=457784；烟台年鉴。

③ 长岛县发展改革和统计局：2000—2005 年长岛县国民经济统计资料第 124 页，2006 年长岛县统计年鉴第 40～41 页。

（一）捕捞业

2005 年，全乡拥有 199 千瓦渔船 3 对，小马力渔船 72 艘，捕获主要品种有毛虾、鳀鱼、鲅鱼、海胆、鲃鲔、大杂鱼、小杂鱼等。2001—2005 年北隍城乡捕捞水产品产量见表 3-17-4，2006 年全乡捕捞业总产值达 1300 万元。

表 3-17-4　2001—2005 年北隍城乡捕捞水产品产量

单位：吨

年份	2001	2002	2003	2004	2005
总产量	6700	6400	5300	5400	5300
鱼类	6330	6380	4900	5000	4900
虾蟹类	370	20	400	400	400

（二）保育苗业

北隍城岛的保育苗主要为鲍鱼、虾夷扇贝、海参等苗种。

北隍城岛上共有 3 处育苗场，育苗总规模超过 2000 平方米的水体。2005 年，共育出鲍鱼 1400 万个，海参 2100 万头，虾夷扇贝 5000 万粒。2006 年，全乡共育鲍鱼稚鲍 1800 万个。

由于鲍鱼幼苗在当地虽然可以借助地下坑道等设施安全越冬，但生长非常慢。北隍城岛从 2001 年 11 月开始尝试让鲍鱼幼苗南下福建霞浦一带过冬春，即育苗场将长度只有 1 厘米的幼鲍装船运到大连，再装车运到机场，然后再装机运到福建，在霞浦海海域养育壮苗。2002 年 5 月，南下的 300 万头幼鲍在福建长成了 3 厘米左右的壮苗，又北上返回北隍城岛，被底播到周围海域，生长很快，自然生长 1 年半时间就能收获，养成时间缩短一半多，取得良好效益。此尝试成功后，北隍城岛每年都有 2000 多万头幼鲍南下福建长成壮苗，再返回北隍城岛周围海域潮间带底播。

2007 年 11 月至少有 600 万头幼鲍空运南下福建越冬。

（三）养殖业

北隍城乡拥有养殖面积 106.67 公顷，海带养殖面积 86.67 公顷，鲍鱼、虾夷扇贝、海胆、海参等海珍品养殖 20 公顷，形成了筏养、底播、圈养、工厂化、多品种、立体化养殖。在鲍鱼底播增殖上，采用南方越冬保优质鲍鱼苗种运回底播，稳定了鲍鱼存养量。在网箱养鱼独到之“妙”：独辟蹊径地养了其他地方没有养过的黄鱼。

2005 年，全乡筏养虾夷扇贝 1.2 亿粒，收益 1200 多万元；筏养杂交扇贝 600 万个，放养海带 53 公顷，放养裙带菜 13 公顷，新上深水养鱼网箱 22 个，养鱼筏 70 个，养鱼 60 万尾。

2006 年，全乡共收获虾夷扇贝成品贝 1580 吨，销售收入突破 1500 万元。至 2006 年年底播海参苗 325 万头；深水网箱养鱼网箱养鱼达 22 个，养鱼 100 万尾。

（四）海产品加工业

全乡拥有冷藏厂 2 处，海产品加工厂 2 处，主要加工海胆罐头，鲜嫩海带丝、海带结，并出口优质海带、内销食品海带、出售鲜活鲍鱼、海参、虾夷扇贝、黄黑鱼等。

2005 年，海产品精深加工以淡干、盐渍、烫煮、酱汁等系列为主，2 处水产品冷藏加工企业年加工量 300 吨。

第五节 地质地貌

一、岛陆地质

(一)构造、地层和岩性

1. 构造

北隍城岛地处庙岛群岛大型复式背斜的北翼,海岛总体上为单斜构造,断裂较发育,地层产状零乱,有大量的层间褶皱。岛上较大的断裂破碎带有3处,即:日头窝破碎带、山后村破裂带、南大顶破碎带,断裂带内岩石破碎,糜稜岩发育。另有数条小断层,断层主要有北东向、近南北向、北东东向,断层以角砾岩的形式存在。

(1)日头窝破碎带

在岛西日头窝北西岸,有一东西向长约120米的破碎带,地貌上为低洼谷地。带内岩石破碎,有大量的断层泥、碎裂岩,节理面及断层角砾岩发育。带内构造线走向为0°~10°。

(2)山后村破裂带

分布在山后村海湾以北,破碎带走向约70°,宽度为20~100米:南部宽约50米、中部宽约100米、北部宽约20米。南部有小断层多处,板岩多碎至粉状,石英岩被断裂分割及褶皱变形,层间小褶皱发育;中部岩层见弯曲褶皱;北部是劈理密集带。

(3)南大顶破碎带

南大顶西部破碎带宽约100米,走向50°。破碎带中糜稜岩化石英岩,断层泥十分发育,多处岩坡碎至20~50厘米,但岩块未见移动及转动,断裂的形式为密集的节理带。

(4)北东向断层

北东向断层共8条,除东南部的东南嘴断层、鹰窝东南部断层外,其余6条均以断层角砾岩的形式存在。

东南嘴断层　位于南隍城岛东南端,断层走向约40°,地貌上呈"V"字形,断层带内岩石破碎,擦痕与断层泥发育。断层的南东盘岩层产状为倾向308°、倾角50°,北西盘岩层倾向288°、倾角40°。

鹰窝东南部断层　位于在码头东的海崖处,断层走向53°。断层内岩石破碎,宽度为2~3米,有擦痕、断层泥。往北东方向追踪,偶见有断层角砾岩,角砾岩的胶结构局部呈白色。

(5) 近南北向断层

北隍城岛上近南北向断层共3条:2条在峰顶,1条在岛北,均以断层角砾岩的形式存在。

(6) 北东东向断层

位于124米高地南部,断层走向60°左右,可见长度50米,宽度为5~7米,由黑灰色断层角砾岩构成,地貌上突兀直立、呈岩墙状,较周围岩石高出2~8米。

2. 地层和岩性

北隍城岛出露的基岩地层岩性简单,主要是石英岩,其次是板岩,属于新元古代蓬莱群辅子夼组的上部。

(1) 石英岩

主要为淡紫红色、灰白色、乳白色的巨层、巨厚层、厚层石英岩,其次为淡紫红色、灰白色、青灰色的薄—中层石英岩,块状构造,中细粒等粒或不等粒变晶结构。大部分是纯石英岩和长石石英岩,局部有磁铁石英岩。石英岩表层有对称或不对称波痕,波长一般为5~10厘米,波高为1~1.5厘米

图 3-17-25　北隍城岛观山所岬角石英岩层沙波痕
（拍摄于 2010 年 6 月 5 日，拍摄点地理坐标为 38°23′45.79″N、120°55′08.71″E）

（图 3-17-25）。

（2）板岩

主要为薄层、中层板岩，岩石呈青灰色、黄绿色、褐黄色，板理面平滑，以隐晶质为主，局部为粉砂质板岩，有藻类化石。板岩往往与薄层石英岩互层，风化的露头面呈明显下凹。

（二）工程地质与水文地质

1. 工程地质

北隍城岛工程地质分区属鲁东丘陵工程地质区，主要出露 3 个工程地质岩组。

（1）坚硬半坚硬层状变质岩工程地质岩组

北隍城岛基岩以石英岩为主，其次为板岩。石英岩属坚硬岩石，抗风化能力强，新鲜岩石抗压强度较高，可达 4000 千帕，强风化带则降至 500 千帕。板岩类易风化，新鲜岩石抗压强度为 1500～2000 千帕，强风化带降至 200～500 千帕。这两种岩石分布区均为良好建筑地基基础，但由于岩石裂隙发育，在破碎带及强风化带，有产生崩塌或滑坡等工程地质问题的可能。

（2）松散残坡积、坡洪积黏土、粉质黏土、粉土、砂土工程地质岩组

分布在丘陵山坡及坡麓地带的残坡积、坡洪积等分布区，松散沉积物成层分布，岩性变化较大，垂向上呈渐变，土的状态呈软塑—硬塑—坚硬半坚硬。含水量及密实度对土体强度有较大影响。本岩组一般都可做小型建筑基础持力层，一般地基容许承载力为 100～350 千帕；残积层下部至基岩强风化过渡带强度较高，一般地基容许承载力大于 400 千帕。

山前村北及附近的丘麓平缓坡地及谷地内有较厚的黄土状堆积，其结构疏松，吸水性强，透水性好，吸水后具有自重下沉的特征（湿陷性），加之黄土垂直节理发育，因此土体塌方和滑动是常见的工程地质现象。

（3）松软（散）海积粉砂、淤泥、卵砾石工程地质岩组

山前村、山后村滨海的海积层分布区，岩性由淤泥、淤泥质粉砂、砂砾石组成，不同部位岩性差异较大。淤泥、淤泥质粉砂含水性强，易压缩，振动或加压易产生液化和流动，在地基处理时，对于埋深浅、厚度薄的应予以清除，埋深较深、厚度较大者应采取地基处理措施。另外，海积层地下水埋深较浅，水质咸，应予以考虑地下水对建筑地基的腐蚀性。

2. 水文地质

（1）地下水类型及分布

根据北隍城岛上含水层岩性及水理性质，可将含水层分为松散岩类孔隙水和基岩裂隙水两种类型。

松散岩类孔隙水　主要分布于丘陵山麓及山前低洼地带的残坡积、坡洪积分布区和黄土分布区。本含水层部位不同含水量差异较大，单井涌水量为 1～40 米^3/天，以山前村及村西、村北水量较丰富。

在山后村东、鹰窝口、城东村、山前湾等发育有小型海积平原、砂砾堤（滩），分布有零星海积孔隙含水层，但海积层孔隙大多与海相通，水质咸。

基岩裂隙水　为本岛上主要开发利用的含水层，属层状岩类裂隙含水层。其中，板岩类属层状裂隙水含水层，但板岩类裂隙容易被充填；石英岩类裂隙较为发育，富水性比板岩类略强，在石英岩和板岩互层的情况下，以石英岩裂隙出水为主。山前村东淡化站机井即为石英岩中之裂隙水，当年打井时水量可达 240 米^3/天，现水位降低，水量变小，水质恶化。山后村原有一眼机井也是石英岩中之裂隙水，涌水量为 70～100 米^3/天，水质微咸。

（2）地下水补给、径流及排泄条件

大气降水量是北隍城岛地下水的唯一补给来源，出露地表的岩层直接接受降水补给，埋藏的岩层则接受上部或高处岩层的间接补给。由于北隍城岛的面积小，地形起伏多变且较陡，径流途径短，渗入地下的水量很少，大气降水绝大部分排入海中，属就地补给就地排泄，补给、径流、排泄区无明显界线。

地下水位、地下水流向与地形密切相关，基本以分水岭为界，沿岩层的裂隙、孔隙，从高处流向低凹处，从陆地流向海洋。基岩裂隙水的主要排泄方式是向松散岩类中排泄，由裂隙水变成了孔隙水；也有以基岩裂隙为通道，裂隙水直接向海中排泄。松散岩类孔隙水的排泄：上覆松散岩类孔隙水渗入基岩，孔隙水变成裂隙水，同样也有的直接向海中排泄。

人工开采和水分蒸发也是不可忽视的地下水排泄方式。

（三）第四纪地质

1. 沉积物类型及特征

北隍城岛主要由坚硬的震旦纪石英岩构成，由于长期处于构造抬升状态，一直处于侵蚀剥蚀作用过程中，岛上高程较大部位多见基岩裸露（图3-17-26），岛坡一般有厚度不大的松散沉积物，在丘麓和沟谷低地有较厚的松散沉积物覆盖；沿海湾岸段多有砂砾石、砾石堆积分布。上述松散沉积物的主要成因类型有残积、残坡积、黄土状堆积、海积与潟湖沉积等。

图3-17-26　北隍城岛北山顶基岩裸露情况
（拍摄于2010年6月6日）

（1）残积物

北隍城岛上残积物广泛分布于丘陵山坡或侵蚀剥蚀台地上，沉积层较薄，厚度一般小于0.5米。主要岩性为黄褐色松散亚砂土，分选较差，含有较多的碎石、岩屑，下部与风化壳过渡（图3-17-27）。

图3-17-27　北隍城岛坡残积剖面
左图：北山顶南剖面；右图：海洋站办公楼东侧剖面（拍摄于2010年6月5日）

（2）残坡积物

主要分布于丘陵缓坡地段，厚度一般由高处向低处变厚，从20～50厘米到1～2米。岩性主要为褐灰色黏土质粉砂、细砂质粉砂，含有许多岩屑、碎石，特别是底部常呈层状分布，并与下伏基岩风化破碎带过渡；地表多土壤化，土与碎石混杂。

（3）黄土状堆积物

泛指较纯黄土及其受流水、坡积作用改造而堆积的沉积物，主要分布于山前村和山后村的丘陵山麓和丘间谷地内，充填于古老冲沟或覆盖在坡地上。主要岩性为灰黄色、浅黄色粉砂、细沙质粉砂，质地均匀，无层理，疏松多孔，垂直节理发育。在山后村、山前村及海岛西部黄土大沟中都有较典型的剖面，黄土厚度可达十几米，中部不同层位夹有砂砾石层。

图 3-17-28　北隍城岛乡政府东侧黄土剖面
（拍摄于 2010 年 6 月 6 日，拍摄点地理坐标为 38°23′20.92″N、120°54′40.11″E）

（4）潟湖沉积和海积

北隍城岛海积物主要分布于山后村、鹰窝、城东村、山前湾等小海湾顶沿海地带，多为砾石沉积，以砾石堤或现代砾石滩等形式出现，砾石多为石英岩，磨圆较好。

在山前村滨海低地发育有潟湖沉积，岩性以富含有机质的灰黑色、黑色粉砂质黏土、黏土质粉砂为主，含贝壳层。该层之下为海相砾石层。两层沉积物厚度为 5 ~ 7 米。

2. 第四纪地层

（1）下更新统

见于山后村海边一人工剖面，岩性为褐红色粉砂质黏土角砾层，干后致密坚硬，无节理，角砾呈次棱角状，表明已经过短距离搬运。

（2）中更新统

见于山后村海边人工剖面底部，分布部位较低，多位于古沟谷底部，岩性为棕黄色黏土质粉砂，质地均匀，较致密，无层理，垂直节理发育，含钙质结核。其底部常以角砾层与下伏岩层接触，顶部有一层棕红色古土壤层，酷似离石黄土所具有的特征。

（3）上更新统

北隍城岛属这一时代的地层主要是超覆于离石黄土或披盖于基岩之上的黄土状堆积物（马兰黄土），以灰黄色、浅黄色砂质粉砂为主。山后村、山前村、海岛西部大沟中等均有较好的出露剖面，地层厚度可达 10 米以上。一般地，剖面下部较上部粗，颜色较暗（深），中部在不同层位夹有砂砾石或碎石，有的剖面成层分布。

（4）全新统

北隍城岛全新世地层主要为海相砾石滩沉积、陆相的坡积次生黄土，含角砾、岩屑和古文化遗迹的沉积层。

二、海岛地貌

（一）岛陆地貌

北隍城岛形似等腰三角形，地势东西高、中部较低，地貌类型主要有侵蚀剥蚀低丘陵、黄土坡和黄土台地、潟湖平原和海积平原等类型。

（1）侵蚀剥蚀低丘陵

北隍城岛陆地貌以低丘陵为主，岛上主要的丘陵山头有：山前村北侧的北山顶（高程为 155.3 米，岛上最高峰）和峰台山（高程 124 米）、位于海岛东部的南大顶（高程 131.6 米）、位于海岛西部的西山（高程 114.7 米）和北大旺（高程 112 米）等。这些低丘陵约占整岛面积的 60%。

（2）黄土坡

主要分布在山前村南丘麓和西山以西的丘坡上，黄土堆积物披盖于丘陵山坡上，地面坡度一般为 15° ~ 20°。其上限高程为 40 ~ 50 米，下部与黄土台地过渡。黄土坡上有冲沟发育，植被茂盛，以刺槐、杂草为主。

（3）黄土台地

主要分布在山前村周边、山后村南部，多为黄土状堆积物构成的缓坡地，地面坡度 15°，上限一般在 25 米等高线附近。

黄土台地是岛上居民活动的主要场所，多数曾被开垦为耕地，部分居民驻地位于黄土台地上，岛上的古文化遗址也分布在黄土台地上。

图 3-17-29　北隍城岛西部低丘陵

（拍摄于 2010 年 6 月 6 日，拍摄点地理坐标为 38°23′40.80″N、120°54′35.75″E）

（4）潟湖平原和海积平原

北隍城岛潟湖平原仅发育于山前村附近，规模不大，分布在高程 5 米之下，其中部低于 3 米，外侧为砾石堤。该潟湖平原大多已辟为居住地。据调访，表层之下的黑色淤泥，含有贝壳碎片，该层之下为海相砾石层。两层海相沉积物厚为 5 ~ 7 米。

在山后、城东和鹰窝的沿湾滨海，条带状分布小型海积平原（一级海积阶地），一般宽度为 40 ~ 100 米，山后最宽可达 150 米。地表之下为海相砾石，厚约 3 ~ 5 米，向海侧为现代砾石滩。

（二）海岸地貌

北隍城岛的海岸地貌类型主要有海蚀崖、海蚀洞穴、海蚀平台、砂砾滩等。

（1）海蚀崖

北隍城岛海域波浪作用很强，岛周基岩海岸除局部岸段外，均发育有海蚀崖，海蚀崖崖高一般为 30 ~ 40 米。海岛北岸海蚀崖高度较大，一般大于 60 米，最高可达 100 米；东南部海岸，海蚀崖相对较低，崖高 20 ~ 30 米。

由于海蚀崖壁陡峭，岩石较破碎，海蚀崖下常见崩塌、坠落岩块或有倒石堆发育。

（2）海蚀洞（穴）

北隍城岛的海蚀洞主要发育在海蚀崖不太高的南部基岩海岸上。在北大旺、西山的西岸、南岸，南大顶沿岸均发育有较为典型的海蚀洞。其中，南大顶西岸有一沿东北向节理侵入而成的海蚀洞，宽 6 米，高 5 米，深 7 米；在西山西岸有一海蚀洞已穿透岩石，形成海蚀桥，其高约 3 米，宽 1.5 米。

（3）海蚀平台

北隍城岛四周侵蚀平台较发育，有庙岛群岛最宽的海蚀平台，最大宽度达 150 米左右。侵蚀平台特征见潮间带相关部分。

（4）砾石滩

砾石滩是北隍城岛海岸堆积地貌类型，主要发育在山前湾、山后湾、城东口、鹰窝口等湾内。在其他海岸凹入段海蚀平台后缘，也常有砂砾石超覆，发育形成砾石滩。砾石滩的特征见潮间带相关部分。

三、海岸线与潮间带

（一）海岸线基本特征

北隍城岛岸线曲折，海岸线类型主要有砂砾质、基岩和人工岸线等。其中以基岩海岸线为主，广泛分布于海岛西北部和东部，多悬崖峭壁，人员很难通过。

砂砾质岸线多分布于海岛南部和东部的山前湾和山后湾内，主要由含砾石粗砂及细砂组成。人工岸线多分布于海岛的南侧，以码头和滨海道路为主。

北隍城岛海岸线相对稳定，虽然大部分岸线以侵蚀作用为主，但都为基岩海岸，侵蚀速度缓慢；湾内岸段，虽然接受两侧物质发育堆积地貌，但由于物源不丰，淤积作用不明显。

（二）潮间带基本特征

北隍城岛潮间带0.253平方千米，地貌类型和底质类型丰富，以海蚀地貌和岩滩为主，岩滩面积约0.223平方千米；砂砾滩面积仅0.03平方千米。

该岛四周普遍发育有岩滩，宽度为50～100米，在西山西岸最宽，可达150米。岩滩上分布有礁石和岩体，尤其在北岬角、西南岬角的岩滩礁石较多，岩滩的后缘常有砾石超覆。岩礁滩多藤壶、牡蛎、贻贝、螺类和许多藻类等固着和附着生物，其数量丰富，生物量和栖息密度较高。生物量组成以牡蛎、贻贝等双壳类为主；单壳类以短滨螺为主。栖息密度以小藤壶为主的甲壳动物占首位。很少出现多毛类。

砂砾滩主要分布于山前湾、山后湾内。其中，山前湾砾石滩一般宽度为25～35米，最宽可达50米，砾石的磨圆、分选均较好，砾径为3～4厘米，物质主要来源于两侧基岩海岸。山后湾砾石滩宽为20～30米，滩坡5°～8°，砾石磨圆较好，砾径为3～4厘米，自北而南粗砂含量增加，说明物质主要来源于东北岸。

另外，在海岛西岸、北岸和东岸的凹入段，常在潮间带后缘发育有砾石滩，滩面较窄，一般为10～15米，砾石的磨圆、分选较差，砾径为10～15厘米，最大可达20厘米以上。西岸凹入段砾石滩规模最大，沿岸蜿蜒1000余米，滩宽为15～25米。

砂砾质潮间带的生物既有底表固着和附着生物，又有底埋的生物栖息，种类较多，但生物量和生物密度比岩礁滩低。生物量组成仍以双壳类为主；密度组成中，仍以小藤壶为主的甲壳动物占首位。单壳类仍以短滨螺占绝对优势。

图3-17-30　北隍城客运站附近陡崖及崩塌堆积

（拍摄于2010年6月5日，拍摄点地理坐标为38°23′11.15″N、120°55′17.03″E）

四、地质灾害

（一）岛陆地质灾害

北隍城岛主要的地质灾害类型是岩石坠落、岩体崩塌等，分布于陡坡处、悬崖处等。其中，在北隍城岛陆岛交通码头通往村庄公路，山坡陡峭，东侧部分山体已有明显裂痕，存在岩石坠落、滑坡现象（图3-17-30），为地质灾害隐患区。2008年，长岛县人民政府对其制定了防治方案[①]，具体措施为：①建立群防网络定期巡查，雨季加密巡查制度，发现险情迅速上报；②定期排险；③在该路段口处设立警示标志，提示过往行人车辆快速通过，以防不测。

① 长岛县2008年地质灾害防治方案：http：//www.changdao.gov.cn/cn/content/xxgk/index_ show.jsp？sid = 0101-02-2008-100756&dept_ code = XFB&columncode = XFBXXGKMLQTWJ。

（二）岛岸地质灾害

北隍城岛海域波浪作用很强，岛周海蚀崖广泛分布，崖壁陡峭，又因岩石较破碎，沿岸的岩体崩塌、岩块坠落现象常见（图 3-17-31）。

另外，北隍城岛滨海地带存在海水入侵灾害，岛上水井普遍遭受海水侵染，水质咸化。

图 3-17-31　北隍城岛东北部（海洋站北侧）海岸崩塌堆积

（拍摄于 2010 年 6 月 5 日，拍摄点地理坐标为 38°23′46.45″N、120°55′08.71″E）

第六节　植被与土壤

一、海岛植被

北隍城岛植被覆盖较好，除岛周海蚀崖岸基岩裸露外，整个海岛均有植被覆盖，且植被类型较多，主要有针叶林、落叶阔叶林、灌丛、草丛、滨海植被、人工栽培的草本农作物和少量木本树木。其中，以常绿针叶林为主，其次是落叶阔叶林。主要的木本植物是黑松、刺槐、紫穗槐等。草本植物主要是茅草、野谷草、白草、蒿、碱蓬等。针叶林主要分布于海岛的低丘陵上（图 3-17-32），林下分布有野生植物，主要为各种草类、蒿类等。

根据 908 专项山东省海岛调查资料①，该岛采集到的植物样本涉及 22 科的 42 个种。岛上植被覆盖率约 78%，以常绿针叶林为主（图 3-17-33），其次为落叶阔叶林和少量的农作物群落。林木覆盖率为 48.6%。

① 中国科学院海洋研究所：山东省海岛（礁）调查报告［R］，2010 年。

图 3-17-32　北隍城岛（西部）植被

（拍摄于 2010 年 6 月 6 日，拍摄点地理坐标为 38°23′40.46″N、120°54′35.55″E）

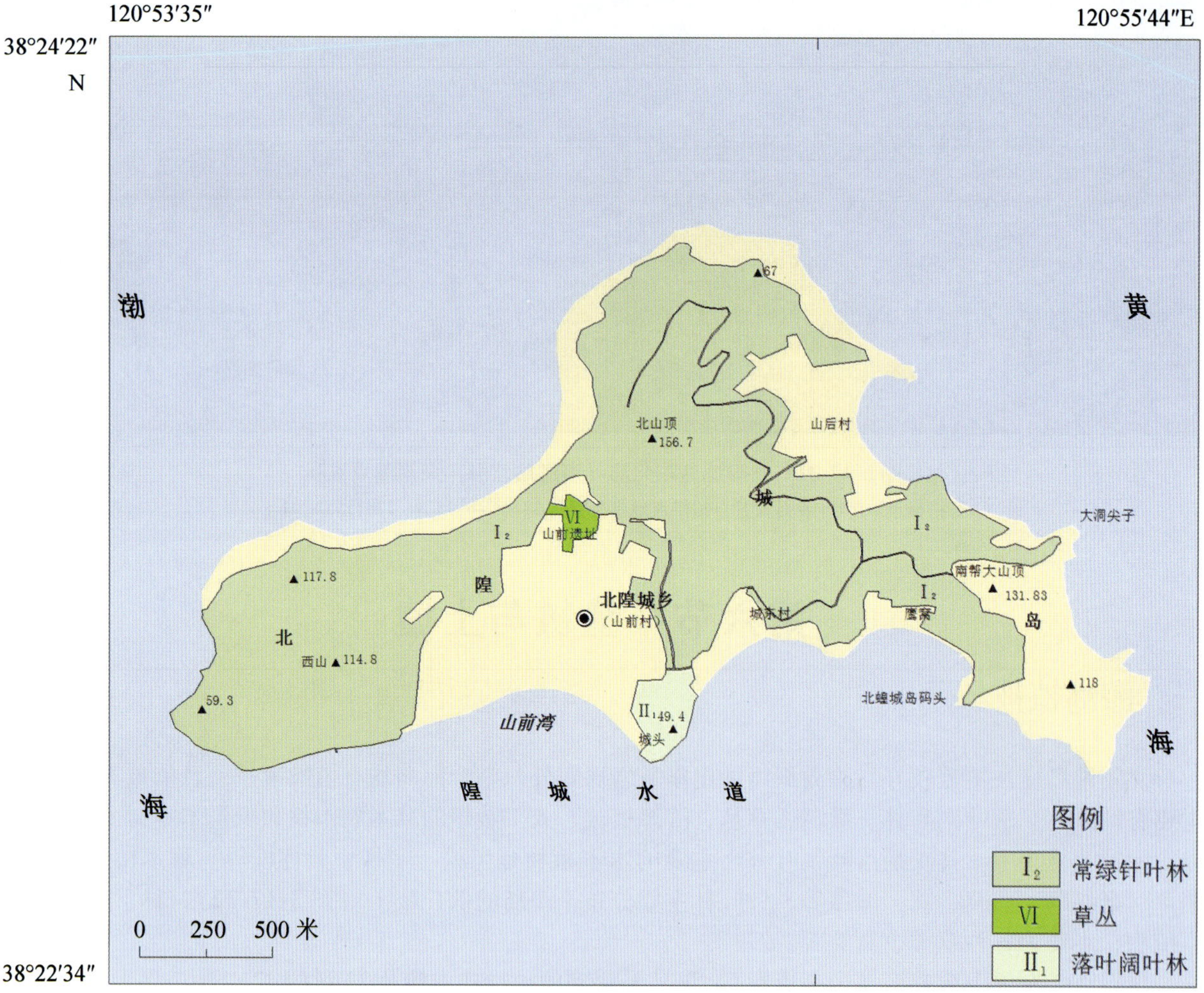

图 3-17-33　北隍城岛植被类型及分布

二、海岛土壤

北隍城岛的土壤类型比较简单，主要类型有石碴土薄层硬石底酸性岩类林用棕壤性土（薄层石碴土）、石碴土薄层硬石底酸性岩类林用棕壤性土（薄层石碴土）和均壤土黄土状母质低产褐土（黄土）3 种。其中，以薄层石碴土为主，全岛约占土壤总面积的 70%；薄层石碴土和黄土约各占 15%。

第七节　海岛资源开发与保护

一、土地资源

据 908 专项山东省海岛调查资料①，全岛土地总面积为 267.18 公顷，多为有林地（图 3-17-34）。岛上土地各利用类型为：旱地 1.25 公顷、林地 162.45 公顷、其他草地 1.29 公顷、工业用地 0.43 公顷、农村宅基地 45.38 公顷、公园与绿地 0.19 公顷、公路用地 0.83 公顷、农村道路用地 1.24 公顷、港口码头用地 0.30 公顷、坑塘水面 0.20 公顷、特殊用地 1.10 公顷、宗教用地 0.08 公顷、设施农用地 4.68 公顷、裸地 47.76 公顷。

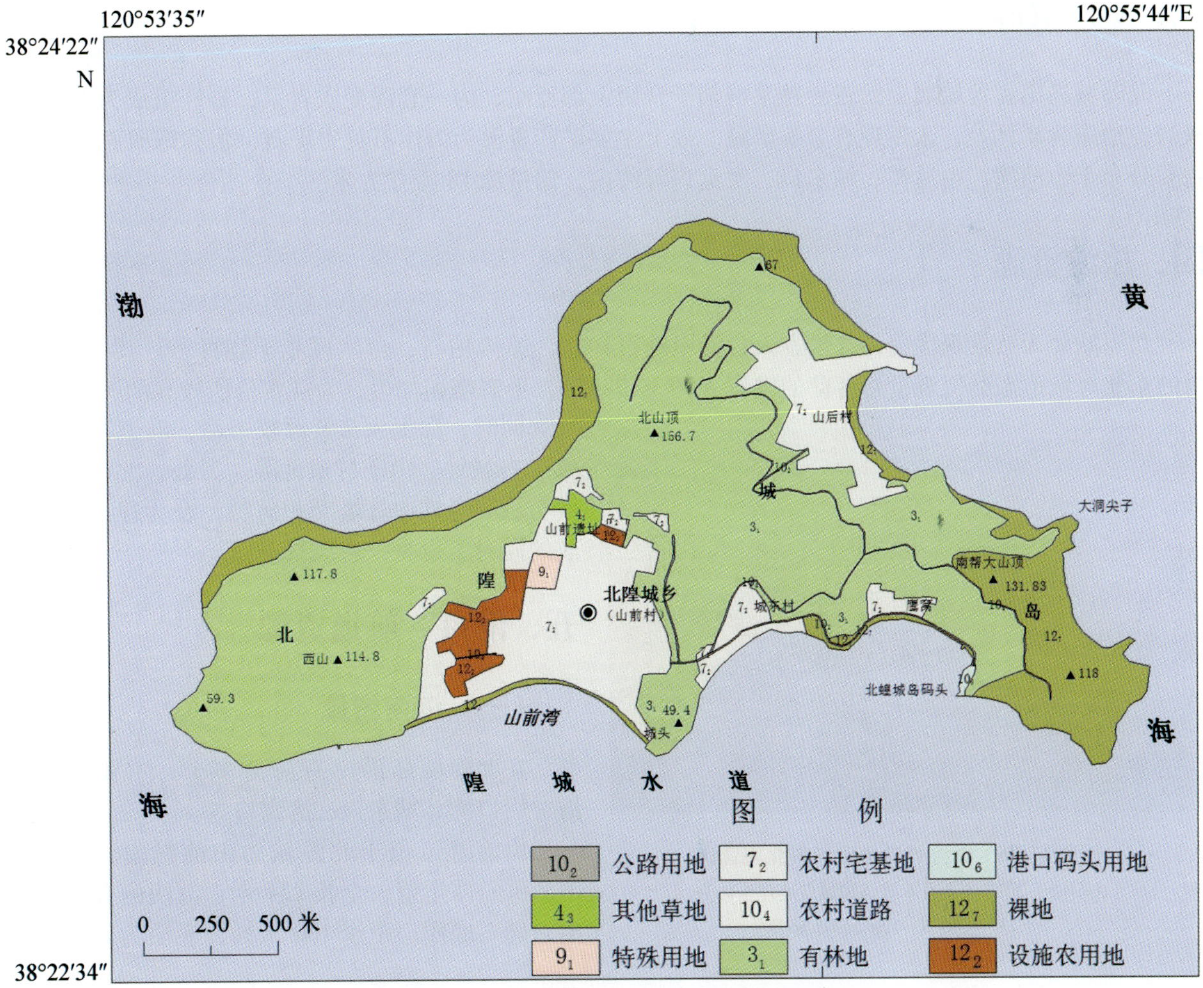

图 3-17-34　北隍城岛土地利用类型及分布

① 中国科学院海洋研究所：山东省海岛（礁）调查报告［R］，2010 年。

另据《山东省长岛县土地资源调查报告》资料[①]，1986 年 10 月时，北隍城岛的土地总面积为 262.44 公顷[②]，其中有：耕地约 1.62 公顷（均为菜地）、林地约 114.84 公顷（其中包括有林地约 79.04 公顷、疏林地约 34.37 公顷、苗圃约 1.43 公顷）、农村居民点 28.86 公顷、独立工矿用地 0.49 公顷、特殊用地 11.84 公顷、交通用地 4.17 公顷（其中公路约 0.83 公顷、农村道路约 3.21 公顷、港口码头约 0.13 公顷）、坑塘面积 0.41 公顷、荒草地 66.25 公顷、裸岩石砾 33.70。

两次调查资料相比较，北隍城岛的未利用土地大幅度减少、有林地和农村宅基地面积均有较明显的增加。

二、淡水资源

北隍城岛是庙岛群各海岛中降雨量较小的岛屿。据《长岛县水资源调查评价与水利区划报告》资料[③]，北隍城岛多年平均降雨量为 450 毫米、平均年降水量为 114.17 万立方米、平均年径流深 55 毫米、平均河川年径流量 13.95 万立方米，多年平均地表淡水资源量为 13.02 万立方米、地下淡水资源 0.93 万立方米，计算地下淡水储存量为 4.67 万立方米。

该岛属于较严重的缺水地区。岛上有塘坝一座，拦蓄水量 0.3 万立方米。水井普遍被海水侵染咸化。

三、矿产资源

北隍城岛出露地层属上元古界蓬莱群辅子夼组上部亚组，为一套浅变质岩系，岩性组成为石英岩、板岩，地层含矿性差，未发现有金属矿藏。岛上主要矿产资源为海岸石英岩砾石，俗称球矶石或球石。主要分布于山前湾、山后湾、城东口、鹰窝口等湾内，储量约 18 万立方米。

四、旅游资源

北隍城岛天然景观优美，气候宜人，沿岸礁石林立，惊涛拍石，自然风光千姿百态。其中，山后村的东北海域形态酷似观世音菩萨的礁石（图 3-17-35），形态栩栩如生，为观赏价值较高的天然景观。

图 3-17-35　北隍城岛山后村东北观音礁

（拍摄于 2010 年 6 月 6 日，拍摄点地理坐标为 38°23′46.46″N、120°55′08.69″E）

同时，岛上人文资源较丰富，岛上有“唐王城”古城址、山前村遗址等。另外，北山顶的灯塔与旅顺老铁山灯塔交相辉映，在为往来船只引航的同时，也是一道风景。

五、港口、航道资源

（一）港湾资源

在北隍城岛沿岸有海湾多个，主要为山前湾、后口湾、城东口、鹰窝口等。

山前湾　位于北隍城岛山前村南，湾口向南，砾石滩岸壁，全长 724 米，湾两侧有岬角突出，砾石底质。距岸 100 米处，底质为砾石、岩

① 长岛县土地资源调查办公室：山东省长岛县土地资源调查报告［R］，1988 年，第 42～44 页。
② 土地总面积不包含其中的滩涂 7 公顷。
③ 长岛县水利局：长岛县水资源调查评价与水利区划报告［R］，1986 年，第 10～24 页。

石，水深3米；100米以外，底质为砂、贝壳，水深为5~10米。该湾可避偏北向风浪。

山后湾　位于北隍城岛的山后村东，与北长山岛的山后湾重名。湾口向东，全长470米，湾两侧有岬角突出，砾石底质；湾顶沿岸发育带状砂砾石滩。距岸50米处水深2.7米，100米外水深7~8米。该湾可避偏西向风浪，在湾口北部岬角附近建有水泥码头。

城东口与鹰窝口，位于北隍城岛东南，湾口向南。湾中间有岬角突出，东段称鹰窝口，西段称城东口。城东口均系砾石滩壁，全长756米，底质为贝壳细砂。距岸80米，水深为5米。

在鹰窝口建有北隍城客运码头，为500吨级客货滚装码头，正常天气每天有客货轮船往返长岛和蓬莱。

（二）航道资源

北隍城岛北有老铁山水道，南为隍城水道，航道资源丰富。其中，老铁山水道北依老铁山山麓、南濒北隍城岛，是渤海海峡最宽、最深的水道，宽度为42.2千米，主航道水深42~78米，可通行任何巨轮，为国际航道。

隍城水道位于北隍城岛和南隍城岛之间，地理坐标为北纬38°22′、东经120°54′。呈东西走向，长5.6千米，宽1.5千米，主航道水深为19~40米，泥沙底质。

图3-17-36　北隍城岛山前湾
（拍摄于2010年6月5日，拍摄点地理坐标为38°23′02.90″N、120°54′42.32″E）

图3-17-37　北隍城岛山后湾
（拍摄于2010年6月6日，拍摄点地理坐标为38°23′40.93″N、120°54′36.11″E）

图3-17-38　北隍城岛城东口与鹰窝口
（拍摄于2010年6月6日，拍摄点地理坐标为38°23′03.32″N、120°54′42.83″E）

六、可再生资源

北隍城岛的可再生资源主要有风能、太阳能和海洋能等。其中，已经开发使用的可再生能源为太阳能，主要利用方式为家庭用太阳能热水。

七、生物资源

北隍城岛上陆域没有特殊的动植物资源，但为候鸟迁徙经由地。

潮间带和浅海海域生物量和生物密度大，营养盐丰富。海域的水质和底质状况，特别适宜养殖海珍品如刺参、鲍鱼、海胆及海带、裙带菜等。该岛刺参分布面积16.8公顷，总蕴藏量6.4吨，刺参资源仅次于南隍城岛，在庙岛群岛中居第二位。盘鲍分布面积10.6公顷，总蕴藏4吨（以上均为天然），盘鲍资源量高于南隍城岛，在庙岛群岛北部海岛中居第一位。

该岛扼守渤海海峡，濒临黄渤海渔场，是多种经济鱼类洄游必经之路，尤其春秋两汛，在岛屿周围形成了广阔的渔场。主要资源有对虾、鹰爪虾、鲅鱼、牙鲆、黄姑鱼、鲳鱼等。

八、海岛生态保护

北隍城岛上自然生长的树木甚少，大部分由人工种植。清光绪五年（1879年），官府发告示号召岛民植树造林。1929年，驻岛东北海军接受沈鸿烈命令岛上种树，民政局长林绍愈督促群众在村旁、路旁植树。长岛特区政府于1946年春、1949年和1954年多次发动群众植树运动。1954年岛上开始封山造林，1955年开展了大规模的治山整地、黑松植苗和“四旁”植树活动。1982年3月，岛民按长岛县政府规定承担义务植树任务，年满11岁的公民每人每年植树3~5棵，保栽保活。1985年，岛上实施退耕还林，每年3—4月都组织大规模植树活动。近些年，北隍城岛按照有关生态旅游建设模式，因岛制宜地进行新的绿化规划，改善原有林种结构，居民地和主要干道逐步由绿化向美化、园林化过渡，北隍城岛的生态环境不断改善。

北隍城岛地处庙岛群岛最北端，每年有大量候鸟经过和在岛短暂停留，岛民注重对过往鸟类的保护。1982年4月，山东省设立了庙岛群岛鸟类自然保护区，北隍城岛为该保护区的重点区域；同年9月长岛县政府规定每年9月15日至10月15日为“爱鸟月”。1988年5月，庙岛群岛鸟类自然保护区晋升为国家级，北隍城岛是该保护区环志鸟猎捕和放飞的主要场所。

第十八章　南隍城岛

第一节　概　况

一、海岛地理

南隍城岛（Nánhuángchéng Dǎo）代码为370634000311。

南隍城岛位于庙岛群岛的北部，平面形状酷似一支冲锋枪，南北长3.1千米，东西最宽1.6千米。海岛面积1.8442平方千米，海岛岸线长约13.45千米，沿岸滩涂面积0.142平方千米。最高点位于北部的大顶山，高程为100.9米，地理坐标为北纬38°21.5′、东经120°54.0′（图3-18-1和图3-18-2）。

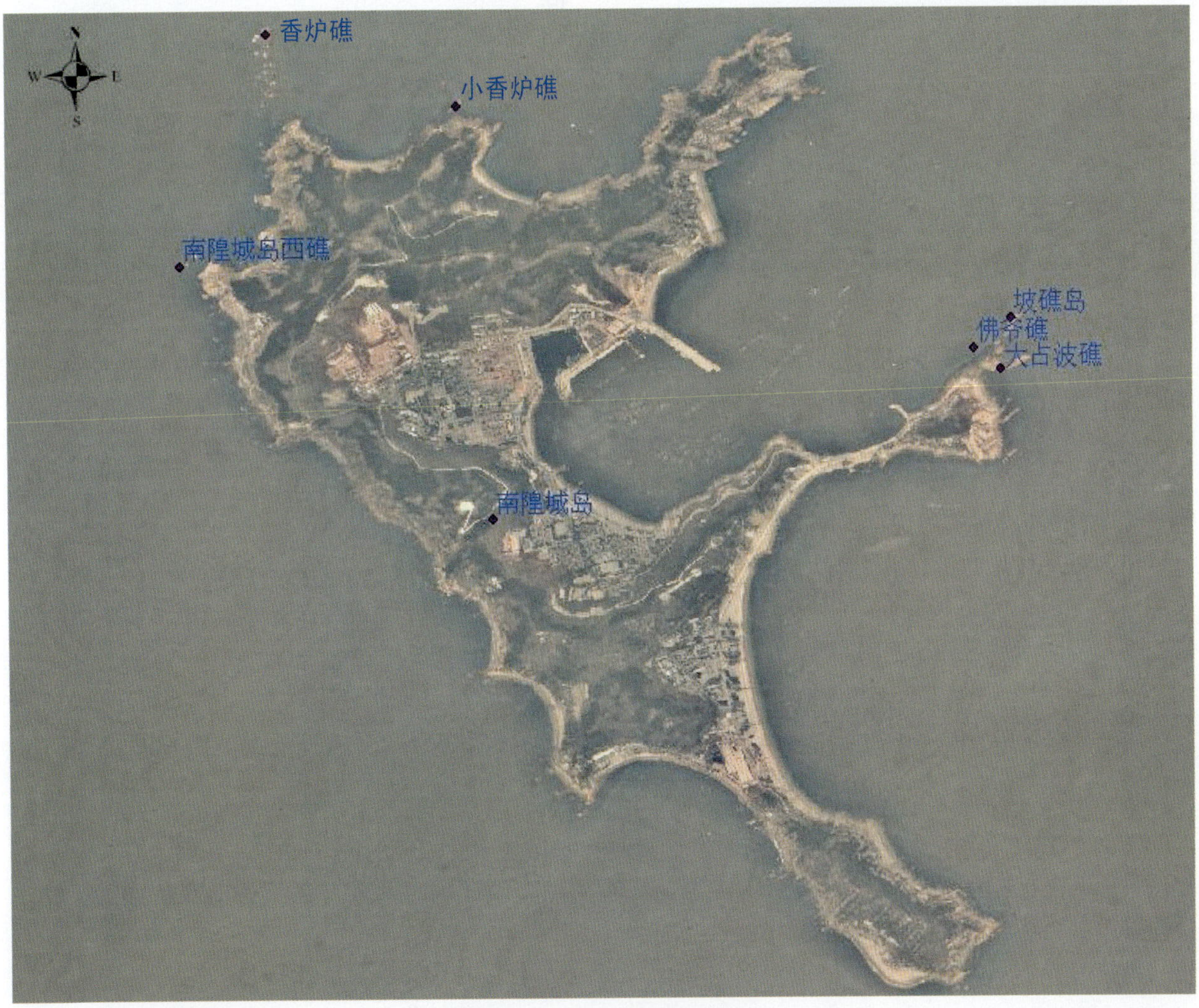

图3-18-1　南隍城岛遥感影像

海岛北隔隍城水道、西南隔小钦水道，北距北隍城岛约 1.2 千米、距辽宁省旅顺老铁山角约 43 千米，西距小钦岛约 4.5 千米，南距南长山岛最近约 46.2 千米、大陆海岸的蓬莱角约 58.8 千米。行政上隶属于山东省烟台市长岛县南隍城乡，为南隍城乡政府所在地，岛上设有 1 个行政村。

图 3-18-2 南隍城岛地理分布

历史上南隍城岛与北隍城岛长期合并称谓。宋代，称为乌湖岛。元时，海岛称乌湖戍。明代，称为隍城岛。清朝始有南隍、北隍城岛之分称。因地理位置，相对北隍城岛而称南隍城岛。《乾隆一统志》记载：“南隍城岛在蓬莱县北四百余里，又北九十里有北隍城岛。”在《山东省海岛志》的海岛名录一览表中，省序号为“095”、地市序号为“烟台 06”；在《中国海洋岛屿简况》[①] 中，其全国统一编号为“0659”、省编号为“0066”。

南隍城岛海岸曲折，沿岸较大的自然海湾主要有东莱园湾、南城口里，均分布在岛的东北部。在南城口里的湾顶修建有陆岛交通码头。岛周海域分布有香炉礁、小香炉礁、坡礁岛、佛爷礁、大占坡礁、孤礁等小型海岛，以及星石礁、磁罗礓、陀佛山摩崖石礁等礁石。

二、政区建置及历史沿革

南隍城岛上有西村（旧又称庙村）和南村 2 个自然村，最早到岛上定居者为刘氏兄弟 2 人。

清道光年间，在庙岛群岛设 13 个社，南隍城岛属其中的南北隍城岛社。1928 年 7 月，驻岛奉系海军设长山八岛民政局，下设 13 个社，南隍城岛属其中的隍城社。1934 年年底，长山八岛特区行政专员公署改社为乡，南隍城岛属隍城乡。

1945 年 9 月，庙岛群岛第一次解放，长山岛军政办事处区划为 3 个区，南隍城岛隶属其中的钦岛

① 中国人民解放军海军司令部航海保证部：中国海洋岛屿简况，1980 年。

区。1946 年 3 月，区划调整为 6 个区，南隍城岛属于其中的隍城区。

1947 年 10 月，国民党长山列岛区署区划为 6 个乡，南隍城岛隶属钦岛乡。1948 年 3 月，国民党长山八岛设治局调整区划为 7 个乡 1 个独立保，南隍城岛隶属隍城乡。

1949 年 8 月，长岛第二次解放，恢复长山岛特区，庙岛群岛区划为 6 个乡，南隍城岛隶属隍城乡。

1958 年 11 月，长岛县与蓬莱县、黄县合并为蓬莱县，南隍城岛属长山公社隍城大队。1962 年，长岛人民公社改为长岛区，南隍城岛隶属长岛区隍城公社。1985 年 3 月 1 日，长岛县区划调整为 2 个镇 8 个乡，南隍城岛和北隍城岛分别建乡，北隍城乡下设南隍城村，辖南隍城岛和坡礁岛。

2000 年 12 月 19 日，长岛县区划调整，撤销乡镇建立 8 个区公所，海岛属南隍城区公所（鲁政函民字〔2000〕86 号）。2003 年 2 月 20 日，长岛县撤销 8 个区公所改设为 2 个镇 6 个乡，海岛属南隍城乡至今。

图 3-18-3　南隍城乡政府

（拍摄于 2010 年 6 月 5 日，拍摄点地理坐标为 38°21′27.17″N、120°54′05.09″E）

南隍城岛有“中国鲍鱼岛”之美誉，是省、市先进的乡镇。1995 年，被省委、省政府、省军区授予“拥军优属模范单位”，被省文明委授予“省级文明单位”；1997 年被省文明委授予“全省文明村（居）示范点”、“省级文明单位”，被烟台市政府授予“全市个体私营经济先进村”；1998 年被省文明委授予“省级文明单位”，被省科委授予“全省科普工作先进村”；1999 年被省精神文明建设委员会授予“全省文明村示范点”、“省级文明单位”，被省海洋与水产厅授予“全省名优新水产养殖示范基地”，被省科学技术委员会授予“全省科普先进村”，南隍城渔业总公司被省工商行政管理局授予“省级重合同守信用企业”，该村被烟台市委授予“全市先进基层党组织”，被市政府授予“全市十大专业村工作先进集体”。

三、人口

在历史上，南隍城岛的人口变化较大。据《长岛县志》记载，在明洪武二十七年（1394 年）和清朝初期，因倭寇经常骚扰海岛，岛民奉旨外迁而空岛。清康熙二十六年（1687 年），官方出台政策鼓励外迁的岛民回岛开垦土地，岛上人口遂大量增加，至清光绪八年（1882 年），南隍城岛上有居民 10 余户；清末民初，随着渔业生产的发展，人口增长迅速，1930 年南隍城岛和北隍城岛的人口总数为 2008 人。1939 年，日伪军占领庙岛群岛后，部分岛民弃家迁往东北谋生（隍城区 385 户中，迁出 61 户），岛上人口减少；到 1946 年南隍城岛和北隍城岛的人口总数仅为 1 656 人。之后，部分岛民迁回岛内，岛上人口开始增加（表 3-18-1），至 1985 年南隍城岛上有人口 827 人（北隍城岛人口数为 2882 人）。

表 3-18-1　南隍城岛人口变化　　单位：人

年份	1930	1946	1950	1965	1984	1985	2000	2005	2008	2010
人口	2008*	1656*	1673*	2963*	3552*	827	881	916	913	1074

注：带“*”人口数含北隍城岛的人口，资料来源于《长岛县志》，第 27 页。

据长岛县国民经济统计资料（2000—2005）①，2000年年底，南隍城岛有居民283户、人口总数为881人，其中，男性437人、女性444人，农业人口845人、非农业人口36人，渔业劳动力170人（捕捞112人、养殖58人）。至2005年年底，南隍城岛有居民299户、人口总数为916人。其中，男性447人、女性480人，全部为农业人口，渔业劳动力200人（捕捞100人、养殖100人）。

据长岛县2006年统计年鉴资料，2006年南隍城岛共有居民299户，总人口数为913人，其中男性445人、女性468人，全部为农村人口；乡村从业人员数485人，其中男性318人、女性617人，第一产业从业人员195人（渔业72人、养殖业93人）、第二产业从业人员23人、第三产业从业人员247人。

据长岛县统计局提供的资料，2008年年底南隍城岛上有居民309户，人口总数904人，乡村劳动力资源数475人，乡村从业人员总数462人。

根据《长岛县2010年第六次全国人口普查主要数据公报》，2010年11月1日零时南隍城岛有常住人口1074人。

南隍城岛居民有葛、史、肖、宋、唐、王、李等20姓氏，均为汉族。全乡有华侨10人，侨眷76人，去台人员24人，外籍华人10人。

四、公共服务

（一）教育

南隍城岛上的教育始于20世纪20年代末。岛上第一所学校设在一户村民的旧草房里，当时有学生10多人。1969年，长岛各公社办中学，南隍城小学开设附设初中。1985年8月，南隍城小学有小学1~5年级，共4个班、在校小学学生总数67人，有教师7名；附设初中班3个（初一、初二和初三年级各1个班），在校初中学生总数58人，有教师7名。1986年，附设初中撤班并入长岛联中。

图 3-18-4　南隍城岛上小学
（拍摄于2010年6月5日，拍摄点地理坐标为38°21′30.28″N、120°54′07.63″E）

1995年，投资180万元在南长山岛的县城建成了南隍城学生公寓，建筑面积4层1600平方米。

1999年，投资200万元对南隍城小学进行改扩建，1999年6月动工修建新教学楼，2000年7月教学楼竣工。该教学楼建筑面积1380平方米，达到国家标准的现代化小学教学楼②。

该学校环境优美，曾是烟台市“花园式学校”，在长岛县历年举行的各种语文、数学、英语等学科竞赛中均取得好成绩，1999年10月，在县小学五年级语文、数学、英语三科联

① 长岛县发展改革和统计局：2000—2005年长岛县国民经济统计资料。
② 资料来源：http：//xxd. conking. com. cn/sd/ytcdedu/cdnhxx/xxgk. htm。

赛中，取得团体第一名。学校连续数年荣获长岛县“教学常规月管理先进单位”、“文明单位”称号，被评为“南隍城乡文明单位”、“南隍城乡先进单位”。

2005 年，长岛县实施中小学校布局调整。当年 9 月，南隍城小学三年级以上学段学生撤并到县第二实验小学，岛上小学成为教学点①。即自 2005 年 9 月起，南隍城岛上小学三年级以上学生须出岛上学。

另外，南隍城岛上建有幼儿园（图 3-18-5）。该幼儿园建成于 1997 年（投资 150 万元），配套有大型游乐玩具，岛上儿童入园率达 100%。

图 3-18-5 南隍城幼儿园

（拍摄于 **2010** 年 **6** 月 **5** 日，拍摄点地理坐标为 **38°21′31.33″N、120°54′08.01″E**）

（二）科学技术

1969 年，水产局在南隍城岛创建海带养殖场，主要承担海带及其他藻类新品种的试验及养殖技术推广工作。1985 年迁至南长山岛孙家村。

1979 年，长岛县研究所和长岛县海珍品试验场，在隍城岛等 7 个海区，进行大面积自然海区栉孔扇贝半人工采苗实验；同时，进行了用幼贝养殖笼外套窗纱进行采苗的实验。通过实验，得到最佳采苗的水层是水下 5～6 米，采苗数量多、质量好、无杂贝，项目成果于 1984 年获烟台地区科研成果三等奖。

1980 年 6 月，农业部黄海水产研究所和长岛县的科研人员一起在南隍城海域进行巨藻（从墨西哥引进的藻类新品种）养成试验，经历 5 年的探索终获成功，并于 1985 年 7 月进行了鉴定。

1984 年 12 月 9 日，长岛县水产研究所把当年育出的幼鲍 9350 个，在南隍城岛和砣矶岛海区进行越冬养殖试验，1995 年 4 月检验结果获得成功。

1998 年，南隍城建成 2 处“名优新海水养殖示范场”，1998 年、1999 年连续两年获省科协“全省科学工作先进村”称号。

2006 年，南隍城增养殖区被省水产局认定为皱纹盘鲍原种场；2007 年 1 月，被农业部授予“健康养殖示范区”荣誉称号。

2009 年，南隍城乡从岛外邀请水产养殖专家组对南隍城海域的海况、饵料、虾夷扇贝苗种质量和病害进行了调查，聘请专业人员对“海珍品良种繁育基地”项目进行规划设计和方案制定。2009 年 8 月，南隍城乡海珍品良种繁育中心基地项目被农业部正式列为 2009 年农业综合开发优势特色种养示范项目（农计发〔2009〕10 号），这也是山东省唯一国家级海珍品良种繁育基地②。该项目（投资 620 万元：上级财政支持资金 240 万元、南隍城海珍品发展有限公司自筹 380 万元）计划 2010 年建成 2000 立方米水体的育保苗车间，主要为皱纹盘鲍、刺参、紫海胆等海珍品提纯复壮和良种繁育，成为技术含量高、经济效益显著、辐射带动能力强的农业综合开发产业化示范基地。

（三）医疗卫生

20 世纪 70 年代初，岛上建立了合作医疗室，合作医疗医务人员称为“赤脚医生”，备有常用药品。1980 年，合作医疗室改称为村卫生室。

从 1991 年开始，村里先后投资 120 多万元建设村卫生所，年就诊量 6000 人次，并于 2000 年创建“国家级卫生小城镇”。

2005 年 3 月 18 日，南隍城岛东端开工建设了交通部北海救助局南隍城救助站，2006 年 4 月 20 日

① 资料来源：http://www.changdao.gov.cn/cn/content/xxgk/index_show.jsp?sid=0104-03-2007-100209&dept_code=JYWHTYJ&columncode=JYWHTYJXXGKMLZXGH。

② 资料来源：http://www.shm.com.cn/newscenter/2009-08/06/content_2614623.htm。

竣工，2006年7月正式投入使用。该工程概算总投资为2998万元，以10 000千瓦救助船舶为设计代表船型，建设120米长的突堤式码头一座和码头值班业务用房的水、电、通信等配套设施①。“北海救111”轮定期在长岛水域或南隍城北海救助码头停泊、停靠。

此码头的启用，使海上救助进一步向黄、渤海腹地延伸，为事故多发的这一海域增添了安全保障。

另外，在南隍城岛的南山顶建有救助直升机停机坪（北纬38°21′31.12″、东经120°53′57.71″），并于2006年11月投入使用，岛上居民如有急难病症，可申请直升机救助，一般20分钟可抵达医院并得到及时救治。

至此，南隍城岛上建立形成了海陆空立体救助网。

第二节　海岛历史与文化

一、海岛历史

（一）人类起源及古遗址

南隍城岛上有人类活动的历史约一万年。至唐贞观年间（627—649年），南隍城岛已成为海上航运南北往来船只避风的锚泊之地。最早来岛定居者为刘氏兄弟2人。

（二）人文遗迹和历史文物

1. 摩崖石刻

在南隍城岛南端的陀佛山陡崖中上部有石刻，即“摩崖石刻”。该石刻共有九个字，每个字大小有1米见方。据清光绪十七年（1891年）增修《登州府志》记载：“东南一石，壁立水中，水深流急，舟莫能近，上有‘南心济宅地阿弥陀佛’九字。”

1986年长岛县办公室与南隍城乡政府组成6人探险考察组，临崖实地考证。确认石刻的字迹是“南无消灾延寿师佛”（均为繁体字）几个字。

据推测，该石刻可能早在唐代、晚在元代的海运兴盛期留下的，为距今1200～800年，该摩崖石刻被列为市级文物保护古迹。

2. 棋盘石

在陀佛山顶端有数块巨石横卧，半边就地半边悬空，唯中间有一平整方石，刻有一棋盘，长80厘米，宽40厘米，线条浅晰，格子方正。传说之一是唐王东征时曾在此对弈；另有传说为佛家在此下棋所留，故又称棋盘山。

传说不一定是事实，是哪位艺高胆大之人完成了石刻，至今仍是个谜。

（三）历史事件

唐贞观二十二年（648年），莱州刺史李道裕运军械粮草储存于乌湖岛（北隍城岛），以备唐军东征。同年，驻守乌湖岛将领古神感，率兵渡海出击高丽。

清光绪六年（1880年），北隍城岛东北海面90千米以南区域，划归登州水师营管辖。

清光绪三十年（1904年），日本军舰50余艘侵占南隍城岛、北隍城岛，以此作为战略基地和物资补给站，侧翼攻击旅顺口。

1927年，南隍城岛的闫辉甫等渔民集资从大连购进一台潜水器，并雇用一名潜水员，在岛上从事

① 资料来源：http：//www.zgsyb.com/Article/ArticleShow.asp？ArticleID＝6782，http：//news.sohu.com/20060927/n245554593.shtml。

潜捕，开创了长岛县半机械潜猎的先河。

1942 年，日伪军一个班驻南隍城岛，自带发电机，昼夜发电，窃取本岛及周边的地理和军事情报[①]。

1945 年 9 月中旬，南隍城岛、北隍城岛，大钦岛、小钦岛等出动帆船百余艘，运送进军东北三省的八路军。

1948 年，国民党第八军一个班驻南隍城，实行"军管"，后由自卫队取代[②]。

1949 年 8 月 19 日，驻南隍城岛的国民党部队乘船弃逃（山东省长岛县志编纂委员会，1990），岛上有老幼 22 人随之去台湾。8 月 20 日，全岛解放。

是年秋，解放军长山大队一个班（后为一个排）进驻南隍城岛[③]。

1950 年 3 月，庙岛群岛开展参加海军运动，隍城乡、钦岛乡等共有 200 余人参军。

1957 年 10 月 25 日，青岛航运局长岛客运站成立，正式开通蓬莱与庙岛群岛 9 个有居民岛的客运线。南隍城自此有定期的客运班船。

是年，在南隍城东北角的北星石建灯桩一座[④]。

1958 年 8 月，长岛县成立海水养殖试验场，开始全人工筏式养殖海带，试养区选在南隍城岛。

1964 年，南隍城村的风帆船始改造机动船[⑤]。同时，购置 20 马力机动船一对。

1966 年，长岛县委员会成立"文化大革命"领导小组，南隍城岛上"文化大革命"开始，红卫兵破"四旧"，学校停课，批斗走资派。

1972 年，南隍城岛在石岛黄海造船厂营造一对 135 马力的"鲁长渔 1013"号和"鲁长渔 1014"号木壳机轮[⑥]。

1976 年，隍城公社实行公社一级核算。南隍城大队的人、船、网具和多年积累的 70 余万元资金全部调入公社统一安排使用[⑦]。

1978 年 7 月 29 日，隍城公社"鲁长捕 1209"号船在东海嵊泗渔场遭 6 号台风袭击，在归港途中船只翻沉，8 人罹难。

1979 年 11 月，隍城公社粮食管理所所长郭兰田获"全国劳动模范"称号。

1980 年，村里严格强调，移风易俗，严禁在办喜事时赠钱送礼。此举得到村民响应，并一直延续至今[⑧]。

1983 年 8 月 15 日，长岛县政府授予隍城公社李爱凤"拥军模范"称号。是年，长岛县社、镇诸岛间海底电信电缆敷设完毕，全县队队可通电话。

1985 年 3 月 1 日，南隍城岛上建立乡政府。同年，南隍城村首次进行渔业、养殖和工副业的承包，村里大部分财产被联合体或个体承包。当年，南隍城村成为全县第一个"万元户村"[⑨]。

是年，庙岛接通有线广播，岛上居民可收听县办广播节目。

1988 年，南隍城"鲁长渔 1303"号和"鲁长渔 1304"号对船，全年总收入 60 万元，创全县同类船产值之最[⑩]。

1988 年，投资 150 万元（乡村筹集 110 万，村民集资 40 万元）筹建安全港，于 5 月 1 日破土动工[⑪]。

1988 年春，南隍城村委将海珍品的采捕、销售和保护权收归集体，严禁私捕、偷捕[⑫]。

1990 年，南隍城村成立长岛县南隍城渔业总公司。该公司集资源开发、生产、经营于一身的实体组织，王成强任总经理[⑬]。

1993 年，南隍城乡村两委将全村 23 只渔船，竞价保值拍卖，渔民群众于当年收回成本[⑭]。

1996 年 9 月，南隍城村党支部书记王成强被授予第七届"全国十大杰出青年"称号；周举武被共青团山东省委记"青春立功"活动一等功，授予"山东省新长征突击手"称号[⑮]。

---

①～③、⑤～⑮ 资料来源：http://baike.baidu.com/view/1432626.htm。

④ 长岛县水产局水产志编纂组：长岛县水产志，1986 年，第 7 页。

1997 年 10 月，开通摩托罗拉模拟移动通信基站①。

1998 年，山东省海洋与水产厅组织全省、市地水产局长到南隍城参观考察，并命名南隍城为“全省名优新水产养殖基地”②。

1999 年 12 月，《南隍城志》正式出版③，为长岛县首部正式出版的乡村志。

2000 年 9 月，南隍城乡小学新教学楼举行落成典礼。

是年，投资 1000 余万元的南隍城交通港码头竣工④。

2006 年 7 月，由国家交通部北海救助局投资 2130 万元建设的长岛南隍城北海救助码头，建成并正式投入使用。“北海救 111”轮定期在长岛水域或南隍城北海救助码头停泊、停靠。

2008 年 6 月 5 日，“南隍城”牌海参、鲍鱼成为北京奥运会指定海产品，这是山东省唯一获得奥运会期间进京许可的天然野生海珍品。

2009 年 4 月 18 日，南隍城乡隆重举行人工鱼礁投放仪式，首批 800 个鱼礁沉箱投放下海，标志着营造“海底森林”行动正式拉开了序幕。该项目鱼礁建设规模 100 公顷，总投资为 2400 万元（省财政补贴 600 万元，建设单位自筹 1800 万元），项目实施从 2008 年 9 月到 2010 年。

（四）历史人物

葛波然（1923—1947. 10），男，南隍城岛南隍城村人，中共党员，1944 年 9 月参加革命，1947 年 10 月在蓬莱县庙山牺牲，时为胶东军区北海一团连长。为长岛县革命烈士。

二、海岛文化

（一）海岛风情与旅游文化

在南隍城岛的最南端为陀佛山，除前述的摩崖石刻、棋盘石（见人文遗迹部分）外，还有镜石洞。该石洞位于陀佛山西侧，深 2 米，高 4 米，周围被海浪啃啮得凸凹不平。在洞口左侧，有一块斜长形石壁，光平油润，熠熠生辉，只要海上有舟楫，石镜便可映出船姿帆影。

佛爷礁，又名罗汉礁，位于南隍城岛岭山的东北端，高 13. 5 米，远望形似平心静气、面北叠坐的老僧。每逢春夏季节，海上流雾滚滚，“老僧”雾里时隐时现，“仙气”十足。清代的《山东通志》和《蓬莱县志》对其都有记载。

香炉礁，庙岛群岛有多处香炉礁，唯南隍城岛和北隍城岛之间的香炉礁最为著名。该礁高 3 米，酷似香炉。如逢海雾弥漫，那香炉礁真像是在烧香焚纸，烟云缭绕。

另外，在南隍城岛沿岸 3 个海湾“万斗珠矶”的彩石，不仅石量多，珍品精品也层出不穷。1987 年在东菜园海滩上拣拾到一块列宁石，该石直径 20 厘米左右，浅紫色底，乳白色的列宁半岛像造型跃然石上。1997 年在同一海滩上，拣到了总统与首相石，这枚奇石正面看似丘吉尔，倒着看成了罗斯福，像是第二次世界大战反法西斯的天然纪念品。后来又有人拣到一枚克林顿头像石。这些奇石有的成了礼品赠给了友人，有的被收藏家所收藏，还有的参加了奇石展。

东菜园在岛之中部东侧临海，因先民在此种菜而得名。东菜园的卵石滩全长 2000 米，为长岛县境圆石滩岸之最。湾成半圆形，口向朝东，滩岸宽达 60 米，坡度平缓，漫滩“球石”，五颜六色，花纹斑斓，是球石爱好者和藏石者向往的地方。

（二）民俗文化

南隍城岛的民俗与北隍城岛相同，详见北隍城岛相关部分。

---

①~④ 资料来源：http：//baike. baidu. com/view/1432626. htm。

(三)信仰文化

南隍城岛上居民以渔为生，在渔业生产活动中信仰“海神娘娘”。明、清时期，在西村北建有天后宫、在“响洞”内建有佛爷庙，渔民向“海神娘娘”祈祷许愿，并到庙中还愿。在“土地革命”和“复查”运动以及“文化大革命”破“四旧”中，宫观荡然无存，但仍有信仰活动。

2010 年现场调研，在南隍城岛西村和南村之间的山嘴上（北纬 38°21′34. 26″、东经 120°54′4. 18″）建有天后宫。

(四)文学艺术

1. 传说故事

(1) 公主坟

公主坟，又称王坟（忘坟）。传说唐王的三公主性格开朗，平时爱动好奇，久闻海上有藏兵屯械的岛子（南隍城岛）山清水秀，云雾缭绕，海中盛产鲍鱼，山中生有长生不老药，是处仙境之地，曾多次托大将尉迟敬德向父王求情，要到这海上仙山领略风光，采集灵丹妙药。唐王当初未肯应允，推说军中纪律森严，岛上生活艰苦，况且水路遥远，女儿随军游玩，必定引起将士非议，始终没有答应。但三公主十分执著，执意要去，唐王无奈最终答应。

三公主在卫士与宫女的陪同下，迢迢千里，车船辗转，千辛万苦终抵达岛上。上岛后，尚未浏览岛上风光景色，便命人下海采集鲍鱼。她深知鲍鱼是海珍之冠，便放开大吃，之后又去大顶山领略乌湖风光。因天气骤变，公主染上风寒，高烧不退。可叹军中无医，地方无术，只好眼巴巴地望着公主在岛上归了西天。

唐王知道三公主猝死在岛上，悲痛万分。苦于路途遥远，鞭长莫及，无奈只好旨令在岛上择地安葬三公主。为防止盗墓，惊扰三公主在天之灵，在公主坟的两侧又修造了 8 座坟，以做陪葬。时间久了，九座坟谁也说不清哪是真、假坟，最终竟把公主的坟地称为“忘坟”。

(2) 门神佛爷礁

位于南隍城岛灵山北侧的佛爷礁，每逢旭日从东海升起时，霞光恰好笼罩着佛爷礁的周身，佛光生辉。多少年来，渔家编织了许多神话故事。

据说，佛爷罗汉本是少林弟子，因醉拳出众，路遇不平，救弱杀生而被赶出寺门。一日，罗汉流落到渤海，见一幼童溺水，舍生下海营救，幼童复生。此事被在天值班的顺风耳所闻，即向庙岛的海神作了报告。海神娘娘林默见罗汉救死济弱，便收他为徒，专门传授海上救难技艺。

待罗汉精修一年后，便携龟、鳖二徒和香炉一尊，驻守在隍城水道东首，护航救难。因他醉酒法力无边，海神娘娘特赐酒杯一只，置在水道中间，这只银杯在水中随着潮涨潮落时隐时现，原是娘娘有意节制罗汉的酒量，防止贪杯误事。

罗汉身披袈裟，双手合十，闭目凝神，面北跪坐。像一位佛爷，喃喃有词，祈祝过往船只平安无事。

有一年，一运皇粮的船队驶往庙岛塘，因大雾迷途闯入南隍，陷入礁丛浪窝，罗汉师徒竭力抢救，使难者化险为夷，但因罗汉功力用尽，化作一尊石人，那只香炉和酒杯也变成香炉礁和星石。咸丰皇帝特赐一块“神功济运”的金匾，悬于庙岛海神庙内。

(3) 响洞

南隍城岛的北山西侧，断壁陡直，崖下有一海蚀洞，暗黑、阴凉、深不可测。曾在距洞口约 200 米处的山南坡上有座佛爷庙。

据说，每当西北风大作日，海上有险、渔船未归，渔家老小纷至上庙，求神拜佛，祈佑庇护。那时，佛爷庙香火旺盛，灵威至高，与响洞有缘。

虔诚的跪拜者总在喃喃的叩词中，听到了供桌下的山腹里有“咕咚…咕咚…”的声响。有人会意，这是龙王睡觉在打呼噜，预示着海上太平；有人会意，是虾精蟹将在和海怪打仗，证明海上不安；还有人会意，说是听见了亲人在海上呼救……于是，求佑者按照自己的理解，向佛爷许愿。就这样，响洞与渔家的命运连在一起。

1949 年以后，庙宇被拆除了，诸神退位了，可响洞还在响，洞响之谜仍困惑不解。

20 世纪 70 年代末，岛上有个拣参的大头（潜猎人），曾在洞口城门处拣了不少海参和鲍鱼，海珍诱导他一直到了 60 米的深处。终因输气管所限和洞内黑暗，只好半途弃珍而归。

后来，有两位好奇的青年渔民，划着舢板，揿着手电闯洞探险。当船至百米处时，只觉洞内凉气袭人，响声震胆，本是娴熟的划船能手，却驾驭不了这方寸小舟。惊恐中，回首望望洞口，只见时明时暗。当浪谷临洞口时可见一方洞天，当浪峰涌进洞口时洞口全被“堵塞”。他们担心会被封存在这大山的腹中，只好调船出洞。从此无人再敢去闯响洞。

（4）胡子与镜石洞

传说南隍城岛镜石洞，有着神奇的魔力，可以辨别海上船只的好坏。传说岛上曾常有胡子来抢钱财，见鸡抓鸡，见狗打狗，扰得四邻不安。有一年，一个下大头的（潜水员）在镜石洞附近捡海参，中午歇晌进洞，无意间竟从镜石上发现了倒影的贼船，听老人说，“船倒影，不太平”。于是，他急忙报告村长，顿时，山上狼烟起，庙上钟声急，村里的青壮年轻人，拿着渔叉、棍棒守候在海边，不久贼船果然闯进口里，船上的胡子看见岸上人多势众，持叉抵挡，不敢轻举妄动，急忙掉头逃窜。从此人们常去镜石洞察看敌情，看看海上有没有倒影的船，以卜福祸。

又年秋天，岛上人在镜石洞上又看到了贼船的倒影，没料到这是一只南方的胡子船，老人们都知道，南方人的眼特别“毒”。果然未出所料，贼船刚过小钦岛，见岛上人点燃了狼烟，知道岛民有防，于是直接在陀佛礁西岸登陆，当他们发现镜石的秘密后，气急败坏地用海藻菜烧，把整个镜石烤得面目全非，黯淡无光，然后又抹上牛粪，胡子心想，这些可把南隍城的天机给破了，从此他们就可以在岛上强掳钱财。

谁知，镜石是海神娘娘的海上梳妆镜，哪里容得海贼的玷污？当夜，一场大南风，海浪把镜石冲刷的明净瓦亮，南隍城人视镜石为宝，多次向娘娘进贡许愿，不知怎么那么灵，镜石能辨别真伪，会辨人妖，凡是渔船、商船在镜面上都呈正影（船是正着的），劫财抢物的胡子船，在镜面上都是倒影（船是倒过来的），人们会意，这是海神娘娘赐的海上照妖镜。

（5）娘娘赐灯

南隍城的娘娘庙，历史久远，在风帆时代，娘娘赐灯的传说皆有口碑。

每当渔船在海上遇到风浪，特别是夜间风雨交加迷失方向的时候，渔民定会看到有盏红灯在船头上，于是船随红灯行驶，大都能安全进港，化险为夷。为感恩报德，渔民便纷纷上庙进贡还愿，敬献自己的船模，有的渔船即使不见红灯，也信娘娘在阴处保佑。

据说，有一年，岛上一个看庙的老人，正在给娘娘上香，忽然看到供桌上有滴水，抬头望去，只见一只船模湿漉漉的，他立刻会意，昨天夜晚连风加雨，这是娘娘派船出海救难刚刚回来，从此娘娘显灵和娘娘赐灯的天机四海皆知，人们对海神娘娘更加信奉。

2. 舞蹈

民国初期，每年夏、冬两季，岛上常请外地戏班进岛演出京戏，群众称为“唱大戏”。1930 年，南隍城岛南隍城村开始成立业余京戏班子，一般正月初开演、正月十五结束，所演剧目均由岛上在东北经商的京戏爱好者传入。1950—1955 年，曾排演过京戏《桑园会》、《卖马》、《失汉城》、《打渔杀家》、《空城计》、《女起解》、《搜狐救狐》等。1955 年后，随着吕剧的兴盛，京剧活动逐渐停止。

南隍城岛上的民间舞蹈活动始于 20 世纪 20 年代初，由东北地区传入，主要为春节期间的文化活动，包括耍龙、跑旱船和踩高跷等。演出时间，一般从正月十五演到正月十八。

1949 年以后，新增的形式有扭秧歌、腰鼓舞、狮子舞、扇贝舞、大头娃舞等。“文化大革命”开始后，一切传统文艺活动被禁止，只准唱“语录歌”、“样板戏”，跳“忠字舞”，至1978年停止。之后，始有秧歌演出，内容多为歌颂工农兵、反修防修、抓阶级斗争等。1981年，开始恢复传统节目演出。

三、海岛土特产品

南隍城岛特色农产品主要有：藻类、海参、鲍鱼、海胆、虾夷扇贝、虾和各种鱼类等。

2006年，“南隍城牌”水产品商标被省工商局认定为全省著名商标；南隍城增养殖区被省水产局认定为皱纹盘鲍原种场；2007年1月，被农业部授予“健康养殖示范区”荣誉称号。

第三节 海岛基础设施

南隍城岛是长岛县北部最富有的岛屿，也是唯一没有承包单干的海岛，所有的经济活动都由集体实施，岛上基础设施较完善，街巷道路全部硬化，绝大多数渔民已迁入到别墅化的新居中。岛民在共同致富中，家家都有实惠。

一、交通运输

1929年，长山八岛民政局通令各岛群众修路。

1950—1957年，驻岛人民解放军在南隍城岛上修路7.2千米。

1985年，岛上建成了长度1千米的水泥公路（路宽5米）。

2009年，当地政府筹资90万元，改扩建了南隍城乡环岛线1.5千米（5月开工、8月底完工）①。

图3-18-6 南隍城岛岭山至东莱园滨海路
（拍摄于2010年6月5日，拍摄点地理坐标为38°21′22.19″N、120°54′24.54″E）

二、港口、航运与助航设施

1957年，青岛海运局长岛客运站成立，正式开通蓬莱与长岛县9个有居民岛的客运线。自此，南隍城岛与长岛县有定期的客运班船。

1988年，投资150万元（乡村筹集110万，村民集资40万元）筹建安全港，并于5月1日破土动工。港址在南城口里北部，南侧防波堤环抱，掩护条件良好，渔船聚集。

1994年年底，魏风义兄弟4人购买一艘军转民用登陆艇从事海上运输业务，后又有村民陆续购入。仅1994—1997年，基本建设运输总量为8.8万吨，运输条件的改善，为南隍城的经济发展和村庄建设提供了便利。

2000年8月，在南隍城岛南城口里东北部建成陆岛交通码头（南隍城港），码头地理坐标为北纬38°21.80′、东经120°54.30′。该码头主要用途为客运、客滚货运，采用顺岸重力方块结构，码头长50米，高程3.3米，前沿水深4.5米，靠泊能力为500吨级，回船区域（港池）约300米×300米。

---

① 资料来源：http：//www.jiaodong.net/news/system/2009/12/16/010705600.shtml。

2005 年 3 月 18 日，交通部批准正式开工建设了南隍城北海救助站工程（概算总投资为 2998 万元），2006 年 7 月建成并正式投入使用。该工程与南隍城岛客货运交通码头相连接，采用突堤式重力方块结构，码头长 120 米，另外建有码头值班业务用房的水、电、通信等配套设施。

图 3-18-7　南隍城岛陆岛交通码头与北海救助站码头
（拍摄于 2010 年 6 月 5 日，拍摄点地理坐标为 38°21′45.26″N、120°54′22.79″E）

进出南隍城港码头的航道长 500 米，底宽 100 米，养殖区北口（北纬 38°22.17′、东经 120°54.96′）为进出码头的口门，航道旁设有 3 个钢制浮灯标。其中，1 号浮灯标为南方位标，位于北纬 38°22′48.66″、东经 120°55′12.60″，绿色、柱形、锥形顶标；2 号浮灯标为左侧标，位于北纬 38°21′07.40″、东经 120°57′12.00″，红色、柱形、罐形顶标；3 号浮灯标为左侧标，位于北纬 38°22′15.70″、东经 120°57′17.60″，红色、柱形、罐形顶标。

在陆岛交通—救助码头的前端设有灯桩 1 座。另外，在南隍城岛北侧海域的香炉礁和星石（干出礁）上也建有灯桩。其中，星石上的灯桩建于 1957 年。

图 3-18-8　南隍城岛海水淡化站
（拍摄于 2010 年 6 月 5 日，拍摄点地理坐标为 38°21′38.19″N、120°53′58.67″E）

三、水利设施

南隍城岛岛上建有海水淡化站，为岛上军民提供淡化水。

1988 年，利用驻军自来水设施，使自来水入户率达 100%（普通井水用于洗刷、浇地），加之屋檐接水，基本满足了村民的淡水需要。

1997 年 5 月，投资 150 万元在西村西南部（北纬 38°21′37.76″、东经 120°53′58.24″）建设海水淡化站。该淡化站厂房面积 300 平方米（图 3-18-8），采用反渗透出水设备，2 组日平均每小时出水量 4 立方米，生产的淡化水，水质达到国家规定的优质饮用水标准。

目前，岛上居民百分之百实施屋檐接水，饮用水实现苦咸水（井水）或海水淡化，自来水管全部地下化，并实行免费供水。

四、广播、电视和通信

（一）广播

1985 年，南隍城岛建立了乡广播放大站（配置 100 瓦扩音机 1 台、电唱机 1 台、CF-3 型发电机组 1 台），通过高音喇叭在岛上播放新闻节目。每天早、中、晚共播放 3 次，主要转播中央人民广播电台和山东人民广播电台节目、直播长岛县广播站节目和自办节目。

（二）电视

1980 年 1 月 1 日，北隍城岛电视差转台建成后，南隍城岛上可收看彩色电视节目。

有线电视入户率达100%（村集体免费为每户安装）。

（三）通信

1945年10月，长岛设立军邮局后，派专人不定期到南隍城岛等收寄、投递邮件。1950年，始有专门投递员，步班直投到户。

1958年1月，岛上始设邮电局（南隍城邮电支局），办理邮政业务，电信业务通过北隍城邮政支局转办。

1979年，山东省邮电管理局投资敷设砣矶岛经大钦岛、小钦岛、北隍城岛至南隍城岛的农话海底电缆。南隍城岛上的登陆点位于南城口湾顶。1980年6月开通使用，海岛与山东半岛有了直线长途电话。

1980年，邮电部投资敷设并开通砣矶岛经北隍城岛至旅顺老铁山的海底通信电缆后，海岛沟通了与辽东半岛的直线长途电话。详见北隍城岛相关部分。

1997年10月，开通摩托罗拉模拟移动通信基站①。

2001年，投资200万元的南隍城岛至北隍城岛海底光缆工程敷设完成并投入使用。

现南隍城岛上建有微波通信、移动通信基站等，开通了程控电话、小灵通和互联网等业务，国内外电话可直拨，邮电通信快捷，居民程控电话入户率达100%，实现了海陆移动通信。

图3-18-9 南隍城岛邮电支局

（拍摄于2010年6月5日，拍摄点地理坐标为38°21′41.64″N、120°54′02.55″E）

图3-18-10 南隍城岛上燃油发电厂房

（拍摄于2010年6月5日，拍摄点地理坐标为38°21′17.26″N、120°54′17.47″E）

五、电网系统

1966年，南隍城岛上开始建设发电厂，功率为7千瓦；1986年，迁至码头两侧。因噪音再次迁地，1996年投资200万元在南村至东菜园隧道口（北纬38°21′17.95″、东经120°54′18.24″），建成占地300平方米发电厂房，发电机组6组，总功率1000千瓦的发电厂（图3-18-10）。1998年9月，实现日发电量1千瓦。由于海岛发电成本高，每度电成本价为1.50元，村里为村民每度电补助1.10元，村民按每度0.4元缴费（但每户年用电量不得超过1600度，超者另价）。

1999年6月，南长山岛到北隍城岛的海底电力电缆（电缆总长83千米）敷设完成，并与烟台电网连接后，南隍城岛上始使用山东电网供电。原来的发电厂留作备用。

---

① 资料来源：http：//baike. baidu. com/view/1432626. htm。

六、市政基础设施

南隍城岛上建有环岛路、文体活动中心、宾馆、购物中心、发电厂、敬老院等，饮用水实现了海水淡化。至2008年年底，南隍城岛上街巷全部硬化，排污、电线、通讯线路、自来水管和闭路线全部地下化。目前，岛上绝大多数渔民住宅别墅化（图3-18-11）。

图3-18-11　南隍城岛渔村别墅化住宅一角

（拍摄于2010年6月5日，拍摄点地理坐标为38°21′38.25″N、120°53′58.72″E）

七、海岛生态建设和环境保护

南隍城岛上自然生长树木甚少，大部分由人工种植。清光绪五年（1879年）以来，岛上居民一直致力于植树造林（参见北隍城岛相关部分）。2007—2008年，南隍城岛栽种黑松、爬墙虎等2000棵、庭院和道路树800棵以上。通过长期的大规模植树活动，以及实施退耕还林、坡地补林和公路沿线栽林等，海岛的生态环境不断改善，目前岛上山清水秀、环境优美。

自2008年以来，南隍城乡承担了省渔业资源修复项目之人工鱼礁的建设，该项目总投资2400万，鱼礁建设规模100公顷，分三期实施，投放人工鱼礁总量将达到6000多个。

2009年4月11日起，开始进行第一期人工鱼礁的投放，在南隍城西海域投放人工鱼礁1100个；2009年11月24日，开始第二期人工鱼礁的投放，2009年12月底完工，共投放人工鱼礁1200个。2010年5月24日起，开始进行第三期第一阶段人工鱼礁的投放，第三期投放工作分三个阶段进行，计划在南隍城海域投放人工鱼礁1000多个，预计2010年6月底完工。

长岛县南隍城乡投放的人工鱼礁长、宽各为1.6米、高1.5米、重2.2吨的三角形混凝土构建（图3-18-12）。

图3-18-12　南隍城岛投放的人工鱼礁实物

（拍摄于2010年6月5日，拍摄点地理坐标为38°21′49.10″N、120°54′04.17″E）

工程建成后，将有效地改造南隍城海底生态，营造良好的生态环境，加快海珍品资源的修复，为海洋生物种类提供繁殖、生长、发育、索饵等生息场所，实现渔业可持续发展，具有良好的经济效益和生态效益。经过对第一、二期投放人工鱼礁投放区的观察和数据采集，效果明显，周围海域的生态环境得到明显改善，增加了海珍品索饵、繁殖、生长发育的场所。

另外，为保护刺参资源，早在1954年4月，长山岛特区政府规定海参产卵繁殖期内，严禁采捕。其中，隍城岛、钦岛的禁捕期为5月15日至7月5日，其他海岛的禁捕期为5月10日至6月10日。1964年，规定各岛禁捕期统一为5月25日至7月15日。1973年，实行分岛间年轮捕制。

第四节 经济基本情况

一、海岛居民生产活动

历史上南隍城岛上居民曾长期以捕捞为主，改革开放后，南隍城岛按照“耕海牧渔，建设宝岛”的战略，实施“以养兴渔，以渔兴岛，渔养并举”的发展目标。捕捞业向远洋方向发展，鲍鱼、海参、虾夷扇贝的养殖已形成规模，并有中国第一鲍鱼岛的美称。南隍城岛的水产品销往全国各地，并出口韩国、日本、中国香港等国家和地区。

20 世纪 90 年代以来，随着集体经济发展壮大，村民福利逐步提高，南隍城除实行养老保险和小学到高中免费教育外，对考入大学的学生一次性奖励 1000 元，对义务兵每年发放优抚款 1 万元，对残疾人都给予了相应安排照顾，全村没有一户困难家庭。淡化水、液化气、用电与“十星级文明户”挂钩，给予定量供应或价格补贴，全村免费安装闭路电视线路，为每户订阅了《烟台日报》、《山东法制报》等报刊，购书 100 元以上的，村里报销书费 50%。春节给予一定的粮、油、煤，以减轻村民负担，从 1991 年开始，每年都组织村民分期分批外出旅游。村里为每名村民投了多项保险，为劳动力投了劳动保险，每年村里的福利开支为 200 多万元。

山东省政府授予南隍城乡为“环境优美乡镇”，烟台市委市政府授予南隍城村“小康明星村”；“南隍城牌”水产品商标被山东省工商局认定为全省著名商标；南隍城增殖区被山东省海洋与渔业局认定为皱纹盘鲍原种场，农业部授予“健康养殖示范区”荣誉称号，2008 年被列为国家级鲍鱼良种繁育基地。

二、社会经济发展情况

南隍城乡辖 1 个行政村，村拥有 1 个注册公司、10 余艘捕捞船只、1 处修船厂、1 座冷藏厂、1 处安全港。2005 年成立烟台南隍城海珍品发展有限公司，目前该公司拥有 12 个养殖场、1 个育保苗场、1 个养鱼场、5 个海珍品养殖场、2 个海珍品试验场，资产规模 7000 余万元。2000—2006 年农村经济收益情况见表 3-18-2。

表 3-18-2 南隍城乡农村经济收益情况①

年份	总收入（万元）	捕捞业总收入（万元）	养殖业总收入（万元）	纯收入（万元）	人均所得（元）	年末固定资产原值（万元）
2000	9320	3033	1560	1571	7647	5608
2001	10 000	2980	1620	1620	7450	5818
2002	11 500	2500	2500	1840	7871	5742
2003	13 500	2500	3400	1970	7995	5762
2004	14 000	2500	3700	1990	7998	5800
2005	16 000	2600	4200	2200	8602	5197
2006	17 000	2600	5000	2600	8802	—

① 长岛县发展改革和统计局：2000—2005 年长岛县国民经济统计资料第 123 页、2006 年长岛县统计年鉴第 40 ~ 41 页。

南隍城乡确权的养殖海域1085公顷，实施了海底增养殖海参、鲍鱼、海胆等海珍品，海面养殖虾夷扇贝、海带和鱼类的生态养殖模式。

2009年，全乡经济总收入1.92亿元，上缴税费229.3万元（地方税金164.3万元、海域使用金65万元），渔村人均纯收入12 485元，人均居住面积40平方米。

第一产业　原南隍城岛上居民靠天吃饭，农业耕种是口粮的主要来源。农业合作化后，农田最多达4公顷。随着海岛生产力的发展，南隍城的经济转移到以渔业捕捞和海水养殖为主的方向，特别是改革开放以来，立足海岛实际，走出一条"吃海—养海—护海—吃海"的良性发展之路，农田逐步退耕还林或被辟为工业区、住宅区。山、水、林、路、宅统一规划，村民仅在房前屋后或庭院内种花养草，种瓜种菜自用。随着粮油放开，村民的粮食、蔬菜以外运得到满足供应。

原南隍城岛上渔业生产主要以小舢舨从事近海网、钓作业，船具全部私有。1949年以后，渔船归集体，至1958年，全村有渔船28只，载重量为1～5吨。1964年实行木帆船装机帆船，同年，村里又购置一对20马力机动船。1966年，捕捞船只由风帆向机械动力迈进，自造一对20马力的"红卫1"号和"红卫2"号。1972年，在黄海造船厂建造一对135马力的木壳机轮。随着当年村船厂的兴建，渔具的更新、渔场的拓宽和通讯设备的配备，渔业生产有了长足发展。1976年，隍城公社（辖北隍城岛、南隍城岛）实行公社一级核算，南隍城几十只大小机帆船归公社所有，期间，公社分给南隍城岛一对185马力木壳船。

1992年，投资160万元购置270马力钢壳机轮1对。1993年，村两委将集体所有的8对40马力以上渔船，以250万元竞价保值拍卖，当即收回260万元的抵价资金，承包的渔民当年全部收回成本，并足额上交提留和各种税费。1994—1995年，村里出现空前的买（造）船热，应运而生的80～120马力渔轮，适于近海渔场作业，最高峰年达到110条。全村从1995年起，捕捞产量人均516吨，连续3年捕捞收入2800万元以上，是1993年的7倍，初次创下全县小马力渔船生产收入之最，村两委针对个体渔船只增多的情况，加强了海上生产领导和后方生产服务，1996年，创造性地在渔民党员中成立海上党小组，村委主任宋云昌任组长，实行海编队生产，以勤促懒，以强帮弱，传递渔情信息，互促共进，村里也相继建设了安全港、鱼粉厂和渔需供销部、渔业仓库36间以及加油站等设施。在海珍品的采捕中，村里先后添置5只潜水作业船，成立了由20多人组成的轻潜采捕队，在岛屿周围海域有计划地采捕鲍鱼、海参、海胆和虾夷扇贝等海珍品，年收入达800万元。

1958年8月，县海带试验场在南隍城育苗，1959年试养，1960年在全县推广。几十年来，南隍城村海带养殖规模逐步扩大，养殖方法日趋科学，经济效益十分明显。1976年发展到20公顷，1999年为66.67公顷，全村11个养殖场全部实行承包责任制，计划物资、分配权在村，其生产管理权、人员安排在场，海带亩产超过7吨，收入700万元。

1993年，村两委打破单一养殖模式，规模试养虾夷扇贝。1994年成立虾夷养殖队，兼养海带。1995年，第一个养殖周期就收入300万元。2000年，底播3厘米以上海参苗30万个，有力地保证了海参资源的可持续利用。

在鲍鱼的养殖上，1993年集资300万元进行筏养，后由于条件制约未能形成规模，仅养殖试验一场进行筏养。2000年，底播2.5厘米以上鲍鱼苗50万个，有力地保证了鲍鱼资源的可持续利用。2007年加大科技投入，充分利用鲍鱼原产地优势，规划在香炉礁至西菜园海域和灵山南面海域作为盘鲍养殖基地，打造中国第一皱纹盘鲍原种场。

1996年，引进虾夷马粪海胆试养成功，1998年、1999年分别购入苗种30万粒和60万粒进行筏式养殖，在筏养的同时大力实施底播增殖。

第二产业　1972年，投资32万元建成船厂，以修造船业务为主，船厂效益最好的1993年，实现利润30万元，1999年，村委会将船厂拍卖，村民宋培芳以91万元买断。

水产品加工业，以"南隍城"品牌为主。1990年投资78万元，建成村冷藏厂，库容量100吨，速冻能力20吨，并建有理鱼车间。从1996年8月开始，分两期工程投资60万元建成鱼粉厂，以解决渔民捕获的低值鱼类销路问题，高峰期日产量达20吨。

1997年投资60万元，建成年产100吨的精制海带粉厂。1985年建成海珍品罐头厂，具有冷藏、加工制罐双套功能，主要生产鲍鱼、海胆、贻贝、海螺和鱼罐头，由于市场疲软于1995年关闭。

第三产业　1956年，南隍城供销分社，供应岛上生产与生活物资。

改革开放以来，南隍城的日用百货由原来的独家发展到现在的小商店、小超市30多家，同时建设了菜市场，村委会于安全港附近建立了渔需门市部。由于交通和经济的发展，来岛客流量的增加，促进了宾馆、饭店、理发、食品专卖等服务业的发展，村委会也投资300多万元，相继建成了村服务楼和南隍城宾馆。

风帆时代，交通运输主要以渔船为主，1957年，开通至蓬莱运输航线。1994年年底，魏风义兄弟4人购买一艘军转民用登陆艇，后又有村民陆续购入。仅1994—1997年，基本建设运输总量为8.8万吨，运输条件的改善，为南隍城的经济发展和村庄建设提供了便利条件。

第五节　地质地貌

一、岛陆地质

（一）构造、地层和岩性

1. 地质构造

南隍城岛上构造复杂，褶皱、断裂较多，层间褶皱发育。

（1）褶皱构造

南隍城岛上规模较大的褶皱共有3个，自北向南分别为大顶山背斜、西村西向斜、南村西背斜，均属于开阔直立褶皱。另外，还有规模较小的锯牙山向斜。

大顶山背斜　该背斜的转折端形成大顶山山峰，走向北东东，褶皱北翼产状为倾向333°、倾角35°，南翼产状为倾向178°、倾角15°，枢纽产状为倾向250°、倾角7°。

西村西背斜　该背斜转折端为一低谷，走向北东东。向斜北翼产状为倾向170°、倾角25°，南翼产状为倾向330°、倾角20°，枢纽产状为倾向251°、倾角5°。

南村西背斜　该背斜转折端为一山顶，背斜的走向与山峰走向相同，为北东东向。背斜北翼产状为倾向340°、倾角20°，南翼产状为倾向143°、倾角30°，枢纽产状为倾向25°、倾角5°。

锯牙山向斜　为一个横卧向斜，在锯牙山东部的海蚀崖露头处可以见到它的核部，轴面向南倾斜约50°，远观为中常倒转褶皱。在锯牙山东南海蚀崖处，可见浅紫红色巨层石英岩层面弧形弯曲，由向南倾斜50°，左右渐变为直立，并倒转为向北倾斜85°。

（2）断层

南隍城岛上断层十分发育，以北东向至北东东方向断层为主。

北东向断层　南隍城岛上有北东向断层7条，除西村西部断层和岭山断层外，其余几条都以断层角砾岩的形式出现，宽度一般为1～5米，断层两盘岩层产状变化不大。

西村西部断层出露于西村西的海蚀崖旁，走向45°～50°，宽度为40～50米，以断层角砾岩、擦痕、岩石异常破碎为主要特征，地貌上为地势相对低位的谷地。

岭山断层位于岭山西部，走向约50°，断层面向东南倾，倾角约35°。断裂带宽度为3～5米，断层面有黄褐色擦痕。北西盘岩层的产状为倾向16°、倾角25°；南东盘岩层的产状为倾向128°、倾角50°。

近东西向断层　以锯牙山断层规模较大。该断层位于锯牙山南部，走向80°，倾向170°，倾角约55°。断裂带宽约20米，由角砾岩构成。断层的南盘岩层产状为倾向90°、倾角8°，北盘受锯牙山倒转向斜的影响，岩层产状变化大。

北西向断层　仅见于大圈子，走向约328°，断层面近直立，断裂带为断层角砾岩、糜棱岩化石英岩、碎裂石英岩等，节理密集。

2. 地层和岩性

南隍城岛出露的基岩岩性简单，主要是石英岩，其次是板岩，偶见糜棱岩化石英岩，属新元古代蓬莱群辅子夼组地层。

（1）石英岩

主要为灰白色、浅紫红色的巨层、巨厚层、厚层石英岩，其次是浅紫红色、青灰色、灰白色的薄层、中厚层石英岩。岩石为块状构造、中细粒等粒或不等粒变晶结构。部分石英岩表层有不对称波痕，波长为3～6厘米、波高为1～1.5厘米。略带肉红色的石英岩大多是长石石英岩或磁铁石英岩。

（2）板岩

岩石主要呈青灰色、黄绿色、褐黄色，致密、粒度很细，局部粉砂质，板理面平滑，绢云母、绿泥石等矿物含量少、局部板理面上有丝绢光泽。变余泥状结构，板状构造。板岩多与中、薄层石英岩呈互层。因板岩较软，风化后常形成坳口。

（二）工程地质与水文地质

1. 工程地质

南隍城岛工程地质分区属鲁东丘陵工程地质区，工程地质特征与北隍城相似，也主要出露3个工程地质岩组。

（1）坚硬半坚硬层状变质岩工程地质岩组

北隍城岛基岩以石英岩为主，其次是板岩。石英岩属坚硬岩石，抗风化能力强，新鲜岩石抗压强度较高，可达4000千帕左右，强风化带则降至500千帕左右。板岩类易风化，新鲜岩石抗压强度为1500～2000千帕，强风化带降至200～500千帕。这两种岩石分布区均为良好建筑地基基础，但由于岩石裂隙发育，在破碎带及强风化带，有产生崩塌或滑坡等工程地质问题的可能。

（2）松散残坡积、坡洪积黏土、粉质黏土、粉土、砂土工程地质岩组

分布在丘陵山坡及坡麓地带的残坡积、坡洪积等分布区，松散沉积物成层分布，岩性变化较大，垂向上呈渐变，土的状态呈软塑—硬塑—坚硬半坚硬。含水量及密实度对土体强度有较大影响。本岩组一般都可做小型建筑基础持力层，一般地基容许承载力为100～350千帕；残积层下部至基岩强风化过渡带强度较高，一般地基容许承载力大于400千帕。

丘麓平缓坡地及谷地内较厚黄土状堆积分布区，其结构疏松，吸水性强，透水性好，吸水后具有自重下沉的特征（湿陷性），加之黄土垂直节理发育，因此土体塌方和滑动是常见的工程地质现象。

（3）松软（散）海积粉砂、淤泥、卵砾石工程地质岩组

在西村、南村滨海和东莱园湾顶的海积层分布区，岩性由淤泥、淤泥质粉砂、砂砾石组成，不同部位岩性差异较大。淤泥、淤泥质粉砂含水性强，易压缩，振动或加压易产生液化和流动，在地基处理时，对于埋深浅、厚度薄的应予以清除，埋深较深、厚度较大者应采取地基处理措施。另外，海积层地下水埋深较浅，水质咸，应予以考虑地下水对建筑地基的腐蚀性。

2. 水文地质

（1）地下水类型及分布

根据南隍城岛上含水层岩性及水理性质，可将含水层分为松散岩类孔隙水和基岩裂隙水两种类型。

松散岩类孔隙水多分布于丘陵山麓及山前低洼地带，主要为残坡积、坡洪积分布区和黄土分布区，属残坡积孔隙含水层。

在东城口、东莱园湾等湾顶砂砾堤（滩）发育区，分布有零星海积孔隙含水层，因孔隙大多与海相通，水质咸。

基岩裂隙水为本岛主要含水层，属层状岩类裂隙含水层。其中，板岩类属层状裂隙水含水层，但板岩类裂隙容易被充填；石英岩类裂隙较为发育，富水性比板岩类略强，在石英岩和板岩互层的情况下，以石英岩裂隙出水为主。

岛上除部位较高的残坡积和基岩中为淡水外，较低部位的地下水均受到海水侵染的影响。

（2）地下水补给、径流及排泄条件

大气降水量是北隍城岛地下水的唯一补给来源，出露地表的岩层直接接受降水补给，埋藏的岩层则接受上部或高处岩层的间接补给。由于北隍城岛的面积小，地形起伏多变且较陡，径流途径短，渗入地下的水量很少，大气降水绝大部分排入海中，属就地补给就地排泄，补给、径流、排泄区无明显界线。

地下水位、地下水流向与地形密切相关，基本以分水岭为界，沿岩层的裂隙、孔隙，从高处流向低凹处，从陆地流向海洋。基岩裂隙水的主要排泄方式是向松散岩类中排泄，由裂隙水变成了孔隙水；也有以基岩裂隙为通道，裂隙水直接向海中排泄。松散岩类孔隙水的排泄：上覆松散岩类孔隙水渗入基岩，孔隙水变成裂隙水，同样也有的直接向海中排泄。

1991年，国家海洋局第一海洋研究所对南隍城乡政府供水大口民井进行的水质调查分析结果，地下淡水化学类型主要为中等矿化的氯化物型、重碳酸型水，水质微咸，硬度较大。

（三）第四纪地质

1. 沉积物类型及特征

南隍城岛第四纪沉积物成因类型简单,从高到低依次为残积、残坡积、黄土状堆积物、海积等。

（1）残积物

残积物是南隍城岛主要的第四纪成因类型之一，广泛分布于丘陵山坡或侵蚀剥蚀台地上，沉积层较薄，厚度一般小于0.5米。主要岩性为黄褐色松散亚砂土，分选较差，含有较多的碎石、岩屑，下部与风化壳过渡。

（2）残坡积物

主要分布于丘陵缓坡地段，厚度一般由高处向低处变厚，从20~50厘米到1~2米。岩性主要为褐灰色黏土质粉砂、细砂质粉砂，含有许多岩屑、碎石，特别是底部常呈层状分布，并与下伏基岩风化破碎带过渡；地表多土壤化，土与碎石混杂。

（3）黄土状堆积物

泛指较纯黄土及其受流水、坡积作用改造而堆积的沉积物，分布面积较大，主要充填于丘间谷地或覆盖在丘麓山坡上，在庙村、西村、南村等地均有较好的自然剖面出露。主要岩性为灰黄色、浅黄色粉砂、细砂质粉砂，质地均匀，无层理，疏松多孔，垂直节理发育。

（4）海积

分布在南隍城岛沿岸的海湾湾顶，或多呈条带状镶嵌于岬间凹岸，主要为砾石、砂砾石堆积，构成砾石堤和砾石滩。砾石岩性多为石英岩，砾径大小不一，一般为5厘米×4厘米×2厘米，砾石大者为10厘米×8厘米×5厘米。

2. 第四纪地层

（1）上更新统

南隍城岛未出露早更新世、中更新世的地层，出露最早的第四纪地层主要是以灰黄色、浅黄色砂质粉砂为主，超覆于离石黄土或披盖于基岩之上的黄土状堆积物（马兰黄土）。

（2）全新统

南隍城岛全新世地层主要为海相砾石滩（堤）沉积、陆相的坡积次生黄土，含角砾、岩屑和古文化遗迹的沉积层。

二、海岛地貌

（一）岛陆地貌

南隍城岛陆地势北高南低、西高东低，主要地貌类型有侵蚀剥蚀低丘陵、黄土坡和黄土台地、洪积海积平原等类型。

（1）侵蚀剥蚀低丘陵

岛上低丘陵主要沿北岸和西岸分布，主要丘陵山头有：位于西村北侧的大顶山（100.9 米）、海岛东北部的二顶山（85.8 米）、西村西南侧的炮台山（又名炮山，81.3 米）、南村东侧的岭山（60.6 米），以及海岛南端的陀佛山（又名棋盘山，71.8 米），其中大顶山最高。这些低丘陵的山顶圆浑，坡度平缓，普遍有残积物覆盖，植被较好；向海侧多为基岩裸露的陡坡或悬崖。

（2）黄土坡

主要分布在西村、南村以西的丘间低洼地边缘，以及大顶山、大圈子低丘的北坡上，黄土堆积物厚度为 1 ~ 3 米，最厚可达 8 米，坡度一般为 15° ~ 17°，低丘坡上的黄土坡较陡，达 18° ~ 20°，其上有冲沟发育，植被茂盛，以刺槐、杂草等为主。

（3）黄土台地

主要分布在西村和南村以西的丘间洼地地带，多为黄土状堆积物构成的缓坡地，地势向东倾斜，坡度 5° ~ 10°。在其西缘一般有宽阔的黄土沟发育。

黄土台地是岛上居民活动的主要场所，曾被开垦为耕地，部分居民驻地位于黄土台地上。

（4）洪积海积平原

岛上洪积海积平原规模较小，主要分布在西村附近和东莱园湾沿岸地区。其中，西村附近平原最宽达 250 米，地势低平，高程一般低于 5 米，表层以下是海相淤泥和海相砾石层，据了解厚度可达为 5 ~ 7 米。

（二）海岸地貌

南隍城岛的海岸地貌可分为海蚀地貌和海积地貌，其中海蚀地貌有海蚀崖、海蚀平台、海蚀洞穴等，主要分布在海岛西部海岸。海积地貌主要有砾石滩、砂砾石滩等，主要分布在南城口里和东莱园湾沿岸（图 3-18-13）。有的礁石形成独特的自然景观，如佛爷礁、陀佛礁等。

图 3-18-13　南隍城岛东莱园湾砾石滩

（拍摄于 2010 年 6 月 5 日，拍摄点地理坐标为 38°21′18.57″N、120°54′25.48″E）

三、海岸线与潮间带

（一）海岸线基本特征

南隍城岛海岸线曲折，岸线类型多样，主要有砂砾石、基岩和人工岸线等类型。其中以基岩海岸线为主，广泛分布于海岛的东北、西部和南端，多悬崖峭壁，以海岛西、南岸段最为陡峭，人员无法通过。

砂砾质岸线主要分布于海岛中东南、西南及北部的海湾内，多由砾石组成，有的含有粗砂成分。人工岸线主要分布于海岛中东部，主要为码头、滨海道路和养殖场等。

南隍城岛海岸线相对稳定，虽然大部分岸线以侵蚀作用为主，但都为基岩海岸，侵蚀速度缓慢；湾内岸段，虽然接受两侧物质发育堆积地貌，但由于物源不丰，淤积作用不明显。

（二）潮间带基本特征

南隍城岛潮间带地貌类型和底质类型丰富，以海蚀地貌和基岩底质为主。环岛四周普遍发育有岩滩，宽度为50～100米，在西山西岸最宽，可达150米。岩滩上分布有礁石和岩体，尤其在北岬角、西南岬角的岩滩礁石较多，岩滩的后缘常有砾石超覆。岩礁滩区多藤壶、牡蛎、贻贝、螺类和许多藻类等固着和附着生物，数量丰富，生物量和栖息密度较高。生物量组成以牡蛎、贻贝等双壳类为主；单壳类以短滨螺为主。栖息密度以小藤壶为主的甲壳动物占首位。很少出现多毛类。

全岛砾石滩面积约0.045平方千米，主要分布在山前湾、山后湾内，高、中、低潮滩物质组成有差异，分带明显，滩阶发育明显。其中，山前湾砾石滩一般宽度为25～35米，最宽可达50米，砾石的磨圆、分选均较好，砾径为3～4厘米，物质主要来源于两侧基岩海岸。山后湾砾石滩宽度为20～30米，滩坡5°～8°，砾石磨圆较好，砾径为3～4厘米，自北而南粗砂含量增加，说明物质主要来源于东北岸。

另外，在海岛西岸、北岸和东岸的凹入段，常在潮间带后缘发育有砾石滩，滩面较窄，一般宽度为10～15米，砾石的磨圆、分选较差，砾径为10～15厘米，最大可达20厘米以上。西岸凹入段砾石滩规模最大，沿岸蜿蜒1000余米，滩宽为15～25米。

砂砾质潮间带的生物既有底表固着和附着生物，又有底埋的生物栖息，种类较多，但生物量和生物密度比岩礁滩低。生物量组成以双壳类为主；密度组成中，以小藤壶为主的甲壳动物占首位。单壳类以短滨螺占绝对优势。

沉积物取样分析结果，石油类、有机质、硫化物均符合海洋沉积物质量一类标准；氧化还原电位为128～256毫伏，总磷含量范围为0.013%～0.02%，总氮含量为0.008%～0.019%；重金属的Cu、Pb、Cd、As、Zn、Cr和Hg元素均符合海洋沉积物质量一类标准。

四、地质灾害

南隍城岛常见的地质灾害类型是岩体崩塌或小型滑坡等，主要分布于陡坡处、悬崖处等。其中，在东菜园子至岭山滨海路，西北侧山坡陡峭，部分山体已有明显裂痕，曾发生岩石坠落、滑坡现象，造成道路堵塞（图3-18-14）。

图3-18-14 南隍城岛岭山至东菜园滨海路旁岩体崩塌

（拍摄于2010年6月5日，拍摄点地理坐标为38°21′22.22″N、120°54′24.68″E）

第六节 植被与土壤

一、海岛植被

岛上植被类型多样，主要有：针叶林、落叶阔叶林、灌丛、草丛、滨海植被、人工栽培的草本农作物和果树（图3-18-15）。树木类有黑松、刺槐、杨树、柳树、泡桐等；草本有茅草、野谷草、白草、蒿等；灌木有紫穗槐等。其中，黑松等组成的针叶林分布在海岛低丘陵上，落叶阔叶林分布在山坡上和庭院四旁；野生植物有各种灌木和草类。

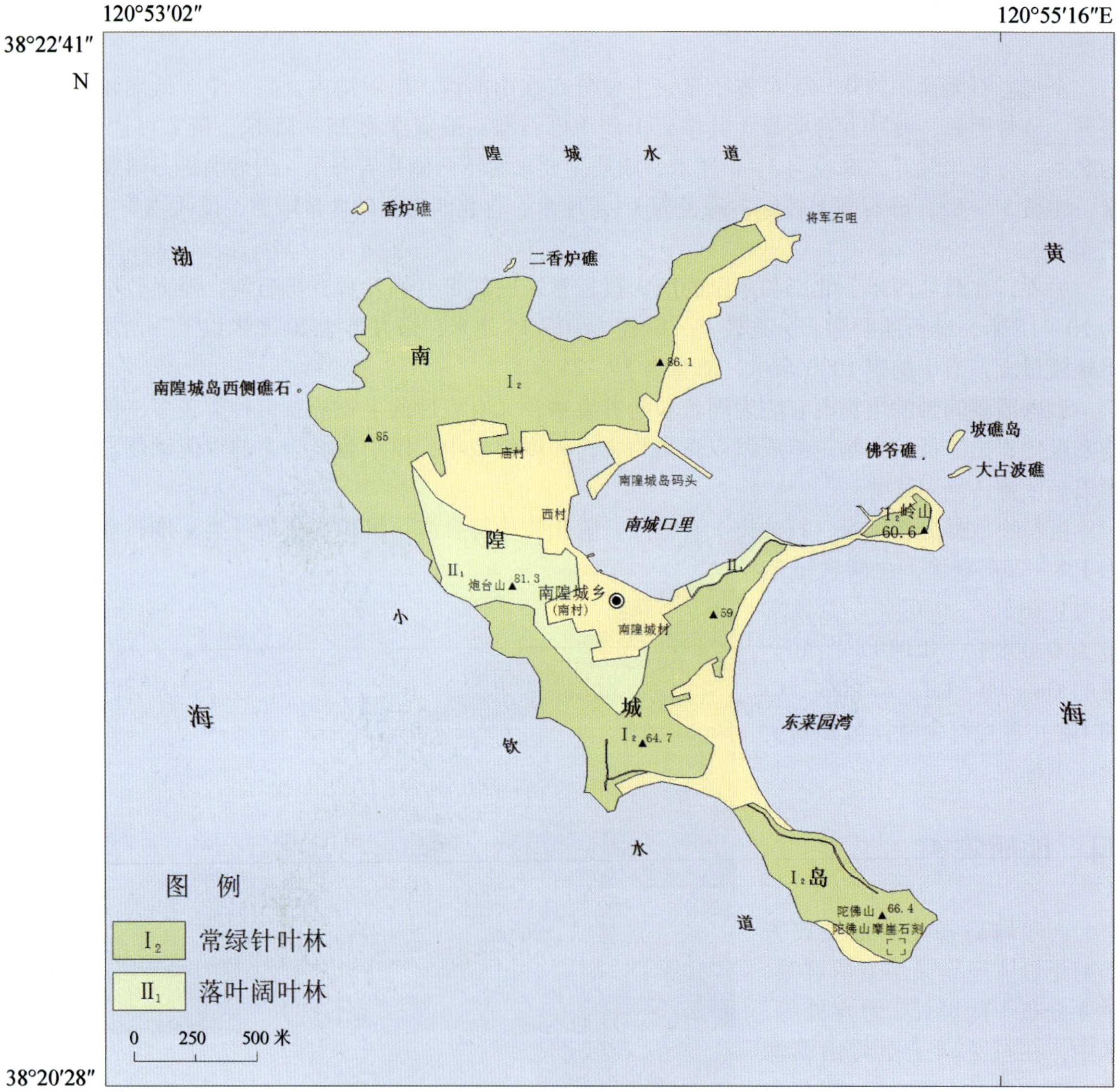

图3-18-15 南隍城岛植被类型及分布

据908专项山东省海岛调查资料①，岛上植被覆盖率约75%，林木覆盖率为44.4%。以常绿针叶林为主，落叶阔叶林为辅，见少量草丛分布，采集到的植物样本涉及16科的19个种。

① 中国科学院海洋研究所：山东省海岛（礁）综合调查报告［R］，2010年。

二、海岛土壤

土壤以棕壤性土为主，又称石碴土，土层薄，该类土壤约占总土壤的 90%。褐土所占比重很小，主要分布在西村和南村周围。该岛褐土是发育在黄土状堆积母质上的中低产褐土，土壤各层次发育较好，适宜耕作。

第七节 海岛资源开发与保护

一、土地资源

南隍城岛的地形相对较和缓，地表裸露基岩面积小，松散物质面积较大。据 908 专项山东省海岛调查资料①，该岛土地总面积为 184.41 公顷，多为有林地（图 3-18-16），约占土地总面积的 71.12%。岛上土地各利用类型为：有林地 131.16 公顷、农村宅基地 25.97 公顷、农村道路用地 0.77 公顷、港口码头用地 2.42 公顷、特殊用地 0.86 公顷、设施农用地 6.45 公顷、裸地 16.78 公顷。

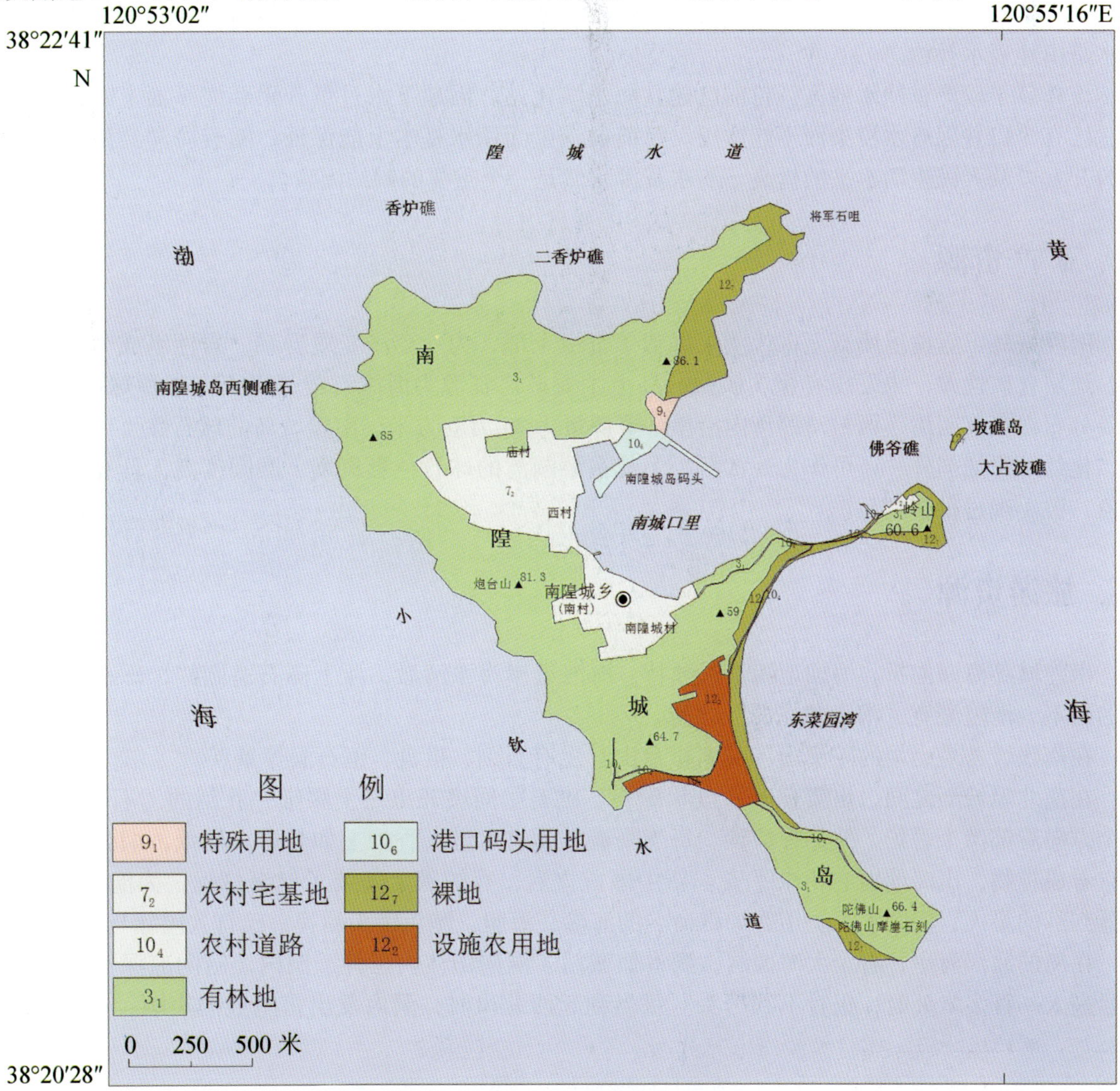

图 3-18-16 南隍城岛土地利用类型及分布

① 中国科学院海洋研究所：山东省海岛（礁）综合调查报告［R］，2010 年。

另据《山东省长岛县土地资源调查报告》资料[1]，1986年10月时，南隍城岛的土地总面积为183.40公顷[2]，其中有：耕地2.36公顷（均为菜地）、林地70.94公顷（其中有林地约49.07公顷、疏林地约21.57公顷、未成林造林地0.30公顷）、农村居民点12.09公顷、交通用地7.09公顷（其中公路约0.25公顷、农村道路约6.78公顷、港口码头约0.06公顷）、坑塘面积1.89公顷、荒草地43.71公顷。

两次调查资料相比较，南隍城岛上未利用土地大面积减少、有林地面积和居民点用地均有较明显的增加。

二、淡水资源

南隍城岛是庙岛群各海岛中降雨量较小的岛屿。据《长岛县水资源调查评价与水利区划报告》资料[3]，南隍城观测站1969—1984年实测资料统计结果，南隍城岛多年平均降雨量为458.2毫米，最大降雨量669毫米（1971年），最小降雨量303.1毫米（1980年）；计算平均年降水量为78.03万立方米，平均年径流深55毫米，平均河川年径流量9.43万立方米，多年平均地表水资源量为8.81万立方米，地下水资源0.62万立方米，计算地下水储存量为3.08万立方米。

降雨是该岛唯一的水源。地下水为第四系松散岩层中的含水层和基岩构造及风化裂隙水，两种地下水是由地表水补给。

该岛属于较严重缺水地区，目前已建立海水淡化站。因地下水过量开采和海平面上升，在8口井中，已有3口井因海水浸染而不能饮用。目前群众生活用水基本上能保证。随着海洋经济的发展和资源的开发以及人民生活水平的提高，淡水资源仍然是一个重要的制约因素。

三、矿产资源

南隍城岛出露地层属新元古代蓬莱群辅子夼组上部，为一套浅变质岩系，岩性组成为石英岩、板岩，地层含矿性差，未发现有金属矿藏。岛上主要矿产资源为海岸石英岩砾石，俗称球矶石或球石。主要分布在东菜园湾、西村湾等湾内沿岸，资源量为24万立方米。南隍城岛的球石除可用作炼钢、陶瓷、化纤等添加剂外，还可作为观赏石，尤其东菜园湾的球石色彩斑斓、磨圆度高，具有较高的观赏价值，曾出现过很多精品。

四、旅游资源

南隍城岛海岸曲折，海蚀地貌景观独特，海滩近岸海水清澈，滩上砾石磨圆好，砾石有时会有迷人的图案。南隍城有“海上桃花源”之称。

在南隍城岛最南端的陀佛山（又名棋盘山）上有石刻、棋盘、镜石洞等景点。

在南北隍城岛之间，出露着一片盘状礁石，礁石中间突兀出一个腰细、肚圆的“石鼎”，无论从哪个方向看都像个香炉，故称香炉礁。每当平流雾涌进水道，香炉上如焚香、烧纸，烟云缭绕。渔家把它看成神物，出海前向它祈求平安。新中国成立后，香炉礁上安装了航海灯标，为渔家指路导航，一盏红红的星火，闪闪不灭。用香炉礁命名的海参、海胆、鲍鱼罐头品牌，已打入国际与国内市场。

在岛的北部海岸，有个大海蚀洞，洞口似城门，洞向山体内延伸，洞内黑暗阴凉深不可测，有人划船进入一百多米处时，仍看不到尽头。每当刮起西北风时，洞内发出雷鸣般的声响。在距洞约200

---

① 长岛县土地资源调查办公室：山东省长岛县土地资源调查报告［R］，1988年，第42~44页。

② 不包括其中的滩涂面积213.39亩。

③ 长岛县水利局：长岛县水资源调查评价与水利区划报告［R］，1986年，第10~24页。

米山坡上曾有座佛爷庙，常咕咚咕咚作响，响声好像发生在庙内供桌之下，让上香的信徒更加虔诚，跪拜不起。响洞之所以发出闷雷般的轰响，主要是因为南隍城北濒隍城水道水深流大，又位于海峡风道之中，每当大风时，大的涌浪长驱直入扑到洞内石壁上，发出轰响。涌浪轮番撞击石壁，加上深洞内巨大空间的共鸣，使响声变得越来越神秘莫测，在黑暗中的洞内甚至令人恐惧。

岛上还有妈祖庙，是一些岛民精神上的安慰，也是风帆时代的见证。

岛上整齐漂亮的别墅式楼房一座座掩映在秀山碧水之间。3 个海湾的海滩砾石，有的光洁如玉，有的五彩斑斓，有"万斗珠玑"之称。具有发展观景、探险、划船、赶海、野炊等旅游项目的潜力。

五、港口、航道资源

（一）港湾资源

南隍城岛沿岸有东菜园湾、南城口里和南菜园湾等。

东菜园湾：位于南隍城岛东南部，湾口向东，砾石滩岸，全长 1500 米，水深 5 ~ 13 米，泥沙底质，可避偏西向风浪，湾内建有生产作业码头。

南城口里　位于南隍城岛南城村东北，湾口向东北，沙滩岸，全长 910 米。5 米等深线距岸 120 米，细砂、贝壳、泥底质。湾之两侧，均有岬角伸延，湾口向内凹入。可避偏西偏南诸方向风浪，湾内建有陆岛交通码头。

图 3-18-17　南隍城岛东菜园湾

（拍摄于 2010 年 6 月 5 日，拍摄点地理坐标为 38°21′10.29″N、120°54′30.60″E）

南菜园湾　位于南隍城岛南端。湾口向西南，砾石滩岸，全长 400 米，5 米等深线距岸 120 米，入口处水深 7 米，湾口有一浅滩，细砂底质。可避偏北向风浪，湾内建有小型码头。

（二）航道资源

南隍城岛周边的航道有小钦岛水道和南隍城水道。其中，隍城水道位于南隍城岛和北隍城岛之间，具体情况见北隍城岛相关部分；小钦水道位于南隍城岛西侧、南隍城岛与小钦岛之间（北纬 38°21′、东经 120°50′）呈西北—东南走向，长 4.5 千米，宽 4 千米，主航道宽 3 千米，水深为40 ~ 60米，南浅北深，无碍航物，中部底质为石、贝，两侧为泥沙，万吨以下船只均可通行，禁止商船通航。

六、可再生能源

南隍城岛上的可再生能源主要为风能、太阳能和海洋能，已经开发使用的主要为家庭用太阳能热水。

七、生物资源

南隍城岛上未发现有特殊陆生生物资源分布。

据908专项山东省海岛调查资料，该岛潮间带的大型底栖生物种类共21种：多毛类3种，软体动物11种，甲壳动物5种，藻类2种。优势种为：甲壳动物方蟹壳的一种近方蟹（*Hemigrapsus* sp.）；软体动物的短滨螺（*Littorina brevicula*）、史氏背尖贝（*Notoracmea schrenckii*）、贻贝（*Mytilus edulis Linnaens*）、长牡蛎（*Crassostrea* cf. *gigas*）、花边小节贝（*Collisella heroldi*）、疣荔枝螺（*Thais clavigera*）；藻类的海萝（*Gloiopeltis* sp.）。生物栖息密度为502个/米^2（其中多毛类为7.33个/米^2，软体动物为299.33个/米^2，甲壳动物为195.33个/米^2）；生物量为675.395克/米^2（其中：多毛类为0.046克/米^2，软体动物为655.685克/米^2，甲壳动物为14.112克/米^2，藻类为5.552克/米^2）。在长岛县5个调查海岛中位居第三。南隍城岛潮间带大型底栖生物的密度主要由软体动物和甲壳动物组成，生物量则主要由软体动物组成（占97%）。这是因为在该岛潮间带的高、中、低潮带采到了大量的短滨螺和在中、低潮带采集到很多牡蛎。

该岛海域辽阔，总面积4 666.7公顷，岸线曲折，潮间带狭窄，滩涂面积较小。海域可养殖面积266.7公顷。该岛周围海域不但水质状况良好，岩礁、砂砾等底质分布广，这种底质特别适于海珍品的繁衍。潮间带只有24公顷，5米等深线以浅的岩礁面积达53.3公顷，30米等深线以浅可养海域面积200公顷。已利用养殖的面积103.3公顷，还有53.3公顷岩礁和96.7公顷海域尚未开发利用，发展养殖的空间潜力是很大的。

八、海岛生态保护

近些年来，南隍城岛乡村领导积极引导渔户搞立体生态养殖：在水的上层挂绳养海藻，中层吊笼养虾夷扇贝，底层播养鲍鱼、海参和虾夷扇贝，适当控制贝藻兼养的密度，逐步探出"上中下水层综合利用，多品种立体共存"的生产模式。水上层挂养和水底增殖的海带、裙带菜、紫菜等10多个品种海藻，减缓了风浪，净化了水质，消除了富营养化现象，增多了海区浮游生物，降低了筏养海胆和虾夷扇贝的死亡率。同时，利用上层海带释放出的氧气，为中层的海胆和虾夷扇贝生长提供条件，海胆和虾夷扇贝排放的二氧化碳和排泄物可以肥水供藻类生长，繁茂的藻类又为底层的鲍鱼、海参和虾夷扇贝输备充足的饵料，海区上、中、下层存在的物种形成了一个完整的食物链，在保持生态平衡中提高了复养指数和单位经济效益。

第十九章　小钦岛

第一节　概　况

一、海岛地理

小钦岛（Xiǎoqīn Dǎo）代码为370634000511。

小钦岛位于渤海海峡中部、庙岛群岛的北部，呈不规则三角形，长约2千米，宽约0.85千米。海岛面积1.1405平方千米，海岛岸线长7.05千米，滩涂面积0.067平方千米。最高点位于中部的鹰铺顶（大山顶），高程为148.9米，地理坐标为北纬38°20.4′、东经120°49.0′（图3-19-1和图3-19-2）。北距辽宁省旅顺老铁山西角约48.5千米，南距南长山岛最近点约43.4千米、大陆海岸的蓬莱角约56.5千米，东距南隍城岛最近约4.2千米。行政上隶属于山东省烟台市长岛县小钦岛乡，为小钦岛乡政府所在地。

图3-19-1　小钦岛遥感影像

唐、宋时期，小钦岛称末岛。《新唐书·地理卷》引贾耽《从边州入四夷》一文说："登州东北海行，过大谢岛、龟岛、歆岛、末岛、乌湖岛三百里。"其中，歆岛应为现今大钦岛，末岛即为小钦岛。元、明时，小钦岛与大钦岛合称钦岛。清代，始称小钦岛，相对大钦岛而得名。在《山东省海岛志》的海岛名录一览表中，省序号为"098"、地市序号为"烟台09"；在《中国海洋岛屿简况》① 中，全国统一编号为"0662"、省编号为"0069"。

小钦岛沿岸较大的海湾有2处：门前湾和小钦西口。岛周海域有鳖盖山岛、老爷礁、大石蓬等小岛分布。

二、政区建置及历史沿革

唐、宋时期，小钦岛称末岛，属蓬莱县沙门寨地。元、明时，小钦岛与大钦岛合称钦岛，属蓬莱县牵牛社。清代，始称小钦岛，相对大钦岛而得名。

① 中国人民解放军海军司令部航海保证部：中国海洋岛屿简况，1980年。

图 3-19-2　小钦岛地理分布

清道光年间，为开垦海岛在庙岛群岛设 13 个社，小钦岛和大钦岛同属其中的钦岛社。1928 年 7 月，驻岛奉系海军设长山八岛民政局设 13 个社，小钦岛仍属其中的钦岛社。1934 年年底，长山八岛特区行政专员公署改社为乡，小钦岛属钦岛乡。

图 3-19-3　小钦岛乡政府现状

（拍摄于 2010 年 6 月 5 日）

1945 年 9 月，庙岛群岛第一次解放，长山岛军政办事处区划为 3 个区，小钦岛隶属其中的钦岛区（辖大钦岛、小钦岛、南隍城岛、北隍城岛等）。1946 年 3 月，区划调整为 6 个区，小钦岛和大钦岛同属其中的钦岛区。

1947 年 10 月，国民党长山列岛区署区划为 6 个乡，小钦岛隶属钦岛乡。1948 年 3 月，国民党长山八岛设治局调整区划为 7 个乡 1 个独立保，小钦岛隶属钦岛乡。

1949 年 8 月，长岛第二次解放，恢复长山岛特区，庙岛群岛区划为6个乡，小钦岛隶属钦岛乡。

1958年11月，长岛县与蓬莱县、黄县合并为蓬莱县，小钦岛属长岛人民公社钦岛大队。

1963年恢复长岛县，小钦岛属长岛县钦岛公社；1984年3月19日，更名为钦岛乡。

1985年3月1日，长岛县区划调整为2个镇8个乡，小钦岛从钦岛乡析出置小钦岛乡，辖1个行政村（小钦岛村）。

2000年12月，撤销小钦岛乡，以原小钦岛乡的行政区域设立小钦岛区公所，区公所机关驻原乡政府驻地。2003年2月，撤销小钦岛区公所，恢复小钦岛乡，乡政府驻地位于小钦岛村的北部；小钦岛村村民委员会位于村南的滨海路。

三、人口

历史上小钦岛的人口变化较大。据《长岛县志》记载，曾在明洪武二十七年（1394年）和清朝初期，因日本人经常骚扰海岛，岛民奉旨外迁而空岛。清康熙二十六年（1687年），官方出台政策鼓励外迁的岛民回岛开垦土地，岛上人口遂大量增加，至清光绪八年（1882年），小钦岛上有居民40户；清末民初，随着渔业生产的发展，人口增长迅速，1930年大、小钦岛的人口总数为3350人。1931年“九一八”事变后，去东北经商及其他人员为避战乱拖儿带女返回家乡，岛上人口增加。1939年，日伪军占领庙岛群岛后，部分岛民弃家迁往东北谋生（钦岛区763户中，迁出54户），岛上人口减少，至1946年，小钦岛和大钦岛的人口总数为3225人。之后，部分岛民迁回岛内，岛上人口开始增加（表3-19-1），至1984年，小钦岛和大钦岛的人口总数达5781人；至1985年，小钦岛上有人口997人（大钦岛的人口数为4857人），随后岛上人口有减少趋势（表3-19-1）。

表3-19-1 小钦岛历年人口数量一览表 单位：人

年份	1930	1946	1950	1965	1984	1985	2000	2005	2008	2010
人口	3350*	3225*	3370*	5027*	5781*	997	972	932	918	658

注：带“*”人口数含大钦岛人口。

据长岛县2000—2005年国民经济统计资料①，2000年年底，小钦岛上有居民311户、人口总数为972人，其中，男性482人、女性490人，农业人口940人、非农业人口32人，乡村劳动力数500人（捕捞249人、养殖174人）。至2005年年底，小钦岛有居民323户、人口总数为932人，其中男性454人、女性478人，全部为农村人口，乡村劳动力数455人（捕捞220人、养殖120人）。

据长岛县2006年统计年鉴资料②，2006年小钦岛共有居民325户，总人口数为939人，其中男性457人、女性428人，全部为农村人口；乡村从业人员数690人，其中男性370人、女性320人，第一产业从业人员254人（渔业186人、养殖业68人）、第二产业从业人员12人、第三产业从业人员424人。

据长岛县统计局提供的资料，2008年年底小钦岛上有居民323户，人口总数918人，乡村劳动力资源数586人，乡村从业人员总数428人。

根据《长岛县2010年第六次全国人口普查主要数据公报》，2010年11月1日零时小钦岛有常住人口658人。

① 长岛县发展改革和统计局：长岛县国民经济统计资料（2000—2005年），第74～79页。
② 长岛县发展改革和统计局：长岛县统计年鉴（2006年），第24～26页。

四、公共服务

（一）教育

在小钦岛上原有小学一所，即小钦岛小学。曾附设有初中班。

小钦岛小学创办于1931年。1964年时为一所六年制的民办小学①，当时有4个教室和2间办公室，吴忠民为首任校长。1968年，因普及初中教育，小学改为五年制和附设初中两年的七年制教育，又增加了3个教室。1983年走联合办学之路，原有的二年制初中并入长岛县联中，学校又改称原名。

1985年8月，招收小学1~5年级学生，共有4个班、学生总人数63人，有教师7名。

1995年3月，投资新建的教学楼破土动工。该教学楼位于小钦岛村北部、乡政府的北侧，为3层12个教室的高标准教学楼，建筑面积500多平方米，1996年9月6日落成并交付使用。配有现代化的教学设备，有微机室、语音室、实验室、阅览室、德育室、仪器室、体育室等综合教室。学校曾被山东省烟台市督导室授予“市级规范化学校”、“市级花园式学校”、“市级实验室达标学校”和“市级教学仪器达标学校”，被授予县级“精神文明建设先进单位”、“思想工作先进单位”、“少先队工作先进单位”等。

图3-19-4　小钦岛小学

（拍摄于2010年6月5日，拍摄点地理坐标为38°20′31.99″N、120°50′31.73″E）

2005年长岛县实施学校布局调整后，自2005年9月起，小钦岛小学三年级以上学段学生撤并到县第二实验小学。即岛上小学三年级以上学段的学生，须出岛到南长山岛的长岛县第二实验小学上学，岛上小学成为教学点②。

2010年6月现场调研时，该学校共有学生3名、教师2人，3层的教学楼仍为小钦岛上最醒目的建筑物，但教学楼内空荡，庭院成为晒场，铺满海带（图3-19-4）。

图3-19-5　小钦岛卫生所

（拍摄于2010年6月5日，拍摄点地理坐标为38°20′27.25″N、120°50′32.69″E）

（二）科学技术

1956年，钦岛建立了渔业技术推广站。1957年，该渔业技术推广站并入长岛渔业技术推广站。

1979年，长岛县研究所和长岛县海珍品试验场，在包括小钦岛在内的7个海区，进行大面积自然海区栉孔扇贝半人工采苗试验；同时，进行了用幼贝养殖笼外套窗纱进行采苗的实验。该技术推广后，解决了当时栉孔扇贝养殖的苗种问题，项目成果于1984年5月获烟台地区科研成果推广三等奖。

自2000年开始在小钦岛浅海进行虾夷扇贝底播增殖，每年投放大规格苗种，2~3年后开始采捕，实行轮采轮捕，采大留小等措施。2009年1月在岛上设立了烟台市虾夷扇贝增殖站。

① 资料来源：http：//xxd. conking. com. cn/sd/ytcdedu/cdxqxx/xxgk. htm。

② 资料来源：http：//www. changdao. gov. cn/cn/content/xxgk/index_ show. jsp？ sid = 0104-03-2007-100209&dept_ code = JYWHTYJ&columncode = JYWHTYJXXGKMLZXGH。

（三）医疗卫生

20 世纪 70 年代初，岛上生产大队建立了合作医疗室，合作医疗医务人员称为“赤脚医生”，备有常用药品。1980 年，合作医疗室改称为村卫生室。

现小钦岛上有乡卫生所 1 处，医护人员 3 人，具备基础的检查诊断条件，能进行常见病的治疗，但重病、难病需要岛外医治。

在通往山后山顶建有救助直升飞机停机坪，并于 2006 年 11 月投入使用，从此岛上军民在大风天不能通船条件下，遇有重病等突发事件可应急出岛。

第二节　海岛历史与文化

一、海岛历史

（一）人类起源及古遗址

小钦岛尚未发现古文化遗址的记载。但从庙岛群岛的古文化遗址分布特点分析，小钦岛上可能有古文化遗址存在。

（二）人文遗迹和历史文物

岛上尚未发现人文化遗址和重要历史文物的记载。

（三）历史事件

1947 年 10 月，国民党军队占领小钦岛。

1949 年 8 月 19 日，驻守在小钦岛的国民党军队弃逃，小钦岛第二次解放。

1983 年，社、镇诸岛间海底电信电缆敷设完毕，全县队队通电话。

1985 年 3 月 1 日，小钦岛设立乡政府。是年，小钦岛接通有线广播，岛上居民可收听县办广播节目。

（四）渔村简介

岛上仅有 1 个行政村，即小钦岛村，村委会位于渔村南部的滨海路旁。

图 3-19-6　小钦岛村民委员会

（拍摄于 2010 年 6 月 5 日，拍摄点地理坐标为 38°20′23. 84″N、120°50′34. 19″E）

清康熙年间，吴姓从大钦岛北村迁入小钦岛。清光绪十年（1885 年）宋姓迁入小钦岛定居。小钦岛宋姓家族宗谱，在一定程度上反映了岛上居民的动迁历史过程。

小钦岛的宋姓，历史上有东宋、西宋之分，以宋家为代表的西宋，其先祖自明洪武元年（1368 年），从安徽滁州市乌衣镇红土崖二马宋家迁至蓬莱马格庄中村。其后裔宋香自清光绪十年（1884 年）迁至小钦岛定居。以后各代辈数字序为：有、文、香、之、起、先、希等。虽然定居小岛，但仍有怀念故土之心，崇先念祖之情亦深，有诗为证：

祖传来历江南人，红土崖下原有村。
二马宋家是古疃，骡马刘家是近邻。
明帝洪武登大基，传旨往东起黎民。
自到山东落定所，登州城东且安身。
马格庄集是古籍，此处落户而至今。
亦有过河关东去，亦有他乡去安身。
以上俱是祖传语，休为妄言且是真。
自今遗留本宗谱，始未根由注万春。
若逢后世详训者，须为警戒交子孙。

二、海岛文化

小钦岛上的风情、民俗和渔家信仰等海岛文化与大钦岛相同。

目前岛上渔家信仰主要为道教，在陆岛交通码头后侧山坡上建有龙王庙、在海岛西南端岩洞内修建有“神仙洞府”等（图 3-19-7），供渔家从事信仰活动。

民国初期，岛上每年夏、冬两季，常请外地戏班进岛演出京戏，群众称为“唱大戏”。1955 年后，随着吕剧的兴盛，京剧活动逐渐停止。1955—1957 年间，小钦岛村曾组建业余吕剧队，演出的吕剧节目多为传统剧目。1965—1967 年，吕剧演出剧目多系根据政治形势需要自编。1978 年，恢复演出传统剧目。1985 年，随着音乐舞蹈的兴起，吕剧逐渐淡出人们的视野。

小钦岛的民间舞蹈活动始于 20 世纪 20 年代初，由东北地区传入，小钦岛村曾组织了同乐会。春节期间的文化活动，主要是耍龙、跑旱船和踩高跷等。演出时间，一般从正月十五演到正月十八。1949 年以后，新增的形式有扭秧歌、腰鼓舞、狮子舞、扇贝舞、大头娃舞等。“文化大革命”期间被禁止。1978 年，开始恢复秧歌演出。1981 年，开始恢复传统节目演出。

2009 年建立了小钦岛乡综合文化站，并被评为“市级先进文化站”。

图 3-19-7　小钦岛上主要信仰活动场所

左图：陆岛交通码头山坡上龙王庙；右图：海岛西南端岩洞内的神仙洞府

三、海岛土特产品

小钦岛海域辽阔，水质肥沃，水产资源丰富，盛产 30 多种经济鱼类和 200 多种贝藻类，特别是海参、鲍鱼、虾夷扇贝、紫海胆等海珍品，其规模和质量优势享有盛名。

第三节 海岛基础设施

一、交通运输

1985 年，岛上建成了长度为 0.5 千米的水泥公路（路宽 5 米）。

2009 年，长岛县交通管理部门筹资 60 万元，改扩建小钦岛乡钦港线公路 1 千米（6 月开工、9 月底完工）①。从码头到渔村的水泥公路宽敞、整洁，村内道路也多数为水泥硬化路面，但岛上尚无公共交通。

图 3-19-8 小钦岛陆岛交通码头至渔村水泥公路
（拍摄于 2010 年 6 月 5 日，拍摄点地理坐标为 38°20′23.81″N、120°50′34.10″E）

二、港口、航运与助航设施

2000 年 8 月在小钦岛南端的门前湾口东岬角处，建有陆岛交通码头码头（小钦岛港），地理坐标为北纬 38°20.00′、东经 120°50.65′。该码头主要用途为客运、客滚货运，采用突堤式重力方块结构，码头长 50 米、高程 3.3 米，前沿水深 4.5 米，靠泊能力为 500 吨级，回船区域（港池）约 100 米×80 米。进出港航道长约 100 米，底宽 50 米，两侧为养殖区，边缘设有 5 个钢制浮灯标，各浮灯标的位置及形态特征见表 3-19-2。

表 3-19-2 小钦岛陆岛交通码头进出港航道灯标

灯标名称	北纬	东经	形状特征	用途
1 号灯浮标	38°20′03.54″	120°50′39.48″	绿色，柱形，锥形顶标	右侧标
2 号灯浮标	38°20′03.54″	120°50′36.24″	红色，柱形，罐形顶标	左侧标
3 号灯浮标	38°20′15.18″	120°50′41.10″	红色，柱形，罐形顶标	左侧标
4 号灯浮标	38°20′17.04″	120°50′40.92″	绿色，柱形，锥形顶标	右侧标
5 号灯浮标	38°20′28.74″	120°51′03.30″	绿色，柱形，锥形顶标	右侧标

图 3-19-9 小钦岛陆岛交通码头现状
（拍摄于 2010 年 6 月 5 日，拍摄点地理坐标为 38°20′18.58″N、120°50′41.17″E）

图 3-19-10 小钦岛村西海水淡化站
（拍摄于 2010 年 6 月 5 日，拍摄点地理坐标为 38°20′14.22″N、120°50′19.01″E）

① 资料来源：http：//www.jiaodong.net/news/system/2009/12/16/010705600.shtml。

2009 年投资 1300 万元修筑加固防浪堤工程，在原有基础上向外延伸 220 米、宽 6 米的防浪堤，在码头前端建有导航灯桩。

三、水利工程

小钦岛上实施了系列淡水开发工程，居民住户全部普及屋檐接水，年蓄水量 7000 多立方米。

2001 年，在小钦岛上建成日产 75 吨反渗透海水淡化工程并投入使用。该海水淡化站为长岛县乡镇首家日产 75 吨海水淡化工程，吨水电耗为 4.0 千瓦·时（李仲钦，2004），经国家杭州水处理中心检测分析，淡化水质各项指标均符合国家饮用水标准，缓解了海岛居民吃水难的问题。

四、广播、电视和通信

（一）广播

1985 年，小钦岛设乡，岛上建立了乡广播放大站（配置 100 瓦扩音机 1 台、电唱机 1 台、CF-3 型发电机组 1 台），通过高音喇叭在岛上播放新闻节目。每天早、中、晚共播放 3 次，主要转播中央人民广播电台和山东人民广播电台节目、直播长岛县广播站节目、自办节目。

（二）电视

1980 年 12 月 1 日，大钦岛上电视差转台建成后，小钦岛上可收看彩色电视节目。

目前，岛上主要收看闭路电视，由乡村安装有卫星接收装置接收卫星频道，再通过有线接入各用户观看。

（三）通信

1945 年 10 月，长岛设立军邮局后，派专人不定期到南隍城岛等收寄、投递邮件。1950 年，始有专门投递员，步班直投到户。

20 世纪 60 年代中后期（1966—1968 年），岛上始设邮电代办所，由当地专人负责办理信件、包裹、汇兑的邮寄和投递业务。

1979 年，山东省邮电管理局投资敷设砣矶岛经大钦岛、小钦岛、北隍城岛至南隍城岛的农话海底电缆。其中，小钦岛至北隍城岛段海底电缆长度 9.61 千米，小钦岛至大钦岛段海底电缆长度 7.63 千米。小钦岛上的登陆点位于门前湾顶海滩。该电缆隶属于长岛县邮电局，1980 年 6 月开通使用，从此该岛与山东半岛有了直线长途电话。

1980 年 11 月，随着砣矶岛经北隍城岛至旅顺老铁山的海底通信电缆开通使用，小钦岛与辽东半岛之间有了直线长途电话。

现小钦岛上建有微波通信、移动通信基站等，开通了程控电话、小灵通和互联网等业务，国内外电话可直拨，邮电通信快捷，居民程控电话入户率达 100%，实现了海陆移动通信。

图 3-19-11　小钦岛邮政支局及微波通信设施
（拍摄于 2010 年 6 月 5 日，拍摄点地理坐标为 38°20′28.48″N、120°50′33.32″E）

五、电力电网

1999 年 6 月之前，小钦岛上用电主要靠小柴油机组发电，供电可靠性差。随着南长山岛到北四岛的海底电力电缆（电缆总长 83 千米）敷设完成（1999 年 6 月）及与烟台电网连接后，小钦岛上始由山东电网供电，并实施同网同价。

目前，向小钦岛供电的海底电缆，虽有备用海缆，但每逢冬季恶劣天气，海底供电系统经常发生故障，造成岛上停电。

图 3-19-12　海底电力电缆小钦岛登陆点
（拍摄于 2010 年 6 月 5 日，拍摄点地理坐标为 38°20′10.64″N、120°50′14.45″E）

六、市政设施

2006 年开始实施新渔村建设，按照建设新渔村的目标，结合县委县政府建设“花园式渔村”的要求。2008 年投入 30 万元进行新花园和主要街道的绿化美化工作，4 月完成了小钦岛码头至乡政府、村委会门口至海岛西部砂石路段两侧整砌花墙、花池和绿化，并种植黄杨、小白、女贞、美人蕉、野扶桑等观赏树种和花卉苗种 4 万棵。海滨路靠海侧种植了耐盐碱的柽柳等。

2009 年，长岛县投入 80 万元，在小钦岛乡政府南侧建立了乡综合文化站（文化长廊），修建了农家书屋、棋牌室、致富网吧、健身房等设施，场地整洁宽敞（图 3-19-13），被评为“市级先进文化站”[①]。

图 3-19-13　小钦岛乡综合文化站和街区一角
左图：乡综合文化站；右图：街区一角（拍摄于 2010 年 6 月 5 日）

图 3-19-14　小钦岛港及驻岛警务室
（拍摄于 2010 年 6 月 5 日，拍摄点地理坐标为 38°20′19.67″N、120°50′41.63″E）

2010 年 6 月现场调研时道路已全部为水泥硬化，主要道路安装了路灯，沿街设立了阅报栏、政务公开栏、宣传栏等。

另外，在小钦岛港（交通管理所）旁设有钦岛边防派出所小钦岛警务室。该驻岛警务室设立于 2007 年 4 月 15 日，并举行了挂牌成立仪式。

七、海岛生态建设和环境保护

近年，按照创建“花园式渔村”标准要求，乡政府聘请专业人员对全岛的发展建设进行了总体规划。按照“四季常绿、三季有花”的要求，

① 资料来源：http：//yantai. dzwww. com/xinwen/ytxw/ytsz/200912/t20091207_ 5249035. htm。

本着因地制宜、量力而行、长远规划和提高绿化美化档次的原则，实施海岛生态建设和环境保护，乡村定期对各重点地段的环境整治，并以文明街的建设标准和管理机制推广到整个渔村的环境改造、卫生整治、文化品牌打造等工作。配备有专门的保洁人员，每天定时定点进行垃圾的清理。

第四节　经济基本情况

一、海岛居民生产活动

小钦岛以渔业经济为主，传统以捕捞为主，辅以海带养殖业。目前，主要产业为海珍品底播增殖、虾夷扇贝底播筏养、海带养殖和近海捕捞。村级公司有金辉公司和钦发公司，养殖和育苗业共有 13 家个体业户，全部改制成公司和个体商户。

小钦岛周围海域辽阔，水质肥沃，其水深和底质适于海带、扇贝、虾夷扇贝、海参、鲍鱼等养殖和各种鱼类生长，水产资源丰富，盛产 30 多种经济鱼类和 200 多种贝藻类水产品，特别是海参、鲍鱼、虾夷扇贝、紫海胆等名贵海珍品，其规模和质量优势在国内外享有盛誉。逐步形成了以海参、鲍鱼、虾夷扇贝为主的多品种底播养殖为龙头，陆上工厂化育苗为保障，传统渔业为补充，海陆同开发、齐推进的海洋产业格局。

二、社会经济基本情况

2005 年，全乡渔村经济总收入 6730 万元，完成地方财政收入 160 万元。第一、二、三产业比为 50. 1∶2. 1∶47. 8。全乡生产总值 2960 万元，人均居住面积 30 平方米①。

2005 年生产鲍鱼 5 吨，海参 50 吨，虾夷扇贝 200 吨，紫海胆 25 吨。先后投入资金 1000 万元，育鲍鱼苗 1500 万头、海参苗 350 万头；购进虾夷扇贝苗种 1. 5 亿个，底播海参苗 300 万头、鲍鱼苗 150 万头。

2006 年，小钦岛的农村经济总收入 7400 万元，完成地方财政收入 150 万元。第一、二、三产业比为 49. 4 ∶ 2. 2 ∶ 48. 4。国民生产总值 3240 万元。捕捞收入 1750 万元，养殖收入 2250 万元；海珍品捕捞生产 480 万元。人均纯收入 6596 元，人均居住面积 30 平方米。

表 3-19-3　小钦岛乡农村经济收益情况②

年份	总收入（万元）	捕捞业总收入（万元）	养殖业总收入（万元）	纯收入（万元）	人均所得（元）	年末固定资产原值（万元）
2000	3528	1039	1626	900	4179	1066
2001	3810	1095	1670	1017	4200	1880
2002	4118	780	2120	870	4258	2270
2003	4700	2030	970	940	4375	650
2004	5700	1275	1813	940	5000	465
2005	6730	1450	2040	1027	5382	675
2006	7400	1750	2250	1390	6596	

2008 年，全乡的乡村经济总收入 1. 06 亿元，渔村人均年收入 8666 元，社会固定资产投入 680 万元，捕捞水产品总量 3300 吨，养殖水产品总量 3550 吨。

① 资料来源：http：//www. yantai. gov. cn/cn/content/about_ yt/ytnj/index_ ytnjshow. jsp? id =457784；烟台年鉴。

② 长岛县发展改革和统计局：长岛县国民经济统计资料（2000—2005 年）第 122 页、长岛县统计年鉴（2006 年）第 40 ~ 41 页。

2009 年，全乡有确权海域底播海珍品面积 460 公顷、海上筏式养殖面积 160 多公顷，海参和鲍鱼各底播 100 万头，虾夷扇贝底播 5 000 万粒。拥有渔船：300 马力以上捕捞船只 1 对，近海作业船只 130 多艘。2009 年，小钦岛全乡经济总收入 9700 万元，上缴税金和海域使用金 100 多万元，渔村人均纯收入 9500 元。

第五节　地质地貌

一、岛陆地质

（一）构造、地层和岩性

1. 构造

小钦岛属于断凸基岩岛屿，岛上构造比较简单，总体上为一向东南倾斜的单斜构造，产状为倾向 135°～165°、倾角 45°～80°。高程 128 米低丘以南岩层产状比较陡，倾角达 45°～85°，而 128 米低丘以北倾角比较缓，为 10°～45°。北部岩层中小断层和寄生、牵引褶皱发育。

小钦岛上断裂比较发育，主要有北北东向、近东西向两组，偶尔见有南北向和北东向小断层。

北北东向断层　见于小钦岛码头西侧，沿 30°方向延伸，经大山顶南部坡麓入海，断层北段板岩十分碎屑，码头处以宽度 6～7 米石英角砾岩产出；神仙洞岩缝沿断层发育，岩面上见有擦痕。

近东西向断层　在高程 149 米和 128 米低丘及 128 米与和 98 米低丘的鞍部分别见到小型近东西向断层。前者为清晰的上盘下降的正断层，下盘为巨厚的纯石英岩，岩层走向 80°，向北倾斜；上盘为青灰色板岩向南倾斜，倾角 70°，二岩层间为断层接触。

南北向断层　露头比较清楚在神仙洞陡崖处，垂直于石英岩层面分布，断层两侧岩层产状分别为倾向 180°、倾角 80°和倾向 170°倾角 80°，断层由石英角砾岩构成。

图 3-19-15　小钦岛石英岩与板岩夹层的单斜构造
（拍摄于 2010 年 6 月 5 日，拍摄点地理坐标为 38°20′06.03″N、120°50′46.46″E）

图 3-19-16　小钦岛西南端断层
（拍摄于 2010 年 6 月 5 日，拍摄点地理坐标为 38°20′10.59″N、120°50′13.87″E）

北东向断层　见于大山顶东侧，为碎屑挤压带，北西倾斜，为下盘下降、上盘上升的逆断层，从东部海区观察此断层尤为清楚。

小钦岛属于断凸基岩岛屿，总体上为一向东南倾斜的单斜构造。岛上出露的基岩地层为新元古界蓬莱群辅子夼组，岩性以石英岩为主，板岩多以夹层出现，地层产状为倾向 135°～165°、倾角 45°～80°。由于石英岩、板岩的抗风化强度不同，很容易区别其分布地点。板岩多分布在沟、谷和低平地区。

2. 地层和岩性

小钦岛出露的基岩地层为新元古代蓬莱群辅子夼组，岩性由石英岩和板岩组成，二者以大套互层产出，岩层产状倾向东南比较稳定，产状为倾向 135°～165°、倾角 45°～80°。岩性差异造成植被疏密相间分布，板岩分布区植被生长茂盛。

石英岩包括乳白色、浅灰白色石英岩和紫红色、黄褐色长石石英岩。乳白色、浅灰白色石英岩主要分布在大山顶、海岛西南部丘脊、128 米低丘等地区，中厚层状，致密块状、质纯、性脆坚硬，岩层层面偶见小的对称波痕，西南岬角神仙洞处巨厚石英岩层面发育着大型波痕。紫红色、黄褐色长石石英岩，多夹在巨厚—中厚层石英岩和板岩中，厚度均不大。

板岩在大山顶以北出露面积较大，夹有少量石英岩层。岩石呈灰紫色、青灰色、黄绿色，结构疏软，易风化、板理发育，常见有皱纹构造，单层厚度0.5厘米。在灰绿色板岩中含有微古化石。

（二）工程地质与水文地质

1. 工程地质

小钦岛工程地质上属于属鲁东丘陵工程较稳定地质区，工程地质特征与北隍城岛、南隍城岛相似，也主要出露3个工程地质岩组。其工程地质特征参见上述海岛的相关内容。

2. 水文地质

（1）地下水类型及分布

根据小钦岛上的含水层包括松散岩类孔隙水和基岩裂隙水两种类型。

松散岩类孔隙水　主要分布于丘陵山麓及山前低洼地带，多为残坡积孔隙水和海积孔隙水。海积孔隙水主要分布于海岛沿岸的砾石滩（堤）区，面积狭窄，砾石层孔隙大，一般与海水相通，水质咸。

基岩裂隙水　为小钦岛主要含水层，属层状岩类裂隙含水层，供水井以石英岩裂隙水为主。由于岛体面积狭小，地下水开采时容易受海水侵染影响。

（2）地下水补给、径流及排泄条件

大气降水量是小钦岛地下水的唯一补给来源，出露地表的岩层直接接受降水补给，埋藏的岩层则接受上部或高处岩层的间接补给。由于小钦岛面积狭小，地形起伏多变且较陡，径流途径短，渗入地下的水量很少，大气降水绝大部分排入海中，属就地补给就地排泄，补给、径流、排泄区无明显界线。

地下水基本以分水岭为界，沿岩层的裂隙、孔隙，从高处流向低凹处，从陆地流向海洋。

1991年，国家海洋局第一海洋研究所对小钦岛乡东供水井进行水质调查分析结果，小钦岛地下水化学类型主要为氯化物型、硫酸型，为高矿化度水，硬度极硬。除岛上部位较高的残坡积和基岩中为淡水外，其他较低部位均受到海水侵染。

（三）第四纪地质

1. 沉积物类型及特征

小钦岛面积较小，地面坡度较大，第四纪沉积物类型相对也较少，主要有残积、黄土状堆积、海积等类型。

（1）残积物

残积物是小钦岛最主要第四纪沉积物成因类型，广泛分布于丘陵山坡或侵蚀剥蚀台地上，沉积层较薄，厚度一般小于0.5米。主要岩性为黄褐色松散亚砂土，分选较差，含有较多的碎石、岩屑，下部与风化壳过渡，其上多为人工栽种松树林。海岛东南部和大山顶常基岩裸露地表，残积层很薄，多为风化残积碎屑，其上生有少量杂草。

（2）黄土状堆积物

主要分布于小钦岛的中部，呈充填于丘间谷地或覆盖在丘麓山坡上，一般分布高度为30～40米以下，厚度以沟谷中最大，沟中间部位最厚可达15～20米。小钦西口剖面黄土状堆积物明显可分两层：下部颜色较深，岩性为褐黄色黏土质粉砂，较致密，无层理，具垂直节理，含钙质结核、白色菌丝与少量岩屑和角砾；上部呈淡黄色，岩性为细砂质粉砂或粉砂，质地均匀，无层理，疏松多孔，垂直节理发育，易发生崩塌，形成陡壁。上、下部地层间呈不整合接触。

（3）海积

沿小钦岛海岸分布，呈条带状镶嵌于海湾或岬间凹岸，主要为砾石、砂砾石堆积，构成砾石堤和砾石滩，一般宽度为10～15米（最宽可达50米）。砾石岩性多为石英岩，砾径大小不一，一般为5厘米×4 厘米×2 厘米，大者为 10 厘米×8 厘米×4 厘米。

2. 第四纪地层

（1）中更新统

小钦岛出露最早的第四纪地层为中更新世黄土状堆积物（离石黄土），在西口有局部出露，呈不整合堆积在基岩剥蚀面上，主要岩性棕黄色黏质粉砂，较致密，底部有大小不一的碎石分布。

小钦岛上中更新世黄土堆积物分布高度一般在高程 30 米以下，黄土沟中上部位厚度较大。

（2）上更新统

小钦岛晚更新世地层有广泛出露，主要为浅黄色的黄土状堆积物（马兰黄土），在丘间低洼地带和丘麓缓坡带广泛分布，露头剖面较好，出露厚度可达 10 米，以浅黄色细砂质粉砂为主，中部夹有砾石或碎石。砾石和碎石成分与附近高处的基岩一致，磨圆都很差，有的成层分布。

（3）全新统

小钦岛上全新世地层主要为海相砾石滩（堤）沉积、陆相的坡积次生黄土等。

二、海岛地貌

（一）岛陆地貌

小钦岛陆主要地貌类型有侵蚀剥蚀低丘陵、黄土台地、洪积海积平原等类型。

1. 侵蚀剥蚀低丘陵

小钦岛陆上地形起伏，侵蚀剥蚀低丘陵为最主要的地貌类型，主要丘陵山头有：大棘山（98.5 米）、西北顶（105.4 米）、鹰铺顶（又名大山顶，148.9 米）、东山（52 米）、三老麻山（又名西大山，75.3 米），均属低丘陵。高程 50 米以上丘坡较陡，基岩常裸露地表或薄层残积层发育。

2. 黄土台地

主要分布在小钦岛中部的丘间洼地地带，自北向南沿鹰铺顶西侧向南延伸码头附近，分布在高程一般小于 40 米处，主要为黄土状堆积物构成的缓坡地。其上有小的黄土冲沟发育。

黄土台地是岛上居民活动的主要场所，曾被开垦为耕地，部分居民驻地位于黄土台地上。

3. 洪积海积平原

规模较小，主要分布在门前湾沿岸地区，呈狭长条带状砾石堤，地面高程一般低于 5 米。

（二）海岸地貌

小钦岛的海岸地貌可分为海蚀地貌和海积地貌，其中海蚀地貌有海蚀崖、海蚀平台、海蚀洞穴等，以大山顶东岸最发育。海积地貌主要有砾石滩、砂砾石滩等，主要分布在门前湾沿岸。

三、海岸线与潮间带

（一）海岸线基本特征

小钦岛海岸线曲折，海岸线类型主要有基岩岸线、砂砾质岸线和人工岸线等类型，以基岩海岸线和砂砾质岸线为主。基岩岸线主要分布在海岛的东、西两大部分，多为悬崖岩岸，以海岛东岸最为陡峭，行人很难通过。

砂砾质岸线主要分布于海岛西口、门前湾等海湾内，多由砾石组成，有的含有粗砂成分。人工岸线主要分布于海岛南侧，主要为码头及村庄道路等。

小钦岛海岸线相对稳定，虽然大部分岸线以侵蚀作用为主，但都为基岩海岸，侵蚀速度缓慢；湾内岸段，虽然接受两侧物质发育堆积地貌，但由于物源不丰，淤积作用不明显。

图 3-19-17　小钦岛南部门前湾砾石滩
（拍摄于 2010 年 6 月 5 日，拍摄点地理坐标为 38°20′19.62″N、120°50′27.99″E）

图 3-19-18　小钦岛陆岛交通码头东侧海岸崩塌
（拍摄于 2010 年 6 月 5 日）

（二）潮间带基本特征

小钦岛潮间带岩滩和砂砾滩均有发育，以岩滩为主，总面积约 0.194 平方千米，岛周普遍发育有岩滩，宽度不大。岩滩上分布有礁石和岩体，尤其在海岛西侧的岩滩礁石较多，岩滩的后缘常有小规模的棱角状砾石堆积物分布。

砂砾滩主要分布于门前湾和西口等湾内。其中，门前湾砾石滩一般宽度为 25 ~ 35 米，最宽可达 50 米，砾石的磨圆、分选均较好，砾径为 3 ~ 4 厘米，物质主要来源于两侧基岩海岸。

岩礁滩是藤壶、牡蛎、贻贝、螺类和许多藻类等固着和附着生物的栖息场所，其数量丰富，生物量和栖息密度较高。生物量组成以牡蛎、贻贝等双壳类为主；单壳类以短滨螺为主。栖息密度以小藤壶为主的甲壳动物占首位。很少出现多毛类。

砂砾质潮间带的生物既有底表固着和附着生物，又有底埋的生物栖息，种类较多，但生物量和生物密度比岩礁滩低。生物量组成仍以双壳类为主；密度组成中，仍以小藤壶为主的甲壳动物占首位。单壳类仍以短滨螺占绝对优势。

四、地质灾害

小钦岛上地质灾害现象不多，主要为悬崖海岸的岩体滑塌现象，分布较为广泛。其中，陆岛交通码头东北侧的岩体滑塌（图 3-19-18），对岛上居民生产活动具有一定的影响。

第六节　植被与土壤

图 3-19-19　小钦岛南部植被分布
（拍摄于 2010 年 6 月 5 日，拍摄点地理坐标为 38°20′21.85″N、120°50′30.23″E）

一、海岛植被

岛上植被类型多样，主要有：针叶林、落叶阔叶林、灌丛、草丛、滨海盐生植被、人工栽培的草本农作物和果树等。在丘陵山顶的中、上部主要是以黑松、赤松为主的针叶林地分布（图 3-19-19）；山坡上有刺槐、紫穗槐、杨树等组成针叶、阔叶的混交林；在山麓的黄土坡及沟谷内有以槐树为主的阔叶、针叶混交林，林下分布有各种灌木和草丛；黄土台地及黄土坡是各种草木繁盛地带，还有少量的果树和农作物分布。

据908专项山东省海岛调查资料①，岛上植被覆盖率大于75%，主要为常绿针叶林和草丛（图3-19-20），林木覆盖率为36.4%。采集到的样本涉及13科的18个种，主要为暖温带的一些种属。木本植物主要有黑松、赤松、刺槐、紫穗槐、杨树、柳树、泡桐，有少量果树，在村庄内还有冬青等。草本主要有茅草、羊胡子草、蒿子、山菊花、碱蓬等。

图3-19-20 小钦岛植被类型及分布

二、海岛土壤

小钦岛上土壤由棕壤类、褐土土类两大类型组成。厚棕壤土主要分布于山丘中上部，土质厚度小于30厘米，土壤质地粗疏。表层砂砾多，蓄水能力差，呈中性或微酸性反应；褐土土类分淋溶褐土、褐土和潮褐土三类，主要分布于山丘中下部，养分含量高，适耕性较好。

小钦岛土壤条件不理想。土层薄，蓄水能力差，养分含量低的棕壤约占95%，远远超过全岛群棕壤所占比重（57.2%）。而耕作条件较好的褐土类约占5%。该类土壤成土母质为黄土状堆积。该岛高程小于40米的较平缓地形面积较大，改良土壤、改善生态的潜力很大。

第七节 海岛资源开发与保护

一、土地资源

据908专项山东省海岛调查资料，小钦岛土地总面积为114.05公顷，多为有林地（图3-19-21），占土地总面积的47.25%。岛上土地各利用类型为：有林地53.89公顷、其他草地25.57公顷、采矿用地（采石场）0.63公顷、农村宅基地14.15公顷、农村道路用地0.24公顷、港口码头用地0.56、设施农用地（晒场）1.12公顷、裸地17.89公顷。

另据《山东省长岛县土地资源调查报告》资料②，1986年10月时，小钦岛的土地总面积为113.12公顷③，其中有：林地25.91公顷（其中有林地约21.30公顷、未成林造林地约3.34公顷）、农村居民

① 中国科学院海洋研究所：山东省海岛（礁）综合调查报告［R］，2010年。

② 长岛县土地资源调查办公室：山东省长岛县土地资源调查报告［R］，1988年，第42~44页。

③ 土地总面积不包含其中的滩涂面积6.7公顷。

图 3-19-21　小钦岛土地利用类型及分布

点 9.48 公顷、特殊用地 1.40 公顷、交通用地 1.49 公顷（其中公路约 0.10 公顷、农村道路约 1.31 公顷、港口码头约 0.09 公顷）、未利用土地 74.83 公顷（其中荒草地约 57.75 公顷、裸地约 0.81 公顷、裸岩石砾约 30.28 公顷）。

两次调查资料相比较表明，小钦岛的未利用土地大面积较少，有林地面积明显增加，居民点占地面积略有上升。

二、淡水资源

降雨是小钦岛唯一的水源。地下水为第四系松散岩层中的含水层和基岩构造及风化裂隙水，两种地下水均由地表水补给。由于小钦岛的岛体小，山势坡度大，雨后地表径流迅速入海。同时，小钦岛是庙岛群各海岛中降雨量较小的岛屿。所以该岛的水资源较缺乏。

据《长岛县水资源调查评价与水利区划报告》资料①，小钦岛多年平均降雨量为 460 毫米，计算平均年降水量为 53.82 万立方米、平均年径流深 56 毫米、平均河川年径流量 6.55 万立方米，多年平均地表水资源量为 6.12 万立方米、地下水资源 0.47 万立方米，浅层地下水多年平均的计算储存量为 2.12 万立方米。

为了最大限度地利用天然降水资源，小钦岛上已修塘坝一座、蓄水池一处。目前，小钦岛上的水井均不同程度地受海水侵染。

三、矿产资源

小钦岛出露地层属新元古代蓬莱群辅子夼组上部，为一套浅变质岩系，岩性组成为石英岩、板岩，地层含矿性差，未发现有金属矿藏。岛上主要矿产资源为海岸石英岩砾石，俗称球矶石或球石。主要分布在门前湾、西口湾等沿岸，资源量约 22 万立方米。

四、旅游资源

小钦岛海岸，奇礁异石很多，美石资源丰富，自然景观奇特。门前湾风光秀丽，水清滩洁，如果在砾石滩上仔细寻找，偶尔会拾到绚丽的彩石。海岸礁石有神似菩萨观潮、将军护海等景观令人感叹。

① 长岛县水利局：长岛县水资源调查评价与水利区划报告［R］，1986 年，第 10～24 页。

海上的双金字塔是岛群主要景点之一，其地质构造上是倾斜单斜岩层，组成两个相连的四面体，顶部呈尖形，与埃及古金字塔非常相像。

五、港口、航道资源

图 3-19-22　小钦岛南部门前湾

（拍摄于 2010 年 6 月 5 日，拍摄点地理坐标为 38°20′16.73″N、120°50′22.40″E）

小钦岛沿岸有门前湾、小钦西口等海湾。

门前湾位于小钦岛村村南，湾口向南，砾石滩壁，全长 800 米，距岸 50 米处水深为 3 ~5 米，500 米处水深 10 米，泥沙石底质，可避偏北和西北风。在门前湾的中部有可停靠 80 吨以下船只的水泥码头一座；在湾口东岬角处建有小钦岛陆岛交通码头。

小钦西口位于小钦岛中西部，湾口向西，砾石滩岸壁，全长 800 米，距岸 30 米处水深 10 米，泥底。在该湾西北角有一向南伸延的礁群。该湾可避偏东向风浪，在大蓬石东侧建有渔港码头。

小钦岛周围的航道主要有小钦水道和大钦水道。其中，小钦水道位于小钦岛东侧、小钦岛与南隍城岛之间，具体情况见南隍城岛有关内容；大钦水道位于小钦岛与大钦岛之间，具体情况见大钦岛有关内容。

六、可再生能源

小钦岛上的可再生能源主要为风能、太阳能和海洋能，已经开发使用的主要为家庭用太阳能热水，绝大多数居民住户（近 90%）安装有太阳能热水器。

另外，在小钦岛大石棚曾建设有摆式波力实验电站，并于 1989 年 8 月 22—23 日通过国家海洋专业组的评审（张淑芝，1989）。

七、生物资源及珍稀、濒危物种

（一）岛陆生物资源

小钦岛上未发现特殊的陆生物资源分布。

（二）潮间带及附近海域生物资源

据 1990—1991 年海岛调查资料，小钦岛周围海域浮游生物资源种类多、数量大。其中浮游植物 119 种，浮游动物 39 种。渔业资源丰富。潮间带和浅海生物 274 种，其中动物 154 种、植物 120 种。

潮间带及浅海主要经济动物有刺参、皱纹盘鲍、栉孔扇贝、光棘球海胆等。大、小钦岛刺参资源状况是：分布的岸线长共 15 400 米，分布宽度 103 米，分布面积 159.47 公顷，分布密度 0.93 个/米^2，平均个体重 107.5 克，商品率 42.38%，可捕量 67.5 吨，宜捕量 42.7 吨。盘鲍大、小钦岛共 30.33 公顷，密度为 0.62 个/米^2，壳高 6.2 厘米，个体重 26.6 克，生物量 16.49 克/米^2，资源总量 18.77 万个。与南、北隍城岛相比，密度小，壳高且体重大，生物量相对较少。光棘球海胆资源状况是：大、小钦岛共 208.13 公顷，密度为 1.2 个/米^2，壳径 4.0 厘米，个体重 37 克，生物量为 244 克/米^2，现存量 92.3 吨。各项指标均超过南、北隍城岛。主要经济藻类有海带、裙带菜、巨藻、羊齿栖菜等。

该岛地理位置是鱼虾类洄游的必经之路，浅海捕捞业得天独厚。主要捕捞经济鱼类有鲅鱼、鲐鱼、鲆鲽类及对虾、鹰爪虾等。

八、海岛生态保护

小钦岛上的生态建设和环境保护始于清朝，通过长期的大规模植树活动以及实施退耕还林、坡地补林和公路沿线栽林等，海岛的生态环境不断改善。目前，岛上山清水秀、环境优美；在岛周海域养殖生产活动中，坚持科学引导，实施贝藻兼养。在虾夷扇贝底播增殖方面，2009 年实施了“山东省渔业资源虾夷扇贝增殖修复”试点工作，每年底播虾夷扇贝苗 3000 万粒；在藻类养殖方面，充分利用宜养海面大力发展以海带为主的藻类养殖，加快营造“海底森林”。同时，因地制宜，推进海珍品健康增殖示范区建设，通过投石、投放瓦片、网笼等方式和加大增殖放流力度，促进海藻繁殖生长，扩大海底森林面积，改善海珍品栖息环境。

第二十章　大钦岛

第一节　概　况

一、海岛地理

大钦岛（Dàqīn Dǎo）代码为370634000611。

大钦岛位于渤海海峡中部、庙岛群岛的北部，与小钦岛为邻，南与砣矶岛相望。岛长约4.9千米，宽约2千米。海岛面积约6.4475平方千米，海岛岸线长约15.29千米。最高为西南部的大南山，高程为202.4米（与高山岛相当），地理坐标为北纬38°18.4′、东经120°49.0′（图3-20-1和图3-20-2）。南距南长山岛最近约37.2千米、大陆海岸的蓬莱角约50.5千米。

图3-20-1　大钦岛遥感影像

唐朝时称歆岛，《新唐书·地理卷》引贾耽《从边州入四夷》："登州东北行，过大谢岛（南长山岛）、亀（砣矶岛）、歆岛、末岛（小钦岛）、乌湖岛（隍城岛）三百里"中的歆岛，即为现今的大钦岛。宋时演变成钦岛。元、明时，大钦岛与小钦岛合称钦岛。清代始称大钦岛，相对于小钦岛而得名。在

《山东省海岛志》的海岛名录一览表中，省序号为“099”、地市序号为“烟台 10”；在《中国海洋岛屿简况》① 中，其全国统一编号为“0663”、省编号为“0070”。

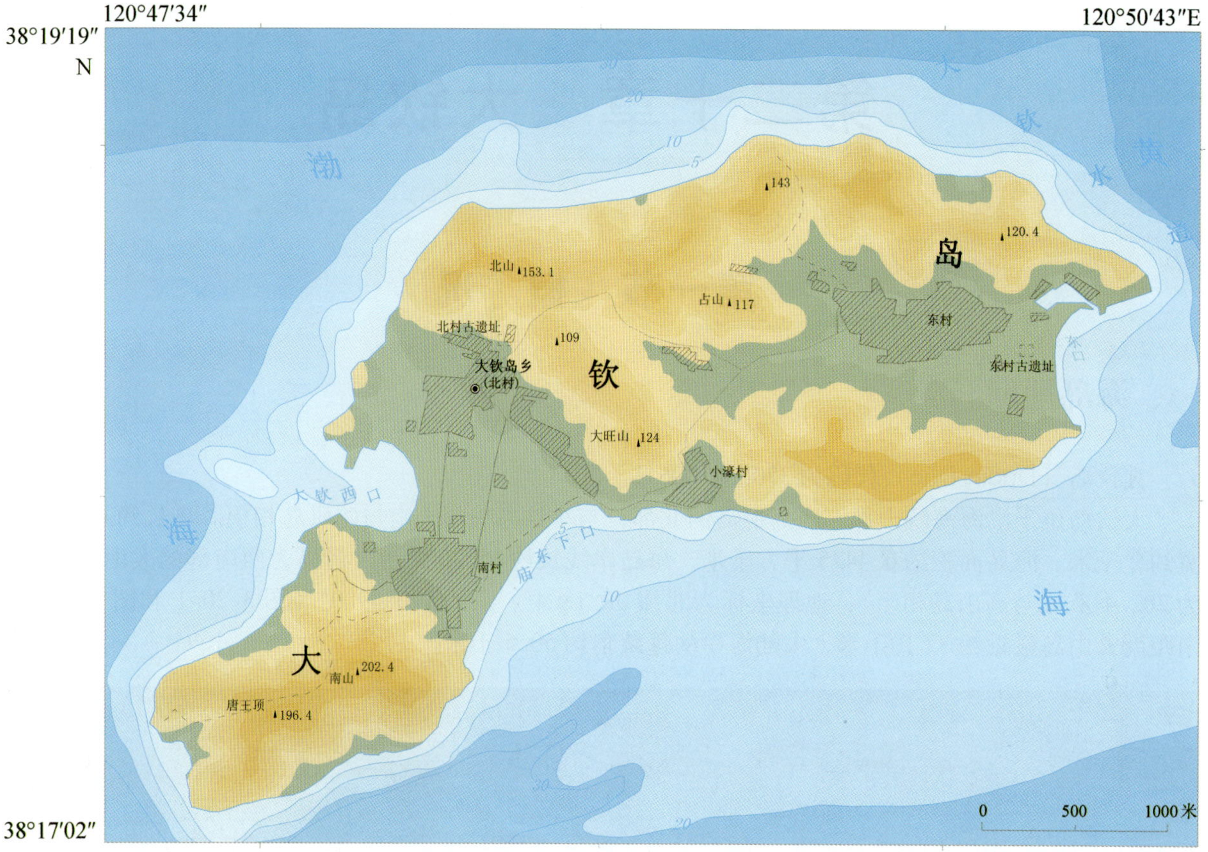

图 3-20-2　大钦岛地理分布

海岛岸线曲折，沿岸自然海湾 3 处：海岛东岸的东口、海岛南部的庙下东口、海岛西部的大钦西口。在东口北部建有东村安全港、庙下东口的北岸建有陆岛交通码头（大钦岛码头）、大钦西口北部建有渔码头。

海岛周围海域有老鸹礁、躺龙礁、大顶、北老头礁、五块石、瞪眼石、歪脖礁、大木礁、东南礁、东海红、红石子、西海红等小岛。

二、政区建置及历史沿革

大钦岛在唐代属蓬莱县乌胡戍。元、明属蓬莱县牵牛社。

清道光年间，为开垦海岛在庙岛群岛设 13 个社，大钦岛和小钦岛同属其中的钦岛社。1928 年 7 月，驻岛奉系海军设长山八岛民政局设 13 个社，大钦岛仍属其中的钦岛社。1934 年年底，长山八岛特区行政专员公署改社为乡，大钦岛属钦岛乡。

1945 年 9 月，庙岛群岛第一次解放，长山岛军政办事处区划为 3 个区，大钦岛隶属其中的钦岛区（辖大钦岛、小钦岛、南隍城岛、北隍城岛等）。1946 年 3 月，区划调整为 6 个区，其中钦岛区辖大钦岛和小钦岛。

1947 年 10 月，国民党长山列岛区署区划为 6 个乡，大钦岛隶属于钦岛乡。1948 年 3 月，国民党长山八岛设治局调整区划为 7 个乡 1 个独立保，大钦岛隶属钦岛乡。

① 中国人民解放军海军司令部航海保证部：中国海洋岛屿简况，1980 年。

1949 年 8 月，长岛第二次解放，恢复长山岛特区，庙岛群岛区划为 6 个乡，大钦岛隶属于钦岛乡。

1958 年 11 月，长岛县与蓬莱县、黄县合并为蓬莱县，大钦岛属长岛人民公社钦岛大队。1963 年恢复长岛县，大钦岛属长岛县钦岛公社；1984 年 3 月 19 日，更名为钦岛乡。

1985 年 3 月 1 日，长岛县区划调整为 2 个镇 8 个乡，大钦岛和小钦岛分别建乡，大钦岛乡下设北村、南村、东村和小浩村。

图 3-20-3 大钦岛乡政府现状
（拍摄于 2010 年 6 月 6 日，拍摄点地理坐标为 38°18′07.58″N、120°48′52.50″E）

2000 年 12 月 19 日，长岛县区划调整，并撤销乡镇建立 8 个区公所，大钦岛乡改为大钦岛区公所。2003 年 2 月 20 日，长岛县撤销 8 个区公所改设为 2 个镇 6 个乡，大钦岛隶属大钦岛乡至今，现辖北村、南村、东村和小浩村 4 个行政村，乡政府位于北村东部。

三、人口

历史上大钦岛的人口变化较大。据《长岛县志》记载，在明洪武二十七年（1394 年）和清朝初期，因日本人经常骚扰海岛，岛民奉旨外迁而空岛。清康熙二十六年（1687 年），官方出台政策鼓励外迁的岛民回岛开垦土地，岛上人口遂大量增加，至清光绪八年（1882 年），大钦岛上有居民 230 余户；清末民初，随着渔业生产的发展，人口增长迅速，1930 年大钦岛和小钦岛的人口总数为 3350 人。1939 年，日伪军占领庙岛群岛后，部分岛民弃家迁往东北谋生（钦岛区 763 户中，迁出 54 户），岛上人口减少，到 1946 年大钦岛和小钦岛的人口总数为 3225 人。之后，部分岛民迁回岛内，岛上人口开始增加，至 1985 年大钦岛上人口数量为 4857 人（小钦岛的人口数为 997 人）。随后，大钦岛人口呈减少趋势（表 3-20-1）。

表 3-20-1 大钦岛历年人口数量　　单位：人

年份	1930	1946	1950	1965	1984	1985	2000	2005	2008	2010
人口	3350*	3225*	3370*	5027*	5781*	4857	4673	4526	4150	3801

注：带“*”人口数含小钦岛人口。

据长岛县国民经济统计资料（2000—2005 年）①，2000 年年底，大钦岛岛上有居民 1463 户、人口总数为 4673 人，其中男性 2283 人、女性 2390 人，农业人口 4332 人、非农业人口 341 人，有渔农村劳动力数 1499 人，其中渔业劳动力 680 人（捕捞 369 人、养殖 311 人）；至 2005 年年底，大钦岛上有居民 1530 户、人口总数为 4526，其中男性 2190 人、女性 2336 人，全部为农村人口；有渔农村劳动力数 2432 人，其中渔业劳动力 800 人（捕捞 474 人、养殖 326 人）。

据长岛县 2006 年统计年鉴资料，2006 年大钦岛共有居民 1517 户，总人口数为 4499 人，其中男性 2183 人、女性 2316 人，全部为农村人口；乡村从业人员数 2090 人，其中男性 1066 人、女性 1024 人，第一产业从业人员 850 人（渔业 505 人、养殖业 335 人）、第二产业从业人员 188 人、第三产业从业人员 1052 人。

据长岛县统计局提供的资料，2008 年年底大钦岛上有居民 1424 户，人口总数 4150 人，乡村劳动力资源数 2444 人，乡村从业人员总数 2252 人。

① 长岛县发展改革和统计局：2000—2005 年长岛县国民经济统计资料。

根据《长岛县2010年第六次全国人口普查主要数据公报》，2010年11月1日零时大钦岛有常住人口3801人。

大钦岛上居民由十几个姓氏族群组成，都是在康熙年间中期和乾隆年间初期由胶东迁徙而来，最早移民来岛的居民距今已近300年。

四、公共服务

（一）教育

大钦岛上原有初级中学1所、小学2所，即：大钦岛中学、东村小学和北村小学。现岛上有乡中心小学1所、中心幼儿园1所。

东村小学，始创办于1927年3月；1985年8月，招收小学1～5年级学生，共有5个班、学生总数133人，有教师7名。北村小学，始创办于1929年3月；1985年8月，招收小学1～5年级学生，共有6个班、学生总数201人，有教师12名。

图3-20-4　大钦岛乡中心小学（大钦岛中心原址）

（拍摄于2010年6月6日，拍摄点地理坐标为38°18′05.75″N、120°48′37.75″E）

1969年，在大钦岛北村创办了钦岛联中（设有高中班），岛上始有中学；1976年，推行校队一体化，联中更名为“五七”学校。1978年开始，长岛县对中学布局进行调整，钦岛联中取消高中班。1985年8月，钦岛联中设有初一至初三年级共6个班、在校学生258名（初一有2个班、共70名学生；初二2个班、共有学生87名；初三2个班，有101名学生），共有教职工18名（全部为公办）。

1996年5月，投资建成大钦岛乡钦岛中学教学楼（图3-20-4）。

2005年，长岛县开始实施中小学学校布局调整①，2006年5月，大钦岛上教育布局进行了调整，撤销钦岛联中，保留乡中心小学。岛上初中及以上的学生集中到南长山岛的县城区上学；以大钦岛北村小学为基础，成立大钦岛乡中心小学；东村小学撤销了三年级以上学段，成为小学的教学点，其学生集中到大钦岛乡中心小学上学。

大钦岛各村原均建有幼儿园。2005年长岛县实施中小学学校布局调整后，2006年11月，大钦岛乡政府投资20万元，将北村、南村和小浩村的3个村幼儿园合并，成立大钦岛乡中心幼儿园。

（二）科学技术

1956年，岛上建立钦岛渔业技术推广站。1957年，该渔业技术推广站并入长岛渔业技术推广站。

1972年，大钦岛小浩养殖队，进行海带高产实验，海带亩产干品3000千克以上，总结出“四个加大一个发展”（加大区距、行距、绳距、株距和向外海区发展）的经验，以及选择深水大流海区、早分苗、抓好淡肥时机和适时收割的经验。1973年，县政府多次组织各海带养殖单位学习小浩海带高产养殖经验。

1978年，大钦岛小浩海带获得了“全国科技大会奖”和“法国科技博览会金奖”，因其营养价值高而闻名中外，素有“中国小浩海带”之称。

---

① 资料来源：http：//www.changdao.gov.cn/cn/content/xxgk/index_show.jsp？sid=0104-03-2007-100209&dept_code=JYWHTYJ&columncode=JYWHTYJXXGKMLZXGH。

1979 年，长岛县研究所和长岛县海珍品试验场，在钦岛等 7 个海区，进行大面积自然海区栉孔扇贝半人工采苗试验；同时，进行了用幼贝养殖笼外套窗纱进行采苗的实验。通过试验，得到最佳采苗水层为水下 5 ~6 米，采苗数量多，质量好，无杂贝。该技术推广后，解决了当时栉孔扇贝养殖的苗种问题。项目成果于 1984 年 5 月获烟台地区科研成果推广三等奖。

1984 年 8 月，长岛县水产研究所在大钦岛东村养殖场（地点在南长山南城西部海域）进行贻贝接珍珠试验。即用 5 ~6 厘米的贻贝为母贝，采用外套膜小片无核接种法促其育珠。接种 10 天后检验，母贝生长良好，经过 19 个月的养殖，怀珠率达 20%。

1989 年 5 月，大钦岛乡南村唐家祥、唐守翠开展罗非鱼试养，从泰安购进罗非鱼种 300 尾，投放在村北一个面积 4 亩的池塘中。在饲养期间无特殊管理措施，只是不定时、不定量地投放麦麸，10 月下旬全部出池，成活率为 95%，总产量为 702 千克，盈利 2770 元。同时产鱼苗 10 万余尾。

1998 年，成立了长岛县大钦岛海带协会，坚持普及、推广、研发海带养殖技术，在海带育苗、管理、加工等方面取得了一整套国内领先的科学技术，研究推广了“一绳双挂”、“贝藻兼养”、“生态养殖”等养殖方法。其中，自主研发的“海带一绳双挂”技术，科学地解决了海带相互缠绕的问题，使海带亩产量提高了 25% 以上，带动了全国海带产业的大规模发展；探索出的“贝藻兼养”立体化养殖技术（在海水上层挂绳养海带，中层吊笼养虾夷扇贝，底层播养鲍鱼、海参和虾夷扇贝），使海区上、中、下层存在的物种形成了一条完整的食物链，在保持生态平衡的同时提高了复养指数和单位经济效益，形成了“上中下水层综合利用，多品种立体共存”的生产格局①。2003 年 7 月，东村深水网箱养鱼试养成功；2005 年 4 月，大钦岛乡全面普及推广虾夷扇贝养殖。

2003 年，大钦岛海带协会被烟台市科协授予“全市先进农技协”称号；2007 年，被评为“全国科普惠农先进单位”，受到中国科协和财政部联合表彰；2008 年，在中国科协、财政部联合实施的“科普惠农兴村计划”中，大钦岛海带协会被列为全省首批 10 个“科普惠农服务站”试点单位之一②。

2007 年，列入国家“十一五”科技支撑计划的《离岸网箱高效养殖技术集成与产业化模式构建》(2006DAB09A13) 子课题落户大钦岛。该课题由中国科学院黄海研究所、浙江海洋学院和长岛县大钦岛东村海珍品发展有限公司等单位共同参与（国家提供资金 700 万元），主要针对黄渤海海域特定的养殖鱼类，通过建立离岸深水区高效健康养殖的技术体系和示范工程③，实现产业化链式发展。

（三）医疗卫生

1941 年，岛上开始有私人诊所（战医生诊所，西医），1942 年停办。

现大钦岛上有乡卫生院 1 处，医护人员 16 人；村卫生室 4 个，卫生人员 10 人，建立了城乡医疗服务、预防保健网络。另外，岛上不断扩大医疗保险，其他社会保险如工伤、养老等日趋完善，基本做到了老有所养、病有所医、育有所保。

大钦岛乡卫生院前身为钦岛卫生所，创建于 1954 年 5 月，当时有医务人员 1 人。1965 年，医务人员增至 4 人。1968 年始设病房。1970 年增设中医门诊。1972 年改建钦岛卫生院。1973 年，改为长岛县人民医院钦岛分院，有医务人员 10 人、病床 6 张，增设化验室。1974 年增设放射室。1985 年有医务人员 17 人、病床 10 张，设有内科、五官科、妇产科、防疫科、药剂科和放射科。

1997 年 8 月，投资 100 万元，建成大钦岛乡卫生院大楼（图 3-20-5）。目前，大钦岛乡卫生院具备基本的检查诊断条件，设有疾病防保站。

大钦岛上村卫生室的前身为各生产大队建立的合作医疗室（医务人员称为“赤脚医生”），1980 年，合作医疗室改称为村卫生室。

2006 年 4 月，全乡推行新型农村合作医疗，参保率为 97.8%。

---

① 资料来源：http：//epaper. xplus. com/papers/sdkjb/20081105/n23. shtml。

② 资料来源：http：//www. jiaodong. net/news/system/2008/09/12/010348170. shtml。

③ 资料来源：http：//www. ccfishery. com/article/news/4/20071231/4033. html。

图 3-20-5　大钦岛上乡卫生院

左图：原卫生院；右图：2009 年新建卫生院（拍摄于 2010 年 6 月 16 日）

另外，2006 年 12 月，投资 5 万元，利用岛上学校操场建成了直径 30 米的直升飞机停机坪，用于岛上空中紧急救助。12 月 22 日，北海救助局和县政府首航试飞验收成功，至此岛上军民在大风天不能通船时，突发重病可乘救助直升机及时就医。

第二节　海岛历史与文化

一、海岛历史

（一）人类起源及古遗址

图 3-20-6　大钦岛北庄三条沟遗址

（拍摄于 2010 年 6 月 6 日，拍摄点地理坐标为 38°18′08.47″N、120°48′52.09″E）

图 3-20-7　大钦岛东村遗址现状

（拍摄于 2010 年 6 月 6 日，拍摄点地理坐标为 38°18′18.35″N、120°49′58.78″E）

早在 6000 ~ 7000 年前，大钦岛上就有人类居住，岛上分布有多处古遗址，已经发现新石器时代以来的北村三条沟遗址、东村南山遗址等，其中东村遗址可与西安半坡遗址相媲美。

1. 北村三条沟遗址

北村三条沟遗址位于大钦岛北村乡政府西侧，东西长约 110 米，南北宽约 100 米。1980 年，烟台文管会、长岛县博物馆和北京大学考古人员进行了挖掘考察。长岛县文物局在该遗址处设有标志和保护警示语（图 3-20-6）。

北村三条沟遗址有 3 个时期的文化遗存。下层与大汶口文化相当；中层属龙山文化；上层晚于龙山文化。出土的文物有石器、骨器和大量陶器，较重要的是一块刻有变体雷纹的黑陶片，它的反面刻着另一种变体雷纹，双线勾，两线之间有若干锥刺点。还有两种陶杯，一种为直筒形、平底、有把；另一种是高柄杯。这两种杯均由细泥制成，轮制、磨光，火候适中，质地坚硬，有一只壁厚仅 0.55 毫米。

2. 东村遗址

东村遗址位于大钦岛东村东南的坡麓，属于紫荆文化下层，面积不详。长岛县文物局在该遗址处设有标志和保护警示语（图 3-20-7）。

（二）人文遗迹和历史文物

在南村西南塘坝上，立有“军民团结好，共建文明岛”的汉白玉碑石（图 3-20-8），由万里题词。即 1984 年 2 月 1 日，中共中央政治局委员、中央书记处书记、国务院副总理万里等领导人代表党中央、国务院和中央军委来岛慰问海岛驻军时的题词。

图 3-20-8 万里题词碑石

（三）历史事件

清光绪五年（1879 年）八月，蓬莱知县江瑞采赴长岛视察后发布《谕各岛并三乡栽松树以资樵薪告示》。同时制定了保护中外船只航行章程，在大钦岛佛爷庙设立了“永绥局”，分界管理海域，东北至南隍城岛 65 里，距城 175 里，察大钦岛距小钦岛十里，归并一局经营。

1919 年，岛上流行霍乱。

1993 年 8 月 15 日，大钦岛西海口出现海市奇观。

1945 年 9 月中旬，砣矶岛、大钦岛、小钦岛、南隍城岛和北隍城岛出动帆船百余艘，运送进军东北三省的八路军。

1946 年 3 月，砣矶区和钦岛区的渔民，开展向船主算“大合账”运动。

是年，钦岛爆发霍乱，特区政府和卫生部门虽大力抢救防治，但仍死亡 33 例。

1947 年 3 月 21 日，1 艘国民党军舰将拦截的 2 艘运输船拖向钦岛，当地民兵驾驶 40 余艘渔船出击，夺回 2 艘运输船，救出船员和乘客 300 余人，俘敌 5 人，敌舰窜逃。是年 10 月，国民党军队占领大钦岛。

1949 年 8 月 19 日，驻守在大钦岛的国民党军队弃逃，大钦岛第二次解放。

1957 年 1 月，岛上邮电支局始用 B1 型 15 瓦手摇发报机，与县局联络。

是年 11 月 25 日，青岛航运局长岛客运站建成，开通蓬莱与海岛的客运航线。

1964 年，大钦岛上创建中学 1 所，即钦岛渔林中学。

1969 年，岛上渔村始创合作医疗室，其医务人员称“赤脚医生”。

1972 年，大钦岛小浩大队养殖海带，平均亩产 3000 千克，创全国最高纪录。

1978 年 10 月，在大钦岛南侧海域建成北礁灯塔，此为当时我国北方海域暗礁上建起的第一座渔用灯塔。

1980 年 1 月 10 日，长岛县政府对计划生育作出规定。

1983 年，社、镇诸岛间海底电信电缆敷设完毕，全县队队通电话。

1983 年 4 月 24 日，大钦岛南村“鲁长渔 2023”号和“鲁长渔 2024”号对船，在黄海拉网捕获 1 条重量达 3500 千克的鲨鱼。加工得鱼翅 150 千克、鱼皮 225 千克、鱼肝 550 千克。

1984 年 7 月 29 日，大钦岛正西方向，先后出现 2 次“海市”。

1996 年 5 月，建成钦岛中学教学楼。

1997 年 8 月，建成大钦岛乡卫生院大楼。

1998 年 3 月，大钦岛西海口首次开放个体海上养殖。

2003 年 7 月，大钦岛东村深水网箱养鱼试养成功。

2005 年 4 月，大钦岛乡全面普及推广虾夷扇贝养殖。

2006 年 5 月，岛上教育布局进行调整，撤销大钦岛联中保留乡中心小学。

2006 年 12 月，投资 240 万元的大钦岛乡淡化站正式供水，供水量为每小时 7 吨。2007 年 9—10 月实施淡化水主管网设施连村供水工程，铺设管网 3600 米，淡化水入户率达到 100%。

（四）历史人物

田永祥（1900—1961），大钦岛乡北村人，著名木匠和铁匠。他自行设计建造载重量20吨左右的木帆船，所造之船外形美观，做工精良，航速快，稳性好。同时，他的锻造技艺较高，经他打制的舵箍尺寸准确。1945年，在砣矶岛打铁时，自行设计打制的“枪子”（安装在大船后部的吉祥物），工艺精细，每支高3米多，用320块铁锻接而成，上有锻造的太阳、月亮、花鸟、蝴蝶图案和“福禄寿喜”字样，形同雕刻艺术品。1961年病故。

另外，大钦岛上有长岛县革命烈士3位：

赵乐凤（1923.10—1943.10），男，大钦岛东村人，1948年2月参加革命，1943年10月在龙口敖上牺牲。牺牲时为胶东军区北海一团一营二连战士。

唐修盛（1923.4—1943），男，大钦岛小浩村人，1947年8月参加革命，1949年失踪，时为华东野战军88师战士。

唐时奎（1924.5—1951.9），男，大钦岛小浩村人，1948年8月参加革命，1951年9月在朝鲜牺牲，时为中国人民解放军朝鲜志愿军司务长。

图3-20-9　大钦岛东村村委会办公楼

（拍摄于2010年6月6日，拍摄点地理坐标为38°18′30.61″N、120°49′55.46″E）

图3-20-10　大钦岛小浩村

（拍摄于2010年6月6日，拍摄点地理坐标为38°18′03.19″N、120°49′03.14″E）

（五）渔村介绍

1. 东村

位于大钦岛北部东侧，西距乡政府驻地1.5千米，南距县政府驻地36千米。

清康熙年间，肖姓从蓬莱芦家夼迁入建村，因村庄位于大钦岛东部山沟中，而得名东濠村（后名东村）。后有孙氏、赵氏等从蓬莱迁此定居。

该村是烟台市百强村之一，1987年被中共烟台市委、市政府授予“农村中小学校舍改造先进单位”；1989年被省委、省政府、省军区授予“双拥共建先进单位”；1991年被中共烟台市委授予“先进基层党组织”；1996年被中共烟台市委、市政府授予“文明村”称号。

2. 小浩村

小浩村地处大钦岛南部中段，西北距乡政府驻地0.7千米，三面环山，南临海，村庄沿山势依海岸呈三角形聚落。该村因坐落在山沟中（图3-20-10）而得名小濠村。

据《长岛县志》记载，清康熙年间，唐姓从大钦岛南村迁来居住。高姓从蓬莱栾家口迁来居住。1956年成立钦岛乡小濠社，1958年为钦岛大队小濠生产队，1962年为钦岛乡社小濠大队。1984年取消大队建立村民委员会，属钦岛乡。1985年隶属大钦岛乡，更名小浩村。

2007年年底，该村有居民186户，人口676人，林地28.33公顷，养殖海区面积45.33公顷，船只48条，产值500万元，村办企业5个，产值

300 万元。经济总收入 1200 万元，人均纯收入 5500 元，人均居住面积 40 平方米。

3. 北村

北村地处大钦岛乡西北部，北、东傍山，西临海，南隔南大洼平地与南村相望，东南方向距乡政府驻地 300 米。村名因方位而得，村内按住地特点和姓氏群落自然分为庙疃、顾家疃、田家疃、前店几个居民区所。

清康熙年间，田姓从蓬莱田家崴迁入、葛姓从蓬莱抹直口迁入、邹姓从蓬莱芦家夼迁入。人民公社化时期，北村属钦岛人民公社北村大队，下辖 4 个小队。1984 年 3 月人民公社改为人民政府。北村组建了村民委员会，下设 3 个区。属大钦岛乡人民政府管辖。

2007 年年底，全村有居民 260 户，人口 860 人，有蔬菜地 1.33 公顷、林地 34.4 公顷、养殖海区面积 66.67 公顷，船只 60 艘，产值 800 万元，村办企业 3 个，产值 400 万元。经济总收入 5200 万元，人均纯收入 6000 元，人均居住面积 50 平方米。全村自来水管道入户，24 小时供应淡化水；村内建有文化活动中心、休闲健身广场、残疾人和老年人活动中心等。曾被评为“烟台市文明村”。

图 3-20-11　大钦岛北村

（拍摄于 2010 年 6 月 6 日，拍摄点地理坐标为 38°18′09.21″N、120°49′04.22″E）

4. 南村

南村位于大钦岛的南部，因方位而得名。村庄呈东西向聚落，北距乡政府驻地 1 千米，南依唐王山，东、西临海。

南村由两大姓组成，分别为唐、肖。清康熙年间，唐姓由蓬莱唐家泊（坡）迁入、肖姓从蓬莱栾家口迁入。

2007 年年底，全村有居民 312 户，总人口 840 人，有耕地 20 多公顷、菜地 0.4 公顷，村土地 33.33 公顷，产值 20 万元。海区面积 400 公顷，大小船只 70 艘，产值 800 万元。南村产业以个体养殖、近海捕捞，单拖垂钓为主，有个体海上养殖业户 69 户，产值 1300 万元，村办企业 3 家，年产值 500 万元。经济总收入 2800 万元，人均纯收入 6500 元，人均居住面积 80 平方米。

图 3-20-12　大钦岛南村村委会

（拍摄于 2010 年 6 月 6 日）

恒源海带综合加工厂的“恒源牌”海带丝、海带块、即食海带等产品得到国家食品卫生无公害认证。

二、海岛文化

（一）海岛风情与旅游文化

大钦岛也是经常可见到海市蜃楼的地方。其中，1984 年 7 月 29 日下午，在大钦岛正西方向，曾连续出现过两次海市蜃楼。在 16 时 40 分左右，只见海面上突然出现一片层层叠叠的山峦坡谷，待不多时山前面现出一排高大的建筑物，隐隐约约看到一排排烟囱冒着浓烟，立体交叉路上，各种形状的车辆在行驶，影影绰绰的人影在楼房前面晃动，极像一个现代化的大城市。这次海市蜃楼持续了 40 分钟，至17时20分才逐渐消失。正当人们流连忘返之际，海面上又出现一次极为壮观的海市蜃楼，时隔第一次仅10分钟。

（二）民俗文化

海岛的民俗文化常和信仰与航海有关。

“镇口子”是北岛群渔家流行的一种习俗（参见北隍城岛相关部分）。大钦岛的镇口子仪式主要在东村举行，届时大小船只云集港池内，升起了红旗，系上红布条，贴上大福字，在锣鼓中开始，并宰杀大公鸡，齐放鞭炮（宁多勿少，都想为自家船争光）。

同样，“挂红”（参见北隍城岛相关部分）也是大钦岛渔家的习俗。当今，除每逢国庆和春节绝大多数渔家住户升起国旗外，共产党员家门前挂上了红牌，红牌上有星的标志，以此规范党员行为，发挥党员的作用。

2007年9月18日，组织全乡150多名群众到南长山岛县城参加了中国长岛中华妈祖文化节民俗文化踩街活动。

（三）信仰文化

1. 道教

宋朝，岛上开始有道教传播。元朝海运兴，道教开始兴盛。明、清时期，岛上多处建有“娘娘庙”、“龙王庙”等。在渔业生产中，渔民向“海神娘娘”、“东海龙王”等祈祷许愿，并到庙中还愿。第一次解放期间，在“土地革命”和“复查”运动中，宫观多被破坏；在“文化大革命”的破“四旧”中，宫观荡然无存，但仍有敬仰活动。20世纪90年代后期以来，又陆续修建了龙王庙、天后宫、台山寺等。

东村东部的龙王庙始建于清末年间，因年久失修，在1949年的一场台风中倒塌，人们一直在旧庙址上祭神祈祷，以求平安发财。1997年秋，村民集资在旧庙址上建一座六角亭式龙王宫，塑有东海龙王、镇海神、定海神三尊神像供奉。2010年6月现场调研时，该庙宇正值扩建施工（图3-20-13）。

2007年初，在东村北重新修建的妈祖庙（天后宫）落成。

图3-20-13 大钦岛东村龙王庙和天后宫

左图：扩建中的龙王庙；右图：东村天后宫（拍摄于2010年6月6日）

2. 佛教

唐朝，佛教开始在岛上传播，岛上始有佛教寺庙。元朝海运兴，岛上道教开始兴盛，并形成佛教、道教混杂布局。平日群众常到庙上烧香拜佛，每年四月二十八日，盛行到寺庙赶庙会。民国初年，佛教渐趋衰落。第一次解放期间，在“土地革命”和“复查”运动中，僧侣多被遣走，庙属土地和船只分给群众，寺庙多被破坏，佛教活动随之消失。

3. 天主教

民国初年，天主教从蓬莱传入庙岛群岛，大钦岛为其主要的传教活动地之一，在北村设有传教点，由华人传教士主持日常教务活动，传教时间多为春季。

1921 年，大钦岛上的天主教停止了活动。

图 3-20-14 大钦岛北村台山寺

（拍摄于 2010 年 6 月 6 日，拍摄点地理坐标为 38°18′14.23″N、120°48′43.60″E）

4. 基督教

民国初年，基督教从烟台和蓬莱传入庙岛群岛，大钦岛是其传教活动的主要场所，在南村建有传教点，其日常事务主要由华人神职人员负责，每逢星期四，教徒都聚集到传教点做礼拜。在渔闲季节，外国传教士会进岛布道，传教士多是英国人或美国人，其中还有修女。传教时，还向群众发放宗教画册、图片和其他读物。岛上基督教徒，经常与当地天主教发生械斗。1921 年，岛上基督教活动开始衰落，1928 年之前已停止活动。

基督教曾在大钦岛的南村办有教会学校，在砣矶岛的井口村、大口村、吕山口村和南长山岛的寺后村等也曾办有学校。这些学校的教师主要由华人神职人员担任，除讲授国语和算术外，还讲授福音书，有的还开设英语课。

（四）文学艺术

1. 传说与故事

大钦岛唐王山上有一石坑，相传是唐王征东时驻扎时打的井，人称“唐王井”。20 世纪 50 年代初，尚有 1 米多深，雨季时井内有水，可饮用。

传说，很久以前，有一个穷苦的南方渔民在渤海捕鱼，遇到风浪后，泊锚于大钦岛避风。上岛后，他发现大钦岛上有一奇怪的现象：成群的蝎子在岛上抱成蛋、滚成球，漫山遍野都是蝎子。他想到自己南方的家乡没有蝎子（传说古代南方无蝎子），闲来无事便捉了些蝎子带回家，一到南方竟有人出高价购买。于是，这个渔民灵机一动，索性弃渔从商，改行贩运蝎子，不到一年工夫便发了大财。故此，大钦岛便常被称为蝎子岛。

2. 戏剧

民国初期，每年夏、冬两季，岛上常请外地戏班进岛演出京戏，群众称为“唱大戏”。1926 年，大钦岛的北村、南村、东村和小浩村开始成立业余京戏班子，一般正月初开演、正月十五结束，所演剧目均为岛上在东北经商的京戏爱好者传入。1950—1955 年，大钦岛东村曾排演过京戏《桑园会》、《卖马》、《失汉城》、《打渔杀家》、《空城计》、《女起解》、《搜狐救狐》等。1955 年后，随着吕剧的兴盛，京剧活动逐渐停止。

1955—1957 年间，大钦岛的北村、南村、东村和小浩村相继组建业余吕剧队，演出的吕剧节目多为传统剧目。1965—1967 年，吕剧演出剧目多系根据政治形势需要自编。1978 年，恢复演出传统剧目。1985 年，随着音乐舞蹈的兴起，吕剧逐渐淡出人们的视野。

3. 民间舞蹈

大钦岛的民间舞蹈活动始于 20 世纪 20 年代初，由东北地区传入，北村率先组织了同乐会（山东省长岛县志编纂委员会，1990）。春节期间的文化活动，主要是耍龙、跑旱船和踩高跷等。演出时间一般从正月十五演到正月十八。除在本村演出外，还到各村串演。

1949 年以后，新增的形式有扭秧歌、腰鼓舞、狮子舞、扇贝舞、大头娃舞等。“文化大革命”开始后，一切传统文艺活动被禁止，只准唱“语录歌”、“样板戏”，跳“忠字舞”，至 1978 年停止。之后，始有秧歌演出，内容多为歌颂工农兵、反修防修、抓阶级斗争等。1981 年，开始恢复传统节目演出。

三、海岛特色产品

大钦岛上的特色产品主要为海带养殖、虾夷扇贝养殖、深水网箱养殖。

（一）海带养殖

大钦岛是名扬海内外的“中国小浩海带”的故乡。岛上的小浩海带于 1978 年获得了“全国科技大会奖”和“法国科技博览会金奖”，是我国重要的海带出口加工基地。早在 20 世纪 50 年代大钦岛就以质优品良的淡干剪边海带出口创汇，名扬海内外，出口海带一级品占 60% ~85%，最高达 90%。经国家水产品质量监督检验中心检测，碘、醇、胶等含量大大高出其他地区海域的养殖品种。近年来，大钦岛乡先后研究推广了一绳双挂、贝藻兼养等十多种海带科学养殖方法，并不断加大海底投石力度，改造海洋生态环境，保护藻类资源，在岛屿周围潮下带营造“人工海底森林”666 多公顷，维护了海域自然平衡，提高了海珍品单位产出效益，该示范技术在山东沿海乃至全国沿海地区已被大面积推广应用，收到了良好的经济效益和生态效益。2007 年大钦岛乡海带协会被中国科协、财政部联合授予“全国科普惠农兴村先进单位”荣誉称号，2008 年被列为山东省首批 10 个科普惠农服务站试点单位之一。目前全乡海带养殖面积 433.33 公顷，2008 年共加工等级海带 1050 吨，食品海带 2980 吨，化工菜 5000 吨，经济收入 8680 万元，同比增长 40%，海带系列产品走进了全国的各大商场。

（二）虾夷扇贝养殖

大钦岛乡自 2002 年开始发展虾夷扇贝养殖，2005 年，全乡掀起虾夷扇贝养殖高潮，17 个村级公司养殖场养殖虾夷扇贝 4780 万粒，产量 480 吨，收入 720 万元。2006 年合理调配养殖海区，探索科学生态养殖模式，大力发展贝藻兼养，进一步扩大虾夷扇贝增养殖规模，当年新增虾夷扇贝养殖面积 100 公顷，养殖总面积 133 多公顷，收获 1218 吨，产值 1700 万元。2007 年，各养殖户到大连、蓬莱等地考察苗种市场，针对苗种多、价格低的情况，加大了优质苗种购置力度，共投资 270 万元，购进苗种 2.6 亿粒，购进成品笼 15 万个，虾夷扇贝养殖规模达到 166.67 公顷，收获 1620 吨，产值 2600 万元。2008 年，各养殖生产单位共投资 350 万元，购进优质苗种 2.3 亿粒，成品笼 10 万个，预计实现销售收入 3500 万元。

（三）深水网箱养鱼

2003 年，大钦岛东村在全县率先进行深水网箱养鱼试验，投资 20 多万元，从青岛胜邦公司购进 2 个周长 50 米、高 10 米、养鱼水体 2000 立方米的深水网箱，一年后，销售黑鱼 20 吨，创产值 60 万元。良好的经济效益激发了群众发展深水网箱养鱼的积极性，乡党委政府也把深水网箱养鱼作为继海带、虾夷扇贝之后又一支柱产业进行培植，形成一整套系统化、科学化的养鱼经验和实践操作规程，在全县率先取得活鱼出口产地认证和无公害产品认证，并通过了国家商检局的验收。

东村海珍品发展有限公司参与的《离岸网箱高效养殖技术与产业化模式构建》课题，2007 年还被列入国家“十一五”科技支撑计划。2008 年新增网箱 20 个，其中 2 个升降式网箱，总量达到 156 个，放养黄、黑鱼 300 万尾，增养鲈鱼 10 万尾，销售成品鱼单箱平均纯收入一般为 10 万 ~20 万元，最高达 30 万元，实现鱼类销售 740 吨，收入 2610 万元。

第三节 海岛基础设施

一、交通运输

清光绪五年（1879 年），蓬莱县在大钦岛上设立永绥局 1 处，负责管理海域和保护船只。

1929 年，长山八岛民政局通令各岛群众修路。

1950—1957 年，驻岛人民解放军在大钦岛上修路 7 千米。

1985 年，岛上始建水泥公路，筑成的水泥公路长度为 5 千米、路宽 6 米。

2006 年 5 月，投资 80 万元，建成东村至小浩村的东浩路（全长 1 千米），方便了群众出行。

目前，大钦岛上有水泥公路连接各村及港口，村内街巷多已硬化（图 3-20-15）。2009 年，长岛县交通管理部门筹资 210 万元，对大钦岛东北线的 3.5 千米公路进行改扩建（工程于 5 月开工、11 月底完工）①。

图 3-20-15 大钦岛北村—东村公路（东北线）
（拍摄于 2010 年 6 月 6 日）

二、港口、航运与助航设施

大钦岛上现有港口码头包括东口的安全港、庙下东口的陆岛交通码头（图 3-20-16）、大钦西口码头等。

图 3-20-16 大钦岛东村安全港
左图：东口的安全港；右图：庙下东口陆岛交通码头现状（拍摄于 2010 年 6 月 6 日）

东口的安全港 位于村东侧，1956 年开始建设。1963 年续建，1984 年扩建，共计投工 89 000 个、投资 30 万元（其中国家投资 3.2 万元），建成码头 2 座，港南北长 120 米、东西宽 85 米，港池面积 1.02 万平方米，水深 3.5 米。1996 年再次扩建。该安全港采用挖入式港池，湾口和码头采用水泥砌石或预制水泥块体砌成，可停泊各类渔船 300 多艘。平常主要用于东村的渔业生产，冬季则全岛渔船均

① 资料来源：http：//www.jiaodong.net/news/system/2009/12/16/010705600.shtml。

图 3-20-17　大钦西口码头现状

在此停靠。

1996 年 6 月，在大钦岛在小浩村西南侧建成陆岛交通码头，地理坐标为北纬 38°17.94′、东经 120°49.10′。该码头主要用途为客运、客滚货运，采用顺岸重力方块结构，码头长码头长 68 米，码头高程 3.5 米，前沿水深 -5.0 米，靠泊能力为 1000 吨级，回船区域（港池）约 120 米×110 米。

大钦岛陆岛交通码头的进出港航道位于北纬 38°16.80′、东经 120°49.45′与北纬 38°17.78′、东经 120°49.15′之间，航道长约 1500 米，底宽 60 米，两侧设有钢制浮灯标，各浮灯标的位置及形态特征见表 3-20-2。

在大钦岛南岸的大钦西口海湾，建有水泥码头一座，可停靠 100 吨以下船只。在陆岛交通码头建成之前有客轮通航。

表 3-20-2　大钦岛陆岛交通码头进出港航道灯标

名称	北纬	东经	形状特征	用途
1 号灯浮标	38°16′49.44″	120°49′35.04″	绿色，柱形，锥形顶标	右侧标
2 号灯浮标	38°16′47.04″	120°49′28.68″	红色，柱形，罐形顶标	左侧标
3 号灯浮标	38°17′20.94″	120°49′16.50″	红色，柱形，罐形顶标	左侧标
4 号灯浮标	38°17′46.32″	120°49′11.10″	绿色，柱形，锥形顶标	右侧标
5 号灯浮标	38°17′46.32″	120°49′52.14″	绿色，柱形，锥形顶标	右侧标
6 号灯浮标	38°18′04.62″	120°51′12.90″	绿色，柱形，锥形顶标	右侧标
7 号灯浮标	38°18′07.14″	120°51′16.02″	绿色，柱形，锥形顶标	右侧标
8 号灯浮标	38°18′29.28″	120°51′21.00″	红色，柱形，罐形顶标	左侧标
9 号灯浮标	38°18′29.28″	120°51′15.60″	绿色，柱形，锥形顶标	右侧标

三、水利设施

1986 年 5 月，大钦岛南村村民在长岛县农业水利局和空军 68619 部队的支持下，军民共同奋斗 4 个月，在南村西南黄土冲沟上建成一处塘坝（图 3-20-18）。为纪念岛上军民鱼水之情，命名为“军民连心坝”，特立碑石为后世永表。

1987 年国家海洋局杭州海水淡化和水处理技术开发中心，在大钦岛南村建成了电渗析地下苦咸水淡化试验站①。该工程由 2 台 400 毫米×1600 毫米、2 级 4 段 480 对膜组装的电渗析器组成，将 5000 毫克/升左右的苦咸水淡化到 500~800 毫克/升的淡水，1987 年 7 月 1 日正式运行供水（同年 10 月 12 日通过国家级鉴定），为我国第一处为海岛居民提供淡水的电渗析地下苦咸水除盐示范工程②。现已废弃。

2006 年 12 月，在大钦岛南村建成了一处日产 200 吨的淡化水厂（图 3-20-19），并正式供水；2007 年 9—10 月，淡化水主管网敷设联村供水工程，管网长度 3600 米，自来水进村入户，成立了长岛县大钦岛供水中心，主要向南村、北村、小浩村供水。该海水淡化工程投资 400 万元，采用反渗透技术的 200T/D 海水淡化系统。

2009 年，投资 186 万元，在大钦岛的东村建设了日产 150 吨淡水的海水淡化站及管网改造工程。

① 长雷：海岛地下苦咸水电渗析淡化试验站投产，水处理技术，1987 年，第 6 期。

② 中国农村水利水电，2000 年 12 期。

该工程于2009年10月开工建设，建设厂房88平方米、蓄水池150立方米，敷设供水管网15千米，2009年11月建成投入使用。至此，大钦岛上已有海水淡化站2处、日产淡水总量达350吨，淡化水入户率达100%，实现了24小时全天候供水[①]。

图3-20-18　大钦岛南村曾有的水利设施现状

左图：村西南军民共建的蓄水塘坝；右图：南村苦咸水淡化试验站现状

（拍摄于2010年6月6日）

图3-20-19　大钦岛南村供水中心厂房与淡化装置

左图：南村海水淡化站厂房（供水中心）；右图：海水淡化系统

（拍摄于2010年6月6日）

四、广播、电视和通信

大钦岛上设有：文化站一处，广播放大站一处，电视差转台一座。

（一）广播

20世纪60年代中后期，大钦岛上建立了钦岛公社广播放大站（配置有美多牌300瓦扩音机1台、普通收音机1台、195型柴油发电机1台），通过高音喇叭在岛上播放新闻节目。每天早、中、晚3次共播音5个半小时。其中，转播中央人民广播电台和山东人民广播电台节目5个小时，自办节目半小时。自办节目，由长岛县广播站统一发放录音磁带播放。1975年，自办节目每天增至1小时。

1978年7月，县站开始租用邮电局海底电缆向公社广播站直播自办节目。

---

① 资料来源：http：//news. shm. com. cn/2009-12/31/content_ 2784706. htm，http：//www. jiaodong. net/yantai/system/2009/11/09/010676430. shtml。

图 3-20-20 大钦岛大旺山上电视差转台及微波通讯站

（拍摄于 2010 年 6 月 6 日，拍摄点地理坐标为 38°18′01.50″N、120°49′03.85″E）

（二）电视

1980 年 12 月 1 日，大钦岛的大旺山上建成电视差转台（图 3-20-20）。采用 DCH-50 型彩色电视差转机，用收二发七频道转发大泽山转播台的电视讯号。发射天线程式二层十字型，高 20 米，覆盖面半径 16 千米。

该电视差转台建成后，岛内可收看彩色电视节目。

（三）通信

1945 年 10 月，长岛设立军邮局后，派专人不定期到大钦岛等收寄、投递邮件。1950 年，始有专门投递员，岛上邮件直投到户。

1954 年 10 月，岛上始设邮电局（钦岛邮电支局），办理邮政业务。1985 年有工作人员 6 名，装备 200 门磁石式交换机。

1957 年 1 月，长岛县邮电局开通与大钦岛的无线联络，开办电报业务。1957 年 10 月，蓬莱—南长山岛—北长山岛—砣矶岛—大钦岛—北隍城岛客运航线开通后，通过客船开辟了大陆（蓬莱）至大钦岛的海上邮路。

1971 年，经驻军海底电缆开通了农话电路，大钦岛与北隍城岛、砣矶岛、南长山岛的电话连通。1979 年，山东省邮电管理局投资敷设砣矶岛经大钦岛、小钦岛、北隍城岛至南隍城岛的农话海底电缆。其中，大钦岛至小钦岛段海底电缆长度 7.63 千米，在大钦岛的登陆点位于北村村西北砾石滩上；大钦岛至砣矶岛段海底电缆长度 20.03 千米，其登陆点位于南村东的砾石滩。该电缆隶属于长岛县邮电局，1980 年 6 月开通使用，海岛正式开通了与山东半岛的直线长途电话。

1980 年 11 月，随着砣矶岛经北隍城岛至旅顺老铁山的海底通信电缆开通使用，大钦岛与辽东半岛之间实现了直线长途电话。

现大钦岛上建有微波通信、移动通信基站等，开通了程控电话、小灵通和互联网等业务，国内外电话可直拨，邮电通信快捷，居民程控电话入户率达 100%，实现了海陆移动通信。

五、电网电力

1999 年 6 月之前，大钦岛上用电主要靠小柴油机组发电，供电可靠性差。随着南长山岛到北四岛的海底电力电缆（电缆总长 83 千米）敷设完成（1999 年 6 月）及与烟台电网连接后，大钦岛上始由山东电网供电（为单回路海底电缆供电）。

2009 年 9 月之前，大钦岛靠单回路海底电缆供电，每年因海缆故障造成长时间停电。2009 年 9 月，随着长岛至砣矶岛 35 千伏备用海底供电电缆试压成功，砣矶岛至大钦岛备用海底电缆正式投入使用[①]，大钦岛实现了双回路供电。

共用 3 条供电，2 条备用电缆。

六、市政设施

大钦岛上市政基础设施比较完备的东村和北村，主要街道宽敞，沿街安装了路灯、设立了阅报栏、

① 资料来源：http：//news.shm.com.cn/2009-09/08/content_ 2646143.htm：长岛：砣矶至大钦有了备用海底供电电缆。

政务公开栏、宣传栏、休闲活动场所等（图 3-20-21）。在台山修建了台山渔民休闲公园。

岛上建有乡综合文化站、渔村书屋、信息资源共享工程服务点与文化大院等，海岛的乡村公共文化服务体系日趋完善。

图 3-20-21　大钦岛上市政设施

左图：台山公园一角，右图：东村—北村公路及休闲活动场所（拍摄于 2010 年 6 月 6 日）

七、海岛生态建设与环境保护

大钦岛上注重生态建设与环境保护，各村首先确定一条街作为文明示范街，进行绿化、美化、净化和亮化，再以文明街的建设标准和管理机制推广到整个渔村的环境改造、卫生整治、文化品牌打造等工作，各渔村均成立有卫生清扫保洁队伍，配备了垃圾桶，实行垃圾定点定时集中收集清运，条条街道干净整洁。

大钦岛上自然生长树木甚少，自清朝以来一直致力于植树造林。通过长期的大规模植树活动，以及实施退耕还林、坡地补林、排渣地育林和公路沿线栽林等，海岛的生态环境不断改善，目前岛上山清水秀，环境优美。

由于海带养殖规模不断扩大，晒场出现不足，近些年来岛上出现了在山坡建造晒场的现象（图 3-20-22），不仅植被遭受破坏，而且携带的海水和盐渍也会对土壤和地下水系统造成不良影响。

图 3-20-22　陆岛交通码头北侧山坡海带晒场

（拍摄于 2010 年 6 月 6 日，拍摄点地理坐标为 38°18′01.78″N、120°49′01.79″E）

第四节　经济基本情况

一、海岛居民生产活动

大钦岛上居民主要的生产活动为海洋渔业生产，传统产业以海洋捕捞为主。近些年，经产业结构的不断调整，逐步形成了海珍品养殖、育保苗、底播增殖、深水网箱养殖、捕捞及海产品精深加工的多元化生产格局。

二、社会经济基本情况

2005 年年底乡村两级经济总收入 2. 29 亿元，财政收入 185 万元。全乡生产总值 8680 万元，一、二、三产业比为 45: 16: 39。捕捞产量 11 000 吨，产值 3700 万元，海水养殖产量 11 520 吨，产值 9950 万元，其中海带养殖产量 8600 吨，产值 6320 万元。出口创汇 100 万美元。引进和利用岛外资金 1050 万元。人均纯收入 4500 元，人均居住面积 25 平方米①。

表 3-20-3　大钦岛乡农村经济收益情况②

年份	总收入（万元）	捕捞业总收入（万元）	养殖业总收入（万元）	纯收入（万元）	农民人均所得（元）	年末固定资产原值（万元）
2000	12 469	4620	2955	2427	3005	3122
2001	12 900	4700	2980	2530	3281	5857
2002	13 310	3860	4230	3039	3400	8041
2003	15 120	3800	5000	2720	3606	8460
2004	18 200	3500	6500	2988	4005	3020
2005	22 920	3700	9950	3136	4500	3020
2006	28 300	3700	11 360	3450	5002	

据大钦岛乡政府提供的数据资料，2009 年全乡渔村经济总收入 5. 08 亿元，地方财政收入 192. 9 万元；全乡生产总值 2. 03 亿元，第一、二、三产业比为 55: 9: 36；渔业总产值 2. 22 亿元，其中养殖业总产值 1. 58 亿元、捕捞业总产值 6350 万元；人均纯收入 9000 元。

三、主要海洋产业基本情况

海带养殖曾是大钦岛乡养殖业的支柱产业，有“中国小浩海带”的美称。经过产业结构调整，形成贝、藻、海珍品兼养，以养殖、育保苗、底播增殖、渔业捕捞及水产品精深加工一条龙的立体化和多元化生产格局。2005 年筏养海带 147 公顷，完成出口海带菜 400 吨；裙带菜养殖 27 公顷，产量 800 吨；虾夷扇贝筏养 6500 万粒，底播 9000 万粒，海参底播 1000 万头，深水网箱养鱼 100 万尾，收益近 400 万元；3 处育苗场育海参苗 5000 万头，出商品苗 1200 万头，收入 400 万元；全乡捕捞船只 186 条（其中大马力渔船 4 对），年捕捞量11 000吨。4 处水产品冷藏加工企业年加工量 4500 吨，3 处海带精深加工企业年加工淡干、即食海带 30 吨，6 处海产品酱类加工企业年产量近 50 吨。

---

① 烟台年鉴，长岛：http：//www. yantai. gov. cn/cn/content/about_ yt/ytnj/index_ ytnjshow. jsp？ id =457784。

② 长岛县发展改革和统计局：长岛县国民经济统计资料（2000—2005 年）第 121 页、长岛县统计年鉴（2006 年）第 40 ~ 41 页。

2005 年，大钦岛成立了虾夷扇贝养殖协会和网箱养鱼协会，共有 73 户参加，占总户数的 60%。

2007 年，大钦岛乡村两级总收入达到了 3.3 亿元。人均纯收入 5500 元。继续扩大虾夷扇贝筏式养殖，推进深水网箱养殖渔业产业，完成海参底播 550 万个，鲍鱼 200 万个，海胆 300 万个。海带稳定在 133.33 公顷以内。全力打造 1～2 个具有较高知名度和市场占有率大的钦岛绿色海洋食品品牌。

海带生产　坚持精养高效，2007 年海带养殖 146.67 公顷，总产量 7900 吨，加工出口菜 900 吨，收入 6000 万元，创历史最好水平。据大钦岛乡政府提供的资料，2009 年全乡海带养殖面积 666.67 公顷，淡干海带产量 9340 吨，加工出口菜 1400 吨。

虾夷扇贝生产　2007 年，共购进优质虾夷扇贝苗种 2.7 亿个，成品笼 15 万个，虾夷扇贝养殖面积达 166.67 公顷，收获 1620 吨，收入 2600 万元，产量和产值分别增长 33% 和 52.9%。据大钦岛乡政府提供的资料，2009 年全乡虾夷扇贝养殖总面积 333.33 公顷。

深水网箱养鱼产业　2007 年全乡有投入鱼苗的网箱 136 个，放养黄鱼、黑鱼 280 多万尾，销售黄鱼、黑鱼 500 吨，收入 1700 万元。据大钦岛乡政府提供的资料，2009 年全乡有深水养鱼网箱 160 个，养鱼 400 万尾，销售黄鱼、黑鱼 856 吨，实现收入 2720 万元，存养黄鱼、黑鱼 300 万尾①。

海珍品增养殖　全乡投石 9000 方，投鲍鱼苗 216 万个，投海胆苗 300 万个，投海参苗 551 万个。2007 年全乡海参产量 50 吨，收入 800 万元，同比分别增长 25% 和 18%；鲍鱼产量 1 吨，收入 56 万元；海胆产量 60 吨，收入 220 万元。据大钦岛乡政府提供的资料，2009 年全乡海参、海胆、鲍鱼底播增殖区 684.3 公顷，底播鲍鱼苗 220 万个、海胆苗 314 万个、海参苗 302 头。

图 3-20-23　大钦岛深水养鱼网箱

（拍摄于 2010 年 6 月 6 日，拍摄点地理坐标为 38°17′45.78″N、120°49′53.68″E）

捕捞生产　全乡渔业生产船舶 464 只，大马力渔船 4 对，2007 年捕捞产量 11 000 吨，总收入 4240 万元。2009 年全乡年捕捞量 11 500 吨。

大钦岛有 8 处水产品冷藏加工企业和 16 处水产品深加工户，生产佃煮昆布、即食海带、精制海蟹酱、针鱼片、金钩海米等 20 多个系列产品，销往国内外 40 多个大中城市，2007 年全乡实现工业总产值 5280 万元，2009 年实现工业总产值 6690 万元。

第五节　地质地貌

一、岛陆地质

（一）构造、地层和岩性

1. 地质构造

大钦岛的地质构造比较简单，为单斜构造，产状比较稳定，倾向 155°～170°、倾角50°～60°，产状变化区均因断裂构造所致。

大钦岛上断裂较发育，主要为南北向、北西向两组断层，此外还有北北东向、北东东向和东西向

① 资料来源：http：//fishery.aweb.com.cn/2009/1229/5129153921260.shtml。

断层呈零星分布。

（1）南北向断层

岛上断裂构造以南北向最为发育（共有8条），多以破碎挤压带、角砾岩带产出，断层两侧岩层产状发生变化，多通过山丘鞍部，沿沟谷延伸。东村北部，一系列南北向断层，将山丘切割成串珠状。

大顶山与高程143米低丘之间断层，为岛上较大的南北向断裂，两丘鞍部角砾岩带宽7～8米，角砾岩由乳白色、紫红色石英岩组成，断层北段切割层间紫红色角砾岩，层间角砾岩断距15米。该断层沿沟谷可能继续向南延伸，与南山西断裂相接，断层中部被大面积黄土所覆盖。根据层间角砾岩层错动情况，判断该断层为左旋东移断裂。

（2）北西向断层

以大南山和南山断裂的露头较好。

大南山断层为破碎角砾岩带，沿山坡突出，角砾岩带宽3～4米，角砾岩带向东北倾斜，倾角70°，角砾岩带内滑动面有铁膜形成，为一正断层。

南山断裂为2～3米角砾岩带，沿山坡稳定的向北西延伸，与钦北山－124米低丘山脊近似东行，东村沟头的延伸可能与此断层有关。

北北东向断层位于钦北山西北海岸，主要表现为断层崖，陡崖处岩层异常破碎，产状紊乱，板岩中柔皱十分发育，石英岩中见有角砾岩带，宽4～5米。

此外，大钦岛上节理十分发育，主要由南北向、东西向、北西向三组节理。

大钦岛上述断裂构造、次级构造节理等，严格地控制了岛形和岸线、山体走向和地形变化。

2. 地层和岩性

大钦岛出露的基岩属于新元古带蓬莱群辅子夼组，主要岩石类型由石英岩、长石石英岩及板岩组成。地层产出特点大套石英岩和板岩互层，石英岩与板岩交替出现为其重要特征，板岩地形凹入，植被茂盛。

石英岩　岛上石英岩以厚层状为主，巨厚及中厚层状也有分布。颜色有灰白色、浅紫红色、浅黄白色等，以灰白色质最纯。岩石致密坚硬、性脆，块状构造。在大南山等地的石英岩层面发育小型对称波痕。

长石石英岩　主要分布在大顶山和西山附近，岩石为紫红色、黄褐色，厚层—中厚层状，块状构造，个别层位含铁增加，岩石坚硬、比重大，为赤铁长石石英岩。

杂色板岩　由青灰色、紫红色、黄褐色等板岩组成。矿物成分主要有石英、长石、黏土矿物，还有绿泥石、绢云母等。变余泥状结构或显微鳞片变晶结构。由于板岩抗风化能力较弱，多构成低洼地形，有一定厚度的土壤层，植被也较石英岩地区茂盛。

（二）工程地质与水文地质

1. 工程地质

大钦岛工程地质上属鲁东丘陵工程较稳定地质区的坚硬—半坚硬层状变质岩较稳定亚区。工程地质特征与北隍城岛、南隍城岛、小钦岛等相似，也主要出露3个工程地质岩组。其工程地质特征参见上述海岛的相关内容。

2. 水文地质

（1）地下水类型及分布

大钦岛上的含水层包括松散岩类孔隙水和基岩裂隙水两种类型。

松散岩类孔隙水　包含残坡积孔隙含水层和海积孔隙含水层。残坡积孔隙含水层主要分布于丘陵山麓及山前低洼地带的残坡积、坡洪积分布区和黄土分布区。黄土状堆积物含水性一般极弱。岛上残坡积岩类孔隙水曾广泛开发，一般单井涌水量10～20吨/天，东村西南水量较多，为50吨/天，一般为微咸水，水位埋深多小于10米。

海积孔隙水主要分布于南村北、西口—东口之间的砾石滩（堤）区、潟湖，面积不大，地下水位埋深浅，砾石层孔隙大，一般与海水相通，水质咸。

基岩裂隙水　为大钦岛主要含水层，属层状岩类裂隙含水层，供水井以石英岩裂隙水为主，水量相对较丰富，但受海水入侵影响较大。

（2）地下水补给、径流及排泄条件

大气降水量是小钦岛地下水的唯一补给来源，出露地表的岩层直接接受降水补给，埋藏的岩层则接受上部或高处岩层的间接补给。由于海岛面积不大，地形起伏多变且较陡，径流途径短，渗入地下的水量很少，大气降水绝大部分排入海中，属就地补给就地排泄，补给、径流、排泄区无明显界线。

地下水基本以分水岭为界，沿岩层的裂隙、孔隙，从高处流向低凹处，从陆地流向海洋。

1991 年，国家海洋局第一海洋研究所对大钦东村供水井、南村老淡化站水井等进行水质调查分析结果，大钦岛地下水化学类型主要为氯化物型、硫酸型水，属高矿化度水，硬度很高，水质差。除岛上部位较高的残坡积和基岩中为淡水外，其他较低部位均受到海水侵染。

（三）第四纪地质

1. 第四纪沉积物类型及特征

大钦岛为庙岛群岛北部面积和高度最大的海岛，第四纪沉积物成因类型多样，主要有残积、残坡积、黄土状堆积、潟湖沉积和海积等。

（1）残积物

残积物是大钦岛主要的第四纪沉积物成因类型之一，分布面积较大，广泛分布于丘陵山坡或侵蚀剥蚀台地上，从高度来看大约在高程 70 ~ 80 米以上，沉积层较薄，厚度一般小于 0.5 米。主要岩性为黄褐色松散亚砂土，分选较差，含有较多的碎石、岩屑，下部与风化壳过渡，其上多为人工栽种松树林。

（2）残坡积

这一过渡混合类型也是大钦岛第四纪沉积物主要成因类型之一，分布面积也较大。主要分布在丘陵缓坡及部分坡麓地带，沉积物一般厚度为 0.2 ~ 1 米，由高处向低处逐渐变厚。岩性主要为褐灰色黏土质粉砂、细砂质粉砂，含有许多岩屑、碎石，特别是底部常呈层状分布，并与下伏基岩风化破碎带过渡；地表多土壤化，土与碎石混杂。

（3）黄土状堆积

主要分布于丘间谷地或覆盖在丘麓，一般分布高度为 30 ~ 40 米，南村、东村西、小浩村等均有较典型的出露剖面，厚度可达 10 米。有的剖面黄土状堆积物明显可分两层：下部颜色较深，岩性为褐黄色黏土质粉砂，较致密，无层理，具垂直节理，含钙质结核、白色菌丝与少量岩屑可角砾；上部呈淡黄色，岩性为细砂质粉砂或粉砂，质地均匀，无层理，疏松多孔，垂直节理发育，易发生崩塌，形成陡壁。上、下部地层间呈不整合接触。

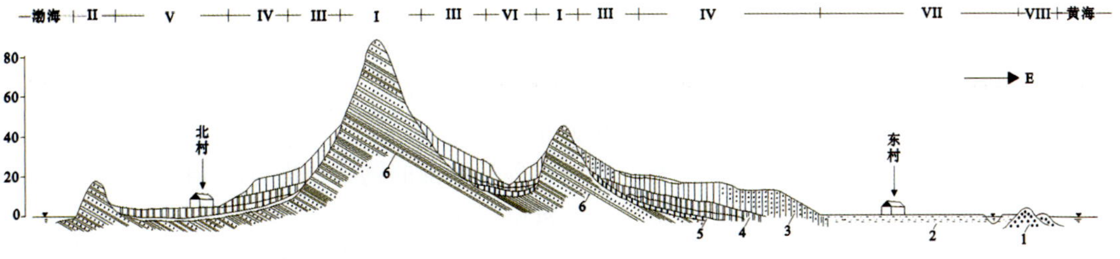

I —剥蚀丘陵；II —残丘；III—黄土坡；IV—黄土台；V—黄土低地；VI—黄土沟；VII —死亡潟湖；VIII — 砾石堤

1. 砾石（Q_4）；2. 潟湖相淤泥（Q_4）；3. 大连黄土，上部为砂黄土（Q_3）；4. 蓬莱黄土，夹古土壤（Q_2）；

5. 风化壳红黏土（N_2）；6. 石英岩夹片岩（Ptp），顶部发育风化壳

图 3-20-24　大钦岛东村–北村地貌与晚新生代地层综合剖面图（引自李培英　等，2008）

（4）潟湖沉积与海积

大钦岛上的潟湖相沉积主要有2处：南村北的大钦西口与庙下东口之间、东村东部海滨，向海侧有砾石堤围封。潟湖沉积物岩性以富含有机质的灰黑色、黑色粉砂质黏土、黏土质粉砂为主，含贝壳砂砾层，靠近砾石堤侧常与砂砾石层犬牙交错。潟湖沉积物下部多与海相砂砾层逐渐过渡，顶部则多土壤化或部分被洪坡积物覆盖，地表呈盐渍化。

除潟湖相沉积外，在东口、大钦西口、庙下东口等海湾沿岸及海岛岬间凹岸分布有海相沉积物，主要为砾石、砂砾石堆积，构成砾石堤和砾石滩，以东村东侧规模最大，由2道砾石堤构成。砾石岩性多为附近的石英岩，磨圆较好，砾石大小一般为7厘米×5厘米×3厘米，砾径大者可达10～15厘米。

此外，在大钦岛上及沿岸陡崖或悬崖峭壁下，常有重力堆积物分布，规模一般不大，多由碎石、岩块等组成。在北村东南部、东村南山等黄土状堆积物发现有古文化堆积层。

2. 第四纪地层

（1）下更新统

大钦岛上仅局部黄土状堆积剖面底部有出露，主要为褐红色粉砂质黏土角砾层，干后致密坚硬，与下伏风化壳、上覆棕红色黄土状堆积物均呈不整合接触。

（2）中更新统

以棕黄色黄土状堆积物（离石黄土）为代表，在东村、西口海岸等有较好的露头剖面，主要岩性为棕黄色黏质粉砂，较致密。底部常以角砾层与下伏岩层呈不整合接触；顶部和中部发育有棕红色古土壤，其产状随古地形而变。

大钦岛东村离石黄土曾做过古地磁、粒度、矿物、黏土矿物、化学成分等分析。古地磁测定结果，属布容正极性世。粒度分析结果，以粉砂为主，黏土和细砂次之，其平均含量分别为62.46%、23.24%和11.98%；平均粒径为6.41ϕ，标准偏差为2.37。矿物成分以石英、长石和云母为主，长石和云母大多数遭受过不同程度的风化；在重矿物中，以闪石类、帘石类和暗色矿物为主，其中不稳定矿物占21.30%，极稳定矿物占3.23%。黏土矿物以伊利石为主，占60%～70%，绿泥石含量少于高岭石，蒙脱石较少。

大钦岛西口海岸出露的为棕色粉细砂层剖面。该剖面高7米，底部有一钙质结核层（厚0.7米）；中部距海面3～4米处为棕褐色黏质粉砂层，厚约0.7米；再向上又为棕色粉砂质细砂层，在高出海面约5米处存在一明显分界线，其上为棕黄色、黄色细砂层，质地疏松，性状与马兰黄土相似。该剖面曾做过微体古生物分析，在下部的棕色粉砂质细砂层中发现了有孔虫化石，以底栖有孔虫的厚壁转轮虫（*Ammomia comfertitesta*）为主，并含少量冷面颊虫（*Buccella frigida*）和筛九字虫未定种（*Cribrononion* sp.）；在剖面中上部含浮游有孔虫的红似抱球虫（*Globigerinoides rubber*）和放射虫类的太阳盘虫未定种（*Heleodiscus* sp.）。

（3）上更新统

大钦岛属这一时代的地层主要是以灰黄色、浅黄色砂质粉砂为主，超覆于离石黄土或披盖于基岩之上的黄土状堆积物（马兰黄土），地表广泛出露。一般的，剖面下部较上部粗，颜色较暗（深），中部在不同层位夹有砂砾石或碎石，有的剖面成层分布。

曾对大钦岛南村马兰黄土下部钙质结核、东村古砂丘上部的钙结核进行碳14年龄测定，结果分别为距今（23 100±400）年和（17 830±130）年，属晚更新世晚期。

另外，在大钦岛东村海域曾打捞出皮毛犀头骨化石（图3-20-25），现收藏于长岛县博物馆中，其时代为距今3.5万～4万年。

（4）全新统

大钦岛上全新世地层主要为潟湖相沉积、海相砾石滩（堤）沉积，以及陡崖或悬崖峭壁下重力堆积物、黄土中的古文化堆积层等。

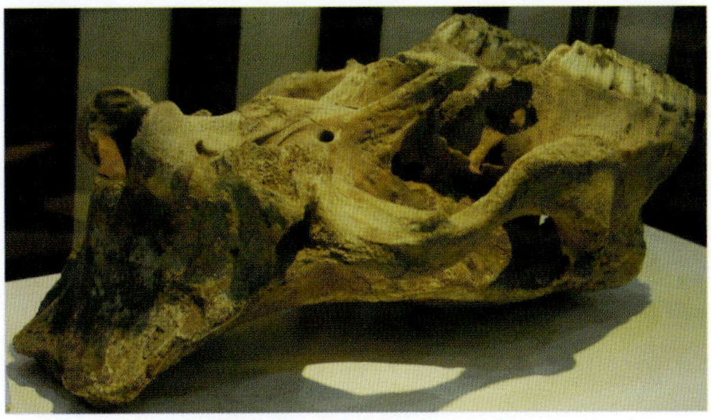

图 3-20-25 大钦岛东村海域皮毛犀头骨化石
（2009 年 10 月 4 日拍摄于长岛县博物馆）

图 3-20-26 大钦岛石英岩板岩互层与植被差异

二、海岛地貌

（一）岛陆地貌

1. 侵蚀剥蚀丘陵

侵蚀剥蚀丘陵为大钦岛陆最主要的地貌类型，约占全岛面积的五分之三。大南山为本岛唯一高丘地形，最高点为 202 米，丘坡上植被稀少，只在岩缝隙中有杂草生长，南坡陡于北坡。

大钦岛上低丘陵主要山头有唐王顶（193.8 米）、钦北山（151.7 米）、西山（116.2 米）、大顶山（166 米）、南山（172.3 米）等，多数丘顶高程都在 100 米以上。大顶王、钦北山南山等丘陵呈“C”字形分布，沿丘顶线坡度平缓，而垂直于丘顶线的两坡则较陡。东部丘陵的岩层为一套向东南倾斜的石英岩、板岩，板岩风化快、植被茂盛，石英岩则风化差，植被稀疏，植被呈明显的条带状分布。从地质构造上看，东部低丘具有单面山的性质，植被树森林以黑松为主。

2. 黄土台地

主要分布于东村西、北村、南村等低丘间低地，以东村西的黄土台地规模最大。黄土台地主要为黄土状堆积构成的平缓坡地，地面坡度小于 15°，上限一般在 25 米等高线附近。因后期流水作用，发育有黄土冲沟。

岛上黄土台地是人类活动的主要场所，多数曾被开垦为耕地，部分居民驻地位于黄土台地上，岛上的古文化遗址也分布在此。

3. 黄土坡

它广泛分布于黄土台地的上缘，在海岛北岸的凹入处也有分布。为黄土状堆积物披盖于丘陵山麓或丘坡而成，地面坡度一般为 15°～20°，冲沟发育，植被茂盛。

4. 黄土沟

大钦岛上黄土冲沟非常发育，尤其在黄土坡上。其规模和形态因流域的不同而有所区别。一般来说，黄土坡上的冲沟宽度较小，而黄土台地上冲沟宽深比较大。多数黄土沟常有滑坡、塌落现象，沟口附近由于地下水较丰，植被茂盛。北岸黄土沟大多直逼海岸，黄土沟的形态受原始地形影响较大，沟壁陡直，在上游沟底多有基岩出露。

5. 潟湖平原和海积平原

潟湖平原分布于东村以南及北村、南村之间，外侧以砾石堤与海水相隔。潟湖平原地势平坦、低洼，高程一般低于 3 米。其组成物质上部为淤泥，下部则为海相砾石层。在东村东侧砾石堤明显见有 2 道，老的砾石堤高约 5 米，宽度为 20～50 米；新砾石堤覆盖在老堤之上。

海积平原主要分布在东村以西，形成于大的冲沟与潟湖平原的交接地带，地势低洼，地表高程一般在 5 米以下。

（二）海岸地貌

大钦岛的海岸地貌类型主要有海蚀崖、海蚀洞穴、海蚀平台、砂砾滩等。

1. 海蚀崖

大钦岛由于丘陵海拔高程较大，且又直临海湾，所以多处形成了高耸陡直的海蚀崖。其中，南山东南岸的海蚀陡崖高达160米，极为险峻。海岛北岸海蚀崖崖高20～50米，有的高达100米；海岛西南岸海蚀崖最高也达100米。

由于海蚀崖陡峻，崖壁常有岩体滑塌或岩块坠落，在崖基堆积发育倒石堆等，同时，也为海岸提供了大量松散物质。

2. 海蚀洞（穴）

由于大钦岛总体由一套向东南倾斜的石英岩、板岩构成，因而在岸线走向与倾向走向近似垂直的东南岸和北岸海蚀洞不发育，而岸线走向与倾向近似平行的东北岸和西南岸沿较软的板岩侵入形成海蚀洞。故在东村东北岸、唐王顶西南岸等海蚀洞较发育，海蚀洞高为8～10米，宽度为3～5米，深度为2～4米。在东村东北岸外发育有一海蚀拱桥，桥洞高约5米，宽1米。

3. 海蚀平台与海蚀柱

大钦岛沿岸海蚀平台较发育，但宽度普遍不大，仅大钦山西侧、南山南侧海蚀平台较发育，宽度40～50米，海蚀平台上面有巨砾岩体、礁石或海蚀柱等分布。大钦山北侧海蚀平台上有粗砂分布。

大钦岛海蚀柱主要分布在东南岸、西南岸和西北岸。据初步统计，大钦岛沿岸相对高度大于3米的海蚀柱多达29处，其中宽度为5～10米者11处，有9处大于10米，最高海蚀柱为15.8米，位于东南岸。

4. 砾石滩与砾石堤

砾石滩是大钦岛海岸主要的堆积地貌类型之一。砾石滩主要发育在东口、大钦西口、庙下东口等湾内，在其他海岸凹入段海蚀平台后缘也常有砂砾石超覆，发育形成砾石滩。砾石滩的特征见潮间带相关部分。

在北村西部等局部发育有砂砾滩。

砾石堤主要分布于东岸的东村东侧和南岸的南村，规模较大。东村砾石堤呈南北走向，长约700米，宽度为20～50米，堤顶高出高潮线3～4米，具有自北向南砾径变小、磨圆变好的趋势，北部砾石粒径一般为10厘米，最大者可达40厘米；砾石堤南部砾径很少大于10厘米，滩面上有粗砂分布。由此判断，砾石自北向南运动，物质主要来源于东北海岸。

南村砾石堤呈东北—西南走向，长1000米，宽度为40～60米，高约5米，堤顶部被人工改造，修筑了房屋、道路等。砾石堤外侧为现代砾石滩，内侧为堤后潟湖洼地。

三、海岸线与潮间带

（一）海岸线基本特征

大钦岛的海岸线类型主要有基岩海岸线、砂砾质海岸线和人工岸线等。其中，以基岩海岸线为主，广泛分布于海岛北部、东北部及西南部，多悬崖峭壁，大部分行人很难通过。

砂砾质岸线主要分布于东口、大钦西口、庙前东口等海湾内，主要砾石及含粗砂砾石组成。人工岸线主要为码头、滨海道路、人工护岸，多分布于海岛南岸的小浩村、大钦岛港和东村安全港、西口湾口等。

大钦岛大部分岸线以侵蚀作用为主，但多为基岩海岸，侵蚀速度缓慢，海岸线相对稳定。但在西口沿岸因海岸遭受侵蚀，海岸线后退明显，原位于陆上的2处碉堡已落入海中（图3-20-27）。

（二）潮间带基本特征

图 3-20-27 西口蚀退岸线（碉堡落入海中）

（拍摄于 2010 年 6 月 6 日，拍摄点地理坐标为 38°17′56.54″N、120°48′27.34″E）

大钦岛潮间带岩滩和砂砾石滩均有发育，以岩滩为主，环岛四周普遍发育有岩滩，面积约 0.167 平方千米。岩滩表面崎岖，多突兀礁石和岩体，有较多海蚀柱。

砂砾滩主要分布在东口、大钦西口、庙下东口等湾内及其他海岸凹入段海蚀平台后缘。其中，大钦山北岸砾石滩规模最大，滩长约 1300 米，宽度为 50～80 米，砾石较东部砾石滩稍小（局部含有粗砂），物质主要来源于海岸侵蚀和冲沟。大钦岛东北部砾石滩砾石较粗大，滩窄坡陡，砾石主要来源于海蚀岸侵蚀和重力堆积；大钦西口砾石滩具有向南变小趋势，北段砾石直径为 5～8 厘米，南段砾石直径为 2～3 厘米，砾石磨圆、分选较差。

岩礁滩是藤壶、牡蛎、贻贝、螺类和许多藻类等固着和附着生物的栖息场所，其数量丰富，生物量和栖息密度较高。生物量组成以牡蛎、贻贝等双壳类为主；单壳类以短滨螺为主。栖息密度以小藤壶为主的甲壳动物占首位。很少出现多毛类。

砂砾质潮间带的生物既有底表固着和附着生物，又有底埋的生物栖息，种类较多，但生物量和生物密度比岩礁滩低。生物量组成仍以双壳类为主；密度组成中，仍以小藤壶为主的甲壳动物占首位。单壳类仍以短滨螺占绝对优势。

四、地质灾害

（一）岛陆地质灾害

大钦岛陆地质灾害现象不多，主要为黄土崩塌现象以及局部悬崖陡坡的滑塌现象或岩块坠落。如大钦岛边防派出所东北侧黄土台地，2009 年夏季，雨后发生较大规模的滑塌，滑塌体冲断边防派出所的院墙，几乎冲到边防派出所主楼脚下，造成了较大的损失。灾后干警清理院内的滑塌体并重新修建围墙。但由于滑坡仍继续缓慢下移，压迫围墙变形，南北向墙体向坡脚方向（南侧）运动，故又采用修建三角形加固墙的措施予以加固（图 3-20-28）。

（二）岛岸地质灾害

大钦岛海岸地质灾害主要为海岸侵蚀和悬崖海岸的岩体滑塌。

海岸侵蚀主要为大钦岛西口湾内，该岸段海岸明显侵蚀显著（图 3-20-29），近 10 年间海岸侵蚀后退近 50 米，侵蚀后退速率为 4～5 米/年，砾石滩后缘黄土状海蚀崖时常有崩塌现象，沿岸 2 个建于 20 世纪 50—60 年代的碉堡早已落入海中（图 3-20-27）。强烈的海岸侵蚀不仅吞噬大片土地，而且对沿岸居民的生产活动和房屋安全造成影响。

大钦岛海岸多悬崖峭壁，多岸段为高度数十米至 100 多米的高耸陡直海蚀崖岸，又因岛上岩石较破碎。沿岸陡峭的海蚀崖壁上，岩体滑塌或岩块坠落等地质灾害现象比较常见（图3-20-30）。

另外，大钦岛滨海地带存在海水入侵灾害，岛上淡水井普遍遭受海水侵染，水质咸化。

图3-20-28　大钦岛边防派出所东北角院墙受滑坡体破坏

左图：被滑塌体推倒后重建的院墙；右图：错动的墙体

图3-20-29　大钦岛西口海岸侵蚀灾害

（拍摄于2010年6月6日，拍摄点地理坐标为38°17′56.56″N、120°48′27.13″E）

图3-20-30　大钦岛南山南岸岩体滑塌灾害

（拍摄于2010年6月6日）

第六节　植被与土壤

一、海岛植被

大钦岛的植被类型多样，主要包括：常绿针叶林（如黑松群丛）、落叶阔叶林（如刺槐－臭椿群丛）、滨海盐生植被（如地肤－滨藜群丛）、草丛（如芦苇－狗尾草群丛）、灌草丛（如酸枣－艾蒿群丛）、人工栽培草本农作物和木本植被（如侧柏群丛）等，以常绿针叶林为主（图3-20-31），林木覆盖率约49.2%。

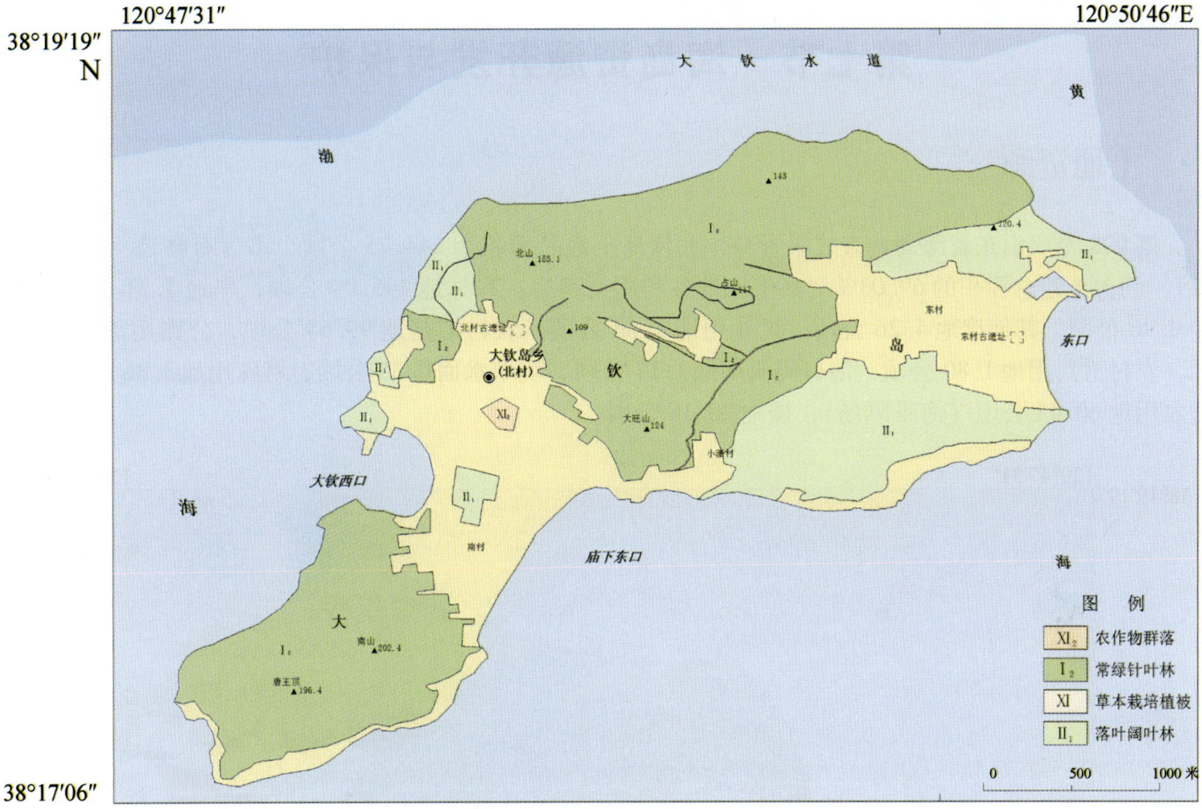

图 3-20-31　大钦岛植被类型及分布

岛上植物种类较多，908 专项山东省海岛调查采集到的植物样本涉及 7 个科的 8 个种①，木本植物主要有黑松、赤松、刺槐、臭椿、紫穗槐、泡桐、杨树、柳树、板栗、苹果、梨、桃等；草本植物主要有茅草、芦苇、臭草、碱蓬、艾蒿、茅莓、抱茎苦荬菜、酸模、白莲蒿、蓟、苦苣菜、肾叶打碗花、酢浆草、乳浆大戟、曼陀罗、烟台补血草等；藤本植物主要有南蛇藤、葎叶蛇葡萄、茜草、葎草等。

以黑松、赤松等组成的针叶林主要分布在丘陵的山顶和山坡上；山坡上由刺槐、紫穗槐、杨树等组成针叶、阔叶的混交林；经济林木（苹果、梨、桃、板栗）主要分布在村落的周围山坡或较为平缓的山坡上。林下分布有各种灌木及草丛。

二、海岛土壤

大钦岛上的土壤有两类：棕壤和褐土。棕壤俗名又叫石渣土，主要分布在唐王顶周围、东村以北和小浩以东区域，约占该岛土壤总面积的 70%，土体厚小于 0.3 米，质地粗，砂砾多，蓄水能力差，漏水减肥，不宜种植农作物，只能作为林业用地。

褐土主要分布在南村和东村两个盆地上，面积占土壤总面积的 30%。严格又可分为淋溶褐土、褐土、潮褐土 3 个亚类，由于岛屿面积小，发育不典型，所以不再细分，而统称为褐土。褐土有发育在典型黄土母质上的，如马兰黄土；也有发育在黄土状堆积母质上的。褐土土体厚度大，土壤层一般大于 0.5 米，养分含量高，适于耕作。

① 中国科学院海洋研究所：山东省海岛（礁）综合调查报告［R］，2010 年。

第七节　海岛资源开发与保护

一、土地资源

据908专项山东省海岛调查成果资料，大钦岛土地总面积为644.75公顷，多为有林地（图3-20-32），约占土地总面积的69.03%。岛上土地各利用类型为：有林地445.09公顷，旱地3.31公顷，果园0.96公顷，其他草地4.26公顷，工业用地1.65公顷，农村宅基地99.64公顷，公路用地0.55公顷，农村道路用地1.80公顷，港口码头用地1.17公顷，坑塘水面0.35公顷，特殊用地3.36公顷，设施农用地60.43公顷（海带晒场），裸地22.18公顷。

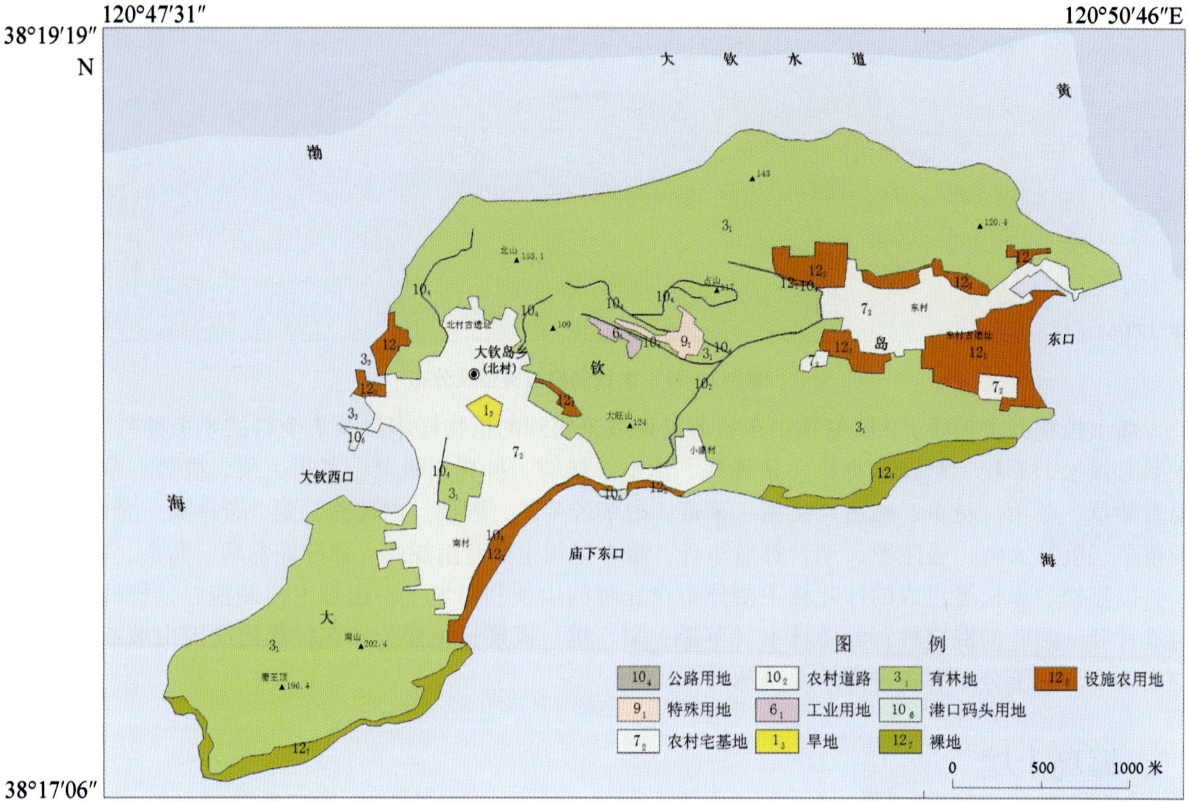

图3-20-32　大钦岛土地利用类型及分布

另据《山东省长岛县土地资源调查报告》资料①，1986年10月，大钦岛土地总面积为643.75公顷，其中有：耕地2.36公顷（其中旱地约0.62公顷、菜地约1.74公顷）、园地6.45公顷、林地331.06公顷（其中有林地约227.32公顷、灌木林约6.79公顷、疏林地约72.06公顷、未成林造林地约21.82公顷，苗圃约3.08公顷）、农村居民点69.85公顷、独立工矿用地0.04公顷、特殊用地17.23公顷、公路用地3.18公顷、农村道路用地5.56公顷、港口码头用地0.78公顷、坑塘面积0.66公顷、未利用土地200.17公顷（其中荒草地约94.25公顷、裸岩石砾约108.50公顷、田坎约1.43公顷）。

两次调查资料比较分析表明，大钦岛上的耕地与未利用土地明显减少，而林地与居民点及工矿用地有较大幅度增加。

① 长岛县土地资源调查办公室：山东省长岛县土地资源调查报告［R］，1988年，第42～55页。

二、淡水资源

降雨是大钦岛唯一的水源。地下水为第四系松散岩层中的含水层和基岩构造及风化裂隙水，两种地下水均由地表水补给。据《长岛县水资源调查评价与水利区划报告》资料①，大钦岛多年平均降雨量为470毫米，计算平均年降水量为299.86万立方米、平均年径流深58毫米、平均河川年径流量37.00万立方米，多年平均地表水资源量为19.49万立方米、地下水资源14.01万立方米，计算地下水储存量为37.26万立方米。

由此可见，大钦岛的地下水资源情况在庙岛群岛北部岛群中是最好的，无论是计算资源量、可利用资源量、计算储量和可利用储量，均大于其他海岛总和的3~8倍。这与该岛地质地貌特点有关，东村和南村周边两个盆地，虽然地形向东南缓倾，但平坦地面积大，松散堆积厚，两个低凹的盆地成为周边低丘陵的汇水盆地，降雨基本上渗入到地下松散沉积物中。但即便如此，大钦岛仍属淡水缺乏地区，水井不同程度地遭受海水入侵而咸化，地下水仍满足不了人民生活和经济发展的需求。岛上已修建蓄水池1座、水库1座（东村）。

三、矿产资源

大钦岛出露地层属上元古界蓬莱群辅子夼组上部亚组，为一套浅变质岩系，岩性组成为石英岩、板岩，地层含矿性差，虽地层中含有磁铁石长石石英岩，但含铁品味低，无工业价值。

岛上主要矿产资源为海岸石英岩砾石，俗称球矶石或球石。主要分布在西口湾、庙下东口、东村湾、钦北山北湾等沿岸，资源量较丰富，储量45万立方米，居长岛县第二位。大钦岛的球石除可用作炼钢、陶瓷、化纤等添加剂外，还可作为观赏石，尤其西口湾的球石色彩斑斓、磨圆度高，具有较高的观赏价值。

四、旅游资源

大钦岛的海岸分布有众多奇特的自然景观，如龙门剑、瞪眼石、海红礁、海鸭礓、老寿礁，等等。大王山和唐王顶山几乎相连，是全岛最高的山，由于其在岛最南部临海矗立，经常云雾缭绕，雄奇秀丽，因此有很多神秘的传说，如唐王顶是唐王东征时曾登临观海而得名。十一五期间，唐王山将修建一些旅游设施，开辟为旅游休闲区。

唐王山临海海蚀崖上有海蚀洞，曲折深幽。山下的槐花谷，每当开花季节，一片雪白，香气袭人。在庙下东口和东村以东的东口湾，海滩由砾石、粗砂组成，偶尔可捡拾到晶莹绚丽的珠矶美石。在东口湾曾有人拾到一块神似妈祖尊容的石头，形象逼真，轮廓线条自然流畅。在2003年妈祖诞辰1042周年和庙岛的显应宫880周年时，这块妈祖奇石进行了展示，后又参加了上海国际石展。

为方便游客进出岛，更好地游览长岛县诸岛风光，目前已开辟了蓬莱—南长山—砣矶岛—大钦岛—南隍城岛海上旅游观光航线。

大钦岛还有2处古文化遗址，也可作为旅游景点。

五、港口与航道资源

（一）港湾资源

大钦岛沿岸主要海湾有庙下东口湾、大钦西口湾和东口湾。

---

① 长岛县水利局：长岛县水资源调查评价与水利区划报告［R］，1986年，第10~24页。

庙下东口湾位于大钦岛小浩村南，湾口向东南，砾石滩岸壁，全长1150米。距岸100米处水深8米，泥沙底质。该湾可避西向、西北向和北向的风浪。

大钦西口湾位于大钦岛北村西侧，湾口向西，砾石岸壁，全长550米。距岸50米处水深4米，泥沙底质。可避偏东向诸方向风浪。

东口湾位于大钦岛东村的东侧，湾口朝东，砾石岸壁，全长800米。距岸50米处水深3~5米；500米处水深16米，泥沙石底质。可避偏西向风浪。

上述3个海湾中，庙下西口湾和东口湾水较浅，尤其是前者，距岸200米处为10米等深线；大钦西口湾水深较大，距岸50米处水深达15米。

大钦岛上现有港口包括：陆岛交通码头、西口渔业码头、东村安全港。其中，东村安全港南北长120米，东西宽85米，港池面积10 200平方米，水深3.5米，建有小型码头两座，可停靠100吨以下的机帆船百余只。西口渔业码头位于大钦西口，原为大钦岛码头，可停靠100吨以下船只。

（二）航道资源

大钦岛周围的航道主要为大钦水道和北砣矶水道。

大钦水道位于北侧、大钦岛与小钦岛之间，地理坐标为北纬38°19′、东经120°50′，东西走向，长8.5千米，宽2千米，主航道水深为31~45米，泥沙底质。由于水道较窄，两侧水浅，故仅可通行100吨以下的船只。

北砣矶水道位于大钦岛的南侧、砣矶岛与大钦岛之间，地理坐标为北纬38°14′、东经120°47′，东西走向，长11.5千米，宽10千米。主航道水深为31~50米，航道中部有一礁群（北礁），底质系泥沙、砾石，3万吨以下船只可通行。

六、可再生能源

大钦岛的可再生资源主要有风能、太阳能和海洋能等。其中，已经开发使用的可再生能源为太阳能，主要利用方式为家庭用太阳能热水。

大钦岛距砣矶岛较近，风能情况参考砣矶岛。

七、生物资源

（一）岛陆生物资源

大钦岛陆生生物资源较丰富，该岛和大黑山岛、大竹山岛是长岛县重点药材保护区，共有药用植物547种。属名贵药材的有灵芝、元胡、黄岑、麻黄、沙参、防风等。有些品种产量较大，如委陵菜、茵陈蒿、知母、地丁、石竹、枣仁等。此外，还有些药用动物，如蝎子、土元等。岛上成群的蝎子常抱成蛋、滚成球。

（二）潮间带及附近海域生物资源

据908专项山东省海岛调查资料，大钦岛潮间带的大型底栖生物种类匮乏，仅有7种：多毛类1种，软体动物3种，甲壳动物2种，藻类1种。优势种为软体动物的短滨螺（*Littorina brevicula*）、藻类的孔石莼（*Ulva Pertusa*）。

生物栖息密度和生物量也较低，生物栖息密度为12个/米^2（其中：多毛类为4.67个/米^2，甲壳动物为7.33个/米^2）；生物量为6.579克/米^2（其中：多毛类为0.015克/米^2，软体动物为0.655克/米^2，甲壳动物为0.051克/米^2，藻类为5.859克/米^2）。可见，大钦岛潮间带大型底栖生物的密度甲壳动物占绝对优势，这主要是由于在低潮带采到朝鲜马尔他钩虾（*Melita koreana*）构成的；而生物量则主要由藻类的孔石莼构成。

大钦岛附近海域是多种鱼类洄游必经场所，海洋生物资源丰富。鱼类就有 46 种，浮游植物 119 种，浮游动物 39 种。海珍品资源更为突出，生物量高，栖息密度大，特别是刺参、皱纹盘鲍、栉孔扇贝、光棘球海胆等。

其他较高的海洋生物资源有贻贝、牡蛎及藻类中的海带、裙带菜、巨藻、羊栖菜等。其中，大钦岛小浩村的海带，其质量、产量誉盈国内外市场。1972 年，平均每公顷产 45 000 千克（干品），居全国之首，并于 1978 年获得全国科技大会奖。1988 年 7 月，渔民收获了几株特大的海带，其中最大者长达 8. 9 米（不含尾尖烂掉的 0. 5 米），最宽处 0. 57 米，被誉为“海带王”。

八、海岛生态保护

大钦岛上自然生长树木甚少，大部分由人工种植，植树造林历史悠久。清光绪五年（1879 年），岛民响应蓬莱知县江瑞采号召开始植树造林。1929 年，驻岛东北海军拨款从青岛购进树苗分送各岛，海军司令沈鸿烈命令士兵种树，民政局局长林绍愈督促群众在村旁、路旁植树。

1946 年春，长岛特区工委发起每人种 1 棵树的运动。1949 年，长岛特区工委两次发动群众植树。1954 年，特区政府从青岛购进黑松树苗发给群众，载到地旁、宅边，开始封山造林。1955 年，开展大规模的治山整地、黑松植苗和“四旁”植树活动。1982 年始，开展“爱鸟月”活动。1985 年，实施退耕还林。岛上每年三四月都组织大规模植树活动，以退耕还林、坡地补林、排渣地育林和公路沿线栽林为重点，加快由绿化向美化、森林向园林过渡，海岛的生态环境不断改善。

大钦岛周围海域刺参资源丰富，为保护刺参资源，早在 1954 年长山岛特区政府规定海参产卵繁殖期内严禁采捕，钦岛的禁捕期为每年的 5 月 15 日至 7 月 5 日。1964 年，规定各岛禁捕期统一为 5 月 25 日至 7 月 15 日。1973 年，实行分岛间年轮捕制。

近些年来，大钦岛注重发展生态渔业，大力发展“贝藻鱼兼养”和“上中下立体结构分布”的生态养殖模式。并通过向海底投放石块、混凝土框架、沉船、废车等建设人工鱼礁，改善海底生境，为鱼藻贝海珍品繁衍创造良好的海洋生态环境。至 2009 年 9 月，大钦岛乡共投石 26 万立方米、混凝土框架 1. 2 万个、废旧船体 90 余艘。2011 年又将在大钦岛东北海域建设人工鱼礁工程，其用海面积 85. 7 公顷，建礁规模 10. 3 万空立方米，总投资 2233 万元，由长岛县东村海珍品发展有限公司承担建设。

第二十一章　其他海岛（礁）

第一节　北隍城岛周边海岛

北隍城岛近岸海域分布有将军石、老母猪礁、大红石礁、东南礓、老凹礁等小型海岛，以及数个无名岛（礁），其中大红石礁、东南礓和数个无名岛礁等距岸较近（均小于50米）。

一、将军石

将军石（Jiāngjūnshí）代码为370634003331。

将军石位于北隍城岛北部北山顶西北侧近岸海域，距北隍城岛海岸最近距离约110米，面积约170平方米，海岸线长约60米，最高点高程约10.9米，地理坐标为北纬38°22.9′、东经120°54.5′。行政上隶属于山东省烟台市长岛县北隍城乡。

岛体由石英岩构成，成因上属海蚀柱性质。全岛基岩裸露，无土壤，无植被。岛周海域水深为19～26米。

在《全国海岛名称与代码》、《山东省海岛志》、《中国海洋岛屿简况》[①] 和《中国海域地名志》[②] 等均未收录该岛，但在《中国海域地名图集》[③] 和有关海图、地形图上均有标注，在《长岛县志》中作为明礁列表记录。在有些地图上标注为"水长石"。

图3-21-1　远眺将军石岛

（拍摄于2010年6月6日，拍摄点地理坐标为38°23′40.82″N、120°54′35.00″E）

二、老母猪礁

老母猪礁（Lǎomǔzhū Jiāo）代码为370634003431。

老母猪礁位于北隍城岛东口的东侧海域，西距北隍城岛海岸最近点（南山顶东北岬角）距离约860米，距东口村观山所岬角约1110米。低潮时露出岩礁滩约2500平方米，最高点高程约12.8米，地理坐标为北纬38°23.7′、东经120°55.9′。行政上隶属于山东省烟台市长岛县北隍城乡。

在《全国海岛名称与代码》、《山东省海岛志》、《中国海洋岛屿简况》[④] 和《中国海域地名志》[⑤] 等均未收录该岛，但在《中国海域地名图集》[⑥] 和有关海图、地形图上均有标注，在《长岛县志》中作为明礁列表记录。

岛体由石英岩构成，属海蚀残丘性质。全岛基岩裸露，无土壤，无植被。岛周海域水深11米左右。

①④　中国人民解放军海军司令部航海保证部：中国海洋岛屿简况，1980年。

②⑤　中国地名委员会：中国海域地名志，1989年。

③⑥　中国地名委员会、国家测绘局：中国海域地名图集，1991年。

三、老凹礁

老凹礁（Lǎo'āo Jiāo）

老凹礁位于北隍城岛西端近岸海域，距北隍城岛海岸最近点（北大旺山西侧）距离约 145 米，面积约 100 平方米，海岛岸线长约 40 米。最高点高程约 2.5 米，地理坐标为北纬 38°23.3′、东经 120°53.7′。行政上隶属于山东省烟台市长岛县北隍城乡。

在《全国海岛名称与代码》、《山东省海岛志》、《中国海洋岛屿简况》和《中国海域地名志》④等均未收录该岛，但在《中国海域地名图集》和有关海图、地形图上均有标注，在《长岛县志》中作为明礁列表记录。在有些海图上标注为“老娃礁”。

岛体由石英岩构成，全岛基岩裸露，无土壤，无植被。岛周海域水深为 10～12 米。

第二节 南隍城岛周边海岛

南隍城岛周海域有较多小型海岛（礁）分布，主要有香炉礁、小香炉礁、坡礁岛、佛爷礁、大占坡礁、孤礁等以及数个无名小型岛（礁）。

一、坡礁岛

（一）概况

坡礁岛（Pōjiāo Dǎo）代码为 370634000221。

坡礁岛位于南隍城岛中南城口里的湾口南部海域，呈长条形，南北走向，长约 0.085 千米，宽约 0.02 千米。海岛面积约 0.0022 平方千米，海岛岸线长约 0.22 千米。最高点高程 12.0 米，地理坐标为 38°21.8′、东经 120°54.9′（图 3-21-2）。北距辽宁省旅顺老铁山西角约 44.5 千米，西南距南隍城岛最近点约 180 米。行政上隶属于山东省烟台市长岛县南隍城乡。

在海图上名为波礁，1983 年岛礁普查时，以岛北高南低呈一面坡状而更今名。在《山东省海岛志》的海岛名录一览表中，省序号为“096”、地市序号为烟台“07”。

（二）自然环境条件

坡礁岛属海蚀残丘，面积狭小，地势陡峭，基岩裸露，无第四纪松散沉积物发育。出露基岩为石英岩，属新元古代蓬莱群辅子夼组地层。岛上无土壤、无植被、无淡水资源和矿产资源。

该岛周围都为海蚀崖岸，海岸线类型均为基岩岸线。岸线外海蚀平台发育，岩礁滩较宽，并与南隍城岛相连，其上散布有较多的岩块、砾石。近岸海域有海参、鲍鱼等海珍品生长。

图 3-21-2 坡礁岛全貌

（拍摄于 2010 年 6 月 5 日，拍摄点地理坐标为 38°21′42.3″N、120°54′50.3″E）

（三）海岛资源开发与保护

2010 年 6 月现场调研时，坡礁岛的岛体和海

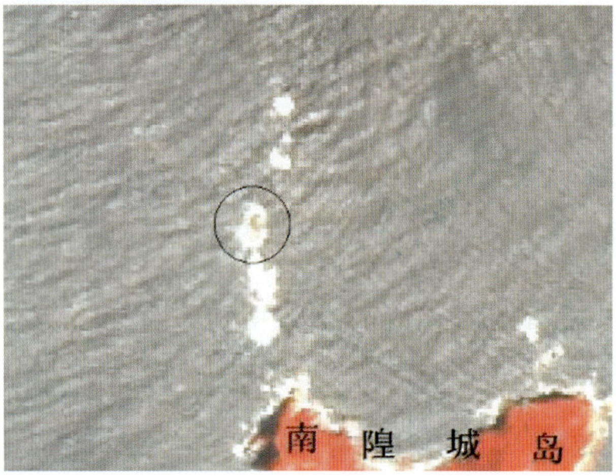

图 3-21-3　香炉礁遥感影像

图 3-21-4　香炉礁及礁上灯桩
（拍摄于 2010 年 6 月 5 日，拍摄点地理坐标为 38°22′18.50″N、120°53′34.70″E）

岸目前保持原生态状态。岛周海域主要从事海珍品底播增养殖生产。

二、香炉礁

香炉礁（Xiānglú Jiāo）代码为370634003531。

香炉礁位于南隍城岛北部大顶山西北侧海域，海岛面积约 0.0005 平方千米，海岛岸线长约0.16 千米。最高点高程约 18.8 米，地理坐标为北纬 38°22.3′、东经 120°53.6′。南距南隍城岛约340 米，北距北隍城岛 12.4 千米。行政上隶属于山东省烟台市长岛县南隍城乡。

因海岛整体形状看似香炉，故名。在《全国海岛名称与代码》、《山东省海岛志》、《中国海洋岛屿简况》① 和《中国海域地名志》② 等均未收录该岛，但在《中国海域地名图集》③ 和有关海图、地形图上均有标注；《山东海情》也将其记录为海岛。在《长岛县志》中作为明礁列表记录。

岛的中央部位呈柱状突兀，周围地势较低（图 3-21-4），属海蚀柱性质，岛体主要由石英岩构成，属新元古代蓬莱群辅子夼组地层，表层风化严重。岛上无土壤、无植被。岛的顶部建有灯塔，据《长岛县志》记载，该灯塔建成于 1957 年。

岛周近岸海底多岩礁，5 米等深线附近海域底质类型主要为砾砂。附近海域海水清澈，海洋资源丰富，近岸环岩礁区底播鲍鱼、海参、虾夷扇贝等。

三、小香炉礁

小香炉礁（Xiǎoxiānglú Jiāo）代码为 370634003631。

小香炉礁位于南隍城岛北部大顶山北近岸海域，由数块礁石组成，呈北东—南西走向的狭长状，南北长约 46 米，东西宽约 6 米。海岛面积约 0.0003 平方千米，海岛岸线长约 0.11 千米。最高点高程 7.4 米，地理坐标为北纬 38°22.2′、东经 120°53.9′（图 3-21-5）。南距南隍城岛最近点约 92 米，北距北隍城岛最近点约 13.5 千米。行政上隶属于山东省烟台市长岛县南隍城乡。

在《全国海岛名称与代码》、《山东省海岛志》、《中国海洋岛屿简况》④ 和《中国海域地名志》⑤ 等均未收录该岛，但在《中国海域地名图集》⑥ 和有关海图、地形图上均有标注，多以小香炉礁标注，在《长岛县志》中作为干出礁列表记录。但在《山东海情》等的 908 专项山东省海岛调查成果中则称其为“二香炉礁”。

海岛中部稍高，两端偏低，全岛基岩裸露，无土壤，无植被。出露的岩石主要为石英岩，属新元古代蓬莱群辅子夼组上部地层，表面岩石风化剥蚀严重，西北和东南两侧岩石直立陡峭，岩壁上生长大量的牡蛎、贻贝和藻类生物等。

---

①④ 中国人民解放军海军司令部航海保证部：中国海洋岛屿简况，1980 年。
②⑤ 中国地名委员会：中国海域地名志，1989 年。
③⑥ 中国地名委员会、国家测绘局：中国海域地名图集，1991 年。

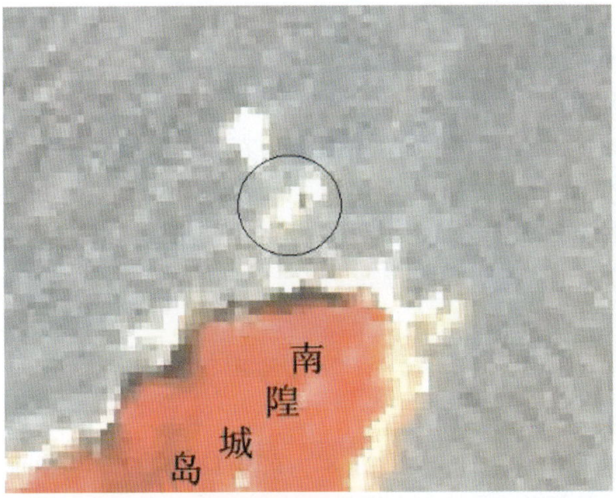

图 3-21-5　小香炉礁岛基本状况

左上图：小香炉礁遥感影像；右上图：小香炉礁全貌；下图：岛体及潮间带状况

岛北侧近岸海域水深 5 米左右，水流畅通，水环境状况良好，近岸海域底质类型以砂砾为主，向外则主要由粉砂、细砂组成。

岛周潮间带和浅海区海洋水产资源丰富，主要有刺参、盘鲍，光棘球海胆等海珍品。裙带菜和巨藻都已形成一个较大的生物群落，在低潮滩还生长着食用藻鹿角菜，但面积较小。底播增养殖和人工筏架式养殖在岛礁附近海域已形成规模。

四、佛爷礁

佛爷礁（Fóye Jiāo）代码为 370634003731。

佛爷礁位于南隍城岛的岭山岬角与坡礁岛之间，海岛形态似佛爷打坐（图 3-21-6），面积约 160 平方米，海岛岸线长约 51 米。最高点高程 20.1 米，地理坐标为北纬 38°21.8′、东经 120°54.9′。西南距南隍城岛岭山海岸最近约 110 米，北距坡礁岛约 100 米。行政上隶属

图 3-21-6　佛爷礁岛全貌

（拍摄于 2010 年 6 月 5 日，拍摄点地理坐标为 38°21′43.2″N、120°54′49.4″E）

于山东省烟台市长岛县南隍城乡。

因海岛形态似佛爷打坐而得名。在《全国海岛名称与代码》、《山东省海岛志》、《中国海洋岛屿简况》①和《中国海域地名志》② 等均未收录该岛，但在《长岛县志》中作为明礁列表记录。

海岛西南部为直立陡峭岩壁，东北部坡度较缓。全岛基岩裸露，岩石类型为石英岩，属新元古界蓬莱群辅子夼组上部地层。岩层垂直节理发育，风化剥蚀严重。岛上无土壤，无植被。

岛礁周围海区水深约 13 米，底质类型有砂砾、细砂等，前者面积较小，分布在近岸，向外则主要为细砂。浅海区域水产资源丰富，盛产刺参、栉孔扇贝、紫海胆和海带等。

五、大占波礁

大占波礁（Dàzhànbō Jiāo）代码为 370634003821。

大占坡礁位于南隍城岛的岭山岬角东北侧海域，地理坐标为北纬 38°21. 8′、东经 120°54. 9′。海岛面积约 0. 0011 平方千米，海岛岸线长约 0. 18 千米。西南距南隍城岛岭山海岸最近约 145 米，西距佛爷礁约 50 米，北距坡礁岛约 110 米。行政上隶属于山东省烟台市长岛县南隍城乡。

海图和地形图上多以大占坡礁标注，称谓来历不明。在《全国海岛名称与代码》、《山东省海岛志》、《中国海洋岛屿简况》和《中国海域地名志》等均未收录该岛，但在《中国海域地名图集》③ 和有关海图、地形图上均有标注。

全岛基岩裸露，岩石类型为石英岩，属新元古界蓬莱群辅子夼组上部地层。岛上无土壤，无植被。

六、南隍城岛西礁

南隍城岛西礁（Nánhuángchéng Dǎo Xījiāo）

南隍城岛西礁位于南隍城岛北部大顶山西近岸海域，海岛面积约 81 平方米，海岛岸线长约 37 米。最高点高程约 3 米，地理坐标为北纬38°21. 9′、东经 120°53. 5′。西距南隍城岛最近点约 50 米。行政上隶属于山东省烟台市长岛县南隍城乡。

海图和地形图上多仅标注高程，《山东海情》按方位称其为南隍城岛西礁。在《全国海岛名称与代码》、《山东省海岛志》、《中国海洋岛屿简况》和《中国海域地名志》等均未收录该岛，在《中国海域地名图集》和有关海图、地形图上均有标注，但仅标注顶部高程。

图 3-21-7　星石礁及其上灯桩现状

该岛（礁）属侵蚀残丘性质，全岛基岩裸露，岩石类型为石英岩，属新元古界蓬莱群辅子夼组上部地层。岛上无土壤，无植被。

此外，南隍城岛附近海域分布有：星石礁、饽饽礁、磁罗礓、陀佛山摩崖石礁等干出礁。其中，星石礁上建有灯桩（图 3-21-7），为混凝土基础的钢架结构。据《长岛县志》记载，该灯桩建成于 1955 年。

① 中国人民解放军海军司令部航海保证部：中国海洋岛屿简况，1980 年。
② 中国地名委员会：中国海域地名志，1989 年。
③ 中国地名委员会，国家测绘局：中国海域地名图集，1991 年。

第三节 小钦岛周边海岛

一、鳖盖山岛

（一）概况

鳖盖山岛（Biēgàishān Dǎo）代码为370634000421。

鳖盖山岛位于小钦岛北侧近岸海域，平面呈长条形，东北—西南走向，长约0.2千米，宽约0.11千米。海岛面积约0.0188平方千米，海岛岸线长0.67千米。最高点高程42.8米，地理坐标为北纬38°21.4′、东经120°50.4′。南距小钦岛最近点约100米，北距辽宁省旅顺老铁山西角约48.3千米，东距南隍城岛最近点约4.6千米。行政上隶属于山东省烟台市长岛县小钦岛乡。

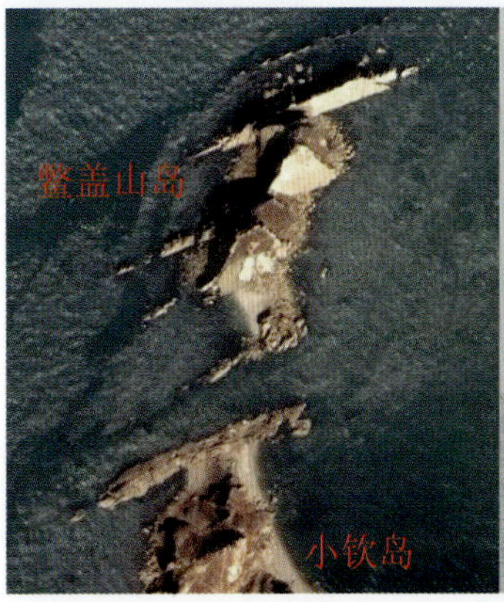

图3-21-8 鳖盖山岛现状

左图：遥感影像；右图：现场照片（拍摄于2010年6月5日，拍摄点地理坐标为38°21′17.71″N、120°49′51.01″E）

因岛平面上看似鳖盖而得名，又有金龟塔之称，在海图上名鳖盖山。在《山东省海岛志》的海岛名录一览表中，省序号为“097”、地市序号为“08”；在《中国海洋岛屿简况》中，全国统一编号为“0660”、省编号为“0067”。

（二）自然环境条件

鳖盖山岛属海蚀残丘，岛体主要由南、北两个岩峰组成。出露的基岩为石英岩和青灰色板岩互层，属新元古代蓬莱群豹山口组上部地层。岛上地质构造简单，呈单斜构造，岩层向西倾斜，倾角55°。南坡略平缓，顶部有少量土壤；南部峰顶有少量草本植物生长，面积约0.19公顷，其他均为裸地（面积约1.69公顷）。

岛周均为海蚀崖岸，北端和东、西两侧海蚀崖均较陡峭，南坡略平缓。海岸线外海蚀平台发育，岩礁滩较宽，并与南隍城岛相连，其上散布有较多的岩块、砾石。

岛周近岸海域有海参、鲍鱼等海珍品生长。

（三）海岛资源开发与保护

2010年6月现场调研时，鳖盖山岛的岛体和海岸均保持原生态状态。岛周海域主要从事海珍品底播增养殖生产。

二、大石篷

大石篷（Dàshípéng）

大石篷位于小钦岛西口北侧近岸海域，面积约240平方米。最高点高程10.6米，地理坐标为北纬38°20.7′、东经120°50.2′（图3-21-9）。北距小钦岛西口北部岬角海岸最近约60米。行政上隶属于山东省烟台市长岛县小钦岛乡。

在《全国海岛名称与代码》、《山东省海岛志》、《中国海洋岛屿简况》[①] 和《中国海域地名志》[②] 等均未收录该岛，但在《中国海域地名图集》[③] 和有关海图、地形图上均有标注，在《长岛县志》中作为明礁列表记录。

图3-21-9　远眺大蓬石岛

（拍摄于2010年6月5日，拍摄点地理坐标为38°21′17.4″N、120°49′50.7″E）

大石篷为一海蚀残丘，具海蚀柱性质。全岛基岩裸露，岩石属新元古界蓬莱群辅子夼组地层。岩层南北向垂直节理发育，风化剥蚀严重。岛上无土壤，无植被。岛周多为岩礁（海蚀平台），东侧有一无名海岛，两者相距约20米。大石篷西侧建有一开挖式小型避风港，北侧有堤坝与小钦岛相连。

三、老爷礁

老爷礁（Lǎoye Jiāo）

老爷礁位于小钦岛北部大棘山东侧近岸海域，面积约60平方米。最高点高程约6.9米，地理坐标为北纬38°21.0′、东经120°50.8′。西距小钦岛海岸最近点约50米。行政上隶属于山东省烟台市长岛县小钦岛乡。

在《全国海岛名称与代码》、《山东省海岛志》、《中国海洋岛屿简况》和《中国海域地名志》等均未收录该岛，在《长岛县志》中作为明礁列表记录。

该岛属海蚀残丘性质，全岛基岩裸露，岩石类型为石英岩，属新元古界蓬莱群辅子夼组上部地层。岛上无土壤，无植被。

第四节　大钦岛周边海岛

大钦岛周围海域小岛较多，主要有老鸹礁、玉礁、歪脖礁、大木礁、东南礁、东海红礁、红石子、西海红、大红礁、瞪眼礁、堆石、五块石、北老头礁、躺龙礁等。

一、老鸹礁

老鸹礁（Lǎoguā Jiāo）

---

① 中国人民解放军海军司令部航海保证部：中国海洋岛屿简况，1980年。

② 中国地名委员会：中国海域地名志，1989年。

③ 中国地名委员会，国家测绘局：中国海域地名图集，1991年。

老鸹礁位于大钦岛西北端近岸海域，面积约 12 平方米，由 2 个小岛组成（相距约 18 米）。最高点高程约 5.1 米，地理坐标为北纬 38°18.9′、东经 120°48.6′。距大钦岛海岸最近点约 60 米。行政上隶属于山东省烟台市长岛县大钦岛乡。

海图上标注为老鸹礁，称谓来历不明。在《全国海岛名称与代码》、《山东省海岛志》、《中国海洋岛屿简况》和《中国海域地名志》等均未收录该岛，在《长岛县志》中作为明礁列表记录。在地图上也有标注为“乱石头”。

该岛属海蚀残丘性质，全岛基岩裸露，岩石类型为石英岩，属新元古界蓬莱群辅子夼组上部地层。岛上无土壤，无植被。海岛北侧近岸海域水深 5 米左右。

二、躺龙礁

躺龙礁（Tǎnglóng Jiāo）

躺龙礁位于大钦岛西口北侧近岸海域，面积约 13 平方米。最高点高程约 6.2 米，地理坐标为北纬 38°18.4′、东经 120°48.3′。距大钦岛海岸最近点约 70 米。行政上隶属于山东省烟台市长岛县大钦岛乡。

海图上多标注为“躺龙礁”，地图上也有标注为“海鸭礁”，称谓来历不明。在《全国海岛名称与代码》、《山东省海岛志》、《中国海洋岛屿简况》和《中国海域地名志》[①] 等均未收录该岛，在《长岛县志》中作为干出礁列表记录。

该岛呈东北—西南延伸的长条形，岛上基岩裸露，岩石属新元古界蓬莱群辅子夼组上部地层。岛上无土壤，无植被。海岛周围海域水深 5 米左右。

三、五块石

五块石（Wǔkuàishí）

五块石位于大钦岛西南部南山西北侧近岸海域，地理坐标为北纬 38°17.8′、东经 120°48.0′。由 3 个小岛和 2 个干出礁组成，呈北西—南东向串珠状排列，自近大钦岛海岸向外高程变低。3 个岛（礁）高程分别为 11.5 米、4.3 米、1.3 米，距大钦岛海岸最近分别为约 10 米、40 米和 80 米；靠近大钦岛的 2 个小岛，有砂砾石滩与大钦岛相连，低潮时可行之到达。

在《全国海岛名称与代码》、《山东省海岛志》、《中国海洋岛屿简况》[②] 和《中国海域地名志》等均未收录该岛，在《长岛县志》中作为明礁列表记录。

五块石属海蚀残丘性质，全岛基岩裸露，岩石类型为石英岩，属新元古界蓬莱群辅子夼组上部地层。岛上无土壤，无植被。

四、其他岛（礁）

大钦岛周边的其他各小岛距大钦岛海岸的最近距离均小于 50 米，不予单独记述，基本情况见表 3-21-1 和图 3-21-10。其中，堆石由 3 个小岛组成，呈北西—南东向排列，顶部高程自近大钦岛海岸向外变低（高程分别为 12.3 米、3.3 米、1.3 米），距大钦岛海岸分别约 7 米、32 米和 67 米；驴尾巴由 2 个小岛组成，距大钦岛海岸最近距离约 30 米。

此外，大钦岛周围还有大顶、二顶、三块石等干出礁石。

---

① 中国地名委员会：中国海域地名志，1989 年。

② 中国人民解放军海军司令部航海保证部：中国海洋岛屿简况，1980 年。

表 3-21-1　大钦岛沿岸其他海岛基本情况

序号	名称	相对位置	距大钦岛海岸（米）	高程（米）	面积（米^2）	周围水深（米）	备注
1	玉礁	大钦岛东北端近岸	25	9.5	—	—	
2	歪脖礁	大钦岛东北端近岸	15	—	7	5	
3	大木礁	大钦岛东口北侧	30	—	20	10（外侧）	
4	东南礁	大钦岛东口南侧	20	8.5	26	9～20（外侧）	
5	东海红礁	大钦岛东端近岸	30	29.8	—	—	潜坝与大钦连
6	红石子	大钦岛东部南山东侧	25	4	—	—	
7	西海红	庙下东口南端	15	5.8	—	—	
8	大红礁	大钦岛唐王顶西侧近岸	30	3.5	—	—	
9	瞪眼礁	大钦岛唐王顶西侧近岸	35	14.2	4	10	
10	堆石	大钦岛唐王顶西北侧	30	12.3	—		3 个小岛
11	北老头礁	庙下西口南侧近岸	10	15.4	—		
12	驴尾巴	庙下西口北侧	30	6.8	—	—	2 个小岛

图 3-21-10　北部岛群其他海岛及干出礁

左上：大顶礁；右上：西海红；左中：躺龙礁遥感影像；右中：东南礁；左下：五块石；右下：大木礁

第四篇
龙口市和莱州市海区海岛

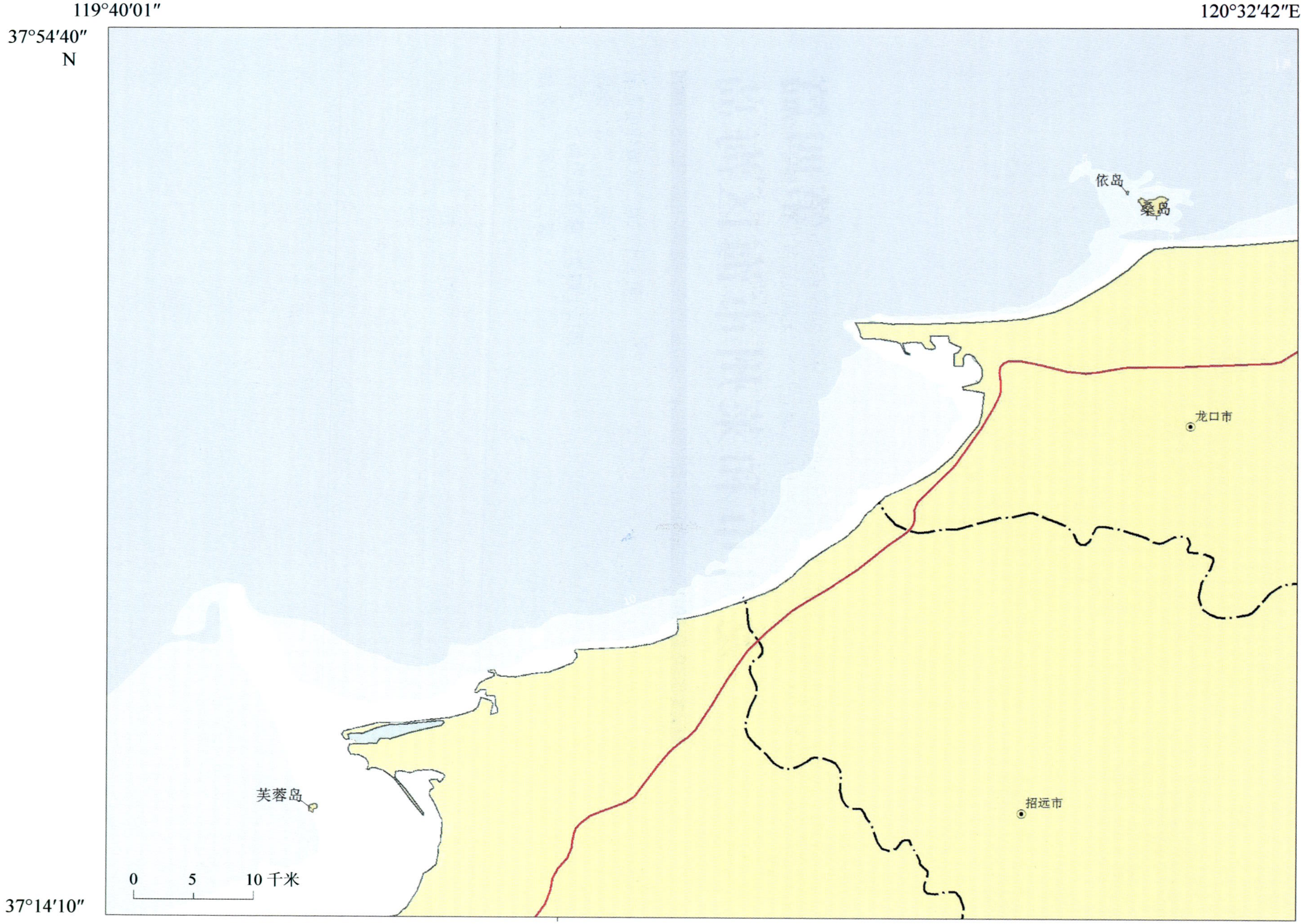

龙口市和莱州市海区海岛分布

第二十二章　区域环境概况

龙口市和莱州市海区海岛分布于渤海东南部沿岸海域，地理位置为北纬37°18.5′～37°47.4′、东经119°48.7′～120°27.3′。本篇记述海岛（礁）4个，其中有居民海岛1个，无居民海岛（礁）3个。面积大于500平方米的海岛3个。有居民海岛为桑岛，无居民海岛（礁）分别为依岛、滑石礓和芙蓉岛。海岛总面积约2.229平方千米，海岛岸线总长度约10.9千米。

第一节　概　况

龙口市海区海岛分布于龙口市北部海域，共有2个面积大于500平方米的海岛，地理位置为北纬37°46.2′～37°47.4′、东经120°25.4′～120°27.4′。其中有居民海岛1个，无居民海岛1个。有居民海岛为桑岛，无居民海岛为依岛。2个海岛总面积约1.963平方千米，海岛岸线总长度约8.48千米。另外，在桑岛南侧海域有一处干出礁，即滑石礁；在龙口西端屺岈岛北侧沿岸有1个海岛（礁），即将军石。

莱州市海区海岛分布于莱州湾东南部海域，海岛数量稀少。依据20世纪90年代全国海岛资源综合调查成果资料和《全国海岛名称与代码》，共有2个面积大于500平方米的海岛，即芙蓉岛和白沙岭岛，均为无居民海岛。其中，白沙岭岛为砂岛，因池塘养殖发展，该岛已经被养殖池塘及抽水设施占据，海岛原貌已不存在。

第二节　地质地貌

龙口市和莱州市海区海岛，在大地构造上地处新华夏系第二隆起带（胶辽古陆）胶北隆起（鲁东隆起）的胶北凸起，均为基岩海岛。但由于相距较远，所处次一级构造单元和部位不同，龙口市和莱州市海岛的地质地貌基础有较大差异。龙口市的桑岛和依岛，位于黄县新生代断陷盆地的北部，是新生代第四纪地质历史时期形成的火山岩台地孤岛。

莱州市的芙蓉岛，西邻郯庐深大断裂带（沂沭断裂带）。岛体由中生代燕山早期花岗岩构成，具侵蚀残丘性质。

第三节　气候与气象

一、龙口市沿岸

（一）气候基本特征

桑岛虽靠近大陆，仍具有海洋与大陆兼有的气候特征，年、月平均日较差小，春温低于秋温，四季分明。

春季　暖气回升，但冷空气还一时表现得相当强盛，造成南、北空气交替干扰且相持不下的局面，表现出早春“北风不受南风气”，晚春才逐渐平缓，气温一般比同纬度的内陆低2℃～3℃，季节推迟半个月左右。湿度不足，风多雨少，平均降水量仅有全年的13.7%，春旱机遇多。

夏季　由于海水的调节作用，夏季时间短，气候比较凉爽，平均气温比同纬度内陆低1℃～2℃，一般年份无酷暑现象。湿度大、降水量多，占全年降水量的59.5%，8月前后暴雨较多。

秋季　初秋北方冷空气开始活跃，对暖湿空气有所冲击，但由于海水的调节作用，一时还冷不起来，比同纬度内陆温度略偏高。降水占全年降水的22%，有些年份出现秋旱。

冬季　年温度最低季节，空气寒冷、干燥。1月气温最低，但一般无严寒巨冰，盛行偏北风，降水量很少，只占全年的4.7%。

（二）主要气象要素统计分析

气象资料源于龙口气象站和龙口海洋站。其中，龙口气象站位于龙口东南郊，地理坐标为北纬37°37′、东经120°19′，观测站高程3.5米；龙口海洋站位于屺㟂岛高角，地理坐标为北纬37°41′、东经120°13′，观测站高程24.1米。

1. 气温

据20世纪80年代末的桑岛调查成果资料[①]，1957—1980年，累年平均气温为11.6℃。1月气温最低，平均为-3.1℃；2月平缓上升，3—6月急陡上升，7月达到最高峰，其值为25.4℃；以后开始下降，形成以年为周期的变化规律（表4-22-1）。

表4-22-1　累年各月平均气温、平均最高气温和最低气温　　单位:℃

月份	平均气温	日较差	平均最高气温	平均最低气温
1	-3.1	8.5	1.2	-7.3
2	-1.8	9.1	2.9	-6.2
3	3.6	9.9	8.8	-1.1
4	10.6	11.0	16.3	5.3
5	17.0	11.5	22.7	11.2
6	21.9	10.4	27.3	16.9
7	25.4	7.9	29.6	21.7
8	24.7	7.8	28.7	20.9
9	19.8	9.9	24.7	14.8
10	14.1	10.0	19.1	9.1
11	6.9	9.1	11.6	2.5
12	0.3	9.5	16.5	7.0
全年	11.6	9.5	16.5	7.0

注：统计年限为1957—1980年。

气温的季节变化是冬季最低，平均值为-1.5℃，夏季最高，平均值为24.0℃，春、秋平均值分别为10.4℃和13.6℃，春温低于秋温3.5℃。

气温日较差全年波动不大，变化范围为7.8℃～11.5℃。全年有一个高峰和一个次高峰及相应的两个谷。两个峰分别出现于5月和10月，两个谷分别出现于8月和12月（表4-22-1）。平均最高气温和最低气温的变化趋势与平均气温类同。

累年极端最高气温为38.3℃，出现于1972年7月5日；累年极端最低气温为-21.3℃，出现于

① 国家海洋局第一海洋研究所：桑岛开发可行性调查研究报告［R］，1988年。

1977年1月30日。

极端最高气温有17年高于35℃，占统计年限的58.6%。极端最高气温高于30℃以上和极端最低气温低于-5℃的天数，平均每年出现2天。

另据龙口2001—2005年气象统计资料①，各月平均气温的年变化，有着相同的变化规律（表4-22-2）。通过与1957—1980年的统计资料进行对比，其年平均气温升高了1.5℃，月平均气温升高了0.2℃~2.8℃；冬末春初月份，平均温度上升最明显，均在2℃以上；最热的7月和8月平均温度升高较小。

表4-22-2 不同时段累年各月平均气温对比

单位：℃

月份	1	2	3	4	5	6	7	8	9	10	11	12	全年
1957—1980	-3.1	-1.8	3.6	10.6	17.0	21.9	25.4	24.7	19.8	14.1	6.9	0.3	11.6
2001—2005	-1.2	1.0	6.0	13.3	18.9	23.6	25.9	24.9	21.4	15.1	8.0	1.0	13.1
变化值	1.9	2.8	2.4	2.7	1.9	1.7	0.5	0.2	1.6	1.0	1.1	0.7	1.5

2. 降水

1957—1980年龙口气象站统计资料表明，本区多年平均降水量为663.3毫米。其中，最多降水年是1964年，降水量为994.9毫米，最少降水年是1981年，降水量为401.7毫米。历年1日最大降雨量为163.3毫米，发生在1982年8月25日；历年1小时最多降水量是60.6毫米，出现于1962年。

降水的季节分配是不均匀的，一年中夏季降水最多，降水量为376.8毫米，其中7月降水更加集中（表4-22-3）。冬季降水量最少，平均为26.9毫米。秋季比春季降水多，降水量分别为139.9毫米和86.9毫米。

表4-22-3 桑岛累年各月降水量

单位：毫米

月份	平均	最大	年份	最小	年份
1	8.6	39.0	1972	0.1	1976
2	10.0	38.3	1967	0.0	1963
3	10.8	35.8	1971	1.3	1962
4	39.2	108.0	1963	3.0	1982
5	36.9	134.5	1973	0.6	1962
6	72.3	256.7	1980	3.5	1977
7	169.5	370.5	1970	17.1	1958
8	135.0	278.6	1982	28.5	1979
9	75.5	174.3	1971	3.0	1977
10	38.8	88.4	1961	1.8	1957
11	25.6	95.6	1961	0.6	1973
12	11.0	26.0	1979	0.2	1965
全年	633.3	—	—	—	—
资料年限	1957—1980	1957—1982			—

平均年降水日为82.5天，其中日降水量大于或等于10毫米的为17.8天；大于或等于25毫米的为6.7天；大于或等于50毫米的为2天，从降水日来看，也是夏季降水天数最多。

累年最长连续降水日为9天，出现于1970年7月19日至27日，共降水213.3毫米，最长连续无降水日达43天，出现于1973年11月10至12月22日。

① 中国海洋大学：龙口百年电力发展股份有限公司四期（1×600 MW）扩建工程海洋环境影响报告书［R］，2007年10月。

通过对比2001—2005年和1957—1980年的统计资料，年平均降水量较接近，月平均降水量的年变化规律相同，5—6月的平均降水量有所增加，其他多数月份则有所减少（表4-22-4）。

表4-22-4　不同时段累年各月平均降水量对比

单位：毫米

月份	1	2	3	4	5	6	7	8	9	10	11	12	全年
1957—1980	8.6	10.0	10.8	39.2	36.9	72.3	169.5	135.0	75.5	38.8	25.6	11.0	633.3
2001—2005	7.9	7.7	7.4	33.3	47.1	74.4	187.6	128.7	70.2	32.6	24.2	11.6	632.7
变化值	-0.7	-2.3	-3.4	-5.9	10.2	2.1	18.1	-6.3	-5.3	-6.2	-1.4	0.6	-0.6

3. 风

桑岛附近区域风多且风速大，累年南向风出现频率最多（为19%），北北东向和北东向、南南西向次之。各向平均风速变化为2.1～5.4米/秒，以南向、西北向、北北东向风速最大，为5.1～5.4米/秒；东南东向、东南向风速最小，为2.1米/秒。强风向北北东向，最大风速为34米/秒；次强风向为南向，风速为24米/秒。

据龙口市2001—2005年气象统计资料，4月最大，平均为4.2米/秒；9月最小，平均为2.8米/秒（表4-22-5）。年平均风速为3.4米/秒。

表4-22-5　2001—2005年龙口各月平均风速

月份	1	2	3	4	5	6	7	8	9	10	11	12	全年
平均风速（米/秒）	3.3	3.5	3.8	4.2	3.6	3.4	3.2	2.9	2.8	3.2	3.5	3.6	3.4
最多风向	N	S	S	S	S	S	S	NE	S	S	S	NW	S
大风日数（天）	0.4	0	1.2	1.6	0.4	0.8	1.0	0.6	0	0.6	0.4	0.2	7.2

4. 相对湿度

据1957年至1980年龙口气象统计资料，累年平均相对湿度为70%，各月变化幅度为63%～84%。春季干燥，平均相对湿度为64%；夏季空气潮湿且为雨季，相对湿度较大，其平均值为78.7%；秋季空气仍较湿润，相对湿度为70.7%；冬季空气比较干燥，相对湿度为65.7%。

另据龙口市2001—2005年气象统计资料，各月的平均相对湿度为52%～79%（表4-22-6），年平均相对湿度为63%。可见，龙口地区空气有变干燥的趋势。

表4-22-6　2001—2005年龙口各月相对湿度、雾日、降水日

月份	1	2	3	4	5	6	7	8	9	10	11	12	全年
相对湿度（%）	62	59	53	52	59	64	76	79	70	63	61	62	63
雾日数（天）	2.0	0.4	1.2	0.2	0.2	0.8	0.2	1.0	0	1.0	0.4	1.6	9.0
降水日数（天）	6.2	5.4	5.6	6.8	8.6	11.2	14.0	11.4	8.6	8.8	7.6	11.4	105.6

5. 雾

据1957年至1980年龙口气象统计资料，累年平均雾日为10天左右。雾日多出现于3—4月，其中4月最多。多年中，雾日最多为19天（1976年），最少为6天（1958年、1967年、1963年）。一般雾持续时间不长。

（三）主要灾害性天气

寒潮和台风是主要灾害性天气。

1. 寒潮

寒潮多出现于11月至翌年4月，平均每年3.2次。寒潮来临，出现6级以上偏北大风，一般持续

3 ~4 天。极端最低达 -21.3℃，风速最大可达 30 ~40 米/秒。

2. 台风

台风平均每年一次，多出现在 7—9 月，以黄海西折路径的台风对桑岛影响最大。该类台风发展猛，移速快，最大风速为每秒 25 米，主方向是偏北向，北北东向和北东向最多，大风持续时间一般为 1 ~2 天。

二、莱州市沿岸

（一）气候基本特征

由于海陆风有节奏的交替，明显地调节了气候，莱州市沿岸四季温度适中，变化平稳，夏无酷暑、冬无严寒。由于地形和主导风向的相互作用，湿度适宜、雾少、雨时短、晴日多。所以莱州虽然属暖温带季风区大陆性气候，但与同纬度的内陆比较，显示出明显的海洋性气候特点。

（二）主要气象要素

1. 气温

（1）平均气温

根据 1961—2002 年统计资料，莱州市历年平均气温为 12.7℃左右。莱州湾为山东沿海气温的低值区，年平均气温为 11.0℃ ~12.0℃。气温最低月出现在 1 月，累年月平均气温为 -2.5℃；最高月出现在 7 月，累年月平均气温为 26.2℃。海上平均气温的最高值、最低值较陆上落后约 1 个月，即最低气温在 2 月，最高气温在 8 月，整个海区 5—10 月的平均气温高于年平均气温，11 月至翌年 4 月则相反。海区气温的年变化显著，冬季多受西伯利亚冷气团所控制，空气干燥，寒冷，是一年中气温最低的季节。春季，由于太阳辐射增强和风力的减弱，气温逐渐上升，但上升速率小于陆地。夏季，太阳辐射最强，是一年中气温最高的季节。秋季，太阳辐射迅速减弱，冬季风力增强，气温逐月下降，其下降速率小于陆地。

（2）最高气温和最低气温

莱州市沿海及近海，夏季（6—8 月），为全年平均最高气温的高值期，沿海平均气温为 25.8℃ ~26.9℃。极端最高气温为 38.9℃。冬季（12 月至翌年 2 月），沿岸平均最低气温在 -8.0℃以下。极端最低气温为 -17℃。

（3）平均气温年较差

莱州沿海及近海的平均气温年较差为 20.3℃ ~25.8℃，大陆度指数 61.7%，属暖温带东亚季风大陆性气候，春、夏、秋、冬四季分明。

2. 相对湿度

平均相对湿度为 70%，最小相对湿度为 10%。冬季（1 月），平均相对湿度为 59% ~70%。夏季（7 月）平均相对湿度为 76%；春（4 月）、秋（10 月）两季的平均相对湿度介于冬、夏之间。

3. 气压

（1）平均气压

冬季（1 月），莱州市海区及沿岸平均气压一般为 1025.0 ~1029.0 百帕。夏季（7 月），海区平均气压为 1005.0 ~1009.0 百帕；沿岸一般为 1003.0 ~1005.0 百帕。春（4 月）、秋（10 月）两季的平均气压介于冬、夏之间。平均气压最高值出在 1 月（1025.0 ~ 1029.0 百帕），最低值出现在 7 月（1003.0 ~1009.0 百帕）。平均气压年较差一般为 19.0 ~24.0 百帕。

（2）最高气压和最低气压

莱州市沿海累年最高气压一般为 1038.1 ~1044.6 百帕。累年最高气压均出现在 12 月和 1 月。沿岸累年最低气压一般为978.5～980.7百帕。累年最低气压出现在7月。

4. 风

（1）平均风速

莱州风速年变化明显，平均风速冬、春两季大于夏、秋两季。一般11月至翌年4月的平均风速大于年平均风速；5—10月则相反，年平均风速均为3.8米/秒。平均最大风速最大值出现在4月，最小值是8月。累年各月平均最大风速为10.5米/秒。

（2）风向及频率

全年主要集中于南风和西南风，南风占全年风向15%，西南风占13%。冬半年是以南风为主，北风为次，夏半年以南风为主，西南风和东南风为次。

（3）大风日数

全年风力大于等于8级的大风日数为40～50天。大风日数最少的月为7月和8月。最大风速为21.3米/秒（出现在1975年5月4日），风向西北。

5. 降水

（1）降水量

全年累年平均降水量为600毫米左右。降水量的逐月变化趋势是：由冬季至夏季递增，由夏季至冬季递减。7—9月为雨量最多的时期，汛期为7月上旬至9月上旬。这3个月合计降水量为300毫米以上。1—2月为全年降水最少月。

（2）降水日数

年降水日数（降水量大于0.1毫米）为81.6天，最长连续降水日数为11天，降水量146.1毫米（1964年8月25日至9月10日）。全年以小雨为主，其日数约占年降水日数的80%；大雨的降水日数很少，一般不到10%。各月均有中雨。春季大雨很少，大雨降水日主要集中在夏季，8月达4天以上，而暴雨降水日平均为0.2～1.0天；秋季各级降水日数略多于春季。

（3）降雪

年降雪日数为11.1天，雪量26.5毫米。累年平均降雪初日为11月17日，终日为3月19日。累年平均积雪日数为22.1天，累年平均最大积雪深度为8.5厘米。

6. 海雾

全年多雾期出现在秋末至冬季，春、夏为少雾季节。年平均雾日为11.5天。最长连续雾日3天以下。在一定风向条件下，海雾会影响沿岸，其深度一般为5～10千米。

（三）海上主要气象灾害

1. 寒潮

寒潮成灾的主要形式是大风、降温、降水和风暴潮，对本区的沿岸地区和海上来说，主要是大风和风暴潮。

1969年1月下旬至2月底，天气异常寒冷，不少地区的最低气温或旬平均气温达到和超过1950年以来的最低值。2月上旬，海面出现了几十年不遇的封冻现象。其间，海面常连刮数日8～10级的东北风。4月23日，受6822号强冷空气和江淮气旋的共同影响，莱州湾出现了几十年最严重的风暴潮，莱州湾一带最大增水值为3.0米以上。暴潮伴着巨浪冲垮海堤25千米，海水侵入陆地30千米以上，使当地人民的生命财产蒙受极大损失。

2. 气旋

影响莱州的气旋主要有3类：蒙古气旋、黄河气旋和江淮气旋。根据1965—1981年的资料统计，进入渤海或在渤海产生的气旋和低压平均每年6.5次。

较强的气旋均可产生7～8级大风，有时达9～10级或更大，持续时间为1～2天，对海上活动安全影响很大。另外，由于气旋入海后其发展往往带有突发性，不易被预报人员所注意，这就更增加了其成灾的可能性。1960 年 4 月 10 日、1961 年 5 月 3 日、1964 年 4 月 4—6 日，在入海气旋影响下海上出现 8 级以上大风，1960 年 4 月 10 日竟达 11 级。这种天气使得海面产生狂风巨浪，破坏甚大。

气旋与冷空气相配合，不仅加大了风力，而且也延长了持续时间。1964 年 4 月 4—6 日的大风就是入海气旋与贝加尔湖的冷空气相配合形成的。此次大风造成许多作业渔船断缆、翻沉或迷航触礁。

3. 台风及风暴潮

影响莱州沿海的主要有热带风暴、台风和由台风减弱而成的温带气旋。

据统计，在山东沿海登陆或经山东沿海其强度达到台风强度的热带风暴平均 2. 5 年 1 次，登陆或出现时间均在 7—9 月。

从 1949—1979 年 31 年的资料来看，影响山东及有关海区的热带气旋，其强度多为热带风暴。近几十年来对山东沿岸影响较大的非登陆台风为 8914 号。该台风于 1989 年 8 月 27 日在北纬 18°、东经 137°处洋面形成，历时 7 天，其路径为一般的西转向型，经东海西部折向东北穿过对马海峡消失。最强时（9 月 1 日）近中心最大风速为 45 米/秒，中心最低气压为 950 百帕，大风半径 560 千米，9 月 2 日距山东沿岸最近约 470 千米，此时台风中心气压为 980 百帕，近中心最大风速为 30 米/秒。此次台风正值农历 8 月初大潮，在其影响下酿成了天文潮和台风增水叠加并伴有能量巨大的波浪。

1986 年、1992 年、2003 年发生的三次风暴潮损失较大，经济损失达上亿元。

4. 海雾

在海雾影响下，机动帆船经常相撞、触礁、搁浅，特别是误入浅海养殖区的事故多发，不仅使养殖的海湾扇贝等受到不同程度的破坏，而且经常发生“缠摆”、“打摆”等事故，对船只的正常航行威胁很大。

第四节　海洋水文

一、龙口市北部沿岸

（一）海水温度与盐度

龙口市北部桑岛周边海域海水温度与盐度变化见表 4-22-7（11 月代表秋季，2 月代表冬季，5 月代表春季，8 月代表夏季）。海水温度、盐度的分布状况基本可划为冬、夏季和过渡季（春、秋）3 种类型。海水垂直混合强烈，温度、盐度垂直分布均匀一致，但表层高于底层的趋势仍然存在。平面分布存在一定差异，但变化幅度小，7 个测站各季海水温度为0. 6℃ ~ 1. 6℃、盐度为0. 005 ~ 0. 342。

海水的温度变化为 0. 2℃ ~ 26. 4℃，平均值为 12. 99℃；盐度变化为 29. 636 ~ 31. 420，平均值为 30. 781。冬季水温最低（平均值为 0. 5℃）、盐度最高（平均值为 31. 388），海水垂直混合强烈，水温与盐度垂直分布均匀，表层略高于底层。夏季水温最高（平均值为 25. 4℃），盐度平均值为 30. 759，秋季盐度最低（平均值为 29. 806）。

表 4-22-7　桑岛附近海域海水温度、盐度变化范围

季度月与量值		秋季(11 月)		冬季(2 月)		春季(5 月)		夏季(8 月)	
		平均	变化范围	平均	变化范围	平均	变化范围	平均	变化范围
温度(℃)	表层	11. 70	11. 5 ~ 11. 80	0. 60	0. 30 ~ 1. 00	15. 60	14. 80 ~ 17. 00	26. 20	26. 00 ~ 26. 40
	底层	11. 00	10. 07 ~ 11. 40	0. 40	0. 20 ~ 0. 80	13. 80	13. 20 ~ 14. 30	24. 60	24. 50 ~ 24. 90
盐度	表层	29. 761	29. 636 ~ 29. 978	31. 396	31. 358 ~ 31. 420	31. 171	31. 156 ~ 31. 180	30. 756	30. 712 ~ 30. 799
	底层	29. 850	29. 675 ~ 30. 148	31. 300	31. 356 ~ 31. 389	31. 174	31. 160 ~ 31. 181	30. 761	30. 731 ~ 30. 787

（二）潮汐

1. 潮汐性质

桑岛位于龙口和蓬莱之间，相距分别为16千米和26千米。由于渤海两个无潮点和地形关系，尽管龙、蓬相距不是很远，但两地潮汐性质不同，龙口为不正规半日潮性质，蓬莱为正规半日潮性质。按距离讲，桑岛离龙口比蓬莱近10千米，从地形分析，龙口验潮井在龙口湾内，蓬莱验潮井地形与桑岛相似，潮汐性质应与蓬莱相似。从潮汐数值计算结果来看，龙口、桑岛、蓬莱潮汐性质的判据分别为0.92、0.51、0.38。可以认为桑岛周边海域潮汐性质仍属正规半日潮。

2. 潮差与平均海平面

平均潮差为1.01米，一年之中潮差变化有3个峰、3个谷。最高峰出现在9月，为1.06米；对应谷出现于1月，为0.97米。次峰出现于6月，为1.04米；对应谷出现于7月，为1.00米。第三峰出现于2月，为1.01米；对应谷出现在3月，为0.98米。一年中最大潮差极值出现在8月，为1.88米；最大潮差极小值出现于4月，为1.43米。据计算，该海区最大可能潮差为2.24米。

从潮位曲线来看，冬季潮位最低，夏季潮位最高，年平均海面为2.69米，月最低水位极值为1.31米，月最高水位极值为4.32米。

3. 平均涨、落潮历时

平均涨潮历时为5小时58分，平均落潮时间为6小时27分，落潮时间比涨潮时间多28分。

平均高潮间隙为9小时58分，低潮间隙为3小时53分。

（三）海流①

1. 潮流性质

桑岛附近海域潮流性质比较复杂。该海域基本位于渤海海峡K_1分潮旋转潮波系统和黄河口外M_2分潮旋转潮波系统的腹部，潮流性质受两大旋转潮波系统的相互制约。另外，该海域水深较浅，海底摩擦阻力将导致进入浅海的潮波发生变形。1986—1987年国家海洋局第一海洋研究所在桑岛周围海域进行4个站的海流观测调查成果，除海岛南侧S3站的底层为不规则日潮流、海岛西侧S4站的表层为正规半日潮流外，其他各测站、层均为不规则半日潮流性质。

2. 潮流运动形式

由于桑岛海区潮流性质比较复杂，尽管M_2分潮占主导地位，但有的测站或层次日分潮影响仍很明显。除桑岛西侧海域的S4站表层外，各测站表层为往复流性质，底层则以旋转流为主；除S4站潮流为顺时针旋转外，其余站、层的潮流为逆时针旋转。

3. 潮流场分布和变化

潮流方向S3站涨潮流主流向为西向，落潮流主流向为东向。S1站（岛北部）涨潮流主流向为西南向，落潮流主流向为北东向。S2站（岛东部）涨潮流主流向为西南西向，落潮流主流向为东北东向。S4站涨潮流主流向为西北向，落潮流主流向为东南向。

4. 余流

桑岛海域的余流一般很小，S2站余流最大，表层流速18厘米/秒，S1、S3、S4站一般余流小于10厘米/秒，余流方向混乱，无明显规律。

（四）波浪

桑岛海域以风浪为主，涌浪出现较少，风浪出现频率占89%，涌浪出现频率占11%。冬、秋两季涌浪比春、夏季涌浪多，6—8月涌浪出现最少（表4-22-8）。

① 根据1986—1987年国家海洋局第一海洋研究所在桑岛周围海域进行4个站的海流观测调查成果。

表 4-22-8 桑岛海域各月风浪、涌浪频率

单位:%

月份	风浪频率	涌浪频率	月份	风浪频率	涌浪频率
1	83.8	16.2	7	96.2	3.8
2	86.1	13.9	8	93.5	6.5
3	90.4	9.6	9	86.7	13.3
4	92.2	7.8	10	86.9	13.1
5	92.0	8.0	11	83.0	17.0
6	96.6	3.4	12	78.8	21.2
			全年	88.9	11.1

注：资料年限为1964—1982年。

桑岛海域全年常浪向和强浪向都是东北向，出现频率占14%，最大波高为7.2米（1964—1982年）。次常浪向和次强浪向出现于北北东向，出现频率占9%，最大波高为6.6米。除强浪向、次强浪向外，北西西向至北向都有5米以上大波出现。

虽然一年四季的常浪向都出现于东北向，但出现频率略有不同，春季、夏季、秋季、冬季分别为14%、16%、15%和14%。

春季强浪向为东北东向和东北向，最大波高为5.6米；夏季强浪向为东北向，最大波高为4.9米；秋季强浪向为北向和北北东向，最大波高为6.6米；冬季强浪向为东北向，最大波高为7.2米。

可见，偏北向波浪是影响桑岛海区的主要波浪。产生偏北大浪的天气系统主要有冬季冷空气南下和台风影响。

二、莱州市沿岸

（一）海水温度

莱州湾浅海水温变化与气候大致相同，具有明显的季节特征，区域性差异不大。由于近岸水浅而且邻近陆地，春季水温回升快而且早，5月表层海水温度为15℃~20.5℃，平均为18.5℃。海域等温线走向大致与海岸线平行，具有南高北低、东高西低的特点。最高温度出现在8月，平均为27.2℃，极最高水温为28.6℃，南区明显高于北区。10月表层海水温度为16.0℃~22.6℃，平均为18.4℃。低温出现在1月，极最低水温为-2℃。莱州近岸海区属浅水层，水温的垂直变化特点表现为夏季、结冰期部分水域表底层水温梯度较大，其他时间上下层水温垂直梯度变化不大。

（二）盐度

莱州湾有黄河等径流入海所形成的低盐水舌，可在莱州湾东部与渤海水团混合形成高温中盐性质的渤莱混合水。由于黄河径流减少，莱州市水域盐度近年来呈升高趋势，2003年年平均盐度为31.0，与1982年相比升高了1.5~2.0。5月比盐度一般为29.6~31.9，平均为30.8，南部区域等盐线与岸线平行，盐度由近岸区向离岸区递减。8月盐度为28.8~32.5。10月平均盐度为30.2。

潮间带海水盐度受降水量的大小、沿岸分布有较多盐田使部分盐水夏季随径流携带入海和近海水浅夏季气温较高、蒸发量较大使夏季海水盐度升高等因素的影响，有明显的季节变化，5月盐度为27.23~47.19，10月盐度为27.36~38.15，年较差为2.6~3.2。分布趋势是西部土山一带及有盐田海域高于北部三山岛至金城万家后。

盐度的垂直变化除了夏季上层明显高于下层外，其他季节上下层差异不大，基本处于垂直均匀状态。

（三）潮汐

莱州市沿岸海区潮汐类型属不正规半日潮，最高高潮位为3.78米（以理论深度基准面起算，下同），最低低潮位为-1.28米，平均高潮位为1.61米，平均低潮位为0.6米，平均潮差为1.01米，最大潮差为2.98米，平均海平面为1.11米。

一昼夜海水有两次涨潮、落潮。高潮和低潮相隔6小时45分，但遇上大风则会出现海水大涨大落和潮汐不规则现象。如遇北风，潮早浪大，涨潮时期长；南风则潮晚浪小，落潮时间长。

每月出现两次大汛和小汛，每月农历二十八日海水运动增强，至下月初三达到高潮，为大汛，俗语称“初三水”；初四日开始潮水由大渐小，至十二日最低潮，为小汛。十三日开始由小渐大，到十八日又达最高潮，又为大汛，俗语称“十八潮”；十九日起由大渐小，至二十七日达最低潮，又为小汛，俗语称“二十四、五糊涂潮”。

（四）海流

莱州市海区涨、落潮流速流向不相同，潮流的主流轴向为西南—东北向，涨潮时为南西向，落潮时为东北向，潮流椭圆，大部分海区按顺时针方向旋转。芙蓉岛所在的莱州浅滩以西海域，涨潮流向西南向，落潮流东北向，流速为25~41厘米/秒。

除莱州浅滩外，余流一般不超过3厘米/秒，在太平湾口处基本呈西进东出趋势，并在浅滩处形成一股强余流，流向朝北，为15厘米/秒；海庙后至刁龙嘴海域存在一逆时针方向的余流涡，污染物在该区域迂回，水交换能力差。

（五）海浪

莱州市海区全年波型均以风浪为主，涌浪为次。海浪主波风向为北北东向，最大波高4.5米。

表4-22-9　莱州湾南部不同波高出现频率（不分向）

波高范围（米）	0~0.4	0.5~1.4	1.5~2.9	3~4.9	≥5
频率（%）	66	16	11	8	1

（六）海冰

莱州市海区每年12月下旬开始结冰，冰期为60~70天。1月底至2月中旬结冰最为严重。冰情严重时，沿岸浅海固定冰宽度500米，有时达2千米，流冰外缘离岸10千米。冰厚一般为10~20厘米，最厚达30~70厘米，堆积冰高度1米以内，最高达2.3米。流冰漂流方向为东北向—东向，其次为西南向—西向；漂流速度为0.2~0.4米/秒，最大为0.8米/秒。通常刁龙嘴以西冰情严重，三山岛以东冰情相对较轻。

第五节　海洋化学

1986—1987年在龙口市北部桑岛周围海域7个测站的表、底层海水化学调查结果①，各站（D_1、D_2测站在岛北海域，D_3、D_4在岛东海域，D_5、D_6、D_7在岛南海域）、层的溶解氧含量范围为4.89×10^{-3}~8.16×10^{-3}（表4-22-10），总平均含量为6.40×10^{-3}。可见，该岛周围海域一年四季都属于富氧区，在同一季度中，溶解氧水平分布和垂直分布都比较均匀。

① 国家海洋局第一海洋研究所：桑岛开发可行性调查研究报告，1988年。

表 4-22-10 桑岛海域溶解氧含量

单位：$\times 10^{-3}$

站位	层次	秋季(11月)	冬季(2月)	春季(5月)	夏季(8月)
D_1	表层	6.21	8.11	6.37	4.93
	底层	6.18	8.07	6.35	4.89
D_2	表层	6.24	8.10	6.19	5.00
	底层	6.25	8.08	6.20	4.98
D_3	表层	6.27	8.08	6.23	4.98
	底层	6.13	8.09	6.31	4.92
D_4	表层	6.34	8.09	6.09	5.01
	底层	6.34	8.08	6.27	4.92
D_5	表层	6.32	8.12	6.23	5.03
	底层	6.31	8.09	6.29	5.00
D_6	表层	6.31	8.09	6.39	4.95
	底层	6.25	8.10	6.31	4.98
D_7	表层	6.23	8.16	6.18	4.97
	底层	6.29	8.14	6.20	4.93

pH 值变化为 8.07～8.40，平均值为 8.2，各季的平面分布与垂直分布均处于均匀状态。

各站、层的磷酸盐（PO_4-P）含量范围为2.79～21.70微克/升（表 4-22-11），总平均值为 8.37 微克/升，与其他近海海区相比处于中等水平。

硅酸盐（SiO_3-Si）的含量范围为 16.85～260.08 微克/升（表 4-22-12），总平均值为 155.32 微克/升，与其他海区相比，处于中等水平。

总无机氮（硝酸盐 NO_3-N、亚硝酸盐 NO_2-N、氨氮 NH_4-N）的含量范围为 4.62～70.98 微克/升（表 4-22-13），总平均值为 26.74 微克/升，含量垂直变化不明显。平面分布有所不同，11 月 D_2站总氮含量高于其他各站，2 月 D_6站底层和 D_7底层含量偏低，5 月 D_4、D_5、D_6各站含量低，8 月 D_3站表层和 D_4站底层含量偏高。

表 4-22-11 桑岛附近海域各站层活性磷含量

单位：微克/升

站位	层次	秋季(11月)	冬季(2月)	春季(5月)	夏季(8月)
D_1	表层	6.51	18.6	5.89	3.72
	底层	2.79	17.98	4.65	4.34
D_2	表层	4.34	18.6	4.65	3.41
	底层	5.27	20.46	4.96	4.65
D_3	表层	4.96	19.53	4.96	5.58
	底层	8.37	15.81	4.96	4.65
D_4	表层	6.51	17.36	4.65	4.34
	底层	7.75	18.29	4.65	4.65
D_5	表层	3.72	18.29	5.89	3.41
	底层	7.44	18.29	4.96	4.34
D_6	表层	2.79	17.98	5.27	3.72
	底层	4.34	18.6	5.89	3.41
D_7	表层	6.82	16.74	4.03	4.34
	底层	3.72	21.7	4.03	3.72

表 4-22-12　桑岛附近海域各站层硅酸盐含量

单位：微克/升

站位	层次	秋季(11 月)	冬季(2 月)	春季(5 月)	夏季(8 月)
D_1	表层	90.72	107.85	128.63	271.87
	底层	61.79	107.85	240.41	185.08
D_2	表层	53.64	111.22	164.86	222.72
	底层	45.22	111.22	156.44	115.71
D_3	表层	41.29	146.04	145.20	439.82
	底层	57.86	120.49	134.25	540.93
D_4	表层	37.07	107.85	134.25	404.99
	底层	61.79	123.86	111.78	419.04
D_5	表层	53.64	139.58	94.93	367.36
	底层	45.50	168.23	53.08	303.89
D_6	表层	41.29	117.40	47.46	306.69
	底层	41.29	126.95	16.85	260.35
D_7	表层	53.64	111.22	216.26	283.38
	底层	53.64	130.04	254.17	222.72

表 4-22-13　桑岛附近海域无机氮含量

项目	季度月	表层	底层	变化域
硝酸盐	秋季（11 月）	8.68	7.98	3.64～28.85
	冬季（2 月）	42.02	40.62	34.46～51.12
	春季（5 月）	7.14	7.14	5.88～8.40
	夏季（8 月）	3.50	3.36	1.12～10.36
亚硝酸盐	秋季（11 月）	0.56	0.70	0.14～1.26
	冬季（2 月）	0.28	0.28	0.00～0.70
	春季（5 月）	0.14	0.14	0.14～0.28
	夏季（8 月）	0.70	1.12	0.28～4.76
氨氮	秋季（11 月）	1.40	1.68	0.00～2.80
	冬季（2 月）	4.62	4.48	4.06～4.90
	春季（5 月）	4.90	6.16	3.78～9.52
	夏季（8 月）	30.11	36.14	14.85～61.63

第六节　海洋生物生态

根据国家海洋局第一海洋研究所 1986—1987 年在桑岛海域进行调查结果①，桑岛周围海域域叶绿

① 国家海洋局第一海洋研究所：桑岛开发可行性调查研究报告，1988 年。

素 a 含量范围为 0.293～606 毫克/米^3，各站平均含量是 D_3站最高，D_2站最低，分别为 1.18 毫克/米^{3}和 1.16 毫克/米^3。在同一季度中，平面分布含量变化不大。表层 11 月（秋季）叶绿素 a 含量最高为 6.06 毫克/米^3，最低为 2.95 毫克/米^3，大部分在 3.0 毫克/米^3 左右。2 月（冬季）则为 0.62～0.40 毫克/米^3，平面均匀。5 月（春季）表层为 0.4～1.0 毫克/米^3。8 月（夏季）为 0.9～0.4 毫克/米^3。各测站总的情况是岛东南方向叶绿素 a 含量高。叶绿素 a 含量垂直分布较均匀，但不同季节有差别，11 月 5 米层含量低，表、底层含量高。2 月和 8 月上下层基本相似。5 月则表层含量低，5 米以下水层含量高。

初级生产力各季度月平均不同，11 月岛东部的 D_3、D_4站初级生产力高，每天超过 750 毫克/米^3。D_1、D_2站较低，每天小于 400 毫克/米^3。岛南部各站一般每天 700 毫克/米^3。2 月整个海域普遍生产力较低，一般各站每天不超过 10 毫克/米^3。5 月平均初级生产力每天 560 毫克/米^3，岛东部较高。8 月平均初级生产力每天 286 毫克/米^3，D_2、D_3站较高，分别为每天 385.5 毫克/米^3 和 361 毫克/米^3。最低值出现于 D_2站，每天 232.6 毫克/米^3。可以看出，初级生产力季节变化显著。与邻区相比，桑岛海域初级生产力每年的平均值为 375 克/米^2。

浮游植物共鉴定出 95 种，其中硅藻 81 种，甲藻 13 种，金藻 1 种。硅藻占绝对优势。各季度月种类结构的生态类型也不同（表 4-22-14）。浮游植物四个季度月的细胞数量总平均是 41.2 万个/米^3。平面分布上，各季度月比较均匀。季节变化上，2 月最高，11 月次高，8 月居第三，5 月最低，分别为 66.6 万个/米^3、63.2 万个/米^3、22.2 万个/米^3、12.9 万个/米^3。除 8 月偏角刺藻占优势外，其他各季度月均以圆筛藻占绝对优势。由于受黄海暖流影响，在种类组成中，出现有热带暖水种，如太阳漂流藻、密聚角刺藻、羊角藻等。

表 4-22-14 浮游植物种类组成

月份	广温种		温水种		偏温水种		种数
	种数(种)	百分比(%)	种数(种)	百分比(%)	种数(种)	百分比(%)	合计(种)
11 月	23	65.71	5	14.29	7	20.00	35
2 月	43	76.79	6	10.71	7	12.50	56
5 月	29	67.44	7	16.28	7	16.28	43
8 月	33	64.70	8	15.69	10	19.61	51
总数	65	68.42	13	13.68	17	17.90	95

浮游动物总生物量年平均值为 92 毫克/米^3，平面分布不均匀，高生物量在岛东北部。D_2站为 193 毫克/米^3，D_3站位 129 毫克/米^3，D_6站小于 50 毫克/米^3，其他各站为 50～100 毫克/米^3。此外，各季度月浮游动物的生物量平面分布也不均匀。夏季生物量最高，为 180 毫克/米^3；冬季为次高，为 90 毫克/米^3；春秋两季较低，只有 53 毫克/米^3 和 46 毫克/米^3。

鉴定到种的浮游动物有 21 种（包括变种），其中挠角类 12 种，水螅水母类 4 种，枝角类、端足类、磷虾类、管水母类等各 1 种。浮游动物种群结构和数量受气候、水温、海流等多种因素影响，也受某些大型浮游动物捕食的影响，生态情况较为复杂。四季都有出现并且占优势的种类有墨氏胸刺水蚤、中华哲水蚤和强壮箭虫。就数量而言，鸟喙尖头蚤、克氏纺锤水蚤数量最多，钳状歪水蚤次之。然而它们不是四季均表现如此。鸟喙尖头蚤只出现在夏季，克氏纺锤水蚤只出现在冬、春，钳状歪水蚤只出现在夏、秋。个体数量年平均为 348/米^3。夏季最高，为 558 个/米^3；其次是春季，为 534 个/米^3；秋季、冬季分别为 238 个/米^3 和 68 个/米^3。可见，季节分布并不均匀。

桑岛附近海区的底栖生物量总平均值为 17.3 克/米^2，其中软体动物为 9.1 克/米^2，多毛类为 2.9 克/米^2，甲壳类为 2.4 克/米^2；棘皮类为 1.3 克/米^2，其他为 1.6 克/米^2。在海区中还发现了数量可观的文昌鱼。在季节变化上，5 月平均生物量为 11.2 克/米^2，以软体动物占绝对优势。8 月平均总生物量为 13.2 克/米^2，生物组成以文昌鱼占优势，平均生物量为 6.4 克/米^2。而底栖生物中则以甲壳类动物生物量为主。秋季平均总生物量为 12.7 克/米^2，以甲壳类占绝对优势，占平均总生物量的 5.1%。2 月平均总生物量为 32.0 克/米^2，是四个季度之首，以软体动物占绝对优势，平均生物量为 29.1 克/米^2。在平面分布上，东面、南面总生物量比较高。栖息密度平均为 164 个/米^2，仍以多毛类占绝对优势，其平面分布与生物量平面分布大致吻合，东面和南面栖息密度高。

总的来看，桑岛海域底栖生物平均总生物量低于渤海。

第二十三章　桑　岛

第一节　概　况

一、地理位置

桑岛（Sāng Dǎo）代码为370681000211。

桑岛位于龙口市东北海域，南北长1.5千米，东西长2.1千米。海岛面积为1.9293平方千米，海岛岸线长约7.72千米。地势平坦，最高点高程为9.2米，地理坐标为北纬37°46.3′、东经120°26.7′（图4-23-1）。南距大陆最近点港栾约2.8千米。行政上隶属于山东省烟台市龙口市，也是龙口市唯一的有居民海岛，岛上设有一个行政村（桑岛村），隶属于徐福镇。现在海岛南部交通码头根部的村南海岸上设有“桑岛”标志。

图4-23-1　桑岛航空照片及岛名标志

桑岛名称由来有三种说法：一说岛中多山桑，故名桑岛；一说因海岛形同桑叶而得名；也有说“桑”字是取自“沧海桑田”之意（山东省长岛县志编纂委员会，1990）。从现有文献来看，桑岛之名最早出现在《明史》。《明史·河渠四》说：“自福山芝罘岛至登州城北新海口，沙门等岛，西历桑岛，屺岈岛。”（张廷玉，1991）。清康熙年间，顾祖禹在其《读史方兴纪要·登州府黄县》条中说：“海在县北，中有屺崛岛、桑岛屹崎海中。”（顾祖禹，2008）《清一统志·登州府》中桑岛“多山桑，有石田可耕”。清同治版《黄县志》载：“县城北 25 里抵海岸，又水路 15 里至岛，其中多山桑，有石田可耕，以岛上多山桑，故名。”在《山东省海岛志》的海岛名录一览表中，省序号为“092”、地市序号为“烟台 03”；在《中国海洋岛屿简况》① 中，其全国统一编号为“0657”、省编号为“0064”。

桑岛地势平坦，俯视形如元宝（图 4-23-1）。

岛的北、东、西水域宽广，南部水域狭窄。周边海底坡度平缓，水深 5 米以浅海域面积约 6 平方千米，水深 10 米以浅海域约 20 平方千米。

桑岛的海市蜃楼或海滋现象，在古代就有记载。清朝同治年间县志记载：“岛中多山景，有田可耕。春、夏之交，蜃气幻成楼市，或为城郭，舟楫旌旗之状，飙回倏变，眩人耳目。”

二、政区建置及历史沿革

桑岛上有人类居住历史悠久。开始来桑岛居住的人，大都是逃债的穷苦农民。明朝时便有了桑岛村。全岛为一个自然村，同时也是行政村，现隶属于龙口市徐福镇。桑岛行政区划沿革随黄县变迁而变。1986 年以前，归黄县乡城乡管辖。

1957 年 6 月，黄县划分为 2 个镇 29 个乡，乡城设乡（山东省龙口市史志编纂委员会，1995）。

1958 年 9 月，撤销乡镇设人民公社，乡城乡、北李乡与新嘉乡合并，建立前进人民公社，后改称乡城人民公社。1962 年 11 月，由乡城人民公社析置新嘉人民公社。

1986 年，撤销黄县，设立龙口市。因原黄县有龙口镇而得名。桑岛改为龙口市乡城乡桑岛办事处管辖，一名副乡长任办事处主任。1988 年 11 月乡城乡改建为乡城镇（山东省龙口市史志编纂委员会，1995）。1998 年 4 月 13 日，乡城镇更名为徐福镇②。

三、人口

1988 年桑岛村有 550 户，共计 1850 人，其中男性 883 人，女性 967 人，全部为汉族。桑岛村以王姓最多，130 户；吕 112 户，李 108 户，栾 102 户，胡 41 户，吴 19 户。另有：谭、范、马、杨、鲁、孙、邹、丁、赵姓氏。村中有侨眷 6 户。

据《山东省海岛志》记载，1989 年，桑岛上有居民 1870 人。

2009 年 9 月现场调查时，据桑岛村村委会介绍，现桑岛上有居民 640 户，人口 1800 人。另有，有外来务工人员 1000 多人。

四、公共服务

（一）教育

桑岛上有学校 1 所，现有教师 9 名（包括校长）。该校为旅日华侨王汝钧于 1971 年捐资修建，学校门口刻有“黄县乡城人民公社桑岛学校”和“好好学习，天天向上”字样，至今依然清晰可见（图 4-23-2）。该校原是幼儿园加小学、初中，后因师资和生源等原因，初中早已停办。现岛上六年级以上学生须出岛到大陆上学。

图 4-23-2　桑岛上的学校现状

（拍摄于 2009 年 9 月 16 日，拍摄点地理坐标为 37°46. 19′N、120°26. 82′E）

① 中国人民解放军海军司令部航海保证部：中国海洋岛屿简况，1980 年。

② 鲁政函民字〔1998〕11 号。

（二）科技技术

1972 年，黄县的东风、北马、羊岚、新嘉、诸由观和乡城公社的 98 个生产大队，组成 5 个联营体和 1 个养殖大队，在桑岛海区试养海带 0.5 公顷，获得成功（山东省龙口市史志编纂委员会，1995）。

1975 年秋，桑岛渔业队成立养殖场，开始养殖贻贝（山东省龙口市史志编纂委员会，1995）。

1979 年，山东省水产局在桑岛东北部修建海参育苗场，开始刺参育苗增养。

1986—1987 年，国家海洋局第一海洋研究所开展了“桑岛及其周围水域的环境条件调查研究”，内容包括气候、地质地貌、海洋水文、底质、海洋化学、海洋生物等，设置海流观测站 4 个、4 个季度月大面水温和盐度观测、海洋化学和生物取样调查站位各 7 个（4 个季度月）、底质取样站位 52 个、岛陆 1∶2.5 万地质地貌填图等。通过现场调查、资料收集、实验室样品分析和计算，编写了 13 份专题调查分析报告和《桑岛开发可行性调查研究报告》①。

（三）医疗卫生

2009 年现场调研时，桑岛上设有一卫生所，共有医务人员 4 人。

另外，岛上还有边防派出所、邮局、净化水处理、配电室等。

第二节　海岛历史与文化

一、历史

（一）人文历史

桑岛的名称何时出现，尚无人知晓，其名称的来历主要有三种说法（详见第一节概况）。

据水母网 2005 年 8 月 30 日报道②，龙口市徐福研究会副研究员唐禄庭，在谭文田自办“渔家博物馆”里，发现了 3 件新石器时代文物：2 块石斧和 1 块石锛，距今有 5000 多年的历史。其中，2 块石斧均为墨绿色，最大的石斧，长约 26 厘米、宽 8 厘米、厚 5 厘米；另一块石斧，长约 20 厘米、宽 6 厘米、厚 3.5 厘米；石锛呈青黑色，长约 16.5 厘米、宽度和厚度均为 3 厘米左右。3 件石器的表面均有海洋生物附着，质地坚硬，刃部非常清晰、锋利。

该石器系桑岛渔民栾志德于 2002 年从桑岛正东 1 千米处的海里打捞上来的，共有 4 件。谭文田的“奇石馆”开馆后，栾志德将其送到馆里。另有一块石斧仍在栾家存放。这些石器对研究龙口乃至胶东史前文化具有重要的考古价值。

另据 2005 年 8 月 4 日《烟台晚报》③，桑岛村民谭文田收集到一块石柱（村民王志顺在桑岛东北部沙坞石处发现，后送与谭文田收藏）。该石长方体，高约 30 厘米，长和宽约 8 厘米，刻有“十”字和“海军测”、“昭和十五年”字样。“昭和十五年”（1940 年）正是日军侵占龙口时期，此石柱是当时日军留下的测量标志。

---

① 国家海洋局第一海洋研究所：桑岛开发可行性调查研究报告，1988 年。

② 资料来源：http://www.qingdaonews.com/content/2005-08/30/content_5324994.htm。

③ 资料来源：http://www2.sdnews.com.cn/news/jiaoyu/2005-8/4_24793.html。

（二）历史事件

1949 年 7 月 3 日，国民党军 30 余人，乘坐汽船 2 艘、风船 3 艘，驶至桑岛，抢走小麦 1.05 万千克、海参 9 千克（山东省龙口市史志编纂委员会，1995）。7 月中旬，驻长岛国民党军再次乘舰到桑岛村抢掠，受到驻岛黄县指挥部 1 个连的阻击，战斗 2 小时，敌逃窜（山东省龙口市史志编纂委员会，1995）。

1955 年，开始修建桑岛灯塔，翌年 3 月，灯塔建成并投入使用。

1957 年，桑岛渔业社购置 1 台收音机，用于听天气预报及大风警报。是年，桑岛设立暴风信号杆（山东省龙口市史志编纂委员会，1995）。

1959 年 12 月，桑岛渔业队捕获 1 千克重的海参 1 只，送北京水产展览馆展出。

1964 年 9 月，桑岛南侧滑石礓（干出礁）灯桩建成。1977 年和 1990 年，进行了基础加固维修（山东省龙口市史志编纂委员会，1995）。

1969 年 7 月 18 日，渤海发生 7.4 级地震，波及黄县全境（山东省龙口市史志编纂委员会，1995）。

1971 年，旅日华侨王汝钧捐款 13 万元，为桑岛村建起一所 1500 平方米的初级中学学校（山东省龙口市史志编纂委员会，1995）。并为村委会建起办公室，赠拖拉机 3 台、彩电 1 台（山东省龙口市史志编纂委员会，1995）。

1972 年，东风、北马、羊岚、新嘉、诸由观和乡城公社的 98 个生产大队，组成 5 个联营体和 1 个养殖大队，到桑岛海区试养海带 0.5 公顷，获得成功（山东省龙口市史志编纂委员会，1995）。

1975 年秋，桑岛渔业队成立养殖场，开始养殖贻贝（山东省龙口市史志编纂委员会，1995）。

1979 年，山东省水产局在桑岛东北部修建海参育苗场，开始刺参育苗增养（山东省龙口市史志编纂委员会，1995）。该海参育苗场于 1982 年移交给桑岛大队管理使用（山东省龙口市史志编纂委员会，1995）。1986 年，海参育苗场停止育苗增养；1989 年，恢复育苗增养；1990 年，再次停止育苗增养。

1979 年，沉设乡城至桑岛海底电缆两对，分别用于通信和广播（山东省龙口市史志编纂委员会，1995）。

1980 年 6 月，黄县水产局在桑岛海区开始网箱养殖真鲷试验，后因成本过高而未推广。

1980 年，旅日华侨王汝钧从日本购进良种貂（100 只）赠给桑岛村，发展多种经营事业。

1983 年，敷设乡城至桑岛海底通讯电缆，长 19 千米（山东省龙口市史志编纂委员会，1995）。

1984 年，桑岛试养栉孔扇贝（0.13 公顷）成功（年产量 8 吨左右）。1986 年，乡城乡和港栾村成立养殖场，在桑岛海区养殖栉孔扇贝（山东省龙口市史志编纂委员会，1995）。

1984 年，由市、县、镇和村投资，在桑岛上建成一座方塘，名曰“宝岛清泉”。

1985 年，旅日华侨王汝钧捐资，在桑岛西北部打一眼甜水井，并敷设地下管道送水进村。

1987 年 12 月 14 日，乡城至桑岛 3200 米 10 千伏海底电缆开始敷设，24 日敷设完成，30 日晚山东电网开始向桑岛送电（山东省龙口市史志编纂委员会，1995）。

1989 年，建成港栾—桑岛 200 吨级陆岛交通码头，海岛和大陆群众，可按班通行往来（山东省龙口市史志编纂委员会，1995）。2003 年完成桑岛—港栾陆岛交通码头扩建工程竣工。

（三）历史人物

1. 王汝钧

王汝钧（1903—1994 年），龙口市著名旅日爱国华侨。1903 年 6 月 18 日出生于桑岛的一个渔民家庭；1915 年侨居日本，1994 年 8 月在大阪病逝。

王汝钧 13 岁时被带到泰瀛楼学习做生意。1930 年王汝钧在大阪被股东们推选为两处餐馆监理，正式接替了父亲的职务。1935 年，掌管中华料理五色园等三处餐馆；1945 年，在心斋桥创办万乐天餐馆，1946 年，任大阪市南区南华会馆会长；1955 年，创办了大阪市中华学校；1982 年，组建山东同乡会并任会长①。1949 年以后，热心公益，竭诚尽力，多次回国向家乡捐资捐物。

20 世纪 60 年代初期，故乡遭受自然灾害，他辗转于大阪、香港之间，运回 200 袋面粉，雪中送炭，以解乡亲们燃眉之急。

1971 年，他回到阔别 31 年的故乡，捐资 13 万元，在桑岛建起一座六配套中学（1973 年春建成）。为村委会建起办公室，并赠拖拉机 3 台、彩电 1 台（山东省龙口市史志编纂委员会，1995）。

1979 年，联合旅日大阪市华侨捐款 3 万元，资助修建黄县体育场。

1980 年，从日本购进 100 只良种貂赠给桑岛村，发展多种经营事业。

1982 年，捐资 10 万元，资助修建黄县图书馆。

1983 年 7 月，王汝钧在回国探亲时对一位副省长说："桑岛乡亲一天吃不上甜水，我的心病一天不去！请政府支持我打井，钱用多少一概由我承担。"副省长被他的赤诚打动了，立即答应派技术人员进行勘测。第一次试打失败。1984 年 4 月进行了第二次水井开掘，历时半个月，终于打出"甜水"，但出水量太小，难尽人意。1986 年他又出资第三次打井，于 4 月 15 日成功。

另外，他捐资兴建县立图书馆，为乡亲购置电视机、太阳能钟、拖拉机，等等；赠给故乡 3 辆日产轿车，并为祖国建领事馆、建华侨宾馆等，多次捐资、捐车。

为表彰其爱国爱乡之举，1992 年烟台市人民政府授予其"烟台市荣誉市民"称号和"爱国爱乡"一级奖章。

1994 年 8 月 1 日，王汝钧在大阪病逝，终年 91 岁。

2. 牛序斌

牛序斌（1917—1942 年），抗日烈士，山东文登人，曾在桑岛任教②。1931 年夏，以优异成绩考入文登中学。"九一八"事变后，接受了革命思想教育。1934 年中学毕业后，到桑岛村任教，并以此为掩护，秘密进行革命活动。1935 年，在侯家村开设书铺，搜集革命书刊，进行革命宣传，揭露国民党的卖国政策。1936 年 2 月，加入中国共产党。是年 7 月，参加八路军，先后任战士、班长、排长等职，后任山东纵队五旅十三团政治处组织股长。

1942 年 11 月日本侵略军大举进攻胶东。同月 24 日，侵华日军、伪军将我 2000 多抗日军民围困在马石山上。他带领战士 5 次冲入敌群解救老百姓，腿部中弹负伤。他命令战士和警卫员带领老百姓突围，自己单枪匹马掩护军民撤退，直到子弹打光。为了不当俘虏，他拿着仅有的一颗手榴弹冲入敌群，与敌人同归于尽。

二、海岛文化

（一）海岛风情与旅游文化

古代就有记载桑岛出现海市蜃楼或海滋现象。清朝同治年间，县志记载："岛中多山景，有田可耕。春、夏之交，蜃气幻成楼市，或为城郭，舟楫旌旗之状，飙回倏变，眩人耳目。"

桑岛村民谭文田在村西创办了"渔家博物馆"（图 4-23-3），展品有 200 多件，除前述的石斧、石锛、"海军测"柱石等外，还有鱼骨化石、西汉时期的铜钱、明代民窑的瓷器、清初的玉扳

图 4-23-3　桑岛渔家博物馆（渔家小院）

（拍摄于 2010 年 6 月 10 日，拍摄点地理坐标为 37°46′29.20″N、120°26′20.84″E）

---

① 资料来源：http：//www.jiaodong.net/wenhua/system/2009/05/14/010529649.shtml。

② 资料来源：http：//cyc69.cycnet.com：8090/minzu/kryl/content_yml.jsp？ar_id=14272&subchannel_id=78。

指、形态各异的根雕和石头。

（二）民俗文化

1. 居住民俗

桑岛南部为居民地，其东部多为20世纪50—60年代修建的老房子，也有百八十年的老宅、老胡同；西半部多为20世纪80年代建造的瓦房（一般为45~55岁的主人）；西南角为复式小楼的新村，统一的蓝白色相间的外墙整齐划一，年轻人多住在村西南部。老宅多以本岛的火山岩砌墙或奠基，坚固且美观（图4-23-4）。

图4-23-4　桑岛上民居老宅

左图：玄武岩地基老宅；右图：玄武岩建造的老宅（拍摄于2010年6月10日）

桑岛居民典型住宅为风格近似的独门小院：以院为范围，四周以院墙（俗称“墙”、“墙头”）与外界隔断，不得使居室前窗、后窗直接临街，否则即以为“不成住处”；沿南墙右侧（东南地方）开大门。大门又称街门，门前以石铺地（现多为混凝土），称为“街门口”，“门口”，门枕石突出门外部分，俗称“门墩”；大门上设门环，左门环连门里“门划”，可扭动开合，门内里设门闩，门闩下设铁门环扣，有的另设顶门杠与“腰杠”，都为关闭大门而做（山东省龙口市史志编纂委员会，1995）；门楣上突出两方木头，上面有“福”、“禄”、“寿”、“喜”等字；大门口都贴有对联，“家业兴隆步步高，门庭昌盛年年好”、“人和万事兴，家顺千秋福”、“笑纳世间财，喜迎天下福”，一幅祥和殷实的景象。

进大门一段行道名为“过道”。“过道”迎面为照壁，照壁多用精致的彩画砖雕装制在东厢山墙上。由照壁前左折，进入用于拣鱼择菜的院子，西、北、东三面建房。正北修建“正房”，中间设门，名为“进间门”；东修厢房，西修猪圈，圈有短墙，俗称“猪圈墙”，圈南头盖厕所，俗称“茅厕”或“茅房”，圈内北端修猪舍，俗称“猪圈台子”。正房之后若有院，称为“后院”，地狭不成院，名为“后夹道子”。若正房后面再盖第二进，有后门通街，则称为“后街门”（山东省龙口市史志编纂委员会，1995）。

岛上居民有在庭院中栽种水果、花草和在屋前房后栽树的习惯（图4-23-5），并有“前不栽桑，后不植柳”的忌讳。门前旧时多植家槐，近代则多种速生泡桐、合欢树、花草。并有五月不盖屋、大门忌对大路、大门不对着窗、正房不得矮于厢房、忌家屋矮于邻屋、矮则必刻“吉星高照”于山墙上等诸多忌讳。

2. 饮食民俗

据《龙口市志》（山东省龙口市史志编纂委员会，1995），该岛一日三餐俗称“一天三顿饭”。早饭名“早起饭”、“朝饭”，午饭名“晌午饭”，晚饭名“黑夜饭”、“夜饭”。日常吃饭名为“啖饭”。正餐之外吃饭名为“垫补垫补”，小孩在正餐之外吃饭名为“搬”，吃零食名为“吃零嘴”。

主食统称“干什”，用面粉制成的食品统称“面饭”。菜肴总名“就头”。

图 4-23-5　桑岛上民宅一角

（拍摄于 2009 年 9 月 16 日）

往亲友家吃饭名为“做客”，接待亲友为“待客”。隆重的饮食叫“坐席”、“坐大席”。有女人不上席、客人坐席忌翻鱼（名为“客不翻鱼”）、客人不饱主人不可停筷等诸种规矩。

迎客要吃面条，表示热情，缠住脚多住几天；忌吃水饺，俗称“滚蛋馉饳”。送客要吃饺子（象征出门发财赚元宝），忌吃面条（俗信吃面条缠住腿旅行不顺利）。

吃饭忌敲碗，俗称敲碗没饭吃。吃过饭忌扣碗、忌将筷子横担在碗上（渔民说此为桅杆折断）。

吃完一碗饭要加饭，忌说“要饭”，而说“添饭”。

没有生孩子的人，喝酒忌喝“瓶子底”，传说喝“瓶子底”生闺女。

小孩忌吃生葫芦种，传说吃生葫芦种长包牙。小孩又忌食“没见天日的东西”，如没有孵出的小鸡。女孩忌食鱼头，传说吃鱼头出嫁之日大雨。店铺中忌说蒜，以“蒜”与“散”同音，改称蒜为“义合菜”。

饭店俗称“饭馆”、“馆子”，经营小吃的称为“小馆”，包办酒席的叫做“大馆子”。厨师俗称“厨子”，饭店服务员俗称“跑堂的”。到饭店吃喝名为“下馆子”，点菜俗称“叫菜”；经营点心的作坊与商店都叫“果子铺”。

对虾，旧时为时常小吃，用头上长针刺，二尾颠倒，插成一对，呈椭圆环状，成对出卖，因名“对虾”，今号为“海珍”。牡蛎，俗称“海蛎子”、“蛎子”。章鱼，俗称“八大蛸”。螃蟹，俗称“蟹子”、“大蟹子”，人多偏爱秋季有黄雌梭子蟹，谚曰“八月的蟹子顶盖肥”。

3. 生产民俗

(1) 渔业生产民俗

据《龙口市志》（山东省龙口市志编纂委员会，1995），桑岛近海小作业，俗称“赶海”、“赶小海”、“赶靠”，落潮俗称“靠潮”。赶海形成了许多谚语，如“初一十五两头赶”、“西北风落脚靠大潮”，等等。赶海主要有：挖蛤蜊、打蛎子（牡蛎俗称“海蛎子”，简称“蛎子”）、钓蛏子、捉蟹子、拾“胶焦”（赤螺）、捡海锥（笔螺），捡波螺（香螺）等。

渔业生产网具有：围网、拖网、裤裆网、流网（其作业称为“放流”）、袖子网（俗称“迷魂阵”）、大网（俗称“瞎大拉”）种种；钩具有揽钩、快钩、蟹子钩、八大蛸钩（用海螺代钩）种种。

旧时，帆船俗称“风船”，轮船俗名“火轮船”，驳船名为“锅子”。

航行俗称“跑船”。船上忌说“翻”字，吃过饭忌扣碗，忌将筷子横担在碗上（此为是桅杆折断）。造船忌妇女到场。

(2) 农业与林果生产民俗

据《龙口市志》（山东省龙口市志编纂委员会，1995），桑岛上种植的农作物有小麦、玉米、豆类、花生、薯类等。岛上居民称农作为“农活”、“活”、“营生”，农作劳动称为“干活”、“做营生”。

农作物俗称“庄稼”，春播作物称为“春庄稼”、“春茬”；夏播作物称为“秋庄稼”、“秋茬”或“麦茬”。

小麦，俗称为“麦子”，加工为面粉称为“面”、皮屑为“麸子”。玉米，俗称“苞米”或“苞谷”，春播的称“春苞米”、秋播的称“秋苞米”；其秸秆称为“苞米秸子”、穗皮称为“苞米皮”，穗称为“苞米棒子”、穗芯称“苞米骨子”。大豆，俗称“豆儿”，秸蔓称为“豆秸”，根部称为“豆棍儿”；加工为粉，名为“豆面”。

4. 婚丧喜庆民俗

（1）婚俗

据《龙口市志》（山东省龙口市志编纂委员会，1995），岛上结婚俗称“成家”。结婚总称“做喜事”、“做事”、“办喜事”。男子娶亲，俗称“张媳妇”；女子出嫁，俗称“做媳妇”、“出门子”、“发送闺女”。新郎俗称“新女婿”，新娘俗称“新媳妇”。寡妇改嫁俗称“嫁人家”。非婚同居，俗称“搿伙”，外人称其对象为“搿伙儿”。

男大当婚女大当嫁的年龄，有人为之撮合婚姻，旧称“提亲”、“提媒”，中间撮合者名为“媒人”、“大媒”，1949 年以后称为“介绍对象”，媒人遂称“介绍人”。一般议婚由男方主动，女方虽不愿意，亦只婉谢，绝不出恶言，俗谓“一家女，百家求”。双方有意，各差亲近人了解对方品貌、家境等事，俗称“打听媒”。打听满意，借故借地使当事男女见面，名为“打对面”。决定订婚，俗称“成了”。议婚之时，有人从中说一方坏话，意在使其“不成”，俗称“打破头楔”。若三十仍未婚，男称“光棍”，女称“老闺女”。

订婚俗称“吃小面”，旧时又称“换帖”，男家写帖求亲，女家回以允启。传启帖用拜匣（方形、红漆描金），男方要在拜匣内放耳坠、戒指、手镯等作押帖物件，有的同时送衣料等物作订礼；女家收到这些东西后，在室内展示，邻家妇女前往参观，名为“看吃面的”，实为向公众宣布定婚之礼完成。

男方选定结婚日期，请女方同意，同时再送聘礼，俗谓之“吃大面”。择定吉日之后，撒请帖邀请亲人赴婚筵，俗谓之“吃喜酒”。一般亲友用“单帖”，用约二十开的大红纸写成。女方长辈及媒人等重要客人用“八折帖”，其大小为“单帖”的八倍，仍折叠为单帖的大小，措词必十分恭谨。

20 世纪 50 年代前，迎娶礼仪遵从古传规矩：迎亲出发之前，新郎由父亲或伯、叔带领到祠堂烧香、叩头拜祖宗，随后往五服内本家逐一礼拜，拜毕回家再拜家堂菩萨、拜父母，然后上桥往岳家迎亲；迎亲的队伍由“挟毡的”领头，旗锣伞扇前导，俗称“执事”，有两套“吹手”（乐队）；至女家，女方送亲客（又称“送人客”）迎新女婿入门，设酒席款待。新女婿入席之后，新娘“上头”（梳头、洗脸、戴花、插翠、佩玉），然后由两女宾（俗称“搀媳妇的”）搀扶上花轿。酒席后送女婿进男轿等候，临行新女婿要“偷”个酒盅或“偷”双筷子（传说这样才能顺利生儿育女）。到男家门口新人下轿，在大门口摆三牲、香、纸、蜡、锞，门槛上摆马鞍子，新郎跟长辈向门拜门神，名为“祭门”。“祭门”之后，新郎在前、新娘在后由人搀扶踩着黄绢、红毡，跨过马鞍，入门进家。至庭院先拜天地、后拜父母、再夫妻相拜，送新娘入洞房。入洞房后，先揭盖头（后又时兴“蒙头纱”），再整面、梳洗，换新衣坐炕头上，名为“坐帐”。这时亲友乡邻入室围观，名为“看新媳妇”。中午摆喜宴，新郎家长挨桌上菜敬酒。

新娘进洞房后，新郎即刻坐车去岳家“叙丈人家”。岳家设酒席招待，由女家请长者作陪。宴罢，新娘近支亲属领新郎见岳父、岳母及其他亲属，一相认毕，告辞还家。

迎娶当天晚上，在洞房中为新郎新娘设宴席，即古代“合卺”之礼。喝酒之后，揎头枕也在唱喜歌与笑闹声中进行，这种取闹，俗谓之“闹洞房”、“闹房”。

闹房之后，新娘、新郎到院里共抬一新置尿罐（此后便以此为尿罐）回洞房，婆母则预藏房中，关门相拒。新娘叫门：“妈，开门哪!”婆母反问：“开门做什么?”新娘回答：“抬了聚宝盆来家啦!”婆母高兴开门，仪式完毕。

新婚第二日清晨，新婚夫妻共吃圆饭菜，后女家载新娘归里，名为“搬朦胧”；男家要宴请新娘的父亲或伯、叔到男家与亲家会面，俗称“会亲家”。新婚第三天中午新娘回婆家，名为“吃三日”。新婚第九日，新娘再次回娘家，名为“搬小九”。

出嫁的女儿忌在娘家过年。

寡妇嫁娶都不举行仪式，嫁前祭前夫，嫁娶择日清晨悄悄出村。其子女俗称“跟腿子”。

（2）丧葬民俗

据《龙口市志》（山东省龙口市志编纂委员会，1995），该岛人死俗称“老了”，童殇谓之“丢了”。人死在外乡，名为“客死”。

病人俗忌死在炕上。咽气之前必将“送老衣裳”穿戴停当，否则认为“没有穿了去”。弥留之际，亲人环绕床边，不断呼唤亲人，至咽气，则号啕大哭，名为“送终”、“送老”。

死者瞑目后，抬到明间地，称“停床”。将死者头枕拆开，倒出枕中黍糠于街头焚烧，又制纸包袱，内实纸箔，从扎纸铺购买纸轿一顶于住宅外西南方向祭拜焚烧，名为“倒头包袱”、“倒头轿”。烧倒头轿后，回家在院内放一把椅子，旁边放米斗，斗内插擀面杖，长子登椅，提杖向南指三指，俗称“指南天门”，意在使亲人升天。

丧家于大门上如贴门联样贴两方白纸，名为“封门”。门前出示讣文，名为“丧榜”。差人往亲戚家传报噩耗，名为“报丧”。亲人闻报齐来诀别，名为“奔丧”。

逝世当日傍晚，晚辈穿孝服到土地庙叩拜土地，名为“报庙”。

死后第二日午后，在村外十字路口（约定俗成，地点固定）以斗盛麦麸，以擀杖为尺，撒画城门城墙，名为“撒城”；傍晚于“城中”罗列“纸活”；晚饭后在村外十字路口祭祀，口诵：“给你送盘缠来了”，点燃一切“纸活”。

开丧之日大门悬白布素彩，门口搭吹手棚，请两班吹手的，搭“对棚”。停灵的进间门前又搭棚，名为“孝棚”。亲友来吊，称为“吊孝”。男客进孝棚跪拜叩首，至亲则伏地痛哭，由主家搀起。女客入内，抚棺哭丧，丧主家女眷陪同哀哭，之后由主人拉起客人。

出殡俗称“殡殡”、“出丧”。殡葬途中，亲友拦路祭奠，名为“路祭”。行进间不断施放三眼铳，又不断扬撒白色、黄色纸钱，名曰“撒过路钱”。埋葬后起坟头，作墓门（三块砖作冂形），将孝子所持“大孝棒子”插在坟上。葬后第三日圆坟，死者的子女带着斗、升、擀面杖、发面饼等物，到了坟地用斗为坟添土，结队绕坟墓正走三圈，倒走三圈，然后用擀面杖拍实坟堆上的新土（传说这是给死者的房屋上挂瓦）。有的还在坟头上撒播芝麻种和菜籽，意在使死者后人日子“节节高”、“发财”。

去世之日算起，每七天祭坟一次，名为“烧七”；至“七七”为“满七”。烧七之日逢七日、十七日、二十七日，叫做“犯七”，必按死者寿终年龄在坟头插三角小白旗，俗谓之可“破七”。

人死第一百天，亲属往坟上哭祭，名为“烧百日”；第一百天，亲属往坟上哭祭，名为“烧百日”。

婴儿夭亡，不埋葬，以谷草裹尸，请村中“夹死孩子的”（一般村中都有这类固定人员）携至乱葬岗丢弃。五岁至七岁幼童死亡，用木制“匣子”装盛埋葬，无仪式，也不祭祀。

20 世纪 70 年代以后推行火葬，葬俗有很大改变。多在人死后第二天送火葬场火化，在火葬场举行告别仪式，火化后装骨灰盒，用红布提回埋葬，戴孝改为佩黑纱、送花圈。

（3）生育

据《龙口市志》（山东省龙口市志编纂委员会，1995），岛上妇女怀孕，俗称“有喜”、“有了”，孕妇俗称“带孩子老婆”，妊娠反应名为“害孩子”。孕妇不可吃兔肉（传说吃兔肉生的孩子是三瓣嘴）、驴肉、狗肉、并蒂瓜果，不可在室外睡觉，等等。

俗称婴儿降生为“添喜”、“添孩子”、“拾孩子”，生了为“添了”、“拾了”。产妇在生产后休养一个月，俗名“坐月子”。坐月子期间，室内忌通风，又不准生人入室，入室名为“踩生”；饮食仍多禁忌，一般以“黏粥”（小米稀饭）和煮鸡蛋为主。侍候产妇，名为“侍候月子”。

添喜之家门前挂红，生男孩俗称“小厮”，挂红旗和弓箭。生女孩，俗称“闺女”，挂桃枝拴红布。

婴儿出生后，派人往产妇娘家送信，名为“报喜”。娘家闻报，由产妇兄弟携鸡蛋、小褥子、小被、小裤子、小袄前往贺喜，名为“对道”。

（4）寿诞

据《龙口市志》（山东省龙口市志编纂委员会，1995），岛上儿童与中青年诞辰之祝，俗称“过生日”，生日这天多半吃面条（现时兴买蛋糕、生日蜡烛、生日礼品、贺卡等）。婴儿一周岁称“一生日”，要待客称贺，旧时尚有“抓周”之举。儿童过生日忌喝“米汤”、“黏粥”，俗传若在生日喝了“米汤”与“黏粥”将要“一年糊涂”。过生日这天孩子不受打骂，说是受打受骂“一年不长”。

为老年人祝寿一般始于五十岁，此后年年祝寿，逢五排十尤其隆重。寿日吃“长寿面”，大寿时摆宴请客，来贺者敬送寿幛。出嫁的女儿回门为父母做寿，请面塑艺人做寿桃、寿盘等。寿桃上嵌有老寿星和五女拜寿故事，寿盘上塑起舞仙鹤与青松金鹿（“鹤鹿同春”）。

5. 禁忌避讳

据《龙口市志》（山东省龙口市志编纂委员会，1995），岛上渔民吃过饭忌扣碗。忌将筷子横担在碗上，海上渔民以此为桅杆折断。吃饭忌敲碗，俗传敲碗没饭吃。盛饭时，忌筷子向外翻，忌从窗口递饭。忌舔饭碗。吃完一碗饭再添，忌说“要饭”，要说“添饭”。客人坐席忌翻鱼，名为“客不翻鱼”。

小孩忌食“没见天日的东西”，如没有孵出的小鸡。女孩忌食鱼头，传说吃鱼头出嫁之日大雨。

忌说“醋”，称醋为“忌讳”。店铺中忌说蒜，以“蒜”与“散”同音，改称蒜为“义合菜”。渔民忌说“翻”字。忌正月初一说不吉利的话，俗语：“大年五更死了个驴——不好也得说好”。

出嫁的女儿忌在娘家过年。忌正月初一打破家什。忌用手指虹。忌见贼星（流星）。借药铫子忌主动归还，必待主人来讨始可还。药渣忌乱倒，必倒在大路当中令众人踏踩。打场忌估堆。忌逢五（初五、十五、二十五日）出门。忌下午出门看病人。夜行忌随便应声。

衣着忌毛边，因为毛边是丧服式样。晒衣不在户外过夜，过夜被月亮照了不吉利。衣扣忌双数非五即七，俗称“四六不成材”。衣服破了忌穿在身上缝补，如在身上缝补，要口含草棍儿。

大门忌对大路，忌大门对窗。忌正房矮于厢房。忌用手指虹。

（三）语言文化

1. 方言

据《龙口市志》（山东省龙口市志编纂委员会，1995），桑岛上语言与龙口方言一致，属于汉语北方方言东莱方言片，以黄城城关方言系为代表。其主要特点为：声母分类较细，韵母比较简单，声母分尖音和团音。

桑岛和龙口北部沿海地区的羊岚、中村等地，儿化词丰富。单音节词儿化不是在原有韵母发音部位上直接儿化，而是作为轻声音节出现。

方言语法与普通话语法大同小异。

2. 词汇

词汇方面：据《龙口市志》（山东省龙口市志编纂委员会，1995），岛上父亲被称为“爹爹”，背称为“男老的”。称祖父为“爷爷”，称曾祖父为“老爷爷”；称母亲为“妈妈”，背称“女老的”。继母当面亦称“妈妈”，背称为“后妈妈”、“继母”。称祖母为“奶奶”，曾祖母为“老奶奶”。

岳父面称为“爹”，书面称“岳父”，背称“丈人”、“丈人爹”、“老丈人”、“泰山”、“老泰山”。岳母面称为“妈”，书面称“岳母”，背称“丈母娘”。妻的祖父，面称为“爷爷”，背称“老丈人”；妻的祖母，面称为“奶奶”。

父之兄称为“大爷”，按龄序称“大爷”、“二大爷”等，书面称“伯父”；伯父配偶称“大娘”。父之弟称“叔”、“叔叔”，按龄序称“二叔”、“三叔”等，书面称“叔父”；叔之配偶称“婶子”。背称则父之亲兄弟为“亲大爷”、“亲叔叔”，父之堂兄弟称“叔伯大爷”、“叔伯叔叔”，同宗叔伯则称“本家大爷”、“本家叔叔”。妻的伯父、叔父，面称为“大爷”、“叔叔”，背称为“叔丈人”。

兄称为“哥哥”，弟称为“兄弟”，姊称为“姐姐”，妹称为“妹妹”。堂兄姊妹背称为“叔伯哥哥”，“叔伯兄弟”、“叔伯姐姐”、“叔伯妹妹”。兄与弟配偶之间，面称“嫂子”、“弟妹”，背称“妯娌”。各姊妹的丈夫之间，面称为“姐夫”、“妹夫”，背称为“连襟”。

丈夫对妻，当面无准称，或“孩他妈”，或“我说”，等等；背称则谓“家里的”。妻对丈夫亦面无准称，或“孩他爹”，或称名。背称则“掌柜的”、“俺那一口子”，等等。

丈夫之兄，面称“哥哥”，背称“大伯（读如‘掰’音）子”。丈夫之弟，面称“兄弟”，背称“小叔子”。丈夫之姊，面称“姐姐”，背称“大姑子”。丈夫之妹，面称“妹妹”，背称“小姑子”。妻之兄，面称为“哥”，背称为“大舅子”；其妻，面称为“嫂”，背称为“大舅子媳妇”。妻之弟，面称为“弟”、“兄弟”，背称为“小舅子”。妻之姊，面称为“姐姐”，背称为“大姨子”。妻之妹，面称为“妹”，背称为“小姨子”。

丈夫之父，面称“爹爹”，背称“公爹”、“公公”。丈夫之母，面称“妈妈”，背称“婆婆”。丈夫之祖父，面称“爷爷”，背称“老公公”。丈夫之祖母，面称“奶奶”，背称“老婆婆”。丈夫之伯叔，面称“大爷”、“叔叔”，背称“叔公公”。

父母对儿，面称呼名，或按龄序喊“老大”、“老二”等，已婚则称“大份上”、“二份上”等。父母对女，面称呼名，背称为“大闺女”、“二闺女”等。父母对女儿之夫，面称“他姐夫”、“老×（大、二、三等）女婿”；背称“女婿”、“姑爷”、“贵客”；婚后住岳家的，外人称为“养老女婿”。夫妻双方父母互称“亲家”，对人称“亲家”、“男亲家”、“女亲家”。

祖父母对孙、孙女，面称呼名，背称“孙子”、“孙女”。外祖父母称外孙、外孙女为“外孙”、“外孙闺女”。

五服之内，男性互称“咱爷们”、“咱人们”，女性互称“咱娘们”，又互称为“本家”，有“本家爷爷”、“本家大爷”、“本家兄弟”“本家姊妹”等称谓。

母亲的母亲，称“姥娘”，母亲的父亲，称“姥爷”，母亲的兄弟，称“舅舅”，舅舅之妻称“妗母”。舅舅之子，面称“哥哥”、“兄弟”，背称“姑舅兄弟”。舅舅之女，面称“姐姐”、“妹妹”，背称“姑舅姊妹”。

母亲的姊妹称“姨姨”，其夫称为“姨夫”，其子面称“哥哥”、“兄弟”，背称“表哥”、“表弟”、“两姨兄弟”。其女，面称“姐姐”、“妹妹”，背称“表姐”、“表妹”、“两姨姊妹”。父亲之姊妹，面称为“姑姑”，书面称“姑母”，其夫称“姑夫”。姑之子，面称“哥哥”、“兄弟”，背称“表兄”、“表弟”。

在日常生活中，忌说人活一百岁，逾百岁只称九十九，俗语“一百岁成了驴”。男子忌说四十一，老人忌说七十三与八十四岁，俗语“七十三、八十四，不死阎王眼里刺”。后辈忌与长辈重名，晚辈不得说长辈小名（乳名）。渔民忌说“翻”字。

（四）文学艺术

秧歌舞在龙口市民间已活跃了一百多年。相传一百多年前，乡城镇埠子后村以渔为业，渔民为祈求“龙王”保佑出海人安鱼丰，选择农历二月初二龙抬头吉日，自制“金彩龙”，在本村耍起龙灯。恰巧这年如愿以偿，自此沿海渔民便每年制“龙”舞“龙”，并由二月二提前到正月。

流传到现在的秧歌舞有高跷、马舞、扛阁、龙灯舞、抬阁、旱船、狮子舞、跑驴、小轿、大头娃娃及其他杂耍等多样形式，风格粗犷、夸张。

2009 年，桑岛村在新农村建设活动中举办了秧歌活动，是近 20 多年来的首次大型文艺活动[①]。此活动带动了村民的热情，丰富了村民的生活。

---

① 资料来源：http://v.youku.com/v_show/id_XNzA0NjIyNjA=.html。

第三节　海岛基础设施

一、交通运输

清末民初，桑岛海口多有帆船东抵烟台、西连龙口，北通旅顺、大连、营口。往来贸易船只载重有的多达200石（约60吨）。

20世纪30年代，岛内中产之家多有小筏，以便近地往来，1936年全岛有300余只，以渔为主兼营近地交通。1949年以后，始有机帆船航行。

1985年，岛内开始有一航运专业户，运输船1艘（40马力），每日接送进出岛居民，日均运客量100余人次（山东省龙口市史志编纂委员会，1995）。

1989年5月，开始有客货班船来往于海岛与大陆之间。2003年8月至今客货滚装交通船为“鲁龙渡九”号。2009年9月现场调研时，“鲁龙渡九”号每天往返港栾、桑岛3次共6个航班（港栾开船时间为6：30、10：30、15：30，桑岛开船时间为7：30、14：00、16：00，票价为每人8元）。

二、港口码头及助航设施

1989年5月，兴建港栾—桑岛200吨级陆岛交通码头，该码头工程造价160万元，为客货滚装码头，总长200米（山东省龙口市史志编纂委员会，1995）。

2001年3月开始实施桑岛—港栾陆岛交通码头扩建工程。该工程为500吨级客货滚装码头（图4-23-6），于2003年8月竣工投入使用，配备了“鲁龙渡九”号客货滚装交通船。2006年完成了港栾、桑岛码头的改造工程。该工程由交通局投资210万元，对港栾、桑岛码头水路、电路进行了改造，对港池进行了清淤。

图4-23-6　桑岛交通码头现状及客货滚装交通船（拍摄于2009年9月16日）
（左图拍摄点地理坐标为37°46.11′N、120°26.82′E；右图拍摄点地理坐标为37°26.21′N、120°26.83′E）

1955年国家投资在桑岛东部修建灯塔，翌年3月建成并正式使用。该灯塔高14米，灯高20米，射程8海里（图4-23-7）。1987年重修，塔身增高3米，射程10海里（山东省龙口市史志编纂委员会，1995）。

1964年9月，桑岛滑石礓（干出礁）灯桩建成。桩高3米，射程2海里。1977年、1990年将灯桩基础进行加固维护（山东省龙口市史志编纂委员会，1995）。

20世纪80年代中后期，桑岛兴建了环岛公路，砂土石路面。2007年，山东省交通厅投资400万元，对桑岛环岛路全部进行了水泥硬化（图4-23-8）。

图 4-23-7 桑岛东部灯塔
（拍摄于 2009 年 9 月 16 日，拍摄点地理坐标为 37°46.55′N、120°27.00′E）

图 4-23-8 桑岛环岛路硬化后状况
（拍摄于 2009 年 9 月 16 日，拍摄点地理坐标为 37°46.97′N、120°27.20′E）

三、水利设施

桑岛上淡水资源匮乏，原岛上有水井十余眼，水少且质量差，丰水年可满足居民饮用水，旱年要从大陆用船运水。

1984 年春，由市、县、镇、村共同投资，水利部门合力协办，历经年余在桑岛村西侧兴建了方塘蓄水池、虑水道、导水渠、排水沟、调水洫，集地表径流，汇淡水 13 000 余立方米，成“宝岛清泉”，在方塘南侧立有碑石（图 4-23-9）。该方塘的底、壁均用花岗岩精工砌成，四周为花孔围墙，东侧建有水塔。

“泉”水的来源为通过过滤水道、水渠、排水沟、调水洫把地表雨水汇集于此（山东省龙口市史志编纂委员会，1995），泵提至水塔，通过地下、地上输水管道，入村专供饮用，当时村内设有 16 处供水点。现方塘四周设施基本完好，塘内四角有垃圾积聚、所蓄之水富营养化，水色呈淡绿色（图 4-23-9）。

图 4-23-9 桑岛上“宝岛清泉”蓄水塘（拍摄于 2010 年 6 月 10 日）
左图：1985 年 4 月村民委员会所里“宝岛清泉”碑石；右图：“宝岛清泉”方塘

1985 年，旅日华侨王汝钧捐资，在桑岛西北部高地上打一眼 120 米深的机井，敷设地上和地下输水管道 1100 米，引水进村。1985 年 5 月 7 日，黄县县委、县政府隆重举行了落成典礼和进行剪彩；随后，《人民日报》海外版、《华声报》等报道了王汝钧捐资打井的消息。岛上用水问题得以缓解，并逐渐成为岛上居民生活的唯一水源。

1986 年春，桑岛村民在该深水机井南侧，立碑记以昭永久（图 4-23-10）。

随着时间的推移，该水井出现了水质恶化现象。1996 年，投资 40 万元在村内增设了净水设施，即 80 吨苦咸水淡化工程。处理后的淡水泵送至水塔，通过管道输送供居民使用。

图 4-23-10　桑岛深水机井及苦咸水淡化站（拍摄于 2010 年 6 月 10 日）

左图：王汝钧捐资的深水机井及村民所立纪念碑石；右图：苦咸水淡化站

四、广播、电视与通信

1957 年，桑岛渔业社购置 1 台收音机，用于听天气预报及大风警报。是年，桑岛设立暴风信号杆。

1982 年 8 月，龙口市广播电视局投资敷设了有线广播海底电缆，岛上始可收听龙口市（时为黄县）有线广播。该海底电缆长度为 3. 58 千米，桑岛上的登陆点位于桑岛村南侧海滩，大陆端的登陆地点位于港栾水产公司北侧海滩。

2003 年 3 月，岛上共有 620 户居民可以收看高清晰度的电视节目。2003 年 1 月，桑岛村党支部、村委会决定为岛上群众解决加密电视联网问题。他们筹措资金 28 万元，在徐福镇广播站的协调组织和龙口市广播电视局的技术帮助下，利用微波传输技术进行信号传送，经过近一个月的安装调试获得成功。

图 4-23-11　桑岛海底电力电缆登陆点

（拍摄于 2010 年 6 月 10 日，拍摄点地理坐标为 37°46′17. 48″N、120°26′51. 37″E）

五、电网系统

1987 年之前，桑岛上的用电主要依靠柴油发电，也是龙口市境内最后一个电网供电的村庄。为解决此民生问题，山东省和烟台市将桑岛 10 千伏海底电缆工程项目列为 1987 年海岛开发建设重点工程项目，共投资 55 万元。龙口市政府组织电业等部门成立桑岛海底电缆敷设工作领导小组，多次赴长岛学习，赴桑岛勘察地形，摸清水文资料，并派专人到上海进货。是年 12 月 14 日开始敷设，24 日敷设完成，30 日晚向桑岛首次送电成功，岛上开始由山东电网供电。

该海底输电电缆长度 3. 2 千米，隶属龙口市电业局，桑岛省登陆点位于桑岛村南、陆岛交通码头根部东侧海滩（图 4-23-11），大陆端的登陆地点位于港栾村北海滩。

六、生态建设和环境保护

图 4-23-12 桑岛村中环境（拍摄于2009年9月16日）
左图：主街道景观状况；右图：村后道路绿化及垃圾集中堆放点

桑岛上的居民生活垃圾实行了集中堆放（主要在村边）和统一处置，注重四旁植树。现岛上街道整洁（图4-23-12），新式民房不断增多，并建有“桑岛度假村”接待外来宾客。

桑岛有土地面积200公顷左右，据《山东省海岛志》记载，桑岛原有耕地123公顷，以种植粮食作物为主，林木稀少。20世纪90年代开始实施退耕还林和修建环岛路。2009年9月现场调查结果，岛上基本没有种植农作物，植被茂盛，退耕后多种植刺槐林（图4-23-13）。

图 4-23-13 桑岛上退耕还林后刺槐林
（拍摄于2009年9月16日，拍摄点地理坐标为37°46.82′N、120°27.10′E）

第四节 经济基本情况

岛上居民习以渔业为主，渔业是该岛居民的主要经济来源。改革开放之前，桑岛曾实行以粮为纲和单纯捕捞的经济形式，经济发展缓慢。改革开放以来，改变了单一的捕捞作业，以捕捞、海珍品养殖、水产加工为主，确定了以刺参、扇贝、牡蛎等养殖为重点，兴建了刺参育苗场，进行刺参增养殖放流；曾于1985年投资88万元，在对岸大陆的港栾租地修建了冷藏厂（200吨冷藏库）、年产360吨的罐头厂和冻粉厂（年产值150万元），海岛经济的发展有了新的起色，居民收入逐年提高。1986年人均收入为1600元（山东省龙口市史志编纂委员会，1995）。据桑岛村委会介绍，2008年，全村人均收入超过了1万元；2009年产海参干品超过1万斤（1斤=0.5千克），产值2000万元左右。多年来，村集体财政收入140万～150万元，对每位老人（男性65岁以上、女性60岁以上）每年发放1000元补贴。

岛周围10米以浅水域近22.5平方千米，适宜人工养殖的水面和岩礁16.3平方千米。20世纪90年代确定了刺参、扇贝、牡蛎三大养殖重点，在岛周边曾多次投放参苗，扩大扇贝养殖面积。目前，主要养殖品种为海参，现有海参养殖池塘93.33公顷、自然养殖海参水面600公顷，岛周岩滩、浅海多为海参养殖生产，养殖池塘密布，有的甚至在岛陆上开挖池塘抽水养殖。

第五节　海岛地质地貌

一、岛陆地质

（一）构造、地层与岩性

1. 地质构造

桑岛新华夏系第二隆起带（胶辽古陆）胶北隆起（鲁东隆起）的黄县新生代断陷盆地的北部，是新生代第四纪地质历史时期形成的火山岩台地孤岛。

2. 地层与岩性

桑岛是火山岩台地海岛，从桑岛岸边基岩露头可见，基岩为基性火山岩，主要为致密球粒状橄榄玄武岩和气孔状伊丁石化橄榄粗玄岩。其中，气孔状伊丁石化橄榄粗玄岩大面积出露，东部和北部地表露头较好。

致密球粒状橄榄玄武岩，只分布在村东灯塔附近（图4-23-14），呈东西向延伸，分布面积不大，其他地区未见。岩石风化面为浅灰色，新鲜面为灰黑色，风化面上显示一种灰、白团斑构造，灰斑凸出，白斑凹入，灰团斑一般大于白斑，灰团斑直径一般为2～2.5厘米。岩石破裂后，易破碎成小的球粒，球粒大小与灰团斑大小一致。岩石中矿物成分主要是基性斜长石、橄榄石、伊丁石、磁铁矿等。岩石为球粒状构造，其中不规则的裂纹极为发育。

图4-23-14　桑岛村东灯塔附近海岸气孔状玄武岩及其上薄层残积物（拍摄于2009年9月16日）
（左图拍摄点地理坐标为37°46.57′N、120°27.03′E；右图拍摄点地理坐标为37°46.56′N、120°27.0′E）

伊丁石化橄榄粗玄岩，为该岛主要岩石类型，颜色以黑灰色为主，部分地区为暗紫红色。岩石中普遍发育有气孔，气孔的大小不一（一般为1～2厘米，大者7～8厘米，小者0.02厘米），形状各异（有圆形、椭圆形和不规则形状等）。气孔方向不明显，绝大多数气孔无充填物，局部地区有杏仁状构造。

桑岛上玄武岩的柱状节理发育，尤其在东部沿岸，岩石被节理切割成四边形、五边形、六边形柱体，以六边形柱状节理多见。在岩礁区由于波浪的侵蚀作用，节理缝不断加宽加深，节理异常显著。在北部沿岸的玄武岩中，发育有气孔相对集中的垂直于层面的柱状体，气孔柱体多为圆形或椭圆形，柱状体断面直径多为10～20厘米，柱状体上粗下细，尖灭于岩层中。柱体高度多为40～50厘米，柱状体与周围岩石界线清楚。

在局部地区的粗玄岩中还发育有网状石英细脉。

根据山东省煤炭勘探公司第四勘探队3个钻孔资料，玄武岩共有三层，厚度分别为59米、21米、25米，中间夹有湖相沉积层（黏土－砂质黏土、细砂、中砂沉积），说明玄武岩共喷溢3次。

（二）工程地质与水文地质

1. 工程地质

桑岛工程地质分区属鲁东丘陵较稳定工程地质区，出露的工程地质岩组主要为半坚硬喷出玄武岩。新鲜岩石结构致密，力学指标较高。由于岩石气孔构造发育（特别是气孔状伊丁石化橄榄粗玄岩），岩石强风化强度降低，工程地质条件较差。

2. 水文地质

桑岛的基岩为火山喷发岩，断裂构造、节理不发育，只发育有原生气孔及原生柱状节理，地下水以潜水的形式贮存在气孔裂隙中，连通导水性差，富水极弱。

桑岛为熔岩平台海岛，地势平坦，地表残坡积层薄（厚度小于2米），又无沟谷洼地汇水，故很少残坡积松散岩类孔隙水。

桑岛南部和西部滨海海积含贝壳砂砾石分布区，其下伏玄武岩为隔水层，贝壳砂砾为含水层，局部形成淡水透镜体，但水量较小。由于地下水埋藏浅，间接或直接与海水发生水力联系，水质不佳，为微咸水。

该岛淡水资源全靠大气降水补给，由于地表径流途径短，多属于就地补给、就地排泄，水源量完全靠大气降雨控制。

桑岛上述水文地质条件，对其地下水的储存、富集都是不利的。

（三）第四纪地质

1. 第四纪沉积物类型与特征

桑岛上第四纪沉积物成因类型简单，主要为残积物和海积物。

（1）残积物

桑岛残积物分布广泛，全岛总面积的四分之三覆盖有残积物。岩性主要是棕褐色亚砂土，结构松散，含少量玄武岩岩屑、砾石（次棱角状）。沉积层厚度一般为1米，最大厚度为1.7米。表层多土壤化，土壤层厚度为30～40厘米；往下沉积物有变粗趋势，底部含角砾，局部成层，砾石成分为玄武岩。

（2）海积物

除桑岛东南部分地区外，其他岸段滨海均有海积物分布，其中，海岛东部和东北部分布宽度较窄，北部和西部最宽。主要由贝壳、砂及砾石组成，最大厚度可达5～6米。不同部位海积物的岩性和厚度存在明显差异。

2. 第四纪地层

桑岛的第四纪地层简单，主要为早、中更新世的玄武岩、全新世的残积物和海积物。

根据区域调查资料和有关钻探资料，桑岛玄武岩共有3次喷溢，其岩性特征、地层结构等与蓬莱沿岸玄武岩可进行对比。根据蓬莱沿岸玄武岩的热发光测年资料，喷溢时间为距今（83.9±1.17）万年，属早、中更新世的产物。

桑岛上广布的残积物及地表土壤层、沿岸地带的海相砂砾石滩（堤）沉积层，均为全新统的产物。

二、海岛地貌

（一）岛陆地貌

桑岛总体上为一平坦的玄武岩台地，台地面微向南倾斜，北部略高，南部略低，最高点海拔9.2

米。在玄武岩平台上，又发育了小规模的侵蚀 - 堆积平原和一级阶地。

1. 侵蚀 - 堆积平原

侵蚀 - 堆积平原位于桑岛的中部，高程大于5米，约占全岛面积的3/5，桑岛村主要分布在该平原之上。该平原有的地方基岩直接裸露地表，绝大多数有薄层松散堆积物。堆积物主要由细砂和粉砂组成，黏土含量极少，堆积物一般厚0.5米。平原上松散堆积一般可分为二层，上层为以粉砂为主组成的土壤层，下层为粗砂、砾石（玄武岩碎块）组成的玄武岩残积物。

图 4-23-15　桑岛西北部海积阶地

2. 一级阶地

一级阶地主要分布于岛东南部、西北部和南部沿岸，高度为3~5米，阶地面宽为50~400米。岛东部阶地可分三层，上层为厚约40厘米的土壤层，主要由粉砂和贝壳碎片组成；中间为贝壳层，厚约10厘米；下层则为砂、砾石和贝壳。砾石皆为玄武岩，大小约10厘米×7厘米×2厘米，形状扁平且呈近似水平状排列，已被磨圆；砾石中间则为粗砂和贝壳。

桑岛西北部一级阶地地中，贝壳含量较多，自上而下为砂、贝壳层或砂砾、贝壳层。贝壳以牡蛎为主，有少量蟹、螺等。

（二）海岸地貌

桑岛海岸地貌有海蚀平台、海蚀崖、砾石滩三种类型。

1. 海蚀平台

海蚀平台分布在该岛北部和东北部，分布面较宽阔，最宽为150米，由玄武岩组成（图4-23-16）。在海蚀平台上残留有磨圆较好的近似球状的巨砾和“海蚀芽”。巨砾一般为30厘米×30厘米×25厘米，零星地分布在平台上。2009年9月现场调研结果，桑岛周围的海蚀平台普遍被改造为养殖池塘，从事海参、鲍鱼等海珍品养殖，仅局部岸段保留有海蚀平台。

图 4-23-16　桑岛北部海蚀平台

左图：自然状态的玄武岩海蚀平台；右图：被开挖的海蚀平台（拍摄于2009年9月16日）

桑岛海蚀平台上的“海蚀芽”由致密玄武岩组成，系由于岩石节理构造发育，海水溶蚀作用所造成的。这些“海蚀芽”主要分布在岛西北部，高50~100厘米，形状怪异（图4-23-17）。

图 4-23-17 桑岛海蚀平台“芽”状构造

（拍摄于 2009 年 9 月 16 日，拍摄点地理坐标为 37°47. 2′N、120°27. 0′E）

2. 海蚀崖

桑岛周围海蚀崖不太发育，主要在灯塔南部海岸，一般为 2. 5 米，均为现代海蚀崖（图 4-23-18）。海蚀崖岩性为较致密的柱状节理发育的玄武岩。

3. 砂砾石滩

砂砾石滩主要分布在桑岛南岸码头的两侧和桑岛村东南。码头两侧砂砾石滩（图 4-23-19），在中潮位时宽约 15 ~ 20 米，滩面坡度约 15°，主要由直径为 2 ~ 7 厘米的砾石和中粗砂组成，含较多贝壳碎片，滩后为一级阶地。桑岛村东南为含砂砾石滩的砾石相对较小，砾径为 0. 5 ~ 1. 0 厘米，含少量粗砂。

图 4-23-18 桑岛灯塔南岸海蚀崖

（拍摄于 2009 年 9 月 16 日，拍摄点地理坐标为 37°46. 43′N、120°26. 93′E）

（三）海底地貌

桑岛周围海底地貌可分为：水下岩脊、水下侵蚀平台、水下堆积斜坡和水下堆积平原等四种类型。

1. 水下岩脊

水下岩脊主要分布在岛西北侧和东南侧海域。西北侧岩脊由桑岛西北角向西北延伸，总长度约 300 余米，宽约 50 米，距离海面 0. 8 ~ 2. 1 米。东南侧岩脊范围较小，长约 75 米，宽约 35 米，距海面 0. 2 ~ 0. 3 米。桑岛岩脊由较致密玄武岩组成，该类玄武岩坚硬而不易侵蚀。

图 4-23-19 桑岛陆岛交通码头东侧砂砾石滩

（拍摄于 2010 年 6 月 10 日，拍摄点地理坐标为 37°46′14. 99″N、120°26′50. 63″E）

2. 水下侵蚀平台

水下侵蚀平台是水上平台的延伸，下限到水深为 5 ~ 7 米，环岛周围分布，宽度为 25 ~ 125 米，基岩裸露海底。由于玄武岩裂隙较发育，水下侵蚀平台表面不十分平坦，个别低洼部分有砂砾和砾石分布。

3. 水下堆积坡与堆积平原

水下堆积斜坡分布在水下侵蚀平台外围，水深为 7 ~ 10 米，宽为 20 ~ 25 米，坡度为 8° ~ 12°，由砂砾、贝壳、泥质粉砂组成。水下堆积坡外围分布着地形平坦的堆积平原，由泥质粉砂、粉砂质泥组成。

三、海岸线与潮间带

（一）海岸线基本特征

桑岛的海岸线类型主要有基岩岸线、砂质岸线和人工岸线。其中，砂质岸线和人工岸线分布较广（图4-23-20）。砂质岸线约占整个海岛岸线的一半，主要分布在岛西北部、南部。人工岸线主要分布在海岛的东北部、西南部和南部，主要为码头、养殖池塘堤坝和育苗场等人工建筑。基岩岸线分布在海岛的东北部、东南部，海岛东北部基岩海岸较为平缓、东南部基岩海岸为陡崖。

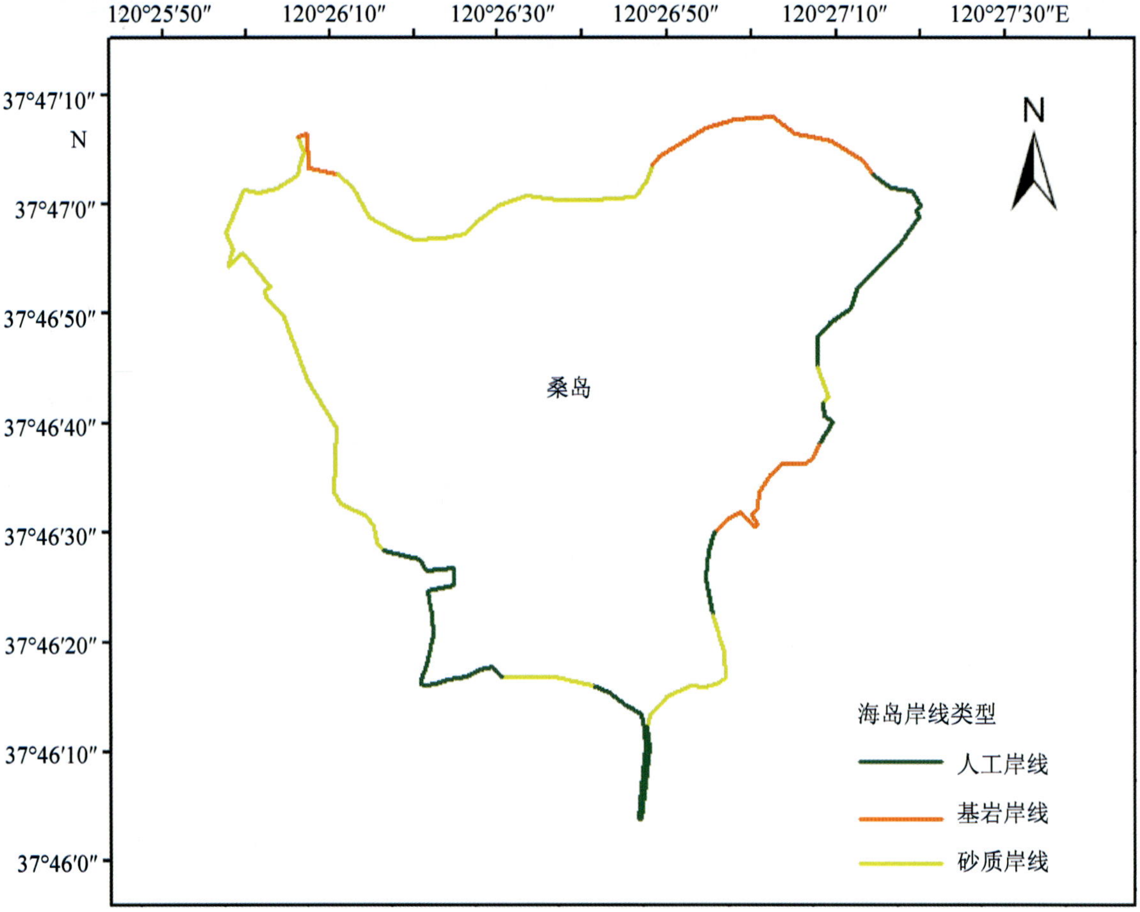

图4-23-20　桑岛海岸线类型分布

桑岛的岸线相对稳定，仅海岛东北岬角等海岸遭受侵蚀作用，但基岩岸海岸蚀退十分缓慢，岸线相对稳定。桑岛南部陆岛交通码头引堤根部，两侧滩面因填角作用微有淤涨，但也很缓慢，岸线相对稳定。

（二）潮间带基本特征

桑岛的潮间带面积约1.181平方千米。其中，岩滩面积约0.467平方千米，主要分布于海岛的北岸和东岸（图4-23-21）；砂砾滩面积0.024平方千米，主要分布于海岛的东南部（桑岛村南侧）和西岸的中部；养殖池塘面积0.069平方千米。

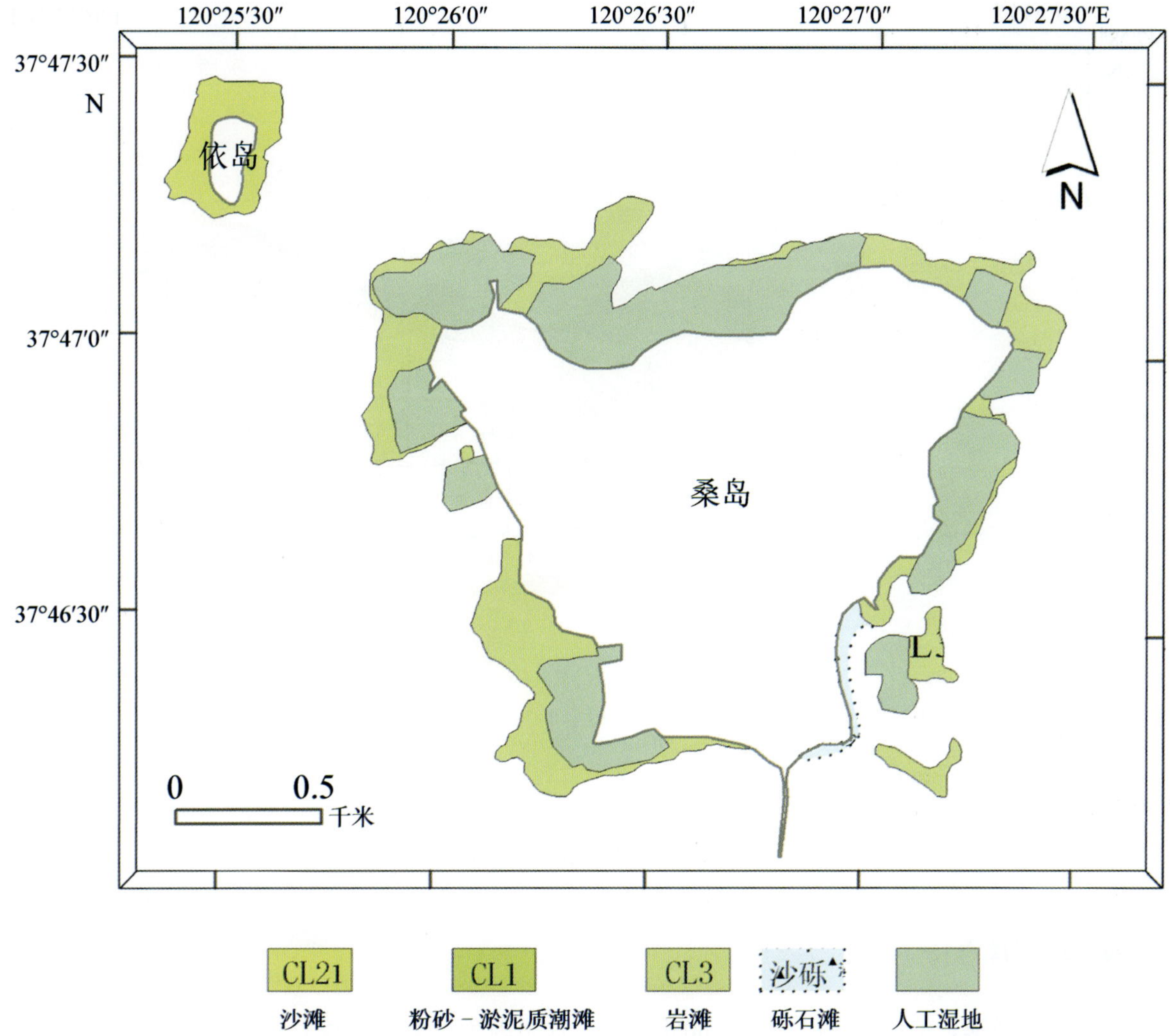

图 4-23-21 桑岛海岸潮间带类型分布

四、地质灾害

桑岛上地质灾害较少，主要为海水入侵，具体表现为岛上地下水咸化。

第六节 植被与土壤

一、海岛植被

桑岛森林覆盖较好，植被类型有常绿针叶林、落叶阔叶林、灌草丛、草丛、人工栽培植被等（图4-23-22），主要是一些人工栽种的林木，如黑松、刺槐、泡桐、毛白杨、苦楝、绵槐，以及桃、杏、柿子、山楂、枣树等。农作物以小麦、玉米、豆类、花生、薯类为主，此外还有少量蔬菜类，因实行退耕还林，农作物基本没有种植。

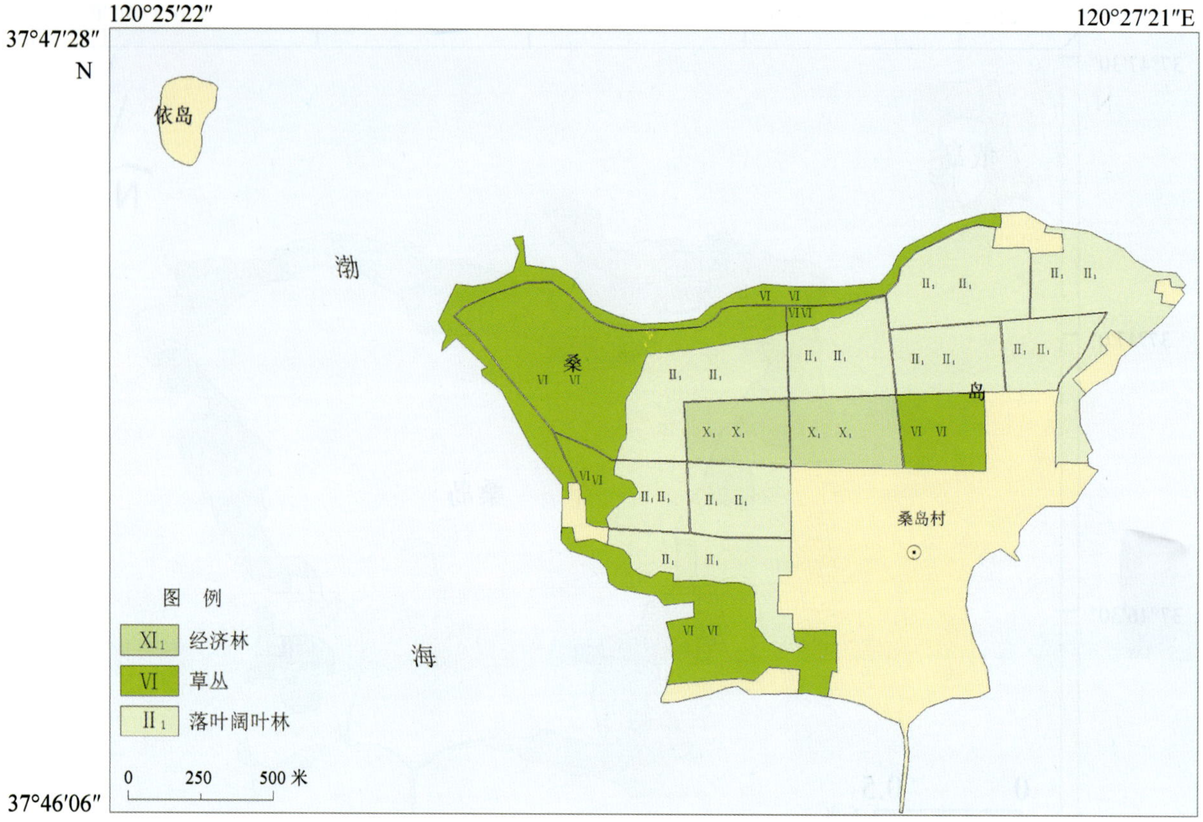

图 4-23-22 桑岛植被类型分布

二、海岛土壤

桑岛上土层较薄，但覆盖面积大，占 80% 以上，这是因为岛上地势相对较平坦。土壤分为褐土、潮土两类，褐土占 67.4%，潮土占 32.6%。褐土类主要分布在堆积平原上，成土母质为基岩风化壳。潮土分布在低于 5 米以下的沿海地区，成土母质是砂、砾石、贝壳堆积物等。

第七节 海岛资源开发利用与保护

桑岛土地总面积为 192.94 公顷，原有耕地面积 123.33 公顷，约占总土地面积的 63.92%。20 世纪 90 年代绝大部分退耕还林，现岛上道路纵横，林木繁茂，空气清新、环境幽雅。据 908 专项山东省海岛调查资料①，桑岛现有土地类型包括林地、果园、其他草地、农村宅基地、农村道路、港口码头用地、坑塘水面和设施农用地等（图 4-23-23）。其中：林地面积 84.75 公顷、果园 3.19 公顷、其他草地 48.25 公顷、农村宅基地 42.01 公顷、农村道路 2.86 公顷、港口码头用地 2.50 公顷、坑塘水面 4.36 公顷、设施农用地 5.02 公顷。

环岛路也已水泥硬化（山东省交通厅投资 400 万元），现岛上空气清新、环境幽雅，局部海岸保留有具有较高观赏价值的火山岩地貌；岛周海域广阔，气候、水文、水化学条件适宜，初级生产力高，营养盐含量丰富。发展海岛生态旅游、休闲垂钓、“渔家乐”等有较大潜力。

① 中国科学院海洋研究所：山东省海岛（礁）综合调查报告［R］，2010 年。

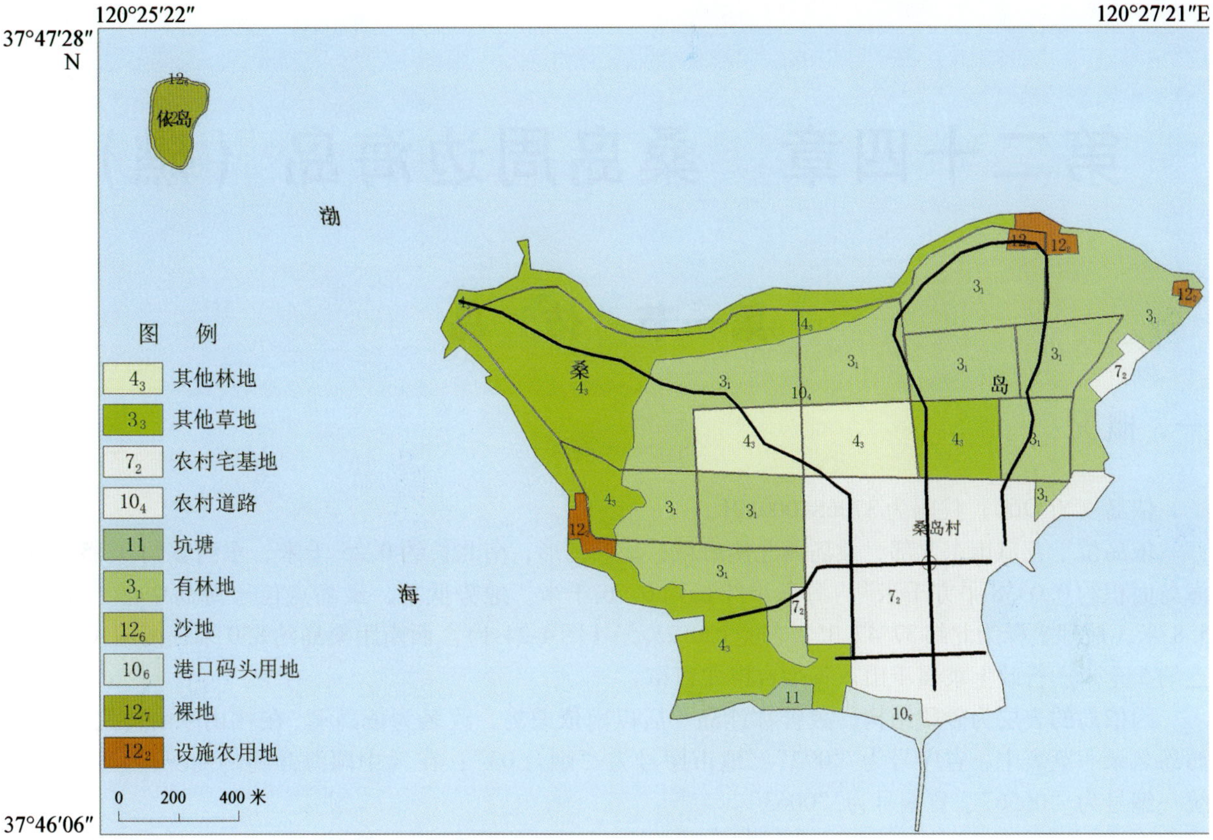

图 4-23-23 桑岛土地利用类型及分布

桑岛淡水资源问题是影响居民生活和发展经济的关键，发展海水淡化、铺设海底输水管道是最终解决该岛用水的根本途径。

1979 年山东省水产局拨款 20 万元，在桑岛东北角建海参育苗场，育苗水体 250 立方米（山东省龙口市史志编纂委员会，1995）。翌年，共培育体长 1 ~ 2 厘米的稚参 30.5 万头，全部投放桑岛海区。尔后，每年投放量均在 30 万头左右，年增产干海参 1.5 ~ 2 吨。后因海区生产管理混乱等原因，1986 年停止育苗增养。1989 年，桑岛海参育苗场恢复育苗增养，共投放 15 万头。1990 年，再次停止育苗增养（山东省龙口市史志编纂委员会，1995）。

1985 年 5 月，黄县人民政府颁发《关于保护海参资源的布告》，明确规定桑岛和屺㟂岛为海参保护区，确定凭证采捕的原则，每年 5 月 20 日至 6 月 30 日为禁捕期，采捕规格为每千克 130 头，同时制定了处罚措施（山东省龙口市史志编纂委员会，1995）。

第二十四章　桑岛周边海岛（礁）

第一节　依　岛

一、概况

依岛（Yī Dǎo）代码为370681000121。

依岛位于龙口市东北部、桑岛西北侧海域，呈椭圆形，南北长约0.25千米，东西宽约0.15千米。海岛面积约0.0338平方千米①，海岛岸线长约0.76千米。地势低平，最高点位于海岛中部，高程为5.8米，地理坐标为北纬37°47.3′、东经120°25.5′（图4-24-1）。西南距桑岛约830米，南距大陆最近点约5千米。行政上隶属于山东省烟台市龙口市。

因依岛的表层为砂质结构，故曾称沙岛。后以南依桑岛，改名为依岛②。在《山东省海岛志》的海岛名录一览表中，省序号为“092”、地市序号为“烟台03”；在《中国海洋岛屿简况》③中，全国统一编号为“0656”、省编号为“0063”。

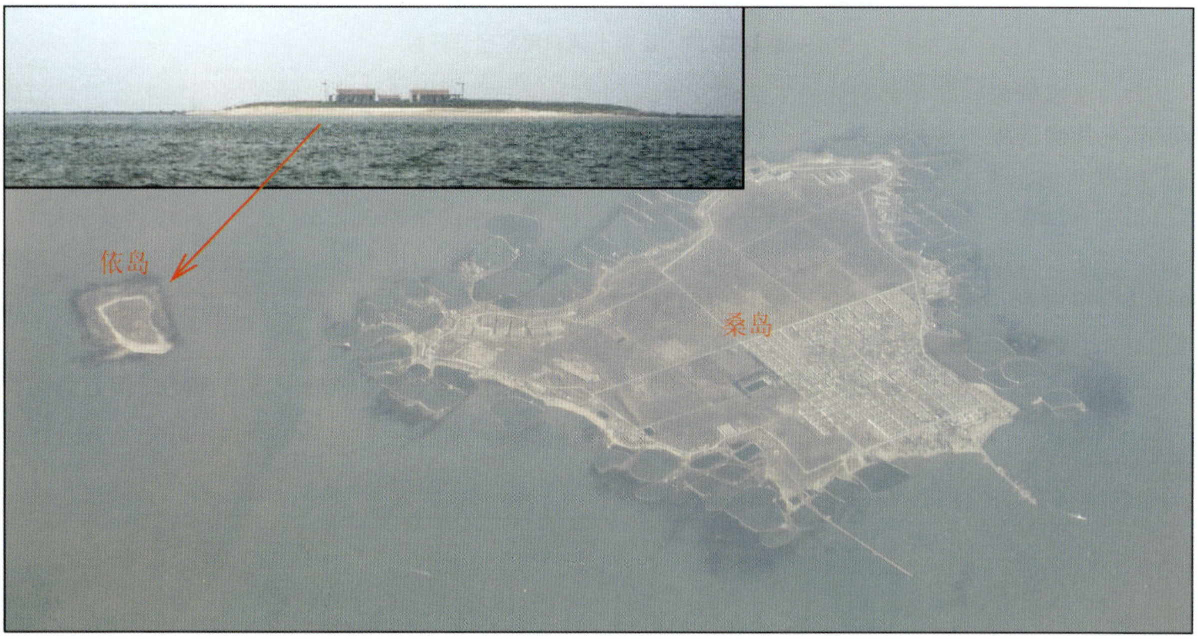

图4-24-1　依岛位置

① 本志依岛面积与《龙口市志》（第65页）记载的依岛面积为0.038平方千米比较接近，但与1995年出版的《山东省海岛志》（第26页）记载依岛的面积为0.06平方千米（可能有误）有较大出入。

② 中国地名委员会：中国海域地名志，1989年。

③ 中国人民解放军海军司令部航海保证部：中国海洋岛屿简况，1980年。

二、自然环境条件

依岛的气候与气象条件、岛周海域海洋环境条件与桑岛相似，详见桑岛有关内容。

依岛是由多次火山爆发形成基岩海岛，岛上出露的基岩为气孔状橄榄玄武岩，是桑岛玄武岩向西延部分。岛顶有0.3~0.5米厚的海积砂。岛上土壤植被稀少，无乔木生长，多生长山枣丛和各种野草等植物以及野鼠、四脚蛇等动物。

岛上无淡水、无居民。

依岛的南岸发育有沙滩，面积约0.098平方千米；海岛的东、西、北三面为礁石。

岛周围海域经济生物以刺参、石花菜等为主。

图4-24-2 依岛潮间带玄武岩砾石与沙嘴

三、海岛资源开发与保护

依岛是由玄武岩构成岛屿，保存有较完整的火山活动遗迹，潮间带火山砾石地质景观较独特、生物多样性丰富，岛上陆生植物保持着较原始的自然演替状态，并且是迁徙鸟类栖息、逗留之地。从20世纪90年代末，烟台市就把依岛划定为特殊保护区域，划定了禁止从事生产经营活动的区域范围，防范人为因素对其生态环境的干扰和破坏。

2001年，烟台市人民政府决定建设依岛市级自然保护区，并按照省级自然保护区的标准，实施了规范的保护。2008年9月1日，山东省人民政府批准建立依岛省级自然保护区①，重点保护对象为依岛的潮间带火山砾石地质景观、珍稀潮间带生物物种以及岛上抗盐抗干旱植物群落。该自然保护区的总面积为85.49公顷。其中，核心区面积11.2公顷，缓冲区面积27.49公顷，实验区面积46.8公顷。

目前，依岛周围岸滩和浅海主要从事海参等海珍品的增殖生产，在岛上建有2处养殖看护房屋，并设有简易的风力发电装置。除此之外，岛体、岛岸及其周围海域基本处于自然状态。

图4-24-3 依岛上养殖看护房及简易风力发电装置

① 鲁政字〔2008〕190号。

第二节　滑石礁

滑石礁（Huáshí Jiāo）

滑石礁位于桑岛南700米海中，低潮时出露面积约100平方米，高潮时淹入水中。礁石上设有7米高的圆形灯塔。礁石上长有牡蛎、贝类等，多青苔发滑，故名滑石礁，原名为黄石礓。

桑岛流传有关于黄石礓的故事，黄石礓礁石皆是青色，称其为黄石礓与徐福有关①。

公元前220年秦始皇为了寻找不老药，派徐福调集大批工匠在黄河营港口建造楼船。为了更好地做好东渡准备，掌握渤海湾的一切情况，首先建造了两艘船，专门作为海洋气候等观测用，对山东沿海、长山列岛、屺峄岛、桑岛等海域的风向、潮汐、潮流、海浪等进行观测。第一次出海观测时，出港后，船向西北方向航行，徐福站在第一艘船头上指挥航行，行至桑岛东北方向时，他对水手们说："桑岛是个刺猬岛，除了南面是沙滩，东、北、西三面全是岩石群礁，我们要远离群礁绕桑岛航行，由岛南返回黄河营港"。徐福边观测边用笔记下，当船行至桑岛南海面时，徐福抬头一看，发现前面接近暗礁，当时大喊一声，橹桨停止，但因惯力船已触到江边的暗礁，舱内已有漏水。徐福马上命水手们下海察看并进行修理。水手们每人身上系了两个大葫芦跳下大海，大约天近午时正逢落潮，水手们用油泥子将裂缝修补好。但因海面已处于低潮，船搁浅在礓边上，大部分礁石已露出水面。徐福来到礓上进行一番观测，水手们坐在礁石上解下身上的葫芦说："这葫芦还真管用"。他们非常爱惜地用工具将葫芦的外层老皮刮去，这样显得葫芦更可爱了，徐福看着江面礁石上的黄色葫芦皮，对大家说"就把这礁石叫黄石礓吧"，同时把观测的情况记下。

图4-24-4　滑石礁灯桩

从那以后桑岛居民便称这礁石叫黄石礓。清朝、民国版的《黄县志》称为黄石。每逢落大潮时桑岛上居民便摇着小舢板到江上赶海，因礁石上长满苔藓，特别滑，故《龙口市志》将其称滑石礁。

滑石礁灯桩于1964年9月建成。灯桩高3米，射程2海里。1977年和1990年进行基础加固维修。

① 资料来源：http://blog.scol.com.cn/liyp1234/archives/51954.html。

第二十五章　芙蓉岛

第一节　概　况

芙蓉岛（Fúróng Dǎo）代码为370683000221。

芙蓉岛位于莱州湾西南部近岸的太平湾北部海域，西北距大陆海岸最近点为三山岛特别工业区刁龙嘴，距离约4.5千米。南北长约0.76千米，东西宽约0.66千米，面积约0.2658平方千米，海岛岸线长约2.41千米。最高点位于北部，高程为75.7米，地理坐标为北纬37°18.8′、东经119°48.9′（图4-25-1）。在行政上隶属于山东省烟台市莱州市。

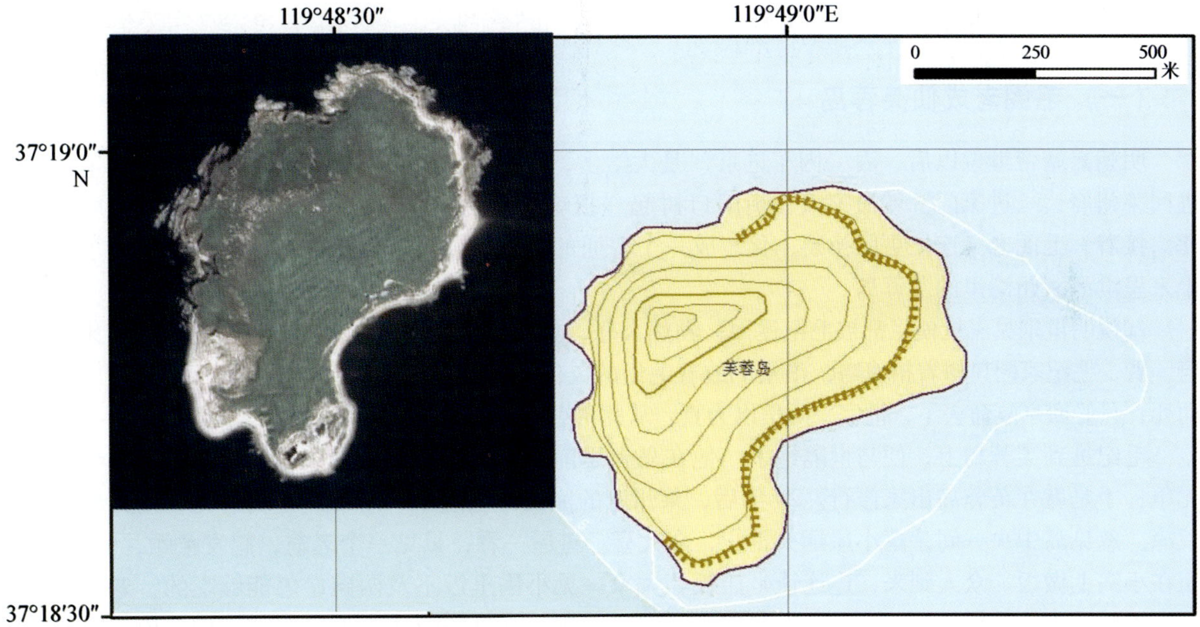

图4-25-1　芙蓉岛遥感影像（左）和地理分布（右）

当地俗称芙蓉岛为大岛。芙蓉岛最初名为“蜉蝣岛”。该名最早出现在唐朝李吉甫的《兄和郡县图志》一书，在该书的卷第十一莱州掖县条中有“蜉蝣岛，在县西北四十里，遥望岛在海中，若蜉蝣状，故名”。至宋朝便有蜉蝣岛之名。宋人朱郁在其《萍洲可谈》卷二中有“蜉蝣岛，……有神庙……”的记载。另据《掖县志》载：“芙蓉岛，隔海岸五十里，翠螺一点，泛泛烟波中，状若蜉蝣”，故又称蜉蝣岛。蜉蝣岛的易名，据传始于明朝正德年间，即民间相传是明代大学士毛纪与皇帝对弈取胜赢得此岛，遂以幼女乳名“芙蓉”取为岛称。

在《山东省海岛志》的海岛名录一览表中，省序号为“090”、地市序号为“烟台01”；在《中国海洋岛屿简况》[①] 中，全国统一编号为“0655”、省编号为“0062”。

---

① 中国人民解放军海军司令部航海保证部：中国海洋岛屿简况，1980年。

芙蓉岛是莱州市现存唯一面积大于500平方米的海岛，远望似穹隆状（图4-25-2），岛上无常住居民，也没有永久性建筑，顶部设有测量标志。

图4-25-2　远眺芙蓉岛全貌

第二节　海岛历史与文化

莱州民间有毛纪芙蓉岛成仙的传说，岛上的奇石怪岩与八仙过海的故事有关。

（一）毛阁老成仙芙蓉岛

明朝嘉靖帝继位以后，因“囚车进京”是大学士、阁老毛纪所参谋，要扒猫（毛）皮。毛纪慌忙逃回莱州府，一进家门，就命家人在街门口树起“招魂幡”，正堂上放着棺材，诈称一回家就暴病而死。接着，毛阁老又连忙更服换装，化装成一个普通的老翁，乘轿来到海庙，坐小船向西去了离岸二十来里渤海莱州湾里的芙蓉岛。

却说明世宗见三批使臣都被毛纪逐回，勃然大怒，立遣心腹武将前来莱州捉拿毛纪。武将来到莱州府一看，毛纪家门口树着招魂幡，正堂上放着毛纪的灵位，满府上下哭声一片。一盘问，知道毛纪暴病而死，只好回京复命去了，世宗一听信以为真，从此再也不追捕毛纪了。

毛纪逃到芙蓉岛上，便与世隔绝了。他在岛上思前想后，甚感人生之艰难，不如脱离红尘，与世无争，于是就在芙蓉岛出家修行。20年后，莱州府的渔民海上遇难，纷纷逃上芙蓉岛，只见岛上一片荒凉。忽见岛中央一间茅草小屋烟火正旺，众大喜。进屋一看，只见一个老翁，鹤发童颜，仙风道骨，正在小锅上做饭。众人到来，连连让坐让饭。大家一见小锅里饭不及两碗，怎能够吃的？老翁只有一只碗需轮着吃，都怕轮不到自己。谁知盛了一碗又一碗，锅里的饭还是那样多。人们都说，这老翁不是别人，正是20年前假死的毛纪，现在已在芙蓉岛得道成仙了。

（二）芙蓉岛传说

相传，在很早的时候，有一天铁拐李在沙门岛（今长岛的庙岛）的海神娘娘庙中与娘娘下棋。不知怎么搞的，铁拐李连输两盘。第三盘眼看又要输了，铁拐李为一子与娘娘争了起来，娘娘说：“输了棋还不憨气。”铁拐李本来输棋就很窝火，再加上一激将，非要给娘娘庙戴上帽子不可。海神娘娘知道铁拐李是要在庙顶上压一座山，心里很害怕，便去求张天师帮忙。铁拐李一口气跑到太行山神那里，要了一座小山峰，用拐杖撅着，一瘸一拐地朝东海走来。走到莱州湾边已是满头大汗，口渴得厉害，便用铁拐把山峰支在海面上，掏出葫芦来喝酒。喝足了酒，又打起盹来。张天师正驾云赶到这里，一看铁拐李睡着了，便乘此机会“掐脚念咒”，山峰就生了根，一直扎到海底。这时，八仙各神正沿海边玩到这里，看见铁拐李在小山上酣睡，便都到山上游玩起来。等铁拐李一觉醒来，再也撅不动这山了。从此以后，海岛西北部偏南，便留有曹国舅的“牙签”顶起的“神仙洞”；海岛西端的“一线天”，为吕洞宾试剑所开，因仰望高空，蓝天一线而得名；铁拐李醉眠的“枕石”；韩湘子品笛的“坐矶石”；何仙姑化云为石的“莲花吉祥岩”；张果老的“栓驴桩”和八仙饮酒的“聚仙台”等。

第三节 地质地貌

一、地质地貌

芙蓉岛地处胶北凸起西部边缘，西邻郯庐深大断裂带（沂沭断裂带）。岛体由中生代燕山早期花岗岩构成，海岛周基岩裸露，主要岩性为中粒含黑云母二长花岗岩。岛上地表普遍有薄层残坡积物发育，坡麓局部为1~2米，其余厚度较小。在海岛东南部沿岸，分布有小范围的现代海相砂砾石，构成了小型沙滩、沙嘴式三角滩。

芙蓉岛在工程地质分区上为鲁东低山丘陵较稳定工程地质区，出露的工程地质岩组主要为坚硬块状侵入岩，断裂构造不发育，岩石呈中粒—中粗粒结构，块状构造，致密坚硬，裂隙不甚发育，抗风化能力强，透水性差，全风化带一般小于5米，工程地质条件良好。

芙蓉岛上岩石坚硬致密，渗水性和导水性差，岛上又无储水、富水构造，为块状岩类裂隙水分布区，无地下水。

大气降水是高山岛唯一的淡水来源，由于岛陆面积狭小，地形陡、坡度大，岛周围为悬崖峭壁，地表水径流极短，基本上是就地排泄流入海中。

基于上述水文地质条件，芙蓉岛的淡水资源缺乏，在海岛北部海岸的滴水洞（水帘洞）有顺着岩缝渗出的滴水，落地后汇成小泉，水质有咸味。

二、海岛地貌

芙蓉岛总体地貌类型属于侵蚀剥蚀低丘陵，岛上地势西高东低，东南部缓坡局部被改造为平地。岛周海岸地貌类型较为丰富，发育有典型的海蚀地貌。尤其是海岛西、北部海岸均为海蚀悬崖（图4-25-3），崖壁陡峭嶙峋，海蚀洞、穴广泛发育，洞穴大小、高低不一，形态各异。其中，比较有名的为滴水洞（水帘洞），其洞口掩藏在乱岩之后，洞深约5米，高约2.5米，顺着岩缝渗的水滴，一串串地落在下面汇成一泉，终年不枯，水质清凉爽口带有咸味，可以消暑解渴；海岛西北角偏南的神仙洞，洞中藏洞，相互贯通，幽暗静谧，清爽宜人，被誉为“仙境尘寰咫尺分，壶中别是一乾坤”。

图4-25-3 芙蓉岛西北部海岸海蚀崖岸

在芙蓉岛的东南部，海岸较平缓，潮间带发育小型沙滩、沙嘴式三角滩（图4-25-4），海滩宽度约20米，多由中、粗砂和砾石组成，分选差。

图 4-25-4 芙蓉岛东南部海岸小型沙滩

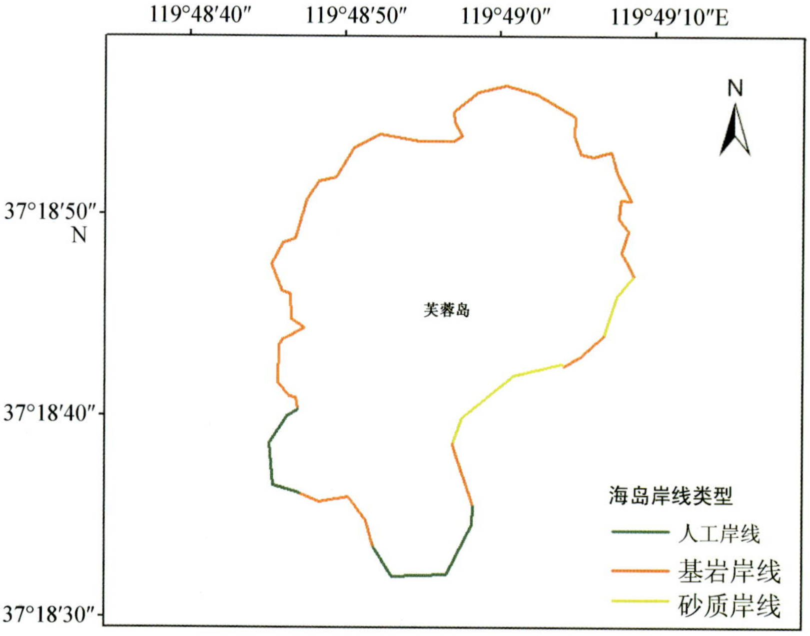

图 4-25-5 芙蓉岛海岸线类型分布

三、海岸线与潮间带

（一）海岸线基本特征

芙蓉岛的海岸线类型主要有基岩岸线、砂质岸线和人工岸线。其中，以基岩岸线为主，主要分布在海岛的西北部（图 4-25-5），多陡峭悬崖海岸，下部有礁坪，其次在岛南部亦有零星分布。砂质岸线主要海岛东南岬间凹岸或海湾内，物质主要为粗砂。人工岸线主要分布在岛南部和西南岬角处，多为水泥平台。

岸线动态变化类型包括侵蚀型和稳定型两种，侵蚀岸线段主要分布在海岛的西北部，其他岸段为稳定型。由于侵蚀型岸线多为基岩海岸，岸线变化极小。

（二）潮间带基本特征

芙蓉岛潮间带面积约 0.078 平方千米，包括岩滩、砾石滩和沙滩。其中，岩滩面积约 0.067 平方千米，主要分布于海岛西北岸；砾石滩和沙滩滩主要分布于海岛南部沿岸，面积分别为 0.003 平方千米和 0.007 平方千米。

另外，芙蓉岛上未发现金属矿产资源分布，也无地质灾害存在。

第四节 植被与土壤

一、植被

全岛植被覆盖较好，主要植被类型为草丛（图 4-25-6）。此外还有少量灌草丛、肉质盐生植被。岛上野草丛生（图 4-25-7），在西北部的山顶有少量小灌木生长，酸枣、麻黄、柴胡、枸杞等散生。

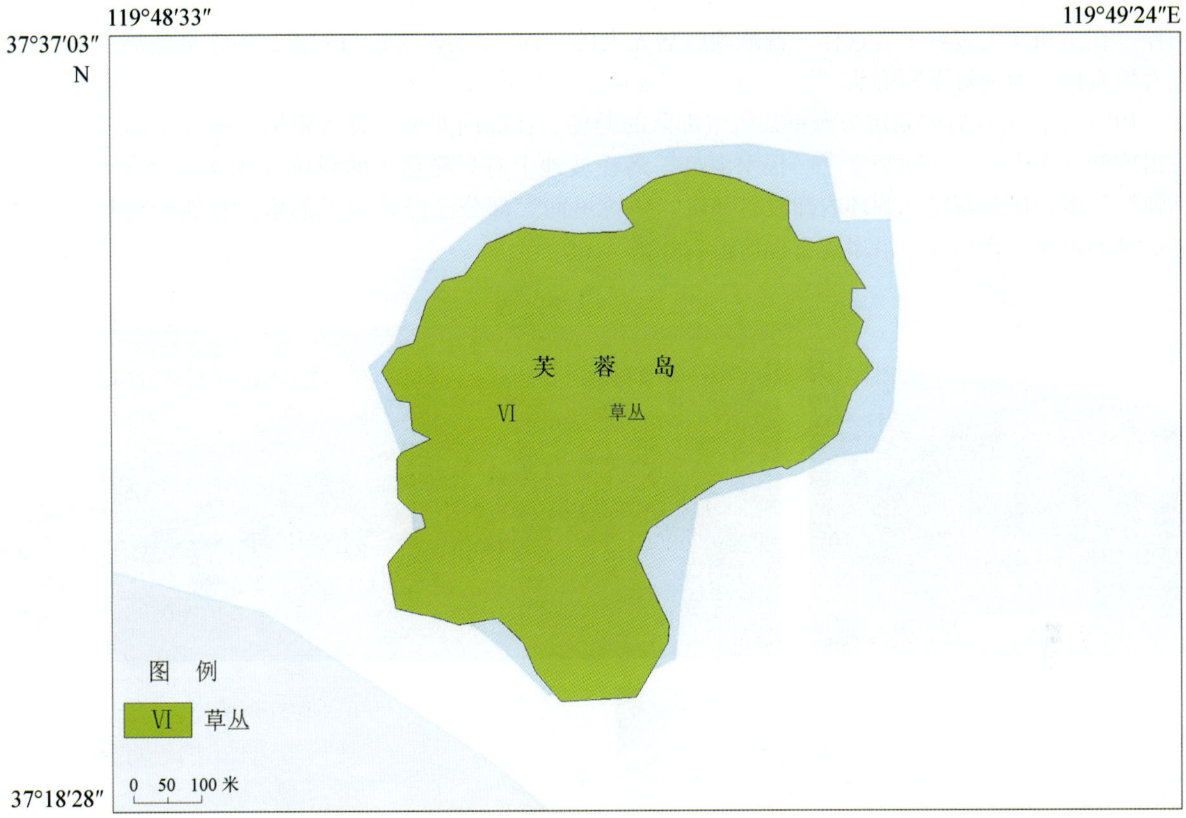

图 4-25-6 芙蓉岛植被类型分布

图 4-25-7 芙蓉岛植被外貌

二、土壤

芙蓉岛土壤覆盖面积大，但土层较薄，土壤类型主要为褐土，其成土母质为基岩风化壳。在海岛南部沿海局部地区有潮土分布，其成土母质是砂、砾石、贝壳堆积物等。

第五节 自然资源及其开发保护状况

芙蓉岛虽小，自古却是当地渔民避难救急的场所。宋人朱郁《萍州可谈》卷二记载：“蜉蝣岛……有神庙，一茅屋，渔者至彼则还。屋中有米数斛，凡渔人阻风，取米以为粮；得归，便载米偿之，不敢欺一粒”。可能是因为岛上北部滴水洞的存在，才使小岛在千年岁月里，时常会有袅袅炊烟的相伴。在莱州文史资料上有这样一首歌颂隐居先人的诗词：“芙蓉秀色与云浮，海上风波岛上秋，八十老人鬓发白，尚能灯下写蝇头。”

1953 年，芙蓉岛被划定为海军某航空部队的靶场，在岛的北坡上设有靶标，靶标是用一些白色石头组成的巨大十字，中间竖立了一根水泥杆。岛丘坡地上有打靶留下的弹坑（图 4-25-8），越靠近靶标弹坑越多，但是在靶标圆环内却没有弹坑。弹坑里面大部分已经长满了杂草；有的弹坑附近有炸弹爆炸过的弹翼、弹片等，沿岸礁石也遗留有炸弹。

图 4-25-8　芙蓉岛靶场弹坑（上图）及遗留炸弹（下图）

近些年来，芙蓉岛上曾有养羊放牧。2008 年开始由于附近海域人工鱼礁建设，在海岛西南部近岸进行了炸岛采石，留有巨大采石坑（图 4-25-9）。

芙蓉岛周围海域，普遍开辟为筏式养殖。2008 年，东方海洋科技股份有限公司开始在芙蓉岛海域建设人工鱼礁，至 2011 年初增殖效果已初步显现，海参产量已明显增加①。2011 年在芙蓉岛以西海域新增建设人工鱼礁项目——芙蓉岛海洋牧场建设工程，该工程总投资 2360 万元，用海面积 85.9 公顷，建礁规模 13.6 万立方米，由莱州曙光渔业有限公司承担建设②。2010 年 10 月，中国水产科学院黄海水产研究所与莱州明波水产公司合作，以海洋行业公益性专项“黄渤海生物资源调查与养护技术研究”为依托，在芙蓉岛海域放流半滑舌鳎鱼苗 52 万尾，放流标记半滑舌鳎鱼苗 1 万尾③。

另外，据《莱州市志》记述芙蓉岛海域多次出现“海市蜃楼”的奇妙景观。芙蓉岛还被誉为莱州八景之一，岛上风光原始秀美，巉岩怪石之林与岩洞石穴，千姿百态，惟妙惟肖，令人神往，是休闲旅游的好去处，不少自助游客前往观光、攀岩、野营（图 4-25-10）。

① 廉卫东：烟台“海底森林”雏形初现，http//news. sina. com. cn/o/2011-01-07/060421774223. shtml。

② 李娜：烟台投资 1.3 亿元将新建 6 处人工鱼礁和海洋牧场，http//house. yatai. hiao. com/content/2011-04/ 16/content_ 8739886. htm。

③ 莱州明波水产有限公司、中国水产科学研究院黄海水产研究所：公益性行业专项“黄渤海生物资源调查与养护技术研究”莱州湾资源养护综合示范主要工作进展，2010 年 12 月。

图 4-25-9 芙蓉岛放牧羊群（上图）和西南部海岸采石坑及浅海筏式养殖（下图）

图 4-25-10 芙蓉岛上休闲游

第五篇
潍坊市和东营市海区海岛

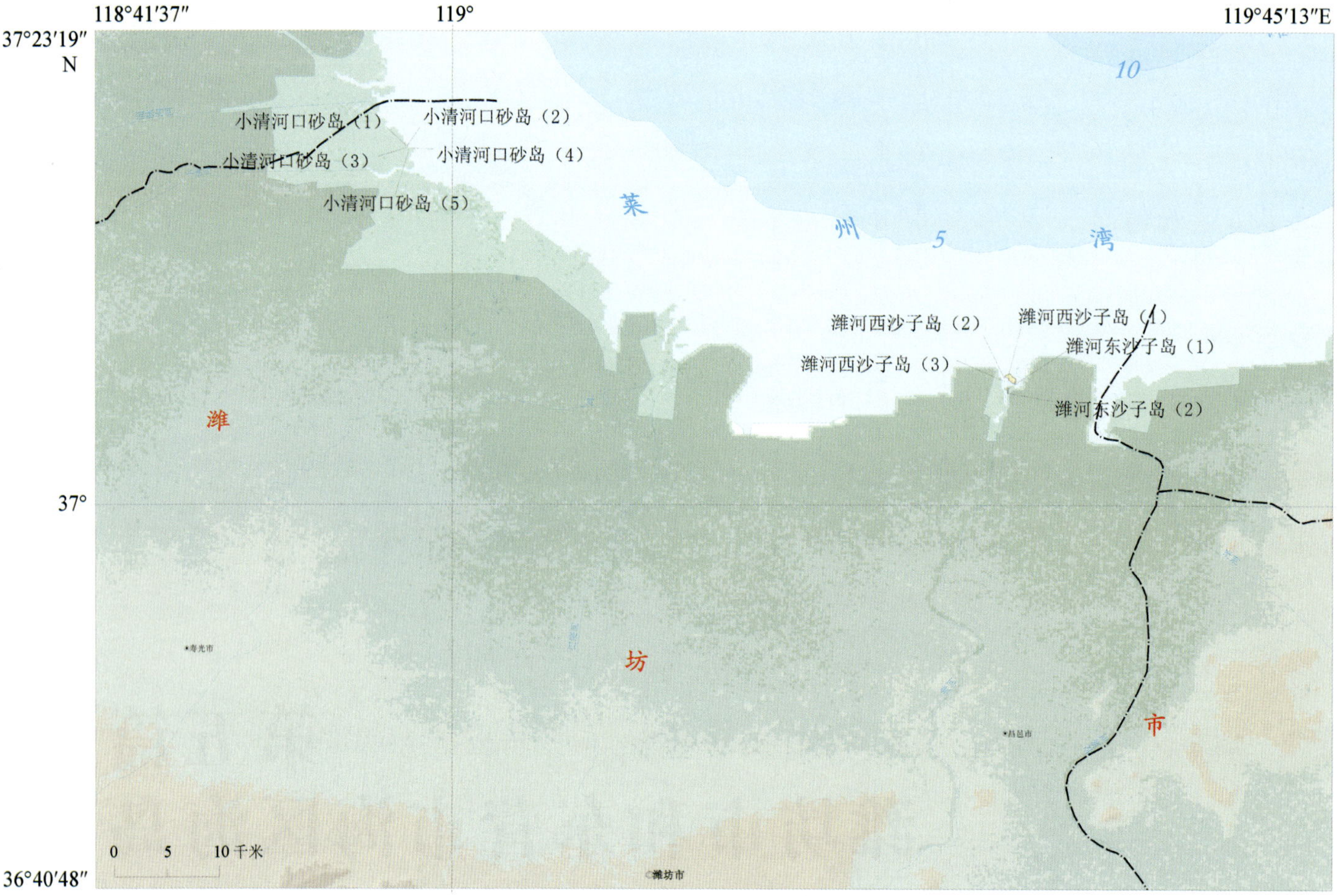

潍坊市海区海岛分布

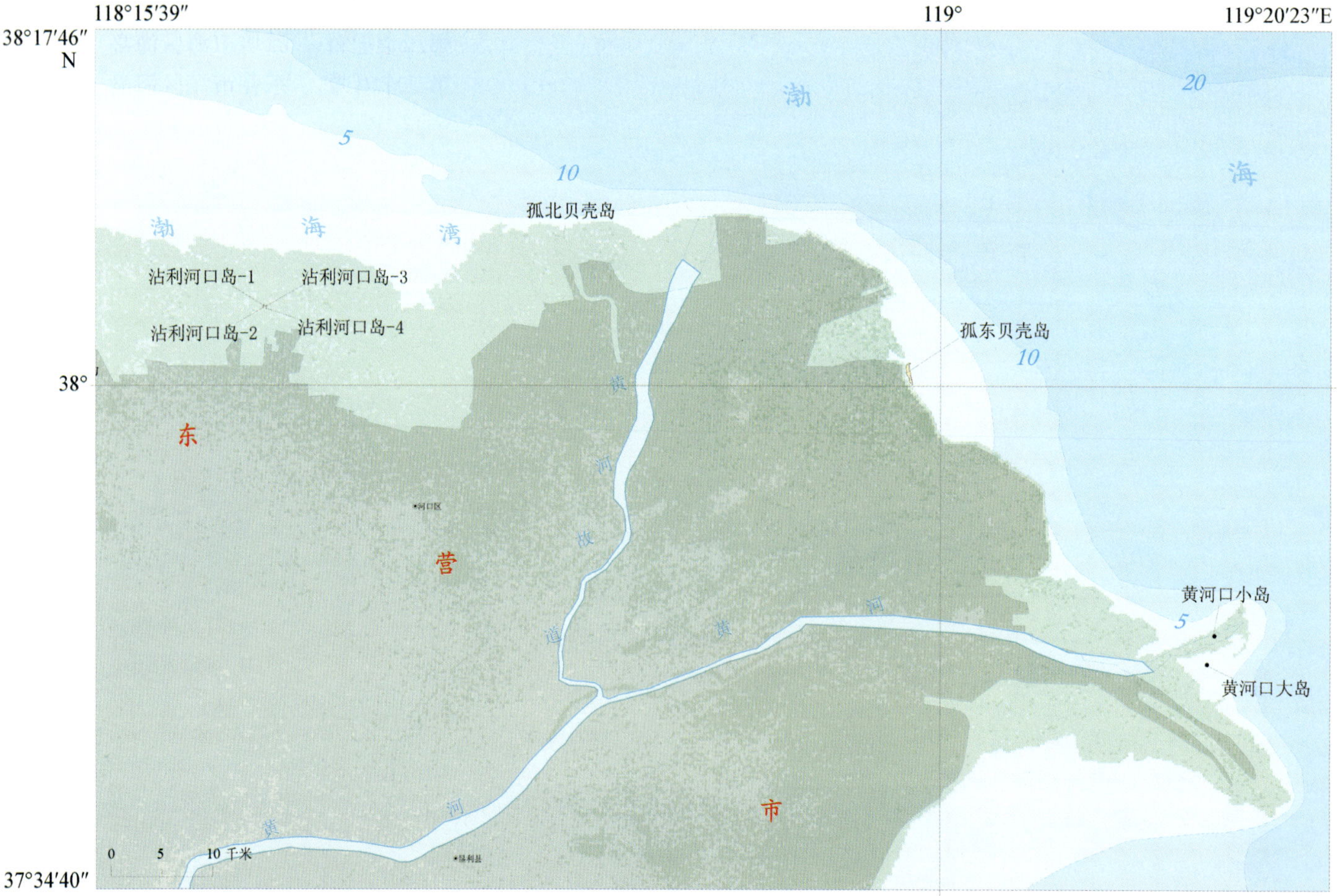

东营市海区海岛分布

第二十六章　区域环境概况

潍坊市和东营市海区海岛分布于渤海南部的莱州湾湾顶和现代黄河三角洲沿岸海域，地理位置为北纬37°05.6′~38°07.7′、东经118°40.2′~119°29.0′。本篇记述海岛14个，均为908专项山东省海岛调查认定的海岛，均为无居民海岛，面积都大于500平方米，在《山东海情》分别称为：潍河东沙子岛（1）、潍河东沙子岛（2）、潍河西沙子岛（1）、潍河西沙子岛（2）、潍河西沙子岛（3）、小清河口沙岛（1）、小清河口沙岛（2）、小清河口沙岛（3）、小清河口沙岛（4）、小清河口沙岛（5）、贝壳岛（1）、贝壳岛（2）、小岛和大岛。海岛总面积约9.934平方千米，海岛岸线总长度约30.84千米。

第一节　概　况

潍坊市海区海岛分布于西南部沿岸海域的潍河口和小清河口，地理位置为北纬37°05.6′~37°18.0′、东经118°57.6′~119°29.0′。其中，昌邑市潍河口有5个海岛，分别为潍河东侧潮滩上的潍河东沙子岛（1）、潍河东沙子岛（2）和潍河西侧潮滩上的潍河西沙子岛（1）、潍河西沙子岛（2）、潍河西沙子岛（3）；寿光市小清河口有5个海岛，分别为小清河口沙岛（1）、小清河口沙岛（2）、小清河口沙岛（3）、小清河口沙岛（4）、小清河口沙岛（5），均为河道演化过程中侧向淤积形成的泥沙岛。海岛面积累计约0.483平方千米，海岛岸线累计长度约6.48千米。各海岛地势较低洼，地表高程一般为0.5~2米，海岛位置、形态和规模（大小）多变。

东营市海区海岛分布于现代黄河三角洲北部沿岸海域，位于黄河现行水河口、神仙沟河口南侧和刁口流路河口，地理位置为北纬37°45.7′~38°07.7′、东经118°39.9′~119°14.9′。其中，黄河现行水河口有2个海岛，分别为北岸的大岛和南岸的小岛，是黄河入海口清8出汉北移后，在新河道与废弃河道之间泥沙堆积体，被潮汐汊道分割形成的海岛；神仙沟河口南侧和刁口流路河口的海岛为贝壳岛，是蚀退海岸在高潮带附近贝壳（砂）堆积而成，呈长条形基本上平行于海岸线展布，具有贝壳堤岛性质。海岛面积累计约9.451平方千米，海岛岸线累计长度约24.36千米。各海岛地势较低洼，地表高程一般为0.5~1.5米，海岛位置、形态和规模（大小）多变。

第二节　地质地貌

一、潍坊市沿海

潍坊地区海岸带位于华北台地上的沉降区，第四纪以来其上发育了巨厚的沉积层，形成了广阔的鲁北沉降平原。目前海岸轮廓是全新世最后一次海侵形成的淤积型平原海岸，加上黄河及其他河流带来的大量泥沙，从而发育了粉砂质平原，其形态为低平的岸滩，广阔的潮间带、河口外有宽广的拦门沙发育，形成了典型的低平粉砂质海岸。下伏为第三纪地层和中生代地层，基岩中主要发育陷伏断裂构造。本地区地层以海相沉积的亚砂土、泥质粉砂为主，类陆相亚黏土。本区分布有厚度较大的第四系，其下伏基岩中发育有北北东向、北东向、近东西向和北西向四组隐伏断裂构造，以北北东向断裂为主。

潍北平原区域主要受小清河、弥河、白浪河、潍河及胶莱河等河流冲积影响，由各河流两侧的冲积平原构成该区域陆地地貌的骨架，在冲积平原间分布有冲积—海积平原，在其向海侧为海积平原，两者都成条带状平行岸线分布。本区域的海岸地貌主要为粉砂淤泥质潮滩，滩面宽度在 10 千米以上，滩面平坦，由于高潮滩位置修建了大量人工堤坝，导致目前滩面的中、上部处于弱侵蚀状态，在人工堤坝的向海侧通常发育有深度为 30 厘米左右的过水通道。另外，由于该区域入海河流丰富，在潮滩上多发育有规模较大的航槽型潮汐通道。由于地下卤水资源丰富，本区域人工地貌以盐田为主，在盐田向海侧多建有较高规模的堤坝。

潍坊市海岛位于该区域河口附近，为此次 908 专项海岛调查新认定，是河流冲洪积与海积共同作用的结果。其所处的地质构造单元为郯庐断裂附近。该地区海岛为第四系全新统地层，其沉积环境受河流和海洋交互或共同影响，形成了以细颗粒为主的地层，所表现的岩性以粉土最为广泛，其次为粉质黏土、粉砂、黏土，局部有细砂。

二、东营市沿海

东营地区海岛所处的现代黄河三角洲，位于华北现代下沉区，第四纪以来以持续下沉为主。该地区土壤母质是黄河冲洪积与海积共同作用的结果，沿古河滩高地至洼地，土壤的颗粒粒度由粗变细，土壤质地也相应从砂壤土—粉砂壤土—黏壤土—黏土呈规律性变化（颜世强，2005）。该区浅地层土壤（一般小于 25 米）多为第四系全新统地层，其沉积环境受黄河和海洋交互或共同影响，形成了以细颗粒为主的地层，所表现的岩性以粉土最为广泛，其次为粉质黏土、粉砂、黏土，局部有细砂。土壤结构无单层结构，多为多层结构，这也是由于区内的沉积环境多变所决定的，该区受濒临渤海、河道游荡频繁、叶瓣反复变化等原因影响，一般无巨厚的单层岩性沉积。

东营地区的海岸属淤积型泥沙质海岸，基本由陆上三角洲平原和水下三角洲平原构成。水下三角洲系陆上三角洲向水下延伸部分，它从高潮线始，外缘伸展至水深为 10～22 米，并呈半环带状，自然坡降总体平均为 1/1500。沿岸水浅、滩宽、地势平坦，沉积物以粉砂和淤泥质粉砂为主，水质肥沃。区内海底基本为泥沙质海底，其具体构成十分复杂，基本可分为稳定的泥沙区域和大冲大淤区。现黄河入海口区，由于黄河不断携砂淤积－延伸－摆动，使其入海区形成若干个复式三角洲，且新老交叠，地层三维空间分布相当复杂。河口沙嘴主要由粉质细砂、砂质粉土组成，低塑性、密实、地基承载力高，而河口两侧的烂泥区为浓度很高的悬浮泥沙和轻泥层组成，其容重低，含水量高，几乎无承载力。两种沉积物的分布又随着黄河尾闾摆动相互叠置，更使该区海表地质趋于复杂。在黄河已改道、泥沙来源中断的旧河口区，在东北向强风浪及潮流动力的冲刷下，水深逐年变深，岸线向陆后退，海底多属于由粉质细砂组成的“铁板沙”地层，承载力较高，但很容易液化；而在水深为 5～8 米的区域，则形成了大量形态各异的坍塌、凹坑、洼地、冲沟、泥流舌等地貌，海底处于不稳定状态；10 米等深线以外基本属于淤积，海底坡度变缓，海底较稳定。

东营市的贝壳岛（1）、贝壳岛（2）的发育形成原因与滨州北部贝壳堤岛一样，为海岸受侵蚀后退发育形成的贝壳堤（岛）。另有大岛、小岛，系 1996 年 5 月人工引黄河从北汊入海后，在河口、沙嘴不断淤进过程中堆积形成。

第三节 气候与气象

一、潍坊市沿海

潍坊沿海地区属温带半湿润气候，冬季受寒潮影响，夏季受太平洋副热带高压和入海变压高压影响，具有夏季多雨、冬季干燥的特点。冬季吹西北风，夏季吹东南风。全年平均风速为3.0米/秒。其中春季的4月最大，平均为3.6米/秒；夏季的8月最小，平均为2.3米/秒。

全年平均气温为12.7℃，其中冬季平均气温为0.7℃，夏季平均为25.2℃；历史极端最高温度为41℃，历史极端最低温度为-22.3℃。最低气温一般出现在1月，最高气温出现在7月。

年降水量平均为582.4毫米，其中夏季降水量为366.1毫米，占全年降水量的62.9%；冬季降水量为29.6毫米，占全年降水量的5%。

空气相对湿度平均为68%。夏季较大，平均为77%；冬、春两季较小，平均为62%。最大值出现在7月，最小值出现在4月。年平均总蒸发量为1776.2毫米。

蒸发量最多的月份为初夏的6月，平均为258.8毫米；最小的月份为冬季的1月，平均为44.2毫米。

年平均日照时数为2427.7小时，最少月日照时数为169.1小时；最多月日照时数为257.9小时。主要气象灾害有冰雹、暴雨、大风及风暴潮等。

二、东营市沿海

东营市沿海地区属暖温带季风气候，季风影响显著，四季分明，多风，日照充足。冬季各月多西向、西北向风，春季偏北风逐渐减少，偏南风逐渐增多。夏季以东南向、南向风为主，北风很少出现。秋季是夏季风向冬季风的转换季节，偏南风逐渐减少，偏北风逐渐增多。

东营市近岸海域冬季气温较低，1月平均温度最低，为-3.5℃，平均最低温度为-6.3℃；夏季3个月气温变幅不大，平均最高温度以7月最大，为28.8℃；8月次之，为28.7℃。秋季气温下降迅速，9—11月平均气温从20.8℃降至5.3℃。该海域全年平均气温为11.7℃。冬季极端最低气温为-12.7℃；夏季极端最高气温可达35℃以上。光能资源丰富，日照时间长，平均日照时数为2727.24小时。年平均无霜期为210天，一般在4月上旬至10月下旬。

平均年降水量为549毫米。降水多集中在夏季6—8月，3个月之和占全年的2/3。全年雾日平均为35.6天，其中12月最多，平均为8.5天；11月和7月次之，各为4天。年平均水分蒸发量为1933.2毫米。该区主要灾害性天气主要有寒潮、台风、风暴潮、冰雹、海冰、海雾等。

第四节 海洋水文

一、潍坊市沿岸海域

潍坊沿岸海水温度15℃以上的时间约150天；最高水温达28℃，最低水温为-3.8℃（1月）。结冰期为1~2月，一般为40天左右。海水盐度为12.28~31.00；pH值为7.20~8.70。潮汐为不正规混合半日潮，涨潮流向西南，退潮流向东北。该区域海水较浅，海底平坦宽阔，海水盐度较低，水质肥沃，营养盐丰富，水温适宜，是多种鱼、虾、蟹、贝栖息、洄游、繁殖、索饵的优良场所。大部分海水水质属一类海水水质，潮间带为二类水域。全区海域质量状况基本良好。主要海水化学要素适中，一般符合海洋生物栖息、繁殖的需求条件。但河流入海口附近水域，石油类污染物含量、总氮含量严重超标，应加强治污力度。

潍坊市沿海主要气象灾害有冰雹、暴雨、大风、风暴潮等。在正常年份小清河口至胶莱河口沿岸海域冬季有海冰，初冰出现于12月，翌年2月终冰。冰期约75天。

二、东营市沿岸海域

东营地区浅海海水温度受大陆性气候影响较大，一般为12～20℃。盐度值每日两高两低，日变幅很大。渤海南部特定的地形形态和深度，使入射潮波与反射潮波在黄河口附近形成潮波节点，从而出现无潮点。该区东西两侧海域为不正规半日潮。东营市沿海的潮流性质除莱州湾海域属不规则半日潮流，其他整个海区为正规半日潮流。黄河口附近海域，每年冬天都有海冰出现，除岸边附近结有固定冰外，海上流冰现象比较严重，特别是进入融冰期后，大量流冰在风、流作用下漂移流动。

东营市沿岸海域的波浪主要由渤海上的风生成，具有生成快、消失快、周期短等特点，很少出现周期10秒以上大浪。风暴潮一年四季均有发生，存在着明显的季节性变化，冬半年发生的次数远多于夏半年。每年秋冬、冬春交替时节最为频繁。风暴潮中增水过程多于减水过程，夏季主要受台风影响，以增水为主，东营市很少出现减水。

第五节　海洋生物与生态

一、海洋生物基本特征

潍坊市和东营市沿岸海岛主要分布在黄河入海口以及小清河入海口处，河口湿地景观显著（图5-26-1和图5-26-2）。其中黄河入海口处的新生海岛为人工调水调砂致使主流路改变切割而成的小岛，为典型的河口湿地景观，岛上芦苇茂密，翅碱蓬成片分布，宛若红地毯。岛上潮滩广阔，生物资源和生物多样性丰富。在保护生态系统的前提下，发展旅游事业前景很大，且具河口湿地研究的科研价值。

图5-26-1　孤东北贝壳岛

图 5-26-2 小清河口沙岛的湿地景观

二、海洋生态系统

据 908 专项山东省海岸带调查资料①，莱州湾南岸潮间带春季平均生物量为 179.22 克/米^2，其中软体动物生物量最大，为 104.30 克/米^2；环节动物生物量次之，为 48.46 克/米^2；节肢动物生物量为 25.49 克/米^2；其他类生物量为 0.96 克/米^2。各剖面不同类群的生物量组成见表 5-26-1，总体来说，莱州湾南岸春季生物量较大，软体动物生物量较其他种类生物量多。

表 5-26-1 莱州湾南岸各剖面潮间带各类群生物量组成表 单位：克/米^2

季节	春季					秋季				
种类	环节类	软体类	节肢类	其他类	合计	环节类	软体类	节肢类	其他类	合计
小清河口沙岛北侧	10.82	9.58	44.6	0	65	10	27.33	30.9	0	68.23
小清河口沙岛南侧	127.52	203.68	1.28	0	332.48	22.5	226.9	2.86	0	252.26
潍河口沙子岛附近	7.05	99.65	30.6	2.89	140.19	4.63	32.98	11.67	2.06	51.34
平均	48.46	104.30	25.49	0.96	179.22	12.38	95.74	15.14	0.69	123.94

莱州湾南岸潮间带秋季平均生物量为 123.94 克/米^2，其中软体动物生物量最大，为 95.74 克/米^2；环节动物生物量次之，为 12.38 克/米^2；节肢动物生物量为 15.14 克/米^2，其他类生物量为 0.69 克/米^2。

黄河三角洲潮间带春季平均生物量为 45.62 克/米^2，其中节肢动物生物量最大，为 40.88 克/米^2；软体动物生物量次之，为 3.30 克/米^2；环节动物生物量为 1.44 克/米^2。各剖面不同生物类群的生物量组成见表 5-26-2。

表 5-26-2 黄河三角洲各剖面潮间带各类群生物量组成表 单位：克/米^2

季节	春季					秋季				
种类	环节类	软体类	节肢类	其他类	合计	环节类	软体类	节肢类	其他类	合计
贝壳岛 1 西侧	0.80	0.33	39.65	0	40.78	4.00	22.23	2.17	0	28.4
黄河口大岛东侧	2.08	6.27	42.1	0	50.45	0	43	168.9	0	211.9
平均	1.44	3.3	40.875	0	45.62	2.00	32.62	85.54	0	120.15

① 国家海洋局第一海洋研究所：山东省 908 专项海岸带调查研究报告［R］，2010 年。

黄河三角洲潮间带秋季平均生物量为120.15克/米^2，其中节肢动物生物量最大，为85.54克/米^2；软体动物的生物量为32.62克/米^2；环节动物的生物量为2.00克/米^2；未发现其他类生物。由于此次秋季调查在11月开展，从开始调查至结束气温由16℃降至7℃、水温低温从12℃降到7℃，致使一些种类没有出现。贝壳岛（1）西侧高潮带以硬泥为基质，中潮带和低潮带以细砂软泥为基质，优势种为软体动物，该剖面生物量最低，为28.40克/米^2。大岛东侧（黄河现行河口处，位于黄河三角洲自然保护区内），高、中、低潮主要以软泥为基质，节肢动物为优势种。

第六节　海洋灾害

一、海岸蚀退

1976年黄河改道清水沟流路后，现代黄河三角洲海岸除行河口附近岸段淤涨外，其余岸段普遍发生岸线蚀退和滩面蚀低。其中刁口河故道入海口岸段岸线侵蚀后退特别迅速，该岸段1976—1984年蚀退速率约每年400米，1984—1992年蚀退速率约每年300米，1992—2004年蚀退速率约每年120米（张效龙　等，2008）。其他岸段，1961—1976年神仙沟口岸段岸线平均蚀退速度约每年430米，1976—1984年刁口河口至神仙沟口岸段平均蚀退速率约每年250米（夏东兴　等，1995）。对于黄河改道后海岸侵蚀导致的滩面蚀低而言，1980—1984年刁口河口附近岸段5米、10米、15米等深线后退1~2千米，各等深线平均蚀退速率平均每年250~500米（王志豪，1984）。

莱州湾南岸自小清河河口至沙河口的粉砂淤泥质海岸岸线长度145.5千米，1958—1984年该岸段侵蚀岸段岸线长107.7千米，侵蚀岸线占该岸段长度的74%，各岸段平均侵蚀速率为每年36米，总的加权平均侵蚀速率为每年27米（丰爱平　等，2006）。26年间莱州湾南岸河口附近岸线侵蚀后退非常严重，如虞河口西侧岸线最大侵蚀后退幅度为2700米，平均蚀退速率为104米/年，北胶莱河口两侧平均蚀退1200米，平均蚀退速率为46米/年。目前，莱州湾南岸许多岸段已经筑有人工土石海堤，海岸侵蚀主要表现为堤前滩面的刷深。1958—1984年莱州湾南岸5米等深线位置基本无变化，0米等深线在小清河口、潍河口和胶莱河口两侧变化幅度较大，小清河口两侧0米等深线后退达1700米，后退速率为65米/年；潍河口和胶莱河口附近0米等深线后退1200米左右，后退速率约46米/年。胶莱河口东部至白沙河口附近0米等深线平均后退了500米，后退速率约27米/年。对滩面刷深的速率及侵蚀泥沙的体积来说，1958—1984年，莱州湾南岸有12.5亿平方米滩涂侵蚀刷深，侵蚀体积4.8亿立方米，平均蚀低0.38米，平均蚀低速率1.5厘米/年，有7.6亿平方米滩涂淤积，泥沙淤积体积2.1亿立方米，平均淤高0.28米，平均淤高速率1.1厘米/年。此外滩面下蚀刷深过程还表现为潮沟不断发育（王颖　等，1995）。

丰爱平等（2003）利用Bruun定律（Bruun P C，1988）研究莱州湾南岸海岸侵蚀的结果表明，1957—1984年莱州湾羊角沟附近海域海面相对上升速率约3.1毫米/年，引起的莱州湾南岸粉砂淤泥质海岸侵蚀速率为7米/年，该岸段同期实际海岸侵蚀加权平均速率为27米/年，海面相对上升对莱州湾南岸海岸侵蚀的贡献率为26%。张晓龙等对黄河改道清水沟流路后现代河口北部刁口河口黄河故道附近的海岸侵蚀研究表明，1976—2004年该岸段的侵蚀进程也符合Bruun法则。

海堤淘空破坏也是本区域目前面临的巨大问题之一。目前的黄河三角洲自然和有海堤保护的岸线各占一半。由于黄河输砂量减少和河口摆动，造成自然岸线侵蚀严重。如北部刁口河是黄河在黄河三角洲上的第9条入海流路，自1964年1月开始行水到1976年5月改道自流河砂填海造陆面积近500平方千米，然而流路停水后海岸一直处于蚀退状态，最严重的地方（飞雁滩油田）达11千米，蚀退面积近115平方千米，目前仍以年均200多米的速度蚀退。有海堤防护的海岸侵蚀淘空现象严重，孤东和海港附近的海堤根部淘空深度达到4米。

二、风暴潮

黄河三角洲周边的渤海湾和莱州湾是我国著名的风暴潮重灾区之一。风暴潮灾害自汉代起就有记载，1855 年黄河从苏北北徙夺大清河入渤海至今，风暴潮灾害的发生频率为 5.5 ~ 7.9 年/次，平均 6.4 年 1 次，尽管自 20 世纪 50 年代以来风暴潮灾害的发生频率稍有降低，但其危害程度加大，海水溢侵 20 千米以上、受灾地区超过 4 ~ 5 个县（市）、经济损失 5 亿元以上的特大风暴潮灾害呈上升趋势。1949 年以来发生的 7 次风暴潮，尤以 1965 年、1972 年、1985 年、1992 年、1997 年和 2003 年成灾最为严重。

如果风暴潮与天文大潮迭加，破坏力则更大。对近几十年来山东半岛和黄河三角洲海岸侵蚀影响最大的风暴潮过程为 1992 年 8 月 31 日至 9 月 2 日由"9216"号强热带风暴引起的风暴潮，这次强热带风暴与天文大潮迭加，使山东半岛砂质海岸各岸段普遍侵蚀后退了 3 ~ 12 米，最大蚀退距离达 30 米以上，侵蚀损失的土地面积约 466.2 公顷（夏东兴 等，1995；王文海，1994）。因此，应加快防潮堤建设和加强风暴潮灾害预报工作。

三、地面下沉

研究结果表明，现代黄河三角洲也是一个地面沉降现象较为突出的地区。据 20 世纪 50—80 年代的渤海西、南岸几个验潮站观测结果，认为黄河两侧有两个下沉速率为 5 毫米/年的沉降漏斗。1953—2000 年间，黄河三角洲地区的地面沉降现象普遍，沉降量一般为 4 ~ 8 毫米/年，东营市区及附近石油开采区更为突出，年平均沉降量为 10 毫米左右。

黄河三角洲下沉的主要原因有四点。①地壳构造沉降。本区地壳发生着连续而缓慢的凹陷，导致地面沉降持续发展，现代黄河三角洲在发育过程中由于构造运动所引起的地面下沉速率为 2 ~ 3 毫米/年。②三角洲土体自然压实沉降。三角洲下部浅海环境下堆积了厚层的粉土—黏性土层，三角洲废弃后，这些地层仍会发生明显的固结沉降。由海湾、前三角洲和三角洲前缘堆积的土层压缩厚度可达 1.3 ~ 1.5 米。③全球海面上升。全球海面以约 1 ~ 2 毫米/年的速度上升，同样造成三角洲相对下沉现象。④人类活动导致地面沉降。开采石油和天然气、过量开采地下水引发地面沉降、城镇建设增加负荷造成地面沉降。因此，综合效应使得三角洲面临下沉灾害比较突出，对三角洲工程带来一系列严重后果。要加强地面沉降监测和研究，制定防灾减灾措施。

四、海水入侵

莱州湾沿岸存在严重的海水入侵现象。莱州湾海水入侵开始于 20 世纪 70 年代，是我国最早发现海水入侵的沿海地带之一。莱州湾海水入侵主要分布在广饶、寿光、寒亭、昌邑、平度、莱州、招远和龙口八个县市。其中，昌邑、寒亭、广饶三个县市是海水入侵最严重的地区。

根据莱州湾地区各县市多年的观测资料，该区海水入侵可划分为四个阶段（表 5-26-3）。第一阶段（1976—1979 年）为开始阶段，水质发生季节性变化。第二阶段（1980—1986 年）为发展阶段，由于降水偏少，区域工业用水急剧猛增，导致咸水锋面急剧向陆迁移，海水入侵范围迅速扩大。第三阶段（1987—1989 年）为严重恶化阶段，降水稀少，工农业需水量成倍增长，导致本区各县市地下水负值区总面积达 1498 平方千米，海水入侵范围增至 6273.3 平方千米。第四阶段（1990 年以后）为缓解阶段，此时降雨有所增加，调入一定的黄河水和采用一些节水抗灾措施后，速度相对减缓，但仍有向陆地一侧地下水入侵的趋势。

表 5-26-3　莱州市历年海水入侵面积　　单位：平方千米

年份	矿化度大于 3×10^{-3}	氯离子浓度大于 300 毫克/升	氯离子浓度大于 250 毫克/升
1979	15.81		
1984	71.15		
1987		169.60	
1988		201.96	
1989		212.44	
1990		186.52	
1991			212.84
1992			234.15
1993			252.50
1994			273.80
1997			276.99
1999			259.67
2001			251.70
2003			234.00

根据 2002 年调查资料，莱州湾南岸形成了一条宽度为 2～12 千米的入侵带，总面积约 700 平方千米。以氯离子浓度 250 毫克/升作为海水入侵的咸淡水界线，莱州湾沿岸的海水入侵现状分布如图 5-26-3所示。其中在潍坊市寒亭区北部，海水入侵距离最远，达 36 千米，而其东侧莱州市境内，海水入侵距离较近。

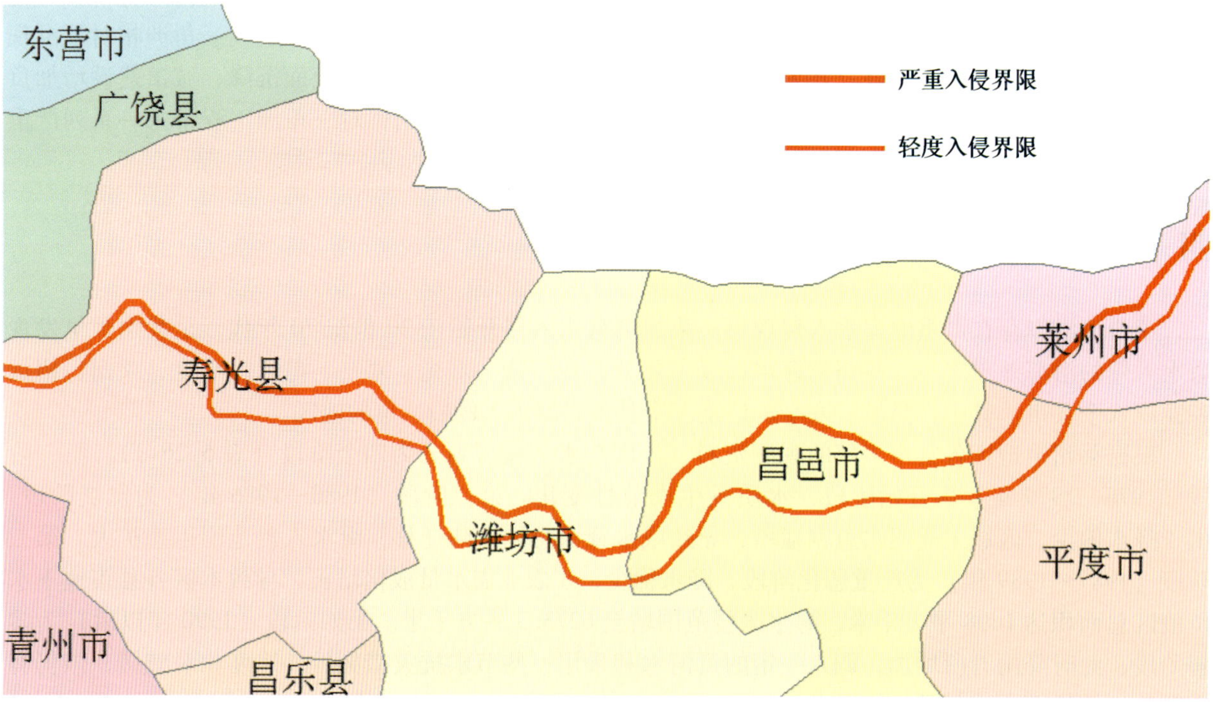

图 5-26-3　莱州湾地区海水入侵情况

第七节　自然保护区

本区有多个国家级自然保护区，其中东营市 7 个、潍坊市 2 个。这些位于海岸带的保护区，大多针对某种保护对象设立，也有对湿地及生态系统进行综合保护的保护区。最大的两个分别是东营河口区浅海贝类保护区和黄河三角洲自然保护区，面积分别为 39.6 万公顷和 15.3 万公顷。东营市 4 个海岛均位于黄河三角洲自然保护区内。

表 5-26-4　潍坊市和东营市国家级海洋保护区　　单位：℃

序号	保护区名称	行政区	面积（公顷）	主要保护对象	始建时间
1	黄河三角洲自然保护区	东营市	153 000	河口湿地生态系统及珍禽	1990 年 12 月
2	莱州湾近江牡蛎原种保护区	潍坊市	813	近江牡蛎重点水生生物	2006 年 8 月
3	东营黄河口文蛤保护区	河口区	39 623	黄河口文蛤	2006 年 9 月
4	东营莱州湾蛏类生态保护区	东营市	21 024	栖息贝类资源	2008
5	东营广饶沙蚕类生态保护区	广饶县	7727	沙蚕类	2008
6	东营河口区浅海贝类保护区	河口区	396 200	黄河口文蛤、浅海贝类	2008
7	东营黄河口生态保护区	垦利县	92 600	黄河口生态系统及生物多样性	2008
8	东营利津底栖鱼类保护区	利津县	9400	半滑舌鳎及近岸海洋生态系统	2008
9	山东昌邑海洋生态保护区	昌邑市	2929.28	滨海湿地系统及海洋生物	2008

黄河三角洲国家级自然保护区位于东营市黄河入海口，地理坐标为北纬 37°35′～38°12′、东经 118°33′～119°20′，包括黄河现入海口和 1976 年以前的故道两部分（图 5-26-4），总面积约 15.3 万公顷，其中核心区面积为 7.9 万公顷，缓冲区面积 1.1 万公顷，实验区面积 6.3 万公顷，主要保护对象

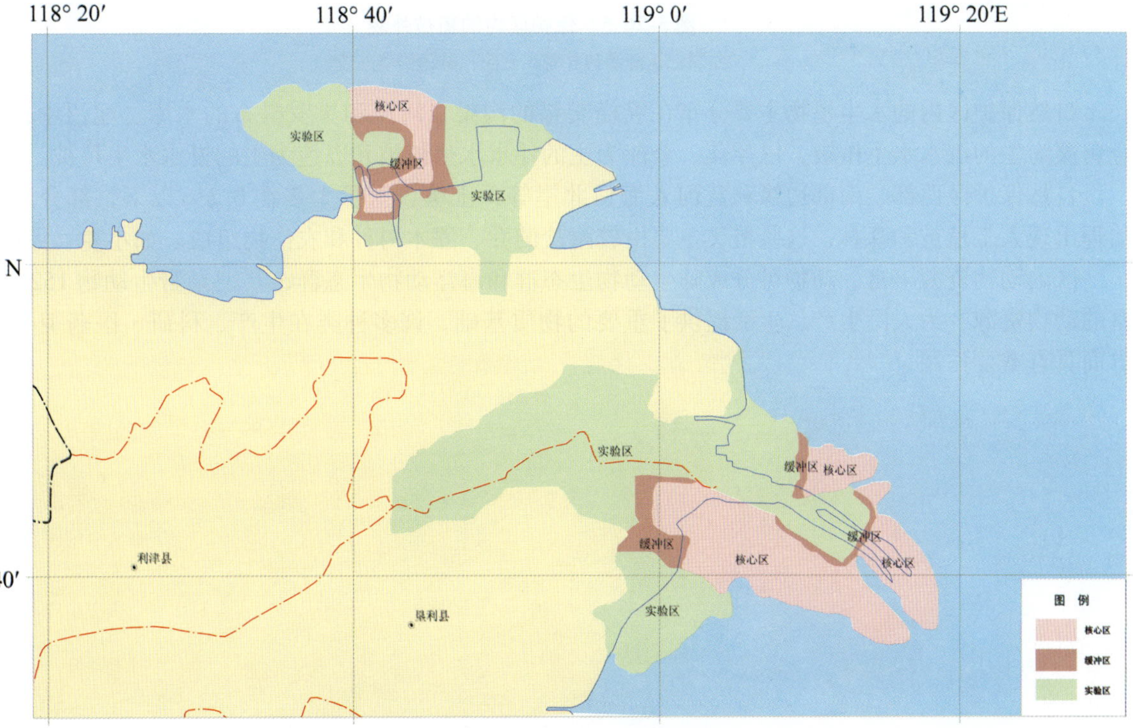

图 5-26-4　黄河三角洲国家级自然保护区分布

为黄河口原生性湿地生态系统和珍稀濒危鸟类。该保护区1990年经东营市人民政府批准建立，1991年升为省级自然保护区，1992年晋升为国家级自然保护区。

黄河三角洲自然保护区是一个新生的湿地生态系统，具有以下特点：① 成陆年幼，各种植物资源处于生产、发展的最初阶段；② 发展性和频繁性，自然保护区的陆地面积每年仍在迅速增加，加上充沛的淡水资源和适宜的环境条件，使自然保护区的植物资源也不断地由陆地向海岸方向发展，各种植物群落之间的产生、发展、演替频繁；③ 自然性，自然保护区内人类活动相对较少，各种植物资源的产生、发展、演替基本上在自然状态下进行。

黄河三角洲自然保护区内人类活动少，保持了原始的生态环境，自然植被种类较多，分布较广，根据现场调查的结果和对相关研究资料的分析，确认自然保护区内共有各类植物393种（含变种）。其中浮游植物4门116种（变种）；蕨类植物3科3属4种；裸子植物2科2属2种；被子植物54科178属271种，其中单子叶植物11科57属87种，双子叶植物43科121属184种。该保护区内，植被覆盖率高达53.7%，形成了我国沿海最大的海滩植被。天然柳林675公顷，天然苇荡3.3万公顷，天然柽柳林8126公顷，人工刺槐林5603公顷，与自然保护区周边地区的人工刺槐林连接成一片，面积达11 300公顷。

图5-26-5　保护区内的植被外貌

左图：柽柳灌丛外貌；右图：碱蓬群落外貌

自然保护区内的水生植物主要分布在纵横交错的沟渠、河流和星罗棋布的水库、池沼中，主要有金鱼藻为主的沉水水生植被，以浮萍、紫萍为主的浮水水生植被和以莲为主的挺水水生植被。

自然保护区西部、南部边缘和黄河入海口北岸等，土壤含盐量大多在0.3%以下，部分经过开垦治理出现人工植被和森林，这些植被主要由较耐盐的乔、灌木树种和农作物组成。如小麦、大豆等。

区内动物资源丰富，动物可分成陆生动物生态群和海洋动物生态群，共记录野生动物1524种。丰富的动物资源，为人民生产、生活提供了重要的物质基础，许多种类在生产、科研、医药卫生等多个方面具有重要作用。

第二十七章　潍坊市海区海岛

第一节　潍河口海岛

潍河亦名潍水，俗称淮河。源出山东省五莲县西南部，于昌邑市下营东注入莱州湾，全长 246 千米，流域面积 6370 平方千米（朱道清，2007）。中、上游流经低山、丘陵，为山溪性河段，河道较深窄，比降大；峡山水库以下，河道两侧为广阔平原，河道展宽，水流平缓。古河道曾在昌邑与寒亭（潍县）之间来回摆动，后转道昌邑城东，形成今日潍河。入海口是一个以 M_2 分潮占主导地位的弱潮河口（董礼先　等，2000），河口段河道两侧受人工堤坝约束，入海口附近河道游荡摆动，多沙洲（岛）和浅滩，908 专项山东省海岛调查时，在潍河口两岸潮滩上共认定 5 个海岛，均为泥沙堆积岛。

一、潍河东沙子岛（1）

潍河东沙子岛（1）［Wéihé Dōngshāzi Dǎo（1）］代码为 370786000421。

潍河东沙子岛（1）位于莱州湾南岸潍河口，分布于河道东侧，呈南北向长条状平行于河道展布，北宽南窄。海岛面积为 0.03 平方千米，海岛岸线长约 0.95 千米。地势低平，中心部位的地理坐标为北纬 37°05.8′、东经 119°28.6′（图 5-27-1）。东南距人工堤坝约 260 米、西南距潍河口挡潮闸约 8.3 千米，北隔潍河口曲流河道与潍河西沙子岛相望，最近点相距约 750 米。行政上隶属于山东省潍坊市昌邑市。该岛是 908 专项山东省海岛调查认定的海岛，《山东海情》以相对于潍河口曲流河道方位和海岛面积大小顺序而名。

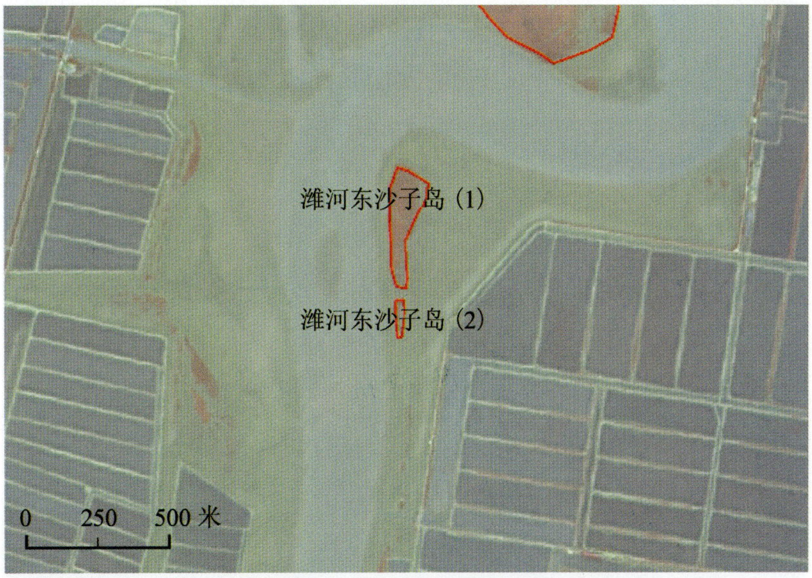

图 5-27-1　潍河东沙岛遥感影像

（拍摄于 2004 年 8 月 19 日）

该海岛组成物质主要为泥沙沉积物，是潍河口河道曲流段边滩堆积形成的堆积体，地势低平，多沟槽，土壤盐碱化严重。植被主要为碱蓬、蒿草和少量的柽柳树。因河道和潮沟摆动等引起的冲淤影响，海岛形态、规模和位置等多变。目前，高潮滩附近发育有多级侵蚀陡坎。

海岛四周潮滩平坦，因大规模发展盐业，已大面积修建盐业生产池塘，自然湿地范围不断缩小。

为改善、修复受损的海岛生态环境，昌邑市政府拟对潍河口海岛进行修复和保护，以提升海岛的环境和生态价值，并已经列入2011年度中央分成海域使用金支出项目。

二、潍河东沙子岛（2）

潍河东沙子岛（2）［Wéihé Dōngshāzi Dǎo（2）］代码为370786000521。

潍河东沙子岛（2）位于莱州湾南岸潍河口的东岸，呈南北向长条状平行河道分布，海岛面积为0.0033平方千米，海岛岸线长约0.29千米。地势低平，中心部位的地理坐标为北纬37°05.6′、东经119°28.6′（图5-27-1）。北距潍河东沙子岛（1）约30米、东距人工堤坝最近点约160米。行政上隶属于山东省潍坊市昌邑市。该岛是908专项山东省海岛调查认定的海岛，《山东海情》以相对于潍河口曲流河道方位和海岛面积大小顺序而名。

该岛属泥沙堆积岛，是潍河口河道曲流段边滩堆积形成的堆积体，曾与潍河东沙子岛（1）为同一堆积体，因潮水沟切割而独立成岛。2个海岛的基本特征相同，土壤盐碱化严重，植被主要为碱蓬、蒿草和少量的柽柳树；海岛的形态、规模和位置等多变，生态环境脆弱，昌邑市已将其列入潍河口海岛生态修复和保护计划。

三、潍河西沙子岛（1）

潍河西沙子岛（1）［Wéihé Xīshāzi Dǎo（1）］代码为370786000121。

潍河西沙子岛（1）位于莱州湾南岸潍河口的西岸，海岛面积为0.3655平方千米，海岛岸线长约2.87千米。地势低洼，中部地理位置为北纬37°06.4′、东经119°28.8′（图5-27-2）。西南隔潍河曲流河道与潍河东沙子岛相望、距潍河口挡潮闸约9.3千米。行政上隶属于山东省潍坊市昌邑市。该岛市908专项山东省海岛调查新认定海岛，《山东海情》以相对于潍河口曲流河道方位和海岛面积大小顺序而名。

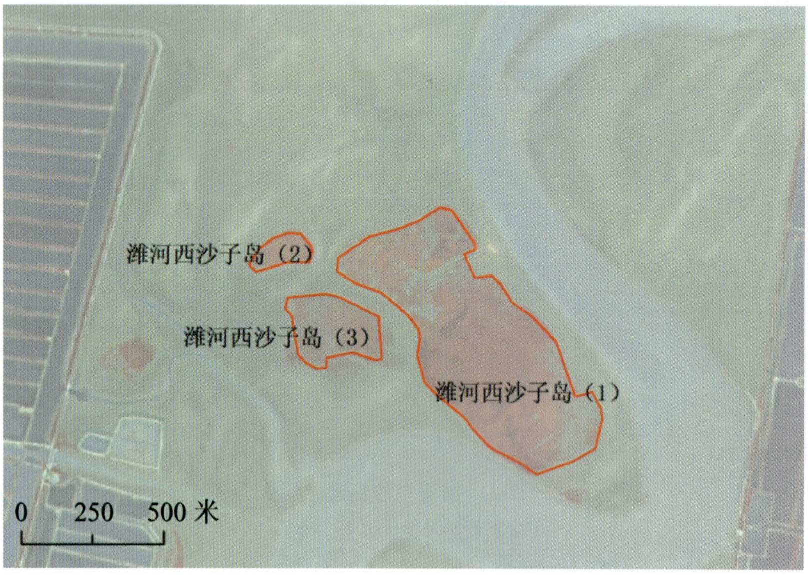

图5-27-2　潍河以西沙岛遥感影像
（拍摄于2004年8月19日）

该岛属泥沙堆积岛，是潍河口河道曲流段边滩堆积形成的堆积体，组成物质以粉砂和泥为主。地势低洼，地表高程为1～1.5米，土壤盐分较重，但植被茂密。多为低矮小灌木丛、稀疏分布的柽柳树、覆盖表层的碱蓬和大面积的蒿草等。海岛的形态、规模和位置等多变。

海岛除向东一侧受大潮涨、落潮水和潍河洪水冲淤外，其他邻水边界均遭受冲蚀，形成多级侵蚀陡坎。岛周潮滩广阔平坦，表层盐碱如白霜，高潮滩堆积少量完整贝壳。附近海域受内陆淡水径流和特殊环境影响，鱼、虾、蟹、贝类等水产资源较丰富。昌邑市政府拟对潍河口海岛进行修复和保护，以提升海岛的环境和生态价值，并已经列入2011年度中央分成海域使用金支出项目。

四、潍河西沙子岛（2）

潍河西沙子岛（2）［Wéihé Xīshāzi Dǎo（2）］代码为370786000221。

潍河西沙子岛（2）位于莱州湾南岸潍河口的西岸、潍河西沙子岛（1）西侧，海岛面积为0.0702平方千米，海岛岸线长约1.03千米。地形平坦，中部地理位置为北纬37°06.3′、东经119°28.3′（图5-27-2）。西南隔潍河曲流河道与潍河东沙子岛相望，东北紧邻潍河西沙子岛（1），最近距离为62米。行政上隶属于山东省潍坊市昌邑市。该岛是908专项山东省海岛调查认定的海岛，《山东海情》以相对于潍河口曲流河道方位和海岛面积大小顺序而名。

该岛属泥沙沉积岛，是潍河口河道曲流段边滩堆积形成的堆积体，物质组成以粉砂和泥为主，与潍河西沙子岛（1）和（3）等实为同一堆积体，因潮水沟切割而独立成岛。地势低洼，地表高程为1～1.3米，土壤盐分较重，蒿草和碱蓬生长茂密，并有柽柳树点缀其中。

岛周潮滩平坦，中低潮滩侵蚀明显，形成了多级冲刷陡坎。附近海域受内陆淡水径流和特殊环境影响，鱼、虾、蟹、贝类等水产资源较丰富。但海岛的形态、规模和位置等多变，生态环境脆弱，昌邑市已将其列入潍河口海岛生态修复和保护计划。

五、潍河西沙子岛（3）

潍河西沙子岛（3）［Wéihé Xīshāzi Dǎo（3）］代码为370786000321。

潍河西沙子岛（3）位于莱州湾南岸潍河口的西岸、潍河西沙子岛（1）西北侧，海岛面积为0.0177平方千米，海岛岸线长约0.56千米。地形平坦，中部地理位置为北纬37°06.4′、东经119°28.2′（图5-27-2）。东距潍河西沙子岛（1）最近距离为79米，东南距潍河口西沙子岛（2）为106米。行政上隶属于山东省潍坊市昌邑市。该岛是908专项山东省海岛调查认定的海岛，《山东海情》以相对于潍河口曲流河道方位和海岛面积大小顺序而名。

该岛形如新月，向西北方向弯曲，主要由粉砂和黏土组成，属泥沙堆积岛，是潍河口河道曲流段边滩堆积形成的堆积体，物质组成以粉砂和泥为主，与潍河西沙子岛（1）和（2）等实为同一堆积体，因潮水沟切割而独立成岛。地势低洼，地表高程为1～1.3米，土壤盐分较重。植被茂密，以蒿草和碱蓬为主。

与潍河口其他海岛相似，岛周潮滩平坦，附近海域受内陆淡水径流和特殊环境影响，鱼、虾、蟹、贝类等水产资源较丰富。但海岛的形态、规模和位置等多变，生态环境脆弱，昌邑市已将其列入潍河口海岛生态修复和保护计划。

第二节　小清河口海岛

一、概况

小清河源出济南市西部睦里庄，汇集黑虎、趵突、孝感诸泉，与黄河南堤大致平行东流，在寿光市境内注入莱州湾。河长为237千米，流域面积为12 263平方千米（朱道清，2007）。上游流经低山、丘陵，中、下游流域地势平坦。下游河段为一人工疏浚河道，可通航。入海河口拦门沙、浅滩发育，908专项山东省海岛调查时，在小清河入海口北侧潮滩上共认定5个海岛（图5-27-3），分别命名为小清河口沙岛（1）、小清河口沙岛（2）、小清河口沙岛（3）、小清河口沙岛（4）和小清河口沙岛（5），均为泥沙堆积岛。

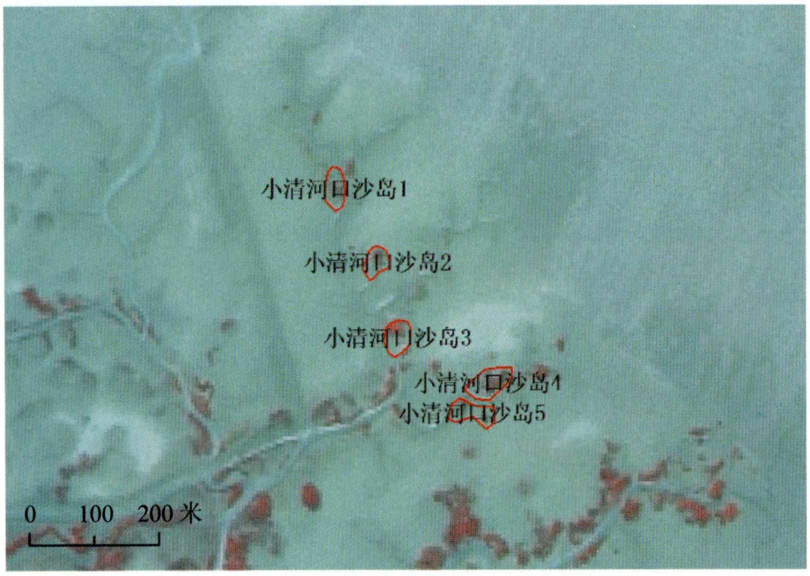

图 5-27-3 小清河口沙岛遥感影像

（拍摄于 2004 年 8 月 19 日）

小清河口沙岛（1）[Xiǎo qīnghékǒushā Dǎo（1）] 代码为 370783000121。

小清河口沙岛（1）位于小清河入海口北侧潮滩上，为小清河口诸岛中最北海岛，呈椭圆形展布，南北长 68 米，东西宽 29 米。海岛面积为 0.0016 平方千米，海岛岸线长约 0.16 千米。地势低平，中部地理坐标为北纬 37°18.0′、东经 118°57.6′。行政上隶属于山东省潍坊市寿光市，为 908 专项山东省海岛调查认定的海岛，《山东海情》以小清河口和相对方位顺序而名。低潮时可从潮滩徒步登岛。

小清河口沙岛（2）[Xiǎoqīnghékǒushā Dǎo（2）] 代码为 370783000221。

小清河口沙岛（2）位于小清河入海口北侧潮滩上，长 52 米，宽 39 米。海岛面积为 0.0013 平方千米，海岛岸线长约 0.14 千米。地势低平，中部地理坐标为北纬 37°18.0′、东经 118°57.7′。行政上隶属于山东省潍坊市寿光市，为 908 专项山东省海岛调查认定的海岛，《山东海情》以小清河口和相对方位顺序而名。低潮时可从潮滩徒步登岛。

小清河口沙岛（3）[Xiǎoqīnghékǒushā Dǎo（3）] 代码为 370783000321。

小清河口沙岛（3）位于小清河入海口北侧潮滩上，近椭圆形展布，南北长约 54 米，最宽处为 41 米。海岛面积为 0.0017 平方千米，海岛岸线长约 0.15 千米。地势低平，中部地理坐标为北纬 37°17.9′、东经 118°57.7′。行政上隶属于山东省潍坊市寿光市，为 908 专项山东省海岛调查认定的海岛，《山东海情》以小清河口和相对方位顺序而名。低潮时可从潮滩徒步登岛。

小清河口沙岛（4）[Xiǎoqīnghékǒushā Dǎo（4）] 代码为 370783000421。

小清河口沙岛（4）位于小清河入海口北侧潮滩上，长约 80 米，最宽约 60 米。海岛面积为 0.0023 平方千米，海岛岸线长约 0.19 千米。地势低平，中部地理坐标为北纬 37°17.9′、东经 118°57.8′。行政上隶属于山东省潍坊市寿光市，为 908 专项山东省海岛调查认定的海岛，《山东海情》以小清河口和相对方位顺序而名。低潮时可从潮滩徒步登岛。

小清河口沙岛（5）[Xiǎoqīnghékǒushā Dǎo（5）] 代码为 370783000521。

小清河口沙岛（5）位于小清河入海口北侧潮滩上，为小清河口诸岛中最南海岛，长约 71 米，宽约 34 米。海岛面积为 0.0018 平方千米，海岸线长约 0.20 千米。地势低平，中部地理坐标为北纬 37°17.9′、东经 118°57.8′。行政上隶属于山东省潍坊市寿光市，为 908 专项山东省海岛调查认定的海岛，《山东海情》以小清河口和相对方位顺序而名。低潮时可从潮滩徒步登岛。

二、自然环境条件

小清河口岛群地处莱州湾的西南部沿岸海域，有多条河流入海，主要包括小清河、淄脉沟和老河等，现行黄河泥沙也可影响本区。区域海岸潮滩宽阔，汊道众多，边滩和拦门沙等堆积体发育，有的高出海面成为海岛，并生长有盐蒿、芦苇等（图5-27-4）。受潮沟摆动和风暴潮等影响，海岛的位置、形态和规模（大小）等变动较大，此消彼长，海岛处于极不稳定状态。

该区域潮汐类型为不正规的混合半日潮。小清河口处平均海平面为112 厘米，平均潮差为160 厘米。一般涨潮流向为西南偏南，落潮流向为东北偏北。

2006 年年底对海岛周围潮滩沉积物进行调查，其表层沉积物类型较为单一，以粉砂质砂和砂质粉砂为主，分别约占52.17% 和30.43%。

图5-27-4 小清河口典型沙岛地貌

三、海岛资源开发与保护

目前，小清河口岛群基本处于自然状态，沙蚕资源较丰富，每年春季有渔民在潮滩上翻挖沙蚕。

第二十八章　东营市海区海岛

第一节　黄河口大岛和黄河口小岛

一、概况

黄河口大岛（Huánghékǒu DàDǎo）代码为370521000221。黄河口小岛（Huánghékǒu Xiǎodǎo）代码为370521000121。

黄河口大岛和黄河口小岛位于现代黄河入海口附近，分布于入海河道的南北侧（图5-28-1）。其中，黄河口大岛位于黄河入海口处南岸，面积为6.0214平方千米，海岛岸线长约11.76千米，中部地理坐标为北纬37°45.8′、东经119°14.0′；黄河口小岛位于黄河入海口处北岸，面积为2.9871平方千米，海岛岸线长约7.92千米，中部地理坐标为北纬37°47.3′、东经119°14.4′。行政上隶属于山东省东营市垦利县，系908专项山东省海岛调查确定的海岛，《山东海情》以海岛面积相对大小命名。

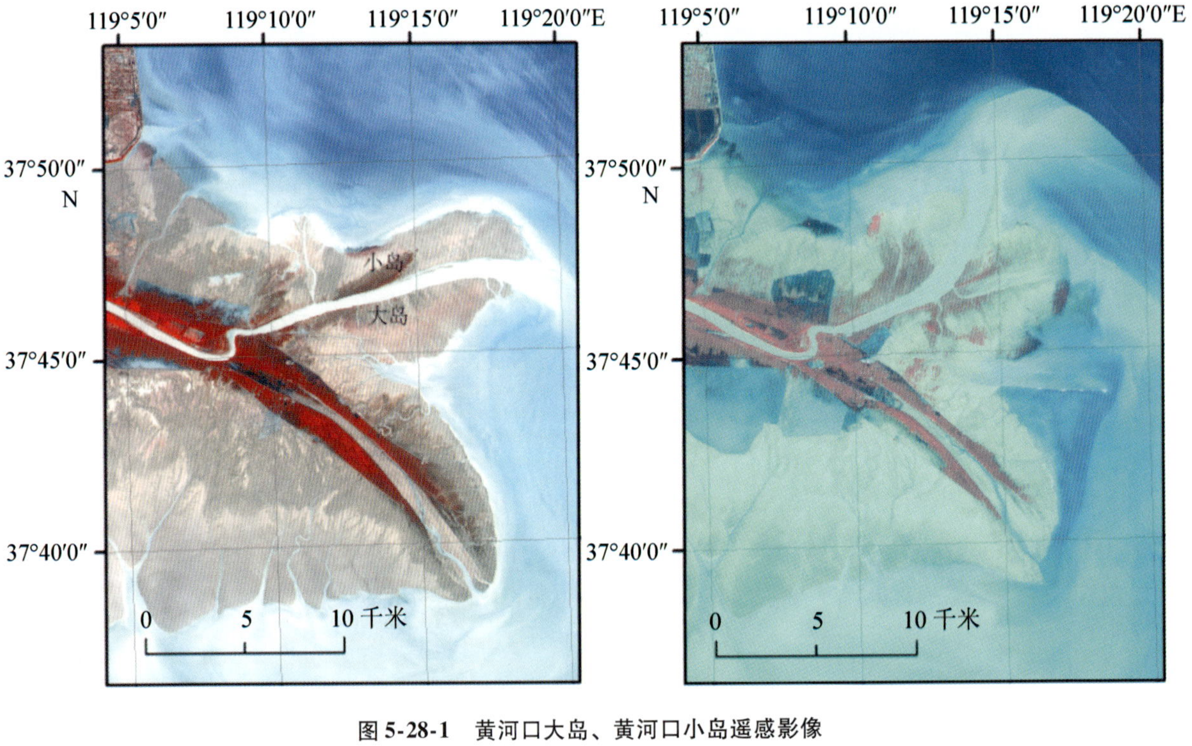

图5-28-1　黄河口大岛、黄河口小岛遥感影像

（左图拍摄于2005年9月7日；右图拍摄于2010年9月11日）

2个海岛均为泥沙堆积岛，具有天然堤性质。受黄河尾闾河道摆动、入海泥沙及其沿岸泥沙运动特点的影响，海岛的位置、形态和规模（大小）等变化较大。

二、自然环境条件

黄河清水沟流路自1996年5—7月实施清8出汊工程以后，河势稳定，呈单股入海，入海泥沙基本保持东北走向，河口一直保持延伸发育状态。入海泥沙在黄河口沉积造陆，至2007年，黄河新口门共淤积造陆58.0平方千米。2007年调水调砂期间，黄河口“清8”出汊流路改道向北，原河道两侧新淤积成的陆地在海洋动力作用下受到侵蚀，分别被新生河道、潮沟分割形成岛屿。由于该处岛屿极不稳定，2011年10月现场踏勘时，海岛已经并陆。

第二节 贝壳岛（2）

贝壳岛（2）［Bèiqiào Dǎo（2）］代码为370503000221。

贝壳岛（2）位于黄河三角洲东北部孤东鱼窝棚附近的沿岸，呈细长条状平行于海岸分布，南北长1937米，最窄处宽不足10米。海岛面积为0.0712平方千米，海岛岸线长约4.48千米。海岛主要由泥沙和贝壳构成，属于贝壳堤性质，地势低平，中心部位地理坐标为北纬38°00.7′、东经118°58.4′（图5-28-2）。行政上隶属于山东省东营市河口区（孤岛镇），为908专项山东省海岛调查于2005年应用航空遥感方法认定的海岛，《山东海情》以海岛组成物质命名，并冠以数字“2”有别于刁口流路海域的贝壳岛。

该贝壳堤岛是海岸受侵蚀后退期间的一段相对冲淤平衡时间内，分布在潮滩的贝壳碎屑在较强浪、流作用下的产物。该岛的贝壳主要沉积在潮水沟间较高的平坦地带，其地势较周围潮滩略高，向岸一侧为大片芦苇丛，在小潮高潮线附近向海一侧有较低矮的侵蚀陡坎。该岛贝壳分选较差，青蛤（*Cyclina sinensis*）碎片与砂泥混合沉积，贝壳碎屑长度为2～4厘米（图5-28-3）。

潮间带宽广，地势低平，坡降很小，沉积物较细，主要以粉砂和黏土为主，含少量中、细砂。潮滩上小型动物生长，主要为长角螺。此外，小型动物孔穴发育，主要为螃蟹。岛上植被茂盛，主要为盐蒿和芦苇。

该岛向陆一侧岸线较为稳定，呈轻微淤积态势；向海一侧岸线以侵蚀为主，多见侵蚀陡坎发育。在局部岸段，贝壳岛被侵蚀分离成小块体。

目前该岛无人类开发活动，但调查时可见油田地震勘探作业。

图5-28-2 东营贝壳岛（2）遥感影像

（拍摄于2005年9月7日）

图 5-28-3　东营贝壳岛（2）典型的岛陆地貌与贝壳堆积

第三节　贝壳岛（1）

贝壳岛（1）［Bèiqiào Dǎo（1）］代码为 370503000121。

贝壳岛（1）位于黄河三角洲北部的王家屋子北刁口流路海域，呈东西向弯月型展布，长约 87 米，最窄处宽不足 5 米。海岛面积为 0.0008 平方千米，海岛岸线长约 0.21 千米。海岛主要由泥沙和贝壳构成，属于贝壳堤性质，地势低平，中心部位地理坐标为北纬 38°07.7′、东经 118°40.2′（图 5-28-4）。行政上隶属于山东省东营市河口区。为 908 专项山东省海岛调查于 2005 年应用航空遥感方法认定的海岛，《山东海情》以海岛组成物质命名，并冠以数字“1”有别于孤东鱼窝棚附近的贝壳岛。

贝壳堤岛为席状、弧状贝壳沉积（图 5-28-5），是海岸冲淤相对平衡、岸滩相对稳定期间较强风浪作用的产物。发育机理为大量涌来的涨潮流、浪将分布在近岸滩涂上的贝壳掀起推向岸边，并在高潮线附近因流速降低而大量沉积。贝壳碎屑在高潮滩中、上部等处沉积最发育，向两侧贝壳碎屑沉积厚度逐渐减小。贝壳碎屑沉积量的变化主要与涨潮流的速率变化有关。

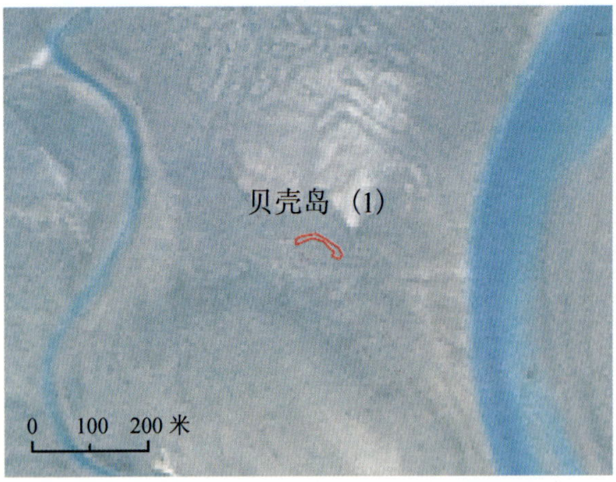

图 5-28-4　东营贝壳岛（1）遥感影像
（拍摄于 2005 年 9 月 7 日）

图 5-28-5　东营贝壳岛（1）上典型的贝壳砂积地貌

贝壳堤岛主要发育在潮滩的较平坦地带，其地势较周围略高。该岛贝壳分选较好，以青蛤碎片为主，贝壳碎屑长度为 2 ~ 4 厘米。岛外侧潮间带宽广，地势低平，坡降很小。其他沉积物粒度较细，以粉砂和黏土为主，含少量中砂和细砂。

岛上无植被。目前该岛无人类开发活动，其向陆一侧岸线较为稳定；向海一侧岸线以淤积为主。

第六篇
滨州市海区海岛

117°40′41″
118°
118°17′59″E
38°21′28″
N
38°
37°56′39″
渤
海
5
10
河北省
滨
州
市
大口河岛
高砣子西岛
高砣子岛
棘家堡子岛（1）
棘家堡子岛（2）
棘家堡子岛(4)
棘家堡子岛(6)
棘家堡子东岛-1
棘家堡子东岛-4
棘家堡子岛(3)
棘家堡子岛(5)
棘家堡子东岛-2
棘家堡子东岛-3
北沙子岛（2）
赵沙子岛(1)
赵沙子岛(2)
赵沙子岛(7)
老沙头堡岛
南长滩岛
三里台岛
大汪岛（1）
东台子岛（1）
东台子岛（2）
老堡岛
岔尖堡岛
脊岭子岛
套尔河东沙子岛（1）
套尔河东沙子岛（4）
套尔河东沙岛-1
套尔河东沙岛-2
套尔河东沙岛-3
套尔河东沙岛-4
新立堡西岛
新立堡东岛-2
新立堡岛
新立堡东岛-1
大堡岛
小坨子岛(1)
江八腰子岛
江八腰子南岛
红土洼子东岛
红土洼子岛(1)
大黑坨子岛
0
5
10 千米
滨州市海区海岛分布

第二十九章 区域环境概况

滨州市海区海岛位于渤海湾南部粉砂淤泥质平原海岸的潮间带中，地理位置为北纬37°58.7′~38°15.6′、东经117°51.7′~118°24.5′。海岛的组成物质主要为贝壳(砂)、黏土质粉砂和粉砂质黏土等，地势平缓，高度小，易受风暴潮等海洋动力因素的影响而变迁，或肢解、或合并、或消失、或新生，同时因受修盐田、养殖池塘等人类活动的影响，海岛的数量、位置、形态和规模等多变。本篇记述海岛共47个，其中有居民海岛4个，无居民海岛43个，面积均大于500平方米。有居民海岛分别为大口河岛、棘家堡子岛（6）、南长滩岛、岔尖堡岛；无居民海岛分别为：高坨子岛、棘家堡子岛（1）、棘家堡子岛（2）、棘家堡子岛（3）、棘家堡子岛（4）、棘家堡子岛（5）、北沙子岛（2）、老沙头堡岛、三里台岛、大汪岛（1）、赵沙子岛（1）、赵沙子岛（2）、赵沙子岛（7）、东台子岛（1）、东台子岛（2）、老堡岛、脊岭子岛、套尔河东沙子岛（1）、套尔河东沙子岛（4）、新立堡岛、大堡岛、红土洼子岛（1）、小坨子岛（1）、大黑坨子岛、江八腰子岛和无名岛CN5、CN6、CN7、CN8、WDI1、ZHU1、ZHU2、ZHU3、ZHU5、ZHU7、ZHU8、ZHU9、ZHU11、ZHU12、ZHU13、ZHU14、ZHU15、ZHU16。海岛面积累计约5.616平方千米，海岛岸线累计长度约74.83米。

滨州市海区是山东省泥沙堆积岛主要分布区，也是山东省变化最大的岛群区。岛群名称既有自然环境和资源条件等相似地理因素，又有行政区域的直观表达。

第一节 概 况

滨州市位于山东省北部，濒临渤海湾南部，沿岸海岛均位于海图零米线以浅的潮间带。该区地处黄河三角洲洲间洼地前缘，其东面是现代黄河三角洲（1855年至今），西面是早期黄河三角洲（8—1128年）。该地区的岛屿分布在无棣、沾化两县。无棣县历史悠久，早在新石器时期即有先民在此繁衍生息，至今已有5000年以上的历史，为华夏古老的城邑之一。沾化历史悠久，自然资源十分丰富，盛产冬枣，有“中国冬枣之乡”之称。

本区海岛地势平缓，海拔高度低，最高者5米，最低者仅1米。各岛周围浅海和滩涂面积宽阔，海底平坦，涨潮一片汪洋、退潮一片泥沙滩。

滨州市沿岸海岛土壤以盐土、滨海盐土和潮土为主，植被以滨海盐生植物和部分落叶灌丛为主，局部低洼地区为沼泽，水生植被以芦苇为主。该区海岛皆为砂质岛，属于以盐生草甸和盐生植被为主的河口原始生态系统，植物种类约有350种，分别为滨海盐生植被、沼生与水生植被、灌丛和草丛4种类型。

滨州沿岸现有47个海岛，与1992年航空遥感概查时相比，减少了42个。其主要原因是部分海岛被盐田或虾池覆盖，或者四周没有水与陆地连成一片，由此将其判定为陆地。海岛总面积约5.6平方千米，岛岸线总长约72.6千米。其中隶属于无棣县26个，沾化县21个。大部分岛屿上没有居民，仅有4个有居民长期居住，总人口为3150人。多数海岛生长杂草芦苇和黄须菜等草本植物，个别海岛有酸枣树生长，其余较小的海岛无植被。

滨州市沿岸海岛的物质组成为贝壳砂、黏土质粉砂和粉砂质黏土，在成因上可分为两类：一类是贝壳堤岛；另一类为冲积残留岛。砂质海岛易受风暴潮等海洋动力因素的侵蚀而变迁，或肢解、或合并、或消失、或新生。海岛岸线被一些潮水沟分割成锯齿状，入海河流和潮水沟使潮间带滩面支离破碎。

2002年，该地区被山东省人民政府列为省级贝壳堤岛与湿地系统自然保护区，2006年2月16日国务院正式批准“滨州贝壳堤岛与湿地国家级自然保护区”。该保护区属海洋自然遗迹类型，保护区总面积为80 480公顷，其中核心区面积为28 527公顷，缓冲区面积为26 780公顷，实验区面积为25 173公顷。

第二节　地质地貌

一、地形地貌

滨州市地势南高北低，大致上由西南向东北倾斜，渐次过渡到大海。以小清河为界，全境呈现南北两种不同类型的地貌特征。小清河以南的邹平南部长白山脉属泰沂山区北麓的低山丘陵区，地势高峻，其主峰高程为826.8米，是全市最高点，其余均为山前倾斜平原，地势平缓，间有缓岗与洼地，海拔高程一般为8～800米。小清河以北为黄河冲积平原，海拔高程一般为1～20米，总体上地势低平，由于历史上黄河多次改道和决口泛滥，造成沉积物交错分布，加上河流冲刷、海潮内浸、自然侵蚀和人类活动的影响，形成了低岗、缓坡、浅洼相间，微地貌差异明显的地貌特征。

滨州近岸岛群位于黄河三角洲洲间洼地前缘，其东面是现代黄河三角洲（1855年至今），西面是早期黄河三角洲（8—1128年）。该区海岛是因长期脱离黄河淤积造陆的影响，三角洲前缘受到特大高潮的及风暴潮流的冲刷破坏，形成的零碎的岛状三角洲地块，簇集于潮间带上缘，当地居民称之为“坨”、“堡”、“滩”，构成潮汐改造的洲间洼地的代表性地貌景观。岛状“滩坨”多由暗红色黏土层构成，植被茂密，与四周的盐碱光滩呈明显对照。滩地内侧地势低洼，海拔2米左右，植被稀疏，现已被辟为人工池塘。

滨州地区海岛近岸滩涂广布，滩涂总面积15 014.0公顷，占山东省的68.28%。其中粉砂淤泥质潮滩10 198.0公顷，盐田4815公顷。

诸岛地貌因受潮汐，特别是风暴潮的影响，岛岸线较曲折。洲间洼地地形平坦，近岸形成众多的冲淤沙岛为其主要的地貌特征。地貌类型较为单一，多数为三角洲残留块体、早期三角洲残留块体或潮滩上的贝壳堤。

滨州近岸岛群物质组成以贝壳砂、黏土质粉砂、粉砂质黏土为主，一般分布在平均高潮线与特大高潮线之间的潮滩地带。在成因上又可分为贝壳堤岛和残留冲积岛两类，在埕口以东有西北—东南向断续分布的贝壳堤（图6-29-1）。

图6-29-1　棘家堡子岛的贝壳堤

二、地质

滨州沿海地区位于华北坳陷埕宁隆起中的埕子口凸起和济阳坳陷中的车镇凹陷内，基底是古生代的沉积地层和前震旦纪变质岩系，基本缺失中生代地层，新生代地层直接覆盖于古生代地层之上。褶皱构造不发育，仅发育埕子口隐伏断裂。该断裂为一活动断裂，呈舒缓波状展布在沿海一带，总体走向近东西，倾向南，中间地段向北突出进入海中。

长期以来，济阳拗陷区一直处于沉降状态，接受充填沉积作用，在盆地内发育了巨厚的新生代地层，主要为海相、湖相和冲积相碎屑的互层沉积，含大量有机物，有利于石油生成。全新世海侵、黄河摆动及其泥沙堆积，发育形成广阔的冲积—海积平原。滨州沿岸海岛即是在此冲积—海积平原基础上发育形成的（侵蚀切割、贝壳及其碎片堆积），现存的47个海岛均为泥沙岛或贝壳堤岛，出露地层均为第四系全新统旭口组、潍北组地层，未见基岩出露。

该区地下水为第四系松散岩类水文地质区，属松散岩类孔隙水类型，地下水的补给主要为大气降水。受气象、海水入侵等多种因素的制约，地下淡水资源匮乏。

由于地势低平，又地处渤海湾西南部位，易受风暴潮及其灾害影响；区域海岸蚀退过程普遍存在。

第三节　气候与气象

滨州沿岸海岛地处东亚暖温带湿润性季风气候区，一般冬冷夏热，雨热同期，夏热多雨，冬冷干燥，四季分明，日照时间长。

全区年平均气温为12.1℃～13.1℃，极端最高气温40.9℃，极端最低气温为－22.8℃。年平均降水量为579.2～633.3毫米，平均日照时数2632.0小时；风向冬季以偏北风为主，夏季以偏南风为主，年平均风速为2.7米/秒；年平均地面温度为14.7℃，最大冻土深度一般为50厘米左右，无棣县1984年曾达209厘米；年平均相对湿度为66%，8月最大为81%；年蒸发量为1805.8毫米；无霜期为205天。

中纬度天气系统活动频繁，常受寒潮、季风等灾害天气影响，干旱主要发生在春季，其次为秋冬季，夏季也有部分年份出现伏旱；冰雹多发于5—6月及9月；大风多发于冬、春季，夏季雷雨大风危害较大；暴雨多发于汛期。

第四节　海洋水文

一、海洋水文

本岛群区潮汐性质属不正规半日潮，潮波由西向东逆时针方向传播，区内沿岸潮时变化为：高低潮潮时漳卫新河河口在前，而湾湾沟口滞后，潮时相差约50分。潮差以漳卫新河口最大，向两端减小，平均潮差漳卫新河口为2.24米，湾湾沟为1.40米。

本岛群海区潮流性质属正规半日潮流，潮流较强，其半日潮最大潮流流速为57～98厘米/秒；在套尔河口和黄河故道外，主流方向为西（南）偏西—东北（南）偏东向，涨潮流为西北（南）向，落潮流为东北（南）向。本海区因水深较浅，潮波受海底摩擦影响显著，潮流随深度的变化比较明显。最大流速一般发生在表层，底层流速较表层有明显减弱。这种变化还表现在转流时间上，通常是底层出现最早，表层出现最迟，表、底层时间差可达半小时左右。

滨州沿岸海岛附近海区余流不大，一般小于10厘米/秒。

本岛群海区的水动力条件以潮流作用为主，水下地形平坦。海岛岸线被一些潮水沟分割成锯齿状，入海河流和潮水沟使潮间带滩面支离破碎。滨州海岛群常受风暴潮侵袭，冬天海水结冰，重冰年可造成灾害。

二、河口水文

滨州市沿岸入海河流主要有漳卫新河、马颊河、徒骇河3条，各河长度均大于30千米，普遍修建有水库等水利工程设施（表6-29-1）。入海河口区均有堆积砂岛分布。

滨州沿岸岛群附近海域，主要锚地多位于河口段，如大口河、套尔河、徒骇河和潮河等。

表6-29-1　滨州市沿岸主要入海河流水利设施情况

序号	河流名称	河流长度（千米）	流域面积（千米^2）	水利工程设施情况
1	漳卫新河	201	37 200	为卫运河分洪河道，下游为冀、鲁两省边界河流。1957年11月冀、鲁两省动工兴建，1976年6月竣工。由于灌溉需要，在河段上修建了6座节制闸等水利配套工程
2	马颊河	448.0	12 239.2	禹疏九河之一（又说为唐开马颊河）。1965年开始治理，先后兴建乐陵县孟家节制闸、无棣县孙马节制闸、庆云县大道节制闸、临清市薛王节制闸等14座，桥梁106座。主要支流有二股河、德惠新河等
3	徒骇河	446.5	13 680.0	禹疏九河之一。近30年，多有修浚。扩大治理工程，自1965年冬至1969年疏浚河道393千米，两岸筑堤747千米，配套工程到1971年基本建成，扩建和新建拦河节制闸12座，桥梁111座，涵洞（管）237处

资料来源：水利工程设施来源于朱道清编纂，中国水系词典（修订版），青岛：青岛出版社，2007年。

图6-29-2　南长滩东边河流

图6-29-3　秦套岛西养水站入口

第五节　海洋化学

908专项山东省海岛调查对海岛潮间带表层沉积物取样，进行沉积化学元素分析结果表明，滨州沿岸海岛潮间带环境质量较好（表6-29-2），受污染程度轻微。

潮间带沉积物样品石油类全部检出，含量为$3.40\times10^{-6}\sim27.2\times10^{-6}$，平均为$9.59\times10^{-6}$，均未超过沉积物评价标准一类标准（$500\times10^{-6}$）。与20世纪90年代调查结果（含量为$5.58\times10^{-6}\sim1384\times10^{-6}$，平均值为$694.7\times10^{-6}$）相比，含量有所降低。

有机质含量范围为0.143%～1.11%，平均值为0.41%，符合海洋沉积物质量评价标准一类标准（2.0%）。与20世纪90年代调查结果（含量范围为1.11%～1.98%）相比，含量略低。

总氮均未检出。总磷的含量为0.13%～0.20%，平均值为0.17%。

表 6-29-2　滨州海区海岛潮间带沉积化学特征统计

潮间带名称	站号	硫化物 ($\times10^{-6}$)	有机质 (%)	总氮 (%)	总磷 (%)	Eh (毫伏)	油类 ($\times10^{-6}$)	汞 ($\times10^{-6}$)	铜 ($\times10^{-6}$)	铅 ($\times10^{-6}$)	锌 ($\times10^{-6}$)	镉 ($\times10^{-6}$)	铬 ($\times10^{-6}$)	砷 ($\times10^{-6}$)
大口河岛	U	0.849	0.395	<0.003 54	0.130	-128	27.2	<0.008	13.6	12.84	94.5	0.12	168.5	3.26
大口河岛	M	1.405	0.261	<0.003 54	0.163	-157	6.32	<0.008	11.97	12.81	83.4	0.091	38.0	3.21
大口河岛	D	0.479	0.266	<0.003 54	0.156	-149	4.6	<0.008	13.87	22.8	155.4	0.076	39.4	0.43
棘家堡子岛(6)	U	0.479	1.110	<0.003 54	0.130	130	8.63	<0.008	1.40	29.59	83.6	0.118	150.2	1.64
棘家堡子岛(6)	M	0.849	0.143	<0.003 54	0.183	5	6.25	<0.008	9.64	8.29	46.9	0.483	34.8	0.44
棘家堡子岛(6)	D	0.0157	0.652	<0.003 54	0.156	-42	8.83	<0.008	11.9	14.28	99.4	0.076	37.6	1.29
岔尖堡岛	U	1.220	0.365	<0.003 54	0.189	77	3.4	<0.008	14.3	20.31	53.2	0.146	44.4	0.33
岔尖堡岛	M	1.034	0.362	<0.003 54	0.202	-101	13.4	<0.008	18.8	19.36	61.7	0.086	48.9	7.49
岔尖堡岛	D	0.942	0.165	<0.003 54	0.183	-32	7.68	<0.008	15.6	11.96	61.1	0.084	43.3	0.79

氧化还原电位变化范围较大，为 -157 ~ 130 毫伏。

硫化物的检出率为 100%，但含量较低，为 $0.02\times10^{-6}\sim1.41\times10^{-6}$，平均值为 0.81×10^{-6}，符合评价标准一类标准（300×10^{-6}）。与 20 世纪 90 年代调查结果（最大值为 14.12×10^{-6}，平均值为 7.7×10^{-6}，最小值未检出）相比较，本次调查结果硫化物含量相对较小。

铜的检出率为 100%，含量范围为 $1.4\times10^{-6}\sim18.8\times10^{-6}$，平均值为 12.34×10^{-6}，符合海洋沉积物质量一类标准（35×10^{-6}）。与 20 世纪 90 年代调查结果（含量范围为 $23.3\times10^{-6}\sim27.6\times10^{-6}$）相比，含量降低。

铅的检出率为 100%，含量范围为 $8.29\times10^{-6}\sim29.59\times10^{-6}$，平均值为 16.92×10^{-6}，符合海洋沉积物质量一类标准（60×10^{-6}）。与 20 世纪 90 年代调查结果（含量范围为 $4.6\times10^{-6}\sim12.9\times10^{-6}$）相比，沉积物的铅含量有所增加。

镉检出率为 100%，含量范围为 $0.08\times10^{-6}\sim0.48\times10^{-6}$，平均值为 0.14×10^{-6}，符合海洋沉积物质量一类标准（0.5×10^{-6}）。与 20 世纪 90 年代调查结果（含量 0.17×10^{-6}）基本一致。

锌的检出率为 100%，含量范围为 $46.9\times10^{-6}\sim155.4\times10^{-6}$，平均值为 82.13×10^{-6}，符合海洋沉积物质量一类标准（150×10^{-6}）。与 20 世纪 90 年代调查结果（含量范围为 $2.8\times10^{-6}\sim47.9\times10^{-6}$）相比，沉积物锌的含量有增加趋势。

铬的检出率为 100%，含量范围为 $34.8\times10^{-6}\sim168.5\times10^{-6}$，平均值为 67.23×10^{-6}，符合海洋沉积物质量一类标准（80×10^{-6}）。

汞在全部站位中均未检出。

砷的检出率为 100%，含量范围为 $0.33\times10^{-6}\sim7.49\times0^{-6}$，平均值为 2.1×0^{-6}，符合沉积物质量一类标准（20×10^{-6}）。

第六节　海洋生物

908 专项山东省海岛调查在滨州市大口河岛、棘家堡子岛（6）和岔尖堡岛的潮间带共采集到大型底栖底栖动物 28 种，各岛采集到的种数差异不大（表 6-29-3）。其中，大口河岛最多，为 16 种；其次为棘家堡子岛（6），共 15 种；岔尖堡岛最少，为 10 种。在底栖动物四大类群中，以多毛类动物最多，共采集到 12 种，占总种数的 42.86%；其次为软体动物 9 种，占总种数的 32.14%。甲壳动物 6 种，占总种数的 21.43%；其他类群动物为 1 种，占总种数的 3.57%。

表 6-29-3　滨州市岛群潮间带不同动物类群种数组成　　单位：种

地点	多毛类	软体动物	甲壳动物	其他类群	合计
大口河岛	5	9	2		16
棘家堡子岛（6）	8	5	1	1	15
岔尖堡岛	5	1	4		10
统计种	12	9	6	1	28

3 个调查海岛的底栖生物平均密度为 164 个/米^2，以大口河岛最高，平均密度为 339.33 个/米^2；其次为棘家堡子岛（6），平均密度为 127.33 个/米^2；岔尖岛最低，平均密度为 25.33 个/米^2。在四大类群中，软体动物平均密度最高，为 126.44 个/米^2，占平均总密度的 77.1%：其他依次为多毛类动物（平均密度为 32 个/米^2，占 19.51%）、甲壳动物（平均密度为 5.33 个/米^2，占 3.26%）和其他类群动物（平均密度为 0.22 个/米^2，占 0.13%）。

表 6-29-4　滨州市岛群潮间带不同动物类群密度　　单位：个/米^2

地点	多毛类	软体动物	甲壳动物	其他类群	平均密度
大口河岛	41.33	293.33	4.67		339.33
棘家堡子岛（6）	48	78	0.67	0.67	127.33
岔尖堡岛	6.67	8	10.67		25.33
合计	96	379.33	16.01	0.67	491.99
平均	32	126.44	5.34	0.22	164.00

春季潮间带平均生物量为 62.42 克/米^2，以软体动物生物量最大（为 36.76 克/米^2）；其他依次为节肢动物（23.09 克/米^2）、环节动物（2.47 克/米^2）和其他类（0.09 克/米^2）。各剖面不同类群的生物量组成见表 6-29-5，与底质和距离河口远近有关。含砂量多的剖面，软体动物的生物量高。如大口河岛北侧，从高潮至低潮都含砂，软体动物的生物量在各调查剖面中最高的，另外该剖面距河口很近，是淡水和海水混合的地方。底质黏性大的潮间带，节肢动物含量高，如杨克君河入海口西的高、中潮滩。

表 6-29-5　滨州市岛群潮间带各类群生物量组成表①　　单位：克/米^2

地点	春季					秋季				
	环节类	软体类	节肢类	其他类	合计	环节类	软体类	节肢类	其他类	合计
大口河岛北侧	1.02	103.38	3.63	0.27	108.3	0	33.4	0	0.67	34.07
赵沙子岛东北侧	3.1	0	20.18	0	23.28	0.4	3.67	47.39	0	51.46
杨克君河入海口西	3.3	6.9	45.47	0	55.67	0	1.3	38.09	0	39.39
平均	2.47	36.76	23.09	0.09	62.42	0.13	12.79	28.49	0.22	41.64

秋季潮间带平均生物量为 41.64 克/米^2，以节肢动物生物量最大（28.49 克/米^2）；其他依次为软体动物（12.79 克/米^2）、环节动物（0.13 克/米^2）和其他类（0.22 克/米^2）。秋季调查在 11 月开展，从开始调查至结束气温从 16℃降至 7℃、水温从 12℃降至 7℃，致使一些种类没有出现。各剖面不同

① 国家海洋局第一海洋研究所：山东省 908 专项海岸带调查研究报告［R］，2010 年。

生物类群的生物量组成见表6-29-5。由于底质类型的不同，各剖面生物量存在一定的差异。大口河岛北侧高潮带以砂、贝壳为基质，中潮带和低潮带以细砂为基质，以软体动物为优势种，生物量为34.07克/米^2。

在棘家堡子岛（6）和大口河岛的低潮滩蛤类生物体质量分析测试结果（表6-29-6）：棘家堡子岛（6）所测指标中汞符合第一类标准，铅、砷符合第二类标准，锌、镉符合第三类标准，铬含量已超出第三类标准，表明已遭受重金属污染；大口河岛所测指标中，汞含量符合第一类标准，铜、砷含量符合第二类标准，铅、锌、镉、铬符合第三类标准，潮滩生物体亦遭受金属污染。

表6-29-6 滨州市岛群潮间带生物质量分析汇总

单位：$\times 10^{-6}$

地点	生物	铜	铅	锌	镉	铬	砷
大口河岛	蛤	10.76	2.82	85.4	2.94	5.78	3.79
棘家堡子岛（6）	蛤	12.30	1.82	70.8	3.21	6.30	4.32

第七节 海洋灾害

滨州沿岸海洋环境灾害种类较多，主要有风暴潮、海浪、海冰、赤潮、海岸冲淤、海水入侵等。

滨州海域的风暴潮主要来自强劲的东北风造成渤海湾的涌潮与高潮在当地相遇。据《滨州地区志》（山东省滨州地区地方史志编撰委员会，1996）、《惠民地区水利志》（山东省惠民地区水利志办公室，1991）、《无棣县志》（山东省无棣县史志编撰委员会，1994）、《沾化县志》（山东省沾化县地方史志编撰委员会，1995）统计，自公元前48年至1949年，发生风暴潮灾害96次。自明洪武元年（1368年）至1949年9月，发生风暴潮灾害28次。其中，无棣县22次、沾化县23次、阳信县4次、博兴县1次、滨县2次。1949—1999年，发生较大风暴潮7次。

表6-29-7 滨州市特大风暴潮灾害统计

发生年代	发生时间	潮位（米）	海潮入侵（千米）	受灾地区
1557年（明嘉靖三十六年）	农历七月初八	4.0～4.5	40	无棣、沾化
1677年（清康熙十六年）	农历二月	4.5～5.0	50	无棣
1714年（清康熙五十三年）	农历二月	5.0～5.5	80	无棣、沾化、阳信
1818年（清嘉庆二十三年）	农历四月初五	5.0～5.5	70	无棣、沾化、阳信
1852年（清咸丰二年）	农历六月	5.0～5.5	70	无棣、沾化、阳信
1928年	农历七月十七	4.1～4.8	60	无棣、沾化
1964年	4月6日	2.5～2.8	40	无棣、沾化
1979年	2月21日	2.31～3.23	45	无棣、沾化
1997年	8月19—20日	3.5～4.0	30	无棣、沾化
2005年	8月8—9日			无棣、沾化

风暴潮多发生于4—5月及9—10月，这是因在这个时期内天文大潮与天文大潮在特定地理形态和深度下的耦合现象，即黄河三角洲风暴潮是在东南大风使整个渤海增水后，又在急转东北大风作用下，渤海增水集中到三角洲的缘故。

2005年台风“麦莎”（0509）于8月6日3时40分在浙江省玉环县干江镇登陆。8月8日“麦莎”到达山东省境内减弱为热带低压。滨州市沿海风暴潮灾害严重，沾化县海洋水产养殖损失5000公顷；无棣县海洋水产养殖损失800公顷；损毁防潮堤10千米（国家海洋局，2005；孙兴池　等，2007）。

根据丁德文等（1999）对渤海海冰区划，滨州市沿岸属三级海冰区。12月上旬开始结冰，翌年3月初海冰消失，冰期为85~95天，实际有冰日为55~70天。1月中、下旬至2月中旬为盛冰期，时间为25~35天。沿岸固定冰宽度为5~10千米，堆积高度为1~2米，最高可达5米。流冰外缘线距岸为25~35千米，流冰厚度为5~20厘米，最厚可达25厘米。近50年，滨州沿岸有5个冬季发生了严重的海冰灾害，平均大约10年发生一次。较严重的海冰灾害大致为5年一次。其中，1966年滨州沿岸在短时间内封冰，距岸5千米数百艘渔船和近1000名渔民困海上；1969年2—3月特大冰封，进出东风港的船只受阻和遭遇损害，海上石油工程设施遭受破坏。

本区有关赤潮的文字记载最早为1952年5月，由夜光虫形成的赤潮，持续2个月余，范围为长70千米、宽20千米，造成鳕鱼和梭鱼大量死亡。20世纪70年代末至80年代初，亦出现过“臭水”报道（田家怡　等，1983），但是否为赤潮尚未定论。据滨州市海洋水产局资料，1989—1999年共发生赤潮4次，分别为1989年8—10月、1992年4月、1992年5月和1998年10月，前3次赤潮均分布于沿岸海域。

第八节　海洋生态系统

图6-29-4　滨州古贝壳堤

滨州市北部沿海贝壳堤极为发育，在西至漳卫新河、东至套儿河，北至3米等深线浅海范围内分布有3条贝壳堤，海滩上仍在发育过程中（图6-29-4）。该区为山东省最宽广的滨海湿地，是东北亚内陆和环西太平洋鸟类迁徙的中转站和越冬、栖息、繁衍地，同时也是研究黄河变迁、海岸线变化、贝壳堤岛的形成等环境演变以及湿地类型的重要基地，在我国海洋地质、生物多样性和湿地类型研究工作中占有极其重要的地位。

鉴于滨州贝壳堤岛与湿地系统的特殊意义。1999年无棣县人民政府建立了无棣县海洋古贝壳堤保护区，2002年经山东省人民政府批准建立无棣贝壳堤岛与湿地系统省级自然保护区。2004年更名为滨州贝壳堤岛与湿地系统省级自然保护区。2006年晋升为国家级自然保护区。保护区位于大口河岛—高坨子岛—棘家堡子岛一线（图6-29-5），总面积80 480公顷，其中核心区15 547.28公顷、缓冲区13 559.27公顷、实验区14 434.99公顷。

该保护区生物多样性丰富。植被主要有灌丛、草丛、滨海盐生植被、沼生和水生植被等，类型较简单，未见天然木林，以一年生草本植物占绝对优势，有多年生柽柳和酸枣（图6-29-6）。如棘家堡子-旺子岛及其附近草本植物（图6-29-7）307种，木本植物只有13种；大口河堡及其附近草本植物达150种，木本植物有13种。有麻黄、酸枣、天门冬、甘草、沙参、蔓荆子、枸杞、地黄等中草药。

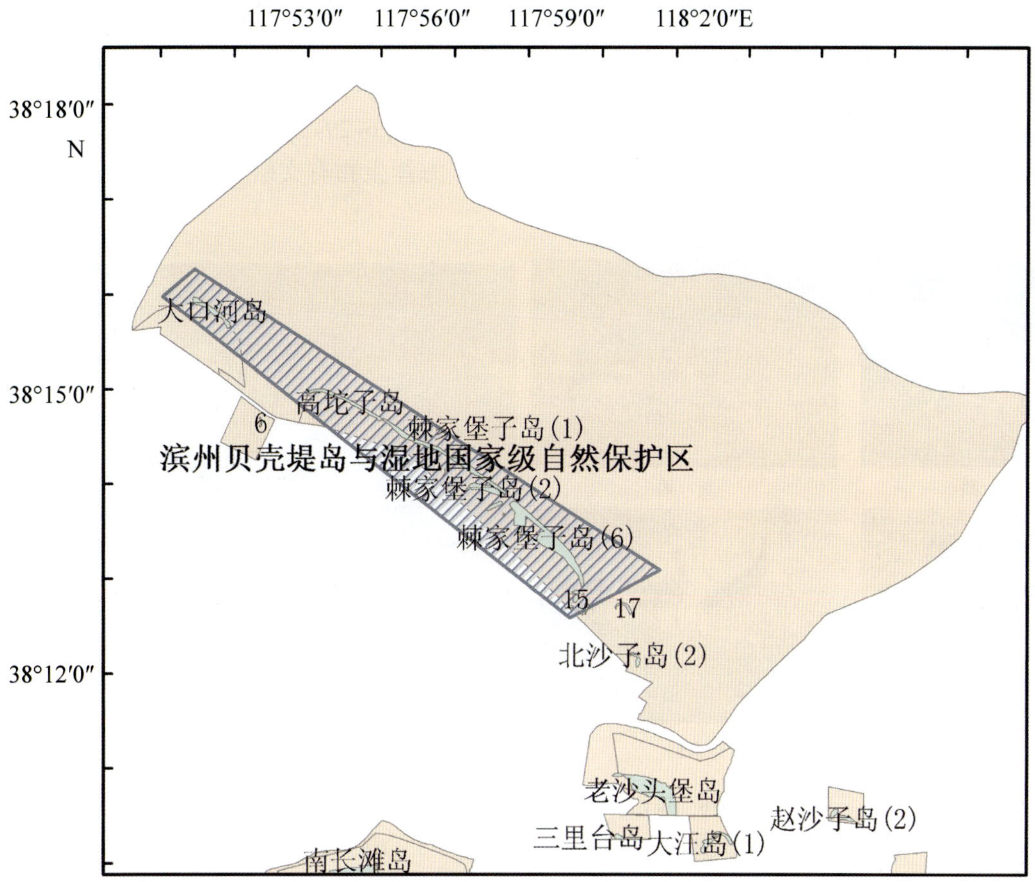

图 6-29-5 滨州贝壳堤岛与湿地系统国家级自然保护区

图 6-29-6 贝壳堤岛上的酸枣

图 6-29-7 棘家堡子及旺子岛上草本植被

保护区内发现的野生珍稀动物459种。有鸟45种，隶属9目21科34属，其中留鸟9种，夏候鸟18种，冬候鸟4种，旅鸟14种，主要有白领鸻、大枸鷸、银鸥、大天鹅、灰鹤、大鸨、白头鹤、凤头麦鸡、棕眉柳莺、短耳鸮、白尾鹞、灰椋鸟、戴胜、秀鼻、乌鸦等，珍稀鸟类有国家一级保护动物的大鸨和白头鹤、二级保护动物的大天鹅、灰鹤、短耳鸮等（图6-29-8）。湿地内野生动物有豹猫、狐狸等6种；两栖爬行动物有东方铃蛙、黑眉锦蛇等8种。海洋生物有文蛤、四角蛤、扁玉螺等贝类和鱼、虾、蟹、海豹等海洋生物50余种。

大天鹅　灰　鹤　大　鸨　白头鹤　壳堤岛上的海鸥

图6-29-8　滨州贝壳堤岛与湿地系统保护区部分鸟类

第三十章　大口河岛

第一节　概　况

大口河岛（Dàkǒuhé Dǎo）代码为100000000112。

大口河岛位于漳卫新河入海口处，与河北省黄骅港隔漳卫新河相望，为滨州最北海岛，呈狭长弧形展布，形态和大小多变。1992年调查测得海岛面积为0.3536平方千米，海岛岸线长约3.36千米；2005年海岛调查测得面积为0.0818平方千米，海岛岸线长约2.13千米，最高点高程为1.9米，地理坐标为北纬38°15.9′、东经117°51.9′（图6-30-1）。

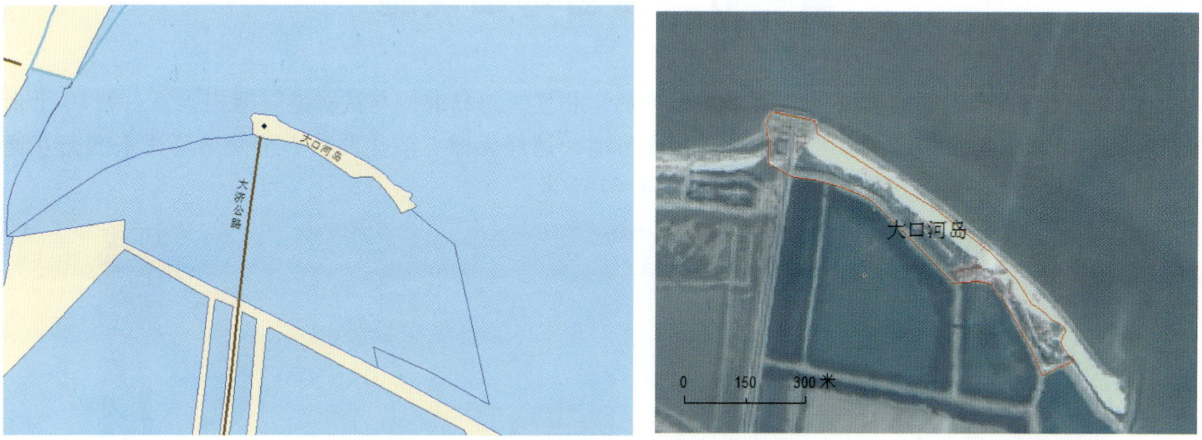

图6-30-1　大口河岛地理分布（左）和遥感影像（右）

（拍摄于2005年5月22日）

大口河岛属贝壳堤岛，在《山东省海岛志》的海岛名录一览表中，省序号为“001”、地市序号为“01”；在《中国海洋岛屿简况》中，全国统一编号为“0600”、省编号为“0007”，是滨州国家级贝壳堤岛与湿地系统自然保护区的核心区。

第二节　海岛历史与文化

一、历史

大口河岛附近分布有许多古文化遗迹。在其南6千米处有西汉广武李左车所筑的车辋城（现车网城），后唐、后周曾驻兵于此城；东南2千米处有一土台，名“秤砣台”，面积稍小于此城，上面有白质土壤，生长植物。曾出土过铜箭头，据考证为汉时炼铁的称坨台。在台北一里处曾挖出锅台样遗迹（每排20个），并有木灰样遗物，为汉车道、灶膛及烽火台遗址。

抗日战争时期，大口河岛上曾有八路军在此修建房屋和工事。20 世纪 60 年代以后，周边多个生产队组织部分人员在此下网捕鱼，逐渐建立了季节性居民点，但在非捕鱼季节，多数人员回到原生产队居住。20 世纪 90 年代初，岛上居民点逐渐形成规模，设置大口河村，隶属于山东省滨州市无棣县埕口乡。现岛上有居民 120 人。

埕口的历史较悠久。春秋战国时期即辟为无邑，公元 586 年置无棣县。据《太平寰宇记》：“隋开皇六年置。取县南无棣沟为名。”1265 年将无棣县分为东西二县，县境为东无棣县。明清为海丰县，1724 年（清雍正二年）建码头。1914 年复名无棣县。1958 年建火炬公社，后改埕口公社，1984 年 5 月改乡。1994 年 12 月改镇。1994 年 10 月 24 日，撤销埕口乡，设立埕口镇。

二、文化

岛上曾有龙王庙，规模庞大，每到祭海的日子，虔诚的人们为祈祷来年丰收，抛铜钱以慰海神，搭戏台以壮行色，千帆云集，万人仰目，在轰鸣震天的鞭炮声中人们期盼的渔舟出港，沙鸥翔集，渔鸟歌鸣，蔚为壮观。旧时此景被列入无棣八大景观之一，称之为“北海渔歌”。

另外，该岛素有“春夏盐碱覆盖地白如霜，秋末冬初一片红毡铺地”之地理景观。

第三节　海岛基础设施

大口河岛与大陆之间有大济路（大口河至济南）相连，海岛北侧与黄骅港隔河相望，东侧 10 千米处正在修建疏港公路。该疏港公路北起规划的滨州港，途经无棣、沾化两县，至荣乌高速东滨路互通立交，是直接为滨州港服务的疏港通道，全长 54.64 千米。

图 6-30-2　大口河岛大济公路起点

（拍摄于 2010 年 5 月 15 日，右图拍摄点地理坐标为北纬 38°15′49″、东经 117°52′01″）

2001年，借助全县“平原水库”二期工程，实施了盐碱水渗析工程，从根本上解决了群众的吃水难问题。

第四节　经济基本情况

该岛周围滩涂广阔，岛上居民主要从事水产养殖业，并成立了无棣海旺贝类增养殖有限责任公司。主要人员为季节性居住，在渔业生产季节有大量外地务工人员在岛上。

图6-30-3　大口河岛上的建筑

（拍摄于2010年5月15日，拍摄点地理坐标为北纬38°16′00″、东经117°51′39″）

第五节　地质地貌

大口河岛属贝壳堤岛，地势低平，出露地层属第四系全新统旭口组。在工程地质上为鲁西北黄泛平原较稳定工程地质区，属于海积平原较不稳定亚区。

该岛的基础为海积－冲积平原，北部贝壳堤最宽处约200米，贝壳堤上长有植被，堤后为潟湖湿地。岸线类型主要为人工岸线和砂质岸线。潮间带宽阔，底质类型以黏土质粉砂为主，分带性明显。高滩为黄褐色粉砂质砂，沙波痕发育，生物洞穴广布；中滩表层10厘米以下可见灰黑色粉细砂层；中低滩主要为黏土质粉砂，黄褐色。

图 6-30-4　大口河岛上的贝壳堆积

（拍摄于 2010 年 5 月 15 日，拍摄点地理坐标为北纬 38°15′59″、东经 117°51′41″）

第六节　植被与土壤

大口河岛的土壤类型有滨海盐土类（轻壤均质海滨盐土）和贝砂土。

大口河岛的植被覆盖密度较低，多呈斑块状分布，仅北部的居民区和东北部的有成片分布。植物种类以耐盐、轻度耐盐的盐生或中生植物为主。现场调查采集的植物标本中，仅有 1 种属于裸子植物（草麻黄，麻黄科），其余全为被子植物。采集到的标本涉及中国盐生植物有莎草科（Cyperaceae）、眼子菜科（Potamogetonaceae）、科藜科（Chenopodiaceae）、菊科（Compositae）、禾本科（Poaceae）、豆科（Leguminosae）、柽柳科（Tamaricaceae）和白花丹科（Plumbaginaceae）8 个科，其余的种类分属于茄科（如曼陀罗）、蒺藜科（如白刺）、紫草科（如砂引草）和桔梗科（如沙参）等。另有少数药用植物，为唇形科、百合科等。

第七节　资源及其开发与保护

一、土地资源

大口河岛土地总面积为 8.18 公顷，土地利用现状包括农村宅基地和盐碱地 2 个类型。以盐碱地为主，面积为 6.95 公顷；农村宅基地分布于海岛的北部，面积约 1.23 公顷。

二、潮间带生物资源

908 专项山东省海岛调查在大口河岛潮间带共采集到 16 种大型底栖生物，其中多毛类 5 种，软体动物 9 种，甲壳动物 2 种，以多毛类动物的寡节甘吻沙蚕（*Glycinde gurjanovae*）、丝异蚓虫（*Heteromastus filiformis*）、海稚虫科的稚齿虫（*Prionospio* sp.）和软体动物的篮蛤科的篮蛤（*Potamocorbula*

sp.）、彩虹明樱蛤（*Moerella iridescens*）、四角蛤蜊（*Mactra veneriformis*）、泥螺（*Bullacta exarata*）等为优势种。主要经济种有四角蛤蜊、泥螺等。

三、贝壳堤岛与湿地系统保护

大口河岛及其周边湿地是“滨州贝壳堤岛与湿地系统国家级自然保护区”的核心区，区设有相关标志（图6-30-5）。该自然保护区1999年由无棣县人民政府建立，2002年晋升为省级保护区，2006年晋升为国家级自然保护区。

图 6-30-5 大口河岛东侧自然保护区标志

（拍摄于2010年5月15日，拍摄点地理坐标为北纬38°15′25″、东经117°51′38″）

第三十一章　棘家堡子岛(6)

第一节　概　况

棘家堡子岛（6）［Jíjiāpùzi Dǎo（6）］代码为100000001312。

棘家堡子岛（6）又名汪子岛（望子岛），位于无棣县北部海域，为棘家堡子岛群的主岛，是滨州沿岸最大的贝壳堤岛，呈狭长弧形展布（图6-31-1），其形态和面积大小多变。1992年测得海岛面积为0.6757平方千米，海岛岸线长约15.69千米；2005年调查测得海岛面积为0.4046平方千米，海岛岸线长约5.63千米，最高点高程为1.9米，地理坐标为北纬38°13.7′、东经117°56.7′。岛上有一个自然村，即汪子村，隶属于埕口乡。

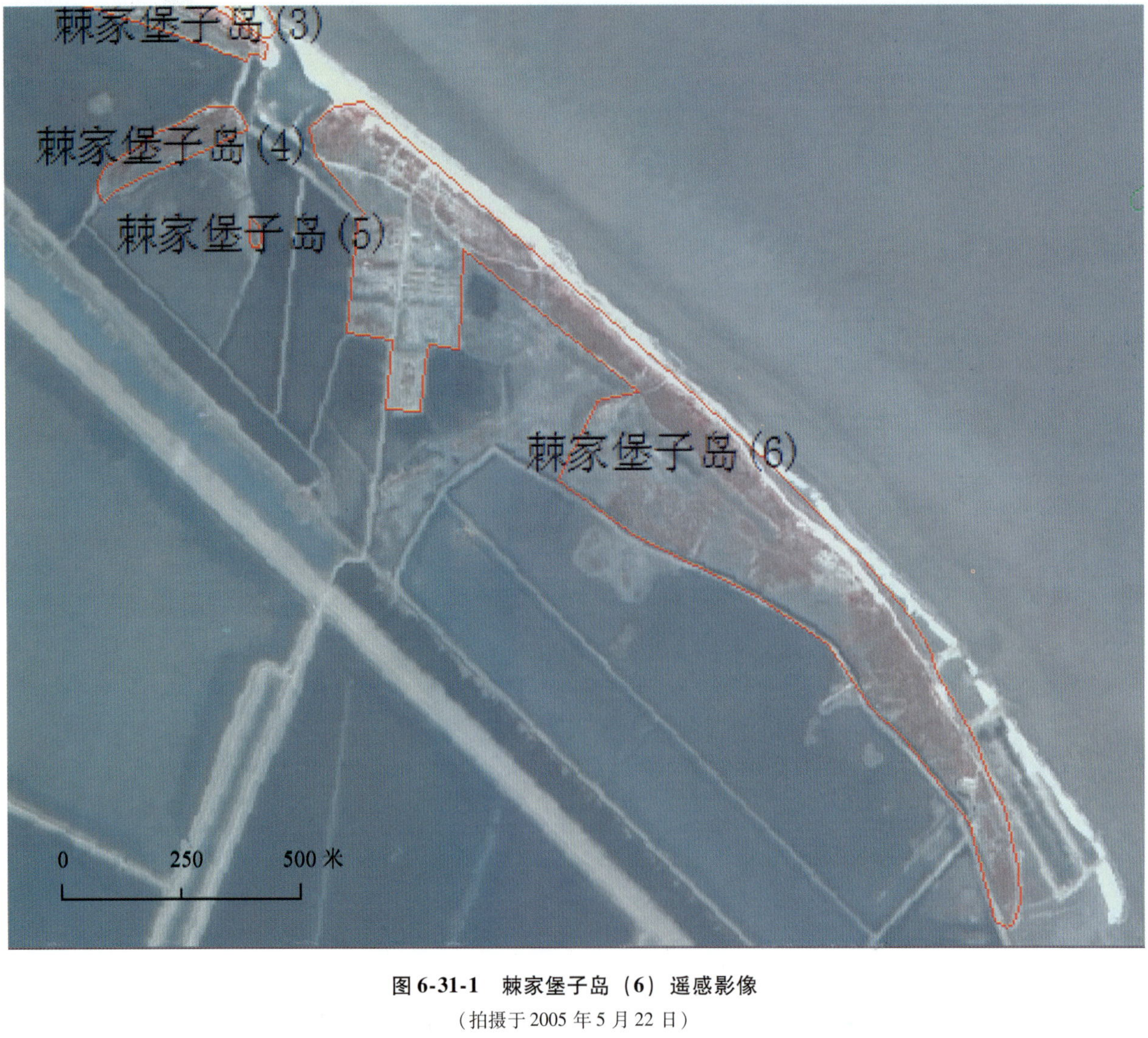

图6-31-1　棘家堡子岛（6）遥感影像

（拍摄于2005年5月22日）

相传，徐福奉秦始皇之命率童男女入海求仙，长久不归，父母思念孩子，奔波于此，眺望大海，盼子归来，故名“望子岛”，也称“旺子岛”。在《山东省海岛志》的海岛名录一览表中，省序号为“013”、地市序号为“13”，是滨州国家级贝壳堤岛与湿地系统自然保护区的核心区。

第二节　海岛历史与文化

棘家堡子岛早期并无固定居民。1962 年，原在天津机械厂工作的刘升元回到老家埕口镇刘郭桥村务农。刘升元与同一个生产队的丁振安、刘宝双，最早使用当地一种叫做“小须子”的渔网在岛上捕鱼。尽管一开始生产队不允许，但村民还是陆续加入到该地的捕鱼队伍中，后成为生产队主要副业。其后，又有多个生产队加入捕鱼生产活动中，并逐渐修建了季节性居住点和进行海产品初加工。1977 年冬季，该处捕鱼活动受到乡政府支持，当时 7 个生产小队组成两支“撩网队”。第二年，“撩网队”获得大丰收，队员平均收入 600 多元。

随着土地承包制改革的实施，出现许多生产小队，村民们开始自己“搭伙”干“撩网”。来该岛的人越来越多，有的甚至拖家带口，男的出海捕鱼，女的在海滩捡拾退潮后搁浅的贝类。为进行有效管理，1991 年，汪子村在棘家堡子岛（6）成立，全村 59 户村民被划分到 7 个生产小组，按照小组捕捞的方式从事渔业生产。

第三节　海岛基础设施

棘家堡子岛与大陆间有道路相连，南侧有环海路，向东可直接链接到滨州港，向西连接到大济公路。

1992 年，岛上建小学一所（图 6-31-2），为1～3年级学段，高年级出岛就读。1992 年 3 月岛上通电，线路引自鲁北化工集团。2001 年通电话。

岛上民房整齐（图 6-31-2），1991 年由政府组织集资建造，村民低价购买。

图 6-31-2　岛上小学（左）和旺子村远景（右）（拍摄于 2010 年 5 月 15 日）
（左图拍摄点地理坐标为北纬 38°13′50″、东经 117°56′18″；右图拍摄点地理坐标为北纬 38°13′54″、东经 117°56′13″）

岛上曾有一甜水井，是该岛稀少的淡水资源。1992 年曾被海潮淹没变成咸水，随后不久再次变成淡水。1997 年被风暴潮再次淹没并永久性消失，村民吃水只能靠雨季接屋檐水。同年岛上建水窖，通过车辆从陆地运水贮存。2001 年，借助“平原水库”二期工程，实施了盐碱水渗析工程，从根本上解决了群众吃水难的问题。

第四节　经济基本情况

岛上居民主要生产活动是从事渔业生产。20 世纪 70 年代岛上建立撩网队从事渔业生产，队员平均收入 600 多元，远高于该地区平均收入。1991 年建村后，村民收入高于当地平均水平。2004 年成立了“无棣县望子贝类养殖有限公司”，注册资金 50 万元，按照每户入股的原则，分为 59 个股份。2009 年 4 月，成立“无棣县望子渔业养殖专业合作社”，注册资金 295 万元。自从 2004 年该村成立股份有限公司以后，经济效益一直较好，村民收入较高，平均每户年分红 6 万元以上。

岛上汪子村现有养殖区 4 万多亩（每年承包费用 65 万元），有船 14 艘、大小机动车辆 4 部。

图 6-31-3　岛上渔民从事泥螺生产

（拍摄于 2010 年 5 月 15 日，拍摄点地理坐标为北纬 38°14′06″、东经 117°56′06″）

第五节　地质地貌

该岛系以海积－冲积平原为基础发育形成的贝壳堤岛，地势低平，出露地层属第四系全新统旭口组。在工程地质上为鲁西北黄泛平原较稳定工程地质区，属于海积平原较不稳定亚区。

图 6-31-4　棘家堡子岛（6）典型滩面特征

该岛西北部有一较高平台，为岛上最高处；西部与棘家堡子（2）和棘家堡子岛（3）相连处发育有潟湖。海岛北部贝壳堤绵长，长约 1.5 千米，宽约 100 米，在老堤向海侧发育有新的贝壳堤。贝壳堤外潮间带宽阔、平坦，底质主要为黄褐色黏土质粉砂和粉砂，滩面微地貌分带性明显。其中，高潮滩冲蚀迹象明显（图 6-31-4），滩面物质主要为贝壳砂和含大量贝壳碎屑的黄褐色粉砂质砂，沙波痕发育；中潮滩主要为黄褐色黏土质粉砂，滩面质硬平坦，波痕、生物洞穴发育；低潮滩表层有厚为1～2厘米的浮泥，浮泥下为黄褐色黏土质粉砂，质硬；至低潮附近滩面平坦，波痕发育。

第六节 植被与土壤

岛上土壤类型包括滨海盐土类（轻壤均质海滨盐土）和贝砂土，以贝壳砂土为主。植被覆盖率相对较高，约占全岛面积的30%。植被主要有灌丛、草丛、滨海盐生植被、沼生与水生植被等。植物种类较少，主要为杂草和黄须菜，有少量酸枣树生长。采集的植物标本，仅有1种属于裸子植物（草麻黄，麻黄科），其余均为被子植物。

图6-31-5 棘家堡岛（6）上的植被

（拍摄于2010年5月15日）

第七节 海岛资源及其开发与保护

一、土地资源

全岛土地总面积为40.45公顷，土地利用现状包括农村宅基地和盐碱地两种类型。其中主要为盐碱地，面积约38.31公顷；农村宅基地面积约2.09公顷。

二、潮间带生物资源

908 专项山东省海岛调查在棘家堡岛（6）潮间带共采集到大型底栖生物 15 种，其中多毛类 8 种、软体动物 5 种、甲壳动物 1 种、其他类群1 种，以软体动物的四角蛤蜊、文蛤（*Meretrix merretrix*）和多毛类动物的长吻沙蚕（*Glycera chirori*）、索沙蚕（*Lumbrineris latreilli*）、稚齿虫等为优势种。主要经济种为软体动物的四角蛤蜊。

三、贝壳堤岛与湿地系统保护

棘家堡岛（6）是滨州沿岸最大的贝壳堤岛，属滨州贝壳堤岛与湿地系统国家级自然保护区的核心区处，岛上设有保护区监管站和相关的保护标志（图 6-31-6）。该自然保护区是 1999 年由无棣县人民政府建立，2002 年批准为省级保护区，2006 年晋升为国家级自然保护区。

图 6-31-6　岛上保护区监管站（左）和保护区标志（右）

（拍摄于 2010 年 5 月 15 日）

第三十二章　南长滩岛

第一节　概　况

南长滩岛（Nánchángtān Dǎo）代码为371623001911。

南长滩岛位于无棣县境东北马颊河口、堡岛西侧，地理坐标为北纬 38° 10.0′、东经 117°54.2′。海岛呈“刀把”形（图6-32-1），其形态和面积大小多变。1992年调查测得海岛面积为1.9355平方千米，海岛岸线长约11.62千米；2005年调查测得海岛面积为0.3904平方千米，海岛岸线长约3.13千米，高程为1.5米。

该岛靠近马颊河河口滩涂，故名南长滩岛。在《山东省海岛志》的海岛名录一览表中，省序号为“041”、地市序号为“41”。

图6-32-1　南长滩岛遥感影像

（拍摄于2005年5月22日）

第二节　海岛历史与文化

海岛历史较短，1973年老沙头堡居民因受风暴潮威胁，整体搬迁而来，现为马山子镇沙头社区。2005年在村东1千米处设立了滨州港万吨港口项目指挥部，与外界的交流逐渐活跃。

第三节　海岛基础设施

该岛与大陆有柏油公路相连，马颊河边有一处小码头，岛上基础设施较完善，街道整洁（图6-32-2）。1994年岛上通电；1997年修通公路；2000年通电话；2005年开通有线电视。2006年通自来水，水源来自鲁河水库。2010 年村东约 5 千米的疏港公路建成。

岛上建有小学和卫生室（图 6-32-3）。小学位于村东部，名为“沙头小学”，招收1 ~ 5 年级学生。2005 年该学校有学生 70 人、教师 7 人。岛上实行农民实现合作医疗，2005 年有专职医护人员 2 人。

图 6-32-2　岛上街区一角
（拍摄于 2010 年 5 月 15 日，拍摄点地理坐标为北纬 38°10′02″、东经 117°54′02″）

图 6-32-3　岛上的卫生室与学校
（拍摄于 2010 年 5 月 15 日，拍摄点地理坐标为北纬 38°09′57″、东经 117°54′24″）

第四节　经济基本情况

岛上居民主要从事捕捞和养殖生产活动，全村有渔船 36 艘，全部为小马力挂机渔船。原有养殖池、盐田 2533 余公顷，2004 年进行盐业整合，收归无棣县所有。现有集体盐田 466 余公顷，与其他企业合作建盐场。

近年由于滨州港建设，海上运输业较为兴旺，现有 300 吨运输船 20 艘。

第五节　地质地貌

图 6-32-4　南长滩典型潮间带特征

南长滩岛属泥沙堆积岛，出露地层为全新统滩北组地层，工程地质上属海陆交互沉积平原较不稳定亚区。

该岛是在海积 - 冲积平原基础形成，地势低平，岛周被养殖池塘、盐田环绕，在马颊河边发育平坦的潮滩，潮沟发育（图 6-32-4），粉砂质黏土和黏土底质，具有明显的分带性。近岸高潮滩主要为灰褐色粉砂质黏土，宽度约几米，滩面质软，下陷约 20 厘米；中潮滩为灰褐色黏土，滩面平坦，质硬，有大量生物洞穴和鸟类足痕；低潮滩也为灰褐色黏土，滩面平坦，质软，低潮位附近下陷约 10 厘米。

第六节 植被与土壤

南长滩岛的土壤类型岛上土壤包括滨海盐土类和贝砂土，以滨海盐土为主，地势较高处为砂性土壤。岛上植被覆盖率相对较低（约2%），主要植物种类为杂草丛、翅碱蓬、黄须菜和少量酸枣树。在高处的砂性土壤区，有高粱、芝麻等农作物分布。

第七节 资源及其开发与保护

全岛土地总面积为39.03公顷，利用现状类型包括农村宅基地和裸地（图6-32-5）。其中，农村宅基地面积约16.39公顷，主要分布于西部；裸地面积约22.64公顷，主要分布于海岛东部。

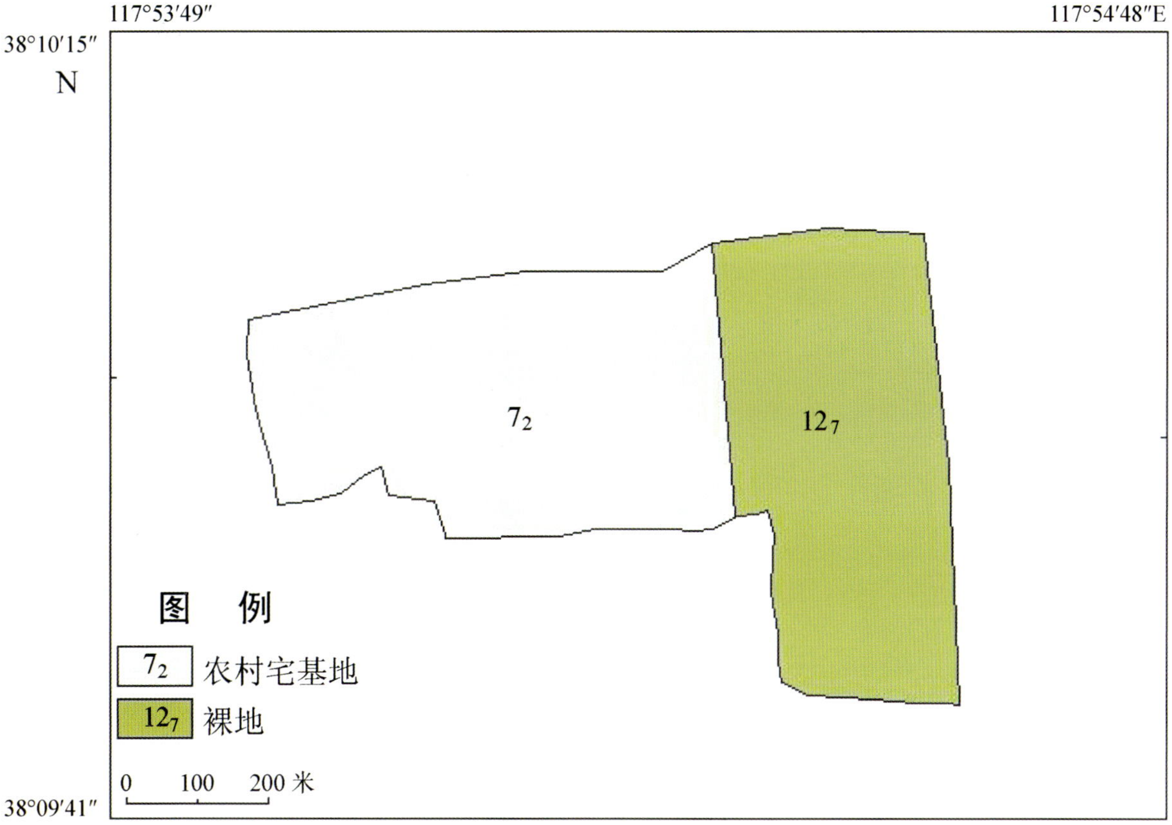

图6-32-5 南长滩岛土地利用类型与分布

第三十三章　岔尖堡岛

第一节　概　况

岔尖堡岛（Chàjiānpù Dǎo）代码为371623003412。

岔尖堡岛位于无棣县境东北部套儿河口，为泥沙岛，地理坐标为北纬38°07.1′、东经117°58.8′（图6-33-1）。海岛形状不规则，地势低平，形态和面积大小多变。1992年调查测得面积为5.2335平方千米，海岛岸线长约12.62千米；2005年调查测得海岛面积为0.8134平方千米，海岛岸线长约3.93千米，最高点高程为2.7米。

岔尖堡岛与大陆之间有柏油公路相连（图6-33-1），岛上有居民常住，分为2个行政村，即岔尖一村和岔尖二村。在《山东省海岛志》的海岛名录一览表中，省序号为“050”、地市序号为“50”；在《中国海洋岛屿简况》中，全国统一编号为“0624”、省编号为“0031”。

图6-33-1　岔尖堡岛遥感图像（左）和现场全貌（右）

（左图拍摄于2005年5月22日；右图拍摄于2010年5月15日，拍摄点地理坐标为北纬38°07′19″、东经117°59′13″）

第二节　海岛历史与文化

据《山东省海岛志》记载，岔尖堡岛始建于明永乐二年（1404年）。在抗日战争时期遭到日伪军的严重侵扰破坏，1942年日伪军强迫套尔河堡渔民迁来，两岛合一。1945年，海匪猖獗，渔民迁走后又成空岛。1949年，张姓来此建堡，始为季节性居住。1958年建立村庄。后规模不断扩大，20世纪90年代曾设为乡（东风乡）。现分为岔尖一村和岔尖二村，隶属于马山子镇。

图 6-33-2 岔尖一村和岔尖二村的村委会

（拍摄于 2010 年 5 月 15 日，拍摄点地理坐标为北纬 38°07′04″、东经 117°58′46″）

第三节 海岛基础设施

岔尖堡岛基础设施较完善，交通较方便。1990 年与大陆（大山子镇）之间的公路修通，同期岛上通电。2002 年开通了有线电视。在村东潮河旁建有渔港码头，现多滨州港作业船只停靠。

岛上有小学和卫生室（图 6-33-3）。岔尖小学现有 6 个年级，在校生 130 人，教师 9 人。岛上卫生室原为东风港乡乡医院，现有医护人员 4 人。

图 6-33-3 岛上岔尖小学（左）和卫生室（右）

（拍摄于 2010 年 5 月 15 日）

第四节 经济基本情况

岛上居民主要从事海水养殖、捕鱼和盐业生产活动。岛周滩涂（200 余公顷）多发展为养殖池塘，部分从事。现有渔船近 100 艘，功率最大为 80 马力，大部分为挂机渔船。近年来，岛上积极发展旅游资源，“渔家饭”发展较快。

第五节　地质地貌

岔尖堡岛是由海积－冲积平原演变而成的泥沙岛，组成物质为全新世陆海相沉积物相互叠置的沉积层，在工程地质上属海陆交互沉积平原较不稳定亚区。

岛周潮滩宽坦，底质主要为粉砂质黏土，多被开辟为养殖池塘和盐田，堤坝纵横，潮汐通道较多，大型的潮汐通道多与入海河口相连。

防潮大堤外滩面平坦，底质以粉砂质黏土和黏土为主，分带性明显。高潮滩平坦，底质为灰褐色粉砂质黏土，滩面有生物洞穴发育；中潮滩平坦，滩面湿硬，灰褐色粉砂质黏土底质，有较多生物洞穴发育；低潮滩底质为灰褐色粉砂质黏土，质地稀软，滩面浮泥厚度为20～30 厘米，生物洞穴很少。

第六节　植被与土壤

岔尖堡岛的土壤类型岛上土壤包括滨海盐土类和贝砂土，以滨海盐土为主。岛上植被覆盖率相对较低（约5%），仅在居民区附近有小块分布。植物种类以耐盐或轻度耐盐的盐生或中生植物为主。采集的植物标本均为被子植物，包括藜科（Chenopodiaceae）、菊科（Compositae）、禾本科（Poaceae）、柽柳科（Tamaricaceae）以及白花丹科（Plumbaginaceae），另有少数属于紫草科（如砂引草）等。狗尾草等普遍种类零星分布于虾池堤坝或废弃虾池中。

图 6-33-4　岔尖堡岛的翅碱蓬群落外貌

第七节 资源及其开发保护

一、土地资源

岔尖堡岛土地总面积为81.33公顷，土地利用现状包括农村宅基地和裸地2种类型。其中，农村宅基地主要分布于海岛中东部（图6-33-5），面积约33.70公顷；裸地约47.63公顷。

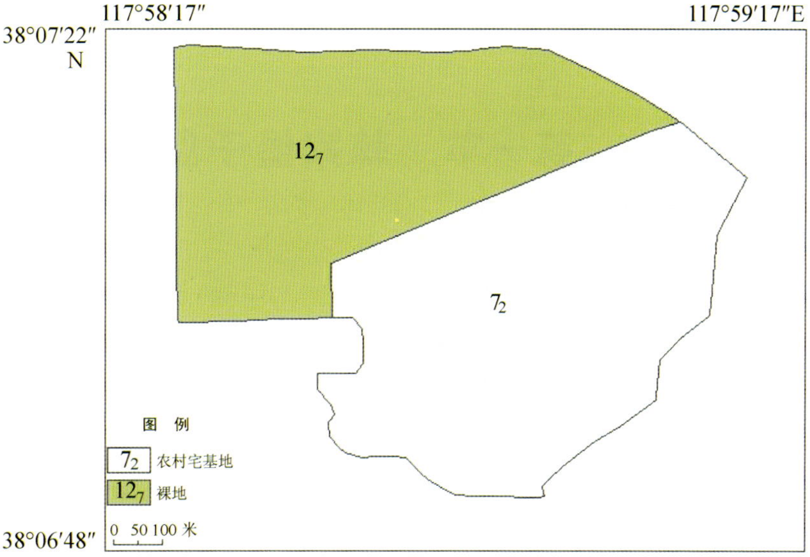

图6-33-5 岔尖堡岛土地利用类型及分布

二、潮间带生物资源

该岛潮间带高、中潮带的底质为硬质泥，生物种类较贫乏。908专项山东省海岛调查采到潮间带大型底栖生物10种（其中多毛类5种、软体动物1种、甲壳动物4种），在高潮带仅采到1种，为甲壳动物的日本大眼蟹（*Macrophthalmus japonicus*）；中潮带也仅采到2种甲壳动物；低潮带为软泥底质，生物种类较多，但优势种不明显，主要为软体动物的篮蛤和甲壳动物的日本大眼蟹。

图6-33-6 东风港码头近景

三、港口资源

岔尖堡村的潮河旁，在20世纪80年代初曾建成简易码头1座（长30米），因航道较浅，受潮汐影响明显，通航能力受限。由于年久失修，码头已成为自然渔港，供当地渔民停泊渔船、装卸货物、补充供给。目前，约有50艘渔船使用该自然渔港。

第三十四章　其他海岛

第一节　棘家堡子岛群及其附近海岛

一、无名岛 CN5

无名岛 CN5 代码为 100000000721。

该岛位于无棣县境北部大口河岛与高坨子岛之间偏南侧，西北距离大口河岛约 1.7 千米，东北距离高坨子岛约 1 千米，地理坐标为北纬 38°14.8′、东经 117°52.6′（图 6-34-1），处于“滨州贝壳堤与湿地国家级自然保护区”的核心区。在《山东省海岛志》中，省内序号为“006”，地市序号为“滨州 06”，隶属于滨州市无棣县。

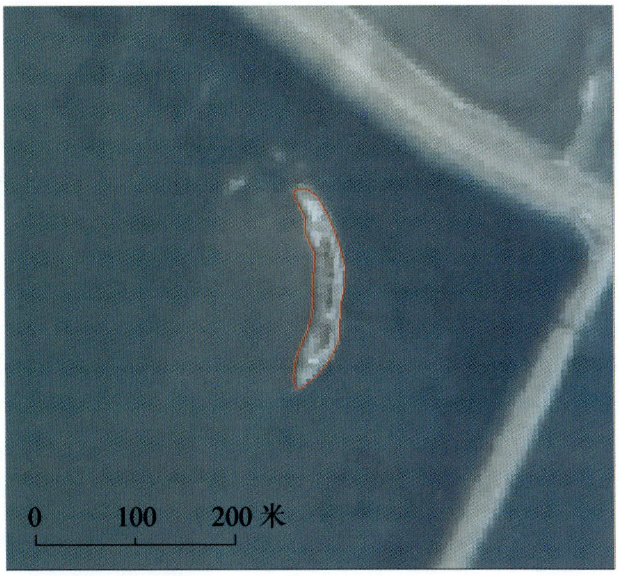

图 6-34-1　无名岛 CN5 遥感影像

（拍摄于 2005 年 5 月 22 日）

该岛呈新月形弯曲的弧状，南北长约 0.18 千米，东西最宽处为 0.04 千米，由泥沙和贝壳组成，其形态和面积大小多变。1992 年调查测得海岛面积为 0.0213 平方千米，海岛岸线长约 1.02 千米；2005 年调查测得海岛面积为 0.0055 平方千米，海岛岸线长约 0.44 千米。

该岛是由海积－冲积平原演变而成的贝壳堤岛，出露地层为全新统旭口组。在工程地质上为鲁西北黄泛平原较稳定工程地质区，属于海积平原较不稳定亚区。岛上有少量酸枣树、黄须菜、杂草等生长，无淡水资源，无人居住。夏季有部分渔民在此出海，主要捕捞泥螺等生物。

二、高坨子岛

高坨子岛（Gāotuózi Dǎo）代码为 100000000221。

高坨子岛位于无棣县北部大口河岛东南约 3 千米，地理坐标为北纬 38°15.0′、东经 117°53.8′，处于“滨州贝壳堤与湿地国家级自然保护区”的核心区。在《山东省海岛志》的海岛名录一览表中，省序号为“007”、地市序号为“滨州 07”，隶属于滨州市无棣县。

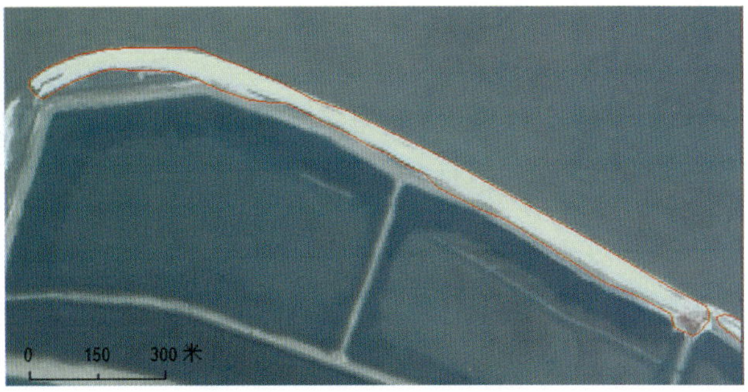

图 6-34-2　高坨子岛遥感影像

（拍摄于 2005 年 5 月 22 日）

该岛呈近东西向展布的长条状（图 6-34-2），东西长约 1.6 千米，南北最宽处为 0.07 千米，由泥沙和贝壳组成，地势低平，形态和面积大小多变。1992 年调查测得海岛面积为 0. 1463 平方千米，海岛岸线长约 6. 61 千米；2005 年调查测得海岛面积为 0. 0871 平方千米，海岛岸线长约 3. 39 千米。

该岛由海积－冲积平原演变而成的贝壳堤岛，出露地层为第四系全新统旭口组。在工程地质上为鲁西北黄泛平原较稳定工程地质区，属于海积平原较不稳定亚区。岛上有少量酸枣树、黄须菜、杂草生长，无淡水，无人居住。海岛南侧主要为养殖池塘，北侧为潮滩。夏季有部分渔民捕捞泥螺等生物。

三、棘家堡子岛（1）

棘家堡子岛（1）［Jíjiāpùzi Dǎo（1）］代码为 100000000821。

棘家堡子岛（1）位于无棣县北部漳卫新河口与马颊河口之间，西侧为高坨子岛，东侧为棘家堡子岛（2），地理坐标为北纬 38°14. 7′、东经 117°54. 7′，处于“滨州贝壳堤与湿地国家级自然保护区”的核心区。在《山东省海岛志》的海岛名录一览表中，省序号为“008”、地市序号为“滨州 08”，隶属于滨州市无棣县。

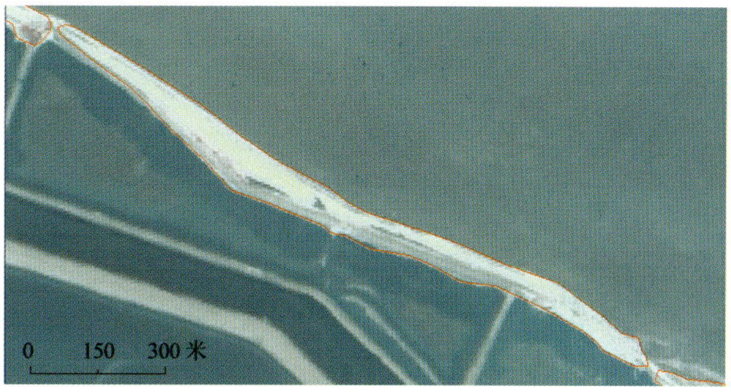

图 6-34-3 棘家堡子岛（1）遥感影像
（拍摄于 2005 年 5 月 22 日）

该岛呈西北西—东南东向展布的长条状（图 6-34-3），东西长约 1. 2 千米，南北最宽处为 0. 06 千米，由泥沙和贝壳组成，地势低平，形态和面积大小多变。1992 年调查测得海岛面积为 0. 0948 平方千米，海岛岸线长约 3. 90 千米；2005 年调查测得海岛面积为 0. 1033 平方千米，海岛岸线长约 3. 14 千米。

该岛是棘家堡子岛群西北边缘海岛，由海积—冲积平原演变而成的贝壳堤岛，出露地层属第四系全新统旭口组。在工程地质上为鲁西北黄泛平原较稳定工程地质区，属于海积平原较不稳定亚区。岛上有草本植物生长，无人居住，有渔民夏季从事渔业生产。海岛南侧为养殖池，北侧为大片的潮滩。

四、棘家堡子岛（2）

棘家堡子岛（2）［Jíjiāpùzi Dǎo（2）］代码为 100000001021。

棘家堡子岛（2）位于无棣县北部漳卫新河口与马颊河口之间，西侧为棘家堡子岛（1），南侧为棘家堡子岛（3），地理坐标为北纬 38°14. 3′、东经 117°55. 6′，处于“滨州贝壳堤与湿地国家级自然保护区”的核心区。在《山东省海岛志》的海岛名录一览表中，省序号为“009”、地市序号为“滨州 09”，隶属于山东省滨州市无棣县。

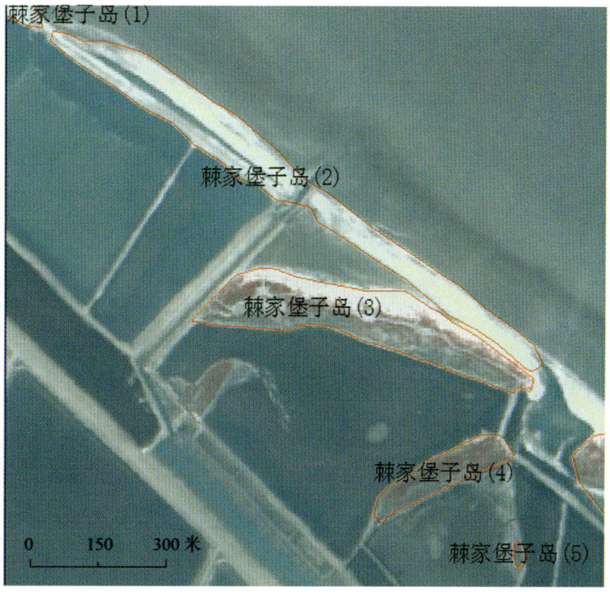

图 6-34-4 棘家堡子岛（2）~（5）遥感影像
（拍摄于 2005 年 5 月 22 日）

该岛呈西北西—东南东向展布的长条状（图 6-34-4），东西长约 1. 6 千米，南北最宽处为 0. 09 千米，由泥沙和贝壳组成，地势低平，形态和面积大小多变。1992 年调查测得海岛面积为 0. 1165 平方千米，海岛岸线长约 3. 02 千米；2005 年调查测得海岛面积为 0. 0915 平方千米，海岛岸线长约2.70千米。

该岛是由海积-冲积平原演变而成的贝壳堤岛，出露地层属第四系全新统旭口组。在工程地质上为鲁西北黄泛平原较稳定工程地质区，属于海积平原较不稳定亚区。岛上有草本植物及灌丛生长（图6-34-5），无人居住，夏季有渔民从事渔业生产。海岛北侧为大片的潮滩，南侧有大面积盐田。

图6-34-5　棘家堡子岛（2）上的植被及贝壳砂

（拍摄于2010年5月15日，左侧照片拍摄点地理坐标为北纬38°14′24″、东经117°55′28″）

五、棘家堡子岛（3）

棘家堡子岛（3）［Jíjiāpùzi Dǎo（3）］代码为100000000921。

棘家堡子岛（3）位于无棣县北部漳卫新河口与马颊河口之间、棘家堡子岛（2）的南侧，地理坐标为北纬38°14.2′、东经117°55.8′，处于“滨州贝壳堤与湿地国家级自然保护区”核心区，在《山东省海岛志》的海岛名录一览表中，省序号为“010”、地市序号为“滨州10”，隶属于滨州市无棣县。

该岛呈东西向展布的长条状，东西长约0.7千米，南北最宽处为0.1千米，由泥沙和贝壳组成，地势低平，形态和面积大小多变。1992年调查测得海岛面积为0.1368平方千米，海岛岸线长约2.1千米；2005年调查测得海岛面积为0.0759平方千米，海岛岸线长约1.72千米。

棘家堡子岛（3）是由海积-冲积平原演变而成的贝壳堤岛，出露地层属第四系全新统旭口组。在工程地质上属于海积平原较不稳定亚区。

该岛顶部发育有风成沙丘，向海侧的滩面上有新贝壳堤发育。岛上植被覆盖率相对较高（30%左右），主要为酸枣、芦苇、黄须菜等，另外零星分布有碱蓬、狗尾草、萝藦等。其他特征见棘家堡子岛（6）。

六、棘家堡子岛（4）

棘家堡子岛（4）［Jíjiāpùzi Dǎo（4）］代码为100000001121。

棘家堡子岛（4）位于无棣县北部漳卫新河口与马颊河口之间，地理坐标为北纬38°14.0′、东经117°55.9′，处于“滨州贝壳堤与湿地国家级自然保护区”核心区。在《山东省海岛志》的海岛名录一览表中，省序号为“011”、地市序号为“滨州11”，隶属于山东省滨州市无棣县。

该岛呈北东—南西向展布，长约0.35千米，最宽处为0.07千米，由泥沙和贝壳组成，地势低平，形态和面积大小多变。1992年调查测得海岛面积为0.0385平方千米，海岛岸线长约1.95千米；2005年调查测得海岛面积为0.0212平方千米，海岛岸线长约0.77千米。

棘家堡子岛（4）是由海积-冲积平原演变而成的贝壳堤岛，出露地层属第四系全新统旭口组。在工程地质上为鲁西北黄泛平原较稳定工程地质区，属于海积平原较不稳定亚区。其他特征见棘家堡子岛（6）。

七、棘家堡子岛（5）

棘家堡子岛（5）［Jíjiāpùzi Dǎo（5）］代码为100000001221。

棘家堡子岛（5）位于无棣县北部，地理坐标为北纬38°13.9′、东经117°56.0′，处于“滨州贝壳堤与湿地国家级自然保护区”核心区。在《山东省海岛志》的海岛名录一览表中，省序号为“012”、地市序号为“滨州12”，隶属于滨州市无棣县。

该岛是棘家堡子岛群中面积最小的海岛，呈豆形（图6-34-4），由泥沙和贝壳组成，形态和面积大小多变。1992年调查测得海岛面积为0.0126平方千米，海岛岸线长约0.67千米；2005年调查测得海岛面积为0.0011平方千米，海岛岸线长约0.14千米。

棘家堡子岛（5）是由海积-冲积平原演变而成的贝壳堤岛，出露地层属第四系全新统旭口组。在工程地质上为鲁西北黄泛平原较稳定工程地质区，属于海积平原较不稳定亚区。岛上有草丛、灌丛、盐生植物生长。其他特征见棘家堡子岛（6）。

八、无名岛CN 6

无名岛CN 6代码为100000001421。

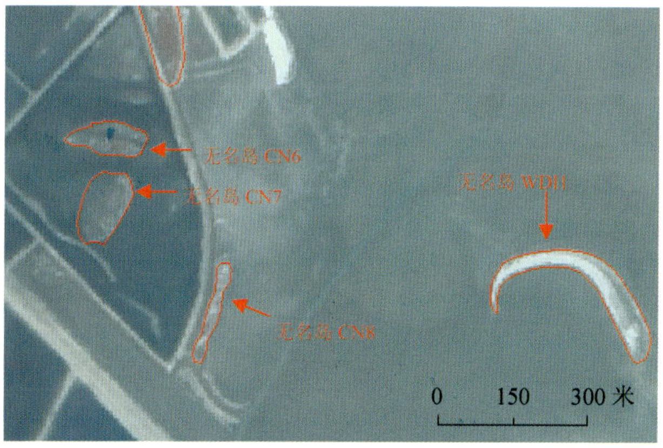

图6-34-6 无名岛CN6、CN7、CN8及WDI1遥感影像
（拍摄于2005年5月22日）

该岛位于无棣县北部棘家堡子岛（6）南侧（两者最近处相距0.1千米），地理坐标为北纬38°13.1′、东经117°57.1′（图6-34-6），处于“滨州贝壳堤与湿地国家级自然保护区”核心区。在《山东省海岛志》的海岛名录一览表中，省序号为“014”、地市序号为“滨州14”，隶属于滨州市无棣县。

1992年航空遥感概查时界定为海岛，测得海岛面积为0.01平方千米，海岛岸线长约0.65千米；2005年测得海岛面积为0.0080平方千米，海岛岸线长约0.39千米。

无名岛CN 6是由海积-冲积平原演变而成的贝壳堤岛，出露地层属第四系全新统旭口组。在工程地质上为鲁西北黄泛平原较稳定工程地质区，属于海积平原较不稳定亚区。岛上无植被、无淡水资源，无人居住。

九、无名岛CN 7

无名岛CN 7代码为100000001521。

该岛位于无棣县北部马颊河和德惠新河入海口，无名岛CN6南侧（两岛最近距离0.03千米），地理坐标为北纬38°13.1′、东经117°57.1′（图6-34-5），处于“滨州贝壳堤与湿地国家级自然保护区”核心区。在《山东省海岛志》的海岛名录一览表中，省序号为“015”、地市序号为“滨州15”，隶属于山东省滨州市无棣县。

无名岛CN 7呈圆形，由泥沙和贝壳组成，形态和面积大小多变。1992年航空遥感概查时界定为海岛，测得海岛面积为0.0069平方千米，海岛岸线长约0.43千米；2005年调查测得海岛面积为0.0014平方千米，海岛岸线长约0.41千米。

无名岛 CN 7 是由海积 - 冲积平原演变而成的贝壳堤岛，出露地层属第四系全新统旭口组。在工程地质上为鲁西北黄泛平原较稳定工程地质区，属于海积平原较不稳定亚区。海岛被盐田包围，岛上无淡水资源，无植被，高潮线附近滩涂有少量青苔生长。

十、无名岛 CN 8

无名岛 CN 8 代码为 100000001621。

该岛位于棘家堡子岛（6）东南侧（两岛相距最近为 0.37 千米），地理坐标为北纬 38°13.0′、东经 117°57.2′（图 6-34-6），处于“滨州贝壳堤与湿地国家级自然保护区”核心区。在《山东省海岛志》的海岛名录一览表中，省序号为“016”，地市序号为“滨州 16”，隶属于山东省滨州市无棣县。

该岛呈长条形，由泥沙和贝壳组成，形态和面积大小多变。1992 年调查测得海岛面积为 0.0072 平方千米，海岛岸线长约 0.51 千米；2005 年调查测得海岛面积为 0.0047 平方千米，海岛岸线长约 0.45 千米。

无名岛 CN 8 是由海积 - 冲积平原演变而成的贝壳堤岛，出露地层属第四系全新统旭口组。在工程地质上为鲁西北黄泛平原较稳定工程地质区，属于海积平原较不稳定亚区。岛上无植被，无淡水资源，无人居住。

十一、无名岛 WDI 1

无名岛 WDI 1 代码为 371623000221。

该岛位于棘家堡子岛（6）东南侧（相距最近为 0.75 千米），地理位置为北纬 38°13.0′、东经 117°57.7′（图 6-34-6）。在《山东省海岛志》的海岛名录一览表中，省序号为“017”、地市序号为“滨州 17”，隶属于山东省滨州市无棣县。

无名岛 WDI 1 呈豆芽型，最宽处为 0.06 千米，由泥沙和贝壳组成，形态和面积大小多变。1992 年调查测得海岛面积为 0.0189 平方千米，海岛岸线长约 0.81 千米；2005 年调查测得海岛面积为 0.019 平方千米，海岛岸线长约 1.01 千米。

无名岛 WDI 1 是由海积 - 冲积平原演变而成的贝壳堤岛，出露地层属第四系全新统旭口组。在工程地质上为鲁西北黄泛平原较稳定工程地质区，属于海积平原较不稳定亚区。岛上无植被，无淡水资源，无人居住。

十二、北沙子岛

北沙子岛（Běishāzi Dǎo）代码为 371623000421。

北沙子岛位于棘家堡子岛东南 3 千米处，地理坐标为北纬 38°12.5′、东经 117°57.9′。1992 年航空遥感概查时界定为海岛，在《山东省海岛志》的海岛名录一览表中，省序号为“019”、地市序号为“19”，隶属滨州市无棣县。

该岛呈半圆形（图 6-34-7），由泥沙和贝壳组成，形态和面积大小多变。1992 年概查时测得海岛面积为 0.0143 平方千米，海岛岸线长约 0.18 千米；2005 年调查测得海岛面积为 0.0228 平方千米，海岛岸线长约 0.97 千米。

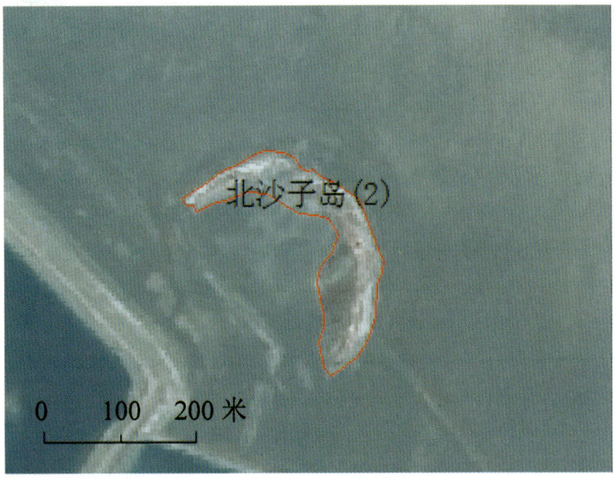

图 6-34-7　北沙子岛遥感影像

（拍摄于 2005 年 5 月 22 日）

该岛是由海积－冲积平原演变而成的贝壳堤岛，出露地层属第四系全新统旭口组。在工程地质上为鲁西北黄泛平原较稳定工程地质区，属于海积平原较不稳定亚区。岛上有少量杂草生长，无淡水资源，无人居住。

第二节　无棣县南部海区海岛

一、老沙头堡岛

老沙头堡岛（Lǎoshātóupù Dǎo）代码为371623000121。

老沙头堡岛位于无棣县北部马颊河东侧、三里台岛北侧，地理坐标为北纬38°11.2′、东经117°58.1′（图6-34-8）。在《山东省海岛志》的海岛名录一览表中，省序号为“021”、地市序号为“滨州21”，隶属于山东省滨州市无棣县。

老沙头堡岛由泥沙和贝壳组成，1992年航空遥感概查时界定为海岛，测得海岛面积为0.5534平方千米，海岛岸线长约4.67千米；2005年测得海岛面积为0.3501平方千米，海岛岸线长约3.61千米。

该岛由海积－冲积平原演变而成的贝壳堤岛，出露地层属第四系全新统潍北组。工程地质上属海陆交互沉积平原较不稳定亚区。海岛的东部和北部有贝壳堤分布，沿岸均为自然堤，外缘残存有贝壳堤形态。

老沙头堡岛土地总面积为35.01公顷，土地利用现状类型包括盐碱地和裸地，其中盐碱地约20.80公顷、裸地约14.21公顷。岛上植被覆盖率相对较高（约25%），主要为滨海盐生植被和草丛（图6-34-9），偶有小规模的酸枣灌丛，采集到的植物标本全为被子植物。

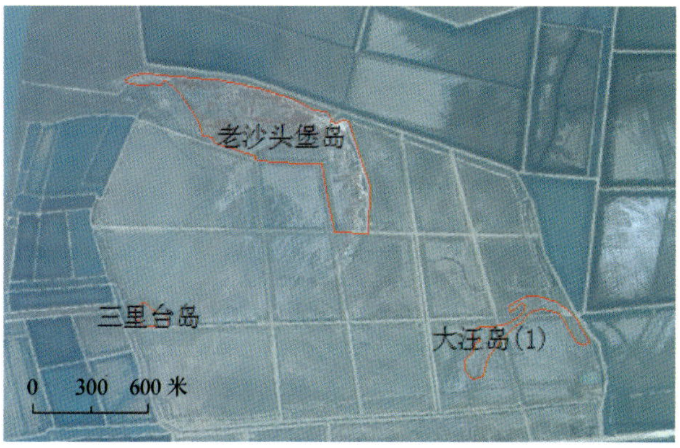

图6-34-8　老沙头堡岛、三里台岛、大汪岛（1）遥感影像
（拍摄于2005年5月22日）

图6-34-9　老沙头岛植被外貌

二、三里台岛

三里台岛（Sānlǐtái Dǎo）代码为371623001021。

三里台岛位于无棣县东北部马颊河东侧、老沙头堡岛，地理坐标为北纬38°10.6′、东经117°54.8′。在《山东省海岛志》的海岛名录一览表中，省序号为“022”、地市序号为“滨州22”，隶属于山东省滨州市无棣县。因形似高台，故名三里台。

该岛呈不规则圆形，为泥沙岛，由海积－冲积平原演变而成，1992年调查测得海岛面积为0.0193平方千米，海岛岸线长约0.57千米；2005年调查测得海岛面积为0.0137平方千米，海岛岸线长约0.49千米。地势低平，高程为1米左右，岛上生长少量杂草、黄须菜，无人居住。

三、大汪岛（1）

大汪岛（1）[Dàwāng Dǎo（1）] 代码为371623000821。

大汪岛位于无棣县东北部老沙头堡岛之东、赵沙子岛之西，原为南北排列两个的半圆形岛组成，现仅存的北部海岛，即大汪岛（1），地理坐标为北纬38°10.6′、东经117°59.1′，在《山东省海岛志》的海岛名录一览表中，省序号为“024”、地市序号为“滨州24”，隶属于山东省滨州市无棣县。

该岛属贝壳堤岛，岛体主要由泥沙和贝壳组成，形态和面积大小多变，1992年普查时测得海岛面积为0.2876平方千米，海岛岸线长约0.89千米；2005年调查测得海岛面积为0.0630平方千米，海岛岸线长约2.19千米，地势低平，高程1米左右。岛上生长少量杂草、黄须菜，无人居住。

四、赵沙子岛（1）、（2）、（7）

赵沙子岛（1）[Zhàoshāzi Dǎo（1）] 代码为371623000621。

赵沙子岛（2）[Zhàoshāzi Dǎo（2）] 代码为371623000721。

赵沙子岛（7）[Zhàoshāzi Dǎo（7）] 代码为371623001621。

这3个海岛位于无棣县东北部马颊河口和套尔河之间的盐田内，呈西北—东南向散布，为贝壳沙堤岛，形如新月，两端钩状向陆弯曲（图6-34-10），形态和面积大小多变。赵沙子岛群原有14个小岛，现仅存3个，其余为盐场所占。

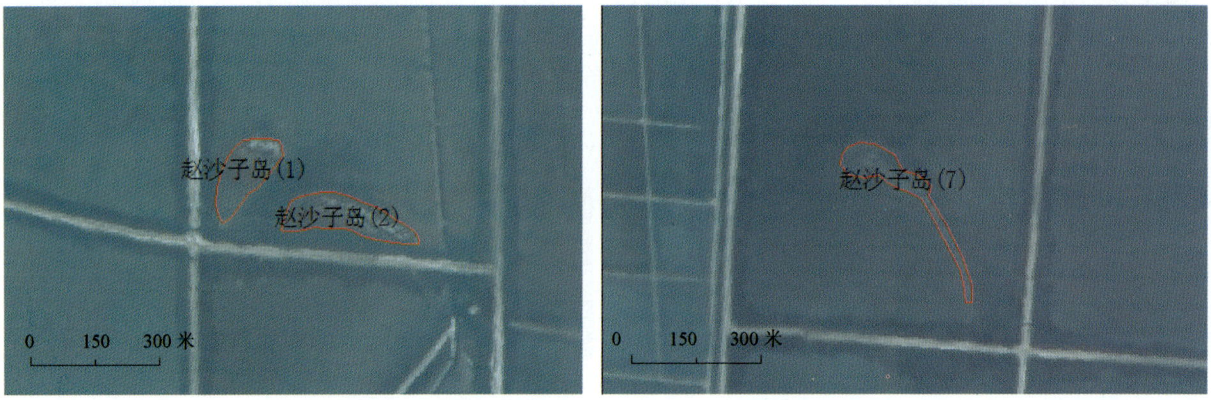

图6-34-10 赵沙子岛（1）、（2）和（7）遥感影像

（拍摄于2005年5月22日）

赵沙子岛（1）位于北纬38°11.0′、东经118°00.8′，在《山东省海岛志》的海岛名录一览表中，省序号为“027”、地市序号为“滨州27”。1992年航空遥感概查时测得海岛面积为0.0114平方千米；2005年调查测得海岛面积为0.0166平方千米，海岛岸线长约0.54千米。

赵沙子岛（2）位于北纬38°10.9′、东经118°00.9′，在《山东省海岛志》的海岛名录一览表中，省序号为“028”、地市序号为“序号28”。1992年航空遥感概查时测得海岛面积为0.0327平方千米；2005年调查测得海岛面积为0.0214平方千米，海岛岸线长约0.75千米。

赵沙子岛（7）位于北纬38°10.2′、东经118°01.8′，在《山东省海岛志》的海岛名录一览表中，省序号为“033”、地市序号为“滨州33”。1992年航空遥感概查时测得海岛面积为0.0073平方千米；2005年调查测得海岛面积为0.0170平方千米，海岛岸线长约1.04千米。

上述3个岛屿自然环境相似，地势低平，高程1.5米左右，岛上均无植被，无人居住。

五、东台子岛（1）、（2）

东台子岛（1）[Dōngtáizi Dǎo（1）] 代码为371623002621。

东台子岛（2）[Dōngtáizi Dǎo（2）] 代码为371623003021。

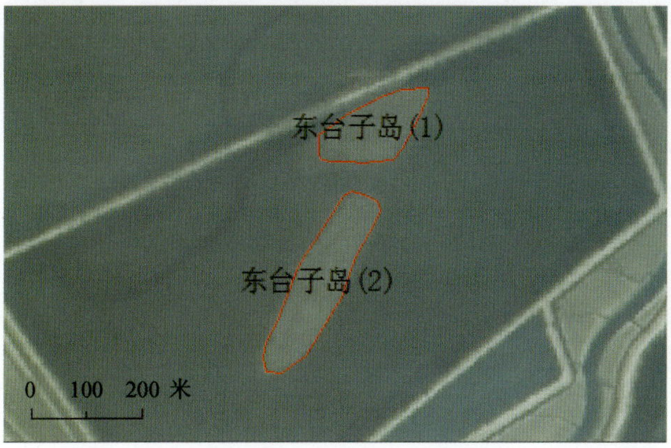

图6-34-11 东台子岛（1）和东台子岛（2）遥感影像
（拍摄于2005年5月22日）

位于无棣县东北部小堡岛西南、南长滩岛东南侧的盐田内（图6-34-11），1992年航空遥感概查时界定为海岛，因位于沙头堡东、地势较高，形似台子而命名。由2个海岛构成，北部为东台子岛（1）、南部为东台子岛（2），均属贝壳堤岛，隶属于山东省滨州市无棣县。

东台子岛（1）地理坐标为北纬38°09.1′、东经117°55.4′，在《山东省海岛志》的海岛名录一览表中，省序号为“045”、地市序号为“滨州45”。1992年航空遥感概查时测得海岛面积为0.0378平方千米，海岛岸线长约1.14千米；2005年调查测得海岛面积为0.0164平方千米，海岛岸线长约0.53千米。

东台子岛（2）地理坐标为北纬38°09.0′、东经117°55.3′，在《山东省海岛志》的海岛名录一览表中，省序号为“046”、地市序号为“滨州46”。1992年航空遥感概查时测得海岛面积为0.0537平方千米，海岛岸线长约0.96千米；2005年调查测得海岛面积为0.0266平方千米，海岛岸线长约0.8千米。

海岛地面高程1米左右。高潮时周围水深1~2米。生长少量杂草、黄须菜等，均无人居住。

六、老堡岛

老堡岛（Lǎopù Dǎo）代码为371623003322。

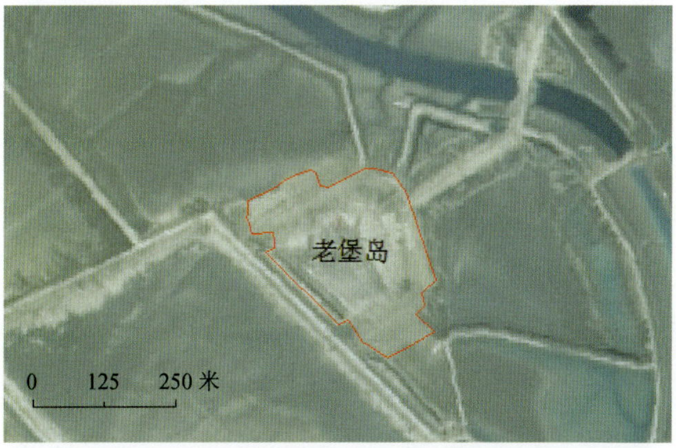

图6-34-12 老堡岛遥感影像
（拍摄于2005年5月22日）

老堡岛位于无棣县境东北部岔尖堡岛西北约5千米处，地理坐标为北纬38°08.2′、东经117°55.8′（图6-34-12），曾用名老铺。1938年大潮时被淹，渔堡迁建于博家堡子，此后原堡址称老堡，名称沿用堡名。在《山东省海岛志》的海岛名录一览表中，省序号为“049”、地市序号为“滨州49”。

该岛属贝壳堤岛，形态和面积大小多变。1992年航空遥感概查测得海岛面积为0.7572平方千米，海岛岸线长约3.63千米；2005年测得海岛面积为0.0650平方千米，海岛岸线长约1.13千米。岛上地势低平，地表高程2米左右，生长黄须菜、芦苇和其他杂草，无人居住。

七、脊岭子岛

脊岭子岛（Jǐlǐngzi Dǎo）代码为371623003521。

脊岭子岛位于无棣县东北部潮河河口与套尔河河口之间，西北距岔尖堡岛约4千米，地理坐标为北纬38°05.9′、东经118°00.8′。在《山东省海岛志》的海岛名录一览表中，省序号为“051”、地市序号为“滨州51”。因海岛位居第一贝壳堤之末，中间隆起，形似鱼脊而得名。

该岛呈椭圆形（图6-34-13），1992年航空遥感概查测得海岛面积为1.0571平方千米，海岛岸线长约5.64千米；2005年调查测得海岛面积为0.8785平方千米，海岛岸线长约4.2千米，中部高程2米左右。岛上无淡水资源，无人居住，生长有杂草、黄须菜等。

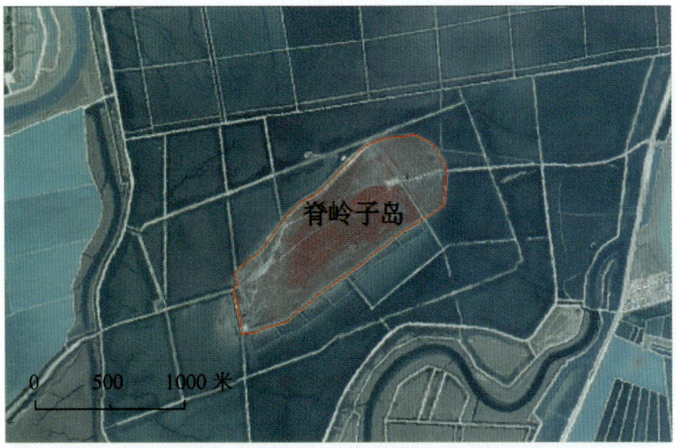

图6-34-13 脊岭子岛遥感影像
（拍摄于2005年5月22日）

第三节 沾化县西北部海区海岛

一、套尔河东沙子岛（1）、（4）

套尔河东沙子岛（1）［Tào'ěrhé Dōngshāzi Dǎo（1）］代码为371624000121。

套尔河东沙子岛（4）［Tào'ěrhé Dōngshāzi Dǎo（4）］代码为371624000421。

这两个海岛位于沾化县北部潮河、死河与套尔河汇流东岸，因海岛地表多泥沙，且处套尔河东岸而得名。原来由4个岛组成，现仅存其中的（1）、（4）两个海岛，呈东南—西北向狭长新月形（图6-34-14）。

套尔河东沙子岛（1）地理坐标为北纬38°07.8′、东经118°02.7′，在《山东省海岛志》的海岛名录一览表中，省序号为“056”、地市序号为“滨州56”，1992年航空遥感概查时测得海岛面积为0.0272平方千米；2005年测得海岛面积为0.0023平方千米，海岛岸线长约0.23千米。

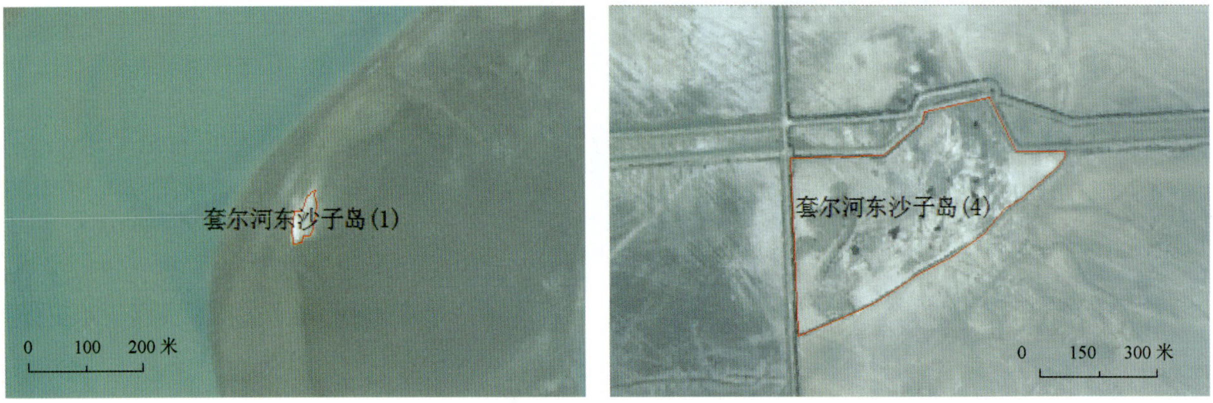

图6-34-14 套尔河东沙子岛（1）和（4）遥感影像
（拍摄于2005年5月22日）

套尔河东沙子岛（4）地理坐标为北纬38°07.3′、东经118°04.3′，在《山东省海岛志》的海岛名录一览表中，省序号为“059”、地市序号为“滨州59”。1992年航空遥感概查测得海岛面积为0.0494平方千米，2005年调查测得海岛面积为0.2165平方千米，海岛岸线长约2.13千米。

上述2个海地势低平，岛上高程3.6米左右，岛上无植被，无淡水资源，无居民。

二、无名岛 ZHU 3

无名岛ZHU 3代码为371624000921。

该岛位于沾化县北部套尔河口东约3千米处，地理坐标为北纬38°06.2′、东经118°04.0′（图6-34-15）。1992年航空遥感概查时界定为海岛，在《山东省海岛志》中的海岛名录一览表中，省序号“060”、地市序号为“滨州60”。

无名岛ZHU 3呈不规则状，属贝壳堤岛，形态和面积大小多变。1992年航空遥感概查测得海岛面积为0.0141平方千米，海岛岸线长约0.52千米；2005年调查测得海岛面积为0.0131平方千米，海岛岸线长约0.74千米。岛上无淡水资源及植被，无人居住。

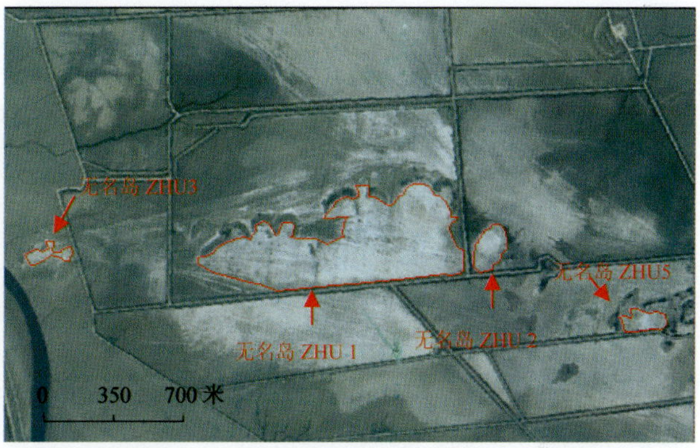

图6-34-15 无名岛ZHU3和1、2、5遥感影像
（拍摄于2005年5月22日）

三、无名岛 ZHU 1

无名岛ZHU 1代码为371624000721。

该岛位于沾化县境北部套尔河河口东侧，地理坐标为北纬38°06.3′、东经118°05.2′（图6-34-15）。在《山东省海岛志》的海岛名录一览表中，省编号“061”、地势序号为“滨州61”。

无名岛ZHU 1属贝壳堤岛，呈不规则状，形态和面积大小多变。1992年航空遥感概查时测得海岛面积为0.0549平方千米，海岛岸线长约0.98千米；2005年调查测得海岛面积为0.4254平方千米，海岛岸线长约4.03千米。该岛地势低平，岛上无淡水资源及植被，无人居住。

四、无名岛 ZHU 2

无名岛ZHU 2代码为371624000821。

该岛位于沾化县境北部套尔河河口东侧，地理坐标为北纬38°06.3′、东经118°05.5′。1992年航空遥感概查时界定为海岛，在《山东省海岛志》的海岛名录一览表中，省序号为“062”、地势序号为“滨州62”，隶属于山东省滨州市沾化县。

无名岛ZHU 2属贝壳堤岛，呈不规则状，形态和面积大小多变。1992年航空遥感概查测得海岛面积为0.0229平方千米，海岛岸线长约0.48千米；2005年调查测得海岛面积为0.0293平方千米，海岛岸线长约0.69千米。该岛地势低平，岛上无淡水资源及植被，无人居住。

五、无名岛 ZHU 5

无名岛ZHU 5代码为371624001121。

该岛位于沾化县北部套尔河河口东侧，1992年航空遥感概查时界定为海岛，地理坐标为北纬38°06.2′、东经118°06.7′。在《山东省海岛志》的海岛名录一览表中，省序号为“064”、地市编号为

"滨州 64"，隶属于山东省滨州市沾化县。

无名岛 ZHU 5 属贝壳堤岛，呈不规则状，形态和面积大小多变。1992 年航空遥感概查测得海岛面积为 0.0124 平方千米，海岛岸线长约 0.77 千米；2005 年调查测得海岛面积为 0.0197 平方千米，海岛岸线长约 0.66 千米。该岛地势低平，岛上无淡水资源及植被，无人居住。

六、无名岛 ZHU 7

无名岛 ZHU 7 代码为 371624001321。

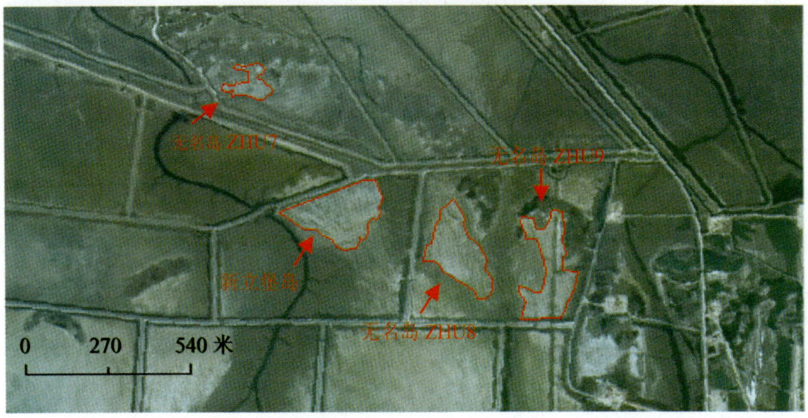

图 6-34-16　无名岛 ZHU7、ZHU8、ZHU9 和新立堡岛遥感影像

（拍摄于 2005 年 5 月 22 日）

该岛位于沾化县北部套尔河与泡阳河之间，1992 年航空遥感概查时界定为海岛，地理坐标为北纬 38° 04.9′、东经 118°06.9′（图 6-34-16）。在《山东省海岛志》的海岛名录一览表中，省序号为"066"、地市序号为滨州"66"，隶属于山东省滨州市沾化县。

无名岛 ZHU 7 属贝壳堤岛，呈不规则状，形态和面积大小多变。1992 年航空遥感概查时测得海岛面积为 0.0927 平方千米，海岛岸线长约 1.45 千米；2005 年调查测得海岛面积为 0.0106 平方千米，海岛岸线长约 0.65 千米。该岛地势低平，岛上无淡水资源，有少量杂草和黄须菜等生长，无人居住。

七、新立堡岛

新立堡岛（Xīnlìpù Dǎo）代码为 371624001521。

新立堡岛位于沾化县东北部套尔河与泡阳河之间，1992 年航空遥感概查时界定为海岛，地理坐标为北纬 38°04.7′、东经 118°07.2′（图 6-34-16）。在《山东省海岛志》的海岛名录一览表中，省序号为"067"、地市序号为滨州"67"，隶属于山东省滨州市沾化县。

新立堡岛属贝壳堤岛，岛体由泥沙和贝壳组成，地势低平，形态和面积大小多变。1992 年航空遥感概查时测得海岛面积为 0.095 平方千米，海岛岸线长约 1.41 千米；2005 年调查测得海岛面积为 0.0465 平方千米，海岛岸线长约 0.95 千米。岛上无淡水资源，有少量杂草、黄须菜等生长，无人居住。

八、无名岛 ZHU 8

无名岛 ZHU 8 代码为 371624001421。

该岛位于沾化县东北部套尔河与泡阳河间、新立堡岛东侧，地理坐标为北纬 38°04.6′、东经 118°07.4′（图 6-34-16）。1992 年航空遥感概查时界定为海岛，在《山东省海岛志》的海岛名录一览表中，省序号为"068"、地市序号为滨州"68"，隶属于山东省滨州市沾化县。

无名 ZHU 8 岛属贝壳堤岛，岛体由泥沙和贝壳组成，地势低平，形态和面积大小多变。1992 年概查时测得海岛面积为 0.0169 平方千米，海岛岸线长约 0.52 千米；2005 年调查测得海岛面积为 0.0388 平方千米，海岛岸线长约 0.92 千米。岛上无淡水资源，有少量杂草生长，无人居住。

九、无名岛 ZHU 9

无名岛 ZHU 9 代码为 371624001621。

该岛位于沾化县东北部套尔河与泡阳河间、新立堡岛东侧，地理坐标为北纬 38°04.6′、东经 118°07.6′（图 6-34-16）。1992 年航空遥感概查时界定为海岛，在《山东省海岛志》的海岛名录一览表中，省序号为“069”、地市序号为“滨州 69”，隶属于山东省滨州市沾化县。

无名岛 ZHU 9 属贝壳堤岛，岛体由泥沙和贝壳组成，地势低平，形态和面积大小多变。1992 年概查时测得海岛面积为 0.0059 平方千米，海岛岸线长约 0.36 千米；2005 年调查测得海岛面积为 0.0383 平方千米，海岛岸线长约 1.28 千米。岛上无淡水，生长有少量杂草，无人居住。

十、大堡岛

大堡岛（Dàpù Dǎo）代码为 371624001722。

大堡岛位于沾化境东北部套尔河与泡阳河之间、南坨子岛北 500 米处，地理坐标为北纬 38°03.6′、东经 118°05.8′。在《山东省海岛志》的海岛名录一览表中，省序号为“070”、地市序号为“滨州 70”，隶属于山东省滨州市沾化县。据《山东省海岛志》记载，该岛因早年渔民经常捕鱼后在此停泊船只，又因面积较大、地势较高而命名。

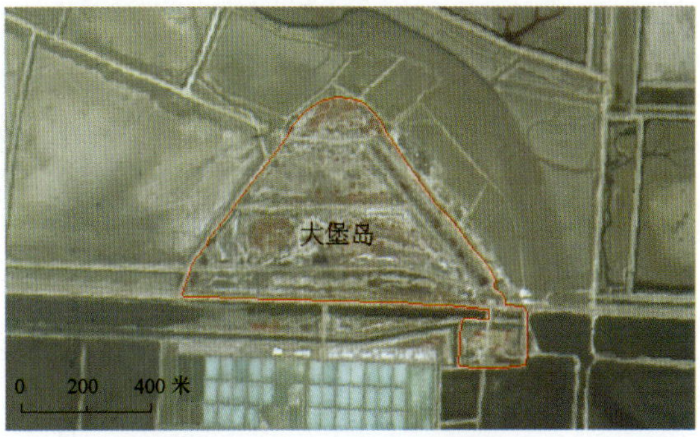

图 6-34-17 大堡岛遥感影像
（拍摄于 2005 年 5 月 22 日）

该岛平面呈等腰三角形（图 6-34-17），地势低平，1992 年航空遥感概查测得海岛面积为 0.4346 平方千米，海岛岸线长约 3.04 千米；2005 年调查测得海岛面积为 0.4020 平方千米，海岛岸线长约 3.28 千米。

大堡岛由海积－冲积平原演变而成，岛体主要由泥沙和贝壳组成，地势低平，地面高程 2 米左右。岛周围潮滩宽阔平坦，多已开辟为盐田、养殖池塘等，人工堤坝纵横。岛上有淡水，植被覆盖率相对较高（约 15%），植被类型主要为滨海盐生植被、沼生水生植被，有少量灌丛；居民区周围有成片的杂草分布，在养殖池塘堤坝、荒弃池塘内等有碱蓬、狗尾草等零星分布。

据《山东省海岛志》记载，岛上曾有冯家乡刘家村民在岛上种植棉花、高粱、花生等农作物。岛上野生动植物资源相对丰富，长有半眼头、山白草、杨柳枝、甘草根等多种中药材；鹌貂、野兔常栖息于此。

全岛土地现状类型主要为盐碱地，面积约 39.14 公顷。另有采矿用地约 1.06 公顷。

第四节 沾化县南部海区海岛

一、小坨子岛（1）

小坨子岛（1）［Xiǎotuózi Dǎo（1）］代码为 371624002321。

小坨子岛（1）位于沾化县东北部，黑坨子岛西南侧，套尔河东北约 2 千米，地理坐标为北纬 38°00.7′、东经 118°05.3′。1992 年航空遥感概查时界定为海岛，因相对于附近海岛面积小而命名。在《山东省海岛志》的海岛名录一览表中，省序号为“073”、地市序号为“滨州 73”，隶属于山东省滨州市沾化县。

小坨子岛（1）呈西不规则椭圆形（图 6-34-18），由泥沙和贝壳组成，地势低平，形态和面积大小多变。1992 年概查时测得海岛面积为 0.5785 平方千米，高程为 3.9 米；2005 年调查测得海岛面积为 0.0675 平方千米，海岛岸线长约 1.02 千米。地表为盐碱土质，岛上无淡水资源，有半眼头、山白草等野生植物生长，无人居住。

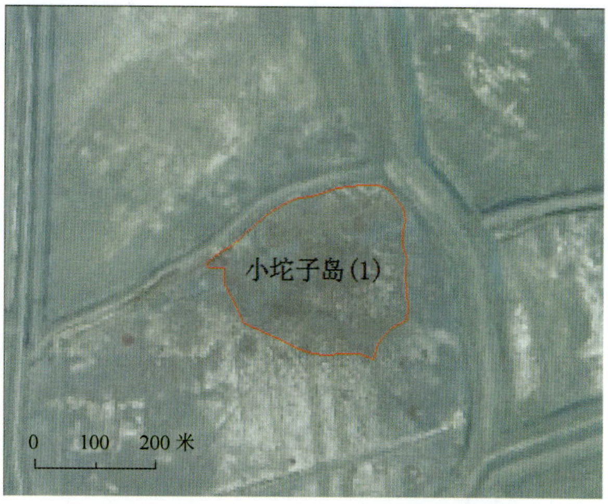

图 6-34-18 小坨子岛（1）遥感影像
（拍摄于 2005 年 5 月 22 日）

二、红土洼子岛（1）

红土洼子岛（1）［Hóngtǔwāzi Dǎo（1）］代码为 371624001821。

该岛位于沾化县东北部套尔河口东侧，与东风港隔套尔河相望，地理坐标北纬 38°00.8′、东经 118°02.0′（图 6-34-19）。1992 年航空遥感概查时界定为海岛，因表面土质红色、地势较洼而命名。在《山东省海岛志》的海岛名录一览表中，省序号为“075”、地市序号为“滨州 75”，隶属于山东省滨州市沾化县。

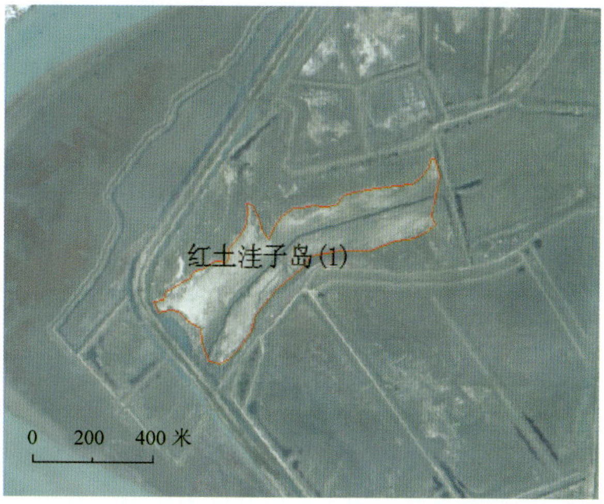

图 6-34-19 红土洼子岛（1）遥感影像
（拍摄于 2005 年 5 月 22 日）

红土洼子岛呈东北—西南向斜锥形，由泥沙和贝壳组成，地势低平，形态和面积大小多变。1992 年概查时测得海岛面积为 1.0129 平方千米，海岛岸线长约 6.33 千米；2005 年调查测得海岛面积为 0.1953 平方千米，海岛岸线长度约 2.82 千米。

该岛由海积－冲积平原演变而成，地表多红壤土，野生动植物主要有狞子、半眼头、山白草、芦蓬、刺蓬等。早年曾有人在岛上搭屋从事季节性农业种植和捕鱼，现无人居住。岛周围潮滩宽阔平坦，
多开辟为盐田和养殖池塘，堤坝纵横。

三、无名岛 ZHU 16

无名岛 ZHU 16 代码为 371624003121。

该岛位于沾化县东北部红土洼子岛东南侧、小坨子岛西侧，地理坐标为北纬 38°00.1′、东经 118°04.2′（图 6-34-20）。1992 年航空遥感概查时界定为海岛，在《山东省海岛志》的海岛名录一览表中，省序号为“077”、地市序号为“滨州 77”，隶属于山东省滨州市沾化县。

图 6-34-20 无名岛 ZHU16 遥感影像
（拍摄于 2005 年 5 月 22 日）

无名岛 ZHU 16 呈元宝形，由泥沙和贝壳组成，地势低平，形态和面积大小多变。1992 年概查时测

得海岛面积为0.1955平方千米，海岛岸线长约2.01千米；2005年调查测得海岛面积为0.0349平方千米，海岛岸线长约0.75千米。地表为盐碱土质，岛上无淡水资源，有杂草、黄须菜等生长，无人居住。岛周围潮滩宽阔平坦，多开辟为盐田和养殖池塘，堤坝纵横。

四、大黑坨子岛

大黑坨子岛（Dàhēituózi Dǎo）代码为371624002721。

大黑坨子岛位于沾化县东北部套尔河东约3500米，地理坐标北纬为38°58.8′、东经118°06.9′（图6-34-21）。在《山东省海岛志》的海岛名录一览表中，省序号为“080”、地市序号为“滨州80”，隶属于山东省滨州市沾化县。因岛北隔滩邻黑坨子岛、面积较大而得名。

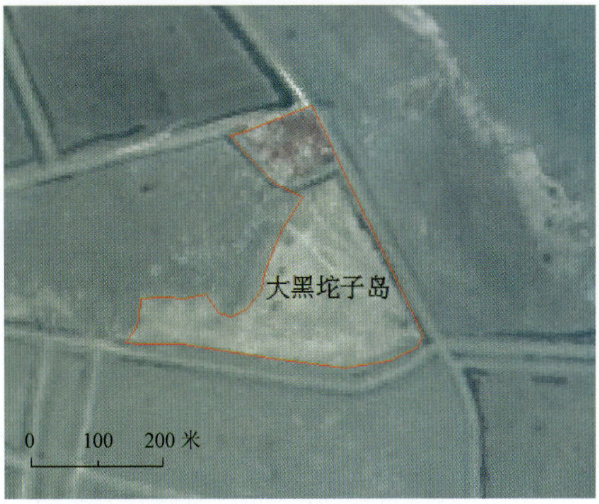

图6-34-21 大黑坨子岛遥感影像
（拍摄于2005年5月22日）

该岛由海积－冲积平原演变而成的贝壳堤岛，主要组成物质为泥沙和贝壳，地势低平，形态和面积大小多变。1992年概查时测得海岛面积为1.5633平方千米，海岛岸线长约7.08千米；2005年调查测得海岛面积为0.0742平方千米，海岛岸线长约1.58千米。地表多轻壤土，生长有成片的柽柳、篙子、夹麻叶和芦苇等，有狞子等野生动物出现。曾有沾邑村民在岛上垦耕，种植棉花、高粱等农作物。岛周围潮滩宽阔平坦，多开辟为盐田和养殖池塘，堤坝纵横。

五、无名岛ZHU 17

无名岛ZHU 17代码为371624003221。

该岛位于沾化县东北部江八腰子岛南约2000米处，地理坐标为北纬37°59.6′、东经118°09.2′（图6-34-22）。1992年航空遥感概查时界定为海岛，在《山东省海岛志》的海岛名录一览表中，省序号为“081”、地市序号为“滨州81”，隶属于山东省滨州市沾化县。

图6-34-22 无名岛ZHU17遥感影像
（拍摄于2005年5月22日）

无名岛ZHU 17由海积－冲积平原演变而成的贝壳堤岛，主要组成物质为泥沙和贝壳，地势低平，形态和面积大小多变。1992年概查时测得海岛面积为0.9226平方千米，海岛岸线长约5.60千米；2005年调查测得海岛面积为0.2908平方千米，海岛岸线长约2.27千米。岛上无植被，无人居住。岛周围潮滩宽阔平坦，多开辟为盐田和养殖池塘，堤坝纵横。

六、江八腰子岛

江八腰子岛（Jiāngbāyāozi Dǎo）代码为371624002121。

江八腰子岛位于沾化县东北部沾化沟东侧，地理坐标为北纬 38°01.1′、东经 118°09.1′（图 6-34-23）。在《山东省海岛志》的海岛名录一览表中，省序号为“082”、地市序号为“滨州 82”，隶属于山东省滨州市沾化县。因岛中部地势低洼狭小像“腰子”，遂沿称江八腰子岛。

江八腰子岛由海积－冲积平原演变而成，主要组成物质为泥沙和贝壳，地势低平，形态和面积大小多变。1992 年概查时测得海岛面积为 0.3243 平方千米，海岛岸线长约 3.11 千米；2005 年调查测得海岛面积为 0.0723 平方千米，海岛岸线长约 1.15 千米。地表多泥沙土质，岛上有淡水，有蒿子、黄须菜、杂草等野生植物生长，无人居住。岛周围潮滩宽阔平坦，多开辟为盐田和养殖池塘，堤坝纵横。

图 6-34-23　江八腰子岛遥感影像
（拍摄于 2005 年 5 月 22 日）

第五节　沾化县东部海区海岛

一、无名岛 ZHU 10

无名岛 ZHU 10 代码为 371624002021。

该岛位于沾化县海防办事处北约 3 千米，地理坐标为北纬 38°04.1′、东经 118°24.2′（图 6-34-24）。1992 年航空遥感概查时界定为海岛，在《山东省海岛志》的海岛名录一览表中，省序号为“085”、地市序号为“滨州 85”，隶属于山东省滨州市沾化县。

图 6-34-24　无名岛 ZHU10、ZHU13、ZHU11 和 ZHU14 遥感影像
（拍摄于 2005 年 5 月 22 日）

无名岛 ZHU 10 由海积－冲积平原演变而成，主要由泥沙和贝壳等组成，地势低平，形态和面积大小多变。1992 年概查时测得海岛面积为 0.0170 平方千米，海岛岸线长约 0.62 千米；2005 年调查测得海岛面积为 0.0116 平方千米，海岛岸线长约 0.47 千米。岛上无淡水资源，无植被，无人居住。岛周围潮滩宽阔平坦，多开辟为盐田和养殖池塘，堤坝纵横。

二、无名岛 ZHU 11

无名岛 ZHU 11 代码为 371624002521。

该岛位于沾化县海防办事处北约 3 千米处，地理坐标为北纬 38°04.1′、东经 118°24.3′。1992 年航空遥感概查时界定为海岛，在《山东省海岛志》的海岛名录一览表中，省序号为“087”、地市序号为“滨州 87”，隶属于山东省滨州市沾化县。

无名岛 ZHU 11 由海积－冲积平原演变而成，主要由泥沙和贝壳等组成，地势低平，形态和面积大小多变。1992年概查时测得海岛面积为0.0170平方千米，海岛岸线长约0.62平方千米；2005年调查测得海岛面积为0.0095平方千米，海岛岸线长约0.37千米。岛上无淡水资源，无植被，无人居住。岛周围潮滩宽阔平坦，多开辟为盐田和养殖池塘，堤坝纵横。

三、无名岛ZHU 13

无名岛ZHU 13代码为371624002821。

该岛位于沾化县海防办事处北约3千米处，地理坐标为北纬38°04.0′、东经118°24.2′。1992年航空遥感概查时界定为海岛，在《山东省海岛志》的海岛名录一览表中，省序号为“086”、地市序号为“滨州86”，隶属于山东省滨州市沾化县。

无名岛ZHU 13由海积－冲积平原演变而成，主要由泥沙和贝壳等组成，地势低平，形态和面积大小多变。1992年概查时测得海岛面积为0.0170平方千米，海岛岸线长约0.62平方千米；2005年测得海岛面积为0.0048平方千米，海岛岸线长约0.26千米。岛上无淡水资源，无植被，无人居住。岛周围潮滩宽阔平坦，多开辟为盐田和养殖池塘，堤坝纵横。

四、无名岛ZHU 14

无名岛ZHU 14代码为371624002921。

该岛位于沾化县海防办事处北约3千米处，地理坐标为北纬38°03.9′、东经118°24.3′。1992年航空遥感概查时界定为海岛，在《山东省海岛志》的海岛名录一览表中，省序号为“088”、地市序号为“滨州88”，隶属于山东省滨州市沾化县。

无名岛ZHU 14由海积－冲积平原演变而成，主要由泥沙和贝壳等组成，地势低平，形态和面积大小多变。1992年概查时测得海岛面积为0.017平方千米，海岛岸线长约0.62平方千米；2005年调查测得海岛面积为0.0033平方千米，海岛岸线长约0.24千米。岛上无淡水资源，无植被，无人居住。岛周围潮滩宽阔平坦，多开辟为盐田和养殖池塘，堤坝纵横。

第七篇
消失或失去海岛属性海岛

第三十五章　区域环境概况

根据20世纪90年代全国海岛资源调查成果和908专项山东省海岛调查成果可知，山东省北部沿岸消失或失去海岛属性的海岛共计43个。其中，莱州市有1个海岛失去海岛属性；滨州市消失或失去海岛属性的海岛有42个（表7-35-1），原有89个海岛，现存海岛数为47个，减少海岛数量占原有海岛总数的47.19%。

表7-35-1　滨州市消失海岛

序号	海岛名称	消失原因	1992年调查面积（千米^2）	隶属
1	无名岛CN 1	被盐田覆盖	0.0025	无棣县
2	无名岛CN 2	被盐田覆盖	0.0124	无棣县
3	无名岛CN 3	被盐田覆盖	0.0103	无棣县
4	无名岛CN 4	被盐田覆盖	0.004	无棣县
5	北沙子岛（1）	人工与陆相连，成为陆地	0.0023	无棣县
6	北沙子岛（3）	与陆地成为一体，四周无水	0.0256	无棣县
7	五里台岛	被盐田覆盖	0.1273	无棣县
8	大汪岛（2）	被盐田覆盖	0.0418	无棣县
9	无名岛WDI 2	与陆地成为一体，四周无水	0.0147	无棣县
10	赵沙子岛（3）	被盐田或虾池覆盖	0.0124	无棣县
11	赵沙子岛（4）	被盐田或虾池覆盖	0.0069	无棣县
12	赵沙子岛（5）	被盐田或虾池覆盖	0.0055	无棣县
13	赵沙子岛（6）	被盐田或虾池覆盖	0.0324	无棣县
14	赵沙子岛（8）	被盐田或虾池覆盖	0.0021	无棣县
15	赵沙子岛（9）	被盐田或虾池覆盖	0.0076	无棣县
16	赵沙子岛（10）	被盐田或虾池覆盖	0.0112	无棣县
17	赵沙子岛（11）	被盐田或虾池覆盖	0.0041	无棣县
18	赵沙子岛（12）	被盐田或虾池覆盖	0.001	无棣县
19	赵沙子岛（13）	被盐田或虾池覆盖	0.0041	无棣县
20	赵沙子岛（14）	被盐田或虾池覆盖	0.0091	无棣县
21	无名岛WDI 3	被盐田或虾池覆盖	0.088	无棣县
22	无名岛WDI 4	被盐田或虾池覆盖	0.2069	无棣县
23	小堡岛（1）	被盐田或虾池覆盖	1.1312	无棣县
24	小堡岛（2）	被盐田或虾池覆盖	1.3087	无棣县
25	北坨子岛	被盐田或虾池覆盖	0.3053	无棣县
26	无名岛WDI 6	被盐田或虾池覆盖	0.5498	无棣县
27	无名岛WDI 5	被盐田或虾池覆盖	0.0276	无棣县
28	无名岛WDI 7	被盐田或虾池覆盖	0.4393	无棣县

续表

序号	海岛名称	消失原因	1992 年调查面积（千米^2）	隶属
29	无名岛 WDI8	被盐田或虾池覆盖	3.2486	无棣县
30	套儿河东沙子（2）	与陆地成为一体，四周无水	0.0251	沾化县
31	套儿河东沙子（3）	与陆地成为一体，四周无水	0.049	沾化县
32	无名岛 ZHU4	被盐田或虾池覆盖	0.0094	沾化县
33	无名岛 ZHU6	被盐田或虾池覆盖	0.0147	沾化县
34	黑坨子岛	与陆地成为一体，四周无水	1.0464	沾化县
35	无名岛 ZHU15	与陆地成为一体，四周无水	0.2108	沾化县
36	小坨子岛（2）	影像上无岛痕迹，四周无水	0.0078	沾化县
37	红土洼子岛（2）	被盐田和虾池覆盖	4.422	沾化县
38	无名岛 WDI9	被盐田或虾池覆盖	0.0942	沾化县
39	无名岛 WDI10	被盐田或虾池覆盖	3.1498	沾化县
40	洼拉沟堡岛（1）	与陆地成为一体，四周无水	0.008	沾化县
41	洼拉沟堡岛（2）	与陆地成为一体，四周无水	0.0095	沾化县
42	无名岛 ZHU12	与陆地成为一体，四周无水	0.002	沾化县

滨州市沿岸减少的42个海岛中，有29个海岛隶属于无棣县、13个海岛隶属于沾化县，其中21个海岛为1992年采用航空遥感调查方法圈定。减少的这些海岛，其面积多数小于0.6平方千米，仅6个大于0.6平方千米，最大的面积为4.422平方千米。这些海岛均为无人居住海岛，多分布在河流入海口附近、盐田广泛分布的地区，其中漳卫新河附近消失海岛4个、马颊河附近消失海岛5个、秦口河附近消失海岛20个、套尔河附近消失海岛10个、潮河附近消失海岛2个、沾利河附近消失海岛1个。

造成滨州市沿岸海岛消失的原因比较复杂，自然条件变化和人为活动都起到了重要作用。滨州市沿岸潮滩坡度平缓，海岛均位于海图零米等深线以浅海域。易受风暴潮、波浪、海流及河流的侵蚀、堆积作用的影响而改变。近几十年，滨州因沿海地区人类活动频繁，盐田、虾池以及人工改造使得部分海岛丧失岛屿属性。908专项2005年海岛调查结果，与1992年海岛调查结果相比，海岛减少了42个。根据消失原因将其分为两类：一类因盐田、养殖池塘等建设找不到海岛存在的痕迹，此类岛屿有无名岛CN1、无名岛CN2、无名岛CN3、无名岛CN4、五里台岛、大汪岛（2）、赵沙子岛（3）、赵沙子岛（4）、赵沙子岛（5）、赵沙子岛（6）、赵沙子岛（8）、赵沙子岛（9）、赵沙子岛（10）、赵沙子岛（11）、赵沙子岛（12）、赵沙子岛（13）、赵沙子岛（14）、无名岛WDI 3、无名岛WDI 4、小堡岛（1）、小堡岛（2）、北坨子岛、无名岛WDI 6、无名岛WDI 5、无名岛WDI 7、无名岛WDI 8、无名岛WDI 9、无名岛WDI 10、无名岛ZHU4、无名岛ZHU6和红土洼子岛（2）；另一类海岛由于人类改造使其成为陆地，失去海岛属性，这类海岛有北沙子岛（1）、北沙子岛（3）、无名岛WDI2、套儿河东沙子（2）、套儿河东沙子（3）、黑坨子岛、无名岛ZHU15、小坨子岛（2）、洼拉沟堡岛（1）、洼拉沟堡岛（2）和无名岛ZHU12。

莱州市消失的海岛为白沙岭岛，位于刁龙嘴北部近岸海域，因发展池塘养殖业，修建堤坝、抽水站、厂房等，使其丧失海岛属性。

图 7-35-1　赵沙子岛群影像及概貌

图 7-35-2　套儿河东沙子岛群影像及概貌

第三十六章　个岛简述

第一节　莱州市海区

白沙岭岛（Báishālǐng Dǎo）代码为370683000121。

根据《山东省海岛志》记载，该岛位于刁龙嘴北部近岸海域，地理坐标为北纬38°22.1′、东经120°50.4′，在海岛名录一览表中的省序号为“091”、地市序号为烟台“02”，隶属于山东省莱州市。该岛属堆积沙岛，面积为0.5535平方千米，地面高程4米，物质组成以黄褐色中粗砂为主，呈东西向展布的条带状，西端呈钩形。

在地貌上，该岛为一沙嘴，其形成与东北向纵向泥沙流运动密切相关，具有动态变化的自然特性。同时，自20世纪80年代沿海开始发展池塘养殖，该岛附近修建了众多堤坝、抽水站、厂房等，至20世纪90年代初该岛原有面貌就已不复存在，目前虽堆积地质体尚存，但已没有过水通道，丧失海岛属性，在908专项山东省海岛调查成果中，已将其视为大陆。

第二节　沾化县海区

1. 套儿河东沙子岛（2）

套儿河东沙子岛（2）［Tào′érhé Dōngshāzi Dǎo（2）］代码为371624000221。

根据《山东省海岛志》记载，该岛位于沾化县境北部，潮河、死河与套尔河汇流东岸，地理坐标为北纬38°07.8′、东经118°03.6′，在海岛名录一览表中的省序号为“057”、地市序号为滨州“57”，隶属于山东省滨州市沾化县。1992年航空遥感概查界定为海岛，测得海岛面积为0.0251平方千米，高程3.6米左右，由泥沙和贝壳堆积而成。

2005年现场调查时，该海岛周围已无海水环绕，与陆地成为一体，失去海岛属性。

2. 套儿河东沙子岛（3）

套儿河东沙子岛（3）［Tào′érhé Dōngshāzi Dǎo（3）］代码为371624000321。

根据《山东省海岛志》记载，该岛位于沾化县境北部，潮河、死河与套尔河汇流东岸，地理坐标为北纬38°07.8′、东经118°03.8′，在海岛名录一览表中的省序号为“058”、地市序号为滨州“58”，隶属于山东省滨州市沾化县。1992年航空遥感概查界定为海岛，测得海岛面积为0.049平方千米，高程3.6米左右，由泥沙和贝壳堆积而成。

2005年现场调查时，该海岛周围已无海水环绕，与陆地成为一体，失去海岛属性。

3. 无名岛ZHU 4

无名岛ZHU 4代码为371624001021。

据《山东省海岛志》记载，该岛位于沾化县境北部，套尔河河口东，地理坐标为北纬38°06.2′、东经118°05.8′，在海岛名录一览表中的省序号为“063”、地市序号为滨州“63”，隶属于山东省滨州市沾化县。1992年航空遥感概查界定为海岛，测得海岛面积为0.0094平方千米，海岛岸线长约0.39

千米。由泥沙和贝壳等组成，地势较低，大小和位置受外界因素影响较大。

2005 年现场调查时，已经被盐田、养殖池塘覆盖，找不到海岛痕迹。

4. 无名岛 ZHU 6

无名岛 ZHU 6 代码为 371624001221。

据《山东省海岛志》记载，该岛位于沾化县境北部，套尔河河口东，地理坐标为北纬 38°06. 2′、东经 118°06. 3′，在海岛名录一览表中的省序号为“065”、地市序号为滨州“65”，隶属于山东省滨州市沾化县。1992 年航空遥感概查时界定为海岛，测得海岛面积为 0. 0147 平方千米，海岛岸线长约 0. 62 千米。由泥沙和贝壳等组成，地势较低，大小和位置受外界因素影响较大。

2005 年现场调查时，由于盐田、养殖池塘覆盖，已找不到海岛痕迹。

5. 黑坨子岛

黑坨子岛（Hēituózi Dǎo）代码为 371624001921。

根据《山东省海岛志》记载，该岛位于沾化化县境东北部近岸区，地理坐标为北纬 38°01. 1′、东经 118°05. 9′，在海岛名录一览表中的省序号为“071”、地市序号为滨州“71”。1992 年航空遥感概查时测得海岛面积为 1. 046 4 平方千米，海岛岸线长约 5. 42 千米，主要由泥沙和贝壳等组成。

2005 年现场调查时，该海岛周围已无海水环绕，与陆地成为一体，失去海岛属性。

6. 无名岛 ZHU 15

无名岛 ZHU 15 代码为 371624003021。

据《山东省海岛志》记载，该岛位于沾化县境东北部，小坨子岛北约 2 千米，套尔河东约 400 米，地理坐标为北纬 38°01. 1′、东经 118°05. 1′，在海岛名录一览表中的省序号为“072”、地市序号为滨州“72”，隶属于山东省滨州市沾化县。1992 年航空遥感概查时界定为海岛，测得海岛面积为 0. 2108 平方千米，海岛岸线长约 2. 15 千米。属贝壳堤岛，主要由泥沙和贝壳等组成。

2005 年现场调查时，该海岛周围已无海水环绕，与陆地成为一体，失去海岛属性。

7. 小坨子岛（2）

小坨子岛（2）［Xiǎotuózi Dǎo（2）］代码为 371624002421。

根据《山东省海岛志》记载，该岛位于沾化县境东北部，黑坨子岛西南侧，套尔河东北约 2 千米，地理坐标为北纬 38°00. 3′、东经 118°05. 6′。在海岛名录一览表中的省序号为“074”、地市序号为滨州“74”，隶属于山东省滨州市沾化县。1992 年航空遥感概查时界定为海岛，测得海岛面积为 0. 007 8 平方千米，海岛岸线长约 0. 41 千米。

2005 年遥感影像上没有海岛存在迹象。

8. 红土洼子岛（2）

红土洼子岛（2）［Hóngtǔwāzi Dǎo（2）］代码为 371624002221。

根据《山东省海岛志》记载，该岛位于沾化县境东北部套尔河入海口处，东距小坨子岛 2000 米，地理坐标为北纬 38°00. 7′、东经 118°02. 8′，在海岛名录一览表中的省序号为“076”、地市序号为滨州“76”，隶属于山东省滨州市沾化县。1992 年航空遥感概查时界定为海岛，测得海岛面积为 4. 422 平方千米，海岛岸线长约 10. 68 千米。海岛呈东北—西南向斜锥形，由泥沙和贝壳等组成，高程 3 米左右。

2005 年现场调查时，已经被盐田、养殖池塘覆盖，找不到海岛痕迹。

9. 无名岛 WDI 9

无名岛 WDI 9 代码为 371623004021。

据《山东省海岛志》记载，该岛位于无棣县境东北部，套尔河西岸，东距红土洼子岛约3000米，地理坐标北纬38°01.8′、东经118°00.9′，在海岛名录一览表中的省序号为“078”、地市序号为滨州“78”，隶属于山东省滨州市沾化县。1992年航空遥感概查时界定为海岛，测得海岛面积为0.0942平方千米，海岛岸线长约1.54千米。属泥沙岛，主要物质组成为泥沙和贝壳，地势较低。

2005年现场调查时，已经被盐田、养殖池塘覆盖，找不到海岛痕迹。

10. 无名岛 WDI 10

无名岛 WDI 10 代码为371623004121。

据《山东省海岛志》记载，该岛位于无棣县境东北部套尔河东岸，东距大黑坨子岛约4000米，地理坐标为北纬37°58.7′、东经118°02.9′。在海岛名录一览表中的省序号为“079”、地市序号为滨州“79”，隶属于山东省滨州市沾化县。1992年航空遥感概查时界定为海岛，测得海岛面积为3.1498平方千米，海岛岸线长约9.64千米。属泥沙岛，主要物质组成为泥沙和贝壳。

2005年现场调查时，已经被盐田、养殖池塘覆盖，找不到海岛痕迹。

11. 洼拉沟堡岛（1）

洼拉沟堡岛（1）［Wālāgōupù Dǎo（1）］代码为371624000521。

据《山东省海岛志》记载，该岛位于沾化县东北部潮河西岸，地理坐标为北纬38°06.6′、东经118°13.4′，在海岛名录一览表中的省序号为“083”、地市序号为滨州“83”，隶属于山东省滨州市沾化县。1992年航空遥感概查时界定为海岛，测得海岛面积为0.008平方千米，海岛岸线长约0.45千米。属泥沙岛，主要物质组成为泥沙和贝壳。

2005年现场调查时，该岛周围已无海水环绕，与陆地连成一体，失去海岛属性。

12. 洼拉沟堡岛（2）

洼拉沟堡岛（2）［Wālāgōupù Dǎo（2）］代码为371624000621。

据《山东省海岛志》记载，该岛位于沾化县境东北部潮河西岸，地理坐标北纬38°06.6′、东经118°13.4′，在海岛名录一览表中的省序号为“084”、地市序号为滨州“84”，隶属于山东省滨州市沾化县。1992年航空遥感概查时界定为海岛，测得海岛面积为0.0095平方千米，海岛岸线长约0.54千米。海岛属泥沙岛，主要物质组成为泥沙和贝壳。

2005年现场调查时，该岛周围已无海水环绕，与陆地连成一体，失去海岛属性。

13. 无名岛 ZHU 12

无名岛 ZHU 12 代码为371624002621。

据《山东省海岛志》记载，该岛位于沾化县境东北部近岸区，地理坐标为北纬38°03.9′、东经118°24.2′，在海岛名录一览表中的省序号为“089”、地市序号为滨州“89”，隶属于山东省滨州市沾化县。1992年航空遥感概查时界定为海岛，测得海岛面积为0.0020平方千米，海岛岸线长约0.21千米。属泥沙岛，主要物质组成为泥沙和贝壳。

2005年现场调查时，该岛周围已无海水环绕，与陆地连成一体，失去海岛属性。

第三节　无棣县海区

1. 无名岛 CN 1

无名岛 CN 1 代码为100000000321。

据《山东省海岛志》记载，该岛位于无棣县境北部，大口河岛与高坨子岛之间，地理坐标为北纬38°14.9′、东经117°52.1′，在海岛名录一览表中的省序号为“002”、地市序号为滨州“02”，隶属于山东省滨州市无棣县。1992年航空遥感概查时界定为海岛，测得海岛面积为0.0025平方千米，海岛岸线长约0.50千米。属泥沙岛，主要物质组成为泥沙和贝壳，地势低平，受海浪和海潮作用经常发生变化。

2005年现场调查时，已经被盐田、养殖池塘覆盖，找不到海岛痕迹。

2. 无名岛CN 2

无名岛CN 2代码为100000000421。

据《山东省海岛志》记载，该岛位于无棣县境北部，大口河岛与高坨子岛之间，地理坐标为北纬38°14.9′、东经117°52.3′，在海岛名录一览表中的省序号为“003”、地市序号为滨州“03”，隶属于山东省滨州市无棣县。1992年航空遥感概查时界定为海岛，测得海岛面积为0.0124平方千米，海岛岸线长约0.69千米。属泥沙岛，主要由泥沙和贝壳等组成，地势较低，受海浪和海潮作用经常发生变化。

2005年现场调查时，已经被盐田、养殖池塘覆盖，找不到海岛痕迹。

3. 无名岛CN 3

无名岛CN 3代码为100000000521。

据《山东省海岛志》记载，该岛位于无棣县境北部大口河岛与高坨子岛之间，地理坐标为北纬38°14.8′、东经117°52.4′，在海岛名录一览表中的省序号为“004”、地市序号为滨州“04”，隶属于山东省滨州市无棣县。1992年航空遥感概查时界定为海岛，测得海岛面积为0.0103平方千米，海岛岸线长约0.67千米。属泥沙岛，主要物质组成为泥沙和贝壳，地势较低，其规模受海浪和海潮影响较大。

2005年现场调查时，已经被盐田、养殖池塘覆盖，找不到海岛痕迹。

4. 无名岛CN 4

无名岛CN 4代码为100000000621。

据《山东省海岛志》记载，该岛位于无棣县境北部大口河岛与高坨子岛之间，地理坐标为北纬38°14.8′、东经117°52.8′，在海岛名录一览表中的省序号为“005”、地市序号为滨州“05”，隶属于山东省滨州市无棣县。1992年航空遥感概查时界定为海岛，测得海岛面积为0.0040平方千米，海岛岸线长约0.31千米。属泥沙岛，主要物质组成为泥沙和贝壳，地势较低，受海浪和海潮影响较大。

2005年现场调查时，已经被盐田、养殖池塘覆盖，找不到海岛痕迹。

5. 北沙子岛（1）

北沙子岛（1）[Běishāzi Dǎo（1）] 代码为371623000321。

据《山东省海岛志》记载，该岛位于无棣县北部马颊河河口西侧，地理坐标为北纬38°12.5′、东经117°58.0′，在海岛名录一览表中的省序号为“018”、地市序号为滨州“18”，隶属于山东省滨州市无棣县。1992年航空遥感概查时测得海岛面积为0.0023平方千米，海岛岸线长约0.48千米。海岛地势较低，属泥沙岛，主要由泥沙和贝壳组成。

2005年现场调查时，该岛周围已无海水环绕，与陆地连成一体，失去海岛属性。

6. 北沙子岛（3）

北沙子岛（3）[Běishāzi Dǎo（3）] 代码为371623000521。

据《山东省海岛志》记载，该岛位于马颊河、德惠新河的入海处，地理坐标为北纬 38°11.9′、东经 117°57.9′，在海岛名录一览表中的省序号为“020”、地市序号为滨州“20”，隶属于山东省滨州市无棣县。1992 年航空遥感概查时测得海岛面积为 0.0256 平方千米，海岛岸线长约 1.89 千米。海岛地势较低，属泥沙岛，主要由泥沙和贝壳组成。

2005 年现场调查时，该岛周围已无海水环绕，与陆地连成一体，失去海岛属性。

7. 五里台岛

五里台岛（Wǔlǐtái Dǎo）代码为 371623001521。

据《山东省海岛志》记载，五里台岛位于无棣县东北部，马颊河口之东，地理坐标为北纬 38°10′、东经 117°57.8′，在海岛名录一览表中的省序号为“023”、地市序号为滨州“23”，隶属于山东省滨州市无棣县。1992 年航空遥感概查时测得海岛面积为 0.1273 平方千米，海岛岸线长约 1.817 千米。属泥沙岛，地势较低，地面高程 1 米，无人居住。

2005 年现场调查时，已经被盐田、养殖池塘覆盖，找不到海岛痕迹。

8. 大汪岛（2）

大汪岛（2）［Dàwāng Dǎo（2）］代码为 371623001321。

据《山东省海岛志》记载，该岛位于无棣县境东北部，老沙头堡岛之东，赵沙子岛之西，地理坐标为北纬 38°10.1′、东经 117°59.8′，在海岛名录一览表中的省序号为“025”、地市序号为滨州“25”，隶属于山东省滨州市无棣县。1992 年航空遥感概查时测得海岛面积为 0.0418 平方千米，海岛岸线长约 0.89 千米，高程 1 米左右。属贝壳堤岛，无人居住。

2005 年现场调查时，已经被盐田、养殖池塘覆盖，找不到海岛痕迹。

9. 无名岛 WDI 2

无名岛 WDI 2 代码为 371623001821。

据《山东省海岛志》记载，该岛位于无棣县境东北部，大汪岛之东南、赵沙子岛之西，地理坐标为北纬 38°10.0′、东经 117°59.8′，在海岛名录一览表中的省序号为“026”、地市序号为滨州“26”，隶属于山东省滨州市无棣县。1992 年航空遥感概查时界定为海岛，测得海岛面积为 0.0147 平方千米，海岛岸线长约 0.98 千米。海岛形似四齿耙子，物质组成为泥沙和贝壳，岛上有少量杂草、黄须菜等生长，无人居住。

2005 年现场调查时，该岛周围已无海水环绕，与陆地连成一体，失去海岛属性。

10. 赵沙子岛（3）

赵沙子岛（3）［Zhàoshāzi Dǎo（3）］代码为 371623000921。

据《山东省海岛志》记载，该岛位于无棣县境东北部马颊河口和套尔河之间，地理坐标为北纬 38°10.6′、东经 118°01.3′，在海岛名录一览表中的省序号为“029”、地市序号为滨州“29”，隶属于山东省滨州市无棣县。1992 年航空遥感概查时界定为海岛，测得海岛面积为 0.0124 平方千米，海岛岸线长约 0.62 千米。属贝壳沙堤岛，地势较低，地表高程 1.5 米左右。

2005 年现场调查时，已经被盐田、养殖池塘覆盖，找不到海岛痕迹。

11. 赵沙子岛（4）

赵沙子岛（4）［Zhàoshāzi Dǎo（4）］代码为 371623001121。

据《山东省海岛志》记载，该岛位于无棣县境东北部马颊河口和套尔河之间，地理坐标为北纬 38°10.4′、东经 118°01.4′，在海岛名录一览表中的省序号为“030”、地市序号滨州“30”，隶属于山东省滨州市无棣县。1992 年航空遥感概查时界定为海岛，测得海岛面积为 0.0069 平方千米，海岛岸线长约 0.51 千米。属贝壳沙堤岛，地势较低，地表高程 1.5 米左右。

2005 年现场调查时，已经被盐田、养殖池塘覆盖，找不到海岛痕迹。

12. 赵沙子岛（5）

赵沙子岛（5）[Zhàoshāzi Dǎo（5）] 代码为 371623001221。

据《山东省海岛志》记载，该岛位于无棣县境东北部马颊河口和套尔河之间，地理坐标为北纬 38°10.5′、东经 118°01.5′，在海岛名录一览表中的省序号为“031”、地市序号滨州“31”，隶属于山东省滨州市无棣县。1992 年航空遥感概查时界定为海岛，测得海岛面积为 0.0055 平方千米，海岛岸线长约 0.14 千米。属贝壳沙堤岛，地势较低，地表高程 1.5 米左右。

2005 年现场调查时，已经被盐田、养殖池塘覆盖，找不到海岛痕迹。

13. 赵沙子岛（6）

赵沙子岛（6）[Zhàoshāzi Dǎo（6）] 代码为 371623001421。

据《山东省海岛志》记载，该岛位于无棣县境东北部马颊河口和套尔河之间，地理坐标为北纬 38°10.2′、东经 118°01.8′，在海岛名录一览表中的省序号为“032”、地市序号滨州“32”，隶属于山东省滨州市无棣县。1992 年航空遥感概查时界定为海岛，测得海岛面积为 0.0324 平方千米，海岛岸线长约 1.72 千米。属贝壳沙堤岛，地势较低，地表高程 1.5 米左右。

2005 年现场调查时，已经被盐田、养殖池塘覆盖，找不到海岛痕迹。

14. 赵沙子岛（8）

赵沙子岛（8）[Zhàoshāzi Dǎo（8）] 代码为 371623001721。

据《山东省海岛志》记载，该岛位于无棣县境东北部马颊河口和套尔河之间，地理坐标为北纬 38°10.0′、东经 118°02.0′，在海岛名录一览表中的省序号为“034”、地市序号为滨州“34”，隶属于山东省滨州市无棣县。1992 年航空遥感概查时界定为海岛，测得海岛面积为 0.0021 平方千米，海岛岸线长约 0.35 千米。属贝壳沙堤岛，地势较低，地表高程 1.5 米左右。

2005 年现场调查时，已经被盐田、养殖池塘覆盖，找不到海岛痕迹。

15. 赵沙子岛（9）

赵沙子岛（9）[Zhàoshāzi Dǎo（9）] 代码为 371623002021。

据《山东省海岛志》记载，该岛位于无棣县境东北部马颊河口和套尔河之间，地理坐标为北纬 38°09.9′、东经 118°02.0′，在海岛名录一览表中的省序号为“035”、地市序号为滨州“35”，隶属于山东省滨州市无棣县。1992 年航空遥感概查时界定为海岛，测得海岛面积为 0.0076 平方千米，海岛岸线长约 0.58 千米。属贝壳沙堤岛，地势较低，地表高程 1.5 米左右。

2005 年现场调查时，已经被盐田、养殖池塘覆盖，找不到海岛痕迹。

16. 赵沙子岛（10）

赵沙子岛（10）[Zhàoshāzi Dǎo（10）] 代码为 371623002121。

据《山东省海岛志》记载，该岛位于无棣县境东北部马颊河口和套尔河之间，地理坐标为北纬 38°09.8′、东经 118°02.1′，在海岛名录一览表中的省序号为“036”、地市序号滨州“36”，隶属于山东省滨州市无棣县。1992 年航空遥感概查时界定为海岛，测得海岛面积为 0.0112 平方千米，海岛岸线长约 0.85 千米。属贝壳沙堤岛，地势较低，地表高程 1.5 米左右。

2005 年现场调查时，已经被盐田、养殖池塘覆盖，找不到海岛痕迹。

17. 赵沙子岛（11）

赵沙子岛（11）［Zhàoshāzi Dǎo（11）］代码为371623002321。

据《山东省海岛志》记载，该岛位于无棣县境东北部马颊河口和套尔河之间，地理坐标为北纬38°09.7′、东经118°02.2′，在海岛名录一览表中的省序号为“037”、地市序号滨州“37”，隶属于山东省滨州市无棣县。1992年航空遥感概查时界定为海岛，测得海岛面积为0.0041平方千米，海岛岸线长约0.45千米。属贝壳沙堤岛，地势较低，地表高程1.5米左右。

2005年现场调查时，已经被盐田、养殖池塘覆盖，找不到海岛痕迹。

18. 赵沙子岛（12）

赵沙子岛（12）［Zhàoshāzi Dǎo（12）］代码为371623002421。

据《山东省海岛志》记载，该岛位于无棣县境东北部马颊河口和套尔河之间，地理坐标为北纬38°09.6′、东经118°02.2′，在海岛名录一览表中的省序号为“038”、地市序号滨州“38”，隶属于山东省滨州市无棣县。1992年航空遥感概查时界定为海岛，测得海岛面积为0.0010平方千米，海岛岸线长约0.15千米。属贝壳沙堤岛，地势较低，地表高程1.5米左右。

2005年现场调查时，已经被盐田、养殖池塘覆盖，找不到海岛痕迹。

19. 赵沙子岛（13）

赵沙子岛（13）［Zhàoshāzi Dǎo（13）］代码为371623002521。

据《山东省海岛志》记载，该岛位于无棣县境东北部马颊河口和套尔河之间，地理坐标为北纬38°09.5′、东经118°02.3′，在海岛名录一览表中的省序号为“039”、地市序号为滨州“39”，隶属于山东省滨州市无棣县。1992年航空遥感概查时界定为海岛，测得海岛面积为0.0041平方千米，海岛岸线长约0.46千米。属贝壳沙堤岛，地势较低，地表高程1.5米左右。

2005年现场调查时，已经被盐田、养殖池塘覆盖，找不到海岛痕迹。

20. 赵沙子岛（14）

赵沙子岛（14）［Zhàoshāzi Dǎo（14）］代码为371623002721。

据《山东省海岛志》记载，该岛位于无棣县境东北部马颊河口和套尔河之间，地理坐标为北纬38°09.2′、东经118°02.4′，在海岛名录一览表中的省序号为“040”、地市序号为滨州“40”，隶属于山东省滨州市无棣县。1992年航空遥感概查时界定为海岛，测得海岛面积为0.0091平方千米，海岛岸线长约0.73千米。属贝壳沙堤岛，地势较低，地表高程1.5米左右。

2005年现场调查时，已经被盐田、养殖池塘覆盖，找不到海岛痕迹。

21. 无名岛WDI3

无名岛WDI 3代码为371623002921。

据《山东省海岛志》记载，该岛位于无棣县境东北部，马颊河河口之南，地理坐标为北纬38°09.1′、东经117°54.0′，在海岛名录一览表中的省序号为“042”、地市序号为滨州“42”，隶属于山东省滨州市无棣县。1992年航空遥感概查时界定为海岛，测得海岛面积为0.0880平方千米，岸线长1.54千米。属泥沙岛，主要由泥沙和贝壳组成。

2005年现场调查时，该岛周围已无海水环绕，失去海岛属性。

22. 无名岛WDI4

无名岛WDI 4代码为371623003121。

据《山东省海岛志》记载，该岛位于无棣县境东北部，马颊河河口之南，小堡岛之西，地理坐标为北纬 38°08.9′、东经 117°54.4′，在海岛名录一览表中的省序号为“043”、地市序号为滨州“43”，隶属于山东省滨州市无棣县。1992 年航空遥感概查时界定为海岛，测得海岛面积为 0.2069 平方千米，海岛岸线长约 2.70 千米。属泥沙岛，主要物质组成为泥沙和贝壳。

2005 年现场调查时，该岛周围已无海水环绕，失去海岛属性。

23. 小堡岛（1）

小堡岛（1）［Xiǎopù Dǎo（1）］代码为 371623002221。

据《山东省海岛志》记载，该岛位于无棣县境东北部马颊河河口之南，老堡岛之北，地理坐标为北纬 38°09.7′、东经 117°56.5′，在海岛名录一览表中的省序号为“044”、地市序号为滨州“44”，隶属于山东省滨州市无棣县。1992 年航空遥感普查时测得海岛面积为 1.1312 平方千米，海岛岸线长约 6.92 千米。属泥沙岛，主要由泥沙和贝壳堆积而成，地势较低，地表高程 1.2 米左右。

2005 年现场调查时，已经被盐田、养殖池塘覆盖，找不到海岛痕迹。

24. 小堡岛（2）

小堡岛（2）［Xiǎopù Dǎo（2）］代码为 371623002821。

据《山东省海岛志》记载，该岛位于无棣县境东北部马颊河河口之南，老堡岛之北，地理坐标为北纬 38°09.2′、东经 117°56.8′，在海岛名录一览表中的省序号为“047”、地市序号为滨州“47”，隶属于山东省滨州市无棣县。1992 年航空遥感普查时测得海岛面积为 1.3087 平方千米，海岛岸线长约 7.04 千米。

2005 年现场调查时，已经被盐田、养殖池塘覆盖，找不到海岛痕迹。

25. 北坨子

北坨子（Běituózi）代码为 371623003221。

据《山东省海岛志》记载，该岛位于无棣县境东北部，小堡岛南、岔尖堡岛西北，地理坐标为北纬 38°08.5′、东经 117°56.6′，在海岛名录一览表中的省序号为“048”、地市序号为滨州“48”，隶属于山东省滨州市无棣县。1992 年航空遥感普查时测得海岛面积为 0.3053 平方千米，海岛岸线长约 2.85 千米。属泥沙岛，主要由泥沙和贝壳堆积而成，地势较低，地表高程 1.2 米左右。

2005 年现场调查时，已经被盐田、养殖池塘覆盖，找不到海岛痕迹。

26. 无名岛 WDI 5

无名岛 WDI 5 代码为 371623003621。

据《山东省海岛志》记载，该岛位于无棣县境东北部套尔河河口西，地理坐标为北纬 38°05.6′、东经 117°59.3′，在海岛名录一览表中的省序号为“053”、地市序号为滨州“53”，隶属于山东省滨州市无棣县。1992 年航空遥感概查时界定为海岛，测得海岛面积为 0.0276 平方千米，海岛岸线长约 0.81 千米。属泥沙岛，主要由泥沙和贝壳堆积形成。

2005 年现场调查时，已经被盐田、养殖池塘覆盖，找不到海岛痕迹。

27. 无名岛 WDI 6

无名岛 WDI 6 代码为 371623003721。

据《山东省海岛志》记载，该岛位于无棣县境东北部，套尔河河口西，岔尖堡岛南约 3 千米，地理坐标为北纬 38°05.2′、东经 117°58.8′，在海岛名录一览表中的省序号为“052”、地市序号为滨州“52”，隶属于山东省滨州市无棣县。1992 年航空遥感概查时界定为海岛，测得海岛面积为 0.5498 平方千米，海岛岸线长约 4.74 千米。属泥沙岛，主要由泥沙和贝壳堆积形成，地势较低，地表高程 1 米左右。

2005 年现场调查时，已经被盐田、养殖池塘覆盖，找不到海岛痕迹。

28. 无名岛 WDI 7

无名岛 WDI 7 代码为 371623003821。

据《山东省海岛志》记载，该岛位于无棣县境东北部，套尔河河口西，地理坐标为北纬38°04.7′、东经 117°59.5′，在海岛名录一览表中的省序号为“054”、地市序号滨州“54”，隶属于山东省滨州市无棣县。1992 年航空遥感概查时界定为海岛，测得海岛面积为 0.4393 平方千米，海岛岸线长约 3.88 千米。属泥沙岛，主要物质组成为泥沙和贝壳。

2005 年现场调查时，已经被盐田、养殖池塘覆盖，找不到海岛痕迹。

29. 无名岛 WDI8

无名岛 WDI 8 代码为 371623003922。

据《山东省海岛志》记载，该岛位于无棣县境东北部，套尔河河口东，地理坐标为北纬38°04.0′、东经 118°01.3′，在海岛名录一览表中的省序号为“055”、地市序号为滨州“55”，隶属于山东省滨州市无棣县。1992 年航空遥感概查时界定为海岛，测得海岛面积为 3.2486 平方千米，海岛岸线长约 11.02 千米。属泥沙岛，主要物质组成为泥沙和贝壳，地势较低。

2005 年现场调查时，已经被盐田、养殖池塘覆盖，找不到海岛痕迹。

第三十七章　滨州市海岛变迁原因

滨州市海区海岛普遍存在不稳定状态，除上述数量减少之外，海岛的形态、面积等发生了较大变化。通过该区1956年、1967年和1980年出版的地形图数据，以及2005年实地调查数据进行对比分析，结果（表7-37-1）表明，该区海岛的面积、形状等在各个时期有较大不同，呈不稳定状态，1980年以后多数海岛的面积缩小了。

表7-37-1　滨州地区多年海岛面积动态变化　　单位：平方千米

海岛名称	1956年	1967年	1980年	1992年	2005年实测值
大口河岛	2.02	0.86	4.57	0.35	0.082
棘家堡子岛（6）	7.67	7.34	6.04	0.68	0.4
脊岭子岛	1.01	1.51	0.86	1.05	0.879
大堡岛	2.82	0.90	1.06	0.43	0.4
岔尖堡岛	5.0	4.06	5.1	5.23	0.813
老堡岛	2.86	2.4	3.6	0.76	0.065
南长滩岛	2.13	2.03	2.58	1.94	0.39
老沙头堡岛	0.84	0.81	2.35	0.55	0.35
红土洼子岛（1）	1.12	1.14	1.25	1.01	0.195
红土洼子岛（2）	4.34	4.82	4.7	4.42	消失
大黑坨子岛	3.38	3.95	4.4	1.56	0.074
大汪岛（1）	0.64	0.4	3.73	0.29	0.063
北沙子岛（3）	0.16	0.12	2.24（合为一个）	0.03	消失
北沙子岛（1）	0.12	0.1		0.002	消失
五里台岛	0.059	0.019	消失	0.13	消失

20世纪80年代以前的变化，主要受海洋动力等自然力影响而发生变化，例如：大口河岛、棘家堡子岛（6）、脊岭子岛、大堡岛、岔尖堡岛、南长滩岛、老沙头堡岛等。20世纪80年代以后，人类活动对该区影响逐渐增大，随着人类开发活动的不断扩展，一些海岛开始消失，如红土洼子岛（2）、北沙子（1）、北沙子岛（3）和五里台岛等。

近20多年来，该区域海岛上的常住人口基本没有变化，但是周边土地利用情况发生了较大的变化。在该时间段内，漳卫新河与马颊河之间一直以盐田、养殖池用地为主，未发生大变化，该区域仅在北侧靠近漳卫新河处有4个岛屿消失，东北靠近马颊河入海处有两个岛屿消失；马颊河与潮河之间，包括套尔河及岛其支流范围内，大片土地被改造为盐田、养殖池。这也是海岛消失发生的主要区域，共有35个岛屿消失，包括面积较大的红土洼子岛（2）、无名岛WDI8、无名岛WDI10、黑坨子岛。

大量养殖池、盐田的建立，改变了该区域河流及潮水的运动性质，围造盐田、填海行为更是直接改变了海岛岸线形状。该区域内大量岛屿周围的潮滩，连并部分高程较低的岛陆，被改造为养殖池和盐田，是岛屿面积减小及数量减少的主要原因。过去对海岛的某些开发行为，也加剧了岛屿地形地貌的变化，如无棣县境内的棘家堡子岛，1992—2002年期间，曾经有大规模挖沙行为，导致岛上部分地区高程下降，风暴潮来临时，更难抵御潮水的冲蚀作用。

参考文献

安为乐，等．2005．中国历史地名大辞典．北京：中国社会科学出版社．

曹家欣，李培英，石宁．1987．山东庙岛群岛的黄土［J］．中国科学（B辑），(10)：1116-1123.

曹家欣，李培英，石宁，等．1986．山东庙岛群岛的黄土与海面变迁［G］/中国海平面变化：81-90，北京：海洋出版社．

丁德文．1999．工程海冰学概论［M］．北京：海洋出版社，214，221.

丁梦麟，裴静娴．1984．山东蓬莱等地第四纪玄武岩的热发光年龄［J］．地质科学，(1)：103-107.

董礼先，苏纪兰，陈琪，等．2000．潍河口水文特征分析［J］．海洋学报，22（2）：9-15.

樊雄、张希建，等．2003．长岛1000吨/日反渗透海水淡化示范工程［J］．水处理技术，29（6）：354-356.

丰爱平，夏东兴．2003．海岸侵蚀灾情分级［J］．海岸工程，22（2）：60-66.

丰爱平，夏东兴，谷东起，等．2006．莱州湾南岸海岸侵蚀过程与原因研究［J］．海洋科学进展，24（1）：83-90.

国家海洋局，1990年《中国海洋灾害公报》．

国家海洋局，1994年《中国海洋灾害公报》．

国家海洋局，1997年《中国海洋灾害公报》．

国家海洋局，2005年《中国海洋灾害公报》（风暴潮）．

国家海洋局．2008．HY/T 119—2008 全国海岛名称与代码［S］．北京：中国标准出版社．

国家林业局．1996．中国林业年鉴——1995［C］．北京：中国林业出版社．

何起详，等．2006．中国海洋沉积地质学［M］．北京：海洋出版社，189-191.

侯英民．2010．山东海情［M］．北京：海洋出版社．

黄少军，薛龙波，石磊，等．2006．渤海海峡客滚船海难事故与大风事件关系分析［J］．气象与环境学报，22（3）：30-32.

贾长祥，王成法．1999．松材线虫病在山东长岛的发生与治理［J］．植物检疫，13（5）：295-296.

金翔龙，郑开云．1964．庙岛羣岛地质的初步观察［J］．海洋与湖沼，6（4）：364-369．

鞠洪绶．1992．长岛县首次发现松材线虫病［J］．植物检疫，6（1）：73.

李培英．1984．庙岛群岛第四纪沉积物与环境变迁［D］．北京：北京大学地质系硕士毕业论文．

李培英．1987．庙岛群岛的晚新生界与环境变迁［J］．海洋地质与第四纪地质，7（4）：111-122.

李培英，徐兴永，赵松岭．2008．海岸带黄土与古冰川遗迹［M］．北京：海洋出版社．

李四光原著．《中国地质学》扩编委员会编著．1999．中国地质学．北京：地质出版社，342-344.

李仲钦．2004．中国及世界海水淡化的发展和现状概述．新华文摘，(21)．

刘文权．1997．人间海市——长岛［M］．北京：海洋出版社．

刘文权．2005．长岛渔家［M］．青岛：中国海洋大学出版社．

马宗晋，郑功成．1998．中国气象洪涝海洋灾害［M］．长沙：湖南人民出版社，307.

青岛市科学技术委员会．1996．青岛市海岛资源综合调查研究报告［R］．北京：海洋出版社．

［清］顾祖禹．2008．谈史方兴纪要．北京：中华书局．

［清］张廷玉．1991．明史．上海：上海古籍出版社，上海书店．

全国海岛资源综合开发试验报告编写组．1996．全国海岛资源综合开发试验报告［R］．北京：海洋出版社．

山东省滨州地区地方史志编撰委员会．1996．滨州地区志［Z］．北京：中华书局，114-115.

山东省长岛县志编纂委员会．1990．长岛县志［Z］．济南：山东人民出版社．

山东省第四地质矿产勘查院．2003．山东省区域地质［M］．济南：山东地图出版社，752-806.

山东省惠民地区水利志办公室．1991．惠民地区水利志［Z］．青岛：青岛出版社，102-105.

山东省科学技术委员会．1995．山东省海岛志［M］．济南：山东科学技术出版社．

山东省龙口市史志编纂委员会．1995．龙口市志［Z］．济南：齐鲁书社出版社．

山东省无棣县史志编撰委员会．1994．无棣县志［Z］．济南：齐鲁书社，102.

山东省沾化县地方史志编撰委员会．1995．沾化县志［Z］．济南：齐鲁书社．

史为乐，等．2005．中国历史地名大辞典．北京：中国社会科学出版社．

［宋］乐史．2007．太平寰宇记．北京：中华书局．

［宋］欧阳修. 1991. 新唐书. 上海：上海古籍出版社，上海书店.

孙兴池，王文毅，王业宏，等. 2007. 0509 号台风“麦莎”影响山东分析，热带气象学报，(6)：307-312.

田家怡，董景岳. 1983. 黄河口附近海域有机污染与赤潮生物的初步调查研究［J］. 海洋环境科学，22（1）：46-53.

王文海，吴桑云，陈雪英. 1994. 山东省 9216 号强热带气旋风暴期间的海岸侵蚀灾害［J］. 海洋地质与第四纪地质，14（4）：71-78.

王颖，吴小根. 1995. 海平面上升与海滩侵蚀［J］. 地理学报，50（2）：118-126.

王志豪. 1984. 黄河三角洲的变迁与黄河口油港港址的选择［J］. 海岸工程，3（2）：7-14.

吴忠波. 2006. 长岛旅游［M］. 北京：人民日报出版社，103.

夏东兴，武桂秋，杨鸣. 1995. 山东省海洋灾害研究［M］. 北京：海洋出版社，32-37.

杨文鹤. 2000. 中国海岛［M］. 北京：海洋出版社.

于善娟，刘学萍，栾东红. 烟台北部海域大风与海难事故分析及预防对策［EB/OL］. http：//www. zgsyzz. com / Article/ShowInfo. asp？ID =4706&Page =4.

张淑芝. 1989. 山东省长岛县小钦岛摆式波力试验电站可行性研究通过评审［J］. 海洋技术，(03).

张效龙，李培英. 2008. 现代黄河三角洲的海岸侵蚀及其环境影响［J］. 海洋环境科学，27（5）：475-479.

张兴铭，王喜年. 1994. 减轻海洋自然灾害促进黄河三角洲经济发展［J］. 黄河三角洲研究，(5)：45，47.

张训华，等. 2008. 中国海域构造地质学［M］. 北京：海洋出版社，204-205.

赵奎寰. 1983. 从矿物学探讨庙岛列岛黄土成因［J］. 海洋科学，(1)：29-32.

赵奎寰主编. 1989. 长山岛自然环境与资源［M］. 北京：海洋出版社.

中国古今地名大辞典编纂委员会. 2005. 中国古今地名大辞典. 上海：上海辞书出版社.

中国历史大辞典编纂委员会. 2000. 中国历史大辞典. 上海：上海辞书出版社.

中华人民共和国国家质量技术监督局. 中国地震动参数区划图（GB 18306—2001）［S］.

朱道清. 2007. 中国水系大辞典（修订版）［Z］. 青岛：青岛出版社.

Bruun P. 1988. The Bruun rule of erosion by sea level rise：A discussion on large scale two-and three-dimentional usages［J］. Journal of Coastal Research，4（4）：627-648.

《中国海岛志》山东卷第一册海岛名录

1. 现存海岛名录（按记述顺序）

岛群名称	序号	海岛名称		代码	行政隶属	地理坐标		面积（米^2）	岸线长度（米）	高程（米）	社会属性	成因	备注
		中文名称	汉语拼音			纬度(N)	经度(E)						
庙岛群岛南部岛群	1	南长山岛	Nánchángshān Dǎo	370634003211	烟台市长岛县	37°55.0′	120°44.5′	13 212 840	25 450	156.1	有居民岛	基岩岛	县政府驻地
	2	北长山岛	Běichángshān Dǎo	370634002311	烟台市长岛县	37°58.5′	120°42.5′	7 977 780	15 400	195.7	有居民岛	基岩岛	乡政府驻地
	3	大黑山岛	Dàhēishān Dǎo	370634002511	烟台市长岛县	37°58.0′	120°36.5′	7 474 480	13 600	189.0	有居民岛	基岩岛	乡政府驻地
	4	小黑山岛	Xiǎohēishān Dǎo	370634002411	烟台市长岛县	37°58.2′	120°38.8′	1 260 320	5790	95.1	有居民岛	基岩岛	岛上有 1 个行政村
	5	庙岛	Miào Dǎo	370634002911	烟台市长岛县	37°56.3′	120°40.8′	1 425 400	8370	98.3	有居民岛	基岩岛	岛上有 2 个行政村
	6	南砣子岛	Nántuózi Dǎo	370634002821	烟台市长岛县	37°56.3′	120°37.4′	185 380	3200	15.1	无居民岛	基岩岛	
	7	鱼鳞岛	Yúlín Dǎo	370634003021	烟台市长岛县	37°55.9′	120°37.7′	14 670	550	19.5	无居民岛	基岩岛	
	8	大门礁	Dàmén Jiāo	370634004021	烟台市长岛县	37°57.1′	120°37.8′	6140	340	1.6	无居民岛	基岩岛	原名大母猪礁
	9	羊砣子岛	Yángtuózi Dǎo	370634002721	烟台市长岛县	37°56.7′	120°40.1′	104 230	1510	26.4	无居民岛	基岩岛	又称羊砣子
	10	牛砣子岛	Niútuózi Dǎo	370634003121	烟台市长岛县	37°55.8′	120°40.2′	66 530	1500	26.4	无居民岛	基岩岛	又称牛砣子
	11	大礁	Dà Jiāo	370634004131	烟台市长岛县	37°56.1′	120°40.1′	320	70	1.9	无居民岛	基岩岛	908 专项调查新增海岛
	12	犁犋把岛	Líjùbǎ Dǎo	370634002121	烟台市长岛县	37°58.8′	120°39.2′	14 980	580	22.4	无居民岛	基岩岛	又称来家坝子
	13	烧饼岛	Shāobing Dǎo	370634002621	烟台市长岛县	37°57.5′	120°41.1′	17 510	560	19.6	无居民岛	基岩岛	
	14	螳螂岛	Tángláng Dǎo	370634002221	烟台市长岛县	37°58.7′	120°40.5′	165 290	2310	54.7	无居民岛	基岩岛	
	15	蝎𡱂岛	Xiēdū Dǎo	370634002021	烟台市长岛县	37°59.1′	120°40.0′	4180	300	9.8	无居民岛	基岩岛	
	16	挡浪岛	Dǎnglàng Dǎo	370634001921	烟台市长岛县	37°59.2′	120°39.9′	132 340	2720	35.9	无居民岛	基岩岛	又称打连岛
	17	马枪石岛	Mǎqiāngshí Dǎo	370634001821	烟台市长岛县	37°59.9′	120°39.7′	7130	520	8.9	无居民岛	基岩岛	又称马枪石、大马长石

续表

岛群名称	序号	海岛名称		代码	行政隶属	地理坐标		面积（米^2）	岸线长度（米）	高程（米）	社会属性	成因	备注
		中文名称	汉语拼音			纬度(N)	经度(E)						
庙岛群岛中部岛群	18	砣矶岛	Tuójī Dǎo	370634000811	烟台市长岛县	38°10.0′	120°45.0′	7 079 560	20 940	198.9	有居民岛	基岩岛	镇政府驻地
	19	高山岛	Gāoshān Dǎo	370634001121	烟台市长岛县	38°08.2′	120°38.3′	442 440	4190	202.8	无居民岛	基岩岛	
	20	猴矶岛	Hóujī Dǎo	370634001421	烟台市长岛县	38°03.5′	120°38.5′	314 830	3270	92.9	无居民岛	基岩岛	
	21	车由岛	Chēyóu Dǎo	370634001521	烟台市长岛县	38°04.2′	120°51.2′	53 710	1510	73.5	无居民岛	基岩岛	
	22	小竹山岛	Xiǎozhúshān Dǎo	370634001721	烟台市长岛县	38°01.3′	120°52.2′	273 470	2340	97.3	无居民岛	基岩岛	
	23	大竹山岛	Dàzhúshān Dǎo	370634001621	烟台市长岛县	38°01.6′	120°56.1′	1 511 360	6210	194.5	无居民岛	基岩岛	
	24	山嘴石岛	Shānzuǐshí Dǎo	370634000721	烟台市长岛县	38°11.0′	120°45.6′	2860	270	16.7	无居民岛	基岩岛	又称山咀石
	25	砣子岛	Tuózi Dǎo	370634001021	烟台市长岛县	38°09.2′	120°44.8′	57 270	1270	60.3	无居民岛	基岩岛	又称砣子
	26	东嘴石岛	Dōngzuǐshí Dǎo	370634000921	烟台市长岛县	38°09.2′	120°47.1′	3210	230	7.2	无居民岛	基岩岛	又称东咀石或东咀礁
	27	小高山岛	Xiǎogāoshān Dǎo	370634001221	烟台市长岛县	38°08.0′	120°38.5′	4200	270	12.6	无居民岛	基岩岛	
	28	小猴矶岛	Xiǎohóujī Dǎo	370634001321	烟台市长岛县	38°03.8′	120°38.4′	2340	190	23.3	无居民岛	基岩岛	
庙岛群岛北部岛群	29	北隍城岛	Běihuángchéng Dǎo	370634000111	烟台市长岛县	38°23.4′	120°54.6′	2 671 780	9940	159.9	有居民岛	基岩岛	乡政府驻地
	30	南隍城岛	Nánhuángchéng Dǎo	370634000311	烟台市长岛县	38°21.5′	120°54.0′	1 844 220	13 450	100.9	有居民岛	基岩岛	乡政府驻地
	31	小钦岛	Xiǎoqīn Dǎo	370634000511	烟台市长岛县	38°20.4′	120°49.0′	1 140 470	7050	148.9	有居民岛	基岩岛	乡政府驻地
	32	大钦岛	Dàqīn Dǎo	370634000611	烟台市长岛县	38°18.4′	120°49.0′	6 447 510	15 290	202.4	有居民岛	基岩岛	乡政府驻地
	33	将军石	Jiāngjūnshí	370634003331	烟台市长岛县	38°22.9′	120°54.5′	170	60	10.9	无居民岛	基岩岛	新增海岛
	34	老母猪礁	Lǎomǔzhūjiāo	370634003431	烟台市长岛县	38°23.7′	120°55.9′	—	—	12.8	无居民岛	基岩岛	新增海岛
	35	老凹礁	Lǎo'āojiāo	—	烟台市长岛县	38°23.3′	120°53.7′	100	40	2.5	无居民岛	基岩岛	新增海岛，海图也标注老娃礁
	36	坡礁岛	Pōjiāo Dǎo	370634000221	烟台市长岛县	38°21.8′	120°54.9′	2150	220	12.0	无居民岛	基岩岛	又称坡礁
	37	香炉礁	Xiānglú Jiāo	370634003531	烟台市长岛县	38°22.3′	120°53.6′	500	160	18.8	无居民岛	基岩岛	908 专项调查新增海岛
	38	小香炉礁	Xiǎoxiānglú Jiāo	370634003631	烟台市长岛县	38°22.2′	120°53.9′	310	110	7.4	无居民岛	基岩岛	山东海情称为“二香炉礁”
	39	佛爷礁	Fóye Jiāo	370634003731	烟台市长岛县	38°21.8′	120°54.9′	160	51	20.1	无居民岛	基岩岛	908 专项调查新增海岛
	40	大占波礁	Dàzhànbō Jiāo	370634003821	烟台市长岛县	38°21.8′	120°54.9′	1070	180	23.5	无居民岛	基岩岛	908 专项调查新增海岛
	41	南隍城岛西礁	Nánhuángchéng Dǎo Xījiāo	—	烟台市长岛县	38°21.9′	120°53.5′	81	37	3	无居民岛	基岩岛	908 专项调查新增海岛
	42	鳖盖山岛	Biēgàishān Dǎo	370634000421	烟台市长岛县	38°21.4′	120°50.4′	18 800	670	42.8	无居民岛	基岩岛	又称鳖盖山
	43	大石篷	Dàshípéng	—	烟台市长岛县	38°20.7′	120°50.2′	240	—	10.6	无居民岛	基岩岛	新增海岛
	44	老爷礁	Lǎoyejiāo	—	烟台市长岛县	38°21.0′	120°50.8′	60	—	6.9	无居民岛	基岩岛	908 专项调查新增海岛

续表

岛群名称	序号	海岛名称		代码	行政隶属	地理坐标		面积（$米^2$）	岸线长度（米）	高程（米）	社会属性	成因	备注
		中文名称	汉语拼音			纬度(N)	经度(E)						
庙岛群岛北部岛群	45	老鸹礁	Lǎoguā Jiāo	—	烟台市长岛县	38°18.9′	120°48.6′	12	—	5.1	无居民岛	基岩岛	地图上也有标注“乱石头”
	46	躺龙礁	Tǎnglóng Jiāo	—	烟台市长岛县	38°18.4′	120°48.3′	13	—	6.2	无居民岛	基岩岛	地图上也有标注“海鸭礁”
	47	五块石	Wǔkuàishí	—	烟台市长岛县	38°17.8′	120°48.0′	—	—	11.5	无居民岛	基岩岛	新增海岛
龙口莱州海区	48	桑岛	Sāng Dǎo	370681000211	烟台市龙口市	37°46.3′	120°26.7′	1 929 340	7720	9.2	有居民岛	基岩岛	岛上有1个行政村
	49	依岛	Yī Dǎo	370681000121	烟台市龙口市	37°47.3′	120°25.5′	33 800	760	5.8	无居民岛	基岩岛	
	50	芙蓉岛	Fúróng Dǎo	370683000221	烟台市莱州市	37°18.8′	119°48.9′	265 840	2410	75.7	无居民岛	基岩岛	
潍坊海区	51	潍河东沙子岛（1）	Wéihé Dōngshāzi Dǎo（1）	370786000421	潍坊市昌邑市	37°05.8′	119°28.6′	29 910	950	1.0	无居民岛	堆积岛	908专项调查新增海岛
	52	潍河东沙子岛（2）	Wéihé Dōngshāzi Dǎo（2）	370786000521	潍坊市昌邑市	37°05.6′	119°28.6′	3270	290	1.0	无居民岛	堆积岛	908专项调查新增海岛
	53	潍河西沙子岛（1）	Wéihé Xīshāzi Dǎo（1）	370786000121	潍坊市昌邑市	37°06.4′	119°28.8′	365 490	2870	1.0	无居民岛	堆积岛	908专项调查新增海岛
	54	潍河西沙子岛（2）	Wéihé Xīshāzi Dǎo（2）	370786000221	潍坊市昌邑市	37°06.3′	119°28.3′	70 210	1030	1.0	无居民岛	堆积岛	908专项调查新增海岛
	55	潍河西沙子岛（3）	Wéihé Xīshāzi Dǎo（3）	370786000321	潍坊市昌邑市	37°06.4′	119°28.2′	17 740	560	1.0	无居民岛	堆积岛	908专项调查新增海岛
	56	小清河口沙岛（1）	Xiǎoqīnghékǒushā Dǎo（1）	370783000121	潍坊市寿光市	37°18.0′	118°57.6′	1590	160	1.0	无居民岛	堆积岛	908专项调查新增海岛
	57	小清河口沙岛（2）	Xiǎoqīnghékǒushā Dǎo（2）	370783000221	潍坊市寿光市	37°18.0′	118°57.7′	1320	140	1.0	无居民岛	堆积岛	908专项调查新增海岛
	58	小清河口沙岛（3）	Xiǎoqīnghékǒushā Dǎo（3）	370783000321	潍坊市寿光市	37°17.9′	118°57.7′	1730	150	1.0	无居民岛	堆积岛	908专项调查新增海岛
	59	小清河口沙岛（4）	Xiǎoqīnghékǒushā Dǎo（4）	370783000421	潍坊市寿光市	37°17.9′	118°57.8′	2310	190	1.0	无居民岛	堆积岛	908专项调查新增海岛
	60	小清河口沙岛（5）	Xiǎoqīnghékǒushā Dǎo（5）	370783000521	潍坊市寿光市	37°17.9′	118°57.8′	1840	200	1.0	无居民岛	堆积岛	908专项调查新增海岛
东营海区	61	黄河口大岛	Huánghékǒu Dàdǎo	370521000221	东营市垦利县	37°45.8′	119°14.0′	6 021 410	11 760	1.0	无居民岛	堆积岛	908专项调查新增海岛
	62	黄河口小岛	Huánghékǒu Xiǎodǎo	370521000121	东营市垦利县	37°47.3′	119°14.4′	2 987 120	7920	1.0	无居民岛	堆积岛	908专项调查新增海岛
	63	贝壳岛（2）	Bèiqiào Dǎo（2）	370503000221	东营市河口区	38°00.7′	118°58.4′	71 210	4480	—	无居民岛	堆积岛	《中国海岛（礁）名录》为孤东贝壳岛
	64	贝壳岛（1）	Bèiqiào Dǎo（1）	370503000121	东营市河口区	38°07.7′	118°40.2′	790	210	—	无居民岛	堆积岛	《中国海岛（礁）名录》为孤北贝壳岛
滨州海区	65	大口河岛	Dàkǒuhé Dǎo	100000000112	滨州市无棣县	38°15.9′	117°51.9′	81 820	2130	1.9	有居民岛	堆积岛	岛上有1个行政村
	66	棘家堡子岛（6）	Jíjiāpùzi Dǎo（6）	100000001312	滨州市无棣县	38°13.7′	117°56.7′	404 600	5630	1.9	有居民岛	堆积岛	岛上有1个行政村
	67	南长滩岛	Nánchángtān Dǎo	371623001911	滨州市无棣县	38°10.0′	117°54.2′	390 380	3130	1.5	有居民岛	堆积岛	岛上有1个行政村
	68	岔尖堡岛	Chàjiānpù Dǎo	371623003412	滨州市无棣县	38°07.1′	117°58.8′	813 390	3930	2.7	有居民岛	堆积岛	岛上有1个行政村

续表

岛群名称	序号	海岛名称		代码	行政隶属	地理坐标		面积（米^2）	岸线长度（米）	高程（米）	社会属性	成因	备注
		中文名称	汉语拼音			纬度（N）	经度（E）						
滨州海区	69	无名岛 CN5		100000000721	滨州市无棣县	38°14.8′	117°52.6′	5500	440	—	无居民岛	堆积岛	《中国海岛（礁）名录》为高坨子西岛
	70	高坨子岛	Gāotuózi Dǎo	100000000221	滨州市无棣县	38°15.0′	117°53.8′	87 130	3390	1.7	无居民岛	堆积岛	又称高坨子
	71	棘家堡子岛（1）	Jíjiāpùzi Dǎo（1）	100000000821	滨州市无棣县	38°14.7′	117°54.7′	103 320	3140	—	无居民岛	堆积岛	
	72	棘家堡子岛（2）	Jíjiāpùzi Dǎo（2）	100000001021	滨州市无棣县	38°14.3′	117°55.6′	91 450	2700	—	无居民岛	堆积岛	
	73	棘家堡子岛（3）	Jíjiāpùzi Dǎo（3）	100000000921	滨州市无棣县	38°14.2′	117°55.8′	75 870	1720	—	无居民岛	堆积岛	
	74	棘家堡子岛（4）	Jíjiāpùzi Dǎo（4）	100000001121	滨州市无棣县	38°14.0′	117°55.9′	21 170	770	—	无居民岛	堆积岛	
	75	棘家堡子岛（5）	Jíjiāpùzi Dǎo（5）	100000001221	滨州市无棣县	38°13.9′	117°56.0′	1120	140	—	无居民岛	堆积岛	
	76	无名岛 CN6		100000001421	滨州市无棣县	38°13.1′	117°57.1′	8030	390	—	无居民岛	堆积岛	《中国海岛（礁）名录》为棘家堡子东岛（1）
	77	无名岛 CN7		100000001521	滨州市无棣县	38°13.1′	117°57.1′	11 400	410	—	无居民岛	堆积岛	《中国海岛（礁）名录》为棘家堡子东岛（2）
	78	无名岛 CN8		100000001621	滨州市无棣县	38°13.0′	117°57.2′	4740	450	—	无居民岛	堆积岛	《中国海岛（礁）名录》为棘家堡子东岛（3）
	79	WDI 1		371623000221	滨州市无棣县	38°13.0′	117°57.7′	18 850	1010	—	无居民岛	堆积岛	《中国海岛（礁）名录》为棘家堡子东岛（4）
	80	北沙子岛	Běishāzi Dǎo	371623000421	滨州市无棣县	38°12.5′	117°57.9′	22 780	970	—	无居民岛	堆积岛	
	81	老沙头堡岛	Lǎoshātóupù Dǎo	371623000121	滨州市无棣县	38°11.2′	117°58.1′	350 130	3610	—	无居民岛	堆积岛	又称沙头堡
	82	三里台岛	Sānlǐtái Dǎo	371623001021	滨州市无棣县	38°10.6′	117°54.8′	13 670	490	1.0	无居民岛	堆积岛	
	83	大汪岛（1）	Dàwāng Dǎo（1）	371623000821	滨州市无棣县	38°10.6′	117°59.1′	62 990	2190	1.0	无居民岛	堆积岛	
	84	赵沙子岛（1）	Zhàoshāzi Dǎo（1）	371623000621	滨州市无棣县	38°11.0′	118°00.8′	16 560	540	—	无居民岛	堆积岛	
	85	赵沙子岛（2）	Zhàoshāzi Dǎo（2）	371623000721	滨州市无棣县	38°10.9′	118°00.9′	21 410	750	—	无居民岛	堆积岛	
	86	赵沙子岛（7）	Zhàoshāzi Dǎo（7）	371623001621	滨州市无棣县	38°10.2′	118°01.8′	17 030	1040	—	无居民岛	堆积岛	
	87	东台子岛（1）	Dōngtáizi Dǎo（1）	371623002621	滨州市无棣县	38°09.1′	117°55.4′	16 380	530	—	无居民岛	堆积岛	
	88	东台子岛（2）	Dōngtáizi Dǎo（2）	371623003021	滨州市无棣县	38°09.0′	117°55.3′	26 630	800	1.0	无居民岛	堆积岛	
	89	老堡岛	Lǎopù Dǎo	371623003322	滨州市无棣县	38°08.2′	117°55.8′	65 030	1130	2.0	无居民岛	堆积岛	
	90	脊岭子岛	Jǐlǐngzi Dǎo	371623003521	滨州市无棣县	38°05.9′	118°00.8′	878 450	4200	2.0	无居民岛	堆积岛	又称脊岭子
	91	套尔河东沙子岛 (1)	Tào'érhé Dōngshāzi Dǎo (1)	371624000121	滨州市沾化县	38°07.8′	118°02.7′	2320	230	—	无居民岛	堆积岛	
	92	套尔河东沙子岛 (4)	Tào'érhé Dōngshāzi Dǎo (4)	371624000421	滨州市沾化县	38°07.3′	118°04.3′	216 510	2130	—	无居民岛	堆积岛	

续表

岛群名称	序号	海岛名称		代码	行政隶属	地理坐标		面积（米^2）	岸线长度（米）	高程（米）	社会属性	成因	备注
		中文名称	汉语拼音			纬度(N)	经度(E)						
滨州海区	93	无名岛 ZHU 3		371624000921	滨州市沾化县	38°06.2′	118°04.0′	13 060	740	—	无居民岛	堆积岛	《中国海岛（礁）名录》为套尔河东沙岛（5）
	94	无名岛 ZHU 1		371624000721	滨州市沾化县	38°06.3′	118°05.2′	425 410	4030	—	无居民岛	堆积岛	《中国海岛（礁）名录》为套尔河东沙岛（6）
	95	无名岛 ZHU 2		371624000821	滨州市沾化县	38°06.3′	118°05.5′	29 320	690	—	无居民岛	堆积岛	《中国海岛（礁）名录》为套尔河东沙岛（7）
	96	无名岛 ZHU 5		371624001121	滨州市沾化县	38°06.2′	118°06.7′	19 650	660	—	无居民岛	堆积岛	《中国海岛（礁）名录》为套尔河东沙岛（8）
	97	无名岛 ZHU 7		371624001321	滨州市沾化县	38°04.9′	118°06.9′	10 560	650	—	无居民岛	堆积岛	《中国海岛（礁）名录》为新立堡西岛
	98	新立堡岛	Xīnlìpù Dǎo	371624001521	滨州市沾化县	38°04.7′	118°07.2′	46 510	950	—	无居民岛	堆积岛	
	99	无名岛 ZHU 8		371624001421	滨州市沾化县	38°04.6′	118°07.4′	38 810	920	—	无居民岛	堆积岛	《中国海岛（礁）名录》为新立堡东岛（1）
	100	无名岛 ZHU 9		371624001621	滨州市沾化县	38°04.6	118°07.6′	38 290	1280	—	无居民岛	堆积岛	《中国海岛（礁）名录》为新立堡东岛（2）
	101	大堡岛	Dàpù Dǎo	371624001722	滨州市沾化县	38°03.6′	118°05.8′	402 020	3280	2.0	无居民岛	堆积岛	大堡
	102	小坨子岛（1）	Xiǎotuózi Dǎo（1）	371624002321	滨州市沾化县	38°00.7′	118°05.3′	67 530	1020	3.9	无居民岛	堆积岛	
	103	红土洼子岛（1）	Hóngtǔwāzi Dǎo（1）	371624001821	滨州市沾化县	38°00.8′	118°02.0′	195 250	2820	3.0	无居民岛	堆积岛	《中国海岛（礁）名录》红土洼子岛
	104	无名岛 ZHU 16		371624003121	滨州市沾化县	38°00.1′	118°04.2′	34 850	750	—	无居民岛	堆积岛	《中国海岛（礁）名录》为红土洼子东岛
	105	大黑坨子岛	Dàhēituózi Dǎo	371624002721	滨州市沾化县	38°58.8′	118°06.9′	74 190	1580	1.9	无居民岛	堆积岛	又称大黑坨子
	106	无名岛 ZHU 17		371624003221	滨州市沾化县	37°59.6′	118°09.2′	290 760	2270	—	无居民岛	堆积岛	《中国海岛（礁）名录》为江八腰子南岛
	107	江八腰子岛	Jiāngbāyāozi Dǎo	371624002121	滨州市沾化县	38°01.1′	118°09.1′	72 330	1150	2.5	无居民岛	堆积岛	
	108	无名岛 ZHU 10		371624002021	滨州市沾化县	38°04.1′	118°24.2′	11 630	470	—	无居民岛	堆积岛	《中国海岛（礁）名录》为沾利河口岛（1）
	109	无名岛 ZHU 11		371624002521	滨州市沾化县	38°04.1′	118°24.3′	9490	370	—	无居民岛	堆积岛	《中国海岛（礁）名录》为沾利河口岛（3）
	110	无名岛 ZHU 13		371624002821	滨州市沾化县	38°04.0′	118°24.2′	4810	260	—	无居民岛	堆积岛	《中国海岛（礁）名录》为沾利河口岛（2）
	111	无名岛 ZHU 14		371624002921	滨州市沾化县	38°03.9′	118°24.3′	3290	240	—	无居民岛	堆积岛	《中国海岛（礁）名录》为沾利河口岛（4）

2. 消失或丧失海岛属性海岛名录（按记述顺序）

序号	海岛名称	汉语拼音	代码	隶属	备注
1	白沙岭岛	Báishālǐng Dǎo	370683000121	烟台市莱州市	与陆地成为一体，四周无水
2	套儿河东沙子岛(2)	Tào'érhédōngshāzi Dǎo(2)	371624000221	滨州市沾化县	与陆地成为一体，四周无水，失去海岛属性
3	套儿河东沙子岛(3)	Tào'érhédōngshāzi Dǎo(3)	371624000321	滨州市沾化县	与陆地成为一体，四周无水，失去海岛属性
4	无名岛 ZHU 4		371624001021	滨州市沾化县	被盐田或虾池覆盖
5	无名岛 ZHU 6		371624001221	滨州市沾化县	被盐田或虾池覆盖
6	黑砣子岛	Hēituózi Dǎo	371624001921	滨州市沾化县	与陆地成为一体，四周无水，失去海岛属性
7	无名岛 ZHU 15		371624003021	滨州市沾化县	与陆地成为一体，四周无水，失去海岛属性
8	小坨子岛(2)	Xiǎotuózi Dǎo(2)	371624002421	滨州市沾化县	与陆地成为一体，四周无水，失去海岛属性
9	红土洼子岛(2)	Hóngtǔwāzi Dǎo(2)	371624002221	滨州市沾化县	影像上无岛痕迹，四周无水，失去海岛属性
10	无名岛 WDI 9		371623004021	滨州市沾化县	被盐田和虾池覆盖
11	无名岛 WDI 10		371623004121	滨州市沾化县	被盐田或虾池覆盖
12	洼拉沟堡岛(1)	Wālāgōupù Dǎo(1)	371624000521	滨州市沾化县	被盐田或虾池覆盖
13	洼拉沟堡岛(2)	Wālāgōupù Dǎo(2)	371624000621	滨州市沾化县	与陆地成为一体，四周无水，失去海岛属性
14	无名岛 ZHU 12		371624002621	滨州市沾化县	与陆地成为一体，四周无水，失去海岛属性
15	无名岛 CN 1		100000000321	滨州市无棣县	被盐田覆盖
16	无名岛 CN 2		100000000421	滨州市无棣县	被盐田覆盖
17	无名岛 CN 3		100000000521	滨州市无棣县	被盐田覆盖
18	无名岛 CN 4		100000000621	滨州市无棣县	被盐田覆盖
19	北沙子岛(1)	Běishāzi Dǎo(1)	371623000321	滨州市无棣县	人工与陆相连，成为陆地
20	北沙子岛(3)	Běishāzi Dǎo(3)	371623000521	滨州市无棣县	与陆地成为一体，四周无水，失去海岛属性
21	五里台岛	Wǔlǐtái Dǎo	371623001521	滨州市无棣县	被盐田覆盖
22	大汪岛(2)	Dàwāng Dǎo(2)	371623001321	滨州市无棣县	被盐田覆盖
23	无名岛 WDI 2		371623001821	滨州市无棣县	与陆地成为一体，四周无水，失去海岛属性
24	赵沙子岛(3)	Zhàoshāzi Dǎo(3)	371623000921	滨州市无棣县	被盐田或虾池覆盖
25	赵沙子岛(4)	Zhàoshāzi Dǎo(4)	371623001121	滨州市无棣县	被盐田或虾池覆盖
26	赵沙子岛(5)	Zhàoshāzi Dǎo(5)	371623001221	滨州市无棣县	被盐田或虾池覆盖
27	赵沙子岛(6)	Zhàoshāzi Dǎo(6)	371623001421	滨州市无棣县	被盐田或虾池覆盖
28	赵沙子岛(8)	Zhàoshāzi Dǎo(8)	371623001721	滨州市无棣县	被盐田或虾池覆盖
29	赵沙子岛(9)	Zhàoshāzi Dǎo(9)	371623002021	滨州市无棣县	被盐田或虾池覆盖
30	赵沙子岛(10)	Zhàoshāzi Dǎo(10)	371623002121	滨州市无棣县	被盐田或虾池覆盖
31	赵沙子岛(11)	Zhàoshāzi Dǎo(11)	371623002321	滨州市无棣县	被盐田或虾池覆盖
32	赵沙子岛(12)	Zhàoshāzi Dǎo(12)	371623002421	滨州市无棣县	被盐田或虾池覆盖
33	赵沙子岛(13)	Zhàoshāzi Dǎo(13)	371623002521	滨州市无棣县	被盐田或虾池覆盖
34	赵沙子岛(14)	Zhàoshāzi Dǎo(14)	371623002721	滨州市无棣县	被盐田或虾池覆盖
35	无名岛 WDI 3		371623002921	滨州市无棣县	被盐田或虾池覆盖
36	无名岛 WDI 4		371623003121	滨州市无棣县	被盐田或虾池覆盖
37	小堡岛(1)	Xiǎopù dǎo(1)	371623002221	滨州市无棣县	被盐田或虾池覆盖
38	小堡岛(2)	Xiǎopù dǎo(2)	371623002821	滨州市无棣县	被盐田或虾池覆盖
39	北坨子岛	Běituózi Dǎo	371623003221	滨州市无棣县	被盐田或虾池覆盖
40	无名岛 WDI 5		371623003621	滨州市无棣县	被盐田或虾池覆盖
41	无名岛 WDI 6		371623003721	滨州市无棣县	被盐田或虾池覆盖
42	无名岛 WDI 7		371623003821	滨州市无棣县	被盐田或虾池覆盖
43	无名岛 WDI 8		371623003922	滨州市无棣县	被盐田或虾池覆盖

附录二

《中国海岛志》山东卷第一册海岛索引